4., vollständig überarbeitete Auflage

Aaron Möbius, Michael Möbius

NORWEGEN

STEFAN LOOSE
TRAVEL HANDBÜCHER

Inhalt

Themen

NORWEGEN
Die Highlights

Norwegen ist überwältigend und hebt sich mit seiner Vielfalt an Naturformen von allen anderen Ländern auf Erden ab. Doch auch die Zahl kultureller Höhepunkte sucht ihresgleichen, und wer einmal Norwegen bereist hat, für den ist der Gedanke an Schönheit mit diesem Land verknüpft.

1 **OSLO** Passend zum landschaftlich einzigartigen Norwegen ist auch „Uschlu“, wie der Osloer sagt, alles andere als eine gewöhnliche Hauptstadt. Die am gleichnamigen Fjord zu Füßen bewaldeter Höhen gelegene Kapitale fällt als grünste Metropole Europas aus jedem gewohnten Rahmen, und dem einzigartigen Mix aus unberührter Natur und pulsierendem Großstadtleben verdankt Oslo sein spezielles Flair, dem sich kaum ein Besucher entziehen kann. S. 123.

2

2 **TELEMARKKANAL** Mit seinen Nostalgiedampfern und authentischen Schleusen gehört der Telemarkkanal zu den spektakulärsten Wasserstraßen Europas. Wer das Abenteuer liebt, kann ihm auf eigenem Kiel oder mit dem Fahrrad folgen. S. 180

3 **SETESDAL** Aufgrund seiner teils noch lebendigen Traditionen, seiner zahlreichen Zeugnisse einer alten Bauernkultur sowie seiner Naturschönheiten und vielfältigen Outdoor-Aktivitäten zählt das Setesdal zu den attraktivsten Landschaften des Königreichs. S. 207

4 HEDDAL-STABKIRCHE Die größte und berühmteste Stabkirche des Landes steht für die bauliche Verzahnung des germanischen Heidentums mit dem frühen Christentum. S. 234

5 BERGENBAHN Durch 200 Tunnel, über mehr als 150 Brücken und quer durch alle Landschaftsformen des Königreichs von Oslo nach Bergen. S. 240

6 STAVANGER Die „Ölmetropole Europas" ist Norwegens modernste Stadt. S. 253

7 EIDFJORD Schluchten und Wasserfälle haben den Ruhm des Eidfjords begründet, dessen Charme ihm den Titel einer „Most Improved Destination in Norway" eingetragen hat. S. 280

6

7

8 BERGEN Die einstige Hansestadt wartet mit einzigartigen Kunstsammlungen und Sehenswürdigkeiten auf, allen voran das zum Weltkulturerbe erkorene Hanseviertel Brygge. S. 288

9 SOGNEFJORD Der längste und tiefste Fjord der Erde zieht sich bis ins Herz der Berg- und Gletscherwelt hinein. Seit 2005 ist einer seiner Nebenarme Weltnaturerbe. S. 304

10 GEIRANGERFJORD (Abb. nächste Doppelseite) Mit seinen teils über 1000 m hoch aufragenden Felswänden gilt der Geirangerfjord als Skandinaviens Top-Highlight. S. 338

9

10

11

11 JOTUNHEIMEN Die „Heimat der Riesen" ist die größte und höchste Gebirgsregion Nordeuropas und lässt sich am besten auf Wanderungen und Bootsfahrten erkunden. S. 387

12 RØROS Die alte Erzstadt präsentiert sich als städtebauliches Kleinod und steht als einzige Stadt Skandinaviens geschlossen auf der Liste des Unesco-Welterbes. S. 420

13 TRONDHEIM Norwegens historische Hauptstadt und einst berühmtester Wallfahrtsort des Nordens ist noch immer eine der sehenswertesten Metropolen des Königreichs. S. 425

12

14 **LOFOTEN** Mit ihren alpinen Bergformen, traditionellen Fischerdörfern und weißen Sandstränden stellen die Lofoten ein Traumreiseziel dar. S. 467

15 **WALE BEOBACHTEN** Die Pottwalsafaris vor den Vesterålen gelten als beste Walsafaris der Welt – die „Trefferquote" liegt bei über 95 %. S. 508

16 **TROMSØ** Die historische „Pforte zum Eismeer" ist die größte und mit Abstand schönste Metropole des hohen Nordens. S. 534

17 **KAUTOKEINO** Das Zentrum der Bergsamen bietet rund ums Jahr ungewöhnliche Kultureindrücke und spannende Naturerlebnisse. S. 560

16

17

18

18 NORDKAP Das „Ziel der Ziele" markiert den nördlichsten auf Erden erreichbaren Straßenpunkt – nur 2090 km ist man dort noch vom Nordpol entfernt. S. 573

19 DIE ARKTISCHE ROUTE Diese auch als Polar- oder Eismeer-Route bekannte Tour beschreibt eine Schleife durch die spektakulärsten Landschaften der Ostfinnmark. Der Weg ist dabei das Ziel. S. 579

19

Reiseziele und Routen

Reiseziele

Was immer man sucht, ob Kunst, Kultur oder Natur, ob Begegnungen mit warmherzigen und gastfreundlichen Menschen oder atemberaubende Landschaften, ob Städtereisen oder Küstenfahrten, ob Rundtouren, Aktivurlaub oder Ferienhausidylle: Norwegen, nur wenige Reisestunden vom Alltagsstress entfernt, empfängt einen mit offenen Armen, und dies zu allen Jahreszeiten. Denn das „Land der Mitternachtssonne" erfreut sommermonatelang mit herrlichen Badetemperaturen und gilt gleichzeitig mit seinen Bergen und seiner hohen Schneesicherheit als attraktives Wintersportziel.

Wer einmal dieses Land besucht hat – egal welchen seiner Landesteile –, wird immer wieder vom „Weg nach Norden" (so die wörtliche Übersetzung des Landesnamens) angezogen. Wie die Einheimischen stimmen auch viele Besucher des Landes dem Vers der norwegischen Nationalhymne zu: *„Ja, vi elsker dette landet."* – „Ja, wir lieben dieses Land."

Natur und Kultur vom Feinsten

Die „Schweiz am Meer"

Eine Landschaft, die immer wieder neue herrliche Ausblicke bereithält – das ist Norwegen: Wo der Skagerrak und die Nordsee, das Nordmeer und die Barents-See mit Zigtausenden Inseln auf schneebedeckte Gipfel treffen. Wo sich wilde oder liebliche Fjorde öffnen und mitten hinein in eine von Gletschern bedeckte Bergwelt reichen. Wo taghelle Sommernächte locken, klare Luft zum Durchatmen einlädt, man das Wasser aus Bächen, Flüssen und Seen trinken, ja sogar noch in den Städten den Puls der Natur spüren kann.

Dieses Land erstreckt sich im äußersten Nordwesten unseres Kontinents in einem Bogen aus Bergen, Wäldern und Fjorden über mehr als 14 Breitengrade. Mit einer Gesamtlänge von 1752 km, was etwa der Distanz Oslo–Rom entspricht, ist es das längste Europas. Gleiches gilt für die Länge der norwegischen Küstenlinie. Das hervorstechendste Merkmal dieses Landes ist also seine enge Verbundenheit mit dem Meer. Doch gleichzeitig präsentiert sich Norwegen als steiles Bergland, denn es wird in seinem gesamten Verlauf vom Kaledonischen Gebirge durchzogen, dem nach den Alpen längsten und auch höchsten Gebirge Europas.

Hier finden sich die mächtigsten Gletscher und ausgedehntesten Hochebenen unseres Kontinents ebenso wie die höchsten Wasserfälle und tiefsten Seen. Die Bilder wechseln oft auf engstem Raum, und wer gerade noch das Wechselspiel schwarzer Schluchten und farbenfroher Blumentäler genossen hat, blickt schon wenig später auf weite Tundrasteppen, die sich zwischen eisbedeckten Bergriesen erstrecken. Norwegen, die „Schweiz am Meer", hebt sich mit seiner außergewöhnlichen Vielfalt an Naturformen deutlich von allen anderen Ländern Europas ab.

Kultur satt

Auch eine Kultur voller Gebräuche und Traditionen lässt sich in Norwegen noch ganz authentisch erleben. Insbesondere die **Stabkirchen**, Norwegens originärer Beitrag zur Weltarchitektur, ringen Einheimischen wie Besuchern Bewunderung ab. Mehr als zwei Dutzend dieser stimmungsvollen Holzbauten aus dem frühen Mittelalter laden insbesondere im Süden des Landes zu einem Besuch ein. Gleichzeitig beherbergen sie die schönsten Beispiele der typisch norwegischen **Rosenmalerei**, die die Fülle des Barock widerspiegelt. Auch die Holzschnitzerei blickt hier auf eine jahrhundertealte Tradition zurück, und nirgendwo kann man norwegische Volkskunst besser bewundern als in den zahlreichen **Freilichtmuseen**, die die ohnehin reichhaltige norwegische Museumslandschaft anführen.

Auch die Zahl der **Galerien** und **Konzertsäle** ist überdurchschnittlich groß. Überhaupt gibt es hier in Relation zur Einwohnerzahl mehr **Künstler** aller Sparten als in den meisten anderen Ländern. Entsprechend attraktiv sind die kleinen, aber feinen **Metropolen des Königreichs**. In ihnen mischt sich pulsierendes Großstadtleben mit herrlicher Natur: Der Badespaß beginnt oft mitten in der Stadt, zu der – wie etwa in Oslo – auch rauschende Wälder gehören können. Dieser ungewohnten Kombination verdanken die meisten der norwegischen Städte ihr spezielles Flair, dem sich kaum ein Besucher entziehen kann.

Die Stabkirche von Urnes ist die älteste und am reichsten mit Schnitzereien verzierte des Landes.

Südnorwegen: Skandinaviens beliebtestes Feriengebiet

Norwegens Klima ist weitaus besser als sein Ruf. Am besten, also im Sommer am sonnigsten, ist es entlang der **Skagerrak-Küste** (S. 173) zwischen dem Oslofjord und Stavanger. Hier reihen sich traditionsreiche Küstenplätze aneinander. Von früher Wikingerzeit an waren sie Norwegens Tore zur Welt. Heute erfreuen sie sich als herausgeputzte Holzhausstädtchen größter Beliebtheit bei sonnenhungrigen Badegästen. Ferienorte gibt es hier wie Sand am Meer: **Risør** (S. 179) und **Kragerø** (S. 177) sind die beliebtesten norwegischen Seebäder, **Mandal** (S. 195) wirbt mit besonders schönem Strand.

Der Schärenkanal **Blindleia** (S. 189) markiert den Höhepunkt einer Bootstour an der Südküste, und auch der **Telemarkkanal** (S. 180) zählt zu denHighlights des Landes. Er führt von der Küste in die Bergwelt der **Telemark** (S. 226). Diese Landschaft bietet nicht nur eine vielgestaltige Natur, sondern obendrein eine reiche Kulturgeschichte, wie sie sich auch in den großen Bauerntalungen des **Setesdal** (S. 207) sowie **Numedal** (S. 224), **Uvdal** (S. 222) und **Hallingdal** (S. 219) entdecken lässt. Landeinwärts steigen sie zum Hochland der **Hardangervidda** (S. 240) an. Dieses größte Hochplateau Europas beeindruckt mit rauer Wildnis und Norwegens berühmtestem Wasserfall, dem **Vøringsfossen** (S. 283) – ein einziges Eldorado für Wanderer, Ski- und Radfahrer.

Westnorwegen: das schönste Reiseziel auf Erden

„Die Landschaft ist so schön, dass es innerlich schmerzt", schwärmte Liv Ullmann in ihren Memoiren *Wandlungen* über ihr Heimatland. Wo

Fragen und Antworten

Reisen und Schreiben, und zwar in dieser Reihenfolge, sind die großen Leidenschaften von **Michael Möbius**, der geradezu süchtig ist nach der Weite und Einsamkeit des hohen Nordens, wo er am liebsten auf Bergtouren unterwegs ist. So auch sein Sohn **Aaron Möbius**, ebenfalls Wahlnorweger, der es sich in den Kopf gesetzt hat, alle 666 Gipfel zu besteigen, die in Troms die 1000-m-Marke überschreiten.

Norwegen – sündhaft teuer?

Zwar gilt Norwegen als eines der teuersten Länder auf Erden. Doch dank dem Jedermannsrecht ist unter anderem das Übernachten in der freien Natur überall zum Nulltarif möglich. Die Grundnahrungsmittel sind zwar etwa 50 % teurer als zu Hause, aber wer angelt und sammelt, kann Fisch und Beeren und Pilze *en masse* umsonst genießen. In den Genuss von Bahnfahrten kommt man „für'n Appel und 'n Ei", die Flug- und/oder Fähr-Anreise ist ebenfalls preiswert. Dank dem Ölpreisverfall ist Norwegen zurzeit fast 25 % billiger als noch 2014/2015, und alles in allem kann ein Norwegen-Urlaub durchaus günstiger sein als die Reise in ein vermeintliches Billigland.

Ist das norwegische Klima so schlecht wie sein Ruf?

Wie es ein hartnäckiges Vorurteil will, regnet und stürmt es im Sommer in einem fort. Das ist natürlich blanker Unsinn, wie nicht erst seit 2014 bekannt ist, als Norwegen weltweit die höchste positive Temperaturanomalie überhaupt verzeichnete und sich monatelang an schönem T-Shirt-Wetter erfreute. Laut dem neuesten UN-Klima-Report soll es in den kommenden Jahren im Sommer sogar noch viel besser werden, während die Winter weiterhin mit allerhöchster Schneesicherheit locken.

Mit öffentlichen Verkehrsmitteln reisen: geht das?

Ja klar, und obendrein viel preiswerter, als man glauben möchte. Bahnfahrten beispielsweise können in Norwegen wesentlich günstiger sein als zu Hause, die Bus-, Fähr- und Flugpreise sind moderat, die Transportnetze dicht, und da es umfassende Webseiten sowie Service-Telefone zu Verkehrsinformationen gibt, ist die Planung kinderleicht.

Sind Mücken & Co. ein Problem?

Zwar liegt der „Skandinavienfluch" zwischen Juni und August auch über Norwegen, doch muss man wissen, dass vor allem das Binnenland im hohen Norden, die Wälder des Ostens sowie die Hochebenen im Zentralland (etwa Hardangervidda und Dovrefjell) betroffen sind. Die Küstenzonen und schon gar Inseln sind meist frei von den Plagegeistern. Und ergreift man den üblichen Schutz durch Kleidung und Chemie, kommt man fast überall gut zurecht.

Norwegen – nur Natur oder auch Kultur?

Als „Naturland" steht Norwegen weltweit geradezu einzigartig da, doch auch wer an Kultur interessiert ist, kommt voll auf seine Kosten, und dies nicht nur in den ebenso kleinen wie feinen Metropolen des Königreiches. So gehört ein Besuch der insbesondere in Westnorwegen gelegenen norwegischen Stabkirchen zu den Höhepunkten einer Reise.

Noch Fragen? **www.stefan-loose.de/globetrotter-forum**

könnte dieser Schmerz größer sein als dort, wo sich die Natur in ihren „norwegischsten" Erscheinungsformen zeigt, nämlich in Westnorwegen mit seinen bis über 200 km tief ins Berg- und Gletscherland ragenden Fjorden. Weltberühmt sind hier unter anderem der liebliche **Hardangerfjord** (S. 268) sowie der wilde **Lysefjord** (S. 264). Der eindrucksvollste Zeuge der Eiszeiten ist der **Sognefjord** (S. 304). Er reicht sage und schreibe 204 km weit ins Land hinein und ist damit der längste und – mit bis zu 1300 m Tiefe – auch der tiefste Fjord der Welt. Seit 2005 stehen er bzw. ein Nebenarm als Weltnaturerbe auf der Liste des Welterbes der Unesco, auf der auch der **Geirangerfjord** (S. 338) wegen seiner einzigartigen Schönheit geführt wird.

Mit ganz anderen Reizen beeindrucken der **Folgefonn-Gletscher** (S. 271) und die Felskanzel **Preikestolen** (S. 266), und der **Lysevegen** (S. 264), eine spektakuläre Serpentinenstraße, ist ein ganz eigenes Erlebnis. Atemberaubend präsentieren sich die senkrechte Felswand des **Trollveggen** (S. 344) sowie der **Trollstigen** (S. 347), der wegen seiner extremen Serpentinen in ganz Norwegen bekannt ist. Aber auch die Städte dieser Region haben viel zu bieten: Die ehemalige Hansemetropole **Bergen** (S. 288) gilt als schönste Stadt des Landes, **Stavanger** (S. 253) war „Europäische Kulturhauptstadt 2008" und Ålesund (S. 329) nennt sich „Stadt des Jugendstils".

Tiere beobachten

Die auf der Vesterålen-Insel Andøy angebotenen **Pottwalsafaris** (S. 508) gelten als besonders beeindruckend. Ebenso spannend sind die **Schwertwal-Beobachtungstouren** auf dem Tysfjord (S. 523) und auf den Lofoten (S. 467). Wer seltene Säuger wie **Braunbären, Vielfraße und Wölfe** in freier Wildbahn zu Gesicht bekommen möchte, sollte den in der Finnmark gelegenen Øvre-Pasvik-Nationalpark (S. 594) besuchen. In Sachen **Vogelbeobachtung** führt kein Weg an den 22 Vogelfelsen Norwegens vorbei, besonders denjenigen auf der Insel Runde (S. 336) sowie auf der Lofoten-Insel Værøy (S. 473).

Ost- und Mittelnorwegen: zwischen Taiga und Hochgebirge

Das Grenzland zu Schweden ist das „gelobte Land" für den Waldläufer, und insbesondere im **Finnskogen** (S. 409) ist der Ruf der Wildnis laut zu vernehmen: Er ist eines der ausgedehntesten Waldgebiete des Landes. Ausgangspunkt für diesen sogenannten Siebenmeilenwald ist u.a. das Outdoor-Zentrum **Trysil** (S. 413) nahe dem **Femund-See** (S. 415), der zu den allerersten Adressen für Kanuwanderer in Norwegen zählt. Er liegt am Weg zur alten Grubenstadt **Røros** (S. 420), die als einzige Stadt Skandinaviens auf der World Heritage List der Unesco steht.

Die gipfelstarrende Landschaft der Gebirgsregion **Jotunheimen** (S. 387) lässt Wanderer in Begeisterungsstürme verfallen. Aber auch wer nicht gleich den Wanderschuh schnüren will, kann ihre majestätische Schönheit genießen, nämlich bei Bootsfahrten über die Seen **Gjende** (S. 399) und **Bygdin** (S. 399). Die historische Metropole **Trondheim** (S. 425), einst berühmtester Wallfahrtsort des Nordens, ist dank ihrer malerischen Bausubstanz unbedingt sehenswert.

Nordnorwegen: das „Land der Mitternachtssonne"

Wer nach Nordnorwegen reist, so kann man immer wieder mal lesen, fahre an Norwegen vorbei, viele überflüssige Kilometer lang. – Es wird eben viel Unsinn geschrieben! Dieser entlegenste Teil Europas markiert die größte zusammenhängende Fläche unberührter Natur auf unserem Kontinent und lässt daher in Sachen ursprüngliche Natureindrücke keine Wünsche offen.

Keine andere Provinz des Königreiches hat einen derart ausgeprägten Küstencharakter wie **Nordland** (S. 512). Der **Kystriksveien** (S. 439), der sich gut 600 km entlang der „Wespentaille" Norwegens und über den Polarkreis hinweg bis hinauf nach Bodø gegenüber den Lofoten zieht,

Norwegens Natur auf der Spur

Norwegens Natur ist einzigartig, ja überwältigend, und diesem Superlativ verdankt es auch seine touristische Beliebtheit, die immer größer wird, je mehr die Reste unserer ehemals intakten mitteleuropäischen Natur der Zivilisation zum Opfer fallen. Diesem Umstand hat nun auch das staatliche Norwegische Straßenbauamt Rechnung getragen, indem es insgesamt 18 Wegstrecken zu Nationalen Touristenstraßen ernannt hat. Sie erschließen als „Grüne Straßen" die Highlights der schönsten Naturschätze des Landes abseits der Hauptverkehrsadern und bieten all denjenigen, denen es nicht darum geht, ein Ziel so schnell wie möglich zu erreichen, ein Maximum an Naturgenuss. Dabei hat jeder Streckenabschnitt einen ganz eigenen Charme und erzählt eine ganz eigene Geschichte. Um dem (motorisierten) Touristen das Reisen so angenehm und unvergesslich wie möglich zu machen, war wesentlicher Bestandteil des ehrgeizigen Projektes das Anlegen von Rastplätzen, Servicegebäuden, Wanderwegen und gerade auch von spektakulären Aussichtspunkten und Kunstobjekten. Diese sind stets so gewählt, dass sie durch ihre betonte Künstlichkeit, die u. a. durch die Verwendung von Glas, Stahl und Beton pointiert ausgedrückt wird, neue Blickwinkel auf die sie umgebende grandiose Natur ermöglichen will. Landschaftsarchitektur vom Feinsten also, atemberaubend überall und somit ganz und gar Norwegisch!

Alle 18 Touristenstraßen haben zusammengenommen eine Länge von 1660 km und verlaufen zwischen der Landschaft Jæren im tiefsten Süden und der Varangerhalbinsel im höchsten Norden. Aneinandergereiht ermöglichen sie im Großen und Ganzen das Durchqueren Norwegens in seiner gesamten Länge, und im Reiseteil dieses Buches werden die allermeisten Wegabschnitte ausführlich beschrieben: Jæren (S. 207), Ryfylkevegen (S. 265), Hardangerfjord (S. 268), Hardangervidda (S. 240), Aurlandsfjellet (Lærdalsvegen, S. 314), Valdresflya (S. 398), Gaularfjellet, Sognefjellet (S. 391), Rondanevegen (S. 370), Geiranger–Trollstigen (S. 347), Atlanterhavsvegen (S. 350), Helgelandskysten (S. 439), Lofoten (S. 467), Andøy (S. 506), Senja (S. 509), Havøysund.

Ein komplettes Verzeichnis aller Nationalen Touristenstraßen bietet die auch auf Deutsch abrufbare Website www.nasjonaleturistveger.no, wobei zu jeder einzelnen Route detaillierte Infos zu Streckenverlauf, Natur und Architektur, Geschichte und Aktivitäten gegeben werden. Auch eine Straßenkarte (downloadbar) ist jeweils angeschlossen, und obendrein lässt sich über die Website ein kleiner Reiseführer downloaden, der eine detaillierte Übersicht über Architektur und Design entlang der 18 Norwegischen Landschaftsrouten gibt. Eine Linkliste bietet zusätzliche Informationen zu Unterkunft, Essen und Trinken, Aktivitäten sowie Transport, bleibt *last not least* ein Link, der zu Instagram führt, wo Landschaftsfotos zum Betrachten einladen.

gehört sicher zu den Traumstraßen der Welt. Aber auch das Landesinnere, das sich als Symphonie aus Stein und Eis präsentiert, ist wunderschön, und da es nur eine einzige Straße gibt, die hindurchführt, nimmt man die **Europastraße 6** (S. 512) gleich noch mit.

Die beeindruckende Landschaft der **Lofoten** (S. 467) mit ihren alpinen Bergformen, traditionellen Fischerdörfern und weißen Sandstränden hat diesen auch an Walgründen und Vogelfelsen reichen Archipel weltweit berühmt gemacht, und auch die Norweger selbst schätzen ihre „Trauminseln über dem Polarkreis". Dabei lohnt die Inselgruppe in ihrer Gesamtheit den Besuch, und viele Touristen verbringen hier immer wieder ihre gesamte Urlaubszeit. Auch die benachbarte Inselgruppe der **Vesterålen** (S. 501) kann als Ferienziel durchaus für sich alleine stehen; besonders interessant sind hier die **Walsafaris** (S. 508) von Andenes aus.

Tromsø (S. 534), die historische Pforte zum Eismeer, die auch als „Paris des Nordens" bezeichnet wird, ist die größte Stadt Nordnorwegens. Ihr Wahrzeichen ist die **Eismeer-Kathedrale** (S. 535).

Schon ganz nah an Russland liegt die **Finnmark** (S. 552) mit **Hammerfest** (S. 568) und natürlich dem **Nordkap** (S. 573). Noch eindrucksvoller aber präsentiert sich diese höchstnördliche Landschaft weiter östlich, etwa bei den Einödstädtchen **Berlevåg** (S. 583) und **Mehamn** (S. 580), Ausgangspunkt zum Besuch des nördlichsten Festlandspunktes von Europa.

Vor allem auch **Kirkenes** (S. 593), direkt an der russischen Grenze gelegen, bietet ungemein spannende Naturerlebnisse, und die **Eismeerstraße** (S. 579) führt u. a. dorthin. Landeinwärts spannt sich die Tundrasteppe der Finnmarksvidda in den arktischen Raum, und dort ist es auch, wo die **Samen** (S. 99) mit ihren Rentierherden ihr letztes Rückzugsgebiet gefunden haben. Diese Volksgruppe gilt als die „erstgeborene" im Norden, und ein Besuch ihrer Zentren **Kautokeino** (S. 560) sowie **Karasjok** (S. 564) ist ebenso ein Muss wie der Besuch einer Rentierscheidung, bei der die zu schlachtenden Tiere von der restlichen Herde getrennt werden.

Reiserouten

Der überwiegende Anteil aller Norwegen-Besucher reist individuell mit dem eigenen Fahrzeug an, immer öfter mit dem Wohnmobil. Norwegen mit seiner sich ständig ändernden Landschaft, mit guten Straßen bei relativ geringem Verkehrsaufkommen und großer Campingplatzdichte ist zum Reisen *on the road* geradezu prädestiniert. Dann muss der Trip auch gar nicht teuer kommen (s. Reisekosten S. 36). Mit eigenem Fahrzeug kann man auch günstige Lebensmittel von zu Hause mitbringen (was die meisten Touristen tun) sowie Fahrräder, Kanus, Kajaks und sonstige Outdoor-Ausrüstung. Das lohnt sich, denn wer vor Ort auf die Verleihstationen zurückgreifen muss, leert seine Reisekasse mitunter schnell.

Wer dagegen ohne alle diese Vorkehrungen nach Norwegen fährt und dabei noch unter Zeitdruck steht, findet hier Routenvorschläge, für die kein eigenes Fahrzeug erforderlich ist, da das Netz der öffentlichen Verkehrsmittel relativ dicht gespannt ist.

Weniger kann mehr sein. Deshalb sollte man sich lieber darauf beschränken, eine Region zu besuchen, diese aber richtig, anstatt in möglichst kurzer Zeit möglichst viel abhaken zu wollen.

Norwegen intensiv

■ ab 4 Wochen

Norwegen von innen

Die Standardtouristenroute durch Norwegen hindurch folgt der **Europastraße 6** (E 6), die mit ihren rund 3000 km vom Svinesund im tiefen Süden an der schwedischen Grenze bis hinauf nach Kirkenes an der russischen Grenze einige der landschaftlich und kulturhistorisch beeindruckendsten Regionen des Königreichs quert. Sie ist in der Regel ganzjährig befahrbar (im Winter auf manchen Abschnitten nur im Konvoi und mit Spikes), durchgehend asphaltiert und zumeist gut ausgebaut. Sie wird nur durch eine einzige kurze Fährverbindung südlich von Narvik unterbrochen. Viele Nebenstraßen, insbesondere im nördlichsten Teil, laden zu interessanten Abstechern oder Alternativrouten ein.

Im Verlauf der E 6 ab der südschwedischen Fährstation Trelleborg über Malmö, Helsingborg und Göteborg geht es durch eine mäßig reliefierte Wald-, Feld- und Wiesenlandschaft zur Grenzstation **Svinesund** und durch die Festungsstädte **Halden** (S. 152) und **Fredrikstad** (S. 158) nach **Oslo** (S. 123). Nächste Station ist **Hamar** (S. 361) am schönen Mjøsa-See (u. a. Raddampferfahrten). Danach fährt man via **Lillehammer** (S. 365), der Olympiastadt von 1994, ins berühmteste Bauerntal Norwegens, das **Gudbrandsdal** (S. 359), hinein. Die Strecke führt via **Otta** (S. 375), dem Ausgangspunkt für das **Rondane-Gebirge** und das **Ottadal** (S. 388), am Rande des **Jotunheimen-Gebirges** (S. 387) entlang, das alpines Flair verströmt. Weiter geht es nach **Dombås** (S. 379) an der Gabelung ins wilde **Romsdal** (S. 343). Es befindet sich am Fuß des von Moschusochsen bevölkerten **Dovrefjell** (S. 382), der ebenfalls an der Route liegt (höchster Punkt der E 6: 1026 m).

Nach insgesamt rund 650 km ist die historische Königsstadt **Trondheim** (S. 425) erreicht, und am Trondheimsfjord vorbei führt die Fahrt nach **Grong** (S. 513). Hier beginnt die Provinz Nordland. Bald liegen Hochgebirgs- und Taigaduft über der Strecke, die durch das kulturschöne **Mosjøen** (S. 516) nach **Mo i Rana** (S. 517) gelangt. Vorbei am **Svartisen-Gletscher** (S. 517) geht es steil aufs **Saltfjell** (S. 520) hinauf und

Dramatische Wasserfälle wie hier im Jostedalsbreen-Nationalpark haben den weltweiten Ruhm von Westnorwegen begründet.

0
200 km
N
Norskehavet
Norwegische See
Entlang der Außenkante Norwegens
Norwegen von innen
Nordkap
Nordkap
Hammerfest
Tana bru
Lakslev
Kirkenes
Reisadal
Alta
Karasjok
Tromsø
Lyngen Alpen
Reisadal
FINNMARKSVIDDA
Insel Senja
Skibotn
Lyngen-Alpen
Kautokeino
RUSSLAND
Vesterålen
Vesterålen
Narvik
Lofoten
Walroute
Lofoten
Hamarøy
Bodø
Saltstraumen
Saltdal
Fauske
Svartisen-Gletscher
Saltdal
Saltfjell
Polarkreis
Polarkreis
Mo i Rana
Mosjøen
Kystriksveien
Grong
SCHWEDEN
Steinkjer
Bottnischer Meerbusen
Trondheim
Kristiansund
Dombås
Molde
Romsdal
Ålesund
FINNLAND
Trollstigen
Romsdal
DOVRE NP
Geirangerfjord
Ottadal
Otta
JOSTEDALSBREEN NP
RONDANE NP
Ottadal
Gudbrandsdal
JOTUNHEIMEN NP
Sognefjord
Lillehammer
Gudbrandsdal
Bergen
Hamar
Hardangerfjord
HARDANGERVIDDA NP
Hardangerfjord
Oslo
Telemarkkanal
Ryfylkevegen
Setesdal
Finnischer Meerbusen
Frederikstad
Stavanger
Halden/Svinesund
Setesdal
Svinesund
Skien/Telemarkkanal
Ostsee
Nordsjøvegen
Skagerrak
Trelleborg
Kristiansand
Göteborg
Malmö
GOTLAND
Helsingborg
LETTLAND

quer über den **Polarkreis**. Es schließt sich eine Schussfahrt ins naturschöne **Saltdal** (S. 520) an. Hinter **Fauske** (hier kann man nach **Bodø** abbiegen, Anschluss an die Lofoten) beginnt eine extreme Berg-und-Tunnelstrecke (S. 522), die via **Hamarøy** (Anschluss an die Lofoten, S. 526) nach **Narvik** (S. 527) führt, wo die E 10 zu den Inselgruppen der Lofoten und Vesterålen abzweigt. Von hier sind es immer noch rund 300 km bis **Tromsø** (S. 534), der „Hauptstadt des hohen Nordens".

Ab Tromsø markiert die dramatische Bergkette der **Lyngen-Alpen** (S. 548) den Weg nach **Skibotn** (Abstecher zum Dreiländereck, S. 547) und es geht vorbei am wilden **Reisadal** (S. 548) nach **Alta** (S. 554) in die **Finnmark** hinein. Hier locken Dutzende Attraktionen, u. a. ein Abstecher (130 km) ins Samenzentrum **Kautokeino** (S. 560). Obendrein ist Alta das Tor zur nördlichsten Stadt der Welt, **Hammerfest** (S. 568), sowie zum **Nordkap** (S. 573). Nächste Station ist **Lakselv** (S. 578). Von dort aus führt die R 98 als **Eismeerstraße** (S. 579) durch wilde Tundra-Landschaft nach **Tana bru** (S. 582). Danach reicht die E 6 via **Karasjok** („Hauptstadt" der Samen; S. 564) und vorbei am eher lieblichen Ufer des Tana-Flusses bis nach **Kirkenes** (S. 593), das nahe der russischen und finnischen Grenze am Nordostrand des Königreichs liegt.

Entlang der Außenkante Norwegens

Anstatt der meist im Landesinneren verlaufenden E 6 gen Norden zu folgen, kann man bis hinauf nach Tromsø auch entlang der Küste fahren. Das ist viel eindrucksvoller, aber auch wesentlich zeitraubender. Dann bietet es sich an, von **Oslo** (S. 123) aus über die E 18 und die **Skagerrak-Küste** (mit schönen Holzhaus-Städtchen, S. 173) nach **Kristiansand** (S. 190) zu fahren. Unterwegs passiert man **Skien** (S. 174), und ein Tag auf dem **Telemarkkanal** (S. 180) ist ein echter Höhepunkt. Kristiansand ist Ausgangspunkt auch für einen Besuch des **Setesdals** (S. 207), das als „Märchental des Südens" gilt und zum **Hardangerfjord** (S. 268) überleitet.

Die E 39 oder, wesentlich beeindruckender, der **Nordsjøveen** (R 44, S. 202) führt von Kristiansand nach **Stavanger** (S. 253). Von dort gelangt man entlang der E 39 über ein System von Brücken und Tunneln nach **Bergen** (S. 288). Eine landschaftlich imposantere Alternative zu diesem eher langweiligen Abschnitt ist ab Stavanger der **Ryfylkevegen** (S. 265) zum **Hardangerfjord** (S. 268). Nach einem Abstecher nach Bergen und/oder auf das Hochplateau der **Hardangervidda** (S. 240) fährt man anschließend zum **Sognefjord** (S. 304).

Von dort aus führt die **Sognefjellstraße** (R 55, S. 391), eine spektakuläre Gebirgsstrecke, am **Jostedalsbreen** (S. 326) mit den größten Gletscherfeldern Europas vorbei ins **Ottadal** (S. 388). Hier beginnt die „Goldene Route", die den **Geirangerfjord** (S. 338) und **Trollstigen** (S. 347) erschließt und nach Ålesund (S. 329) sowie zur „Jazzmetropole" **Molde** (S. 348) weiterleitet. Von dort verläuft die **Atlantikstraße** (S. 350) an der Küste bis zur „Klippfischkapitale" **Kristiansund** (S. 352) südlich von **Trondheim** (S. 425).

Beim nördlich von Trondheim gelegenen Steinkjer zweigt die schöne **Küstenstraße R 17** (Kystriksveien, S. 439) ab, die bis nach Bodø führt und eine echte Alternative zur E 6 bildet. Unterwegs überquert man den **Polarkreis** (S. 456), auch der **Svartisen-Gletscher** (S. 517) und **Saltstraumen** (S. 460) liegen an dieser Traumroute für Naturfreunde. Von **Bodø** (S. 461) aus bietet es sich an, die Fähre zu den **Lofoten** (S. 467) zu nehmen. Von dort geht es weiter auf der **Walroute** (S. 502) und über die **Vesterålen** (S. 501) zur **Insel Senja** (S. 509), wo **Whale Watching** zu den Attraktionen zählt.

Entweder Süden oder Norden

■ 2–3 Wochen

Wer mit dem eigenen Fahrzeug unterwegs ist, wird bei einer Zeitspanne von zwei bis drei Wochen sowohl Mittel- als auch Nordnorwegen aussparen und sich auf das südliche Drittel des Landes begrenzen müssen. Wer jedoch mit der Bahn oder dem Flugzeug an- und abreist, kann auch Nordnorwegen anpeilen. Und nur auf einer Reise mit dem Postdampfer kann man in der Kürze der Zeit die eindrucksvollsten Landschaften sowie bedeutendsten Sehenswürdigkeiten von West-, Mittel- und Nordnorwegen kennenlernen.

Die Highlights des hohen Nordens

Wer mit dem Flugzeug kommt, könnte von **Tromsø** (S. 534) entlang der E 6 und via **Nordkap** (S. 573) nach **Kirkenes** fahren (S. 593) und entlang der Finnmark-Küstenlinie mit Postdampfern der Hurtigruten zum Startpunkt zurückkehren. Geradezu prädestiniert für einen Zeitraum von zwei bis drei Wochen sind auch die Inselgruppen der **Lofoten** (S. 467) und der **Vesterålen** (S. 501), die durch die **Walroute** (S. 502) verbunden sind und sich ebenfalls von Tromsø oder **Bodø** (S. 461) aus per Bus und Schnellboot erkunden lassen.

Beide Städte sind per Flieger von Mitteleuropa aus schnell erreichbar, nach Bodø kann man auch mit der Bahn gelangen, und besonders für **Interrailer** führt die klassische Schleife von Bodø auf die Lofoten hinüber und über die Vesterålen nach **Narvik** (S. 527) bzw. umgekehrt. Interrailer kommen nämlich in den Genuss vergünstigter Bus-, Fähr- und Schnellboot-Tickets.

Aber auch für eine Reise entlang dem **Kystriksveien** (S. 439) ist Bodø idealer Ausgangspunkt, und im Rahmen einer Bus-Schnellboot-Kombitour kann man von hier aus bis hinunter nach **Trondheim** (S. 425) gelangen, mit Bahn-/Fluganschluss nach Mitteleuropa.

Die Route der Stabkirchen

Im Süden des Landes ist die Route der Stabkirchen wie geschaffen für zwei Wochen. Sie führt zu 20 der beeindruckendsten Stabkirchen (S. 117), spricht aber nicht nur kulturhistorisch Interessierte an, sondern ist für Urlauber jeder Couleur zugeschnitten. Sie folgt von **Oslo** aus den uralten Bauerntalungen des **Numedal** (S. 224), **Uvdal** (S. 222), **Seterdal** (S. 222) und **Hallingdal** (S. 219), bevor sie nach **Geilo** (S. 241) führt, dem Outdoor-Zentrum des Südens am Rande der **Hardangervidda** (S. 240). Der **Aurlandsvegen** (S. 248) markiert von dort aus die Richtung nach **Aurland** (S. 312) am berühmten **Sognefjord** (S. 304), an dem man auf dem Weg nach **Kaupanger/Sogndal** (S. 317) vorbeikommt.

Weiter geht es entlang der R 54 vorbei am **Lustrafjord** (S. 322) und den Gletscherfällen des **Jostedalsbreen** (S. 326). Dann führt die Sognefjellhochstraße (S. 391) in alpine Höhen, am mächtigen Gebirgsstock von **Jotunheimen** (S. 387) vorbei nach **Lom** (S. 388) und **Vågå** (S. 397) im **Ottadal** (S. 388). Dort finden aktive Reisende ihr Ferienparadies. Zudem bieten sich Abstecher zum **Geirangerfjord** (S. 338) und ins **Gudbrandsdal** (S. 359) an.

Die Hochgebirgsstraße R 55 führt entlang dem Ostrand von Jotunheimen wieder aus dem Tal heraus, und am Weg liegen u. a. der **Bygdin**

(S. 399) sowie **Gjende** (S. 399), zwei ausgesprochen schöne Bergseen. Auch am Ausgangspunkt für die Wanderung über den **Besseggengrat** (S. 400) geht es vorbei, und Ziel dieser Etappe ist **Fagernes** (S. 403) im schönen **Valdres** (S. 404), von wo man durch das atemberaubende **Lærdal** (S. 313) wieder nach Aurland am Sognefjord gelangt. Wem dazu die Zeit fehlt, kann von Fagernes aus innerhalb weniger Stunden **Oslo** erreichen, den Endpunkt der Route.

Rings um die Hardangervidda

Ausgangspunkt für diese rund 1000 km lange Route kann Oslo oder Bergen sein, wobei die Tour ab Oslo etwa 130 km länger ist. Startet man in **Bergen** (S. 288), geht es entlang der R 7 am **Hardangerfjord** (S. 268) vorbei nach **Eidfjord** (S. 280), das zu Füßen der Hardangervidda liegt und bekannt für seine Natur-Highlights ist. Ein, zwei Tage sind Minimum für diese Region, wenn man sie erkunden will. Die reine Fahrtzeit auf der R 7 über die **Hardangervidda** (S. 240) hinweg nach **Geilo** (S. 241) und Ål (S. 219) im oberen **Hallingdal** (S. 219) beträgt einen Tag.

Von dort aus markiert die R 40 den kulturhistorisch interessanten Weg durch das **Numedal** (S. 224) zur Silberstadt **Kongsberg** (S. 226). Auch diese Route ist in einem Tag zu schaffen. Hier geht es auf die E 134 und vorbei an der berühmten **Stabkirche von Heddal** (S. 234) in die **Telemark** (S. 226) hinein. Ein Schlenker über **Rjukan** (S. 231) ist zu empfehlen, und nur wer unter Zeitdruck steht, wird der Europastraße direkt nach **Eidsborg** (S. 237) und **Dalen** (S. 236) folgen. Ab Dalen sollte man einen Tag auf dem **Telemarkkanal** (S. 180) verbringen, bevor es durch immer wildere Landschaften an den **Hardangerfjord** zurückgeht, der zurück nach **Bergen** führt.

Variante: Anstatt von der Telemark aus an den Hardangerfjord und bis Bergen zurückzufahren, kann man den gesamten Hardangerfjord auch bei einem Abstecher von Eidfjord aus erkunden. Wer nicht nach Bergen zurück will, kann ab Haukeligrend der R 9 gen Süden durch das Setesdal folgen und so **Kristiansand** (S. 190) oder auf dem Lysefjordvegen **Stavanger** (S. 253) erreichen.

Mit der Hurtigruten

■ 2–3 Wochen

Bei einem Zeitrahmen von zwei bis drei Wochen darf man nicht erwarten, sich einen Überblick über ganz Norwegen verschaffen zu können. Nur wer alle Strecken fliegend zurücklegt und sich auch sonst als „rasender Reisender" versteht, könnte in der gegebenen Spanne theoretisch die Highlights des Landes besuchen. Spaß macht es aber nicht, so herumzuhetzen.

Und wenn es ein Fortbewegungsmittel gibt in Norwegen, das den langsamen Reisegenuss zur höchsten Tugend erhoben hat, dann die **Hurtigruten** (S. 298), die berühmte Postschiffreise entlang der norwegischen Küste. Sie führt an 12 Tagen durch 34 Häfen, von Bergen in Westnorwegen nach Kirkenes im äußersten Nordosten und zurück und gilt als die „schönste Seereise auf Erden": Jeden Tag lassen sich hier neue Attraktionen entdecken. Inklusive An- und Abreise (möglichst via Oslo und per Bergenbahn) bleibt man damit gut im Zeitrahmen.

Budget-Route

Norwegen per Interrail

■ 2–3 Wochen

€ Wer mit kleinem Budget reist, entscheidet sich meist für einen Interrail Global Pass (S. 76) oder, wenn die Anreise mit einem Billigflieger (S. 39) erfolgt, für den Interrail One Country Pass (S. 76) für Norwegen und folgt dann der klassischen Interrail-Route durchs Land. Low Budget wird hier ganz groß geschrieben, dafür muss man zur Schonung des Geldbeutels auf so manches verzichten.

Die Route führt von Deutschland aus per Schiene via Dänemark und Schweden entlang der Ostseite des **Oslofjords** (S. 151) nach **Oslo** (S. 123), wo mehrere Backpacker und auch Jugendherbergen zum günstigen Übernachten einladen oder man im mitgebrachten Zelt sogar umsonst schlafen kann. Von hier aus markiert die Dovrebahn die weitere Fahrtrichtung durch das **Gudbrandsdal** (S. 359) und über das **Dovrefjell** (S. 382) nach **Trondheim** (S. 425), wo sich das Vandrerhjem Rosenborg (S. 430) sowohl der günstigen Übernachtungspreise als auch der vielen Informationen wegen einen herausragenden Namen in der Interrail-Szene gemacht hat.

Die Standardroute führt nun weiter mit der Nordlandsbahn bis **Bodø** (S. 461), dem Sprungbrett für die **Lofoten** (S. 467), wohin es der günstigen Preise wegen mit der Fähre geht. Interrailer-Treffpunkte im Archipel sind die Jugendherbergen von Å (S. 476), Stamsund (S. 484) und Kabelvåg (S. 490), und da man mit einem InterRail-Pass in ganz Nordland 50 % Rabatt auf alle Buspreise erhält, lässt sich die Inselgruppe vergleichsweise günstig bereisen und auch wieder verlassen: gen **Narvik** (S. 527), von wo aus es mit dem „Lapplandzug" durch Schweden nach Stockholm und Malmö und mit der Fähre zurück nach Deutschland geht.

Es gibt **Alternativen** zu dieser Route, und wer viel von Norwegen sehen, aber dennoch günstig reisen möchte, sollte erwägen, von den Lofoten aus via Bodø erneut Trondheim anzusteuern. Hier bietet sich der Nachtzug an, mit dem man morgens direkten Anschluss nach **Dombås** (S. 379) hat. Von hier aus geht es mit der **Raumabahn** (S. 345) nach Åndalsnes (S. 343) und per Bus (50 % Ermäßigung mit Interrail-Pass) weiter nach Ålesund (S. 329), von wo aus die **Vogelinsel Runde** (S. 336) und der **Geirangerfjord** (S. 338) schnell und günstig erreichbar sind. Relativ günstig auch (ab 700 NOK mit Widerøe) ist ein Flug von Ålesund nach **Bergen** (S. 288), und krönender Abschluss ist eine Fahrt mit der **Bergenbahn** (S. 240) zurück nach Oslo.

Klima und Reisezeit

Klima

„Das Wetter spielt verrückt" können nicht nur Mitteleuropäer immer öfter sagen. Als der Sommer 2014 (übrigens der wärmste, der je in Norwegen gemessen wurde!) norwegenweit und monatelang blauen Himmel und „T-Shirt-Temperaturen" bescherte, während es zur gleichen Zeit in Mittel- und auch Südeuropa oft kalt und verregnet war (im Sommer 2014 hatte Norwegen die gleichen Durchschnittstemperaturen wie beispielsweise die Türkei!), sahen viele darin die Auswirkungen der globalen Klimaverschiebung. Laut dem neuesten UN-Klimareport muss Norwegen in den nächsten 50 Jahren sogar mit einem Temperaturanstieg von 6 °C rechnen (der Weltdurchschnitt liegt bei 3 °C). Doch ob nun die heute spürbaren Temperaturerhöhungen weiter zunehmen werden oder nicht – vorerst gilt, dass in Norwegen im Jahresverlauf Temperaturschwankungen zwischen -30 °C und +30 °C durchaus möglich sind, zumindest in großen Teilen des Binnenlands.

Dagegen betragen die jahreszeitlichen Temperaturschwankungen im Küstenbereich durchschnittlich 14–20 °C, und zwar aufgrund des Golfstroms – der allerdings seinerseits, wie jede andere Meeresströmung, primär eine Folge des atmosphärischen Zirkulationssystems ist. Der Transport von warmem Wasser aus dem Golf von Mexiko in nördliche Breiten und die Erwärmung der Luft darüber bedingen die geringen Temperaturunterschiede in der **Küstenregion**. Entsprechend beträgt der Jahresdurchschnitt der Lufttemperaturen in Narvik rund +3,5 °C. Auf Røst (Lofoten) sind es sogar fast +6 °C, was immerhin den Werten von Oslo ganz im Süden des Landes entspricht und nur 2,8 °C unter denen von Bremen liegt!

Das **Kaledonische Gebirge**, das Norwegen von Süd nach Nord durchläuft, bildet die Grenze zwischen dem Klima der Küstenregion und dem **Binnenland:** Die milden atlantischen Winde werden von der Gebirgsbarriere zum Aufsteigen gezwungen, wodurch sie abkühlen und der ozeanische Einfluss nachlässt. Das Klima wird kontinentaler. Das bedeutet relativ kalte Winter (in Karasjok in der inneren Finnmark wurden schon mal –55 °C gemessen), aber auch relativ heiße Sommer von bis zu 30 °C.

Norwegen ist meteorologisch also weniger in Süd und Nord als vielmehr in West und Ost geteilt. Das gilt auch für die Niederschläge: Fallen an der Westseite des Kaledonischen Gebirges durchschnittlich 2000 mm pro Jahr, in einigen exponierten Regionen – etwa an der Mündung des Nordfjords – gar bis zu 6000 mm, empfangen die Flächen im Lee des Bergbogens nur rund 500–700 mm. Es gibt sogar Regionen mit noch weniger Niederschlag, etwa das Ottadal, ein Seitental des Gudbrandsdals, mit weniger als 400 mm pro Jahr. Entsprechend hoch ist hier auch die jährliche Sonnenscheindauer: im südlichen Binnenland bis zu 2100 Sonnenstunden pro Jahr, in der Küstenregion des Westlandes bis 1400 Stunden.

Reisezeit

Golfstrom hin, maritimes Küstenklima her: Norwegen liegt auf gleicher geografischer Breite wie Grönland oder Alaska. Entsprechend herrschen bis zum beginnenden **Frühling** im April/Mai winterliche Verhältnisse. Dann beginnen im Küstengebiet und in den Tälern zwischen Süd- und Mittelnorwegen die Blumen und Bäume zu blühen, insbesondere die Kirschbäume in der

Karasjok
Tromsø
RUSSLAND
Nordsee
SCHWEDEN
FINNLAND
Trondheim
Røros
Bergen
Oslo
Kristiansand
Ostsee

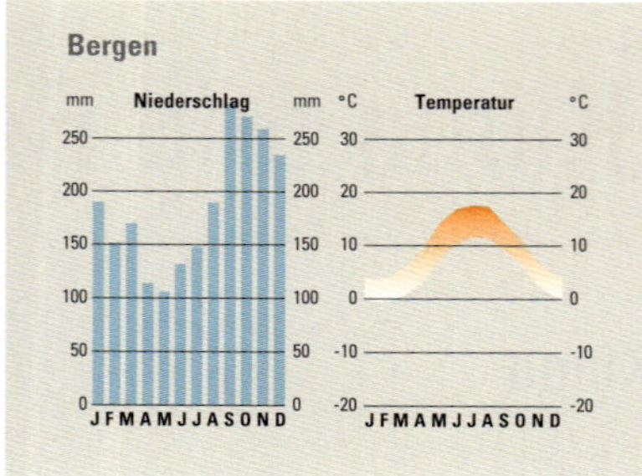
Bergen
mm Niederschlag mm
°C Temperatur °C
J F M A M J J A S O N D

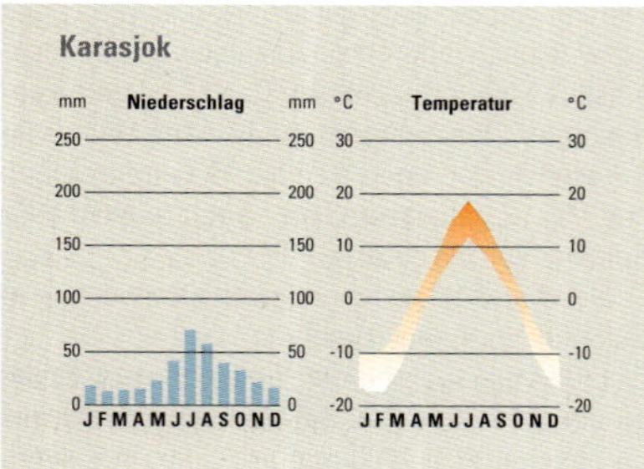
Karasjok
mm Niederschlag mm
°C Temperatur °C
J F M A M J J A S O N D

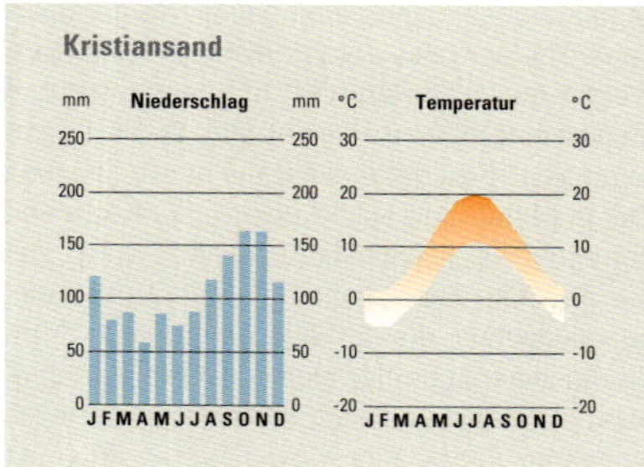
Kristiansand
mm Niederschlag mm
°C Temperatur °C
J F M A M J J A S O N D

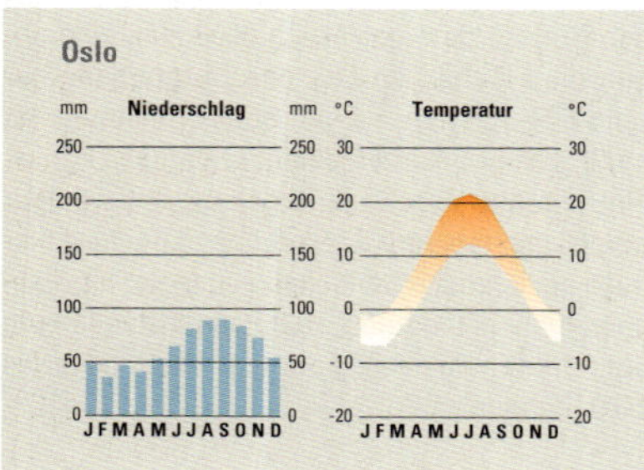
Oslo
mm Niederschlag mm
°C Temperatur °C
J F M A M J J A S O N D

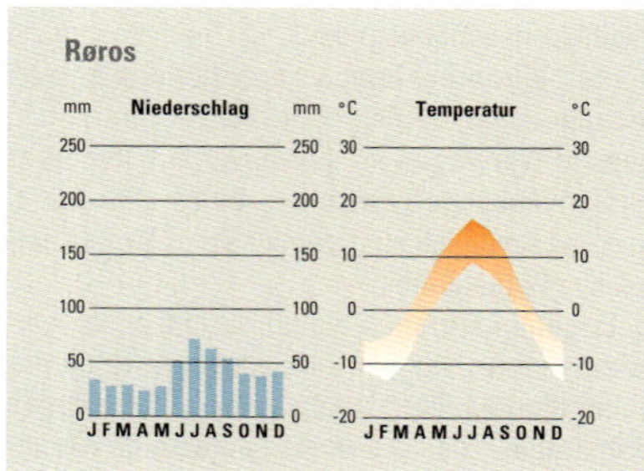
Røros
mm Niederschlag mm
°C Temperatur °C
J F M A M J J A S O N D

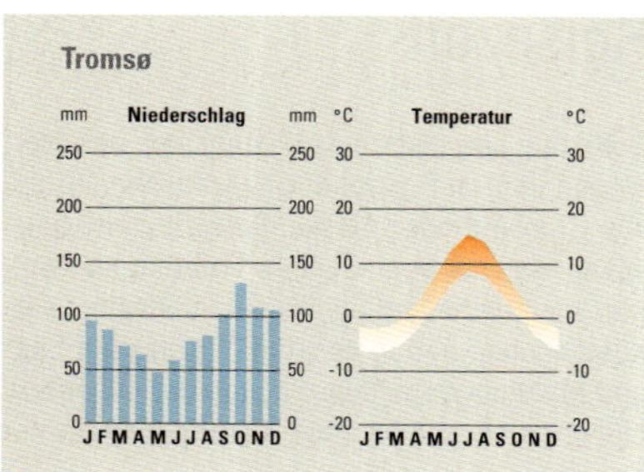
Tromsø
mm Niederschlag mm
°C Temperatur °C
J F M A M J J A S O N D

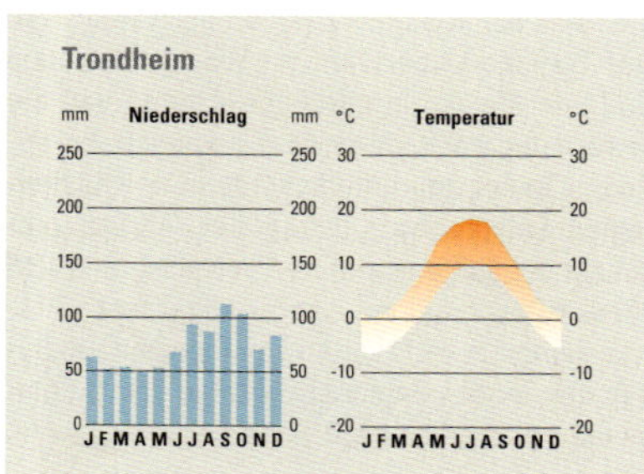
Trondheim
mm Niederschlag mm
°C Temperatur °C
J F M A M J J A S O N D

Telemark und die Apfelbäume am Hardangerfjord. Nur auf den Bergen liegt noch Schnee. Die Tage sind schon lang, nördlich des Polarkreises wird es nachts bereits nicht mehr dunkel, und statistisch betrachtet regnet es im Mai und Juni landesweit weniger als etwa in den Monaten Juli und August.

Auch wird es schon warm genug, sodass man ohne zu frieren den Anblick des Bergwinters genießen kann. Aber für wen es unbedingt ein Bad im Meer sein muss, der sollte lieber bis zum **Sommer** warten. Das gilt auch für Bergwanderer, für vorwiegend nach Nordnorwegen orientierte Besucher und für Kulturreisende (die Museen öffnen oft erst Mitte Juni). Der Sommer beginnt gegen Mitte Juni um die Zeit der Sommersonnwende, die in ganz Skandinavien die Urlaubszeit einleitet. Dann treffen auch die großen Wohnmobilkonvois aus Mittel- und Südeuropa ein, weshalb es teils etwas eng zugehen kann, insbesondere in den Seebädern entlang der Skagerrakküste sowie in den Ferienzentren des Landes. Im hohen Norden umfassen die Tage jetzt auch die Nächte, die Flora erblüht zu voller Pracht. Topsaison bei größter Schönwetter-Wahrscheinlichkeit herrscht im Juli – dieser Monat verzeichnet die mit Abstand höchsten Besucherzahlen.

Ab Anfang August lichtet sich der „Rummel" und ab Mitte des Monats ist er definitiv vorbei, auch wenn der Sommer in klimatischer Hinsicht noch mindestens zwei Wochen (Nordnorwegen) bis vier Wochen bleibt. Die Tage werden nun rapide kürzer, im hohen Norden wehen bereits die ersten Polarlichter über den Nachthimmel. Anfang September beginnt dort der **Herbst**, wenig später färbt er im ganzen Land die Natur bunt; besonders beeindruckend ist das in den Bergen sowie in ganz Nordnorwegen. Weil es nachts bereits empfindlich kalt wird, bilden morgens rot glühende Bäume und raureifüberzogene Berge einen schönen Kontrast. Die Wetterlage ist ziemlich stabil, aber in den Höhenlagen fällt spätestens Mitte September der erste Schnee. Im Süden hingegen kann man dann durchaus noch ein Sonnenbad genießen oder auch einen Sprung ins Nass wagen, und abseits der Straße findet sich viel Schmackhaftes: Wer Pilze, Blau- oder Preiselbeeren, Rausch- und Krähenbeeren mag, der kann sich in Norwegen bis weit in den September hinein, wenn auch die letzten Preiselbeeren reif sind, in der Natur bedienen.

Über Hochland und Gebirge breitet sich ab Ende September, dem Beginn des Spätherbstes, eine geschlossene Schneedecke aus, während in den unteren Lagen noch immer die Farben bersten. Doch die Natur ist ausgepumpt: Es regnet, hagelt und schneit. Der **Spätherbst** dauert oft nur wenige Tage, und dass man ab Oktober wieder mit Spikes fahren darf, hat seinen Grund, auch wenn man hier erst ab Ende Dezember vom **Winter** spricht.

Kältester Monat ist der Januar, als am schneesichersten gelten Februar und März, teils auch der April. Doch Wintersportler sollten die „Schneeferien" (Ende Februar bis Anfang März) sowie die Ostertage meiden: Die Preise sind dann bis zu 50 % höher, und in den Wintersportzentren von Südnorwegen gibt es kaum freie Unterkünfte. Im Norden des Landes ist dies aber nie ein Problem.

Die berühmte Lofot-Fischerei ist zwischen Anfang Februar und Ende März eine weitere Attraktion für alle, die ein besonders ausgefallenes Wintererlebnis suchen, und wer einmal auf der Finnmarksvidda im lichtdurchfluteten April mit Skiern, Schneeschuhen oder Hundeschlitten unterwegs war, den wird die *terra plaris* gerade zur Winterzeit wohl immer wieder anziehen.

Das Wetter im Internet

Das meteorologische Institut von Norwegen informiert unter www.yr.no über das Wetter. Dank der verwendeten Wettersymbole ist die Website gut lesbar, außerdem auch auf Englisch abrufbar. Auch die Wettervorhersage für die kommenden Tage bzw. Wochen ist auf einen Klick hin sichtbar, man kann sogar stundengenau sehen, was wann wo zu erwarten ist und obendrein statistische Klimadaten abrufen.

Wer Hinweise auf Deutsch sucht, kann aus vielen Wetterseiten wählen, darunter www.wetteronline.de und www.wetter.com.

Reisekosten

Übernachtung

Zwar gilt Norwegen als eines der teuersten Länder der Erde, aber dieser Ruf lässt sich relativieren, wenn man bedenkt, dass in Norwegen dank Jedermannsrecht (S. 62) das Übernachten in der freien Natur zum Nulltarif möglich ist. Das billigste Bett in Wanderhütten und Jugendherbergen (die allen offenstehen) schlägt mit rund 250–300 NOK zu Buche, Zwei-Personen-Hütten bekommt man nicht unter 300 NOK, Hütten für 4 Pers. sind ab ca. 350 NOK zu haben. Relativ günstig sind Campingplätze, auf denen man für ein Zelt inkl. 2 Pers. etwa 150–200 NOK bezahlt bzw. 200–250 NOK je Wohnmobil oder Caravan. Privatzimmer liegen bei 450–500 NOK, für Bed & Breakfast muss man ab 500 NOK ansetzen. Mittelklassehotels kosten ab 1000 NOK, jene der gehobenen Klasse ab ca. 1500 NOK.

Essen und Trinken

Grundnahrungsmittel sind etwa 30–50 % teurer als zu Hause. Einfache **Gerichte** an einer Imbissbude, etwa Würstchen mit Brot, starten bei 30–50 NOK, Burger bekommt man ab 80 NOK. Für ein Mittagessen muss man pro Gericht gut 150 NOK ansetzen; das Tagesgericht *(dagens rett)* kostet allerdings oft nur ab 120 NOK, oft sogar inkl. Brot, Wasser und Kaffee. Bestellt man in guten Restaurants à la carte, sind 120–150 NOK für eine Vorspeise eher günstig, und für ein Hauptgericht bezahlt man gut 250–300 NOK.

Da die **Alkoholpreise** staatlich festgelegt sind, kann einem schon beim Einkauf schwindlig werden (s. Kasten S. 37): Man erhält eine Flasche Wein kaum unter 80 NOK, eine Dose Bier (0,5 l) kostet ab etwa 25 NOK, Spirituosen ab 350 NOK die Flasche. Nur Leichtbier ist mit rund 5 NOK für 0,33 l relativ erschwinglich. Für eine Tasse Kaffee im Café muss man ab 25 NOK rechnen, Softdrinks und Mineralwasser starten bei 25–30 NOK für 0,33 l bis hoch zu über 40 NOK.

Rauchern sei empfohlen, die Duty-free-Möglichkeiten (S. 81) voll auszuschöpfen, denn ein Päckchen Tabak (50 g) kostet rund 260–300 NOK, 20 Zigaretten um die 80–100 NOK.

Norwegische Spezialitäten

An *lutefisk* scheiden sich die Geschmäcker, aber gekostet haben muss man dieses Nationalgericht, ebenso wie *bacalao* und *fiskesuppe* (S. 45). Die Haute-Cuisine-Schlemmerei *kongekrabbe* (Königskrabbe; S. 540) bekommt man hier so günstig wie nirgendwo sonst.
Keine Norwegenreise ohne *elgstek* (Elchbraten) und *reinsdyr* (Rentier) sowie *fenalår* (Hammelkeule) und *pinnekjøtt* (Rippchen). Auch *rømmegrøt* (Rahmgrütze) gehört einfach dazu. Ausführliche Infos zu den Landesspezialitäten S. 43.

Transport

Die **Fahrpreise** für Busse liegen bei ca. 30–40 NOK für eine Stadtfahrt, während für Überlandreisen etwa 100–200 NOK je 100 km anfallen (je nach Distanz und Landesteil). Taxipreise sind horrend (kaum eine Fahrt unter 150 NOK). Bahnfahren hingegen ist recht günstig. Das Fliegen ist in Norwegen kaum teurer als zu Hause, und die Preise für Mietwagen sind konkurrenzfähig.

Eintrittsgelder und Tagesbudget

Bleiben *last but not least* die **Eintrittsgelder** zu den Sehenswürdigkeiten, die mit durchschnittlich etwa 50–150 NOK durchaus Löcher in die

Reisekasse fressen können. Wer sich selbst verpflegt und im mitgebrachten Zelt in der freien Natur übernachtet, kann auf dem untersten Level mit einem **Tagesbudget** von etwa 200 NOK pro Tag hinkommen, aber für ein unbeschwerteres Reiseerlebnis sollte man wenigstens das Doppelte ansetzen. Auch wer auf Campingplätzen nächtigt, benötigt mindestens 400 NOK pro Tag. Um sich Jugendherbergs- oder Backpacker-Betten zu leisten, muss man bei Selbstversorgung gut 500–700 NOK pro Tag einplanen. Wer auch in einfachen Restaurants essen will, kommt kaum unter 600–800 NOK weg. Ca. 1200–1800 NOK pro Tag sind Minimum für alle, die sich Mittelklassekomfort gönnen.

Spartipps

€ Kosten sparen, und zwar bis zu 25 % der Zimmerpreise, kann man mit einem **Hotelpass** (S. 78), den man vor Ort erwirbt oder online bucht. Frühstück ist glücklicherweise im Zimmerpreis meist inklusive. Wer seine weiteren **Lebensmittel** nur in großen Supermärkten einkauft, schont die Reisekasse ebenfalls enorm.

Die Sehenswürdigkeiten der beiden großen Metropolen des Landes genießt man dank **Oslo-Pass** (S. 126) bzw. **Bergen-Karte** (S. 293) für 'n Appel und 'n Ei und bekommt damit zudem Rabatte auf Transport, Shopping und Ausflüge. **Kinder unter 4 Jahren** haben in Museen stets kostenlosen Eintritt und dürfen gratis die öffentlichen Verkehrsmittel benutzen. **Senioren** ab 67 Jahren erhalten in Museen einen Preisnachlass von 25 % und fahren, wie auch **Jugendliche** bis 16 Jahren, in den meisten öffentlichen Verkehrsmitteln für die Hälfte.

Dank dem **Billigflieger** Norwegian Air (S. 39) und dem **Flugpass** von Widerøe (S. 77) kann man ganz Norwegen außerordentlich preisgünstig befliegen, und mit dem **Rabattsystem der Norwegischen Staatsbahn** (S. 76) kommt man schon für rund 250 NOK in den Genuss der längst möglichen Bahnfahrt im Land. Das ist so gut wie geschenkt, obwohl es alles in allem noch günstiger kommen kann, wenn man mit **Interrail-Pass** (S. 76) an- und herumreist. Den gibt es übrigens längst nicht mehr nur für junge Leute. Mit Preisen ab ca. 250 NOK am Tag (bei Wochenmiete) ist auch ein **Mietwagen** (S. 71) in Relation äußerst günstig.

Obendrein gilt Norwegen (Schwerpunkt Nordnorwegen) als Paradies für **Tramper**, die hier in der Regel viel schneller mitgenommen werden als irgendwo sonst in Europa. Das Trampen ist bei den Einheimischen viel üblicher als im deutschsprachigen Raum, doch auch hier gilt wie im Rest der Welt: Diese Art zu reisen spart Geld, ist aber nicht ohne Risiko.

Was kostet wie viel?

1 l Mineralwasser	ab 25 NOK (im Lokal 0,33 l 40 NOK)
Kaffee	ab 25 NOK (2. Tasse meist kostenlos)
0,33 l Softdrinks	ab 15 NOK (Lokal 40 NOK)
0,5 l Bier	ab 25 NOK (Lokal ab 75 NOK)
0,33 l Leichtbier	ab 5 NOK (Lokal 40 NOK)
Glas Wein	ab 70 NOK
Longdrinks	ab 110 NOK
Spirituosen	ab 80 NOK/Gläschen
Frühstück	ab 80 NOK (meist im Zimmerpreis inkl.)
Sandwich	ab 40 NOK
Hamburger	ab 80 NOK
Mittagessen	ab 120–150 NOK
Abendessen	ab 200 NOK
Jugendherberge	ab 250 NOK
Hütte (2 Pers.)	ab 300 NOK
Privatzimmer (DZ)	ab 500 NOK
Hotelzimmer	ab 900 NOK (Mittelklasse)
Camping (2 Pers.)	ab 150 NOK (Zelt), 180 NOK (Wohnmobil)
Eintrittspreise	50–150 NOK
1 l Benzin/Diesel	15–16/14–15 NOK

Travelinfos von A bis Z

Für eine Reise ins Schengen-Land Norwegen reicht der Personalausweis, und es sind keine großen Vorbereitungen notwendig. Doch tickt das Nicht-EU-Mitglied in mancher Hinsicht ein wenig anders, als man es vom Rest unseres Kontinents vielleicht gewohnt ist, und so sollte man die folgenden Seiten nicht überfliegen, sondern mit Muße und voller Vorfreude lesen.

SVOLVAERGEITA; © DUMONT BILDARCHIV / OLA ROE

Kurz und knapp

Einreise Auch Kinder benötigen einen Personalausweis/Reisepass, Kraftfahrzeuge das Nationalitätskennzeichen.

Zoll Die Preise für Alkohol- und Tabakwaren sind extrem, daher evtentuell duty-free einkaufen.

Geld Währung ist die Norwegische Krone (NOK), Geldautomaten stehen „an jeder Ecke"

Smartphones Roaming ist kein Problem, WLAN überall zu finden

Inhalt

Anreise

Mit dem Flugzeug

Dank des starken Konkurrenzdrucks auf dem Flugmarkt ist Fliegen mit Abstand die günstigste und natürlich auch schnellste Möglichkeit (ca. 2 Std.), nach Norwegen zu gelangen. Drehkreuz des Flugtourismus ist Oslo, von wo aus Dutzende Destinationen im gesamten Land mehrmals tgl. von SAS (s. u.) sowie Norwegian (s. u.) und Widerøe (S. 77) angeflogen werden.

SAS, ✆ 01805-117002 (Deutschland), ✆ 0810-977980 (Österreich), ✆ 0848-117100 (Schweiz), ✆ 05400 (Norwegen), 💻 www.flysas.com. Die Airline SAS fliegt (in Zusammenarbeit mit der Lufthansa) täglich von zahlreichen deutschen Städten sowie u. a. von Wien, Zürich und Amsterdam aus direkt nach Oslo, Stavanger, Bergen und Trondheim. Verschiedene Tarife helfen Geld zu sparen; am billigsten kommt es, online zu buchen.

Norwegian, ✆ 0047-21490015 bzw. innerhalb Norwegens 81521815, 💻 www.norwegian.no. Das zweitdichteste Netz für Flüge nach Norwegen hat Norwegian gespannt, die ab etwa 60 € mehrmals wöchentlich bis tgl. auf den Strecken von München, Hamburg, Hannover, Köln, Düsseldorf und Berlin sowie Salzburg, Wien und Genf nach Oslo, Bergen und Trondheim verkehren. Man bucht online (💻 www.norwegian.no) oder telefonisch.

Eurowings, ✆ 0180-6320320 (Deutschland), 0800-802682 (Österreich), 0900-000407 (Schweiz), 💻 www.eurowings.com. Eurowings bedient ab Stuttgart, Köln, Düsseldorf, Nürnberg, Karlsruhe und Dresden sowie Zürich, Genf, Klagenfurt und Wien mindestens einmal tgl. die Strecke von und nach Oslo. Buchungsanfragen online oder telefonisch.

Dem stark boomenden Nordlicht-Tourismus sei Dank bedient die **Lufthansa**, ✆ 069-86799799 (Deutschland), 0810-10258080 (Österreich), 0900-900922 (Schweiz), 💻 www.lufthansa.com, seit November 2016 im Winterhalbjahr (Nov.–März) an jedem Samstag die Direktroute von Frankfurt nach Tromsø ab rund 150 € pro Strecke. Die Abflug- und Ankunftszeit sind dabei so gelegt, dass man ideale Anschlussverbindungen zum gesamten Lufthansa-Streckennetz hat.

Günstig fliegen

Größte Transparenz über das oft unübersichtliche Flugangebot bieten Flug-Vergleichs-Websites. Zu den effektivsten gehören derzeit u. a. 💻 **www.idealo.flug.de** und 💻 **www.billig-flieger-vergleich.de** sowie 💻 **fluege.de** und 💻 **www.flug.check24.de**.

Mit dem eigenen Fahrzeug

Seit Fertigstellung der neuen **Øresund-Verbindung** zwischen Dänemark und Schweden, 💻 www.oresundsbron.com, gelangt man auch ohne Fähre nach Norwegen. Doch diese Variante ist weder schneller noch billiger (Mautpflicht: 50 € je Pkw, 100 € je Caravan/Wohnmobil). Zudem ist eine **Schiffsreise** ein schöner Auftakt für einen Norwegenurlaub. Bei Anreise zwischen dem 15. Juni und 15. August sollte man jedoch frühzeitig reservieren, da sonst eventuell Wartezeiten entstehen.

Welche der rund ein Dutzend Verbindungen die beste ist, hängt vom Wohnort, der Routenwahl und vom Geldbeutel ab. Ein **Preisvergleich** lohnt: Man sollte sich in einem Reisebüro beraten lassen oder Angebote der verschiedenen Gesellschaften einholen (es gibt zahlreiche Spartarife) bzw. eine Fährpreis-Vergleichswebsite nutzen, etwa 💻 www.aferry.de. Außerdem sollte man das Ticket bereits vor der Abreise erstehen. Das geht auch online und ist in vielen Fällen bis zu 30 % billiger, als die Passage erst am Fährhafen zu zahlen.

Generell gilt: Für Reisende aus dem Osten Deutschlands bietet es sich an, von Sassnitz/Rügen oder von Rostock nach Trelleborg/Schweden überzusetzen. Für die Übrigen empfehlen sich Puttgarden/Fehmarn, Travemünde, Kiel, Hirtshals und Frederikshavn. Die Distanz von Trelleborg nach Oslo (via E 6) beträgt rund 650 km, ab Helsingborg sind es 550 km, ab Halmstad 450 km, ab Varberg 380 km, ab Göteborg rund 300 km.

Fährgesellschaften

Color Line, Norwegenkai, 24143 Kiel-Gaarden, 0431-7300100, www.colorline.de (Kiel–Oslo; Hirtshals/DK–Kristiansand/N; Hirtshals/DK–Larvik/N, Strömstad/S–Sandefjord/N).

DFDS Seaways, Högerdamm 41, 20097 Hamburg, 040-3890371, www.dfdsseaways.de (Kopenhagen–Oslo).

Fjord Line c/o MVP travel, Postfach 1203, 18302 Ribnitz-Damgarten, 03821-7097210, www.fjordline.de (Hirtshals/DK–Langesund/N, Hirtshals/DK–Kristiansand/N, Hirtshals/DK–Stavanger/N, Hirtshals/DK–Bergen/N).

Scandlines, Hochhaus am Fährhafen, 18119 Rostock, 0381-77887766, www.scandlines.de (Rostock–Trelleborg/S; Sassnitz/Rügen–Trelleborg/S; Puttgarden/D–Rødby/DK; Rostock–Gedser/DK). Buchung und Infos in allen Bahnhöfen der Bundesrepublik. Günstig sind die sog. Durchtickets, die mehrere Fähren kombinieren: Puttgarden/D–Rødby/DK und Helsingør/DK–Helsingborg/S oder Rostock–Gedser/DK und Helsingør/DK–Helsingborg/S.

Stena Line, Schwedenkai 1, 24103 Kiel, 01805-916666, www.stenaline.de; u. a. Fredrikshavn/DK–Oslo.

TT-Line, Zum Hafenplatz 1, 23570 Lübeck-Travemünde, 04502-80181, www.ttline.de (Rostock–Trelleborg/S; Travemünde–Trelleborg/S).

Mit der Bahn

Nimmt man nicht einen der Sondertarife wahr, ist die Anreise per Bahn mit Abstand die teuerste Alternative, und über die aktuellen Spartarife im Gebiet der Deutschen Bahn sollte man sich bei der Zugauskunft oder auf der Homepage www.bahn.de informieren.

Die internationalen Züge fahren entweder via Hamburg, Kopenhagen und Göteborg oder via Berlin, Sassnitz/Rügen (Eisenbahnfähre nach Trelleborg/S), Malmö und Göteborg **nach Oslo** mit Anschluss Richtung Stavanger, Bergen, Trondheim und Bodø. Mit der schnellsten Bahnverbindung benötigt man von Hamburg aus rund 16, von Zürich ca. 26 und von Wien ungefähr 28 Stunden. Außerdem können Reisende per Bahn von Hamburg **nach Hirtshals oder Frederikshavn/DK** fahren und von dort aus bequem mit einer Fähre (S. 40) nach Oslo, Kristiansand, Larvik, Stavanger oder Bergen übersetzen.

Die schnellste Bahnverbindung nach Nordnorwegen führt ab dem südwestschwedischen Malmö bzw. ab Göteborg mit dem „Lapplandzug" via Stockholm **nach Narvik.** Zuständig für diese Bahnstrecke ist die Schwedische Staatsbahn, die durchaus mit attraktiven Preisen wirbt: Beispielsweise kostet die Strecke von Malmö nach Narvik etwa lediglich um 90 € je

Weniger fliegen – länger bleiben! Reisen und Klimawandel

nachdenken • klimabewusst reisen

atmosfair

Der Klimawandel ist vielleicht das dringlichste Thema, mit dem wir uns in Zukunft befassen müssen. Wer reist, erzeugt auch CO_2: Der Flugverkehr trägt mit einem Anteil von bis zu 10 % zur globalen Erwärmung bei. Wir sehen das Reisen dennoch als Bereicherung: Es verbindet Menschen und Kulturen und kann einen wichtigen Beitrag für die wirtschaftliche Entwicklung eines Landes leisten. Reisen bringt aber auch eine Verantwortung mit sich. Dazu gehört darüber nachzudenken, wie oft wir fliegen und was wir tun können, um die Umweltschäden auszugleichen, die wir mit unseren Reisen verursachen. Wir können insgesamt weniger reisen – oder weniger fliegen, länger bleiben und Nachtflüge meiden (da sie mehr Schaden verursachen). Und wir können einen Beitrag an ein Ausgleichsprogramm wie **www.atmosfair.de** leisten.

Dabei ermittelt ein Emissionsrechner, wie viel CO_2 der Flug produziert und was es kostet, eine vergleichbare Menge Klimagase einzusparen. Mit dem Betrag werden Projekte in Entwicklungsländern unterstützt, die den Ausstoß von Klimagasen verringern helfen.

Weg für den Sitzplatz bzw. um 100 € für den Liegeplatz, und Jugendliche sowie Senioren bekommen zusätzlich 30 % Rabatt. Buchen kann man die Tickets unter ✆ 0046-771-757575 sowie 💻 www.sj.se.

Mit dem Bus

Oslo kann man problemlos von dutzenden deutschen Städten bis zu mehrmals täglich per Bus erreichen. Aber gar so preiswert ist das im Vergleich nicht, denn schon die einfache Strecke ab Berlin kostet ab 40 €. Es wird fast immer nachts gefahren.

Hauptanbieter ist **Flixbus**, ✆ 030-300137300, 💻 www.flixbus.de. Einen Klick wert sind auch die Preisvergleich-Seiten 💻 www.goeuro.de und 💻 www.checkmybus.de.

Mitfahrgelegenheit

Die in allen Städten etablierten Mitfahrzentralen vermitteln preiswerte Mitreisegelegenheiten (ca. 6 Eurocent/km Betriebskostenbeteiligung, evtl. zuzüglich einer Gebühr für die Fähre). Eine Reihe von Mitfahrzentralen haben sich unter dem Namen Citynetz zusammengeschlossen und sind erreichbar unter 💻 www.citynetz-mitfahrzentrale.de.

Günstig Bahnfahren: Interrail

Wer Norwegen v. a. mit der Bahn ansteuern und erkunden will, wird mit dem **Interrail Global Pass** am günstigsten wegkommen (s. auch Transport, S. 76). Er berechtigt zu kostenlosem Fahren in über 30 Ländern Europas, darunter auch in Skandinavien, und ist in 5 Varianten für Jugendliche/Erwachsene (ab 25 Jahre) erhältlich: Für 206/267 € darf man an 5 von 15 Tagen unbegrenzt mit der Bahn reisen, für 253/318 € an 7 von 30 Tagen, für 301/378 € an 10 von 30 Tagen, für 348/418 € an 15 aufeinanderfolgenden Tagen, für 385/489 € an 22 aufeinanderfolgenden Tagen, und für 493/632 € 1 Monat durchgehend. Lediglich für Bahnfahrten in seinem Wohnsitzland muss man extra bezahlen, und zwar 25 % des offiziellen Preises in Deutschland bzw. 50 % in Österreich sowie der Schweiz.

Weitere Infos in allen DB-Reisezentren sowie unter 💻 www.bahn.de (auch online buchbar) und der offiziellen Interrail-Webseite 💻 www.interrail.eu.

Botschaften

Norwegische Vertretungen im Ausland

In Deutschland

Königlich Norwegische Botschaft
Rauchstr. 1, 10787 Berlin
✆ 030-505058600, 💻 www.norwegen.no

In Österreich

Königlich Norwegische Botschaft
Reisnerstr. 55-57, 1030 Wien
✆ 01-71660, 💻 www.norway.no/de/austria

In der Schweiz

Königlich Norwegische Botschaft
Bubenbergplatz 10, 3011 Bern, ✆ 031-3105555,
💻 www.norway.no/de/switzerland

Ausländische Vertretungen in Norwegen

Deutsche Botschaft

Forbundsrepublikken Tysklands Ambassade
Oscarsgate 45, 0244 Oslo
✆ 23275400, 💻 www.oslo.diplo.de

Österreichische Botschaft

Østerriksk Ambassade
Thomas Heftyes gate 19-21, 0244 Oslo
✆ 22540200, 💻 www.bmeia.gv.at/botschaft/oslo

Schweizer Botschaft

Sveitsisk Ambassade
Oscarsgate 29, 0268 Oslo
✆ 22542390, 💻 www.eda.admin.ch/oslo

Einkaufen

Lebensmittel

In dem Nicht-EU-Land Norwegen sind die Preise für **Lebensmittel** höher als in den Mitgliedsländern der Union: etwa 50 %, bei manchen Produkten auch bis 100 %. Man muss das System kennen, also wissen, dass man nur in größeren Ortschaften einkaufen sollte, und nur in großen Supermärkten. Die kleinen Läden, oft mit *Matsenter, Landhandel, Daglivarer* oder *Handel* angeschrieben, sind nicht selten bis zu 50 %, die den Tankstellen oder Campingplätzen angeschlossenen Geschäfte hingegen bis über 100 % teurer! Außerdem sind **Preisvergleiche** in den Supermärkten vor Ort von enormem Vorteil: Es gibt häufig mehrere, meist schön nebeneinander an der Peripherie gelegen, und dass die Preise für absolut identische Waren von Laden zu Laden extrem unterschiedlich sein können, ist nicht die Ausnahme, sondern eher die Regel in Norwegen.

Wochenmärkte finden sich in Norwegen nur selten außerhalb der Großstädte, und generell sind sie kaum billiger als Supermärkte, eher sogar teurer. Auch die Straßenstände, wo im Sommer Obst und Gemüse feilgeboten werden, haben zumeist ein ziemlich hohes Preisniveau. Nur die mobilen Fischhändler, die während der Sommersaison im Land unterwegs sind und in den Städten meist auf dem *torget* (Marktplatz) stehen, fallen zum Teil unter die Kategorie „günstig".

Öffnungszeiten

- **Geschäfte**: Mo–Sa 9/10–16/17, Do bis 19/20 Uhr.
- **Supermärkte**: Mo–Fr 9/10–20, Sa bis 18 Uhr.
- **Banken**: Mo–Mi und Fr 8.30/9–15/15.30, Do oft bis 17 Uhr.
- **Post**: Mo–Fr 8.30/9–16/16.30, Sa 9/10–13 Uhr.
- **Alkoholläden**: Mo–Mi 10–16, Do 10–17, Fr 10–16, Sa 9–13 Uhr.

Tax-free-System

Was immer man in Norwegen an Souvenirs erstehen mag: Kaufen sollte man möglichst nur in Geschäften mit Tax-free-Aufkleber. Bei Waren im Wert ab 315 NOK (Lebensmittel 285 NOK) kann man sich dort einen „Tax-free-Scheck" ausstellen lassen, mit dem an Flughäfen, Fähren und an größeren Grenzübergängen die bezahlte Mehrwertsteuer abzüglich einer Gebühr in bar rückvergütet wird. Infos über www.globalblue.com und www.premier taxfree.com.

Alkohol

Das Mindestalter für den Kauf von Bier und Wein beträgt 18 Jahre. Um Spirituosen erwerben zu dürfen, muss man mindestens 20 Jahre alt sein. Alkohol ist extrem teuer (S. 37), denn wie alle Skandinavier haben auch die Norweger ein zwiespältiges Verhältnis dazu. Der Stoff, der das Walhalla der Wikinger erst zum Paradies machte, floss hier einst so reichlich durch die Kehlen, dass gegen Ende des 19. Jhs. Zigtausende Familien vor dem Ruin standen. In der Folge entstanden zahlreiche Abstinenzbewegungen, und heute sind Spirituosen sowie Wein nur noch zu hohen Preisen und eben nur in den sehr raren (staatlichen) Alkoholläden mit Namen *Vinmonopolet* erhältlich. Man findet sie nur in Städten mit Stadtrechten. Leichtbier bekommt man auch in den Supermärkten, doch ob dort auch Bier verkauft wird (per Gesetz nur bis 15 Uhr erlaubt), hängt von der jeweiligen Kommune ab. Wenn nicht, dann steht der Gerstensaft im *Ølutsalg* (Bierladen) zum Verkauf.

Souvenirs

Überall im Land laden Kunstgewerbegeschäfte ein – oft mit *Husfliden* angeschrieben –, wo traditionell norwegische Produkte im Angebot stehen. So etwa die berühmten Strickpullover, -jacken usw. im Norwegermuster, überhaupt Strickwaren jeder Art sowie Bronze-, Glas- und Zinnwaren, Tafelsilber und Porzellan, gewebte

Wandteppiche nebst handbemalten Holzgegenständen, Schmuck und Textildrucken, Keramiken und anderen Waren mehr. Auch Trolle sind im „Land der Trolle" natürlich im Souvenirangebot. Zudem präsentieren Sportgeschäfte überall eine üppige Auswahl an Messern von hoher Qualität (handgeschmiedete Klingen), und beliebte Mitbringsel sind auch Angelutensilien jeder Art.

Einreisepapiere

Personalpapiere: Man benötigt einen gültigen Personalausweis bzw. eine Identitätskarte oder einen Reisepass.

Fahrzeugpapiere: Das Nationalitätskennzeichen ist Pflicht, die Internationale Versicherungskarte (Grüne Karte) nicht, wird aber empfohlen. Der nationale Führerschein reicht aus, auch um ein Auto vor Ort zu mieten.

Einfuhr von Tieren: Norwegen und die EU haben ein gemeinsames Regelwerk bei der Einfuhr von Hunden und Katzen: Beim Zoll ist eine Bescheinigung über erforderliche Impfungen und die Gesundheit des Tieres vorzulegen. Dazu benötigt man einen speziellen Ausweis (blauer EU-Pass). Die Vorbereitung sollte mindestens 6 Monate vor Abreise beginnen. Weitere Infos: Mattilsynet, Postboks 383, 2381 Brumunddal, ✆ 23216800, 💻 www.mattilsynet.no.

Essen und Trinken

„Man isst schlecht in Norwegen", hört man immer wieder von enttäuschten Touristen. Der Grund dafür ist allerdings, dass sie sich vom sehr hohen Preisniveau einschüchtern lassen und im erstbesten *kro* am Straßenrand einkehren. Das kann gut gehen, tut es meist aber nicht, denn bei einem *kro* handelt es sich zumeist um eine einfache Selbstbedienungs-Cafeteria.

Aber auch ein *restaurant* entpuppt sich oft als Selbstbedienungsladen, was den horrenden Personalkosten geschuldet ist. Überhaupt finden sich hier Restaurants, wie man sie vom Kontinent kennt, eher selten; nur in den großen oder touristisch interessanten Städten kann man in dieser Hinsicht fündig werden.

Man muss also wissen, wohin die Norweger zum Schlemmen gehen, und wird feststellen: Es gibt im Königreich zwar nicht sehr viele Restaurants, die erlesene Genüsse bieten, diese wenigen sind aber durchaus so gut, dass man, erlaubt es die Reisekasse, jeden Tag aufs Neue einkehren möchte.

Hausmannskost, kulinarisch verfeinert

Die typisch norwegische Küche entstammt nicht, wie in vielen anderen europäischen Ländern, der Küche des Hofes, sondern der ländlichen Küche. Entsprechend ist sie weder berühmt noch berauschend, sondern bodenständig. Kulinarische Feinheiten sind nicht gefragt bzw. waren nicht gefragt, denn in den letzten Jahren hat sich die norwegische Küche zumindest in den großen Städten und Touristenzentren in Richtung der Feinschmeckerküche entwickelt. Dabei wurde die Spitzengastro-

Fettnäpfchen

Wer in Norwegen in ein Restaurant kommt, sich umschaut und zielstrebig an einem freien Tisch Platz nimmt, wird zumindest in den Lokalen der Spitzengastronomie sofort als unwissender Tourist entlarvt. Auch in vielen eher der Mittelklasse zuzurechnenden Restaurants gehört es zur Etikette, zu warten, bis ein Kellner einem einen Tisch zuweist. Überhaupt ist es hier üblich, vor einem Restaurantbesuch telefonisch oder auch per Mail einen Tisch zu bestellen.

Ärger handelt man sich ein, wenn man das in Norwegen seit 2004 geltende generelle Rauchverbot in Gaststätten missachtet. Wem das Rauchen ein Bedürfnis ist, der sollte sich selbst in einem Michelin-Sterne-Gourmettempel nicht zieren, vor die Tür zu gehen. Das machen auch die Norweger, egal welcher Gesellschaftsschicht sie angehören.

nomie insbesondere von Frankreich beeinflusst, doch auch Elemente aus Italien und Spanien bereicherten die sogenannte neonorwegische Küche. Die japanische Sushi-Tradition hat ebenfalls viele Freunde gewonnen, die leichte Thai-Küche ist schon seit Jahren „hip", die chinesische und indische erst recht, und so multikulturell wie zumindest das urbane Norwegen heute ist, wird auch gekocht und gespeist.

Die Mahlzeiten

Üppig am Morgen

Die allermeisten Unterkünfte und vor allem die Hotels bieten morgens ein im Übernachtungspreis in aller Regel enthaltenes *frokost* (Frühstück) an, und zwar meist als Buffet. Außer Säften und Kaffee, Milch und Tee lockt zumeist eine Auswahl an Brötchen und verschiedenen Brotsorten; dazu gibt es Butter und Margarine, natürlich Marmeladen, Cornflakes und Müsli, Salate, Käse, Wurst und Eier, aber auch kalte Fleischgerichte sowie eingelegten Hering *(sild)* in allen möglichen Variationen.

Mager am Mittag

Das Mittagessen heißt in Norwegen *lunjs*, wird in der Regel zwischen 12 und 14 Uhr serviert und im Sinne des englischen Lunch verstanden, ist also eher ein kleiner Imbiss, ein Salat oder Obstteller. Viele Restaurants bieten zusätzlich ein spezielles und stets günstiges *dagens rett* (Tagesgericht), auch als *dagens tallerken* (Tagesteller) bezeichnet. Oft sind im Preis solcher Tagesgerichte Brot, Salat, Wasser und Kaffee inklusive.

Eine andere Mittags-Institution ist das *smørbrød*, bei dem es sich aber keineswegs um ein schlichtes Butterbrot handelt, sondern um ein mit Käse, Wurst, Lachs, Garnelen, Salatblättern und was nicht allem geadeltes Brot oder Brötchen, gerne auch Baguette. Es ist jedoch nicht zu verwechseln mit dem *smørbrødsbuffet*, worunter das berühmte skandinavischen Buffet verstanden wird: Für einen Pauschalpreis kann man so oft und so viel von den mitunter wie Stillleben aufgebauten Köstlichkeiten nehmen, wie man mag. Da es unmöglich ist, von allem – und sei es nur ein Häppchen – zu kosten, sind solche Buffets für norwegische Verhältnisse gar nicht einmal teuer.

Middag am Abend

Die warme Hauptmahlzeit des Tages, im Deutschen als Mittagessen bekannt, heißt hier *middag*, mit dem Unterschied, dass sie nicht mittags, sondern zwischen 16 und 18 Uhr eingenommen wird. So ist es zumindest Brauch in den meisten Familien. Doch in den Restaurants wird *middag* im Sinne von Dinner verstanden und in der Regel zwischen 18 und 21 Uhr serviert. *Middag* ist, verglichen mit dem Lunch (s. oben), stets ein teures Vergnügen, selbst wenn man auf den Wein verzichtet, der dazu üblich ist. Damit ist es etwas Besonderes, und so leger Norweger sonst auch gekleidet sein mögen: Zum Restaurantbesuch wirft man sich in Schale, und Anzug und Krawatte gehören in vielen Spitzenlokalen zum guten Ton.

Kulinarisches Wörterbuch

Eine Liste deutscher Übersetzungen von Speisen, Getränken und Spezialitäten ist im Anhang auf S. 605 zu finden.

Fischgerichte

Wer Risiken scheut und etwas ganz Ausgezeichnetes sucht, wählt *fisk* (Fisch), der in Norwegen, dem Land der Lachse und Forellen, Dorsche und Steinbeißer, Heringe, Makrelen, Schollen und Flundern, Schellfische, Steinbutts usw. natürlich stets frisch auf den Tisch kommt. Die bekannteste und teuerste Fischspezialität aus Norwegen ist **røkelaks** (Räucherlachs), die vielleicht populärste und billigste heißt **fiskeboller** (aus Fischmehl oder durchgedrehter Fischmasse bestehende Klößchen) oder auch **fiskepudding**. Die beiden gewöhnungsbedürftigsten sind **rakørret** und **lutefisk**.

Bei *rakørret* handelt es sich um gesalzene und angegorene Forelle, die mehrere Monate in einer Salzlake liegen muss. Das hört sich übel an, schmeckt aber durchaus erträglich. Anders *lutefisk* (gewässerter und aufgequolle-

Lutefisk

Stockfisch kann gegrillt, gekocht oder mariniert, zu Suppen, Salaten, Vorspeisen und Hauptgerichten, ja sogar Desserts verarbeitet werden. Im Allgemeinen kann er eine deftige Hausmannskost ebenso abgeben wie eine Haute-Cuisine-Leckerei. Letzteres gilt jedoch garantiert nicht für *lutefisk* (Laugenfisch); in Touristenkreisen wird sogar gewitzelt, dass man in Norwegen geboren sein müsse, um diese gelblichweiße Masse überhaupt genießen zu können … Sie entsteht dadurch, dass Stockfisch für mindestens 3 Tage in Wasser eingeweicht und dann für 2 Tage in Natronlauge (4–5 Esslöffel Ätznatron oder Holzasche auf 10 l Wasser) gelegt wird, bevor er noch einmal für 2 Tage in Frischwasser kommt. Nun hat er eine weiche Konsistenz und hat sein Volumen verfünffacht. Es folgt die Zubereitung, indem man den *lutefisk* in einen auf 200 °C vorgeheizten Backofen gibt (zuvor mit Salz bestreut und in Alufolie verpackt) und 30 bis 40 Minuten gart. Alternativ legt man ihn ohne Wasser in einen Topf und streut pro Kilogramm Fisch 2 Esslöffel Salz darüber; das lässt man stehen, bis sich Flüssigkeit bildet. Diese wird nun bei geschlossenem Topf aufgekocht, dann schaltet man die Platte aus und lässt den Fisch etwa 10 Minuten ziehen. Serviert wird der *lutefisk* schließlich mit Kartoffeln und Erbsenpüree sowie zerlassener Butter.

ner Stockfisch; s. oben), der den meisten Touristen buchstäblich den Magen umdreht. Doch bei den Norwegern ist er so beliebt, dass er gar als Weihnachtsessen auf die Festtafel kommt.

Ebenfalls nicht jedermanns Geschmack sind **torsketunger** (Dorschzungen), die meist gebraten oder gekocht serviert und mit saurer Sahne aufgetragen werden: Innen haben sie eine gallertartige Konsistenz. Aus Fischköpfen und Meeresfrüchten bereitet man **fiskesuppe**, die zwar nicht so raffiniert ist wie die berühmte Bouillabaisse, jedoch von sehr gutem Geschmack. Sie fehlt in keinem norwegischen Fischrestaurant, wie sich auch die spanische bzw. portugiesische Klippfischspezialität **bacalao** bzw. **bacalhau** großer Beliebtheit erfreut.

Fleischgerichte

Für **blodpudding** (Blutpudding) und **lungemos** (Lungenhaschee) muss man wohl Norweger sein, wohingegen **kjøttkaker** (Hackbällchen, ähnlich Frikadellen) – meist mit Erbsenpüree und dicker brauner Sauce serviert – auch den meisten Ausländern schmeckt. Es ist fast schon ein Nationalgericht und steht nahezu überall auf der Speisekarte. Ebenso **fårikål**, Weißkraut mit Hammelfleisch, das ähnlich preiswert ist. Wo immer **fenalår** – gesalzene und geräucherte Hammelkeule – angeboten wird, sollte man ebenso zuschlagen, wie auch bei **pinnekjøtt**, gedämpfte oder auch mal gebratene Hammelrippe.

Auch **spekemat** (gepökeltes Dörr- oder Rauchfleisch) ist einen Versuch wert, gut und immer günstig ist **betasuppe** (Gemüsesuppe mit Fleisch), und als das Leckerste des Leckersten (aber auch meist Teuerste des Teuersten) gilt **elgstek** (Elchbraten), meist mit **tyttebær** (Preiselbeeren) serviert, was auch zu **reinsdyr** (Rentier) zu empfehlen ist.

Weitere Spezialitäten

Ganz und gar nicht nach dem Geschmack der meisten Touristen ist der braune, knotig aussehende **gammelost**. Bei dieser Delikatesse von nationaler Bedeutung handelt es sich schlicht um „alten Käse", und wer die Glocke lüftet, unter der er stets serviert wird, läuft Gefahr, seine Geruchsnerven zu schädigen.

Außerordentlich lecker hingegen sind **fløytemysost**, **geitost** und **gudbrandsdalsost**. Die drei Käsesorten (eine aus Kuh-, die andere aus Ziegenmilch, die dritte aus Kuh- und Ziegenmilch) sind eigentlich gar keine Käse, sondern heißen bloß so. Diese Delikatessen überraschen mit einem Geschmack nach Erdnussbutter und Karamell, können an eingetrocknete Kondensmilch erinnern und werden aus jener Molke

Stoccafisso und Bacalao

Ein Blick auf norwegische Speisekarten kann verwirren, denn neben *lutefisk* (s. Kasten S. 45) stehen oft sowohl *stoccafisso* als auch *bacalao* nebeneinander. Wer *stoccafisso* bestellt, kann sicher sein, dass er auch Stockfisch bekommt. Dagegen kann es sich bei *bacalao* sowohl um Stock- als auch um Klippfisch handeln, also um Kabeljau, der vor dem Trocknen gesalzen wurde. Der Grund dafür ist, dass *bacalao* das spanische Wort für Kabeljau ist, dieser Fisch aber in spanischen Gewässern so selten ist, dass das Wort synonym sowohl für lediglich getrockneten als auch für zuvor gesalzenen Kabeljau verwendet wird. Geschmacklich heben sich beide deutlich voneinander ab, und wie es heißt, hat Stockfisch eine feste Textur sowie ein eher mildes Fischaroma, während Klippfisch ausgesprochen „fischig" schmeckt.

hergestellt, die bei der Produktion von normalem Käse übrigbleibt. Am Stück präsentiert sich solcher „Käse" als dicker brauner und ziemlich harter Klotz, als Brotbelag ist er wellig dünn wie Crêpes, leicht zähflüssig und neigt dazu, am Gaumen zu kleben. Aber er schmeckt, wird in Norwegen in gigantischen Mengen verzehrt, insbesondere auch zur Zwischenmahlzeit-Spezialität **vaffler** (Waffeln), und ist so beliebt, dass er bei ins Ausland reisenden Norwegern einen Teil des Handgepäcks ausmacht.

Um **rømmegrøt**, eine Art norwegische Nationalspeise, genießen zu können, bedarf es zuerst einer Umstellung auf eine neue Geschmacksrichtung. *Rømmegrøt* ist eine Art Grütze, gelb, stets sehr fettig, aus saurer Sahne plus Grieß (bzw. Reis oder Vollkornmehl) zubereitet und mit Zucker, Zimt und Butter gewürzt. Sie zählt als vollständige Mahlzeit, schmeckt delikater, als man glaubt, und ist ein wahrer Energiespender.

Eine Brot-Tradition auf Hefebasis gibt es nicht im Norden, wo traditionell Hafer und Gerste angebaut wurden, also Getreidesorten, die sich nicht für Hefebrote eignen. Brot ist entweder **loff** (Weißbrot), **kneippbrød** (Grauweißbrot) – mit Backpulver aufgetrieben –, **flatbrød** (papierdünnes und trockenes Fladenbrot) oder **lefser**. Letzteres ist eine süße Fladenspezialität, vergleichbar mit Pfannkuchen, mit Butter und/oder Sahne genossen. Wird der Teig nur aus gekochten und gemahlenen Kartoffeln hergestellt, handelt es sich um **potetlompe**, die man mit Wurst als Schnellimbiss zu sich nimmt oder als Beilage zum Kaffee.

Getränke

Kaffee wird in Norwegen in solchen Mengen und dabei so schwarz genossen, dass noch Brasilianer Herzklopfen bekommen. Dabei handelt es sich allerdings seltener um Filterkaffee, sondern vorwiegend um Kochkaffee: Grober Kaffee wird mit Wasser aufgekocht und, wenn sich der Satz am Boden gesammelt hat, eingegossen. Von einer Teekultur hingegen kann man nicht sprechen, und so bekommt, wer **Tee** bestellt, ein Glas heißes Wasser mit Teebeutel. Wer **Milch** ordert, was recht preiswert ist, hat die Wahl zwischen *H-melk* (Vollmilch), *lettmelk* (Magermilch), *skummetmelk* (Buttermilch) und *Cultura* (Leicht-Buttermilch), wohingegen **Mineralwasser**, **Fruchtsäfte** (meistens mit viel Zucker und Wasser, doch wenig Frucht) und die üblichen **Softdrinks** (in Norwegen eine Spur süßer als zu Hause) nicht gerade günstig sind.

Alkoholfreie Getränke bekommt man in allen Cafés, Bars, Kneipen und Restaurants, **Alkoholisches** hingegen meist nur in Hotel-Restaurants sowie den wenigen Lokalen, die eine entsprechende Lizenz haben. Dann wieder gibt es Res-

Ein Paradies für „Kaffeetanten"

Wenn es etwas gibt, das in Norwegen billiger ist als zu Hause, dann ist es Kaffee, den man sich in den meisten gastronomischen Betrieben aus großen Thermoskannen selbst einschenkt. Weitere Tassen sind oft umsonst oder wenigstens nur halb so teuer wie die erste. Wenn man sich nicht sicher ist, welche Regelung gilt, fragt man einfach nach *påfyll*, was übersetzt „Nachgießen" bedeutet.

taurants, in denen Bier und Wein nur zu den Speisen serviert werden, und lediglich in den norwegischen Kneipen bekommt man garantiert auch *øl* (ausgesprochen „öll"), also **Bier**, das hier nach dem Reinheitsgebot gebraut wird. Es gibt solches mit 7 % Alkohol *(gulløl, bokkøl)*, anderes mit 4 % *(pils, bayerøl)*, *lettøl* mit 2,5 % und gänzlich alkoholfreies *(zero)*; an Malzbier erinnert das ebenfalls alkoholfreie *vørterøl*. **Wein** *(vin)* trinken die Norweger auch, und in den besseren Restaurants kann man oft aus Dutzenden Lagen aller Wein produzierenden Länder dieser Welt auswählen. Die bekannteste nordische **Spirituose** ist Aquavit, sie trägt auch im Ausland einen guten Namen, insbesondere wenn von Linje oder von Gilde gebrannt.

Feste und Feiertage

Wie überall gab und gibt es in Norwegen besondere Bräuche, die das Jahr gliedern und dem Nationalgefühl oder der Religion entspringen. Im Wohlstandsnorwegen unserer Tage sind das natürlich andere als früher. Entsprechend gibt es „das alte" Norwegen der archaischen Bräuche und Riten heute nicht mehr bzw. nur noch in den Hochglanzprospekten der Tourismuswerbung. Trotzdem spiegeln sich in den Festen auch jetzt noch die alten überlieferten norwegischen Traditionen, und die bedeutendsten dieser Traditionsfeste sollen hier kurz vorgestellt werden.

Ostern und Pfingsten

Påske, das norwegische Wort für Ostern, geht zurück auf das hebräische *Pesah* oder auch *Pessach*, das in der jüdischen Religion als Frühlingsfest mit Lammopfern gefeiert wird. Darauf beruht auch die norwegische Tradition, an diesem besonderen Tag Lammfleisch zu essen. Der Osterhase (sowie der im Deutschen gängige Begriff Ostern) hat seinen Ursprung hingegen in altgermanischen Glaubensvorstellungen (der Hase wurde als heiliges Tier der Fruchtbarkeitsgöttin Ostera zugeordnet). Und das auch in

Feiertage

Feiertage sind der **1. Januar**, der **Gründonnerstag** sowie **Karfreitag** und **Ostermontag**, der **1. Mai**, der **17. Mai** (Nationalfeiertag), **Christi Himmelfahrt**, der **Pfingstmontag** sowie der **Mittsommertag** (24. Juni) und der **25. und 26. Dezember**.

Norwegen verbreitete Dekorieren von Ostereiern entstand aus einer Tradition der katholischen Kirche, die im Mittelalter das Ei zum offiziellen Symbol der Auferstehung von Jesus Christus erklärte. Deshalb wurden die Eier ursprünglich zu Ostern gesegnet, und obwohl diese Segnung in Norwegen nach Einführung der Reformation verboten wurde, symbolisierte das Ei in der Vorstellungswelt der Menschen weiterhin Kraft und Fruchtbarkeit.

Entsprechend gehören diverse Eierspeisen zum traditionellen Osteressen, und ähnlich wie in anderen protestantischen Ländern wird Ostern traditionell als höchster kirchlicher Feiertag mit Gottesdiensten gefeiert. Wer aber eher dem Weltlichen zugetan ist, und das ist in Norwegen des 21. Jhs. die überwiegende Mehrheit, der betrachtet Ostern vor allem als Freizeit: Diejenigen, die es sich leisten können, machen „traditionell" Urlaub im Gebirge, und zwar in der eigenen Hütte oder einem Wintersportort.

50 Tage nach Ostern ist **Pinse** (abgeleitet vom griechischen *pentekoste* – „der Fünfzigste"), also Pfingsten. Es umfasst wie in Deutschland den Pfingstmontag und wird traditionell durch den Kirchgang eingeleitet. Dieser Brauch findet aber Jahr für Jahr weniger Anhänger, und so ist Pfingsten heute eher ein weltlicher Feiertag, der gerne mit Arbeiten an Auto, Haus und/oder Hütte oder mit einem langen Wanderwochenende begangen wird. Manche besinnen sich auch der uralten Tradition der Pfingstwacht, die einst in Südnorwegen bis hinauf ins Trøndelag bekannt war: Die ganze Nacht wurden große Feuer abgebrannt (ähnlich unseren Osterfeuern, die in Norwegen eher unbekannt sind), und man blieb wach, um den Sonnaufgang zu begrüßen – ein Brauch, dem gesundheitsfördernde Wirkung nachgesagt wurde.

Nationalfeiertag

Der Nationalfeiertag am 17. Mai ist der einzige Tag, an dem man überall im Land Erwachsene, Jugendliche und Kinder in ihren traditionellen Trachten sehen kann. Er erinnert an den 17. Mai 1814, als in Eidsvoll die norwegische Verfassung verabschiedet wurde. Los geht es in der Stadt und auf dem Land meist morgens gegen 9 oder 10 Uhr, und stundenlang gibt es farbenprächtige Umzüge mit Musikkapellen. Wer keine Tracht hat, trägt zumindest Pullover in den Landesfarben, alle schwenken Norwegen-Fähnchen, und an jedem Haus mit Fahnenmast ist die norwegische Flagge gehisst. Mit Abstand am buntesten und auch größten ist natürlich der Umzug in Oslo, der dann die Prachtstraße Karl Johans gate hinaufzieht und vor dem Schloss eine Runde dreht. Anschließend wird vor allem gut gegessen, auch getrunken, und dass der 18. Mai als einer der unproduktivsten Arbeitstage im Jahr gilt, kommt nicht von ungefähr.

Mittsommer

Feuer als Schutz gegen die Kräfte des Bösen wurden in Norwegen traditionell zur Johannisnacht entfacht, die hier den Übergang vom 23. zum 24. Juni markiert und gemeinhin *sankthansaften* genannt wird. Es ist das bekannte Mittsommerfest, dieses auch heute noch in ganz Skandinavien und früher im gesamten germanischen Kulturbereich populäre Fest der Sommersonnenwende. Der Begriff *sankthans* leitet sich von St. Johannes dem Täufer (und Banner des Bösen) ab. Darum ist diese Nacht auch als *jonsok* bekannt, was so viel wie „Johanneswache" bedeutet; das ist eine Nachtwache bei Pilgerfahrten zu heiligen Plätzen, die in katholischer Zeit entstand und in Norwegen noch bis Mitte des 19. Jhs. aufrechterhalten wurde. Insbesondere die Stabkirche von Røldal (S. 268) wurde damals im Rahmen regelrechter Wallfahrten besucht.

Eine andere Tradition knüpft wahrscheinlich an die germanischen Fruchtbarkeitsriten in der Sommersonnwendnacht an. Sie wurde und wird in einigen Regionen von Norwegen noch immer von den Kindern gepflegt, die in dieser Nacht die Hochzeitsfeiern der Erwachsenen nachspielen. Das soll das Aufkeimen neuen Lebens symbolisieren. Doch so oder so markiert Mittsommer die ausgelassenste Festnacht des Jahres, und überall, insbesondere an Seeufern und der Meeresküste, prasseln kleine, große und riesengroße Feuer, wird im Familien- und Freundeskreis musiziert, getanzt, geflirtet und hemmungslos getrunken.

Weihnachten

Wie bei allen norwegischen Festen ist auch bei *jul* heidnisches und christliches Brauchtum eng miteinander verwoben. Das heutige Weihnachtsfest markierte in alter Zeit die Wintersonnwende und stellte ein Bittopfer dar. Man bat den *julenisse*, den Beschützer von Haus und Hof, um Fruchtbarkeit und Segen, und da das *jul*-Fest ziemlich exakt mit dem christlichen Weihnachtsfest zusammentraf, ließ Håkon der Gute, heidnischer Herrscher über Heiden und Christen gleichermaßen, im 10. Jh. die beiden Feste zusammenlegen. Gleichzeitig bestimmte er, dass jeder Familienvater 40 Kannen Bier brauen solle und so lange gefeiert werden müsse, wie noch Bier in den Kannen sei. – Dieser Brauch hat sich gewandelt, aber noch immer trinkt man zu Weihnachten das eigens zu diesem Zweck gebraute *juleøl*, das „Weihnachtsbier" (sowie Aquavit). Und man feiert auch nicht nur über die eigentlichen Weihnachtstage, sondern bis in den Januar hinein – traditionell bis zum 13. oder, je nach Region, bis zum 20. Tag nach Weihnachten oder auf dem Land zumindest noch bis Silvester.

Auch sind es hier nicht das Christkind oder der Weihnachtsmann, die die Geschenke bringen, sondern der auf die nordische Mythologie zurückgehende *julenisse*. Ihm stellen die Kinder aus Dank für seine Gaben eine Schüssel mit Grütze in die Scheune, was noch heute überall auf dem Land üblich ist. Mit dem *julenek*, einer Hafer-Gabe an die Vögel, denkt man auch an die Tiere, und die norwegische Sitte, siebenerlei Weihnachtsgebäck aufzutischen, bezieht sich auf die 7 als magische Zahl. Was sonst noch auf

Russ oder das „Ablegen der Hörner"

Dass in Norwegen die Uhren etwas anders gehen als im restlichen Europa, davon zeugt die *russ*-Tradition. Sie wurde einst in vielen Ländern gepflegt, ist aber heute nur noch in Norwegen lebendig. Bei dem Begriff *russ* soll es sich um eine Abkürzung des lateinischen *cornua depositurus* handeln, was übersetzt so viel bedeutet wie „die Hörner ablegen". Diese Hörner sollten bei der Aufnahmeprüfung für die Universität das dumpfe Tier im Menschen symbolisieren; wer das *Examen Depositurus* bestanden und dadurch den Zugang zur Universität erworben hatte, legte also die Hörner ab.

So war es Brauch und so wurde es früher an fast allen europäischen Fakultäten gehalten. Da Norwegen bis ins Jahr 1811 hinein keine eigene Universität hatte, brachten norwegische Studenten, die in Kopenhagen studiert hatten, diese Sitte ins Land. Doch das 19. Jh. war eine Zeit des Umbruchs, alte Bräuche gerieten in Vergessenheit oder wurden abgewandelt, und seit Anfang des 20. Jhs. ist bezeugt, dass der Begriff *russ* in Norwegen nicht mehr die Aufnahme an einer Universität bezeichnet, sondern den Abschluss der Schulzeit bzw. die Abschlussfeier.

Um 1905 herum übernahmen die *russe*, wie die norwegischen Abiturienten nun genannt wurden, die roten Mützen der deutschen Studentenschaft, woraus nach und nach der noch heute übliche rote *russedress* entstand, der aber mit dem traditionell getragenen *russefrakk* der Studenten von anno dazumal nicht mehr viel gemeinsam hat: Er besteht aus einer knallroten Latzhose, reich mit lustigen, frechen und gerne auch frivolen Sprüchen sowie Symbolen geschmückt. Wo man rote *russedresser* sieht, da sind auch blaue nicht weit: Sie gehen zurück auf die Absolventen der ersten Wirtschaftsgymnasien in Norwegen, die sich auch farblich gerne von den *rødruss* absetzen wollten. Ein wenig später kam noch die schwarze *russe*-Kluft der Berufsfachschulabsolventen hinzu. Ob nun rot, blau oder schwarz, stets gehören ein Rohrstöckchen und eine Trillerpfeife zum Outfit.

Dies ist für Moralapostel die eine, die „gesunde Seite" der Tradition. Sie sehen aber auch noch eine „sündige" Seite, erkennbar an den Flaschen mit Hochprozentigem, die ab Anfang Mai, wenn der Prüfungsdruck vorbei ist, die *russe*-Szene infiltrieren. Dann werden wochenlang *russe*-Feste gefeiert und feucht-fröhliche *russe*-Taufen und -Mutproben abgehalten. Die *russe* wählen Prinzen und Prinzessinnen, feiern Hochzeiten und lassen aus ihren *russe*-Mobilen bassstark Techno über Stadt und Land dröhnen. Für eine kurze Zeit tun sie all das, was man eigentlich nicht tut in Norwegen und auch später, wenn man endgültig „die Hörner abgelegt hat", nie mehr tun wird.

Go russ!

www.russ.no: Norwegens *russ*-Seite, aber ohne Norwegischkenntnisse ist das Anklicken sinnlos.

www.russen.no: Die offizielle *russens*-Seite für Oslo und Akershus ist die bedeutendste von Südnorwegen und informiert teils auch auf Englisch, insbesondere über die coolsten Events zur *russe*-Zeit.

www.russesiden.no: Ein weiteres *russ*-Portal, nur auf Norwegisch, aber dennoch brauchbar (oder zumindest interessant).

den Festtagstisch kommt, hängt von der jeweiligen Region ab. Obwohl mittlerweile Truthahn und Weihnachtsgans durchaus ein Begriff sind, bleiben doch die meisten Norweger ihrer Landestradition verbunden und servieren in Ostnorwegen vor allem *pinnekjøtt* (S. 45), Schweinekochwurst und Fleischklößchen, an der Küste Heilbutt, Dorsch und vor allem *lutefisk* (S. 44) und in Westnorwegen gepökelte Lammrippchen, Weihnachtsschinken und Kronenbraten aus Koteletts. Dazu kommen zahllose Aufläufe, endlos viele Heringsvarianten, schließlich als Dessert eine sahnige Reiscreme, bevor man zum Aquavit übergeht.

Silvester

Silvester, norwegisch *nyttårsaften*, unterscheidet sich in seinem Ablauf durch nichts von den Silvesterabenden auf der ganzen Welt: Es wird gegessen, getrunken und geknallt, was das Zeug hält.

Festivals

Von etwa Mai bis in den September laden in allen Orten von touristischer Bedeutung, insbesondere in den Ferienorten entlang der Küste, zahlreiche Sommerfestivals ein. Meist gehen sie einher mit Musik- und Tanzveranstaltungen, Wettfischen sowie speziellen Programmen für Kinder. Über alle Festivals in Norwegen informiert 💻 www.norwayfestivals.com.

Klassik

Internationales Bergen Festival, Ende Mai/Anfang Juni, ✆ 55210630, 💻 www.fib.no. Die älteste und schon seit über einem halben Jahrhundert bedeutsamste Kulturveranstaltung des Landes präsentiert mittlerweile jedes Jahr an insgesamt 12 Tagen rund 200 Ballett-, Theater- und Folklorevorstellungen sowie vor allem auch klassische Konzerte und Opern.
Auch bei **Kammermusikfestivals** bietet Norwegen eine hervorragende Auswahl:
Nordlysfestival, Ende Januar, ✆ 77689070, 💻 www.nordlysfestivalen.no. Lockt mehr und mehr Kammermusikenthusiasten nach Tromsø.
Festspillene i Nord Norge, Ende Juni, ✆ 77041230, 💻 www.festspillnn.no. Diese größte Kulturveranstaltung nördlich des Polarkreises findet in Harstad statt.
Risør Kammermusikkfest, Ende Juni/Anfang Juli, ✆ 37153250, 💻 www.kammermusikkfest.no. Berühmt im In- und Ausland. Wird von einigen der prominentesten norwegischen Musiker arrangiert, und in der Regel lauschen hier auch Mitglieder des Königshauses.
International Chamber Music Festival i Stavanger, erste Augusthälfte, ✆ 51846670, 💻 www.icmf.no. Von ähnlicher Qualität wie das Festival in Risør.
Oslo Kammermusikk Festival, Mitte August, ✆ 23100730, 💻 www.oslokammermusikkfestival.no. Ebenfalls hochkarätig. 8 Tage.
Trondheim Kammermusikk Festival, Ende September, ✆ 73525813, 💻 www.kamfest.no. Als sehr innovativ bekannt.

Folk

Norske Volkemusikkveka, Ende Mai, ✆ 32085645, 💻 www.folkemusikkveka.no. Dieses Festival in Ål im Hallingdal gilt zusammen mit dem Landsfestivalen (s. unten) als anspruchsvollstes rein norwegisches Folkfestival.
Førde Internasjonale Folkemusikkfestival, Anfang Juli, ✆ 57721940, 💻 www.fordefestival.no. Die mit Abstand größte und auch meistbesuchte Folkveranstaltung. Eine Woche lang geht es hier nicht nur um norwegische, sondern um die Volksmusik rund 30 verschiedener Länder, dargeboten von mehr als 270 Künstlern.
Landsfestivalen i gammaldansmusikk, Ende Juli, ✆ 90837350, 💻 www.landsfestivalen.no. In Sachen Volksmusik führt kein Weg um dieses Festival herum, das Jahr für Jahr woanders stattfindet und das älteste seiner Art in Norwegen ist. Ursprünglich ein Wettbewerb für Volksmusiker, ist es heute das Nonplusultra der norwegischen Volksmusik.
Telemarkfestival, Anfang August, ✆ 48205066, 💻 www.telemarkfestivalen.no. Dieses internationale Folkfestival zählt zu den wichtigsten Skandinaviens. 3 Tage lang kann man nicht weniger als 2 Dutzend Konzerte norwegischer sowie internationaler Musiker erleben.

Jazz

Dass die norwegische Musikszene unserer Tage nicht nur auf Klassik und Folk begrenzt ist, wissen die Freunde des Jazz, die sich in Norwegen an zahlreichen hochkarätigen Jazzfestivals erfreuen können.
Vossajazz, Ostern, ✆ 56529911, 💻 www.vossajazz.no. Präsentiert in Voss seit über 30 Jahren verjazzten Folk bzw. „verfolkten" Jazz.
Maijazz, Mitte Mai, ✆ 51846668, 💻 www.maijazz.no. Eines der renommiertesten Jazzfestivals des Landes, in Stavanger.

Sildajazz, Mitte August, ✆ 52743370, 🖳 www.sildajazz.no. Jazz-Highlight in Haugesund, das mit über 300 Musikern 60 verschiedener Gruppen zu den größten des Nordens zählt.
Kongsberg Jazzfestival, Anfang Juli, ✆ 32733166, 🖳 www.kongsbergjazz.no. Gilt als besonders anspruchsvoll, und das schon seit mehr als 20 Jahren.
Molde International Jazz Festival, Mitte Juli, ✆ 71203150, 🖳 www.moldejazz.no. Das bereits 1961 gegründete Jazzfestival lockt jährlich bis zu 100 000 Jazz-Enthusiasten nach Molde. Die Stadt hat sich einen Namen als „Jazzmetropole" Skandinaviens gemacht.
Varangerfestival, Anfang August, ✆ 98255600, 🖳 www.varangerfestivalen.no. Besteht seit 1982 und mittlerweile kommen jedes Jahr rund 10 000 Gäste nach Vadsø an der Barentssee.
Trondheim Jazzfestival, Anfang Mai, ✆ 99452941, 🖳 www.jazzfest.no. Eines der führenden Jazzfestivals des Landes, seit 2010 werden die Konzerte auch online ausgestrahlt, sodass man sie kostenlos über Computer und Handy empfangen kann.

Rock

Auch in dieser Sparte, traditionell nicht gerade typisch für Norwegen, hat sich seit den 1990er-Jahren viel getan.
Inferno Metal Festival, Anfang/Mitte April, 🖳 www.infernofestival.net. Das mit rund 40 Bands bedeutendste Heavy-Metal-Festival von Norwegen lockt 4 Tage lang Besucher aus aller Welt an.
Norwegian Wood, Mitte Juni, 🖳 www.norwegianwood.no. 4 Tage lang dreht sich alles um „Rock in the Heart of Oslo". Eines der größten Open-Air-Rockfestivals des Nordens überhaupt. 2017 feierte es sein 50-jähriges Jubiläum.
Odderoya Live, Anfang Juli, ✆ 38146969, 🖳 www.odderoyalive.com. Was Roskilde für Dänemark, das ist Quart für Norwegen. Während 4 Tagen steht ganz Kristiansand kopf: Tag und Nacht sind Konzerte nationaler und internationaler Größen aller Rock-Spielarten angesagt, auch Pop, Blues, Rap, Gothic, Heavy Metal und was sonst noch rockt, ist zu hören.
Øya Festival, Anfang/Mitte August, 🖳 www.oyafestivalen.com. Dauerte in seinen Anfängen 1999 nur einen Tag und wurde von 1200 Rockfans besucht. Mittlerweile kommen über 40 000 Zuhörer für 4 Tage nach Oslo.

Fotografieren

Wer mit analogen Kameras fotografiert, sollte alles, was benötigt wird, von zu Hause mitbringen. Filme sind etwa doppelt, Diafilme sogar dreimal so teuer wie bei uns. Filme gibt es auch in Supermärkten zu kaufen, Diafilme nur in Fotoläden. In allen Internetcafés kann man Digitalfotos auf CD oder DVD brennen, Speicherkarten und Batterien für Digitalkameras bekommt man in allen Fotoläden (aber wesentlich teurer als zu Hause). Wer seine Akkus aufladen will, ohne ein festes Quartier zu haben, kann das meist in den Touristenbüros und vielen Restaurants.

Frauen unterwegs

Das ländliche Norwegen ist für alleinreisende Frauen durchaus ein kleines Paradies und auch Wandern und Zelten in der Natur ist völlig problemlos. In den Großstädten aber herrscht das gleiche Risiko wie überall auf der Welt, weshalb man dort auch die gleichen Vorsichtsmaßnahmen ergreifen sollte (s. auch „Sicherheit").

Geld

In Norwegen zahlt man mit **Norwegischen Kronen** (generell **NOK** abgekürzt). Das kleinste Geldstück ist 1 NOK, das größte 20 NOK; es gibt 50-, 100-, 200-, 500- und 1000-NOK-Scheine. Es ist günstiger, **Bargeld** erst in Norwegen zu

Wechselkurse	
1 € = 9,50 NOK	1 NOK = 0,10 €
1 sFr = 8,18 NOK	1 NOK = 0,12 sFr
Aktuelle Wechselkurse auf 🖳 www.oanda.com	

EC- und Kreditkarten sperren

Bei Verlust oder Diebstahl*
📞 **0049-116116** oder 📞 **0049-30-40504050**
* Gilt nur, wenn das ausstellende Geldinstitut angeschlossen ist, Übersicht dazu unter 💻 www.sperr-notruf.de.

Weitere Sperrnummern
MasterCard, 📞 0049-0800-8191040
VISA, 📞 0049-0800-8118440
American Express, 📞 0049-69-97972000
Postbank, 📞 0049-069-66571333
Bitte Kreditkartennummer, Kontonummer und Bankleitzahl bereithalten!

tauschen, was bei den meisten Banken (teils auch Postämtern) möglich ist. Besser ist aber, man tauscht nur große Beträge, weil unabhängig von der Summe sehr hohe Wechselgebühren berechnet werden. **Banken** finden sich in jeder Stadt, sie sind Mo–Fr 8.30/9–15/15.30, Do oft bis 17 Uhr geöffnet.

Geldautomaten (oft als *Minibank* angeschrieben) finden sich in fast jedem Ort, die meisten akzeptieren die gängigen Kreditkarten (Visa und Eurocard, seltener American Express) sowie ec/Maestro-Karte und haben in der Regel auch ein deutschsprachiges Menü.

Mit **Kreditkarte** kann man in Norwegen fast überall bezahlen. **Reiseschecks** sind relativ unüblich, sie können in größeren Postämtern (aber nicht in allen Banken) eingelöst werden.

Gepäck und Ausrüstung

Bettwäsche

Bettwäsche im Reisegepäck bewährt sich: Man kann sie in Jugendherbergen, Privatzimmern, manchen Billighotels und Campinghütten gut gebrauchen, da dort häufig ein Preisaufschlag für Bettwäsche und Handtücher verlangt wird. Auch ein kleines Zelt kann nicht schaden, denn dank Jedermannsrecht (S. 62) darf man es aufbauen, wo es einem gefällt.

Kleidung

Norwegen ist zwar wesentlich wärmer als andere Länder auf gleicher geografischer Breite (z. B. Grönland und Alaska), aber einen warmen Anorak und Pulli sowie dicke Socken und natürlich Regenzeug sollte man auch in den Sommermonaten stets im Gepäck haben. Daneben ruhig auch Badesachen: Die Seen können extrem warm werden, das Meer an der Skagerrak-Küste erreicht oft Temperaturen von 20 °C und mehr. Ansonsten ist man mit sportlicher Kleidung gut bedient, mit Gesellschaftskleidung würde man nur aus dem Rahmen fallen. In den Bars, Nightclubs und Discos der Großstädte herrscht im Großen und Ganzen der gleiche Dresscode wie im sonstigen Europa.

Wäsche waschen

Öffentliche Waschsalons finden sich kaum in Norwegen. Die Hotels bieten einen (extrem teuren) Wäscheservice an, aber in allen Jugendherbergen und privaten Hostels stehen Waschmaschinen und meist auch Trockner bereit, die man für wenig Geld benutzen kann. Auch nahezu alle Campingplätze sind entsprechend ausgestattet, und in der Regel kann man die (meist mit Münzen funktionierenden) Maschinen auch als Nichtgast benutzen. Wir wurden zumindest bislang noch nie abgewiesen.

Wer mit dem eigenen Fahrzeug herumreist und ein wenig Platz übrig hat, kann zudem von der „Rüttel-Waschmaschine" Gebrauch machen: Man nehme ein größeres Gefäß, das man dicht verschließen kann (etwa einen Plastikeimer mit Deckel, eine kleine Tonne), gebe kaltes Wasser, Waschpulver und Kleidung hinzu, verschließe das Ganze und fahre wie gewohnt los. Nach etwa zwei bis drei Stunden ist die Wäsche sauber.

Weitere Ausrüstung

Was man an sonstiger Ausrüstung mitbringen sollte, hängt primär von den geplanten Aktivitäten ab (S. 59). Als **Minimalausrüstung** sei jedem Norwegen-Reisenden empfohlen, bereits eingelaufene Berg-, Wander- oder Trekkingschuhe mitzunehmen, die hier bei fast jedem Gang abseits der Straße erforderlich sind.

Gesundheit

Gesundheitsvorsorge

Seit 2005 gilt nicht mehr der Auslandskrankenschein, sondern die Europäische Krankenversicherungskarte *(European Health Insurance Card)*, die von den Krankenkassen ausgestellt wird. Diesen Anspruchsnachweis muss man vor der Behandlung durch einen an das *rikstygdeverket* (nationale Versicherungsbüro) angeschlossenen Arzt oder bei Einlieferung in ein Krankenhaus zeigen. Für den Zahnarzt gilt das jedoch nicht, weil zahnärztliche Behandlungen nicht zulasten der norwegischen Krankenversicherung erbracht werden.

Aber auch mit diesem Anspruchsnachweis muss man für erbrachte Leistungen zuzahlen: Eine normale Arztkonsultation kostet beispielsweise 152 NOK, der Besuch beim Facharzt wird mit 210 NOK in Rechnung gestellt. Für Medikamente sind generell 38 % der Gesamtkosten selbst zu zahlen (maximal 2205 NOK), keine Eigenbeteiligung fällt allerdings bei einem Krankenhausaufenthalt an.

Eine zusätzliche private Reisekrankenversicherung empfiehlt sich trotzdem, da die deutschen Kassen bei Krankheit z. B. den Rücktransport ins Heimatland nicht mehr bezahlen. Nähere Infos erteilt die **DVKA (Deutsche Verbindungsstelle für Krankenversicherung im Ausland)**: ✆ 0228-95300, 💻 www.dvka.de.

Medizinische Hilfe

Wer ärztliche Hilfe benötigt, wendet sich entweder an die *legevakt* (Arztvermittlung) der jeweiligen Kommune, die in aller Regel rund um die Uhr besetzt ist, oder an ein *legesenter* oder *legekontor* (Ärztestation), das örtliche Krankenhaus (*sjukehus* oder *sjukestue*) bzw. an einen Zahnarzt *(tannlege)* bzw. die Zahnarztstation *(tannklinikken, tannhelsetjenesten)*. Die Telefonisten sprechen (wie auch die Ärzte) oft Deutsch, auf jeden Fall aber Englisch. Die Mitnahme einer umfangreichen **Reiseapotheke** ist unnötig, da die norwegischen **Apotheken** *(apotek)* in aller Regel gut bestückt sind – allerdings nur mit Pharmapräparaten. Homöopathische Medikamente sowie Gesundheitstees sind weitgehend unbekannt.

Wer auf die Einnahme bestimmter Medikamente angewiesen ist, sollte diese bereits in ausreichender Menge von zu Hause mitbringen: Einerseits bekommt man die meiste Medizin nur auf Rezept eines norwegischen Arztes, andererseits ist das norwegische Medikamentengesetz eines der strengsten der Welt, weshalb viele bei uns übliche Präparate hier nicht zu kriegen sind. In Ortschaften, in denen es keine Apotheke gibt, bekommt man Medikamente im **Medisin-Utsalg** (Medizinverkauf), der häufig dem Supermarkt angeschlossen ist (Hinweisschilder zeigen das an).

Informationen

Fremdenverkehrsamt

In Deutschland

Norwegisches Fremdenverkehrsamt,
Caffamacherreihe 5, 20355 Hamburg,
✆ 040-2294150, 🖂 germany@innovationnorway.no, 💻 www.visitnorway.de

Jeden Dezember erscheint ein aktualisierter „Norwegenkatalog", der u. a. Informationen zu Anreise, Unterkunft und den schönsten Reisezielen enthält. Auch zahlreiche Broschüren (u. a. zu den Themen Angeln, Radfahren, Wandern, Golf) sind erhältlich. Die meisten Kataloge kann man über die Website auch herunterladen, und mit den kostenlosen Apps für iPhone und Android kann man z. B. das Nordlicht entdecken, Sehenswürdigkeiten, Restaurants und Unterkünfte finden und die ganze Norwegen-Reise planen (💻 www.visitnorway.de/wissenswertes/fun-interaktiv/apps).

Auskunftsstellen in Norwegen

Alle Fragen beantworten gerne die Fremdenverkehrsbüros, die in Norwegen oft noch in kleinsten Ortschaften zu finden sind (s. die jeweiligen Angaben im Reiseteil dieses Buches); die allermeisten haben eine eigene mehrsprachige Website und bieten auch kostenlose Apps für iPhone und Android. Sie sind ausgeschildert, und es wird in aller Regel Englisch, oft auch Deutsch gesprochen. Schriftliches Informationsmaterial (oft auch auf Deutsch) bestellt man am besten per E-Mail.

Websites

Hier sind einige informative, teilweise liebevoll betreute Seiten über Norwegen aufgelistet, die Akzente zu bestimmten Themen setzen. Websites, die bereits an anderer Stelle des Buches genannt werden, erscheinen hier nicht.

www.norwegen.no
Die offizielle Seite Norwegens mit unzähligen Hintergrundberichten zu allen wichtigen Themen. Ein Reiseteil ist ebenso zu finden wie eine Liste aller Webcams im ganzen Land. Auch wer in Norwegen arbeiten und leben möchte, findet hier alle erforderlichen Informationen – das umfassendste deutschsprachige Norwegenportal.

www.regjeringen.no
Diese Seite ist die Informationsseite der norwegischen Regierung und ihrer Ministerien.

www.clickwalk.no
Laut Eigendarstellung bietet diese norwegische Website die weltweit erste panoramenbasierte Visual Reality. Die wichtigsten Städte des Landes können „begangen" werden – Oslo beispielsweise mithilfe von rund 645 Panoramen.

www.norwegenportal.de
Das Norwegenportal der Deutsch-Norwegischen Freundschaftsgesellschaft e. V., die sich zum Ziel gesetzt hat, die kulturellen, gesellschaftlichen und touristischen Beziehungen zwischen der Bundesrepublik Deutschland und dem Königreich Norwegen zu fördern.

www.visitnorway.de
Die offizielle Website des norwegischen Fremdenverkehrsamts hilft benutzerfreundlich und umfassend auf Deutsch bei allen Reisefragen.

www.norwegen-freunde.com
Diese von Norwegen-Liebhabern aus Deutschland, Österreich und der Schweiz getragene, ständig aktualisierte Seite ist ein „Muss" für Norwegen-Fans und solche, die es vielleicht werden wollen. Zu den Themen gehören auch „Angeln", „Pilze sammeln" und „Rezepte" mit Dutzenden traditionellen Gerichten; die Musikseite widmet sich äußerst detailliert den norwegischen Musikrichtungen. Chatten ist hier auch möglich.

www.norwegenservice.net
Eines der umfassendsten Norwegen-Portale überhaupt im Netz, mit unzähligen Infos, Tipps, Blogs, Nachrichten, Eventkalender usw.; es gibt nichts Vergleichbares.

www.reuber-norwegen.de
Nicht kommerzielle Seite der Norwegen-Liebhaber Mechthild und Otto Reuber, die über die einzelnen Kommunen des Landes, über Routen und Städte informiert; darüber hinaus die wahrscheinlich ausführlichste Linksammlung (nach Themen sortiert) deutscher Sprache zum Königreich.

www.wikitravel.org/de/Norwegen
Der größte Online-Reiseführer im Netz zu Norwegen.

www.gulesider.no
Über diese Seite erreicht man die Online-Telefonauskunft. Sie bietet Suchfunktionen auf Norwegisch und Englisch über Name, Adresse und Telefonnummer.

www.atlas.no
Zeigt jede Adresse auf Karte/Stadtplan an, und auch ein Reiseplaner *(Kjørerute)* ist integriert.

www.norwegianlight.com
Die Website umfasst eine aufwendig gestaltete und musikalisch untermalte Fotogalerie mit u. a. Hunderten von Norwegen-Naturfotos.

💻 **www.webkamerasinnorwegen.com**
Die umfangreichste Übersicht über Webcams in Norwegen, mit Zugriff auf nahezu 2000 Kameras, ständig aktualisiert. Man kann auch eine Liste mit persönlichen Favorit-Kameras erstellen.

💻 **www.kvasir.no**
Größte norwegische Suchmaschine, Webkatalog à la Yahoo, einfach und übersichtlich. Sehr hilfreich, auch wenn man kein Norwegisch spricht.

💻 **www.nordis.de**
Ein großes, deutschsprachiges Skandinavienmagazin mit vielerlei Daten, Fakten, Hintergrundwissen, aktuellen Tipps und Neuigkeiten sowie Hunderten Seitenverweisen. Routenplaner und Forum sind integriert. Man kann Reportagen nachlesen, sich über Outdoor-Aktivitäten informieren, auf Jobsuche gehen, nach Immobilien schnüffeln, Reiseveranstalter suchen – alles auf einer Site.

Apps

Die Zahl der Anwendungsprogramme für Smartphones und Tablet-Computer wächst ständig. Es ist nur noch eine Frage der Zeit, bis jedes Transportunternehmen, jede Region und jeder Ort in Norwegen mit einer Reise-Internetseite die Infos auch über Apps anbieten wird. Oslo z. B. hat schon 2012 eine kostenlose App für iPhone, iPad und Android lanciert, verfügbar auch auf Deutsch, mit Infos zu Attraktionen, Sightseeing, Restaurants, Events, Unterkunft usw.; ebenso Bergen, Stavanger und Trondheim, und selbst kleine Orte wie u. a. Geiranger bieten bereits kostenlose Apps an, die man übers Netz kostenlos downloaden kann, oder über Strichcodes, die in Broschüren sowie auf Plakaten (so etwa am Oslo-Flughafen Gardermoen) abgedruckt sind.

Landkarten

Außerordentlich zuverlässig sind die **Freytag & Berndt Straßenkarten** (1 : 250 000/400 000), die zwischen 2012 und 2013 erschienen sind und Norwegen in vier Blättern darstellen. Ebenso gut sind auch die **Cappelen Straßenkarten** (1 : 335 000/400 000; 2012/2013), die das Land mit fünf Blättern abbilden.

Eine detaillierte Darstellung bietet die **Statens Kartverk**-Karte „Veiatlas Norge" (1 : 300 000) von 2012 auf 230 Seiten inkl. 80 Stadtplänen.

Auf der Grundlage topografischer Karten hat das norwegische Landvermessungsamt spezielle **Wander- und Skikarten** im Maßstab 1 : 25 000 bis 1 : 100 000 herausgegeben, die alle relevanten Reviere abdecken.

Die **topografischen Karten** im Maßstab 1 : 50 000 decken das gesamte Land ab, sind top insbesondere für Wanderer und Kanuten.

Bezugsquellen für alle Karten sind u. a. der Nordland-Shop, Vornholtstr. 7, 49586 Neuenkirchen, ✆ 0800-6673526, 💻 www.nordland-shop.de, sowie die Geobuchhandlung Kiel, Schülperbaum 9, 24103 Kiel, ✆ 0431-91002, 💻 www.geobuchhandlung.de. In Norwegen erhält man die Straßen- sowie Wanderkarten in Buchhandlungen sowie den meisten Fremdenverkehrsbüros.

Internet

Die Landeskennung lautet **.no**, auch **.com**-Adressen sind verbreitet.

Zusammen mit den anderen skandinavischen Ländern ist Norwegen weltweit Spitzenreiter in Sachen Internet. Entsprechend ist nahezu jedes Unternehmen der Tourismusbranche mit einer eigenen Seite im Web vertreten. Meist kann man gleich online buchen, wobei die Bezahlung in aller Regel über die Kreditkarte erfolgt.

Außer Norwegisch ist Englisch weit verbreitet, auf Deutsch finden sich oft nur kurze Zusammenfassungen. In den meisten Unterkünften kann man kostenlos über **WLAN** surfen, und in den Städten finden sich zunehmend **Hotspots**. Auch in Bibliotheken, am Flughafen, im Bahnhof sowie in den Fremdenverkehrsbüros kann man auf WLAN zugreifen (meist kostenlos). 3G- bzw. 4G-Empfang gibt es mittlerweile fast landesweit, zurzeit liegt die Abdeckung bei sagenhaften 90 %. Seit Sommer 2017 können Touristen die heimische SIM-Karte ohne Zusatzkosten nutzen, da Roaming-Gebühren für Telefonate und Datennutzung der Vergangenheit angehören.

Kinder

Spielplätze gibt es häufiger als in heimischen Breiten und Kinder finden reichlich Spielkameraden. Überall geht es hygienisch zu, entsprechend selten hört man von Reise-Magen-Darm-Problemen. Kurz und gut: Norwegen ist ein ideales Reiseland gerade auch für Familien, und dies zu allen Jahreszeiten.

Wickelräume und **Kinderstühle** sind in den meisten Restaurants vorhanden. Fast überall steht auch ein *barnemeny* auf der Karte, ein **Kinderteller** mit *pølser med brød* (Würstchen mit Brot; seltener Pommes) oder *potetsalat* (Kartoffelsalat), *pannekake* (Pfannkuchen), *kjøttkaker* (Frikadelle), *fiskeboller* (Fischfrikadelle) und Ähnlichem. Zu trinken gibt es die üblichen Softdrinks, verbreitet sind auch **Fruchtmixgetränke**, z. B. mit *blåbær* (Blaubeere) oder *jordbær* (Erdbeere), natürlich auch *sjokolademelk*. Weitere Renner sind einheimische Limonaden wie *eventyrbrus* (rotes Zuckerwasser) und *champagnerbrus* (prickelndes Zuckerwasser) sowie, vor Weihnachten, die ebenfalls vor allem süße *Julebrus*.

Maße und Elektrizität

Die **Stromversorgung** ist überall gewährleistet, die Spannung beträgt 220 Volt Wechselstrom, die Steckdosen entsprechen den in Deutschland und Österreich üblichen; Schweizer müssen entsprechend Adapter mitnehmen.

In Norwegen gilt das **metrische System**, dennoch werden Entfernungen oft (aber nie auf Verkehrsschildern) in „Meilen" angegeben. Achtung: 1 Meile entspricht hier 10 km.

Medien

Fernsehen

Wem das nahezu tägliche Abendrot bzw. – nördlich des Polarkreises – die Mitternachtssonne nicht reicht, kann ein Fernsehgerät mitnehmen. Im norwegischen TV laufen viele Filme und Serien aus Westeuropa und Nordamerika in der Originalsprache mit Untertiteln. Ohne Satellitenschüssel kann man aber in der Regel nur den (zum Gähnen langweiligen) Staatssender NRK1 empfangen. Die Zimmer der meisten Unterkünfte sind mit Kabel- oder Satelliten-TV ausgestattet, deutschsprachige Sender machen sich aber rar.

Radio

2017 haben Norwegens öffentlich-rechtliche Programme die Verbreitung von terrestrischen Radiosignalen per UKW beendet. Stattdessen strahlen sie nur noch digital aus. Nur einige private Radiostationen setzen mindestens fünf weitere Jahre auf eine Verbreitung per UKW. Folgende deutsche Sender strahlen auf Kurzwelle aus:

Deutsche Welle: 6075 kHz, 49,0 m und 31,0 m; ein kostenloses Programmheft erhält man bei Deutsche Welle, Kurt-Schumacher-Str. 3, 53113 Bonn, ✆ 0228-4290, 💻 www.dw-world.de.
Deutschlandfunk: 6090 kHz; 49,0 m. Programmübersicht über Deutschlandfunk, Raderberggürtel 40, 50968 Köln, ✆ 0221-34501813, 💻 www.dradio.de.
Radio Bremen: 6190 kHz; 48,5 m.
Südwestfunk: 6030 kHz; 49,8 m.

Zeitungen

Alles in allem gibt es ca. 100 norwegische Tageszeitungen, davon werden aber nur drei landesweit vertrieben: Am populärsten ist die angesehene und ausgewogen berichtende *Aftenposten* (tgl. Auflage rund 188 000), gefolgt von *Verdens Gang* (im Niveau der *Bild*-Zeitung vergleichbar; tgl. Auflage rund 140 000) sowie dem *Dagblad* (ebenfalls *Bild*-Niveau, tgl. Auflage rund 85 000).

Englisch- oder gar deutschsprachige Zeitungen werden in Norwegen nicht aufgelegt, doch kann man die gängigen deutschsprachigen Zeitungen und Zeitschriften (meist *Welt, Süddeutsche, Zeit, Bild, Spiegel, Stern*, diverse Frauenzeitschriften) während der Saison (Mitte Juni–Mitte Aug) an größeren Kiosken finden.

Nachtleben

Im Sommer, wenn die lichten Abende die ganze Nacht dauern, lebt man zeitlos in Norwegen. Touristen wie Einheimische werden dann schnell zu Nachtmenschen. Von einem Nachtleben im üblichen Sinn kann trotzdem außerhalb der wenigen Großstädte des Landes keine Rede sein: Sommernachtleben in Norwegen heißt vor allem Lagerfeuerromantik und Grillfreuden, „Nacht"-Wanderungen und -Bootstouren.

Wenn man ausgeht, dann in die Natur, lediglich in urbanen Zentren wie Oslo und Bergen, Stavanger, Trondheim und Tromsø gleicht „Nightlife" demjenigen in Mittel- und Südeuropa. Die Unterschiede verwischen zunehmend, doch anders als in den meisten Ländern Europas ist hier Jugendlichen unter 18 Jahren der Eintritt in Discos, Clubs, Bars und andere erklärte Nachtlokale in aller Regel strikt untersagt. Auch der Alkoholausschank ist an ein Mindestalter von 18 Jahren gebunden. In viele Clubs, Bars und Discos wird man sogar erst ab 21 Jahren eingelassen, Ausweiskontrollen sind die Regel, und fast immer wird dort Eintritt verlangt (um 80–200 NOK), der nicht immer mit dem Verzehr verrechnet wird.

Post

Wie wohl überall in Europa wurde auch in Norwegen das Postwesen in den letzten Jahren extrem gestrafft. In der Folge schlossen Hunderte **Postämter**, gerade auf dem Lande, bzw. zogen in Supermärkte und Kioske um. Für **Briefe** (bis 20 g) sowie **Postkarten** bezahlt man 17 NOK Porto bei A-Post (Luftpost; Beförderungszeit nach Mitteleuropa 2–4 Tage) bzw. 15 NOK bei B-Post (Landweg; 5–7 Tage); innerhalb Norwegens kostet ein Brief 13 NOK bzw. 11,5 NOK.

Einschreibebriefe kosten 165 NOK (Inland) bzw. 185 NOK (Europa) extra. **Pakete** kann man bis zu einem Gewicht von 20 kg nach Europa verschicken: 5 kg kosten 410 NOK, 10 kg 522 NOK, 20 kg 742 NOK; die Beförderungszeit beträgt 3–5 Tage. Innerhalb Norwegens sind Pakete mit einem Gewicht von bis zu 35 kg zugelassen. Bis zu 10 kg zahlt man 262 NOK, von 10 bis 25 kg 377 NOK und von 25 bis 35 kg 492 NOK; die Beförderung dauert 2–3 Tage.

Postlagernde Sendungen *(Poste restante)* können an alle Postämter des Landes geschickt werden. Bei der Abholung muss man sich in der Regel ausweisen, und die Adresse sollte wie folgt geschrieben sein:

- Vorname, NAME (am besten unterstrichen)
- Poste restante
- Postleitzahl, Stadt
- Norwegen

Reisende mit Behinderungen

Rettferd, was so viel wie Gleichheit und Gerechtigkeit bedeutet, bestimmt das Zusammenleben in Norwegen, und wie es hier keine Privilegierten gibt, so gibt es auch keine Unterprivilegierten. Behinderte sind voll und ganz in die Gesellschaft integriert. Entsprechend sind z. B. alle öffentlichen Einrichtungen, aber auch Gehsteige, Aufzüge usw. auf die Belange von Rollstuhlfahrern zugeschnitten. Die Ampeln geben auch akustische Signale, und im Theater werden gratis Hörapparate verliehen. Obendrein gibt es in Norwegen Hunderte Übernachtungsbetriebe, die speziell auf die Belange von Behinderten eingerichtet sind, und die NSB (Norwegische Eisenbahn) hat eigens für Körperbehinderte eingerichtete Wagen.

Weitere Informationen und einen Behinderten-Reiseführer gibt es bei **Norges handikapforbund**, Schweigaardsgt. 12, 0134 Oslo, ✆ 24102400, 💻 www.nhf.no.

Reiseveranstalter

In den Prospekten der großen Reisegesellschaften sucht man Norwegen oftmals vergeblich, aber viele kleine **Reisebüros** haben das Land im Programm – und zwar für einen Sommer- wie für

Reiseveranstalter im Internet

Wer über das Internet Reiseveranstalter für Norwegen sucht, geht am besten auf die Seite **www.visitnorway.de** des Fremdenverkehrsamts. Dort werden im Untermenü „Transport", Stichwort „Reiseveranstalter", die Marktführer der Branche vorgestellt. Wer Aktivreisen bevorzugt, klickt das Untermenü „Aktivitäten" an, wo zu jedem Stichwort die passenden Reiseveranstalter in Deutschland, Österreich und der Schweiz aufgelistet sind.

einen Winterurlaub. Einen guten Einstieg gibt der alljährlich neu erscheinende „Offizielle Norwegenkatalog", zu beziehen beim Norwegischen Fremdenverkehrsamt in Hamburg (S. 53).

Gerade geführte Touren – egal ob zu Wasser oder zu Lande – sind vor Ort teuer, weshalb viele, die organisierte Erlebnisse suchen, mit Reiseveranstaltern anreisen. **Spezialveranstalter** zu Wander-, Kanu-, Kajak- und Fahrradreisen gibt es genug, andere sind auf Felsklettern, Bergsteigen oder Tauchen spezialisiert. Wer auf eine solche geführte Reise geht, hat natürlich auch kein Sprachproblem; sogar in Norwegen gebuchte Touren laufen meist auf Englisch ab.

Auf den Schiffen der **Hurtigrute** (S. 298), der Traumroute entlang der Küste zwischen Bergen und Kirkenes, kommt man mit Deutsch problemlos zurecht. So können auch „sprachlose" Reisende problemlos die „schönste Seereise der Welt" individuell erleben. Wer die anderen Rundreisen im Königreich mit einer Organisation absolvieren will, kann zu Hause auf die Angebote der einschlägigen Busnternehmen zurückgreifen. **Bustouren** sind, neben teuren Kreuzfahrten, die klassische Art, Norwegen geführt zu bereisen.

Schwule und Lesben

Die Haltung Norwegens zu Schwulen und Lesben ist weltweit wohl einzigartig. Hier ist es das erklärte Ziel der Regierung, „die Rechte von Schwulen und Lesben zu schützen, Schwulen und Lesben zu ermöglichen, offen leben zu können, und Diskriminierung zu verhindern". Entsprechend haben Schwule und Lesben gesetzlichen Anspruch auf zivilrechtlichen wie strafrechtlichen Schutz vor Diskriminierung. Das Arbeitsschutzgesetz untersagt eine diskriminierende Behandlung am Arbeitsplatz aufgrund sexueller Orientierung, und die Wohnungsgesetzgebung schützt vor Benachteiligung auf dem Wohnungsmarkt. Bei Verstoß gegen diese Regelungen kann man mithilfe des Gleichstellungs- und Diskriminierungsbeauftragten unentgeltlich Klage einreichen. Des Weiteren ist es verboten, sich gegenüber jemandem wegen seiner homosexuellen Neigung, Lebensform oder Orientierung diskriminierend zu äußern oder aus diesem Grund seine Waren oder Dienstleistungen zu verweigern.

Die meisten Infos für Schwule und Lesben bietet die Webseite des **Norwegischen Fremdenverkehrsamtes** unter www.visitnorway.de/Uber-Norwegen/Wissenswertes-fur-die-Reiseplanung/Reisen-in-Norwegen-fur-Schwule-und-Lesben (u. a. werden die wichtigsten Events vorgestellt, Treffs sowie auch Regelungen zur Eheschließung gleichgeschlechtlicher Partner).

Der norwegische **Lesben- und Schwulenverband LLH**, Tollbugata 24, Oslo, 23103939, www.llh.no (Website teils auf Englisch), ist eine landesweit aktive Organisation, die sich dafür einsetzt, dass Lesben, Schwule und Bisexuelle offen und ohne Angst vor Ausgrenzung, Diskriminierung oder Verfolgung leben können. Größtes Magazin für Schwule und Lesben ist das monatlich erscheinende **Blikk**, www.blikk.no, allerdings nur in norwegischer Sprache. Online-Portale (nur auf Norwegisch) sind unter anderem www.pinkplanet.no, www.gaysir.no und www.norwaybears.com.

Sicherheit

Diebstahl außerhalb der Städte ist (fast) kein Thema in Norwegen, doch empfehlen sich natürlich auch hier die üblichen Sicherheitsvorkehrungen. Insbesondere vollgepackte Autos sollte man nicht unbeobachtet stehen lassen. Auch Fahrräder sind stark gefährdet und sollten deshalb immer angekettet werden.

Für **Frauen** besteht in den Großstädten des Landes ein Sicherheitsrisiko, und insbesondere in Oslo und Bergen können sich Frauen nachts offenbar nicht mehr sicher fühlen: Wie auf www.norwaytoday.info im Januar 2017 zu lesen war, wurden 2016 in Bergen 175 Vergewaltigungen registriert (14 % mehr als im Vorjahr), in Oslo gar 520 (18 % mehr als im Vorjahr).

Sport und Aktivitäten

Norwegen ist ein einziges Paradies für Naturfreunde, Sportbegeisterte und Abenteuerlustige! Wanderpfade aller Schwierigkeitsgrade führen über „Alpenpässe", durch Tundraweiten und Taigadickichte, zu Gletschern, Bergseen, Vogelfelsen und entlang menschenleerer Traumstrände. Die Gebirgswelt bietet dem alpinen Kletterer tolle Herausforderungen, und Felskletterer finden hier einige der anspruchsvollsten Reviere Europas. Die Palette der Wassersportarten reicht von Raftingfahrten und Kanutouren durch ursprüngliche Wildnis über Kajaktrips auf Wildwassern und entlang atemberaubender Steilküsten bis hin zu Bootsfahrten durch tiefe Schluchten. In Flüssen und Meer wimmelt es von Fischen, man kann zu Walbeobachtungen hinausfahren, einige der größten Vogelkolonien der Welt besuchen, Rentiertreks, Hundeschlitten- und Schneescootertouren unternehmen, Biken, Skifahren, Tauchen, Golfen und, und, und …

Die Möglichkeiten sind grenzenlos. Angesichts der Angebote zahlloser Outdoor-Veranstalter kann man ohne Übertreibung sagen, dass in Sachen Outdoor-Aktivitäten keine Region in Europa auch nur entfernt mit Norwegen konkurrieren kann! Wegen dieses breiten Spektrums kann die Liste unten nur eine Auswahl zeigen. Detaillierte Angaben finden sich im Reiseteil, und die örtlichen Touristenbüros sowie das Norwegische Fremdenverkehrsamt geben weitere Auskünfte zu den unterschiedlichen Aktivitäten.

Drogen

Besitz und Kauf wie auch Konsum von Drogen (auch von „leichten" Drogen) werden in Norwegen vergleichsweise drastisch bestraft. An vielen Grenzübergängen und erst recht an den internationalen Flughäfen sind Schnüffelhunde im Einsatz!

Notruf

Polizei	✆ 112
Krankenwagen	✆ 113
Feuerwehr	✆ 110

Angeln

Ausführliche Informationen und Gebietsbeschreibungen findet man in der Broschüre „Norwegen – Meeres- und Süßwasserangeln", zu bestellen (oder herunterzuladen) über das Norwegische Fremdenverkehrsamt.

Auf www.angelninnorwegen.eu werden hunderte Angelanbieter in Norwegen aufgelistet.

Meerangeln

Norwegen gilt als eine der wasserreichsten Landschaften der Erde. Kein Wunder also, dass es auch eines der bedeutendsten Angelparadiese Europas ist. Gleichgültig ob Süß- oder Salzwasserfisch – die Beute ist reichlich, auch für Anfänger. Wer nur auf **Salzwasserfische** aus ist, darf sein Glück auch ohne Angelschein versuchen, wo und wie oft er will. Angeln kann man mit Rute oder Handschnur vom Boot oder mit Wurfangeln von Land aus. Wer eine Rorbu-Hütte (s. Kasten S. 478) am Meer mietet, hat meist gleich ein Ruderboot dabei (Motor gegen Aufpreis). In nahezu jedem Dorf und auf jedem Campingplatz werden ebenfalls Boote vermietet: Ruderboote kosten ab 150 NOK pro Std. bzw. 1300 NOK pro Woche, Boote mit Außenborder werden ab 250 NOK pro Std. vermietet.

Die Zahl der Boote, die an der norwegischen Küste zwischen dem Skagerrak im Süden und der Barentssee im hohen Norden täglich zum **Hochseeangeln** raustuckern, dürfte dreistellig sein. Es gibt kein Fischerdorf, in dem nicht mindestens ein halbes Dutzend Skipper darauf warten, mit den Touristen hinauszufahren und ihnen

Ausfuhrbeschränkung für Fisch

Da Jahr für Jahr mehr Sportangler nach Norwegen reisen, immer mehr Fisch fangen und vor allem mit nach Hause nehmen, hat die norwegische Regierung ein Gesetz erlassen, welches die Ausfuhr von ganzen Fischen und Filets auf 15 kg pro Kopf und Reise begrenzt. Zuwiderhandlungen werden drastisch bestraft.

beim Fang ein bisschen unter die Arme zu greifen; eine 4-stündige Tour inklusive Angelausrüstung kostet zwischen 800 und 1700 NOK.

Angeln in Binnengewässern

Angler über 16 Jahre müssen nur noch für anadrome Fischarten (Lachs, Meerforelle, Meersaibling) bzw. für den Krebsfang eine staatliche Fischereigebühr *(fiskeravgift)* entrichten. Sie kostet 260 NOK pro Jahr; es gibt sie z. B. in jeder Poststelle sowie online über 💻 http://fiskeravgift.miljodirektoratet.no. Neben dieser Lizenz ist in vielen Gebieten zusätzlich eine *fiskekort* erforderlich, die für ein begrenztes Revier und einen bestimmten Zeitraum gilt. Der Preis dieses Angelscheins ist von Ort zu Ort verschieden, erhältlich sind die Scheine in Sportgeschäften, Touristeninformationen, auf vielen Campingplätzen usw.

In den unzähligen Seen, Flüssen und Bächen Norwegens tummeln sich 42 verschiedene Fischarten. Der begehrteste Fisch ist der Lachs (offizielle Fangzeit ab 1. Juni, es gibt aber zahlreiche Abweichungen in den einzelnen Revieren), von den rund 400 Lachsflüssen des Landes gelten die nachfolgenden als die besten: Tana-, Alta- und Neidenelv in der Finnmark, Målselv und Reisaelv in Troms, Ranaelv in Nordland, Namsen und Verdalselv in Nord-Trøndelag, Gaula, Orkla und Størdalselv in Sør-Trøndelag, Surna und Suldalslågen im Vestland sowie Drammenelv und Numedalslågen im Østland.

Bergsteigen

Die norwegische Gebirgswelt bietet dem alpinen Kletterer Herausforderungen in allen Schwierigkeitsgraden. Die Saison geht hier von etwa Ende April bis in den September hinein. Als beste Monate gelten Juli und August, obwohl sich Südwände auch schon im Mai besteigen lassen.

Die bekanntesten Klettergebiete finden sich im Romsdal (S. 343), in Jotunheimen (S. 387), auf den Lofoten (S. 467) sowie im Bereich der Lyngen-Alpen (S. 548). Im Romsdal, auf den Lofoten und in Jotunheimen lässt die Infrastruktur nichts zu wünschen übrig: Es gibt Kurse, geführte Besteigungen in allen Schwierigkeitsgraden und Leih-Ausrüstungen (Achtung: kein Verleih von Kletterseilen!).

Bergwandern

Der größte Teil Norwegens ist vollkommen ursprüngliche Natur. Wer hier wandert, findet Geröllwüsten und Canyons, liebliche Täler, tiefblaue Seen und sprühende Wasserfälle. Er kommt zu undurchdringlichen Urwäldern, gewaltigen Felsmonolithen und bizarren Klippenküsten, Hochebenen in wunderschönem Licht und schließlich, ganz oben, auf schneebedeckte Weiten.

Wandermöglichkeiten gibt es in der norwegischen Bergwelt auf jedem Niveau: Von den idyllischen Almgründen an der schwedischen Grenze bis zu den wilden Gebirgszügen im Westen, von den kleinen Gipfeln der Setesdalsheia bis zu den weiten Ebenen der Hardangervidda und der Finnmark. Und das alles mit einer Infrastruktur, die in Europa ihresgleichen sucht: Ein dichtes Netz von Hunderten Hütten und Wanderwegen (allein um Oslo wurden über 1200 km Wanderwege angelegt, insgesamt stehen in Norwegen rund 20 000 km markierte Wanderwege zur Verfügung) erschließt alle Regionen des Landes, man kann wählen zwischen mehrstündigen

Outdoor satt

Detaillierte Angaben zu allen Urlaubsaktivitäten bietet die Internetadresse 💻 www.visitnorway.de unter dem Menüpunkt „Sehen und erleben/Aktivitäten". Hier sind zu jedem Stichwort die wichtigsten Reiseveranstalter in Deutschland, Österreich und der Schweiz aufgeführt.

Ausflügen in die Bergwildnis und mehrwöchigen Touren. Wer will, kann sogar ganz Norwegen durchwandern.

Wanderliteratur

Literatur zum Thema (Berg-)Wandern oder Trekking in Norwegen gibt es reichlich im deutschen Sprachraum. Wem die in diesem Buch vorgestellten Wanderungen nicht ausreichen, der sollte sich in einer guten Buchhandlung beraten lassen oder sich gleich an den Nordland-Shop (S. 55) wenden: Dieser führt ein großes Sortiment. Auch der norwegische Gebirgsverein DNT (Adresse S. 65) bietet Publikationen an. Ansonsten empfiehlt sich die Broschüre „Wandern in Norwegen" des Norwegischen Fremdenverkehrsamts (online auch zum Herunterladen), die die populärsten Touren vorstellt, und zwar nach Regionen unterteilt und teils recht detailliert.

Ausrüstung

Natürlich trägt zum Gelingen einer Wanderung auch die Ausrüstung bei. Wer aber angesichts seines Budgets vor der Frage steht: „Soll ich mir eine Ausrüstung kaufen oder wandern gehen?", kann beruhigt sein: Früher, als sich Outdoor-Bekleidung noch nicht zum Selbstzweck entwickelt hatte und kein Statussymbol war, gelangen die Wanderungen genauso gut wie heute.

Bei **Tageswanderungen** sollte die Kleidung möglichst weit und bequem sein, warme Sachen und ein Regenschutz gehören ebenfalls als Grundausstattung ins Gepäck. Ohne adäquates Schuhwerk geht es nicht, und wer in Norwegen wandern will, ist nur mit (eingelaufenen) Berg- oder Trekkingschuhen gut beraten. Notwendige Kleinutensilien sind Karte und Kompass, eventuell ein Signalgerät (Leuchtpistole), Höhenmesser und Feldstecher. Natürlich Ersatzschnürsenkel, Toilettenpapier, Taschenmesser, Sonnenbrille, Plastiktüten für den Picknickmüll und, nicht zu vergessen, eine Erste-Hilfe-Ausrüstung. Auch Anti-Mückenmittel entscheidet manchmal, ob eine Wanderung zum Vergnügen wird oder nicht. Wasser-Entkeimungsmittel sind in Norwegen überflüssig, und damit das Wasser in Seen und Flüssen möglichst wenig belastet wird, sollte man bei Seife u. Ä. alkalifreie Produkte bevorzugen. Ski- bzw. Wanderstöcke (möglichst längenverstellbar) entlasten die Knie beim Abstieg, helfen beim Aufstieg Kraft zu sparen und sind bei Flussüberquerungen eine wichtige Hilfe. Zudem sollte man natürlich Proviant nicht vergessen.

Bei **Mehrtageswanderungen** gilt zu den Punkten Kleidung, Schuhe, Kleinutensilien und Ski-/Wanderstöcke im Großen und Ganzen das Gleiche wie oben. Kleidung zum Wechseln ist sinnvoll, aber will man das Gewicht niedrig halten, reichen eine zusätzliche Hose oder Shorts und ein Ersatz-T-Shirt plus Pullover aus. Wer nicht in Wanderhütten, die in der Saison oft hoffnungslos überlastet sind, übernachten will, benötigt natürlich neben Ruck- und Schlafsack auch Zelt, Isomatte und Kocher. Am besten ist dabei ein Spirituskocher, weil der (nicht explosive) Brennstoff nahezu überall (auch in Fjellstationen) zu kriegen ist.

Unerlässlich ist gutes **Kartenmaterial**. Der Norwegische Gebirgsverein Den Norske Turistforening DNT (Adresse S. 65) gibt kostenlose

Ein Kletterparadies

Felsklettern erfreut sich in Norwegen größter Beliebtheit, und es gibt kaum eine größere Stadt ohne eigene Kletterwand. Zentren dieses Extremsports sind in Südnorwegen u. a. Vestfold, das Setesdal (mit über 200 Routen), das Hardangerfjord-Gebiet, die Ryfylke (über 900 Routen), Sogno g Fjordane, die Südküste bei Hauge sowie Ål bei Geilo, die Telemark und das Hemsedal. Auch Jotunheimen und das Romsdal sind populär, und die Lofoten in Nordnorwegen sind weltweit als Kletterparadies bekannt.

Und da man in Mitteleuropa kaum die Informationen bekommt, die man als angefressener Felskletterer benötigt, hier der Tipp, einmal 💻 www.oslosportslager.no anzuklicken, sodann im Menü unter „Tilbehør klatring" den Menüpunkt „klatreførere": rund 40 Kletterführer sind aufgelistet, sie decken die Top-Reviere von Norwegen ab und beschreiben teils sowohl auf Norwegisch als auch auf Englisch alles in allem über 10 000 Kletterrouten! Die Preise je Buch liegen bei etwa 199–460 NOK, man kann auch online bestellen.

Das Jedermannsrecht

Das nirgendwo schriftlich fixierte *Allemannsrett* (Jedermannsrecht) regelt in Norwegen den Aufenthalt und die Fortbewegung in der Natur und wird insbesondere von ausländischen Besuchern, die es einfach nicht gewohnt sind, sich derart frei bewegen zu können, zunehmend missinterpretiert: als „jedermanns Recht, in Norwegen zu tun und zu lassen, was er will". Entsprechend verwandeln immer mehr Touristen Bäume in Brennholz und landwirtschaftliche Kulturflächen in Picknickplätze, zertrampeln Einsaaten, zelten auf Heuwiesen und sogar in Volksparks und Gärten und befahren Privatwege. Unter Wohnmobil-Touristen herrscht zudem die (strafbare!) Unsitte, Chemie-WCs in öffentliche Klos und Müllcontainer zu entleeren, falls sie den stinkenden Inhalt nicht gleich auf die Straße oder in einen See schütten bzw. irgendwo vergraben.

Angesichts dieser Fehlinterpretation des Jedermannsrechts – das streng genommen sowieso nur für nichtmotorisierte Reisende gilt! – ist es kaum verwunderlich, dass immer mehr Norweger (wie auch Schweden und Finnen) eine Einschränkung oder gar den Wegfall des Jedermannsrechts für ausländische Besucher fordern. Sollte es wirklich eines Tages dazu kommen, würden einmal mehr die Verantwortungsbewussten unter den Verantwortungslosen leiden. Was erlaubt und was verboten ist, regeln die folgenden Bestimmungen:

Betreten und Befahren von fremdem Grund und Boden ist – auch wenn er umzäunt ist – zu Fuß, auf Skiern oder mit dem Fahrrad erlaubt, solange dabei kein Schaden entsteht. Zauntore und Gatter muss man schließen bzw. offenlassen – je nachdem, wie man sie vorgefunden hat; natürlich darf man aber Einzäunungen von Privatgrundstücken nicht übersteigen. Zudem darf sich keiner ohne Erlaubnis auf einem Hausgrundstück, also dem engeren Bereich um ein Wohnhaus (der sogenannten Hausfriedenszone), aufhalten oder es durchqueren, egal ob es eingezäunt ist oder nicht. Verboten ist auch das Fahren von Motorfahrzeugen im Gelände sowie auf Privatwegen oder auf Straßen, auf welchen allgemeines Fahrverbot herrscht.

Aufenthalt auf fremdem Grund und Boden ist nichtmotorisierten Reisenden erlaubt, sofern sich der Standort nicht auf landwirtschaftlicher Nutzfläche oder in der Nähe eines Wohn-/Ferienhauses befindet. Dies gilt nicht für Gruppen. Sie müssen in jedem Fall die Erlaubnis des Eigentümers einholen. Aber auch für Einzelcamper gehört es sich, um Erlaubnis zu bitten – insbesondere dann, wenn man mehr als eine Nacht bleiben will. Für motorisierte Reisende hat das freie Übernachtungs-

ausführliche Übersichtkarten über die Gebirgsregionen heraus. Darauf sind die entsprechenden Detailkarten, die Wanderhütten und die gekennzeichneten Wege mit ihrer durchschnittlichen Wanderzeit angegeben. Zusätzlich empfehlen sich topografische Karten im Maßstab 1:50000, die man entweder vor Ort in Norwegen (Buchhandel) oder beim Nordland-Shop bestellen kann.

Wanderzeiten

In einer Region dieser Größe, geografischen Lage und Topografie hängt die optimale Reisezeit für Wanderer ganz vom individuellen Wandergebiet ab: An der Eismeerküste bei Alta grünt dank des Golfstroms das Gras schon Anfang Mai, doch die Seen der weit im Süden gelegenen Hardangervidda sind zu dieser Zeit noch zugefroren. Und selbst in den Höhenlagen über Alta kann die Schneedecke noch meterdick sein, während auf den Lofoten bereits das Schmelzwasser rauscht und in der Taiga des Trøndelag die Schmelze sogar schon beendet ist. Eine Faustregel sei trotzdem erlaubt: Als beste Wanderzeit gelten die Monate zwischen Mitte Juni und Mitte September, Hochsaison herrscht vom 15. Juli bis 15. August.

Der **Frühling** bedeutet im Norden nichts anderes als das Ende des Winters. Wanderer, auch Kanuwanderer, sind noch zum Stillhalten verurteilt: Das Eis, das im Winter eine Straße bildete, zerbricht und das Wasser lässt sich weder mit Boot noch Kanu befahren. Das Land ist mit Schneematsch bedeckt, der sich an Skiern,

recht in der Natur eigentlich keine Gültigkeit (eben weil sie mobil genug sind, z. B. einen Campingplatz anzufahren). Streng genommen ist es ihnen nicht erlaubt, nahe von Straßen zu zelten oder auf Rast- sowie Parkplätzen die Nacht im Wohnmobil bzw. Caravan zu verbringen. Dass dies – insbesondere im einsamen Nordnorwegen – dennoch häufig geduldet wird, liegt schlicht am guten Willen der Gastgeber.

Baden und Bootfahren ist auf allen Gewässern gestattet. Ferner darf man einige Nächte anlegen und an Land gehen, sofern das Ufer nicht zu einem Hausgrundstück gehört oder der Zutritt behördlich verboten ist.

Pflanzen in Wald und Fjell wie wild wachsende Beeren, Pilze und Kräuter sowie Trockenreisig und totes Holz darf man sammeln, ebenso darf man Blumen, die nicht unter Naturschutz stehen, pflücken. Das Mitnehmen von lebenden Bäumen und Sträuchern, Reisig, Zweigen und Ästen, Baumrinde, Laub, Eicheln oder Harz von lebenden Bäumen ist verboten, ebenso das Fällen lebender Bäume und das Abbrechen von Zweigen.

Lagerfeuer sind zwischen dem 15. April und dem 15. September in ganz Norwegen offiziell verboten. Wird eine Feuerstelle gebaut, dürfen hinterher keine Spuren zurückbleiben; das erreicht man z. B. durch das Ausstechen von Grassoden, die man später wieder einsetzt. Auf Felsplatten darf niemals Feuer entfacht werden, weil die Hitze den Stein platzen lässt. Jegliches Feuer muss sorgfältig gelöscht werden. Wenn sich ein Feuer ausbreitet, wird derjenige dafür haftbar gemacht, der es entzündet hat.

Jagen und Fischen: Das Recht zum Gemeingebrauch berechtigt nicht zur Jagd. Angeln ist nur an Meeresküsten, nicht an Binnengewässern erlaubt. Strafbar macht sich, wer Vogelnester plündert, Vogeleier mitnimmt oder Baue, Nisthöhlen und Nester zerstört.

Abfallbeseitigung: In Wald und Flur dürfen keinerlei Abfälle (auch keine Essensreste) zurückgelassen oder vergraben werden. Auch das Abstellen von Abfalltüten neben (vollen) Abfallbehältern ist verboten. Exkremente müssen vergraben werden; Chemie-WCs dürfen nie in öffentliche Toiletten, sondern nur in die dafür vorgesehenen Tanks entleert werden. Solche Tanks finden sich auf Campingplätzen sowie an zahlreichen Entsorgungsstationen. Sie sind verzeichnet auf einer eigenen Übersichtskarte, zu beziehen über das Norwegische Fremdenverkehrsamt, S. 53) – Zuwiderhandlungen sind strafbar!

Schneeschuhen und Schuhen festsetzt, bis man die Füße nicht mehr heben kann.

Mit zunehmender Schneeschmelze im **Frühsommer**, wenn es schon Tag und Nacht hell ist, ergeben sich neue Hindernisse: Die Gewässer schwellen an, selbst kleine Bäche können schnell unüberwindlich werden, und die Pfade füllen sich mit Schlamm und Lehm. Dafür erwacht die arktische Flora aus ihrem langen Winterschlaf, während sich die Stech- und Kriebelmücken, die Fliegen und Bremsen noch weitgehend zurückhalten.

Der **Sommer** bringt (meist) angenehme Temperaturen und trockene Wanderpfade, die Flora ist jetzt voll erblüht. Beeren und Pilze sprießen in Hülle und Fülle, und das 24 Stunden währende „Tageslicht" gewährt die Freiheit, die viele Nordland-Reisende so lieben. Entsprechend viele in- und ausländische Wanderer sind in dieser Jahreszeit unterwegs, und in den Einödhütten an den populären Routen herrscht z. T. drangvolle Enge.

Wenn sich der Sommer dem Ende neigt, ändern sich die Temperaturen rasch: Die Nachtluft ist jetzt von schneidender Kälte. Plötzlich bilden sich frühmorgens an den Moosrändern der Tundramoore schmale Eisschichten, und auf den Hauptstraßen fahren Wohnmobilkonvois Richtung Süden. Der **Herbst** beginnt. Mit den Touristen verschwinden auch die Mücken, und die Blätter der Bäume und Sträucher stellen sich auf die neue Jahreszeit ein: Das Hochfjell verwandelt sich in ein Farbenmeer, und ein bis zwei Wochen später färben sich über-

Tipps für die Bergwildnis

Von der richtigen Einschätzung der eigenen Leistungsfähigkeit hängt alles ab. Dabei ist nicht das Alter, sondern die Kondition entscheidend, und so sollte, wer sich nicht sicher fühlt, lieber leichte Touren wählen. Zu große Risikobereitschaft ist gefährlich, denn sie ist Ursache der meisten Unfälle in den Bergen. Viele Regionen sind hier so einsam und so fern aller Einrichtungen der Zivilisation, dass bei Notfällen kaum oder zumindest nicht mit rascher Hilfe zu rechnen ist. Auch wer falsches Schuhwerk trägt, unzureichend bekleidet ist, ohne Orientierungsmittel aufbricht oder im Umgang mit ihnen keine Erfahrung hat und schließlich wer gegen das „eherne" Gesetz der wandernden Zunft – niemals alleine wandern! – verstößt, der riskiert Kopf und Kragen. Deshalb ein paar Hinweise, die selbst erfahrene Wanderer auf jeden Fall beachten müssen:

- Bei Bergtouren **niemals alleine** wandern! Falls es gar nicht anders geht, dann immer jemanden zuvor informieren, wohin man geht und wann man ungefähr zurückkommen wird.
- Ein **Handy** mitnehmen! Selbst in großen Teilen des norwegischen Berglands hat man gute Netzabdeckung. Allerdings muss man wenigstens auf Englisch eine möglichst präzise Ortsbeschreibung an den Empfänger des Notrufs durchgeben können.
- Niemals von der **Wanderroute** abweichen!
- Auf **Wegmarkierungen** bzw. Orientierungspunkte achten!
- Sollte man sich **verirren** oder verläuft der Weg anders, als es die Karte oder die Wegbeschreibung eigentlich anzeigt, nicht auf eigene Faust weitergehen, sondern umkehren, bis zum letzten Orientierungspunkt zurücklaufen und von Neuem beginnen!
- **Wetterbericht** beachten! Nach starken Regen- oder Schneefällen sowie bei Nebelbildung sollte man auf Bergtouren verzichten! Ebenso bei starkem Wind (in den Wetterberichten beispielsweise der Zeitungen meist als *kuling* bezeichnet).
- In **höheren Bergregionen** kann das Wetter sehr launisch sein: Bei plötzlichem **Nebel** (der im Bergland selbst bei strahlendem Sonnenschein auftreten kann) die Wanderung sofort unterbrechen und so lange an derselben Stelle verweilen, bis die Sicht wieder gut ist!
- Auf **Schneebrücken** achten, sie möglichst gar nicht erst betreten, lieber einen Umweg in Kauf nehmen: Es besteht immer Einsturzgefahr und geneigte Schneebrücken oder Schneefelder können abrutschen!
- Bei **Moos und Flechten** auf Fels ist höchste Vorsicht geboten, da sich diese beim Betreten oft vom Stein lösen und den Wanderer mit in die Tiefe reißen können.

all Birken, Eschen und Espen bunt. Das findet im **Spätherbst** sein Ende. Wer dann noch wandern will, braucht eine gute Ausrüstung und viel Erfahrung im Umgang mit Karte und Kompass, denn es kann schon tagelang regnen, hageln, schneien und stürmen.

Wanderhütten

Das Angebot ist äußerst vielfältig: Es beginnt bei einfachen, rustikalen unbewirtschafteten Hütten (NB), in die man Verpflegung und einen Schlafsack (aber kein Kochgeschirr) selber mitbringen muss, umfasst bewirtschaftete Hütten mit Selbstbedienung (SB), die auch Proviant verkaufen, und reicht bis zu bewirtschafteten Herbergen (B), in denen sogar Vollpension erhältlich ist. Verwaltet werden diese (insgesamt rund 490) Hütten vom DNT (Adresse s. unten), bei dem man auch den passenden Universalschlüssel zu den (immer verschlossenen) NB-Hütten erhält.

Wer DNT-Mitglied ist (Jahresbeitrag 660 NOK bzw. 340 NOK für Jugendliche bis 26 Jahre), bekommt den Schlüssel kostenlos (sonst gegen Pfand) und zahlt für eine Nacht in einer NB- oder SB-Hütte 255 NOK (sonst 365 NOK), B-Hütten kosten ab 315 NOK (bzw. 410 NOK), auf Mahlzeiten gibt es 25 % Rabatt.

Weitere Informationen und Anmeldeformulare erhält man bei **Den Norske Turistforening DNT**, Youngstorget 1, 0181 Oslo, ✆ 40001870, 💻 www.dnt.no.

Gletscherwandern und -kurse

Eine Gletscherwanderung kann zwar ein großartiges Erlebnis sein, aber kalkulierbar sind die damit verbundenen Risiken nur, wenn man mit einem ortskundigen Führer geht. Die norwegischen Gletscher wandern nämlich jährlich um bis zu 2 m. Die Spalten können daher mehrere Meter lang und über 40 m tief sein; häufig sind sie mit Schnee bedeckt und daher nicht sichtbar. Wer alleine geht, riskiert sein Leben!

Der bekannteste Gletscher Norwegens ist der Jostedalsbreen (S. 326), gleichzeitig der größte des europäischen Festlands. Während der Sommersaison werden im Bereich seiner Seitenarme täglich Touren organisiert und Gletscherkurse abgehalten. So insbesondere vom Jostedalen Gletscherzentrum (S. 328) aus (auf den Nigardsbreen) sowie von der Flatbrehytta (S. 320). Weitere Ausgangspunkte für geführte Gletscherwanderungen im Gebiet von Jostedalsbreen/Jotunheimen sind Glitterheim, Spiterstulen, Juvasshytta (S. 395) sowie die Sognefjell Turisthytta (S. 396). Im Bereich der Hardangervidda werden Gletschertouren auf den Hardangerjøkul arrangiert (Informationen über das Touristenbüro in Geilo; S. 247), am Hardangerfjord geht es ab Odda an den Buarbreen heran sowie auf den Folgefonn (S. 271) hinauf, und im hohen Norden ist besonders der Svartisen (S. 458, S. 517) sowie der Øksfjordjøkulen (S. 551) bei Gletscherwanderern beliebt.

Golf

Norwegen bietet insgesamt sage und schreibe 180 Golfplätze, darunter auf den Lofoten einen, der im Sommer rund um die Uhr von der Sonne beschienen ist – angeblich gibt es das nirgendwo sonst auf der Welt. Die Saison währt Mitte Mai bis September, die Gastgebühr liegt zwischen 180 und 425 NOK pro Tag, aber nicht alle Plätze vermieten Golfausrüstungen. Ausführliche Informationen gibt´s auf der Website des Norwegischen Fremdenverkehrsamts (S. 53).

Kanu und Kajak

Mit seinen unzähligen Fjorden, Seen und Flüssen ist Norwegen auch für Kanu- und Kajakfahrer eines der abwechslungsreichsten und beliebtesten Länder Europas. Østfold etwa ist für idyllische **Kanutouren** geradezu prädestiniert, denn dort ermöglichen Flüsse, Seen und Kanäle lange, zusammenhängende Fahrten. Insbesondere der Halden-Kanal (S. 156) lässt hier keine Wünsche offen. Ansonsten findet man auch auf den Seen und Kanälen der Telemark optimale Möglichkeiten. Eine Fahrt auf dem 110 km langen Telemark-Kanal (S. 180), der in beiden Richtungen befahrbar ist, gehört zum Schönsten, was Norwegen dem Paddler zu bieten hat. Der Femund-See (S. 415) gilt als eines der großen Kanu-Eldorados Europas, und im hohen Norden hat sich u. a. der Reisaelv (S. 549) einen Namen gemacht. Kanuverleih gibt es in vielen Landesteilen (aufgelistet alle unter 💻 www.canoedreams.com), auch organisierte Touren werden durchgeführt. Empfehlenswert ist das Buch *Kanutouren im Kanuland Femund* (ca. 110 S.) von Kanu-Guru Gert Kassel (💻 www.kanu

Pilgerwanderungen

In Verbindung mit dem 1000-jährigen Jubiläum von Trondheim (S. 425) wurde der alte Pilgerweg von Oslo nach Trondheim neu eröffnet und ausgeschildert und unlängst zum europäischen Kulturweg deklariert. Der ca. 500 km lange Weg führt durch eine abwechslungsreiche Landschaft. Man ist zu Fuß etwa einen Monat unterwegs, mit dem Fahrrad rund eine Woche.

Auch andere Pilgerwege wurden in den letzten Jahren ausgebaut. Allgemeine sowie spezielle Routeninformationen erhält man über **Pilegrimsfellesskapet**, Huitfeldtsgate 11, 0253 Oslo, ✆ 22330311, 💻 www.pilegrim.no; auch deutschsprachig.

kassel.de). Es ist im Pollner-Verlag erschienen. und auch über den Nordis Buch- und Landkartenhandel erhältlich.

Um das Meer zu befahren, benötigt man ein **Seekajak**. Weil sich diese Sportart in Norwegen mittlerweile großer Beliebtheit erfreut, finden sich Jahr für Jahr mehr Verleihstationen entlang der gesamten Küste des Landes. Die Lofoten und Vesterålen beispielsweise (wo jedes Jahr auch die Arctic Sea Kayak Race einlädt) zählen zu den eindrucksvollsten Seekajakrevieren der Welt. Andere Top-Destinationen sind u. a. die Skagerrak-Küste, der Hardangerfjord, der Geiranger- sowie Sognefjord und Helgelandsküste. Dutzende Verleihstationen bieten Schulungen auf jedem Niveau an. Obendrein gibt es genauso viele Kajakclubs, in denen man auch als paddelnder Gast willkommen ist. Auf der Website 💻 www.turliv.no/kajakklenker.html finden sich Hunderte interessante Links, teilweise auch auf Englisch.

Da es auf dem Geirangerfjord schon zu einem tödlichen Kajakunfall durch Steinschlag gekommen ist, sollte man hier in manchen Seekajak-Revieren mit Helm fahren. Passionierte **Wildwasserfahrer** wenden sich am besten an Norges Padleforbund, Service boks 1, Ullevål stadion, N-0840 Oslo, ✆ 21029835, 💻 www.padling.no.

Mountainbiking

Gerade in der empfindlichen nordischen Natur sind Offroad-Mountainbiketouren ökologisch problematisch. Daher sollte man sich auf Routen beschränken, die Wanderwegen folgen oder deren Streckenverlauf durch Pisten für geländegängige Motorfahrzeuge vorgegeben ist. Wer sie verlässt, fügt Flora und Fauna irreparable Schäden zu, bestätigt die (leider häufig zu Recht bestehenden) Ressentiments der Naturschützer und leistet stärkeren Restriktionen Vorschub. Regelrechte Mountainbiketrails finden sich erst wenige in Norwegen; die spektakulärsten Pisten bieten Geilo (S. 241) sowie Rjukan (S. 231).

So manche Wanderung lässt sich in Norwegen gut mit dem Mountainbike bewältigen. Immer vorausgesetzt, dass man über super Kondition verfügt und sein Rad perfekt beherrscht. Wer diese Bedingungen erfüllt und außerdem das richtige (für überwiegend steinige Pisten geeignete) Reifenmaterial aufgezogen hat, kann stellenweise zu durchaus alpinen Höhenfahrten starten. Als beste Zeit dafür gelten die Wochen zwischen Mitte Juli und Mitte/Ende September, wenn die Wege auch im Hochgebirge meist schnee- und morastfrei und die Moore ziemlich ausgetrocknet sind.

Luftsport

Die Luftsportzentren in Norwegen sind insbesondere Voss (S. 304) im Vestland, Bodø (S. 461) in Nordland sowie Oppdal (S. 385) im Trøndelag und Elverum (S. 411) im Østland (Segelfliegen). Informationen über Drachenfliegen und Fallschirmspringen, Segelfliegen, Paragliding usw. kann man abrufen beim Dachverband **Norges Luftsportforbund**, Møllergata 39, Oslo, ✆ 23010450, 💻 www.nlf.no.

Radwandern

Mit dem Fahrrad entlang dramatischer Fjordstraßen oder übers Hochgebirge, durch Wälder und Täler, über Kältesteppen und Hochplateaus, Pausen, wo immer es gefällt und mit Wasser frisch vom Bach: Ein Norwegenurlaub mit dem Fahrrad ist einfach unübertroffen, zumal die Straßen in ausgezeichnetem Zustand und nicht allzu befahren sind. Obendrein ist die **Infrastruktur** nicht nur gut, sondern perfekt: Nahezu überall kann man Fahrräder ausleihen, sogar Rückgabe am Zielort ist häufig möglich, und Ersatzteile bekommt man in Norwegen (für alle Radtypen) fast überall.

Einige der **Top-Fahrradrouten** des Landes werden im Reiseteil dieses Buches ausführlich vorgestellt. Weitere Informationen liefert die Broschüre „Radwandern in Norwegen" des Norwegischen Fremdenverkehrsamts (S. 53, auch online zum Herunterladen); sie stellt, nach Regionen unterteilt, die beliebtesten Touren vor. Diese Routen sind mittlerweile ganz oder teil-

Fahrradtransport

Mit dem Flugzeug
Die Anreise nach Norwegen mit dem Fahrrad im Flugzeug ist kein Hindernis, solange man das Höchstgewicht nicht überschreitet. Das ist zwar kaum machbar, doch man kann mittlerweile bei fast allen Fluggesellschaften zusätzliches Sportgepäck anmelden, was etwa 35–100 € je Weg extra kostet. Das Fahrrad muss für den Transport allerdings speziell verpackt sein (Karton oder Fahrradkoffer).

Mit dem Zug
Die Beförderung von Fahrrädern in der Bahn ist in Deutschland, Dänemark und Norwegen problemlos (in Schweden darf man kein Fahrrad mehr im Zug mitnehmen). In Norwegen kostet der Transport für Räder generell die Hälfte des regulären Erwachsenen-Tickets, jedoch maximal 204 NOK; für den populären Abschnitt Bergen–Myrdal (Bergenbahn) sind 195 NOK zu bezahlen, auf der Strecke der Flåmsbahn (Rallarvegen, S. 309) 100 NOK.

Mit dem Bus
In Städten und deren Umgebung ist es verboten Fahrräder im Bus zu transportieren, aber in ländlichen Gebieten haben die Fahrzeuge oft eine spezielle Vorrichtung dafür. Der Preis für das Rad entspricht etwa dem einer Kinderfahrkarte.

weise ausgeschildert, außerdem so angelegt, dass sie über Straßen mit wenig oder gar keinem Verkehr führen. Zu jeder Route gibt es einen speziellen *sykkelguide* (auch auf Deutsch) mit integrierten Fahrradkarten und allen wesentlichen Angaben (auch bzgl. Unterkunft, Radverleih usw.).

Weitere Informationen bei **Sykkelturisme i Norge**, 💻 www.cyclingnorway.no, oder auf der Seite 💻 www.ecf.com. Größter norwegischer Radreiseveranstalter (rund zwei Dutzend Touren aller Längen) ist **Norske Byggdeopplevelser**, Postboks 373, 2602 Lillehammer, ✆ 61289970, mit auch deutschsprachiger Website, 💻 www.norske-bygdeopplevelser.no.

Rafting

Die wilden norwegischen Gebirgsflüsse sind prädestiniert für diese relativ junge Sportart, die wesentlich ungefährlicher ist, als es den Anschein hat – zumindest, wenn man mit erfahrenem Führer und entsprechender Ausrüstung startet. Vorkenntnisse sind dann nicht erforderlich, höchstens Mut. Raftings finden mit großen Gummischlauchbooten statt. Anbieter finden sich u. a. in Hovden (S. 217) und Evje (S. 208), in Dagali (S. 221), Lom (S. 388) und Vågåmo (S. 397), Trysil (S. 413) und Otta (S. 375).

Reiten

Insbesondere in Südnorwegen gibt es zahllose Reitzentren, wo man Pferde stunden- oder tageweise ausleihen und an Kursen sowie organisierten Tages- oder Wochentouren teilnehmen kann. Wer auf regelrechte Pferdetreks gehen will, findet beste Infrastruktur u. a. in Karasjok (S. 564) und im Reisadal (S. 548), in Rjukan (S. 231) sowie Geilo (S. 241). Weitere Informationen sowie eine Liste aller Reitschulen kann man beim **Norsk Rytterforbund**, Servicebox 1, 0840 Oslo, ✆ 21029650, 💻 www.rytter.no, abrufen.

Segeln

Nur wenige Länder auf der Erde besitzen eine Küste, die sich so gut für Wassersport eignet wie die norwegische. Hier bieten meistens dichte Schärengärten einen Schutz vor dem offenen Meer und Tausende Fjorde ziehen sich tief ins Land hinein. Ausgezeichnetes Kartenmaterial ist leicht zu bekommen. Landesweit gibt es rund 150 Gästehäfen (Preise für die jeweiligen Anleger ca. 60–300 NOK). Die Zollformalitäten bei Bootseinfuhr sind schnell erledigt. Auch wer vor Ort ein Boot oder sogar eine Jacht chartern will (mit oder ohne Skipper) oder an Segeltörns auf historischen Schiffen interessiert ist, findet hier alles.

Alle erforderlichen Seekarten erhält man über den norwegischen Buchhandel oder direkt bei **Statens Kartverk Sjø**, 4014 Stavanger, ✆ 08700, 💻 www.sjokart.no. Ausführliche Informationen bietet die **Kongelig Norsk Seilerforening**, Huk Aveny 3, 0287 Oslo, ✆ 23275600, 💻 www.kns.no.

Sommerski

Wer immer schon mal mit freiem Oberkörper oder im Bikini auf die Loipe oder die Abfahrtpiste gehen wollte, kann es in Norwegen tun: Die besten Verhältnisse für alpinen und nordischen Skisport findet man sommers in den Sommerskizentren auf dem Sognefjell (S. 391), am Folgefonn (S. 271) sowie im Bereich des Galdhøpiggen (S. 394).

Tauchen

Die norwegische Küste mit ihren klaren, sauberen und fischreichen Gewässern sowie einer dank Golfstrom extrem artenreichen Unterwasserflora mit den einzigartigen Lophelia-Kaltwasserkorallen ist eines der besten Tauchreviere Europas. Im gesamten Küsten- und Schärengebiet Süd- und Westnorwegens entstanden entsprechend zahlreiche Taucherzentren *(Dykkersenter)*, die Kurse anbieten, Ausrüstung verleihen und Flaschen auffüllen.

Die berühmtesten Tauchreviere des Landes aber liegen vor den Lofoten (S. 467), wo ebenfalls eine außerordentlich gute Infrastruktur vorhanden ist. Hervorragende Wracktauch-Reviere finden sich bei Narvik (S. 532) und Tromsø (S. 534), wo Dutzende Kriegsschiffe des Zweiten Weltkrieges auf Grund liegen. Ausführliche Informationen erhält man über **Norges Dykkerforbund**, Serviceboks 1, Ullevål stadion, 0840 Oslo, ✆ 21029742, 💻 www.ndf.no.

Vogelbeobachtung

Bekannte Vogelreviere sind die 22 Vogelfelsen des Landes (S. 337), die mit die größten Seevogelkolonien der Welt besitzen und teilweise sogar außerordentlich leicht zu erreichen sind. So auch die Insel Runde (S. 336), das größte Seevogelparadies Norwegens südlich des Polarkreises. Sie ist durch eine Brücke mit dem Festland verbunden, es werden auch geführte Touren angeboten.

Im Norden lohnen besonders die großen Vogelfelsen von Røst und Værøy (beide zum Lofoten-Archipel gehörig) einen Besuch (S. 467). Von der Nordkap-Insel (S. 572) sowie Lakselv (S. 578) und Vadsø (S. 586) aus werden ebenfalls Vogelfels-Touren organisiert, zudem bietet das norwegische Binnenland dem Vogelinteressenten zahlreiche lohnende Naturreservate. Vor allem das direkt an die E 6 angrenzende Fokstumyra (S. 383) auf dem Dovrefjell nahe Dombås ist hier interessant. Wichtige Websites für Vogelbeobachter sind u. a. 💻 www.northernbirding.com, 💻 www.birdingnorway.no und 💻 www.bird.dintur.no.

Walsafaris

In Sachen Whale Watching belegt Norwegen weltweit einen der vordersten Plätze. Von den Vesterålen (S. 501) aus, über die ja auch die sogenannte Walroute verläuft, starten tolle **Pottwalsafaris**. Auch ein vorbildlich ausgestattetes Wal-Informationszentrum ist eingerichtet, die Hochsaison geht vom 25. Mai bis 15. September. Wer bei den mehrmals tgl. durchgeführten Touren keinen Wal zu Gesicht bekommt, kann ein zweites Mal kostenlos mitfahren oder sich den Preis erstatten lassen. Detaillierte Informationen über Hvalsafari AS, Postboks 58, 8483 Andenes, ✆ 76115600, 💻 www.whalesafari.no.

Für **Schwertwalsafaris** (Schwerpunkt Okt/Nov–Jan) bieten sich u. a. die Lofoten (S. 467)

Die größte Kolonie auf den Vogelfelsen bilden die an traurige Clowns erinnernden Papageitaucher.

sowie der Tysfjord (S. 523) südlich von Narvik an. Bei den rund 3 Std. dauernden Schlauchbootfahrten zeigen sich oft Dutzende „Killerwale"; die Preise für die Tour liegen bei 1450 NOK p. P. bzw. bei 2200 NOK dann, wenn man mit den Walen auch schnorcheln möchte. Informationen bei **ORCA Tysfjord**, Tysfjord Turistsenter, 8275 Storjord, ✆ 75775370, 💻 www.tysfjord-turistsenter.no.

Wintersport

Die Olympischen Winterspiele in Lillehammer sind schon lange vorbei, doch geblieben sind die Erinnerungen an tiefverschneite Winterlandschaften unter blauem Himmel, an herrliche Pisten und Loipen ganz ohne jeden Rummel, nicht zuletzt auch an gemütliche Unterkünfte und herzliche Gastgeber. Das norwegische Wintermärchen, von Millionen Menschen vor dem Bildschirm verfolgt, hat einen ganzen Kontinent verzaubert, ja dem Winter in Europa einen neuen Namen gegeben: Norwegen!

Mehr als 200 Wintersportorte, darunter drei Dutzend Wintersportzentren von internationalem Zuschnitt, werben hier, wo das Skifahren seine Heimat hat und der Winter bis zu sechs Monate lang und extrem schneesicher ist, mit Tausenden Loipenkilometern und ungezählten Abfahrtspisten in allen Schwierigkeitsgraden um die Gunst der Besucher. Einen Überblick über die Top-Wintersportorte des Landes bietet die Webseite 💻 **www.visitnorway.de**.

Zu den beliebtesten Abfahrtsski-Orten zählen u. a. Lillehammer (S. 365), Geilo (S. 241), Hovden (S. 217) und Røldal (S. 268), Ål (S. 219) und Gol (S. 220), vor allem auch Trysil (S. 413), Oppdal (S. 385) und Narvik (S. 532), und über alle Top-Abfahrtsski-Destinationen des Landes informiert umfassend die Webseite 💻 **www.skiinfo.no**.

Zu einer virtuellen Langlauftour durch die atemberaubend schönen Bergregionen, die märchenhaft verschneiten Wälder, die Hochplateaus und Steppen des winterlichen Königreichs lädt die Seite 💻 **www.skisporet.no** ein, Norwegens Portal für Cross Country. Sie stellt die besten Langlaufregionen vor (mitsamt ständig aktualisierten Angaben zur Schneehöhe), darunter auch Rondane (S. 376), die Hardangervidda (S. 240), Valdres (S. 398), Lillehammer (S. 365) und Hovden (S. 217), Trysil (S. 413) und Røros.

Rodeln und Schlittschuhlaufen kann man überall, fast überall auch werden Hundeschlittentouren angeboten; nachts bimmeln mit Fackeln geschmückte Pferdeschlitten durch die Wälder, und anstatt mit turbulentem Aprés-Ski (obwohl auch der zu haben ist) lässt man hier die Tage mit *gløgg*, dem hochprozentigen skandinavischen Glühwein, am offenen Kaminfeuer ausklingen. Auch Gebirgs- und Gletschertouren, Skispringen und Biathlon, Hanggliding und Heliski stehen vielerorts auf dem Programm.

Hoch oben in Nordland, Troms sowie der Finnmark werden unter einem Himmel, über den die Nordlichter tanzen, Hundeschlitten-, Rentier- sowie auch Schneescootersafaris samt Übernachtungen in Samenkoten angeboten. Die berühmte Lofot-Fischerei (S. 467) ist zwischen Anfang Februar und Ende März eine weitere Attraktion für alle, die das ausgefallene Wintererlebnis suchen, und wer einmal unter der Mitternachtssonne im April in Troms oder in der Finnmark mit Skiern, Scooter oder Hundeschlitten unterwegs war, den wird die *terra polaris* wohl immer wieder anziehen. Dies um so mehr, da die Schneesicherheit in (nicht nur im hohen Norden von) Norwegen zwischen Dezember und April geradezu sprichwörtlich ist und die Preise im internationalen Vergleich kaum höher sind als beispielsweise in den „In"-Orten von Österreich, der Schweiz und Frankreich.

Sprachkurse

Die Universität Bergen bietet jedes Jahr einen vierwöchigen Norwegischkurs an (erste Sprachkenntnisse werden aber vorausgesetzt), Anmeldeschluss ist jeweils Mitte März. Die Anmeldung erfolgt über **Sommerkurs for utenlandske norskstuderende**, LLE, 5020 Bergen, Postboks 7800, ✆ 55582407, ✉ sommerkurs@lle.uib.no.

An Anfänger richtet sich der sechswöchige Sommerkurs der **International Summer School**

Oslo, Universitetet i Oslo, Postboks 1082 Blindern, 0317 Oslo, ✆ 22856385, ✉ iss@admin.uio.no. Der Kurs geht von Mitte Juni bis Mitte August, Anmeldeschluss ist Ende April.

Telefon

Die Bedienung ist wie üblich, außerdem findet sich eine mehrsprachige Anleitung (auch auf Deutsch) in jeder Telefonkabine. Die (kaum noch zu findenden) Münzfernsprecher akzeptieren 1- und 5-NOK-Stücke, meist auch 10- und 20-NOK-Münzen. Telefonkarten gibt es u. a. in Kiosken und an Tankstellen. Die Gebühren für ein 3-minütiges Gespräch nach Deutschland liegen bei etwa 9 NOK.

Für **Auslandsgespräche** wählt man erst einmal die 00, gefolgt von der Vorwahlnummer des Landes, gibt dann die Ortskennzahl ohne die 0 ein, schließlich die Teilnehmernummer.

Ortsvorwahlen gibt es nicht in Norwegen: Alle acht Zahlen der Rufnummer müssen gewählt werden, ob man sich im Ort selbst befindet oder außerhalb. Telefonnummern, die mit 800 beginnen, sind Freinummern. Telefonbuch im Internet: 💻 www.gulesider.no (auch auf Englisch).

Mobiltelefone: Vorwahlen gibt es auch für Mobiltelefone keine, Mobilnummern erkennt man an der ersten Ziffer, die entweder eine „9" oder eine „4" ist, die Netzabdeckung mit 3G bzw. 4G beträgt mittlerweile gut 90 % der Landesfläche. Genutzt werden können die Systeme GSM 900 und GSM 1800 sowie UTMS. Die größten norwegischen Netzbetreiber sind Netcom, 💻 www.netcom.no, Tele 2, 💻 www.tele2.no und Telenor Mobil, 💻 www.telenor.no.

Seit 2017 sind die Roaming-Preise für die Mobilfunknutzung im EU-Ausland einschließlich Norwegen Geschichte: Seitdem können Reisende ohne Zusatzkosten EU-weit mobil telefonieren und im Internet surfen. Die europäischen Telekom-Unternehmen können sich für die Auslandsnutzung ihrer Kunden gegenseitig Kosten in Rechnung stellen. Der heimische Anbieter zahlt dem Auslandsanbieter dafür, dass sein Kunde zeitweise dessen Netz nutzt. Dafür hat die EU nun Obergrenzen festgesetzt. Für eingehende Gespräche von außerhalb der EU können allerdings je nach Anbieter hohe Kosten entstehen. Im Zweifel sollte man einen Blick auf die Preisliste werfen.

Wichtige Telefonnummern

Polizei	112
Ambulanz	113
Vorwahl Deutschland	0049
Vorwahl Österreich	0043
Vorwahl Schweiz	0041

Wer mit Smartphone unterwegs ist, kann zudem verschiedene **Messenger-Apps** auch für Telefonate nutzen. Bei Diensten wie WhatsApp können ausschließlich Nutzer miteinander telefonieren, mit Skype oder Viber sind gegen geringe Gebühr auch Verbindungen ins heimische Fest- und Mobilfunknetz möglich.

Toiletten

An öffentlichen Toiletten herrscht in den Städten kein Mangel. Sie sind wie üblich markiert, in der Regel gepflegt, größtenteils behindertengerecht ausgestattet, oft auch mit Wickeltischen. Wenn die Benutzung nicht gratis ist, kostet sie bis 10 NOK. Ansonsten ist es durchaus üblich, einfach in ein Café, Restaurant oder eine Kneipe zu gehen und nach der *toalett* zu fragen. So ein natürliches Bedürfnis wird kein Wirt abschlagen.

Transport

Mietwagen

Pkw der **internationalen Verleihfirmen** sind in jeder größeren Stadt und an Flughäfen erhältlich (ab ca. 800 NOK pro Tag, oft nur mit 100 Freikilometer pro Tag). Ab ca. 250 NOK pro Tag kann man bei 💻 **www.billiger-mietwagen.de** (✆ 0761-5577250) und Rent a Wreck (💻 **www.rent-a-wreck.no**) fündig werden. Auch über die

Tipps für Autofahrer

Straßenzustand

Alle Hauptstraßen und auch die meisten Nebenstraßen sind asphaltiert; selbst die wenigen Ausnahmen sind – weil mit einem asphaltähnlichen Ölkiesbelag bedeckt – gut und zügig zu befahren. Manche **Hochgebirgsstraßen** sind nur im Sommer geöffnet. Auskünfte erteilt das Norwegische Fremdenverkehrsamt (S. 53) sowie das Statensvegvesen, ✆ 175 und 02030, 💻 www.vegvesen.no, „Vegmeldinger" anklicken.

Winter

Im Winter, also zwischen Nov. und April darf man in Norwegen mit Spikes fahren (im Norden ab Sep). Wer keine hat, muss zumindest auf Winterprofil umrüsten und unbedingt zusätzlich mit Schneeketten ausgerüstet sein. Die Straßen werden zwar geräumt, aber Splitt wird nicht immer gestreut und Salz nur in wenigen Regionen im Süden. Spikes-Verleihstellen gibt es an verschiedenen Fährhäfen in Dänemark und Norwegen, Informationen darüber geben die Geschäftsstellen des ADAC etc. sowie das Norwegische Fremdenverkehrsamt.

Mautpflicht

herrscht in Norwegen auf mehreren Dutzend Streckenabschnitten, meist im Bereich aufwendiger Tunnel, Brücken etc. Die Höhe der Gebühren reicht von 15–150 NOK für Pkws, und alle Mautstationen sind heute automatisiert, was bedeutet, dass man einfach durchfahren kann, da das Fahrzeug automatisch erfasst wird. Daher wird empfohlen, zur Bezahlung über 💻 **www.autopass.no** (auch deutschsprachig) eine Kreditkarte, über die dann die Maut abgebucht wird, online registrieren zu lassen. Wem das zu mühsam ist, der macht gar nichts, erhält dann nämlich nach mehreren Wochen (bis zu 3 Monate) von Euro Parking Collection (EPC) in London eine Rechnung (keine zusätzlichen Gebühren), die zu begleichen ist. Allerdings scheint dieses System noch nicht ganz zu funktionieren, denn wir selbst, persönlich gesprochen, warten noch heute darauf, eine Rechnung zu bekommen, nachdem wir vor mittlerweile schon gut 6 Monaten Dutzende automatische Mautstationen in Norwegen passiert haben.

Automobilmaße

Die auf norwegischen Straßen zulässige Wagenbreite beträgt 2,50 m, und – wichtig! – Campingwagen dürfen nicht breiter als 2,30 m sein. Wagen und Campingwagen dürfen zudem höchstens 18,50 m lang sein. Auf zahlreichen norwegischen Gebirgsstraßen ist das Fahren mit Wohnwagengespannen und Bussen verboten! Welche Straßen davon betroffen sind, ist auf einer eigenen Karte des Norwegischen Fremdenverkehrsamts verzeichnet.

Tanken

Das Tankstellennetz ist – je nach Landschaft – dünn bis äußerst dünn, nach 22 Uhr sind oft nur noch Geld- oder Kreditkartenautomaten in Betrieb. Ein gefüllter Reservekanister sollte also immer dabei sein, ebenso (nicht geknickte) Geldnoten (am besten 100er) für die Automaten. Die Treibstoffpreise

Webseite des Fremdenverkehrsamtes lassen sich Mietwagen relativ günstig online buchen (💻 http://booking.visitnorway.de/carrental/start), und natürlich stehen in Norwegen auch **Wohnmobile** zum Verleih (alle Adressen zu finden auf 💻 www.bobilutleie-i-norge.no). Die freilich sind relativ teuer; die Preise starten bei etwa 1500 € pro Woche). Alternativ bieten sich die Mini-Campervans von **Nordic Campers** (💻 www.norwaycamper.com, ✆ 45427578) an: hübsch bunt bemalte Minivans auf VW-Basis, die es ab 120 € pro Tag gibt, in der Hochsaison 180 €.

sind generell immer etwas höher als in Deutschland (15–16 NOK pro l), auch Diesel ist recht teuer (14–15 NOK pro l).

Autopannen

Nottelefone der Automobilclubs gibt es lediglich auf den Europastraßen sowie einigen stark frequentierten Reichsstraßen. Allerdings befährt die Straßenwacht des norwegischen Automobilclubs (NAF) zwischen dem 20. Juni und 30. August die wichtigsten Straßen – insbesondere die Passstraßen. Die NAF-Notrufzentrale ist 24 Std. erreichbar unter ✆ 08505. Einen ähnlichen Service bieten u. a. Falck Redning, landesweit ✆ 02222, sowie Viking, ✆ 06000. Wer kein Norwegisch und auch kein Englisch spricht, ruft besser seinen heimischen Automobilclub an, der dann alles Erforderliche in die Wege leitet.

Autofahrer aufgepasst!

Wer einen Elch oder ein Ren „anrempelt", hat ein Problem – nämlich ein zumeist völlig verformtes Fahrzeug – und ist verpflichtet, den Wildschaden sofort der nächsten Polizeidienststelle zu melden. Es empfiehlt sich eine Teilkasko-Versicherung, die Wildschäden einschließt, am besten auch Glasbruch, denn die von den Wintertemperaturen und Spikes oft aufgerauten Straßen können wahre Windschutzscheiben-„Killer" sein. Einzelne Straßen in Norwegen sind außerdem so schmal, dass nicht überall zwei größere Fahrzeuge (etwa Wohnmobile) nebeneinander passen – wer hier nicht aufpasst, ist schnell Seitenspiegel, Kotflügel und mehr los.
Wohnmobilisten sollten stets auf der Hut sein: Vereinzelt tauchen Bodenwellen und Schlaglöcher auf, die schnell die Einrichtung oder an einem überladenen Campingwagen sogar die Achse und die Federn ruinieren!

Entfernungen (in km)

	Bergen	Bodø	Fagernes	Hamar	Hammerfest	Kirkenes	Kristiansand	Kristiansund	Lillehammer	Narvik	Nordkap	Oslo	Røros	Skien	Stavanger	Svinesund	Tromsø	Trondheim
Bergen																		
Bodø	1380																	
Fagernes	350	1177																
Hamar	471	1108	140															
Hammerfest	2214	956	2051	1942														
Kirkenes	2588	1331	2426	2316	494													
Kristiansand	492	1534	491	443	2368	2742												
Kristiansund	517	918	397	455	1752	2126	865											
Lillehammer	439	1065	119	59	1899	2273	471	396										
Narvik	1561	304	1342	1289	652	1027	1715	1099	1246									
Nordkap	2283	1025	2090	2011	181	517	2437	1821	1968	721								
Oslo	478	1217	202	123	2051	2425	320	562	167	1398	2120							
Røros	637	936	352	289	1810	2185	753	291	282	1123	1869	423						
Skien	426	1347	290	257	2181	2555	187	679	284	1528	2250	133	551					
Stavanger	170	1560	444	575	2394	2768	245	862	587	1741	2263	452	740	363				
Svinesund	545	1398	324	238	2273	2668	327	704	297	1584	2332	122	533	148	535			
Tromsø	1844	562	1626	1606	549	944	2054	1377	1562	251	609	1733	1352	1352	1852	1835		
Trondheim	657	723	407	385	1557	1931	811	195	342	904	1626	494	166	624	837	635	1205	
Ålesund	378	1010	383	441	1844	2218	811	142	382	1191	1913	533	430	625	621	695	1519	287

Der nationale Führerschein reicht aus, aber viele Vermieter geben ihre Fahrzeuge nur an Personen über 25 Jahren ab. Die bei uns übliche Einwegmiete (Rückgabe an einem anderen Ort) ist in Norwegen zum Teil unbekannt, zum Teil extrem teuer.

Verkehrsregeln

Die **Geschwindigkeitsbegrenzungen** liegen bei 50 km/h innerhalb geschlossener Ortschaften, 80 km/h außerhalb bzw. 60 km/h für (ungebremste) Wohnwagen-Gespanne. Norweger halten sich für gewöhnlich peinlich genau an diese

Regeln, denn einerseits ist eine Geschwindigkeitsübertretung mitunter wirklich lebensgefährlich (für sich und andere), andererseits sind mehr polizeiliche Radarwagen unterwegs, als man glauben möchte. Und zu schnelles Fahren kann in Norwegen extrem teure Folgen haben:

Wie lange dauert's?

Busse	
Oslo – Lillehammer	ca. 3 Std.
Oslo – Kristiansand	ca. 4 Std.
Oslo – Stavanger	ca. 11 1/2 Std.
Oslo – Bergen	ca. 12 Std.
Oslo – Geilo	ca. 8 Std.
Bergen – Ålesund	ca. 9 1/2 Std.
Bergen – Sogndal	ca. 5 Std.
Bergen – Røldal	ca. 4 1/2 Std.
Stavanger – Røldal	ca. 4 3/4 Std.
Trondheim – Ålesund	ca. 12 Std.
Trondheim – Røros	ca. 3 Std.
Narvik – Svolvær	ca. 4 1/2 Std.
Narvik – Bodø	ca. 6 1/2 Std.
Narvik – Tromsø	ca. 4 1/2 Std.
Tromsø – Alta	ca. 6 1/2 Std.
Alta – Honningsvåg	ca. 4 Std.
Alta – Kirkenes	ca. 13 Std.
Eisenbahn	
Oslo – Lillehammer	ca. 2 Std.
Oslo – Kristiansand	ca. 4 1/2 Std.
Oslo – Stavanger	ca. 8 Std.
Oslo – Bergen	ca. 7 Std.
Oslo – Trondheim	ca. 7 Std.
Oslo – Bodø	ca. 17 Std.
Flüge	
Oslo – Bergen	ca. 1 Std.
Oslo – Trondheim	ca. 1 Std.
Oslo – Bodø	ca. 1 1/2 Std
Oslo – Tromsø	ca. 2 Std.
Oslo – Kirkenes	ca. 2 1/4 Std.

Fährt man beispielsweise nur 1 km/h schneller als erlaubt, zahlt man 600 NOK Strafe, ist man 20 km/h zu schnell, sind mindestens 4200 NOK fällig, und wer anstatt 50 km/h 76 km/h fährt, verliert den Führerschein!

Alkohol am Steuer sollte man sich verkneifen, denn die Promillegrenze liegt bei 0,2. Auch wer bei einer Kontrolle nur ganz knapp drüber liegt, zahlt mindestens 5400 NOK; ab 0,4 Promille verliert man den Führerschein für mindestens 6 Monate. **Sonstige Bußgelder**: Mit einer Buße von 2000 NOK wird bestraft, wer tagsüber nicht mit Abblendlicht fährt. Falschparker müssen etwa 1200 NOK berappen, wer im Halteverbot parkt, darf auch mit dem Doppelten oder mehr rechnen. Ein Überholverbot zu missachten oder eine rote Ampel zu überfahren sowie an Fußgängerüberwegen nicht anzuhalten kostet jeweils 5200 NOK. Wer den Blinker nicht setzt, ist mit 2000 NOK dabei, Telefonieren beim Fahren wird mit 1300 NOK geahndet. Es besteht Anschnallpflicht; wer „gurtlos" erwischt wird, zahlt 2000 NOK.

Busse

Mit dem weitverzweigten norwegischen Netz von **NOR-WAY Bussekspress** kann man praktisch alle Städte Norwegens erreichen. Die kleineren Ortschaften des Landes, die von diesen überaus komfortablen Luxusbussen nicht angefahren werden, sind durch zuverlässige lokale Buslinien miteinander verbunden. Im Sommer fahren obendrein zahlreiche zusätzliche Linien. Ausführliche Informationen zu den Buslinien in Norwegen: NOR-WAY Bussekspress, Karl-Johansgt. 2, 0154 Oslo, ✆ 22313150, 💻 www.nor-way.no.

Auf den Strecken von Oslo nach Kristiansand, Stavanger und Trondheim hat NOR-WAY Bussekspress Konkurrenz von Norwegens erstem Billigbus-Anbieter bekommen, der auf beiden Strecken mehrmals tgl. verkehrt und die online zu kaufenden Tickets ab 99 NOK (im Durchschnitt aber eher ab 400–500 NOK) anbietet: **Lavprisekspressen**, ✆ 67980480, 💻 www.lavprisekspressen.no.

Bahnverbindungen

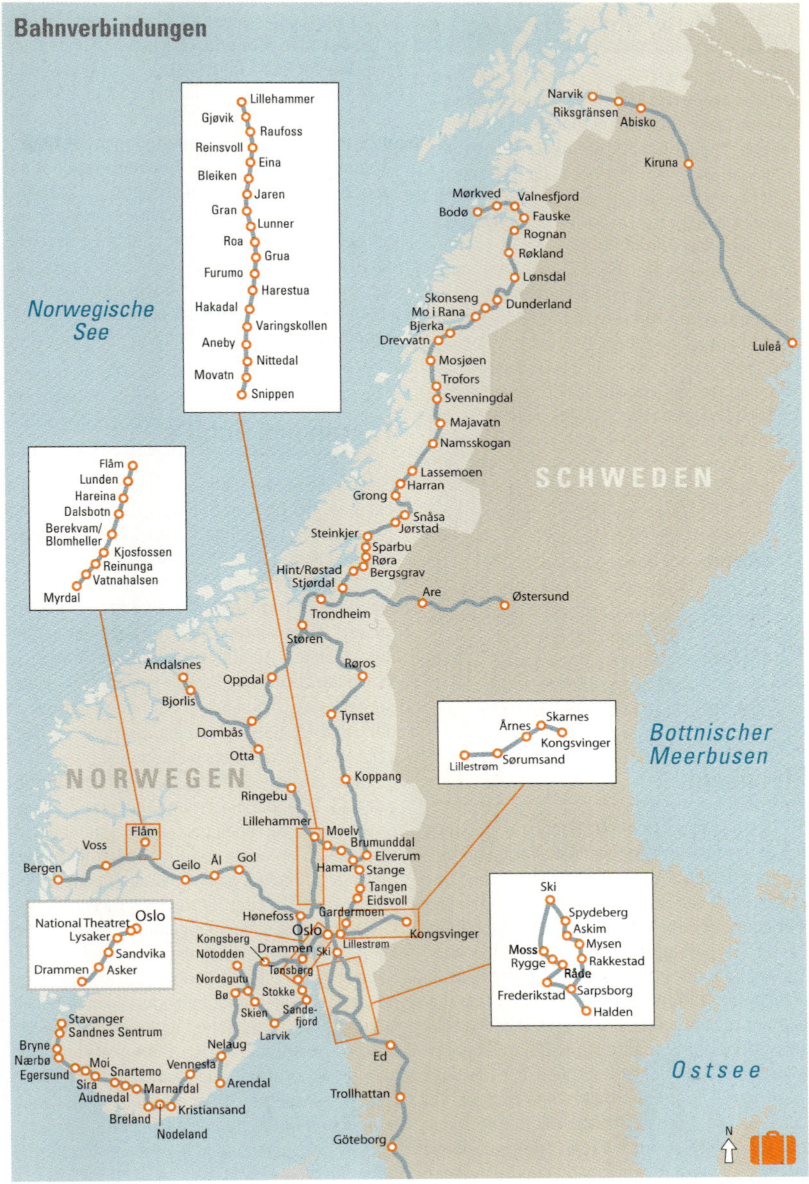

Verkehrsinformationen

Den umfassendsten Service bietet die Website www.rutebok.no. Sie dient als Reiseplaner, ist kinderleicht zu bedienen und auch in deutscher Sprache abrufbar. Ebenso hilfreich ist www.177.no (nur auf Norwegisch und Englisch).

Vor Ort hat man es in Norwegen diesbezüglich **denkbar leicht**: Unter ✆ **177** erreicht man in jeder *fylke* (etwa: Bundesland) einen stets mehrsprachigen Informationsdienst, wo alle Fragen zu Abfahrtszeiten, Preisen etc. erschöpfend beantwortet werden; oft auch auf Deutsch, in jedem Fall auf Englisch. Befindet man sich außerhalb der *fylke*, über die man Informationen benötigt, wählt man nicht die 177, sondern, je nach Region, eine der folgenden Nummern:

✆ **81500178**	für Finnmark, Troms, Nordland, Nord- sowie Sør-Trøndelag und Møre og Romsdal
✆ **81500182**	für Sogn og Fjordane, Hordaland, Rogaland
✆ **81500194**	für Aust- und Vest-Agder
✆ **81500176**	für Oslo und Akershus
✆ **81500184**	für Buskerud, Telemark, Vestfold, Østfold
✆ **81500191**	für Hedmark, Oppland

Eisenbahn

In puncto Komfort ist die **NSB** führend in Europa. Die Preise für Fahrkarten sind moderat und zahlreiche Spartarife werden angeboten. Wer voraussichtlich viel Bahn fahren und auch mit dem Zug anreisen will, wird mit dem InterRail Global Pass (S. 41) am günstigsten reisen. Eine Alternative bietet der **InterRail One Country Pass**. Er ersetzt den früheren EuroDomino-Zugpass, berechtigt zu unbegrenztem Fahren in Norwegen und ist in vier Varianten für Jugendliche/Erwachsene (ab 26 Jahre) erhältlich: Für 135/175 € fährt man 3 Tage innerhalb eines Monats, für 159/199 € an 4 Tagen, für 193/259 € an 6 Tagen und für 217/297 € an 8 Tagen innerhalb eines Monats. Weitere Informationen und Buchungen über www.interrail.eu.

Unschlagbar günstige Preise gewährt das Rabattsystem **Minipris**. Es muss mindestens einen Tag vor Reiseantritt gekauft werden (nur online!) und kostet für die längst mögliche Strecke (etwa Oslo–Bodø: fast 1700 km) ab 249 NOK. Ansonsten gibt es **Preisermäßigungen** für Kinder, Studenten und Senioren; **Auskunft** darüber sowie über alle Verbindungen unter ✆ 23150000 und 81500888 (dann „4" wählen für englischsprachige Auskunft) sowie unter www.nsb.no. Die Telefonnummern und die Website gelten auch landesweit für Reservierungen und Buchungen, bezahlt wird telefonisch/online per Kreditkarte. Zum Transport von Fahrrädern in den norwegischen Zügen S. 67.

Fähren und Schiffe

Fähren: Ohne die mehr als 200 Fährschiffe, die auf etwa 150 Wasserstraßen verkehren, liefe rein gar nichts im „Land der tausend Fjorde". Neben den üblichen, relativ preisgünstigen Autofähren werden auf zahlreichen Strecken auch Schnellboote (nur Personen- und Fahrradtransport) eingesetzt, insbesondere in den Küstenbereichen des Vestland, Trøndelag sowie Nord-Norge. So kann man mit diesem Verkehrsmittel von Stavanger im tiefen Süden bis hinauf nach Kirkenes im höchsten Norden nahezu die gesamte „Außenseite" des Königreiches entlangreisen.

Nicht zu vergessen sind die Schiffe der **Hurtigruten** (S. 298), die auf ihrem täglichen Weg von Bergen nach Kirkenes und retour rund drei Dutzend Häfen anlaufen. Gibt man sich mit einem Sitzplatz zufrieden, sind die Kosten nicht höher als per Bus, Zug oder Flugzeug. Doch wurden unlängst die Bestimmungen geändert, und nun besteht für alle Passagen, die über Nacht gehen, Kabinenzwang. So bleiben nur noch Tagesetappen, und für die braucht man auch keine Reservierung (was sonst schon mehrere Monate vor Reiseantritt erforderlich ist). Die Tickets bekommt man direkt an Bord, auch Fahrräder und Autos werden transportiert. Über die zahlreichen Rabatte informieren die Buchungsstellen in Deutschland (s. Kasten) sowie in Norwegen bei **Hurtigruten**, Kirkegt. 1, 9291 Tromsø, ✆ 81003030 und 97057030, www.hurtigruten.no.

Hurtigruten-Reisen und -Preise

Die Preise für eine über die Hurtigruten GmbH gebuchte 12-tägige Rundreise variieren je nach Jahreszeit und gewählter Kabine beträchtlich: von ca. 1300 € (günstigste Kabine und Jahreszeit) bis ca. 12 000 € (teuerste Kabine und Saison). Für Alleinreisende und Senioren ab 60 Jahren gibt es Termine mit Vergünstigungen, 4- bis 15-jährige Kinder bekommen Rabatt. Die Preise für Teilstrecken variieren je nach Saison und Strecke, entsprechen aber im Großen und Ganzen denjenigen von Bus und Zug. Dazu kommen die Mahlzeiten. Das Frühstück kostet 21 €, das Mittagessen 44 € und das Abendessen 58 € pro Tag (VP 123 € pro Tag). Wer sparen will, speist günstiger in der auf jedem Schiff zu findenden Cafeteria oder verköstigt sich selbst. **Hurtigruten GmbH**, Große Bleichen 23, 20354 Hamburg, ☏ 040-87408358, 💻 www.hurtigruten.de.

Flüge

Das norwegische Flugnetz ist außerordentlich dicht, täglich werden mehr als 50 Ziele angeflogen. Die größten Fluggesellschaften sind **SAS/ Braathens**, ☏ 05400, 💻 www.flysas.com und **Widerøe**, ☏ 81001200, 💻 www.wideroe.no. Erstere gehört zur SAS-Gruppe (s. Anreise S. 39) und fliegt tgl. rund 30 Ziele im gesamten Land an (meist Langstrecken) – zu teilweise sehr günstigen Tarifen, die mitunter durchaus mit denjenigen von Norwegian (S. 39) konkurrieren können.

Widerøe, mit rund drei Dutzend Destinationen der größte Anbieter für Inlandflüge in Norwegen, ist für seine z. T. horrenden Preise bekannt. Doch spezielle **Sommerangebote** zwischen dem 1. Juli und 31. August helfen Geld zu sparen: Das „Norge Rundt"-Ticket, mit dem man z. B. 14 Tage lang auf allen Strecken fliegen kann, kostet für ganz Norwegen 4590 NOK (Verlängerungswoche 2000 NOK). Möchte man nur innerhalb einer Zone fliegen (insgesamt 3), bezahlt man 2339 NOK, 2 Zonen sind für 3990 NOK zu haben.

Seit 2017 bedient die neu gegründete Fluggesellschaft **Fly Viking**, ☏ 85220808, 💻 www.flyviking.no, mehrere Ziele in Nordnorwegen (Tromsø, Bodø, Alta, Hammerfest) zu sehr günstigen Tarifen. Geplant ist, zukünftig norwegenweit eine preiswerte Alternative zu Widerøe zu bieten. Es kann sich also lohnen, vor der Reise nähere Informationen einzuholen.

Der norwegische Billiganbieter **Norwegian** fliegt alle Ziele innerhalb von Norwegen (Kristiansand, Stavanger, Bergen, Ålesund, Trondheim, Bodø, Narvik/Harstad, Bardufoss, Tromsø, Alta, Kirkenes) ab Oslo an, ab etwa 199 NOK je Strecke. Information und Buchung (auch online) über: Norwegian, ☏ 81521815, 💻 www.norwegian.no.

Nahverkehr

Öffentliche Verkehrsmittel

Das Verkehrsnetz der Städte in Norwegen ist vorbildlich, und über das Servicetelefon ☏ 177 (S. 76) erhält man auch auf Englisch Fahrplaninformationen. Die Tickets für eine einfache Stadtfahrt liegen zwischen 40 und 60 NOK.

Taxis
An Taxen herrscht kein Mangel, jedoch ist Taxifahren in Norwegen eine teure Angelegenheit. Eine Stadtfahrt von ca. 3 km kostet ab 160 NOK.

Übernachtung

Das Spektrum der Übernachtungsmöglichkeiten beginnt beim (überall erlaubten) kostenlosen Zelten in der freien Natur (s. „Jedermannsrecht" S. 62) und reicht dann von unzähligen, erstaunlich günstigen Campingplätzen über Jugendherbergen, Backpacker-Hostels, Privatzimmer, Gasthöfe und Pensionen, Ferienhäusern und -hütten bis zum Hotel. Jeder findet hier sein individuelles Plätzchen, ganz nach Bedürfnis und Geldbeutel. Wer sich ausführlich über alle Unterkunftsmöglichkeiten und die zahlreichen Spezialtarife informieren will, sollte die Fremdenverkehrsämter kontaktieren und die Infopakete „Hotelangebote", „Camping und Campinghütten", „Herbergen und Gästehäuser" sowie „Ferienhäuser und Feriendörfer" abrufen.

Hotels

Die Bezeichnung Hotel ist in Norwegen ein gesetzlich geschütztes Gütezeichen, das hohe Anforderungen an Service und Ausstattung stellt.

Preiskategorien

Die Unterkünfte in diesem Buch sind in Preiskategorien eingeteilt. Sie beziehen sich auf das günstigste Doppelzimmer. Stehen Schlafsäle zur Verfügung, wird der Preis für ein Bett genannt.

❶	bis 500 NOK
❷	bis 600 NOK
❸	bis 700 NOK
❹	bis 900 NOK
❺	bis 1100 NOK
❻	über 1100 NOK

Entsprechend hoch ist der Standard in norwegischen Hotels. Gleichfalls hoch sind die Hotelpreise außerhalb der Saison, wenn vorwiegend Geschäftsleute unterwegs sind. 1500 oder 2000 NOK für ein DZ sind dann durchaus normal, und gäbe es während der Sommermonate keine Rabattsysteme, würden die Hotels in dieser Zeit wahrscheinlich vollkommen verwaisen.

Hotelpässe
Die gebräuchlichen Buchungsportale wie 🖳 www.hrs.de oder 🖳 www.booking.de bieten teils beachtliche Preisvorteile, und selbst die Buchungsseite des norwegischen Fremdenverkehrsamtes, 🖳 www.booknorway.com, arbeitet nun mit einem solchen Portal zusammen (🖳 www.trivago.com).

Flexibel reist man mit dem Rabattsystem **Fjordpass** (150 NOK für 2 Erw. und deren Kinder unter 15 Jahren). Der Fjordpass gilt in über 100 Übernachtungsbetrieben im ganzen Land und reduziert den Übernachtungspreis um 25 %, sodass man dann nur noch ab 350 NOK p. P. pro Tag zahlt. Weitere Informationen bei Fjord Tours, Mållendalsveien 1a, 5009 Bergen, ✆ 55557660, 🖳 www.fjordpass.no.

Gasthäuser, Pensionen und Privatzimmer

Unterkünfte, die sich in Norwegen nicht als Hotel bezeichnen dürfen, tragen unterschiedliche Namen, etwa *Pensjon* (Pension), *B&B* (Bed and Breakfast), *Hostel, Gjestgiveri* (Gasthaus), *Hospits* (Hospiz), *Turistheim, Gjestgård* oder *Gård* (Gasthof) sowie – im Gebirge – *Fjellstue* (Bergstube) oder *Seter* (etwa: Almhütte). Sie alle bieten weniger Komfort als Hotels und sind entsprechend preiswerter (ca. 600–1000 NOK pro DZ). Die Zimmer sind üblicherweise mit Dusche und Bad ausgestattet, Mahlzeiten werden aber nicht immer angeboten (nur Frühstück ist in der Regel inklusive). Am günstigsten kommt man bei *Rom, Overnatting* oder *Værelser* unter – allesamt private Übernachtungsmöglichkeiten. Während der Saison ist es kein Problem, an den Hauptstraßen solche Schilder zu

© DUMONT BILDARCHIV / OLA ROE

Im Norden des Landes gehören Rentiere oft mit zum Straßenbild.

entdecken. Auch lokale Touristenbüros haben in aller Regel eine Liste mit Privatquartieren (EZ ab 400 NOK, DZ ab 500 NOK); dort kann man sie auch gleich buchen.

Weitere Adressen finden sich unter 💻 www.airbnb.de, und auch bei 💻 www.booking.de sind zum Teil Privatunterkünfte gelistet.

Ferienhäuser

Hytteferie ist die traditionelle Art des Urlaubens in Norwegen. Wer als ausländischer Tourist von dieser romantischen, praktischen, recht komfortablen wie auch günstigen Alternative Gebrauch machen will, sollte rechtzeitig buchen. *Feriehytter* gibt es überall im Land. Sie bestehen üblicherweise aus Küche, mehreren Schlafzimmern, WC und Wohnzimmer (meist mit Kamin). Die Preise liegen zwischen 4000 und 20 000 NOK pro Woche – je nach Ausstattung, Lage, Mietdauer und Saison; eine durchschnittliche Hütte für 4–6 Pers. ist in der Hochsaison durchaus schon für 4500–6000 NOK pro Woche zu haben.

Dutzende Ferienhaus-Agenturen haben sich etabliert, auch die meisten der auf den Norden spezialisierten Reisebüros und Reiseveranstalter fungieren als Vermittler. Eine große Auswahl an Hütten und Ferienhäusern bieten u. a. **Atraveo**, ✆ Deutschland 0211-668878100, 💻 www.atraveo.de, **Norgesbooking**, ✆ 32085710, 💻 www.norgesbooking.de, **Novasol**, ✆ Deutschland 040-688715182 💻 www.novasol.de, **DanCenter**,

Stilvoll wohnen

Aus der Pionierzeit des Tourismus, als Reisen noch ein rein aristokratisches Vergnügen war, sind in Norwegen einige einzigartigen Herbergen erhalten. 55 von ihnen haben sich unter der Bezeichnung **De Historiske Hotel** organisiert, mit Schwerpunkt Südnorwegen, wo etwa 30 dieser Häuser einladen. Die Belle-Époque-Hotels liegen stets landschaftlich wunderschön, alle bieten historisches Ambiente und modernen Komfort zu Preisen, die in Anbetracht des Gegenwerts manchmal geradezu moderat sind. Informationen und zentrale Buchung über De Historiske Hotel, Postboks 196 Sentrum, 5804 Bergen, ✆ 55316760, 💻 www.dehistoriske.com.

Fair und grün – gewusst wo

Einrichtungen, die sich durch ein starkes ökologisches oder soziales Engagement auszeichnen, sind in diesem Buch mit einem Baumsymbol gekennzeichnet. Sie verwenden z. B. Solarenergie, sind auf harmonische und verträgliche Weise in die Umwelt integriert oder setzen sich in besonderem Maße für die Bevölkerung ein.

✆ Deutschland 040-3097030, 💻 www.dancenter.de; weitere Informationen über das Norwegische Fremdenverkehrsamt.

Jugendherbergen

Die Familien- und Jugendherbergen *(vandrerhjem)*, die unabhängig von Mitgliedschaft oder Alter jedem offenstehen, bieten mit Preisen um 250–350 NOK (Schlafsaal) und 500–800 NOK (DZ mit Bad/WC) recht günstige Unterkünfte. Landesweit gibt es 48 dieser modern eingerichteten und meist schön gelegenen Häuser, häufig mit einem großen Aktivitätenangebot. Das Frühstück ist oft inklusive (sonst um 80 NOK), die meisten servieren auch warme Mahlzeiten (120–180 NOK).

Mitglieder von Jugendherbergsverbänden erhalten eine Ermäßigung von 10 %; Kinder unter 3 Jahren übernachten kostenlos, Kinder zwischen 4 und 15 Jahren erhalten 50 % Rabatt. Weitere Informationen bei **Norske Vandrerhjem/ Hostelling International Norway**, Postboks 53 Grefsen, 0409 Oslo, ✆ 22152185, 💻 www.hihostels.no.

Camping und Campinghütten

Über 1000 klassifizierte Campingplätze laden landesweit zu Camping und Caravaning ein. Den meisten Anlagen sind mehrere 2- bis 4-Bett-Holzhütten angeschlossen. Sie sind zwar sehr schlicht eingerichtet (Bettzeug muss man meist selbst mitbringen), aber so können eben auch Reisende ohne Zeltausrüstung die Campingplätze für relativ wenig Geld nutzen (im Durchschnitt um 300–500 NOK/Hütte für 2–4 Pers.). Die Gebühren eines 2- bis 3-Sterne-Platzes liegen bei 150–250 NOK pro Fahrzeug, Zelt und Tag, auf einem 4- bis 5-Sterne-Platz bei 180–300 NOK.

Ein bis fünf Sterne zeigen die Ausstattung des eines Platzes an: Ein Stern steht für Basiskomfort (WCs und Waschgelegenheiten müssen vorhanden sein), zwei Sterne garantieren Wasch- und Duschräume sowie Räume zum Wäschewaschen und Bügeln, bei drei Sternen gibt es warmes Wasser in Duschen und Waschbecken, Aufenthaltsraum, Kochgelegenheit, Telefon, Lebensmittelverkauf und ständige Aufsicht. Weitere Sterne stehen für zusätzliche Einrichtungen.

Informationen sowie kostenlose Campingführer gibt es beim Norwegischen Fremdenverkehrsamt sowie bei **Reiselivsbedriftenes Landsforening**, 💻 www.camping.no und dem **Norges Automobil Forbund**, 💻 www.nafcamp.com.

Verhaltenstipps

Ein Grundstein des norwegischen Wohlfahrtsstaates ist die Überzeugung von der sozialen Gleichheit der Menschen. Wer hier zu forsch auftritt und „typisch deutsche Eigenschaften" wie Gründlichkeit, Fleiß etc. herausstellt, verscherzt sich schnell alle Sympathien. Auch derjenige, der wie selbstverständlich ein Gespräch auf Deutsch beginnt, hat verloren. Angeber werden ebenso belächelt wie überstolze Titelträger (kaum jemand stellt sich mit seinem evtl. Titel vor), das Mittelmaß ist zum Ideal erhoben und der Begriff „Elite" eher negativ besetzt.

Der **Handschlag** ist hier nur beim erstmaligen Treffen oder nach/vor längerer Abwesenheit üblich, nicht jedoch im täglichen Umgang. So sagt man in aller Regel auch nur *god morgen* oder *god dag* (Guten Morgen, Guten Tag), ohne Zusatz des Namens. Beim ersten **Wiedersehen** mit einem Gastgeber oder auch Freund sagt man *takk for i går* (Danke für gestern) bzw. – wenn man sich nach längerer Zeit wiedersieht – *takk for sist* (Danke für neulich).

Bei **Einladungen** gilt Pünktlichkeit als Höflichkeit, im Privatleben wird das „akademische Viertel" toleriert, doch niemals bei Einladungen zum Essen. Dann ist gepflegte Garderobe angemessen, auch wenn die Norweger generell legere Kleidung bevorzugen und auch im Geschäftsleben viel toleranter sind als Mitteleuropäer. Beim Essen ist es üblich, sich zuzuprosten *(Skol!)*. Nach einem privaten Essen sollte man sich bei der Gastgeberin mit dem traditionellen *takk for mat* (Danke für das Essen) bedanken.

Das „Du" als **Anrede** zieht sich in Norwegen durch alle Alters- und Gesellschaftsschichten, sogar die Schüler rufen ihren Lehrer beim Vornamen, und auch als Tourist wird man hier häufig geduzt. Das hat also nichts mit Anmache zu tun. **Ellenbogenmentalität** ist in Norwegen tabu: Man drängelt nicht und stellt sich bei Schlangen hinten an. Beim Betreten eines Postamtes, einer Bank, in Behörden und Geschäften ohne Selbstbedienung ist es außerdem vielerorts üblich, eine Nummer aus dem Automaten zu ziehen und dann zu warten, bis man an der Reihe ist.

FKK

Oben ohne vielleicht, ganz ohne nie – es sei denn an Orten, an denen man von Fremden nicht gesehen wird. Laut Gesetz ist das Nacktbaden in Norwegen zwar nicht verboten, aber eine Freikörperkultur gibt es hier nicht.

Rauchen

In öffentlichen Verkehrsmitteln ist das Rauchen verboten, und auch in allen öffentlichen Gebäuden und an anderen öffentlich zugänglichen Plätzen herrscht absolutes Rauchverbot (gilt auch für Restaurants und Cafés, Bars, Kneipen, Discos etc.). Tabak (ca. 280–300 NOK für 50 g; Zigarettenpapier ab 15 NOK das 50er-Päckchen) oder Zigaretten (20 Stück um 80–90 NOK) kaufen darf man in Norwegen nur, wenn man über 18 Jahre alt ist.

Trinkgeld

Es ist üblich, sich bei Dienstleistungen durch ein Aufrunden der Summe erkenntlich zu zeigen.

Wasser

Norwegisches Trinkwasser stammt meist aus Bergseen und ist im größten Teil des Landes noch nicht einmal gechlort. Seine Qualität ist wohl in ganz Europa einzigartig, und auch in der freien Natur kann man hier das Quell- und Bachwasser in aller Regel gefahrlos trinken.

Zeit

Norwegen hat – wie Mitteleuropa – die Mitteleuropäische Zeit (MEZ) und auch die Sommerzeit (Beginn: letzter Sonntag im März, Ende: letzter Sonntag im Oktober).

Zoll

Norwegen ist nicht Mitglied der EU, entsprechend gelten mehrere Sondervorschriften:

Alkohol: Ab 18 Jahren dürfen 2 l Bier und 3 l Wein (bis 22 %) eingeführt werden, ab 20 Jahren 2 l Bier, 3 l Wein oder 1,5 l Wein und 1 l Spirituosen (bis 60 %). Zusätzlich zu den zollfreien Waren darf man noch 10 l Bier und 4 l Spirituosen gegen Verzollung einführen. Wer keine Tabakwaren nach Norwegen einführt, darf 1,5 l Wein oder Bier zusätzlich mitbringen.

Tabakwaren darf man ab 18 Jahren einführen: 200 Zigaretten oder 250 g Tabak und 200 Stück Zigarettenpapier.

Verboten ist die Einfuhr von Eiern, Kartoffeln, Pflanzen, Medikamenten (außer für den eigenen Bedarf), Waffen, Munition, Narkotika und Giften.

Land und Leute

Norwegen ist immer eine Reise wert! Wer einmal dieses landschaftlich spektakuläre wie vielseitige Land am Rande des europäischen Kontinents bereist hat, der wird immer wieder vom „Weg nach Norden" angezogen werden. Und er wird dem Text der norwegischen Nationalhymne schwärmend zustimmen, in dem es heißt: „Ja, wir lieben dieses Land ..."

SCHIFFSBEGEGNUNG IN DER FINNMARK; © DUMONT BILDARCHIV / GERALD HAENEL

Inhalt

Steckbrief Norwegen

Offizieller Name Kongeriket Norge *(bokmål)*, Kongeriket Noreg *(nynorsk)*: Königreich Norwegen

Staatsform Konstitutionelle Erbmonarchie, regiert auf parlamentarischdemokratischer Basis, Staatsoberhaupt ist König Harald V., die Regierung bildet seit 2017 eine Minderheitsregierung aus Konservativen (25 %) und der Fortschrittspartei (15,2 %); nächste Wahl im Herbst 2021

Hauptstadt Oslo

Fläche 323 758 km² ohne Spitzbergen

Naturschutzgebiete Insgesamt 39 Nationalparks = ca. 15 % der Landesfläche

Einwohnerzahl 5,3 Millionen, davon rund 16 % Einwanderer

Sprache Bokmål und Nynorsk

Human Development Index Laut diesem Index ist Norwegen das am weitesten entwickelte Land der Welt

BIP (Bruttoinlandsprodukt) je Einw. etwa 600 000 NOK bei 0 (!) NOK Staatsschulden

Arbeitslosigkeit 4,3 %

Inflation 2,4 %

Geografie

Fläche: 323 758 km² ohne Spitzbergen (61 020 km²), Jan Mayen (377 km²) und die Gebiete der Antarktis (ca. 63 205 km²) (Deutschland: 357 022 km²)

Nord-Süd-Ausdehnung: 1752 km (Luftlinie)

Ost-West-Ausdehnung: 6,3 km bis ca. 430 km

Größte Städte: Oslo (knapp 650 000 Einw.), Bergen (280 000 Einw.)

Höchste Berge: Galdhøpiggen (2469 m), Glittertind (2464 m)

Längste Fjorde: Sognefjord (204 km), Hardangerfjord (179 km), Trondheimsfjord (126 km)

Größte Gletscher: Rund 1700 Gletscher bedecken über 3300 km² der Landesfläche; die größten sind der Jostedalsbreen (487 km², inkl. der benachbarten Firnfelder ca. 1000 km²) und der Svartisen (368 km²)

Längster Fluss: Glomma (617 km)

Größter See: Mjøsa (362 km²)

Landesgrenzen: 1619 km mit Schweden, 727 km mit Finnland, 196 km mit Russland

Norwegen verfügt über zahlreiche wirklich ungewöhnliche geologische Eigenarten. Die vielfältigen Formen, in denen sich hier die Natur darbietet, verleihen jeder Reise einen ganz besonderen Zauber.

Erdgeschichtliches

Vor etwa 500 Mio. Jahren, so nehmen die Geologen heute an, gab es nur einen einzigen großen Kontinent auf der Erde. Er zerbrach in vier auseinanderdriftende Stücke, und zwei dieser großen Landmassen, die amerikanische und die eurasische Kontinentalplatte, kollidierten etwa 100 Mio. Jahre später wieder miteinander. Dabei wurde entlang ihrer Frontalränder das **Kaledonische Gebirgssystem** aufgefaltet, das sich heute von den Britischen Inseln über Westskandinavien nach Spitzbergen erstreckt und seine Fortsetzung in der nördlichen Appalachenkette im Nordosten Amerikas findet. Dieser Bergbogen, der sich von Stavanger im Süden bis zum Varangerfjord im äußersten Nordosten hinaufzieht und heute im Prinzip Norwegen ausmacht, wurde, wie ganz Skandinavien, von der Erosion sowie den Eiszeiten maßgeblich geprägt.

Aus Eis geboren

Vor etwa drei bis zwei Mio. Jahren trat im Norden eine Klimaverschlechterung ein. Die Gletscher des damals noch wesentlich höheren Berglandes wuchsen, in geologischen Zeiträumen gemessen, blitzartig an, verbanden sich zu mächtigen Eisströmen, die schließlich ganz Nordeuropa unter einem kilometerdicken Eispanzer begruben. Ihren Höhepunkt erreichte die Vereisung vor rund 300 000 Jahren während der sogenannten Saale-Eiszeit, als ein 2–3 km dicker Eispanzer ganz Europa vom Nordkap bis zur Saale, von Irland bis Sibirien, bedeckte. Rund 45 Mio. km² Festland waren seinerzeit vergletschert, und unter der Last von Milliarden und Abermilliarden Tonnen Eis tauchte der Kontinent tief in den darunterliegenden Erdmantel ein. Wie tief, ist heute kaum rekonstruierbar, aber noch vor etwa 20 000 Jahren, als rund 4 Mio. km² Europas eisbedeckt waren, soll Skandinavien bis zu 1000 m unter dem präglazialen Niveau gelegen haben.

Vor ca. 15 000 Jahren schließlich begann infolge einer noch ungeklärten Klimabesserung das Eis zu schmelzen. Schon eine erdgeschichtliche Nanosekunde später, nämlich nach 5000 Jahren, lag nur noch Skandinavien unter Eis. Nach weiteren 2000 Jahren war auch dieser Subkontinent vom Inlandeis befreit, der Meeresspiegel stieg um 70 m, und infolge des isostatischen Gleichgewichts hob sich auch die entlastete Erdkruste – und zwar um teilweise bis zu 1 m in 100 Jahren. Weil das Gleichgewicht noch immer nicht vollständig wiederhergestellt ist, dauert diese Hebung noch an, allerdings in geringem Ausmaß. Was das Eis mit Norwegens Bergen anrichtete, sucht seinesgleichen auf der Welt: Es trug viele hundert Meter Urgestein von den Gipfeln der alten Skanden ab, wie das Kaledonische Gebirge in Anlehnung an den Begriff Skandinavien auch genannt wird.

Ein glazial gestaltetes Relief

Im alpinen Fjell, dem eigentlichen Hochgebirge, finden sich in den Hängen unter den Firsten der Bergkämme Nischen mit breitem Boden, überragt von steilen Wänden und zumeist hoch über der Sohle des benachbarten Tals gelegen. Das sind die **Kare**, die als Gletscherbetten fungierten und hier in den verschiedensten Größen und Abwandlungen der typischen Form ausgebildet sind. Unter der Schneegrenze gelegene Kare sind häufig mit Wasser gefüllt. Diese **Cirque-Seen** sind über die Höhenlagen des Kaledonischen Gebirges verteilt. Auch viele Berge – die sogenannten **Karlinge** – zeigen überall in Norwegen Spuren ihrer eisigen Vergangenheit: Die zahlreichen Kare an ihren Hängen verleihen ihnen eine charakteristische Form voll scharfer Felshänge. Insbesondere in Vestland sowie in Nordland sind ganze Landschaften von Karlingen geprägt.

In Karen, die sich auch heute noch oberhalb der Schneegrenze befinden (in Ostnorwegen bei 1600–1700 m, in Westnorwegen bei 1250 m), häuft sich unablässig Schnee an. Er verdichtet sich durch den zunehmenden Druck zu Firn sowie – bei weiterem Belastungsdruck – zu blankem Eis. Diese aus lamellar aufgebauten Eiskörnchen bestehende Masse ist plastisch verformbar. Überschreitet ihr Gewicht einen bestimmten Grenzwert, setzt sie sich in Bewegung, und zwar entlang der Karwände nach unten. Ein **Gletscher** ist geboren, und mehr als 1700 solcher Gletscher sind heute noch in Norwegen zu finden. Sie bedecken ein Areal von über 3300 km² (von denen allein der Jostedalsbreen, der größte Festlandsgletscher Europas, rund 1000 km² einnimmt). Bei diesen Gletschern handelt es sich jedoch nicht um Überbleibsel aus der Eiszeit, sondern um „neue“ Gletscher, die im Subatlantikum, einer um 500 v. Chr. beginnenden Kaltzeit, entstanden. Heute befinden sich die norwegischen Gletscher aufgrund der Erderwärmung allesamt auf dem Rückzug.

Fließt ein Gletscher zu Tal, schleift der eingefrorene Gesteinsschutt – die Moräne – sowohl den Boden als auch die Seitenwände glatt, fräst hervorstehende Felsmassen ab und hobelt mit der Zeit ein einst enges, V-förmiges Flusstal zu einem weiten, U-förmigen **Trogtal** mit häufig steilen Felshängen auf. Das vielleicht markanteste Trogtal ist das Romsdal im Fjordland, das von senkrechten, glattpolierten Felswänden umschnürt ist. Doch auch die teilweise eher muldenförmigen süd- und ostnorwegischen Bauerntalungen sind Trogtäler, die von den glazialen Gletscherströmen geschaffen wurden. Oft haben Trogtäler einen treppenförmigen Verlauf und zahlreiche, hintereinander angeordnete Seen. Jeder dieser Seen markiert eine Stelle, wo der Eispanzer durch einen Felsriegel aufgehalten wurde. Denn dieser Riegel zwang den Gletscher, sich erst einmal eine Zeitlang horizontal zu bewegen, bevor er seinen Weg nach unten fortsetzen konnte. So bildete sich eine Reihe von Vertiefungen, die alle vom selben Flusslauf mit Wasser gefüllt wurden und **Paternoster-Seen** heißen.

Ein anderes typisches Element der Trogtal-Landschaft sind Seitentäler, die nicht auf gleichem Niveau in den Haupttalzug münden, sondern oft hoch darüber. Dabei handelt es sich um glaziale **Hängetäler**. Sie entstanden, weil die Erosionskraft ihrer Gletscher merklich geringer war als die des Haupttalgletschers. Deshalb „hängt“ der Talboden des Seitentals über dem Haupttal und sein Seitenfluss erreicht über einen Wasserfall oder eine enge Klamm den Haupttalboden. Viele der Trogtäler wurden nach dem Abschmelzen der Gletscher vom Meer überflutet. Der Grund dieser häufig weit ins Land (im Falle des Sognefjords 204 km) reichenden **Fjorde** liegt oft unterhalb des Meeresbodens. Denn die Gletscher wurden an ihrer Mündung ins Meer dünner (weshalb die Mündungsschwellen auch meist nicht sehr tief sind), stockten daher innen im Trog und schürften dort immer tiefer. 1300 m Tiefe und mehr erreichen die Fjorde im Fjordland. Fast genauso hoch, nämlich bis über 1000 m, recken sich ihre umwandenden Steilflanken aus dem grün, silbrig, türkis oder tiefblau leuchtenden Wasser in die Höhe.

Die Gletscher heute

Wie durch die großen globalen Klimaverschiebungen nahezu weltweit ein deutlicher Rückgang der Gletscher zu beobachten ist, so verzeichnen die Wissenschaftler auch in Norwegen einen signifikanten Gletscherschwund. Konkret gingen dort zwischen 1999 und 2005 24 von 26 in einer Studie untersuchten Gletschern zurück. So verkürzte sich beispielsweise der Engabreen (S. 456) in diesem Zeitraum um 185 m! Neuere Beobachtungen einer rückläufigen Tendenz zumindest bei einigen norwegischen Gletschern sind quantitativ noch nicht bestimmt worden und ändern auch nichts an der negativen Gesamtbilanz.

Flora und Fauna

Pflanzenarten: ca. 2000

Waldfläche: ca. 23 %

Gebirgs- und Ödland/Gewässer: ca. 74 %

Naturschutzgebiete: Insgesamt 39 Nationalparks (weitere 7 auf Spitzbergen) = 15 % der Landesfläche

Tierarten: Es kommen in etwa die gleichen Tierarten wie in Mitteleuropa vor, hinzu kommen vor allem Rentier und Elch sowie die Raubtiere Wolf, Luchs, Braunbär und Vielfraß, die als bedroht gelten. An Vögeln sind über 200 Arten bekannt, davon rund 50, die in Mitteleuropa nicht vorkommen.

Pflanzen

Alexander von Humboldt machte die wissenschaftlich bedeutsame Entdeckung, dass die natürliche Vegetation stets das vollkommene Abbild der klimatischen Gegebenheiten ist. Diese sogenannte Pflanzengeografie besagt, dass jeder Klimazone eine ganz bestimmte, ihr eigene Vegetationszone entspricht, mit der natürlich die Tierwelt in Wechselbeziehung steht. Je weiter man von Westen nach Osten, von Süden nach Norden oder aus tieferen in höhere Lagen vorstößt, desto unterschiedlicher präsentiert sich die Vegetation (mit der die Tierwelt in Wechselbeziehung steht), allerdings mit fließenden Übergängen.

Zum Limes norrlandicus

Entlang der Skagerrak- und Westküste bis in den Raum von Ålesund und Molde herrscht die **nordeuropäische Laubwaldzone** vor, deren ausgedehnte Rotbuchen- und Eichenwälder aber schon vor langer Zeit vor allem dem Ackerbau und in neuerer Zeit dem ökonomisch bedeutsameren Nadelwald weichen mussten. Nördlich und parallel zur Westküste bis zum 64. Breitengrad bei Trondheim schließt sich die **nordeuropäische Mischwaldzone** an. Ihr oberer Rand bildet den Limes norrlandicus. Diese imaginäre Linie bezeichnet in der Botanik den Grenzsaum zwischen Mischwald und Taiga. Sie markiert gleichzeitig das nördlichste Verbreitungsgebiet der Eiche. Doch das Schlagen von Schiffsholz im Küstengürtel hat den Wald hier weitgehend vernichtet, und dank forstwirtschaftlicher Maßnahmen dominieren heute die Nadelhölzer vor Erle, Pappel, Esche, Ahorn, Winterlinde und Ulme.

In der Taiga

Nördlich von Trondheim bzw. in höheren Lagen wird die Flora vom borealen/montanen Nadelwald bestimmt (nach *Boreas*, dem griechischen Nordwind-Gott). Dieser wird nach einer aus der Geografie Sibiriens übernommenen Bezeichnung auch Taiga genannt. Erkennungszeichen dieses nördlichsten und auch größten Waldgürtels der Erde sind **Kiefer** *(Pinus silvestris)* und **Fichte** *(Picea abies)*, zudem gedeiht die **Birke** *(Betula pubescens)* auf Kahlschlägen und Lichtungen. Ob nun die Fichte dominiert (auf nährstoffreichen Böden) oder die Kiefer (auf ariden, aber auch auf nassen sowie nährstoffreichen Böden) – der Unterbewuchs ist jeweils ziemlich gleichförmig und besteht insbesondere aus Zwergsträuchern wie Heidel-, Preisel- und Rauschbeere. Nicht zu vergessen Moose und Flechten, unter denen die Rentierflechte *(Cladonia rangiferina)* dominiert.

Eine große Rolle im borealen Nadelwald spielen **Moore**. Sie bilden sich dort, wo das Oberflächenwasser nicht ablaufen und wegen der langen Frostperiode auch nicht einsickern kann. Man unterscheidet Sphagnum-Moore (die hauptsächlich auf Torfmoosen aufgebaut sind) und Flachmoore. Erstere haben nur eine spärliche Pflanzenwelt; letztere sind hingegen

Land im Licht

Norwegen fasziniert mitteleuropäische Reisende seit jeher durch seine ganz besonderen Lichtphänomene.

Wenn die Allnacht zum Alltag wird

Ab Ende September, wenn oft schon der erste Schnee niedergeht, werden die Tage rapide kürzer. Im November bestehen sie im hohen Norden nur noch aus Morgen- und Abendröte. Mitte Dezember ist vom Tageslicht nichts mehr zu sehen, rings um den Horizont herrscht sternentiefe Nacht. Eine ungeheure Melancholie liegt über dem erstarrten Land, und wenn dann noch das Nordlicht lautlos über den Himmel weht, erscheinen schier überirdische Bilder. Erst liegt ein hauchzartes Schwingen über der vereisten Erde. Dann schießen plötzlich Strahlenbündel herab, die rosa, lila und grün werden und sich quer über den ganzen Himmel hinweg drehen und winden. Schließlich wehen sie wie wallende Schleier, werden blass und vergehen.

Der Mitternachtssonne entgegen

Mitte Januar lichtet sich die Nacht. Erst ist es nur ein Hauch von Rosa, der sich am Himmelsrand zeigt. Dann erscheint ein pastellener Lichtstreifen, der täglich breiter und kräftiger in den Farben wird. Und plötzlich taucht zum ersten Mal wieder die Sonne glutrot auf – erst nur für Sekunden, dann für Minuten, bald für Stunden. Mit jedem Tag wird sie größer und heller, während das Glühen der Polarnacht gleichzeitig abnimmt. Im April währt der Tag bereits mehr als 16 Stunden, und ab Anfang Mai dauert er bis in die Nacht. Für zwei Monate tauchen nun die Strahlen der Mitternachts-

aufgrund eines höheren Grundwasserspiegels besser mit Wasser versorgt und bringen deshalb eine außerordentlich vielfältige Fenn-Vegetation hervor (diverse Seggen- und Moosarten, Wollgräser).

Die subarktische/subalpine Birkenwaldregion

Zwischen der Taiga und der Tundra bzw. dem Oreal erstreckt sich in Norwegen (sowie auch in Schweden und Finnland) ein Birkenwaldgür-

sonne die Welt in ein goldenes Licht und lassen das Leben zeitlos erscheinen. Doch schon im Juli färbt der Herbst wieder die ersten Birken und Espen bunt, und bereits gegen Ende September dämmert das Land wieder in den Winter hinüber.

Die Ursachen

Grob verallgemeinernd kann man sagen, dass Ursache der Mitternachtssonne die geografische Breite Norwegens ist. Weil die Achse der Erde nicht rechtwinklig zur Umdrehungsebene steht, sondern eine Neigung von 23,5° hat, liegen die Gebiete nördlich des Polarkreises (auf der Südhalbkugel entsprechend südlich dieser Linie) zeitweise durchgehend im Strahlungsbereich der Sonne – je weiter man nach Norden kommt, desto länger (am Nordpol fast sechs Monate). Daher geht die Sonne nicht unter, sondern sinkt im Abendrot zum Horizont und steigt kurz vor dem Untergang im Morgenrot wieder auf. Dieses Phänomen heißt in unserem Sprachgebrauch Mitternachtssonne, sein korrekter Name lautet jedoch Polartag. Die Kehrseite dieses Polartags ist die Polarnacht, bei der die Gebiete über dem Polarkreis teilweise ganz aus dem Strahlungsbereich der Sonne geraten (am Nordpol wiederum fast sechs Monate).

Das Polarlicht – Morgenröte des Nordens

Entgegen landläufiger Vorstellungen ist die Polarnacht nicht völlig dunkel. Das liegt an dem einzigartigen Phänomen des Polarlichts. Es heißt auch Nordlicht bzw. *Aurora borealis* („Morgenröte des Nordens"), wie der Franzose Pierre Gassend das Schauspiel im 17. Jh. taufte. Schon im folgenden Jahrhundert stellte der schwedische Astronom Anders Celsius fest, dass es zwischen der *Aurora* und der Magnetnadel einen Zusammenhang gibt: Bei Auftreten des Nordlichts wird die Magnetnadel um mehrere Grade abgelenkt. Infolgedessen diente der Kompass als Wegweiser für die Erforschung dieses Phänomens, das, wie man heute weiß, exakt nach den magnetischen Feldlinien der Erde ausgerichtet ist und sich in Höhen zwischen 80 und 1000 km zeigt.
Wie stark das Polarlicht leuchtet und wie weit es über die Polkappen hinaus zu sehen ist, hängt ab von den magnetischen Störungen durch die Sonne. Bei starken Magnetstürmen, wie sie vereinzelt vorkommen, ist das Nordlicht mitunter in Mitteleuropa, ja sogar im Mittelmeerraum zu sehen. Als südlichste je auf der Nordhalbkugel gesichtete *Aurora* gilt diejenige, die am 25. September 1909 über Singapur nahe dem Äquator strahlte.

App für Nordlichtjäger

Visit Norway (S. 53) hat die App „Norway Lights" lanciert, mit deren Hilfe man die winterliche Himmelserscheinung des hohen Nordens zielsicher ansteuern kann. Einerseits zeigt die App die wahrscheinlich sicheren Nordlichtgebiete an, andererseits werden Nordlichter bis zu 3 Tage im Voraus prognostiziert und obendrein wird am Tag des Nordlichts die Vorhersage stündlich aktualisiert. Natürlich kann man auch eine Karte aufrufen, die die Positionen der Nordlichter sowie die eigene Position im Abstand zum nächsten Nordlicht zeigt, und schließlich gibt die App zahlreiche allgemeine Informationen über das Nordlicht sowie Tipps für Hobbyfotografen. Erhältlich ist die kostenlose App im Google Play Store und bei iTunes.

tel. Das ist insofern einzigartig, als die Birke auf der ganzen Welt normalerweise ins Tiefland gehört, während in großen Höhen und nördlichsten Breiten Nadelbäume vorherrschen. Doch Skandinavien war im Pleistozän so viel länger vereist als etwa Sibirien oder Alaska, dass die Birke hier in höhere Regionen auswich. Von den rund 40 Birkenarten gedeiht hier jedoch lediglich die kleinwüchsige *Betula tortuosa* (eine enge Verwandte der Moorbirke). Je nach Feuchtigkeitsgrad wird die Birkenwaldregion noch einmal unterteilt: Ist der Boden trocken und mager, wird von einem **Heide-Birkenwald** gesprochen. Darin sind die großen Räume zwischen den Bäumen insbesondere von Heidekrautgewächsen sowie Rentierflechten besetzt. Besonders auffällig sind hier auch Schwedischer Hartriegel *(Cornus suecica)*, Wiesen-Wachtelweizen *(Melampyrum pratense)*, Lappland-Läusekraut *(Pedicularis lapponica)*, Moosglöckchen *(Linnaea borealis)* und Hellrote Pestwurz *(Petasites frigidus)*.

Der **Wiesengrund-Birkenwald** findet sich dagegen an weiten Südhängen mit nährstoffreichem Boden sowie schwach erodiertem Gestein und überrascht mit einer Üppigkeit, für die es im übrigen Norden keinen Vergleich gibt. Hier wachsen zwischen fast geradstämmigen und kräftigen Birken Ebereschen *(Sorbus aucuparia)*, Grau-Erlen *(Alnus incana)*, Espen *(Populus tremula)*, Johannisbeersträucher *(Ribes)* und vieles mehr. In Feuchtzonen bilden verschiedene Arten von Weiden *(Salix)* nahezu undurchdringliche Dickichte – man spricht gar von einem Weidendschungel. Auf den Wiesen bilden Trollblume *(Trollius europaeus)*, Sumpfdotterblume *(Caltha palustris)* sowie Zweiblütiges Veilchen *(Viola biflora)* große Farbflecken, und fast überall stößt man auf den Alpen-Milchlattich *(Cicerbita alpina)* und die Engelwurz *(Angelica archangelica)*, die immerhin bis über 2 m Höhe erreichen kann.

Das Oreal

Je höher es hinaufgeht, desto kleinwüchsiger und seltener werden die Bäume. Bald erinnert das Land an einen Flickenteppich von verkrüppelten Birken und Zwergsträuchern auf einem Boden aus Rentierflechten und Moosen. Dies ist die Vegetationsstufe des Oreal (griech.: *oros* = „Berg", „Gebirge"), das in Norwegen als *fjell* bezeichnet und vom Botaniker in drei Höhenstufen unterteilt wird: In der **unteren alpinen Höhenstufe** (ab 400–700 m) dominiert der Heidetyp. So eintönig diese Landschaft aus der Ferne wirkt, so vielfältig präsentiert sie sich aus der Nähe. Im Herbst ist sie unvergleichlich farbenprächtig, wenn sich hier alle Pflanzenkleider rot einfärben. Was gedeiht, hängt primär vom Kalkgehalt des Bodens ab. Ist er gering, wachsen neben zahlreichen Heidekrautgewächsen *(Ericaceae)* u. a. der Alpen-Bärlapp *(Lycopodium alpinum)* und die schwarze Alpenbärentraube *(Arctostaphylos alpina)*, das Stengellose Leimkraut *(Silene acaulis)*, die Waldschmiele *(Deschampsia flexuosa)* sowie verschiedene Seggenarten.

Wo der Kalkgehalt hoch ist, dominiert die Silberwurz *(Dryas octopetala)* so deutlich, dass man mit ihrem Namen eine ganze Pflanzengesellschaft bezeichnet: die Dryas-Heide. Neben unterschiedlichen Seggen- und Weidenarten kommen hier insbesondere Roter Steinbrech *(Saxifraga oppositifolia)*, Karlszepter *(Pedicularis sceptrum-carolinum)*, Schneefingerkraut *(Potentilla nivea)* und Alpen-Ehrenpreis *(Veronica alpina)* vor.

Diverse Arten von Zwergstrauch- und Gras-Heiden beherrschen das Bild der **mittleren Höhenstufe**, wo man über zwei Dutzend Vegetationstypen unterscheidet. Jeder von ihnen ist durch bestimmte bestandbildende Arten charakterisiert, von denen Zwergweide *(Salix herbacea)* und Schuppenheide *(Cassiope hypnoides)* die dominantesten sind. Wo der Boden mit Wasser vollgesogen ist, beherrschen Berghahnenfuß *(Ranunculus montanus)* und Zwerghahnenfuß *(Ranunculus pygmaeus)* nebst der Rosenwurz *(Sedum rosea)* das Bild, in mäßig feuchten Regionen hingegen trifft man insbesondere auf das Arktische Schaumkraut *(Cardamine bellidifolia)* sowie den Gletscherhahnenfuß *(Ranunculus glacialis)*. Letzterer ist neben Moosen und Flechten auch die einzige bestandbildende Pflanze der **hochalpinen Stufe** und wächst auch noch auf über 1900 m Höhe.

Das Tundral

Dort, wo das Oreal in den höheren Breiten von Norwegen aufgrund fehlender alpiner Höhenstufen nicht auftritt, haben wir es mit einer Landschaft zu tun, die die Finnen als *tunturi* („waldloser Hügel") bezeichnen. Daraus leitet sich etymologisch der Begriff Tundra ab bzw. – in der Pflanzengeografie – der Begriff Tundral. Er bezeichnet jene arktische Zone, die sich rings um den Globus nördlich der Taiga bzw. der 60–

80 km breiten subpolaren Birkenwaldregion erstreckt. Die hier wohnenden Pflanzengesellschaften decken sich weitgehend mit denen des Oreal, weil die Lebensbedingungen ebenso extrem sind. Aufgrund der besonderen klimatischen Bedingungen hat Lappland aber nur mit einigen Inseln und Halbinseln vor dem nördlichen Norwegen Anteil an dieser Zone.

Die eigentliche, häufig tief gelegene feuchte Tundra der nordamerikanischen und sibirischen Küstengebiete findet sich auf dem nordeuropäischen Festland nur bei der teils durch den Menschen verursachten großen Pseudotundra in der inneren Finnmark.

Tierwelt

Die Tierwelt Norwegens unterscheidet sich von den Ökosystemen südlicherer Breiten dadurch, dass es statt vieler Arten mit relativ wenigen Exemplaren relativ wenige Arten mit vielen Exemplaren gibt. Allerdings reagiert sie dadurch auf Eingriffe des Menschen noch wesentlich anfälliger, denn hier fehlen milde Temperaturen, lange Wachstumsperioden und Artenvielfalt, die in gemäßigten oder tropischen Zonen manche Misshandlung durch Menschen ausgleichen.

Der Wolf

In Norwegen ist kein einziger Fall bezeugt, in dem ein Wolf *(Canis lupus)* einen Menschen angegriffen hätte. Wissenschaftler gehen heute davon aus, dass Menschen keine Reizmuster für einen Angriff auslösen. Umgekehrt ist das schon eher der Fall: Der Wolf scheint für den Menschen ein Archetyp des Schreckens zu sein. Infolgedessen war er in Norwegen schon um die Jahrhundertwende vom Aussterben bedroht, noch bevor es in Mode kam, ihn mit Schnellfeuergewehren von Helikoptern und Motorschlitten aus niederzumetzeln. Heute ist der Wolf gesetzlich geschützt, aber insbesondere die Ren züchtenden Samen, die ihre Herden schützen wollen, kümmern sich nur wenig um diesen Paragrafen.

Daher fordern Tierschützer heute in allen drei skandinavischen Staaten einen Wolfs-Wachschutz. Er soll in Aktion treten, sobald das Auftauchen eines Wolfes bekannt wird. Aber selbst dann wäre der „Erbfeind der Menschheit" zum Aussterben verurteilt, weil sein Lebensraum mehr und mehr verschwindet. Kämen nicht hin und wieder ein paar Exemplare von Russisch-Karelien herüber (wo er noch nicht gänzlich ausgerottet ist), gäbe es ihn schon längst nur noch im Märchen.

Der Braunbär

Kaum besser als um den Wolf ist es um den Braunbären *(Ursus arctos)* bestellt, das größte noch in Europa vorkommende Raubtier. Obwohl er sich überwiegend von Pflanzen ernährt, stellten ihm trophäensüchtige Jäger so unerbittlich nach, dass die Population in Skandinavien nach dem Zweiten Weltkrieg auf unter 200 Exemplare geschätzt wurde. Gäbe es nicht Russisch-Karelien, wo der Bestand zum gleichen Zeitpunkt mehrere Tausend Tiere umfasste, wäre das insbesondere in der Taiga von Nordnorwegen beheimatete Bärenvolk vom Aussterben durch genetische Verarmung (Inzucht) verurteilt gewesen. Heute soll die Zahl der Allesfresser durch gesetzlichen Schutz und insbesondere durch Einwanderung von Osten wieder auf mehrere hundert Exemplare angestiegen sein. Doch bleibt, langfristig betrachtet, dem Bären auch in der so oft beschworenen „letzten Wildnis Europas" kein Lebensraum mehr: Das Revier, das er zum Leben benötigt, ist einfach zu groß für das durch die Ansprüche der Menschen ständig „kleiner" werdende Norwegen.

Der Vielfraß

Als das schlaueste Tier des Nordens gilt der alle Vegetationszonen bewohnende Vielfraß *(Gulo gulo)*, der hier entsprechend in Fabeln den Fuchs ersetzt. In der Tat ist kaum eine Falle denkbar, die er nicht „entschärfen" kann, kein Stall, kein Gehege, in das er nicht Einlass findet. Gleichzeitig ist er schnell genug, um Hasen zu erwischen, mutig und aggressiv genug, um Bären und Wölfe einzuschüchtern (obwohl er selbst nur 20 kg wiegt), ausdauernd genug, um Rentiere über Hunderte von Kilometern zu jagen. Obendrein kann er perfekt klettern und schwimmen, fängt Bisamratten mit der „Hand", zermalmt Elchen mit seinen Zähnen die

Beinknochen, sinkt dank seiner bis zu 200 cm^2 großen Fußsohlen selbst im weichsten Schnee nicht ein.

Es gibt so gut wie nichts, was ein Nordländer diesem größten Vertreter der Marderfamilie nicht zutrauen würde. Man sagt ihm übernatürliche Fähigkeiten nach, und da er obendrein widerlich aussieht und riecht, wird er gehasst wie die Pest und wurde in der Vergangenheit unerbittlich gejagt. Anfang der 1960er-Jahre galt er bereits als ausgestorben. Dann wurde er jedoch unter Schutz gestellt. Dank seiner hohen Reproduktionsrate hat sich der Bestand seither zumindest in den Nationalparks wieder erholt.

Der Fuchs

Überall zu finden ist in Norwegen der **Rotfuchs** *(Vulpes vulpes)*, der hier aber wesentlich größer ist als sein weiter südlich beheimateter Verwandter. Er hat auch einen gedrungeneren Körperbau und einen weniger langgestreckten Schädel, da bei hervorstehenden Körperteilen größere Wärmeverluste auftreten. Während der letzten Jahrzehnte hat er sein Verbreitungsgebiet im Norden sogar ausgedehnt und ist jetzt im Gebirge bis hinauf in die alpine Zone zu finden, wo er meist die Baue des **Eisfuchses** *(Alopex lagopus)* bewohnt. Auch sonst behauptet sich der Rotfuchs erfolgreicher als sein wesentlich kleinerer Verwandter, dessen Population skandinavienweit nur noch wenige Hundert Tiere betragen soll.

Zwar ist der Eisfuchs schon seit 1930 gesetzlich geschützt, aber seit es immer weniger Wölfe gibt, fehlt ihm im Winter der Hauptnahrungslieferant: die Beutereste. Sein Fell ist einer der Gründe, warum er trotz gesetzlichen Schutzes nahezu ausgerottet ist. Wenn die winterlichen Schneefälle bevorstehen, wird im Körper des Tieres immer weniger Melanin (Pigment, das sein Fell im Sommer dunkel färbt) gebildet. Das Fell wird (wie auch bei Schneehase, Hermelin und anderen Tieren) zunehmend heller, bis der Eisfuchs ein blassbeiges (dann „blau" genanntes) bis schneeweißes Winterkleid trägt, das ihn unsichtbar für seine Feinde macht. Zudem bilden sich beim Abbau des Melanins winzige Luftbläschen in den Haaren des Fuchses, durch die zusätzlich Körperwärme gespeichert wird.

Der Elch

Das Beispiel des Eisfuchses zeigt, wie anfällig ein subarktisches Ökosystem auf Eingriffe des Menschen reagiert: Weil der Wolf ausgerottet wird, ist auch der Eisfuchs bedroht. Auch ein anderes Ökosystem kam durch den Menschen aus dem Gleichgewicht. In dem Maße, in dem die Zahl aller großen Raubtiere schwand und gleichzeitig die expandierende Holzwirtschaft von der selektiven Baumentnahme zum Kahlschlag überging, vermehrte sich der Elch *(Alces alces)* in bislang beispielloser Art. War er früher nur im borealen Nadelwald zu finden und schon im 19. Jh. als Fleischlieferant und Jagdtrophäe nahezu ausgerottet, kommt er heute auch in der Birkenzone vor, sogar in der Tundra. Mit einer Population von wahrscheinlich über einer halben Million Exemplaren gilt er als Landplage in Norwegen sowie ganz Skandinavien. Das freut zwar die Jäger, die jährlich an die 100 000 der bis zu 500 kg schweren, größten freilebenden Wildtiere Europas erlegen. Doch die Holzwirtschaft schädigt es ungemein: Der Elch tut sich an Eschen, Weiden, Birken und jungen (größtenteils auf Kahlschlägen angepflanzten) Kiefern gütlich und hat in einigen Regionen ganze Wälder so schwer in Mitleidenschaft gezogen, dass sie als wertlos gelten.

Das Rentier

Die Rentiere *(Rangifer tarandus)*, von denen es im hohen Norden (Schwerpunkt Finnmark und Troms) rund 750 000–1 Mio. gibt, konnten ihre Population innerhalb unseres Jahrhunderts nicht erhöhen, obwohl auch sie heute keine Fressfeinde mehr haben. Das liegt daran, dass diese 60–320 kg schweren Herdentiere aus der großen Familie der Hirsche keine eigentlichen Wildtiere sind, sondern Eigentum der Samen, die sie schon in grauer Vorzeit domestizierten. Zwar wird das Ren nicht als Haustier gehalten, sondern streift relativ frei in riesigen Arealen von Taiga, Tundra und Oreal herum. Aber diese Gebiete sind dennoch genau festgelegte Weidegründe. Das Ren frisst hier täglich 5–8 kg Flechten und Moose (Trockengewicht), im Herbst wird es zu Sammelplätzen getrieben und schließlich geschlachtet. Per Kühltransporter gelangt es in die Fleisch- und Wurstfabriken des Landes; Fell, Schädel und Geweih erfreuen in Souvenirläden die Touristen.

Umwelt

Norwegen ist in vielerlei Hinsicht ein echter Vorreiter beim Umweltschutz, doch auch hier ist nicht alles Gold, was glänzt.

Vorbild für den Umweltschutz

In Oslo wurde 1972 das erste Umweltministerium der Welt eingerichtet, heute liegt Norwegen im weltweiten Umweltranking auf Platz zwei hinter Finnland. Das norwegische Bereitschaftssystem für Umweltkatastrophen ist extrem effizient; Maßnahmen, die die Einleitung von Schadstoffen ins Meer verringern, haben allerhöchste Priorität. Deshalb wird hier sogar – ebenfalls einzigartig auf der Welt – mit Satelliten Jagd auf Umweltsünder gemacht (insbesondere auf Kapitäne, die unerlaubt Öl verklappen). Die Industrie muss einen Teil ihrer Bruttoinvestitionen für den Umweltschutz abzweigen und Steuern für Kohlendioxid-Emissionen zahlen (50 US$ pro t). Auch in der FCKW-Frage ging man radikale Schritte durch einen Abbau der Produktion. Und eine gezielte Preispolitik zugunsten des Bio-Anbaus soll den Einsatz von Stickstoffdünger und Spritzmitteln reduzieren (die Ironie daran ist freilich, dass Norwegen der größte Kunstdüngerproduzent der Welt ist).

Obendrein bemüht sich Norwegen intensiv um die Stabilisierung der Treibhausgas-Konzentration in der Atmosphäre und will voll und ganz seinen Verpflichtungen zum Kyoto-Protokoll nachkommen. So hat es beispielsweise es die Emission von Treibhausgasen bis 2012 bereits auf weniger als 1 % über dem Stand von 1990 begrenzt. Für die Zukunft setzt sich Norwegen für ein noch wesentlich umfassenderes und ehrgeizigeres globales Klimaregime ein. Im Jahr 2007 verpflichtete sich das Land sogar, die Treibhausgasemissionen bis 2020 um 30 % zu senken, und bis 2030 will Norwegen der erste „Null-Emissionen-Staat" weltweit werden. Allerdings scheint der Umweltschutz im Kleinen, wie ihn Norwegen betreibt, fast von vornherein zum Scheitern verurteilt, wenn man bedenkt, dass die Ökosysteme der Erde untereinander vernetzt sind. Das bedeutet, dass ökologische Verfehlungen einer Region zurückschlagen auf die anderen Regionen der Welt, wie uns z. B. der Klimawandel lehrt. Zusätzlich stehen die Ökosysteme des hohen Nordens untereinander in einem noch viel empfindlicheren Gleichgewicht als in unseren heimischen Breiten.

State of Environment

Umfassende Informationen über den Stand des Umweltschutzes in Norwegen bietet die Website State of Environment Norway, 💻 www.miljostatus.no. Sie informiert über den Staat und die Entwicklung der Umwelt, präsentiert auf einfache Weise wichtige Punkte zum Thema Umwelt und gibt Zugang zu detaillierteren wissenschaftlichen Darstellungen. Außerdem erfahren die Nutzer mehr über Gesetzgebung und internationale Abkommen, Ziele des Umweltschutzes und finden Literaturhinweise und wichtige Links.

Schatten im (Natur-)Paradies

Die Holzwirtschaft

Sicher: Nirgendwo in Europa gibt es noch derart große zusammenhängende **Urwälder** wie in Norwegen (sowie in Schweden und Finnland), mit manchmal bis zu über 600 Jahre alten Beständen. Aber sie liegen größtenteils in Nationalparks. Wer den Hauptstraßen des Landes gen Norden folgt, sucht bereits vergebens jene endlosen Wälder aus Fichte, Kiefer und Birke, deren Böden mit blumenbesetzten Moos- und Heidelbeerteppichen bedeckt sind. Stattdessen ziehen sich immer häufiger Kahlschlaggebiete bis zum Horizont – trostlose Öden aus Baumleichen und Gesteinsschutt, den die Erosion zutage treten lässt. Gleiches gilt für die Tausende Quadratkilometer großen **Holzplantagen**: Ausschließlich Exemplare von *Pinus contorta*, der aus Nordamerika importierten Drehkiefer, stehen hier in Reih und Glied. Dieser Baum wächst schneller als die heimischen Arten und gedeiht auch in den höher gelegenen Regionen nahe der Baumgrenze, wo die Lebensbedingungen so extrem sind, dass nach Kahlschlag eine Regeneration unmöglich ist.

Sensible Ökosysteme

Auch das **Nordpolarmeer** sowie die **Barentssee** stehen vor großen Problemen. Noch vor rund einer Generation gehörten sie zu den fischreichsten Gewässern der Erde. Jetzt sind viele Fischer arbeitslos. Auch Seevögel und Robben sind ihrer Nahrungsgrundlage beraubt (s. „Seevogelkolonien in Gefahr" auf S. 93), weil die Fischbestände nach offiziell abgesegneter, bedenkenloser Überfischung zusammenbrachen. Doch noch viel nachhaltiger werden die Auswirkungen der gewaltigen Erdöl- und Erdgasfunde sein, die man in den letzten Jahren an Dutzenden Stellen unter der Barentssee sowie im Nordpolarmeer gefunden hat. Im Jahr 2009 erlaubte die norwegische Regierung den Ölkonzernen, diese Vorkommen auszubeuten. Naturschützer klagten zu Recht über einen „schwarzen Tag für die Umwelt".

Auch die **Energiewirtschaft** hat ihre dunklen Seiten, obwohl Norwegen als einziges Land Europas seinen Energiebedarf nahezu vollständig aus Wasserkraft deckt. Diese liefert Strom im Überfluss. Ob es hell ist oder dunkel, stets brennen in den meisten Haushalten des hohen Nordens die Lampen in allen Zimmern. Die Straßenbeleuchtung ist während der Polarnächte ständig eingeschaltet, wird auch im Sommer vielerorts nicht abgestellt und ist dabei so stark, dass jedes Dorf wie ein Stadion unter Flutlicht erstrahlt. Im Winter wird geheizt auf Teufel komm raus, und 26–30 °C in allen Zimmern eines Hauses sind eher die Regel denn die Ausnahme. Entsprechend halten die Norweger mit einem Stromverbrauch von rund 20 000 kWh pro Person und Jahr den absoluten Weltrekord.

Dieser Verbrauch hat nichts mehr mit dem realen Bedarf zu tun. Dennoch hat hier fast niemand ein schlechtes Gewissen, weil ja der Mammutanteil der Energie aus Wasserkraft gewonnen wird. Nirgendwo sind Schornsteine mit giftig gelben Schwefelwolken zu sehen, und auch Kühltürme oder drohende Reaktorbauten sucht man vergebens. Trotzdem sind die erforderlichen Staudämme und Flussregulierungen eklatante Eingriffe in die Natur, sodass das nordische Ökosystem vielerorts bereits völlig aus dem Gleichgewicht geraten ist – auch wenn man das als Tourist nicht mitbekommt. Und Norwegen baut weiter, Staudamm um Staudamm, um auch den letzten Fluss und den letzten Wasserfall zu bändigen.

Der importierte Umwelttod

Die **Versäuerung** unserer mitteleuropäischen Wälder war ein unheilbringender Vorbote für die Wälder Norwegens. Unaufhaltsam schritt und schreitet die durch Abgase aus Schwefel- und Stickstoffverbindungen verursachte Versäuerung des Wassers und Bodens Richtung Norden vor; derzeit reicht das stark kontaminierte Gebiet etwa bis auf die Höhe des Polarkreises. In manchen Bereichen weist der Regen in Extremfällen pH-Werte unter 3 auf (normal wäre um 7). Die Folge ist, dass zahlreiche Seen und Wasserläufe von Versäuerung und damit einhergehendem Fischsterben bedroht sind. Auch gesellschaftliche Milliardeninvestitionen, etwa Stahlkonstruktionen, Kabel und Leitungen im Erdreich oder Wasser, laufen Gefahr, von Säuren zerstört zu werden.

Aber diese Entwicklung kann man nicht Norwegen anlasten. Denn hier setzt man sich schon seit den 1970er-Jahren intensiv mit der Gewässerversäuerung auseinander und hat die hausgemachten Emissionen seitdem drastisch reduziert. Der **saure Regen** wird durch die Winde „importiert", und zwar von Polen, Deutschland und Großbritannien. Diese sind die drei Spitzenreiter in Sachen Schwefelexport und werden darin nur noch von Norwegens größter Verschmutzungsquelle Russland übertroffen. In der nordrussischen Industriestadt Nikel, direkt an der Grenze östlich von Kirkenes gelegen, werden jährlich Hunderttausende Tonnen Schwefeldioxid in die Luft entlassen. Obwohl der Wind viel davon in andere Richtungen davonträgt und Norwegen nur rund 5 % der niedergehenden Schadstoffe abbekommt, werden im Grenzgebiet Schwefelkonzentrationen von bis zu 3000 µg pro m^2 gemessen (in Oslo sind es maximal 150). Obendrein sind im nahen Murmansk uralte **Atomreaktoren** am Netz, die von der

Seevogelkolonien in Gefahr

Über Jahrhunderte hinweg galten die Seevogelkolonien von Værøy (S. 474) sowie der südlich angrenzenden Inselgruppe von Røst als die größten und am dichtesten besiedelten von Norwegen, ja von ganz Europa. Doch seit sich in den 1960er-Jahren die Nahrungsverhältnisse der Seevögel aufgrund hoffnungsloser Überfischung der Barentssee und des Nordmeers drastisch verschlechterten, ging es rapide abwärts im Bestand aller auf den Vogelfelsen brütenden Arten. Die zunehmende Ölverschmutzung tat und tut ein Übriges, und auch die Auswirkungen der Klimaveränderungen sind nicht zu unterschätzen. Zigtausende Seevögel kommen zudem jährlich in den ausgelegten Fischernetzen zu Tode. So kommt es, dass heute ganze Kolonien vom Aussterben bedroht sind.

Noch 1980 wurde beispielsweise die Zahl der auf Værøy brütenden **Papageitaucher**-Paare auf ca. 500 000 geschätzt, 1985 waren es nur noch rund 200 000. Bis zum Sommer 2014 war der Bestand auf rund 45 000 geschrumpft. Und es wird in Zukunft wohl noch viel schneller bergab gehen mit dem *lundefugle:* Wie nämlich in den vergangenen Jahren mehrfach beobachtet wurde, bleibt der *sil* (Sandaal) vor Værøy mitunter gänzlich aus. Dieser Fisch ist aber im Sommer die Hauptnahrungsquelle der Papageitaucher, weshalb Ornithologen vom Norwegischen Institut für Naturforschung (NINA) von einer Katastrophe unübersehbaren Ausmaßes sprechen. Wenn es so weitergeht, ist eine der größten Papageitaucher-Kolonie unseres Kontinents bald gänzlich ausgestorben.

Ähnlich verhält es sich mit den **Trottellummen**, die im Jahr 2004 bereits als gefährdete Art auf die Rote Liste der International Union for Conservation of Nature and Natural Resources (IUCN) gesetzt wurden. Der Rückgang in ihrem Bestand belief sich von 1984 bis 2006 auf sage und schreibe rund 97 %, und nur noch etwa knapp 250 brütende Paare finden sich zurzeit auf Værøy. Damit steht ihr Aussterben unmittelbar bevor.

Auch für die **Dreizehenmöwe** müssen Ornithologen wohl bald einen Nachruf verfassen: Wurde ihr Bestand Mitte des 20. Jhs. allein auf Røst auf mehrere Millionen geschätzt, beläuft sich heute die Gesamtpopulation in Norwegen nur noch auf 500 000 Tiere. Auf Røst und Værøy zusammen wurden 2002 etwa 40 000 Brutpaare verzeichnet, doch die Kolonie schrumpft zurzeit je Generation um etwa 30–50 %. Entsprechend wurde auch dieser Seevogel auf die Rote Liste gesetzt.

Die Population des **Eissturmvogels** hat sich in den vergangenen zehn Jahren um gut 60 % reduziert. Nur etwa 100 Nester wurden unlängst noch auf Røst registriert, und jährlich schrumpft der Bestand um weitere 15 %.

Die **Tordalke** auf Røst und Værøy haben seit den 1970er-Jahren etwa 90 % verloren, jetzt werden es jährlich rund 10 % weniger. Landesweit soll es nur noch rund 9000 brütende Paare geben. **Basstölpel**-Paare werden norwegenweit nur noch 4500 gezählt. Einen Zuwachs verzeichnen konnte man dagegen bei den **Kormoranen** sowie **Krähenscharben** (etwa je 600 % seit 1998!), dem unter Schutz stehenden Seeadler sowie vor allem auch bei (den Eierdieben) Raubmöwen, Raben und Krähen. Weiterführende Informationen (auch auf Englisch) bietet die Website 💻 www.seapop.no (deren Name für *seabird population* steht). Wichtige Websites für Vogelbeobachter sind u. a. 💻 www.northernbirding.com, 💻 www.birdingnorway.no und 💻 www.bird.dintur.no

LAND UND LEUTE

Internationalen Atomenergiebehörde zu den gefährlichsten der Welt gerechnet werden.

Dies ist nur ein Teil der tatsächlich herrschenden Umweltbedrohung im hohen Norden, wo die Kara-See als Deponie für Atomreaktoren missbraucht wurde, wo auf Kola über 3000 **Atomsprengköpfe** gelagert sind, über 100 **atomreaktorgetriebene Schiffe und U-Boote** vor sich hin gammeln und wo vor der norwegischen Bäreninsel (Bjørnøya) das Atom-U-Boot „**Komsomolets**" seit 1989 in 1700 m Tiefe verrottet. Es dort liegen zu lassen, beschwört nach Meinung des russischen Konstrukteurs eine Katastrophe von ungeahnter Dimension herauf. Eine Bergung wäre laut den norwegischen Spezialisten aber ebenfalls außerordentlich gefährlich.

Die Nationalparks

1870 wurde in den USA zum ersten Mal auf der Erde ein besonders schönes Naturgebiet für und vor Menschen geschützt: der Yellowstone-Nationalpark. Bald schon richteten Kanada, Australien und Neuseeland ebenfalls solche Parks ein. Im Jahr 1909 entstanden in Schweden die ersten Nationalparks Europas. 28 Jahre später folgte Finnland. Norwegen konnte sich erst am 21. Dezember 1962 dazu aufraffen, eine erste Fläche von 560 km² zum Naturschutzgebiet zu erklären, das 1970 in Verbindung mit einem neuen Naturschutzgesetz den Status eines Nationalparks erhielt. Der Rondane-Nationalpark (S. 376) war geboren, in den Jahren bis 2003 kamen 20 weitere Schutzgebiete hinzu. Heute zählt das Land alles in allem schon **46 Nationalparks**. Insgesamt stehen damit in Norwegen (ohne Spitzbergen) zurzeit sage und schreibe rund **15 % der Landesfläche** unter Naturschutz. Eine beachtliche Zahl, denn in Mitteleuropa ist es nur etwa 1 %.

Weitere Nationalparks und Schutzgebiete sind bereits geplant und mehrere schon bestehende Refugien sollen erweitert werden. Das Ziel ist, das Leben in freier Natur zu sichern und die biologische Vielfalt zu bewahren. Im Gegensatz zu vielen anderen Ländern Europas ist das Etikett „Nationalpark" in Norwegen wirklich ein Gütesiegel für den Schutz der Landschaft, die hier vom *Direktoratet for naturforvaltning* (s. Kasten) verwaltet wird. Diese Umweltschutzbehörde kommt aber seit einigen Jahren zunehmend in Bedrängnis, da sich die Folgen des angestiegenen Tourismus' gerade in den Nationalparks des Südens unangenehm bemerkbar machen. Entsprechend müssen Reisende unbedingt den norwegischen Umweltschutzkodex für die ausgewiesenen Gebiete (die im Reiseteil allesamt detailliert vorgestellt werden) peinlich genau beachten. Die einzelnen Verordnungen können zwar von Park zu Park variieren (Sonderregelungen für einzelne Parks werden auf besonderen Schildern angezeigt), aber insgesamt gelten die folgenden **Sondervorschriften**, die im Rang von Gesetzen stehen und manche Regelungen des „Jedermannsrechts" (S. 62) außer Kraft setzen.

Informationen zu den Nationalparks

Die meisten Nationalparks des Landes werden im Reiseteil vorgestellt. Darüber hinausführende Informationen (auch auf Englisch, nicht auf Deutsch) erhält man über das **Miljødirektoratet**, Postboks 5672 Sluppen, 7485 Trondheim, ✆ 73580500, 💻 www.miljødirektoratet.no/nasjonalparker. Die Website informiert umfassend über alle Schutzgebiete des Landes, ihre geografischen und geologischen Besonderheiten, Flora und Fauna und über touristische Einrichtungen wie Wanderwege, Wanderhütten, Zufahrtsstraßen etc. Es gibt auch topografisches Kartenmaterial zum Herunterladen. Den bedeutendsten Nationalparks sind heute **Nationalparkzentren** angeschlossen. Sie sind ebenfalls ausführlich im Reiseteil vorgestellt.

Im Bereich der Nationalparks ist untersagt:

- die natürliche Beschaffenheit der Erdoberfläche oder fester, natürlich entstandener Gegebenheiten zu zerstören oder zu beschädigen und Mineralien zu entnehmen;
- lebende oder abgestorbene Bäume und Büsche zu fällen oder zu beschädigen und andere Pflanzen oder Teile von Pflanzen zu entnehmen;
- ohne besondere Genehmigung Fischfang zu betreiben;
- wildlebende Tiere zu jagen, zu fangen und vorsätzlich zu töten oder getötete oder gefangene Tiere von einem Ort zu einem anderen zu bringen und Eier, Nester und Rogen zu beschädigen oder zu entnehmen.
- Hunde mitzunehmen.
- Ungeachtet dieser Beschränkungen ist es gestattet, bei vorübergehendem Bedarf trockene Zweige zum Feuermachen und zum Bau von Schutzvorrichtungen zu verwenden; Beeren für den unmittelbaren Verzehr dürfen gepflückt und Zughunde zwischen Januar und April mitgeführt werden.

Bevölkerung

Einwohner: 5,3 Mio. (2017), davon rund 16 % Einwanderer aus insgesamt über 200 Ländern; mehr als 25 % der Gesamtbevölkerung sind jünger als 20 Jahre

Ausländeranteil: ca. 16,0 % im Landesdurchschnitt, gut ein Drittel im Großraum Oslo

Bevölkerungswachstum: ca. 0,8 %

Lebenserwartung: 80 Jahre für Männer, 84 Jahre für Frauen

Alphabetisierungsrate: über 95 %

Stadtbevölkerung: ca. 83 %

Religion: rund 80 % der Norweger bekennen sich zur evangelisch-lutherischen Kirche.

Mit 5,3 Mio. Einwohnern (= 16,3 Einw./km²) ist Norwegen nach Island das am dünnsten besiedelte Land Europas. Weil zudem rund 83 % dieser Einwohner auf wenige Städte und Ballungszentren konzentriert sind, ist das Land durch große Gegensätze zwischen städtisch-zentralen Kernen und siedlungsarmen, peripheren Landesteilen gekennzeichnet.

Ein anderes Phänomen ist das starke **Süd-Nord-Gefälle**: In den nördlichen Provinzen Finnmark, Troms und Nordland, die etwa ein Drittel der Landesfläche umfassen, siedeln insgesamt nur etwa 480 000 Menschen. Das entspricht einer Dichte von ca. 4 Einw./km². Dagegen leben in Südnorwegen etwa 4 Mio. Norweger; allein im Großraum Oslo ist jeder dritte Norweger zu Hause, darunter auch die meisten Einwanderer: **Ausländer** (meist Asylanten aus Asien und Afrika) stellen hier gut ein Drittel der Bevölkerung, ganz Norwegen hatte dagegen 2017 nur einen Einwandereranteil von rund 16 % (1970 waren es ca. 1,4 %). Zu den **ethnischen Minderheiten** Norwegens gehören rund 30 000 Samen sowie ca. 7000 Kvæner (finnischen Ursprungs), die beide vor allem in der Finnmark beheimatet sind.

Typisch norwegisch?

Der lange Winter, dieser „Weltuntergang" für vier bis sechs Monate, hat aus dem Norweger angeblich einen trotzigen Schweiger gemacht, einen patriotischen Eigenbrötler und naturverbundenen Einzelgänger, puritanisch, nüchtern und rau. Obwohl das sogar die Norweger selbst über sich sagen, sind es alles Klischees, die der Vielfalt regionaler, sozialer und vor allem individueller Differenzierungen nicht gerecht werden. Es gibt „den" Norweger so wenig wie „den" Deutschen, Schweizer oder Österreicher. Dennoch treten, unter anderem als Folge historischer und klimatischer Bedingungen, gewisse spezifische Eigentümlichkeiten zutage. Daraus lassen sich – mit gebührender Vorsicht – so etwas wie vorherrschende nationale Charakterzüge bestimmen.

Es stimmt, dass nirgendwo sonst so viele Nationalflaggen vor den Häusern flattern wie in Norwegen. Jeder zweite hat eine Hütte irgendwo in der freien Wildnis oder ein Boot an irgendeinem Fjord, und an den Wochenenden sind die Städte wie leer gefegt, weil sich dann alle auf dem Meer oder in den Bergen und Wäldern tummeln. Von der Wortkargheit der Norweger kann sich jeder selber überzeugen. Der Trotz, der beispielsweise Hans Magnus Enzensberger so sprichwörtlich scheint, dass er Norwegen ein „Monument des Eigensinns" nennt, zeigt sich vielleicht u. a. darin, dass das Land beharrlich den EU-Beitritt verweigert – man will sich wohl nicht von anderen vorschreiben lassen, wie die natürlichen Ressourcen zu nutzen sind.

Die Samen

Die Samen gehören zur allgemeinen Vorstellung von Norwegen wie Fjorde, Stabkirchen und Mitternachtssonne. Sie leben in Nordskandinavien, das vom Skandinavier „die Nordkalotte" und von den Samen „Samiid Ædnam" genannt wird. Dieses grenzübergreifende „Land der Samen" umfasst nicht nur große Teile von Nordnorwegen, sondern auch von Nordfinnland und -schweden sowie Russisch-Karelien.

Was die Touristen an Vorstellungen über die Einwohner Nordnorwegens mitbringen, ist oft geprägt von alten Reiseberichten, welche die Samen als exotische Nomaden darstellen, die bunte Trachten tragen und als „edle Wilde" mit Rentierherden durch die Weiten des Landes ziehen. Dann fährt man über die Polarstraße, sieht dort viel kostümiertes Volk vor Ren und Zelten, gibt Geld für ein Foto und glaubt nun zu wissen, dass die Samen nicht mehr existieren. Doch weit gefehlt: Vielleicht brät einem ein Same in der Imbissbude an der Ecke den Hamburger, der Tankwart mag zu diesem Volk gehören, der „Postkarten-Same" eventuell aber gerade nicht. Es sind eben nicht die Äußerlichkeiten, die die Identität eines Volkes ausmachen – sondern seine Vergangenheit, Sprache, Kultur und Gesinnung.

Die Geschichte eines langen Rückzugs

In der „Germania" des römischen Geschichtsschreibers Tacitus aus dem Jahr 98 n. Chr. ist zu lesen, dass es hoch oben im Norden ein Volk gebe, dass „ungemein roh in abstoßender Dürftigkeit lebt. Sie kennen keine Waffen, kein Pferd, kein Heim. Kräuter dienen zur Nahrung, Felle zur Kleidung, der Boden als Lagerstätte". Die nächste nachweisliche Erwähnung der Samen findet sich im Werk des byzantinischen Geschichtsschreibers Procopius aus dem 6. Jh. Er behauptet, unter den barbarischen Bewohnern Thules (bei Procopius der Norden Skandinaviens) gebe es nur *ein* Volk, das ein Leben „wie die wilden Tiere" führe. Diese Aussage impliziert, dass es zu jener Zeit mindestens ein anderes Volk in Nordskandinavien gegeben haben muss. In der Tat fanden Archäologen Spuren von Siedlungen entlang der Nordmeerküste, die auf 200 bis 400 n. Chr. datiert werden konnten. Deren Anlage und Aufbau lassen den Schluss zu, dass sich die Bewohner (aus dem Süden Norwegens eingewanderte Skandinavier) neben dem Fischfang bereits dem Ackerbau und der Viehzucht widmeten.

Damit standen sie kulturell auf einer höheren Stufe als die Samen (mit denen sie Handel trieben), woraus sich zahlreiche Konflikte ergaben. Es kam aber nicht zu einer Assimilierung, auch nicht zu einer gewaltsamen Auseinandersetzung, sondern die Samen – die seinerzeit angeblich noch kein Wort für Krieg oder Feind kannten – wanderten ab in weiter landeinwärts gelegene Bereiche. Sie kamen so bis hinunter in die damals noch menschenleere Fjellwelt Mittelnorwegens (und -schwedens). Dort wurden sie zwar lange Zeit in Ruhe gelassen, mussten aber Naturalien (insbesondere Pelze) als Steuern entrichten, wie aus einem Schreiben des nordnorwegischen Stammesfürsten Ottar an König Alfred von England aus dem Jahr 892 hervorgeht.

Ganz ähnlich verlief die Entwicklung auch im Bereich von Finnland: Archäologische Ausgrabungen beweisen, dass sich hier Samen um die Zeitenwende über die ganze heutige Staatsfläche ausgebreitet hatten. Im 2. Jh. n. Chr. traten dann die Finnen auf den Plan und nahmen – zahlenmäßig und kulturell überlegen – zunächst den südwestlichen Teil des Landes in Besitz. Diesen verloren sie ab dem 11. Jh. wieder an die Schweden, die den nun bis über Mittelfinnland hinaus zurückgewichenen Samen bald ebenfalls Steuern abverlangten. Im Frieden von Nowgorod einigten sich Norwegen, Schweden und Russland 1326 darauf, die Halbinsel Kola sowie den Bereich des heutigen Nordskandinaviens zu einem gemeinsamen Steuerland zu erklären. Jetzt mussten die hier lebenden Samen sogar an drei Herren Abgaben zahlen. In der Folge kam es zu regelrechten Plünderungen durch die (privaten) Steuereintreiber. Es begann ein wirtschaftlicher Niedergang der Samen, die teilweise wie Sklaven behandelt wurden und sich nach und nach immer weiter in unzugängliche Regionen zurückzogen.

Die Schweden, die von ihnen beherrschten Finnen und auch die Russen drangen von Süden her nach, die Norweger stießen insbesondere von Norden und Westen ins Binnenland vor. Schon bald fühlten sich die Samen derart bedrängt, dass sie beim russischen Zaren sowie den schwedischen und norwegischen Königen Schutz suchten. 1584 bestimmte der schwedische Regent Johan III., dass den Samen ein größeres Areal vorbehalten bleiben müsse. 100 Jahre später nahm Peter der Große das Volk in seine Obhut, indem er den Klöstern die Rechte über die von ihnen beanspruchten Gebiete in Nordskandinavien entzog. Um die gleiche Zeit garantierte Finnland eine südliche Grenze für die von Samen besiedelten Gebiete.

Dennoch bemächtigten sich Finnen, Norweger, Schweden und Russen weiterhin alter samischer Weideplätze, und die Kolonisation wurde immer mehr vorangetrieben. Der schwerste Eingriff in das Leben der Samen erfolgte Mitte des 17. Jhs., als in den Distrikten Pite, Lule und Torne zahlreiche Erzvorkommen entdeckt wurden. Die daraufhin entstehenden Grubenfelder nahmen den Samen weitere große Teile der ihnen zugesicherten Flächen. Verkehrswege zerrissen die Weiden und Jagdgebiete, schließlich wurde den Samen von der schwedischen Krone sogar ein Pflichtdienst in den Gruben auferlegt. Da besannen sich diese auf ihr uraltes Rezept und flohen in die Wildnis. Weil durch diese Entvölkerung der Betrieb der Bergwerke kaum noch aufrechterhalten werden konnte, schickte Stockholm mehr und mehr Siedler in den hohen Norden und gab ihnen das Recht, das eigentlich den Samen zugesprochene Land zu bewirtschaften.

Im Jahr 1751 einigten sich Schweden und Norwegen über den (noch heute bestehenden) Grenzverlauf im Norden. Ein Vertragsanhang schrieb fest, dass die Samen weiterhin ungehindert mit ihren Rentierherden über das Land ziehen durften. Doch als zwischen 1809 und 1852 die anderen Grenzen im Norden fixiert wurden, war es mit der Freiheit endgültig vorbei. Auf „ausländische" Rentiere wurde gnadenlos Jagd gemacht, jeder Same musste sich zu einer bestimmten Nationalität bekennen, und schließlich wurde 1919 auch zwischen Schweden und Norwegen der Grenzübertritt mit Rentieren verboten. Ein Ausweichen der Nomaden war nicht mehr möglich, denn innerhalb der letzten Jahrzehnte hatte sich die Zahl der aus dem Süden eingewanderten Bauern und Bergarbeiter verzigfacht. So blieb vielen Samen nur, sich nach alternativen Erwerbsquellen umzusehen. Andere Teile der Urbevölkerung wurden in Schweden ab 1925 per Gesetz zwangsweise nach Süden umgesiedelt (weshalb es heute noch Samen z. B. im Bezirk Härjedalen gibt). So lebte zu Beginn des Zweiten Weltkriegs lediglich noch rund ein Drittel der Samen von der Rentierwirtschaft. In Norwegen war der Anteil noch geringer, in Finnland wurde die Zahl der Samen 1940 insgesamt auf nicht mehr als 2400 beziffert.

Dann kam der Zweite Weltkrieg, der auch im hohen Norden ohne Gnade wütete. Über viele Gebiete ging die Front hinweg, und als die Deutschen ab 1944 die Taktik der „Verbrannten Erde" anwandten (S. 105), verwüsteten sie das Land derartig, dass der größte Teil der nordfinnischen wie auch nordnorwegischen Bevölkerung (auch die Samen) fliehen musste bzw. evakuiert wurde. Die großen Rentierherden waren im Maschinengewehrfeuer der Nazis gefallen. Ihre ehemaligen Besitzer verloren dadurch ihre Lebensgrundlage und hatten bei alledem noch Glück im Unglück: Eigentlich hatten die Faschisten geplant, alle männlichen Samen – in ihren Augen „mongolische Untermenschen" – zu kastrieren.

Heute repräsentieren die Samen für die meisten Norweger (sowie Finnen und Schweden) nur eine exotische, abgelegene Minderheit, die man allenfalls noch aus den Medien kennt. Verübeln kann man es ihnen nicht, denn im ganzen nordeuropäischen Raum leben insgesamt kaum mehr als etwa 52 000 Samen: rund 25 000 in Norwegen, 17 000 in Schweden und 8000 in Finnland (wohin die meisten der einst in Russland lebenden Samen umgesiedelt wurden). Die verbleibenden 2000 sollen auf der Halbinsel Kola in Russisch-Karelien beheimatet sein. Aber lediglich 10 % der Samen leben heute in Skandinavien noch von der Rentierhaltung. Diese kollidiert zunehmend mit den Interessen der expandierenden Wirtschaft, weil sie auf die Bewahrung einer intakten, großräumigen Landschaft angewiesen ist.

Der jahrtausendelange Rückzug hat heute ein friedliches, aber endgültiges Ende gefunden: Auch wenn die Samen mittlerweile als ethnische Minderheit organisiert sind (S. 99), haben sie doch ihr Land verloren. Als „Erstgeborenen" gesteht man ihnen heute zwar weitgehend ein Nutzungsrecht zu, doch Eigentümer des Bodens sind sie nicht, wie ein über fast zwei Jahrzehnte geführter Musterprozess in Schweden ergab.

Auf der Suche nach einer Identität

Bis Ende des 18. Jhs. galten die Samen durchweg als tüchtig und lebensfroh und inspirierten mit ihren Liedtexten z. B. Herder, Goethe und den amerikanischen Schriftsteller Longfellow. Doch wenig später wurden sie plötzlich als

In der Finnmark, hier auf der Insel Magerøya, leben die Samen teils noch wie vor Jahr und Tag.

faul, dreckig und dumm hingestellt: „In Lappland sind schmutzige Leute, plattköpfig, breitmäulig und klein; sie kauern ums Feuer und backen sich Fische und quäken und schrein", wie es Heinrich Heine zu wissen meinte. In vielen anderen Schriften jener Zeit werden die Samen ähnlich dargestellt. Es ist zu vermuten, dass es seinerzeit wirklich schlecht um die Samen bestellt war, denn die typischen Identitätskriterien einer ethnischen Minderheit wie eigene Wohngebiete, eigene Lebensweise, eigenes Gesellschafts- und Wirtschaftssystem, eigene Kultur und eigene Sprache waren so gut wie nicht mehr vorhanden.

Bis Ende des 19. Jhs. war den Samen ihr angestammter Lebensraum genommen worden, ihre tradierte Lebensweise und mit ihr das Gesellschafts- und Wirtschaftssystem waren zerstört. Auch vor der planmäßigen Vernichtung von Kultur und Sprache scheuten die Nationalstaaten, allen voran Norwegen, nicht mehr zurück. Wichtigstes Instrument dazu wurden die Schulen, in denen „die Kinder der Samen durch mehr Umgang mit Bauern allmählich eine stärkere Neigung und Lust zu deren Ernährungs- und Wohnweise bekommen dürften", wie es die norwegische Kirchenverwaltung Mitte des 19. Jhs. ausdrückte. In der Tat breitete sich bald schon eine Unlust am Nomadenleben aus; die Kinder wollten nicht mehr wie ihre Eltern leben und verdingten sich stattdessen als Knechte und Mägde bei ihren „Unterdrückern".

Auch wurde das Joiken, der traditionelle Gesang der Samen, unter Strafe gestellt. Was es an samischer Literatur gab, wurde verbrannt, und die Ausübung der alten Religion wurde ebenfalls verboten. Zu guter Letzt erging in Norwegen zu Beginn unseres Jahrhunderts ein Erlass, der den Erwerb staatlichen Bodens (in Nordnorwegen waren seinerzeit 90 % Staatsgrund) nur solchen Bürgern gestattete, die Norwegisch sprechen, lesen und schreiben konnten. Dieser Erlass galt übrigens bis 1965, ebenso wie eine Regelung, die den Samenkindern in den Schulen verbot, Samisch zu sprechen (natürlich wurde die Sprache auch nicht gelehrt). Ein ähnliches Gesetz bestand auch in Schweden, wo es – wie in den Nachbarländern auch – bis in die 1960er-Jahre hinein erklärtes Ziel blieb, die Samen zwar zu assimilieren, sie dabei aber möglichst dumm zu halten: „Mach sie zu sittlichen, nüchternen und notdürftig gebildeten Menschen", forderte z. B. ein Pfarrer in Karesuando Anfang des 20. Jhs.

Bei einer solch überaus negativen Minoritätenpolitik wundert es nicht, dass die Identität der Samen zum Großteil verloren ging. Wie weit der Assimilierungsprozess schon fortgeschritten war, zeigen auch die Statistiken: Bezeichneten sich bei der norwegischen Volkszählung von 1930 noch knapp 19 000 Menschen als Samen, so waren es 1970 nur noch 9200, obwohl rund 10 500 angaben, Samisch als Muttersprache zu haben und 17 000 ankreuzten, die Erstsprache mindestens eines Elternteils sei Samisch.

So war der Stand der Dinge noch vor wenigen Jahren, als sich – zumindest nach außen hin – die offizielle Sicht in Oslo, Helsinki und Stockholm bereits zum Positiven gewandelt und man zumindest ansatzweise begonnen hatte, die Fehler der Vergangenheit wieder wettzumachen, z. B. durch das Einsetzen staatlicher Ausschüsse und Verbände für samische Fragen. Aber solche Organisationen waren weniger von den Samen selbst als von der Obrigkeit initiiert worden und konnten entsprechend keine neue Identität aufbauen. Doch sie gaben zumindest einigen Wenigen wieder Hoffnung. Diese Wenigen haben seither viel geschafft, vor allem die Vorbehalte der meisten Samen gegenüber einem eigenständigen Samentum auszuräumen. So wurden beispielsweise der Samische Schriftstellerverband, der Samische Künstlerverband, der Samische Musikverband und eigene samische Rentierhalterverbände gegründet. Norwegische und schwedische Samen bildeten eigene Reichsverbände, schließlich auch den landesübergreifenden Nordischen Samenrat, der 1971 in Gällivare eine politische Erklärung verabschiedete.

Das wichtigste Datum für die Samen auf dem Weg zu einer neuen Identität war aber vielleicht der 20. März 1982, als zwei Samen versuchten, durch die Sprengung einer Brücke den Bau des Alta-Kraftwerks zu verhindern. Der Anschlag schlug zwar fehl, tötete den einen und verstümmelte den anderen Attentäter (der später ins Gefängnis wanderte), aber diese Episode hatte dennoch weitreichende Wirkung: Sie ist die erste bezeugte Aktion, mit der sich Samen gewaltsam gegen Unterdrückung und Ausbeutung zur Wehr setzten. In der Folge kam es zu großen Demonstrationen, getragen von Menschen aus ganz Europa. Der Staudamm wurde zwar dennoch gebaut, aber seither scheinen die Samen geeint; zumindest treten sie seit diesem Jahr so selbstbewusst auf wie nie zuvor in ihrer Geschichte. In Finnland erkämpften sie sich ein Samen-Parlament (das allerdings nur beratende Funktion und keine Machtmittel besitzt). Auch im Weltrat der Urbevölkerungen (World Council of Indigenous Peoples, WCIP) sind sie vertreten. 1988 kreierten sie sogar die samische Flagge. Mittlerweile gibt es mehrere Schulen, in denen samischer Gymnasialunterricht erteilt wird, Lehrstühle für Samologie entstanden und 1989 wurde auch in Norwegen ein Samen-Parlament *(Sameting)* ins Leben gerufen. Dieses hat zwar bisher nur beratende Funktion, soll aber in Zukunft ein Vetorecht in allen Fragen bekommen, die die samische Bevölkerung betreffen.

Die Samen sind also endlich eine organisierte Minderheit, und es besteht Hoffnung, dass ihre noch offenen Forderungen eines Tages erfüllt werden. Diese sind insbesondere: Samen-Parlamente mit echten Machtbefugnissen, die Anerkennung als nationale Minorität durch die Verfassung sowie ein Vetorecht bei allen Projekten, die ihre Interessen unmittelbar berühren. Um kein Missverständnis aufkommen zu lassen: Die Samen sind keine Gegner von Straßen, Kraftwerken oder Industrieansiedlungen. Sie wollen nur an deren Planung und Kontrolle beteiligt werden. Auch streben sie keineswegs die Rückkehr zu den Lebensweisen ihrer Ahnen an. Für Romantik mit Schlitten und Zelt ist nur noch in Prospekten Platz. Die Rentierzüchter bedienen sich längst modernster technischer Hilfsmittel, Outdoor-Bekleidung ersetzt den winterlichen Anzug aus Rentierfell, und all die kunstvollen, ursprünglich als Gebrauchsartikel gedachten Web-, Silber- und Schnitzarbeiten werden heute primär als Souvenirs für die Touristen produziert. Auch die „richtigen" Samen – also die in farbenfroher Tracht mitsamt der dazugehörigen Kopfbedeckung und dem am Gürtel baumelnden Messer – sind heute hauptsächlich vor den Andenkenläden der Touristenzentren zu finden.

Geschichte

Die Wikinger

Die „Geißel Gottes"

Zunächst war Norwegen in Europa kaum bekannt. Erst mit den wahrscheinlich durch Überbevölkerung und Landknappheit ausgelösten Eroberungszügen der „Nordmänner", die sich nach ihren angestammten Sitzen in den *viken* (Buchten) Wikinger nannten, trat das Land ins europäische Bewusstsein. Ihr kurzer, aber unerhört brutaler Siegeszug durch das gesamte Abendland bis nach Nordafrika und zum Vorderen Orient begann nach heutiger Sicht mit dem Angriff auf das englische Kloster Lindisfarne im Jahr 793. Glaubt man den christlichen Annalen, benahmen sich die Wikinger schlimmer als einst die Vandalen. Angespornt durch die leichte Beute taucht die „Geißel Gottes" bald an allen Küsten Europas auf: Die Wikinger kreuzen im Mittelmeer, stecken Paris in Brand, machen sogar Karl den Großen tributpflichtig und häufen unermessliche geraubte Schätze in ihrer Heimat an.

Norwegen wird Königreich

Als wichtigste Leistung der wikingischen Epoche aber gelten nicht diese Raubfahrten, sondern vielmehr die Vereinigung zahlreicher Klein- und Kleinstfürstentümer zu einem ersten norwegischen Gesamtreich durch den Kleinkönig **Harald Hårfagre**. Nach der siegreichen Schlacht am Hafrsfjord (bei Stavanger) im Jahr 872 gilt er als erster König norwegischer Nation. Wer sich ihm nicht unterwirft, muss damals das Land verlassen. Damit beginnt die Besiedlung der heutigen Normandie, der Shetland- und Orkney-Inseln, von Teilen Schottlands, Englands und Irlands sowie des soeben erst entdeckten Islands durch die Wikinger. In der Folge stößt **Erik der Rote** im Jahr 980 bis nach Grönland vor, während sein Sohn, **Leiv Erikson** im Jahr 1002 sogar die nordamerikanische Küste erreicht.

Nach dem Tod von Harald „Schönhaar" um das Jahr 940 zerfällt das noch junge norwegische Königreich, bis es **Olav Tryggvason** (Olav I.), ein direkter Nachfahr Harald Hårfagres, von Mittelnorwegen aus wieder eint. Im Jahr 997 gründet der zuvor in England zum Christentum übergetretene Herrscher die Siedlung **Nidaros**, das spätere Trondheim. Von hier aus unternimmt er große Anstrengungen, das Land zu christianisieren. Auch sein Nachfolger **Olav Haraldsson** (Olav II.) fördert die Entwicklung der Königsresidenz Nidaros und des Christentums in besonderem Maße. Doch erst durch seinen Tod in der Schlacht bei Stiklestad im Jahr 1030 wird Nidaros zur bedeutendsten, größten und reichsten Stadt des Landes und das Christentum kann sich in Norwegen konsolidieren. Olav II. wird nämlich als Märtyrer heiliggesprochen und steigt als *rex perpetuus Norvegiae* zur großen Identifikationsfigur des Landes auf. Nidaros, wo man seine sterblichen Überreste auf dem Hochaltar der St.-Clemens-Kirche beisetzt, wird zu einem der größten europäischen Wallfahrtsorte im Mittelalter.

Das Mittelalter

Das „Goldene Zeitalter"

Mit der endgültigen Christianisierung Norwegens gilt zwar die eigentliche Wikingerzeit

ZEITLEISTE

872 n. Chr.	997
Harald Hårfagre wirft sich zum ersten norwegischen König auf. Die Wikingerzeit beginnt, es werden u. a. Island, Grönland und Nordamerika entdeckt.	König Olav Tryggvason tritt zum Christentum über und gründet Nidaros, das spätere Trondheim.

als beendet, ihr künstlerisches Erbe, die Holzschnitzkunst, entfaltet sich jedoch erst in den mittelalterlichen Stabkirchen (S. 117) zur vollen Blüte. Zwischen dem 11. und dem 14. Jh. entstehen alles in allem nicht weniger als 700 dieser einzigartigen Gotteshäuser, insbesondere im Süden des Landes. Die Drachenköpfe und Odinsmale sowie all die anderen der germanischen Mythologie entlehnten Schnitzmotive offenbaren, wie eng in dieser frühen Epoche noch das Heiden- mit dem Christentum verzahnt ist.

In staatspolitischer Hinsicht ist diese Ära durch Expansion gekennzeichnet, denn dank der Befriedung Norwegens kann das souveräne Königreich nun daran gehen, die zuvor von den Wikingern besiedelten Räume unter seiner Krone zu vereinen. Bald schon werden die Færøer, die Shetland- und Orkney-Inseln sowie die Isle of Man nebst Island und Grönland angeschlossen, und im 13. Jh. besitzt Norwegen die größte Ausdehnung seiner Geschichte.

Die Deutsche Hanse in Bergen

Durch den vermehrten Handel kommt es zur Gründung zahlreicher neuer Städte, und aufgrund seiner strategisch außerordentlich günstigen Lage entwickelt sich das erst um 1070 herum gegründete Bergen schnell zum wichtigsten Umschlagplatz für Waren aus aller Herren Länder. Als König **Håkon Håkonsson** 1217 zudem die königliche Residenz von Trondheim hierher verlegt, wird die Stadt zum Kristallisationspunkt nicht nur wirtschaftlicher, sondern auch politischer Macht. Um 1250 vergibt der auf eine Öffnung Norwegens bedachte Herrscher erste Handelsprivilegien an Lübecker Kaufleute und schafft so die Grundlage für einen Vertrag mit der Deutschen Hanse, der 1278 ratifiziert wird. Von nun an bringt die Gilde der Lübecker „Bergenfahrer“ vor allem Getreide, Salz, Malz und Bier als Tauschwaren für Wolle, Häute, Felle und vor allem die in Europa begehrte und von den Lofoten stammende Fastenspeise Trockenfisch ins Land.

Dank ihrer Monopolstellung kann die Hanse innerhalb kürzester Zeit fast den gesamten Norwegen-Handel an sich reißen. Auch in kultureller sowie politischer Hinsicht wird sie schnell zu einem gewichtigen Faktor und bildet bald schon einen Staat im Staat (dessen Vorherrschaft im Großen und Ganzen erst im 16. Jh. endet). Die erneute Verlegung der königlichen Residenz – diesmal von Bergen nach Oslo – im Jahr 1299 bedeutet einen erheblichen Machtverlust und kündigt eine Umorientierung an. Dennoch bleibt die Handelsmetropole im Westen weiterhin die glanzvolle „Hauptstadt des Nordens“, wie sie schon seit dem 12. Jh. genannt wird. Sie ist bedeutender noch als Kopenhagen, Stockholm oder Lund, denn obwohl das hanseatische Kontor vor allem an der Mehrung des eigenen Reichtums interessiert ist, dient es doch auch dem Wohlstand der Stadt.

Fremdbestimmt

… erst von Dänemark

Der Hansehandel bringt im Jahr 1349 auch die Pest ins Land, die innerhalb kürzester Frist die Hälfte bis zwei Drittel der seinerzeit rund 400 000 Norweger dahinrafft. Als 1380 mit **Olav VI**. der Sohn des norwegischen Königs Håkon IV. und der dänischen Königstochter Margarete auf

1030	13. Jh.	14. Jh.
Sein Nachfolger Olav Haraldsson wird heilig gesprochen, und mit der endgültigen Christianisierung Norwegens gilt die Wikingerzeit als beendet.	Norwegen besitzt die größte Ausdehnung seiner Geschichte. Ab 1278 erblüht der Handel mit der Lübecker Hanse, 1299 löst Oslo Bergen als Residenzstadt ab.	Die Pest rafft die Hälfte bis zwei Drittel aller Norweger dahin, und 1380 wird das Land vollkommen von Dänemark abhängig.

den Thron steigt, gerät das Land in Abhängigkeit vom überlegenen Dänemark, denn Olav VI. ist König sowohl von Dänemark als auch von Norwegen. In der Folge verdrängt das Dänische das Norwegische bald völlig und Dänen nehmen alle wichtigen Positionen im Lande ein. Den absoluten Tiefstand in der Geschichte Norwegens markiert schließlich das Jahr 1536: Nicht nur, dass von Kopenhagen aus gewaltsam die Reformation eingeführt wird, die Norweger müssen auch hinnehmen, dass ihnen der Dänenkönig jegliche Souveränität abspricht und das Königreich Norwegen für beendet erklärt.

... dann von Schweden

Bis ins 19. Jh. ist Norwegen damit de facto eine Kolonie des kleinen südlichen Nachbarn und wäre es vielleicht noch immer, hätte Dänemark während der Napoleonischen Kriege nicht auf den Verlierer Napoleon gesetzt. So aber werden die Dänen im 1814 geschlossenen **Kieler Vertrag** gezwungen, Norwegen an Schweden abzutreten. Doch die Siegermächte haben die Rechnung ohne den Wirt gemacht, sprich: ohne die Norweger. Denn die machen nun empört geltend, dass niemand das Recht habe, sie und ihr Land einem fremden Staat zu überlassen. Um dies zu verhindern, hält Norwegen daraufhin Wahlen für eine konstituierende Versammlung ab und die Gemeinden schwören, die Unabhängigkeit Norwegens zu verteidigen. Am 10. April tritt die aus 112 Mitgliedern bestehende Nationalversammlung in Eidsvoll zusammen und beschließt am 16. Mai des gleichen Jahres die „Verfassung des Königreichs Norwegen", eine konstitutionelle Erbmonarchie mit parlamentarisch-demokratischer Regierung.

Am 17. Mai, dem heutigen Nationalfeiertag, wird diese **Verfassung** verabschiedet. Der schwedische König akzeptiert diese schließlich, und so wählt das *storting* (Parlament) in Christiania (dem heutigen Oslo) den schwedischen Regenten einstimmig zum König auch über Norwegen. In der Folge bilden Norwegen und Schweden eine Union formell gleichberechtigter Staaten, in der Schweden jedoch die Außenpolitik bestimmt. Christiania wird zur Hauptstadt Norwegens erklärt, und symbolträchtige Bauwerke wie das Königliche Schloss, das Parlamentsgebäude und die Universität entstehen in den folgenden Jahren. Die einsetzende Industrialisierung bringt zudem bedeutende Wachstumsimpulse: Zählte die Stadt um 1855 noch 35 000 Einwohner, sind es im Jahr 1900 bereits nahezu 230 000.

Die „Idee Norwegen"

Nun gibt es zwar einen Nationalstaat Norwegen, aber eine eigentliche norwegische Nation – also ein Volk, das sich als das norwegische betrachtet – gibt es noch nicht. Die Menschen fühlen sich ihren Heimatorten verbunden, ihren Tälern, Fjorden, vielleicht noch Landstrichen – aber dem ganzen Land? Nein. Schließlich hat es ein solches Land fast fünf Jahrhunderte lang nicht gegeben in diesem geografischen Raum namens Norwegen. Woher soll das Nationalbewusstsein zu dieser Zeit auch kommen, existiert doch nichts klar umrissen „Norwegisches" mehr, keine norwegische Kultur, keine norwegische Kunst, ja nicht einmal eine norwegische Sprache.

Lediglich in den Köpfen mehrerer Intellektueller beginnt sich langsam die „Idee Norwegen"

Bis 1814	1814	1905
Norwegen ist de facto Kolonie von Dänemark, Norweger haben keinerlei Mitspracherecht mehr.	Nach den Napoleonischen Kriegen fällt Norwegen an Schweden, dennoch gibt sich Norwegen am 17. Mai (seitdem Nationalfeiertag) eine eigene Verfassung.	Norwegen sagt sich von Schweden los und wählt Prinz Karl von Dänemark zum neuen König: Håkon VII. (konstitutionelle Monarchie).

Ein Land, zwei Sprachen

Die älteste in Norwegen nachweisbare Sprache ist das Urnordische, das im 2. Jh. auftaucht und mit den gemeingermanischen 24 Runen geschrieben wird. Um 600 n. Chr. entwickelt sich aus dem Urnordischen das Altwestnordische, das ins Ältere (Wikingerzeit; Runen) und ins Jüngere Altwestnordisch (bis 1350; lateinische Buchstaben) unterteilt wird. Als 1314 der königliche Hof von Bergen nach Oslo umzieht, wandelt sich das Altwestnordische zum Mittelnorwegischen. Dieses wird 1525 vom Dänischen abgelöst, denn die Dänen herrschen damals auch über Norwegen. So bleibt es bis ins 19. Jh. Als Dänemark 1814 Norwegen an Schweden abtreten muss, haben die Norweger eine dänische Schriftsprache, gesprochen werden allerdings zahlreiche Dialekte, die man damals insgesamt als Norwegisch bezeichnet.

Doch das Nationalbewusstsein ist erwacht, eine eigene Schriftsprache muss her. Die Sprachenfrage wird zum heiß diskutierten Thema. So entstehen zwei Lager. Die einen nehmen das Dänische als Ausgangspunkt und „norwegisieren" es Wort für Wort. Die anderen finden dieses Vorgehen zu chaotisch und wollen stattdessen eine neue norwegische Sprache schaffen, die auf einem „rein" norwegischen Dialekt aufbauen und durch altnordische Elemente ergänzt werden soll. So kristallisieren sich zwei Schriftsprachenvarianten heraus: das Landsmål, das heute **Nynorsk** genannt wird, und das Riksmål, heute als **Bokmål** gebräuchlich. Seit 1985 sind beide als offizielle Schriftsprachen anerkannt, und während die Landbevölkerung auf die „Kunstsprache" Nynorsk schwört, halten es Wirtschaft, Verwaltung, Literatur und Presse mit dem aus dem Dänischen hervorgegangenen Bokmål. Zurzeit bevorzugen rund 16 % der Bevölkerung Nynorsk und ca. 84 % Bokmål, weshalb öffentliche Formulare und Fragebögen stets zweisprachig sind und man den Namen des Landes mal als *Norge* (Bokmål), mal als *Noreg* (Nynorsk) lesen kann.

zu formen. Sie ist zunächst nichts als eine literarische Vorstellung. Aber die Bohemiens aus Christiana gehen hinaus aufs Land, um zu entdecken, was sich hinter dem Begriff „Norwegisch" verbirgt. So tragen sie ihre Idee in die Provinzen, wecken bei den Menschen das Wissen, dass sie Norweger sind, und bringen von dort auch allerhand Norwegisches mit: Rosenmalereien aus der Telemark, Trachtenröcke aus dem Setesdal, Bilder von der Schönheit des Landes und nicht zuletzt Stolz auf die Leistungen ihrer Vorfahren; das führt z. B. auch zu einer grundlegenden Neubeurteilung der bäuerlichen mittelalterlichen Holzarchitektur.

Die beiden Forscher Asbjørnsen und Moe etwa zeichnen damals überall im Land die überlieferten Sagen und Märchen auf und publizieren sie. Der Philologe **Ivar Aasen** sammelt Dialekte, mischt sie gekonnt und kreiert so das „Landsmål", das heutige „Nynorsk" (s. o.). Der Dichter **Bjørnstjerne Bjørnson** setzt die Aufbruchsstimmung und die damit einhergehende nationale Selbstfindung in Worte um und komponiert den Text der 1864 offiziell eingeführten Natio-

1914–1918	1940	1945
Norwegen bleibt im Ersten Weltkrieg neutral.	Trotz der Neutralität wird Norwegen von Nazi-Deutschland besetzt.	Erst die deutsche Kapitulation am 8. Mai bringt die Befreiung Norwegens.

nalhymne „Ja, wir lieben dieses Land". Gleichzeitig beginnt Norwegen auch wirtschaftlich auf eigenen Füßen zu stehen und es bricht eine Zeit großer nationaler Begeisterung an. Diese Epoche, die „Nationalromantik" heißt, bringt alle großen Gestalten der norwegischen Musik (u. a. Edvard Grieg), der Bildenden Kunst (u. a. Edvard Munch), der Literatur (etwa Henrik Ibsen und Knut Hamsun), der Forschung (u. a. Roald Amundsen) wie auch des humanitären Denkens (Fridtjof Nansen) hervor. Es wird eine neue norwegische Sprache geschaffen (S. 103), und in dieser Epoche wurzelt das sprichwörtliche Nationalbewusstsein, das die Norweger bis heute auszeichnet.

Das unabhängige Norwegen

Im Juni 1905 wird die Union mit Schweden auf Wunsch des norwegischen Volkes aufgelöst. Bei einer zweiten Volksabstimmung wird im November des gleichen Jahres darüber entschieden, ob das nun freie und unabhängige Norwegen in Zukunft eine Republik werden oder eine konstitutionelle Monarchie bleiben soll. Das Wahlergebnis spricht eindeutig für die Monarchie. Doch wer soll der neue König werden in diesem Land, das keinen eigenen Adel mehr hat?

Um der Verfassung Genüge zu tun, trägt das Storting kurioserweise dem schwedischen König den vakanten Thron an. Dieser lehnt ab, und so wendet sich das Parlament auf seiner Regentensuche nach Kopenhagen, wo es bei Prinz Carl von Dänemark fündig wird, einem Prinzen aus dem deutschen Haus Glücksburg. Er wird noch im selben Jahr mit solider Mehrheit zum ersten Volkskönig Norwegens gewählt (s. Kasten S. 106) und führt als **Håkon VII**. die im Mittelalter unterbrochene Königslinie weiter. Aber die Beziehungen zu Deutschland sind dennoch angespannt und werden schon bald auf eine harte Bewährungsprobe gestellt, als das im Ersten Weltkrieg neutrale Norwegen durch deutsche U-Boot-Angriffe fast die Hälfte seiner Handelsflotte einbüßt.

Der Zweite Weltkrieg

Das neutrale Norwegen

Als 1938 in Europa die Zeichen auf Sturm stehen und sich der Zweite Weltkrieg am Horizont abzeichnet, beschließt das Parlament in Oslo einstimmig, sich wie im Ersten Weltkrieg aus allen bewaffneten Konflikten herauszuhalten, also neutral zu bleiben. Diese Politik wird konsequent verfolgt, und so wird das Land bis zum April des Jahres 1940 nicht in den Krieg verwickelt. Dabei ist spätestens seit dem am 1. September 1939 begonnenen Polenfeldzug klar, dass in diesem Krieg gerade Norwegen wegen seines Erzhafens Narvik und seiner Lage gegenüber den Britischen Inseln von entscheidender strategischer Bedeutung für das nationalsozialistische Deutschland sein würde. So bereiten sich im Frühling des folgenden Jahres sowohl die Deutschen als auch die Alliierten auf militärische Operationen in Norwegen vor. Während die Westmächte jedoch nur mit Zustimmung der Norweger vorgehen wollen, plant die deutsche Kriegsleitung von Anfang an einen Überraschungsangriff (festgeschrieben in der „Studie Nord" von Großadmiral Raeder).

Ab 1969	1972 und 1994	2007
Große Gas- und Ölvorkommen in der Nordsee werden erschlossen, Norwegen wird zum reichsten Land Europas, einem der reichsten der Welt.	Um den „Ausverkauf Norwegens" zu vereiteln, sprechen sich 1972 53,5 % der Norweger gegen eine EWG-Mitgliedschaft aus, 1994 sagen 52,3 % Nei til EU.	Norwegen engagiert sich stark für den Klimaschutz und plant u. a., bis 2030 der erste „Null-Emissions-Staat" weltweit zu werden.

Operation „Weserübung“

Am Morgen des 8. April 1940 legen die Briten im norwegischen Fahrwasser Minen aus – mit der stillschweigend vorausgesetzten Zustimmung der Norweger. Gleichzeitig treffen sie Vorbereitungen zur Besetzung der norwegischen Küste, falls Deutschland auf die Provokation mit einem Angriff auf das neutrale Land reagieren sollte. In der Tat reagiert es schnell, zu schnell für die Alliierten: In der Frühe des 9. April, kurz nach Mitternacht, beginnt unter dem Namen „Weserübung“ eine „Operation zur Sicherung der Neutralität der nordischen Staaten“, wie Hitler es ausdrückt. Die Regierung in Oslo lehnt einstimmig ein um 5 Uhr morgens übergebenes deutsches Ultimatum ab, das die Annahme einer militärischen Besetzung des Landes fordert, und erklärt den Invasoren den Krieg. Die Mobilmachung wird angeordnet, doch der Feind ist weit überlegen und kann bis zum Mittag desselben Tages alle größeren Häfen bis hinauf nach Narvik besetzen – in Hitlers Augen „das kühnste Unternehmen der deutschen Kriegsgeschichte“.

Am 10. Juni müssen auch die letzten norwegischen Truppen kapitulieren. Schon drei Tage zuvor hatte sich der König, zunächst nach Tromsø geflohen, nach England eingeschifft, um den Kampf für die Freiheit seines Volkes von dort aus fortzusetzen. Tausende von Norwegern folgen ihm ins Exil und führen den Krieg mittels der norwegischen Handelsmarine weiter, die von nun an für die Versorgung der Alliierten eingesetzt wird. Das kostet 4000 Seeleute das Leben, und die Marine verliert die Hälfte ihrer Schiffe.

Aber auch im Land selbst ist der Widerstand der „arischen Blutsverwandten“, wie Hitler die Norweger immer wieder propagandistisch zu umarmen versucht, keineswegs gebrochen: Den 3900 Norwegern, die sich für die Waffen-SS anwerben lassen, stehen schon bald über 40 000 Untergrundkämpfer gegenüber. Ihr wichtigster Schlag ist die Versenkung eines mit sogenanntem schweren Wasser beladenen Schiffs; die Aktion macht dem Dritten Reich den Bau der Atombombe praktisch unmöglich. Die Besatzer reagieren gereizt auf den Widerstand der „artverwandten Wikinger“, die jetzt insbesondere unter dem Terror der Gestapo schwer zu leiden haben: Insgesamt werden bis zur deutschen Kapitulation am 8. Mai 1945 40 000 Norweger arrestiert (wovon 260 in den Lagern sterben), 6000 in deutsche Konzentrationslager deportiert, 363 Männer und Frauen hingerichtet und 700 Juden ermordet.

„Verbrannte Erde“

Auch die deutsche Wehrmacht macht sich der Barbarei schuldig. Wird in den ersten Kriegsjahren die Haltung der Soldaten noch von den Norwegern respektiert, ändert sich das schlagartig im Herbst 1944, als russische Truppen die Besatzer aus der Finnmark vertreiben und die Wehrmacht dort das Prinzip der „Verbrannten Erde“ anwendet: Die Menschen werden nicht nur gezwungen mit anzusehen, wie die Kranken aus den Hospitälern, die Gebrechlichen aus den Altersheimen getrieben und die Viehherden im Maschinengewehrfeuer getötet werden. Sie müssen auch erleben, wie man Brücken zerstört, Straßen aufreißt, Strommasten fällt, ihre Häuser anzündet oder in die Luft sprengt und wie nahezu alle Dörfer und Städte dem Erdboden gleichgemacht werden.

2008	2014/2015	2020
Frauen haben die Mehrheit in der Regierung und müssen von jetzt an in den Gremien staatlicher Betriebe und Aktiengesellschaften mit mind. 40 % vertreten sein.	Innerhalb eines Jahres halbiert sich der Ölpreis nahezu, was Norwegen extrem hart trifft. Wie es scheint, ist das „Goldene Zeitalter“ Norwegens nun beendet.	Aus nichts als Wasser, CO_2 und Ökostrom will Norwegen ab 2020 klimaneutrales, künstliches Erdöl herstellen.

Das freie Norwegen

Im Mai 1945 erfolgt endlich die deutsche Kapitulation. Noch im selben Jahr tritt Norwegen der Uno bei, und nach Abrechnung mit den Kollaborateuren (u. a. werden mehr als 60 000 Gerichtsverfahren angestrengt) geht es nun daran, die durch den Krieg fast völlig zerstörten Städte sowie die Infrastruktur wieder aufzubauen. Auch und vor allem die Handelsflotte, Norwegens wichtigste Einnahmequelle, muss reorganisiert werden, was innerhalb von vier Jahren gelingt. Dank der Ansiedlung von Industrieunternehmen nimmt bald auch das produzierende Gewerbe einen bemerkenswerten Aufschwung (S. 111). Nach und nach normalisiert sich das Leben im Land, das seit April 1949 auch Mitglied der Nato ist. 1953 tritt es außerdem dem Nordischen Rat und 1960 der EFTA (Europäische Freihandelsorganisation) bei.

Nur zur Europäischen Gemeinschaft will das norwegische Volk entgegen den Ratschlägen ihrer wirtschaftlichen und politischen Führer nicht gehören: Im September 1972 stimmen 53,5 % aller Norweger gegen eine Mitgliedschaft in der EG. Auch im November 1993 erteilen die Norweger den EU-Befürwortern in einer weiteren Volksbefragung eine klare Abfuhr – 52,3 % stimmen mit „nein", um, wie es heißt, einen Ausverkauf ihres Landes zu verhindern. Das Argument ist stimmig, denn seit im Oktober 1969 die Ölquellen im norwegischen Sektor der Nordsee zu sprudeln begannen, hat sich Norwegen innerhalb kürzester Zeit zu einer der reichsten Nationen der Welt entwickelt (S. 111).

Das ist es heute noch: Norwegen ist derzeit der weltweit zweitgrößte Exporteur von Öl und Gas und für die EU der zweitgrößte Gasexporteur. Dieser Reichtum sichert nicht nur den Wohlfahrtsstaat, sondern finanziert auch das unermüdliche Engagement Norwegens bei friedlichen Lösungen internationaler Probleme und bei Hilfe für die Unterdrückten und Ar-

Alles für Norwegen – der König

„Meine Herren, ich bin auch der König der Kommunisten", sagte Norwegens erster Volkskönig **Håkon VII**. (1872–1957), als sich im Jahr 1932 die Konservativen empörten, weil der Monarch soeben die Sozialdemokraten mit der Regierungsbildung beauftragt hatte. Nur König der Nationalsozialisten wollte er nicht sein. So wurde er zehn Jahre später, als er nach England ins Exil ging, auch Symbol für den Widerstand gegen die deutschen Besatzer und damit für den Kampf um ein neues und freies Norwegen. *„Alt for Norge"* („Alles für Norwegen") lautete sein Wahlspruch, doch Norweger war er nicht, zumindest kein gebürtiger (S. 104).

Deshalb hatte Prinz Carl, unsicher, ob ihn die Norweger als Staatsoberhaupt auch wirklich wünschten, zunächst um eine Volksabstimmung gebeten und wurde 1905 zum ersten Volkskönig Norwegens gewählt. Als er 1957 starb, im Alter von 85 Jahren, trauerte die ganze Nation. Auch als sein Nachfolger, der Volkskönig **Olav V**. (auch unter den Beinamen „Ski-", „Segler-" und „Abenteuerkönig" bekannt) am 17. Januar 1991 verschied, trauerten die Norweger. Sie hatten ihn geliebt und geachtet, vielleicht mehr noch als seinen Vorgänger.

Dennoch war sein Tod ein Prüfstein für die Monarchie, denn auch in Norwegen gibt es Kräfte, die auf eine Staatsform mit einem unpolitischen Oberhaupt gerne verzichten würden. Das Volk wurde befragt, doch wieder einmal entschied sich die Mehrheit für ein Königshaus. So kam es am 17. Mai des gleichen Jahres, am Nationalfeiertag, zur Inthronisierung von Kronprinz **Harald** und der bürgerlichen Sonja Haraldsen. Ob ihr Sohn, Kronprinz **Håkon**, einmal auch gekrönt werden wird, bleibt abzuwarten, denn in Norwegen existiert die Königswürde sozusagen durch „öffentliche Gnade". Der König wird zwar als symbolischer Bewahrer der grundlegenden gesellschaftlichen Werte vom Volk auf seinen Sockel gehoben, dort muss er sich aber bewähren. Tut er das nicht, wird vor der Krönung seines Sohns erst wieder das Volk befragt.

men der Welt. Entsprechend stockte Oslo 2006 die Entwicklungshilfe zu Weltrekordhöhe von 1 % des Bruttosozialproduktes auf, und auch die Zahl der freiwillig aufgenommenen Asylbewerber ist weltweit unübertroffen. Auch im Klimaschutz will das Land nun weltweit führend werden (nämlich die Klimagasemission bis 2020 um 30 % und bis 2050 um 100 % senken). Und was die Gleichberechtigung der Frauen angeht, steht Norwegen, wo Frauen in den Gremien staatseigener Betriebe und privater Aktiengesellschaften laut Gesetz zu mindestens 40 % vertreten sein müssen, laut UN-Report ebenfalls einzigartig da.

Bei einem Massaker des rechtsgerichteten Anders Breivik sterben am 22. Juli 2011 77 Menschen. Das Urteil, 21 Jahre Gefängnis mit anschließender Sicherheitsverwahrung, der Höchststrafe im norwegischen Rechtssystem, wird im August 2012 erleichtert aufgenommen.

Seit dem Sommer 2014 hat sich der Rohölpreis aufgrund der amerikanischen Ölpolitik praktisch halbiert, was Norwegen extrem hart trifft. Seitdem sind in der Ölindustrie gut 20 000 Arbeitsplätze verlorengegangen, werden Investitionen auf Eis gelegt und sind die Aktienkurse der Energiekonzerne auf Talfahrt.

Regierung und Politik

Norwegen, eine **konstitutionelle Erbmonarchie**, wird auf parlamentarisch-demokratischer Basis regiert. Staatsoberhaupt ist König Harald V. Die **Regierung** bildet seit Herbst 2017 eine Koalition aus Konservativen (25 %) und der rechtspopulistischen Fortschrittspartei (15,2 %); die nächsten Wahlen sind im Herbst 2021.

Norwegen ist in fünf **Großräume** eingeteilt: das längs der Skagerrak-Küste sich erstreckende Sørland (Südland), das wald- und bergreiche Østland im Südosten, das hochgelegene Vestland an der Nordseeküste im Südwesten, das Gebiet von Trøndelag in der Mitte sowie Nord-Norge, das zum größten Teil nördlich des Polarkreises liegt. Diese Großräume sind wiederum in 19 kleinere Verwaltungsbezirke *(Fylker)* unterteilt.

Das norwegische Wohlfahrtsmodell

Der Landeskenner Eduardo Archetti prägte das geflügelte Wort, für Norwegen seien ein nahezu mathematischer Gerechtigkeitssinn und eine ebensolche Gleichheitsideologie charakteristisch. Das sagen auch die Norweger über sich; die ehemalige Ministerpräsidentin Gro Harlem Brundtland formulierte es so: „Es ist typisch norwegisch, gut und gerecht zu sein." Man denke hier nur an das norwegische Wohlfahrtsmodell, von dem es heißt, es markiere den goldenen Mittelweg zwischen kapitalistischer Produktion und sozialistischer Umverteilung.

Höchster Lebensstandard

Das norwegische Modell baut auf **rettferd** auf – auf Gleichheit und Gerechtigkeit. Dabei sollen die Reichen nicht weniger bekommen, sondern die Armen mehr, vor allem mehr an **trygghet**, sozialer Sicherheit. Das bedeutet, dass alle das Recht auf gleiche soziale Leistungen haben, egal ob und wie viel sie verdienen und ob sie männlich oder weiblich sind. Systeme wie unsere Kranken-, Renten-, Pflege- und Arbeitslosenversicherung kennt man hier nicht, denn die staatliche Versorgungskasse (die mehr als ein Drittel des gesamten Staatsbudgets schluckt) trägt die Kosten für alle **Sozialleistungen**. Sie kommt nicht nur für medizinische Ausgaben auf, sondern auch für das Arbeitslosen-, Schwangerschafts- und Kindergeld sowie für eventuelle Umschulungen, Fortbildungen etc. Mutter- oder Vaterschaftsurlaub werden ebenso gewährt wie ein Mindesteinkommen für nicht berufstätige alleinerziehende Männer oder Frauen.

Eltern, die ihre Kleinkinder nicht in einer Kindertagesstätte unterbringen, erhalten monatlich 3800 NOK Betreuungsgeld und Familien wie Einzelpersonen, die ihren Lebensunterhalt nicht selbst bestreiten können oder deren Einkommen unter einer bestimmten Grenze liegt, werden satt bezuschusst. Hat man dann die gesetzliche Altersgrenze (67 Jahre) erreicht oder wird erwerbsunfähig geschrieben, besteht für jedermann und jederfrau Anspruch auf eine gut bemessene Grundrente (rund 180 000 NOK pro Jahr), die jährlich angepasst wird.

Alles in allem ermöglicht die Fülle an Unterstützungen jedem im Land einen soliden **Lebensstandard** bzw., wie die UNO im Jahr 2014 zum bereits elften Mal feststellte, den höchsten Lebensstandard auf Erden (zum Vergleich: Deutschland landete auf Rang 6).

Die Kehrseite der Medaille

Beiträge für diese bemerkenswerten Staatsleistungen sind nicht zu entrichten, denn in den **Steuern** ist bereits alles enthalten. Doch hier liegen auch die Schattenseiten des Systems: Die direkten und indirekten Steuern sowie die Abgaben sind entsprechend hoch, die wichtigste davon, die Mehrwertsteuer, liegt bei satten 25 % (Stand 2013). Nicht zu vergessen sind auch die verdienstabhängige Einkommensteuer (28–54 %) sowie Sozialabgaben (7,8–11 %), die Vermögensteuer nebst Steuern für Zinserträge und sonstige Einkommen (28 %) sowie insbesondere die **Sonderabgaben** von bis zu fast 100 % beispielsweise auf Wein, Spirituosen, Bier, Tabak, Kraftfahrzeuge, Benzin, Unterhaltungselektronik, Parfums, Schokolade und viele andere „Luxusartikel" mehr ...

Angesichts dieser hohen Abgaben blüht der Tauschhandel mit Dienstleistungen, was auch mehr oder weniger geduldet wird. Unnachgiebig bestraft wird hingegen derjenige, der sich der Steuerhinterziehung schuldig macht. Ein solches Vergehen gegen *rettferd* wird unnachgiebig bestraft, und um der Ehrlichkeit auf die Sprünge zu helfen, schaffte Norwegen schon vor langer Zeit das Bank-, Verdienst-, Vermögens- und Steuergeheimnis ab: Einmal im Jahr veröffentlichen die Kommunen die entsprechenden Daten ihrer Bürger in den jeweiligen Tageszeitungen.

Kleines Land ganz groß

„Manchmal können wir kleinen Länder diese Welt ein wenig verändern", sagte der Vorsitzende des Friedensnobelpreis-Komitees 1987 in seiner Ansprache zur Ehrung von Costa Ricas Präsident Arias. Das ist auch das Hauptziel der norwegischen Außen- und Innenpolitik: Während Erstere einen größtmöglichen Beitrag zur demokratischen Entwicklung und zur Einhaltung der Menschenrechte auf der Welt leisten will, folgt die norwegische Innenpolitik seit jeher dem Imperativ einer Gleichstellung von Mann und Frau und eines vorbildlichen Einsatzes gegen jedwede Diskriminierung. Entsprechend entstanden hier schon zu Beginn des 20. Jhs. die ersten Frauengewerkschaften, und norwegische Frauen durften ab 1882 studieren. 1913 erkämpften sie sich das Wahlrecht (die Männer erhielten es 1898), 26 Jahre später wurde die erste Frau Ministerin in Oslo.

Bereits 1979 schrieb man die **Gleichstellung von Mann und Frau** im Gesetz fest. 1981 übernahm Gro Harlem Brundtland als erste Frau in der Geschichte Skandinaviens die Regierung (1986, 1990 und 1993 wiedergewählt). Seit dieser Zeit stehen Vergewaltigung, Prügel und Psychoterror in Ehe und Freundschaft unter Strafe. Damit die Gleichstellung kein Lippenbekenntnis bleibt, wurde in dieser Zeit auch der Posten einer Ombudsfrau für Gleichstellung eingeführt, die seitdem über die Einhaltung der Gleichberechtigung wacht. Eine ihrer Aufgaben ist es, die Einstellung von Arbeitnehmern im öffentlichen und privaten Sektor zu kontrollieren: So ist in Norwegen zum Beispiel nicht erlaubt, per Anzeige nach einem Mann für diesen oder jenen Beruf zu suchen, denn alle Stellenanzeigen müssen geschlechtsneutral sein.

Der nächste Schritt war im Jahr 1988 das Gleichberechtigungsgesetz und eine Quotenregelung. Infolgedessen besetzen Frauen heute in Norwegen etwa die Hälfte aller Ministerposten und die Hälfte aller Lehrstühle an den Universitäten; seit 2008 müssen sie per Gesetz auch zu mindestens 40 % in den Gremien aller staatseigenen Betriebe und privaten Aktiengesellschaften vertreten sein. Inzwischen sind rund 1,2 Mio. Norwegerinnen (und 1,3 Mio. Norweger) erwerbstätig, und laut UN-Report steht Norwegen weltweit auf Platz eins hinsichtlich politischer Mitbestimmung, ökonomischer Selbständigkeit, Mutterschutz und Gesundheit der Frauen. Aber auch die Gleichberechtigung des Mannes ist in Norwegen wohl so fortschrittlich wie nirgendwo sonst: Seit 1986 setzt sich hier der „Männerrollenausschuss" für eine gerechte Verteilung der Arbeit in und außerhalb der Familie ein. 1993 wurde die Mutterschutzgesetzgebung dahingehend abgeändert, dass auch Vater und Kind im ersten Lebensjahr mehr Zeit miteinander verbringen können. So nahm beispielsweise der norwegische Finanzminister Vaterschaftsurlaub und die norwegische Ministerin für Kinder und Gleichstellung überließ den größten Teil ihres eigenen Mutterschaftsurlaubs ihrem Mann.

Auch staatlich geförderte Hilfszentren für Männer wurden eingerichtet, und dass die norwegische Ministerin für Kinder und Gleichstellung dem Parlament im Februar 2009 einen Bericht über die Gleichstellung von Männern in der Gesellschaft vorlegte, dürfte ebenfalls weltweit einzigartig gewesen sein. Der Bericht soll helfen, die Rolle der Männer in der gleichgestellten Gesellschaft zu stärken. In die gleiche Richtung zielt auch die zurzeit angestrebte Änderung des Gleichstellungsgesetzes, die Männern eine besondere Förderung in typischen Frauenberufen, etwa im Pflege- und Gesundheitssektor, garantieren soll.

Informationen im Web

Weiterführende Informationen kann man über die folgenden Websites abrufen:

www.dnjf.org
Deutsch-Norwegisches Jugendforum.

www.germannorwegian.net
Deutsch-Norwegisches Netzwerk. Es beinhaltet informelle wie professionelle Verbindungen und will mit umfassender Perspektive zur Intensivierung der deutsch-norwegischen Beziehungen beitragen.

www.norwegen.no/germany
Diese Seite führt zur „Deutschland-Strategie" der norwegischen Regierung.

www.norsk-tysk-selskap.com
Die Deutsch-Norwegische Gesellschaft (DNG) ist eine ideelle und politisch unabhängige Organisation mit dem Ziel, die Beziehungen zwischen Deutschland und Norwegen zu fördern. Sie arbeitet dafür, dass sich Menschen aus Deutschland und Norwegen besser kennenlernen.

Die „Deutschland-Strategie"

Die deutsche Besatzung während des Zweiten Weltkriegs (S. 104) war eine tiefe Zäsur in der traditionell sehr engen Beziehung zwischen Norwegen und Deutschland. Das manifestierte sich noch lange in erheblichen Vorbehalten gegen Deutschland. Auch heute ist der Krieg noch nicht vergessen, aber die meisten Norweger haben eingesehen, dass mehr als ein halbes Jahrhundert eine lange Zeit ist. Das einst so gute Verhältnis der zwei Völker ist dennoch gestört, denn seine traditionelle Bedeutung hat Deutschland für Norwegen eingebüßt. Dennoch haben sich die (vor dem Zweiten Weltkrieg ziemlich bedeutungslosen) wirtschaftlichen Beziehungen gut entwickelt: Deutschland ist nicht nur der größte Handelspartner des Landes (seit 2008), sondern gilt den Norwegern auch als wichtigster Partner in der EU.

Einen Handelspartner liebt und versteht man aber nicht unbedingt. Dies soll die „Deutschland-Strategie" der Norwegischen Regierung ändern, die 1999 verabschiedet und 2003 sowie 2007 aktualisiert wurde. Mit ihr will Oslo zur „Wiederentdeckung des nahen Nachbarn Deutschland" beitragen und insbesondere die zwischengesellschaftlichen Beziehungen beider Länder ausbauen. Gerade auch Jugendliche sollen motiviert werden, sich mehr mit Deutschland, seinen Menschen und seiner Kultur zu beschäftigen.

Wichtiger Meilenstein auf dem Weg zu einer neuen Freundschaft zwischen den beiden Ländern ist das **Deutsch-Norwegische Jugendforum**, das im Herbst 2007 in Essen Premiere hatte und von Königin Sonja eröffnet wurde. Hier soll bei deutschen und norwegischen Jugendlichen Interesse für das jeweils andere Land geweckt und die jeweilige Kultur und Sprache vermittelt werden. Im Herbst 2008 trafen sich Jugendliche aus beiden Ländern in Stavanger, um sich über kulturelle Vielfalt und Identität auszutauschen, und 2015 stand das Forum in Hamburg unter dem Motto „Deine Freiheit. Deine Grenzen. Deine Wahl". Dabei trafen 100 norwegische und deutsche Jugendliche zusammen, um u. a. zu diskutieren, wo und wie man später leben will.

Wirtschaft

Einkommen je Haushalt (netto): rund 490 000 NOK
BIP (Bruttoinlandsprodukt) je Einw.: ca. 600 000 NOK (2017)
Landwirtschaft/Fischerei/Forstwirtschaft: knapp 1,7 %
Industrie: 7,5 %
Erdöl-/Erdgasförderung: 14 %
Private Dienstleistungen: 46 %
Tourismus: 6 %
Wachstum: 1,6 % (2017)
Arbeitslosigkeit: 4,3 %
Inflation: 2,4 %

Mit einem Pro-Kopf-Einkommen von gut 600 000 NOK (2017) bei 0 NOK (!) Staatsschulden, einem jährlichen Überschuss im Staatshaushalt in Milliardenhöhe und einer Inflationsrate von ca. 2,4 % bei 4,3 % Arbeitslosigkeit ist Norwegen eines der reichsten Länder der Welt! Und das, obwohl es noch vor rund 80 Jahren als Aschenputtel Europas galt.

Steiler Aufstieg

Zwar gab es ab 1814 einen Nationalstaat Norwegen (S. 102), doch dieser hatte in wirtschaftlicher Hinsicht einen denkbar schlechten Start: Rund 90 % seiner Bewohner lebten damals auf dem verkehrsgeografisch kaum erschlossenen Land meist von der Selbstversorgung als Fischer und Bauern. Die wenigen „Industrie"-Standorte, die es gab – insbesondere in Ostnorwegen sowie im Trøndelag – hatten schwer unter der langjährigen Krise zu leiden, die auf die Napoleonischen Kriege folgte. Schwieriger wurde die Lage noch dadurch, dass der ehemals offene dänische Markt nun durch hohe Zölle versperrt war und sich das Währungssystem in völliger Unordnung befand.

Auswandern oder sterben

Erst gegen Mitte des 19. Jhs. war die Depression überwunden und das Land schuldenfrei. Um Oslo und Bergen entstand eine Textilindustrie. Es folgten bald Papier- und besonders Zellulosefabriken sowie die Fischkonserven-Industrie. Vor allem aber war es das enorme Anwachsen der Handelsflotte, das diese Periode des Aufschwungs kennzeichnete. Auch die Verkehrsverbindungen im Inland entwickelten sich nun rasch. In der Folge all dieser Veränderungen stieg die Bevölkerungszahl sprunghaft an, besonders in den Städten. Mit dieser Bevölkerungszunahme konnte die wirtschaftliche Expansion jedoch nicht Schritt halten, und so lautete die Devise für das in den Städten entstehende „Lumpenproletariat" bald: „Auswandern oder sterben". Schon 1825 hatte sich die erste Gruppe von Auswanderern, rund 50 Personen, von Stavanger aus gen Amerika eingeschifft, doch nun brach ein regelrechtes „Amerikafieber" aus. Insgesamt verließen zwischen 1866 und 1915 – als das Land rund 2,4 Mio. Einwohner zählte – nahezu 750 000 Norweger ihre Heimat, in der sie für sich keine Zukunft sahen.

Katalysator Wasserkraft

Das war ein Trugschluss, denn lange sollte es nicht mehr dauern, bis sich Norwegen, seinerzeit noch eines der ärmsten Länder Europas, zu einem der reichsten Länder der Welt entwickelte. Bodenschätze, die man damals schon hätte abbauen können, gab es zwar nur wenige, und auch die Kohlevorkommen für den Betrieb von Dampfmaschinen waren kaum der Rede wert. Dafür gab es aber hoch gelegene Bergseen, reißende Flüsse sowie machtvolle Wasserfälle ohne Grenzen, und sobald die hydroelektrische Energie „erfunden" worden war, musste man eigentlich nur noch produktive Anwendungsbereiche für diese überaus billige und bald schon massenweise verfügbare Energie finden.

Insbesondere im Süden des Landes wurde um die Wende zum 20. Jh. massiv in Wasserkraftwerke investiert, und steil bergauf mit Norwegen ging es, nachdem zwei Norweger im Jahr 1903 auch noch eine Methode zur künstlichen Gewinnung von Salpeter entwickelt hatten. Das Verfahren war nämlich extrem energieintensiv, und gleichzeitig erzielte Salpeter auf dem Weltmarkt Spitzenpreise: Er war unentbehrlich zur Herstellung von Kunstdünger und vor allem auch von Schießpulver, das in der ersten Hälfte des 20. Jhs. in unglaublichen Mengen nachgefragt wurde.

Norwegens Weg zur Industrienation

Weitere energieintensive Wirtschaftszweige fanden sich bald zuhauf. Nicht lange, da war Norwegen auch weltweit führender Produzent für Metalllegierungen wie Aluminium, für Nickel-, Zink- und Magnesiumprodukte und andere mehr. Da die erforderlichen Rohstoffe importiert werden mussten (und müssen) und die Endprodukte ihrerseits in andere Länder exportiert wurden, mussten Schiffe her. In der Folge entwickelte sich die norwegische Handelsflotte bald zur drittgrößten der Welt und blieb dies auch bis in die 1970er-Jahre. Dann ließ ein erheblicher Rückgang der Öl- und Erztransporte von der Arabischen Halbinsel das einstige Ausmaß des Geschäfts stark schrumpfen. Allerdings erwiesen sich jetzt die ergiebigen Erdöl- und Erdgasvorkommen in der Nordsee als goldener Rettungsanker für die Tankerkönige, ja für das ganze Königreich, das ohne diese Öl- und Gasressourcen niemals die höchstentwickelte Industrienation hätte werden können, die es heute ist.

Märchenhafte Funde

Dass Märchen und Mythen auch in Kreisen norwegischer Ölsucher lebendig geblieben sind, belegen die Namen der Offshore-Felder in der Nordsee: „Walhall", „Aschenhans" und „Däumling" sind nur drei von rund vier Dutzend. Die Geschichte des Däumling steht stellvertretend für die Norwegens, denn zum guten Schluss zog er, der kleinste unter den Geschwistern, die Siebenmeilenstiefel an und machte sein Glück. Norwegen – das zwar nicht kleine, aber im Schatten seiner Geschwister stehende Land – zog am 24. Oktober 1969 die Siebenmeilenstiefel an. Damals wurde man bei dem später „Ekofisk" genannten Bohrloch in der Nordsee rund 300 km südwestlich vor Stavanger fündig. Norwegen entwickelte sich schlagartig zu einem Ölland und konnte sich quasi über Nacht von der über 160 Mrd. NOK hohen Auslandsverschuldung befreien.

Dadurch war der Weg frei in den Wohlfahrtsstaat und ein Ende der Erfolgsgeschichte ist nicht in Sicht: Noch nicht einmal ein Drittel der norwegischen Erdölressourcen sind bisher gefördert worden, und nach Schätzungen des amerikanischen US Geological Survey lagert allein in der Barentssee und unter dem angrenzenden Polarmeer gut ein Viertel aller noch unerschlossenen Öl- und Gasreserven der Welt.

Im Frühling 2009 erlaubte die norwegische Regierung den Ölkonzernen, in der ökologisch empfindlichen Arktisregion der Barentssee neben Gas auch Öl zu fördern, zudem wurden weitere spektakulär große Öl- und Erdgasfelder entdeckt.

So wird der Wohlfahrtsstaat auch zukünftig gesichert sein. Fast die gesamten Erträge aus dem Öl- und Gasgeschäft fließen in den Staatlichen Pensionsfonds (früher: Ölfond), der seit seiner Einführung im Jahr 1990 einen Marktwert von über 850 Mrd. € (2017) erreicht hat und damit der größte Staatsfond der Welt ist. Nach der sogenannten Handlungsregel darf die Regierung jährlich jedoch nur maximal 4 % des Fondvermögens im Haushalt einplanen. So soll sichergestellt werden, dass auch zukünftige Generationen vom Ölreichtum profitieren und das wirtschaftliche Gefüge des Landes intakt bleibt.

Im Frühling 2013 dann wurden in der Barentssee neue Gas- und Ölvorräte von so gigantischem Ausmaß gefunden, dass der Erdölminister mitteilte, dass sich Norwegens Energievorräte unter dem Meeresboden auf einen Schlag um gut 15 % vermehrt haben. So scheint gesichert, dass die norwegische Öl- und Gaswirtschaft noch über einen erheblichen Zeitraum hinweg maßgeblich zu den Haushaltseinnahmen beitragen kann, auch wenn sich die Rohölpreise seit Sommer 2014 nahezu halbiert haben. Norwegen nämlich verbraucht nur einen geringen Teil der auf dem norwegischen Kontinentalsockel geförderten fossilen Brennstoffe selbst und hat im europäischen Vergleich den höchsten Anteil erneuerbarer Energien in der Stromproduktion.

Eine Fahrt auf dem malerischen Telemarkkanal ist wie eine Zeitreise in die Vergangenheit.

Land der Fischer und Bauern?

Während die Rohöl- und Erdgasförderung rund ein Siebtel des Bruttoinlandsprodukts erwirtschaftet, trägt das produzierende Gewerbe nur knapp 9 % bei. Für den Bereich der **Landwirtschaft** ist vor allem festzuhalten, dass Norwegen nach Island das weltweit meiste Ödland hat, denn nur 3,2 % der gesamten Landesfläche sind agrarwirtschaftlich nutzbar. Die meisten dieser Gunsträume finden sich im Süden und im Trøndelag, aber trotz dieses Missverhältnisses zwischen Gesamt- und Nutzfläche kann sich Norwegen zu immerhin fast 50 % selbst mit Lebensmitteln versorgen. Mit Fisch sowieso, denn die gesamten Fangmengen der **Fischerei** belaufen sich auf knapp 2,3 Mio. Tonnen pro Jahr; ganz vorne in der Statistik stehen u. a. Hering und Dorsch. Allerdings stammen mittlerweile fast 80 % der Exporterlöse von Fisch- und Fischprodukten aus der Aquakultur (Fischaufzucht, insbesondere Lachs), die rund 1,5 Mio. Tonnen Speisefisch produziert.

Ein Blick auf die Wirtschaftsstatistiken zeigt, dass die Landwirtschaft und Fischerei nur mit je etwa 0,6 % bzw. 0,9 % am Bruttoinlandsprodukt beteiligt sind und die Forstwirtschaft mit etwa 0,2 %. So entfallen auf den gesamten Primärsektor lediglich 1,7 %. Dass Norwegen ein Land der Fischer und Bauern sei, wie im Ausland häufig angenommen, entbehrt heute jeder Grundlage, obwohl es Regionen gibt, gerade auch in Nordnorwegen, wo der größte Teil der Bevölkerung noch immer in der Fischereiwirtschaft tätig ist, die bis in die 1930er-Jahre Haupterwerbszweig des Landes war.

Kunst und Kultur

Wer jemals dieses unvergleichlich schöne Norwegen bereist hat, weiß, wie leicht man sich hier ins „Naturgucken" verliert und wie schnell man Lust bekommen kann, die vielfältigen Eindrücke nicht nur zu fotografieren, sondern auch künstlerisch umzusetzen. Kann es da verwundern, dass nirgends auf der Welt mehr geschrieben (und auch gelesen) wird als in Norwegen (und Island) und es hier, prozentual betrachtet, mehr Literaturnobelpreisträger als irgendwo sonst gibt? Auch die Zahl der bildenden Künstler ist in Relation zur Einwohnerzahl sehr hoch, und darüber hinaus hat das Land überproportional viele bedeutende Komponisten hervorgebracht.

Literatur

Lässt man die alten Literaturwerke der Saga, Skalden und Edda außer Acht (die im allgemeinen Verständnis mit Island verbunden werden), beginnt die Geschichte der norwegischen Literatur erst zu Anfang des 19. Jhs., denn seit dem Mittelalter war Norwegen faktisch dänische Kolonie. Diese Abhängigkeit vom dänischen Reich hinterließ deutliche Spuren. Auch gab es in Norwegen zu dieser Zeit weder Buchdruckereien noch Verlage. Das änderte sich erst im Jahr 1809, als die „Gesellschaft für das Wohl Norwegens" eine eigenständige Presse aus der Taufe hob. 1814 erfolgte die Trennung von Dänemark. Aufgrund dieser politischen Entwicklung bekam die neue, sich nun auch über die nordischen Länder ausbreitende Romantik in Norwegen stark nationale Akzente und deshalb den Namen Nationalromantik.

An ihrem Anfang steht **Henrik Wergeland** (1808–1845), der in der Literaturgeschichte als der erste Dichter der norwegischen Neuzeit und gleichzeitig als einer der genialsten des Landes bezeichnet wird. Er verstand sich als Kämpfer für die Armen und Unterdrückten, war ein Aufklärer und Bauernfreund und setzte sich schreibend für die völlige Loslösung vom dänischen Kulturleben und für die Wiederherstellung des Norwegischen Reiches ein.

Nicht anders **Bjørnstjerne Bjørnson** (1832–1910), glühender Anhänger Wergelands, Verfasser von Schauspielen und Dramen, Liedern und Gedichten, dem heutigen Nationallied Norwegens sowie zahlreicher sozialkritischer Stücke, in denen er sich u. a. mit dem Darwinismus auseinandersetzte und die Ausbeutung des Menschen durch den Kapitalismus aufzeigte. Für sein literarisches Gesamtwerk erhielt er 1903 als erster norwegischer Dichter den Nobelpreis.

Als die zweite Größe der norwegischen Klassik gilt unbestritten **Henrik Ibsen** (1826–1906), der seinerzeit die Aufmerksamkeit der Welt auf Norwegen lenkte. Als sein facettenreichstes Stück gilt *Peer Gynt* – eine dramatische Dichtung philosophisch-symbolischer Prägung, in der er die Problematik übersteigerter Träumereien bei seinem Volk aufzeigt. Dagegen ist *Nora oder ein Puppenheim* von nahezu revolutionärer Sozialkritik, denn es beleuchtet auf damals skandalöse Weise die Rechtlosigkeit der Frau und die gegenseitige Abhängigkeit von Individuum und Gesellschaft.

1920 erhielt **Knut Hamsun** (1859–1952) den Nobelpreis für Literatur, und nur selten ist ein Dichter in seinem Heimatland so verehrt und später so verachtet worden wie er. Hamsun hieß eigentlich Knud Pedersen und wurde in Lom im Gudbrandsdal als Sohn eines Schneiders geboren. Als er zwei Jahre alt war, zog die Familie auf den Hamsund-Hof (von dem er seinen späteren Namen ableitete) auf der Insel Hamarøy gegenüber den Lofoten. In dieser spektakulären Nordlandnatur empfing der junge Hamsun jene prägenden Eindrücke, die für seine Werke charakteristisch wurden. Die endlosen Sommertage und Winternächte waren für ihn eine unauslöschliche Lebenserfahrung, und in seinen zahlreichen Werken huldigte der als Vater der modernen Literatur gefeierte Nobelpreisträger immer wieder dem naturverbundenen Leben fern der Städte.

Der *American Way of Life* stieß ihn ab, Kommunismus und britischer Imperialismus waren ihm verhasst. Dagegen schien ihm die „Blut und Boden“-Ideologie sinnvoll, weil an die ursprüngliche und darum „richtige“ Kultur des Menschen geknüpft. Deutschland symbolisierte für Hamsun das junge Europa, schon in den 1930er-Jahren nahm er öffentlich für den Nationalsozialismus Stellung und appellierte 1940, anlässlich der deutschen Invasion in Norwegen, an seine Landsleute: „Norweger! Werft das Gewehr weg und geht wieder nach Hause! Die Deutschen kämpfen für uns alle und brechen jetzt Englands Tyrannei über uns und alle Neutralen.“ Nach dem Ende des Zweiten Weltkrieges wurde er dafür bzw. für den Schaden, den er dem norwegischen Staat zugefügt hatte, zu einer Geldstrafe von rund 450 000 Kronen verurteilt; empörte Norweger verbrannten seine Bücher hunderttausendfach. Heute wird er wieder gelesen, und 2009 eröffnete ihre Majestät Königin Sonja sogar feierlich zum Anlass seines 150. Geburtstags das „Hamsun-Jahr“.

Eine Frau, **Sigrid Undset** (1882–1949), holte 1928 den dritten und bis dato letzten Literaturnobelpreis nach Norwegen. Als bekanntestes Werk der Neorealistin gilt die Mittelaltertrilogie *Kristin Lavransdatter*. Dieses Werk ist auch in deutscher Übersetzung erhältlich, ebenso diejenigen von Hamsun und Ibsen. Doch die populärsten norwegischen Bücher deutscher Sprache der letzten Jahrzehnte waren nicht die Klassiker, sondern die Heimatdichtung, in der das vielzitierte „typisch Norwegische“ oft bis zum Kitsch aufgebläht ist. Ein Paradebeispiel für diese Literaturgattung sind die Bücher von **Trygve Gulbranssen**, dessen Heimatromane *Und ewig singen die Wälder* sowie *Das Erbe von Björndal* selbst heute noch, nach rund 70 Jah-

In Grimstad kann man auf die Suche nach Ibsen-Büsten gehen.

ren, (verfilmte) Publikumsrenner sind und immer wieder neu aufgelegt werden.

Spitzenreiter aber der meistgelesenen norwegischen Bücher ist *Sofies Verden* (Sofies Welt) von **Jostein Gaarder**, das 1995 weltweit die belletristischen Bestsellerlisten anführte. Es erschien bislang in rund vier Dutzend Sprachen und bis jetzt wurden mehr als 15 Mio. Exemplare verkauft! Aber auch die anderen Bücher des langjährigen Philosophielehrers erfreuen sich im In- wie Ausland einer ständig wachsenden Leserschaft und wurden bereits mit zahlreichen Literaturpreisen ausgezeichnet.

Ein weiteres Genre, eigentlich importiert, aber in seinen Ausprägungen dennoch wieder einmal „typisch norwegisch", ist die Kriminalliteratur. An ihr haben sich hier, wie ja auch im Nachbarland Schweden, in den letzten 20 Jahren zahlreiche jüngere Verfasser mit oft erstaunlichem und teils auch internationalem Erfolg versucht. Darunter **Jon Michelet**, **Gunnar Staalesen** und **Ingvar Ambjørnsen** nebst **Roy Jacobsen** und **Jo Nesbø**; weibliche Vertreterinnen sind **Kim Småge**, **Pernille Rygg** und vor allem **Karin Fossum** und **Anne Holt**, die beiden wohl bekanntesten norwegischen Krimiautorinnen.

Musik

Klassik

Wie die Literatur mit Henrik Ibsen und Knut Hamsun und die Malerei mit Edvard Munch , ist auch die Musik Norwegens im Bewusstsein der Welt mit einem großen Namen verknüpft: mit **Edvard Grieg** (1843–1907), dessen Hauptwerk *Peer Gynt* (die Musik zu Ibsens Schauspiel) bei vielen Mitteleuropäern zu einem – sehr romantisierenden – Bild von Norwegen führte. Inspiriert von der „heroischen" Landschaft und der Volksmusik seiner Heimat, verdichtete er diese Einflüsse zu einer eigenen musikalischen Sprache.

Sein Zeitgenosse **Ole Bull** (1810–1880) war ebenfalls von der norwegischen Volksmusik beeinflusst, aber weniger Komponist als genialer Violinist. Der „Teufelsgeiger" bezauberte ganz Europa und die Vereinigten Staaten (in Pennsylvania werden ihm zu Ehren noch jährlich Gedächtniskonzerte veranstaltet).

Jazz, Pop und andere Töne

Die *crème de la crème* der skandinavischen Jazzmusiker lebt in Norwegen – allen voran der Gitarrist **Terje Rypdal**, der Drummer **Jon Christensen** sowie insbesondere der mittlerweile zu Weltruhm gelangte Saxophonist **Jan Garbarek**. Aber auch zahlreiche Ikonen des Pop, Rock, Blues und vieler anderer moderner Stilrichtungen haben den Namen des Landes in die musikalische Welt hinausgetragen und machen in den zahlreichen Musikclubs insbesondere von Oslo, Bergen, Trondheim, Stavanger und Tromsø von sich hören. Gerade in Oslo finden sich einige der kultigsten Musikadressen des Nordens, und beispielsweise die freie Jazzmusik wird von Oslo maßgeblich mitgestaltet. Hier gab 1963 kein Geringerer als John Coltrane ein Debütkonzert, das heute als eines der bedeutendsten Konzertdokumente des frühen Free

Norwegische Klänge

www.musicnorway.no
Die Website der norwegischen Musikindustrie führt auf eine musikalische Reise durch Norwegen und ist auch auf Englisch abrufbar.

www.musikknyheter.no
Detaillierte Informationen über norwegische Musiker, Gruppen und Komponisten jeder Musikrichtung. Ein Kalender informiert außerdem umfassend über Auftritte norwegischer Musiker im In- und Ausland, es werden die wichtigsten Festivals aller Stilrichtungen vorgestellt.

www.nordische-musik.de
Als Musikliebhaber kommt man nicht vorbei an diesem umfassenden Musikportal des Musikjournalisten Peter Bickel, die alle musikalischen Strömungen des Landes berücksichtigt (u. a. Rock, Pop, Metal, Beats, Folk und Jazz, aber auch Avantgarde und Klassik) und noch immer jeden Monat um durchschnittlich 60 CD-Rezensionen und 4 Interviews/Musikreportagen wächst.

www.norwegenmusik.blog.de
Für Neuigkeiten aus der norwegischen Musikszene gibt es keine bessere Seite als diese.

Kunstsammlungen

Die bedeutendsten Kunstsammlungen Norwegens sind die **Nationalgalerie** in Oslo, 💻 www.nasjonalmuseet.no (S. 127), das **Munch-Museum** in Oslo, 💻 www.munchmuseet.no (S. 136), das **Museum für Gegenwartskunst** in Oslo, 💻 www.nasjonalmuseet.no (S. 136), das **Rogaland-Kunstmuseum** in Stavanger, 💻 www.museumstavanger.no (S. 258), das **Bergen-Kunstmuseum** in Bergen, 💻 www.kodebergen.no (S. 292), das **Lillehammer-Kunstmuseum** in Lillehammer, 💻 www.lillehammerartmuseum.com (S. 367), das **Kunstmuseum** in Trondheim, 💻 www.trondheimkunstmuseum.no (S. 428) sowie die **Galleri Lofoten Hus** in Henningsvær auf den Lofoten, 💻 www.galleri-lofoten.no (S. 494).

Jazz gilt und besonders die Jugend für dieses Genre gewann.

Alles in allem zählt man heute mehr als 65 Jazzclubs sowie ca. 440 professionelle Musiker, und dass hier der Jazz eine derartige Popularität erreichen konnte, ist nicht zuletzt auch den mittlerweile zwei Dutzend Jazzfestivals pro Jahr zu verdanken. Ein anderer Katalysator für den norwegischen Jazz sind die Bemühungen der öffentlichen Behörden, die eigens einen Rhythmikunterricht an höheren Schulen eingeführt haben, um jungen Menschen den Einstieg in die Jazzmusik zu erleichtern. Auch an den Universitäten entstanden einschlägige Studiengänge, und laut offiziellen Angaben führten insbesondere die Jazzprogramme an der norwegischen Universität für Wissenschaft und Technik in Trondheim dazu, dass die norwegische Jazzszene heute zu den innovativsten in Europa zählt. Zwar wird auch in Bergen kräftig gejazzt, aber die alte Hansestadt ist vor allem die Heimat des norwegischen Pop. Insider nennen sie in einem Atemzug mit Berlin oder Manchester. Der größte Soundexporteur des Landes und vielleicht sogar Skandinaviens dürfte momentan das Elektronikduo **Röyksopp** sein. Auch die **Kings of Convenience** sind immer wieder in aller Ohren, und die Popgruppe **A-ha** etablierte Bergens Ruf als Popmetropole des Königreichs.

All diese und viele weitere Bands haben eine solide Position in Norwegen, die sie durch Tourneen, aber auch durch Live-Auftritte in Clubs, Bars und Kneipen ständig ausbauen. Entsprechend groß ist mittlerweile auch die Zahl der Festivals dieser Musikrichtung (S. 50). Zunehmend gibt es auch spezialisierte Festivals, die sich beispielsweise ganz dem Hip-Hop, Metal, Gothic oder anderen Spielarten widmen.

Malerei

Kunstgeschichtlichen Werken zufolge beginnt die norwegische Malerei erst im 19. Jh. Als ihr „Vater" wird **Johan Christian Dahl** (1788–1857) genannt. Da es damals in Norwegen noch keine Kunstakademie gab, ging er nach Kopenhagen und später nach Dresden; dort befreundete er sich mit Caspar David Friedrich, verschrieb sich endgültig der romantischen Stilrichtung und wurde zum außerordentlichen Professor ernannt. Aber trotz der Ferne von Norwegen galt sein Schaffen größtenteils seiner geliebten Heimat, deren urtümliche Landschaft er so auf Leinwand bannte, wie sie Jahrzehnte später Bjørnstjerne Bjørnson (S. 103) in Worte fasste. Dahl bekannte sich zu einem romantischen Subjektivismus und nahm so die Nationalromantik der Literatur vorweg.

Der Einfluss Dahls auf Malerkollegen und Nachfolger war eher gering. Die nächste Generation fühlte sich eher von der Düsseldorfer Schule angezogen. Erster und bedeutendster Vertreter der neuen Kunstrichtung war **Adolph Tidemand** (1814–1876), der Szenen aus dem norwegischen Volksleben malte. Den Höhepunkt norwegischer Nationalromantik spiegelte das Gemälde *Braut in Hardanger*, das Tidemand zusammen mit **Hans Gude** (1825–1903) schuf. Gude, der in Düsseldorf und Karlsruhe lehrte, malte Norwegens Landschaft oft lieblich-elegant und stieg auf zur zentralen Gestalt der norwegischen Landschaftsmalerei des 19. Jhs.

Nach 1870 forderte das Zeitalter der Naturwissenschaften seinen Tribut: Der Naturalismus kam auf. Das Romantische wich der Wirklichkeit, die oft mit all ihren Schattenseiten gezeigt wurde. Die Düsseldorfer Schule hatte ausge-

Stabkirchen: „Himmelsschiffe vor Anker"

Durch winzige Plankenlöcher fallen gelbe Lichtbündel schräg in den hohen Raum. Tanzende Muster auf hölzernen Säulen, fahles Licht auf Drachenformen. Wie sehr muss das „lebende" Innere dieser Stätten jene frühen Christen beeindruckt haben, als der Glaube an Thor und Odin, an Geister und Dämonen noch tief verwurzelt war. Dieser Glaube zeigt sich an den **heidnischen Stilelementen**, die allenthalben an den Stabkirchen zu finden sind. Da gibt es Portale, die das Leben germanischer Helden feiern, kopfverzierte Ständer, die an archaische Pfahlgötter erinnern, oder als Odinsmale gestaltete Bildsäulen. Im Schnitzwerk wurde die Edda – das aus Heldengesängen und Götterliedern bestehende Hauptwerk der altnordischen Literatur – lebendig. Und auch die Schmiede beschlugen die Türen mit gar nicht christlichen Rankenmotiven (z. B. Drachen). Eigenartig auch das äußere Bild der Stabkirchen: Kurz und konzentriert im Grundriss, dann steil gestaffelt über Schindeldächer und von Drachenköpfen gekrönt, erinnern sie eher an exotische Pagoden oder stolze Wikingerschiffe. Wohl deshalb bezeichnet man Stabkirchen auch als an „Land gestiegene Wikingerschiffe" oder als „Himmelsschiffe vor Anker".

Die **Konstruktion** der Stabkirchen offenbart sich erst im Innern. Senkrechte Masten (*stav* = Masten, Stock oder Pfosten) erheben sich auf starken Bodenschwellen; sie umrahmen den rechteckigen Kern der Kirche, an den sich Chor und Apsis anschließen, und tragen das Satteldach des überhöhten Mittelbaus. Klemmbalken, Rahmenhölzer und Andreaskreuze stabilisieren das bauliche Gefüge, dessen Konstruktionselemente ähnlich auch im traditionellen Schiffsbau der Wikinger verwendet wurden. Die Zimmerleute des Mittelalters, die zwischen dem 11. und 14. Jh. über 700 solcher Gotteshäuser meist im Süden ihres Landes errichteten, müssen genial gewesen sein. Dann suchte die Pest Norwegen heim und erst 200 Jahre später wurden wieder Kirchen gebaut, freilich in anderer Art. Als man um 1800 nur noch etwa 100 Stabkirchen zählte und weitere der Axt zum Opfer fielen, erfuhr diese mittelalterliche Architektur eine neue Wertschätzung. Jetzt rettete man, was zu retten war. Dennoch sind heute nur 31 Kirchen erhalten, lediglich 21 stehen noch an ihrem ursprünglichen Platz. Heute gelten die Stabkirchen als der originale Beitrag Norwegens zur Architekturgeschichte der Welt. Nicht nur deshalb sind sie auf jeden Fall einen Besuch wert.

Die berühmtesten Stabkirchen

Die englisch- und auch norwegischsprachige Website 💻 www.stavkirke.info ist die fundierteste im Netz zu dem Thema Stabkirchen. Doch auch die deutschsprachige Website 💻 www.norwegische-stabkirchen.de informiert detailliert über die Stabkirchen.

Die bekannteste und älteste Stabkirche überhaupt ist die **Urnes-Stabkirche** (S. 323). Sie steht auf der World Heritage List der Unesco, 💻 www.stavechurch.com.

Die **Heddal-Stabkirche** (S. 234) ist die größte Stabkirche des Landes, 💻 www.heddalstavkyrkje.no und 💻 www.heddalstavkirke.no.

Als das besterhaltene Beispiel norwegischer Holzbaukunst gilt die **Borgund-Stabkirche** (S. 315). Sie ist zudem besonders schön, 💻 www.stavechurch.com.

Die **Uvdal-Stabkirche** (S. 223) beeindruckt vor allem mit ihrer herrlichen Panoramalage hoch über dem von bewaldeten Bergen umschlossenen Uvdal. Sie ist herrlich mit Rosenmalerei verziert, 💻 www.stavechurch.com.

Von einzigartiger Qualität sind die Drachenornamente an den Portalen der **Torpo-Stabkirche** (S. 220) sowie ihre Deckengemälde aus dem 13. Jh., 💻 www.stavechurch.com.

Auch die **Lom-Stabkirche** (S. 389) gehört zu den größten Zeitzeugen ihrer Art und ist obendrein äußerst gut erhalten.

Die Drachenmotive der **Vågå-Stabkirche** (S. 397) sind nicht nur besonders alt, sondern auch besonders fein ausgearbeitet.

dient, man ging nach München, Berlin, schließlich nach Paris. Ein klassischer Vertreter dieser Epoche war **Christian Krogh** (1852–1925), der für den Sozialismus eintrat und in seinen Bildern (und auch Romanen) soziale Anklage erhob.

Es folgte der Impressionismus, als dessen norwegische Vertreterin **Harriet Bakker** (1845–1932), Schülerin des französischen Malers Léon Bonnat, hervorzuheben ist. Der Einfluss dieser Stilrichtung reicht bis in heutige Zeit hinein, allerdings durchbrachen die modernen Künstler schnell die eng gezogenen Grenzen dieser Schule. So auch **Edvard Munch** (S. 136), der sich mit seinen Werken einen Platz in den bedeutendsten Museen der Welt sicherte und heute als ein wichtiger Wegbereiter des Expressionismus gilt.

Die norwegischen Maler der Gegenwart sind vornehmlich durch Henri Matisse geprägt. Doch während jener das Wandbild nur als Möglichkeit diskutierte, entwickelten die heutigen Künstler in diesem Kunstzweig etwas Eigenes und brachten das Fresko zu einer weltweit einzigartigen Blüte (nur in Mexiko gibt es Vergleichbares). Als sehenswertestes Beispiel gilt die Innengestaltung des Osloer Rathauses. Die gegenstandslose Kunst ist – seit den 1920er-Jahren – ebenfalls in Norwegen vertreten, aber spärlich und auch wenig abstrahiert. Die junge Generation erarbeitete sich eigene Stile, so z. B. **Arne Samuelsen** (geb. 1950), der zwischen Surrealismus und Pop-Art anzusiedeln ist. Dagegen lässt sich **J. Anton Risan** (geb. 1934) mehr vom Dadaismus inspirieren und **Arvid Jarle Pettersen** (geb. 1943) hat Max Beckmann zum Vorbild.

Architektur

Holz – Träger der überlieferten Kultur

Holzhäuser landauf, landab sind ein norwegisches Charakteristikum. Auch heute noch errichten die Norweger ihre Häuser am liebsten aus Holz, und auch wenn die Unterschiede auf den ersten Blick unbedeutend scheinen, lassen sich doch Trends und landschaftliche Variationen erkennen. Seit dem 18. Jh. etwa begann man, die bis dahin in roher Blockbauweise erstellten und meist grasgedeckten Häuser zu bemalen, und zwar mit rotem und gelbem Ocker. Das Gras wich Schieferschindeln, und die Fenster, bis dahin noch klein und bleigerahmt, wurden größer und in Holz gefasst und später, im Verlauf des 19. Jhs., andersfarbig abgesetzt. Zur gleichen Zeit setzte sich auch die Verschalung der Fassade durch. Zunächst bestand sie noch aus aneinandergesetzten senkrechten Brettern, aber bald kamen spundgehobelte Bretter in Mode, die senkrecht oder waagerecht angebracht wurden.

Mit dem Aufkommen des Jugendstils wurden die Hauswände hell, meist weiß, gestrichen und mehr und mehr die farblich kontrastierenden Fenster, Türen und Balkone nebst Dacharchitraven mit reichen Schnitzereien verziert. Dieser Schmuck sowie eine Flächenaufteilung durch Leisten verlieh den Bauten ein individuelles Gesicht; manchen sahen mit ihren üppigen Verzierungen aus wie Spitzendeckchen.

Mit dem Niedergang der Segelschifffahrt, der dem Süden vorübergehend viel von seinem Reichtum nahm, gingen auch Eleganz und Verspieltheit des Jugendstils dahin und der Funktionalismus setzte sich immer mehr durch. Zwar blieb Holz auch weiterhin das tragende Element, aber die meisten Bauten, die seitdem entstanden, sind Allerweltshäuser, oft mit Wellblech gedeckt und industriell vorgefertigt.

Bauernhäuser, Repräsentanten ihrer Landschaft

Ursprünglich bestanden alle Häuser in Norwegen aus waagerecht übereinander angeordneten, nur geschälten, nicht gehobelten (Kiefern-)Stämmen, die weder außen noch innen verkleidet waren – im Setes-, Nume- und Hallingdal sowie in den zahlreichen Freilichtmuseen des Landes ist das noch häufig zu betrachten. Als der älteste, auf das 13. Jh. datierte Blockbau dieser Art gilt das aus Uvdal (Numedal) stammende und auf Bygdøy (Oslo, S. 134) wieder aufgebaute Bauernhaus. Es steht jetzt für sich allein, obwohl das norwegische Gehöft in historischen Zeiten nie ein Einzelhaus war. Stets bestand es aus einer Gruppe von Häusern, von denen jedes eine eigene Funktion hatte. Die Wohnstätte des Bauern *(stuegard)* stand in der Mitte. Daran schlossen sich die Ställe *(nautgard)* an, dazwischen la-

Ein alter Hof im oberen Gudsbrandsdal

gen die Scheunen und Schuppen *(uthus)* sowie der in seinen Formen fast schweizerisch anmutende *stabbur* (Speicher), der in der Telemark ab etwa 1700 auf Pfosten gesetzt wurde.

Der Kern ist ein rustikaler Blockbau, unterteilt in Unter- und Obergeschoss *(loft)*. Eine Treppe führt hinauf und dort zuerst in den verschalten *svalgang*, den Laufgang, hinein. Im Setesdal erhält dieser Licht durch schlichte Arkaden, während er sonst oft mit üppigem gewulstetem Schnitzwerk versehen ist. Die Dächer aller Bauten sind traditionell mit Grassoden belegt, darunter liegen Erde und eine Birkenrindenschicht. In den Stuben kam man bis zu Beginn des 18. Jhs. nicht weit über das Mittelalter hinaus. Im lange isolierten Setesdal brannte noch vor etwas über 100 Jahren offenes Herdfeuer inmitten der (bis um 1700 meist fensterlosen) Stube, der Rauch zog durch ein Loch im Dach ab. Vielerorts, vor allem entlang der Fjorde zum Westen, war zusätzlich ein in der Ecke stehender Rauchofen üblich, der, seinem Namen verpflichtet, zwar wegen des fehlenden Schornsteins das ganze Zimmer verräucherte, dafür aber eine ganze Nacht lang die Wärme hielt. Deshalb waren ringsum Steinbänke angebracht, auf denen man nicht nur sitzen, sondern auch liegen konnte.

Die Möbel waren zu Beginn des 19. Jhs. im Halling- und Numedal einfach und im Setesdal sogar noch urtümlich: Ein hölzerner Tisch stand quer im Raum, von meist lehnenlosen Bänken umgeben; wo doch eine Lehne angebracht war, war sie mit grober Tierornamentik geschmückt. Ebenso schlicht waren die Kubbe-Stühle in Telemark, die aus einem Baumstamm ausgehöhlt wurden. Truhen, Wände, Decken, Schränke und Betten wurden hier (wie auch im Hallingdal) vom 17. bis zum ausgehenden 19. Jh. mit Rosen, Ranken, Figuren und Früchten bemalt – eine Stilmischung, die als *rosemaling* (Rosenmalerei) bekannt und bis heute noch nicht ausgestorben ist.

OSLO; © ISTOCK / ANNA BRYUKHANOVA

Oslo und Südnorwegen

Skandinaviens Feriengebiet Nummer eins reicht von der strand- und schärenreichen „Riviera am Skagerrak“ über die traditionsreichen Bauerntalungen der Landesmitte bis zu den Hochgebirgsregionen der Hardangervidda. Es erstreckt sich von den tiefen Wäldern und lieblichen Seen entlang der Schwedengrenze bis hin zu den majestätischen Fjorden im Westen und umfasst u. a. auch Oslo, die grünste Hauptstadt des Kontinents.

Stefan Loose Traveltipps

1 **Oslo** Norwegens Kapitale ist zugleich auch die Kulturmetropole des Königreichs. S. 123

Der Oldtidsvei Nirgends sonst in Norwegen finden sich mehr Zeugen aus der Bronze- und Eisenzeit als hier. S. 160

2 **Telemarkkanal** Per Boot oder Kanu auf einer der spektakulärsten Inland-Wasserstraßen Europas von der Küste in die Bergwelt. S. 180

3 **Setesdal** Das „Märchental des Südens" ist ein Zauberquartett aus grasgedeckten Bauernhöfen, Trachten, Volkstanz und -musik. S. 207

Rjukan Das südliche „Tor zur Hardangervidda" ist eines der größten Outdoor-Zentren des Landes. S. 231

4 **Heddal-Stabkirche** Die berühmteste Kirche des Landes macht die Verzahnung des germanischen Heidentums mit dem frühen Christentum sichtbar. S. 234

5 **Die Bergenbahn** Auf Norwegens spektakulärster Bahnstrecke von Oslo nach Bergen. S. 240

RJUKANFOSSEN; © FOTOLIA / KJERSTI

SKULPTUR DER EWIGEN GÄSTE, AKER BRYGGE; © DUMONT BILDARCHIV / CHRISTIAN NOWAK

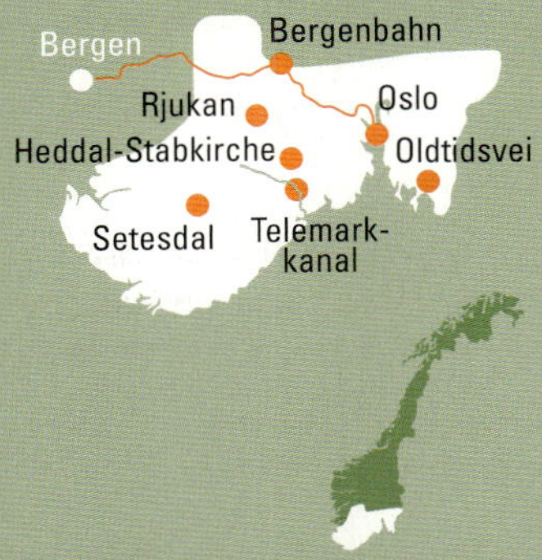

Wann fahren? Mai–Sep, Hochsaison Mitte Juni–Anfang Aug, Badesaison bis Anfang Sep, Wandersaison Ende Juni–Ende Sep

Wie lange? 2–3 Wochen

Bekannt für uralte Zeitzeugen, malerische Holzhausstädtchen, strandreiche Schärenküsten, Bauerntalungen, die Hardangervidda, die Bergenbahn, nicht zuletzt für Oslo.

Outdoor-Tipp Per Kanu auf dem Telemark- und Haldenkanal, mit dem Fahrrad über den Rallarvegen, per pedes auf den Gaustatoppen

Unbedingt ausprobieren Meeresfrüchte im Lille Herbern (Oslo), Fischgerichte auf der Schäre Stangholmen (Risør)

Nirgendwo sonst offenbart das Land eine solch landschaftliche Vielfalt wie in diesem Großraum, dessen Nordgrenze in etwa vom 60. Breitengrad markiert wird. Im Osten berührt er Oslo, im Westen umfasst er das südliche Fjordland und besteht damit aus den Bezirken Akershus, Østfold, Vestfold, Oslo, Telemark, Aust- und Vest-Agder sowie aus den südlichen Regionen von Buskerud. Jeder Bezirk trägt charakteristische Züge, und alle Bezirke zusammen, die rund ein Sechstel der Gesamtfläche Norwegens ausmachen, bilden eine Landschaft, die zu den abwechslungsreichsten und faszinierendsten Europas zählt.

Der Bezirk **Østfold**, der sich längs der Ostseite des Oslofjords erstreckt, bietet eine weite Wiesen- und Waldlandschaft, die stark an das angrenzende Schweden erinnert. Sie weist nur ein mäßiges Relief auf, ist mit Seen und Wasserläufen durchsetzt und blickt auf eine herrliche Schärenküste mit zahlreichen Sandstränden. **Vestfold**, weltbekannt als „Wiege der Wikinger", erstreckt sich längs der Westseite des Oslofjords und gilt mit seinen schmalen Buchten und weiten, weißen Sandstränden sowie den dichten Wäldern als Sommerparadies.

Gen Westen schließt sich die **Riviera am Skagerrak** an, die den Beinamen „Sonnenküste" trägt, da hier das Klima am besten, sprich: sonnigsten ist. Badegäste finden herrliche Sandstrände, ausgedehnte Schärengürtel und unzählige beschauliche Ferienorte vor, die sich an der etwa 2700 km langen Küstenlinie aneinanderreihen. Malerische Wälder, wiesengrüne Hügel und Täler dringen tief in das angrenzende Gebirgsland vor, das von Hochmooren bedeckt ist. Dichter besiedelt als der Küstenstreifen sind nur das **Setes-**, **Nume- sowie Hallingdal**. Diese „Märchentäler des Südens" leiten nach Norden über zur **Hardangervidda**, dem größten Gebirgsplateau Europas. Diese unendliche Felsweite, übersät mit unzähligen Seen, Flüssen, Bächen und Mooren und durchzogen von majestätischen, teils auch vergletscherten Gebirgszügen, bildet die raueste Wildnis im gesamten Großraum.

Die südlich angrenzende **Telemark** gilt unter allen Bezirken des Landes als prototypisch, weil sich innerhalb ihrer Grenzen alle Erscheinungsformen der norwegischen Natur finden. Ganz unten das Meer mit Schären und Buchten, weit darüber die endlose Vidda, von Gipfeln mit ewigem Schnee überragt, und dazwischen die von Bergen gesäumten fruchtbaren Täler mit einsamen Dörfern, Nadel- und Birkenwäldern, zahlreichen Seen, Flüssen, Bächen und Wasserfällen. Hier, wo etwa jeder dritte Norweger seine Heimat hat, wechseln die Landschaftsbilder oft auf engstem Raum, doch die „Schweiz am Meer" bietet auch in anderer Hinsicht Attraktionen, die ihresgleichen suchen. Siedlungsgeschichtlich ist sie eines der ältesten Teile Norwegens, und bis heute zeugen burgbekrönte Städte, Festungswälle und Felszeichnungen, Runensteine und Grabhügel von den vergangenen Zeiten. Auch zahlreiche Stabkirchen sind hier zu besichtigen, es laden die malerischsten Holzhausstädtchen des Nordens ein, nicht zu vergessen die grüne Kapitale **Oslo** – lebendige Metropole mit uralten Kulturzeugnissen und spannenden Museen, Trendlokalen und Shopping-Arkaden, Jazzkellern und einer facettenreichen Gastroszene.

1 HIGHLIGHT

Oslo

Passend zum landschaftlich einzigartigen Norwegen ist auch „Uschlu", wie der Osloer sagt, alles andere als eine gewöhnliche Hauptstadt. Die am gleichnamigen Fjord zu Füßen bewaldeter Höhen gelegene Kapitale fällt als grünste Metropole Europas aus jedem gewohnten Rahmen, und dem einzigartigen Mix aus unberührter Natur und pulsierendem Großstadtleben verdankt Oslo sein spezielles Flair, dem sich kaum ein Besucher entziehen kann. Genau 20 Minuten fährt die U-Bahn von der City bis in die von rund 1200 km Wanderwegen erschlossene Wildnis, in der nicht weniger als 343 Seen zum Baden einladen. Die Küstenlinie am Oslojord sowie die 40 Inseln zählen Dutzende von Stränden, und sogar in Downtown kann man hier, wo gut 8 km² an Parks und sonstigen Grünflächen zur Erholung einladen, den Puls der kraftvollen Natur spüren.

Zum guten Leben gehört das entsprechende Wetter, das in Oslo mit einem Jahresdurchschnitt von 1691 Std. Sonnenschein und 763 mm Niederschlag wesentlich sonniger und trocke-

Oslo in Zahlen

- **Lage**: am Nordrand des rund 100 km langen Oslofjords zwischen Meeresniveau und 629 m Höhe (Kirkeberget)
- **Fläche**: 454 km², davon 242 km² bewaldet, 8 km² Parks und Sportanlagen; mit zum Stadtgebiet gehören insgesamt 343 Seen und 40 Inseln.
- **Bevölkerung**: ca. 670 000 (Juni 2017), Tendenz steigend (1,7 % pro Jahr), rund 33 % sind Einwanderer.
- **Bevölkerungsdichte**: zwischen 460 Einw./km² (Zentrum) und rund 11 000 Einw./km² (Sagene), im Durchschnitt 1200 Einw./km². Zum Vergleich: Im Landesdurchschnitt sind es etwa 17 Einw./km².
- **Wirtschaft**: Oslo ist die wichtigste Industrie-, Handels- und Seefahrtstadt des Landes. Zu den Hauptwirtschaftszweigen gehören u. a. das Finanz- und Energiewesen, Biotechnologie und IT.
- **Beschäftigung**: Rund 350 000 Städter sind erwerbstätig, davon knapp 90 % im Dienstleistungssektor, Schwerpunkt öffentlicher Dienst (um 37 %). Die Einkommen liegen mehr als 35 % über dem Landesdurchschnitt; Grund dafür ist die überproportional hohe Qualifikation vieler Beschäftigter. Die Arbeitslosenquote liegt bei 3,2 % (Juni 2017).

ner ausfällt, als man aufgrund der nördlichen Lage vermuten würde. München, zum Vergleich, zählt 1660 Stunden bei 855 mm und kann im Winter ähnlich knackig kalt, im Sommer ebenso warm bis heiß sein wie die norwegische Hauptstadt. Doch Hochsommertage, die die Nächte mit umfassen, genießt man nur in Oslo, denn richtig dunkel wird es hier im Juni und Juli, wo die Sonne bis über 20 Stunden am Himmel steht, nicht. Dann sind Fjord und Fjell oft noch nach Mitternacht in Gold und Rosa getaucht, was eine unvergleichliche Atmosphäre schafft. Diese entsteht aber auch im Winter, wenn die Luft oft eisklar ist und sich die Stadt tief verschneit im Lichterglanz präsentiert. Mit über 2600 km an präparierten Loipen und mehr als einem Dutzend Abfahrtspisten aller Schwierigkeitsgrade, die bis in den März hinein befahrbar sind, gilt Oslo als „Winterhauptstadt Europas" mit dem besten Après-Ski der Welt.

Die Lebensqualität könnte höher nicht sein, und wenn die Uno im Jahr 2014 zum wiederholten Mal befand, dass Norwegen weltweit den höchsten Lebensstandard aufweist, dann sagt das vor allem auch etwas über Oslo aus, die Stadt mit dem höchsten Lebensstandard des Landes. Apropos: Noch immer hält sich das hartnäckige Vorurteil, dass eine Reise nach Oslo Löcher in die Reisekasse brennt. Doch gerade an den Wochenenden sowie im Sommer, wenn die allermeisten Hotels Rabatte von bis zu 40 % auf die regulären Zimmerpreise gewähren, ist die Stadt absolut erschwinglich, und wer eine eigene Campingausrüstung mitbringt, kann hier im Sommer sogar zum Nulltarif schlafen. In den Genuss der hiesigen Sehenswürdigkeiten kommt man bereits für sehr wenig Geld, auch der Transport ist nahezu geschenkt, und dank des gastronomischen Überangebotes bekommt man in Oslo, der angeblich teuersten Stadt des „Teuerlandes" Norwegen, mit Abstand das billigste Bier im Königreich.

Oslo ist cool

Die Metropole besitzt einige der vielleicht kultigsten Bars und angesagtesten Clubs des ganzen Nordens, und gerade die städtische **Musikszene** ist in den letzten Jahren regelrecht explodiert. Die „freie" Jazzmusik beispielsweise wird von Oslo maßgeblich mitgestaltet; Insider vergleichen die Rockszene mit derjenigen von Berlin, und schreiben internationale Musikmagazine über den „Oslo Sound", meinen sie insbesondere Hip-Hop sowie Black Metal nebst der elektronischen Musik. Mit der Vielfalt an Live-Klängen geht ein ebenso breit gefächertes Musikangebot auf CD sowie Vinyl einher. Nicht wenige Besucher reisen folglich eigens zum Musik-Shoppen nach Oslo. Doch auch norwegische Modedesigner machen von sich reden, wie überhaupt skandinavisches **Design** *made in Norway* zunehmend ins internationale Blickfeld gerät.

Trends werden heute nicht mehr einfach übernommen, sondern selbst gemacht, was auch in der Gastroszene zu spannenden Kreationen führt. Zwar wird die hiesige **Gastronomie** insbesondere von Frankreich beeinflusst, doch nimmt sie auch aus Italien und Spanien kulinarische Bereicherungen in die sogenannte neonorwegische Küche auf. Aber auch die japanische Sushi-Tradition hat viele Freunde gewonnen, die leichte Thai-Küche ist schon seit Jahren „hip", chinesische und indische Gerichte sind es ohnehin, und so multikulturell, wie Oslo heute ist, wird auch gekocht und gespeist.

Geschichte

Wie Ausgrabungen bezeugen, trug die „feuchte Wiesenfläche unterhalb eines Höhenzuges", was Oslo übersetzt in etwa bedeutet, bereits um etwa 1000 n. Chr. eine **erste Siedlung**, und diese Zeitangabe nahmen die Stadtväter zum Anlass, im Jahre 2000 das 1000-jährige Bestehen von Oslo auszurufen. Um das Jahr 1050 herum verlieh König Harald Hårdråde Oslo die Stadtrechte, und nachdem es etwa 20 Jahre später zum Bischofssitz erhoben wurde, entwickelte es sich schnell zum kirchlich-geistlichen Mittelpunkt des noch jungen Königreiches, bis dann Håkon V. 1299 auch die **Residenzfunktion** von Bergen auf Oslo übertrug. Glaubt man den Berichten der Chronisten, war Oslo seinerzeit so groß wie heute der Königliche Schlosspark und zählte etwa 2500 bis 3000 Menschen.

Es begann die Blütezeit der Stadt, die dann gegen Mitte des 14. Jh. jäh durch den **Ausbruch der Pest** unterbrochen wurde, der mehr als die Hälfte aller Stadt- und Landbewohner zum Opfer fielen. Der Niedergang war nicht mehr aufzuhalten und fand erst 1624 ein Ende, als der baufreudige Dänenkönig Christian IV. nach einer verheerenden Feuersbrunst beschloss, den sogenannten **Mauernzwang** einzuführen (das heißt, dass kein Holz mehr als Baumaterial verwendet werden durfte) und die Stadt in den Schutz der Festung Akershus zu verlegen. Diese Planstadt wurde aus Stein gebaut, erhielt ein schachbrettartiges Straßenmuster sowie auch einen neuen Namen und hieß von nun an und nach ihrem Schöpfer **Christiania**. Um 1700 zählte sie rund 5000 Einwohner.

Nach 1814 bildeten Norwegen und Schweden eine Union formell gleichberechtigter Staaten. Christiania wurde zur Hauptstadt Norwegens erklärt, und in den folgenden Jahren entstanden Dutzende symbolträchtige Bauwerke wie u. a. das Königliche Schloss, das Parlamentsgebäude sowie die Universität. Die nun einsetzende **Industrialisierung** (insbesondere Webereien, Werften und Maschinenbau) brachte zudem bedeutende Wachstumsimpulse, und zählte die Stadt um 1855 herum ca. 35 000 Menschen, so waren es im Jahre 1900 bereits nahezu 230 000. Im Jahr 1905 sagte sich Norwegen von Schweden los, doch es dauerte noch 20 Jahre, bevor Kristiania (wie Christiania seit 1877 geschrieben wurde) wieder in Oslo zurückbenannt wurde.

Nach dem Zweiten Weltkrieg wuchs die Bevölkerung von Oslo, seit 1948 mit Aker vereint und nun 454 km^2 groß, konstant an. 1952, als Oslo **Austragungsort der Olympischen Winterspiele** war, zählte man bereits gut 440 000 Einwohner, und erst in den 1960er-Jahren ließ das starke Bevölkerungswachstum nach. Dennoch führte die Statistik zur 1000-Jahr-Feier rund 507 000 Einwohner auf, und diese Zahl stieg bis 2015 weiter auf rund 650 000 Menschen an. Bis ins Jahr 2008 hinein wurde das gesamte Hafengelände im Stil der Londoner Docklands umgestaltet.

Seitdem wurde auch das Areal um die Holmenkollen-Schanze umgebaut (u. a. wurde die alte Schanze ersetzt: 2011 war Oslo **Austragungsort der 48. Nordischen Skiweltmeisterschaft**), und auch in den kommenden Jahren wird die Erneuerung Oslos andauern. Für 2020 ist die Eröffnung des neuen Nationalmuseums geplant, das neue Munch-Museum soll ab 2019/2020 einen Kontrapunkt zum Opernhaus bilden, auch eine neue Bibliothek will man sich gönnen, und geht es nach den Vorstellungen der Stadtväter, werden im Umkreis von rund 10 km rings um die Innenstadt Werften, Häfen und Schnellstraßen für Museen, Kunstveranstaltungsorte, Büroflächen, Wohnungen und öffentliche Parks weichen müssen.

Eine Stadt sieht grün

Faktoren wie Lebenserwartung, Bildungsniveau und Durchschnittseinkommen zeigen, dass es sich in kaum einer anderen Metropole so gut leben lässt wie in Oslo. Natur und Kultur vereinen sich hier zu einer attraktiven Mischung. Doch damit nicht genug: Die rot-rot-grüne Stadtregierung kündigte kurz nach ihrer Wahl im Jahre 2015 an, bis 2019 alle Autos aus dem Zentrum verbannen zu wollen, um den Ausstoß klimaschädlicher Gase bis 2020 um 50 % zu senken. Umweltschutz hat in Oslo offenbar Vorrang vor individueller Mobilität. Beispielhaft für das tief verwurzelte ökologische Bewusstsein der Stadt ist das neu gestaltete **Vulkan-Viertel**, 💻 www.vulkanoslo.no, auf einem ehemaligen Industriegelände im Stadtteil Grünerløkka. Mit einem gewöhnlichen Arbeiterviertel hat dieses Quartier, bei dessen Planung man ganz auf Nachhaltigkeit setzte, nur wenig zu tun. Die modernen Fassaden der Gebäude, die zum Teil mit aufwendigen Solarsystemen versehen sind, stehen ganz im Zeichen einer umweltgerechten Architektur. Das gesamte Viertel wird mit Wärme versorgt, die vor Ort mithilfe von 50 Geothermalbrunnen gewonnen wird. Die Energie von Aufzügen und Kühlräumen wird rückgewonnen, und um die Einwohner mit regionalen Lebensmitteln zu versorgen, erhielt der Stadtteil eine Markthalle in einer restaurierten Fabrik aus dem 19. Jh. So wurde aus einem kürzlich noch verwahrlosten Problemviertel ein lebenswerter Ort, der sich völlig zu recht als „grüne Stadt in der Stadt mit dem grünen Herzen" bezeichnet.

Oslo für 'n Appel und 'n Ei

€ Mit dem **Oslo Pass** erhalten Besucher freien Eintritt in die meisten Museen und Sehenswürdigkeiten der Stadt, können alle öffentlichen Verkehrsmittel kostenlos benutzen und erhalten Ermäßigung bei Stadtrundfahrten, Auto- und Fahrradmiete und bei vielem anderem mehr. Die 1-Tages-Karte kostet 395 NOK (210 NOK für Kinder sowie Senioren ab 67 Jahre); für 2 Tage werden 595 NOK (295 NOK), für 3 Tage 745 NOK (370 NOK) verlangt. Verkauft wird der Oslo Pass über die Informationsbüros (auch online), viele Hotels sowie die Narvesen-Kioske in Oslo.

Als erste Stadt weltweit hat Oslo seinen Städtepass inzwischen auch **als App** lanciert. Sie ist zu bekommen über den App Store, Google Play sowie über 💻 www.visitoslo.com/en/activities-and-attractions/oslo-pass/ und kann sowohl on- als auch offline genutzt und erst bei Bedarf während des Aufenthaltes aktiviert werden.

Orientierung

Seinem rund 1000-jährigen Bestehen zum Trotz sucht man in Oslo einen mittelalterlichen Stadtkern vergebens, denn viele Male fraß sich das Feuer durch *Gamle Oslo*, die aus Holz erbaute Keimzelle der Stadt zu Füßen des Ekebergs. Dieses „Alt-Oslo" grenzt östlich an das jetzige Stadtzentrum an, das sich ans Nordufer des Oslofjords anschmiegt und im Wesentlichen das Dreieck zwischen Hauptbahnhof, Schloss und Akershus umfasst.

Das Kernstück dieser offiziell als *Oslo sentrum* (oder *Oslo S*) bekannten Zone bilden neben der Aker Brygge und Tjuvholmen Oslos Haupt- sowie Norwegens Paradestraße Karl Johans gate sowie die vom Dänenkönig Christian IV. schachbrettförmig angelegte Planstadt nördlich der Festung. In diesem Bereich und an seiner Peripherie finden sich in einem Gebiet, das man gut zu Fuß durchstreifen kann, nicht nur die meisten Sehenswürdigkeiten der Stadt, sondern auch herausragende Hotels und Restaurants neben Shopping-, Entertainment- und Nightlife-Adressen.

Dank eines vorbildlichen Nahverkehrsnetzes sind aber auch außerhalb des Stadtzentrums gelegene Sehenswürdigkeiten und Unterkünfte minutenschnell erreichbar, und nachfolgend wird bei solchen Zielen stets angegeben, mit welcher Straßen- oder U-Bahn oder mit welchem Bus man hinkommt.

Die Karl Johans gate

Was der Kurfürstendamm für Berlin, das ist dieser 1814 auf Geheiß des schwedischen Oberherrn Karl Johan angelegte Prunk-Boulevard für Oslo. Er beginnt am Hauptbahnhof, endet rund 2 km weiter am Schloss und führt vorbei an einigen der prestigeträchtigsten Bauwerken der Stadt.

Vom Bahnhof zum Grand Hotel

Erstes Sightseeingziel am autofreien Weg ab dem **Jernbanetorget** (Bahnhofsplatz) mit der Touristeninformation (S. 149) sowie Ruters kundesenter (S. 149) ist die **Oslo Domkirche**, an deren Backsteinturm die älteste noch funktionierende Turmuhr Norwegens tickt (sie stammt aus dem Jahre 1718). Das Gotteshaus wurde 1694–99 errichtet und wiederholt restauriert, zuletzt von 2006 bis 2010. Ihr Inneres wird von einer monumentalen Gewölbedekoration von rund 1500 m² Fläche dominiert. Als Highlight gelten der Königsstuhl, die Kanzel sowie der Altar, die im Barockstil gehalten sind. 💻 www.oslodomkirke.no, 🕒 tgl. 10–16 Uhr.

Feine Boutiquen und Juwelier-Adressen säumen die sanft zum **Egertorget** hin ansteigende Karl Johan. Der Platz ist dort erreicht, wo man in gerader Linie bis hinüber zum Königlichen Schloss blicken kann. Dieses Motiv ist auf Dutzenden Postkarten abgedruckt, Gleiches gilt für die schmucke Fassade des traditionsreichen **Grand Hotel** (S. 139), das noch aus dem 19. Jh. stammt und dessen Grand Cafe (S. 141 zu Oslos wichtigsten Treffpunkten für Künstler und Intellektuelle zählt. Schon Ibsen und Hamsun, Munch und Krogh und andere Berühmtheiten pflegten hier ihren Kaffee zu trinken, und heute ist es „die" Adresse in der Stadt für einen gepflegten Lunch.

Rings um das Parlament

Direkt gegenüber setzt das 1866 errichtete **Storting** (Stortinget), neugotische Backsteinakzente, und so schlicht, wie sich das Parlamentsgebäude von außen präsentiert, so beeindruckend ist das reich ausgestattete Innere. Als besonders sehenswert gilt das Gemälde der Verfassungsgebenden Versammlung im Plenarsaal, wo die Volksvertreter übrigens nicht nach Parteien, sondern nach Regionen gruppiert sitzen, damit sie nicht vor lauter Parteilichkeit den Blick für ihre Wahlkreise verlieren. 💻 www.stortinget.no, 🕒 Führungen auf Englisch Mitte Juni–Anfang Aug tgl. 10 und 13 Uhr, sonst nur Sa, Eintritt frei.

Ganz ohne Bannmeile schließen sich ans Storting die vor allem bei Bierdurstigen populären Parks Eidsvoll sowie Studenterlunden an. Letzterer leitet über zum 1895 erbauten und vom Barock inspirierten **Nationaltheater**, vor dem die in Erz gegossenen Skulpturen von Norwegens „Kulturheiligen" Ibsen und Bjørnson aufragen. Gegenüber prunkt das **Hotel Continental** mit dem weltberühmten Theatercafé, während auf der anderen Seite der Karl Johan der mächtige Säulenbau der **Universitet** klassizistische Akzente setzt; in der mit Wandmalereien von Edvard Munch geschmückten Aula wurde früher der Friedensnobelpreis verliehen. 🕒 nur in Verbindung mit Events geöffnet.

Nationalgalerie und Historisches Museum

Die Universitetsgate führt von hier aus zur nur wenige Gehminuten entfernten **Nationalgalerie** (Nasjonalgalleriet). Stilvoller Rahmen dieser bedeutendsten Kunstsammlung des Königreiches ist ein Neorenaissancebau aus dem 19. Jh., in dem mehr als 4500 Gemälde und 17 300 Zeichnungen sowie 25 000 Grafiken nebst 900 Originalskulpturen zum ausgiebigen Kunstbestaunen einladen. Die Galerie besitzt u. a. Werke aller bedeutenden einheimischen Künstler der letzten 200 Jahre (Schwerpunkte sind Nationalromantik, Realismus sowie Modernismus), ein Saal ist allein den Werken von Edvard Munch gewidmet, und dort auch ist eine Version von Munchs berühmtestem Bild („Der Schrei") zu sehen (S. 136). Aber auch die Abteilung für internationale Kunst kann sich mit Werken u. a. von Picasso, Matisse und Monet, Degas, van Gogh und Gauguin sehen lassen. 💻 www.nasjonalmuseet.no, 🕒 Di, Mi und Fr 10–18, Do 10–19, Sa und So 11–17 Uhr, Eintritt 50 NOK.

Angrenzend lockt das 1904 in einem prachtvollen Jugendstilbau eröffnete **Kulturhistorische Museum** (Historisk Museum), das mehrere große Sammlungen bietet. Die frühgeschichtliche Ausstellung zeigt Funde von der Steinzeit über die Bronze-, Eisen- und insbesondere Wikingerzeit (u. a. findet sich hier der am besten erhaltene Wikingerhelm der Welt) bis hin zur Reformation, und auch der Sakralkunst des Mittelalters ist eine Abteilung gewidmet (u. a. Portale von Stabkirchen). Die ethnografische Sammlung befasst sich mit dem Leben der Urvölker von Arktis, Afrika, Nord- und Südamerika sowie Ostasien; die Arktisausstellung informiert mit Tausenden Exponaten über die Polarexpeditionen von Roald Amundsen, und das Münzkabinett schließlich besticht mit einer tollen Münz- und Medaillensammlung. 💻 www.khm.uio.no, 🕒 Mitte Mai–Mitte Sep Di–So 11–16 Uhr, Eintritt 100 NOK inkl. Eintritt Wikingerschiffshalle (S. 135).

Oslo (fast) umsonst

€ Zwar ist Oslo eine der teuersten Städte der Welt, doch andererseits ist hier **kostenloses Zelten** sogar offiziell erlaubt (S. 137). Mit dem Oslo Pass (S. 138) kann man die meisten **Sehenswürdigkeiten** im Stadtzentrum kostenlos besuchen und auf öffentlichen Parkplätzen außerdem kostenlos parken. Da das Stadtzentrum schön kompakt ist, lässt sich fast die gesamte **Stadtbesichtigung zu Fuß** gestalten. Wenn man doch mal eine längere Strecke fahren möchte, etwa zur Museums- und Badeinsel Bygdøy (S. 134) oder aufs „Dach der Stadt" nach Holmenkollen (S. 135), empfiehlt sich ein Tagesticket für die öffentlichen Verkehrsmittel (90 NOK, S. 149) oder ein Mietfahrrad (100 NOK, S. 147).

Restaurantbesuche können in Oslo zwar wirklich schnell die Reisekasse ruinieren, aber wer nichts gegen vegetarische Küche einzuwenden hat, kann in **Krishnas cuisine** (S. 140) schon ab 70 NOK satt werden.

Oslo

ÜBERNACHTUNG
1 Bogstad Camping
2 Oslo Apartments
3 Oslo Vandrerhjem Haraldsheim
4 Ellingsen Pensjonat
5 Oslo Vandrerhjem Holtekilen
6 Sjøltyst Marina Bobilpark
7 Clarion Collection Gabelshus
8 Ekeberg Camping
ESSEN
1 Krishnas cuisine
2 Herregårdskroen
3 Solsiden
4 Lille Herbern
1, 1, 2, Holmenkollen
Colosseum senter
Colosseum
Majorstuen
MAJORSTUA
Vestre Gravlund
Frognerparken
Vigelandsparken
Vigeland-museet
Frogner plass
Arno Bergs plass
BRISKEBY
BYDEL ULLERN
HOFF
SKØYEN
Skøyen
FROGNER
BYDEL FROGNER
GIMLE
SKILLEBEKK
FILIPSTAD
Sjølyst Marina
Hoffselva
Bestumkilen
Frøyas Have
Skarpsno-parken
Frognerkilen
Gjestehavn
Bygdøy
BYGDØY
BYDEL FROGNER
Norsk Folkemuseum
Vikingskips-huset
Kon-Tiki museet
Polarschiff „Gjøa"
Roald Amundsen
Frammuseet
Norsk Sjøfarts-museum
Langviksbukta
BYGDØYNES
LILLE HERBERN
STORE HERBERN
Homolulu (FKK-Strand)
Paradis-bukta
Naturreservat Hukodden
Hukodden
Oslofjorden
GALTESKJÆR
Oslo
RING 3
RING 2
E 18
Drammensveien
Bygdøy allé
Hoffsveien
Kirkeveien
Middelthuns gate
Monolittveien
Sørkedalsveien
Majorstuveien
Jacob Aalls gate
Neuberg gate
Gyldenløves gate
Frognerveien
Thomas Heftyes gate
Elisenbergveien
Skovveien
Munkedamsveien
Filipstadveien
Hjortneskaia
Filipstadutstikker
Lahellemoloen
Hengsenveien
Holsts vei
Christian Frederiks vei
Bygdøyveien
Wedels vei
Oscarshallveien
Strømsborgveien
Langviksveien
Huk aveny
Frølichs vei
Frederiksborgveien
Konsul Schjelderups vei
P.T. Mallings vei
Admiral Børresens veien
Bygdøynesveien
Løchenveien
Bygdønesveien
Skøyenveien
Konventveien
Gulberglia
Montebelloveien
Jarlsborgveien
Gråbrødreveien
Harbitzalleen
Sigurd Iversens vei
Tingstuveien
Prinsessealleen
Nedre Skøyen vei
Gustav Vigelands vei
Th. Erichsens vei
Jonstrudveien
Madserud allé
Halvdan Svartes gate
Kristinelundveien
Nobels gate
Skovveien
Messeveien
Karenslyst allé
Hengsenveien
Dr. Blancas vei

N
0
500 m
BYDEL VESTRE AKER
FAGERBORG
Stens-parken
BOLTELØKKA
ST. HANS-HAUGEN
St. Hans-haugen
BYDEL ST. HANSHAUGEN
Akerselva
Sannerbrua
Sannergata
BYDEL SAGENE
DÆLENENGA
ROSENHOFF
RING 2
HEDGE-HAUGEN
Westside
BISLETT
Bislett stadion
Schleppegrells
Birke-lunden
GRÜNERLØKKA
BODELØKKA
Vulkan
Helgesens
Seilduksgata
Olaf Ryes plass
BYDEL GRÜNERLØKKA
Sofienberg-parken
Rodes plass
Knud Knudsens plass
Sofies plass
HOMANSBYEN
Vår Frelsers gravlund
Markedet
Nordre gate
Korsgata
Schous plass
SOFIENBERG
Blå
FREDENSBORG
Botanisk hage
Munch-museet
URANIENBORG
Slottsparken
RING 1
St. Olavs gate
Peer Gynt
Det Kongelige Slott
Nationaltheatret
Universitets-plassen
Johanne Dybwards plassen
Regjerings-kvartalet
HAMMERSBORG
TØYEN
Urtehagen
ENERHAUGEN
Henrik Ibsens gate
Stortinget
Oslo Domkirke
Grønland
Jernbanetorget
RUSELØKKA
VIKA
Fridtjof Nansens plass
SENTRUM
Oslo sentralstasjon
POLIZEI
Rådhus-plassen
Christian Frederiks plass
Akrobaten
BYDEL GAMLE OSLO
Grønlands park
GRØNLAND
Schweigaards gate
AKER BRYGGE
Pipervika
Akershus festning
Palékaia
s. Detailplan Oslo Zentrum S. 130/131
BJØRVIKA
Astrup Fearnley Museum
Tjuvholmen
Opera
Bjørvika
Festnings-plassen
Bispevika
Barcode Skyline
GAMLE BYEN
Gamlebyen gravlund
Fiskehallen
KAVRINGEN
Lohavn
BYDEL NORDSTRAND
HOVEDØYA
Lavettbygningen
Ekebergsletta
E 18
Sørbukta
LINDØYA
SONSTIGES
1 Tryvann Winterpark
2 Korketrekkeren
3 Pur Norsk
4 Black Box Theatre
5 Österreichische Botschaft
6 Nox
TRANSPORT
1 Oslo Gardermoen Lufthavn
2 Fährterminal Color Line
3 Rent a Wreck
4 Fährterminal Stena Line
5 Fährterminal DFDS

Oslo Zentrum

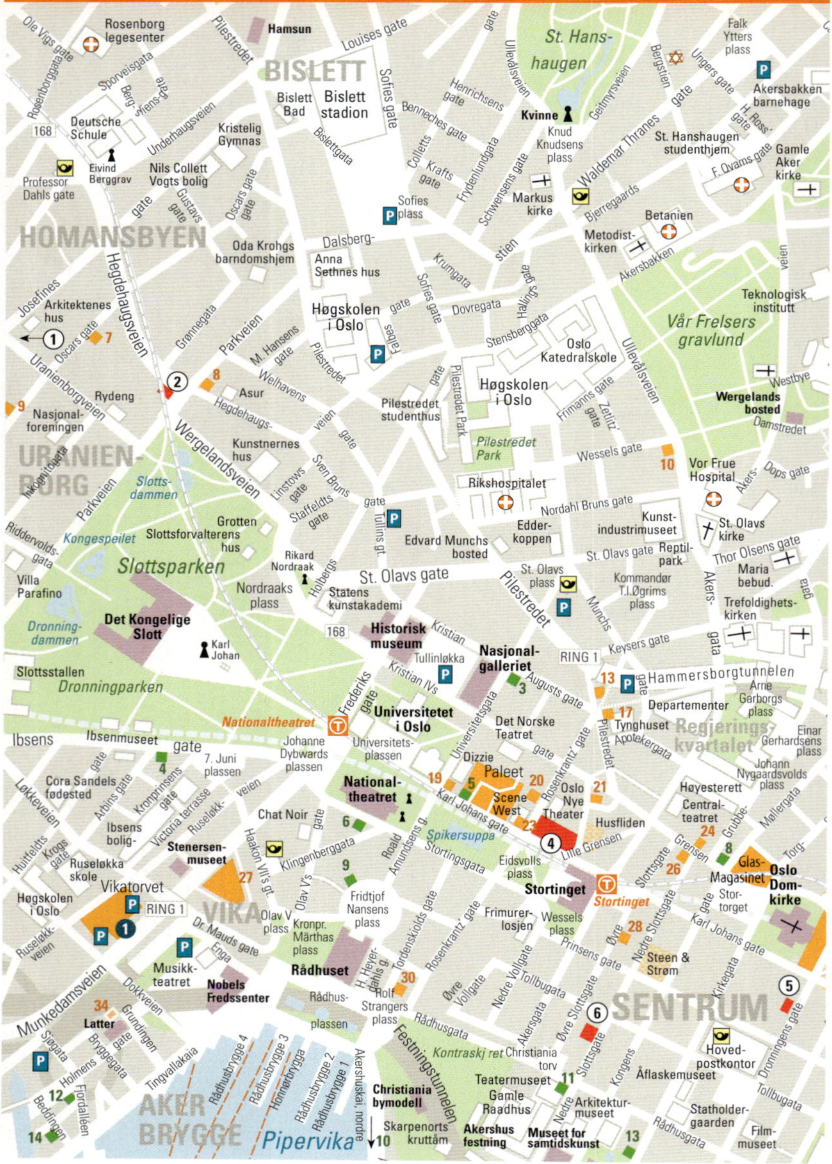

N
0
500 m
ÜBERNACHTUNG
1 Ellingsen Pensjonat
2 Cochs Pensjonat
3 Anker Hotel, Anker Hostel
4 Grand Hotel
5 Thon Hotel Astoria
6 Perminalen
ESSEN
1 Mucho Mas
2 Matthalen
3 The Great India
4 Havsmak
5 Oslo Hard Rock Café
6 Theatercafeen
7 Dovrehallen
8 Stortorvets Gjæstgiveri
9 Fragrance of the Heart
10 Solsiden
11 Det Gamle Rådhus
12 Cafe Sorgenfri
13 Engebret
14 Lofoten Fiskerestaurant
SONSTIGES
1 Tea Lounge
2 Bar La Boca
3 Galleri Format
4 Mir
5 Vinmonopol Grünerløkka
6 Blå
7 Schweizerische Botschaft
8 Lorry
9 Deutsche Botschaft
10 Björn Ringströms Antikvariat
11 Norsk Design og Arkitektursenter
12 Legevakt
13 London Pub
14 The Villa
15 Big Dipper Records
16 Rockefeller
17 Herr Nilsen Jazzclub
18 Friends Fair Trade
19 Last Train
20 Vinmonopol Sentrum
21 So
22 Café Mono
23 Ett Glass
24 Jaeger
25 Shadowland
26 Bare Jazz
27 Oslo Konserthus
28 Rock In
29 Tannlegevakt
30 Fenaknoken
31 Oslo mekaniske verksted
32 Vinmonopol Sentralstasjon
33 Vitusapotek
34 Beer Palace
TRANSPORT
1 Avis
2 Ruters kundesenter
3 Hertz
4 Busterminalen
GRÜNERLØKKA
BYDEL GRÜNERLØKKA
FREDENSBORG
HAMMERSBORG
TØYEN
BYDEL GAMLE OSLO
Vulkan
Paulus kirke
Grünerløkka
Birkelunden
Dælenenga idrettsplass
„Integrasjon"
Johan Throne Holst plass
Seilduksfabrikken
Seilduksgata
Kunsthøgskolen
Norges Arkitekthøgskole
Kuba
Trehusmiljø
Tidligere Nedre Foss mølle
Olaf Ryes plass
Park-teatret
Grüners gate
Sofienberggata
Sofienbergparken
Mosaik gravlund
Sofienberg kirke
Grønerhagen park
Markedet
Edvard Munchs bosted 1882-89
Møllerveien
Grünerbrua
Nordre gate
Sjokoladehuset
Schous plass
Norges Markedshøgskole
Møllergata skole
Jakob kulturkirke
Peer Gynt
Søndre gate
Elvebakken vid. skole
Hersleb skole
Wexels plass
Vahl skole
Rudolf Nilsens plass
Rudolf Nilsen
Margareta-kyrkan
St. Edmund's
A. Maurers vei
Oslo Jødisk Museum
Slåmotgangen
Persisk bad
Sentrum
POLIZEI
Youngstorget
Mangelsgården
Gunerius
Goethe-institut
Internasjonalt kultursenter og museum
Oslo Spektrum
Oslo City
Vaterlandsparken
Grønland
Grønlands torg
NAF-huset
Europarådetsplass
Jernbanetorget
Basarhallene
Arkaden
Byporten
Posthuset
RING 1
Busterminalen
Islamic Cultural Center
Det åpne teatret
Østbanehallen
Christian Frederiks plass
Oslo sentralstasjon
Tollmuseet
Børsen
Willy Brandts Wohnhaus in den 1930er Jahren
Schweigaards gate
Havnegata
Akerselva

Das Königliche Schloss

Wenige Schritte weiter erstreckt sich nun das weitläufige Gelände des **Schlossparks** im klassisch englischen Stil. Bei gutem Wetter ist er als Stadtoase populär, doch ein Sonnenbad zu nehmen ist hier zumindest offiziell verboten. Inmitten der schönen Grünanlage erhebt sich das 1848 im klassizistischen Stil errichtete dreiflügelige **Königliche Schloss** (Det Kongelige Slottet), das offizieller Wohnsitz des norwegischen Königs ist und daher in seiner Gesamtheit nicht besichtigt werden kann. Lediglich im Sommer sind im Rahmen von Führungen 15 repräsentative Räume für die Öffentlichkeit zugänglich, während man rund ums Jahr der täglich um 13.30 Uhr stattfindenden Ablösung der fein herausgeputzten Palastwachen zuschauen kann. 💻 www.kongehuset.no, 🕒 Ende Juni–Mitte Aug Führungen auf Englisch Mo–Do und Sa 12, 14, 14.20 und 16 Uhr, Dauer 1 Std., Eintritt 95 NOK; Tickets nicht beim Schloss, sondern an den Postämtern sowie unter ☎ 81533133, 💻 www.billettservice.no.

Peace on Earth!

Seit 1901 wird jedes Jahr am 10. Dezember, dem Todestag des schwedischen Industriellen und Erfinders Alfred Nobel (1833–96), der von ihm gestiftete Friedensnobelpreis an denjenigen verliehen, „der am meisten oder besten für die Verbrüderung der Völker gewirkt hat und für die Abschaffung oder Verminderung der stehenden Heere sowie für die Bildung und Beförderung von Friedenskongressen".

Diese Preisverleihung findet im Rathaus statt, während das 2005 anlässlich der Feiern zur 100-jährigen Selbstständigkeit Norwegens vis-à-vis eröffnete **Nobel-Friedenszentrum** (Nobel Fredssenter), Vestbanen/Rådhusplassen, eine ständige Ausstellung zu den Arbeiten der bisherigen Friedensnobelpreisträger beherbergt. Auch wechselnde Ausstellungen zum Thema Frieden laden ein, darüber hinaus wird viel Hintergrundwissen zum Nobelpreisstifter Alfred Nobel sowie zu aktuellen Konfliktherden auf der Welt und zum internationalen Einsatz für den Frieden geboten. 💻 www.nobelpeace senter.org, 🕒 Mai–Aug tgl. 10–18 Uhr, sonst nur Di–So, Eintritt 100 NOK.

Die Pipervika

„Spaß an der Vergangenheit und Lust auf die Zukunft", dieser Zweiklang durchtönt ganz Oslo. Doch vielleicht nirgends findet er besser Ausdruck als dort, wo sich die Stadt zum Oslofjord hin öffnet. An dieser als Pipervika bekannten Uferzone verstand man schon seit den 1980er-Jahren den Triumphzug des Containers und den Niedergang des Werftgeschäftes nicht als Katastrophe, sondern vielmehr als Chance, und so entstand im Jahre 2003 das zukunftsorientierte Projekt *Fjordbyen*, das die gesamte ehemalige Hafengegend vollständig umstrukturiert und in die Stadt integriert hat. Mit Milliardenaufwand entstanden und entstehen hier Wohnungen und Geschäftslokale, aber auch großzügige Freizeitanlagen, Museen und Kulturgebäude für Einwohner und Besucher der Stadt.

Die Festung Akershus

Gegensätze ziehen sich an, und das harmonische Zusammenspiel alter und neuer Bausubstanz macht den ganz besonderen Reiz des Panoramas aus, das sich von den Wällen der alten Bastion aus entfaltet. Im Westen ragen die postmodern schimmernden Glastürme der Aker Brygge (S. 134) auf, im Osten setzt der „Kulturleuchtturm" der Oper (s. Kasten S. 133) futuristische Akzente, während **Akershus** (Akershus festning), einst als Palastburg errichtet und im 17. Jh. im Stil der Renaissance umgebaut, mit gleich mehreren Sehenswürdigkeiten zu einem Gang durch 800 Jahre Geschichte einlädt. 💻 www.forsvarsbygg.no/akershusfestning, 🕒 tgl. 6–21 Uhr; Führungen auf Englisch tgl. Mai–Aug Mo–Sa 10–16, So ab 13 Uhr, Eintritt frei.

Innerhalb der auch heute noch unter Militärverwaltung stehenden Festung beeindruckt das **Akershus Schloss** (Akershus slott) u. a. mit prachtvollen Repräsentationssälen, der alten Schlosskirche und dem königlichen Mausoleum, nicht zu vergessen der Wachablösung der Königlichen Garde, die hier (sowie am Königlichen Schloss, s. o.) täglich um 13.30 Uhr statt-

Das schönste Opernhaus der Welt

© FOTOLIA / SERGII FIGURNYI

Wichtigster Meilenstein des Projektes *Fjordbyen* war die Fertigstellung des **Opernhauses** (Operaen), im April 2008. Es gilt als eines der architektonisch ansprechendsten Bauwerke weltweit und wurde auf dem World Architecture Festival in Barcelona gleich nach seiner Eröffnung zum „Kulturgebäude der Welt 2008" erklärt. Das Opernhaus ragt in Form eines treibenden Eisberges aus dem Hafenbecken der Bjørvika empor, und mit seinen Abmessungen von 207 m Länge und 110 m Breite sowie einem Kostenaufwand von rund 520 Mio. Euro stellt es das größte und teuerste Kulturprojekt dar, das Norwegen je verwirklicht hat.

Den Architekten zufolge soll es symbolisch für Norwegen stehen und als Ausdruck „horizontaler Monumentalität" verstanden werden, weshalb man auf vertikale und maskuline Formen verzichtet und das Bauwerk ungewöhnlich zugänglich konstruiert habe. So können Besucher diesem Kulturtempel über eine Rampe aufs Dach steigen, was man sich ebenso gönnen sollte wie einen Besuch im 38 500 m² großen und atemberaubend schönen Innern. 💻 www.operaen.no, 🕒 Führungen auf Englisch nur Sep–April Mo, Fr, So 12, Sa 13 Uhr, Eintritt 100 NOK.

Doch kein Besuch des Opernhauses ist vollständig, wenn man nicht den Blick von der nahen 206 m langen **Fußgängerbrücke Akrobaten** genossen hat, die sich aus Stahl und Glas über die Gleise am Bahnhof zum Stadtteil Grønland hinüberschwingt. Sie bietet innovative Architektur und traumhafte Ausblicke, gerade auch bei Nacht, wenn die funkelnagelneue „Barcode-Skyline" von Bjørkvika pixelhaft erleuchtet ist: Wie ein Strichcode fügen sich dann die multifunktionalen und langgestreckten Hochhäuser am Oslofjord zusammen.

findet. 🕒 Mai–Aug Mo–Sa 10–16, So ab 12 Uhr, Eintritt 100 NOK.

Im **Verteidigungsmuseum** (Forsvarsmuseet), wird ein Bild der norwegischen Militärgeschichte von der Wikingerzeit bis heute nachgezeichnet, 💻 www.forsvarsmuseet.no, 🕒 Mai–Aug tgl. 11–17, sonst Di–So 10–16 Uhr, Eintritt frei.

Das **Widerstandsmuseum** (Hjemmefrontmuseet) erinnert hingegen eindringlich an den Widerstand gegen die deutschen Besatzer während des Zweiten Weltkrieges. 💻 www.forsvarets museer.no, 🕒 Juni–Aug Mo–Sa 10–17, So ab 11, sonst Mo–Fr 10–17, Sa und So 10–17 Uhr, Eintritt 60 NOK.

Aker Brygge und Tjuvholmen

Vom Burgberg aus geht es über die Uferpromenade Akershusstranda vorbei an vor Anker liegenden Kreuzfahrtschiffen, Frachtern und prachtvoll herausgeputzten Veteranenbooten zum ehemaligen Werftgelände der **Aker Brygge**, 💻 www.akerbrygge.no. Und wieder ist es, als wäre man soeben einer Zeitmaschine entstiegen, denn in diesem Neubauviertel im Stil der Londoner Docklands ist kein Platz mehr für das Alte. Hier entstand, zum Ruhme der Postmoderne, ein makelloser Ort, deren schimmernde Glastürme die Hauptstadt wie Menetekel überragen. Das ist schon eindrucksvoll, aber noch nichts im Vergleich mit dem an die Aker Brygge angrenzenden Viertel **Tjuvholmen** (💻 www.tjuvholmen.no), das nach jahrelangen Bauarbeiten nun die Vielfalt verschiedenster architektonischer Ausdrucksformen aufzeigen will und sich als ein Paradebeispiel der zeitgenössischen europäischen Architektur präsentiert.

Das macht optisch enorm viel her, ganz Tjuvholmen sieht aus wie eine Weltausstellung der neusten Architekturtrends, und Herzstück dieser ehemaligen Hafenanlage ist das über 90 Mio. Euro teure **Astrup Fearnley Museum für moderne Kunst**. Es wurde in Form eines großen Glassegels nach den Entwürfen des italienischen Stararchitekten Renzo Piano (Schöpfer u. a. des Centre Pompidou in Paris) konstruiert und schon kurz nach seiner Eröffnung im September 2012 als eines der herausragenden neuen Museen weltweit gefeiert. Je nach Blickwinkel stiehlt es sogar der grandiosen Oper (S. 133) die Show, und auch im lichtdurchfluteten Innern kann man an dieser ambitionierten Ausstellung seine helle Freude haben, liest sich doch der Sammlungskatalog dieses bedeutendsten skandinavischen Privatmuseums wie ein Who's Who der Kulturelite der Nachkriegszeit. 💻 www.afmuseet.no, 🕒 Di, Mi und Fr 12–17, Do 12–19, Sa und So 11–17 Uhr, Eintritt 130 NOK.

Auf Bygdøy

Auf der zentrumsnahen Halbinsel Bygdøy, ein wald- und wiesenreiches Refugium (und exklusivste Wohngegend der Stadt), finden sich die bedeutendsten Dokumentationen norwegischen Volkstums, norwegischen Entdeckungsgeistes sowie der Seetüchtigkeit dieser Nation. Anfahrt am besten mit dem Fährboot Nr. 91 (nur April–Okt) ab dem Anleger vor dem Rathausplatz, landfest mit Bus Nr. 30, und ansonsten kann man die Halbinsel ab dem Zentrum über Radfahrwege auch radelnd erreichen.

Das norwegische Volksmuseum

Das 1902 als erstes Freilichtmuseum des Königreiches eröffnete Volksmuseum (Norsk Folkemuseum), bald darauf mit einem ethnografischen Landesmuseum verbunden, vermittelt ein ebenso großartiges wie umfassendes Bild norwegischer Kultur aller Jahrhunderte. In der Freilichtabteilung finden sich über 170 Gebäude, zusammengetragen aus dem ganzen Land und hier auf einer Fläche von über 14 ha wieder aufgebaut: Stadthäuser ebenso wie Bauernhöfe, Speicher, Fischerhütten und Kirchen, un-

Erst bummeln, dann baden

Von der Museums-Trinität des Fram-, Kon-Tiki- und Seefahrtsmuseums weisen die Straßen Bygdøynes- sowie Admiral Børresensveien den bald schon autofreien Villenweg, der in den *Gangveien til Huk* überleitet, den Fußweg zur Badebucht **Huk**. Felsküste, Wiesenufer und drei Sandstrände laden an diesem populärsten Badeplatz der Stadt ein, und am westlichsten Strand ist auch FKK gestattet. Die Bushaltestelle „Huk" ist nur ein paar Gehminuten entfernt. Die Einrichtungen umfassen u. a. Duschen und Toiletten; Trinkwasser gibt es auch, das Strand-Restaurant Hukodden sorgt fürs leibliche Wohl, und häufig kommt es hier zu spontanen Strandvolleyball-Wettkämpfen.

Die Nr. 2 auf Bygdøy ist die von der Bushaltestelle „Huk" aus wenig mehr als 500 m entfernte **Paradisbukta**. Sie bietet einen Sand-/Steinstrand, gute Bademöglichkeiten nebst Duschen und Toiletten sowie einen Kiosk. Der Strand ist auch bei Schwulen und Lesben beliebt, doch eigentlicher Gay-Strand ist hier der etwas weiter nördlich angrenzende **Homolulu**.

Auf dem Dach der Stadt: Holmenkollen

Dass Goethes Empfehlung, jede Stadt zunächst von oben kennen zu lernen, Hand und Fuß hat, erkennt man spätestens von der Höhe der **Skisprungschanze Holmenkollen** aus, die als Oslos Wahrzeichen Nr. 1 gilt, außerdem als eines der großen Highlights des gesamten Landes. Die U-Bahn-Linie 1 führt vom Zentrum auf beeindruckender Panoramafahrt hinauf zum Balkon der Stadt, Haltestelle „Holmenkollen", und nach einem Spaziergang voller schöner Ausblicke sowie einer abschließenden Liftfahrt steht man schließlich oben, ganz oben auf der erschreckend steilen Schanze und genießt eine wahre Bilderbuchaussicht hinunter auf die mehr als 400 m tiefer gelegene Stadt am Fjord.
Gesprungen wird auf Holmenkollen übrigens schon seit 1892, doch da Oslo 2011 Austragungsort der Nordischen Ski-WM war, wurde die ursprüngliche Schanze, die auch die älteste der Welt war, ab Herbst 2008 abgerissen und durch einen Neubau ersetzt. Seit Sommer 2010 ist die neue Skisprungschanze für die Öffentlichkeit zugänglich und, wie es heißt, nun die modernste der Welt. Aber auch als Besucher kann man einen Sprung wagen, nämlich im Simulator des im Schanzenturm eingerichteten **Skimuseums**, das die Entwicklung des Skifahrens im Laufe der letzten 4000 Jahre nachzeichnet. 💻 www.holmenkollen.com und 💻 www.skisimulator.no, 🕒 Juni–Aug tgl. 9–20, sonst 10–16 Uhr, Eintritt 130 NOK, Skisimulator 70 NOK.

ter ihnen auch die sehenswerte Stabkirche von Gol, die als das Kleinod der Ausstellung gilt. Sie wurde um 1170 erbaut und 1881 auf Veranlassung von Oscar II. aus Gol im Hallingdal hierher überführt und rekonstruiert. 💻 www.norskfolkemuseum.no, 🕒 Mitte Mai–Mitte Sep tgl. 10–18 Uhr, sonst Mo–Fr 11–15, Sa und So 11–16 Uhr, Eintritt 120 NOK.

Die Wikingerschiffshalle

In direkter Nachbarschaft steht die Wikingerschiffshalle (Vikingskipshuset), die die drei berühmtesten restaurierten Wikingerschiffe der Welt birgt: das reich verzierte Osebergschiff, das nie im Wasser war, sondern einer Häuptlingsfrau als Grabbeigabe diente; das Gokstadschiff, das 23,30 m lang und damit das größte erhaltene Wikingerschiff ist – es wurde 1893 nachgebaut und überquerte sogar den Ozean gen Amerika; schließlich das nur noch teilweise erhaltene Tuneschiff. Auch andere Funde aus der Wikingerzeit – hauptsächlich Grabbeigaben aus Gold und Silber – sind in der Wikingerschiffshalle ausgestellt, kommen allerdings häufig aufgrund des enormen Besucherandrangs nicht recht zur Geltung. 💻 www.khm.uio.no, 🕒 Mai–Sep tgl. 9–18 Uhr, sonst tgl. 10–16 Uhr, Eintritt 100 NOK inkl. Kulturhistorisches Museum (S. 127).

Das Fram-Museum

Von allen Museen der Stadt präsentiert sich das Fram-Museum (Frammuseet), am auffälligsten, denn unter seinem extrem hohen Dreiecksdach ist das weltberühmte Polarschiff „Fram" konserviert, das 1892 aus Eiche erbaut wurde, um Fridjof Nansen zum Nordpol zu tragen. Diese Expedition misslang, aber zwei Jahre später nutzte Otto Sverdrup das „stärkste Schiff seiner Zeit", um die Region nordwestlich von Grönland zu erforschen und zu kartieren. Auch die Antarktis-Reise von Roald Amundsen, der am 14. Dezember 1911 als erster Mensch den Südpol bezwang, wurde mit dem dickbäuchigen Dreimastschoner bewältigt, der auch von innen betrachtet werden darf. Ein Polar-Simulator und interaktive Stationen (auch auf Deutsch) sowie der Welt größte Buchladen für Polarliteratur runden die spannende Ausstellung ab.

In der lichtdurchfluteten Halle werden außerdem Fotos und Ausrüstungsgegenstände sowie Karten von den Polarfahrten ausgestellt, Zeitungsausschnitte hängen zuhauf an den Wänden, während draußen vor dem Fram-Haus die „Gjøa", mit der Amundsen 1903 bis 1906 die berüchtigte Nordwestpassage bezwang, aufgebockt ist. 💻 www.frammuseum.no, 🕒 Juni–Aug tgl. 9–18 Uhr, Mai und Sep 10–18, sonst 10–17 Uhr, Eintritt 100 NOK.

Das Kon-Tiki-Museum

Viertes Highlight auf Bygdøy ist das gegenüber dem Fram-Museum gelegene **Kon-Tiki-Museum**, das vollständig den Entdeckungsreisen des norwegischen Zoologen und Anthropologen Thor Heyerdal gewidmet ist. 1947 ließ er sich auf dem Balsaholzfloß „Kon-Tiki" in 101 Tagen von Peru nach Polynesien treiben, 1970 dann in 57 Tagen auf dem Papyrus-Boot „Ra II" über den Atlantik. Aber nicht nur die Boote selbst sind ausgestellt, sondern auch zahlreiche Exponate von den verschiedenen Reisen, und wer sich für „Abenteuer in unserer Zeit" interessiert, wird landesweit kein Pendant zu dieser Sammlung finden. 💻 www.kon-tiki.no, 🕒 Juni–Aug tgl. 9.30–18 Uhr, April, Mai und Sep tgl. 10–17, sonst 10–16 Uhr, Eintritt 100 NOK.

Ebenso einzigartig steht das schräg gegenüberliegende **Norwegische Maritime Museum** (Norsk Maritimt Museum) da, das die Geschichte der norwegischen Navigation von den Anfängen bis zur Gegenwart durch Modelle, Karten, Bilder und maritime Ausrüstungen darstellt. Ein Panoramafilm entführt auf eine eindrucksvolle Reise entlang der norwegischen Küste. Schönes Freiluftrestaurant am Fjord. 💻 www.marmuseum.no, 🕒 Mitte Mai–Ende Sep tgl. 10–17, sonst Di–So 10–16 Uhr, Eintritt 100 NOK.

Die Kunststadt Oslo

Das Munch-Museum

Ausgestellt ist das Vermächtnis des Künstlers Edvard Munch an die Stadt Oslo. Das sind nicht weniger als rund 18 000 Grafiken nebst 4500 Zeichnungen und 1100 Gemälden, und es leuchtet ein, dass stets nur ein Teil dieses Monumentalwerks gezeigt wird. Doch die bekanntesten Gemälde sind den Besuchern in aller Regel zugänglich, und im Sommer 2008 konnte das Museum endlich auch die beiden berühmtesten Bilder des Malers wieder der Öffentlichkeit präsentieren: *Skrik* („Der Schrei") und *Madonna*, die im August 2004 von zwei bewaffneten Männern gestohlen und dabei erheblich beschädigt worden waren. Zwei Jahre nach diesem Vorfall konnten die beiden Bilder, deren Gesamtwert auf ca. 90 Mio. € geschätzt wird, wieder sichergestellt werden, doch dauerte es weitere zwei Jahre, bis die Meisterwerke weitestgehend restauriert waren.

Wer übrigens einen Munch mit nach Hause nehmen oder verschicken will, wird den Museumsshop zu schätzen wissen, wo Reproduktionen ab 195 NOK (40 x 50 cm), Postkarten im Zehnerpack ab 160 NOK, schicke Lesezeichen aus Metall zu 275 NOK und anderes mehr verkauft werden.

Anfahrt: mit dem Bus Nr. 20 bis Haltestelle Munch-museet oder eine beliebige U-Bahn in östliche Richtung bis Tøyen stasjon nehmen. 💻 www.munchmuseet.no, 🕒 Juni–Sep tgl. 10–17, sonst 10–16 Uhr, Eintritt 100 NOK.

Kunst der Gegenwart

Keine 5 Minuten ist man zu Fuß vom Munch-Museum bis zur Haltestelle „Tøyen skole" unterwegs, von wo der Bus Nr. 60 direkt bis zum Bankplassen mit dem **Museum für Gegenwartskunst** (Museet for Samtidskunst) verkehrt. Der stuckverbrämte Prunkbau der ehemaligen Nationalbank bildet den Rahmen dieser insgesamt 4700 Werke (ab dem Zweiten Weltkrieg) umfassenden Ausstellung, die Teil des Nationalmuseums für Kunst, Architektur und Design ist. 💻 www.nasjonalmuseet.no, 🕒 Di, Mi und Fr 11–17, Do 11–19, Sa und So 12–17 Uhr, Eintritt 50 NOK, So frei.

Entlang der Nedre Slottsgate ist von hier aus schnell der ehemalige Marktplatz (bis 1736) **Christiania torv** erreicht mit dem im Jahr 1997 errichteten Denkmal „Der Handschuh von Christian IV.", das an die Stadtgründung erinnern will.

Die Vigeland-Anlage

Die mit über 1 Mio. Besucher jährlich meistbesuchte Attraktion nicht nur Oslos, sondern ganz Norwegens gilt nicht den Wikingern und Entdeckern oder den baulichen Zeugen der Vergangenheit, sondern dem Künstler Gustav Vigeland (1869–1943;). Die westlich vom Stadtzentrum im Frognerpark gelegene Vigeland-Anlage (Vigelandsparken) gilt als Lebenswerk des Bildhauers und ist ein „Skulpturium" monumentaler Art. Rund 200 Skulpturen mit etwa 650 Figuren reihen sich – in Gruppen zusammengefasst – auf einer 850 m langen Achse aneinander. Überragt wer-

Tipps für Reisende mit kleinem Geldbeutel

€ Low-Budget-Reisende übernachten in hellen Sommernächten gerne in **Oslos Stadtparks**, doch zu empfehlen ist das schon aus Sicherheitsgründen nicht. Zudem gibt es weitaus bessere Alternativen, denn im Sommer kann man auch ganz feudal kostenlos nächtigen, warme Duschen und Seeblick inklusive: Auf der im Oslofjord gelegenen **Insel Langøya** ist zwischen Ende Mai und Ende August nämlich kostenloses Zelten offiziell erlaubt. Insbesondere der Norden der Insel ist bei Campern enorm beliebt, dort finden sich auch schöne Badestände. Das Fährboot 34 verkehrt ab dem Anleger vor dem Rathausplatz stündlich zwischen 9 und 17 Uhr (im Hochsommer bis 21 Uhr); eine Rückfahrkarte kostet 55 NOK. Auf der Insel selbst geht man zu Fuß, denn Autos gibt es hier nicht. www.oslooyene.no.

Am zweitgünstigsten sind **Privatzimmer**, die zum Teil über die Touristeninformationsstellen vermittelt werden. Vor allem aber ist es der Privatvermietungsservice Airbnb (www.airbnb.de), der in Oslo (auch im direkten Stadtzentrum) und Umgebung hunderte Zimmer, Wohnungen, ja sogar ganze Häuser zur Miete für eine Nacht oder längere Zeiträume vermittelt. Auf dieser Plattform, die Kontakte zwischen Gast und Gastgeber herstellt und für die Abwicklung der Transaktionen verantwortlich ist, findet sich alles – von einem Bett für die Nacht bei Norwegern zuhause bis hin zu geräumigen Häusern mit Platz für ganze Familien. Übernachtungen (ohne Frühstück) kosten ab ca. 400/600 NOK je EZ/DZ, ein eigenes Bad gibt es nur in Ausnahmefällen.

Die ganz nach dem britischen Modell ausgerichteten **Bed & Breakfast-Häuser** bieten einen außerordentlich guten Gegenwert fürs Geld. Man bekommt etwas vom Osloer Alltag mit und zahlt pro Nacht ab etwa 550 NOK für 2 Pers. Die acht Adressen der Stadt sind im *Norway Bed & Breakfast Book* aufgelistet, das in Buchhandlungen in Oslo erhältlich ist oder unter www.bbnorway.com bestellt und auch eingesehen werden kann.

den sie von einem 17 m hohen Monolithen, den man über eine Treppe erreicht. Der Monolith besteht allein schon aus 121 Figuren und wird von 36 Figurengruppen aus Granit umgeben. Anreise mit Straßenbahn Nr. 12, www.vigeland.museum.no, durchgehend, Eintritt frei.

Vom Schaffensdrang des genialen Künstlers zeugt auch das **Vigeland-Museum** (Vigelandsmuseet) im ehemaligen Atelier des Meisters am Südrand des Vigeland-Parks: Es birgt neben 1650 Plastiken rund 3700 Holzschnitte sowie etwa 11 000 Zeichnungen. www.vigeland.museum.no, Sep–April Di–So 12–16, Mai–Aug 10–17 Uhr, Eintritt 80 NOK.

ÜBERNACHTUNG

Keine Stadt Norwegens hat ein so breit gefächertes Übernachtungsangebot wie Oslo, und von Billigbetten in gepflegten Hostels bis zu luxuriösen Suiten in Fünfsterne-Hotels gibt es hier für jeden Geschmack das Richtige. Ergänzt wird die Palette durch Campingplätze mit Hüttenvermietung. Selbst „wildes" und daher kostenloses Zelten ist im Sommer problemlos möglich, und dank des enormen Angebotes kommt es hier selbst während der Hochsaison nie zu Engpässen. Praktischerweise liegen die allermeisten Adressen im inneren Stadtzentrum und daher in fußläufiger Entfernung zu den Sehenswürdigkeiten, während die wenigen außerhalb gelegenen Häuser dank eines vorbildlichen Nahverkehrsnetzes nur ein paar Fahrminuten von der Stadtmitte entfernt sind.

Jugendherbergen, Hostels und Pensionen

Unterbringung zum Teil in Mehrbettzimmern; außer in den Pensionen ist das Bettzeug mitzubringen oder kann ausgeliehen werden (um 50 NOK), Schlafsäcke sind meist nicht gestattet.

Jugendherbergen

Sie liegen allesamt naturschön und ruhig an der Peripherie der Stadt, sind u. a. mit Gästeküche, Aufenthaltsraum, Restaurant, Garten sowie

Internetcafé ausgestattet und bieten ein ausgezeichnetes Preis-Leistungs-Verhältnis.

€ **Oslo Vandrerhjem Haraldsheim**, Haraldsheimveien 4, Grefsen, ✆ 22222965, 💻 www.haraldsheim.no; Straßenbahn Nr. 17 ab Hauptbahnhof (Station Sinsenkrysset) und Lokalzug ab Bahnhof (Station Grefsen). Rund 4 km vom Zentrum entfernte Dreisterne-Herberge mit dem größten Komfortangebot aller Jugendherbergen der Stadt und daher sehr beliebt, insbesondere bei Rucksackreisenden aus aller Welt. Knapp 270 Betten (ab 295 NOK inkl. Frühstück) in rund 70 Vierbett- sowie Doppel- und Einzelzimmern, davon die Hälfte mit eigenem Bad/WC. 🕒 ganzjährig. ❶–❷

Oslo Vandrerhjem Holtekilen, Micheletsveien 55, Stabekk, ✆ 67518040, 💻 wwww.hihostels.no; Bus Nr. 160 bis Kveldsroveien oder mit dem Lokalzug bis Stabekk. Rund 8 km vom Zentrum entfernt nahe der E 18 und dem Oslofjord in ruhiger Umgebung gelegene Sommerherberge inmitten eines weitläufigen Grünbereichs. Rund 200 Betten (ab 260 NOK) in insgesamt 54 Zimmern mit 1–4 Betten. Bad/WC auf dem Korridor. 🕒 Mitte Mai–Mitte Aug. ❶

Backpacker-Hostels und Pensionen

Anker Hostel, Storgate 55, ✆ 22997200, 💻 www.ankerhostel.no; Straßenbahn Nr. 11, 12, 13 und 17 sowie Bus Nr. 30 und 31 bis Hausmanns gate. Am Rande des Zentrums beim Stadtviertel Grünerløkka (S. 143) gelegener preisgünstiger Ableger des Anker Hotel (S. 138). Im Sommer rund 400, sonst 200 Betten. 50 Zimmer mit 250 Betten, ab 240 NOK p. P. ohne

Zwei Tage Oslo für rund 100 €

€ 1x Oslo-Pass (u. a. freier Eintritt in alle Sehenswürdigkeiten der Stadt sowie freie Benutzung aller öffentlichen Verkehrsmittel) für 2 Tage — 595 NOK

2 Übernachtungen auf Langøya	0 NOK
2x Frühstück selbst gemacht	30 NOK
2x Mittagessen in Krishnas cuisine	200 NOK
2x Abendessen in Krishnas cuisine	200 NOK
gesamt	**1025 NOK (= 109 €)**

Frühstück, mit Frühstück 330 NOK) in minimalistisch eingerichteten 2-, 4- und 6-Bett-Zimmern, alle mit Dusche und WC sowie mit Kissen und Daunendecken ausgestattet. Internationale Atmosphäre, viele Rucksackreisende, zentrale Lage, gehobene Ausstattung mit Küche und Café, Aufenthaltsraum und Internetzugang. ❷

Ellingsen Pensjonat, Holtegate 25, ✆ 22600359, 💻 www.ellingsenspensjonat.no; Straßenbahn Nr. 19 bis Uranienborgveien. Nur rund 500 m vom Stadtzentrum entfernt liegende Jugendstilvilla mit zwar kleinen, aber teils recht hellen Zimmern, die mit Bett, Tisch und zwei Sesseln nett möbliert sind. Gepflegt und beliebt, daher frühzeitig reservieren. ❸

Cochs Pensjonat, Parkveien 25, ✆ 23332400, 💻 www.cochspensjonat.no; Straßenbahn 17 und 18 bis Høgskolen. Im Stadtteil Frogner nahe dem Schlosspark gelegene renovierte Pension, die schon über 100 Jahre auf dem Buckel hat. 88 Zimmer auf 5 Etagen, minimalistische Einrichtung, aber günstig. Teils mit Gemeinschaftsbad, teils mit Kitchenette, die Zimmer nach vorn können laut sein. Auch 3- und 4-Bett-Zimmer. ❷

Perminalen, Øvre slottsgate 2, ✆ 24005500, 💻 www.perminalen.no. Mitten im Zentrum gelegenes Backpacker-Hostel mit 157 Betten (ab 380 NOK inkl. Frühstück) in 1-, 2- und 4-Bett-Zimmern, alle mit Bad/WC, die 4-Bett-Zimmer mit Doppelstockbetten. Aufenthaltsraum, Cafeteria, Internet. ❹

Hotels

Oslo Apartments, Harbitzalléen 7, Ullern/Skøyen, ✆ 22510250, 💻 www.osloapartments.no. Ab 3 Übernachtungen, auch für Langzeit-Aufenthalte geeignet; preisgünstig und komfortabel. Apartments mit 1–2 Zimmern im Zentrum, 3 km außerhalb in einem gepflegten Vorort sowie an der Aker Brygge, komplett eingerichtet und von hohem Standard, z. T. mit kostenloser Garage. Bettwäsche, Handtücher etc. werden gestellt. ❸–❻

Anker Hotel, Storgate 55, ✆ 22997510, 💻 www.anker-hotel.no; Straßenbahn Nr. 11, 12, 13 und 17 sowie Bus Nr. 30 und 31 bis Hausmanns gate. Zentrumsnahes Mittelklassehotel

Buchen und sparen

€ Ein hartnäckiges Vorurteil besagt, dass eine Nacht in Oslo ein tiefes Loch in die Reisekasse brennt. Zwar spiegeln die Preise die durchweg hohen Komfortstandards wider, doch finden sich zahlreiche Mittel und Wege, in den Genuss von Ermäßigungen zu kommen. **Rabatte** von bis zu 40 % sind insbesondere während der Sommerferienzeit in Hotels ab der Mittelklasse gang und gäbe, meist von Mitte Juni bis Mitte August. Nahezu alle diese Häuser bieten rund ums Jahr Wochenendtarife, die ebenfalls eine Ersparnis von bis zu 40 % ermöglichen. Es lohnt sich also, die *Sommerpris-* sowie *Helgpris*-Angebote auf den jeweiligen Hotel-Websites genau zu studieren, zumal man online in aller Regel die günstigsten Tarife bekommt.

Auch die üblichen Hotelbuchungs-Portale des Internets bieten teils Ersparnis satt, doch mit Abstand am benutzerfreundlichsten bucht man über die **Touristeninformation** (S. 149, Bezahlung per Kreditkarte), die online, telefonisch oder per Mail erreichbar ist. Fast alle Unterkünfte bieten hier Spezialtarife für ein bestimmtes Kontingent an Zimmern an, mit teilweise beträchtlichem Rabatt auf den Normalpreis.

auf 13 Etagen, mit Garage und einer Lobby-Bar. Zimmer nach vorne mit schönem Stadtblick, die nach hinten blicken auf Parkanlagen. Alle sind gepflegt und in zarten Farbtönen gehalten, teils frisch renoviert, doch ein wenig steril eingerichtet. ❹

Thon Hotel Astoria, Dronningensgate 21, ✆ 24145550, 💻 www.thonhotels.no/astoria. Zentrumsnaher kann man in Oslo nicht günstiger wohnen als in diesem B&B-Hotel, das mit lichten, schlicht-modern eingerichteten Zimmern überzeugt und einen außerordentlich guten Gegenwert fürs Geld bietet. ❺

Clarion Collection Hotel Gabelshus, Gabelsgate 16, ✆ 23276500, 💻 www.nordicchoicehotels.no; Straßenbahn 13 bis Skillebekk. Im Stadtteil Frogner gelegener, romantischer, weinbewachsener Schmuckbau aus dem frühen 20. Jh.mit elegantem und gemütlichem Interieur. Die Zimmer unter dem Dach zeugen in puncto Design und Einrichtung von femininem Geschmack. Einen Gegensatz dazu bilden die „neuen" Zimmer, in denen schweres Eichenmobiliar mit hellen Wänden kontrastiert. ❻

Grand Hotel, Karl Johans gate 31, ✆ 23212000, 💻 www.grand.no. Edler Schmuckbau aus dem 19. Jh. in allerbester Lage; eine der ersten Adressen Norwegens, mit rund 290 Zimmern und Suiten, mehreren Restaurants, einem Hallenbad sowie als Highlight dem stadtberühmten Grand Cafe (S. 141). ❻

Camping und Hütten

Bogstad Camping, Ankerveien 117, ✆ 22510800, 💻 www.bogstadcamping.no; Bus Nr. 32 in Richtung Voksen Skog. Etwa 9 km außerhalb vom Zentrum (an der E 18 ausgeschildert) nahe dem Bogstadvannet gelegener Komfortplatz mit über 1000 Stellplätzen (195 NOK für 2 Pers., Zelt und Auto) und 47 komfortablen 4-Bett-Hütten (ab 750 NOK) sowie 10 schlichten Sommerhütten (600 NOK). 🕒 ganzjährig.

Ekeberg Camping, Ekebergveien 65, ✆ 22198568, 💻 www.ekebergcamping.no; Bus Nr. 34 und 74 (10 Min.). Ideal für Selbstfahrer: 2,5 km vom Zentrum, der Platz ist ab der E 18 im Zentrum Oslos ausgeschildert. Von hier hat man eine fantastische Aussicht über die Stadt. Gepflegte Sanitäranlagen; zum Zelten (220 NOK für 2 Pers.) ebenso ideal wie für Wohnmobile (ab 315 NOK) und Caravans. 🕒 Juni–Aug.

Sjøltyst Marina Bobilpark, Drammensveien 164, Bygdøy, ✆ 91390982, 💻 www.bobilparkering.no. Oslos einziger Wohnmobil-Platz (Zufahrt nur in der Zeit von 7 bis 23 Uhr) liegt am Kai der Sjølust-Marina auf der Museumshalbinsel Bygdøy ganz in der Nähe von Wanderwegen sowie Badestränden. Radweg ins Zentrum (8 Min.); 250 Stellplätze (300 NOK pro Fahrzeug inkl. Strom) am Wasser mit Grills und Sitzbänken; gezahlt wird an einem Automaten. 🕒 1. Juni–20. Sep.

ESSEN

Wenn der Preis zählt, sollte man aus Ersparnisgründen erwägen, in einer Unterkunft mit Gästeküche Quartier zu nehmen, denn selbst „sehr billige" Gerichte mit Allerweltsgeschmack in einem x-beliebigen Restaurant kosten schnell mal 150 NOK, und soll es mehr als Fast Food sein (das sich u. a. am Hauptbahnhof sowie in der dort abzweigenden Karl Johans gate findet), muss man mindestens 200–250 NOK ansetzen. Nachfolgend eine kleine Auswahl an Restaurantbetrieben, die nicht unbedingt billig sind, dafür aber in puncto Speisenangebot und/oder Einrichtung überzeugen.

Gut und (relativ) günstig

Cafe Sorgenfri, Bryggetorget 4, Aker Brygge, ✆ 21501090, 💻 www.cafesorgenfri.no. Das „Ohnesorge" präsentiert sich mit Unmengen an Nippes und Antiquitäten als ein „Oma Plüsch"-Restaurant der urgemütlichen Art und bietet gerade mittags Gutes für relativ wenig Geld. Abends ist Tischreservierung sinnvoll. ⌚ Mo–Sa 11–23 Uhr.

Herregårdskroen, Frognerveien 67, 💻 www.herregaardskroen.no; Straßenbahn 12 bis Frogner plass. Im schönen Frogner-Park mit der Vigeland-Anlage (S. 136) gelegenes Gartenlokal, wo man sich im Schatten alter Bäume an ebenso günstigen wie einfachen kleinen und großen Gerichten der norwegischen und internationalen Küche erfreuen kann. ⌚ Mai–Sep Mo–Fr ab 15, Sa und So ab 12 Uhr.

€ **Krishnas cuisine**, Sørkedalsveien 10B im Colosseum Senter, Frogner, ✆ 22692269, 💻 www.krishnas-cuisine.no; U-Bahn alle Linien oder Straßenbahn 11, 12, 15 und 19 bis Majorstuen. Aus der Hare-Krishna-Bewegung hervorgegangenes, minimalistisch eingerichtetes Selbstbedienungs-Restaurant mit vegetarischer indischer Küche. Günstiger wird man in Oslo kaum etwas vergleichbar Gutes zu essen bekommen. Preisschlager ist der „Tagesteller", der für 170 NOK ein warmes Tagesgericht sowie Suppe, Salat, Chutneys und Beilagen umfasst (obendrein kann man so oft Nachschlag holen, wie man möchte). ⌚ Mo–Fr 11–20, Sa bis 19 Uhr.

Mucho Mas, Thorvald Meyers gate 36, Grünerløkka, ✆ 22371609, 💻 www.muchomas.no; Straßenbahn 11, 12 und 13 bis Olav Ryes plass. Leckere mexikanische Gerichte fürs kleine Portemonnaie und eine kleine Schar meist junger Gäste, denn mehr als etwa zwei Dutzend Personen haben in diesem Trendlokal keinen Platz. Reservierung ist zumindest für abends ein Muss. ⌚ tgl. 11–23 Uhr.

Oslo Hard Rock Cafe, Karl Johans gate 45, 💻 www.hardrockcafe.no. Eines der 150 Hard Rock Cafés auf Erden, und hier gibt es gute Musik zu amerikanisch inspiriertem Essen in einem Ambiente aus US-Tradition und norwegischem Stil. Die Burger und Sandwiches (ab 215 NOK) sind stadtbeliebt, ebenso die Cocktails (125 NOK). ⌚ tgl. ab 12 Uhr.

The Great India, Kristian Augusts gate 14 (Eingang Universitetsgate), 💻 www.thegreatindia.no; Bus 11, 13 und 17 bis Tullinløkka. In diesem in warmen Farben gehaltenen Kellerlokal lässt Indien mit günstigen Preisen grüßen. Auch Vegetarier finden hier alles, was sie suchen. ⌚ Mo–Sa 15–23, So bis 22 Uhr.

Dovrehallen, Storgate 22, 💻 www.dovrehallen.no Gemütliches und informelles Pub-Restaurant, das mit guter norwegischer Hausmannskost zu niedrigen Preisen überzeugt. Tgl. wechselnde Tagesgerichte 125–160 NOK, Hauptgerichte ab 140 NOK, außerdem Pizzen ab 130 NOK. Mittwochs und samstags abends Livemusik. ⌚ Mo–Sa ab 10, So ab 12 Uhr.

Fisch frisch

Unter etwa 100 NOK ist in Oslos Fischrestaurant keine Vorspeise zu bekommen, die Hauptgerichte beginnen bei etwa 200 NOK, und „günstig" sind insbesondere die zur Mittagszeit angebotenen Tagesgerichte, für die man ein Minimum von 150 NOK ansetzen muss.

Havsmak, Henrik Ibsens gate 4, ✆ 24133800, 💻 www.havsmak.no, Tischreservierung empfohlen. Das gegenüber vom königlichen Schloss gelegene „Meeresgeschmack" bietet eine königliche Fischküche zu sehr bürgerlichen Preisen: Mittags wird man ab etwa 150 NOK satt, abends stehen Menus von 2 Gängen (349 NOK) bis 5 Gängen (499 NOK) auf der Speisekarte. ⌚ Mo–Sa 11–23 Uhr.

Lille Herbern, Herbernveien, Frogner/Bygdøy, ✆ 22449700, 🖳 www.lilleherbern.no. Bei Lille Herbern handelt es sich um eine kleine, Bygdøy vorgelagerte Insel in der Hafeneinfahrt nach Oslo mit dem am Ufer gelegenen Fischrestaurant, das bereits seit 1929 als Sommerlokal genutzt wird. Abends kann es schwer bis unmöglich sein, auf der großen Außenveranda ohne Reservierung einen Tisch zu bekommen, denn Lage wie auch die Küche von „Klein Herbern" sind überdurchschnittlich bei eher noch durchschnittlichen Preisen (Lunch ab 140 NOK, à la carte ab 165 NOK). Meeresfrüchte sind die hiesige Spezialität, dazu trinkt man gern Champagner oder einen Chablis (auch glasweise erhältlich).
Bus 30 bis Herbernveien oder Boot 91 ab Rathauskai bis Bygdøynes, dann beim Kon-Tiki-Museum aussteigen und weiter zum Herbernveien, diesem bis ans Meer folgen, von dort per Fährboot (mehrmals stdl., ansonsten rufen; 50 NOK hin/zurück). 🕒 Mai–Sep Mo–Fr ab 15, Sa und So ab 17 Uhr.

Lofoten Fiskerestaurant, Stranden 75, ✆ 22830808, 🖳 www.lofoten-fiskerestaurant.no, Tischreservierung empfohlen. Die Lage an der Aker Brygge ist top (und steht für Top-Preise), die Einrichtung hell und modern, und im Sommer wird auch draußen serviert. Die Speisekarte variiert mit den Jahreszeiten; in der Adventszeit steht auch *lutefisk* (S. 45) darauf, zwischen Januar und März dreht sich kulinarisch das Meiste um frisch von den Lofoten eingeflogenen Dorsch (315 NOK), und ganzjährig schätzen Kenner den Heilbutt sowie die üppige Meeresfrüchteplatte. 🕒 Mo–Sa 11–23, So 12–22 Uhr.

Solsiden, Søndra Akershuskai 34, ✆ 22333630, 🖳 www.solsiden.no, abends reservieren. Der Name „Sonnenseite" passt, denn in der Tat befindet sich dieses relativ hochpreisige Fisch- und Meeresfrüchte-Restaurant auf der Sonnenseite an der historischen Akershus-Promenade direkt unter der Festung. Am frühen Abend bietet es einen herrlichen Blick über den Oslofjord, weshalb dann die Freiluftplätze auch am stärksten gefragt sind. Man wählt à la carte oder aus den wechselnden Menüs, schaut und genießt … 🕒 Mai–9. Sep tgl. 16.30–21 Uhr.

Ökoküchen

Gesund und lecker schlemmen mit Lebensmitteln in Bioqualität:

The Fragrance of the Heart, Fridtjof Nansen plass 2, ✆ 22332310, 🖳 www.fragrance.no. In dem freundlichen Café kommen Vegetarier und Veganer auf den Geschmack, auch zum Frühstück. Mittags stehen u. a. Suppen (70 NOK), Wraps (65 NOK) und Pies (80 NOK) auf der Karte. Auch zum Draußensitzen. 🕒 Mo–Mi 9.30–18, Do, Fr bis 19, Sa 10–19, So 11–17 Uhr.

Mathallen Oslo, Maridalsveien 17, ✆ 40001209, 🖳 www.mathallenoslo.no. Unter dem Glasdach einer restaurierten Fabrik aus dem 19. Jh. finden sich rund 20 Restaurants, 20 Feinkost-Geschäfte und ein halbes Dutzend Pubs und Bars. Auch ein 300 m² großer Marktplatz gehört dazu – ein Paradies für Öko-Freunde und Vegetarier. 🕒 Di–Fr 10–19, Do, Fr bis 20, Sa bis 18, So 12–17 Uhr, viele Anbieter haben längere Öffnungszeiten, z. T. bis 3 Uhr morgens.

Typisch norwegisch

In preislicher Hinsicht gilt dasselbe, was oben unter „Fisch frisch" gesagt wurde, und Tischreservierung ist in aller Regel für die Abendstunden ein Muss.

Det Gamle Rådhus, Nedre Slottsgate 1, ✆ 22420107, 🖳 www.gamleraadhus.no. Oslos altes Rathaus gilt als eine der renommiertesten Adressen der Stadt, wenn es um feine norwegische Küche geht. Spezialitäten sind Wildgerichte sowie (in der Vorweihnachtszeit) *lutefisk* (S. 45). Im Sommer wird auch im angeschlossenen Gartenrestaurant serviert. 🕒 Mo–Fr ab 11.30, Sa ab 14 Uhr.

Engebret, Bankplassen 1, ✆ 22822525, 🖳 www.engebret.no; Straßenbahn 12 bis Christiania torv. Eines der Spitzenlokale der Stadt für französisch verfeinerte Traditionsgerichte, die zwar nicht günstig, aber noch erschwinglich sind. Besonders schön zum Draußensitzen. 🕒 Mo–Fr 11.30–23, Sa ab 17 Uhr.

Grand Cafe, im Grand Hotel, ✆ 23212018, 🖳 www.grand.no. Das im Jahre 2016/17 komplett umgebaute und heute modern eingerichtete Café gehört noch immer zu Oslos ersten

Adressen in Künstler- und Intellektuellenkreisen, auch wenn vom Boheme-Stil der alten Zeit kaum noch etwas übrig ist. Frühstücksbuffet (265 NOK). ⌚ tgl. ab 6.30 Uhr.

Stortorvets Gjæstgiveri, Grensen 1, ✆ 23356370, 💻 www.stortorvets-gjestgiveri.no. Mit rund 300 Jahren auf dem Buckel ist das (nach dem ehemaligen großen Marktplatz benannte) Stortorvets das älteste Restaurant der Stadt. Gemütlichkeit und norwegische Traditionsküche werden großgeschrieben. Angeschlossenes Café (Sa 13.30–16.30 Uhr Live-Jazz der 20er- und 30er-Jahre) mit Lunchgerichten und kleineren Mahlzeiten; sehr günstig der tgl. wechselnde „Hausmannskost"-Teller (159 NOK). ⌚ Mo–Sa 11–23 Uhr.

Theatercafeen, Stortingsgate 24–26, ✆ 22824050, 💻 www.theatercafeen.no. Seit 1984 führt die *New York Times* dieses originalgetreue Jugendstil-Kaffeehaus auf ihrer Top-Ten-Liste der besuchenswertesten Cafés auf Erden. Einst Knut Hamsuns Stammlokal, ist es heute Prominententreff und eigentlich auch eine Sehenswürdigkeit für sich. Wer seine Reisekasse schonen will, sollte zur Mittagszeit kommen, wenn auch Sandwiches (ab 149 NOK) angeboten werden, denn für die Dinner-Gerichte und insbesondere die Menüs muss man tief in die Tasche greifen. ⌚ Mo–Sa 11–23, So 15–22 Uhr; Tischreservierung erbeten.

UNTERHALTUNG UND KULTUR

Nachtleben

Vor 22 Uhr geht das Nachtleben nicht los, dafür währt es dann bis zur Sperrstunde um 3.30 Uhr morgens. Eintritt (100–150 NOK) wird oft verlangt, nicht nur in Diskotheken, das Mindestalter liegt bei 18, mitunter auch bei 21 (Ausweiskontrolle), vereinzelt bei 25 Jahren, und die Getränkepreise können Besucher aus mitteleuropäischen Landen erschüttern.

Musikkneipen und Livemusik

Blå, Brenneriveien 9, Grünerløkka, 💻 www.blaaoslo.no; Straßenbahn 11, 12 und 13 bis Schous plass, Bus 34 und 54 bis Møllerveien. In einer ehemaligen Spinnerei, direkt über dem Ufer der Akerselva. Kaum ein Abend, schon gar nicht am Wochenende, ohne Live-Konzerte in Sachen *contemporary, jazz and related sounds*. Auch für experimentelles Theater, Kabarett, Dichterlesungen und andere Kulturevents die Top-Adresse im Viertel. Im Sommer wunderbar zum Draußensitzen. Mindestalter 20 Jahre. ⌚ tgl. 18–3.30 Uhr, im Sommer (ab 1. Mai) Gartenlokal Mo–Fr 16–2, Sa und So ab 12 Uhr.

Café Mono, Pløens gate 4/Youngstorget, 💻 www.cafemono.no. Alternativ angehauchter Treff vieler Kulturschaffenden, der sich zu einer der wichtigsten Konzertarenen in Oslo gemausert hat. Mehrmals die Woche spielen nationale sowie auch internationale Gruppen Pop & Rock, Folk & Country, aber auch Indie, Electronica und Jazz. Mindestalter 20 Jahre. ⌚ tgl. ab 16 Uhr.

Last Train, Karl Johans gate 45, ✆ 22415293, 💻 www.lasttrain.no. Oslos älteste Rockbar hat zwar ihr 30-jähriges Jubiläum hinter sich, ist aber immer noch „der" Rocktreff in town. Allwöchentlich an zwei bis drei Abenden Live-Auftritte norwegischer und internationaler Bands. Mindestalter 24 Jahre. ⌚ Mo–Fr 15–3.30, Sa und So ab 18 Uhr.

Herr Nilsen Jazzclub, C. J. Hambros plass 5, 💻 www.herrnilsen.no. In Zusammenarbeit mit dem Oslo Jazz Forum werden hier rund ums

Die Hotspots des Nachtlebens

Größte Nightlife-Zentren für ein bunt gemischtes Publikum aller Altersklassen sind die **Aker Brygge** (herrlich auch zum Draußensitzen) sowie die zwischen Storting und Eidsvollpark verlaufende **Rosenkrantzgate**, mit jeweils gleich Dutzenden von Pubs und Bars, Diskotheken und Nightclubs. In der **Karl Johans gate** finden sich insbesondere Bars, während rings um den **Stortorvet** Jazz- und Bluesclubs dominieren. Die zurzeit heißeste Szene der jungen Trendsetter lockt in **Grünerløkka** sowie in **Grønland**, im Osten des Stadtkerns nördlich vom Hauptbahnhof gelegen, während sich das westliche Stadtviertel **Majorstua** mit dem Bogstadveien sowie dem Hedgehaugsveien als Treff für ein gut situiertes Publikum etabliert hat.

Alternative Szenetreffs: Grønland und Grünerløkka

Entlang der nahe dem Hauptbahnhof von Nord nach Süd verlaufenden Akerselva, Oslos wichtigstem Fluss, entstanden im 19. Jh. die ersten Industriebetriebe der Stadt, in deren unmittelbarer Nähe die Arbeiterquartiere mit großen Mietshäusern emporwuchsen. Nach dem Zweiten Weltkrieg setzte der funktionale Verfall ein und **Grønland** entwickelte sich zum Ausländer-Stadtteil, der sich bis zur Jahrtausendwende hin teils ziemlich schmuddelig präsentierte. Heute ist das Viertel mit den Hauptstraßen Grønlandsleiret und Smalgangen multikulturell geprägt und lockt mit zahlreichen und eher günstigen Ethno-Restaurants und Bars, Cafés und Geschäften auch zunehmend Touristen an.
Grünerløkka hingegen, das sich östlich ans Ufer der Akerselva schmiegt, wurde bereits in den 1970er-Jahren saniert und hat seitdem Mode- und Schmuckdesigner, Bildhauer und Keramiker, Maler und andere Künstler angezogen. Heute gilt es als das „Greenwich Village" der Stadt, ist das angesagteste Viertel überhaupt in Oslo, und hier sind sie zu finden, die coolsten Restaurants, Cafés und Kneipen des Königreiches.

Jahr an durchschnittlich 6 Abenden je Woche Jazzkonzerte (Mainstream) präsentiert.
Rockefeller, Torggate 16, Tickets über ✆ 22203232, 💻 www.rockefeller.no. Die Konzerthalle bietet Platz für rund 1500 Gäste, dennoch sind die fast allabendlich stattfindenden Konzerte meist schon Tage zuvor ausgebucht. Zu hören ist alles zwischen Jazz und Heavy Metal, aber der Schwerpunkt liegt auf Rock. Ebenso im angeschlossenen „John Dee", dem Liveclub des Rockefeller (Eingang um die Ecke in der Henrik Ibsens gate), wo die Konzerte So–Do um 21.30 und Fr und Sa um 22.30 Uhr beginnen. Mindestalter 18 Jahre. 🕒 tgl. 19–3.30 Uhr.
Rock In, Øvre slottsgate 19, ✆ 22420200, 💻 www.rockin.no. Der angesagteste Platz in Oslo für Hardrock und Heavy Metal. Die Atmo ist düster, die meisten Gäste sind schwarz gekleidet, der Sound ist oft ohrenbetäubend laut. Altersgrenze 20 Jahre. 🕒 tgl. 16–3.30 Uhr.
Stortorvets Gjæstgiveri, S. 142. Beliebtes Restaurant, außerdem vom New Orleans Workshop Jazz Club, 💻 www.neworleansworkshop.com, organisierte Jazzkonzerte im Stil der 20er-/30er-Jahre, jeweils Sa 13.30–16.30 Uhr mit national sowie international bekannten Größen.

Discos

Nox, Henrik Ibsens gate 100, 💻 www.clubnox.no. Gilt zurzeit als *die* Nightlife-Adresse von Oslo für gut betuchte Tanzfreaks, und ohne das entsprechende Outfit kann es schwer sein, überhaupt Einlass in diesen ziemlich dunklen, vorwiegend in rot gehaltenen Nachtclub zu finden, dessen Interieur einem Bauchtanz-Tempel zur Ehre gereichen würde. Die Musikbandbreite ist groß, und die norwegischen und internationalen DJs sind renommiert. Altersgrenze abends 23 Jahre. 🕒 Do, Fr, Sa 22–3 Uhr.
The Villa, Møllergate 23, 💻 www.thevilla.no. Von mehreren Nightlife-Magazinen bereits wiederholt als einer der 100 besten Clubs und Discos auf Erden eingestuft. Internationale und norwegische DJs mischen Hip-Hop und Rap, Club & Techno, House, Reggae etc. Altersgrenze 23 Jahre. 🕒 nur Fr und Sa 23–3 Uhr).
Jaeger, Grensen 9, 💻 www.jaegeroslo.no. Neue „In"-Disco für Oslos tanzbegeistertes Volk mit bunt gemischtem Sound, aufgelegt von norwegischen, an den Wochenenden oft auch internationalen DJs. Altersgrenze Mo–Do 20, Fr–So 23 Jahre. 🕒 tgl. 12–3.30 Uhr, die eigentliche Disco öffnet aber tgl. erst um 23 Uhr.

Szenekneipen

Bar La Boca, Thorvald Meyers gate 30, Grünerløkka, ✆ 22041377; Straßenbahn 11, 12 und 13 bis Olaf Ryes plass. Die mit einem halben Dutzend Tischen kleinste (und, wie manche behaupten, auch coolste) Bar des Viertels präsentiert sich im Stil der 1950er-Jahre, oft auch musikalisch. Die über 80 Cocktails gelten als die besten der Stadt. Angenehme Atmosphäre, moderates Preisniveau. Abends Mindestalter 22 Jahre. 🕒 tgl. ab 14 Uhr.

Beer Palace, Holmens gate 3, 💻 www.beer palace.no. Omen est nomen, im „Bierpalast" dreht sich schlicht alles um den Gerstensaft, von dem es hier über 100 verschiedene Sorten zu kosten gibt. Die Räumlichkeiten sind holzverbrämt und grob gemauert, schlicht urgemütlich, draußen sitzt man auf Terrasse oder Balkon, man spielt Dart, Backgammon oder Pool, und wer Hunger verspürt, kann in der gegenüber gelegenen Pizzeria etwas nach seinem Geschmack bestellen und hier verzehren. Und das alles mitten im coolen und glasfunkelnden Designerviertel der Aker Brygge. Ein satter Kontrast. 🕒 tgl. 13–3.30 Uhr.

Lorry, Parkveien 12, Frogner, 💻 www.lorry.no; Straßenbahn 11 bis Welhavens gate. *You name it – we have it!*, heißt es im Lorry, der wahrscheinlich ausgefallensten Kulturinstitution in Norwegen, gleichermaßen beliebt bei Politikern und Punks, Arm und Reich, Jung und Alt. Da baumeln Fahrräder über Surrealistischem von Miró, blicken Pausbackengel auf ausgestopftes Großwild; hier ein alter Lederstiefel, dort eine russische Ikone, ja sogar das Ei eines Charcharodontosaurus … Und alles echt, kein Fake, dazu sage und schreibe 129 Biersorten, eine üppig bestückte Weinkarte und schließlich eine provenzalisch inspirierte Terrasse, auf der Raucher dank Fußbodenheizung und Wärmelampen auch im tiefsten Winter ein ruhiges Plätzchen finden. Abends Mindestalter 23 Jahre. 🕒 Mo–Sa 11–3.30, So 12–1.30 Uhr.

Mir, Toftesgate 69, Grünerløkka, 💻 www.cafe mir.no; Straßenbahn 11, 12 und 13 bis Schous plass. In einem Hinterhof versteckt liegende und daher fast nur Eingeweihten bekannte, nicht kommerzielle Kulturorganisation mit viel alternativem Grünerløkka-Charme. Oft treten lokale Bands auf, und da sich in dem Gebäude auch mehrere Galerien sowie Studios für Film, Musik und Kunst nebst Workshops befinden, ist spannende Unterhaltung garantiert. Abends Mindestalter 20 Jahre. 🕒 tgl. 18–1 Uhr.

€ **Oslo mekaniske merksted**, Tøyenbekken 34, Grønland, 💻 www.oslomekaniske verksted.no; U-Bahn 1 bis Grønland. Rustikale Bar in den alten Werkhallen einer mechanischen Fabrik, die einen außerordentlich stimmungsvollen Rahmen abgibt. Hier eine Sitzgruppe in einem grob gemauerten Ziegelsteinerker, dort gemütliche Sessel rings um einen großen Rauchfang mit prasselndem Feuer; hier eine Graffiti-Wand, dort eine Skulptur aus Indien und im Sommer eine große

Ohrenschmaus

Oslo ist die Musikfestival-Kapitale des Landes, mit folgenden Großveranstaltungen:

Inferno Metal Festival, Anfang/Mitte April, 💻 www.infernofestival.net. Das mit rund 40 Bands bedeutendste Heavy-Metal-Festival von Norwegen zieht 4 Tage lang Besucher aus aller Welt an.

Norwegian Wood, Mitte Juni, Frognerbad im Frogner-Park, 💻 www.norwegianwood.no. Als eines der größten Open-Air-Rockfestivals des Nordens lockt Norwegian Wood jährlich über 25 000 Fans ins Frognerbad, wo im Lauf von 4 Tagen mehr als zwei Dutzend international bekannte Gruppen auftreten; 2015 waren u. a. Mark Knopfler und Patti Smith mit dabei.

Oslo Jazz Festival, Mitte August, Middelalderparken, 💻 www.oslojazz.no. Seit über 20 Jahren lädt dieses auch international bekannte Jazzfestival um die Monatsmitte herum für 7 Tage mit mehreren Dutzend Konzerten an rund zwei Dutzend Veranstaltungsorten ein.

Øya Festival, Mitte August, 💻 www.oyafestivalen.com. Mit über 40 000 Besuchern eines der größten Rockfestivals des Landes. Es treten internationale Gruppen auf, vor allem aber versteht sich Øya als Talentschuppen-Festival für norwegische Bands. 4 Tage um die Monatsmitte.

Ultima-Festivalen, Mitte September, 💻 www.ultima.no. Norwegens wichtigstes Festival für moderne experimentelle Musik (10 Tage).

Oslo World Music Festival, 1 Woche gegen Ende Oktober/Anfang November, 💻 www.osloworld.no. Gruppen aus rund 40 Ländern spielen live in den populärsten Musikkneipen und Kulturzentren der Stadt. Das Festival besteht seit 2002 und ist heute das größte seiner Art in Skandinavien.

Wiese mit Platz für über 150 Personen. Ein Ort zum Wohlfühlen, auch der Preise wegen. Mindestalter abends 20 Jahre. ⌚ Mo–Fr 15–2, Sa und So ab 13 Uhr.

Tea Lounge, Thorvald Meyers gate 33b, Grünerløkka, 💻 www.tealounge.no; Straßenbahn 11, 12 und 13 bis Birkelunden. Im hellen und luftigen Ambiente dieses „Teetanten"-Treffs kann man zu gedämpftem Drum 'n' Bass- oder exotischen World-Music-Klängen Teesorten aus aller Welt, aber auch Bier, Champagner und viele feine Cocktails genießen. Samstags ist DJ-Time mit Drum 'n' Bass und Funk. ⌚ Mo–Mi 11–1, Do–Sa 11–3, So 12–3 Uhr.

Für Gays und Lesben

Spätestens seit der großen Gay- und Lesben-Parade „Europride 2005", die in Oslo stattfand, gilt die Stadt als eine der gayfreundlichsten des Nordens. Kein Wunder, dass hier auch „Mr. Gay World 2010" gekürt wurde.

Die Website 💻 www.visitoslo.com der Touristeninformation listet unter dem Menüpunkt „Oslo für Schwule" alle Treffs, Institutionen und Informationen auf, die man sich nur wünschen kann. Weitere Infos bietet das Monatsmagazin „Blikk", 💻 www.blikk.no.

London Pub, C. J. Hambros plass 5, Eingang von der Rosenkrantzgate, 💻 www.londonpub.no. Seit 1979 der Szenetreff für Schwule und Lesben in Oslo. Zur Pianobar im Erdgeschoss gesellt sich im Obergeschoss die (meist von Männern dominierte) Disco. Mehrmals wöchentlich wechselnde Veranstaltungen, an den Wochenenden Partys. Mindestalter 20 Jahre. ⌚ Pub/Club Mo–So 15–3.30, Disco ab 22 Uhr.

Ett Glass, Karl Johans gate 33, 💻 www.ettglass.no. Tagsüber ein populäres Restaurant sowie modernes Café mit softer Jazz- und Acid-Jazz-Untermalung, abends ein angesagter Treff für Gays und Lesben, Sa ab 22 Uhr Disco. Sehr gepflegte und relaxte Atmosphäre. Mindestalter 20 Jahre. ⌚ tgl. außer Mo ab 11, Fr und Sa bis 3.30, Mi und Do bis 2, Di bis 1, So bis 0 Uhr.

So, Arbeidergate 2, 💻 www.so-oslo.no. *A bar for girls who like girls*, aber auch Gays und *straight people* sind willkommen in diesem coolsten Platz der Oslo-Gay-Szene. Das Interieur ist äußerst gepflegt, die Musik softig, und wer sich in Ruhe unterhalten möchte, zieht sich in die separate Lounge zurück. 2011 und 2012 während der „Norwegian Gay Gala" zu *Bar of the year* gekürt. Altersgrenze 20, am Wochenende 24 Jahre. ⌚ Do 19–1, Fr und Sa 21–3, So 19–1 Uhr.

Kulturelles

Mit seinen zahlreichen Theatern, Konzertsälen und Kunstausstellungen bietet Oslo ein reichhaltiges und interessantes Kulturangebot. Während der Sommersaison von Mitte Juni bis Ende August herrscht allerdings Sommerpause, sodass sich dann hauptsächlich Folklore-Veranstaltungen (s. u.) anbieten. Infos in der Tagespresse, in der vom Touristenbüro herausgegebenen Broschüre *What's On* sowie im Internet unter 💻 www.visitoslo.com.

Den Norske Opera & Ballett, Kirsten Flagstads plass 1, Tickets über ✆ 81544488, 💻 www.operaen.no. Das Opernhaus (S. 133) ist mit rund 2000 Plätzen in 3 Sälen die größte Musikinstitution des Landes, Oslos Bühne für klassische Opern- und Ballettaufführungen.

Oslo Konserthus, Munkedamsveien 14, ✆ 23113111, 💻 www.oslokonserthus.no; Kartenverkauf Mo–Fr 11–17, Sa 11–14 Uhr. Mit mehr als 300 Veranstaltungen jährlich ist das 1977 errichtete Konzerthaus eine der wichtigsten Kulturinstitutionen in Oslo.

Nationaltheater (S. 127), Johanne Dybwads plass 1, ✆ 81500811, 💻 www.nationaltheatret.no; Kartenverkauf Mo–Fr 9–18.30, Sa 11–17 Uhr; internationales sowie norwegisches Theater, immer wieder natürlich Henrik Ibsen.

Black Box Theatre, Marstrandgate 8, Grünerløkka, 💻 www.blackbox.no; Kartenverkauf über 💻 www.billettluka.no sowie ✆ 81511500; Bus 30 bis Dælenegga. Seit 20 Jahren schon die Bühne der freien Gruppen aus dem In- und Ausland, außerdem die angesagte Adresse in Oslo für gegenwartsorientierte Bühnenkunst. Ernstes, Originelles, Experimentelles aus verschiedenen Genres, auch Tanz und Musik.

Norsk Folkemuseum (S. 134). Zwischen Ende Juni und Aug finden hier tgl. ab 10 Uhr Aufführungen mit norwegischer Folklore und Tänzen statt.

FESTE

Oslo bietet jährlich Hunderte von Veranstaltungen (meist im Sommer), darunter auch zahlreiche Festivals von internationalem Niveau. Details finden sich in der Broschüre *What's On* (in Touristenbüros kostenlos erhältlich) sowie unter 💻 www.visitoslo.com.

Holmenkollen Skifestival, Mitte Feb–Mitte März, Holmenkollen, 💻 www.skifest.no. Seit 1892 das größte Winter-Happening der Stadt. Es beginnt Mitte Februar mit dem 42 km langen Holmenkollen-Skimarathon. Hauptveranstaltungen sind Mitte März die World-Cup-Wettbewerbe der Nordischen Kombination mit dem Skispringen am abschließenden Holmenkollen-Sonntag.

Holmenkollenstafetten, Anfang/Mitte Mai, 💻 www.holmenkollstafetten.no. In 15 Etappen aufgeteilter Volkslauf von 17 750 m Länge zwischen dem Zentrum und Holmenkollen.

Norges Nasjonaldag, 17. Mai. Norwegens Nationalfeiertag wird mit einem Kinderumzug entlang der Karl Johans gate zum Schloss begangen.

Skeive Dager, 10 Tage gegen Ende Juni, 💻 www.oslopride.no. Oslo versteht sich als die Homohauptstadt Norwegens, und die Oslo Gay and Lesbian Pride Week ist folglich die größte Kulturveranstaltung ihrer Art im Königreich.

EINKAUFEN

Shoppingmeilen

Die mit Abstand größte Shoppingmeile Oslos ist die **Karl Johans gate** mitsamt ihrer abzweigenden Fußgängergassen. An zweiter Stelle rangiert die parallel zur Karl Johans gate verlaufende Straße **Grensen** (mit den nördlich abzweigenden Storgate, Torggate und Møllergate). Allergrößter Beliebtheit erfreuen sich auch die **Aker Brygge und Tjuvholmen**, wo allein fast 100 Boutiquen, Delikatessengeschäfte, Antiquitätenläden und Galerien einladen. In **Grønland**, dem Viertel mit der größten Ausländerdichte in Norwegen, gehen Farben- und Lebensfreude vor Markenbewusstsein, und insbesondere auf den Straßen Grønlandsleiret, Smalgangen und Tøyengate reihen sich Geschäfte zahlreicher Dritte-Welt-Ethnien mit den Schwerpunkten Lebensmittel, Textilien und Schmuck aneinander. **Grünerløkka** präsentiert sich auch in Sachen Shopping als „Village"; viele alternativ angehauchte Modemacher sind hier ansässig. In-Meilen der Einkaufsszene sind das Ostende der Møllergate, der Brenneriveien, die Nordregate sowie die Thorvald Meyers gate.

Typisch norwegisch

Design *made in Norway* rückt zunehmend ins internationale Blickfeld.

Galleri Format, Rådhusgate 24, 💻 www.format.no. Hier sind sie alle vertreten, die berühmtesten norwegischen Design- und Kunstschaffenden aller Bereiche, und wer etwas Originelles sucht, wird garantiert fündig. 🕒 Di–Fr 12–17, So bis 16 Uhr.

Fenaknoken, Tordenskioldsgate 7, 💻 www.fenaknoken.no, gilt als *die* Feinschmeckeradresse Oslos für Delikatessen aus dem ganzen Land. Wie wär's mit Wildschwein aus der Telemark oder Trockenfisch von den Lofoten, Klippfisch aus Kristiansund, Rentierfleisch aus der Finnmark, Pinnekjøtt aus dem Vestland …? 🕒 Mo–Fr 10–17, Sa bis 16 Uhr.

Friends Fair Trade, Storgate 36 B, 💻 www.friendsfairtrade.no. Norwegens *fairest and most environmentally friendly shop* bietet die größte Auswahl an *fair products* von ganz Skandinavien! Ob man nun Kleidung, Kosmetika, Geschenkartikel, Schmuck oder Taschen sucht, Musik oder Instrumente, Einrichtungsgegenstände oder Spielzeug sowie auch ökologisch angebaute Lebensmittel – in diesem nicht kommerziellen „Supermarkt" wird man mit Sicherheit fündig und kann obendrein im angrenzenden Hinterhof bei kalten und warmen Getränken relaxen. 🕒 Mo–Fr 10–21, Sa 10–18 Uhr.

Norsk Design og Arkitektursenter, Hausmannsgate 16, Günerløkka, 💻 www.doga.no; Bus 54 bis Jakob kirke. Norwegisches Design in hundert Ausprägungen zum Anschauen und Mitnehmen. 🕒 Mo–Fr 10–17, Sa und So 12–17 Uhr.

Pur Norsk, Thereses gate 14, 💻 www.purnorsk.no; Straßenbahn 17 bis Stensgate. Nomen est omen. In diesem Geschenkeshop, unlängst vom britischen Trendmagazin „Monocle" zu einem der 5 besten Interieurgeschäfte der Welt gekürt, werden ausschließlich norwegische Produkte vertrieben. ⌚ Mo–Fr 10–18, Sa 10–16 Uhr.

Musik

In-Tempel der Sound-Szene sind u. a. **Bare Jazz**, Grensen 8, 💻 www.barejazz.no. Der Name „Nur Jazz" ist sprechende Bezeichnung, auch ein Jazzcafé ist angeschlossen. ⌚ Mo–Di 10–18, Mi–Sa bis 24 Uhr.

Big Dipper Records, Torg gate 16, St. Hanshaugen, 💻 www.bigdipper.no; Straßenbahn 13 bis Nygate, Bus 54 bis Jakob kirke. Vor allem Pop & Rock, Indie, 60's, Punk, Reggae und Electronika. ⌚ Mo–Fr 10–18, Sa 10–17 Uhr.

Bjørn Ringstrøms Antikvariat, Wessels gate 2B, 💻 www.ringstrom-antikvariat.no. Schnäppchenjäger können in diesem größten Secondhand-Musikshop des Landes schier aus dem Häuschen geraten. ⌚ Mo–Fr 10–17, Sa 10–15 Uhr.

Shadowland, Storgate 9, 💻 www.shadowland.no. Umwerfende Auswahl an *gothic, synthpop, ebm and industrial genres*, wie es in der Selbstdarstellung heißt. ⌚ Mo–Fr 11–18 Uhr.

AKTIVITÄTEN

Radfahren

Mit zahlreichen Radwegen und mehr als 1000 Mieträdern (s. Kasten) ist Oslo ein angenehmer Ort für Radfahrer. Selbst regelrechte Touren von bis zu 70 km Länge sind innerhalb der zum Stadtgebiet gehörenden Marka möglich. Populär sind u. a. eine Fahrt am Ufer der Akerselva entlang, rund um Bygdøy sowie hinauf nach Holmenkollen. Die Website 💻 www.visitoslo.com stellt unter dem Suchbegriff „Radtouren" gleich mehrere Routen in der Stadt sowie in der näheren Umgebung ausführlich vor, und alle Fahrradwege/-routen der Stadt sind in Fahrradkarten verzeichnet, die man über das Touristenbüro abrufen bzw. downloaden kann.

Wandern

Mit über 1200 km an markierten Wanderwegen und mehr als drei Dutzend teils bewirtschafteten Wanderhütten in der zum Stadtgebiet gehörenden Marka dürfte Oslo die wanderfreundlichste Metropole der Welt sein. Das populärste und auch panoramareichste Wandergebiet ist das Areal rings um **Holmenkollen** (S. 135). In der Stadt selber bieten sich die ausgedehnten Parks an, insbesondere der **Frogner-/Vigelandsparken** (S. 136), und auch **Bygdøy** (S. 134), reich an kleinen Wäldern und Stränden, ist wie geschaffen für eine kleine Tour. Eine sehr abwechslungsreiche Route folgt dem Fluss **Akerselva** auf einer insgesamt 8 km langen Uferstrecke vom Maridalsvannet (hin mit Straßenbahn bis Kjelsås) bis nahe seiner Mündung in den Oslofjord; unterwegs laden Liegewiesen und kleine Wasserfälle sowie Badeplätze zur Rast ein.

Oslo mit dem Fahrrad

Das Radwegenetz im Stadtzentrum ist gut ausgebaut, in allen öffentlichen Verkehrsmitteln werden Fahrräder zum Preis eines Kindertickets befördert. Oslo ist also zum Radeln geradezu prädestiniert. An über 100 Fahrradständern (alle zu finden unter 💻 www.bysykler.no) stehen mehrere 1000 Fahrräder bereit (blau gestrichen, 4 Gänge, Einkaufskorb am Lenker). Inhaber einer Smartcard können sie für jeweils 45. Min. kostenlos nutzen. Diese Karte kostet 49 NOK pro Tag bzw. 99 NOK für 3 Tage und ist u. a. über die Auskunftstellen zu beziehen. Nach Ablauf der Leihdauer stellt man das Rad einfach an einem beliebigen Fahrradständer ab und kann sich sogleich ein neues nehmen. Informationen unter ✆ 81500250 und 💻 www.bysykler.no, wo man die Karte *(Bysykkelabonnement)* auch online kaufen kann; das Prozedere ist auf Englisch erklärt.

Wintersport

Oslo ist wohl die einzige Hauptstadt Europas, in der man nur wenige Minuten vom Stadtzentrum entfernt traumhafte Loipen und Pisten mit öffentlichen Verkehrsmitteln erreichen kann. Wenn das Wetter mitspielt, locken im direkten Umfeld der Stadt etwa zwischen Mitte Dezember und Ostern nicht weniger als 2600 km an präparierten Langlaufloipen (davon

124 km unter Flutlicht), an denen 68 Skihütten zu Speis und Trank einladen. Aber auch alpine Abfahrten, Buckelpisten und Sprungschanzen sind im Angebot. Auch als begeisterter Snowboarder kommt man voll auf seine Kosten, erst recht als Rodel- oder Schlittschuhfan, und natürlich kann man die Ausrüstung vor Ort auch ausleihen sowie Kurse belegen.

Tryvann Winterpark, Tryvann, Marken, 💻 www.oslovinterpark.no; U-Bahn-Linie 1 bis Voksenkollen, weiter gratis mit dem Skibus direkt an die 18 Pisten mit 6 Lifts heran. 🕒 im Winter Mo–Fr 10–22, Sa und So 10–17 Uhr.

Korketrekkeren, Holmenkollveien, 💻 www.akeforeningen.no; U-Bahn-Linie 1 bis Frognerseteren. 2000 m lange Rodelbahn, die 255 m Gefälle überwindet; Schlittenverleih. 🕒 im Winter Mo–Fr 10–20.30, Sa bis 20, So bis 18 Uhr.

TOUREN

Fjordfahrten und Sightseeing

Fahrten auf dem Oslofjord starten im Sommer an der Rådhusbrygge. Veranstaltet mehrere „Kreuzfahrten" auf Booten sowie historischen Seglern. Zwischen Mai und Sep lädt eine Hop-on-Hop-off-Mini-Kreuzfahrt zu einer 1 1/2 Std. langen Tour ein, die eine kleine Schleife über den Oslofjord zieht und die Rådhusbrygge mit dem Opernhaus und Bygdøy verbindet (tgl. 9.45–15.45 Uhr, 215 NOK). Auch andere Bootsfahrten stehen auf dem Programm. Im Sommer empfehlen sich u. a. ein Törn auf einem historischen Segler (3 Std., 420 NOK) oder eine Jazz- und Blueskreuzfahrt (470 NOK). Auch geführte Bustouren von 4 Std. Dauer (410 NOK) sowie Bus-/Boot-Kombitouren (5 Std. 525 NOK, 7 1/2 Std., 725 NOK) sind im Angebot. Infos über das Touristenbüro und Båtservice AS, 📞 23356890, 💻 www.boatsightseeing.com.

Ganzjährige Bustouren

Täglich ab 10 Uhr werden geführte Sightseeingtouren angeboten. Sie starten im Stadtzentrum (kostenloser Abholdienst von diversen Hotels sowie den Fährterminals) und dauern je 5 Std. (Oslo Grand Highlights, 450 NOK), 4 Std. (Oslo Highlights, 425 NOK) oder 2 Std. (Oslo Panorama, 275 NOK). Inhaber des Oslo Pass erhalten Ermäßigung. Infos über H.M.K. Sightseeing, 📞 22789400, 💻 www.hmk.no.

Hop on – Hop off

Von April bis Mitte September befahren ab Rathaus offene Doppeldeckerbusse im Halbstundentakt eine bestimmte Route, die alle Highlights der Stadt berührt (18 Stationen, auch Bahnhof/Busbahnhof, Fährterminals). Der Preis beträgt 360 NOK, man kann an allen 18 Stationen nach Belieben zu- und aussteigen. Informationen über Citysightseeing, 📞 48174444, 💻 www.citysightseeing.no/oslo.

SONSTIGES

Alkohol

In Oslo gibt es insgesamt über 30 Verkaufsstellen für Alkohol, 🕒 Mo–Mi und Fr 10–17, Do 10–18, Sa 10–15 Uhr. Zentral gelegen sind u. a. **Oslo vinmonopol Sentralstasjon**, Jernbanetorget 1 (im Bahnhof), 📞 04560; **Oslo vinmonopol Sentrum**, Rosenkrantzgate 11, 📞 04560; **Oslo vinmonopol Grünerløkka**, Nordregate 16, 📞 04560.

Apotheken

An Apotheken herrscht kein Mangel; rund um die Uhr geöffnet ist die **Vitusapotek**, Jernbanetorget 4B (Bahnhofsplatz), 📞 23358100.

Autovermietungen

Die größte Auswahl an Fahrzeugen jeder Art (auch Minibusse) haben u. a. **Avis**, 📞 81533044 (auch am Flughafen) und **Hertz**, 📞 22210000 (auch am Flughafen), aber am günstigsten mietet man über **Rent a Wreck**, 💻 www.rent-a-wreck.no, am Flughafen, 📞 63926590, sowie im Zentrum, 📞 23375949.

Diplomatische Vertretungen

Deutsche Botschaft (Forbundsrepublikken Tysklands Ambassade), Oscarsgate 45, N-0244 Oslo, 📞 23275400, 💻 www.oslo.diplo.de; Straßenbahn Nr. 19.

Österreichische Botschaft (Østerriksk Ambassade), Thomas Heftyesgate 19-21, N-0244

Hohes Sicherheitsrisiko!

Die Kriminalität in Oslo hat in den vergangenen Jahren drastisch zugenommen und wie die Tageszeitung *Aftenposten* unlängst schrieb, ist Oslo heute mit einer viermal höheren Kriminalitätsrate als New York die „Kriminalitäts-Hauptstadt von Skandinavien". Insbesondere für Frauen ist die Stadt nach Einbruch der Dämmerung nicht mehr sicher, denn 2016 wurden 520 Vergewaltigungen und Dutzende versuchte Vergewaltigungen registriert! Als besonders gefährlich gelten nachts die Parks, das Gebiet rings um den Hauptbahnhof sowie die Nebenstraßen in den Vierteln Grünerløkka (S. 143) und Grønland (S. 143).

Oslo, ✆ 22540200, 🖳 www.bmeia.gv.at/botschaft/oslo; Bus Nr. 30, 31 und 32.
Schweizerische Botschaft (Sveitsisk Ambassade), Oscarsgate 29, N-0268 Oslo, ✆ 22542390, 🖳 www.eda.admin.ch/oslo; Bus Nr. 30, 31 u. 32.

Geld

Auf Banken und **Geldautomaten** stößt man im Zentrum alle Nase lang; weitere gibt es am Flughafen sowie im Bahnhof. Bargeld kann man außerdem in der Turistinformasjon ved Rådhuset (s. u.) wechseln sowie am Flytog-Bahnsteig im Hauptbahnhof, 🕒 Mo–Fr 9–19, Sa 9–16 Uhr.

Informationen

Oslo Visitor Center, Østbanehallen, Hauptbahnhof, Eingang von der Halle und vom Jernbanetorget aus, ✆ 81530555, 🖳 www.visitoslo.com, 🕒 Mai, Juni und Sep tgl. 9–18 Uhr, Juli/Aug. Mo–Sa 9–19, So bis 18, sonst Mo–Sa 9–18, So 10–16 Uhr. Telefonservice Mo–Fr 9–16 Uhr. Infos zu Oslo, Geldwechsel, Buchung von Hotels, Verkauf des „Oslo Pass", Buchung von Stadtrundfahrten.

Medizinische Hilfe

Ärztlicher Notdienst
Legevakt, Storgate 40, ✆ 22932293, 🖳 www.oslolegevakt.no, 🕒 24 Std.; Straßenbahn 11, 12 und 13, Bus 30 und 31.

Zahnärztlicher Notdienst
Tannlegevakt, Schweigaardsgate 6, 3. Etage (Zentrum, nahe Busbahnhof), ✆ 22673000, 🕒 tgl. 19–22, Sa und So auch 11–14 Uhr.

Polizei

Oslo politihuset, Grønlandsleiret 44, ✆ 02800, 🕒 Mo–Fr 8–15 Uhr.

Post

Es gibt Dutzende Postämter, die über das Stadtgebiet verteilt sind.
Oslo Sentrum postkontor, Tollbugate 17, ✆ 04004, 🕒 Mo–Fr 9–18, Sa 10–15 Uhr.

NAHVERKEHR

Oslos gutes Verkehrsnetz umfasst aus **U-Bahn**: T-bane, 6 Linien in Ost-West-Richtung, Scheitelstation ist Stortinget (Parlament); **Straßenbahn**: Trikk, 6 Linien in Ost-West-Richtung; **Bus**: 70 Linien, Hauptstation Sentralstasjon (Bahnhof) sowie Nationalteatret (Nationaltheater); und den **Fährlinien**: im Sommer nach Bygdøy (ab Rathaus) und zu diversen Oslofjord-Inseln (ab Vippetangen, unterhalb Akershus).
Die **Tickets** sind für alle Transportmittel gültig und kosten 55 NOK für 1 Zone (75 NOK für derer 2), sofern man das Ticket beim Fahrer kauft; 33 (bzw. 53) NOK bezahlt man am Automaten. Die Automaten akzeptieren aber lediglich MasterCard und Visa, jedoch keine EC-Karten. Eine Tageskarte kostet 90 NOK für 1 Zone, 140 NOK für 2, die Wochenkarte kommt auf 240/440 NOK, und Inhaber des Oslo-Pass (S. 138) fahren generell kostenlos.
Wer viel mit Bus und Bahn unterwegs ist, wendet sich an **Ruters kundesenter** (u. a. vor dem Hauptbahnhof sowie in der Ankunftshalle des Flughafens Gardermoen), wo man Mo–Fr 7–20, Sa 8–18 Uhr bzw. Mo–Sa 9–18, So 14–23 Uhr (Flughafen) kostenlose Fahrpläne für Bus und Bahn erhält. Weiterhin hilft das Service-Telefon, ✆ 177 (auch auf Englisch), und im Internet informiert 🖳 www.ruter.no, über die man exakte Wegbeschreibungen auch auf Englisch abrufen kann.
Taxis sind teuer (mindestens 150 NOK), Bestellung über ✆ 02323.

Bahnnetz Oslo
T-banen
U-Bahn
1 Frognerseteren – Helsfyr
2 Østerås – Ellingsrudåsen
3 Sognsvann – Mortensrud
4 Bergkrystallen – Ringen
5 Storo – Vestli
6 Åsjordet – Ringen
Lokaltog
Nahverkehrszug
300 Oslo S – Hakadal – Jaren
400 Asker – Lillestrøm
440 Skøyen – Dal
450 Kongsberg – Eidsvoll
460 Skøyen – Årnes
500 Skøyen – Ski
550 Spikkestad – Moss
560 Skøyen – Mysen
Trikken
Straßenbahn
11 Majorstuen – Disen
12 Majorstuen – Kjelsås
13 Jar – Grefsen
17 Rikshospitalet – Grefsen
18 Rikshospitalet – Holtet
19 Majorstuen – Ljabru
18 Endhaltestelle nur zu bestimmten Zeiten
Umsteigehaltestelle
Flughafen-Expresszug-Haltestelle
1 Frognerseteren
Voksenkollen
Lillevann
Skogen
Voksenlia
Holmenkollen
Besserud
Midtstuen
Skådalen
Vettakollen
Gulleråsen
Gråkammen
Slemdal
Ris
Gaustad
Vinderen
Steinerud
Frøen
2 Østerås
Lijordet
Eiksmarka
Ekraveien
Røa
Hovseter
Holmen
Makrellbekken
6 Åsjordet
Ullernåsen
Montebello
Smestad
Borgen
Frogner stadion
3 Sognsvann
Kringsjå
Holstein
Østhorn
Tåsen
Berg
17 18 Rikshospitalet
Gaustad-alleen
4/6 Ringen
Ullevål stadion
Forskningsparken
Universitetet Blindern
Blindern
11 12 19 Majorstuen
Nydalen
5 Storo
300 Hakadal
300 Jaren
Varingskollen
Åneby
Nittedal
Movatn
Snippen
Kjelsås
Nydalen
11 Kjelsås
12 Kjelsås
Kjelsåsalleen
Grefsen stadion
Grefsenplatået
Glads vei
Sanatoriet
11 Disen
13 17 Grefsen
Sinsen
Sinsen-krysset
Sinsenterrassen
Rosenhoff
Carl Berners plass
Sofienberg
Lakkegata skole
Heimdalsgata
Hausmanns gate
Brugata
John Colletts plass
Ullevål sykehus
Adamstuen
Stensgata
Bislett
Dalsberg-stien
Grefsenveien
Sandaker senter
Torshov
Biermanns gate
Birkelunden
Olaf Ryes plass
Schous plass
Nybrua
Schultz' gate
Rosenborg
Homansbyen
Høyskolesenteret
Holbergs plass
Tullinløkka
Tinghuset
Stortorvet
Welhavens gate
Uranien-borgveien
Vigelandsparken
Frogner plass
Elisenberg
Briskeby
Riddervolds-plass
Lille Frogner allé
Skøyen
440 460 500 560
300
Nationaltheatret
Stortinget
Jernbanetorget (Oslo S)
300 Oslo S
National-theatret
Dronningens gate
Kongens gate
Slotts-parken
Wessels-plass
Inkognito-gata
Niels Juels gate
Solli
Skillebekk
Skarpsno
Nobels gate
Thune
Vikatorvet
Aker brygge
Rådhusplassen
Christiania torv
13 Lilleaker
Sollerud
Furulund
Ullern
Abbediengen
Hoff
Lysaker
Stabekk
Høvik
Blommenholm
Sandvika
Slependen
Billingstad
Hvalstad
Vakås
Høn
400 Asker
450 Drammen
Kongsberg
440 Drammen
550 Spikkestad
5 Vestli
Stovner
Rommen
Romsås
Grorud
Ammerud
Kalbakken
Rødtvet
Veitvet
Linderud
Vollebekk
Risløkka
Økern
Hasle
450 Eidsvoll
Oslo lufthavn Gardermoen
440 Dal
Jessheim
Kløfta
460 Årnes
460 Kongs-vinger
400 Lillestrøm
Sagdalen
Strømmen
Fjellhamar
Hanaborg
Lørenskog
Høybråten
Haugenstua
Grorud
Nyland
Alna
Bryn
Ensjø
Brynseng
Helsfyr
Hellerud
2 Ellingsrudåsen
Furuset
Lindeberg
Trosterud
Haugerud
Tveita
Tøyen
Grønland
Bussterminalen
Grønland
Munkegata
St. Halvards plass
Høyenhall
Manglerud
Ryen
Brattlikollen
Karlsrud
Lambertseter
Munkelia
4 Bergkrystallen
Godlia
Skøyenåsen
Oppsal
Ulsrud
Bøler
Bogerud
Skullerud
3 Mortensrud
Nordstrand
Ljan
Hauketo
Holmlia
Rosenholm
Kolbotn
Solbråtan
Myrvoll
Greverud
Oppegård
Vevelstad
Langhus
500 Ski
(560)
(550)
550 Moss
560 Mysen
Oslo Hospital
Sjømannsskolen
Jomfrubråten
Sportsplassen
18 Holtet
Sørli
Kastellet
Bråten
Sæter
19 Ljabru
18 Ljabru

TRANSPORT

Selbstfahrer

Parken ist teuer (um 110 NOK für 2 Std., mind. 300 NOK pro Tag), Falschparken aber noch viel teurer. Auch die Ein- und Ausfahrt in den inneren Stadtbereich von Oslo ist gebührenpflichtig (34 NOK). Somit ist ein Auto im Stadtgebiet eher eine Last. Wer mit dem Wohnmobil anreist, folgt den Hinweisschildern E 18/Drammen, dann nach Bygdøy (S. 134) einbiegen, wo man im Bereich der großen Museen Parkplätze und auch einen Wohnmobil-Übernachtungsplatz (S. 139) findet.

Busse

Verbindungen ins In- und Ausland über den **Busterminalen** von Nor-Way Bussekspress beim Hauptbahnhof, ✆ 81544444 (Auskunft und Platzreservierung); Auskunft auch über die ✆ 177 sowie 💻 www.rutebok.no. Zu den Fernverbindungen s. jeweils beim Zielort.

Eisenbahn

Anlaufpunkt für Züge in bzw. aus allen Richtungen ist der Hauptbahnhof **Oslo Sentral-stasjon** (oft mit „Oslo S" ausgeschildert), am Jernbanetorget direkt im Zentrum. Nebenan liegt der Busbahnhof, und vor dem Bahnhof findet man Ruters kundesenter (S. 149), die Infostelle über alle öffentlichen Verkehrsmittel. Näheres zu den Verbindungen s. beim jeweiligen Zielort.

Schiffe

Fähranleger (ausgeschildert) liegen nahe dem Zentrum und werden auch von Bussen bedient.
Color Line, Hjortneskaia, ✆ 81000811, 💻 www.colorline.no, 1x tgl. nach KIEL.
DFDS Seaways, Akershusstranda 31, ✆ 21621340, 💻 www.dfdsseaways.no, 1x tgl. nach KOPENHAGEN/Dänemark.
Stena Line, Akershusstranda 31, ✆ 02010, 💻 www.stenaline.no, 1x tgl. nach FREDRIKSHAVN/Dänemark.

Flüge

Der **Oslo Gardermoen Lufthavn** OSL, 💻 www.avinor.no, liegt rund 50 km nördlich der Stadt. Obwohl noch ziemlich neu, war er 2015 bereits wieder zu klein und wurde daher im großen Stil bis 2017 erweitert. Er ist Start- und Zielpunkt für nahezu alle Inlands- und Auslandsflüge, und wer aus dem Ausland anreist, kann hier auch bei der Ankunft **Duty Free** einkaufen (denn Norwegen gehört ja nicht zur EU), was für Tabakwaren und Alkoholika wesentlich günstiger kommt als in Deutschland. In der **Arrival Hall** kann man sich von unübersehbar großen Plakaten den offiziellen App der Oslo-Touristeninformation sogleich aufs Smartphone etc. scannen. Außerdem finden sich hier Bankschalter und Geldautomaten, eine Infostelle der Touristeninformation sowie einen Taxicounter. Aber die Fahrt in die City ist teuer (Festpreis ab 598 NOK für 4 Pers.), und billiger sowie wesentlich schneller gelangt man mit dem **Flytoget** (Flughafenzug) im 10- bis 20-Min.-Takt zum Hauptbahnhof, 💻 www.flytoget.no, 20 Min., 180 NOK. Daneben verkehrt der **Flybus** (SAS Flughafenbus), 💻 www.flybussen.no, alle 20 Min. zum Busterminalen (Busbahnhof) beim Bahnhof (1 Std., 175 NOK). Infos über alle Transportmittel vor Ort unter ✆ 177.

Der Oslofjord

Das Gebiet rings um den 100 km langen Arm des an Stränden und Schären reichen Oslofjords, der die *fylker* Oslo, Akershus, Vest- und Østfold umfasst, gilt als Norwegens „klassische Erde". Hier, wo nur 0,5 % der Landesfläche eine Meereshöhe von 300 m übersteigen, ließen sich vor etwa 10 000 Jahren die ersten Siedler nieder, woran noch über 2000 Zeugnisse – meist Felszeichnungen – erinnern. Aber auch burggekrönte Städte und Festungswälle, Runensteine und Grabhügel erinnern insbesondere im Bezirk **Østfold** an vergangene Zeiten, weshalb dieser sich rühmt, der „älteste" Norwegens zu sein. Das Land ist fruchtbar und besteht zu über einem Fünftel aus landwirtschaftlichen Nutzflächen, besitzt aber auch viel Wald- und Seenlandschaften und erinnert insgesamt stark an das angrenzende Schweden.

Auf der anderen Seite des Oslofjords erstreckt sich die Region **Vestfold**, weltbekannt als „Wiege der Wikinger", die aber erst außerhalb des Osloer Umlands ihren Charme entfaltet und mit ihren ausgedehnten Schärengärten und Sandstränden zur „Riviera am Skagerrak" überleitet, die sich in westlicher Richtung anschließt.

Halden

Wer die schnelle E 6 bevorzugt, um durch Schweden nach Südnorwegen zu gelangen, der wird am **Svinesund**, über den sich eine 420 m lange und 60 m hohe Brücke spannt und der hier den Grenzübergang bildet, zwar landschaftlich großartig empfangen, doch das typische Norwegen-Bild – tiefe Fjorde, hohe Berge – findet man hier nicht. Wälder, Wiesen und Felder sind in sanften Wellen ausgebreitet, und allenthalben erstrecken sich Seen und plätschern Flüsse durchs Bauernland, dessen Mittelpunkt das rund 29 000 Einwohner zählende Städtchen Halden bildet.

Seine Lage ist schön, sein Zentrum rings um den kleinen Hafen beschaulich, und beeindruckend ist die Aussicht von der 128 m hoch über dem Ort gelegenen **Festung Fredriksten**, www.forsvarsbygg.no/festningene, die im Jahre 1665 vom Dänenkönig Fredrik III. als Bollwerk errichtet wurde. Insgesamt dreimal, doch stets vergeblich, rannten die seinerzeit noch kriegerischen Schweden gegen die sternförmige Anlage an, unter deren meterdicken Mauern, verteidigt von über 100 Geschützen, 1718 kein Geringerer als Schwedenkönig Karl XII. fiel. An der Stelle, wo er tödlich verwundet wurde, steht ein Gedenkstein, während im Innern der trutzigen Bastion, die als das wichtigste militärgeschichtliche Denkmal Norwegens gilt, u. a. eine Multimediashow, ein kriegshistorisches Museum, ein Apotheken- und ein Bäckereimuseum einladen. ⌚ Mai–Mitte Aug tgl. 10–17 Uhr, Eintritt 60 NOK.

Infos zur Oslofjord-Region

- **Informationen im Web**: www.visitoestfold.com: die für den gesamten Bezirk Østfold zuständige Seite. Den Bezirk Vestfold deckt die Seite www.visitvestfold.com ab.
- **Öffentliche Verkehrsmittel**: Die gesamte Oslofjord-Region lässt sich gut per Bus, besser noch per Bahn erkunden. Informationen unter ✆ 177, im Internet helfen www.rutebok.no (Gesamtregion) sowie www.ostfold-kollektiv.no (Østfold) und www.vkt.no (Vestfold).
- **Oslo umgehen**: Wer von der einen auf die andere Seite des Oslofjords gelangen und dabei Oslo (und seine Staus) umgehen möchte, hat zwei Möglichkeiten: Zum einen kann man die Basto-Autofähre nutzen, die von 5–24 Uhr ca. alle 20–60 Min. zwischen Moss (35 km nördlich von Fredrikstad) und Horten (S. 163) hin und her pendelt (✆ 33031740, www.basto-fosen.no, 48 NOK, Pkw 137 NOK, Fahrzeit 30 Min.). Zum anderen verbindet der 7,25 km lange Oslofjordtunnel nahe Drøbak (66 km nördlich von Fredrikstad) die beiden Fjordseiten miteinander, www.oslofjordtunnelen.com, kostenlos.

ÜBERNACHTUNG

Hostels und Hotels

€ **Terrassen Kro og Motell**, Berg i Østfold, ✆ 48 84 80 86, www.facebook.com. Auf halber Strecke zwischen der E6 und Halden gelegener Gasthof (auch: Restaurant/Pub) mit schlichten, aber sehr günstigen Zimmern. ❷

Best Western Grand Hotell Halden, Jernbanetorget 1, ✆ 69187200, www.grandhotellhalden.no. Zentral gelegenes Bed & Breakfast-Hotel in Bahnhofsnähe. Die 33 Zimmer machen einen etwas altmodischen Eindruck, sind aber alle mit Bad/WC und TV ausgestattet. Bar, schmuckvoller Speisesaal. ❺

Park Hotel Halden, Marcus Thranesgt, ✆ 69211500, www.park-hotel.no. Dreigeschossiges Haus, teils über 100 Jahre alt, teils Neubau mit tipptoppen Komfortzimmern. Sonnenterasse, Garten, eigener Parkplatz, empfehlenswertes Restaurant. ❺

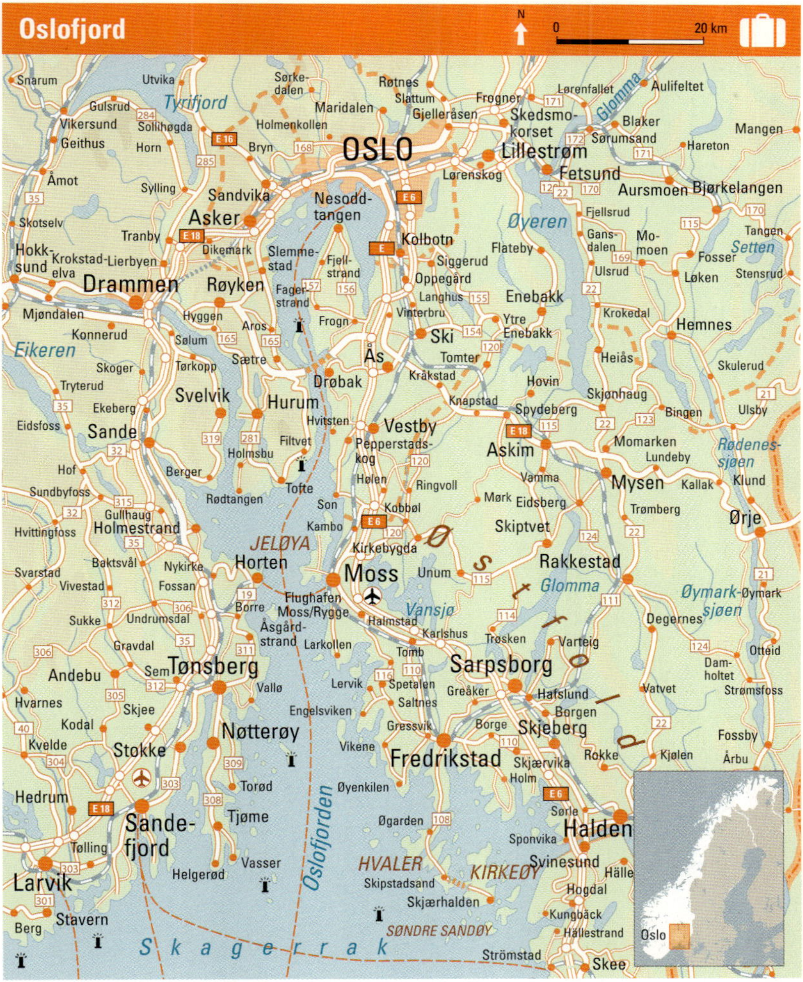

Camping und Hütten

Fredriksten Camping, Fredriksten Festning, ✆ 69184032, ✉ pmstoetz@online.no, Panoramaplatz gehobener Kategorie, 300 m von der Festung entfernt. 🕒 Anfang Mai–Mitte Sep. Große Zeltwiese (Stellplatz ab 200 NOK), auch 15 Hütten (ab 400 NOK).

Langholmen Turist og Fritidssenter, Ystehede Gård, 9 km südlich von Halden an der R 22, ✆ 69196118, ✉ ystehede@hotmail.com. Ganzjährig geöffneter, am Iddefjord auf einer Halbinsel gelegener Platz. Idyllisch und naturschön mit großem Freizeit- und Aktivitätsangebot. Gute Angelplätze und Badestrände in direkter Umgebung. Auch Kanu- und Bootsverleih.

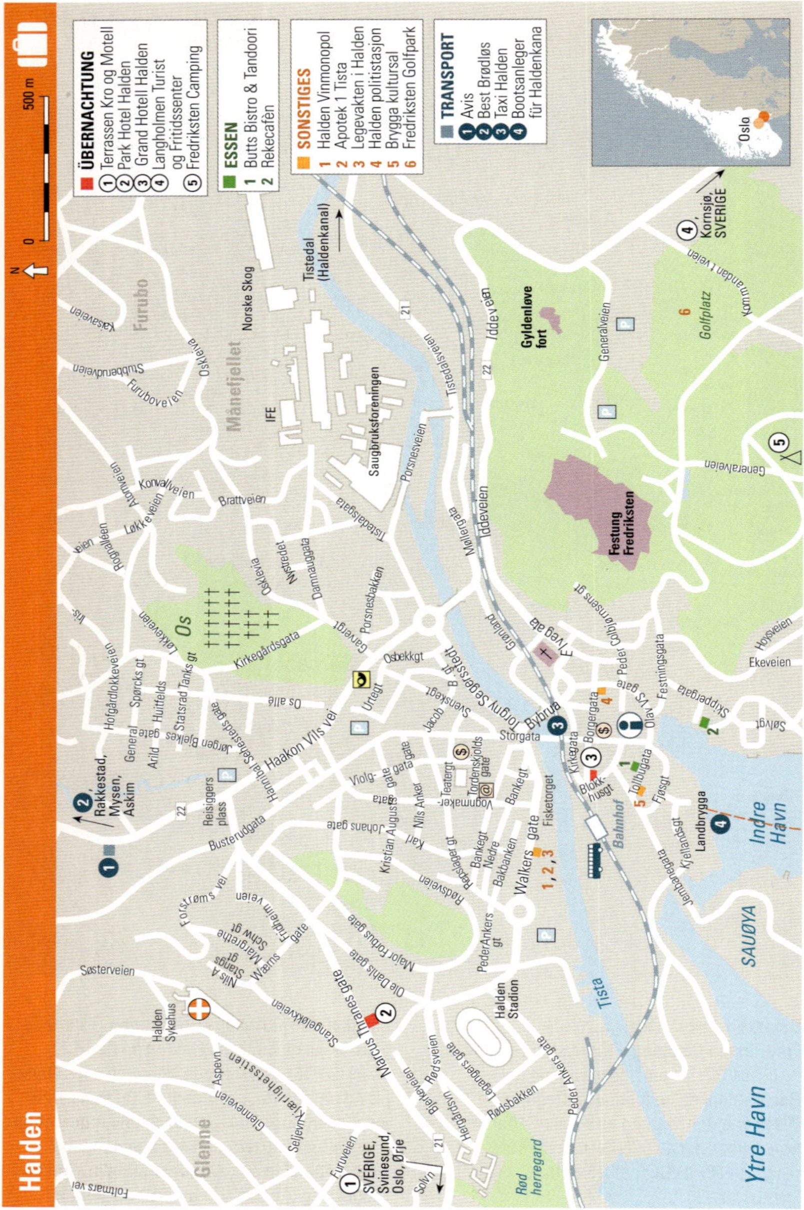
Halden
N
0
500 m
ÜBERNACHTUNG
1 Terrassen Kro og Motell
2 Park Hotel Halden
3 Grand Hotell Halden
4 Langholmen Turist og Fritidssenter
5 Fredriksten Camping
ESSEN
1 Butts Bistro & Tandoori
2 Rekecafèn
SONSTIGES
1 Halden Vinmonopol
2 Apotek 1 Tista
3 Legevakten i Halden
4 Halden politistasjon
5 Brygga kultursal
6 Fredriksten Golfpark
TRANSPORT
1 Avis
2 Best Brødløs
3 Taxi Halden
4 Bootsanleger für Haldenkana
Oslo
Rakkestad, Mysen, Askim
SVERIGE, Svinesund, Oslo, Ørje
Kornsjø, SVERIGE
Tistedal (Haldenkanal)
Glenne
Furubo
Månefjellet
Os
Halden Sykehus
Halden Stadion
Norske Skog
IFE
Saugbruksforeningen
Festung Fredriksten
Gyldenløve fort
Golfplatz
Bahnhof
Bybrua
Landbrygga
Tista
Ytre Havn
Indre Havn
SAUØYA
Rød herregard

ESSEN UND UNTERHALTUNG

€ **Butts Bistro & Tandoori**, Tollbugate 3, www.buttstandoori.no. Indisches Restaurant mit leckerem und günstigem Essen; auch norwegische Küche. tgl. 15–23 Uhr.
Rekecafèn, Strandstredet 4, 69182906. Feine Fischküche am Hafen in einem ehemaligen Speicherhaus; im Sommer auch zum Draußensitzen. Fisch und Meeresfrüchte in mittlerer Preislage, günstiger sind die Lunch-Fischmenüs. Es wird auch frischer Fisch verkauft. Mai–Sep tgl. ab 16 Uhr.
Brygga Kultursal, Tollbugate 4-6, 41753900, www.bryggakultursal.no. Neu eröffnetes Kulturhaus am Hafen *(gjestehavn)*. Theatervorführungen, Konzerte, Orchester und andere Kulturveranstaltungen; im Touristenbüro kann man ein Programmheft abrufen.

FESTE

Im Sommer viele Veranstaltungen in der Stadt und der Festung, u. a. Konzerte, Theatervorführungen und Märkte. Das größte Happening jedoch ist das **Mat- og Havnfestival** in der letzten Juniwoche (Fr–So) jedes Jahres, u. a. mit Konzerten, Kirmes, Wettkämpfen und kulinarischen Spezialitäten. www.matog havnefestivalen.no.

AKTIVITÄTEN

Angeln
Der Enningdalselven ist der südöstlichste Lachsfluss Norwegens und bekannt für seine großen Fische (der Rekord liegt bei einem 16 kg schweren Lachs).

Golf
Fredriksten Golfpark (direkt neben Fredriksten Camping), 69176556, www.haldengk.no.

Wandern
Durch das Waldgebiet der **Ertemarka** führt ein Wanderweg, der auf der Rückseite der Festung Fredriksten beginnt. Sehr lohnende Wanderungen gibt es auch im Naturschutzgebiet **Lundneset** an der Grenze zu Schweden. Im Touristenbüro bekommt man die passenden Karten und weitere Infos.

Boote
Langholmen Turist og Fritidssenter (S. 153), verleiht Kanus und Boote. Ansonsten vermittelt die Touristeninformation auch Kanus auf dem Halden-Kanal.

SONSTIGES

Alkohol
Halden vinmonopol, Walkersgate 4, 04560, Mo–Fr 10–18, Sa 10–15 Uhr.

Apotheken
Apotek 1 Tista, Walkersgate 4, 69172400, Mo–Fr 10–20, Sa 9–18 Uhr.

Autovermietungen
Avis, 95012100.

Geld
Berg Sparebank, Storgate 10, 69196000.

Informationen
Halden turistkontor, Torget 2, 69190980, www.visitoslofjord.no/halden, Mitte Juni–Mitte Aug Mo–Fr 9–16.30, Sa und So 9–12 Uhr.

Medizinische Hilfe
Legevakten i Halden, Kjærlighetsstien 30, 69176482.

Polizei
Halden politistasjon, Olav Vs gate 4, 2800.

Post
Halden postkontor, Os allé 3, 04004, Mo–Fr 10–18, Sa 10–15 Uhr.

Taxis
Taxi Halden, Kirkegate 5, 69213200.

Touren
Das Touristenbüro organisiert und vermittelt Kanutouren sowie Bootstouren auf dem Halden-Kanal, geführte Wanderungen und sogenannte Wildnis-Aufenthalte.

Auf festem Kiel über den Halden-Kanal

- **Route**: Tistedal – Skulerud
- **Länge**: ca. 80 km
- **Dauer**: in der Regel 4–6 Tage, je nach Kondition
- **Orientierung**: Auf der Karte „Båtsport og fritidskart" (300 NOK), die im Touristenbüro vertrieben wird, ist die gesamte Route vorbildlich verzeichnet.

Die Route

Der auch als Haldenvassdraget bekannte Halden-Kanal wurde im 19. Jh. erbaut, um Baumstämme aus dem waldreichen Grenzland nach Schweden zu den küstennah gelegenen Sägewerken zu flößen. Er wurde 1877 eingeweiht und ist damit noch vor dem Telemarkkanal (S. 180) der älteste künstliche Inland-Wasserweg Norwegens. 1982 endete die Flößtradition, und heute ist der Halden-Kanal eine der großen Touristenattraktionen der Oslofjord-Region: Er verläuft mit insgesamt drei Schleusenanlagen (Hubhöhe 39 m) rund 80 km durch das nur von kleinen Hügeln durchzogene Wald- und Wiesenland zwischen Tistedal (rund 5 km östl. von Halden) und Skulerud und führt dabei über weite Strecken über die Seen Femsjøen, Aspern, Ara, Øymarkssjøe, Rødenesjøen und Skulerudvannet. Die gesamte Fahrrinne ist markiert, wurde zwischen 2008 und 2010 für rund 20 Mio. NOK ausgebaut und eignet sich bestens für eine Erkundung per Kanu. Die Infrastruktur ist ausgezeichnet, und wer auf wirklich lange Paddeltour gehen will, kann bei Otteid (nördlich von Halden) eine Fahrt in den nur 1,5 km entfernten und 254 km langen Dalsland-Kanal anschließen, der durch die schwedische Region Dalsland bis in den Vänern-See führt – so kann man einen ganzen Urlaub paddelnd verbringen..

Aber auch für weniger aktive Reisende kann der Halden-Kanal einen Höhepunkt markieren, denn im Sommer verkehren der historische Dampfer D/S *Turisten* sowie die M/S *Strømsfoss* auf der landschaftlich reizvollen Route zwischen Strømsfoss und Tistedal. Dabei passieren sie u. a. auch die Brekke-Schleuse, die mit einer Hubhöhe von 26,6 m in vier Kammern die höchste in ganz Nordeuropa ist und auch von Land ein prächtiges Fotomotiv abgibt.

Praktische Tipps

Kanuverleih

Kanus sind für ca. 300 NOK pro Tag über das Touristenbüro in Halden erhältlich. Eine weitere

Verleihstation ist Aursmark Natur, ✆ 93238991, 💻 www.aursmark-natur.com, in Ørje, wo man auch wasserdichte Packsäcke (100 NOK pro Woche) bekommt. Bei Bedarf wird ein Kanutransport organisiert (550 NOK bis 20 km, darüber 10 NOK pro km).

Schleusengebühren

Die Schleusen sind vom 22. Mai–20. Aug geöffnet. Die Ørje-Schleuse kostet 220 NOK pro Kanu, die Strømsfoss-Schleuse 140 NOK, die Brekke-Schleuse 170 NOK.

Übernachten

Es lohnt sich, eine Campingausrüstung mitzunehmen, denn das Zelten ist laut Jedermannsrecht (S. 62) nahezu überall erlaubt, und entlang des Halden-Kanals finden sich Dutzende schöner Wiesen- und Waldplätze.

Lebensmittel

Proviant sollte man in Halden kaufen, denn nachkaufen kann man nur in Ørje. Wer gerne angelt, sollte erwägen, eine *fiskekort* zu erstehen (Tageskarte zu 50 NOK, in Halden über das Touristenbüro erhältlich), denn die Fülle der im Halden-Kanal vertretenen Speisefische ist sprichwörtlich.

Infos

Infos zu den **Bootstouren** unter 💻 www.turisten.no. Das Motorschiff M/S *Strømsfoss* sowie das Veteranenschiff M/S *Turisten* verkehrt zwischen Ende Juni und Anfang Aug an jedem Di und Sa auf den Strecken Strømsfoss–Tistedal (10.45–14.30 Uhr) und retour (15.15–19 Uhr) für 360 NOK pro Weg (hin und zurück 450 NOK); Bustransfer von/nach Halden kommt auf 110 NOK.
Infos zum Kanal unter 💻 www.haldenkanalen.no sowie 💻 www.dalslandskanal.se.

Blick von der Festung Fredriksten auf Halden

TRANSPORT

Busse

Von der Busstation in der Jernbanegate bestehen mehrmals tgl. Verbindungen u. a. nach FREDRIKSTAD stdl., 50 Min.,
HVALER stdl., 2 Std.,
MOSS stdl., 1 3/4 Std.,
OSLO stdl., 2 Std.,
SARPSBORG 1–2x stdl., 20 Min.

Eisenbahn

Halden liegt an der Bahnlinie Oslo–Göteborg. In Richtung SCHWEDEN bestehen tgl. 4 grenzüberschreitende Verbindungen. Richtung OSLO via SARPSBORG, FREDRIKSTAD und MOSS sind zusätzlich Nahverkehrszüge im Einsatz (etwa stdl., 1 3/4 Std.).

Fredrikstad

Fredrikstad, mit fast schon 80 000 Einwohnern bereits eine der größten Städte des Königreiches, erstreckt sich beidseits der schiffbaren Mündung der Glomma (auch: Glåma), Norwegens größtem Fluss, und ist eines der wichtigsten Industriezentren des Landes überhaupt. Die Neustadt, entlang des westlichen Flussufers ausgebreitet, präsentiert sich entsprechend modern, und längst auch ist dort fast alles Alte der Abrissbirne zum Opfer gefallen.

Gamlebyen

In denkbar scharfem Kontrast dazu steht Gamlebyen, die direkt gegenüberliegende Altstadt, die 1567 von König Fredrik II. gegründet wurde und heute als einzige erhaltene Festungsstadt von Norwegen gilt. Sie ist von einem Wall umgeben und überaus malerisch anzusehen. Es lohnt sich, den Wagen stehen zu lassen (Parkplätze sind ausgeschildert) und den holprigen Kopfsteinpflastergassen zu folgen, die – von farbenfroh getünchten Holzhäusern gesäumt – alle irgendwann vor den mit uralten Bäumen bestandenen Festungswällen enden. Von dort oben bietet sich eine reiche Aussicht aufs Land, die Glomma sowie die Neustadt, und da außerdem Dutzende Kunstgewerbler den malerischen Altstadtrahmen nutzen, um ihre Arbeiten anzubieten, und zahlreiche gemütliche Cafés und Restaurants zum Einkehren einladen, kann man hier problemlos einen halben Tag mit Sightseeing, Shopping und Genießen verbringen. Weitere Informationen unter 💻 www.festningsbyen.no.

Wer sich detailliert über die wechselvolle Stadtgeschichte informieren will, kann das **Kulturhistorische Museum** im ausgeschilderten Tøihuset besuchen, in dem auch das Touristenbüro untergebracht ist. 🕒 20. Juni–Aug tgl. 12–16 Uhr, Eintritt 50 NOK.

ÜBERNACHTUNG

Hostels und Hotels

Hotel Fredrikstad, Nygaardsgaten 9,
📞 69300500, 💻 www.hotelfredrikstad.com.
In der Neustad nahe der Domkirche gelegener und unlängst umfassend renovierter Jugendstilbau mit 30 Zimmern im historischen Stil, aber ausgestattet mit modernster Technik; mit Sportbar und Außenterrasse. ❸–❹

Camping und Hütten

Fredrikstad Motel & Camping, Torsnesveien 16-18 (nahe der Altstadt), 📞 99221999, 💻 www.fredrikstadmotel.no. 2-Sterne-Platz in der Nähe der Altstadt. Ziemlich kahle Stellplätze (ab 170 NOK), 26 schlichte Motelzimmer ab 550 NOK (Bad/WC im Korridor) und 12 komfortable Hütten (900 NOK; Gemeinschaftsküche samt Internetzugang. 🕒 ganzjährig. ❷

Bevø Camping, Bevøveien 31 (südöstlich der Stadt über die R 107), 📞 69349215, 💻 www.bevo.no. Riesiger Platz am Meer mit eigener Badestelle. Die insgesamt 230 Stellplätze (generell 300 NOK) bieten teils reichen Baumschatten, außerdem 15 Hütten (ab 740 NOK), Minigolf und Kanuverleih. 🕒 Mai–Anfang Sep.

ESSEN

Etliche Cafés und Restaurants mit norwegischer und internationaler Küche in der Neustadt mit Schwertpunkt Storgate und Nygaardsgate (Kai). Wesentlich romantischer und vor allem ruhiger speist man jedoch in der Altstadt.

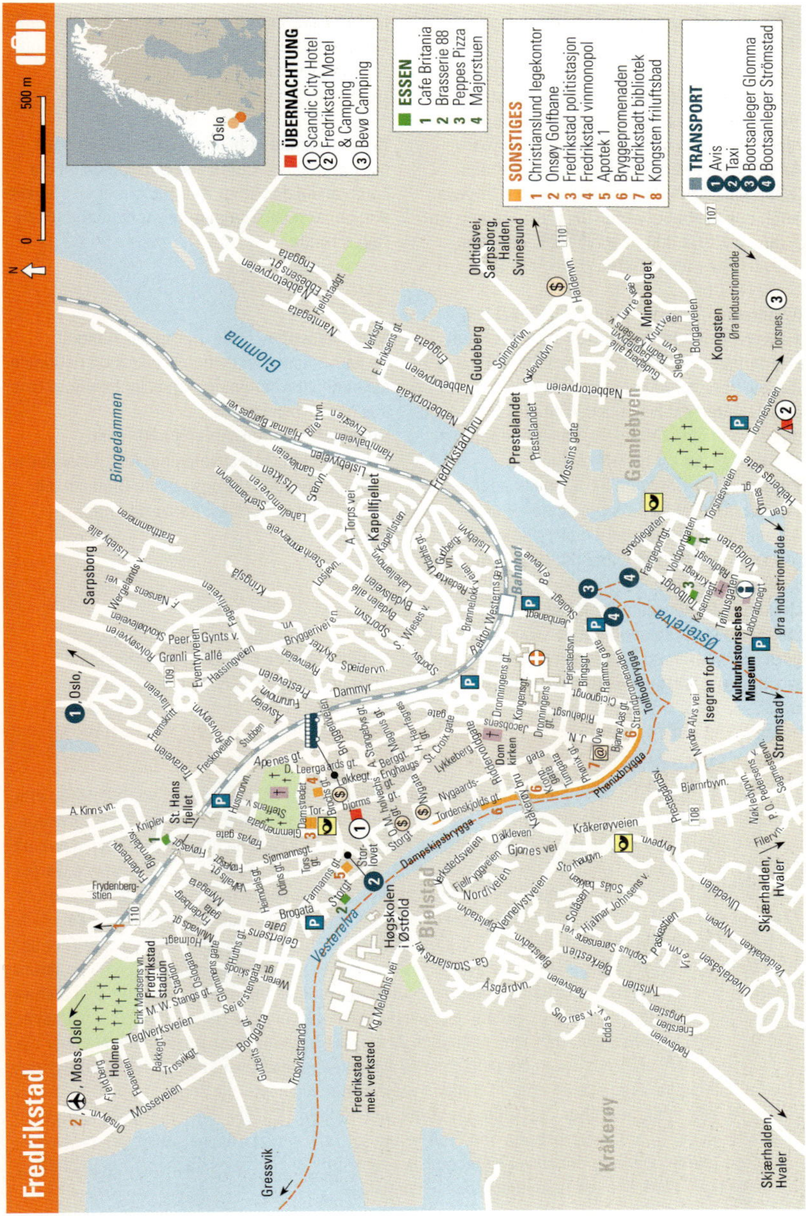
Fredrikstad
0 500 m
ÜBERNACHTUNG
1 Scandic City Hotel
2 Fredrikstad Motel & Camping
3 Bevø Camping
ESSEN
1 Cafe Britania
2 Brasserie 88
3 Peppes Pizza
4 Majorstuen
SONSTIGES
1 Christianslund legekontor
2 Onsøy Golfbane
3 Fredrikstad politistasjon
4 Fredrikstad vinmonopol
5 Apotek 1
6 Bryggepromenaden
7 Fredrikstadt bibliotek
8 Kongsten friluftsbad
TRANSPORT
1 Avis
2 Taxi
3 Bootsanleger Glomma
4 Bootsanleger Strömstad
Glomma
Vesterelva
Østerelva
Gamlebyen
Kråkerøy
Bjølstad
Kongsten
Isegran fort
Kulturhistorisches Museum
Oslo

Cafe Britannia, O.P. Petersens gate 4, ✆ 69610119. Von der Kirche geleitetes Café, das sich trotz einfacher Einrichtung zu einem stadtbeliebten Treffpunkt gemauert hat. Der Preise wegen, die wahrscheinlich zu den niedrigsten von ganz Norwegen gehören: So kostet ein Mittagsmenü bestehend aus 3 Gängen sage und schreibe nur 75 NOK, wie auch das Lunchbuffet für 75 NOK zu haben ist. Suppe mit Brot gibt es zu 50 NOK, und eine Tasse Kaffee für 15 NOK. ⌚ Di–Fr 9–15, So 12–16 Uhr.

Majorstuen, Voldportgate 73, ✆ 69321555, 💻 www.majoren.no. Top-Adresse der Stadt, internationale Küche der preislichen Mittelklasse, aber vor allem auch norwegische Spezialitäten mit Fisch und Wild. Rustikale gemütliche Einrichtung, im Sommer auch zum Draußensitzen. ⌚ tgl. ab 12 Uhr.

Peppes Pizza, Torvgate 57, 💻 www.peppes.no. Pizzarestaurant im Kellergewölbe eines Altstadthauses aus dem 17. Jh.; außerdem gibt es Pasta-Gerichte und Salate. ⌚ tgl. 13–23 Uhr.

Brasserie 88, Storgate 21, Neustadt, ✆ 69308488. Hauptsächlich norwegische Fischgerichte, aber auch Speisen mit internationalem Einschlag, außerdem Sushi von mittags bis Mitternacht; mittlere Preislage. ⌚ Mo–Fr 15–23, Sa 13–24 Uhr.

UNTERHALTUNG

Bryggepromenaden in der Neustadt ist mit mehreren Pubs, Cafés und Musikkneipen die Nachtmeile der Stadt. Oft treten hier Livebands auf, und v. a. im Sommer herrscht allabendlich reges Treiben.

FESTE

Månefestivalen, Ende Juli, in der Altstadt, 💻 www.maanefestivalen.no. Sowohl nationale als auch internationale Bands locken Rockfans aus ganz Norwegen an.

Glommafestivalen, Anfang/Mitte Juli, 💻 www.glommafestivalen.no. Ausgelassenes 5-tägiges Stadtfest rings um die Glomma mit Bootsregatten, Kirmes, Konzerten und Paraden.

AKTIVITÄTEN

Baden

Es gibt mehrere schöne Badestellen und Strände an der R 117, R 107 und R 108.

Der Oldtidsvei

Wer nur auf Fünf-Sterne-Sehenswürdigkeiten im hohen Norden schielt, verliert vor lauter Raserei schnell die Reiselust und wird sich das Land kaum erschließen können. Dabei lohnt es durchaus, den Schildern *Helleristninger* zu folgen, die auf Vor- sowie Frühgeschichtliches hinweisen, womit Østfold, der „älteste" Landesteil, reich gesegnet ist. Wehrhügel und Felszeichnungen sowie Geröllgräber und Steinsetzungen bilden hier nichts weniger als die konzentrierteste Ansammlung von Zeugnissen aus der Bronze- und Eisenzeit in Norwegen überhaupt, weshalb die rund 20 km nördlich von Halden bei Skjeberg von der E 6 abzweigende R 110 auch als **Altertumsstraße** (Oldtidsvei) bezeichnet wird. Als solche ist sie an der Europastraße deutlich ausgeschildert, und an ihrem Startpunkt lädt seit Frühjahr 2010 der Rast-platz **Solbergtårnet** als Informationszentrum ein. Sieben Installationen zeigen hier, was es wo am vorbildlich markierten und mit Hinweistafeln ausgestatteten Oldtidsvei zu sehen gibt. Der namengebende 28 m hohe Turm dient als Aussichtspunkt über die Kulturlandschaft, während die in die benachbarte 100 m lange Stahlwand eingefrästen Ikonen den Betrachter mit der Frage konfrontieren wollen, was das eigentlich ist – die Zeit.

Weitere Informationen über die Touristenbüros von Halden (S. 155), Sarpsborg, ✆ 69130070, 💻 www.visitoslofjord.no/sarpsborg, und Fredrikstad (S. 161), wo im Sommer auch geführte zweistündige **Touren** über den Oldtidsvei angeboten werden. Sehr schön ist es auch, die Route per Rad zu bewältigen (Verleih beim Touristenbüro von Fredrikstad).

Kongsten friluftsbad, östlich der Altstadt beim Kongsten Fort, ✆ 69324970. Freibad, Schwimmhalle, Bowlingbahn und Minigolf.

Radfahren
Es sind viele ausgeschilderte Radwege in Stadt und Land vorhanden; der über 30 km lange **Glommastien** ist wie geschaffen, um das Flussufer der Glomma per Rad zu erkunden. Der **Oldtidsvei** (s. Kasten S. 160) bietet eine weitere Alternative. Das Touristenbüro informiert interessierte Besucher über alle Routen, verkauft Kartenmaterial und verleiht Fahrräder.

Golf
Onsøy golfbane, Manstad, ✆ 69339150.

SONSTIGES

Alkohol
Fredrikstad vinmonopol, Torvbyen, Brochs gate 8–10, ✆ 04560, ⌚ Mo–Do 10–18, Fr 9–18, Sa 9–15 Uhr.

Apotheken
Apotek 1, Stortorvet 1 (Neustadt), ✆ 69368585, ⌚ Mo–Fr 9–18, Sa 9–17, So 17–19 Uhr.

Autovermietung
Avis, Stabburveien 1, ✆ 95012100.

Fahrradverleih
Fredrikstad turistkontor, s. u.

Geld
Berg Sparebank, Storgate 10, ✆ 69301983.

Informationen
Fredrikstad turistkontor, Tøihusgate 41 (Altstadt), ✆ 69304600, 💻 www.visitoslofjord.no/fredrikstad, ⌚ ganzjährig Mo–Fr 9–16.30, im Sommer auch Sa und So 11–16 Uhr. Informations-/Buchungsstelle, bietet u. a. geführte Stadtwanderungen.

Medizinische Hilfe
Christianslund legekontor, Christianslund allé 4, ✆ 69366969.

Polizei
Fredrikstad politistasjon, Damstredet 25, ✆ 02800.

Post
Fredrikstad postkontor, Brochsgate 3, ✆ 04004, ⌚ Mo–Fr 8.30–17, Sa 10–15 Uhr.

Taxis
Taxi, Farmannsgate 1, ✆ 02600.

Touren
Von Anfang Juni bis etwa Mitte August starten vom Fährsteg der Altstadt aus mehrmals tgl. kurze **Flussboottouren** auf der Glomma.

TRANSPORT

Selbstfahrer
Im Bereich der ausgeschilderten „Gamlebyen“ finden sich zahlreiche Parkplätze. Falls besetzt, steuert man am besten den Großparkplatz im Bereich des ausgeschilderten „Kongsten Fort“ in Altstadtnähe an.

Busse
Busbahnhof am Bryggeriveien im Zentrum der Neustadt. Verbindungen bestehen u. a. mit HALDEN stdl., 50 Min., HORTEN alle 1–2 Std., 2 Std., MOSS 1–2x stdl., 1 Std., OSLO 1–2x stdl., 1 1/4 Std., SARPSBORG 2x stdl., 25 Min., SKJÆRHALDEN/Hvaler stdl., 35 Min.

Eisenbahn
Fredrikstad liegt an der Bahnlinie Oslo–Göteborg. In Richtung SCHWEDEN bestehen tgl. 3–4 grenzüberschreitende Verbindungen via HALDEN, Richtung OSLO via MOSS verkehren zusätzlich Nahverkehrszüge (etwa stdl., 1 1/4 Std.).

Hvaler

Wer eines der eindrucksvollsten Gebiete der norwegischen Schärenküste kennen lernen will, sollte den ca. 15 km von Fredrikstad entfernten Schärenarchipel von Hvaler besuchen, dessen Hauptinsel Kirkeøy über Brücken erreichbar ist.

Die im Stadtgebiet von Fredrikstad ausgeschilderte R 108 führt direkt nach **Skjærhalden**, der Hauptstadt der Inselgruppe. Von dort aus verkehren Fährboote zu allen größeren Inseln (im Sommer Dutzende Verbindungen täglich), und wer seinen Aufenthalt genießen will, mietet sich in Skjærhalden ein Fahrrad (s. u.) und geht entspannt auf Schärenexkursion.

ÜBERNACHTUNG UND ESSEN

Klassisch wohnt man im Archipel in **Hütten**; das Touristenbüro hält eine Liste aller Objekte bereit.

Myrvold Feriehjem, Sydengen/Spjærøy, ✆ 47608554, 💻 www.myrvold-feriehjem.no. Moderne Hütten für bis zu 6 Pers. mit Gemeinschaftsbad/WC; billig (ab 500 NOK). Minigolf und Bademöglichkeiten in direkter Nähe.

Hvaler Camping, Spjærøy, 💻 www.hvaler camping.com. Günstige Stellplätze und Hütten verschiedener Kategorien (ab 500 NOK) in teilweise schöner Lage. Der Kiosk verkauft auch Lebensmittel und einfache Gerichte; Bootsverleih.

Storesand teltplass, Kirkøy, ✆ 90664694, 💻 www.storesandteltplass.com. Großer Zeltplatz hinter dem Sandstrand mit Strandcafé/Kiosk. ⏲ Juni–Aug.

Ytre Hvaler-Nationalpark

Im Sommer 2009 wurde die dem Meer zugewandte Seite des Hvaler-Archipels zum Nationalpark erklärt, um die einzigartige Schärenlandschaft mit ihrer herausragenden Vielfalt insbesondere an Watvögeln sowie marinen Lebewesen nachhaltig zu schützen. Es handelt sich bei diesem Refugium um den ersten Meeres-Nationalpark des Landes, denn von der Gesamtfläche von 354 km² entfallen 340 km² auf den Meeresgrund. Die schönste und naturverträglichste Art, dieses Schutzgebiet zu entdecken, bietet das Seekajak, und wer eine mobile Campingausrüstung mitbringt, darf sein Zelt auf den Inseln Storesand sowie Akerøya aufschlagen. Weitere Infos auf 💻 www.ytrehvaler.no

Sjømatrestauranten Første Reis, Under kollen, Skjærhalden/Kirkeøy, ✆ 91917733, 💻 www.forste-reis.no. Stilvolles Restaurant direkt am Kai in Skjærhalden mit schöner Aussicht auf den Hafen. Hauptsächlich Fischgerichte und Meeresfrüchte, aber auch Fleisch; gehobenes Niveau. ⏲ Mai–Sep tgl. ab 12 Uhr.

AKTIVITÄTEN

Baden

Der Hvaler-Schärengarten ist ein einziges Badeparadies, und als die schönsten Strände gelten u. a. Storesand und Kroksand Bystranda auf Kirkeøy sowie Listranda (Asmaløy), Kuvauen (Vesterøy) und Skjærholmen (Spjærøy).

Golf

Hvaler golfbane, Kirkeøy, ✆ 90959900, 💻 www.hvalergk.no. Golfplatz in schöner Umgebung.

Reiten

Auf Asmaløy, ✆ 47668077. Unterricht und kurze geführte Touren.

SONSTIGES

Alkohol

Hvaler vinmonopol, Skjærhalden/Kirkeøy, Strandveien 7, ✆ 04560, ⏲ Do–Fr 10–17, Sa 10–14 Uhr.

Apotheken

Apotek 1, Ødegårdskilen, Vesterøy, ✆ 69375300, ⏲ Mo–Fr 10–17, Sa 10–15 Uhr.

Fahrradverleih

Hvaler turistkontor, s. u.

Geld

Kiwi (Supermarkt), Kjølholtveien 1, Skjærhalden/Kirkeøy, ✆ 69379076.

Informationen

Hvaler turistkontor, Skjærhalden/Kirkeøy, ✆ 94010787, 💻 www.visithvaler.no, ⏲ nur Mitte Juni–10. Aug tgl. 10–17 Uhr.

Medizinische Hilfe

Skjærhalden legekontor, Julsebakken 1, Skjærhalden/Kirkeøy, ✆ 69374970.

Polizei

Hvaler lensmannskontor, Julsebakken 1, Skjærhalden/Kirkeøy, ✆ 02800.

Post

Skjærhalden Post i butikk (Kiwi Supermarkt), Kjølholtveien 1, Skjærhalden/Kirkeøy, ✆ 04004, ⌚ Mo–Sa 9–20 Uhr.

Touren

M/S Vesleø 2, ✆ 41205000, 💻 www.hvaler fjordcruise.no, verkehrt von Mitte Juni–Juli 5x tgl. auf der Strecke durch den Hvaler-Schärengarten von Skjærhalden nach Strömstad in Schweden und zurück (130 NOK hin/zurück).

TRANSPORT

Selbstfahrer

Um die über Brücken mit dem Festland verbundene Hauptinsel Kirkeøy zu erreichen, folge man ab Fredrikstad den Schildern „Hvaler". In der Inselmetropole Skjærhalden finden sich zahlreiche Parkplätze. Von hier verkehren regelmäßig Fähren zu den Außeninseln.

Busse

Es bestehen stdl. Verbindungen zwischen Skjærhalden und FREDRIKSTAD (35 Min.) sowie HALDEN (2 Std.).

Schiffe

Von **Skjærhalden** aus werden alle größeren Inseln des Archipels mehrmals tgl. und rund ums Jahr von der M/S *Hollungen* (💻 www.hollungen.no, nur Personen-/Fahrradtransport); Fahrplanauskunft über ✆ 177 sowie die Touristeninformation.

Horten

Die Westseite des Oslofjords wird von der teilweise als Autobahn ausgebauten E 18 erschlossen und kennt im Umfeld von Oslo so manche verkehrs- als auch industriebedingte Hässlichkeit. Das ändert sich erst im Umfeld des Hafenstädtchens Horten, das über die R 19 erreichbar ist und von 1853 bis Anfang des 20. Jh. den norwegischen Seestreitkräften als Hauptstützpunkt diente.

Heute präsentiert sich die alte Marinezentrale als beschauliches Städtchen mit etwa 18 000 Einwohnern, das sich dank seiner Sehenswürdigkeiten sowie stillen Küstenlandschaft einer zunehmenden Beliebtheit als Ferienzentrum erfreut.

Die Museen

Hauptanziehungspunkt in Horten ist das beim Fährhafen gelegene **Marinemuseum**, als dessen Highlights das erste Torpedoboot der Welt (Baujahr 1872) sowie ein außer Dienst gestelltes U-Boot gelten. 💻 www.forsvaretsmuseer.no, ⌚ Mai–Sep tgl. 12–16 Uhr, sonst nur So, der Eintritt ist frei.

Im angrenzenden Kulturpark Karljohansvern lädt das in Norwegen ebenfalls einzigartige **Preus Museum** ein. Es gilt als eines der größten Fotografiemuseen Europas und präsentiert u. a. mehr als 1000 Kameras, darunter auch zahlreiche teils bizarre Kuriosa. 💻 www.preus museum.no, ⌚ Juni–Aug tgl. 11–16 Uhr, Eintritt 70 NOK.

Etwas außerhalb, am auch von öffentlichen Bussen befahrenen Weg nach Borre (s. u.), beeindruckt das **Horten Bilmuseum** mit einer 45 Fahrzeuge umfassenden Oldtimersammlung, und auch Norwegens größte Modelleisenbahn-Anlage ist hier zu bestaunen. 💻 www.automobil museum.no, ⌚ Mitte Juni–Mitte Aug tgl. 12–15 Uhr, sonst nur So. Eintritt 65 NOK.

Borre und Åsgårdstrand

Vom Horten Bilmuseum aus sind es nur wenige Fahrminuten entlang der R 19 bis zum ausgeschilderten **Borrehaug**, der aus dem 8. Jh. stammenden größten Grabhügel-Ansammlung Skandinaviens schlechthin. Im Schatten teils über 1000 Jahre alter Laubbäume sind unschwer die rund zwei Dutzend großen Hügelgräber auszumachen, in denen die Ahnen Harald Schönhaars, die die erste norwegische Dynastie stellten, beigesetzt sind.

Angrenzend lädt das für seine Architektur preisgekrönte **Midgard-Senter** zu einer Zeitreise in die Ära der Wikinger sowie der Prähistorik ein, www.midgardsenteret.no, Mai–Aug tgl. 11–16, sonst nur So 11–14 Uhr, Eintritt 70 NOK, und vorbei an der rund 1000 Jahre alten romanischen **Steinkirche von Borre** (Mitte Juni–Mitte Aug Di–Fr 10–13 Uhr im Rahmen von Führungen) erreicht man das rund 2000 Einwohner zählende Seebad **Åsgårdstrand**, das mit seinen ganz in Weiß gehaltenen Villen als eines der schönsten Holzhausstädtchen des Südens gilt. Zahlreiche Cafés laden ein, das Wiesenufer lockt Badegäste an, und an der Munchsgate 25 entführt das Lykkehuset in die Welt von Edvard Munch, der in seinem „Glückshaus" mehrere Jahre seines Lebens verbrachte und hier u. a. auch das berühmte Gemälde „Mädchen auf der Brücke" schuf, das heute in der Nationalgalerie in Oslo (S. 127) zu betrachten ist. www.munchhus.no, Juni–Aug tgl. 11–16 Uhr, Eintritt 70 NOK.

ÜBERNACHTUNG

Thon Hotel Åsgårdstrand, Åsgårdstrand, Havnegate 6, 33020740, www.thonhotels.no. Geschmackvolle Holzvilla in weiß; helle, luftige Komfortzimmer, edle Einrichtung; direkt an der Promenade mit Bootssteg und Wiesenstrand gelegen. ❻, im Sommer ❺

Eiken pensjonat, Gamleveien 36, Aspen (über R 310), 92866495, www.eikenpensjonat.no. Ehemaliges Mädchenpensionat außerhalb vom Zentrum in Aspen mit Meer und Badeplätzen in direkter Nähe. Insgesamt 5 einfache Zimmer, Gästeküche, gemeinsames Bad/WC im Korridor und gemütlicher Aufenthaltsraum. ❸

Rørestrand Camping, Parkveien 34 (1,5 km südlich von Horten am Weg nach Borre), 33073340, www.rorestrandcamping.no. 3-Sterne-Platz direkt am Meer. Auch günstige Hütten (ab 485 NOK), großes Aktivitätsangebot (u. a. Wanderwege, Angel- und Badeplätze, Golf, Boots- und Fahrradverleih); außerdem Kiosk mit Internetcafé. Stellplatz ab 165 NOK, Hütten ab 500 NOK. Anfang Mai–Mitte Sep.

Gamlehorten Gjestegård, Øvre vei 5, Karljohansvern, Tel. 99022317, www.gamlehorten.no. Nur rund 2 Gehminuten vom Strand entferntes Gästehaus auf einem alten Hof in ebenso idyllisch-romantischer wie ruhiger Lage. Die Zimmer sind außerordentlich gepflegt und gemütlich – der perfekte Ort für ein paar entspannte Urlaubstage. ❸

ESSEN UND UNTERHALTUNG

Fishland, Tollbugate 1C (neben dem Touristenbüro), www.fishland.no. Restaurant der preislichen Mittelklasse, empfehlenswert für Fisch und Meeresfrüchte. Rustikale maritime Einrichtung, der Innenraum ist mit alten Fotos, Fischerei-Utensilien und Netzen geschmückt; im Sommer kann man hier auch sehr schön draußen sitzen. Mo–Fr ab 11, Sa und So ab 13 Uhr.

Den Røde Hus, Øvre vei 3 (Kulturpark Karl Johansvern), 95881691. Über 300 Jahre alt, holzvertäfelt und urgemütlich, obwohl man am schönsten draußen im Garten sitzt. Serviert wird gute Hausmannskost, die Preise sind relativ niedrig. nur Juni–Mitte Sep Mi–So ab 11 Uhr.

Peppes Pizza, Tollbugate 1 b, www.peppes.no. Am Hafen gelegenes Restaurant der landesweit bekannten und recht günstigen Pizzakette. tgl. ab 11 Uhr.

AKTIVITÄTEN

Angeln

Es gibt mehrere Angelplätze in der Umgebung, populär ist u. a. der westlich gelegene Borrevannet; eine Übersicht über alle Plätze ist im Touristenbüro erhältlich.

Baden

Zahlreiche Strände laden im Umfeld der Stadt ein, und zentrumsnah bieten sich Vollen beim Kulturpark Karl Johansvern an (Wiesenufer, Toiletten, Kiosk) sowie der etwas südlich gelegene Sandstrand Tivoli. Beliebt sind auch der Borrestranda bei Borre (Abfahrt südlich von Borre-Kirke) sowie der Rørestrand beim Rørestrand Camping (s. „Übernachtung").

Golf

Borre golfbane, ✆ 41627000, 💻 www.borregb.no. Dieser 18-Loch-Golfplatz gilt als einer der besten Norwegens und ist Austragungsort internationaler Meisterschaften; er liegt ein wenig außerhalb von Horten am Weg nach Borre. Wer hier als Gast spielen will, muss möglichst frühzeitig reservieren.

Radfahren

Das Touristenbüro (verleiht auch Fahrräder) informiert über Fahrradrouten in der Umgebung.

Touren

Das Touristenbüro informiert über **Bibersafaris**, **Ausritte** und organisierte **Fahrradtouren** in der Umgebung.

Wandern

Zahlreiche markierte Wege laden zu ausgiebigen Wanderungen ein; besonders lohnend ist der 17 km lange Küstenwanderweg. Wanderkarten über die Touristeninformation.

SONSTIGES

Alkohol

Horten vinmonopol, Teatergate 6, ✆ 04560, 🕒 Mo–Mi 10–17, Do und Fr 10–18, Sa 10–15 Uhr.

Apotheken

Apotek 1, Teatergate 6, ✆ 33071680, 🕒 Mo–Fr 9–17, Sa 10–15 Uhr.

Autovermietungen

Avis, Bromsveien 13, ✆ 33043140.

Fahrradverleih

Rørestrand Camping, S. 164.
Horten turistkontor, s. u.

Feste

Vikingmarked, Anfang Juli. 6-tägiger Wikingermarkt mit Wikingerspielen beim Midgard-Senter (S. 164) in Borre; weitere Infos beim Touristenbüro.

Geld

Nordea Bank, Apotekergate 14, ✆ 06001.

Informationen

Horten turistkontor, Tollbugate 1, ✆ 33031708, 💻 www.visithorten.com, 🕒 Mitte Juni–Mitte Aug tgl. 9–18, sonst Mo–Fr 9–16 Uhr.

Medizinische Hilfe

Storgate legesenter, Trimveien 41, ✆ 33031650.

Polizei

Horten politistasjon, Langgate 7, ✆ 02800.

Post

Horten postkontor, Anders Jørgenses gate 20, ✆ 04004, 🕒 Mo–Fr 9–17, Sa 10–15 Uhr.

Taxis

Taxi, Apotekergate 9, ✆ 33083800.

TRANSPORT

Busse

Der Busbahnhof liegt im Zentrum an der Teatergate 7. Verbindungen bestehen Richtung FREDRIKSTAD alle 1–2 Std., 2 Std., OSLO 2–3x stdl., 2–2 1/2 Std., KRISTIANSAND 1–2x stdl. (4 1/2 Std.) via TØNSBERG (30 Min.), SANDEFJORD (1 1/2 Std.), LARVIK (2 Std.), SKIEN/PORSGRUNN (2 1/2 Std.) und GRIMSTAD (4 Std.).

Eisenbahn

Horten liegt an der Vestfoldbahn, und vom Bahnhof in Skoppum (4 km vom Zentrum entfernt: Zubringerbus) aus bestehen mehrmals tgl. Verbindungen Richtung OSLO (1 1/4 Std.) und SKIEN/PORSGRUNN (1 3/4 Std.) via TØNSBERG (15 Min.), SANDEFJORD (40 Min.) und LARVIK (55 Min.).

Schiffe

Ab dem Anleger im Zentrum verkehrt alle 20–60 Min. die **Fähre** M/S *Basto*, ✆ 33031740, 💻 www.basto-fosen.no (48 NOK, Pkw 137 NOK) in 30 Min. nach MOSS auf der Ostseite des Oslofjords. Siehe auch unter „Infos zur Oslofjord-Region", S. 152.

Tønsberg

Tønsberg ist nicht nur die älteste Stadt Norwegens (gegründet im 9. Jh.), sondern war während des gesamten Mittelalters die bedeutendste Handelsstadt des Landes. Doch die Pest sowie mehrere verheerende Feuersbrünste brachten den Niedergang, bis Tønsberg durch Seefahrt und insbesondere Walfang erneut zu wirtschaftlicher Blüte kam. Heute sind es insbesondere der Schiffsbau sowie die Offshore-Technik, denen das rund 43 000 Einwohner zählende Verwaltungszentrum des Bezirks Vestfold seinen relativen Reichtum verdankt, und übergroße Shoppingzentren sowie glasverbrämte Repräsentationsbauten bilden stattliche Festungen des Wohlstands in der vom Schlossberg überragten Stadt.

Am Slottsfjellet

Auf dieser Höhe, mit „Slottsfjellet" ausgeschildert, findet sich neben den Ruinen einer Festungsanlage aus dem 12. Jh. ein Aussichtsturm aus dem Jahre 1888, von dem aus man ein weites **Panorama** über die Stadt auf den nahen Oslofjord genießen kann (🕒 Mai–Aug tgl. 11–16 Uhr, Eintritt im Museumsticket inkl., s. u.). Dem Burgberg zu Füßen liegt das **Slottsfjellmuseum**, dem auch eine große Freilichtabteilung angeschlossen ist. Themen der Sammlungen sind Archäologie (u. a. sind ein Wikingerschiff aus dem 9. Jh. und Funde aus der Stein-, Bronze- und Eisenzeit ausgestellt), Schifffahrt (zahlreiche Modelle und Karten), das Stadtleben (u. a. originalgetreu eingerichtete Stuben und Geschäfte) sowie der Walfang (u. a. zahlreiche Skelette, beispielsweise von einem über 20 m langen Blauwal), der von Tønsberg aus bis in die 1960er-Jahre hinein praktiziert wurde und über den hier sehr einseitig und bar selbstkritischer Einsicht informiert wird. 💻 www.vfm.no, 🕒 Mai–Aug tgl. 11–16 Uhr, Eintritt 70 NOK.

Tjøme

Verdens Ende, das „Ende der Welt", ist von Tønsberg aus nur 27 km entfernt und bezeichnet das Südkap der über die R 309 auch landfest (und auch per Bus) erreichbaren Insel Tjøme. Der Leuchtturm, der diese Landmarke krönt, ist entsprechend auch als „Leuchtturm am Ende der Welt" bekannt. Bereits im Jahre 1696 errichtet, ist er der älteste des Landes, und äußerst fotogen reckt sich der grobe Steinbau auf glattgeschliffenen Klippen über den Oslofjord, dessen Küste auf einen ausgedehnten Schärengarten blickt.

Diesen vorgelagerten Felsinselchen sowie auch zahlreichen **Badestränden** verdankt die Insel Tjøme ihren hohen touristischen Stellenwert, und an sonnigen Hochsommertagen kann es hier an Land sowie auf dem Wasser durchaus ebenso eng wie am Adriastrand zugehen. Als beliebteste Fels-Badeplätze gelten Verdens Ende (blank geschliffene Felsen, Dusche, WC und Restaurant) sowie Mutmarka (romantische Uferfelsen, in Kriechwald gefasst; auch Wanderwege), während die Mostranda (Duschen und WC, viel FKK), Fynstranda (WC) und Lilleskagen (WC) die populärsten und schönsten Sandstrände bilden.

ÜBERNACHTUNG

€ **Tønsberg Vandrerhjem**, Dronning Blancesgate 22, 📞 33312175, 💻 www.facebook.com/tonsbergvandrerhjem. Jugendherberge in ruhiger Umgebung, direkt neben dem Schlossberg beim Fylkemuseum gelegen. Schon etwas in die Jahre gekommene Anlage (2007 renoviert) mit schlichten Zimmern, Gästeküche, Aufenthaltsraum, Restaurant/Café. Bett inkl. Frühstück ab 400 NOK. ❷–❸

Die Fahrradstadt Tønsberg

Mehr als 200 km an ausgebauten und vorbildlich markierten Fahrradwegen laden im Umfeld von Tønsberg zum Radwandern ein und machen die Stadt damit zur radlerfreundlichsten des ganzen Landes. Eine Broschüre des Touristenbüros informiert ausführlich über alle Radwege sowie Verleihstationen, und auch wer das Binnen- sowie Küstenland der Region lieber zu Fuß erkunden will, erhält im Touristenbüro detaillierte Broschüren. Insbesondere der Küstenwanderweg Nordsjøløypa verspricht viel Abwechslung.

Quality Hotel Klubben, Nedre Langgate 49, ✆ 33359700, 💻 www.choicehotels.no. 7-geschossiges Haus in Toplage am Anlegesteg im Zentrum, mit teils renovierten Komfortzimmern sowie Restaurant, Cocktaillounge und Fitnessraum. ❺

Furustrand Camping, Tolvsrød (5,5 km östlich von Tønsberg an der R 311), ✆ 33357000, 💻 www.furustrand.no. Mai–Sep geöffneter Platz, schön auf einer Halbinsel im Oslofjord gelegen und 2003 als bester Campingplatz Norwegens gekrönt. Eigener Badestrand, Kanu- und Bootsverleih, Laden, Restaurant (im Sommer geöffnet). Großes Übernachtungsangebot in Hütten (ab 795 NOK) und Apartments (ab 1250 NOK). Stellplätze ab 215 NOK.

ESSEN

Taj Mahal, Storgate 30, 💻 www.newtajmahal.no. Etwas aufgesetzt orientalisch eingerichtetes Restaurant, dessen Gerichte der indischen Küche aber authentisch und im Vergleich sehr günstig sind (Hauptgerichte ab 175 NOK). ◷ tgl. 14–22 Uhr.

Peppes Pizza, Nedre Langgate 26 B, 💻 www.peppes.no. Beliebtes Pizzarestaurant in einem restaurierten Haus aus dem 18. Jh. Große Auswahl an Pizzen, Salaten und Pastagerichten zu vernünftigen Preisen. ◷ tgl. 15–23 Uhr.

Roar i Bua, Honnørbrygga, ✆ 90654590, 💻 www.roaribua.com. Die angesagte Adresse für Fisch und Meeresfrüchte, auch schön zum

Draußensitzen. Die Renner sind hier Räucherlachs und Krabben, Fischbrötchen (Lachs, Steinbeißer oder Schellfisch), Fischsuppe sowie insbesondere Bacalao, preisgekrönt. Mittlere Preislage, günstige Lunchgerichte. ⌚ tgl. ab 10 Uhr.
Himmel & Hav, Tønsberg brygge, 💻 www.himmeloghav.net. In der 1. Etage ein modernes Café, in der 2. Etage ein stilvolles À-la-carte-Restaurant mit internationalen Speisen, hauptsächlich Fisch. Besonders empfehlenswert sind die Fischsuppe sowie das Tapas-Buffet, das Seinesgleichen sucht. Im Sommer Fr und Sa abends Livemusik. ⌚ tgl. ab 11 Uhr.

UNTERHALTUNG UND KULTUR

Fürs Nachtleben ist die Uferpromenade **Tønsberg Brygge** (Nedre Langgate) zuständig, wo zahlreiche Pubs, Bars und Discotheken einladen.
Oseberg kulturhus, Lindahlplan, Brygga, ✆ 33004137, 💻 www.osebergkulturhus.no. Konzerte, Theatervorführungen und diverse andere Veranstaltungen.
Papirhuset teater, St. Olavs gate 16 b, ✆ 33319472, 💻 www.papirhusetteater.no. Theater und Tanzvorstellungen rund ums Jahr; das Programm ist beim Touristenbüro erhältlich.

AKTIVITÄTEN

Paddeln

Padleopplevelser, Thomas Johansen, Flekkenveien 140, Tjøme ✆ 90651152, 💻 www.padleopplevelser.no. Verleih von außerordentlich gepflegten Seekajaks (400 NOK pro Tag, Wochenende 700 NOK, jeder weitere Tag 250 NOK) und auch Trockenanzügen (100 NOK pro Tag), außerdem Kajak-Kurse (Anfängerkurs: 600 NOK) und auch organisierte Touren. Auch Kajak-Transfer.

Wandern

Es gibt zahlreiche markierte Routen, populär sind u. a. der etwa 6 km lange **Osebergstien** (startet am Oseberghaugen neben den Wikinger-Gräbern) sowie der **Grevestien**, der zu einem Vogelbeobachtungs-Turm führt; das Touristenbüro informiert ausführlich.

TOUREN

Verdens Ende, Tjøme, ✆ 90128457, 💻 www.stallverden.no. Bietet Ausritte und Reitstunden, außerdem mehrstündige geführte Touren.
Sea Action, Solnesskogen 6, Melsomvik, ✆ 33336993, 💻 www.seaaction.no. Einer der größten Anbieter am Oslofjord für Wassersport-Aktivitäten: u. a. Tauchen, Parasailing, Kanuverleih, Hochsee-Rafting, Hochseefischen, Regattasegeln, Seehundsafaris.

SONSTIGES

Alkohol

Tønsberg vinmonopol, Farmandstredet, Jernbanegate 1 D, ✆ 04560, ⌚ Mo–Fr 10–18, Sa 10–15 Uhr.

Apotheken

Apotek 1, Farmandstorvet, Fayesgate 7, ✆ 33374560, ⌚ Mo–Fr 9–20, Sa 10–18, So 16–19 Uhr.

Autovermietungen

Avis, ✆ 33319570.
Hertz, ✆ 33380264.

Fahrradverleih

Tønsberg turistkontor, (s. u.).

Geld

Handelsbanken Tønsberg, Nedre Langgate 16, ✆ 33350130.

Informationen

Tønsberg turistkontor, Tollbodgaten 22 (Rådhuset), ✆ 33348000, 💻 www.visittonsberg.com. ⌚ ganzjährig, im Sommer tgl. 10–18, sonst Mo–Fr 10–15 Uhr.

Medizinische Hilfe

Tønsberg legesenter, Nordbyen 41, ✆ 33308181.

Polizei

Tønsberg politistasjon, Baglergate 2, ✆ 02800.

Post

Tønsberg postkontor, Farmandstredet, Jernbanegate 1 D, ✆ 04004, ⌚ Mo–Fr 9–18, Sa 10–15 Uhr.

Taxis

Taxi, Grev Wedelsgate 17, ✆ 33301111.

TRANSPORT

Selbstfahrer

Die Einfahrt in den Innenstadtbereich von Tønsberg ist mautpflichtig (20 NOK).

Busse

Der Busbahnhof befindet sich im Zentrum an der Teatergate 7.
Verbindungen bestehen mit HORTEN 1–2x stdl., 30 Min., KONGSBERG alle 1–2 Std., 2 Std., OSLO stdl., 1 3/4 Std., KRISTIANSAND (4 1/2 Std.) via SANDEFJORD (1 Std.) und LARVIK (50 Min.), SKIEN/PORSGRUNN (1 1/2 Std.) und GRIMSTAD (3 1/2 Std.).

Eisenbahn

Tønsberg liegt an der Vestfoldbahn, und vom Bahnhof im Zentrum nahe dem Schlossberg an der Jernbanegate bestehen mehrmals tgl. Verbindungen Richtung OSLO (1 1/2 Std.) und SKIEN/PORSGRUNN (1 1/4 Std.) verkehren via SANDEFJORD (30 Min.) und LARVIK (45 Min.).

Flüge

Der **Flughafen Oslo-Torp** (S. 173) ist 18 km von Sandefjord entfernt (Flughafenbus ab Busbahnhof/Bahnhof, 6–20 Uhr, alle 20 Min., Taxi 545 NOK).

Sandefjord

Neben Tønsberg zeichnet in Norwegen vor allem das benachbarte Sandefjord dafür verantwortlich, dass die Wale ums Haar vom Antlitz dieser Erde getilgt worden wären, denn bis 1968 war Sandefjord Heimathafen der norwegischen Walfangflotte, die eine Hauptschuld am beinahen Exodus der Meeressäuger trägt. Doch anstatt sich kritisch mit diesem dunklen Kapitel der Geschichte auseinanderzusetzen, tragen zahlreiche Lokale und Restaurants sowie auch Straßennamen den Wal im Namen. Die Stadtväter haben dem Gemetzel mit dem Walfangmonument sogar ein Denkmal gesetzt, das heute alle Prospekte der rund 44 000 Einwohner zählenden Stadt schmückt und sich direkt beim Fährhafen als schmiedeeiserner Blickfang erhebt.

Es will den Anschein vermitteln, als hätten der Wal und seine Jäger die gleichen Chancen, und auch das nahebei an der Uferpromenade gelegene **Walfangmuseum** zeichnet ein völlig verzerrtes Bild, das jegliche Selbstkritik vermissen lässt. Hvalfangstmuseet, Museumsgate 39, 💻 www.hvalfangstmuseet.no, ⌚ 23. Juni–Ende Aug tgl. 10–17, sonst Mo–Sa 11–15, So 12–16 Uhr, Eintritt 70 NOK.

Bleibt als dritte „Sehenswürdigkeit" das im Sommer an der Museumsbrygga direkt beim Museum vor Anker liegende ehemalige **Walfangschiff** *Southern Actor*, das 1950 auf Kiel gelegt wurde und originalgetreu erhalten ist. ⌚ Ende Juni–Ende Aug tgl. 12–17 Uhr, Eintritt frei.

Fotogener ist der nebenan vertäute Nachbau des **Wikingerschiffs** *Gokstad* (S. 135), das 1990 sogar den Atlantik gequert hat, aber im Sommer oft auf großer Fahrt ist.

ÜBERNACHTUNG

Hotel Kong Carl, Torggate 9, ✆ 33463117, 💻 www.kongcarl.no. Edler und mehrfach preisgekrönter Schmuckbau aus dem Jahr 1690, eines der ältesten und traditionsreichsten Hotels des Landes. Die Zimmer sind komfortabel, das Restaurant gilt als Schlemmeradresse. ❻

Bobilhavn, Sandefjordsveien 7, ✆ 98842151, 💻 www.bobilplassen.no/sandefjord. Gleich beim Gästehafen an der Zufahrt nach Sandefjord (R 303) gelegener Wohnmobilplatz (200 NOK pro Fahrzeug).

Ula Camping, Ula (an der R 303 Richtung Larvik ausgeschildert), ✆ 93424403, 💻 www.ula-camping.no. Toller Platz mit schönem Wiesenareal, Schatten spendenden Kiefern und einem traumhaftem Sandstrand. Grillmöglichkeiten, saubere sanitäre Anlage und einfache Hütten (550–650 NOK). Autos dürfen den Platz nicht befahren, ein Stellplatz fürs Zelt kostet 180 NOK.

ESSEN

Die meisten Restaurants befinden sich am Marktplatz, im Bereich der Strandpromenade sowie am Hafen, und die allermeisten haben auch Walfleisch auf der Speisekarte.

James Clark, Thor Dahlsgate 1-2, ✆ 93030127, 💻 www.jamesclark.no. Klassisch englischer Pub und Restaurant am Kai mit norwegischen und internationalen Gerichten zu vernünftigen Preisen. Fr und Sa abends Coverbands, daher möglichst reservieren. 🕒 Mo–Fr 18–2, Sa und So 13–2.30 Uhr.

€ **Peppes Pizza**, Thor Dahlsgate 1-5, 💻 www.peppes.no. Beliebte und günstige Pizzeria direkt am Kai. Reichhaltiges Menü und entspannte Atmosphäre. 🕒 tgl. 15–23 Uhr.

Smak Sandefjord, Thor Dahlsgate 9, ✆ 33462741, 💻 www.smaksandefjord.no. Zwei Restaurants unter einem Dach. Im „Brasseri" werden Gerichte aus Asien, Frankreich, Italien und Spanien serviert, im „Café" hingegen günstige Lunchgerichte (um 150 NOK). Angeschlossen ist eine Weinbar, und im Weinkeller lagern nicht weniger als 900 Lagen; hier werden Snacks (ab 59 NOK) sowie einfache Gerichte serviert. 🕒 „Café" und „Brasseri" Di–Sa ab 12 Uhr.

AKTIVITÄTEN

Baden

Sehens- und „bebadenswert" sind die zahlreichen Badestrände auf den südöstlich am Weg nach Larvik in das Skagerrak ragenden Halbinseln Østerøya und Vesterøya. Populär ist insbesondere der auch per Bus (Bus Nr. 168) erreichbare Strand von Vøra, ca. 9 km außerhalb des Zentrums.
Der schneeweiße und von alten Kiefern gesäumte Badestrand des ehemaligen Lotsendorfes Ula, abseits der R 303 Richtung Larvik ausgeschildert, ist mit Abstand der schönste weit und breit!

Freizeitpark

Høyt og Lavt aktivitetspark, Lågendalen (etwa 40 km nördlich von Sandefjord entlang der R 40), ✆ 99105958, 💻 www.hoytlavt.no, Eintritt 375 NOK. Aktivitätspark mit einem ungemein großen Angebot an geführten Rafting-, Kanu-, Reit- und Bergtouren; angeschlossen ist darüber hinaus der größte Kletterpark von ganz Skandinavien, und auch Kinder finden hier alles nach ihrem Geschmack. 🕒 17. Juni–20. Aug tgl. 10–17.30 Uhr.

Radfahren

Vesterøya und Østerøya gelten nicht nur als Bade-, sondern auch als Radel-Paradiese und bieten idyllische Küstenlandschaft, die durch kleine Straßen erschlossen wird.

Wandern

Der markierte Küstenwanderweg von Vesterøya hat eine Länge von 25 km, derjenige von Østerøya misst 20 km. Das Touristenbüro informiert.

TOUREN

Die Touristeninformation informiert und vermittelt **Bootstouren** und **Safaris**.

SONSTIGES

Alkohol

Sandefjord vinmonopol, Jernbanealléen 13, ✆ 04560, 🕒 Mo–Mi 10–17, Do 10–18, Fr 9–17, Sa 9–15 Uhr.

Apotheken

Apotek 1, Torget 7, ✆ 33427880, 🕒 Mo–Fr 10–20, Sa 10–18 Uhr.

Autovermietungen

Am Flughafen sind alle internationalen Verleihfirmen vertreten, u. a.
Avis, ✆ 33469550, und **Hertz**, ✆ 33478490, ebenso **Rent a Wreck**, ✆ 33471511.

Fahrradverleih

Sandefjord turistkontor, (s. Informationen).
Hotel Kong Carl, S. 169.

Die Küsten-Fahrradroute

- **Route**: Horten – Larvik – Kristiansand – Flekkefjord
- **Länge**: ca. 470 km
- **Dauer**: ca. 7 Tage
- **Höhenunterschied**: max. 150 m
- **Schwierigkeitsgrad**: leicht

Die familienfreundliche Tour führt von der Oslofjord-Region entlang der sonnenverwöhnten Südküste von Ferienort zu Ferienort und trifft dabei immer wieder auf die Nordsee.

Die Route

Herrliche Strände sind Highlights dieser gerade für Familien sowie sportliche Senioren empfehlenswerten Route. Sie führt entlang der „Riviera am Skagerrak" und passiert unterwegs die schönsten Abschnitte der Schärenküste, die malerischsten Holzhausstädtchen sowie die populärsten Ferienorte des Landes. Mal geht es über autofreie Inseln dahin, mal mithilfe von Fähren um stark befahrene Streckenabschnitte herum. Die größtenteils beschilderte Route führt über kaum frequentierte Asphalt-, Schotter- und Naturwege durch weitgehend ebenes Terrain.

Die eigentliche Küstenroute beginnt zwar in **Svinesund** (S. 152) an der schwedischen Grenze, aber im Bereich des östlichen Oslofjords ist sie nicht beschildert und führt außerdem häufig entlang stark befahrener Straßen, weshalb die meisten Tourenradler **Horten** (S. 163) als Ausgangspunkt wählen. Von dort aus geht es via **Åsgårdstrand** (S. 164) entlang der Küste nach **Husvik**. Hier gilt es, sich zu entscheiden, ob auf dem Weg nach **Sandefjord** (S. 169) die Landstrecke via **Tønsberg** (S. 166) genommen wird oder aber, und landschaftlich wesentlich eindrucksvoller, die Route entlang der (mit Fähren verbundenen) Inseln **Nøtterøy**, **Veierland** und **Engø**. Weiter geht es via **Larvik** nach **Helgeroa**, wo die Fähre nach **Langesund** ablegate Die nächsten Stationen sind **Valle** und **Kragerø** (S. 177), und teils mit der

Radeln entlang der Schärenküste bei Larvik ist ein Kinderspiel.

Fähre, teils über Land geht es via **Stabbestad** und **Øysang** nach **Risør** (S. 179) und weiter via **Gjenving** (wo sich ein Abstecher nach **Lyngør** anbietet, S. 182) nach **Tvedestrand** (S. 182). Die sich anschließende Strecke über **Grimstad** (S. 185) nach **Lillesand** (S. 188) führt entlang der restaurierten „Westland-Straße", bevor es mit dem Fährboot M/S *Øya* durch den Schärenkanal **Blindleia** (S. 189) nach **Kristiansand** (S. 190) geht; alternativ bietet sich an, via **Birkeland** über einen etwas längeren, aber idyllischen Waldweg zu radeln.

Die Route führt weiter nach **Mandal** (S. 195) und **Farsund**, gefolgt von einem Abstecher zum **Kap Lindesnes**, bevor dann **Flekkefjord** (S. 199) erreicht wird, wo sich die „Nordseeroute" (S. 204) anschließt.

Praktische Tipps

Radverleih

Zahlreiche Verleihstellen entlang der Strecke, aber Einwegmiete wird nicht angeboten. Wer die ganze Route fahren möchte, sollte daher möglichst das eigene Rad mitbringen.

Übernachten

An Campingplätzen sowie sonstigen Unterkünften herrscht kein Mangel. Entlang der Route laden insgesamt ein rundes Dutzend speziell markierter, fahrradfreundlicher Übernachtungsbetriebe ein.

Infos

Auf www.cyclingnorway.no werden unter den Stichworten „Skjærgårdsruta", „Oslofjordsruta" und Nordsjøruta" Kartenempfehlungen gegeben. Weiteres Kartenmaterial online unter www.northsea-cycle.com.

Anschlussmöglichkeiten

Ab Kongsberg mit der Numedalsroute (S. 224), ab Kristiansand mit der Setesdalsroute (S. 207) und ab Flekkefjord mit der Nordseeroute (S. 204).

Geld

Handelsbanken Sandefjord, Thor Dahls gate 1 (neben der Touristeninformation), ✆ 33446770.

Informationen

Sandefjord Reiselivsforening, Torpveien 130, ✆ 33460590, 💻 www.visitsandefjord.com, 🕒 Mitte Juni–Mitte Aug Mo–Fr 9–18, Sa 10–16, So 12–16, sonst Mo–Fr 9–16 Uhr.

Medizinische Hilfe

Legevakt Sandefjord, Skiringssalveien 26, ✆ 33456700.

Polizei

Sandefjord politistasjon, Hjertnespromenaden 21, ✆ 02800.

Post

Sandefjord postkontor, Jernbanealléen 13, ✆ 04004, 🕒 Mo–Fr 8.30–17, Sa 9–15 Uhr.

Taxis

Taxi, Klinestadmoen 1, ✆ 33420200.

TRANSPORT

Busse

Verbindungen ab Busbahnhof (gegenüber dem Bahnhof) 1–2 x stdl. mit HORTEN (1 1/2 Std.), KONGSBERG (stdl., 2 Std.), OSLO (1 3/4 Std.), TØNSBERG (40 Min.), KRISTIANSAND (3 3/4 Std.), via LARVIK (35 Min.), SKIEN/PORSGRUNN (1 1/4 Std.) und GRIMSTAD (3 1/4 Std.).

Eisenbahn

Sandefjord liegt an der Vestfoldbahn, und vom Bahnhof an der P. Castbergsgate bestehen mehrmals tgl. Verbindungen Richtung OSLO (1 3/4 Std.) via TØNSBERG (20 Min.) sowie Richtung SKIEN/PORSGRUNN (1 Std.) via LARVIK (15 Min.).

Schiffe

Fähren der Color Line, ✆ 81000811, 💻 www.colorline.de, verkehren bis zu 5x tgl. auf der Strecke von/nach STRÖMSTAD/Schweden.

Flüge

Der **Flughafen Oslo-Torp**, ✆ 33427070, 💻 www.torp.no, liegt rund 10 km östlich des Zentrums (Buszubringer ab Bahnhof/Busbahnhof alle 30 Min.). Duty-Free bei Ankunft aus dem Ausland gibt es hier nicht, auch kann man kein Geld wechseln (Geldautomat ist aber vorhanden). Nach Ankunft einer Maschine verkehrt stets der **Torp-Expressbus**, 💻 www.torpekspressen.no, nach Oslo (260 NOK), aber auch Richtung Kristiansand hat man direkt vom Flughafen aus guten Busanschluss. Das Taxi kostet rund 300 NOK nach Sandefjord bzw. 550 NOK nach Tønsberg.

Widerøe fliegt mehrmals tgl. nach BERGEN, STAVANGER, TRONDHEIM und KOPENHAGEN, mit **KLM**, ✆ 81520000, geht es nach AMSTERDAM.

Die Südküste

Der südlichste Landesteil ist mit Sonne, Stränden und Schären sowie malerischen Holzhausstädtchen reich gesegnet und der Norweger liebstes Sommerferiengebiet. Je weiter westlich man vom Skagerrak aus reist, desto wilder präsentiert sich die „Riviera am Skagerrak", bis sich an der Nordsee schließlich flaches Land hinter kilometerlangen Dünenstränden erstreckt. Die Küste zwischen Sandefjord und Larvik, wo sich der Oslofjord zum **Skagerrak** hin öffnet, besitzt zwar beliebte Badeorte, die aber keinem Vergleich mit den sich südlich anschließenden „Weißen Orten" standhalten.

Ein Besuch einer dieser Bilderbuchidyllen am Skagerrak, die als die schönsten **Seebäder** Norwegens gelten, erschließt einem den ganz besonderen Reiz dieses Landesteils, der im Osten an die Oslofjord-Region angrenzt und gen Nordsee hin nach Rogaland mit seinen ausgedehnten Dünenstränden überleitet. Verwaltungstechnisch setzt er sich aus den beiden Bezirken **Aust-Agder** und **Vest-Agder** zusammen, deren Landschaft durch Hügel und mäßig hohe Berge modelliert sowie durch tief eingeschnittene Taltröge gegliedert wird und nach Norden zu allmählich in von Hochmooren bedeckte Gebirgszonen aufsteigt.

Da die gesamte Region vor den von Westen kommenden Regenwolken weitgehend geschützt ist, liegen hier die Niederschlagsmengen weit unter dem Landesdurchschnitt. Folglich ist es hier landesweit am wärmsten und sonnigsten, weshalb die stark zerklüftete Schärenküste, die hier allein etwa 2700 km Länge misst, auch den Ruf genießt, die **Sonnenküste** von Norwegen zu sein. Entsprechend populär ist sie als Urlaubsgebiet, und wer als Südnorweger etwas auf sich hält, hat hier ein Ferienhaus.

Skien

Die mit Porsgrunn zusammengewachsene Doppelstadt zählt fast schon 100 000 Einwohner und ist eines der bedeutendsten Industrie- und Handelszentren des Landes. Herausragende Sehenswürdigkeiten fehlen, doch Skien ist Ausgangspunkt für einen unvergesslichen Ausflug auf dem hier beginnenden Telemarkkanal.

Südküste

ÜBERNACHTUNG

Skien/Porsgrunn ist ein relativ teures Pflaster, günstiger ist es außerhalb, aber am schönsten wohnt man an der Küste im nahen Stadhelle (etwa 15 km).

Dag Bondeheim, Prinsessens gate 7, Skien, ✆ 35520030, 💻 www.dagbondeheim.no. Unlängst renoviertes Hotel aus den 1930er-Jahren mit 40 Zimmern (mit und ohne Bad/WC). Das Gebäude wurde teils renoviert und modern ausgestattet und liegt nur wenige Gehminuten vom Zentrum mit seiner Fußgängerzone entfernt. Relativ günstig. ❷–❸

Rognstranda Camping, Rognsveien 148, Stadhelle, ✆ 35973911, 💻 www.rognstranda camping.no. Der schöne Campingplatz befindet sich in ruhiger Lage direkt am Meer mit Badestrand. Im Angebot sind etwas teure Stellplätze (2 Pers. mit Zelt und Auto 310 NOK), aber dafür relativ preiswerte Hütten ab 600 NOK.

ESSEN

Brekkeparker Kafe, Øvregate 41, Skien, ✆ 47457023. Top-Tipp für sonnige Tage zum Draußensitzen und zum Genießen der schönen Aussicht auf Skien. Auf der Speisekarte stehen

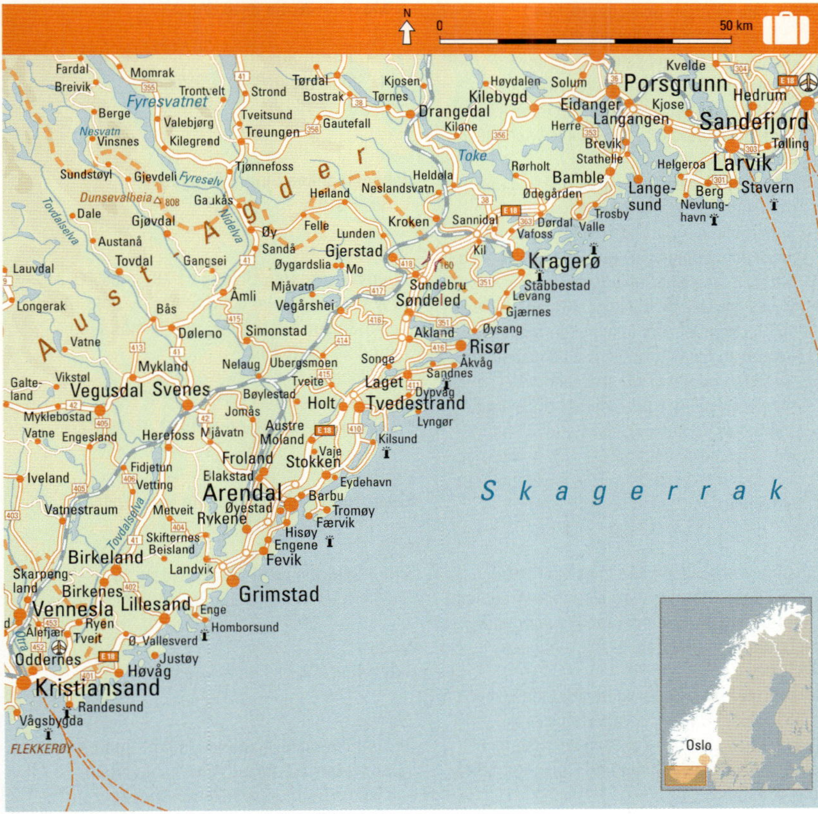

Infos zur Südküste

- **Sørland Turistinformasjon**, Rådhusgt. 18, ✆ 38121314, 💻 www.visitsorlandet.com. Für den östlichen Bereich der Südküste zuständig.
- **Nordsjøvegen**, Luramyrveien 40, 4313 Sandnes, ✆ 52973500, 💻 www.nordseestrassed.de. Hier bekommt man ausführliche Informationen über den gesamten „Nordseeweg" von Kristiansand bis nach Stavanger; über die Website lässt sich auch eine umfassende Broschüre (auch auf Deutsch erhältlich) downloaden.
- 💻 **www.suednorwegen.org**: Diese private Website eines deutschen Südnorwegen-Liebhabers stellt die gesamte Küste zwischen Risør und Stavanger kenntnisreich vor. Neben geschichtlichen und aktuellen Infos finden sich besonders für Angler viele wichtige Informationen.
- **Öffentliche Verkehrsmittel**: Alle in diesem Abschnitt vorgestellten Städte sind untereinander durch Buslinien verbunden; Verbindungen gibt es außerdem nach Oslo, Kristiansand und Stavanger. Eine Reise mit dem Zug ist nicht besonders zu empfehlen, da der von Oslo her kommende Schienenstrang ab Skien teils weit im Landesinnern verläuft und die Küste erst wieder bei Kristiansand erreicht, um sie bei Egersund wieder zu verlassen. Informationen für die Gesamtregion unter ✆ 177, im Internet werden Interessierte auf 💻 www.rutebok.no fündig.

günstige warme und kalte Lunchgerichte sowie Pizzen. Abends wird ein umfangreiches À-la-carte-Menü mit leckeren Fleisch- und Fischgerichten geboten. 🕒 Mai–Aug tgl. 11–21 Uhr.

Bryggeriet Pizza, Oscarsgate 2B, Skien, ✆ 35530053, 💻 www.bryggerietpizza.no. Gemütliches Lokal im Zentrum von Skien. Außer Pizzen auch Salate und Fleischgerichte; sehr günstig.

SONSTIGES

Aktivitäten
Die vielen Strände rund um Skien, insbesondere im Bereich von Langesund, laden zum **Baden** ein, ansonsten locken mehrere **Freizeit-** und **Badeparks**, dazu **Wanderungen** (mehrere markierte Pfade), **Boots-** und **Radtouren**. Nähere Infos im Touristenbüro.

Alkohol
Skien vinmonopol, Liegate 10, ✆ 04560, 🕒 Mo–Fr 10–18, Sa 9–14 Uhr.

Apotheken
Apotek 1 Bien, Liegate 10, ✆ 35913600, 🕒 Mo–Fr 9–20, Sa 9–18 Uhr.

Autovermietungen
Hertz, Voldsvegen 204, ✆ 35550930, 🕒 Mo–Fr 8–16 Uhr.

Geld
Handelsbanken Skien, Torggate 7, ✆ 35587810.

Informationen
Skien turistkontor, Uniongata 18, ✆ 35905520, 💻 www.visitgrenland.no, 🕒 Mo–Fr 9–16 Uhr (in der Saison bis 18 Uhr), im Sommer auch Sa und So 10–16 Uhr.

Medizinische Hilfe
Porsgrunn legevakt, Allsgate 41, ✆ 35932393.

Polizei
Skien politistasjon, Torggate 4, ✆ 02800.

Post
Skien Sentrum postkontor, Liegate 10, ✆ 04004, 🕒 Mo–Fr 9–18, Sa 9–15 Uhr.

Taxis
Skien Taxi, Skistredet 8, ✆ 05210.

Touren
Die Touristeninformation vermittelt Touren jeder Art (auch Fahrrad- und Kanuverleih) und ist die Buchungsstelle für Bootstouren

und kombinierte Boots-/Bustouren auf dem Telemarkkanal (S. 180).

TRANSPORT

Busse

Vom Busbahnhof im Zentrum aus bestehen mehrmals tgl. (z. T. auch stdl.) Verbindungen mit Oslo, Rjukan, Kongsberg sowie allen größeren Orten an der Skagerrakküste.

Eisenbahn

Skien/Porsgrunn liegt an der Vestfold- sowie an der Sørlandbahn, und es bestehen mehrmals tgl. Verbindungen Richtung OSLO via LARVIK, SANDEFJORD und TØNSBERG sowie via KONGSBERG und DRAMMEN, außerdem Richtung STAVANGER via KRISTIANSAND und EGERSUND.

Schiffe

Telemarkkanal s. Tour S. 180.

Kragerø

Mit seiner über dem Meer gelegenen verwinkelten Altstadt entpuppt sich das rund 5500 Einwohner große Kragerø als charmantes Städtchen mit nahezu südländischem Flair. Vor allem bei Norwegern genießt Kragerø mit seinen 495 vorgelagerten Schären höchstes Ansehen als Urlaubsziel, ja wurde im Jahre 2008 gar im Rahmen einer Umfrage zu Norwegens populärstem Seebad erklärt. Entsprechend groß ist das Angebot an Bootsausflügen und Aktivitäten, entsprechend gut sind auch die Bademöglichkeiten; doch entsprechend enorm, und dies nicht nur für norwegische Verhältnisse, sind im Sommer auch der Andrang sowie die Preise, die einen normal betuchten Mitteleuropäer gewaltig ins Schwitzen bringen können.

ÜBERNACHTUNG

Im Sommer sollte man so früh wie möglich Unterkünfte reservieren, denn die Nachfrage nach Zimmern und Ferienhütten ist enorm. Das Touristenbüro ist dabei behilflich und vermittelt zudem relativ günstige Privatzimmer.

Kragerø Sportell, Lovisenbergveien 20, ✆ 35985700, 💻 www.kragerosportell.no. Große Anlage, etwa 1,5 km außerhalb von Kragerø am Meer gelegen. Zimmer und Apartments mit gutem Standard, umfassendes Aktivitätsangebot, u. a. Ruder- und Motorbootverleih, Strandvolleyball, Billard etc. ❷–❸

Villa Bergland Hotell, Kragerøveien 73, ✆ 35982100, 💻 www.villa-bergland.no. Flotte Villa im Jugendstil, etwa 1 km außerhalb vom Ortszentrum. Schöne Komfortzimmer im Hauptgebäude sowie Ferienwohnungen in der dazugehörigen Gartenanlage. Ab ❺

Victoria Hotel, P. A. Heuchsgate 31, ✆ 35987525, 💻 www.victoria-kragero.no. Der wunderschöne und fast 100 Jahre alte Holzbau direkt am Hafen gilt als Kragerøs vornehmstes Hotel. Die Zimmer, zum Teil mit Hafenblick, sind entsprechend stilvoll; Restaurant, Bar und Pub sind angeschlossen. ❺

Lovisenberg Camping, Lovisenbergveien 93 (6 km nördlich an der Zufahrt nach Kragerø beschildert), ✆ 35988777, 💻 www.campingplassen.com. Riesiger Platz, schönan einer Bucht gelegen, mit eigenem Badestrand, Schwimmbad, Angelplätzen, Fahrrad- und Ruderbootverleih. Perfekt auch für einen längeren Aufenthalt. Zahlreiche Hütten (mit/ohne Bad/WC) ab 490 NOK bzw. Hochsaison 690 NOK.

ESSEN

€ **Admiralen Restaurant**, Ytre Strandveien 24, ✆ 35983111, 💻 www.admiralen.no. Günstige fernöstliche Kost aus China und Malaysia, außerdem einfache norwegische Gerichte. Preiswerte Tagesgerichte bis 17 Uhr. 🕒 tgl. 11–22 Uhr.

€ **Kafe Edvard**, Edvard Munchs veien 2, ✆ 35981550. Einfache norwegische Gerichte zu sehr günstigen Preisen.

Lanternen, Ytre Strandveien 4, ✆ 97614976. Die Lage am und die Aussicht über den Hafen sind ebenso toll wie die norwegischen Gerichte lecker und die Preise hoch. Für besondere Anlässe empfiehlt sich das tgl. wechselnde 3-Gänge-Menü; wer aufs Budget achtet, sollte die Fischsuppe ordern, die als die beste im Ort gilt. ⌚ Ende Mai–Mitte August Mo–Sa ab 11.30, So ab 12.30 Uhr.

Tollboden, P.A. Heuchsgate 4 (am Hafenkai), 💻 www.tollboden.org. Urgemütliches Bryggerestaurant in einem Speicherhaus aus dem 18. Jh. Relativ günstiges Lunchmenü mit Pasta, Pizza und Salat, abends norwegische Traditionsgerichtenzu gehobenen Preisen, samt Feinschmeckermenüs mit 3 oder 5 Gängen. ⌚ im Sommer tgl. ab 12 Uhr, sonst nur Di–Fr ab 16 Uhr.

UNTERHALTUNG UND KULTUR

Im Sommer sprudelt Kragerø förmlich über vor Leben, und abends kann es am **Torget** (Marktplatz) und der **Brygga** (Hafenkai) heiß hergehen. Zahlreiche Bars, Musikpubs und Discotheken haben dann geöffnet (im Winter geschlossen) und fast jeden Abend gibt's Livemusik. Im Touristenbüro liegen Broschüren aus, die verraten, wann wo was läuft und geschieht.

AKTIVITÄTEN

Das Angebot an Aktivitäten in Kragerø ist üppig. Ansprechpartner ist das Touristenbüro, das u. a. über die schönsten **Fahrradtouren** und **Wanderungen** sowohl auf dem Festland als auch auf den zahlreichen vorgelagerten Inseln informiert. Auch eine Karte, in der alle **Badeplätze** auf dem Festland und den unzähligen vorgelagerten Schären verzeichnet sind, kann man hier bekommen.

TOUREN

Kragerø Fjordbåtselskap, Torvgate 1, ✆ 40005858, 💻 www.fjordbat.no. Einer der größten Anbieter von Schärentouren, außerdem regulärer Fährservice zu den vorgelagerten Badeinseln, des Weiteren Seehund- und Fotosafaris.

Im Schärengarten

Die Zahl möglicher Badeplätze am Festland rings um Kragerø ist schier unerschöpflich, aber nirgends finden sich bessere Bedingungen zum Plantschen, Schwimmen und sich Sonnen als im vorgelagerten Schärengarten, der sage und schreibe 495 Inseln und Inselchen zählt. Die wichtigsten werden im Sommer von Fährbooten bedient, zu allen anderen verkehren Taxiboote.

Auf einer vom Touristenbüro herausgegebenen Karte sind die interessantesten und am besten zum Baden geeigneten Schären verzeichnet. Am populärsten ist die gerade mal 2,4 km² große Insel **Bærø**, die mit dem längsten und, wie viele meinen, auch schönsten Sandstrand der Region aufwartet. Will man nicht nur am oder im Wasser liegen, bietet sich die bewaldete Schäre **Skåtøy** an, die als größte Insel in diesem Küstenabschnitt ideale Bedingungen für Wanderer und Radfahrer bietet. Ganz ähnlich präsentiert auch sich das rund 7 km lange und nur von wenigen Menschen bewohnte **Jomfruland**, auf dem zudem ein 22 m hoher und aus 250 000 Ziegelsteinen erbauter Leuchtturm aus dem Jahre 1839 zum Besteigen einlädt. Hier lässt es sich zudem prächtig baden, und auch Duschen und Toiletten sowie ein Gasthof stehen bereit.

Kragerø Ridesenter, Strømdal Gård (bei Sannidal), ✆ 35989524, 💻 www.kragero-ridesenter.no. Organisierte Ausritte, Verleih von Pferden und Ponys sowie Reitunterricht.

Kragerø Sportell (S. 177), größter Anbieter für Aktivitäten jeder Art, u. a. Verleih von Ruder-, Segel- und Motorbooten sowie Kanus und Kajaks; außerdem Schärenrundfahrten, teils mit Essen und Erfrischungen, sowie abendliche Grilltouren zu einer der zahlreichen Inseln.

SONSTIGES

Alkohol

Kragerø vinmonopol, Ytre Strandveien 11, ✆ 04560, ⌚ Mo–Mi 10–17, Do 10–18, Fr 9–17, Sa 9–15 Uhr.

Apotheken

Vitusapotek Kragerø, Kirkegate 15, ✆ 35986888, ⌚ Mo–Fr 9–16.30, Sa 10–14 Uhr.

Autovermietungen

Avis, Gamle Kragerøveien 2, ✆ 35980500.

Fahrradverleih

Lovisenberg Camping, S. 177.

Feste

Im Sommer finden zahlreiche Veranstaltungen und Feste statt, und nahezu allabendlich laden dann Jazz-, Rock- und andere Konzerte ein.

Geld

Kragerø Sparebank, Kirkegate 26, ✆ 35986800.

Informationen

Kragerø turistkontor, Torvggate 1 (am Kreisverkehr), ✆ 35982388, 💻 www.visitkragero.no, www.kragerokystperlene.no, ⌚ ganzjährig Mo–Fr 10–16, im Sommer Mo–Sa 9–17, So ab 11 Uhr.

Medizinische Hilfe

Kragerø sykehus, Gamle Kragerøveien 32, ✆ 35986000.

Polizei

Kragerø politistasjon, Gamle Kragerøveien 9, ✆ 02800.

Post

Kragerø postkontor, Rådhusgate 4, ✆ 04004, ⌚ Mo–Fr 9–20, Sa 9–18 Uhr.

Taxis

Kragerø Taxi, Indre Strandveien 1, ✆ 35984240

NAHVERKEHR

Zuständig für den Schärentransport ist die **Kragerø Fjordbåtselskap** (S. 178), deren Badeboote im Sommer die großen Schären im Liniendienst bedienen; zum Küstenziel nach Wahl verkehren die Taxiboote der Gesellschaft.

TRANSPORT

Vom Busstopp am Hafen gibt es Verbindungen u. a. mit SKIEN/PORSGRUNN (stdl.), KRISTIANSAND (stdl.) sowie OSLO (stdl.).

Risør

Ganz im Gegensatz zum verwinkelten Kragerø präsentiert sich das rund 4000 Einwohner zählende Risør weit und großzügig: Es besticht mit einer schicken Uferpromenade, hinter der sich stilvolle Patrizierhäuser aneinanderreihen. Der als „Perle der Riviera" gepriesene Ferienort gilt als der malerischste des Südens, gleichzeitig aber auch als der mondänste des Landes. Wer etwas auf sich hält in Norwegen, der macht hier Urlaub – so u. a. auch Mitglieder des Königshauses. So viel Superlativ verpflichtet, vor allem auch zu einem astronomischen Preisniveau, weshalb sich die meisten ausländischen Touristen mit einem kurzen Stadt- und Promenadenbummel auf größtenteils autofreien Straßen begnügen.

Spaß am und auf dem Wasser

Der Schärengarten von Risør steht demjenigen von Kragerø kaum nach, und insbesondere **Øysang**, wohin im Sommer mehrmals pro Tag kleine Fähren verkehren (Fahrplaninfos unter ✆ 91386097) sowie **Stangholmen** (S. 183) sind bei Badegästen beliebt. Aber auch am Festland lädt ein rundes Dutzend Strände ein; mit Dusche/WC ausgestattet sind u. a. die ausgeschilderten Badeplätze **Perleporten** und **Randvikstranda.**

Da der gesamte Küstenabschnitt zwischen dem Oslofjord und der Nordsee mit Abertausenden von Schären gespickt ist, gilt die Riviera am Skagerrak auch als Traumrevier zum Seekajakfahren. Risør ist in Südnorwegen das Mekka dieses Wassersports, und auch wer kein eigenes Kajak mitbringt, einen Kurs belegen oder an einer organisierten Tour teilnehmen möchte, kann hier auf eine perfekte Infrastruktur zurückgreifen.

2 HIGHLIGHT

Auf dem Telemarkkanal

- **Route**: Skien – Ulefoss – Lunde – Dalen
- **Länge**: ca. 105 km
- **Dauer**: 1 Tag

Der 1892 vollendete und 1995 als erhaltenswertes architektonisches Kulturgut ausgezeichnete Telemarkkanal gehört zu den spektakulärsten Wasserstraßen Europas. Er führt von Skien/Porsgrunn aus über acht Schleusen mit insgesamt 18 Kammern bis ins 72 m höher gelegene und 105 km entfernte Dalen im Zentrum der Telemark. Fünf Jahre benötigten die mehr als 500 hier eingesetzten Männer, um diesen Verkehrsweg mit ihrer schieren Muskelkraft zu errichtenund bei seiner Fertigstellung 1892 wurde er in Europa als das „achte Weltwunder" gefeiert. Die Norweger selbst bezeichneten ihn als „Hurtigrute zwischen Küste und Bergwelt", und bis weit ins 20. Jh. hinein war er der wichtigste Verkehrsweg für Menschen, Vieh und Handelswaren zwischen den nördlichen und südlichen Bezirken der seinerzeit verkehrstechnisch kaum erschlossenen Telemark, wodurch überhaupt erst das gewaltige Holzpotential der Region genutzt werden konnte. So stand er von Anfang an im Dienst der Flößerei, die im teils noch bis ins Jahr 2006 betrieben wurde, um die inzwischen stillgelegten Papiermühlen bei Skien mit Nachschub zu versorgen.

Ein Fest für die Sinne ist es heute, dem nun ganz im Dienste des Tourismus stehenden Wasserweg zu folgen, der durch fruchtbares Ackerland, Wälder und über liebliche Seen bis ins Herz der Bergwelt führt, wo der Blick hinauf zu den über 1400 m messenden Höhenzügen reicht. Alle Schleusenanlagen sind im Original erhalten, die Schleusenwärter traditionell gekleidet. Sie symbolisieren ebenso wie die traditionsreichen Veteranendampfer, die teils noch aus den Kindertagen des Kanals stammen, die Nostalgie, die den besonderen Reiz der insgesamt elfstündigen Tour ausmacht.

Die Route

Vom Anlegesteg im Zentrum von **Skien** (S. 174) aus verläuft die Veteranendampfer-Fahrt für etwa 30 Min. entlang der schmalen Wasserstraße der Skienelva zur Schleusenanlage von **Løveid**, wo das Schiff um rund 10 m angehoben wird, auf dass es durch einen in den Fels gehauenen Kanal in den Norsjø einfahren kann.

Für rund eine Stunde geht es nun über die blaue Wasserweite dieses langgestreckten Sees dahin, der in Wiesen und Wälder gefasst ist, an klaren Tagen Aussicht bis hinauf zu über 1400 m messenden Höhen bietet und schließlich nach **Ulefoss** überleitet, das nach insgesamt etwa 2 Std. erreicht wird. Hier müssen rund 11 m Höhe überwunden werden, und da die Schleusentore vom Schleusenwärter wie eh und je per Hand bedient werden, kann man sich ein ganz und gar authentisches Bild davon machen, mit welch einfacher, aber genialer Technik die über 100 Jahre alten Tore konstruiert wurden. Die nächste Schleuse ist nur 10 Minuten entfernt, und ebenso kurz währt die Fahrt zur fünf Kammern umfassenden Schleuse von **Vrangfoss**, dem wohl bekanntesten Fotomotiv des Telemarkkanals. 23 m Höhe sind zu bewältigen, und auch hier setzt sich die Hubarbeit prächtig von Land aus in Szene, wo man den Schleusenvorgang von einer Brücke aus perfekt beobachten kann.

Das nächste Ziel ist **Lunde**, oft geht es zwischen Felsmauern dahin, und immer wieder kann man in diesem landschaftlich vielleicht schönsten Abschnitt der Fahrt auch Radler am säumenden Uferweg beobachten. Sie sind auf der 115 km langen *kanalruta* unterwegs, die sich von Ulefoss bis **Dalen** (S. 236) hinzieht, und spannender, als bis Dalen an Bord des Schiffes zu bleiben, ist zweifellos, von Lunde aus (Fahrradverleih, S. 181) via Fjågesund und Kviteseid nach Dalen zu radeln.

Praktische Tipps

Infos

Bei Visit Telemark, Uniongata 18, Skien, ✆ 3590 0020, 💻 www.visittelemark.com und 💻 www.telemarkskanalen.no; umfassende Informationen über den Kanal, die Abfahrtszeiten der Schiffe sowie die Pauschalpakete; auch die Tickets kann man hier reservieren. Saison ist von 26. Mai bis 3. Sep, die Fahrt von Skien bis Dalen (11 Std.) kostet 995 NOK, bis Lund (ca. 4 1/2 Std.) 590 NOK; inkl. Bus-Rückreise zahlt man 1250 NOK bzw. 650 NOK, und auch kürzere Teilstrecken sowie zahlreiche Kombitouren, die sowohl „Salontouristen" als auch Aktivreisende ansprechen wollen, sind buchbar.

Unterkunft

Übernachtungsbetriebe finden sich u. a. in Skien (S. 174), Ulefoss und Dalen (S. 236), aber am populärsten sind Telemark Kanalcamping (s. u.) in Lunde bei der Schleuse sowie das angeschlossene (aber rund 1,5 km entfernte) Lunde Vandrerhjem.

Für Radler

Die Fahrradroute Telemarkkanal (norweg. *kanalruta*) verläuft zwischen Ulefoss und Dalen, aber die meisten Radfahrer beginnen ihre Tour ein paar Kilometer kanalaufwärts von Ulefoss in Lunde. Die Route führt über kaum oder gar nicht von Autos befahrene Wege und Pfade größtenteils entlang des Kanals und ist durchgehend markiert. Unterwegs wechseln sich hügelige Abschnitte mit flachen, leichten Strecken ab. **Fahrradverleih** (ab 225 NOK pro Tag, 600 NOK für 3 Tage, auch Einwegmiete) in Lunde (Telemark Kanalcamping, ✆ 91575421, 💻 www.kanalcamping.no) sowie Dalen (Telemark Adventure, ✆ 35077080, 💻 www.telemarkadventure.com). Auch Packtaschen sowie komplette Campingausrüstungen sind im Angebot. Zu der Route kann man alle erforderlichen **Infos** und **Karten** über die Touristenbüros der Region oder über 💻 www.cyclingnorway.no beziehen. Auch Kombitouren mit Rad und Schiff sind möglich, die Infrastruktur lässt keine Wünsche offen, und Telemarkreiser (S. 227) bietet sogar regelrechte *sykkelpakker* (Radpakete) an.

Für Paddler

Paddeln auf dem Kanal ist ein faszinierendes Erlebnis. Am populärsten ist wiederum die Strecke zwischen Lunde und Dalen, wo Kanus sowie Kajaks (300 NOK pro Tag, 800 NOK für 3 Tage, auch Einwegmiete) nebst Ausrüstung vermietet werden; s. unter „Für Radler".

Blickfang der Stadt ist die **Hellige Ånds Kirke**, die auf das Jahr 1647 zurückgeht und als die typischste Barockkirche des Königreiches gilt, weshalb Risør gern als „Barockstadt" beworben wird. ⌚ Ende Juni–Anfang Aug Mo–Sa 12–14 Uhr.

Einen Besuch wert ist zudem das im Ort beschilderte **Risør Aquarium**, das didaktisch vorbildlich aufgebaut ist und über 500 Fische zeigt, die mehr als 100 Arten vertreten. 💻 www.risorakvarium.no, ⌚ Juni–Aug tgl. 11–17 Uhr, sonst nur Sa und So, Eintritt 110 NOK.

OSLO UND SÜDNORWEGEN

Tvedestrand

Wie Risør und Kragerø, so verdankt auch das etwa 2000 Einwohner zählende Tvedestrand seinen auch heute noch unübersehbaren Wohlstand der Windjammer-Epoche. Längst aber lebt das Städtchen nicht mehr von der Schifffahrt, sondern vor allem vom Tourismus: Der Schärengarten von Tvedestrand gehört – wieder einmal – zu den schönsten des Südens, und von der eleganten Hafenpromenade aus, entlang derer sich schmucke Holzvillen reihen, starten entsprechend täglich zahlreiche organisierte **Bootsausflüge** aus dem rund 10 km langen und teils recht schmalen Oksenfjord hinaus in das Inselgewirr hinein.

Im Ort selbst, der sich über mehrere Anhöhen verteilt und von einer Ziegelkirche überthront wird, lohnt ein kurzer Spaziergang zum angeblich schmalsten Haus von Norwegen: dem **Strykejernet**, dessen Name auf seine markante Form zurückgeht, die einem Bügeleisen ähnelt. Zu finden ist es am Anfang der Einkaufspassage, die sich nach der Straßengabelung E 18/R 410 links öffnet und unterhalb der Ziegelkirche verläuft.

Einen Besuch wert sind auch die rund zwei Dutzend **antiquarischen Buchläden**, in denen Zigtausende Bücher nicht nur in norwegischer Sprache zum Verkauf stehen. Sie trugen Tvedestrand den seit Sommer 2003 auch offiziellen Namen „Bücherstadt am Skagerrak" ein. Die meisten Antiquariate haben auch während der Nebensaison geöffnet, und jeden Samstag laden zusätzliche Veranstaltungen für Leseratten ein. Weitere Informationen über ✆ 37164030, 💻 www.bokbyen-skagerrak.no.

ÜBERNACHTUNG

Hostels und Hotels

Risør Gjestehus, Båssvik (6 km vor Risør), ✆ 37155002, 💻 www.risorgjestehus.no. 5 große Komforthütten (ab 950 NOK, im Sommer ab 1400 NOK) am Fjord, auch eine kleine Übernachtungshütte (500 NOK), außerdem Verleih von Kanus (150 NOK pro Tag) und Motorbooten (ab 700 NOK pro Tag), mit Restaurant/Bar.

Risør Hotel, Tangengate 16, ✆ 37148000, 💻 www.risorhotel.no. Der direkt am Meer gelegene Holzbau aus dem Jahr 1863 hat 31 renovierte Zimmer im nordischen Stil zu bieten. Außerdem gibt es 10 Hütten. Restaurant, Bar. ❻

Det Lille Hotel, Storgate 5, ✆ 37151495, 💻 www.detlillehotel.no. Komfortable Hotelsuiten in einem Traditionshaus aus dem 19. Jh. im Zentrum von Risør. Die Suiten (45–100 m^2), mit antiken Möbeln und maritimen Details ausgestattet, haben 4 Betten, Wohnzimmer/Küche, Schlafzimmer und Bad. Ab 1650 NOK für 2 Pers. ❻

Lyngør – Kleinod aus alter Zeit

Nur wenige Bootsminuten sind es von Tvedestrand bzw. dem westlich an der Küstenstraße R 411 gelegenen Gjenving aus auf die Schäreninsel Lyngør mit dem gleichnamigen Bilderbuchort. Dabei ist es, als wäre man mit einer Zeitmaschine unterwegs gewesen, denn kein Auto stört die Ruhe, lediglich etwa 90 Menschen leben hier, und die schmalen Gassen im Holzhaus-Saum präsentieren sich heute nicht viel anders als zur Windjammer-Epoche, als die Insel ein blühendes Handelszentrum war. Nicht umsonst hat Lyngør 1991 eine Auszeichnung als Europas bestbewahrter Ort erhalten, und ein Spaziergang durch das schmucke Dorf aus alter Zeit und mit stetem Blick aufs Meer ist insbesondere zur Zeit des Sonnenuntergangs unvergesslich. Hin kommt man per Fährboot (50 NOK), ✆ 97649861, 💻 www.sorlandetsmaritime.no.

© DUMONT BILDARCHIV / DR. CHRISTIAN NOWAK

Die Schleuse von Vrangfoss zu bedienen, ist Handarbeit im besten Sinne des Wortes.

Camping und Hütten

Sørlandet Feriesenter, Sandnes (Anfahrt über R 411), ✆ 37154080, 💻 www.sorlandet-feriesenter.no. Platz der Top-Klasse, traumhaft am Sandnesfjord zwischen Risør und Lyngør gelegen. Schöne ruhige Stellplätze am Fjord und Waldrand, außerdem zahlreiche Hütten/Zimmer in verschiedenen Kategorien. Badeplatz, Boots- und Fahrradverleih, Minigolf, Volleyball und Tauchmöglichkeiten. Zeltplatz mit Auto/2 Pers. in der Hochsaison 250 NOK. ❷–❹

Moen Camping, R 416 (10 km ab Risør), ✆ 37155091, 💻 www.moen-camping.no. Idyllischer Wiesenplatz der gehobenen Klasse im Innern des Sørfjords, mit Badestrand und Bootsverleih. Stellplatz in der Saison 310 NOK; auch mehrere Hütten (ab 750 NOK) sowie Zimmer. ❷–❸

ESSEN

€ **China Palace**, Kragsgate 1, ✆ 37150772. Sehr günstige chinesische und europäische Gerichte für Reisende mit schmalem Budget. Auch superleckeres Eis. 🕒 tgl. ab 13 Uhr.

Kast Loss, Strandgate 23, 💻 www.strandgata.com/kastloss. Holzverbrämte Räumlichkeiten mit toller Atmosphäre, herrlichen Ausblicken sowie norwegischen und internationalen Spezialitäten (auch Pizzen); gehobenes Preisniveau. 🕒 Mo–Fr ab 16, Sa, So ab 12 Uhr.

Stangholmen, ✆ 37152450, 💻 www.stangholmen.no, Anfahrt mit dem Taxiboot im Halbstundenturnus ab dem Kai neben der Polizeistation, Fahrzeit 10 Min. Das ehemalige Leuchtturmwärterhaus auf einer vorgelagerten Schäre gilt als eines der originalsten und besten Schlemmer-Restaurants an der gesamten Küste. Bekannt ist es vor allem für seine Fischgerichte, insbesondere die Bouillabaisse. Ganz und gar nicht billig, aber dafür ein kulinarisches Erlebnis. 🕒 19. Juni–9. Aug tgl. ab 12 Uhr.

UNTERHALTUNG UND KULTUR

Im Sommer spielt sich das Nachtleben in den zahlreichen Straßencafés und Pubs entlang der Kaistraße **Strandgate** ab. Besonders beliebte Adressen sind beispielsweise das

Stand By, das dem Restaurant Kast Loss (S. 183) angeschlossen ist, die **Hukken Bar** sowie die **Peterhead Bar**, in der häufig auch Livemusik gespielt wird.

FESTE

Risør wird oft als die Festivalstadt des Südens bezeichnet, und in den Sommermonaten ziehen zahlreiche Happenings sowohl in- als auch ausländische Touristen an.

Risør Kammermusikfest, Ende Juni, ✆ 37153250, 💻 www.kammermusikkfest.no. Mittlerweile auch in internationalen Kreisen bekannt, oft lauschen Mitglieder des Königshauses mit.

Kunsthandwerksmarkt, Mitte Juli, 💻 www.villvin.no. Stets sind mehr als 60 verschiedene Künstler aus ganz Skandinavien vertreten, die ihre hochwertigen und geschmackvollen Waren anbieten.

Bluegrassfestival, Mitte Juli, 💻 www.risorbluegrassfestival.no. Die, wie es heißt, besten Bluegrass-Musikanten Europas machen hier von sich hören.

Holzbootfestival, Anfang August, ✆ 9775 9054, 💻 www.trebatfestivalen.no. Eine Attraktion für Segler und andere Bootsfans, u. a. mit Bootsrennen, Mitternachtskonzerten, Bluesnächten und anderen Aktivitäten mehr.

AKTIVITÄTEN

Das Touristenbüro informiert umfassend über **Badestrände** und **Badeseen** sowie **Fahrradtouren**, ebenso über **Wanderungen** (auch Kartenmaterial), deren populärste die insgesamt 12 km lange *Risør løypa* ist.

Stadtwanderung mit dem Nachtwächter, ab dem Marktplatz an jedem Mi um 20 Uhr; 20 NOK p. P.

Havpadlern, Fie, ✆ 91327133, 💻 www.havpadlern.no. Günstiger Verleih von hochwertigen Seekajaks (Einer und Zweier 500/900 NOK pro Tag bzw. 2000/3500 NOK pro Woche), des Weiteren werden auch Einführungskurse (750 NOK sowie geführte Touren (auch Familientouren) angeboten.

TOUREN

Bootstouren, mit der M/S *Tara*, ✆ 37154505), zu Schären und Badestränden.

Hochseeangeln, mit der M/S *Østerfjord*, ✆ 94587937. 4-stündige Touren, Ausrüstung wird gestellt.

EINKAUFEN

Risør hat sich einen guten Ruf als Kunst und Handwerksstadt erarbeitet, daher sind jede Menge Kunst-, Keramik-, Holzschnitz- und Schmuckwerkstätten zu finden.

Acanthus Keramikkverksted, R 416 nach Risør (600 m von der E 18 entfernt), ✆ 37149270, 💻 www.facebook.com/Acanthuskeramikk. Lampen und Schalen, Teller und Leuchter und vieles andere mehr aus Keramik. Man kann den Töpfern bei der Arbeit zuschauen und sich auch selbst ans Werk machen; draußen lädt ein Skulpturenpark ein. ⌚ tgl. 10–16.30 Uhr.

Embla Design, Storgate 9, ✆ 37153019, 💻 www.embladesign.com. Werkstatt für Silber- und Emaille-Schmuck, viele Kollektionen, spannende Farben und Formen. ⌚ Mo–Fr 10–16, im Sommer Mo–Sa 10–18 Uhr.

Galleri Villvin, Kragsgate 3, ✆ 37150508, 💻 www.villvin.no. Verschiedene Kunsthandwerke der Fachgruppen Keramik, Textilien, Glas, Metall und Holz. Oft auch Ausstellungen. ⌚ Ende Juni–Anfang Aug Mo–Fr 10–17, Sa 10–16, So 12–16, sonst Di–Fr 11–16, Sa 11–14 Uhr.

SONSTIGES

Alkohol

Risør vinmonopol, Havnegate 2, ✆ 04560, ⌚ Mo–Mi 10–16, Do 10–18, Fr 9–16, Sa 9–14 Uhr.

Apotheken

Apotek 1, Strandgate 15, ✆ 37149090, ⌚ Mo–Fr 9–16.30, Sa 10–14 Uhr.

Fahrradverleih

Sørlandet Feriesenter, S. 183.

Geld

Sparebanken Sør, Torget 2, ✆ 37147600.

Informationen

Risør turistkontor, Torget 1 (am Marktplatz), ✆ 37152270, 💻 www.risor.no, www.arendal.com, 🕒 im Sommer Mo–Fr 10–18, Sa 10–16, So 12–18 Uhr.

Medizinische Hilfe

Kragsgate legesenter, Kragsgate 48, ✆ 37400350.

Polizei

Risør politistasjon, Strandgate 10, ✆ 2800.

Post

Risør Post i butikk (ICA Supermarkt), Strandgate 3, ✆ 04004, 🕒 Mo–Fr 9–20, Sa 9–18 Uhr.

Taxis

Risør Taxi, Kragsgate 54, ✆ 37150371.

TRANSPORT

Busverbindungen bestehen bis zu 6x tgl. Richtung KRISTIANSAND, bis zu 8x tgl. nach SKIEN/PORSGRUNN, 1–2x tgl. mit OSLO. Der Busbahnhof liegt an der oberen Kragsgate nahe dem Ortseingang.

Grimstad

Dem rund 13 000 Einwohner zählenden Ort haben **Henrik Ibsen** und **Knut Hamsun** für alle Zeit einen Platz in der Weltliteratur beschert. Im Guten – denn Henrik Ibsen schrieb hier sein erstes Drama –, aber auch im Schlechten, denn hier war es, wo Knut Hamsun (S. 114), dem wohl berühmtesten norwegischen Dichter, nach dem Zweiten Weltkrieg der Prozess gemacht wurde. Die Anklage lautete auf Landesverrat durch Kollaboration mit den Nazis, denn er, der nie vergessen hatte, dass sich sein Welterfolg auf Übersetzungen ins Deutsche gründete, hatte gleich nach der Besatzung seines Landes die norwegische Jugend aufgefordert, die Deutschen willkommen zu heißen und ihnen für die Güte zu danken, das Land unter ihren Schutz zu nehmen.

War er denn Nazi? Diese Frage wurde nicht nur im Gerichtssaal, sondern auch später oft gestellt, und Thorkild Hansen, Verfasser des Buches „Knut Hamsun, seine Zeit – sein Prozess", verneint das entschieden und weist nach, dass sich Hamsun wie kaum ein anderer sonst für von den Nazis inhaftierte Landsleute eingesetzt hat. Verurteilt wurde er dennoch, und zwar zu einer Strafe in Höhe von 450 000 Kronen. Marie Hamsun, seine Frau, wusste keinen anderen Weg, den verschlossenen Nobelpreisträger vor dem Verhungern zu bewahren, als sein 1918 erworbenes Gut Nørholmen Neugierigen gegen Eintrittsgeld zu zeigen. Es liegt 6 km südlich von Grimstad am Weg nach Lillesand, ist aber nicht der Öffentlichkeit zugänglich.

Auch sonst erinnert nichts in Grimstad an den Literatur-Nobelpreisträger, wohingegen das markante Backenbartgesicht von Henrik Ibsen (S. 114) alle Prospekte schmückt und sein Name zahlreiche Läden sowie eine nach ihm benannte Straße ziert. An ihr befindet sich das **Ibsenhuset**, Wohnort des jungen Dichters von

Durchs große Grün: Dømmesmoen

So strandreich die Küste, so waldreich präsentiert sich bei Grimstad jenseits der E 18 das Binnenland, das für Spaziergänge durchs große Grün wie geschaffen ist. Wanderwege gibt es in Hülle und Fülle (Infos im Touristenbüro), aber am lohnendsten ist ein Gang durch den von Fußwegen durchzogenen und dicht bewaldeten Dømmesmoen, der im Ruf steht, der schönste Naturpark überhaupt in Norwegen zu sein. Auch ein 12 m hoher Aussichtsturm lädt ein, dazu insgesamt 42 Grabhügel aus der Zeit von 600–200 v. Chr., während im angrenzenden **Norwegischen Gartenmuseum** mehr als 1000 verschiedene Pflanzen zu betrachten sind, darunter allein etwa 250 Rosenarten: Die Anlage ist die größte ihrer Art in Norwegen. Norsk Hagebruksmuseum, 💻 www.gbm.no/norsk-hagebruksmuseum, 🕒 25. Juni–20. Aug tgl. 11–16 Uhr. Eintritt frei.

Die Schärenküste am Skagerrak ist ein Paradies für Wassersport.

1847 bis 1851, der seinerzeit in der angrenzenden Apotheke das Pharmazie-Handwerk erlernte. Es ist originalgetreu eingerichtet. 💻 www.gmb.no, 🕒 25. Juni–Mitte Aug tgl. 11–16, Eintritt 90 NOK.

Auch die fein herausgeputzte Apotheke selber ist einen Blick wert, und ansonsten sollte man hier, im Zentrum hinter dem Hafen, den Weg zum Ziel machen, denn dutzendweise erinnern prächtige **Holzhausvillen** an das 19. Jh., als Grimstad die Stadtrechte erhielt (1812) und die bedeutendste Werftstadt des gesamten Landes war.

Auf Strandsuche

Das Wichtigste für Strandfans ist das Wetter, und die größte Wahrscheinlichkeit, auf gutes zu stoßen, hat man am ohnehin schon sonnenverwöhnten Skagerrak in Grimstad, das statistisch die meisten Sonnentage im Königreich verzeichnet. Da sich in der Umgebung obendrein zahlreiche Sandstrände finden – in Felsen, Wiesen und Wälder gefasst und oft mit wunderschöner Aussicht auf die vorgelagerten Schären – erfreut sich der Ort auch als Ferienzentrum großer Beliebtheit. Die schönsten Strände liegen östlich entlang der nach Arendal ausgeschilderten R 420, und hin kommt man am besten mit dem Fahrrad, das man in der Touristeninformation ausleihen kann (ab 200 NOK pro Tag). Populär sind insbesondere **Hasseltangen** (12 km östlich, in Fevik auf den Sømsveien abbiegen), **Storesand** (9 km östlich, vielleicht der schönste überhaupt) sowie **Grefstadvika** (6 km östlich, neben Møysand Camping).

ÜBERNACHTUNG

Hostels und Hotels

Grimstad Vertshus & Kro, Frivoldveien 11, 📞 37042500, 💻 www.grimstad-vertshus.no. Zentral gelegenes Gasthaus in einem gepflegten Neubau im dänischen Stil. Angenehme Atmosphäre, helle Zimmer, alle mit renoviertem Bad/WC. ❹

Scandic Hotel Grimstad, Kirkegate 3, 📞 37252525, 💻 www.scandichotels.no. Schmuckes altes Holzhaus im Zentrum mit 98 attraktiven Komfortzimmern, Top-Restaurant und Bar. Das beste Haus der Stadt. ❺

Camping und Hütten

Bie Feriesenter, Arendalsveien 85, 📞 37040396, 💻 www.bieapart.no. Zentrumsnaher, nur Juni, Juli und Aug geöffneter Platz mit Campingwiese (Stellplatz ab 250 NOK) sowie Hütten und Apartments (ab 850 NOK). Sehr ordentlich, gehobene Ausstattung, mit Schwimmbad.

Møysand Familiecamping, Møysand (via R 420), 📞 37040209, 💻 www.moysand-familiecamping.no. Laut Eigenwerbung Norwegens komfortabelster Platz. Sehr schön zwischen Wald und Sandstrand gelegen, mit Stellplätzen (240 NOK fürs Zelt, 450 NOK fürs Wohnmobil) und Komforthütten, die aber nur auf Wochenbasis vermietet werden (ab 14 500 NOK). 5-Sterne-Sanitäranlage, Kiosk, moderner Gemeinschaftsraum, Minigolf und Verleih von Motor- und Ruderbooten sowie Kanus.

ESSEN

€ **Platebaren**, Storgate 15, 📞 37042188. Die Coffeebar ist Treffpunkt der Stadt für Lunch, Snacks und Eiscreme. Die Portionen sind groß, die Preise günstig. 🕒 Mo–Fr 9–17, Sa 9–16 Uhr.

Apotekergården Mad & Leven, Skolegate 3, 📞 37045025, 💻 www.apotekergaarden.no. Gourmetrestaurant mit wechselnden Tagesspezialitäten sowie einem 7-gängigen Schlemmermenü der Spitzenklasse; üppige Weinkarte, üppige Preise. 🕒 Mo–Sa 16–24/2, So ab Uhr.

AKTIVITÄTEN

Groosebekken Vandrepark

Ausgeschildert ab dem Badestrand bei Groos (Groosveien). 4 km lange Wanderung entlang eines Bachs nach **Dømmesmoen** (S. 185). Der Pfad ist gut markiert und mit Informationstafeln zu Kulturdenkmälern, Flora und Fauna ausgestattet. Weitere Infos, auch zu anderen Wanderrouten, sowie Karten bei der Touristeninformation.

Radfahren

Rings um Grimstad laden zahlreiche Fahrradwege sowie verkehrsarme Nebenstraßen zum ausgiebigen Radeln ein, und auch die Strände (S. 187) sind leicht erreichbare Destinationen. Informationen und Radverleih (200 NOK pro Tag) bekommen Interessierte im Touristenbüro, wo auch Motor- sowie Segelboote vermittelt werden; auf der Webseite der Infostelle werden 10 Radtouren (bis 46 km Länge) genau beschrieben.

SONSTIGES

Alkohol

Grimstad vinmonopol, Skolegate 1, ✆ 04560, ⌚ Mo–Mi 10–16, Do 10–18, Fr 9–17, Sa 9–14 Uhr.

Apotheken

Vitusapotek, Storgate 16, ✆ 37257979, ⌚ Mo–Fr 9–16.30, Sa 9–14 Uhr.

Autovermietungen

Hertz, Lillesandsveien 46, ✆ 97113000.

Fahrradverleih

Grimstad turistkontor, s. u.

Feste

Kurzfilmfestival, Ende Juni.

Geld

Den Norske Bank, Skolegate 2, ✆ 38072800.

Informationen

Grimstad turistkontor, Storgate 1A (am Hafen), ✆ 37250168, 💻 www.grimstad.net, ⌚ ganzjährig Mo–Fr 8.30–16, im Sommer Mo–Fr 9–18, Sa und So 10–15 Uhr.

Medizinische Hilfe

Grimstad legesenter, Bark Silasveien 7, ✆ 37258100.

Polizei

Grimstad politistasjon, Storgate 90, ✆ 02800.

Post

Grimstad postkontor, Storgate 90, ✆ 04004, ⌚ Mo–Fr 9–17, Sa 10–15 Uhr.

Taxis

Taxi, Storgate 1A, ✆ 37004700.

TRANSPORT

Busse

Busstopp direkt am Hafen im Zentrum, tgl. zahlreiche Verbindungen mit SKIEN/PORSGRUNN, LARVIK, SANDEFJORD, TØNSBERG und OSLO sowie 1–2x stdl. Richtung KRISTIANSAND via LILLESAND.

Lillesand

Von allen „Weißen Orten" der Riviera am Skagerrak ist es das rund 6000 Einwohner große Lillesand, das mit der dichtesten Sammlung schmucker Holzhäuser aufwartet. Wie kaum eine andere Siedlung im Lande wird das charmante Städtchen von der **Holzarchitektur** vergangener Jahrhunderte geprägt, und der Anblick der blütenweißen und oft in üppige Gärten gefassten Prachtbauten, die sich an gepflegten Kopfsteinpflastergassen aneinanderreihen, lohnt unbedingt einen längeren Stadtspaziergang.

ÜBERNACHTUNG

Lillesand Hotel Norge, Strandgate 3, ✆ 37270144, 💻 www.hotelnorge.no. Stilvolles Patrizierhaus aus dem Jahre 1838, das seit über 130 Jahren als Hotel dient und einst schon Knut Hamsun beherbergte. Luxuriöse und geschmackvolle Zimmer. Hochpreisiges Restaurant und entsprechende Bar. ❻

Camping und Hütten

Tingsaker Familiecamping, 1 km nordöstlich von Lillesand (an der E 18 beschildert), ✆ 37270421, 💻 www.tingsakercamping.no. Geräumiger Platz am Meer (jedoch kein schöner Strand) mit über 150 Stellplätzen (260 NOK im Hochsommer, sonst 225 NOK) und 16 Komforthütten (ab 1100 NOK); mit Kiosk und Bootsverleih. Der Verkehr der nahe gelegenen E 18 kann als störend empfunden werden. ⌚ Mai–Aug.

ESSEN

Restaurant Nino's, Strandgate 12, ✆ 37272004, 💻 www.hotelnorge.no. Direkt am Meer gelegene und relativ preiswerte Alternative zum Schwesterrestaurant im Lillesand Hotel Norge (Hauptgerichte ab 225 NOK). Serviert werden italienisch inspirierte Fisch- und Fleischgerichte sowie Salate, Pasta und echt italienische Steinofenpizzen. ⌚ Di–Fr ab 16, Sa ab 13, So ab 14 Uhr.

AKTIVITÄTEN

Baden

Zahlreiche Strände laden im Umfeld der Stadt ein. Populär ist u. a. derjenige in Trøe an der R 401, 10 km westlich von Lillesand am Weg nach Kristiansand.

Wandern

Das Touristenbüro informiert über Wanderungen in der Umgebung von Lillesand. Eine beliebte Route ist der 18 km lange **Vestlandske Hovedveien** nach Landvik (3 km von Lillesand in Kaldvell, an der E 18 beschildert). Gute Badeplätze und Angelmöglichkeiten entlang des Pfades.

SONSTIGES

Alkohol

Lillesand vinmonopol, Skolegate 2, ✆ 04560, ⌚ Mo–Mi 10–16, Do 10–18, Fr 9–17, Sa 9–14 Uhr.

Apotheken

Vitusapotek, Storgate 2, ✆ 37269494, ⌚ Mo–Fr 9–17, Sa 9–14 Uhr.

Fahrradverleih

Lillesand turistinformasjon (S. 189), vermittelt Fahrräder.

Feste

Lillesansdaene, letzte Juniwoche, 💻 www.lillesandsdaene.no. Die turbulenten Lillesand-Tage locken viele Besucher mit Dutzenden von attraktiven Veranstaltungen, Konzerten und dem längsten Frühstücktisch in ganz Norwegen.

Bootsfahrt durch die Blindleia

Ein weiteres Highlight dieses südlichsten der „Weißen Orte" sind die zahlreich angebotenen Bootstouren, die als die eindrucksvollsten der gesamten Skagerrakküste gelten. Auch Nachtfahrten und spezielle Schärengartentouren werden angeboten, aber keine kann sich mit der Bootsfahrt durch den Schärenkanal Blindleia messen, der im Ruf steht, einer der schönsten Wasserwege des Landes zu sein. Vorbei am alten Seglerhafen Brekkesto und an unzähligen Felsinselchen geht die Fahrt weiter nach Kristiansand. Zurück geht es dann entweder erneut per Boot oder aber mit dem Bus. M/B *Øya*, ✆ 95935855, 💻 www.blindleia.no; 1. Juli–13. Aug Mo–Sa um 10 Uhr ab Lillesand, 14 Uhr ab Kristiansand, an Lillesand 17 Uhr; Fahrpreis 320 NOK bzw. 490 NOK (hin und zurück).

Geld

Lillesands Sparebank, Storgate 10, ✆ 37269200.

Informationen

Lillesand turistinformasjon, Havnegate 10, ✆ 3726750, 💻 www.visitkrs.no, ⌚ 15. Juni–15. Aug Mo–Fr 10–18, Sa 12–16 Uhr. Außerhalb der Saison ist die Touristeninformation in Kristiansand zuständig. Hier, direkt am Gästehafen, stehen auch öffentliche Duschen und Waschmaschinen für Besucher zur Verfügung.

Medizinische Hilfe

Lillesand legesenter, Havnegate 5, ✆ 37275015.

Polizei

Lillesand lensmannskontor, Vestregate 15 b, ✆ 02800.

Post

Lillesand Post i butikk, Strandgate 5, ✆ 04004, ⌚ Mo–Fr 7–23, Sa 9–21 Uhr.

Taxis

Taxi, Havnegate 7, ✆ 37270315.

TRANSPORT

Busverbindungen 1–2x stdl. mit GRIMSTAD, SKIEN/PORSGRUNN, LARVIK, SANDEFJORD, TØNSBERG und OSLO sowie KRISTIANSAND.

Kristiansand

Die knapp 90 000 Einwohner zählende Metropole des Sørland, ein wichtiger Fährhafen für Verbindungen mit Dänemark, ist neben Oslo das bedeutendste Wirtschaftszentrum des Südens. Der industrie- und verkehrsreichen Stadt fehlt es ein wenig an Charme. Selbst wer vom Meer kommt, wird nicht mit offenen Armen empfangen, sondern von Aluminium- und Nickelwerken, und da die Stadt an der Otra-Mündung obendrein keinerlei wirklich herausragende Sehenswürdigkeiten besitzt, wird sie von den meisten Touristen nur auf der Durchreise besucht.

Gegründet wurde Kristiansand 1641 vom baufreudigen Dänenkönig Christian IV., der seiner Schöpfung die Form einer mathematisch exakten Quadratur mit regulierten Straßennetzen im rechtwinkligen Rastersystem zugrunde legte. Diese für Planstädte des 17. Jhs. gängige Mode blieb erhalten, und heute ist der Grundriss des zentralen Stadtteils **Kvadraturen**, in dem das architektonische Ideal der Renaissance zum Ausdruck kommt, ein Unikat in Norwegen. Das erleichtert zwar einen Sightseeingbummel, macht ihn aber nicht unbedingt interessanter, denn die dazugehörigen Gebäude sind den zahlreichen Stadtbränden zum Opfer gefallen. Auch der **Dom** ist nur wenig mehr als 100 Jahre alt und wurde erst 1884 im neugotischen Stil errichtet, 🕒 Mo–Sa 11–14 Uhr.

Das nördlich angrenzende **Holzhausviertel**, das sich zwischen Festningsgate und Kronprinsensgate erstreckt, kann mit denen von Lillesand oder Grimstad nicht konkurrieren; ebenso verhält es sich mit der Markensgate, der hochgelobten Einkaufsstraße, und die Strandpromenade von Kristiansand hat auch schon bessere Zeiten erlebt.

Im Zentrum unbedingt einen Zwischenstopp wert ist das 2012 eröffnete **Kilden Performing Arts Center**, das aktuell zu den architektonisch herausragendsten Bauwerken in ganz Norwegen zählt. Direkt am Hafen gelegen, präsentiert es sich als spektakulärer Blickfang aus Glas, Holz, Stahl und Beton. Was die architektektonische Einzigartigkeit angeht, steht dieses mehrfach preisgekrönte „Kulturkraftwerk des Südens“ selbst dem Opernhaus oder dem Astrup Fearnley Museum für moderne Kunst in Oslo in nichts nach. Und auch einen Blick ins Innere sollte man unbedingt geworfen haben. Besonders im Sommer lohnt sich ein Besuch. Dann finden hier mehrmals wöchentlich kostenlose Konzerte statt. 💻 www.kilden.com, 🕒 Café Mo–Sa ab 11 Uhr.

Wirklich sehenswert ist auch das 4 km stadtauswärts nahe der E 18 gelegene und deutlich ausgeschilderte **Vest-Agder Fylkemuseum**, das eine der bedeutendsten kulturhistorischen Ausstellungen des Landes beherbergt. Als herausragend gilt insbesondere die aus 40 historischen Gebäuden bestehende Freilichtabteilung, die sowohl originalgetreu eingerichtete Werkstätten, Kaufläden und Stadthäuser umfasst als auch komplette Gehöfte, die im Setesdal (S. 207) ab- und hier aufwendig wieder aufgebaut wurden. Einen Besuch lohnt außerdem die Trachten- und Bauernausstellung im Haupthaus. 💻 www.vestagder museet.no, 🕒 Mitte Juni–Mitte Aug Mo–Fr 10–17, Sa und So ab 12, sonst nur Mo–Fr 9–14 Uhr, Eintritt 90 NOK.

Insbesondere Familien mit Kindern lieben den Tier- und Abenteuerpark **Sørlandspark**, den man ebenfalls, da an der E 18 gelegen, auf der Durchreise besuchen kann. Er ist der größte des Landes und umfasst alles in allem mehr als 800 Tiere (darunter auch alle nordischen Raubtiere) sowie das durch das Kinderbuch „Die Räuber von Kardemomme“ berühmt gewordene Kardemomme-Dorf. Eine andere Abteilung des Sørlandspark ist den Abenteuern von Kapitän Säbelzahn gewidmet, und natürlich laden auch verschiedenste Kirmes-Attraktionen sowie ein großes Wasserspaßzentrum ein. 💻 www.dyreparken.no, 🕒 tgl. 10–15 Uhr, im Früh-/Spätsommer bis 17 Uhr, Hochsommer bis 19 Uhr, Ein-

ÜBERNACHTUNG	ESSEN	SONSTIGES	TRANSPORT
① Hamre Familiecamping	1 Peppes Pizza	1 One Ocean	❶ Kristiansand sykkelsenter
② Roligheden Camping	2 Luihn	2 Kristiansand politikontor	❷ Avis
③ City Lodge	3 Glipp	3 Husfliden	❸ Taxi
④ Hotell Sørlandet	4 Sjøhuset Restaurant	4 Galleri BIZ	❹ Fähranleger
⑤ Yess! Hotel & Mat	5 Kick Malt & Mat	5 Kristiansand vinmonopol	
⑥ Budget Hotel Kristiansand	6 Fiskealg	6 Herlig Land	
⑦ Åros Feriesenter	7 Bølgen & Moi	7 Apotek 1	
⑧ Clarion Hotel Ernst		8 Frk. Larsen	
⑨ Hotel Scandic Norge		9 Kino	

tritt in der Saison 549 NOK für Kinder, 589 NOK für Erwachsene.

Bootstouren

Gleich mehrere interessante Bootstouren bieten sich von Kristiansand aus an. Die meisten starten morgens gegen 10 oder 11 Uhr am Bootsterminal im Stadtzentrum und dauern zwischen 3 und 6 Stunden. Die **M/B Øya** (S. 189) startet zwischen 1. Juli und 13. August jeweils Mo–Sa um 14 Uhr zu einer 3-stündigen Fahrt durch die Blindleia nach Lillesand (320 NOK, retour per Bus), die **M/B Høllen**, ✆ 99006995, tuckert vom 10. Juni bis 3. August mehrmals täglich nach Ny-Hellesund und Borøya (ca. 1 Std., hin und zurück 120 NOK.

Unter Dampf ins Setesdal

Von allen Museumsbahnen des Landes ist die mit einer Spurweite von 1067 mm ausgestattete **Setesdalbahn** die älteste, und so kurz die nur 5 km lange Strecke zwischen Grovane und Beihølen auch ist, so eindrucksvoll ist doch die Fahrt in einem der fein restaurierten Waggons mit der über 100 Jahre alten Dampflok an der Spitze. Grovane liegt nördlich von Kristiansand an der R 405 (an der E 39 ausgeschildert) und ist ab Kristiansand auch per Lokalzug erreichbar. Gefahren wird an allen Sonntagen zwischen dem 14. Juni und 3. Sep um 11 und 13 Uhr sowie an allen Samstagen zwischen dem 24. Juni und 5. Aug um 13 und 15 Uhr, eine Rückfahrkarte kostet 140 NOK. Informationen erteilen das Touristenbüro von Kristiansand (S. 195) sowie die Stiftelsen Setesdalsbanen, Grovane, ✆ 38156482, 💻 www.setesdalsbanen.no.

ÜBERNACHTUNG

Untere Preisklasse

€ **Budget Hotel Kristiansand**, Vestre Strandgate 49, ✆ 38701565, 💻 www.budgethotel.no. Mitten im Zentrum gelegen, nur 150 m vom Bus- und Zugterminal entfernt. Die schlichte, aber sehr günstige Unterkunft ist nicht nur bei Rucksackreisenden beliebt. 44 einfache Zimmer, alle mit Bad/WC, Schreibtisch und TV ausgestattet. Große Gästeküche, Dachterrasse, Aufenthaltsraum, Parken gratis. ❶

€ **City Lodge**, Tollbodgate 50, ✆ 38087333, 💻 www.krsferie.no. Einfache/kleine, aber renovierte Zimmer, die ab 650 NOK ohne Frühstück kosten. 🕒 20. Juni–1. Aug. ❶

Yess! Hotel & Mat, Tordenskjoldsgate 12, ✆ 38701570, 💻 www.yesshotel.no. Das Budgethaus zählt zu den günstigsten Hotel-Unterkünften der Stadt. Moderne, komfortable und praktisch eingerichtete Zimmer. Sehr gutes Preis-Leistungs-Verhältnis, mit Flachbildschirm und gutem Frühstück. Restaurant und Bar, kostenloses Parken. ❸–❹

Hotels

First Hotel Kristiansand, Dronningensgate 66/68, ✆ 38125400, 💻 www.firsthotels.no. Traditionsreiches Hotel in der Nähe der Strandpromenade mit 48 modernen, hellen Zimmern, tiptop ausgestattet, u. a. auch mit Kitchenette. Fein renovierter Salon sowie ein Restaurant der Spitzenklasse, Bar, Disco. ❹

Hotel Scandic Norge, Dronningensgate 5, ✆ 38174000, 💻 www.scandichotels.no. Ansprechendes, familienfreundliches Top-Hotel an der Hauptstraße, wurde vor einigen Jahren komplett renoviert. Stilvoll eingerichtete, geräumige und komfortable Zimmer mit Klimaanlage. Restaurant, Bar, Cafeteria, Spa-Abteilung, Fitnesscenter sowie Sonnenterrasse nebst Fahrradverleih für Gäste. Parken gebührenpflichtig. ❺

Clarion Hotel Ernst, Rådhusgate 4, ✆ 38128600, 💻 www.choicehotels.com. Traditionsreiches Luxushotel in einem schmucken Bau aus der Zeit um die Jahrhundertwende in allerbester Lage. Die 136 Zimmer in verschiedenen Stilarten sind vom Feinsten, und top sind auch das Restaurant, die Bar sowie die Relax-Abteilung (Sauna, Fitnesszimmer, Dampfbad). ❻

Camping und Hütten

Roligheden Camping, Framnesveien 10, ✆ 38096722, 💻 www.roligheden.no. Gleich außerhalb des Stadtzentrums, auf der anderen Seite der Otra (beim Fährterminal ausgeschildert, von dort etwa 2 km); per Bus mit Linien 15 und 16. Großer Platz am Meer, der in den Sommerferien allerdings oft überfüllt ist. Angeschlossen ist auch ein Apartment-Komplex mit 21 komplett eingerichteten Wohnungen. Bademöglichkeiten, großer Kiosk. Die sanitären Anlagen sind eher mittelmäßig und teils völlig überlastet. 🕒 Juni–Aug. Ab ❺

Hamre Familiecamping, Hamresandveien 1, Hamresanden, ✆ 38058787, 💻 www.campingplassen.no. 11 km östlich von Kristiansand, an der E 18 ausgeschildert; per Bus mit Linie 35. Ansprechendes Wiesengelände hinter dem öffentlichen Badestrand. Gute Ausstattung und zahlreiche Hütten. Der nahe gelegene Flughafen kann allerdings störend wirken, und die

Preise (Stellplatz ab 280 NOK) muss man erst mal verdauen. ❸

Åros Feriesenter, Årosveien 9, Søgne, ✆ 38166411, 💻 www.aaros.no. 18 km von Kristiansand Richtung Mandal, an der E 18 ausgeschildert. Empfehlenswerter und familienfreundlicher 4-Sterne-Platz direkt am Meer. Etwa 250 Stellplätze, zahlreiche Hütten und Apartments in mehreren Preisstufen ab 400 NOK, gute sanitäre Anlagen sowie herrliche Bademöglichkeiten im Meer. Freibad, Kanu- und Bootsverleih, Minigolf, Volleyball und organisierte Bootstouren. ❺

ESSEN

Peppes Pizza, Gyldenlovsgate 19, 💻 www.peppes.no. Wie überall im Land bietet Peppe auch hier zahlreiche leckere Pizzen, Salate und Pastagerichte. Die Atmosphäre in dem alten Fachwerkhaus ist relaxed und gemütlich, die Preise stimmen. 🕒 Mo–Fr 15–23, Sa und So 13–24 Uhr.

Glipp, Rådhusgate 11, 💻 www.glipp.no. Dieses intime Café/Restaurant bietet leichte Zwischenmahlzeiten und Snacks vor allem der spanischen, italienischen sowie amerikanischen Küche. Auf der gut bestückten Speisekarte finden sich u. a. Köstlichkeiten wie Heilbutt, Scampi und Kammmuscheln in Weißweinsoße, zahlreiche Tapas sowie Suppen, Salate, Pizzen, Pastagerichte und leckere Desserts (auch echte amerikanische Bagels). Mittleres Preisniveau. 🕒 Mo–Fr 10–22, Sa 11–23, So 13–22 Uhr.

Kick Malt & Mat, Dronningensgate 8, 💻 www.gastropuben.no. Moderner Pub & Café mit entspannter Atmosphäre und gutem Essen der preislichen Mittelklasse. Viele Salate, große Tapas-Auswahl, aber auch einige Fisch- und Fleischgerichte. 🕒 tgl. ab 11 Uhr.

Luihn, Rådhusgate 15, ✆ 38106650, 💻 www.restaurant-luihn.no. Das Edelrestaurant in einem ebenso eleganten wie romantischen, kerzenbeleuchteten Gewölbe zählt zu den besten Lokalen des Südens: Essen, Einrichtung und Service sind vom Feinsten. Hauptsächlich norwegische und internationale Delikatessen, u. a. auch Wildgerichte. Obere Preisklasse. 🕒 Mo–Sa 18–23 Uhr.

Sjøhuset Restaurant, Østre Strandgate 12, ✆ 38026260, 💻 www.sjohuset.no. Am Jachthafen und schon seit mehr als 20 Jahren eine Institution in Kristiansand für alles, was aus dem Meer kommt. Spezialitäten sind u. a. Hummer und Krabben, zu empfehlen ist auch die große Meeresfrüchte-Platte. Im Sommer herrlich zum Draußensitzen. Gehobenes Preisniveau. 🕒 Mo–Sa ab 15 Uhr.

Bølgen & Moi, Sjølysveien 1 a, ✆ 38178300, 💻 www.bolgenogmoi.no. Stilvoll-modernes Spitzenrestaurant, auf dessen Hafenterrasse man abends ohne Reservierung kaum einen Platz bekommt. Die Speisekarte listet erlesene Leckereien zu gehobenen Preisen aus dem Meer auf, die Fischsuppe wurde als die beste der Stadt ausgezeichnet. 🕒 Mo–Sa 16–22 Uhr.

€ **Fiskesalg**, Fiskebrygga, ✆ 38122403, 💻 www.fiskesalg.no. Die empfehlenswerte Adresse in Kristiansand, wenn man im Freien sitzen und relativ günstige kleine und große Fischgerichte sowie Meeresfrüchte genießen möchte. Auch Krabbenbrötchen, Fischsuppe und frische Garnelen werden angeboten, und wer von allem etwas kosten möchte, sollte die große Fischplatte ordern. Im angeschlossenen Laden kann man Fisch und Meeresfrüchte kaufen. 🕒 Mo–Sa ab 11 Uhr.

UNTERHALTUNG UND KULTUR

Nachtleben

Kick Malt & Mat (s. o., Essen). Abends verwandelt sich das eher ruhige Café in eine beliebte Bar, in der u. a. mehr als 30 Biersorten sowie knapp 90 verschiedene Single Malt Whiskys ausgeschenkt werden. Im Sommer sitzt man schön im Hinterhof. 🕒 tgl. ab 11 Uhr.

Herlig Land, Markensgate 16, ✆ 38090622, 💻 www.mat-uteliv.no/herlig-land. tagsüber ein stadtbeliebtes Café/Straßencafé, abends ein sehr empfehlenswertes Top-Restaurant vor allem der italienischen Küche sowie „die“ Bar in Kristiansand, eingerichtet im sogenannten italienischen New York Lounge-Stil; samstags ab 22 Uhr laden nationale und internationale DJs zum Tanz. ⌚ Mo–Sa ab 10.30, So ab 13 Uhr, meist bis 2 Uhr.

Frk. Larsen, Markensgate 5, ✆ 38071413. Schmuckes Retro-Café mit weichen Sofas und Kunst satt, oft auch Livejazz. ⌚ tgl. ab 12 Uhr.

Die fetzigste Disco der Stadt heißt **Spot** und befindet sich im First Hotel Kristiansand (S. 192). Das über 750 m² große Lokal bietet nicht weniger als 3 Bühnen, 4 Bars, eine Tanzfläche (meistens Dance, House, Pop) und eine attraktive Lounge mit DJ und Livemusik.

Für Tanzfreaks empfiehlt sich auch die Disco **Night Cap** im Clarion Hotel Ernst (S. 192).

Kulturelles

Agder Theater, Kongensgate 2, ✆ 90581111, 💻 www.kilden.com. Theater und Konzerte rund ums Jahr.

Musikkens Hus, Kongensgate 54, ✆ 38148730. Lässt mit Konzerten von sich hören.

Kino, Vestre Strandgate 9, ✆ 38104200, 💻 www.krskino.no. Großes Lichtspielhaus mit 7 Kinosälen.

FESTE

Dutzende Feste und Events rund ums Jahr, die in einer Broschüre des Touristenbüros aufgelistet sind. Zu den größten zählen:

Bragdøya Blues, Mitte Juni, 💻 www.bragdoyablues.no. Bluesfestival.

Punkt Festival, Anfang Sep, 💻 www.punkt festival.no. Musikfestival mit Jahr für Jahr rund 20 Konzerten innerhalb von 3 Tagen.

Heiße Musiknächte im Sommer

Odderøya Live, Ende Juni/Anfang Juli, ✆ 38146960, 💻 www.odderoyalive.com. Nach Roskilde in Dänemark das größte Musik-Happening des Nordens, das Jahr für Jahr im Juli 3 Tage und Nächte lang die ganze Stadt auf den Kopf stellt. Im Angebot sind Rock und Pop, Hip Hop und RnB, Jazz und Soul mit nationalen und internationalen Musikern. Hier traten u. a. bereits The Black Eyed Peas, Bob Dylan, Chris Cornell, Korn, David Bowie, Travis und Björk auf.

EINKAUFEN

Hauptgeschäftsstraße mit Hunderten von Shops sowie 2 großen Shoppingzentren ist die autofreie **Markensgate**. Wer frischen Fisch kaufen will, wird aber nicht hier fündig, sondern vielmehr am Hafen in der **Fischhalle** und auf dem **Fischmarkt**.

Husfliden, Gyldenløvsgate 11. Die beste Adresse für Kunstgewerbe, u. a. typisch norwegische Strickwaren.

Galleri BIZ, Dronningensgate 39, ✆ 38025330, 💻 www.galleribi-z.no. Die größte Privatgalerie Südnorwegens: Gemälde von über 200 Künstlern sind ausgestellt. ⌚ Mo–Fr 9–16, Sa 10–15 Uhr.

AKTIVITÄTEN

Baden

Der Stadtstrand Bystranda ist ok zum Baden, allerdings in den Sommerferien meist hoffnungslos überfüllt.

Radfahren

Kristiansand ist Ausgangspunkt für Radtouren. Es bieten sich zahlreiche Rundfahrten auf schönen Nebenstraßen östlich der Stadt an. Routenbeschreibungen im Touristenbüro.

Wandern

Auf der Halbinsel Odderøya gibt es mehrere Pfade zu Badeplätzen, einem Aussichtpunkt und einer alten Festung.

Wracktauchen

Die Gewässer entlang der Küste von Sørlandet gelten als Paradies für Wracktaucher, und die beliebtesten Ziele sind u. a. die M/S *Seattle*, eine Dornier aus dem Zweiten Weltkrieg sowie ein 1400-t-Frachtschiff, die alle zwischen 15 und 30 m Tiefe liegen.

Der beste und größte Anbieter für Tauchexkursionen ist **One Ocean**, Dvergsnestangen Senter (15 km östlich von Kristiansand), ✆ 91628525, 💻 www.oneocean.no; auch Nachttauchen, Schulung, Kurse und Unterkunft für Taucher. Tauchgänge kosten ab 950 NOK alles inkl.

SONSTIGES

Alkohol
Kristiansand vinmonopol, Gyldenløvesgate 1C, ✆ 04560 ⌚ Mo–Fr 10–18, Sa 10–15 Uhr.

Apotheken
Apotek 1, Markensgate 8, ✆ 38196700, ⌚ Mo–Fr 9–18, Sa 9–16 Uhr.

Autovermietungen
Mehrere Anbieter, u. a. **Avis**, ✆ 97474000, und **Hertz**, ✆ 38022288, am günstigsten bei **Rent a Wreck**, ✆ 38795797, 💻 www.rent-a-wreck.no.

Fahrradverleih
Kristiansand sykkelsenter, Grim torv 3, ✆ 38026835, 💻 www.sykkelsenter.no. ⌚ Mo–Fr 9–18, Sa 9–15 Uhr.

Geld
Sparebanken Sør, Markensgate 9, ✆ 38123333.

Informationen
Kristiansand turistkontor, Rådhusgate 6, ✆ 38075000, 💻 www.visitkrs.no. ⌚ Mitte Juni–Ende Aug Mo–Fr 9–18, Sa 10–18, sonst Mo–Fr 9–15 Uhr.

Medizinische Hilfe
Kristiansand legevakt, Egsveien 102 (hinter dem Krankenhaus), ✆ 38076900.

Polizei
Kristiansand politikontor, Tollbodgate 45, ✆ 02800.

Post
Kristiansand postkontor, Gyldenløvsgate 2, ✆ 04004, ⌚ Mo–Fr 9–18, Sa 10–15 Uhr.

Taxis
✆ 38002000.

TRANSPORT

Selbstfahrer
Das Zentrum wird durch ein System von Einbahnstraßen erschlossen, und wer Verwirrung vermeiden will, sollte den Schildern Richtung Fährhafen folgen, wo sich mehrere Parkplätze finden.

Busse
Der Busbahnhof liegt zentral in der Vestre Strandgate nahe Hafen und Bahnhof. Mehrmals tgl. bis stdl. bestehen Verbindungen mit LILLESAND, GRIMSTAD, TVEDESTRAND, RISØR, KRAGERØ, SKIEN/PORSGRUNN, LARVIK, SANDEFJORD, TØNSBERG, FREDRIKSTAD und OSLO sowie Richtung STAVANGER via MANDAL, EGERSUND und FLEKKEFJORD; auch das gesamte SETESDAL bis hinauf nach HOVDEN wird mehrmals tgl. bedient.

Eisenbahn
Kristiansand liegt an der Sørlandbahn, und vom Bahnhof am Vesterveien beim Hafen nahe Fähranleger und Busbahnhof bestehen mehrmals tgl. Verbindungen Richtung OSLO via SKIEN/PORSGRUNN, KONGSBERG und DRAMMEN bzw. LARVIK; SANDEFJORD, TØNSBERG sowie Richtung STAVANGER via EGERSUND.

Schiffe
Je nach Saison bis zu 5x tgl. von/nach HIRTSHALS/Dänemark per **Autofähre** (4 1/2 Std.) sowie **Schnellboot** (2 1/2 Std.; auch Autos); der Fährhafen liegt an der Vestre Strandgate, nahe Busbahnhof und Bahnhof; Infos: **Color Line**, ✆ 81000811, 💻 www.colorline.de.

Flüge
SAS fliegt tgl. u. a. nach OSLO, STAVANGER, BERGEN, **Norwegian** bedient ebenfalls die Strecke nach Oslo, und **KLM** fliegt tgl. nach AMSTERDAM. Flughafenbusse (110 NOK) verkehren ab der Vestre Strandgate, Flughafen-Taxi kostet 350 NOK für 4 Pers.

Mandal

Westlich von Kristiansand geht die Schärenküste des Skagerrak in die mal lieblichen, mal wildzerklüfteten Gestade der Nordsee über, während das Binnenland zunehmend hügeliger wird und oft dicht bewaldet ist. Die E 39, zu der es hier im ersten Abschnitt keine Alternative gibt, führt hindurch nach Mandal, der südlichsten Stadt Norwegens. Von blumengeschmückten weißen Holzhäusern gesäumte Kopfsteinpflasterstraßen machen die im 15. Jh. gegründete Ortschaft, die durch Holz- und Lachsexport zu frühem Reichtum kam, heute zu einer weiteren Perle des Sørland (ca. 11 000 Einwohner).

ÜBERNACHTUNG

Hostels und Hotels

Hald Pensjonat, Halseveien 37 (an der E 39), ✆ 38260100, 💻 www.haldpensjonat.no. Am Ortsrand gelegene Pension mit DZ, einfachen Zimmern (ab 500 NOK!), teils mit, teils ohne Bad/WC. Eine Sauna ist angeschlossen. 🕒 Mitte Juni–Mitte Aug. ❶

Kjøbmandsgaarden Hotell, Store Elvegate 57, ✆ 38261276, 💻 www.kjobmandsgaarden.com. Kleines Hotel in einem gemütlichen Altbau im Stadtzentrum (Fußgängerzone). Die 11 Zimmer wirken altmodisch, sind aber komfortabel und gemütlich. Bar und empfehlenswertes Restaurant. ❹

Sommerhotell Solborg, Neseveien 1, ✆ 95052671, 💻 www.sommerhotell.com/solborg. Am Stadtrand gelegenes Haus mit 66 gut ausgestatteten modernen Zimmern. 🕒 nur 22. Mai–14. Aug. ❸

Camping und Hütten

Sjøsanden Feriesenter & Camping, Sjøsandsveien, ✆ 38261094, 💻 www.sjosanden.no. Angenehmer Platz, schön unter Kiefern gelegen, fast direkt am beliebten Sandstrand Sjøsanden. Das Feriencenter bietet Hütten (ab 1150 NOK), Apartments (ab 950 NOK), Motelzimmer (ab 850 NOK) sowie Camping-Stellplätze (250 NOK). Moderne und saubere Sanitäranlagen. Restaurant (abends Disco), Swimmingpool, Minigolf; gute Spazier-/Wandermöglichkeiten in direkter Nähe. Kann im Sommer voll werden und ist dann auch teuer, außerhalb der Saison gibt's Rabatt. ❸–❹

€ **Sandnes Camping**, Sandnes (3 km nördlich an der R 455), ✆ 38265151, 💻 www.sandnescamping.com. Ansprechender Platz am Fluss Mandalselva mit guten Bade-, Wander- und v. a. Angelmöglichkeiten. Große Zeltwiesen (Stellplatz 195 NOK) und Hütten (ab 450 NOK) in verschiedenen Kategorien. 🕒 Mitte Mai–Anfang Sep.

ESSEN

Die meisten Restaurants und Cafés in Mandal befinden sich entlang der schicken Uferpromenade Store Elvegate.

Kjøbmandsgaarden Hotell (S. 196). Das zum Hotel gehörende Restaurant serviert u. a. norwegische Speisen, die vollständig aus lokalen Rohwaren hergestellt sind. Das ständig wechselnde Menü bietet eine gute Auswahl an Gerichten, die Preise sind relativ hoch, aber angemessen. 🕒 tgl. ab 11.30 Uhr.

Hr. Redaktør! Store Elvegate 23 A, ✆ 38271530, 💻 www.red.no. Gleich unterhalb der Redaktionsräume der Lokalzeitung. Das Interieur ist vom Reportermilieu der 1930er-Jahre inspiriert, serviert werden norwegische Gerichte. Am Wochenende abends oft Livemusik. Der In-Treff in Mandal. 🕒 Mo–Fr ab 18, Sa ab 11 Uhr.

Baden und Wandern

Seine außerordentlich große Beliebtheit bei den (meist norwegischen) Urlaubern verdankt das Städtchen mit seinen rund 14 000 Einwohnern nicht der malerischen Altstadt, sondern vielmehr dem fast 1 km langen **Sjøsand**, der im Ruf steht, einer der schönsten Sandstrände Norwegens zu sein. Zu den am stärksten frequentierten gehört er sicherlich, und bei nahezu jedem Wetter herrscht hier im Sommer drangvolle Enge, weshalb es ausländische Besucher meist mit einem kurzen Strandblick genug sein lassen. Der Sjøsand liegt nur wenige Gehminuten vom Stadtzentrum entfernt am Rande des 1300 ha großen Freiluftgebiets **Furulunden**, das durch zahlreiche markierte Wander- und Radwege erschlossen wird, die zu vielen weiteren und allesamt weit weniger stark frequentierten Stränden führen.

FESTE

Skalldyrfestivalen, Anfang Aug, 🖳 www.skalldyrfestivalen.no. Das landesweit bekannte Schalentier-Festival gilt mit bis zu 50 000 Besuchern als Norwegens größtes Familienfest.

AKTIVITÄTEN

Angeln

Der Mandalselva, 🖳 www.laksefisk.no, gilt in seinem unteren Lauf zwischen dem Meer und dem 48 km nördlich gelegenen Kavfossen-Wasserfall als einer der lachsreichsten Flüsse des Südens; sein oberer Abschnitt ist reich an Forellen. Die Gebühr für das Lachsangeln beträgt 250 NOK, der Angelschein kostet extra: ab 350 NOK (1 Tag). Angelscheine und Broschüren über die besten Reviere erhält man an der Touristeninformation.

Radfahren

Die Touristeninformation verleiht preisgünstig Fahrräder (150 NOK pro Tag), mit denen man entlang mehrerer verkehrsarmer Routen die Landschaft erkunden kann.

TOUREN

Das Touristenbüro vermittelt und organisiert zahlreiche Touren und Aktivitäten, u. a. Bootsausflüge sowie Elch-, Biber- und Lachssafaris. Geboten sind außerdem Kanu-, Kletter-, Rafting- und Fahrradtouren.

Adventure Norway, Hesså, Bjelland, ✆ 48151854, 🖳 www.adventurenorway.org. Zum Angebot dieses Outdoor-Experten gehören u. a. Rafting- und Klettertouren (je 450 NOK) sowie geführte Wanderungen und Treks nebst Elchsafaris (250 NOK, im Sommer Mo–Do ab 22 Uhr). Auch Kanuverleih möglich (200 NOK).

SONSTIGES

Alkohol

Mandal vinmonopol, Marnaveien 16, ✆ 04560, ⌚ Mo–Mi 10–16, Do 10–18, Fr 9–17, Sa 9–14 Uhr.

Apotheken

Apotek 1, Marnaveien 33, ✆ 38278877, ⌚ Mo–Fr 8.30–16.30, Sa 9–14 Uhr.

Autovermietungen

Avis, Vassmyrveien 34, ✆ 81533044.

Fahrradverleih

Mandal turistkontor, s. u.

Geld

Sparebanken Sør, Store Elvegate 35, ✆ 38267900.

Informationen

Mandal turistkontor, Buen Kulturhus, Havnegata 2, ✆ 38278300, 🖳 www.lindesnesregionen.com, ⌚ Mitte Juni–Mitte Aug Mo–Fr 9–16, Sa und So 13–18, sonst Mo–Fr 10–16 Uhr.

Medizinische Hilfe

Øvrebyen legesenter, Marnaveien 33, ✆ 38606500.

Polizei

Mandal politistasjon, Bryggegate 2, ✆ 02800.

Post

Mandal postkontor, Kastellgate 14, ✆ 04004, ⌚ Mo–Sa 9/10–20/18 Uhr.

Taxis

Taxi, Bryggegate 10B, ✆ 38271900.

TRANSPORT

Busverbindungen (ab Busstopp am Hafen) bestehen stdl. bis zweistündlich in Richtung FARSUND, FLEKKEFJORD, EGERSUND und STAVANGER sowie KRISTIANSAND; auch OSLO wird mehrmals tgl. angefahren.

Kvinesdal und Sirdal

Westlich von Mandal markiert die E 39 wieder die einzig mögliche Route gen Westen. Sie führt ab Vigeland durch eine abwechslungsreiche

Mittelgebirgslandschaft via Lyngdal und Kvinesdal nach Flekkefjord (S. 199). Unterwegs laden zahlreiche Aussichtspunkte, kleine Seen und vereinzelte Fjordbuchten zum Verweilen ein, auch den Wandermöglichkeiten (besonders im nördlichen Lyng- und Kvinesdal) sind keine Grenzen gesetzt, und vor allem das nördlich von Flekkefjord beginnende Sirdal erfreut sich bei Outdoor-Urlaubern größter Beliebtheit. Es erstreckt sich bis zum Quellgebiet der Sira in den bis über 1000 m hohen Fjellzonen Vest-Agders, wo Findlinge das Landschaftsbild bestimmen und zwischen Frühjahr und Herbst rund 50 000 Schafe grasen.

ÜBERNACHTUNG UND ESSEN

€ **Fossdal Gård**, etwa 28 km nördlich von Kvinesdal an der R 42, ✆ 45226626, 💻 www.fossdalgaard.no. Empfehlenswerte Hüttenanlage in naturschöner Umgebung. Verschiedene Blockhütten, äußerst gemütlich eingerichtet und mit hohem Komfort. Die meisten liegen auf einem Hügel mit atemberaubender Aussicht auf die umliegende Landschaft. Zudem großes Aktivitätsangebot. Ab ❶

€ **Krågeland Kro**, an der R 42, 30 km nördlich von Kvinesdal, ✆ 90076660, 💻 www.krageland.no. Einfache Campinghütten und mehrere Luxushütten (u. a. mit eigenem Badezuber), Camping-Stellplätze. Einfaches Café/Restaurant, beste Wander- und Angelmöglichkeiten, im Winter locken Skipisten und Loipen. Ab ❷

Sinnes Fjellstue, Sinnes (bei Sirdal), ✆ 97886353, 💻 www.sinnesfjellstue.no. Gebirgsherberge mit gemütlichen Zimmern, Pizzarestaurant und Bar. Reitmöglichkeiten und im Winter gutes Skiangebot auf nahe gelegenen Pisten. ❹.

Sageneset Feriesenter, Tjørhom (etwas südlich von Sirdal), ✆ 38371300, 💻 www.sageneset.no. Gemütliche Komforthütten in wunderschöner Umgebung mit vielen Wanderwegen und Skipisten in direkter Nähe; Reitmöglichkeiten. ❸

Sirdal Høyfjellhotel, Fidjeland (nördlich von Svartevatn), ✆ 38377400, 💻 www.hotelsirdal.no. Komfortables Hochgebirgshotel auf 650 m Höhe, Zimmer mit gehobenem Standard. Sauna, Swimmingpool, Restaurant mit norwegischer Traditionskost und Pub. Großes Aktivitätsangebot: Angeln, Reiten, Tennis, Golf, Wandern und Ski im Winter. ❺

Utsikten Hotell, Kvinesdal, ✆ 38358800, 💻 www.utsiktenhotell.no. Modernes Panorama-Hotel mit hohem Komfortstandard auf einem Hügel über Kvinesdal. 85 Zimmer, Bar sowie ein gutes, aber teures Restaurant. Ab ❺

Camping, mehre Zeltplätze in Sinnes, Tonstad und Suleskard. An vielen Stellen kann man aber auch wild campen.

AKTIVITÄTEN

Wandern

Zahlreiche Wanderrouten laden ein, das Touristenbüro informiert umfassend und bietet Kartenmaterial.

Wintersport

Im Sirdal und Kvinesdal laden mehrere Skilifte und Loipen ein.

TOUREN

Bootsfahrten auf dem Sirdalsvatnet, Infos und Buchung über das Touristenbüro (s. u.).

Sirdal Huskyfarm, Tonstad, ✆ 3837 1862, 💻 www.sirdalhuskyfarm.no. Größter Anbieter in Sachen Winteraktivitäten: Es sind Schneescooter-Safaris, Hundeschlitten-Touren

Schafabtrieb im Sirdal

Jedes Jahr gegen Anfang September werden bis zu 50 000 Schafe zu Tal getrieben, die im Sommer in den Bergen grasen. Dieser Abtrieb gilt mittlerweile als Touristenattraktion, und jeder, der gut zu Fuß ist, kann teilnehmen. Im Tal angekommen, lockt abschließend ein Volksfest, bei dem lokale Spezialitäten zu kosten sind: etwa Schafskäse oder Pinnekjøtt (Lammrippen). Infos über das Touristenbüro in Tjørhom.

und Skiausflüge im Angebot; im Sommer auch Kanutoren.

SONSTIGES

Apotheken

Apotek 1, Kvinesdal, Elveveien 15, ✆ 38358380, ⌚ Mo–Fr 9–16, Sa 10–13 Uhr.

Geld

Spare Bank 1, Tonstad.

Informationen

Sirdalsferie, Kvæven, Sirdal Fjerllmuseum, ✆ 38379330, 💻 www.sirdal.no, ⌚ im Sommer tgl. 10–16, sonst Mo–Fr 9–16 Uhr.

Medizinische Hilfe

Kvinesdal legesenter, Farmoren 9, Kvinesdal, ✆ 38357080.

Polizei

Lensmannen i Kvinesdal, Nesgate 16, ✆ 02800.

Post

Kvinesdal Post i butikk (Coop/Prix Supermarkt), Elveveien 2, ✆ 04004, ⌚ Mo–Sa 9–20 Uhr.

TRANSPORT

Busverbindungen ab Kvinesdal im Stunden- oder Zweistundentakt nach FARSUND, FLEKKEFJORD, EGERSUND und STAVANGER sowie KRISTIANSAND und OSLO. Ab Sirdal wird STAVANGER direkt angefahren, alle anderen Verbindungen via Flekkefjord.

Flekkefjord

Flekkefjord ist eine Stadt aus Weiß und Elfenbein, Kupferrot und Zimt; sie ist aus Holz gebaut und entsprechend charmant. Fassaden aus horizontal oder vertikal geschichteten Brettern bestimmen das Bild; hier eine Säule aus Holz, da eine farblich abgesetzte Fenstereinfassung oder Dacharchitrave, und überall mit Butzenscheiben verglaste Erker und Spitztürmchen, die die Stadt zu einer der anmutigsten des Sørland machen. Insbesondere in **Hollenderbyen**, der an blumengeschmückten Gassen überreichen „Stadt der Holländer" hinter dem Hafen, findet sich ein ungemein dichtes Architektur-Ensemble aus vergangenen Jahrhunderten, als Flekkefjord wichtigster Holzexporteur in die Niederlande war und, wie Mandal, zu beachtlichem Reichtum kam.

Als Schmuckstück der Altstadt gilt die am Hafen beginnende Dr. Kraftsgate, an der das in einem 300 Jahre alten Patrizierhaus eingerichtete **Flekkefjord Museum** (Hausnr. 15) zu einem Gang durch die Stadtgeschichte einlädt. 💻 www.vestagdermuseet.no, ⌚ Juni–20. Aug tgl. 11–17 Uhr, Eintritt 50 NOK.

Sehenswert ist auch die achteckige **Kirche** an der Elvegate, die aus dem Jahre 1833 stammt und natürlich ebenfalls aus Holz errichtet ist. ⌚ Mo–Fr 11–16, Sa 11–15 Uhr.

Insel Hidra

Badeplätze finden sich reichlich sowohl am Festland (sehr populär ist dort Grønnes, direkt südlich der Stadt) als auch auf den vorgelagerten Schäreninseln, wohin während der Saison Ausflugsboote verkehren. Mit Abstand am idyllischsten und auch einsamsten sind jedoch Kirkehamn und Sandvik auf Hidra, der größten Insel im Südwesten des Landes. Eine Brücke führt hinüber, und von den Stränden abgesehen beeindruckt hier insbesondere die reiche insulare Pflanzen- und Vogelwelt. Entsprechend wurde das gesamte Gebiet unter Schutz gestellt, und die schönsten Natureindrücke vermitteln die zahlreichen Wanderwege, die durch Wald und Flur sowie an der Küste entlangführen. Das Touristenbüro in Flekkefjord informiert umfassend, und auf einer Karte sind die meisten Wanderwege verzeichnet.

ÜBERNACHTUNG

Hotels

Grand Hotel, Anders Beers gate 9, ✆ 38325300, 💻 www.grand-hotell.no. Charmanter Holzbau aus dem Jahre 1897 in der Altstadt Hollenderbyen mit 29 gut ausgestatteten, aber etwas altväterlich eingerichteten Zimmern. Ein Tipp sind die Erkerzimmer. Gutes Restaurant, Bar, Tanzbar am Wochenende. 5

Mit der Draisine übers Land

Nicht nur für Kinder ist es ein besonderes Erlebnis, den Gleisen der 1990 stillgelegten Flekkefjordbahn mit einer Draisine auf 17 km langer Strecke zu folgen und dabei nicht weniger als 17 Tunnel zu passieren. Zwei Erwachsene oder ein Erwachsener und ein bis zwei Kinder finden problemlos Platz auf dem Gefährt, und von Mitte Juni bis Mitte August starten tgl. um 11 sowie 16 Uhr dreistündige Touren (500 NOK). Aber auch außerhalb der festen Tourenzeiten kann man auf Fahrt gehen. Informationen sowie Buchung über das Touristenbüro und ✆ 97657933, 💻 www.flekkefjordbanen.no.

Maritim Fjordhotel, Sundegate 9, ✆ 38325800, 💻 www.maritimfjordhotelle.no. Modernes Hotel direkt am Meer gelegen mit unlängst renovierten Komfortzimmern, die größtenteils eine schöne Fjordsicht bieten. Restaurant und Bar, Touren ins Umland werden vermittelt. ❺

Camping

Egenes Camping, Egenes (östlich von Flekkefjord an der E 39 beschildert), ✆ 38320148, 💻 www.egenes.no. Der Campingplatz ist schön auf einer Halbinsel im Selurvannet gelegen. Es gibt ein umfangreiches Aktivitätsangebot: Angeln, Bootsverleih, Wanderwege, Badestrand, Reitstall und eine tolle Wasserskianlage (S. 202) in direkter Nähe. 🕒 ganzjährig. Große Campingwiese (Stellplatz ab 220 NOK), Hütten und Wohnungen ab 600 NOK.

In/um Flekkefjord laden gleich zwei reine **Wohnmobilplätze** ein. Beide sind mit „Bobilparkering" ausgeschildert. Liegt der eine Platz unmittelbar im Stadtzentrum von Flekkefjord beim Hafen (20 Plätze, 300 NOK inkl. Strom, zu bezahlen im nahen Rema-2000-Supermarkt; mit Toiletten/Duschen), so befindet sich der andere naturschön und in Strandnähe auf der Insel Hidra am Kirkehamn Gästehafen Brattholmen (mit Duschen/Toiletten).

FESTE

Flekkefjord byfestivalen, Mitte Juni. Jährliches Stadtfest.

Fjellparkfestival, 💻 www.fjellparkfestivalen.com, Mitte Juli. Gilt als das älteste Rock-Festival des Landes; lokale, nationale und auch internationale Gruppen.

Lachsfestival, 💻 www.laksefestivalen.flekkefjord.no, Ende Juli. Zweitägiges Festival mit Lachsangelwettbewerben.

AKTIVITÄTEN

Angeln

Das Kvinesdal gilt als Angelparadies, vor allem Kvina und Litleåna, die beide durch das Tal fließen, haben sich mit insgesamt 16 km Angelstrecke einen guten Namen als Lachsflüsse gemacht. Saison von Juni–Mitte Sep, Tageskarte ab 150 NOK, Wochenkarte ab 300 NOK, weitere Infos über das Touristenbüro sowie 💻 www.kvina-laksefiske.com.

Touren

Schären- und Sightseeingtouren kann man über das Touristenbüro buchen.

SONSTIGES

Alkohol

Flekkefjord vinmonopol, Kirkegate 14, ✆ 04560, 🕒 Mo–Mi 10–16, Do 10–18, Fr 9–17, Sa 9–14 Uhr.

Apotheken

Apotek 1, Brogate 13, ✆ 38326550, 🕒 Mo–Fr 9–16, Sa 9–13 Uhr.

Autovermietungen

Avis, Sundegate 3, ✆ 38320500, 💻 www.avis.no.

Fahrradverleih

Turistkontoret Flekkefjord, s. u.

Geld

Flekkefjord Sparebank, Brogate 18, ✆ 38320000.

Auf dem Nordsjøveien öffnen sich immer wieder herrliche Aussichten.

Mit Highspeed übers Wasser

Rixen, neben Egenes Camping (S. 200), ✆ 38322323, 💻 www.facebook.com/rixen flekkefjord. Skandinaviens erste Kabelbahn für Wasserski und Wakeboard lädt zu einem rasanten Erlebnis auf dem Wasser ein. Auf einer 780 m langen Runde rast man mit bis zu 60 km/h dahin. Der Spaß ist allerdings nicht billig: 1 Std. 150 NOK, Tageskarte 450 NOK pro Tag. ⏲ Mitte Juni–Mitte Aug.

Informationen

Turistkontoret Flekkefjord, Kirkegaten 33, ✆ 38326995, 💻 www.regionlister.com und 💻 www.flekkefjord.no, ⏲ Mitte Juni–Mitte Aug Mo–Fr 10–18, Sa 10–16, sonst Mo–Fr 10–15 Uhr.

Medizinische Hilfe

Flekkefjord legesenter, Elvegate 14, ✆ 38328250.

Polizei

Flekkefjord politistasjon, Parkgate 8, ✆ 02800.

Post

Flekkefjord postkontor, Parkgate 4-6, ✆ 04004, ⏲ Mo–Fr 9–17, Sa 10–14 Uhr.

Taxis

Taxi, Jernbaneveien 11, ✆ 38323200.

TRANSPORT

Busverbindungen mehrmals stdl. bis zweistündlich nach MANDAL, KRISTIANSUND, EGERSUND (via E 39) und STAVANGER sowie OSLO, ebenfalls nach KVINESDAL. Entlang der R 44 nach Egersund gibt es keine durchgehende Verbindung, man muss den Bus nach HAUGE nehmen (alle 2 Std.) und dort umsteigen.

Von Flekkefjord nach Egersund

In Flekkefjord steht man vor der Qual der Wahl zwischen der R 44 und der weiter nördlich verlaufenden E 39, die in etwa gleich lang sind, jedoch völlig unterschiedliche Landschaftstypen erschließen. Die E 39 führt durch eine schöne Mittelgebirgslandschaft, während die R 44, der eigentliche **Nordsjøveien**, in ständiger Berg- und Talfahrt eine Landschaft durchschneidet, wie man sie ähnlich wild an Norwegens südlichen Gestaden noch nicht gesehen hat und auch später nicht mehr sehen wird. Die Wegführung durch die oft senkrecht aus dem Meer emporsteigende und bis über 400 m hohe Buckelberg-Landschaft könnte oft extremer nicht sein und bietet immer wieder atemberaubende Aus- und Einsichten in bodenlos scheinende Schluchten und Klüfte.

Ein besonders schöner Blick aus luftiger Höhe eröffnet sich nach 18 km auf das von nackten Felsen eng umschnürte Städtchen **Åna-Sira** sowie wenig später auf den schmalen **Jøssingfjord**, der Anfang der 1980er-Jahre durch den ersten Umweltskandal Norwegens (Verklappung von Titan-Schlamm durch die *Titan A/S*) zu zweifelhaftem Ruhm gelangte. Noch kühner wird nun die Wegführung, und in zahllosen Kuren geht es in eine etwa 50 m breite Kluft hinein, in der sich die zwei Häuser von **Helleren** unter einen weit überhängenden Felsklotz ducken – eines der bekanntesten Fotomotive des Nordsjøveien überhaupt. Weiter geht es auf oft gänzlich ungesicherter Serpentinenstraße in steile Höhen mit weiter Fernsicht, bevor schließlich das kleine Städtchen **Hauge** erreicht wird, das von fruchtbaren Auen und malerischen Badeplätzen umgeben ist und nach Egersund überleitet, rund 30 km entfernt.

TRANSPORT

Selbstfahrer

Die R 44 ist schmal und kurvenreich, sie empfiehlt sich daher nicht für große Wohnmobile und Caravan-Gespanne.

Busse

Entlang der R 44 gibt es keine durchgehende Verbindung zwischen Flekkefjord und Egersund, da die Busse die E 39 befahren. Man muss den Bus nach HAUGE nehmen (alle 2 Std.) und dort umsteigen, was aber recht zeitaufwändig ist.

Egersund

Egersund, ein Städtchen mit quirlig-bunter **Hafenzone** voller Herings-, Makrelen- und Krabbenkutter, konnte sich zwischen 1820 und 1830 dank seines sicheren Naturhafens zu einem der bedeutendsten Fischereihäfen Norwegens entwickeln. Wenn auch die heutigen Fangquoten keinen Vergleich mehr mit früher zulassen, ist doch die Fischerei noch immer eine wichtige Einnahmequelle für die rund 11 000 Einwohner, und kaum irgendwo im Süden des Landes bekommt man Frischfisch günstiger als hier.

Im Ort selber lohnt vor allem der kurze Aufstieg zum ausgeschilderten Haushügel **Varberg**, von dessen Höhe aus man ein fantastisches Panorama über Egersund und die vorgelagerte Insel Eigerøy genießt. Sehenswert ist noch die hafennah gelegene **Altstadt**, die mit einer dichten Sammlung klassizistischer Holzbauten beeindruckt. Insbesondere die **Strandgate** ist reich an alter Bausubstanz, und von dort aus ist es nur ein kurzes Wegstück bis zur **Egersund Kirke**, die im Jahre 1620 errichtet und im 18. Jh. kreuzförmig ausgebaut wurde.

Wer Einblicke in die Porzellanherstellung gewinnen will, kann das im etwas außerhalb im Norden nahe dem Bahnhof gelegenen **Egersund Fayencemuseum**, das einzige seiner Art in Norwegen. ⌚ Mitte Juni–Aug tgl. 11–17, sonst Mo–Fr 10–14 Uhr, Eintritt 50 NOK. Und schließlich informiert das **Dalane Folkemuseum** in Slettebø (3 km nördlich) über Bauernkultur und Handwerkermilieu im 18. und 19. Jh. 💻 www.dalanefolke.museum.no, ⌚ Mitte Juni–Aug tgl. 11–17, sonst Mo–Fr 10–14 Uhr, Eintritt 50 NOK.

ÜBERNACHTUNG UND ESSEN

Ben's Kafé og Motell, Helleland (15 km nördlich von Egersund an der E 39), ✆ 51497000, 💻 www.benskafe.no. Einfache Pension mit 20 schlichten Zimmern (alle mit Bad/WC, TV). Das Café/Restaurant bietet gute Hausmannskost zu fairen Preisen. ❹

Grand Hotell, Joh. Feyersgate 3, ✆ 51496060, 💻 www.grand-egersund.no. Reich verzierter Altbau mit Erkern und Türmchen im Zentrum der Stadt. Innen ebenso stilvoll wie außen, 59 Komfortzimmer mit gehobenem Standard. Restaurant, Fr und Sa abends mit leckerem und preiswertem Buffet. Fahrradverleih. Ab ❺

Camping und Hütten

Hauen Camping, Hovland (7 km südlich der Stadt an der R 502), ✆ 51492379, 💻 www.hauencamping.no. Ganzjährig geöffneter Wiesenplatz (Stellplatz ab 215 NOK) in schöner Küstenlage, auch Hütten (ab 425 NOK). Verleih von Kanus sowie Motorbooten; Angel- und Bademöglichkeiten in direkter Nähe.

€ **Steinsnes NAF Camping**, Jærveien 190, Tengs (3 km nördlich an der R 44), ✆ 974009665, 💻 www.steinsnescamping.no. Schöner Platz unter Birken mit einer Zeltwiese (Stellplatz ab 180 NOK) und vielen Hütten (ab 375 NOK). Moderne Sanitäranlage, Minigolf, Fahrradverleih; gute Angelmöglichkeiten in der Umgebung.

FESTE

Dalane Bluesfestival, 💻 www.dalaneblues.com. Anfang Juni. Drei Tage im Zeichen des Blues.

Fyrfestivalen, 💻 www.fyrfestivalen.no. Ende Mai. Großes Stadt- und Kulturfestival mit Konzerten und Dutzenden von Veranstaltungen.

Egersund visefestival, 💻 www.egersundvisefestival.no. Anfang Juli. Populäres Country-Festival mit Konzerten.

AKTIVITÄTEN

Angeln

Die Flüsse Bjerkreimselv und Tengselv sind unter Lachsanglern bekannt. Angelkarten erhält man im Touristenbüro sowie auf den Campingplätzen.

Baden

Populär ist der Sandstrand Skadbergsanden auf Eigerøy (R 502), der auch Toiletten hat.

Wandern

Im Touristenbüro kann man sich eine Karte mit mehreren markierten Wanderungen

Die Nordseeroute ins Fjordland

- **Route**: Flekkefjord – Ogna – Stavanger
- **Länge**: ca. 200 km
- **Dauer**: ca. 3 Tage
- **Höhenunterschied**: max. 170 m
- **Schwierigkeitsgrad**: leicht bis mittel

Die Tour führt auf einsamer bis wenig frequentierter Strecke an den zunächst wilden, dann ungemein strandreichen Gestaden der Nordsee entlang. Sie eignet sich auch für Familien mit älteren Kindern. Die Route ist durchgehend markiert und führt in ihrem ersten Abschnitt von Flekkefjord bis Ogna (ca. 85 km) durch teilweise hügeliges bis stark hügeliges Terrain, anschließend durch meist flaches Gelände. Der Autoverkehr hält sich in Grenzen, teils geht es entlang autofreier Strecken. Der Straßenbelag besteht aus Schotter oder Asphalt.

Die Route

Diese landschaftlich außerordentlich abwechslungsreiche Tour führt entlang der wild zerzausten Nordseeküste durch die zu Vestland gehörende Region Rogaland und kennt, außer in ihrem ersten Abschnitt bis Ogna westlich Egersund, kaum Steigungsstrecken, weshalb sie auch bei radbegeisterten Familien und Senioren sehr beliebt ist.

Ab **Egersund** (S. 203) führt eine heute autofreie Straße bis nach **Ogna**, wo sich der alte Königsweg anschließt, der entlang der Küste der oft brettflachen Landschaft Jæren via **Brusand** und **Vigrestad** nach **Hå Gamle Prestegård** führt. Der Autoverkehr auf diesem Abschnitt ist kaum der Rede wert, und auf der nun folgenden Strecke via **Orre** (S. 207) nach **Sola** geht es ein ums andere Mal an dünengesäumten Stränden entlang, die zu den längsten und feinsandigsten des Königreiches gehören und sich bestens zum Sonnenbaden oder auch Schwimmen eignen. Dank der oft gleichmäßig auf die Küste zurollenden Dünungswellen erfreuen sich die meisten Strände dieser Region auch bei Windsurfern und Wellenreitern großer Beliebtheit; auch Bodysurfer finden hier teils ideale Bedingungen vor.

Kulturhistorisch Interessierte werden Egersund und Flekkefjord mit ihren teils malerischen Altstadtgassen genießen und die Hunderte von Steinwällen sowie Grabhügel aus der Eisenzeit bewundern. Sie zeugen von einer bewegten Geschichte des Großraums Jæren, der zusammen mit der Region Østfold als das älteste Siedlungsgebiet des Landes gilt. Eines der größten Grabfelder des Landes aus der Zeit der Völkerwanderungen findet sich am Strand vor dem Hå Gamle Prestegård, während im Keller des restaurierten Pfarrhofes (erbaut 1637) Funde von bis zu 8200 Jahre alten Siedlungen ausgestellt sind. www.hagamleprestegard.no, ganzjährig Mo–Fr 11–15, Sa und So 12–17 Uhr, Eintritt 60 NOK.

Praktische Tipps

Radverleih

Verleihstellen finden sich in Egersund und Stavanger, aber Einwegmiete wird nicht angeboten, sodass man möglichst das eigene Rad mitbringen sollte.

Organisierte Tour

Wer die Nordseeroute nicht allein, sondern organisiert beradeln möchte, wende sich an Norske Bygdeopplevelser, ✆ 61289970, 💻 www.norske-bygdeopplevelser.no. Die dort angebotene Tour führt über Stavanger hinaus bis Haugesund, ist 197 km lang und wird in sechs Tagen bewältigt; Kosten: 4500 NOK p. P. für Übernachtung, Radmiete, Kartenmaterial etc.

Unterkunft

Mehr als ein Dutzend fahrradfreundlicher Übernachtungsbetriebe laden ein, außerdem zahlreiche Campingplätze, und auch wer „wild" zelten will, wird problemlos ein geeignetes Plätzchen finden.

Infos

Auf 💻 www.cyclingnorway.no werden unter dem Stichwort „Nordsjøruta" Kartenempfehlungen gegeben; außerdem ausführliche Routenbeschreibung und zahlreiche Tipps. Weiteres Kartenmaterial online unter 💻 www.northsea-cycle.com.

Anschlussmöglichkeiten

Ab Flekkefjord mit der Küstenroute (S. 172); von Stavanger mit der Nordseeroute entlang der Küste bis nach Bergen. Konditionsstarke Radler können von Stavanger aus den Ryfylkevegen (S. 265) anschließen oder aber den extremen Lysevegen (S. 264), der ins Setesdal mit der Setesdalsroute (S. 207) führt.

Die Nordseeroute – einsam und abwechslungsreich

besorgen, der populärste Weg ist der zum **Varberg**, auf dem ein großes Fernglas dazu einlädt, auf die Stadt, die Hafeneinfahrt, das Meer und das Umland zu blicken. Der 15-minütige Weg hinauf ist ab der Stadtmitte ausgeschildert.

Populär ist u. a. auch der **Vestlandske Hovedveien** (ein 7 km langer, stillgelegter Abschnitt der alten Küstenstraße) sowie der Pfad zum Leuchtturm **Eigerøy fyr**, der Mitte des 19. Jhs. aus Gusseisen errichtet wurde. Der Weg startet an einem Parkplatz am Nautasund (ab Egersund der ausgeschilderten Straße Richtung Eigerøy folgen) und zieht sich als ein sehr gut präparierter 2 km langer Pfad zum Leuchtturmgelände hin; unterwegs laden 7 verschiedene „Geo-Stationen" dazu ein, etwas über den Anorthosit zu lernen, eine besondere Gesteinsart, die typisch für die Region ist.

SONSTIGES

Alkohol

Egersund vinmonopol, Nytorget 11, ✆ 04560, ⌚ Mo–Mi 10–16.30, Do 10–18, Fr 9–16.30, Sa 9–14 Uhr.

Apotheken

Apotek 1, Eikunda Senteret, Fabrikkgate 2, ✆ 51461580, ⌚ Mo–Fr 9–18, Sa 9–15 Uhr.

Autovermietungen

Europcar, Kvellurveien 1, ✆ 51651090.

Einkaufen

Egersund Terracotta & Keramikk, Strandgate 44, 💻 www.egersund-terracotta.no. Hier bekommt man mehrfach preisgekrönte Keramik und, in Zusammenarbeit mit dem Fayencemuseum (S. 203), Fayence-Kopien nach alten Vorlagen. ⌚ Mo–Fr 10–17, Sa bis 15 Uhr.

Fahrradverleih

Grand Hotell, S. 203.

Geld

Spare Bank 1, Torget 6, ✆ 51464612.

Informationen

Egersund turistinformasjon, Jernbaneveien 2, ✆ 51207049, 💻 www.eigersund.kommune.no, ⌚ Mitte Mai–Mitte Aug tgl. 10–17 Uhr, sonst Mo–Fr 10–15 Uhr.

Medizinische Hilfe

C. Kanestrøm legekontor, Nytorget 6, ✆ 51472220.

Polizei

Egersund politistasjon, Strandgate 18, ✆ 02800.

Post

Egersund postkontor, Torget 2, ✆ 04004, ⌚ Mo–Fr 9–17, Sa 10–14 Uhr.

Taxis

Egersund Taxi, neben dem Busterminal, ✆ 51490000.

TRANSPORT

Busse

Es bestehen mehrmals tgl. Verbindungen mit FLEKKEFJORD (via E 39), MANDAL, KRISTIANSUND, EGERSUND und STAVANGER (E 39) sowie OSLO. Entlang der R 44 nach Flekkefjord gibt es keine durchgehende Verbindung, man muss stattdessen den Bus nach HAUGE nehmen (alle 2 Std.) und dort umsteigen. Die allermeisten Busse nach Stavanger folgen der E 39, nur wenige befahren die R 44.

Eisenbahn

Egersund liegt an der Sørlandbahn, und vom Bahnhof bestehen mehrmals tgl. Verbindungen Richtung OSLO via KRISTIANSAND, SKIEN/PORSGRUNN, KONGSBERG und DRAMMEN bzw. LARVIK, SANDEFJORD und TØNSBERG sowie Richtung STAVANGER.

Schiffe

Die auf zahlreichen Landkarten noch verzeichnete Fährverbindung nach Hanstholm in Dänemark wurde schon vor mehreren Jahren eingestellt.

Von Egersund nach Stavanger

Und wieder muss man sich entscheiden, denn sowohl die nördlich von Egersund verlaufende E 39 als auch die R 44 führen nach Stavanger. Beide sind wieder in etwa gleich lang, Erstere ist schneller, verliert aber im Vergleich erneut gegen die Reichsstraße, die nun bald nach „Ostfriesland" führt, woran die Landschaft **Jæren**, die sich von Egersund bis Stavanger hinzieht, manche Besucher erinnern dürfte. Jeder Quadratmeter Erde wird hier aufgrund der günstigen klimatischen Bedingungen und fruchtbaren Moränenböden genutzt, und so gilt dieses platte Land am Südwestrand Norwegens als der am intensivsten kultivierte Agrarraum im ganzen Königreich. Zudem rühmt sich Jæren, das nach Østfold (S. 151) älteste Siedlungsgebiet des Landes zu sein, was nicht weniger als 600 Grabhügel aus der Eisenzeit und über 400 Fundstätten aus der Zeit der Völkerwanderung eindrücklich bezeugen.

Entsprechende Hinweisschilder finden sich immer wieder an der Straße, die größtenteils direkt an der Küste verläuft, wo es – zumindest für Touristen – noch wesentlich Interessanteres zu entdecken gibt: herrliche Strände, dünengesäumt und weiß, die sich mal in kleinen Felsbuchten verstecken, mal aber auch kilometerlang dahinziehen. Insbesondere von der mit **Orre** ausgeschilderten R 507 aus, die rund 40 km westlich von Egersund von der R 44 nach links abzweigt, lassen sich herrliche Traumstrände anfahren, die allerdings sämtlich der Nordsee ausgesetzt sind und eine entsprechend hohe Brandung haben. Ein erster, der von einer hohen Düne gesäumte, kilometerlange **Orrestranda**, ist gleich 2 km hinter dem Abzweig zu finden (Hinweisschild).

INFORMATIONEN

Weitere Informationen gibt es auf 💻 www.nordseestrasse.de, über die 41 km lange Strecke zwischen Ogna und Borra in der Landschaft Jæren informiert 💻 www.nasjonaleturistveger.no, da dieser Streckenabschnitt zu einem Nationalen Touristenweg ernannt wurde.

TRANSPORT

Die öffentlichen Transportmittel verkehren über die E 39. Die R 44 wird kaum befahren, kann daher nur von Selbstfahrern in Angriff genommen werden.

3 HIGHLIGHT

Das Setesdal

Alle Wege, die von der Skagerrak-Küste aus in das von Taltrögen gegliederte Binnenland führen, sind imposant, aber keiner kann sich mit der beeindruckenden R 9 messen, die das rund 230 km lange Setesdal erschließt. Es erstreckt sich über ein Gebiet von nahe **Kristiansand** bis zu den nördlichen Hochfjellweiten der **Setesdalsheia**, die auf die Hardangervidda blickt und sowohl in die Telemark als auch an den Hardangerfjord überleitet. In diesem Talzug, der noch bis 1939 keine relevante Straßenverbindung mit dem Rest des Landes besaß, haben sich aufgrund seiner isolierten Lage zahlreiche **Traditionen** erhalten, die andernorts längst der Vergangenheit angehören. Dazu zählen insbesondere die Kunst des Schmiedehandwerks sowie Volkstanz und -musik, und entsprechend rühmt sich das Setesdal im Prospekt auch als das „Märchental des Südens".

Aber auch seine **Naturschönheiten** sind sprichwörtlich, und mit seinem mal breit und träge, mal seeartig verbreiterten, an einigen Stellen auch wild dahinschäumenden Fluss Otra, den bewaldeten, von satten Wiesen und Feldern bedeckten Höhen und stillen Seitentälern stellt der Talzug eine norwegische Urlaubslandschaft wie aus dem Bilderbuch dar. Überall locken Erfrischung versprechende Badefreuden; malerische Wanderwege gibt es genug, um einen ganzen Trekking-Urlaub zu füllen; und das obere Setesdal schließlich gilt als das „gelobte Land" für eingefleischte Aktivreisende, die sich für ungewöhnliche **Outdoor-Aktivitäten** begeistern können.

Evje

Mit seinen rund 2500 Einwohnern ist Evje bereits die größte Ortschaft im Setesdal, das sich von hier aus durch eine Mittelgebirgslandschaft mit anfangs nur mäßigem Relief Richtung Norden öffnet. Das beschauliche Städtchen an den Ufern der Otra ist folglich das Verwaltungs- und Dienstleistungszentrum des Talzugs, und es verdankt seine Gründung den Mineralien, die in den Pegmatitschichten unter der Erde verborgen liegen und in Bezug auf ihren Artenreichtum als einzigartig gelten. Niemand Geringeres als Madame Curie bezog hierher die Rohstoffe für ihre berühmten Experimente mit radioaktiver Strahlung, und noch heute erfreut sich Evje eines hohen Ansehens bei Mineralogen und Geologen aus aller Welt.

ÜBERNACHTUNG

Hostels und Hotels

€ **Evje Vandrerhjem**, Troll Aktiv, ✆ 37931177, 💻 www.hihostels.no. Etwa 7 km außerhalb gelegene Jugendherberge in naturschöner Umgebung. Sehr gut ausgestattet, und in Zusammenarbeit mit Troll Aktiv „das" Outdoor-Zentrum der Region. Die Zimmer (DZ ab 430 NOK) sind einfach, aber sauber und haben teils schöne Aussicht. Günstiger noch sind Betten (100 NOK) in Lavvos (Samen-Spitzzelte). Gästeküche, auch einfache Mahlzeiten. 🕒 20. Juni–31. Aug. ❶

Evje Park Apartments, 1 km südwestlich von Evje an der R 9, ✆ 37930400, 💻 www.evjepark.no. Ferienzentrum im Grünen mit insgesamt 30 modernen Apartments (ab 960 NOK für 2 Pers.), alle sind mit Bad/WC, Miniküche und Terrasse ausgestattet. Es gibt einen Garten mit Pool, finnische Saunas, Badezuber und Grillhütten. Rabatt schon ab 2 Nächten. Ab ❸

Hotel Dølen, Evje, ✆ 37930200, 💻 www.hoteldolen.no. Der schmucke Holzbau aus den 1930er-Jahren gilt als Setesdals ältestes Hotel. Mitten in der Stadt, dennoch ruhig gelegen. Recht altbackene Zimmer, die aber kürzlich zumindest teilweise renoviert wurden. ❸–❹

Infos zum Setesdal

- www.setesdal.com: Diese Website versteht sich als Reiseportal für das gesamte Setesdal. Wer schriftliches Informationsmaterial anfordern möchte, muss sich an eines der vier regionalen Informationsbüros im Tal wenden: Hovden (S. 218), Valle (S. 215), Byglandsfjord (S. 211) sowie Evje (S. 210).
- **Öffentliche Verkehrsmittel**: Alle nachfolgend vorgestellten Städte sind untereinander sowie mit Oslo, Kristiansand, Stavanger und Bergen durch Buslinien verbunden. Informationen für die Gesamtregion unter ✆ 177 oder www.177-agder.no, www.rutebok.no sowie www.setesdal-bilruter.no.

Camping und Hütten

Odden Camping, Evje, ✆ 37930603, www.oddencamping.no. Ruhig und idyllisch auf einer schattenreichen Wiese (Stellplatz 235 NOK) am Otra-Ufer gelegen (rund 500 m stadtauswärts). Gut ausgestattet, Hütten in verschiedenen Kategorien ab 385 NOK, gute Bademöglichkeiten, Verleih von Fahrrädern und Kanus.

ESSEN

€ **Pernille Kafe**, Zentrum, www.pernillecafe.no. Einfaches Café mit preiswerten norwegischen Gerichten, oft steht auch Elch auf der Speisekarte. Außerdem Pizzen, Sandwiches, Salate. ⏲ Mo–Fr 8–16, So 12–18 Uhr.

Hotel Dølen Restaurant, s. o. Gutes Lokal mit echter „Bauern-Kost", umfangreicher Speisekarte und üppigem Sonntagsbuffet. Große Portionen zu vernünftigen Preisen. Am schönsten sitzt man draußen auf der Flussufer-Terrasse. ⏲ Di–So ab 11 Uhr.

AKTIVITÄTEN

Angeln

Mehrere gute Möglichkeiten in den Seen südlich von Evje und v. a. im Otra-Fluss. Infos über die besten Plätze sowie auch Angelkarten im Touristenbüro.

Baden

Am beliebtesten sind die Badestellen entlang der Otra, z. B. am Odden-Campingplatz (s. oben), der einen größeren Strand besitzt.

Radfahren

Mehrere Wege und Nebenstraßen bieten sich gut zum Radeln an, u. a. die unbefestigte Parallelstraße zur R 9 auf der andren Seite der Otra.

Wandern

Dutzende Touren laden ein; eine komplette Übersicht über sämtliche Wandermöglichkeiten mitsamt Wanderkarten bekommt man in der Touristeninformation. Populär sind u. a. der Evje Mineralsti, der Weg zum Berteskampen (ein 652 m hoher Aussichtsberg) sowie die alte Straße rund um den Berg Fånefjellet.

TOUREN

Troll Aktiv, ✆ 37931177, www.trollaktiv.no. Das der Jugendherberge (S. 208) angeschlossene Outdoor-Zentrum gilt als eines der erfahrensten des Südens. Zahlreiche Aktivitäten und Touren werden angeboten, teils auch gut für Kinder geeignet. Im Programm stehen u. a. Rafting-Touren (3 Std., 500 NOK), Familien-Rafting-Touren (3 Std., 400 NOK), River-Boarding (3 Std., 370 NOK), geführte Kanutouren (3 Std., 390 NOK), Klettertouren (4 Std., 470 NOK). Auch eine Kletterwand lädt ein (370 NOK), es werden Wildwasser-Kajakkurse für Anfänger und Fortgeschrittene angeboten (ab 1200 NOK), Fahrräder und Kanus ausgeliehen (350 NOK) und vieles andere mehr.

Mariteam Adventure, www.mari-team.no. Ein weiteres Outdoor-Zentrum, die Angebote sind in etwa identisch. Die Besitzer sprechen Deutsch.

SONSTIGES

Alkohol

Evje vinmonopol (einzige Verkaufsstelle für Alkohol im gesamten Setesdal!), Sentrums-

Kristall-Sightseeing

Auch in touristischer Hinsicht dreht sich in Evje fast alles um Kristall-Sightseeing, das sich nirgends spannender darstellt als im rund 6000 m² großen **Setesdal-Mineralpark**. Er erstreckt sich tief unter der Erde in bis zu 175 m langen ehemaligen Grubengängen, in denen die kristallen funkelnden Schätze der Berge in ihrer natürlichen Umgebung zu betrachten sind. 💻 www.mineralparken.no, 🕒 26. Mai–25. Juni und 10. Aug–6. Sep Mo–Sa 10–16, So bis 17 Uhr, im Hochsommer tgl. 10–18 Uhr, Eintritt 170 NOK.

Der Park ist im Ort ebenso beschildert wie der 2,5 km lange **Mineraliensti** (Mineralienpfad), der fünf ehemalige Gruben miteinander verbindet und in dessen Verlauf man an Lagerstätten diverser Mineralien vorbeispaziert. Bleibt schließlich die direkt beim Mineraliensti gelegene **Flaat Nickelgrube**, ursprünglich Europas größte Nickelgrube, die bis über 400 m tief in die Erde hineinreicht und nun nach jahrelangen Restaurierungsarbeiten von interessierten Besuchern besichtigt werden kann 💻 www.mineralstien.flaatgruve.com, 🕒 Mitte Juni–Mitte Aug tgl. 11–16 Uhr, Eintritt 100 NOK für den Sti und die Grube.

Einen Besuch wert ist außerdem das **Evje og Hornnes Museum**, in dem Berylle, Amazonite, Bergkristalle und Dutzende andere Mineralien ausgestellt sind. 🕒 Juli und Aug tgl. 11–17 Uhr.

bygget, 📞 04560, 🕒 Mo–Do 10–16, Fr 9–18, Sa 9–14 Uhr.

Apotheken

Vitusapotek Evje, 📞 37930017, 🕒 Mo–Fr 8.30–16, Sa 8–13 Uhr.

Fahrradverleih

Evje turistkontor, s. u.

Geld

Sparebanken Sør, Sagatunbygget, 📞 37931670.

Informationen

Nedre Setesdal Informasjonssenter, Verksveien 4, 📞 37932346, 💻 www.setesdal.com, 🕒 Ende Juni–Mitte Aug Mo–Fr 10–18, Sa 10–15 Uhr.

Medizinische Hilfe

Evje legevakt, Sentrum, 📞 38076930.

Polizei

Evje og Hornnes lensmannskontor, Verksvegen 4, 📞 02800.

Post

Evje-Sentrum Post i butikk, Kiwi Supermarkt, 📞 04004, 🕒 Mo–Fr 8–22, Sa 9–21 Uhr.

TRANSPORT

Ausgezeichnete Busverbindungen Richtung OSLO, STAVANGER und KRISTIANSAND, außerdem Richtung HAUKELIGREND mit allen Orten des Setesdals.

Byglandsfjord

Das beschauliche Städtchen ist das touristische Zentrum des unteren Setesdals und verdankt seine Stellung dem rund 35 km langen und etwa 40 km² großen gleichnamigen See, an dessen von Wiesen und Wald gesäumtem Ufer sich der Ort hinzieht. Hunderte von Halbinseln ragen ins glasklare Wasser dieses malerischen „Fjordsees" hinein, der nicht nur Strom erzeugt, sondern in Kreisen von meist norwegischen Touristen auch als herausragendes Urlaubsparadies gilt.

ÜBERNACHTUNG UND ESSEN

Revsnes Hotell, Byglandsfjord, 📞 37934650, 💻 www.revsneshotell.no. Modernes Hotel, idyllisch auf einer Halbinsel im See gelegen. Fast alle 53 Komfortzimmer sind mit Seeblick. Schöne Badeplätze direkt am Hotel, Gartenanlage und Bootsverleih. Außerdem Badezuber und Sauna, Restaurant und gemütliche Bar mit offenem Kamin. Ab ❹

Camping und Hütten

€ **Longerak Hyttesenter og Camping**, Longerak, ✆ 96208888, 💻 www.longerak.com. Etwa 7 km südlich von Byglandsfjord an der R 9. Hütten- und Campinganlage direkt am Byglandsfjord, auch Bootsverleih. ⌚ Anfang Juni–Anfang Sep. Stellplatz 190 NOK, außerdem 15 Hütten verschiedener Kategorien ab 390 NOK.

Neset Camping, Neset, ✆ 37934050, 💻 www.neset.no. Ganzjährig geöffneter Komfortplatz, idyllisch auf einer Wiesenhalbinsel gelegen, die rund 1,6 km an Strandlinie bietet. Geschäft, Café und Verleih von Kanus, Kajaks, Ruderbooten und Surfbrettern; auch organisierte Kletterkurse. Große Zeltwiesen (Stellplatz 290 NOK) mit schattenspendenden Bäumen, rund 30 Hütten ab 650 NOK.

AKTIVITÄTEN

Baden

An Badeplätzen herrscht kein Mangel, die schönsten finden sich u. a. am Neset Campingplatz (s. o.) und am Revsnes Hotell (s. o.).

Radfahren

Byglandsfjord ist ein guter Ausgangspunkt für Radler. Die meisten Unterkünfte verleihen Fahrräder, ansonsten über Troll Aktiv (S. 209) oder die Touristeninformation in Evje.

SONSTIGES

Geld

Sparebank Sør, Bygland (5 km nördlich von Byglandsfjord), ✆ 37935500.

Informationen

Turistinformasjonen i Bygland, Glashytta, Bygland, ✆ 37934040, 💻 www.setesdal.com. Der Glashytta angeschlossen, einer Glasbläserei, in der man den Handwerkern zuschauen und auch Glaswaren käuflich erwerben kann. ⌚ Mo–Sa 10–17, So ab 12 Uhr, sonst Mo–Fr 10–16 Uhr.

Medizinische Hilfe

Evje legevakt, Sentrum, ✆ 38076930. Auch für Byglandsfjord zuständig.

Polizei

Bygland lensmannskontor, Bankbygget, ✆ 02800.

Post

Bygland Post i butikk (Joker Supermarkt im Zentrum), ✆ 04004, ⌚ Mo–Fr 9–19, Sa 9–18 Uhr.

TRANSPORT

Ausgezeichnete **Busverbindungen** mit allen Orten des Setesdals sowie Richtung OSLO, STAVANGER und KRISTIANSAND, außerdem Richtung HAUKELIGREND.

Aktiv im unteren Setesdal

Sogar Sandstrände laden am Byglandsfjord ein, und wer vor allem Baden und Bootfahren sowie Angeln im Sinn hat, wird sich hier wohlfühlen. Auch Kanus, Kajaks sowie Windsurfbretter werden ausgeliehen, es gibt ein paar Klettersteige, doch vor allem locken Wanderungen. Dutzende mögliche Touren laden ein, darunter auch mehrtägige. Wer hingegen nur einen schönen Spaziergang am Wegesrand sucht, der nehme den rund 1 km langen Pfad zur **Tjuvhola**, einem den See überblickenden Felsloch. Der Weg ist an der R 9 südlich vom unübersehbaren Neset-Campingplatz (s. o.) ausgeschildert. Das mit Abstand beeindruckendste Panorama auf die Wasserfläche sowie das naturschöne Umland aber genießt man vom 762 m hoch gelegenen Aussichtsberg **Årdalsknappen** aus, der ebenfalls beim Neset-Campingplatz beginnt und hin und zurück etwa 3–4 Std. Zeit in Anspruch nimmt.

D/S Bjoren, ✆ 90151152, 💻 www.bjoren.no. Der 1867 in Dienst gestellte, restaurierte Dampfer verkehrt jeden Sonntag von Juni bis Mitte August von 12 bis 14 Uhr auf dem Byglandsfjord. Die Rundfahrten (200 NOK) starten entweder von Byglandsfjord oder von Bygland, wo aus die Fahrt dann durch die Schleusen geht.

Rysstad

In nördlicher Richtung schließt sich an den Byglandsfjord bald ein weiterer langgestreckter See an, und wo die Otra in die blau und türkis schimmernde und mit Inseln und Halbinseln gespickte Wasserfläche mündet, erstreckt sich der kleine Ferienort Rysstad, eines der Zentren des Kunstgewerbes im Setesdal und bei inländischen Touristen sehr beliebt. Zudem ist Rysstad Standort des **Bygland-Museum**, das als Hauptabteilung des Setesdalsmuseum in kulturhistorischer Hinsicht bedeutsam ist. Bereits 1938 gegründet, ist es das älteste Museum im Tal, und seine große Freilichtabteilung wartet mit zahlreichen traditionellen Häusern auf. Die Themenausstellungen informieren umfassend über altes Brauchtum, insbesondere auch Trachten, die „Schatzkammer" der Ausstellung zeigt herausragende Exponate aus dem Setesdal (u. a. ein 1000 Jahre altes Wikingerschwert), und auch die Nutzung der Wasserkraft am Byglandsfjord wird kritisch unter sozioökonomischen Aspekten betrachtet. Beachtenswert sind nicht zuletzt die wechselnden Kunstausstellungen, die hier in den Sommermonaten stattfinden. 💻 www.setesdalsmuseet.no, 🕒 22. Juni–11. Aug tgl. 11–17 Uhr, Eintritt frei.

ÜBERNACHTUNG UND ESSEN

Sølvgarden Hotell og feriesenter, Rysstad, 📞 37936130, 💻 www.solvgarden.no. Hotel- und Campinganlage unweit vom Zentrum im Grünen in der Nähe von schönen Badeplätzen. 2009 fertiggestellt, erinnert die Anlage von außen an ein typisches Gebirgshotel, innen ist es z. T. mit Antiquitäten aus der Silbertradition des Setesdals geschmückt (das Hotel verfügt über eine eigene Silberschmiede). Die Zimmer sind ausgezeichnet, auch die Hütten (ab 520 NOK) sind durchaus ihr Geld wert, außerdem kann man campen (Stellplatz 270 NOK). Das angeschlossene Restaurant serviert die Traditionsgerichte aus dem Talzug. Ab ❹

€ **Reiårsfossen Camping**, Ose (etwa 25 km südlich von Rysstad), 📞 92884416, 💻 www.reiarsfossen.no. Großer Wiesenplatz auf einer Halbinsel am See mit eigenem Badeplatz (angeblich der wärmste im Königreich). Es gibt ein Geschäft und Café. Verleih von Booten und Angelausrüstung. 🕒 Mai–Sep. Die sehr offene Zeltwiese (Stellplatz 260 NOK) wirkt ein wenig kahl; angeschlossen sind mehrere Hütten (ab 650 NOK) sowie 28 schlichte DZ. ❷

Es ist nicht alles Gold, was glänzt

Seit den Wikingertagen wird im Setesdal die Kunst des Silberschmiedens hochgehalten. Wer den Schmieden bei ihrer Arbeit zuschauen oder Silberwaren erstehen möchte, findet dafür keinen besseren Ort in ganz Norwegen. Am Weg von Bygland nach Valle sind gleich drei Schmieden ausgeschildert. In der dem Sølvgarden Hotell & Feriesenter (s. o.) angeschlossenen **Sylvbui** bei Bygland, 📞 37936130, 💻 www.solvgarden.no, schmiedet der Silbermeister Trygve Rysstad schon in der 3. Generation allerfeinsten traditionellen Silberschmuck sowie Stücke mit modernem Design. Man kann dem Handwerker bei der Arbeit zuschauen und natürlich auch Arbeiten erwerben. 🕒 Mo–Fr 10–18 Uhr, im Sommer auch Sa und So.

Ebenfalls lohnenswert ist ein Besuch der **Glasshytta i Setesdal**, 📞 98636157, 💻 www.glashytta.no, in der man den hiesigen Glasbläsern bei ihrer Arbeit zuschauen kann. Das Glas wird ohne Hilfe von Maschinen und Formen bearbeitet, und die Auswahl an mundgeblasenen Produkten im angeschlossenen Verkaufsraum lässt nichts zu wünschen übrig; die Preise sind hoch, aber durchaus angemessen.

In Zentrum von Valle dann lädt die **Hasla sylvsmie** ein, 📞 37937380, 💻 www.hasla.no, eine Silberschmiede mit angeschlossenem Souvenirladen in einem Blockhaus im Setesdal-Stil. Edler Silberschmuck in traditionellem wie auch modernem Design, und auch hier man kann dem Schmied auf den Hammer schauen. 🕒 Mitte Juni–Mitte Aug Mo–Sa 10–16.30, So ab 11 Uhr.

© DUMONT BILDARCHIV / DR. CHRISTIAN NOWAK

Grasgedeckte Blockbauten, hier bei Rysstad, prägen das „Märchental des Südens".

AKTIVITÄTEN

Baden

Der beste Badeplatz in der Umgebung von Rysstad ist der **Marhyl badeplass**, etwa 3 km nördlich vom Zentrum neben der Brokke Kraftstation: Er punktet mit einer idyllischen Lage und schönem Sandstrand, auch Toiletten sind vorhanden.

Wandern

Der etwas südlich von Rysstad gelegene **Rysstad Turpark** bietet sehr gute Wandermöglichkeiten in unterschiedlichem Terrain; Karten und Infos beim Touristenbüro.

SONSTIGES

Fahrradverleih

Sølvgarden Hotell og feriesenter (S. 212). Vermittelt Fahrräder.

Feste

Im Sommer oft Veranstaltungen für Jung und Alt am Reiårsfossen Camp (S. 212).

Informationen

Zuständig ist das Touristenbüro in Valle (S. 215).

Medizinische Hilfe

Zuständig ist die **Valle legevakt**, Valle, ✆ 37937540.

Post

Rysstad Post i butikk (Coop Marked Hylestad im Zentrum), ✆ 04004, 🕒 Mo–Sa 9–18, Fr auch bis 20 Uhr.

TRANSPORT

Ausgezeichnete **Busverbindungen** mit allen Orten des Setesdals sowie Richtung OSLO, STAVANGER und KRISTIANSAND, außerdem Richtung HAUKELIGREND.

Valle

Nördlich von Rysstad ergießt sich die Otra in eine schmale Schlucht, die sich bald in den weiten Talzug des an Feld- und Wiesenfluren reichen mittleren Setesdal öffnet. Seine Flanken sind als „Almen" größtenteils wiesengrün und von kahlen grauen Bergen umrahmt. Mittelpunkt dieser reizvollen Landschaft ist das Örtchen Valle, das auch in touristischer Hinsicht eine Schlüsselstellung innehat. Während aber im unteren Setesdal die norwegischen Urlauber eindeutig in der Mehrheit sind, dominieren hier oft die ausländischen Besucher, die den Ort für seine Wander- und Klettermöglichkeiten schätzen

Aktiv im mittleren Setesdal

Valle ist Ausgangspunkt für Outdoor-Aktivitäten in diesem Teil des Setesdals. Es empfiehlt sich, zunächst im Touristenbüro vorbeizuschauen, das ausführlich über alle möglichen Aktivitäten und Erlebnisse informiert. Insbesondere in Sachen **Felsklettern** hat Valle einen guten Ruf, und wie es heißt, gibt es in ganz Südnorwegen kein Pendant zu den Granitwänden der Umgebung, an denen über 200 Kletterrouten einladen. Sie sind in einem Kletterführer beschrieben, den man sich am besten schon zu Hause zulegt (Hans Weninger, *Kletterführer alpin Setesdal*, Panico Verlag, 2012). Einen Besuch wert ist auch die Website des Autors, 💻 www.kletterninnorwegen.de, die die populärsten Routen im Setesdal aufzeigt.

Das Rygnestadtunet

Direkt nördlich von Flateland weist ein Hinweisschild zur 2 km entfernt in einem Seitental gelegenen **Hofanlage von Rygnestad**. Sie gilt als eine der ältesten und bestbewahrten des Landes überhaupt und gibt daher ein herausragendes bauliches Zeugnis von Norwegens uralter Bauernkultur ab. Wie keine andere Ausstellung sonst gewährt sie einen Einblick in die Lebensbedingungen der Bauern des Setesdals vom Mittelalter bis ins 20. Jh., denn bis ins Jahr 1917 hinein war dieser aus dem 14. Jh. stammende und teils bis auf das 12. Jh. zurückdatierte Hof *(tunet)* bewirtschaftet. Er besteht aus einer Gruppe von insgesamt neun Gebäuden, und der Anblick der aus grob behauenen Stämmen errichteten und mit Grassoden gedeckten Bauten, die sich auf grüner Wiese an den Rand dunkler Wälder schmiegen, ist von archaischer Schönheit. Das auffälligste, weil in seiner Form geradezu schweizerisch anmutende Gebäude ist der **Rygnestadloft**, der Speicher *(loft)* des Gehöftes, der um 1590 errichtet wurde und norwegenweit der letzte seiner zweigeschossigen Blockbauweise ist. Sein wehrhaftes, weil aus unerhört mächtigen Stämmen gebildetes Untergeschoss diente zum Speichern der lebenswichtigen Lebensmittelvorräte, während in dem über eine Stiege erreichbare Obergeschoss, das von einem Laufgang *(svalgang)* umgeben und durch eine Arkadenfolge erhellt wird, Textilien und Kleider sowie insbesondere Trachten lagerten. Von Letzteren ist hier eine ganze Kollektion ausgestellt. Da in diesem Obergeschoss mitunter auch Gäste untergebracht wurden, ist obendrein ein Plumpsklo angeschlossen, letzter Schrei des späten 15. Jh. in Norwegen und zu jener Zeit eigentlich nur in den Städten bekannt.

Oberhalb dieses Speicherhauses schließen sich die aus dem 18./19. Jh. stammenden und nach Tierarten unterschiedenen Ställe der Hofanlage sowie die Scheune an. Diese Bauten blicken auf das etwas erhöht liegende **Våningshus** oder **Stovehus**, die Wohnstätte des Bauern, die in zwei Bereiche unterteilt ist: Beim linken Raum, dessen rustikaler Blockbau bis auf das 12. Jh. zurückgeht, handelt es sich im Wortsinn um die „alte Stube" *(gammelstug)*, deren offenes Herdfeuer zum Aufwärmen sowie insbesondere zum Kochen diente. Einen Kamin gibt es nicht, der Rauch konnte durch ein Deckenloch abziehen, was zur Zeit des Mittelalters in ganz Norwegen und lediglich im Setesdal bis ins 19./20. Jh. hinein üblich war. Rechts angrenzend dann entsprechend die „neue Stube" *(nystog)*, die im frühen 19. Jh. angebaut wurde und von jener Zeit an als eigentlicher Wohnraum diente. Direkt angeschlossen an diesen Wohnbereich ist der Speicher **Trihågloptet**, der wegen seiner dreigeschossigen Bauweise norwegenweit als Unikat gilt.

💻 www.setesdalsmuseet.no, 🕒 22. Juni–11. Aug tgl. 11–17 Uhr. Die Anlage selbst ist nicht mit öffentlichen Verkehrsmitteln erreichbar; Anfahrt über Flateland, von dort aus ca. 30 Min. Fußweg.

Zum Entspannen bieten sich zahlreiche **Badeplätze** am oft wiesengesäumten Otra-Ufer an. Beliebt ist u. a. Honnevje, ca. 2 km nördlich von Valle gelegen und mit Toiletten ausgestattet. An **Wanderwegen** herrscht kein Mangel, und die meisten eignen sich auch für (ältere) Kinder. Ein Verzeichnis des Touristenbüros stellt die wichtigsten Routen vor. Nur etwa eine Stunde nimmt der **Kvernhusvegen** in Anspruch, der am Parkplatz des Schulzentrums von Valle beginnt und einen Rundweg vorbei am Museum Tveitetunet (zurzeit geschlossen), einigen kleinen Mühlenhäuschen und Gehöften beschreibt.

Rund zwei Stunden muss man für den markierten Weg zum Wasserfall **Glopefossen** ansetzen, der 9 km nördlich von Valle beim Lunden Camping an der R 9 beginnt. Aber auch wer für mehrere Tage per pedes in der **Bergwelt** unterwegs sein will, findet hier alles Nötige vor: An den durchgehend markierten Pfaden laden in angenehmen Gehabständen von ca. 3–5 Std. zahlreiche Übernachtungshütten ein, von denen die meisten auch bewirtschaftet sind.

ÜBERNACHTUNG UND ESSEN

Valle Motell og camping, Valle Zentrum, ✆ 37937700, 💻 www.valle-motell.no. Ganzjährig geöffnete Anlage im Ortszentrum beim Flussufer mit vielseitigem Übernachtungsangebot im Motel (einfache Zimmer), dem angeschlossenen Bergtun Hotel (etwas altmodische, aber gemütliche Zimmer) sowie auf dem Campingplatz (Stellplatz fürs Zelt 160 NOK), wo auch Hütten verschiedener Kategorien vermietet werden (ab 400 NOK). Cafeteria mit günstigem Essen, Pub (in der Hochsaison oft Livemusik), Tennis, Volleyball und Fußball. ❸

Flateland Camping, Flateland (etwa 6 km nördlich von Valle), ✆ 95005500, 💻 www.flatelandcamping.no. Idyllisch am Flussufer (schöne Badeplätze) gelegene Campingwiese (Stellplatz ab 160 NOK) mit insgesamt 17 grasgedeckten Hütten (ab 400 NOK). Moderne sanitäre Anlage, ein Kiosk ist angeschlossen.

€ **Steinsland familiecamping**, 2 km südlich von Valle (Westseite des Otra-Flusses), ✆ 37937126. Angenehmer Platz (Zelt 150 NOK) unterm Berghang mit 14 einfachen Hütten mit Miniküche und Terrasse (um 500 NOK).

Sanden Såre Bobilpark, 8 km nördlich von Valle, ✆ 91176213, ✉ tdlunden@gmail.com. Naturplatz an der Otra, speziell für Wohnmobile gedacht. Gute Angelmöglichkeiten am Fluss. Stellplatz ab 200 NOK. 🕒 Juni–Aug.

SONSTIGES

Apotheken

Keine Apotheke, aber **Coop Valle**, im Zentrum, ✆ 37937102, verkauft medizinische Artikel.

Einkaufen

Valle ist eines der Kunsthandwerkszentren des Setesdal. Zu empfehlen für traditionelle Kunstartikel sind **Hasla** (S. 212) sowie **Setesdal Husflidsentral**, Valle, ✆ 37937308, 💻 www.setesdalhusflid.no. Große Auswahl an handgefertigten Souvenirs aus Holz, Ton und Metall, Norwegen-Pullover, Trachten sowie die traditionelle *Setesdalskofte* (Strickjacke). 🕒 Mo–Fr 9–16, Sa 10–14, im Juli Mo–Fr 10–17, Sa 10–14, So 12–16 Uhr.

Feste

Setesdals kappleik, Ende Juli. Folk-Festival mit traditioneller Musik, Tanz und Gesang aus dem Setesdal.

Geld

Valle Sparebank, Valle Zentrum, ✆ 37936060.

Informationen

Valle turistkontor, ✆ 37937515, 💻 www.setesdal.com, 🕒 Anfang Juni–Mitte Aug Mo–Fr 10–17, Sa bis 14, sonst Mo–Fr 9.30–15 Uhr.

Medizinische Hilfe

Valle legevakt, Helsehuset 1, ✆ 37937540.

Polizei

Valle lensmannskontor, Setesdalstunet (an der Hauptstraße), ✆ 02800.

Post

Valle Post i butikk (Coop Marked Valle), im Zentrum, ✆ 04004, 🕒 Mo–Sa 8.30–18 Uhr.

Touren

Die Touristeninformation organisiert von Ende Juni bis Mitte Aug 3x wöchentl. (in der Regel Mo, Mi und Do) **Elchsafaris**. Die Touren starten abends und dauern etwa 2 Std.

TRANSPORT

Ausgezeichnete **Busverbindungen** mit allen Orten des Setesdals sowie Richtung OSLO, STAVANGER und KRISTIANSAND, außerdem Richtung HAUKELIGREND.

Bykle

Während der weiteren Fahrt ab dem Örtchen Valle in Richtung Norden durchschneidet die R 9 bald die wildromantische Fels- und Flusslandschaft bei **Byklestigen**, bevor nach weiteren 5 km der winzige Ort Bykle erreicht wird, der sich rings um die sehenswerte **Bykle gamle Kyrkje** ausbreitet. Die Blockbau-Kirche stammt aus dem Jahre 1619, wurde 1997 umfassend restauriert und beeindruckt heute wieder durch eine überreiche Ausstattung mit farbenprächtiger Rosenmalerei. Bis zum Jahr 2004, als die benachbarte, neue Kirche eingeweiht wurde, war die Bykle gamle Kyrkje die Hauptkirche in dieser Talregion. ⌚ 22. Juni–11. Aug tgl. 11–17 Uhr, Eintritt frei.

Nicht nur des Kaffees und der Waffeln wegen lohnt ein Besuch im oberhalb der Kirche gelegenen **Lisletog**, denn insgesamt elf authentisch erhaltene und bis zu 400 Jahre alte Gebäude (darunter auch eine Mühle sowie Schmiede) sind in diesem Freilichtmuseum zu betrachten. 💻 www.setesdalsmuseet.no, ⌚ wie die Kirche, Eintritt frei.

Auch Besucher, die schon zahlreiche Freilichtmuseen besucht haben, werden von dem oberhalb vom Dorf an der R 9 beschilderten **Huldreheimen** ganz sicher begeistert sein. Hoch über der Talsohle gelegen, bietet es atemberaubende Panoramablicke und umfasst obendrein ein halbes Dutzend Blockbauten aus dem Mittelalter, die teilweise bis auf das 13. Jh. zurückdatiert werden. ⌚ 22. Juni–11. Aug tgl. 11–17 Uhr, Eintritt frei.

Auf alten Pfaden

Bis zur Fertigstellung der heutigen Straße vor etwa 100 Jahren stellte der südlich von Bykle beginnende **Byklestigen** die einzige Verbindung zum oberen Setesdal dar. Er windet sich von seinem markierten Ausgangspunkt an der R 9 aus (Infotafel) als schmaler, aber gut zu begehender Saumpfad in der Felsschlucht der Otra in die Höhe. Der Aufstieg nimmt etwa 45 Min. in Anspruch. Das Freilichtmuseum Lisletog (S. 216) ist Ausgangspunkt des **Ålmannvegen**, der seit dem frühen Mittelalter bis Ende des 19. Jhs. als Reitweg diente und im Abschnitt bis nach Byklestøylane, rund 7 km entfernt, restauriert wurde.

ÜBERNACHTUNG UND ESSEN

Bykle Hotell, ✆ 37938999, 💻 www.hovdenferiesenter.com/bykle-hotell. Lang gestreckter Hotelbau im Setesdalstil, dem man einen modernen Anbau verpasst hat. Die Zimmer sind ebenso praktisch wie gemütlich und mit typischem Setesdalsinterieur geschmückt, teils auch mit Alkovenbetten ausgestattet. Im angeschlossenen Restaurant wird mittelpreisige Traditionskost aus dem Setesdal serviert. Ab ❹

SONSTIGES

Informationen

Zuständig für Bykle sind die Touristenbüros in Valle (S. 215) sowie Hovden (S. 218).

Medizinische Hilfe

Bykle legevakt, Legekontoret (Zentrum), ✆ 37938670.

Polizei

Zuständig ist **Valle lensmannskontor**, Setesdalstunet (an der Hauptstraße), ✆ 02800.

Post

Bykle Post i butikk (Coop Marked Bykle), ✆ 04004, ⌚ Mo–Do 9–17, Fr und Sa 9–18 Uhr.

TRANSPORT

Ausgezeichnete **Busverbindungen** mit allen Orten des Setesdals sowie Richtung OSLO, STAVANGER und KRISTIANSAND, außerdem Richtung HAUKELIGREND.

Hovden

Das oberhalb der Baumgrenze im Hochfjellbereich der Setesdalsheia gelegene Hovden gilt zwischen November und Mai als eines der schneesichersten Wintersportzentren von Südnorwegen und bietet ein rundes Dutzend Abfahrtspisten in allen Schwierigkeitsgraden nebst etwa 150 km an präparierten Loipen. Es ist eines der populärsten Skigebiete im Lande und entsprechend dicht mit Hotels und Hüttendörfern bebaut. Ein wenig trist kann der von bis zu 1400 m hohen Bergbuckeln umgebene Ort im Sommer wirken, von dem hier vor Ende Juni allerdings kaum die Rede sein kann. Erst dann öffnen daher viele Unterkünfte sowie andere Einrichtungen nach einer kurzen Frühlingspause wieder die Türen. So auch die Hauptsehenswürdigkeit des Ortes, das **Hovden Jernvinne-museum**, das der Gewinnung von Eisen aus Sumpferz gewidmet ist, ein Gewerbe, das hier von den Wikingern schon vor über 1000 Jahren betrieben wurde. Unterstützt wird die Ausstellung durch Licht-, Ton- und Raucheffekte, und auch auf Deutsch sind Informationen erhältlich. ⌚ 22. Juni–11. Aug tgl. 11–17 Uhr, Eintritt frei.

Outdoor satt

Was Geilo und Rjukan im Bereich der Hardangervidda, das ist Hovden für das obere Setesdal: ein Outdoor-Zentrum, obendrein eines der populärsten des Südens. Zuständig für die meisten Aktivitäten ist das Touristenbüro, über das man in der Regel auch buchen kann: z. B. **Elchsafaris** (Di, Fr, So ab 22 Uhr, 340 NOK), **Raftingtouren** (Minirafts für 2 Pers., bis Schwierigkeitsgrad 3), **Canyoning** (mitsamt Abseilen, Seilbrückenqueren und Schwimmen), **Klettertouren** (auch Kletter- und Abseilkurse) sowie einiges andere mehr.

Auch Kartenmaterial und Wegbeschreibungen für **Wanderungen** kann man in der Touristeninformation abrufen, und Dutzende markierte Wanderungen in allen Schwierigkeitsgraden und bis zu mehreren Tagen Länge beginnen in Hovden. Ihre populärsten sind in einer Wanderbroschüre vorgestellt (Download unter 💻 www.hovden.com), und wer nur wenig Zeit hat, aber hoch hinaus und dabei möglichst weit sehen will, wähle den (Sessellift-)Weg zum Nos (S. 218), die etwa einstündige Tour zum 1105 m hohen Hartevassnutane oder gar die Tour zum 1202 m hohen Galten, was hin und zurück gut 6 Std. in Anspruch nimmt. **Schneescooter** kann man im Winter über das Touristenbüro ausleihen, doch für alles, was sonst mit **Wintersport** zu tun hat, ist das Hovden Skisenter zuständig, ✆ 37939400, 💻 www.hovdenalpinsenter.no.

ÜBERNACHTUNG

Hostels und Hotels

Haugly Gjesteheim, ✆ 95884062, 💻 www.hauglygjesteheim.no. Zentral gelegene Herberge mit schlichten DZ und Familienzimmern, Gemeinschaftsbädern und -küche sowie Aufenthaltsraum. ❸

€ **Hovden Fjellstoge**, ✆ 37939543, 💻 www.hihostels.no. Jugendherberge (Betten zu 250 NOK), Hüttenvermietung (490–1180 NOK) und Camping unter einem „Dach“. Schöne Lage etwas außerhalb des Zentrums, Zimmer in traditionellem Stil, Gemeinschaftsküche und Aufenthaltszimmer mit TV, außerdem Restaurant und Kiosk. Großes Aktivitätsangebot. ⌚ ganzjährig. Ab ❷

Hovden Apartments, ✆ 37939900, 💻 www.hovdenferiesenter.com. 3 km nördlich vom Zentrum gelegene Anlage mit großer Auswahl an Hütten und Apartments, die alle in Privatbesitz sind. Jede Hütte/Wohnung ist individuell eingerichtet, die meisten haben Küche, Wohnzimmer und mehrere Schlafzimmer. Im Hauptgebäude befinden sich die Rezeption, Schwimmhalle, Sauna sowie ein gemütlicher Aufenthaltsraum mit Kamin. Die Preise variieren je nach Saison. Ab ❹

Bjåen Fjellstove, ✆ 97155908, 💻 www.bjaen.no. 11 km nördlich von Hovden am Breivatn gelegenes Hochgebirgshotel. Es wurde Ende des 19. Jhs. im sog. Schweizer Stil errichtet, ist ganz und gar authentisch erhalten und wurde 2008 als erster Hotelbetrieb in die Liste des Norsk Økoturisme aufgenommen. Ab ❺

Hovden Resort, ✆ 37938800, 💻 www.hovdenresort.com. Umfassend renoviertes Hochgebirgshotel mit 75 sehr komfortablen Panoramazimmern, Restaurant, Piano- und Tanzbar, Sauna und Hallenbad. Vermittelt verschiedene Aktivitäten (u. a. Elchsafari). Sehr familienfreundlich, mit eigenem Unterhaltungsangebot für Kinder. Ab ❺

Camping und Hütten

Hovden Hytteutleie, ✆ 37939900, 💻 www.hovdenhytta.no. Vermittelt werden Dutzende Hütten und Ferienhäuser im Umland von Hovden in allen Abstufungen zwischen einfach und höchst komfortabel. Vermietet wird aber in der Regel nur wochenweise, was ab etwa 4000 NOK kostet (bei Belegung mit bis zu 4 Pers.).

ESSEN

Furumo Cafe, ✆ 41204317, 💻 www.furumohovden.no. Zentral gelegenes Café/Restaurant mit einfachen Abend- und Lunchgerichten. Norwegische und internationale Küche. Beliebter Treffpunkt. ⌚ tgl. 12–21 Uhr.

Tronds Mat & Vinhus, Fjellgardstun, 💻 www.trondsmatogvinhus.no Gemütliches kleines Lokal mit guter Auswahl an meist norwegischen Gerichten (sowohl Lunch als auch Abendessen). ⌚ tgl. je nach Saison ab 12 Uhr.

Hovden Fjellstoge (s. o.), gemütliches holzgetäfeltes Restaurant mit offener Feuerstelle. Empfehlenswerte Küche mit typischer Hausmannskost aus dem Setesdal. Die Gerichte basieren nahezu ausschließlich auf lokalen Rohwaren. ⌚ tgl. 13–19 Uhr.

Auf den Nos

Die Hochfjell-Landschaft rings um Hovden ist schlicht zu beeindruckend, als dass man sich hier lange mit Kultur aufhalten möchte, und so ist es der Gipfel des 1183 m hohen **Nos**, der statistisch die meisten Sommerbesucher zählt. Er kann mit einem Sessellift (⌚ 2. Juli–17. Aug tgl. 9–15 Uhr, bis 1. Sep nur Mi, Sa, So, Fahrpreis 110 NOK) erreicht werden, und von der Panoramahöhe aus führt ein **Wanderweg** in etwa 4 Std. wieder zurück nach Hovden. Aber auch für rasante **Mountainbikeabfahrten** ist der Nos prädestiniert. Diese Tour wird (neben weiteren) in einer Radbroschüre vorgestellt; Download unter 💻 www.hovden.com. Lift-Tagespass für Biker 320 NOK, Miet-Mountainbike ab 300 NOK.

SONSTIGES

Apotheken

Rimi Supermarked, ✆ 37939567. Medizinverkauf.

Fahrradverleih

Hovdenferie turistinformasjon, s. u.

Geld

Sparebanken Sør, am Marktplatz, ✆ 37938000.

Informationen

Hovdenferie turistinformasjon, am Marktplatz, ✆ 37939370, 💻 www.setesdal.com, sowie insbesondere 💻 www.hovden.com, ⌚ im Sommer Mo–Fr 9–17, Sa und So 10–15, Winter Mo–Fr 9–16, Sa 10–15 Uhr.

Medizinische Hilfe

Legevakten, ✆ 37937333.

Polizei

Zuständig ist **Valle lensmannskontor**, in Valle, ✆ 02800.

Post

Hovden Post i butikk (Rimi Supermarkt), ✆ 04004, ⌚ Mo–Fr 8.30–20, Sa 8.30–18 Uhr.

Schwimmen

Hovden Badeland, ✆ 37939393, 💻 www.badeland.com. Moderne Badeanlage mit Schwimmhalle, diversen Becken, Rutschen,

Wasserfall, Whirlpool, Sauna und Solarium sowie Spa-Abteilung. Eintritt 140 NOK. ⌚ Mitte Juni–Mitte Aug tgl. 10–19 Uhr.

TRANSPORT

Ausgezeichnete **Busverbindungen** mit allen Orten des Setesdals sowie Richtung OSLO, STAVANGER und KRISTIANSAND, außerdem Richtung HAUKELIGREND.

Hallingdal und Numedal

Das an Feldern, Wiesen und Wäldern reiche und oft weit ausladende **Hallingdal** erstreckt sich vom Ostrand der Hardangervidda aus bis vor die Tore von Oslo. Weiter südlich verläuft das **Numedal** an der östlichen Abdachung der Hardangervidda entlang nach Kongsberg in der Telemark. Beide **Bauerntalungen** haben ihre Reize, aber während das Hallingdal eher nur in seinem oberen Abschnitt Besonderes zeigt, wartet das benachbarte und 150 km lange Numedal mit dem nördlich angrenzenden Uvdal sowie Seterdal in seiner gesamten Länge mit zahlreichen Highlights auf. Dies gilt sowohl in landschaftlicher als auch in kultureller Hinsicht, denn seit alters her stellt es die eigentliche Siedlungs- und Kulturinsel zwischen den fast menschenleeren Wald- und Fjellregionen in diesem Teil des Landes dar.

Noch zu Beginn des 20. Jhs. war die gesamte Region vom Rest des Landes relativ abgeschottet, und dieser Isolation ist es auch zu verdanken, dass sich hier eine eigene und noch heute erlebbare **Bauernkultur** entwickeln konnte. Ihre sichtbarste Ausprägung sind die unzähligen und teils jahrhundertealten Gehöfte, die mit ihren Speichern und Schuppen insbesondere die sonnenexponierten Hanglagen der Täler schmücken.

Von den rund 200 authentisch erhaltenen Blockbauten aus der Zeit des Mittelalters (vor 1500 etwa) in ganz Norwegen finden sich allein 44 im Uvdal sowie Numedal, und obendrein liegen gleich vier **Stabkirchen** am Weg, der durch die R 40 erschlossen wird.

Infos zum Halling- und Numedal

- Eine Website, die beide Bauerntalungen umfassend vorstellt, gibt es nicht, aber einen guten Überblick bietet 💻 **www.visitbuskerud**.no. Detailliertere Infos zum Hallingdal findet man unter 💻 **www.hallingdal.info** sowie 💻 **www.fjellandfjord.com**, während man über 💻 **www.visitmiddelalderdalen.no** alles Wichtige zum Uv- und Numedal abrufen kann.
- **Öffentliche Verkehrsmittel**: Die gesamte Region lässt sich problemlos per Bus erkunden. Informationen unter ✆ 177 sowie 💻 www.rutebok.no.

Ål

Das rund 2500 Einwohner zählende Städtchen erstreckt sich zu Füßen einer bezaubernden Bergwelt und ist das touristische Zentrum des oberen Hallingdal, das hier ganz und gar lieblich anmutet. Als Ausgangspunkt für Wanderungen und Radtouren ist der Ort geradezu prädestiniert, und auch der Hardangervidda-Nationalpark (S. 240) liegt gewissermaßen vor der Tür. Aber auch in kulturhistorischer Hinsicht ist Ål von Interesse, befinden sich hier doch gleich zwei der bedeutendsten Ausstellungen zum Thema Rosenmalerei.

Ål Kulturhus

Weltklasse sagt man der Dauerausstellung **Hallingrosa** (Hallingrose) des zentral gelegenen Ål Kulturhus nach, und Dutzende von Exponaten zur **Rosenmalerei** sind hier in stilvollen Räumlichkeiten zu betrachten. Sie decken den gesamten Zeitraum zwischen dem 18. und 20. Jh. ab und zeigen so den deutlichen Stilwandel der Kunst auf, deren Formen und Farben desto „herbstlicher" werden, je jünger sie sind. 💻 www.aal.kulturhus.no, ⌚ Mo–Fr 8–16 Uhr, Eintritt frei.

Ebenfalls im Kulturhaus untergebracht ist das **Rolf Nesch Museum**, das 78 Werke des deutschen Grafikers ausstellt, der 1933 aus Deutschland geflüchtet war und von 1946 bis zu seinem Tod 1975 nahe Ål lebte und arbeitete. 💻 www.

aal.kulturhus.no, ⌚ ganzjährig Mo–Fr 8–16 Uhr, im Sommer auch am Wochenende; Eintritt 45 NOK.

Ål Bygdamuseum

Zum Pflichtprogramm in Ål, zumindest für Kulturreisende, gehört auch das am Ortsrand gelegene Ål Bygdamuseum, das mit 27 Bauten im Alter von teilweise über 300 Jahren von der traditionsreichen Hallingdaler Bauernkultur kündet. Es besitzt eine eigene Abteilung für **Rosenmalerei**, und Kleinod der Sammlung sind mehrere originalgetreu erhaltene Zimmer, die ganz im Stil der Rosenmalerei gehalten sind: Über Betten, Tische und Stühle, Wände, Täfelungen, Truhen und Musikinstrumente, sogar Küchenlöffel und Bierschalen, ja eigentlich über alles Holzwerk breiten sich Blumen und Ranken in Gelb, Rot, Blau und Ocker aus; dazwischen entdeckt man biblische Motive, aber auch Figuren und exotische Fabeltiere. Wirkliche Rosen findet man eher selten, denn mit dem Ausdruck *rose* war im ländlichen Dialekt jede Art von Blume, aber auch Ornament, Muster gemeint. 💻 www.hallingdalmuseum.no, ⌚ Juli–Anfang Aug Di–So 11–16 Uhr, 70 NOK.

Aktivitäten im oberen Hallingdal

Das gesamte obere Hallingdal erfreut sich bei outdoorbegeisterten Touristen aus dem In- und Ausland größter Beliebtheit und eignet sich insbesondere für **Wanderungen** ist das umgebende Bergland. Die populärsten der zahlreichen Touren sind in einer Broschüre beschrieben (kostenlos im Touristenbüro erhältlich), und auch wer klettern will, sollte die Infostelle kontakten: Sie gibt einen Kletterführer heraus, in dem rund 200 Routen mit bis zu neun Seillängen detailliert vorgestellt werden. Auch zum **Radfahren** ist das Tal sowie die umgebende Bergwelt prädestiniert, außerdem bieten sich **Kanutouren**, Besuche von **Seterhütten** (Almhütten) an, und auch im Rahmen geführter **Ausritte** kann man hier auf Tour gehen.

Aktivitäten im unteren Hallingdal

Das durch die R 7 erschlossene und auch mit Bus und Zug von Ål aus schnell erreichbare untere Hallingdal rings um das rund 1800 Einwohner zählende Verwaltungs- und Handelszentrum **Gol** präsentiert sich im Vergleich eher sanft konturiert und hat sich insbesondere für den **Wintersport** einen Namen gemacht. Die Möglichkeiten zum Eisklettern, Eisangeln und Schlittschuhlaufen sowie zum Skifahren auf Alpinpisten oder Cross-Country-Loipen sind schier unbegrenzt.

Das Golsfjellet genießt in Kreisen von **Mountainbike**-Freaks nahezu Kultstatus, und Dutzende Routen in verschiedenen Schwierigkeitsgraden bieten sich an. Die meisten Pisten/Wege sind auch mit GPS-Koordinaten verzeichnet, sodass man sich Wegbeschreibungen auf sein eigenes GPS plotten kann (mehr Infos und Fahrradkarten über 💻 www.golinfo.no oder beim Touristenbüro).

Wen hingegen interessante **Wanderungen** locken, der findet auf der Website des Touristenbüros die Beschreibung von zwölf unterschiedlichen Routen.

Torpo-Stabkirche

An der R 7, 12 km östlich von Ål an der Strecke nach Gol, lädt die von ihrem Stil her an die weltberühmte Stabkirche von Borgund (S. 315) erinnernde Torpo-Stabkirche ein, von der aber nur noch das erhöhte Mittelschiff erhalten ist, da der Chor im 19. Jh. abgerissen wurde. So wähnt man sich hier eher in einem Turm als in einer Kirche, und als Highlight gelten die Drachenornamente am Süd- und Westportal, die aus dem 12. Jh. stammen, während die überreichen Deckengemälde auf das 13. Jh. datiert werden. 💻 www.stavechurch.com, ⌚ Juni–Aug tgl. 8.30–18 Uhr, Führungen auch auf Deutsch, Eintritt 50 NOK. Auch mit dem Bus ist die Kirche erreichbar.

ÜBERNACHTUNG UND ESSEN

Bergsjøstølen, Vats, ☎ 32084618, 💻 www.bergsjostolen.no. Romantischer Berggasthof in Seelage auf 1084 m Höhe. Die schönen Zimmer sind traditionell eingerichtet und komfortabel. Eine Übernachtung ist auch in der „Heimstølen“ möglich, einer im

Speicherstil gebauten, urgemütlichen Hütte etwas abseits vom Hauptgebäude. Wanderwege und Radwege beginnen direkt vor der Tür, auch Verleih von Mountainbikes und Kanus, Restaurant, Bar und großer Aufenthaltsraum im Wohnzimmerstil mitsamt Kamin. DZ ab ❹

Thon Hotell Hallingdal, Sundrevegen 82, ✆ 32082011, 💻 www.thonhotels.no. Ansprechendes Hotel im Zentrum von Ål. 60 helle Zimmer und Apartments. Restaurant und Bar. Je nach Saison ❻.

Camping und Hütten

€ **Ål Camping**, 2,5 km östlich von Ål, ✆ 41300332, 💻 www.aalcamping.no. Netter kleiner Wiesenplatz (Stellplatz 130 NOK) am Ufer des Hallingdal-Flusses in ruhiger naturschöner Umgebung. 12 einfache Hütten (300/400 NOK), Forellenangeln direkt am Fluss möglich (40 NOK).

SONSTIGES

Alkohol

Nur in Gol: **Vinmonopolet Gol**, Gamlevegen, ✆ 04560, 🕒 Mo–Mi und Fr 10–17, Do 10–18, Sa 9–14 Uhr.

Apotheken

Boots apotek, Myren 12, ✆ 32084400, 🕒 Mo–Fr 9–16.30, Sa 9–14 Uhr.

Autovermietungen

Nur in Gol, u. a. bei:

Gol bilutleie AS, Husøynvegen 3, ✆ 32073644, 💻 www.golbilutleie.no.

Avis Bilutleie Gol, Enden 3, ✆ 48111140.

Fahrradverleih

Thon Hotell Hallingdal, s. o.

Feste

Norske Volkemusikkveka, Ende Mai, 💻 www.folkemusikkveka.no.

Die „Norwegische Volksmusikwoche" gilt als eines der qualitativ besten Folkfestivals im Lande. Tickets bekommt man im Rathaus in Ål.

Geld

Sparebank 1 Hallingdal, Myren 41, ✆ 32023900.

Informationen

Ål turistinformasjon, im Kulturhaus, ✆ 32081060, 💻 www.al.no. Informiert über das gesamte obere Hallingdal. 🕒 Mo–Fr 8.30–16, im Sommer Mo–Fr 8.30–18, Sa 10–16 Uhr.

Gol turistkontor, Sentrumsvegen 106, ✆ 3202 9700, 💻 www.golinfo.no, 🕒 im Sommer Mo–Fr 10–18, Sa 10–14, im Juli tgl. 9–12 und 16–21 Uhr.

Medizinische Hilfe

Ål legekontor, Torget 1, ✆ 32085350.

Polizei

Ål lensmannskontor, Torget 4, ✆ 02800.

Post

Ål Post i butikk (ICA Supermarkt), Ålingen kjøpesenter, ✆ 04004, 🕒 Mo–Fr 9–20, Sa 9–18 Uhr.

TRANSPORT

Busse

Ål ist mehrmals tgl. mit allen größeren Orten zwischen OSLO und KRISTIANSAND verbunden, via GEILO auch mit dem Hardangerfjord und Bergen (alle 3–4 Std.) sowie mit allen Orten des Numedals bis hinunter nach KONGSBERG (etwa 4–6x tgl.).

Eisenbahn

Ål liegt an der Bergenbahn (S. 240). Verbindungen mehrmals tgl. in Richtung OSLO via GOL sowie nach BERGEN via GEILO, FINSE, MYRDAL (Anschluss nach FLÅM) und VOSS.

Dagali

Die landschaftlich außerordentlich reizvolle Strecke von Ål (via Geilo, S. 241) nach Dagali folgt der R 40, die in ihrem Verlauf bis nahezu 1000 m Höhe ansteigt. Vom höchsten Punkt der Straße aus genießt man eine weite Aussicht auf die Hochebene Hardangervidda, bevor es hinunter ins wald- und wiesenreiche **Seterdal** geht, das gleich zwei malerische Seen zählt und seiner Schönheit wegen vollständig zum Landschaftsschutzgebiet erklärt wurde. Inmitten dieser Idylle liegt der rund 150 Einwohner zählende Ort Dagali, und wer einen ruhigen Urlaubsort sucht, dabei aber nicht auf Aktivitäten wie Wanderungen, Mountainbike- oder Raftingtouren verzichten will, der ist hier richtig.

In kulturhistorischer Hinsicht lohnt ein Abstecher zum rund 1 km abseits der R 40 gelegenen **Dagali Bygdetun**, einem kleinen Freilichtmuseum mit 15 malerischen Gehöften und Speicherhäusern aus dem 17. und 18. Jh. 💻 www.hallingdal-museum.no, 🕒 Juli–9. Aug Di–So 13–18 Uhr, Eintritt 70 NOK.

ÜBERNACHTUNG UND ESSEN

Dagali Hotel, ✆ 32093700, 💻 www.dagalihotel.no. Größere Anlage mit schöner Aussicht über Dagali in ländlicher Umgebung. 40 etwas altväterlich eingerichtete, aber hübsche Zimmer mit WC/Bad, Telefon und TV. Großzügiges Aktivitäts- und Sportangebot (u. a. Verleih von Mountainbikes), Fitnesscenter, Sauna, gemütliches Aufenthalts- und Kaminzimmer, außerdem Bar und Restaurant mit traditioneller Küche. Ab ❸

Hallandtunet Caravan & Camping, dem Dagali Hotel (s. o.) angeschlossener 3-Sterne-Platz mit hohem Komfort, am Waldesrand. Gute Ausstattung (Camper können die Einrichtungen des Hotels benutzen). Stellplatz 190 NOK. Auch voll eingerichtete Komforthütten (ab 700 NOK).

SONSTIGES

Aktivitäten

Dagali opplevelser, ✆ 32093820, 💻 www.dagaliopplevelser.no. Veranstaltet zahlreiche Aktivitäten, darunter diverse Wildwasser-Raftingtouren (3-4 Std.) in 4 Schwierigkeitsgraden, von der Familientour (640 NOK) bis hin zur Extremtour (990 NOK); außerdem Riverboarding (4 Std., 940 NOK), Canyoning (ab 1000 NOK) sowie Jeepfahrten auf einem Offroad-Trail.

Fahrradverleih

Dagali Hotel, s. o.

Informationen

Zuständig ist das Touristenbüro in Geilo, S. 247; informativ ist auch 💻 www.dagali.no.

Medizinische Hilfe

Legevakt in Geilo, ✆ 32092300.

Polizei

Hol lensmannskontor in Geilo, ✆ 02800.

Post

Dagali Post i butikk (Joker Supermarkt), ✆ 04004, 🕒 Mo–Do 9–17, Fr 9–20, Sa 9–16 Uhr.

TRANSPORT

Dagali ist etwa 4–6x tgl. per **Bus** mit allen Orten des Numedals bis hinunter nach KONGSBERG verbunden, außerdem mit ÅL und GEILO.

Das Uvdal

Südlich von Dagali steigt das Seterdal zur von Seen, Teichen und Tümpeln durchglitzerten Kältesteppe des Dagalifjell an, und von der Passhöhe **Vasstulan** (1100 m) aus, wo mehrere Hochgebirgshotels einladen, lässt sich das Panorama in seiner ganzen Schönheit genießen. Es geht nun hinab ins nur noch auf 460 m Höhe gelegene Uvdal, das auf dicht bewaldete Höhen blickt und sich als ungemein idyllischer Talzug präsentiert. Darin eingebettet liegt **Uvdal**, der gleichnamige Zentralort, der von dem mit Drachenköpfen verzierten und mit Holzschindeln gedeckten Turm der **Uvdal-Kirke** überragt wird. Entgegen dem ersten Eindruck handelt es sich bei diesem fotogenen Gotteshaus aber nicht um eine Stab-, sondern eine 1893 errichtete Dorfkirche.

ÜBERNACHTUNG UND ESSEN

€ **Uvdal Vandrerhjem**, Uvdal, ✆ 32743020, 💻 www.hihostels.no/uvdal, 🕒 17. Juni–1. Sep. Schönes altes Holzhaus, etwas abseits

Schmuckstück aus dem Mittelalter

© DUMONT BILDARCHIV / G. THIEMANN

Die berühmte **Stabkirche von Uvdal** (Uvdal Stavkirke og Bygdetun) aus dem 12. Jh. liegt etwas außerhalb der Ortschaft am Hang im ausgeschilderten Uvdal-Freilichtmuseum (13 Gehöfte, bis 400 Jahre alt). Ihre Panoramalage ist beeindruckend, und als besonders sehenswert gelten die reichen Rosenmalereien, mit denen sie im 18. Jh. verziert wurde. 💻 www.stavechurch.com. 🕒 Juni–Aug tgl. 10–18 Uhr, Eintritt 70 NOK.

vom Zentrum, mit einfachen Zimmern, aber historischem und traditionsreichem Ambiente. Einzige Jugendherberge im Tal und wohl die billigste im ganzen Land. Bett 215 NOK, Frühstück 75 NOK extra. ❶

Camping und Hütten

Uvdal Høyfjell og hyttesenter, Dagalifjell (etwa 20 km westlich von Uvdal an der R 40), 📞 3274 3773, 💻 www.uvdal.com. Hüttenanlage auf 1000 m Höhe mit fantastischem Panorama. Im Angebot sind gut ausgestattete Hütten verschiedener Kategorien, viele Aktivitäten (auch Verleih von Mountainbikes); Restaurant/ Cafeteria. Ab ❹

Uvdal Camping, an der R 40 in Uvdal, 📞 327 43108, 💻 www.uvdal-camping.no. Ganzjährig geöffneter Platz in idyllischer Flussuferlage mit einfache Campinghütten (ab 250 NOK) sowie traditionsreich eingerichteten Komforthütten (1090 NOK) mit Kabel-TV, Spülmaschine. Schöne Stellplätze (225 NOK). Restaurant mit leckeren Pizzen; auch Kanu- und Fahrradverleih (250 NOK), Minigolfanlage, gute Angel- und Bademöglichkeiten

AKTIVITÄTEN

Die 3 touristischen Hauptaktivitäten im Sommer sind Wandern, Angeln (meist zieht man hier Forelle, Saibling und Hecht aus dem Wasser) und Radfahren. Die einzelnen Unterkünfte und das Touristenbüro haben weiterführende Informationen.

Baden

Der beste Badeplatz liegt bei Uvdal Camping (s. o.).

Bei Wolf, Luchs und Fuchs

In panoramareicher Höhenlage und rund 30 km von Rødberg entfernt (an der R 40 den Schildern nach „Nesbyen“ folgen), lädt der **Langedrag-Naturpark** ein, der insbesondere Familien mit Kindern anspricht. Sie können hier zahlreiche Tiere hautnah erleben, aber wer auch Wölfen und Luchsen nahekommen will, muss an geführten Touren in die beiden Freilichtgehege teilnehmen. Sie dauern je 1 Std. bzw. 30 Min., kosten 600 NOK (Wölfe) bzw. 400 NOK (Luchse). Auch Ausritte für Kinder (50 NOK) sowie Kutschfahrten ins naturschöne Umland werden geboten. ✆ 32742550, 💻 www.langedrag.no. Fütterung der Elche tgl. um 13 Uhr, der Wölfe, Luchse, Polarfüchse und Rentiere tgl. um 14 Uhr. 🕒 tgl. 10–18 Uhr, Eintritt 270 NOK, Kinder 220 NOK, Familien 950 NOK.

Paddeln

Uvdal Camping (s. o.) verleiht Kanus, mit denen man entspannt dem Fluss folgen und mit etwas Glück sogar Biber beobachten kann.

Wintersport

Eine gute Alternative zu Geilo (wo es in der Wintersaison oft sehr voll werden kann) ist das moderne Skizentrum **Uvdal Alpinsenter**, ✆ 99084782, 💻 www.uvdalalpin.no, mit 3 Liften, 620 m Höhenunterschied (die längste Abfahrt erstreckt sich über etwa 6200 m) und 180 km an gespurten Loipen.

SONSTIGES

Fahrradverleih

Uvdal Camping, s. o.

Informationen

Turistkontoret i Uvdal, Rødberg, ✆ 32741390, 💻 www.uvdal.no, 🕒 Juni–Aug Mo–Fr 10–16.30, Sa 10–14 Uhr.

Post

Uvdal Post i butikk (Coop Supermarkt), ✆ 04004, 🕒 Mo–Do 9–17, Fr 9–18, Sa 9–14 Uhr.

TRANSPORT

Uvdal ist etwa 4–6x tgl. per **Bus** mit allen Orten des Numedals bis hinunter nach KONGSBERG verbunden, außerdem mit ÅL und GEILO.

Das Numedal

Das rund 150 km lange Numedal, das sich von Uvdal bis hinunter nach Kongsberg (S. 226) hinzieht, wird in seiner gesamten Länge von der R 40 erschlossen. Mit seinem mal breit und träge, mal seeartig verbreiterten, mal auch wild dahinschäumenden Numedalslågen (auch: Lågen), den bewaldeten, von Wiesen und Feldern besetzten Höhen und den stillen Seitentälern bildet es eine der attraktivsten Urlaubslandschaften des Königreiches. Aber auch der Kulturreisende kommt hier auf seine Kosten, denn Dutzende authentisch erhaltene Gehöfte aus dem Mittelalter sowie mehrere Stabkirchen sind hier zu sehen.

Das nördliche Numedal

Südlich des Uvdal verlässt man die Region der hohen Berge, die nun von den Waldrücken beidseits des Tales verdeckt werden, und gelangt nach **Rødberg**, dem Zentralort des nördlichen Numedal, wie der Talzug von hier an genannt wird. Vorbei am Wasserkraftwerk Nore I 1927, zur Zeit seiner Erbauung, eines der größten der Welt) wird bald der Abzweig zur mit „Nore“ beschilderten Westuferstraße erreicht. Sie führt zur **Stabkirche von Nore**, die aus dem 13. Jh. stammt und wegen ihrer mit Runen verzierten Mittelsäule berühmt ist. Herausragend sind auch die Malereien, welche die im 18. Jh. eingezogene Zwischendecke sowie das gesamte Innere der Kirche bedecken. 💻 www.stavechurch.com. 🕒 20. Juni–14. Aug tgl. 10–18 Uhr, Eintritt 50 NOK.

Eine weitere Stabkirche liegt rund 15 km südlich an der R 40: die **Stabkirche von Rollag**, im 13. Jh. erbaut, Ende des 17. Jhs. leider völlig umgebaut und daher erst auf den zweiten Blick als Stabkirche erkennbar. 🕒 20. Juni–14. Aug tgl. 11–17 Uhr, Eintritt 50 NOK. Nebenan befindet sich das **Rollag Freilichtmuseum**, das 13 Gebäude aus alter Zeit umfasst. ⌚ 20. Juni–14. Aug Mi–So 11–16 Uhr, Eintritt 50 NOK.

Das südliche Numedal

Zentrum des zunehmend stärker kultivierten südlichen Numedals ist der kleine Ort **Flesberg** mit der **Flesberg-Stabkirche**, die im 12. Jh. errichtet, doch 1735 zur Kreuzkirche umgebaut wurde. Sehenswert ist sie dennoch, und insbesondere das alte Drachenportal an der Westseite ist einen längeren Blick wert. ⌚ 25. Juni–16. Aug tgl. 12–17 Uhr, Eintritt 35 NOK.

Wer ein weiteres Beispiel prächtiger Rosenmalerei betrachten möchte, kann die 5 km nördlich von Flesberg an der R 40 gelegene **Lyngdal kirke** besuchen, die aus dem späten 17. Jh. stammt und innen reich mit dieser Kunst geschmückt ist. ⌚ wie Flesberg-Stabkirche, Eintritt 35 NOK.

Südlich von Flesberg mündet die R 40 nahe Kongsberg (S. 226) bald in die Europastraße, und kurz zuvor lädt das **Lågdalsmuseum** als letzte Sehenswürdigkeit im Numedal zu einem Gang durch die Kulturgeschichte des Talzuges ein. Rund drei Dutzend historische Gebäude sind authentisch erhalten und eingerichtet, u. a. mit diversen Läden sowie Werkstätten, in denen im Juli alte Handwerkstechniken demonstriert werden. Auch das Norwegische Optikermuseum ist der Anlage angeschlossen, und obendrein lädt eine Trachten-Ausstellung zum Besuch ein. 💻 www.laagdalsmuseet.no, ⌚ 26. Juni–10. Aug Di–Fr 11–16, Führungen um 11, 12, 14 und 15 Uhr, Eintritt 70 NOK.

ÜBERNACHTUNG

Veggli Vertshus, Veggli, ✆ 32747900, 💻 www.veggli-vertshus.no. Guter Gasthof mit gemütlicher Atmosphäre. 8 einfache Zimmer mit Bad/WC. Wer sich etwas Besonderes gönnen will, kann auch in einem von insgesamt 11 Coupés eines ausrangierten Zuges übernachten (sehr teuer). Restaurant/Cafeteria, Minigolf, Angel- und Badeplätze in der Nähe. Auch Draisine-Fahrten (s. Kasten S. 200). ❸

Rødberg Hotel, Rødberg, ✆ 32741640, 💻 www.rodberg.no. 3-geschossiger roter Holzbau im Zentrum. 34 etwas altmodische Zimmer; Restaurant und Bar mit Außenterrasse. Vermittlung von Aktivitäten und Touren. ❹

€ **Fjordgløtt Camping og hyttesenter**, Rødberg (6 km südlich an der R 40), ✆ 97159653, 💻 www.fjordglott.net. Ganzjährig geöffneter Platz in schöner Seeuferlage. Großes Campingareal (Zeltplatz 190 NOK), moderne Sanitäranlagen, 6 voll ausgestattete Hütten (2 Schlafzimmer, Küche, Bad/WC) mit Terrasse und Seeblick ab 490 NOK; Kiosk und Bootsverleih, gute Bade- sowie Angelmöglichkeiten.

ESSEN

Veggli Vertshus (S. 225). Günstiges Restaurant/Café mit einfachen, aber schmackhaften Speisen. Im Sommer wird ein 3-gängiges *middelaldermat* (Mittelalteressen) angeboten (u. a. Elchgulasch mit traditionellen Vor- und Nachspeisen aus dem Numedal). Mit rund 370 NOK arg teuer, aber ausgefallen und serviert in einem ausrangierten, nett eingerichteten Zugwaggon. ⌚ tgl. ab 11 Uhr.

Aktiv im Numedal

Dank der durchgehend (mit weinroten Hinweisschildern) markierten **Numedal-Radroute**, die zwischen Larvik und Geilo verläuft (280 km), erfreut sich der Talzug einer zunehmenden Beliebtheit unter Tourenradlern, und an sieben Stellen im Tal werden mittlerweile Fahrräder vermietet. Auch ein spezieller Fahrradguide zum Numedal ist erhältlich. Umfassende Infos gibt es unter 💻 www.numedalsruta.no sowie im Touristenbüro in Uvdal.

Auch über **Kanufahrten**, **Ausritte** und **Pferdetreks** sowie **Wander- und Trekkingtouren** informiert das Touristenbüro, und wer das Besondere sucht, der kann mit einer **Draisine** auf rund 30 km langer Strecke den Gleisen der stillgelegten Numedalsbahn folgen (100 NOK pro Std. p. P., Tagesmiete 500 NOK). Ausgangspunkt ist das Veggli Vertshus (südlich von Rødberg an der R 40).

Rødberg Hotel (S. 225). Etwas einfach und kahl eingerichtetes Restaurant/Cafeteria, bietet aber günstige und gute Gerichte. Tgl. ein eigenes Tagesmenü. Meist traditionelle Hausmannskost, aber auch Pizzen und Hamburger sind auf der Speisekarte. Im Sommer sitzt man am schönsten draußen auf der Terrasse. ⌚ tgl. 11–22 Uhr.

SONSTIGES

Feste

Middelalderuka, Ende Juli/Anfang August. Die „Mittelalterwoche" ist das wichtigste Kulturereignis des Numedal. Theatervorführungen, Konzerte und zahlreiche andere Veranstaltungen werden geboten. Weitere Informationen im Touristenbüro in Uvdal und unter 💻 www.visitmiddelalderdalen.no.

Geld

Dnb Nor Bank, Zentrum, ☏ 81500590.

Informationen

Turistkontoret i Uvdal, S. 224.

Medizinische Hilfe

Veggli legevakt, Veggli, ☏ 32762599.

Polizei

Rollag lensmannskontor, Numedalstunet, Veggli, ☏ 02800.

Post

Rødberg Post i butikk (Kiwi Supermarkt), Rødberg, ☏ 04004, ⌚ Mo–Fr 9–21, Sa 9–18 Uhr.
Veggli Post i butikk (ICA Supermarkt), Veggli, ☏ 04004, ⌚ Mo–Do 9–17, Fr 9–20, Sa 9–15 Uhr.

Taxis

Taxi, Rødberg, ☏ 32741471.

TRANSPORT

Das Numedal ist etwa 4–6x tgl. per **Bus** mit allen Ortschaften des Uv- und Seterdal verbunden, außerdem mit KONGSBERG, ÅL und GEILO.

Telemark

Die Heimat der Rosenmalerei und „Wiege des Skisports" steht wegen ihrer vielfältigen Landschaftsformen im Ruf, der „norwegischste" Landesteil des Königreiches zu sein. Auf einer Fläche von rund 15 000 km² bildet er einen Querschnitt nahezu aller Naturschönheiten des Königreiches. Ganz im Süden lockt ein Küstenkeil zwischen Oslofjord und Skagerrak vor reichen **Schärengärten**, weit droben die endlose **Hardangervidda**, an der die Telemark ebenfalls teilhat, und dazwischen die von Bergen gesäumten fruchtbaren Täler mit einsamen Dörfern, Nadel- und Birkenwäldern, kleinen und großen Seen, Flüssen, Bächen und Wasserfällen. Gewässer bedecken hier gleich 7 % des Areals, was Landesrekord ist, und weit über die Grenzen hinaus wurde diese Provinz wegen des Telemarkkanals (S. 180) bekannt, der von der Küste bis ins Herz der Bergwelt verläuft.

Nirgendwo sonst in Norwegen (außerhalb des Setesdals) werden die traditionellen **Handwerkstechniken** so sehr gepflegt wie in der Telemark, die neben allen anderen Highlights auch die größte und berühmteste **Stabkirche** des Landes besitzt. Die Silberstadt **Kongsberg** liegt nahebei, und wer der Telemark aufs Dach steigen will, von wo aus sich nicht weniger als ein Sechstel der gesamten norwegischen Landmasse überblicken lässt, den zieht es nach **Rjukan**, dem südlichen Tor zur Hardangervidda und einem der bedeutendsten Outdoor-Zentren des Landes.

Kongsberg

Wer wissen möchte, wo in Norwegen eigentlich das Geld herkommt, muss nach Kongsberg reisen, denn der heute 20 000 Einwohner große Industrie- und Technologiestandort am Numedalslågen ist Sitz der norwegischen Münze. Diesen Status hat die Stadt schon seit 1686 inne. Vorausgegangen waren gewaltige Silberfunde, die auf das Jahr 1623 datiert werden. Ein Jahr später ließ der Dänenkönig Christian IV. die Stadtgründung ausrufen, und das mit gutem Grund, denn die Erzlagerstätten waren die reichsten

Infos zur Telemark

- **Telemarkreiser**, Uniongate 18, 3702 Skien, ✆ 35900020, 💻 www.visittelemark.com. Umfassende Informationen über den ganzen Bezirk.
- **Öffentliche Verkehrsmittel**: Die gesamte Region lässt sich problemlos per Bus erkunden. Infos unter ✆ 177 sowie unter 💻 www.rutebok.no.

und qualitativ hochwertigsten, die bis dato je im Lande gefunden worden waren. Angeblich wurden bis zu mehrere Hundert Kilogramm schwere, reine Silberbrocken abgebaut, und bald erstreckten sich über 300 Gruben bis 1070 m tief in den „Königsberg" hinein.

Jahr für Jahr wurden hier von nun an über 8 t reinen Silbers gewonnen, und im 18. Jh. avancierte die freie Bergstadt mit rund 10 000 Einwohnern sogar zur zweitgrößten Stadt des Königreiches, die zugleich den größten Anteil deutschstämmiger Bewohner aufwies. Die deutschen Bergleute stammten zu einem großen Teil aus Sachsen sowie dem Harz, und über Jahrzehnte hinweg stellten sie sogar den Bürgermeister. Grubennamen wie etwa „Gottes Hülfe" und „Haus Sachsen" erinnern noch an jene Zeit. Allmählich nahm aber die Ergiebigkeit der Minen ab, und im Jahre 1957 schließlich waren die Silbervorkommen endgültig erschöpft. Alles in allem wurden hier bis zur Stilllegung der Gruben rund 1350 t Silber gewonnen.

Das Norwegische Bergwerksmuseum

Das beschilderte **Bergwerksmuseum** in der alten Schmelzhütte an der Hyttegate gilt als eine der bedeutendsten industriegeschichtlichen Sehenswürdigkeiten des Landes. Es vermittelt umfassende Informationen zur Entwicklung des Bergbaus und wartet mit einer umfangreichen Silber- und Mineraliensammlung auf. Angeschlossen sind zudem gleich drei weitere Museen: Das **Skimuseum** erinnert an die „Goldene Ära" der Kongsberger Skispringer, die zwischen 1930 und 1950 die Weltspitze stellten und über 5000 Preise und Medaillen einheimsten (die alle ausgestellt sind).

Die **Königliche Münze** beeindruckt mit einer großen Münzsammlung, auch die Münzproduktion wird anschaulich dokumentiert, und im **Waffenmuseum** wird die Geschichte der Waffenfabrik von Kongsberg nachgezeichnet. Norsk Bergverksmuseum, 💻 www.norsk-bergverksmuseum.no, 🕒 Mitte Mai–Aug tgl. 10–17, sonst Di–So 12–16 Uhr, Eintritt 90 NOK, inkl. Saggrenda (S. 229) 220 NOK

Die Kongsberg-Kirche

Einen Besuch wert ist die weithin sichtbare Kongsberg Kirke am Kirketorget über dem Numedalslågen, denn so schlicht sich der Backsteinbau von außen auch präsentiert, so aufwendig stellt er sich im Innern vor. Dieses ist ganz und gar im Stil des Rokoko gehalten und beeindruckt u. a. mit den angeblich schönsten Kristalllüstern des Königreiches. Entworfen wurde das Gotteshaus im Jahre 1761 von dem deutschstämmigen Oberberghauptmann Joachim Andreas Stuckenbrock, und mit 2400 Sitzplätzen ist die Kirche die größte des Landes. Kongsberg Kirke, 🕒 Juni–Aug Mo–Fr 11–15, sonst nur Di–Do 10–12 Uhr, Eintritt 40 NOK.

Zum Lachsangeln nach Hokksund

Nicht weniger als 10 t Wildlachs holen die Sportfischer Jahr für Jahr allein im Bereich des nahe Hokksund gelegenen Hellefoss aus dem Drammenselv. Nachdem er früher durch die Holzwirtschaft stark verschmutzt war, gilt er heute wieder als einer der besten Lachsflüsse in Norwegen. Treffpunkt der Petrijünger ist der etwas außerhalb der Stadt am Flussufer gelegene Hokksund Camping, ✆ 32754242, 💻 www.hokksund-camping.no, wo man alle Informationen bekommt und auch alle erforderliche Ausrüstung nebst Booten ausleihen kann. Hokksund ist mit allen größeren Orten der Umgebung per Bus verbunden, mit Oslo und Kristiansand auch per Zug.

ÜBERNACHTUNG

Hostels und Hotels

Kongsberg Vandrerhjem, Vinjesgate 1, ✆ 32732024, 💻 www.kongsberg-vandrerhjem.no. Ganzjährig geöffnete, moderne Jugend-

herberge mit gehobenem Komfort in schöner Umgebung. Alle Zimmer verfügen über Bad/WC. Gästeküche, Aufenthaltsraum mit TV. Bett inkl. Frühstück 410 NOK. ❸

Best Western Gyldenløve Hotell, Hermann Fossgate 1, ✆ 32865800, 💻 www.gyldenlove.no. Dieses typische Mitteklassehotel befindet sich direkt neben dem Bahnhof. Es bietet 63 helle und angenehme, unlängst renovierte Zimmer. Restaurant, Bar, Sauna und Solarium vorhanden. ❻

Quality Grand Hotel, Christian Augustsgate 2, ✆ 32772800, 💻 www.grandkongsberg.no. Mehrgeschossiger Beton-/Glaskomplex, innen teils reich mit Kunstobjekten ausgestattet, um Kongsbergs kulturelle Vielfalt widerzuspiegeln. Top-Zimmer, Gourmetrestaurant, 2 Bars, Sauna, Hallenbad. ❹

Camping und Hütten

Hamremoen Gård, Skollenborg, ✆ 32768859, 💻 www.hamremoen.no. 15 km von Kongsberg an der R 40 Richtung Larvik. Nächstgelegener Campingplatz (Stellplatz 240 NOK), schön auf dem Lande neben einem Bauernhof gelegen. 7 einfache Hütten mit Miniküche und 4 Schlafplätzen (ab 610 NOK), Restaurant mit traditioneller Bauernkost. Auch mehrere Aktivitäten sind im Angebot; kleiner Lebensmittelladen. 🕒 Mai–Aug.

Sommercampingplatz, in Kongsberg gibt es keinen Campingplatz, aber vom 16. Juli–12. Aug kann man auf der Wiese neben dem Sportplatz/Schwimmhalle campen (beschildert mit „Idretts- og svømmehallen"). WC/Duschen in der Sporthalle. Zelt 150 NOK, Wohnmobil 170 NOK.

ESSEN

Jonas B. Gundersen, Nymoens torg 10, ✆ 32728800, 💻 www.jbg.no. Relativ günstige italienische Küche (Pizzen ab 150 NOK). Terrasse, im Sommer abends oft softer Live-Jazz. 🕒 tgl. ab 15 Uhr.

Restaurant Fryd, Quality Grand Hotel (s. o.). Gourmetrestaurant der gehobenen Klasse mit modernem Ambiente. Serviert wird ein täglich wechselndes 5-Gänge-Menü (man kann auch einzelne Gerichte bestellen) ausschließlich aus lokalen Rohwaren und stets der aktuellen Jahreszeit entsprechend. 🕒 Di–Sa ab 18 Uhr.

Opsahlgården, Kirkegate 10, ✆ 32764500, 💻 www.opsahlgarden.no. Erstklassiges Feinschmecker-Restaurant in einem schmucken Haus aus dem 19. Jh. Das Menü wechselt im Takt der Jahreszeiten und bietet reiche Auswahl an traditionellen wie auch neonorwegischen Gerichten; sehr schön auch zum Draußensitzen. 🕒 Mo–Sa 17–23 Uhr.

AKTIVITÄTEN UND TOUREN

Bootstouren

M/S Eikern, ✆ 32757570, 💻 www.mseikern.no. Im Sommer startet jeweils So um 12 Uhr eine 6-stündige Bootsfahrt (175 NOK) über den malerischen Eikeren-See, der am Weg von Kongsberg nach Hokksund (S. 227) liegt. An ausgewählten Freitagen werden auch so genannte „Garnelen-Touren" (4 Std.) mit üppigem Garnelen-Buffet angeboten (395 NOK).

Golf

Kongsberg golfbane, ✆ 95484848, 💻 www.kongsberg-golfbane.no. Gilt als einer von Norwegens schönsten und größten Golfparcours.

Radfahren

Dank eines dichten Netzes an Radfahrwegen und Fahrradrouten rühmt sich Kongsberg oft als „Fahrrad-Stadt", und im Touristenbüro erhält man sowohl genaue Wegbeschreibungen als auch Kartenmaterial.

Wandern

Das populärste Wandergebiet findet sich im Bereich des schön bewaldeten Knutfjell am westlichen Stadtrand, wo u. a. auch vereinzelte Bauzeugen von der Bergwerkszeit der Stadt künden. Eine empfehlenswerte, wenn auch etwas anspruchsvolle Route, führt vom Kongsberg Skisenter 6 km bergauf zur Knutehytta auf etwa 700 m Höhe, in der man auch übernachten kann. Reservierung über 💻 www.knutehytta.com, ✆ 32731283.

Der Silberberg Saggrenda

Touristisches Highlight von Kongsberg sind die 7 km außerhalb vom Zentrum am ausgeschilderten Weg nach Notodden gelegenen Silberminen im Bauch des Berges Saggrenda. Sie waren einst im Besitz des Königshauses, und in rund 10 Min. kann man mit dem Grubenzug 2,3 km weit und 342 m tief in die Königsgrube *(Kongens gruve)* eindringen. Dort unten herrscht eine konstante Temperatur von etwa 7 °C (warme Sachen nicht vergessen!), und im Rahmen von Führungen kann man die authentisch erhaltene Untertagewelt hautnah erleben. Zu bestaunen ist dabei auch die hölzerne „Fahrkunst", der erste Aufzug des Bergwerkes. Alles in allem dauert die lohnende Tour ohne die im Sommer meist obligatorischen Wartezeiten rund 1 1/2 Std. Sølvegruvene, 💻 www.norsk-bergverksmuseum.no, 🕒 der Grubenzug startet Mitte Mai–Ende Juni sowie Aug tgl. um 11, 12 und 14 Uhr, im Juli auch 16 Uhr, Eintritt 160 NOK, Familien 480 NOK, mit Bergwerksmuseum (S. 227) 220 NOK bzw. 570 NOK.

Wintersport
Am westlichen Ortsrand befindet sich das **Kongsberg skisenter**, das mit einer Seilbahn sowie 4 Liften ausgestattet ist und Abfahrten von insgesamt 12 km Länge sowie rund 80 km an gespurten (und teils beleuchteten) Loipen bietet (Skipass 450 NOK pro Tag); auch Skischule und Verleih von Ausrüstungen sowie Schneescootern. Weitere Infos über ✆ 32717070.

Weitere Angebote
Kongsberghallen, Numedalsveien 80, ✆ 3273 5900, 💻 www.kongsberghallen.no. U. a. Tennis (200 NOK pro Std.) und Squash (120 NOK), Bowling, Billard und im Winter eine Eisbahn (350 NOK).

SONSTIGES

Alkohol
Kongsberg vinmonopol, Myntgate 16, ✆ 04560, ⏲ Mo–Mi 10–17, Do 10–18, Fr 9–17, Sa 9–14 Uhr.

Apotheken
Apotek 1, Myntgate 13, ✆ 32771950, ⏲ Mo–Fr 8.30–17, Sa 9–14 Uhr.

Autovermietungen
Hertz, Kirkegårdsveien 45, ✆ 32289310.

Fahrradverleih
Kongsberg sykkelutleie, ✆ 95236113, 💻 www.kongsberg-sykkelutleie.no. Zahlreiche Mountain Bikes und Offroad Bikes diverser Hersteller, sehr gepflegtes Material. 100 NOK pro Tag, 500 NOK pro Woche. Über die Website kann man sich Karten sowie Tourenvorschläge downloaden.

Feste
Kongsberg-Jazzfestival, Anfang Juli, Infos über ✆ 32733166 sowie 💻 www.kongsbergjazz.no. Eines der anspruchsvollsten Jazzfestivals in ganz Skandinavien, und das schon seit über 20 Jahren. Vier Tage lang spielen Dutzende Jazzbands aller Stilrichtungen aus dem In- und Ausland auf. Einziger Wermutstropfen sind die hohen Eintrittspreise: 975 NOK pro Tag, 3195 NOK für alle Veranstaltungen.

Geld
Handelsbanken Kongsberg, Nymoens torg 6, ✆ 32717040.

Informationen
Kongsberg turistservice, Kirketorget 4, ✆ 32299050, 💻 www.visitkongsberg.no, ⏲ in der Sommersaison Mo–Fr 9–17, Sa 10–14, sonst Mo–Fr 9–16 Uhr.

Medizinische Hilfe
Kongsberg legevakt, Drammensveien 4, ✆ 32720300.

Polizei
Kongsberg politi, Dyrmyrgate 12, ✆ 02800.

Post
Kongsberg postkontor, Hasbergsveien 5, ✆ 04004 ⏲ Mo–Fr 8–17, Sa 10–14 Uhr.

Taxis
✆ 08000.

TRANSPORT

Busse
Ausgezeichnete Verbindungen mit OSLO, LARVIK, SKIEN/PORSGRUNN, ÅL und GEILO sowie allen Orten des Numedals (etwa 4–6x tgl.). Auch RJUKAN, HEDDAL, DALEN und BERGEN werden mehrmals tgl. angefahren.

Eisenbahn
Kongsberg liegt an der Sørlandbahn, es gibt tgl. mind. 5 Verbindungen via DRAMMEN nach OSLO und via SKIEN/PORSGRUNN, KRISTIANSAND, EGERSUND nach STAVANGER; außerdem stdl. zum Flughafen GARDERMOEN.

Von Kongsberg nach Rjukan

Durch eine wald- und wasserreiche Mittelgebirgslandschaft geht es von Kongsberg aus entlang der E 134 zur Industriestadt **Notodden** und bald darauf an der **Heddal-Stabkirche** (s. Kasten S. 234) vorbei nach **Sauland**, wo die **Tuddalsstraße** Richtung Norden von der Europastraße abbiegt. Von allen Strecken, die Rjukan zum Ziel haben, ist diese nur schwach frequentierte Nebenstrecke mit Abstand am eindrucksvollsten. Sie berührt nach 22 km das Einöddorf **Tuddal** mit seinen vielen historischen Gehöften, die u. a. in einem kleinen Freilichtmuseum betrachtet werden können. Von hier an schlängelt sich die Straße (auf der keine öffentlichen Verkehrsmittel unterwegs sind) bis über die Baumgrenze auf eine kahle Hochebene hinauf, in der am **Flintstjønnskaret** (33 km ab Sauland) der mit 1275 m höchste Punkt der Strecke erreicht wird. Das Panorama weit über die Hardangervidda hinweg, an deren Südrand man sich hier befindet, ist atemberaubend, und bevor es steil nach Rjukan hinuntergeht, liegt der Ausgangspunkt für eine Wanderung zum **Gaustatoppen** (S. 232) am Weg.

Rjukan

Die Lage der rund 3500 Einwohner zählenden Stadt am Südrand der Hardangervidda im engen Vestfjorddal, das von bis zu knapp 2000 m hohen Bergen umschlossen wird, ist beeindruckend. Ihr verdankt Rjukan seinen heutigen Stellenwert als **Outdoor-Zentrum** der nördlichen Telemark, und ob man nun wandern oder radfahren, klettern oder paddeln oder zu Pferdetreks aufbrechen möchte – Rjukan ist dafür erste Adresse.

Die Geschichte der Stadt begann 1907 mit der Errichtung einer Kunstdüngerfabrik, die ihren enormen Energiebedarf seit 1911 vom Wasserkraftwerk Vemork bezog, dem mit einer Leistung von 108 MW seinerzeit stärksten Wasserkraftwerk der Welt. Dass dort außer Strom auch Deuteriumoxid hergestellt wurde, schweres Wasser, ein für die Kernenergieforschung wichtiger Stoff, machte das Kraftwerk während des Zweiten Weltkrieges für Nazi-Deutschland bedeutsam. Als deutsche Forscher während des Krieges von hier Nachschub für ihr Entwicklungsprojekt Atombombe beziehen wollten, gelang norwegischen Widerstandskämpfern die Versenkung der Eisenbahnfähre „Hydro“, die mit über 100 000 l schweren Wassers auf dem Tinnsjø unterwegs war.

Damit hat Vemork sozusagen Weltgeschichte geschrieben, und „Der Kampf um das schwere Wasser“ ist Hauptthema des ehemaligen Kraftwerks Vemork. Rund 7 km westlich des Zentrums gelegen, beherbergt es heute das **Norwegische Industriearbeitermuseum** (Norsk Industriarbeidermuseum), das seit 2015 auf der Weltkulturerbeliste der Unesco geführt wird. 💻 www.visitvemork.com, 🕒 Mai–Mitte Juni und Mitte Aug–Mitte Okt tgl. 10–16, im Hochsommer 10–18 Uhr, Eintritt 85 NOK.

Im Ort selber dokumentiert das **Rjukan og Tinn Museum** anhand von 22 Gebäuden die Entwicklung des Bauwesens vom Mittelalter bis ins 19. Jh. 💻 www.tinn.visitvemork.no, 🕒 Mai–Mitte Juni und Mitte Aug–Ende Sep tgl. 12–15, im Hochsommer 11–17 Uhr, Eintritt 40 NOK.

Das Outdoor-Zentrum Rjukan

Als südliches Tor zur Hardangervidda ist Rjukan eines der bedeutendsten Outdoor-Zentren des Landes. Die Zahl der möglichen kleinen und großen **Wanderungen** ist Legion, und das Touristenbüro informiert ausführlich über Dutzende von Touren, hält Kartenmaterial sowie Broschüren bereit und bietet obendrein auch organisierte Wanderungen an: z. B. entlang der sogenannten Saboteurs-Route (7 km), die zur Zeit des Zweiten Weltkrieges von den norwegischen Partisanen genutzt wurde (490 NOK).

Auch wer im Rahmen von **Mountainbiketouren** auf Berg- und Talfahrt gehen möchte, kann auf eine perfekte Infrastruktur zurückgreifen. Ansprechpartner ist wiederum das Touristenbüro, das nicht nur Räder verleiht, sondern auch diverse „Radpakete“ anbietet, die u. a. auch Übernachtung und Halbpension sowie etwaigen Transport nebst Kartenmaterial beinhalten. Die populärste Tour führt von der Bergstation der Krossobahn (s. Kasten S. 235) zur Berghütte Kalhovd (1 Tag 1395 NOK), von wo es entweder per Rad oder per Fjellbus zum Ausgangspunkt zurückgeht.

Aber nicht nur zu Fuß bzw. mit dem Fahrrad geht es hier hoch hinaus, sondern auch mit dem Pferd im Rahmen von **Pferdetreks**. Ein- bis mehrtägige Touren sind im Angebot, und nir-

Gaustatoppen – das Dach der Telemark

- **Route**: Stavsro (1173 m) – Gaustahütte (1 3/4 Std., 1850 m) – Gaustatoppen (15 Min., 1883 m)
- **Länge**: 8 km
- **Dauer**: hin und zurück ca. 4 Std.
- **Wegbeschaffenheit**: deutliche Pfade, stark ausgetreten, meist über Fels und Geröll, stellenweise steil
- **Orientierung**: Der Weg ist durchgehend mit roten „Ts" markiert, die Orientierung völlig problemlos, Kartenmaterial ist nicht erforderlich.
- **Wandersaison**: ca. Anfang Juni bis Ende Sep
- **Ausrüstung**: Grundausstattung, Trekkingschuhe. Kein Wasser entlang des Weges.

Konstant und teils recht steil ansteigende, aber dennoch relativ leichte Tour, auch für sportliche Kinder problemlos machbar. Sie führt zum Gipfel des 1883 m hohen Gaustatoppen, der von vielen als der schönste Berg Norwegens bezeichnet wird und Wahrzeichen sowohl von Rjukan als auch der Telemark sowie der Hardangervidda ist. Nicht weniger als ein Sechstel der gesamten norwegischen Landmasse soll man bei klarer Sicht angeblich vom Gipfel überblicken können, und insbesondere frühmorgens, spätabends oder in der frühen Nacht, wenn man auf dem Gipfel selbst in der Sonne steht, während die wellenförmige Vidda in pastellfarbene Schatten gehüllt ist, sind die Eindrücke unvergesslich und überreicher Lohn für die nur eher geringen Mühen, die mit der Besteigung verbunden sind.

Die Route

Populärster Ausgangspunkt ist der **Parkplatz Stavsro** (mit Infotafel und Kiosk sowie WC), auf 1173 m Höhe am beschilderten Weg von Rjukan zum Gaustatoppen gelegen. Der markierte Weg führt von hier aus als breite, steinige Spur durch ausgedehnte Geröllfelder Richtung Nordwesten auf den deutlich sichtbaren Gaustatoppen zu. Bald schon wird der Fuß des Berges erreicht, und steil zieht sich der Weg in die Höhe zu einem Sattel zwischen den Erhebungen Stavsronuten und Gaustaråen. Nach insgesamt etwa 1 Std. passiert man zwei kurz hintereinander liegende Abzweigungen, doch der Hauptweg zieht sich deutlich markiert auch weiterhin in gerader Linie auf den vorausliegenden Berg zu. Dieser Wegabschnitt ist steil, wird teils durch Geröll behindert und würde wohl als langweilig eingestuft, gäbe es nicht das Panorama, das von Höhenmeter zu Höhenmeter prächtiger wird.

Schließlich gelangt man auf die von einem Funkmast gekrönte Höhe und kann nicht nur die Fernsicht bis hinüber nach Schweden und hinunter bis auf den Skagerrak genießen, sondern auch Kaffee und Waffeln, kleinere Gerichte und was sonst noch in der über 100 Jahre alten **Gaustatoppen Turisthytte** (S. 233) auf 1860 m Höhe serviert wird (🕒 22. Juni–6. Sep tgl. 9–18 Uhr).

Aber der Gipfel des **Gaustatoppen** selbst ist hier noch nicht erreicht: Er befindet sich etwa 400 m

Die Wanderung auf den Gaustatoppen überfordert auch Ungeübte nicht.

entfernt am Ende eines langgezogenen, schmalen Grates, der zwar nicht gefährlich ist, aber Schwindelfreiheit erfordert. Auch dieser Wegabschnitt ist deutlich markiert, und vom Ziel aus genießt man das mit Abstand schönste, weil umfassendste Panorama.

Praktische Tipps

Transport

Der Ausgangspunkt Stavsro ist rund 16 km von Rjukan entfernt. Öffentliche Verkehrsmittel gibt es nicht. Wer kein eigenes Fahrzeug hat, kann mit dem Mietfahrrad oder per Taxi anreisen (Mitfahrer lassen sich in der Regel im Kvitåvatn Fjellstue finden, S. 234).

Übernachtung

Gaustatoppen Turisthytte, ✆ 97133309, 💻 www.gaustatoppenturisthytte.no, 🕒 23. Juni–Mitte Okt (Öffnungszeiten Restaurant S. 232). Von der bereits 1893 errichteten Wanderhütte eröffnet sich ein einzigartiges Panorama, und entsprechend stark werden die insgesamt neun Betten nachgefragt (1350 NOK p. P. inkl. Halbpension), daher möglichst frühzeitig reservieren.

Gaustabahn

Ein alternativer Weg zum Gipfel führt 860 m weit waagerecht und dann 1040 m hoch lotrecht durchs Innere des Berges, wo seit 1958 eine vom Militär genutzte Kabelbahn verläuft. Seit 2004 ist diese Bahn (mit einer zweijährigen Unterbrechung von 2008 bis 2010) auch für Touristen freigegeben. Startpunkt für die Gaustabahn ist beim ausgeschilderten Rjukan Skisenter (2 km von Stavsro entfernt), ✆ 45502222, 💻 www.gaustabanen.no, 🕒 24.Juni–15. Okt tgl. 10–17 Uhr, 350 NOK hin und zurück, 250 NOK für eine einfache Fahrt.

4 HIGHLIGHT

Die Stabkirche von Heddal

Die westlich von Kongsberg an der E 134 gelegene Heddal-Stabkirche ist die größte des Landes, hat den Rang eines Top-Highlights von Norwegen schlechthin und zählt Jahr für Jahr Hunderttausende Besucher. Dank ihrer Dachreiter und Türmchen ist sie unverwechselbar, auch unverwechselbar schön, und selbst aus der Distanz betrachtet manifestiert sich in ihrem freien, fast fröhlich-asiatisch wirkenden Spiel der Formen ein Abbild der umgebenden Natur. Dann tritt man näher und kommt schließlich staunend vor den geschnitzten Portalrahmen zu stehen, die die Verzahnung des germanischen Heidentums mit dem frühen Christentum baulich sichtbar machen. Insbesondere das Westportal beeindruckt mit einem tief ausgeschnittenen Rankenwerk voller Symbolik, und hat man sich erst einmal hineingesehen in die scheinbar nur wild verflochtenen Formen, kann man plötzlich eine Vielfalt dämonischer Fabeltiere der germanischen Mythologie ausmachen. Das Südportal steht diesem unerhörten Formenreichtum in nichts nach, beeindruckt aber obendrein mit einem Pfahlgott in Menschengestalt, der zur Abschreckung von Dämonen diente.

Die ganze Edda ist hier im Schnitzwerk lebendig geblieben, während im Innern vor allem die Klarheit und Einheitlichkeit der architektonischen Konzeption beeindruckt. Besondere Beachtung verdient der Bischofsstuhl aus dem 12. Jh., in den die Geschichte von Sigurd und Gunnar eingeschnitzt ist, die ausziehen, um Brunhild den Nibelungenring zu bringen. – Man ist schlicht begeistert und kann plötzlich nachempfinden, wie sehr das Innere dieser Stätte jene frühen Christen beeindruckt haben muss, die dieses Gotteshaus um das Jahr 1250 herum errichteten, als der Glaube an Geister und Dämonen noch tief in den Menschen verwurzelt war.

www.heddalstavkirke.no, 35013990 und 92204435, 10. Mai–20. Sep tgl. 10–17 Uhr, Eintritt 80 NOK. Gottesdienste werden in der Kirche sonntags 10.30–12.30 Uhr abgehalten, im Juli finden auch regelmäßige musikalische Andachten statt. Heddal liegt an der von Oslo nach Bergen führenden E 134 und ist daher von allen Ortschaften am Weg (u. a. auch von Kongsberg) per Bus erreichbar.

gendwo sonst in Norwegen werden vergleichbare Abenteuer hoch zu Ross angeboten.

An Seen herrscht im Umland von Rjukan kein Mangel, und für **Kanutouren** bieten sich insbesondere der Mårvatn sowie Møsvatn an, die beide mit guter Infrastruktur auch für mehrere Paddeltage taugen. Passionierten Felskletterern werden die zahlreichen **Klettersteige** von Rjukan ein Höchstmaß an Urlaubsglück bescheren, und zum **Eisklettern** gibt es skandinavienweit wohl kein Pendant zu Rjukan, das sich auch als **Wintersportort** einen großen Namen gemacht hat.

ÜBERNACHTUNG

Hostels und Hotels

€ **Rjukan Gjestegård**, Birkelandsgate 2, 35080650, www.rjukangjestegard.no. Ehemalige Jugendherberge, im Zentrum von Rjukan. Der Betonbau ist nicht gerade schön, aber die 68 Betten in EZ (385 NOK) und DZ (580 NOK) bieten die günstigste Übernachtungsalternative im Ort. Schlichte Zimmer mit Doppelbetten (mit Bettzeug), Bad/WC im Korridor, Gästeküche und Aufenthaltsraum. 2

Kvitåvatn Fjellstue, Kvitåvatnvegen 398, Kvitåvatn (etwa 17 km vom Zentrum), 35092040, www.kvitaavatn.no. Wunderschöne Anlage aus alter Zeit, teils mit urigen Blockhäusern, idyllisch auf einer Alm an der Baumgrenze auf 950 m Höhe gelegen. Ansprechend renoviert, bietet die Herberge heute 22 Zimmer (12 davon mit Bad/WC), eine Gästeküche und einen gemütlichen Aufenthaltsraum, von dem aus man direkt auf den Gaustatoppen (S. 232) blickt, den man von hier aus ebenfalls besteigen kann. Fürs Bett bezahlt man 250 NOK, Frühstück 95 NOK extra. ganzjährig. ❷

Park Hotel Rjukan, Sam Eydesgate 67, 35082188, www.parkhotell-rjukan.no. Mitten im Zentrum gelegenes Mittelklassehotel, das im renovierten Inneren mehr hermacht, als man von außen glauben möchte. 39 Zimmer, die ihr Geld wert sind. Restaurant, Bar, Pub. Ab ❺

Gaustablikk Høyfjellhotel, 16 km östlich von Rjukan, 35091422, www.gaustablikk.no. Tolle Panoramalage auf fast 1000 m Höhe. Wer es sich erlauben kann, sollte erwägen, in diesem Hochgebirgshotel zu übernachten. Gemütliche und komfortable Zimmer, Apartments und Hütten. Spa-Abteilung mit Schwimmhalle, Sauna und Dampfbad sowie Restaurant und Bar. Zudem umfassendes Sportangebot: Skilifte und Loipen direkt vor der Tür. ❻

Camping und Hütten

Rjukan Hytte- og Caravanpark, Gaustaveien 78 (7 km westlich von Rjukan), 35096353, www.rjukanhytte.com. Ganzjährig geöffneter Campingplatz, schön gelegen mit Ausblick auf den Gaustatoppen. Großes Campingareal (Stellplatz 220 NOK) sowie 17 Hütten verschiedener Kategorien (von kleinen Blockhütten bis hin zu 4-Sterne-Komforthütten) ab 480 NOK. Außerdem spartanische Zimmer zu 375 NOK. Saubere Sanitäranlagen, Cafeteria, umfangreiches Aktivitätsangebot. ❶

Sandviken Camping, Tinn Austbygd (29 km von Rjukan entfernt), 35098173, www.sandviken-camping.no. Ganzjährig geöffneter 4-Sterne-Platz, wunderschön am Nordende des Sees Tinnsjø gelegen. 100 Stellplätze (ab 160 NOK) und 12 Hütten verschiedener Kategorien ab 680 NOK. Die Zeltwiese liegt separat mit tollem Ausblick auf den See. Sehr gute sanitäre Anlage, kleiner Supermarkt, Sauna, auch Fahrradverleih, Kanus, Tretbooten und Minigolfausrüstung. Sehr gute Angel- und Badeplätze.

ESSEN

Eine Alternative zu den Restaurants in den Unterkünften bietet u. a. **Rjukan Hytteby Kro**, Brogate 9, 35090122, www.rjukan-hytteby.no. Gutes Essen in wunderbar behaglicher Umgebung. Umfangreiches Menü mit zahlreichen günstigen Gerichten, von Hausmannskost bis hin zu Pizzen und Burgers. tgl. 11–23 Uhr.

FESTE

Rjukan Solfestival, März, www.solfesten.com. Das „Sonnen-Festival", schon seit 1925 Tradition, feiert das Wiedererscheinen der Sonne, die nach den dunklen Wintermonaten erstmals wieder im April zu sehen ist. Verkleidetes Volk füllt die Straßen, es werden Paraden abgehalten, und zahlreiche Veranstaltungen sorgen für gute Stimmung.

AKTIVITÄTEN

Baden

Die besten Badeplätze findet man am See Tinnsjø, östlich von Rukjan. Außerdem gibt es eine hervorragend ausgestattete Schwimmhalle: **Rjukanbadet**, 35082270, www.rjukanbadet.no, mit verschiedenen Becken, Sauna und Fitnesscenter. Eintritt 125 NOK.

Aufs „Dach" der Stadt

Eine Fahrt mit der am westlichen Ortsrand ausgeschilderten **Krossobahn** markiert einen Höhepunkt im Wortsinn, denn Ziel der rund 5 Min. währenden Seilbahnfahrt ist die auf 890 m Höhe gelegene **Bergstation Gvepseborg**. Sie ist Ausgangspunkt zahlreicher Wanderungen und Mountainbiketouren, und von dort oben kann man nicht nur reiche Panoramen genießen, sondern zwischen Anfang Oktober und Mitte März, wenn Rjukan im Schatten liegt, auch einen Blick auf die Sonne. Schon im Jahre 1928 spendete die Kraftwerksgesellschaft der Stadt die Bahn, womit sie die erste in Skandinavien ist, die eigens für den Personentransport errichtet wurde. www.krossobanen.no, 25. Juni–26. Aug tgl. 9–20, sonst tgl. 10–16 Uhr, 60 NOK pro Strecke.

Und es werde Licht!

Umgeben von 2000 m hohen Bergen, liegt Rjukan im derart tief eingeschnittenen Vestfjorddal, dass die Sonne dort von Oktober bis April nicht ankommt – bzw. ankam, denn Ende Oktober 2013 wurden auf einem Berg über Rjukan drei Sonnenspiegel eingeweiht, jeder 17 m² groß, die die Sonnenstrahlen einfangen, ins Tal reflektieren und zumindest auf dem zentralen Platz des Ortes für Licht sorgen. Entwickelt wurden diese Heliostaten von der „Solar Tower Systems GmbH“ aus Starnberg bei München, und finanziert wurde das rund 615 000 € teure Projekt von der Stadt selbst sowie der Provinz Telemark nebst dem Kunstdünger- und Aluminiumgiganten „Norsk Hydro“, und nachdem anfangs zahlreiche Bürger von Rjukan eher abgeneigt waren, ihre winterdunkle Stadt solar erhellen zu lassen, sind jetzt angeblich alle begeistert.

Bungee-Jumping

Telemark opplevelser, Vaer 27, ✆ 99513140, 💻 www.telemark-opplevelser.no. *Die* Attraktion von Rjukan: Von der Hängebrücke bei Vemork fliegt man 84 m tief in freiem Fall. (875 NOK), 🕒 Juli–Mitte Aug Di und Do 17–18, Sa und So 11–13 Uhr.

Wintersport

Gaustablikk skisenter, ✆ 35091422, 💻 www.gaustablikk.no. Eine der größten Skianlagen des Landes mit insgesamt 12 Liften und über 30 km an Abfahrten, einer eigener Snowboard-Piste sowie zahlreichen Loipen und einer Skischule.

SONSTIGES

Alkohol

Rjukan vinmonopol, Storgate 17, ✆ 04560, 🕒 Mo–Fr 10–17, Sa 10–15 Uhr.

Apotheken

Vitusapotek, Storgate 16, Handelshuset, ✆ 35090634, 🕒 Mo–Fr 8.30–17, Sa 10–14 Uhr.

Autovermietungen

Grema AS, Villaveien 2, ✆ 92087227.

Fahrradverleih

Zahlreiche Verleihstationen, gut und günstig sind die Räder der Touristeninformation.

Geld

Tinn Sparebank, Sam Eydes gate 89, ✆ 35080800.

Informationen

Visit Rjukan, Torget 2, ✆ 35080550, 💻 www.visitrjukan.com, 🕒 22. Juni–15. Aug Mo–Fr 9–19, Sa und So 10–18, sonst Mo–Fr 9–15.30 Uhr.

Medizinische Hilfe

Rjukan legevakt, Torget 2, ✆ 35082600.

Polizei

Rjukan politistasjon, Sam Eydesgate 71, ✆ 02800.

Post

Rjukan Post i butikk (Kiwi Supermarkt), Storgate 17, ✆ 04004, 🕒 Mo–Fr 7–23, Sa 8–20 Uhr.

Taxis

✆ 35091400.

TRANSPORT

Busverbindungen mehrmals tgl. u. a. mit dem Rjukanekspressen via NOTODDEN und KONGSBERG nach SKIEN/PORSGRUNN sowie nach DRAMMEN und OSLO. Im Sommer sind zudem Busse in die Umgebung von Rjukan sowie nach RAULAND (3–4x tgl.) im Einsatz.

Dalen

Die rund 800 Einwohner dieser Kleinstadt sind zu beneiden, denn eine derart liebliche Tallandschaft wie hier, am Ufer des mal in dicht bewaldete Höhen, mal in Wiesenufer gebetteten Bandak-Sees, findet man selten in der sonst so wilden und urwüchsigen Telemark. Dalen ist Balsam für die Seele, und wer ein paar Tage lang nur entspannen will, ist hier richtig. Natur und Infrastruktur lassen keine Wünsche offen, und da Dalen auch End- bzw. Startpunkt des berühmten **Telemarkkanals** (S. 180) ist, steht einer Schiffs-, Kanu- oder auch Fahrradfahrt von den Bergen bis ans Meer nichts entgegen.

Ravnejuvet

Nördlich von Eidsborg präsentiert sich die Telemark außerordentlich wild, und in solcher Landschaft liegt auch die 350 m tief abfallende „Rabenschlucht", von der es heißt, dass sich hier in Vollmondnächten die Hexen zum Flug treffen. Der Blick hinunter ist beeindruckend, und wirft man etwa ein Stück Papier in die Tiefe, kann man sich mit eigenen Augen davon überzeugen, woher die Geschichte von den fliegenden Hexen kommt: Das Papier wird von aufsteigenden Luftmassen erfasst und weit in die Höhe hinausgetragen. Die Schlucht ist nur mit dem eigenen Fahrzeug erreichbar und liegt an einer mit „Liosvingen" beschilderten Schotterstraße (7 km), die 12 km östlich von Høydalsmo von der E 139 (wohin ab Eidsborg die R 45 führt) abzweigt.

Malerisches Eidsborg

Nur 5 km beträgt die Distanz von Dalen zur kleinen Ortschaft Eidsborg, und in sieben Serpentinen und mit einer Steigung von 12 % zieht sich die R 45 vom Bandak-See aus in die Höhe. Den eindrucksvollsten Blick zurück genießt man von der obersten Kehre aus, und im weiteren Verlauf der Fahrt geht es durch eine wilde Waldlandschaft hindurch – prächtige Kulisse für die **Stabkirche von Eidsborg**, die sich, ganz mit Holzschindeln verkleidet, ungeheuer malerisch in die umgebende Natur einfügt. Da sie etwas abseits der touristischen Standardroute gelegen ist und obendrein nicht auf der Liste der meisten geführten Touren steht, kann man hier für gewöhnlich in relativer Ruhe die Details dieses wunderschönen Gotteshauses betrachten, das um 1250 herum und wahrscheinlich auf einem alten heidnischen Opferplatz errichtet wurde. 💻 www.vest-telemark.museum.no, 🕒 tgl. 11–17 Uhr (Sommer 10–18 Uhr), Eintritt 100 NOK; das Ticket gilt auch für das benachbarte Museum. Von Dalen aus ist Eidsborg mehrmals tgl. auch mit dem Bus erreichbar.

Das **Vest Telemark Museum** umfasst rund drei Dutzend historische Gehöfte und informiert vorbildlich insbesondere über die Rosenmalerei sowie die alten Handwerkstechniken. 🕒 wie Stabkirche.

ÜBERNACHTUNG UND ESSEN

Dalen Bed & Breakfast, Aasmund Nordgaardsveg 6, 📞 92817012, 💻 www.dalenbb.com. Gepflegte Herberge in idyllischer Lage am Ortsrand mit 11 schlichten Zimmer (mit und ohne Bad/WC), Aufenthaltsraum mit Kamin und TV, schönem Garten und Terrasse. Auch Kanu- und Farradverleih. ❺

Dalen Hotel, Zentrum, 📞 35079000, 💻 www.dalenhotel.no. Der Hotelkette „De Historiske Hotel" angeschlossener Prachtbau im Schweizer Stil (Baujahr 1894), vielleicht das prachtvollste Hotel Norwegens überhaupt. Komfortable (aber nicht wirklich luxuriöse) Zimmer in Pastellfarben und mit Rattanmobiliar, wohingegen die Suiten auch vom Interieur halten, was man sich von diesem Prachthotel verspricht. Betont klassisch präsentieren sich der Herrensalon, der Damensalon, der Gartensalon sowie das Kaminzimmer und die Halle. ❻

Camping und Hütten

Buøy Camping Dalen, 📞 35077587, 💻 www.buoycamping.com, 🕒 Anfang Mai–Ende Aug. Herrlich am Seeufer gelegen, mit großem Wiesenareal (Stellplatz je nach Saison ab 150 NOK) und Hütten für 3–8 Pers. (ab 650 NOK) in verschiedenen Kategorien; außerdem einfache und günstige Zimmer im „Beverhuset". Kleiner Badestrand, Angelplätze, Fahrrad- und Bootsverleih. ❶

Bandak Camping, Lårdal (7 km östlich von Dalen), 📞 35076688. Einfacher Campingplatz am Ufer des Bandaksees. Es sind auch 7 schlichte Hütten (ab 450 NOK) und 2 Apartments vorhanden. Es gibt einen eigenen Badestrand, Verleih von Tretbooten und Kanus,

Durch den Wald und auf die Berge

Dutzende markierte Wanderpfade von etwa 3–15 km Länge bieten sich an, und seit 2008 kann man auch den 15 km langen **Lårdalstigen** begehen, ein fantastischer, allerdings auch anspruchsvoller Wanderweg, der von Dalen nach Lårdal führt. Der Pfad schlängelt sich bis auf 800 m Höhe ins Gebirge hinauf, von wo aus man eine herrliche Aussicht auf den Telemarkkanal und das Umland genießen kann. Er beginnt in Eidsborg (S. 237) und ist gut ausgebaut und markiert; unterwegs informieren einige Tafeln über spezielle Plätze/Kulturdenkmäler. Von Lårdal gelangt man am besten mit einem der Kanalboote zurück nach Dalen. Weitere Infos und Kartenmaterial bekommt man Touristenbüro.

nahe gelegene Angelplätze sowie markierte Wanderwege.

AKTIVITÄTEN

Angeln und Baden

Zahlreiche Plätze entlang der Seen, die meisten Unterkünfte verleihen auch Ruder- und Motorboote sowie Kanus. Angelkarten im Touristenbüro.

Radfahren

Mehrere Fahrradrouten, beliebt sind die Wege entlang des Telemarkkanals (s. auch S. 180), z. B. von Dalen nach Bandaksli Bryggje, von wo aus man nachmittags mit dem Flussboot wieder nach Dalen zurückkehren kann.

Kanu/Kajak fahren und noch mehr

Telemark Adventure, ✆ 35077080, 💻 www.telemarkadventure.com. Anbieter von zahlreichen Aktivitäten sowohl für Gruppen als auch für Individualreisende, u. a. Klettern an einem 12 m hohen Turm mit Abseilwand, Paintball, Bogenschießen, kombinierte Kanu- und Fahrradtouren, geführte Bergwanderungen und „Überlebenskurse" in der Natur. Telemark Adventure verleiht auch Kanus und Kajaks (280 NOK pro Tag), und was wäre verlockender, als auf eigenem Kiel entlang des Telemarkkanals (S. 180) bis hinunter nach Skien zu paddeln (etwa 4–5 Tage). Rücktransport kann vereinbart werden, alternativ kann man auf einem der Flussboote zurückfahren.

SONSTIGES

Einkaufen

Telemarkssylv, R 38 (etwa 10 km Richtung Åmot), ✆ 35078222, 🕒 Mi 10–20, Do 10–15, Fr 10–12 Uhr. Silberschmiede mit traditionellem Silberschmuck aus der Telemark. Die Besitzer lassen einen auch gerne bei der Arbeit zusehen.

Fahrradverleih

Telemark Adventure, s. o.

Geld

Dnb Nor Bank, Hotellvegen 16, ✆ 81500590.

Informationen

Dalen turistkontor, Zentrum, ✆ 35075656, 💻 www.visitdalen.com, 🕒 Mitte Juni–Mitte Aug Mo–Fr 10–18, Sa und So 10–16, sonst Mo–Fr 10–15 Uhr.

Medizinische Hilfe

Legevakten, ✆ 35075200.

Polizei

Tokke lensmannskontor, Hotellvegen 5, ✆ 02800.

Post

Dalen Post i butikk (Coop Supermarkt), Hotellvegen 36, ✆ 04004, 🕒 Mo–Fr 9–19, Sa 9–16 Uhr.

Taxis

✆ 90971909.

TRANSPORT

Busverbindungen 4–6x tgl. u. a. in Richtung ÅMOT (umsteigen Richtung BERGEN bzw. OSLO via KONGSBERG sowie SKIEN/ PORSGRUNN.

Beim 1894 errichteten Prachtbau des Dalen Hotel ist einfach alles beim Alten.

Hardangervidda mit Hardangervidda-Nationalpark

Die mehr als 9000 km² umfassende Hardangervidda, auf einer durchschnittlichen Höhe von 1000–1200 m gelegen, ist Europas größtes **Hochfjellplateau**. Sie wird von unzähligen kalt funkelnden Seen und mäandernden Wasserläufen durchzogen und nur hier und da von flachen Bergrücken überragt. Vollkommen baumlos und menschenleer, erweitert sie unsere Vorstellung von Weite und Einsamkeit um eine ganz neue Dimension, die sich insbesondere **Wanderern** und Radfahrern erschließt, welche hier eine außerordentlich gute Infrastruktur vorfinden. Schon 1879 errichtete der norwegische Wanderverein auf dieser Hochfläche die erste Wanderhütte, und heute verbindet ein dichtes Netz von über 1200 km markierten Wanderwegen die rund 50 Wanderhütten miteinander.

Der größte Teil dieser *hytter*, von denen viele bewirtschaftet sind, werden innerhalb des 1981 eingerichteten **Hardangervidda-Nationalparks** unterhalten, der eine Fläche von 3420 km² umfasst und ringsum von weiteren Landschaftsschutzgebieten umgeben ist. Vor allem der Nordteil des Parks ist ausgezeichnet erschlossen, und so mancher Pfad folgt den Trift- und Handelswegen, die sich schon seit uralter Zeit über die Vidda ziehen und in den letzten Jahrhunderten noch teilweise eine Rolle für die **Almwirtschaft** spielten. Noch heute werden mehrere *seter* (Almen) betrieben, und im Sommer grasen etwa 30 000 Schafe, 2000 Ziegen und 1000 Rinder neben den rund 10 000 Wildrenen, die ganzjährig auf dem Hochplateau leben. Aus vorhistorischen Epochen, während derer die Vidda wahrscheinlich sogar von Nadelwald bedeckt war (wie aus Baumstamm-Funden in den Hochmooren gefolgert wird), sind bislang über 250 bis 7000 Jahre alte Wohnplätze entdeckt worden.

Heute liegt das gesamte Areal weit oberhalb der Baumgrenze, präsentiert sich aber im Sommer, wenn die Fjellflora „explodiert", ganz und gar nicht als die öde Felssteppe, die man in dieser Höhenlage vermuten könnte. Über 450 **Pflanzenarten** wurden registriert, darunter auch mehrere arktische Arten, die weiter südlich nicht mehr anzutreffen sind. Die **Vogelwelt** ist mit 114 Arten vertreten, darunter auch die seltene Schneeeule, und nicht weniger als zehn Vogelarten (Gerfalke, Sumpfläufer, Odinshühnchen, Schneeeule, Ohrenlerche, Eisente, Spornammer, Temminck-Strandläufer, Falkenraubmöwe, Doppelschnepfe) haben mit der Vidda ihre südlichste Verbreitungsgrenze. Die **Säugetiere** sind in Anbetracht der extremen Klimabedingungen im Winter eher rar, und nur 26 Arten konnten festgestellt werden. Das Wildren gehört dazu, der äußerst seltene Eisfuchs, Schneehase und Hermelin, Nerz und natürlich auch der Berglemming (S. 242), der hier in manchen Jahren so zahlreich auftritt, dass die Vidda auch als „Land der Lemminge" bekannt ist.

5 HIGHLIGHT

Die Bergenbahn

Die Geschichte der Norwegischen Staatsbahn reicht bis in das Jahr 1854 zurück, als die Bahnstrecke Oslo–Eidsvoll eröffnet wurde. Heute erstreckt sich das Schienennetz über insgesamt rund 4000 km, und wer sie alle abfahren wollte, würde dabei nicht weniger als knapp 800 Tunnel passieren und rund 3000 Brücken überqueren. Das sind imposante Zahlen, die überdeutlich machen, mit welch ungeheuren Schwierigkeiten Norwegens Ingenieure bei der Erschließung des Landes zu kämpfen hatten.

Auf keiner Strecke wird man das besser gewahr als mit der Bergenbahn, die in ihrem 526 km langen Verlauf von Oslo aus rund 200 Tunnel durchquert und über mehr als 150 Brücken und extreme Gefällstrecken führt. Ihre Eröffnung im Jahre 1909 nach 14 Jahren Bauzeit war ein nationaler Festtag, und ein Fest für die Sinne ist es, sich auf dieses rund sechs Stunden währende „Abenteuer auf festem Gleis" einzulassen, während dessen alle Landschaftsformen Norwegens wie im Zeitraffer an den Panoramafenstern des supermodernen Expresszuges vorüberrauschen: Erst dominiert das hügelige

Wald- und Wiesenland des unteren Hallingdal; es folgen bald bei **Gol** die dunkelgrünen Berghäupter des Hemsedal, bis es durchs obere Hallingdal hindurch auf die Kältesteppe der Hardangervidda hinaufgeht.

Dort liegt **Finse**, die höchstgelegene nordeuropäische Bahnstation auf 1222 m Höhe. Bald darauf wird **Fagernut** erreicht, der mit 1237 m höchste Streckenpunkt, und von da an etwa hat der Hardangerjøkulen die Tundrasteppe fest im Gletschergriff, bevor man bei **Myrdal** einen extremen Szenenwechsel genießen kann: Durch Lichtöffnungen in einer Tunnelwand fällt der Blick rund 860 m tief ins Flåmdal hinunter, aus dem die Flåmbahn (S. 309) hinausführt, eine der steilsten Eisenbahnstrecken der Welt. Dann kommen wieder Wasserfälle und Berge ins Bild, und ab **Voss** wird die Landschaft sanfter und zeigt das satte Grün des Fjordlandes, dessen Metropole **Bergen** bald erreicht ist.

Geilo

Die rund 2500 Einwohner des auf 800 m Höhe am Rande des Hardangervidda- sowie des Hallingskarvet-Nationalparks inmitten einer weiten Wald- und Wiesenmulde gelegenen Städtchens leben nahezu ausschließlich vom Tourismus, denn Geilo ist einer der bekanntesten Wintersportorte des Landes sowie eines der größten Sommer-Fremdenverkehrszentren des Südens. Das verleiht dem Ort mit seinen zahlreichen Hotelbauten und Ferienhaussiedlungen zwar ein etwas steriles Aussehen, spricht aber nicht gegen einen Aufenthalt: In Sachen **Outdoor-Aktivitäten** gibt es landesweit kaum ein Pendant zu Geilo; der Sognefjord sowie die nahen Bauerntalungen des Halling- sowie Numedal sind für herrliche **Tagesausflüge** gut, und eine Fahrt mit der **Bergenbahn** (S. 240) schließlich gilt als eines der großen touristischen Highlights des Landes. Vor allem die Strecke bis Finse bietet sich an (zumal man sich den Rückweg gut erwandern kann), aber wer mag, kann auch problemlos innerhalb eines Tages mit der Bergenbahn von Geilo bis hinunter nach Myrdal fahren, dort in die **Flåmbahn** (S. 309) nach Flåm am Aurlandsfjord umsteigen, eine Fjordfahrt anschließen und dann wieder retour reisen.

Wanderungen

Im Angebot des Touristenbüros sind u. a. mehr als ein Dutzend geführte Wanderungen aller Schwierigkeitsgrade, und wer auf eigene Faust auf Tour gehen will, sollte im Touristenbüro um die „Tur og fritidskart" mit Routenbeschreibungen bitten. Populäre Routen im Umfeld der Stadt sind u. a. die Umrundung des **Ustedalsfjord** (10 km), die Tour zur **Tuvaseter**

Infos zur Hardangervidda

- **Reisemål Hardanger Fjord AS**, Sandvenvegen 40, Hardanger Brygge, 5600 Norheimsund, ✆ 56553870, 💻 www.hardangerfjord.com. Informationen über das gesamte Hardangerfjord-Gebiet sowie die Hardangervidda bis nach Geilo.
- **Hardangervidda Nasjonalparksenter**, Skinnarbu, ✆ 90607725, 💻 www.hardangervidda.com, 🕒 ganzjährig Mo–Fr 10–16 Uhr. Das nahe Rjukan am Weg nach Åmot gelegene Nationalparkzentrum wurde erst 2014 eröffnet und gilt zurzeit als die modernste Ausstellung ihrer Art in Norwegen. Umfassende Informationen über die Hardangervidda und ihr Umland.
- 💻 **www.miljodirektoratet.no** Diese Website des Nationalparkamtes informiert umfassend über die Natur der Hardangervidda. Auch wichtige Links sind angegeben und man kann Kartenmaterial sowie Broschüren downloaden.
- **Hardangervidda Natursenter**, ✆ 53674000, 💻 www.hardangervidda.org. Das nahe dem Wasserfall Vøringsfoss bei Eidfjord gelegene Naturzentrum (S. 281) informiert umfassend über die Hardangervidda.
- **Öffentliche Verkehrsmittel**: Die gesamte Region lässt sich problemlos per Bus erkunden. Informationen unter ✆ 177 sowie 💻 www.rutebok.no.

Methusalem des Nordens

Nicht das Rentier ist es, das als der älteste Bewohner Norwegens und ganz Skandinaviens gilt, auch nicht Elch oder Wolf oder sonst ein Großsäuger. Vielmehr gebührt dieser Titel einem possierlichen kleinen Nager von nur 10–15 cm Länge und 50 g Gewicht, der nach Meinung vieler Zoologen das einzige Säugetier (neben dem Eisfuchs) darstellt, das in Skandinavien die Eiszeiten überlebt hat. Wie auch immer: Das legendärste Tier des Nordens ist es zweifellos, denn um keines sonst wurden so seltsame Geschichten gesponnen. Etwa jene, die Conrad Gesner 1669 wiedergab und die besagt, dass der Nager aus faulenden Stoffen in den Wolken entsteht und nach einem Platzregen zu Tausenden vom Himmel fällt. Alfred Brehm zitierte im 19. Jh. die Vermutung der Nordländer, dass diese Wühlmaus, wenn sie stirbt, die Luft verpeste, wodurch der Mensch von Schwindel und Gelbsucht befallen werde, und anderen Berichten zufolge sollen sich die Nager in einer Prozession von den höchsten Felsen aus ins Meer stürzen, um sich umzubringen.

Man ahnt schon, von wem hier die Rede ist: von den **Lemmingen** *(Lemmus lemmus)* nämlich, denen wahrscheinlich deshalb so seltsame Geschichten angedichtet wurden, weil sie etwa alle drei bis vier Jahre in ungeheuren Mengen aus ihren Schlupfwinkeln unter der Erde auftauchen, um sich auf ihre berühmten Wanderungen zu begeben (wobei in der Tat viele von ihnen umkommen). Warum das so ist, gilt als noch nicht gänzlich geklärt, aber die zurzeit gängigste Theorie besagt, dass ein Boom der ungeheuer fruchtbaren Tiere (ein einziges Paar kann innerhalb eines Jahres Hunderte von Nachkommen zeugen) zum Versiegen der Nahrungsgrundlage führt. Da den Lemmingen ein Hormon zur Stressbewältigung fehlt, treibt sie die Raumnot schließlich zur Raserei und führt zu den erwähnten periodischen Wanderbewegungen.

(etwa 5 Std.) sowie jene zur **Prestholdseter** (3 Std.). Im Bereich des **Hardangervidda-Nationalparks** können eingefleischte Wanderer mehr als 1200 km an markierten Wanderwegen erkunden, an denen mehr als drei Dutzend Wanderhütten zum Übernachten einladen. Auch über diese Möglichkeiten informiert das Touristenbüro, das außerdem Kartenmaterial ausgibt. Noch umfassendere Informationen über alle Wandermöglichkeiten gibt es beim Norske Turistforeningen (Norwegischer Wanderverein, 💻 www.dnt.no), der u. a. organisierte Mehrtageswanderungen über die Hardangervidda im Programm hat. Seine Website beschreibt alle nur denkbaren Wanderwege sowie Hütten; man kann auch Karten downloaden, ebenso über 💻 www.ut.no

Sonstige Aktivitäten

Geilo ist eines der bedeutendsten Outdoor-Zentren in Skandinavien schlechthin, und zentrale Buchungsstelle (auch online) für alle Aktivitäten ist das Touristenbüro.

Im Angebot für Sommerurlauber sind neben Wanderungen vor allem **Gletschertouren** (z. B. ein geführter Tagesausflug auf den Hardangerjøkulen, 665 NOK p. P.), **Elchsafaris** (jeweils freitags um 20 Uhr, 425 NOK), **Kanutouren** (4 Std., 545 NOK), **Pferdetreks** (auch mehrtägig), **Rafting** (640 NOK für Familien, 900 NOK für Normalurlauber, 1040 NOK für Extremsportler), **Canyoning** und **Riverboarding** sowie **Rappeling**, während sich im Winter alles um **Skifahren** und **Snowboarding**, **Ski-Treks** und **Hundeschlittentouren** dreht.

ÜBERNACHTUNG

Über 5500 Gästebetten aller Kategorien warten in Geilo und Umgebung auf Kundschaft, und die Touristeninformation sowie das Geilo Skizentrum sind für Zimmervermittlung zuständig. Über die Webseiten 💻 www.geilo.no und www.geiloskisenter.no kann man auch online buchen.

€ **Geilo Vandrerhjem/Øen Turistsenter**, Lienveien 137, ✆ 32087060, 💻 www.oenturist.no und www.hihostels.no. Etwa 2 km östlich des Zentrums an der R 7. Ganzjährig geöffnete Jugendherberge mit günstigen DZ und Mehrbettzimmern (Bett 390 NOK) sowie Hütten (2–5 Pers.) und Campingmöglichkeiten auf der angrenzenden Zeltwiese; Gästeküche, Aufenthaltsraum, Café und Sauna gehören zum Areal. ❷

Geilo Apartment, Skurdalsveien 14-16, ✆ 32088300, 💻 www.geilo-apartment.no. Zentral gelegenes Apartment-Hotel im Schweizerstil. Mehrere Dutzend gut ausgestattete Wohnungen mit Küche, Schlafzimmer, Wohnzimmer, Balkon und TV für 4–6 Pers. In der 1. Etage befindet sich ein Schwimmbad sowie Sauna und Bar. Ab ❺

Ustedalen Hotell Geilo, Gamleveien 32, ✆ 32096700, 💻 www.ustedalen.no. Langgestrecktes dreigeschossiges Familienhotel aus dem frühen 20. Jh. mit 86 komfortablen und unlängst komplett renovierten Zimmern sowie luxuriösen Apartments. Empfehlenswertes Restaurant mit wunderbarer Aussicht, außerdem Bar, Fitnesscenter, Sauna und Hallenbad. Ab ❹

Highland Lodge, Lienveien 11, ✆ 32096100, 💻 www.highland.no. Umfassend renoviertes Gebirgshotel mit allem erdenklichen Schnickschnack für den verwöhnten Gast. Café, Restaurant, Bar, Wellness-Abteilung, Hallenbad und Fitnesscenter. Im Sommer ab ❺, im Winter ❻

Dr. Holms Hotel, Timrehaugvegen 2, ✆ 32095700, 💻 www.drholms.no. Edler weißer Holzbau aus dem Jahre 1909, der auch im Innern hält, was er außen verspricht. 127 ebenso romantisch-stilvolle wie moderne Komfortzimmer. Außerdem: Gourmetrestaurant, Bar, Weinkeller, Bibliothek, Sauna, Schwimmbad, Fitnesscenter und eine eigene Spa-Abteilung. ❻

ESSEN

Peppes Pizza, Kyrkjevegen 2, 💻 www.peppes.no. Beliebtes Pizzarestaurant im Zentrum mit gemütlicher Einrichtung und günstigen Preisen. Auch Pasta und Salate. 🕒 tgl. 11–22 Uhr.

Ro Kro, dem gleichnamigen Hotel angeschlossener Imbiss im kühlen Kantinenstil. Preiswerte Hausmannskost sowie die üblichen Hamburger, Kebabs etc. 🕒 tgl. ab 11 Uhr.

Dr. Holms Hotel (s. o.). Einige Restaurants laden in diesem edelsten Hotel der Stadt ein. Mit Abstand am gemütlichsten sitzt man in der mit einem Kamin ausgestatteten „Brasserie“, in der französisch verfeinerte Küche serviert wird. Wer's schlichter mag, geht ins „Bowl & Dine“, ein typisch amerikanisches Café im Stil der 1950er-Jahre mit schmackhaften Hamburgern, Pizzen und Salaten und einer angeschlossenen Bowlingbahn. 🕒 Brasserie Mi–So 18–23 Uhr, Bowl & Dine tgl. 12–23 Uhr.

Radwandern auf dem Rallarvegen

- **Route**: Haugastøl – Vatnahalsen – Myrdal – Flåm
- **Länge**: 82 km
- **Dauer**: 2–3 Tage
- **Höhenunterschied**: max. 250 m
- **Wegbeschaffenheit**: Schotterweg, teils ausgewaschen
- **Schwierigkeitsgrad**: moderat

Rallarvegen ist der Name des alten Transportweges, der während des Baus der Bergenbahn (S. 240) über die Hardangervidda zu Beginn des 20. Jhs. angelegt wurde. In den 1970er-Jahren wurde er zu einem Radwanderweg ausgebaut, und seit Mountainbikes in Mode sind, dürfte der Rallarvegen eine der beliebtesten und bekanntesten Bikestrecken in ganz Nordeuropa sein.

Die Route

Der restaurierte, für den öffentlichen Verkehr gesperrte Weg beginnt an der Station **Haugastøl** (23 km westlich von Geilo an der R 7; 990 m) und führt von dort aus sanft ansteigend via **Storudi** nach **Finse** (1220 m), wo sich ein Besuch des Rallarmuseums anbietet, das dem Rallarveg sowie

dem Bau der Bergenbahn gewidmet ist. Auf grober Fahrbahn geht es auch weiterhin sanft ansteigend nach **Fagernut** (1343 m), dann abwärts nach **Hallingskeid** (1110 m) und durch die Felsenschlucht Klevagjelet via **Vatnahalsen** (780 m) hinunter nach **Myrdal** (867 m). Wer vorsichtig ist, wird diesen ungesicherten und teils sehr steilen Streckenabschnitt schiebend zurücklegen. Vom Myrdal führt ein steiler Schotterweg über fast zwei Dutzend Serpentinen durchs Flåmtal nach **Flåm** (S. 309), und für die meisten Radler ist dieser Streckenabschnitt hinunter zum Sognefjord der faszinierendste.

Der gesamte Abschnitt zwischen Haugastøl und Flåm (S. 309) ist 82 km lang, und in Anbetracht des Höhenunterschiedes ist es ratsam, den Weg auch in diese Richtung zu befahren. Von Flåm aus kann man mit der **Flåmsbahn** (S. 309) bis **Myrdal** zurückreisen (260 NOK), und zwischen Myrdal und Geilo bzw. Ål verkehrt Ende Juni bis Anfang September sogar ein spezieller Fahrradzug, sodass der Rücktransport bequem bewältigt werden kann. Wenigstens zwei bis drei Tage sind aber dennoch für die Tour Geilo–Flåm–Geilo anzusetzen: Der Weg ist geschottert, nicht asphaltiert, zudem muss man auf der Etappe Finse–Hallingskeid, wo es bis über 1300 m hinaufgeht, immer wieder absteigen und schieben, was weniger der Steigung (die ist problemlos) als vielmehr den ganzjährig anzutreffenden Schneeverwehungen geschuldet ist.

Praktische Tipps

Radverleih

Haugastøl Turistsenter, ✆ 32087564, 💻 www.rallarvegen.com. Es stehen eine Menge Leihräder verschiedener Klassen (auch Kinderfahrräder und Anhänger) bereit: Für 2 Tage zahlt man ab 550 NOK (E-Bikes kosten 1400 NOK), Fahrradtaschen gibt es für 125 NOK für 2 Tage; Rücktransport des Fahrrads von Flåm und Myrdal ist

© DUMONT BILDARCHIV / DR. CHRISTIAN NOWAK

Der Rallarvegen zählt zu den beliebtesten Radwanderrouten Nordeuropas.

im Preis inkl. Fahrradverleih auch in Geilo, wo allerdings die Radmiete wesentlich teurer ist.

Viele Reisende buchen über das Haugastøl Turistsenter (S. 244) ein *sykkelpakke* (Fahrradpaket). Im Preis von 2850 NOK p. P. sind zwei Übernachtungen mit Halbpension in Haugastøl, die Fahrradmiete für zwei Tage sowie das Zugticket für die Rückreise inbegriffen. Wer nur eine Übernachtung in Haugastøl einlegen will, zahlt 1850 NOK.

Organisierte Tour

Wer den Rallarvegen nicht allein, sondern organisiert beradeln möchte, wende sich an Norske Bygdeopplevelser, ✆ 91725200, 💻 www.norskebygdeopplevelser.no. Die befahrene Route ist mit der hier vorgestellten identisch und wird in drei Tagen bewältigt. Die Kosten belaufen sich auf 4800 NOK p. P. (inkl. Übernachtung mit Halbpension sowie Rückfahrkarte per Zug), hinzu kommt ggf. die Radmiete in Höhe von 580–950 NOK (je nach Radtyp). Da die Nachfrage enorm ist, sollte man so früh wie möglich reservieren.

Übernachten

Feste Unterkünfte finden sich in Finse (Hotel und Wanderhütte), Myrdal (Hochgebirgshotel), Flåm (S. 309) und Haugastøl. Wer eine Campingausrüstung dabei hat, kann aus Hunderten traumhaft schönen Übernachtungsplätzen in der freien Natur auswählen.

Infos

Haugastøl Turistsenter, ✆ 32087564, 💻 www.rallarvegen.com. Hier bekommen Interessierte Infos und Karten, ansonsten im Touristenbüro von Geilo (S. 247).

Im Internet informiert außerdem u. a. 💻 www.cyclingnorway.no, die Infoseite auf Deutsch lautet 💻 www.touren-wegweiser.de; die beste Karte bietet 💻 www.bikemap.net.

Anschlussmöglichkeiten

Mit der Numedalsroute (S. 224); beeindruckend ist auch der Aurlandsvegen (S. 248), der relativ wenig befahren ist und die Traumroute von Geilo an den Sognefjord bildet.

Die Geilohøgda

Unvergesslich ist eine Fahrt mit dem **Geilo-Sessellift** auf die Geilohöhe (1080 m), von der aus man nicht nur das Panorama genießen, sondern auf markierten Pfaden u. a. bis zum Hallingskarvet oder nach Geilo zurückwandern kann. 4. Juni–20. Aug tgl. 11–16 Uhr, 55 NOK pro Fahrt, Tagespass 250 NOK.
Auch unter **Mountainbike**-Freaks ist die Geilohöhe ein Begriff, denn mehr als 50 km an speziellen „Freeride Trails“ laden dort oben ein, alle von ihnen familientauglich. Hingegen bleiben die „Downhill Trails“, die von der Lifthöhe aus ins Tal führen, ausschließlich den Könnern vorbehalten. Der Sessellift ist auch für den Radtransport geeignet, und wer ohne Bike anreist, kann es direkt an der Talstation ausleihen (300 NOK pro Tag). Auch geführte Touren sowie MTB-Kurse werden vom Geilolia Sykkelpark angeboten. Er gehört zum **Geilolia Sommerpark**, Talstation des Liftes, 32090000, www.geiloskisenter.no. Außerdem ist ein Kletterpark angeschlossen, und neueste Attraktion ist die mit über 1 km Länge längste und schnellste (bis über 100 km/h) Zippline von Skandinavien.
Das alles ist schon einen Besuch wert, aber noch nichts im Vergleich zum **ersten handgemachten Gletscher der Welt**, der auf der Geilohöhe erschaffen wurde und seit dem Sommer 2017 *der* Touristenmagnet der Region ist. Das Abenteuer beginnt bei der Liftstation, wo Besucher mit einer „Thermokappe“ ausgestattet werden, die vor den niedrigen Temperaturen schützen soll. Anschließend geht es bei konstanten –4 °C auf sicheren Wegen durch den Gletscher hindurch. Am Ende der Tour, die v. a. durch magisch-schöne Lichtspiele bestickt, wird schließlich ein Panoramaplateau erreicht. Juni–Mitte Okt tgl. 16–21 Uhr, 180 NOK pro Pers., Familien zahlen 390 NOK.

FESTE

Das ganze Jahr über locken zahlreiche Sport- und Kulturveranstaltungen, und dreht sich im Winter alles um Ski und Wintersport, so locken im Sommer u. a. Country-Western-Tage und Markttage, der Hardangervidda-Marathon und diverse Mountainbikerennen. In der Touristeninformation und über www.geilo.no ist eine Übersicht über sämtliche Happenings erhältlich.

AKTIVITÄTEN

Das Touristenbüro ist für alle Sport- und Freizeitaktivitäten in Geilo und Umgebung zuständig (Informationen, Buchung und Vermittlung).

Kanu

Gute Möglichkeiten auf dem Ustedalsfjord, der auch für Anfänger geeignet ist. Zahlreiche Verleihstationen, u. a. über Geilolia (S. 246) zu 250 NOK pro Tag.

Klettern

Klatrepark Høve Støtt, Geilovegen 31, 32091410, www.hovestott.no.
Für sein Engagement in Sachen Natur sowie Ökotourismus wurde der Kletterpark (29 unterschiedliche Routen) von Høve Støtt zum økobedrift (Ökobetrieb) ernannt. Auch Gletscher-, Berg- und Kanutouren werden angeboten, im Winter steht außerdem Eisklettern auf dem Programm.

Orientierungslauf

Zwischen Juli und September finden Querfeldeinrennen statt, organisiert vom lokalen Sportverein. Routen und Karten werden wöchentlich geändert, die Rundkurse variieren zwischen 2 und 7 km Länge. Karten und weitere Infos im Touristenbüro.

Wanderungen

Hardangervidda Fjellguiding, 97541860, www.fjellguiding.no.
Dieser Veranstalter wurde 2009 auf die exklusive Liste des Norsk Økoturisme gesetzt. Im Angebot sind rund ein Dutzend Wanderungen in verschiedenen Längen und Schwierigkeitsgraden sowie Schneeschuh- und Skitouren.

Wintersport

Geilo ist eines der größten Wintersportzentren des Nordens, und entsprechend umfangreich präsentiert das Angebot. Geilo Skisenter, ✆ 32095515, 💻 www.geiloskisenter.no, bietet über 18 Lifte, 59 verschiedene Abfahrten (darunter mehrere schwarze), 220 km an präparierten Langlaufloipen (viele mit Beleuchtung), mehrere Skischulen, einen Snowboardpark sowie Snowkiting. Von den meisten Hotels aus verkehren Shuttle-Busse zu den Liften.

TOUREN

Zahlreiche Rundfahrten bieten sich von Geilo aus an, und das Touristenbüro stellt geeignete Tagestouren per Bus und Zug zusammen. Eine der schönsten Touren überhaupt ist diejenige über den **Aurlandsvegen** (S. 248), wird mit Bus durchgeführt) zum Sognefjord nach Aurland, Gudvangen und Flåm, von wo es mit der Flåmbahn nach Myrland auf die Hardangervidda geht, mit Anschluss an die Bergenbahn zurück nach Geilo. Auch eine Fahrt entlang der R 7 über die gesamte Hardangervidda hinweg zum **Hardangerfjord** (S. 268) steht im Angebot, des Weiteren ein Besuch des oberen **Halling-** sowie **Numedal** (S. 224).

SONSTIGES

Alkohol

Geilo vinmonopol, Kyrkjevegen, ✆ 04560, 🕒 Mo–Do 10–17, Fr 10–18, Sa 10–15 Uhr.

Apotheken

Boots apotek, Geilosenteret, ✆ 32095880, 🕒 Mo–Fr 9–16.30, Sa 9–14 Uhr.

Autovermietungen

Geilo Auto AS, Lienveien 90, ✆ 32090001. Günstige Leihwagen.

Fahrradverleih

Fhrräder bekommt man über die meisten Unterkünfte, die Sportläden der Stadt sowie über Geiloluia (S. 246).

Geld

Hol Sparebank, Geilovegen 34, ✆ 32087020.

Informationen

Geilo turistinformasjon, Vesleslåttveien 13, ✆ 32095900, 💻 www.geilo.no, 🕒 Mo–Fr 9–16, im Sommer auch Mo–Fr bis 18, Sa, So 9–11 Uhr.

Medizinische Hilfe

Geilo legevakt, Ustedalen 2, ✆ 32092300.

Polizei

Hollensmannskontor, ✆ 02800.

Post

Geilo Post i butikk (Spar Supermarkt), Kyrkjevegen 1, ✆ 04004, 🕒 Mo–Fr 9–18, Sa 9–15 Uhr.

Taxis

Vor dem Bahnhof, ✆ 32091000.

TRANSPORT

Busse

Geilo ist mit allen größeren Ortschaften zwischen OSLO und STAVANGER, BERGEN und KRISTIANSAND verbunden, via HAUGASTØL, HALNE, DYRANUT und EIDFJORD auch mit dem Hardangerfjord sowie mit allen Orten des Numedals, mit KONGSBERG und LARVIK, außerdem geht es tgl. um 8.15 und 13.45 Uhr nach AURLAND (ca. 2 1/2 Std.) über den Aurlandsvegen.

Fahrradfreuden, autofrei

Von einzelnen Mountainbiketouren (S. 246) und der Befahrung des bekannten Rallarvegen (S. 244) einmal abgesehen, bietet sich u. a. die rund 10 km lange Umrundung des Sees **Ustedalsfjorden** an (die Tour startet im Zentrum von Geilo). Wer eine anspruchsvollere Radstrecke sucht, wähle am besten die **Hallingdalsruta** Richtung Nesbyen, die bis zu 77 km lang ist, fast ausschließlich über autofreie Wege führt und auch in einzelne Etappen aufgeteilt werden kann (beispielsweise von Geilo nach Ål, ca. 20 km).

Eisenbahn

Geilo liegt an der Bergenbahn (S. 240), Verbindungen mehrmals tgl. in Richtung OSLO via ÅL und GOL und in Richtung BERGEN via HAUGASTØL, FINSE, MYRDAL (Anschluss nach FLÅM) und VOSS.

Zum Hardangerfjord

Eine Fahrt von Geilo hinaus auf die von der R 7 erschlossene Hardangervidda und hinunter an den Hardangerfjord, der nach rund 90 km erreicht wird, ist unvergesslich, denn „droben im Ödland hat jede Jahreszeit ihre Wunder" (Knut Hamsun), aber unveränderlich sind die Offenheit nach allen Seiten und ein unablässig wechselnder, von Seewinden bewegter Himmel. Nur ganz selten fegt der Wind alle Wolken fort, insbesondere in der Morgen- und Abenddämmerung, und dann stehen rötlich die Berge vor einem Schleier von feinstem Blau, und zartblau schimmern die tausend Seen im hellbraunen und -grünen Tundraland, während das Eis und die Schneefelder noch bis tief in den Juli hinein im sanften Weiß des Elfenbeins erscheinen.

Wer angesichts dieser Sinnesfreuden Lust auf eine Wanderung, Fahrrad- oder Bootstour verspürt, findet mehrere Möglichkeiten vor. Populärster Stopp in der menschenleeren Weite der Vidda ist das **Haugastøl Turistsenter** (S. 244), wo die Bergenbahn auf die R 7 stößt und zahlreiche markierte Wanderwege sowie der berühmte Rallarvegen (S. 244) beginnen bzw. enden. Aber auch die **Halne Fjellstove** sowie die auf rund 1250 m Höhe gelegene **Dyranut Turisthytte** (beide oben rechts, Übernachtung) bieten sich für einen Aufenthalt an. Man kann hier Wanderinformationen einholen und Wanderführer mieten, natürlich auf Wanderschaft gehen sowie an organisierten Bootstouren teilnehmen (ab Halne) und obendrein auch recht preiswert übernachten.

Je weiter es gen Westen geht, desto mehr flacht sich die Vidda ab und desto stärker ist das Verkehrsaufkommen, das bei Fossli einen Höhepunkt erreicht, denn hier weisen große Hinweisschilder auf den berühmten Wasserfall **Vøringsfoss** (S. 283) hin, der sich von zahlreichen Aussichtspunkten betrachten lässt. Er leitet über nach **Eidfjord** (S. 280) am Hardangerfjord.

ÜBERNACHTUNG UND ESSEN

Dyranut Turisthytte, R 7, ✆ 94835430, 💻 www.dyranut.com. Mit viel Holz rustikal und urgemütlich eingerichtetes Berghotel, das am höchsten gelegene an der R 7. Gemütliches Restaurant. Ab ❸

Halne Fjellstova, R 7, ✆ 53665712, 💻 www.halne.no. Traditionsreiches Berghotel aus den 1930er-Jahren mit atemberaubender Aussicht über den Halnefjord. Recht komfortable Zimmer mit Bad/WC sowie Ferienhütten (ab 1040 NOK) und -wohnungen (ab 1150 NOK), Restaurant. 🕒 Ostern–Anfang Okt. Ab ❹

TRANSPORT

Busse

Die über die Hardangervidda hinweg führende R 7 zwischen GEILO und EIDFJORD wird tgl. von mehreren Bussen bedient, mit Halt u. a. in HAUGASTØL, HALNE und DYRANUT. Von Eidfjord aus hat man zudem Anschluss nach KINSARVIK/LOFTHUS und BERGEN.

Eisenbahn

Von den an der Bergenbahn (S. 240) gelegenen Bahnstationen HAUGASTØL, FINSE und MYRDAL besteht mehrmals tgl. Verbindung in Richtung OSLO via GEILO, ÅL und GOL sowie in Richtung BERGEN via HAUGASTØL und VOSS. Von Myrdal aus besteht außerdem Bahnanschluss nach FLÅM.

Zum Sognefjord

In Sachen Berg- und Fjordpanorama können es nur wenige Straßen in Norwegen mit der rund 90 km langen R 50 aufnehmen, die nach Aurland am Sognefjord führt und als **Aurlandsvegen** bekannt ist. Sie beginnt 11 km östlich von Geilo, wo sie von der R 7 abzweigt. 4 km weiter liegt die kleine Ortschaft **Hol** am Weg, und wer kulturhistorisch interessiert ist, wird hier das **Hol Bygdemuseum**, ⌚ Juli–9. Aug Di–So 11–16 Uhr, Eintritt 60 NOK, mit seinen 23 historischen Holzbauten besuchen sowie insbesondere die landschaftlich eindrucksvoll am See gelegene **Stabkirche von Hol**. Sie stammt aus dem 13. Jh. und wurde im 17. Jh. erweitert, später jedoch mehrmals modernisiert, sodass sie heute nur noch für den versierten Kenner als Stabkirche zu erkennen ist. ⌚ Juli–9. Aug Di–So 11–16 Uhr, Führungen auch auf Deutsch, Eintritt 60 NOK.

Bald darauf steigt die Straße zum auf 950 m Höhe gelegenen See **Strandavatn** an, und im Süden kann man nun deutlich den Koloss des **Hallingskarvet** in der Kältesteppe ausmachen. Bei **Geiteryggen** geht es in den ersten einer ganzen Reihe von Tunneln hinein, die dafür sorgen, dass diese Hochgebirgsstrecke auch im Winter befahrbar bleibt. Am Ausgang des Tunnels erreicht die Straße ihren mit 1156 m höchsten Punkt; der Lachs- und Forellenfluss Aurdalselv ist von nun an ständiger Begleiter, und durch eine karge Hochfjellwelt zieht sich die immer wieder von Tunneln unterbrochene Straße nach **Øvstebø** hinunter.

Auf der sich anschließenden, rund 20 km langen Strecke sind sage und schreibe 12 km Tunnel zu durchqueren. Der erste ist 2,5 km lang, und bevor der zweite beginnt, sollte man anhalten, um die großartige **Aussicht** in das unterhalb liegende Aurlandsdal, den „Grand Canyon" Norwegens, zu genießen. Auch nach dem dritten Tunnel bietet sich ein Stopp an – der Ausblick umfasst nun nicht nur das Tal, sondern auch den Aurlandsfjord, einen Nebenarm des Sognefjords –, und via Vassbygda geht es schließlich nach **Aurland** (S. 312) hinunter, das am Aurlandsfjord gelegene Zentrum der Aurland-Gemeinde.

TRANSPORT

Busse

Im Sommer bestehen 2x tgl. Verbindungen zwischen GEILO und AURLAND.

Eisenbahn

Von den an der Bergenbahn (S. 240) gelegenen Bahnstationen MYRDAL besteht mehrmals tgl. Anschluss nach FLÅM.

SOGNEFJORD; © FOTOLIA / IPICS

Westnorwegen

Mit seinen bis über 200 km tief ins Berg- und Gletscherland reichenden Fjorden gilt Westnorwegen als das „schönste Reiseziel auf Erden", und gleich vier Highlights stehen hier als Weltnatur- oder -kulturerbe der Menschheit auf der World Heritage List der Unesco, während Bergen und Stavanger als Kulturmetropolen ersten Ranges gelten.

Stefan Loose Traveltipps

6 **Stavanger** Die geschichtsreiche „Ölmetropole Europas" ist Norwegens multikulturellste Stadt. S. 253

7 **Eidfjord** Wildromantische Schluchten und dramatische Wasserfälle begründen den Ruhm des Eidfjord. S. 280

Jondal Das malerische Städtchen ist ein Kleinod für Kulturfreunde und Naturfreaks. S. 286

8 **Bergen** Die einstige Hansestadt bietet einzigartige Sehenswürdigkeiten, allen voran das Hanseviertel Brygge. S. 288

9 **Sognefjord** Der längste und tiefste Fjord der Erde zieht sich bis ins Herz der Berg- und Gletscherwelt hinein. S. 304

Voss Das norwegische Extremsport-Zentrum. S. 304

Runde Die Vogelinsel bietet mit Abstand die beste Infrastruktur zur Vogelbeobachtung im gesamten Königreich. S. 336

10 **Geirangerfjord** Der wohl berühmteste Fjord der Welt steht auf der Unesco-Liste des Welterbes. S. 338

BERGEN; © ISTOCK / TUPUNGATO

GLETSCHERZUNGE NIGARDSBRE, JOSTEDAL; © DR. CHRISTIAN NOWAK

Wann fahren? Mai–Sep, Hochsaison Mitte Juni–Anfang Aug, Badesaison bis Anfang Sep, Wandersaison Ende Juni–Ende Sep

Wie lange? Mindestens 2–3 Wochen

Bekannt für Fjorde, Wasserfälle und Gletscher, für Stabkirchen, extreme Gebirgsstraßen und spektakuläre Bahnstrecken

Outdoor-Tipp Aufstieg zu den Aussichtskanzeln Kjerag, Preikestolen und Trolltunga, Gletscherwalks zum Buar- und Nigardsbreen, Wasserfall-Wanderungen am Hardangerfjord

Unbedingt ausprobieren Übernachtung im Walaker Hotel (Sognefjord), Rømmegrøt in der Vardestua (Molde), Klippfisch in Kristiansund

Westnorwegen, im Norwegischen als *Vestland* bezeichnet, reicht von Stavanger im Süden bis Kristiansund im Norden und umfasst die vier Provinzen Rogaland, Hordaland, Sogn og Fjordane sowie Møre-Romsdal, die zusammen mit über 18 000 km Küstenlinie beeindrucken, von der aus die Fjorde tief ins Land, ja teils ins Hochgebirge hineinschneiden. Als „Fjordland" ist die Region weltweit ein Begriff und fehlt in kaum einem Reiseprospekt. Schon ein geschlagenes Jahrhundert lang ist sie ein Eldorado des Fremdenverkehrs, der entsprechend eine wichtige Einnahmequelle bildet. Doch auch die Fischerei, der traditionelle Haupterwerbszweig in diesem Landesteil, spielt eine beachtliche Rolle, wird aber seit den späten 60er-Jahren bei Weitem von der Ölwirtschaft überflügelt, deren Zentrum **Stavanger** ist. Die Hauptstadt von **Rogaland**, dem südlichsten Fjordbezirk, präsentiert sich reich an Kontrasten. Genauso vielfältig ist auch die Natur dieses rund 9000 km² großen Gebietes, das von tief in die Bergwelt eingegrabenen Fjordarmen geprägt wird und mit dem **Preikestolen** Norwegens berühmteste Felskanzel sowie mit dem **Kjerag** den spektakulärsten Aussichtspunkt des Königreiches besitzt.

In Norwegen gibt es unzählige Fjorde, und alle haben ihren ganz besonderen Reiz, doch der weit verzweigte **Hardangerfjord** ist herausragend. 180 km tief und gekrönt vom Folgefonn-Gletscher, reicht er mitten ins Bergland der Hardangervidda hinein. Über seine Felsflanken ergießen sich einige der höchsten und berühmtesten Wasserfälle des Landes, seine Ufer sind mit Obstbäumen gesäumt, und traditionsreiche Ferienstädtchen, reich an alten Zeitzeugen, laden zum Genießen ein. Dieser Fjord erstreckt sich im **Hordaland** und dominiert die rund 16 000 km² große Provinz derart, dass sie oft auch als „Hardangerland" bezeichnet wird. Hier kommen sie her, die berühmten Segler vom Hardangertyp, auch Norwegens Nationalinstrument, die Hardangerfidel, ist hier zu Hause, und in den Werken vieler Künstler hat die Schönheit der so außerordentlich abwechslungsreichen Landschaft tiefe Spuren hinterlassen.

Da verwundert es auch nicht, dass keine Stadt Norwegens so viele bedeutende Künstler hervorgebracht hat wie **Bergen**, Hauptstadt der Provinz, Metropole von Westnorwegen und bis ins 19. Jh. hinein wichtigste und größte Stadt Norwegens. Heute ist sie nach Oslo die Nummer zwei, gilt aber immer noch als die schönste Stadt des Landes. Ihre kosmopolitische Atmosphäre ist einzigartig, und auch ihre Sehenswürdigkeiten zählen zu den bedeutendsten des Königreiches – allen voran das einstige **Hanseviertel Brygge**, das von der Unesco zum Welterbe erklärt wurde.

So weltoffen, wie sich die Bergenser geben, so eigenbrötlerisch und verschlossen sind die Einwohner von **Sogn og Fjordane** – sagen zumindest die Bergenser, die die Grenze zwischen Hordaland und Sogn og Fjordane auch als „Bibelgürtel" bezeichnen. In der Tat erfreut sich in dieser rund 19 000 km² großen Provinz die christliche Partei größter Beliebtheit, und es wird auch mancherlei Aberglaube gepflegt. Verstehen kann man es: Die Natur ist wild und selbst für norwegische Verhältnisse oft geradezu unwirtlich, das Landschaftsbild wird vollkommen von Fjorden und dem sie unmittelbar flankierenden Hochfjell bestimmt. Der eindrucksvollste Zeuge der pleistozänen Vereisung Norwegens ist zweifellos der **Sognefjord**, bekannt als „König der norwegischen Fjorde", der sage und schreibe 204 km weit in die Berg- und Gletscherwelt hineinreicht. Seit 2005 steht einer seiner Nebenarme als Weltnaturerbe auf der World Heritage List der Unesco, während die **Stabkirche von Urnes** zum Weltkulturerbe gehört.

Ebenfalls nur mit einem Superlativ kann man dem nördlich angrenzenden Bezirk **Møre-Romsdal** (15 000 km²) gerecht werden. Für viele der immer zahlreicheren Besucher ist hier und nirgendwo sonst das „wirkliche" Norwegen zu finden, und schon seit über 100 Jahren gehen Postkarten vom **Geirangerfjord**, der 2005 ebenfalls zum Weltnaturerbe erklärt wurde, um die Welt. Weltberühmt sind auch der **Trollveggen** – Europas höchste senkrechte Felswand – sowie der **Trollstigen**, der wie kaum eine andere Straße ins luftige Reich der Wolken entführt. Ålesund rühmt sich als Stadt des Jugendstils, während Molde im Ruf einer Jazzmetropole steht und Kristiansund die Klippfisch-Kapitale des Landes ist.

Das Rogaland

Die Ölmetropole Norwegens heißt **Stavanger**. Sie ist Hauptstadt von Rogaland, des südlichsten Bezirks von Westnorwegen, und die Stadt mit den größten Kontrasten im ganzen Land. Altes und Neues liegen hier dicht beieinander. Das Stadtbild präsentiert sich auf Schritt und Tritt in anderen Facetten, und Gleiches gilt für die Natur dieses rund 9000 km² großen Gebietes, aus dem einst die Wikinger zu ihren Reisen aufbrachen. Nicht nur die **Nordsee** zeigt hier, am Übergang zwischen der Süd- und Westküste, ganz unterschiedliche Gesichter, sondern auch im Binnenland bilden **Fjordarme**, die sich tief in die Berge eingegraben haben, einen lebhaften Kontrast zu stillen Gebirgsseen, schroffen Felswänden, aber auch saftiggrünen Wiesen und wogenden Kornfeldern. Für Naturliebhaber stellt die gesamte Region einen Höhepunkt ihrer Norwegenreise dar, und den von Stavanger aus zum Hardangerfjord führenden **Ryfylkevegen** muss man einfach mal genommen haben. Der **Preikestolen**, Norwegens berühmtester Aussichtspunkt, ist nur einer von Dutzenden Naturattraktionen an dieser Strecke, die an Dramatik nur noch vom **Lysefjordvegen** übertroffen wird, „Norwegens unglaublichster Serpentinenstraße" und Ausgangspunkt einer Wanderung zum **Kjerag**, Norwegens spektakulärstem Aussichtsplatz.

6 HIGHLIGHT

Stavanger

In der „Ölmetropole Europas", Norwegens modernster und multikulturellster Stadt, ist nicht alles Öl, was glänzt, denn Stavanger, zusammen mit Liverpool zur europäischen Kulturhauptstadt 2008 gekürt, ist nicht Abu Dhabi, sondern über einen Zeitraum von mehr als 1300 Jahre ganz allmählich gewachsen. So liegen hier Modernes und Altes dicht beieinander, und dieser Kontrast ist es, der zusammen mit zahlreichen sternchenverdächtigen Sehenswürdigkeiten sowie einem üppigen Ausflugsangebot zu Wasser und zu Lande den ganz besonderen Reiz dieser prachtvollen, rings um die Hafenbucht ausgebreiteten Stadt ausmacht. Dass Stavanger in der Tourismuswerbung oft als die Stadt der „ersten echten Norweger" bezeichnet wird, geht auf die Seeschlacht im nahe gelegenen Hafrsfjord im Jahre 872 zurück, als der Wikingerkönig Harald Schönhaar gegen mehrere Kleinfürsten gewann und sich damit den Weg zur Herrschaft über ganz Norwegen erkämpfte (S. 100). Stavanger selbst, bereits im 8. Jh. erwähnt, war seinerzeit nicht mehr als eine Ansammlung von Hütten am „Fjord mit den steilen Bergen" (so der Ursprung des Stadtnamens) und spielte erst ab 1125 eine Rolle, als es durch den Bau der Domkirche Bischofssitz und ein Zentrum geistlicher Macht wurde.

Im Hochmittelalter wuchs Stavanger weiter, verlor aber im 17. Jh. durch die Verlegung des Bischofssitzes nach Kristiansand an Bedeutung und zählte um 1800 nur noch knapp 2400 Einwohner. Dass es 60 Jahre später bereits nahezu 15 000 waren, ist dem Heringsfang zu verdanken, der ab Mitte des 19. Jh. im großen Stil durchgeführt wurde. Die Fischverarbeitung insbesondere der Sprotte wurde Stavangers wichtigster Industriezweig, in der bald schon mehr als die Hälfte der Einwohner tätig war. Der Rest fand im Schiffsbau ein Auskommen. Als beide Wirtschaftszweige zu stagnieren drohten, kam zu Weihnachten 1969 die Rettung durch Ölfunde in der Nordsee. Stavanger stieg aufgrund seiner Nähe zu den Explorationsgebieten zum Hauptquartier der internationalen und staatlichen Ölkonzerne auf und wuchs schnell über seine Grenzen hinaus zur viertgrößten Stadt des Landes an, was es mit rund 133 000 Einwohnern bis heute geblieben ist.

Pipelines, Bohrplattformen und Spezialtanker sorgten in Stavanger lange Zeit für einen Boom, doch 2014 brach der Ölpreis um mehr als 50 % ein. In der Agglomeration Stavanger, wo knapp 850 Firmen mit mehr als 30 000 Beschäftigten im Erdölbusiness mitmischten, stieg die Arbeitslosenzahl innerhalb eines Jahres um 65 % an, so stark wie nirgends sonst im Land. Seitdem muss die Stadt umdenken. Doch man versucht den Ölpreissturz als Chance zu begreifen, und große Entwicklungsvorhaben für Wind- und Wasserkraft sowie die IT- und Technologiebranche liegen bereits auf dem Tisch. Auch in den Tourismus soll noch mehr investiert werden, denn kulturell hat Stavanger einiges zu bieten. Nicht ohne Grund war die Stadt 2008, gemeinsam mit Liverpool, Europäische Kultur-Hauptstadt.

WESTNORWEGEN

N
0
200 m
TRANSPORT
1 Fährterminal
2 Schnellbootanleger
3 Taxi
4 Hertz
Oslo
Kjeringholmen
Børevigå
Steinkarkaien
Norwegisches Ölmuseum
Østervågkaien
Østre Havn
Haugesund, Bergen
Tau, Lysebotn
Schnellboot-Terminal
Bekhuskaien
Fähr-Terminal
Fiskepiren
Badedamm
Blaue Promenade
Verksgata
Verksalmenningen
Lars Oftedals plass
Vågen
Skansekaien
Badegata
Nordbøgata
Børehaug.
Havneringen
Skansegata
Nedre Holmegate
Øvre Holmegate
Valbergjet
Valberggata
Kirkegata
Bakkegt.
Breigata
Østervåg
Steinkargata
Holebergg.
Fjordtouren-Terminal
Strandkaien
Gjestehavn
KULTURHUS
Sølvberggata
Søregata
Nygata
Sundtebak.
Skagen
Prostebak.
Laugmannsgt.
Klubbgata
St Petri
Hospitalsgt.
Nykirkebak.
A.B.C.
Bakergt.
Rosenkildegt.
Smalg.
Vinkelgt.
Nedre Blåsenb.
Store Skippergate
Little Skippergt.
St. Hans gt.
509
Pedersgata
Seefahrtsmuseum
Torget
Nedre Strandgate
Kongsgårdbakken
Domkirche
Kongsgård
Byparken
Haakon VII's gt.
Asylgata
Smedgt.
Pedersbak.
Sigbjørn Obstfelders plass
Brødregata
Midre Dalgate
Øvre Dalgate
Hetlandsgata
Tårngata
Blåsenborg
Nedre Dalgate
Risbakken
Fjellsm.
Kirkestien
Kyviksvei
Kyviksmarka
Normannsgate
Hetland
Karlsminnegt.
Breiavatnet
Bergelandsgata
Vaisenhusgata
Stubben
Privatgt.
Kirkebakken
Breibakken
Olavskleivå
Ny Olavskleiv
Knud Holms gt.
St. Olavs gate
Olav V's gate
Jernbaneveien
Stiftelsesgata
Kongsteinsgata
Langgata
Vår Frues Pl.
Lysef. Jordgata
Saudagata
STORHAUG
Erichstrups gate
Bergelandstunnel
Sven Oftedals plass
Kannikb.
Kongsgata
Bahnhof
Engelsminnegata
St. Svithuns
Prestegårdsb.
Kannikgata
Teaterveien
E 39
510
Stavanger Museum
Musegata
Lagård Gravlund
Lyder Sagens gate
Vikedalsgata
Sandeidgata
Birkelands gate
Opheimsgata
44
Madlaveien
Peter Klows gate
Legevakten Stavanger, 6, 13, Sandnes
SONSTIGES
1 Rogaland kunstsenter Stavanger konserthus
2 Rødne Fjord Sightseeing
3 Norled und Tide Reiser
4 Newsman
5 Irishman Pub
6 Stavanger Hillevåg vinmonopol (3x)
7 Stavanger Kulturhus Sølvberget
8 Vitusapotek Svanen
9 Checkpoint Charlie Hardrock Cafe
10 Cafe Akvariet
11 Rogaland teater
12 Stavanger kunstforening
13 Stavanger politistasjon

Am Hafen

© DUMONT BILDARCHIV / DR. CHRISTIAN NOWAK

Das natürliche Hafenbecken des **Vågen** gibt mit seinem kunterbunten Durcheinander von Booten, Kuttern und Schiffen umrahmt von altehrwürdigen sowie modernen Bauwerken ein prachtvolles Bild ab. Der Vågen gilt als alte Keimzelle der Stadt, um die herum Stavanger nach und nach heranwuchs. Rings umher laden der Fisch- und Gemüsemarkt sowie zahlreiche Restaurants, Cafés und Kneipen zum Besuch ein, und immer herrscht hier, im Mittelpunkt der Stadt, ein reges kosmopolitisches Treiben.

Orientierung

Für den Touristen ist im Großen und Ganzen nur das Zentrum rings um die lebhafte Hafenbucht **Vågen** von Bedeutung. Hier führen Katzensprünge von Sehenswürdigkeit zu Sehenswürdigkeit, und auch die meisten Unterkünfte, Restaurants sowie Kneipen liegen in diesem Bereich, der problemlos zu Fuß erkundet werden kann, nachdem man sein Fahrzeug auf einem der zahlreichen Parkplätze bei den ausgeschilderten Fährterminals abgestellt hat.

Norwegisches Ölmuseum

Als Ausgangspunkt eines Stadtrundgangs bietet sich das am Rande des Zentrums im Bereich der hypermodernen Kaianlagen gelegene Norwegische Ölmuseum (Norsk Oljemuseet) an. Es steht im Wasser des Hafenbeckens, ist einer Ölplattform nachempfunden und hat sich zur Aufgabe gemacht, den Aufstieg Norwegens zu einem der führenden Öl und Gas exportierenden Länder der Welt in all seinen Facetten anschaulich zu dokumentieren. So liefert die multimedial präsentierte Ausstellung ein fundiertes Bild des wichtigsten norwegischen Wirtschaftszweiges, und auch die Fragen, warum es überhaupt Öl und Erdgas gibt, wie man die Vorkommen nutzen und wofür man Öl und Gas verwenden kann, werden in der einzigartigen Technologieausstellung mithilfe von audiovisueller Darstellung, authentischen Objekten und interaktiven Medien erschöpfend beantwortet.

Obendrein werden innovative Lösungen für das „immer tiefer und tiefer" aus dem technologischen Grenzland verständlich präsentiert. Abgerundet wird die Ausstellung durch das Petroskop, gewissermaßen den Wissensbrunnen des Museums, in dem Mo, Mi und Fr von 10–15 Uhr die ganze Bandbreite an Informationsquellen zwischen Büchern und Multimediaprogrammen zur Verfügung steht. Auch Kinder fühlen sich hier wohl, u. a. lädt die Kinder-Ölplattform „Småtroll" ein. www.norskolje.museum.no, Parkplätze in der näheren Umgebung. Juni–Aug tgl. 10–19, sonst Mo–Sa 10–16, So bis 18 Uhr, Eintritt 120 NOK.

Gamle Stavanger

Die Altstadt von Stavanger, im Bereich der Øvre und Nedre Strandgate über den Kaianlagen gelegen, beeindruckt mit 173 Holzhäusern aus dem 17./18. Jh., die dem Viertel ein unvergleichlich nostalgisches Gepräge geben und einen markanten Kontrast zu dem Einkaufsviertel auf der anderen Seite des Vågen bilden. Insbesondere die Øvre Strandgate, an der sich auch einige ausgesuchte Kunstgewerbeläden finden, lohnt mit all ihren malerischen und oft reich mit Schnitzwerk verzierten „Puppenstubenhäusern" einen ausgedehnten Spaziergang.

An dieser Schmuckstraße liegt auch das in einer ehemaligen Fabrik untergebrachte **Norwegische Konservenmuseum** (Norsk Hermetikkmuseum, Hausnr. 88a), das die durchaus spannend aufbereitete Geschichte der Konservenindustrie aufzeigt, in der ab Ende des 19. Jhs. mehr als die Hälfte der seinerzeit rund 30 000 Einwohner Stavangers ihren Lebensunterhalt verdienten. Wichtigster Rohstoff war die Sprotte, und von Mitte Juni bis Mitte August gibt es täglich eindrucksvolle Demonstrationen einzelner Arbeitsprozesse der Konservierung. An jedem Dienstag und Donnerstag werden dann auch Sprotten geräuchert – eine Köstlichkeit, die man sich auf keinen Fall entgehen lassen sollte. www.museumstavanger.no, Mitte Mai–Mitte Sep tgl. 11–16 Uhr, Eintritt 90 NOK (Stavanger Museumsticket, das am gleichen Tag für alle Teilmuseen des Stavanger-Museums gilt).

Die maritimen Aspekte der Stadtgeschichte sind im **Seefahrtsmuseum** (Norsk Sjøfartsmuseum) dargestellt, das über 7000 Exponate zählt, darunter u. a. auch sechs traditionelle Holzboote nebst 150 Gemälden und 15 000 Fotografien sowie zwei alte Lastensegler. www.museumstavanger.no, gleiche Öffnungszeiten wie das Konservenmuseum, es gilt das Stavanger Museumticket.

Rings um den Dom

Vom Hafen aus sind es nur wenige Gehminuten bis zu Stavangers uraltem Mittelpunkt, der durch die **Domkirche** aus dem Jahre 1125 markiert wird. Nach dem Nidarosdom in Trondheim gilt der Dom als der bedeutendste Sakralbau Norwegens und hat mehr gotische Architekturmerkmale bewahrt als irgendeine andere Mittelalterkirche des Landes. Der Barockzeit verdankt der von Türmen flankierte Kirchenbau sein reiches Interieur; besonders die große Kanzel und die schweren Epitaphe sind beachtenswert. Stavanger Domkirke, Juni–Aug tgl. 11–19, sonst Di–Sa 11–16 Uhr; So 11 Uhr Hochamt, Do wird von 11–12 Uhr ebenfalls zu einer Messe eingeladen.

Aus alten Tagen herübergerettet wurde auch der **Kongsgård**. Der ursprüngliche Bischofssitz befindet sich direkt südlich des Doms. Ende des 13. Jh. erbaut, diente er später als Residenz der Dänenkönige und beherbergt heute Stavangers ältestes Gymnasium, weshalb er nur von außen besichtigt werden kann.

Fjordtouren

Keine Reise nach Stavanger ist vollständig ohne die Teilnahme an einer der zahlreichen zwischen Anfang April und September (teils Januar bis Oktober) angebotenen Fjordtouren. Insbesondere die achtstündige Bootstour (900 NOK) zu den Highlights des Lysefjords geizt nicht mit Natureindrücken, und Höhepunkt der Fahrt ist der Blick hinauf zur berühmte Felskanzel Preikestolen (S. 266). Ein anderes Schiff hat nur den Fuß des Preikestolen zum Ziel (3 1/2 Std., 490 NOK), und wer diese Attraktion wandernd erreichen will, wählt eine Bus-Boot-Kombitour (450 NOK). Auch zu den Inseln Rennesøy und Finnøy und anderen mehr werden Touren angeboten, und alles in allem kann man von Stavanger aus problemlos eine ganze Woche lang auf Bootstour gehen und bekommt dennoch jeden Tag etwas Spektakuläres zu sehen.

Alle Touren kann man über das Touristenbüro buchen (S. 261), Anbieter sind Rødne Fjord Sightseeing sowie Norled (S. 304).

Ölfeld-Sightseeing

Ölfeld unter Denkmalschutz: Das nahe Stavanger gelegene Ekofisk-Feld, mit dem Norwegens Ölabenteuer seinen Anfang nahm, wurde 2001 zum nationalen Kulturdenkmal erklärt. Zwar kann man es nicht real besuchen, wohl aber im Internet unter 💻 www.kulturminne-ekofisk.no (auch auf Englisch).

Angrenzend an Dom und Kongsgård erstreckt sich der Stadtsee **Breiavatnet**, und es macht Spaß, den Uferwegen durch die säumende Parkanlage hindurch zum Südrand des Sees zu folgen. Von hier sind es nur etwa 300 m zum **Stavanger Museum**, das in einem klassizistischen Prunkbau eingerichtet ist. Die naturhistorische Abteilung ist u. a. der Flora und Fauna (insbesondere Vogelwelt) von Rogaland gewidmet, während der kulturhistorische Teil mit 11 verschiedenen Sammlungen beeindruckt, darunter auch eine Textilausstellung mit Schwerpunkt Trachten. 💻 www.museumstavanger.no, 🕒 gleiche Öffnungszeiten wie das Konservenmuseum, es gilt das Stavanger-Museumticket.

Herrenhäuser

Am etwas außerhalb des Zentrums gelegenen Eiganesveien (hin u. a. mit Bus Nr. 80) laden gleich zwei Prachtbauten ein: Die pompöse **Villa Breidablikk** wurde im sogenannten Schweizer Stil erbaut, ganz und gar authentisch eingerichtet und gilt als eines der bestbewahrten Herrschaftshäuser des Königreiches überhaupt. www.museumstavanger.no, 🕒 Mitte Juni–Mitte Sep tgl. 10–16 Uhr, es gilt das Stavanger-Museumticket.

Direkt nebenan erhebt sich inmitten einer prachtvollen Parkanlage die königliche Stadtresidenz **Ledaal**, die 1799–1803 errichtet wurde und als Norwegens prächtigster Bau im Empire-Stil gilt. 🕒 wie Breidablikk.

Rings um Stavanger

Im nahen Umfeld der Stadt und vom Zentrum aus per Bus erreichbar, lädt der futuristisch wirkende Glaskuppelbau des **Rogaland-Kunstmuseums** mit mehr als 1000 Gemälden meist norwegischer Künstler zu einem Streifzug durch die Kunstgeschichte des Landes vom 18. Jh. bis in die Neuzeit ein. 💻 www.museumstavanger, 🕒 wie das Konservenmuseum; Anfahrt mit Bus Nr. 3, 7, 9 und 29.

2 km weiter, in Ullandhaug, entführt der **Jernaldergården** mit originalgetreu aufgebauten sowie eingerichteten Häusern in die Eisenzeit, und auch alte Handwerkstechniken werden hier vorgeführt. 💻 www.jernaldergarden.no, 🕒 9. Juni–18. Aug tgl. 10–16 Uhr; Anfahrt mit Bus Nr. 5A und 5B, Eintritt 50 NOK.

Wer mehr Zeit zur Verfügung hat, sollte das 27 km von Stavanger entfernte **Utstein-Kloster** besuchen, das als die am besten erhaltene Klosteranlage Norwegens gilt. Die vollständig restaurierte, sehenswerte Anlage stammt aus dem 10. Jh., die Einrichtung aus dem 17. und 18. Jh. Busse stdl. bis alle 2 Std. (Bus Nr. 10, 40 Min.); als Selbstfahrer folgt man der E 39 Richtung Haugesund durch zwei mautpflichtige Unterwassertunnel und dann ab Askje der ausgeschilderten Nebenstraße. 🕒 Mitte Mai–Mitte Sep tgl. 10–16 Uhr, Eintritt wie für das Konservenmuseum.

ÜBERNACHTUNG

An internationalen Spitzenhotels herrscht in Stavanger, der teuersten Stadt des Teuerlandes Norwegen, kein Mangel, aber es finden sich daneben auch ein paar erschwingliche Unterkünfte für „Normalsterbliche". Die folgende Auswahl ist zwar klein, aber ausreichend, denn die meisten Touristen übernachten ohnehin nicht in der Stadt, sondern machen sich nach einem Sightseeingbummel auf den Weg zu den Stränden der Landschaft Jæren (S. 207) oder zum Ufer des Lysefjords (S. 264), wo man günstiger und auch naturnah wohnen kann.

Untere Preisklasse

€ **The Backpack Shack**, Rektor Natvig-Pedersens vei 37, ✆ 45885534, 💻 www.backpackshack.webs.com, Bus Nr. 4, 7 und 29 (ca. alle 10 Min.). Ganzjährig geöffnetes Hostel in naturschöner Lage 4 km außerhalb vom Stadtkern. Nur wenige, recht einfache Zimmer mit Gemeinschafts-Bad/WC, Bettzeug ist gratis.

Fahrradverleih (50 NOK). Unbedingt im Voraus reservieren. Bett 400 NOK, DZ ab ❶.

€ **The Thompsons' B&B**, Muségaten 79, ✆ 51521329, 🖳 www.thompsons-bed-and-breakfast.com. Schöne, preiswerte Pension in einer alten Holzvilla von 1910, betrieben von einem freundlichen norwegisch-englischen Pärchen. Die Zimmer sind gut ausgestattet und im alten Stil möbliert, ein großes Frühstück ist im Übernachtungspreis inkl., schöner Garten zum Draußensitzen. Etwa 800 m zum Zentrum. ❶

Stavanger Hostel Mosvangen, Henrik Ibsensgate 21, ✆ 51543636, 🖳 www.stavangerhostel.com, Bus Nr. 4 (alle 10 Min.). Zentrumsnah im ruhigen Grünen gelegene Jugendherberge in einem langgestreckten Flachbau nahe einem kleinen Badesee. Gästeküche, Aufenthaltsraum, Garten und Internetanschluss. Bett 200 NOK, Frühstück inkl. ⏲ 12. Juni–24. Aug. Ab ❶

Stavanger Bed & Breakfast, Vikedalsgate 1A, ✆ 45413160, 🖳 www.stavangerbedandbreakfast.no. Backpackerhostel mit internationaler Atmosphäre. Zimmer im nordischen Stil mit Kiefernmobiliar, TV und eigenem Bad. Kostenloses Internet. DZ ab 550 NOK, Frühstück inkl., ebenso Waffeln mit Kaffee oder Tee am Abend. ❷

Hotels

Skansen Hotel, Skansegate 7, ✆ 51938500, 🖳 www.skansenhotel.no. Traditionshaus in toller Lage am Hafen, auch die Hotelzimmer erfüllen alle Erwartungen. Am Wochenende Rabatt, dann unschlagbares Preis-Leistungs-Verhältnis im Mittelklasse-Segment. Ab ❸, am Wochenende ❷

Skagen Brygge Hotel, Skagenkaien 30, ✆ 51850000, 🖳 www.skagenbryggehotell.no. Für Reisende mit höchsten Ansprüchen empfiehlt sich dieses Speicherhaushotel am Hafen. Besonders an den Wochenenden eine gute Wahl und dann auch gar nicht mal überteuert. ❻

Radisson Blu Royal Hotel, Løkkeveien 26, ✆ 51766000, 🖳 www.radissonblu.com. Eines der besten Hotels der Stadt, Luxus pur. Moderner Bau im Stadtkern mit 202 Edelzimmern in 5 verschiedenen Stilarten, mehreren Restaurants, Bars, Schwimmhalle, Sauna und Top-Service. ❻

Camping und Hütten

€ **Mosvangen Camping**, Tjensvoll, ✆ 51532971, 🖳 www.stavangercamping.no, Bus Nr. 4 (alle 10 Min.). Große und schattenreiche Zeltwiese (Stellplatz inkl. 2 Pers. ab 180 NOK), ein Hostel sowie ein Badesee liegen um die Ecke, und die Hütten (mit Kochplatte und Kühlschrank) sind zwar schlicht, aber preislich unschlagbar. ⏲ Mai–Sep ❶

ESSEN

Vor allem die Restaurants spiegeln das hohe Preisniveau von Stavanger wider, und wohl dem, der in einer Herberge mit Gästeküche nächtigt.

€ **Café Sting**, Valberget 3, 🖳 www.cafesting.no. Kulturcafé mit wechselnden Gemäldeausstellungen, lockerer Atmosphäre und relativ preiswertem Essen. Auf der Speisekarte stehen insbesondere Pizzen, Burger, Pasta, Suppen und Salate. ⏲ Mo–Sa 12–24, So ab 13 Uhr.

€ **Peppes Pizza**, Skagen 3, 🖳 www.peppes.no. Das Lokal der Pizzakette ist eines der günstigsten in der Stadt. ⏲ Mo–Fr 11–23, Sa und So 13–23 Uhr.

Egon, Strandkaien 2, 🖳 www.egon.no. Das Restaurant der Egon-Kette liegt schön am Hafen und bietet internationale sowie norwegische Gerichte der mittleren Preislage. ⏲ tgl. ab 11 Uhr (So ab 12 Uhr).

Sørensens Dampskibsexpedition, Skagen 26, ✆ 51843820, 🖳 www.herlige-stavanger.no. Sammelstücke aus aller Welt prägen das im maritimen Stil eingerichtete À-la-carte-Restaurant in der 1. Etage, während sich darüber im Ambiente eines klassischen Salons alles um erlesene Menüs der Spitzengastronomie dreht. ⏲ Mo–Fr ab 16, Sa und So ab 13 Uhr in der 1. Etage, Do–Sa ab 18 Uhr in der 2. Etage.

Restaurant Skagen, Skagenkaien 16, ✆ 90417327, 🖳 www.skagenrestaurant.no.

Gemütlichkeit ist hier Trumpf. Das restaurierte Speicherhaus aus dem 18. Jh. ist genauso rustikal eingerichtet, wie es sein Alter vermuten lässt. Die Küche ist überwiegend norwegisch (ab 190 NOK), die Speisekarte listet auch Vegetarisches auf. ⌚ Mo–Sa ab 11.30, So ab 13 Uhr.

Bølgen & Moi, Norsk Oljemuseet, ✆ 51939351, 💻 www.bolgenogmoi.no. Trendiges und modernes Restaurant gleich neben dem Ölmuseum. Die Aussicht auf den Hafen ist top, ebenso die Fisch- und Fleischgerichte aus der norwegischen Gourmetküche. Empfehlenswert sind die 3-, 4- oder 5-gängigen Menüs. Hohes Preisniveau. ⌚ Di–Sa 11–17 und 18–21.30 Uhr.

UNTERHALTUNG UND KULTUR

Nachtleben

Mit Abstand das Schönste, was man sich an einem lauen Sommerabend in Stavanger gönnen kann, ist, in einem der zahlreichen Straßencafés am Torget vor dem Hafenbecken oder an der Hafenstraße Skagen ein kühles Bier zu genießen und dem bunten Treiben der Stadt zuzuschauen. Für kühleres Wetter empfiehlt sich eines der nachfolgenden Lokale:

Checkpoint Charlie Hardrock Cafe, Lars Hertervigsgate 5, 💻 www.checkpoint.no. Wenn's um Rock geht, gleich ob harten oder Mainstream, ist dieses Lokal die angesagte Adresse, und nahezu allabendlich spielen hier nationale wie internationale Musiker auf. ⌚ Do–Sa 22–3.30 Uhr.

Newsman, Breigate 5, 💻 www.herlige-stavanger.no. Nachrichtenorientiertes Lokal, in dem bergeweise nationale sowie internationale Zeitungen und Magazine ausliegen und das TV ständig neueste News von CNN bringt. Genau richtig für einen verregneten Abend. ⌚ So–Do ab 15, Fr und Sa ab 12 Uhr.

Irishman Pub, Høleberggate 9, ✆ 51894181. Populärer Pub mit einem internationalen Publikum. Oft wird auch irische Livemusik geboten (Do ab 21, Sa 15–18 Uhr). ⌚ tgl. ab 17 Uhr.

Kulturelles

€ **Cafe Akvariet**, Studentersamfunnet, Ny Olavskleiv 16, ✆ 51564444, 💻 www.folken.no/akvariet. Stavangers Kulturzentrum ist Treff der Studentenszene, was sich vor allem in den Preisen niederschlägt (die nirgends in der Stadt so niedrig sind wie hier) sowie in den Veranstaltungen, die u. a. auch Filmabende beinhalten. Am Wochenende häufig Livemusik oder DJ-Sound (Mo „Biertag" mit dem billigsten Bier in ganz Stavanger), an den Wochenendabenden ist in der Grottene Bar (⌚ nur Do–Sa ab 22 Uhr) im gleichen Gebäude allerdings etwas mehr los. ⌚ So–Mi 18–24, Do–Sa 18–2 Uhr.

Stavanger Kulturhus Sølvberget, Sølvberggate 2, 51507465, 💻 www.stavanger-kulturhus.no. Kulturhaus mit Kino und großer Bibliothek, u. a. mit Internetzugang sowie deutschen Zeitungen und Zeitschriften.

Rogaland Teater, Teaterveien, ✆ 51919000, 💻 www.rogaland-teater.no.

Rogaland kunstsenter, Nytorget 17, ✆ 51599760, 💻 www.rogalandkunstsenter.no. Wechselnde Kunstaustellungen und angeschlossene Werkstätte. ⌚ Di–Fr 10–15, Sa und So 12–16 Uhr.

Stavanger konserthus, Sandvigå 1, ✆ 51537000, 💻 www.stavanger-konserthus.no.

Stavanger kunstforening, Madlaveien 33, ✆ 51564120, 💻 www.kunsthallstavanger.no. Galerien, Ausstellungen, und es gibt einen eigenen Kunstladen. ⌚ Di–Fr 13–19, Sa und So 11–17 Uhr.

SONSTIGES

Alkohol

Stavanger Hillevåg vinmonopol, Gartnerveien 16, ✆ 04560, ⌚ Mo–Fr 10–18, Sa 10–15 Uhr.

Apotheken

Vitusapotek Svanen, Klubbgate 1, ✆ 51854800, ⌚ Mo–Fr 9–17, Sa 9–14 Uhr.

Autovermietungen

Unter anderem bei **Europcar** am Flughafen, ✆ 51538200, und **Hertz**, ✆ 51538202.

Einkaufen

Stavanger steht im Ruf, die beste, aber auch teuerste Einkaufsstadt des Landes zu sein, und Einkaufszone sind die Fußgängergassen nördlich vom Hafen. Hier schäumt die Stadt vor Lebendigkeit und urbaner Atmosphäre förmlich über, und Hauptgassen der Shopper sind **Skagen** und **Valberggate** sowie insbesondere **Kirkegate**, die als Flaniermeile zwischen Dom und Hafen verläuft.

Feste

Jazz-Festival, Mitte Mai. 💻 www.maijazz.no.
Gladmat, Ende Juli. Kulinarisches Festival, 💻 www.gladmat.no.
Kammermusikfestival, Mitte August. 💻 www.icmf.no.

Fahrradverleih

Stavanger turistinformasjon, s. u.

Geld

Sparebak, Haakon VII's gate 7, ✆ 05555.

Informationen

Stavanger turistinformasjon, Domkirkeplassen 3, ✆ 51859200, 💻 www.regionstavanger.com, 🕒 Juni–Aug tgl. 9–20, sonst Mo–Fr 9–16, Sa 9–14 Uhr.

Medizinische Hilfe

Legevakten Stavanger, Armauer Hansens vei 30, ✆ 51510202.

Polizei

Stavanger politistasjon, Lagårdsveien 6, ✆ 02800.

Post

Stavanger Sentrum postkontor, Haakon VII's gate 9, ✆ 04004, 🕒 Mo–Fr 9–18, Sa 10–15 Uhr.

Taxi

✆ 51909090.

Touren

Über das Touristenbüro kann man verschiedene Bus- und Boots- bzw. Kombitouren zum Preikestolen (S. 266) sowie über den Lysefjord (Lysebotn, S. 264) buchen. Zuständig für Fjord-Sightseeing sind u. a.: **Rødne Fjord Sightseeing**, Skagenkai 35, ✆ 51895270, 💻 www.rodne.no, **Norled** sowie **Tide Reiser**, Børehaugen 1, ✆ 51868708, 💻 www.norled.no und 💻 www.tidereiser.no.

NAHVERKEHR

Der **Busbahnhof** liegt im Stadtzentrum beim Bahnhof am Breiavatnet in fußläufiger Entfernung zu allen Sehenswürdigkeiten sowie den meisten anderen wichtigen Adressen. Von dort aus verkehren auch die Busse in die nähere Umgebung.
Zuständig für alle Verbindungen ist **Kolumbus**, über deren Website (auch auf Englisch) man alle Busverbindungen abrufen kann: 💻 www.kolumbus.no; telefonische Fahrplanauskünfte erhält man über ✆ 177; ein Einzelticket kostet für eine normale Stadtfahrt (1 Zone) 45 NOK, ein Tagesticket kommt auf 90 NOK.

TRANSPORT

Selbstfahrer

Die Einfahrt ins Zentrum kostet 20 NOK Maut, und die für einen Stadtrundgang am günstigsten gelegenen Parkplätze finden sich bei den Fährterminals am Hafen, die an allen Hauptzufahrtsstraßen in die Stadt ausgeschildert sind.

Busse

Zuständig für alle Verbindungen ist der beim Bahnhof am Jernbaneveien im Stadtzentrum gelegene Busterminal. Es werden alle Destinationen innerhalb des Bezirks Rogaland mehrmals tgl. angefahren, außerdem BERGEN (stdl.) und RØLDAL (tgl. 7.45 und 11.45 Uhr; entlang des Ryfylkevegen), aber auch die bedeutendsten Zentren Südnorwegens einschließlich OSLO. Alle Fahrpläne über 💻 www.kolumbus.no.

Eisenbahn

Der Bahnhof liegt beim Busbahnhof. Züge der Sørlandbahn verkehren 5x tgl. via EGERSUND

Kjerag – Aussichts-platz der Superlative

- **Route**: Øygardstølen-Fjellrestaurant (514 m) – Kjerag (3 Std., 1084 m) – Øygardstølen-Fjellrestaurant
- **Länge**: ca. 9 km
- **Dauer**: hin und zurück ca. 5 Std.
- **Wegbeschaffenheit**: durchgehend gut präparierter, aber teils recht steiler Weg über blanken Fels (Sicherungsketten vorhanden), daher möglichst nur bei trockener Witterung aufbrechen.
- **Wandersaison**: Ende Juni bis Mitte/Ende Sep
- **Ausrüstung**: Grundausstattung, Trekkingschuhe

Zwar ist der Preikestolen (S. 266) die berühmteste Felskanzel Norwegens, aber spektakulärer ist der **Kjerag**, von dem aus der Blick 1084 m senkrecht auf den Lysefjord fällt. Der Weg ist durchgehend markiert, Karte ist daher nicht erforderlich. Das Gelände ist jedoch teilweise schwer, und die Steigungsstrecken haben es in sich, weshalb die Tour nichts für ungeübte Wanderer ist.

Die Route

Ausgangspunkt ist das am oberen Ende der Lysefjordstraße (S. 264) gelegene Øygardstølen-Fjellrestaurant (kostenpflichtiger Wanderparkplatz), dessen Aussichtsterrasse wie geschaffen ist, um sich auf das Panorama-Abenteuer Kjerag einzustimmen: Rund 500 m tief fällt der Blick senkrecht auf den Lysefjord, und angesichts dieses Traumbildes bedarf es nicht viel Fantasie, um sich vorstellen, was man rund 3 Std. später zu sehen bekommen wird, wenn der Höhenunterschied mehr als das Doppelte beträgt …

Ein Hinweisschild am Parkplatz gibt einen Überblick über die Wanderung und weist auf den am Hang verlaufenden Weg. Die Steigung wird bald beachtlich, und da es größtenteils über blanken Fels geht, ist man dankbar für die Sicherungsketten, die den Aufstieg wesentlich erleichtern. Bald erreicht man ein größtenteils eben verlaufendes Quertal, in dem mehrere Feuchtstellen zu überwinden sind. Der Weg ist als Spur deutlich sichtbar, oft mit Dielen verstegt und steigt wenig später schon wieder steil den angrenzenden Hang hinauf in eine zunehmend von Fels geprägte Hochgebirgswelt. Ein weiteres Quertal wird erreicht, dann verläuft der Pfad parallel zu einem Bach in Richtung auf die Abbruchkante zum Lysefjord, von wo aus ein weiteres Panorama in die Tiefe zu genießen ist. Aber es kommt noch besser, und nach einem erneuten Anstieg über

mit Ketten gesicherte Felsbänder liegt schließlich der Gipfel des Kjerag voraus, ein nahezu vegetationsloses und von tiefen Furchen durchzogenes Plateau.
Nun sind es nur noch wenige Meter bis zum eigentlichen Ziel der Wanderung: der Abbruchkante, und wer schwindelfrei ist und sich bis nahe an die Felskante vorpirscht, wird das Panorama Zeit seines Lebens nicht mehr vergessen: Über 1000 m tief fällt der Blick senkrecht hinunter auf den Fjord, der in allen Grün- und Blautönen leuchtet. Ganz Wagemutige klettern am Westrand des Plateaus auf den etwa 5 m² großen Stein Kjeragbolten (der direkt über der Abbruchkante zum Fjord in einer Felsspalte eingeklemmt ist) oder gar den Felsvorsprung des Kjeragnasen, der ein Stück weiter rechts über den Abgrund ragt.

Praktische Tipps

Transport

In der Zeit vom 10. Juni bis 3. Sep verkehrt 1x tgl. (7.30 Uhr) ein Bus von Tide Reiser (S. 261) von Stavanger nach Lysebotn via Sirdal (S. 264) und dem Øygardstølen Fjellrestaurant (dem Ausgangspunkt der Wanderung), das um 10.30 Uhr erreicht wird. Wieder zurück geht es um 17 Uhr, sodass man 6 Std. Zeit für die Wanderung hat, was völlig ausreichend ist. Die Fahrt kostet 590 NOK hin und zurück.

Geführte Wanderungen

Outdoorlive Norway, ✆ 97656704, 💻 www.outdoorlifenorway.com, bietet von Mai bis Okt tgl. geführte Touren auf den Kjerag ab/bis Stavanger (129 NOK p. P. alles inkl.).

Kjerag-Abenteuer

Der Kjerag gilt als einer der besten **Base-Jump-Spots** weltweit, und seit dieser Sport in den frühen 1990er-Jahren aufkam, wurden vom Kjerag aus bislang schon 30 000 Base Jumps durchgeführt. Wer selber vom Kjerag springen will (Voraussetzung ist, dass man mindestens 20 Sprünge von Land sowie vom Flugzeug aus nachweisen kann) oder Base Jumping erlernen möchte, sollte den Stavanger B.A.S.E. Club kontakten, 💻 www.stavangerbase.com, der auch Kurse anbietet. Weniger aufregend, aber dennoch unvergleichlich ist es, vom Meer aus zum Kjerag hinaufzuschauen, was am eindrucksvollsten von einem Seekajak aus ist. Anbieter für geführte Touren ist Bigwall Kayaking. ✆ 47872129, 💻 www.bigwallkayaking.com, auf dem Programm stehen verschiedene Halbtagstouren (400 NOK), Ganztagstouren (850 NO) und auch Übernachtungstouren (2500 NOK).

Spektakulär: der Kjeragbolten

und FLEKKEFJORD nach KRISTIANSAND und weiter via ARENDAL und SKIEN sowie LARVIK; SANDEFJORD UND TØNSBERG nach OSLO.

Schiffe

Schnellboote

Der Schnellboot-Terminal am Hafen ist überall in der Stadt deutlich ausgeschildert. Die wichtigsten Verbindungen führen nach HJELMELAND (2x tgl., 118 NOK, für Preikestolen), SAND (3x tgl., 189 NOK) am Ryfylkevegen (R 13). Alle Fahrpläne über 💻 www.kolumbus.no.

Fähren

Welche Destination von welchem Pier aus bedient wird, ist den überall in der Stadt aufgestellten Hinweisschildern zu entnehmen. Verbindungen bestehen u. a. ganzjährig mit LYSEBOTN (9. Juni–17. Aug 2x tgl. um 9.30 und 15 Uhr, 315 NOK, Pkw 740 NOK) am Ende des Lysefjord sowie mit TAU (56 NOK, Pkw 167 NOK) nahe dem Preikestolen (Busanschluss). Alle Fahrpläne für Inlandverbindungen über 💻 www.kolumbus.no.

Die Schiffe der Fjord Line (S. 304) verkehren tgl. auf der Strecke nach HIRTSHALS/Dänemark sowie nach BERGEN (S. 288).

Flüge

Der Flughafen liegt rund 12 km außerhalb. Flughafenbus alle 20 Min., ☎ 08001600, 💻 www.flybussen.no, 130 NOK, auch Bus Nr. 9 fährt dorthin (45 NOK), ein Taxi kostet um 450 NOK.

Verbindungen bestehen u. a. mehrmals tgl. von/nach KRISTIANSAND, SANDEFJORD, TRONDHEIM, BERGEN und OSLO; internationale Flugziele sind BERLIN, HAMBURG, FRANKFURT, MÜNCHEN und AMSTERDAM.

Der Lysefjordvegen

„Norwegens unglaublichste Serpentinenstraße", wie es in der Tourismuswerbung heißt, führt über sage und schreibe 27 Haarnadelkurven vom Meeresniveau aus an einer nahezu senkrecht aufragenden Felswand bis in 640 m Höhe hinauf. Vom Trollstigen (S. 347) einmal abgesehen, gibt es landesweit in der Tat keine Strecke, die in puncto Dramatik mit dem Lysefjordvegen vergleichbar wäre, doch während am Trollstigen vor lauter Touristenandrang der Genuss der Landschaft oft zu kurz kommt, ist man auf dieser Strecke oft allein unterwegs. Der Grund liegt darin, dass man ihren Ausgangspunkt nicht per Straße, sondern nur per **Fähre** erreichen kann.

Rund drei Stunden währt die Passage auf dem **Lysefjord**, und während der gesamten Zeit wird man kaum die Reling des Schiffes verlassen wollen, denn was man hier an imposanten Panoramen zu sehen bekommt, lässt sich allenfalls mit Geiranger- und Sognefjord vergleichen. Am Ostzipfel des atemberaubend schönen Wasserweges wird schließlich der hübsche Ort **Lysebotn** erreicht, der sich als ein charmantes kleines Ferienzentrum präsentiert.

Direkt hinter dem Ort windet sich die **Lysefjordstraße** (auf der keine öffentlichen Verkehrsmittel unterwegs sind) in Zickzackkurven in die Höhe, auf der ganz oben und in unnachahmlicher Panoramalage das Øygardstøl Fjellrestaurant einlädt. Es ist Ausgangspunkt einer **Wanderung zum Kjerag** (S. 262), Norwegens spektakulärstem Aussichtsplatz. Wer die Fahrt fortsetzt, gelangt bald auf eine Hochebene hinauf sowie nach insgesamt 26 km ab Lysebotn an eine Abzweigung: Rechts geht es retour nach Stavanger (rund 100 km), nach links ist das Setesdal (S. 207) ausgeschildert, und auch diese Strecke, rund 42 km lang, sucht in Sachen Panorama ihresgleichen.

INFORMATIONEN

Für Lysebotn ist das Touristenbüro in Stavanger zuständig (S. 261), doch die mit Abstand besten Informationen bekommt man (auch auf Deutsch) über die Website 💻 www.lysefjordeninfo.no, die sich ausschließlich der Region Lysefjord widmet.

TRANSPORT

Busse

In der Zeit vom 10. Juni bis 3. Sep verkehrt 1x tgl. (7.30 Uhr) ein Bus von Tide Reiser (S. 261) von Stavanger nach Lysebotn und dem Øygardstølen Fjellrestaurant (Ausgangspunkt für den Kjerag, S. 262) nach Lysebotn und zurück (590 NOK hin und zurück).

Schiffe

Das Fährschiff verkehrt vom 6. Juni bis 31. Aug 2x tgl. ab Lauvvik (S. 268) am Weg zum Ryfylkevegen. Autoplätze sollte man im Voraus reservieren, 💻 www.fjord1.no/turistruter; weitere Infos über die Touristeninformation in Stavanger sowie über 💻 www.norled.no und www.kolumbus.no.

Von Stavanger ins Hordaland

Zwischen Stavanger im Süden und der E 134 im Norden präsentiert sich die Fylke Rogaland als eine wildromantische Landschaft Dutzender Fjordarme, die sich tief in bis über 1500 m Höhe aufragende Berge eingegraben haben. Ihr Name ist **Ryfylke**, und diese Region umfasst ein Reich, in dem die Natur in ihren eindrucksvollsten oder, wie manche sagen, norwegischsten Erscheinungsformen auftritt: vielgestaltige und majestätische, bis über 80 km weit eingeschnittene Fjorde, die von hohen Felshängen umschnürt werden; tiefe Wasser in irisierendem Grünblau; dunkle, schier bodenlose Schluchten; in Gold und Rosa getauchte Schwingen gewaltiger Trogtäler; Licht, so weich wie Regenwasser … Hier versteht man plötzlich nahezu körperlich, was Liv Ullman meinte, als sie in den *Wandlungen* über ihre Heimat schrieb: „Die Landschaft ist so schön, dass es innerlich schmerzt".

Der Ryfylkevegen

Erschlossen wird die Ryfylke in erster Linie vom Ryfylkevegen, der sich für die Weiterreise von Stavanger nach Norden anbietet. (Die Alternative, eine Fahrt über die E 39, die von Stavanger aus via Haugesund ins Hordaland und weiter nach Bergen führt und dabei ein System von untereinander mittels Brücken und Tunneln verbundenen Inseln nutzt, ist zwar kürzer, aber weniger interessant.) Für Naturliebhaber ist die rund 250 km lange Strecke mit ihren verführerisch schimmernden Fjorden und Wiesentrögen, Wasserfällen und Lachsflüssen zwischen endlosen Fjellweiten ein Höhepunkt der Reise durch Westnorwegen, und es lohnt sich, zwei oder besser drei Reisetage zu investieren, um sie in vollen Zügen zu genießen.

Ab **Sandnes**, direkt bei Stavanger gelegen, folgt man beständig der R 13, und nachdem der **Lysefjord** von Laukvik aus überquert ist, bietet sich bald ein Abstecher zur Felskanzel **Preikestolen** (S. 266) an. **Hjelmeland** und **Sand** sind weitere Etappen, die mit eindrücklichen Naturerlebnissen aufwarten, doch es ist der letzte Abschnitt von Sand nach **Røldal** (S. 268) an der E 134 nahe dem Hardangerfjord, der die mit Abstand atemberaubendsten Landschaftsbilder der gesamten Strecke bietet.

ÜBERNACHTUNG

An Unterkünften herrscht unterwegs kein Mangel. Insbesondere im Abschnitt bis Sand kommt man laufend an Campingplätzen mit Hüttenvermietung sowie an Ferienhütten vorbei, während in den meisten Ortschaften auch Hotels und Zimmervermietungen anzutreffen sind.

TOUREN UND AKTIVITÄTEN

Zahlreiche markierte **Wanderwege** laden entlang des Ryfylkevegen zu Entdeckungstouren ein. Die Touristenbüros (s. u.) informieren ausführlich und halten in aller Regel auch Wegbeschreibungen sowie Kartenmaterial bereit. Darüber hinaus organisieren sie **Lachssafaris**, **Bootsfahrten**, **Rafting**- sowie **Radtouren**.

INFORMATIONEN

Unlängst wurde der gesamte Ryfylkevegen zwischen Oanes im Süden und Røldal im Norden zur **Nationalen Touristenstraße** ernannt und entsprechend gut mit Rastplätzen ausgebaut und beschildert. Weitere Informationen und auch Fotos zum Einstimmen bietet die Website 💻 www.nasjonaleturistveger.no, über die man auch eine Infobroschüre downloaden kann.

Reisemål Ryfylke, 4130 Hjelmeland, ✆ 51759510, 💻 www.region-stavanger.com/de. Zentrales

WESTNORWEGEN

Preikestolen – weltberühmte Felskanzel

- **Route**: Parkplatz (275 m) – Preikestolen (2 Std., 604 m) – Parkplatz
- **Länge**: ca. 11 km
- **Dauer**: hin und zurück ca. 3 1/2 Std.
- **Wegbeschaffenheit**: durchgehend gut präparierter Weg; führt mehrmals über Geröll, dennoch problemlos zu begehen
- **Wandersaison**: ca. Mai bis Ende Okt; in der Hochsaison starker Andrang, daher möglichst am frühen Morgen oder späteren Abend aufbrechen
- **Ausrüstung**: Grundausstattung, Trekkingschuhe

604 m tief fällt vom „Predigerstuhl" aus lotrecht der Blick in den Lysefjord hinunter, und diesem Traumpanorama ist es zu verdanken, dass die Felskanzel die berühmteste und auch meistbesuchte des gesamten Landes ist. Der Weg ist durchgehend mit roten „Ts" markiert, die Orientierung völlig problemlos, Kartenmaterial ist nicht erforderlich. Sehr wohl aber ein wenig Kondition.

Die Route

Startpunkt ist ein an der Straße zur **Preikestolhytta** deutlich beschilderter und kostenpflichtiger Parkplatz, von wo es durch Wald bergauf zu einem Höhenrücken geht. Zur rechten Seite genießt man immer wieder herrliche Ausblicke auf den fels- und waldgesäumten See Revsvatnet. Nach ein paar Feuchtstellen folgt der Aufstieg durch eine mit Geröll gefüllte und steil ansteigende Rinne, die zu einem mit kleinen Seen gespickten Felsplateau führt. Vereinzelte Wegstellen sind gesichert, man kommt gut voran und erreicht wenig später die eigentliche Kanzel des **Preikestolen**. Mit über 300 000 Besuchern pro Jahr ist sie eine der meistbesuchten Naturattraktionen Norwegens, und 604 m tief fällt lotrecht der Blick von dem fast quadratischen und etwa 25 x 25 m messenden Plateau in den Lysefjord hinunter, der von über 1000 m hohen Steilwänden flankiert wird. Seine ungewöhnliche Form verdankt der Felsen aller Wahrscheinlichkeit nach einer Frostsprengung vor etwa 10 000

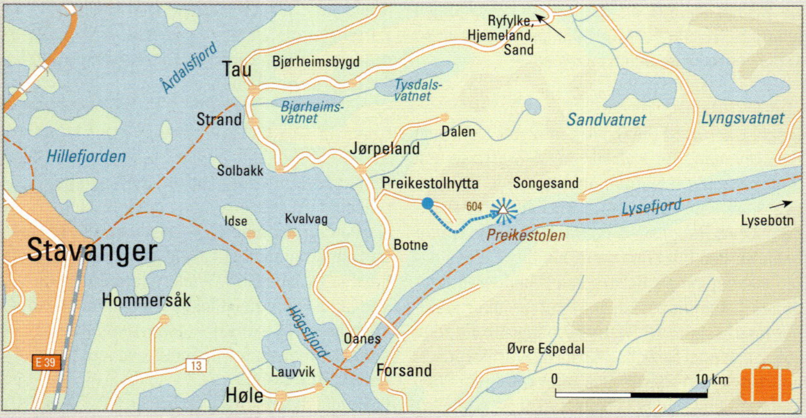

Jahren, als die Kanten eines Gletschers bis oberhalb des Felsens reichten. Dieses wohl bekannteste Motiv der norwegischen Fremdenverkehrswerbung ermöglicht Schwindelfreien, bis zum Rand des ungesicherten Abgrundes vorzurobben, um dort mit Blicken wie aus dem Flugzeug belohnt zu werden. Aber auch wer lieber darauf verzichtet, erlebt hier ein aufregendes Abenteuer und wird für den Aufstieg mit schönsten Panoramen belohnt.

Praktische Tipps

Transport

Von Stavanger aus mit der Autofähre nach Tau (etwa alle 20 Min., ca. 35 Min.), rund 11 km nördlich von Jørpeland an der R 13 gelegen. Ab Tau mit dem Anschlussbus (125 NOK, nur Anfang April–Anfang Okt) zur Preikestolhytta (ca. 25 Min.). Über Tide Reiser in Stavanger (S. 261) kann man ein Durchticket ab/bis Stavanger buchen (230 NOK p. P.).

Geführte Touren

Am bequemsten ist es, über das Touristenbüro in Stavanger (S. 261) oder 💻 www.pulpitrock.no eine Preikestolen-Tour zu buchen (April–Sep). Dann wird man in Stavanger abgeholt und fährt zum Preikestolen und retour mit dem Bus. Das Ticket kostet 295 NOK von und bis Stavanger, für die Fährpassage zahlt man 112 NOK extra. Für die Wanderung sind 4 Std. vorgesehen.

© DUMONT BILDARCHIV / DR. CHRISTIAN NOWAK

Ausblicke wie aus dem Flugzeug

Übernachtung

Preikestolhytta/Preikestolen Vandrerhjem, Preikestolveien 521, ✆ 51742074, 💻 www.preikestolenfjellstue.no, 🕒 15. April–Sep (Fjellstue ganzjährig). Auf grüner Wiese gelegener, grasgedeckter Holzbau mit Blick auf die Bergwelt und den Revsvatnet (Bademöglichkeiten). Mit Restaurant und Kaminzimmer (Lunch-Snack 110 NOK, Mittagessen 220 NOK). Bett im Schlafsaal 350 NOK, Doppelzimmer ab 770 NOK, Familienzimmer 1420 NOK (alle Preise inkl. Frühstück).

Mit zur Anlage gehört die moderne und höchst komfortable Fjellstua (🕒 ganzjährig), die preislich eher auf Komfort-Touristen zugeschnitten ist. Die Doppelzimmer (ohne Bad) sind aber eher winzig und lohnen ebenso wenig die Ausgabe (1320 NOK) wie die Panoramazimmer, die sage und schreibe rund 1520 NOK kosten. Empfehlenswert hingegen ist das holzverkleidete Restaurant, das für seine guten Speisen aus zum Teil ökologisch angebauten Zutaten bekannt ist (Vorspeisen ab 120 NOK, Hauptgerichte um 250 NOK).

Preikestolen Camping, am Zufahrtsweg zum Preikestolen nahe R 13, ✆ 48193950, 💻 www.preikestolencamping.com. Naturschön an einem kleinen Fluss gelegen, gute Ausstattung, auch Restaurant und Laden. Jeden Mo und Do werden ab 18 Uhr Helikopterflüge zur Felskanzel angeboten: 9 Min. kosten 500 NOK. Der Stellplatz für 2 Pers. kostet ab 240 NOK, mit Auto 280 NOK. 🕒 ganzjährig.

Hauptbüro für den Tourismus, zuständig für die gesamte Ryfylke. ⌚ ganzjährig Mo–Fr 5–15 Uhr.
Lysefjordsenteret, Oanes, 4110 Forsand, ✆ 51703660, 💻 www.visitlysefjorden.no. Für die Region des Lysefjord zuständig. ⌚ Mitte Mai–Aug tgl. 11–18 Uhr.
Suldal Reiselivslag, 4230 Sand, ✆ 52790560, 💻 www.suldal-turistkontor.no. Für Sand und Umgebung zuständig. ⌚ Mitte Juni–Mitte Aug tgl. 10–18, sonst Mo–Fr 8–15.30 Uhr.

TRANSPORT

Busse

Von Stavanger aus bestehen im Sommer etwa alle 2 Std. Verbindungen entlang des Ryfylkevegen mit SAND, ab Sand wird 2x tgl. u. a. RØLDAL angefahren (9.35 und 14.45 Uhr), mehrmals tgl. auch OSLO.

Schiffe

Fähren
Lauvvik–Oanes (Lysefjord; alle 30 Min., 33 NOK, Pkw 79 NOK), Hjelmeland–Nesvik (Jøsenfjord; alle 30 Min., 32 NOK, Pkw 65 NOK). Lauvvik–Lysebotn (9. Juni–17. Aug tgl. um 9.30 und 15 Uhr, 2 1/2 Std., 315 NOK, Pkw 740 NOK).

Schnellboote
Bis zu 3x tgl. besteht eine Verbindung zwischen Stavanger und Sand (189 NOK).

Hardangerfjord

Unter den Tausenden Fjorden von Norwegen ist der Hardangerfjord mit einer Gesamtlänge von rund 180 km der zweitlängste nach dem Sognefjord. Mit seinen Dutzenden Seitenarmen bildet er ein regelrechtes Fjordsystem, das sich von der Insel Bømlo an der Fjordöffnung zur Nordsee bis hin nach Odda am inneren Sørfjord erstreckt. Sein imposanter Hintergrund wird von der Eiskrone des **Folgefonn-Gletschers** gebildet, und tosende **Wasserfälle**, darunter einige der höchsten, imposantesten und meistbestaunten des ganzen Königreiches, ergießen sich von der Abbruchkante der **Hardangervidda** bis zu 860 m in die Tiefe.

Zwar werden seine Flanken dort entsprechend oft von senkrechten Felswänden gebildet, aber alles in allem dominiert doch eher ein lieblicher Eindruck, geprägt von wiesengrünen Hängen. Prächtig sind insbesondere Frühling und Frühsommer, wenn die mehr als 500 000 Apfel- und Pflaumen-, Birnen- und Kirschbäume, die den Hardangerfjord zum **Obstgarten** Norwegens machen, in voller Blüte stehen. Eingeführt wurden die Obstsetzlinge vor rund 900 Jahren von irischen Mönchen, und heute ziehen die Obstbaumblüte sowie die traditionsreichen Ferienorte eine ständig wachsende Zahl vorwiegend norwegischer Touristen an, während ausländische Besucher meist die Natur-Highlights suchen – und dies schon seit über 100 Jahren. Kaiser Wilhelm II. beispielsweise kreuzte mit seiner Jacht nahezu jeden Sommer im Hardangerfjord, der seinerzeit schon bis zu 80 Kreuzfahrtschiffe jährlich zählte und 1905 gar von über 14 000 ausländischen Gästen besucht wurde.

Røldal

Alle Wege nach Røldal sind dramatisch, denn steile Berge schmiegen sich eng an die Ortschaft, die zu Füßen der Hardangervidda im wildromantischen Hordadal liegt. Als Wintersportort hat sich die kleine Streusiedlung an der E 134, nahe der Einmündung des von Stavanger herführenden Ryfylkevegen, einen guten Namen gemacht, doch da die meisten Sommertouristen nur auf der Durchreise sind, wird die von außen ganz unscheinbare **Stabkirche von Røldal** meist links liegen gelassen. Im Innern dieses im 13. Jh. errichteten einschiffigen Gotteshauses überraschen reiche Holzschnitzereien sowie eindrucksvolle Deckenmalereien, doch als Kleinode gelten das aus Speckstein gefertigte Taufbecken sowie insbesondere das unter dem Chorbogen hängende Kruzifix, dem noch bis ins 19. Jh. hinein wundersame Heilkräfte zugeschrieben wurden und das entsprechend Pilgerziel für Kranke und Gebrechliche war. 💻 www.roldalstavkyrkje.no, ⌚ Juli tgl. 9.30–18.30, Juni und Aug tgl. 10–16 Uhr, Eintritt 40 NOK.

ÜBERNACHTUNG UND ESSEN

Røldal overnatting, Haukelivegen 66, ✆ 9585 0500, 🖳 www.roldalsterrassen.no. Apartmentkomplex in schöner Lage mit Blick auf den Røldalsvatnet. Moderne Einheiten mit 1–2 Schlafzimmern, Küche, Wohnzimmer mit TV. Ab ❹

Hordatun Hotel, Håra (auf halben Weg zum Skicenter), ✆ 93450293, 🖳 www.hordatun.no. Etwas sterile Hotelanlage am Hang mit schöner Aussicht auf den See. Moderne und komfortable Zimmer für 1–6 Pers. mit eigenem Balkon, Kühlschrank, TV. Restaurant und Bar. Ab ❺

€ **Skysstasjonen Cottages**, Kyrkjevegen 24, ✆ 53647385, 🖳 www.skysstasjonen.no. Hübscher Wiesenplatz unter Birken mit guten Hütten in verschiedenen Größen. Aufenthaltsraum mit TV und Internet. Gemütliche Cafeteria, die Pizzen und diverse einfachere Gerichte zu günstigen Preisen serviert. Stellplatz mit Zelt/Auto 150 NOK, Hütten ab ❷

€ **Seim Camping**, an der E 134 ausgeschildert, ✆ 53647371, 🖳 www.seimcamp.no, Großer ansprechender Wiesenplatz am Seeufer. 7 Hütten (ab 790 NOK) in verschiedenen Komfortklassen. Badestrand, Verleih von

Ruderbooten und Kanus. Moderne Sanitäranlagen. ⌚ Mitte Mai–Ende Sep. Stellplatz 180 NOK, Hütten ab ❶

Røldal Geitostysteri, an der Hauptstraße ausgeschildert, ✆ 53645225. Ziegenkäse-Molkerei, wo echter norwegischer Ziegenkäse hergestellt wird. Man kann bei der Herstellung zusehen, den fertigen Käse kosten und auch käuflich erwerben. Im Sommer werden tgl. Führungen angeboten (meistens 11–19 Uhr).

AKTIVITÄTEN

Angeln

Der Røldalsvatnet ist bekannt für seinen Reichtum an Forellen. Angelkarten bekommt man im lokalen Supermarkt oder an Tankstellen.

Wandern

Dutzende Touren bieten sich an; das Touristenbüro informiert.

Wintersport

Røldal gilt als eines der schneereichsten Gebiete in Norwegen, und in der Wintersaison lädt meist eine 2–3 m hohe Schneedecke zum Skifahren ein. **Røldal Skisenter**, ✆ 53654800, 💻 www.roldal.com, bietet 500 m Höhenunterschied, 12 Abfahrten und Langlaufloipen.

SONSTIGES

Geld

Sparebanken Vest, Zentrum, ✆ 05555.

Informationen

Røldal turistkontor, Zentrum, ✆ 53654005, 💻 www.roldal.no, ⌚ 20. Juni–20. Aug tgl. 9.30–14.30 Uhr.

Medizinische Hilfe

Zuständig ist die Gesundheitsstation in Odda: **Odda legevakt**, ✆ 53654000.

Polizei

Zuständig ist **Odda politistasjon**, ✆ 02800.

Post

Røldal Post i butikk (Coop Supermarkt), ✆ 04004, ⌚ Mo–Sa 9–18 Uhr.

TRANSPORT

Røldal ist mehrmals tgl. per **Bus** mit BERGEN verbunden (via ODDA und UTNE), außerdem mit OSLO (via HAUKELIGREND, KONGSBERG und DRAMMEN), mit KRISTIANSAND via SETESDAL und 2x tgl. mit STAVANGER über den Ryfylkevegen (R 13).

Von Røldal zum Hardangerfjord

Während in die Wiesen des Hordadal schon ein Ensemble norwegischer Gebirgsflora eingestickt ist und bereits der Flieder blüht, reichen Schneezungen noch bis an die vereisten Seen des **Røldalfjells**, auf das der spiralförmig ansteigende Hordatunnel bis fast in 900 m Hö-

Infos zum Hardangerfjord

- **Fjord Norway**, 💻 www.fjordnorway.com. Für die gesamte Region Hordaland zuständig.
- **Reisemål Hardanger Fjord AS**, Sandvenve-gen 40, Hardanger Brygge, 5600 Norheimsund, ✆ 56553870, 💻 www.hardangerfjord.com. Informationen über das gesamte Hardangerfjord-Gebiet. Interessierte können Unterkünfte und Aktivitäten auch direkt online buchen.
- 💻 **www.nasjonaleturistveger.no**: Große Abschnitte der um den Hardangerfjord herumführenden Straßen sind zur Nationalen Touristenstraße ernannt worden, und die dazugehörige Website informiert über besondere Rastplätze und Aussichtspunkte; auch eine Straßenkarte wird online gezeigt, des Weiteren gibt es Infos zu allen relevanten Fährverbindungen.
- Öffentliche Verkehrsmittel: Die gesamte Region lässt sich gut per Bus erkunden, auch Fähren sowie Schnellboote sind im Einsatz. Informationen unter ✆ 177, im Internet helfen 💻 www.tide.no und www.rutebok.no.

he hinaufführt. Es ist wie eine Fahrt durch die Jahreszeiten, weit über die Baumgrenze hinaus, die man am Ende zweier weiterer Tunnel, zusammen rund 10 km lang und von starkem Gefälle, wieder erreicht. Alternativ zu dieser Strecke kann man im Hochsommer auch die alte Straße befahren, die aus dem Hordadal in insgesamt 16 Serpentinen und mit teilweise mehr als zehnprozentiger Steigung auf die **Hordabrekkene** hin- und von dort wieder zur E 134 hinunterführt. Die Fernsicht auf die umgebende Bergwelt ist eine der eindrucksvollsten des Südens, und auch im weiteren Verlauf der E 134 sind immer wieder atemraubende Blicke zu genießen. Das vielleicht beeindruckendste dieser Panoramen eröffnet sich gleich jenseits eines weiteren Tunnels, wo linker Hand ein Parkplatz liegt: Voraus blinken die Eismassen des **Folgefonn-Gletschers** (s. rechts).

Ein Stück weiter gabelt sich die Straße, und anstatt der R 13 direkt Richtung Odda und Hardangerfjord zu folgen, bietet sich ein rund 35 km je Strecke langer Abstecher zum **Langfoss** an. Aus einer Fallhöhe von rund 500 m ergießt sich dieser Wasserfall direkt neben der E 134 in den felsumschnürten Åkrafjord. Das letzte Wegstück zum Wasserfall ist mautpflichtig, und wer der Europastraße nicht nach Haugesund folgen möchte, einem alles in allem ziemlich uninteressanten Küstenort, sollte in Erwägung ziehen, vor der Mautstelle (43 NOK pro Pkw je Weg) zu parken und den letzten Kilometer zu Fuß zurückzulegen.

Im Verlauf der nach Odda ausgeschilderten R 13 ergießt sich bald neben der Straße der zweiarmige, etwa 165 m hohe Låtefoss. Er ist ein beliebtes Fotomotiv, entsprechend lange kann hier die Parkplatzsuche dauern. Auch die folgenden 15 km bis Odda sind reich an Wasserfällen, und erneut fällt es meist schwer, eine Nische fürs Fahrzeug zu finden.

Odda

Der über 50 km lange, durchschnittlich aber nur 3–4 km breite **Sørfjord**, ein Nebenarm des Hardangerfjords, gilt als der Obstgarten Norwegens, denn Obstbäume sind es, die insbesondere das östliche Ufer dieses Wasserweges dominieren. Die gegenüber gelegene **Kvinnherad-Halbinsel** hingegen steigt steil zu fast 1700 m hoch hinaufreichenden Gipfeln an, über denen die mächtigen Eishauben des **Folgefonn-Gletschers** thronen. Zwischen diesen Extremen liegt an der südlichen Stirnseite des Fjords das Städtchen Odda, Anfang des 20. Jh. eines der größten Ferienzentren Norwegens. Doch ab dem Jahre 1906 wurden hier zahlreiche Industriebetriebe angesiedelt, in denen noch heute die meisten der rund 5000 Einwohner ihr Auskommen haben. Ein Aufenthalt aber kann sich dennoch lohnen, denn zum einen hat sich Odda sein freundliches Gesicht erhalten, zum anderen ist und bleibt die Lage beeindruckend. Auch sind die Wander- und Ausflugsmöglichkeiten schier unbegrenzt.

Tyssedal

Natur und Kultur schön vereint, das bietet das 6 km außerhalb von Odda am Ostufer des Sørfjords gelegene Tyssedal, wo das **Norwegische Wasserkraft- und Industriemuseum** (Norsk Vasskraft- og Industristadmuseum) zu einem spannenden Gang durch die Geschichte der Hydroelektrizität einlädt. Es ist eingerichtet im Tysso I-Kraftwerk, einem der ältesten und am besten erhaltenen Kraftwerke Europas, dessen Turbinen und Generatoren allesamt im Original erhalten sind. 💻 www.nvim.no, 🕒 3. Mai–3. Sep tgl. 10–17, sonst Di–Fr 10–15 Uhr, Eintritt 90 NOK; erreichbar mit allen Bussen, die Richtung Kinsarvik verkehren.

ÜBERNACHTUNG

Trolltunga Hotel, Vasstun 1, 📞 40004486, 💻 www.vasstun.no. Ehemaliges Altersheim, umfassend renoviert und 2016 erweitert, in einer Gartenanlage am See Sandvinsvatnet gelegen. Es gibt mehrere Dutzend Zimmer, die zur Seeseite hin mit herrlicher Aussicht. Zum Angebot gehören eine Gästeküche, Restaurant, gemütliche Kaffebar, Verleih von Fahrrädern, Booten und Kanus. Wanderungen und Gletschertouren werden von der Hotelleitung organisiert. DZ inkl. Frühstück ab ❹

Stairways to heaven: Aufstieg zur Trollzunge und Preikestolen

Die Trollzunge *(trolltunga)* bezeichnet eine an ihrer Spitze nur noch zentimeterschmale Felsnase, die sich 10 m weit in den freien Luftraum über einen 350 m tiefer gelegenen Stausee reckt. Auf dieser Nase zu stehen zu kommen, ist ein Höhepunkt im Sinne des Wortes und jede Anstrengung wert: Auch den 2250 Stufen zählenden Treppenweg, der direkt neben den Gleisen der stillgelegten Mågelitopp-Schienenbahn auf fast 1000 m Höhe hinaufsteigt, von wo es entlang eines markierten Weges über einen Sattel auf ein höher gelegenes Plateau hinaufgeht, mit kleinen Seen gespickt. Weiter dann zur besagten Zunge. Dann entweder zurück oder aber, eine Empfehlung, rund 30 Min. weiter gen Osten zum Preikestolen des Hardangerfjords Hardangers, der genauso schön, aber viel weniger besucht ist wie der Preikestolen am Lysefjord (S. 266). In der Touristeninformation in Odda kann man genaue Wegbeschreibungen abrufen. Die Strecke ist rund 13 km lang, und bedenkt man den steilen Aufstieg, muss man gut 5–6 Std. ansetzen bzw. hin und zurück etwa 8–10 Std.
Wem dieser Weg zu beschwerlich ist, kann an einer organisierten Wanderung teilnehmen, die das Touristenbüro in Zusammenarbeit mit Trolltunga Aktive (S. 273) im Juli und Aug tgl. um 10 Uhr durchführt. Sie führt in ihrem letzten Abschnitt über den *Himmelstigen*, eine nahezu senkrecht am Fels hinaufführende Eisenleiter, die man alleine besser nicht erklimmen sollte (auf 💻 www.youtube.com gibt es ein Video dazu). Die Tour dauert insgesamt rund 10–12 Std., kostet 1100 NOK p. P. und muss bis spätestens 1 Tag vorher über die Touristeninformation (s. u.) angemeldet werden.

Hardanger Hotel, Eitrheimsveien 13, ✆ 53646464, 💻 www.hardangerhotel.no. Mitten im Zentrum gelegener mehrgeschossiger Bau mit 50 komfortablen Zimmern. Restaurant, Bar. Inkl. Frühstück ❻

€ **Odda Camping**, 2 km vor Odda an der R 13 ausgeschildert, ✆ 41321610, 💻 www.oddacamping.no. Naturschöner Campingplatz in ländlicher Umgebung mit herrlicher Aussicht auf den Sandvinsvatnet. Es gibt auch 4 neue moderne Hütten (bis zu 4 Pers.) und Mehrbettzimmer (Bett zu 250 NOK). Kiosk und gute Sanitäranlagen sind vorhanden. Stellplatz 150 NOK, Hütten je nach Saison ❶–❹

€ **Hildal Camping**, etwa 13 km südlich von Odda an der R 13, ✆ 53645036, ✉ hildalcamping@online.no. Einfacher und schlichter Platz am Fluss mit schönem Campingareal sowie schlichten Hütten. Stellplatz 160 NOK, Hütten ab ❶

ESSEN

Flytande Bjørn, Trolltunga Hotel (S. 271). Das der Pension angeschlossene Restaurant ist bekannt für seine speziellen Hardangerfjord-Gerichte in Kombination mit internationaler Küche. Dazu gibt es entspannte Atmosphäre und grünes Umfeld. Hauptgerichte ab 220 NOK. ⌚ tgl. 18–22 Uhr.

Peppes Pizza, Røldalsveien 4 (Zentrum), 💻 www.peppes.no. Das Lokal der Pizzakette ist schön gelegen direkt am Kai. Im Angebot sind köstliche Pizzen, Grillgerichte und Salate in lockerer Atmosphäre mit tollem Ausblick auf den Fjord. ⌚ tgl. 11–22.30 Uhr.

SONSTIGES

Alkohol

Odda vinmonopol, Eitrheimsvegen 20, ✆ 04560, ⌚ Mo–Mi 10–16, Do und Fr 10–17, Sa 9–14 Uhr.

Apotheken

Boots apotek, Tyssedalsvegen 4, ✆ 53642244, ⌚ Mo–Fr 9–16, Sa 9–13 Uhr.

Fahrradverleih

Odda turistkontor, s. u.
Trolltunga Hotel, S. 271.

Geld

SpareBank 1, Røldalsvegen 24 (Fußgängerzone), ✆ 53482300.

Informationen

Odda turistkontor, Zentrum, ✆ 53654005, 💻 www.hardangerfjord.com/odda, 🕒 ganzjährig Mo–Fr 9–15, Mitte Juni–Mitte Aug Mo–Fr 9–19, Sa und So 11–17 Uhr.

Medizinische Hilfe

Odda legevakt, ✆ 53654000.

Polizei

Odda politistasjon, ✆ 02800.

Post

Odda postkontor, Eitrheimsveien 32, ✆ 04004, 🕒 Mo–Fr 9–17, Sa 10–15 Uhr.

Taxi

✆ 53641444.

Touren

Folgefonni Breførerlag, ✆ 95117792, 💻 www.folgefonni-breforarlag.no. Geführte Gletscherwanderungen, Gletscherkurse und Eisklettern. Im Sommer wird tgl. die Gletscherquerung von Odda nach Sunndal angeboten (s. Kasten).

Trolltunga Aktive, Vasstun 1, ✆ 90824572, 💻 http://ttolltunga-aktive.com. In etwa gleiches Tourenangebot wie Folgefonni Breførerlag, außerdem aber auch geführte Kanu-, Kajak-, Fahrrad- nebst Wandertouren (u. a. zur Trollzunge, S. 272).

TRANSPORT

Selbstfahrer

Der 11 km lange **Folgefonn-Tunnel**, der die Kvinnherad-Halbinsel erschließt, kostet 72 NOK Maut, 145 NOK für Wohnmobile. 2012 wurde der 10 km lange **Jondalstunnel** eröffnet, der von Nordrepollen bei Mauranger (jenseits des Folgefonn-Tunnels) nach Torsnes bei JONDAL (S. 286) führt und auf der Strecke nach Bergen rund 40 km einspart. Er ist mautpflichtig und kostet 100 NOK pro Pkw, 200 NOK pro Wohnmobil.

Busse

Mehrere Busverbindungen tgl. Richtung BERGEN via UTNE und OSLO entlang der E 134; außerdem mit der Kvinnherad-Halbinsel bis ROSENHEIM (mit Anschluss an das Schnellboot nach Bergen) sowie mit HAUGESUND, STAVANGER, JONDAL, LOFTHUS und KINSARVIK.

Der Folgefonn-Nationalpark

Ende April 2005 erklärte das norwegische Parlament die Region rings um den Folgefonn-Gletscher (auch: Folgefonna) in der westnorwegischen Region Hordaland zur besonders schützenswerten Zone, und am 14. Mai 2005 wurde das 545 km² große Refugium von Königin

Über den Folgefonn nach Odda

Wer sich nicht mit dem Blick auf die Eiswalze begnügen will und über eine gute Kondition verfügt, kann dem Maurangerfjord beginnenden historischen Wanderweg *Turistvegen* (auch: *Keisarstien*) nach Odda folgen, das jenseits von Bergmassiv und Folgefonn-Gletscher liegt. Da eine ausgedehnte Gletscherquerung ansteht, sollte man sich unbedingt einer geführten Tour anschließen, die zwischen dem 10. Juni und 15. Sep tgl. vom Folgefonni Breførarlag (S. 287) sowie Trolltunga Aktive (s. Odda, Touren) für 450 NOK p. P. angeboten wird. Sie nimmt einen ganzen Tag in Anspruch, kann und sollte aber auf zwei Tage ausgedehnt werden, da man nur dann in den Genuss einer Nacht auf dem Gletscherfeld kommt: Insgesamt laden unterwegs drei Wanderhütten ein: die erste auf 1322 m Höhe, die zweite am Rande des Eises auf 1449 m (Fonnabu) und die dritte auf 1565 m Höhe direkt unterhalb des höchsten Gletschergipfels (Holmaskjer). Dort kann man sich den Traum erfüllen, rundum ins Grenzenlose zu blicken – und dies, ohne auf Gemütlichkeit und Bettstatt, warme Decken und Lebensmittel verzichten zu müssen, denn die mit 18 Betten ausgestattete Hochgebirgshütte ist unverschlossen, steht jedem Wanderer offen und enthält alles, was man für einen unvergesslichen Aufenthalt benötigt.

Besuch in der Eiszeit: zum Buarbreen

- **Route**: Parkplatz im Buardal – Buarbreen (2 Std.) – Parkplatz (1 1/2 Std.)
- **Länge**: ca. 10 km
- **Dauer**: ca. 4 Std.
- **Ausgangspunkt**: Parkplatz im oberen Buardal
- **Wandersaison**: etwa Mai bis Okt
- **Wegbeschaffenheit**: deutlicher, teils etwas rutschiger Erd- und Felsweg, kleine Holzstege bzw. Brücken führen über Feuchtstellen und Bäche hinweg. Dank eines Seils lassen sich auch die wenigen steilen Abschnitte problemlos meistern.
- **Ausrüstung**: Grundausstattung, Trekkingschuhe

Besuch in der Eiszeit gefällig? Der Buarbreen, ein Nebenarm des Folgefonn-Gletschers und im Rahmen einer einfachen Wanderung von Odda aus schnell zu erreichen, macht es möglich. Der Weg ist ausgezeichnet markiert, die Orientierung völlig problemlos, Kartenmaterial ist nicht erforderlich. Ein Besuch des Buarbreen gehört sicherlich zu den eindrücklichsten Erlebnissen einer Reise nach Norwegen. Bilderbuchgleich fließt die vom bis zu 500 m mächtigen Folgefonn (S. 271) herabkommende Gletscherzunge bis nahezu auf Meeresniveau in das Odda-Tal hinunter, wo sie einen prächtigen Eissturz bildet.

Die Route

Ein Schild mit Aufschrift „Buar 6 km" weist ab der Hauptstraße den Weg am Odda Camping (S. 272) vorbei und ins üppig grüne Buardal hinein, das für seinen Vogelreichtum bekannt ist. Die schmale Schotterstraße verläuft bis zu einem kleinen **Parkplatz**. Hier beginnt der eigentliche Wanderweg, der von nun an durchgehend mit einem roten „T" markiert ist, auf Bäume und Steine aufgesprüht. Rund 2 Std. sind es von hier aus zum Gletscher, und schon bald führt der Weg hinein in einen wahren Trollwald aus alten und krumm gewachsenen Bäumen, die von Moosen und Flechten umhüllt sind. Kleine Holzstege bzw. Brücken führen über Feuchtstellen und Bäche hinweg, und dank eines Seils lassen sich auch die wenigen steilen Abschnitte problemlos meistern. Zu guter Letzt geht es eine Leiter hinunter, und da liegt er oberhalb am Hang: der **Buarbreen**. Angesichts des tiefblau schimmernden Eissturzes, in

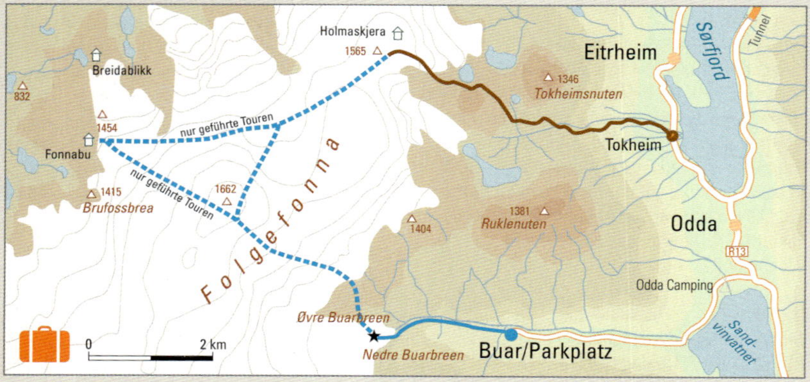

© FOTOLIA / CORBIS_INFINITE

Abenteuer satt: Vorstoß ins Blaueis

der lavendelfarbene Grotten und Spalten klaffen, ist der Vergleich mit einem surrealistischen Kristallpalast durchaus stimmig.

Praktische Tipps

Geführte Gletschertouren

Die Wanderung zur Gletscherzunge kann man problemlos auf eigene Faust unternehmen, doch wer aufs Gletschereis hinauf will, muss an einer geführten Tour teilnehmen, die von Mitte Juni bis Mitte Aug tgl. vom Touristenbüro in Odda (S. 273) organisiert wird. Im Rahmen dieses insgesamt 7- bis 8-stündigen „Blaueis-Abenteuers" steigt man nicht nur mal kurz auf die Eiswalze hinauf, sondern klettert u. a. auch in Gletscherspalten hinab, pirscht durch Eishöhlen hindurch und genießt Ausblicke, die selbst für norwegische Verhältnisse einzigartig sind. Obendrein erfährt man viel Wissenswertes über den Gletscher und die ihn umgebende Natur. Mitzubringen sind Trekkingschuhe, wind- und regendichte Bekleidung, Handschuhe sowie Wegzehrung. Alle sonstige Ausrüstung wie Helm, Steigeisen, Eisaxt usw. wird gestellt. Geeignet ist die Tour für alle Reisenden mit normaler Kondition und für Kinder ab 12 Jahren. Der Preis für dieses nicht alltägliche Erlebnis ist mit 750 NOK p. P. nicht zu hoch angesetzt. Wegen der starken Nachfrage wird empfohlen, sich so früh wie möglich anzumelden, spätestens jedoch 1 Tag im Voraus.

Wem diese *blåistur* noch nicht genug an Nervenkitzel bietet, kann sich ebenfalls vertrauensvoll an das Touristenbüro wenden, das damit wirbt, auch mehrtägige Eisgänge der extremen Art organisieren zu können, u. a. die Querung des Folgefonn (S. 271).

Sonja persönlich am Bondhus-Getscher eröffnet. Der Folgefonn ist damit der 25. Nationalpark des Landes und der bislang einzige, der vom Meeresspiegel bis hinauf zu den Gletschern auf bis zu 1662 m Meereshöhe reicht. Er besteht aus den insgesamt drei Plateaugletschern Nordfonna, Midtfonna sowie Sørfonna. Letzterer ist mit Abstand der größte und kompakteste und lässt sich am einfachsten von Odda aus erkunden. Informationen im Touristenbüro in Odda (S. 273), doch die beste Infoquelle ist das Folgefonn Nationalparkzentrum in Rosendal (S. 277). Im Internet informiert 💻 www.folgefonna.info.

Die Kvinnherad-Halbinsel

Der ständige Kontrast zwischen schroffen Fjorden und idyllischen Sunden, malerischen Wiesentälern, wildromantischen Schluchten und ausgedehnten Wäldern macht den ganz besonderen Reiz der Kvinnherad-Halbinsel aus, die durch den Sørfjord, Hardangerfjord sowie den Åkrafjord gebildet wird. Da sich ihr Landesinnere, das größtenteils zum Folgefonn-Nationalpark gehört, als vollkommen weglose Berg- und Gletscherwildnis präsentiert, finden sich hier Ortschaften ausschließlich entlang der Küstenlinie. Bis ins Jahr 2001 hinein konnten sie nur über den Wasserweg erreicht werden. Doch dann wurde der 11 km lange **Folgefonn-Tunnel** (mautpflichtig: 100 NOK pro Pkw) eröffnet, der von Odda aus unter dem Gebirgsstock hindurch an den **Maurangerfjord** heranführt. Dieser leitet nach **Rosendal** über, dem malerisch im Berg- und Wassersaum gelegenen zentralen Ort der Region.

Die Baronie Rosendal

Hauptattraktion dieses charmanten Holzhausstädtchens ist die Baronie Rosendal, bei der es sich um die einzige Baronie des Landes sowie das kleinste Schloss von Skandinavien handelt. Es stammt aus der Mitte des 17. Jhs., ist ganz und gar authentisch eingerichtet und blickt auf eine zweiteilige Parkanlage, die in ihrer Art ebenfalls einzigartig in Norwegen ist: Während der gepflegte **Rosenpark** nach strengen Vorgaben der Renaissance angelegt wurde, geht der kontrolliert wuchernde **Landschaftspark** übergangslos in die Wildnis über – einfach herrlich, hier unter einer knorrigen Eibe oder einer wohlduftenden Kiefer zu liegen und über bunt blühende Rhododendron- und Azaleen-Büsche hinweg die grandiose Aussicht auf den Hardangerfjord mit dem Hatteberg-Wasserfall zu genießen. Baroniet Rosendal, 💻 www.baroniet.no, 🕒 7. Mai–Juni 11–15 Uhr stdl. Führung, bis Mitte Aug 10–17 Uhr alle 30 Min., bis 11. Sep 11–15 Uhr stdl., Eintritt 100 NOK, der Besuch des Gartens kostet 50 NOK extra.

Bondhus-Gletscher

Vom Ausgang des Folgefonn-Tunnels in Richtung Rosendal ist es nur eine kurze Fahrt bis zum schönen Holzhausdorf **Sunndal**, hinter dem sich das **Bondhusdal** öffnet. Am Talende, das nach rund 1 km erreicht ist, beginnt ein markierter Wanderweg, der schnell zum rund 180 m höher gelegenen **Bondhusvatnet** führt, von dessen Ufer aus man ein beeindruckendes Panorama auf den **Bondhus-Gletscher** genießen kann, der vom Hauptgletscher des Folgefonn aus zu Tal fließt.

ÜBERNACHTUNG UND ESSEN

Rosendal Turisthotell, Zentrum (am Kai), ✆ 53473666, 💻 www.rosendalturisthotell.no. Schmuckes Holzhaus aus dem 19. Jh., idyllisch am Fjord gelegen. 14 stilvoll eingerichtete Zimmer; allerdings Gemeinschafts-Dusche/WC. Restaurant und Bar. Frühstück inkl. ❹

Rosendal Avlsgard, an der Baronie, ✆ 5348 2999, 💻 www.baroniet.no. Gemütliches Gehöft, das der Baronie angeschlossen ist. Romantische Zimmer, traditionell eingerichtet (kein TV), Gemeinschafts-Dusche/WC. Restaurant mit sehr guter Traditionskost. Frühstück inkl. ❸

Rosendal Fjordhotel, Zentrum, ✆ 53488000, 💻 www.rosendal-fjordhotel.no. Direkt am Fjord gelegenes Top-Hotel mit gutem Service. 90 Komfortzimmer, teils mit herrlicher Aussicht auf den Fjord, teils auf das umliegende Bergland. Restaurant, Disco, Sauna, Fitnessraum, Tennisplatz, Boot- und Fahrradverleih. ❻

AKTIVITÄTEN

Angeln
Die Flüsse Bondhuselva, Æneselva und Hattebergselva sind bekannt für gute Lachsbestände. Angelkarten im Touristenbüro. Ansonsten zahlreiche gute Plätze am Fjord.

Fjordrafting
Die Touristeninformation vermittelt Touren in Speed- und Schlauchbooten, die mit bis zu 50 Knoten über den Fjord rasen.

Radfahren
Zahlreiche Nebenstraßen laden zum Radeln ein. In der Touristeninformation bekommt man Broschüren mit den schönsten Routen.

Wandern
3 Wanderungen sind schon ab Ortsmitte ausgeschildert. Sie führen auf das Skålafjell (450 m), zum Melderskin (etwa 2 Std.) und auf das Skeisfjell (967 m; der Ausgangspunkt ist hinter dem Schloss). Das Touristenbüro informiert.

SONSTIGES

Einkaufen
Rosendal Brukskunst & Gullsmedforretning, Zentrum, ✆ 53481284. Gold- und Silberschmiede mit Verkauf und Ausstellung von traditionellem handgefertigtem Schmuck.

Fahrradverleih
Rosendal Sport, ✆ 53481105.

Feste
Rosendal Musikkfestival, Ende Mai, 💻 www.rosendalmusikkfestival.no. Das alljährliche Musikfestival, das schon seit 1977 Tradition ist, markiert den Fest-Höhepunkt.

Geld
Sparebank 1, Vangstunet 52 (Kvinnherad), ✆ 53482300.

Informationen
Kvinnherrad turistinformasjon und **Folgefonna informasjonssenter** (Folgefonn Nationalparkzentrum), Skålakaien, ✆ 53484280, 💻 www.visitsunnhordland.no und 💻 www.folgefonna.info, 🕒 Juni–Aug tgl. 10–19 Uhr.

Medizinische Hilfe
Zuständig ist **Kvinnherad legevakt**, ✆ 53473100.

Polizei
Kvinnherad lensmannskontor, ✆ 02800.

Post
Rosendal Post i butikk (Spar Supermarkt), Skålagato 37, ✆ 04004, 🕒 Mo–Fr 8–21, Sa 8–20 Uhr.

TRANSPORT

Selbstfahrer
Der 11 km lange **Folgefonn-Tunnel** (Pkw 72 NOK, Wohnmobile 145 NOK) verbindet die Kvinnherad-Halbinsel mit ODDA. Nach BERGEN geht es am schnellsten mit der Fähre (s. u.). Der 10 km lange **Jondalstunnel**, der von Nordrepollen bei Mauranger nach Torsnes bei JONDAL (S. 286) führt, spart auf der Strecke nach Bergen rund 40 km ein. Er ist ebenfalls mautpflichtig und kostet 100 NOK pro Pkw, 200 NOK pro Wohnmobil.

Busse
Von Rosendal aus bestehen mehrmals tgl. Verbindungen nach ODDA sowie BERGEN.

Schiffe
Schnellboote

Ein- bis dreimal tgl. bestehen Direktverbindungen von/nach BERGEN (372 NOK p. P.). Infos über ✆ 51895270, 💻 www.rodne.no.

Fähren

Ab dem kleinen Ort Løfallstrand nördlich von Rosendal verkehren Fähren nach GJERMUNDSHAMN (gut 20x tgl., 25 Min.; 50 NOK, Pkw 127 NOK), von wo aus man mit dem Auto nach BERGEN weiterfahren kann. Infos über 💻 www.tide.no.

Kinsarvik und Lofthus

Wer einfach nur ein paar Tage abschalten möchte, kann diese zwei benachbarten Städtchen ansteuern, die sich am Kreuzungspunkt des Sørfjords mit dem Eidfjord sowie dem Hauptarm des Hardangerfjords entlang malerischer Wald- und Wiesenufer erstrecken. Der wenig mehr als 1000 Einwohner zählende Doppelort wurde von Mönchen des Zisterzienserordens im 11. Jh. gegründet, war während des gesamten Mittelalters der bedeutendste Kirch- und Handelsplatz der gesamten Region und ist heute das Ferienzentrum am Hardangerfjord schlechthin. Diese Stellung verdankt er insbesondere seiner eindrucksvollen Lage, den zahlreichen Ausflugsmöglichkeiten zu Wasser und zu Lande sowie all den herrlichen Wanderungen, die hier ihren Ausgang nehmen.

Zeitzeugen

In kulturhistorischer Hinsicht lohnt ein Besuch der um 1160 im romanischen Stil errichteten **Kinsarvik-Kirche**, ⌚ 25. Juni–16. Aug tgl. 10–19 Uhr, sowie der aus dem 13. Jh. stammenden **Ullensvang-Kirche**, die dem gotischen Stil folgt, ⌚ 25. Juni–16. Aug tgl. 10–19 Uhr. Gehöfte aus alter Zeit sowie eine Privatsammlung norwegischer Gemälde zeigt das zum Hardanger Volksmuseum (S. 285) gehörende **Skredhaugen-Freilichtmuseum**, 💻 www.hardangerogvossmuseum.no, ⌚ 26. Juni–3. Aug nur Mi und So 12–17 Uhr, Eintritt 60 NOK.

Wer ein Fan des großen Klassikers Edvard Grieg ist, kann seine in Lofthus im Garten des Hotels Ullensvang (S. 279) gelegene Komponistenhütte besuchen, in der der Musiker mehrere seiner Werke komponiert hat. Bleibt schließlich der interessante „Obstpfad" **Hardanger Fruktsti** (6 km, ca. 1 1/2 Std.), der der Obst- und Lokalgeschichte der Gemeinde gewidmet ist und in einer Broschüre des Touristenbüros näher beschrieben wird. Er startet in Lofthus direkt neben dem Lebensmittelgeschäft.

Wanderungen

Die Hardangervidda mit ihrem dicht gespannten Netz an markierten Pfaden und Wanderhütten liegt gewissermaßen vor der Tür, aber von all den nach Dutzenden zu zählenden Wanderungen, die von Kinsarvik/Lofthus aus einladen, ist es diejenige zum Wasserfall-„Quartett" **Tveitafoss** (103 m Fallhöhe), **Nyastølfoss** (um 200 m Fallhöhe), **Nykkjesøyfoss** (etwa 80 m Fallhöhe) sowie **Søtefoss** (273 m Höhe, davon 176 m in senkrechtem Fall), die hier die höchsten Besucherzahlen aufweisen. Alle Wasserfälle sind über eine Streckenwanderung durchs 11 km lange und von Kinsarvik aus Richtung Hardangervidda verlaufende **Husedalen** auf markierten Pfaden in ca. 2–3 Std. zu erreichen (besser ist es allerdings, einen halben Tag einzuplanen), und wem das doch etwas zu anstrengend ist, der kann von Kinsarvik aus zum rund 40 km entfernten **Vøringsfoss** aufbrechen (S. 283), der sich auch direkt vom Autofenster aus wunderbar betrachten lässt.

In Lofthus öffnet sich das **Elvadalen** Richtung Hardangervidda, und hier sind es die Was-ser-fälle Opo- sowie Skrikjofoss (650 m bzw. 400 m Fallhöhe), die im Rahmen einer etwa zweistündigen Wanderung erreicht werden. Wer hoch hinaus will, nämlich auf die 950 m messende **Abbruchkante der Hardangervidda**, kann von Lofthus aus nach Nosi aufsteigen, was hin und zurück etwa 4 Std. dauert – ein historischer Pfad, angelegt wahrscheinlich von Zisterziensermönchen im 12. Jh., weshalb der Stiegenweg zwischen Höhenmeter 760 und 700 auch der „Mönchstreppe" *(Munketrappene)* folgt.

ÜBERNACHTUNG UND ESSEN

Hostels und Hotels

€ **Hardanger Hostel**, Lofthus, ☎ 53671400, 💻 www.hardangerhostel.com. Ehemaliges Schulpensionat, das im Sommer dem Tourismus dient. Schön im Grünen gelegen mit 44 schlichten Zimmern inkl. Frühstück. Aufenthaltsraum, Gästeküche, kurze Entfernung zu den meisten Aktivitäten. ⌚ 15. Juni–16. Aug. DZ ab ❷

Ullensvang Gjesteheim, Lofthus, ☎ 53661236, 💻 www.ullensvang-gjesteheim.no. Traditionelle Pension, idyllisch am rauschenden Bach auf einer panoramareichen Anhöhe gelegen. Kleine, einfache Zimmer mit blauer Blümchentapete, Gemeinschafts-Bad/WC, Frühstück inkl. Das Restaurant bietet traditionelle Hausmannskost, zudem ein eigenes Thai-Menü. ❸

Kinsarvik Fjord Hotel, Kinsarvik, ✆ 53667400, 💻 www.kinsarvikhotel.no. Stilvolles Mittelklassehotel in Weiß mit gutem Service, gegenüber vom Fähranleger im Ortzentrum gelegen. Das Hotel verfügt über 70 moderne und unlängst renovierte Zimmer. Die mit Balkon und Ausblick auf den Hardangerfjord sind besonders ansprechend. Restaurant, Bar, Obstschnitte inkl. ❺

Hotel Ullensvang, Lofthus, ✆ 53670000, 💻 www.hotel-ullensvang.no. Großes vornehmes Familienhotel in prächtiger Lage direkt am Fjord. Das Haus verspricht ein Nonplusultra in Sachen Eleganz und Stil mit allem Komfortund Service: Schwimmhalle, Fitnesscenter, Sauna, Jacuzzi, Squash, Bowling, Golfsimulator, Billard, Tennishalle, Boots- und Fahrradverleih. Das Hotel bietet 172 Zimmer der Spitzenklasse, ein gutes Restaurant und Bar. In der Hochsaison recht teuer. ❻

Camping und Hütten

€ **Lofthus Camping**, Lofthus, ✆ 53661364, 💻 www.lofthuscamping.com. 4-Sterne-Platz in einem Obstgarten. Die meisten Stellplätze haben wunderschöne Aussicht auf den Fjord und das umliegende Bergland. 27 Hütten unterschiedlichen Standards, große, topmoderne Sanitäranlage, Bootsverleih, Aufenthaltsraum mit Internetzugang. Stellplatz 225 NOK, Hütten ❶–❺

€ **Kinsarvik Camping**, Kinsarvik, ✆ 53663290, 💻 www.kinsarvikcamping.no. Moderner, ganzjährig geöffneter Campingplatz, ebenfalls mit Ausblick über den Fjord. 25 Hütten verschiedener Komfortstufen ab 495 NOK. Gute Angelmöglichkeiten und Motorbootverleih. Stellplatz ab 180 NOK, Hütten ❷–❺

€ **Bråvoll Camping**, Kinsarvik, ✆ 53663510, ✉ tro-stei@frisurf.no. Einfacher 2-Sterne-Platz am Ortsrand mit grünen Wiesen unter Bäumen. Etwa 45 Stellplätze und 6 schlichte Hütten für 2–4 Pers. Gratisverleih von Ruderbooten. Stellplatz 225 NOK, Hütten ab ❶

SONSTIGES

Einkaufen

Hardanger Souvenirs, Kinsarvik, 💻 www.hardanger-souvenir.no. Geschäft mit einer riesigen Auswahl an Souvenirs jeder Art. 🕒 im Sommer Mo–Sa 9–20, sonst Mo–Fr 10–16, Sa 10–15 Uhr.

Husflidstova, Lofthus, ✆ 53662110. Ansprechende handgearbeitete Traditionskleidung in guter Qualität. Auch Keramik-Ausstellung. 🕒 Mi–Fr 10–17, Sa 10–15 Uhr, im Juli längere Öffnungszeiten.

Fahrradverleih

Hotel Ullensvang, S. 279.

Ullensvang turistinformasjon, s. u.

Feste

Hardanger Musikfest, Pfingsten, 💻 www.hardangermusikkfest.no. Alljährliches Musik-Event mit Konzerten und Tanz, das mittlerweile auch international Beachtung findet. Alles von traditioneller Volksmusik bis hin zu Jazz.

Blømingsfestivalen, Mitte Mai. Ein weiteres Musikfestival mit Schwerpunkt auf Hardangerfiedel und Volkstanz. Informationen über das Touristenbüro.

Morellfestivalen, Ende Juli 💻 www.morellfestivalen.no. Das sogenannte „Süßkirschen-Festival" mit großem Obstmarkt in Lofthus. Außerdem wird im Rahmen des Festivals die inoffizielle norwegische Meisterschaft im Kirschkernespucken ausgetragen.

Hardanger Matkulturfestival, Mitte Okt, 💻 www.hardanger-matkulturfestival.no. Hier steht traditionelles Essen mit lokalen Rohwaren im Zentrum. Märkte, Essenstände, Essenkünstler und vieles mehr.

Informationen

Ullensvang turistinformasjon, Kinsarvik, ✆ 53663112, 💻 www.visitullensvang.no, www.hardangerfjord.com. 🕒 Juni–Aug tgl. 9–18, sonst Mo–Fr 9–16 Uhr.

Zweigstelle in Lofthus: ✆ 53661190, ◷ nur in der Sommersaison tgl. 10–17 Uhr.

Medizinische Hilfe
Legevakt, ✆ 53648010.

Polizei
Ullensvang og Eidfjord lensmannskontor, Kinsarvik, ✆ 02800.

Post
Kinsarvik Post i butikk (Spar Supermarkt), ✆ 04004, ◷ Mo–Fr 9–20, Sa 9–18, So 9–15 Uhr.

Taxi
✆ 95474575.

TRANSPORT

Selbstfahrer
Seit 2013 spannt sich die Hardangerbrücke (mit 1310 m die längste Hängebrücke Norwegens) über den Eidfjord (150 NOK Mautgebühr), und seitdem kann man vom Hardangerfjord aus entlang der R 7 auch ohne Fähre nach BERGEN gelangen. Schneller und günstiger als mit der Fähre Kinsarvik–Kvanndal (bis zu 10x tgl., 50 Min.) ist das aber nicht, schon gar nicht schöner. Von Kvanndal aus sind es dann via Norheimsund entlang dem Nordufer des Hardangerfjords noch rund 80 km bis nach Bergen.

Busse
Mehrmals tgl. Verbindungen nach ODDA, EIDFJORD, VOSS und BERGEN.

Schiffe
Schnellboote
Mai–Sep tgl. um 15.55 Uhr von Lofthus/Kinsarvik via UTNE (125 NOK) nach NORHEIMSUND (224 NOK) mit Busanschluss nach BERGEN. Tgl. um 10.30 Uhr mit dem Schnellboot nach EIDFJORD (168 NOK). Infos über alle Verbindungen über 💻 www.norled.no.

Fähren
Tgl. 6–22 Fahrten nach KVANNDAL (50 Min., 38 NOK, Pkw 102 NOK) und UTNE (25 Min., 37 NOK, Pkw 102 NOK).

7 HIGHLIGHT

Eidfjord

Schmal und schluchtengleich sind alle Täler, die sich vom bergumschnürten Eidfjord, Richtung Hardangervidda öffnen. Diese Schluchten begründen zusammen mit ihren dramatischen Wasserfällen – allen voran der Vøringsfoss, Norwegens wohl bekanntester Wasserfall – die Berühmtheit, die das gleichnamige Städtchen in der Welt des internationalen Tourismus schon seit Anfang des 20. Jhs. innehat. Heute genießt das nicht nur ungeheuer schön gelegene, sondern auch recht charmante Eidfjord (ca. 600 Einw.) den Ruf einer „Most Improved Destination in Norway", wie es das Magazin *Dream World Cruise Destinations* einmal ausdrückte.

Sehenswürdigkeiten im klassischen Sinn hingegen sind hier Mangelware, und nur kulturhistorisch Interessierte werden die etwas außerhalb des Ortes bei Lægreid gelegene **Jacobs Kirke** besichtigen wollen, die im Jahre 1309 aus Stein errichtet wurde und als eines der wenigen erhaltenen Bauzeugen des Mittelalters im Vestland gilt. ◷ Mitte Juni–Mitte Aug Mo–Fr 9–15 Uhr.

Im Rahmen eines 20-minütigen Spaziergangs kann man das **Gräberfeld Hæreid** besuchen, das aus der Eisen- sowie Wikingerzeit stammt und das größte seiner Art in Westnorwegen ist. Mehr als 350 Hügelgräber liegen hier über ein mit Birkenwald bestandenes Plateau verstreut. Eine mit Karte ausgestattete Broschüre des Touristenbüros weist den Weg und erklärt Details.

Das Simadal

Hinter dem Fjordufer bei Eidfjord öffnet sich das spektakuläre, in bis zu 1500 m hohe Berge gefasste Simadal, das von der Simadalselva durchströmt wird. Ein Wanderweg zieht sich am Flussufer entlang in den rund 12 km langen, auch per Straße erkundbaren Talzug hinein, an dessen Ende das **Sima-Kraftwerk** steht. Es ist eines der größten Wasserkraftwerke Europas, und die 700 m tief im Berg gelegene, 200 m lange und über 40 m hohe Kraftstation konnte bis Sommer 2017 im Rahmen von Führungen besichtigt werden. Heutzutage geht das leider nicht mehr.

Highlight des Simadalen aber ist der Einödhof **Kjeåsen**, der wie ein Adlerhorst 600 m über dem Talgrund thront und im Rahmen einer Wanderung besucht werden kann, die direkt am Parkplatz vor dem Kraftwerk beginnt. Sie ist markiert, dank der Streckenführung extrem schweißtreibend und nimmt hin und zurück mindestens 3–4 Std. Zeit in Anspruch. Auch per Auto aber kann man den alten Hof erreichen, doch die Hälfte der Strecke verläuft durch einen unbeleuchteten, schmalen Tunnel (Auffahrt zu jeder vollen Stunde, Abfahrt zu jeder halben Stunde), was nicht nach jedermanns Geschmack ist.

Das Hjølmodal

Nahe dem Naturzentrum zweigt das Hjølmodal vom Måbødalen ab (an der R 7 mit „Hjølmo" beschildert). Erschlossen wird es durch eine schmale Straße (nicht für Gespanne und Wohnmobile über 6 m Gesamtlänge), die nach 12 km auf einem Parkplatz endet. Dort beginnt ein markierter Wanderweg, der nach rund 1 1/2 Std. an den Gischtmantel des **Velurfoss** heranführt, der sich 270 m tief über eine Klippe zu Tal stürzt. Wer lauffaul ist, mag sich mit der Aussicht auf den Doppelwasserfall **Vedalsfoss** begnügen, der 4 km nach der Abzweigung von der R 7 von der Straße aus zu bewundern ist: 650 m hoch, davon 200 m in freiem Fall.

ÜBERNACHTUNG

Hostels und Hotels

€ **Bergslien Turistheim**, Elvaveien. 9, ✆ 99169103, 41644871, 💻 www.turistheim.no. Pensionat, 150 m vom Zentrum. Einfache, schlichte Einrichtung, sehr günstig. 70 Betten in 20 renovierten Zimmern mit oder ohne Bad/WC. Gästeküche und Aufenthaltsraum. ⏲ Mai–Okt. Ab ❶

Eidfjord Gjestgiveri, 6 km südlich von Eidfjord an der R 7, ✆ 53665346, 💻 www.ovre-eidfjord.com. Ansprechendes Pensionat mit holländischen Besitzern, im Grünen am Øvre Eidfjord gelegen. Gute Zimmer mit Gemeinschafts-Bad/WC sowie 6 Hütten für 2 Pers. Aufenthaltszimmer mit TV und Internet. Im Restaurant wird Frühstück und die Spezialität des Hauses serviert: Pfannkuchen nach altem holländischem Rezept. Ab ❸

Vik Pensjonat og Hytter, Zentrum, ✆ 53665162, 💻 www.vikpensjonat.com. Schickes weißes Holzhaus mit Café/Restaurant, Garten, Sonnenterrasse. Gemütliche Zimmer mit oder ohne Bad/WC sowie 2 Hütten. Bootsverleih und Verkauf von Angelkarten für den 100 m entfernten Eio-Fluss. Ab ❸

Eidfjord Fjell & Fjord Hotel, Zentrum, ✆ 53665264, 💻 www.effh.no. Charmantes Top-Hotel mit ansprechender Architektur, teils mit Panoramaausblick auf den Fjord. 28 moderne Zimmer, hohes Komfortangebot (u. a. Sauna und Bar). Verglastes Restaurant mit günstigen Traditionsgerichten, ⏲ tgl. 16–20 Uhr. ❻

Camping und Hütten

Kjærtveit Camping, Simadalsvegen 5-8, Eidfjord, ✆ 90681762, 💻 www.kcamp.no. 90 panoramareiche Stellplätze auf grüner Wiese nahe dem Eio-Fluss, außerdem 3 Hütten (bis zu 7 Pers.) und 4 Apartments. Gute Angelmöglichkeiten, Bootsverleih (Motorboot ab 350 NOK pro Tag), morgens frische Backwaren

Hardangervidda Naturzentrum

Wer von Eidfjord aus der landeinwärts führenden und mit „Geilo" beschilderten R 7 folgt, gelangt ins immer enger von Bergen umschnürte **Måbødal**, in dem nach rund 5 km das **Hardangervidda-Naturzentrum** an der Strecke liegt. Es ist eines der modernsten natur- und kulturhistorischen Erlebniszentren des Landes und informiert mithilfe von Dioramen, Displays, Filmen (besonders beeindruckend ist der Panoramafilm „Fjord, Gebirge und Wasserfälle") und zahllosen mehrsprachigen Texttafeln über Botanik, Ornithologie und Zoologie ebenso wie über Geologie, Glaziologie und Archäologie der Hardangervidda (S. 240), auf die die R 7 im weiteren Verlauf hinaufführt. 💻 www.hardangerviddanatursenter.no, ⏲ April– Okt tgl. 10–18, Mitte Juni–Mitte Aug tgl. 9–19 Uhr, Eintritt 130 NOK.

im Kiosk. Stellplatz 210 NOK, Hütten ❺, Apartment ab ❷

€ **Sæbo Camping**, Øvre Eidfjord an der R 7, 47179322, 💻 www.saebocamping.com. Naturschöner Campingplatz, nahe dem Hardangervidda-Naturzentrum am Ufer des Eidfjordvatnet gelegen. Große Zeltwiese mit tollem Ausblick, 16 überdurchschnittliche eingerichtete, preisgünstige Hütten, umfassendes Service-Angebot. Der Lachs- und Forellenfluss Bjoreio liegt vor der Tür und bietet sehr gute Angelmöglichkeiten. 🕒 Mitte Mai–Mitte Sep. Stellplatz 220 NOK, Hütten ab ❶

WESTNORWEGEN

ESSEN

Aseits der Restaurants in den Hotels und Pensionen ist das Angebot in Eidfjord nicht sonderlich groß. Eine empfehlenswerte Adresse ist:

Hardangerviddahallen Restaurant og Kafe, Øvre Eidfjord, ✆ 53674010. Restaurant mit ansprechender Architektur, dem Hardangervidda-Naturzentrum angeschlossen. Gemütliche Atmosphäre dank offener Feuerstelle und traditioneller Einrichtung. Aufgetischt werden hauptsächlich Traditionsgerichte aus lokalen Rohwaren, wie z. B. Gebirgsforelle, Lamm und Rentierbraten. Desserts aus Früchten und Beeren der Region. Gehobene Preise. 🕒 April–Sep tgl. 10–18, Mitte Juni–Mitte Aug tgl. 9–19 Uhr.

Fjordfahrten

Eidfjord von innen ist das eine, der Eidfjord von draußen, vom Wasser aus betrachtet, etwas ganz anderes, und so gilt es als touristische Pflichtübung, auch einmal an einer Fjordfahrt teilgenommen zu haben. Billigste Möglichkeit dazu ist das Schnellboot, das tgl. um 14.40 Uhr von Eidfjord auf der Strecke nach Utne (147 NOK) und Kinsarvik (168 NOK) und weiter nach Norheimsund (316 NOK) verkehrt. Oder man reist mit dem Boot von Utne bzw. Kinsarvik oder Norheimsund aus nach Eidfjord an. Informationen über 💻 www.norled.no.

AKTIVITÄTEN

Angeln

Im Fjord zu angeln ist kostenlos, für die Flüsse und Seen benötigt man eine Angelkarte, die im Touristenbüro erhältlich ist. Der Fluss Bjoreio am Sæbo Camping (S. 282) und der Eio bieten sich zum Lachs- und Forellenangeln an.

Baden

2 familienfreundliche Badestrände Richtung Simadalen, 1 km bzw. 3 km vom Ortszentrum.

Golf

Hardangervidda Golfpark, Vøringsfoss, ✆ 53665779. Golfplatz mit Aussicht, auf 700 m Höhe auf der Hardangervidda gelegen. 6 Löcher und Driving range.

Radfahren

Eine schöne, aber recht anstrengende Tour folgt dem alten Fahrweg durch das Måbødal in Richtung Vøringsfoss.

TOUREN

Kanu- und Kajakverleih (300/200 NOK) im Touristenbüro. **FlatEarth Adventures**, Sæbøtunet 4, Øvre Eidfjord (im Hochsommer neben dem Hardangervidda Naturzentrum), ✆ 47606847, 💻 www.flatearth.no. Größter Anbieter von Outdoor-Aktivitäten im Bereich von Hardangerfjord und Hardangervidda. Auf dem Programm stehen u. a. verschiedene Mountainbiketouren (z. B. mit Transport hinauf zum Vøringsfoss und Abfahrt zurück ins Tal; 320 NOK), Wildwasserkajaking (540 NOK), Seekajaktouren für Anfänger (590 NOK), kombinierte Wander-/Klettertouren (350 NOK), Abseiling von 400 m Höhe (inkl. Halbtageswanderung auf den Berg; 350 NOK), Kletterkurse für Anfänger und Kinder, Gletscher-Expeditionen (1050 NOK), Rafting (420 NOK) und anderes mehr.

SONSTIGES

Apotheken

Die nächste Apotheke befindet sich erst in Odda, Medizinverkauf für dringende Fälle bietet

Der Vøringsfoss, Norwegens berühmtester Wasserfall

Als absoluter Höhepunkt eines Besuchs von Eidfjord gilt der Blick auf den Vøringsfoss, der sich im freien Fall fast 200 m tief über die Abbruchkante der Hardangervidda ins Måbødal stürzt und nicht umsonst im Ruf steht, Norwegens schönster Wasserfall zu sein. Der meistbestaunte ist er in jedem Fall, und wer sich den Anblick nicht mit ganzen Busladungen voller Touristen teilen will, sollte erwägen, nicht die Aussicht von oben herunter, sondern vielmehr von unten hinauf zu suchen, was im Rahmen einer etwa 2 Std. langen Wanderung möglich ist. Ausgangspunkt ist der Parkplatz an der oberen Mündung des Måbøtunnels zwischen dem zweiten und dritten Tunnel im Måbødalen; von dort zunächst der alten Trasse der R 7 folgen, dann dem markierten Pfad.

Aber auch hinauf zur Abbruchkante kann man wandernd gelangen. Ein jahrhundertealter Fußweg, der **Måbøgaldane**, führt auf insgesamt 5 km Länge über 1300 Treppenstufen von Måbø aus an die Schwelle des Wasserfalls heran, von wo aus sich die nur für Fußgänger (und Radfahrer) zugelassene **alte Trasse der R 7** als serpentinenreicher Saumpfad zum Ausgangspunkt der insgesamt 4 Std. dauernden Wanderung zurückzieht.

Aber auch die Fahrt hinauf zur Abbruchkante ist durchaus ein Erlebnis, und am schönsten ist es, die rund 20 km lange Strecke ab Eidfjord mit dem Fahrrad (Verleih über das Touristenbüro) zu bewältigen. Dann nämlich kann man die alte Trasse der R 7 befahren, während motorisierte Reisende durch einen spiralförmig ansteigenden Tunnel aus dem Måbødal hinaus an die Schwelle gelangen, die beim **Fossli Hotel** erreicht wird; ein Hinweisschild weist zum Aussichtspunkt.

aber auch der Joker-Supermarkt **Næsheim & Co**, Eidfjord, ✆ 53665182, ⌚ Mo–Fr 9–20, Sa 10–18 Uhr.

Einkaufen

Unik, Zentrum (an der Bank), ✆ 91718521. Souvenirs und Geschenkartikel jeder Art. Traditionskleidung, Strickwaren, Silber-, Holz-, Keramikschmuck, selbstgemachte Marmeladen.

Fahrradverleih

Eidfjord turistinformasjon, s.unten.
FlatEarth Adventures, s.oben; 200 NOK pro Tag.

Geld

Sparebank 1, Eidfjord (neben der Tankstelle), ✆ 53671100.

Informationen

Eidfjord turistinformasjon, Ostangvegen 1, ✆ 53673400, 💻 www.hardangerfjord.com/eidfjord, ⌚ Anfang–Mitte Juni und Mitte–Ende Aug Mo–Fr 9–18, Sa 10–18, So 11–18, Mitte Juni–Mitte Aug Mo–Fr 9–19, Sa 10–18, So 11–18, sonst Mo–Fr 9–16 Uhr.

Medizinische Hilfe

Odda legevaktsentralen, ✆ 53673550.

Polizei

Ullensvang og Eidfjord lensmannskontor, Kinsarvik, ✆ 02800.

Post

Eidfjord Post i butikk (Joker-Supermarkt Næsheim & Co), ✆ 04004, ⌚ Mo–Fr 9–17, Sa und So 9–16 Uhr.

Taxis und Sightseeing

✆ 90195483.

TRANSPORT

Eidfjord ist mehrmals tgl. per **Bus** mit VOSS und BERGEN, KINSARVIK/LOFTHUS sowie ODDA verbunden, und auch GEILO wird angefahren.

Schnellboote

Mai–Okt tgl. um 14 Uhr via KINSARVIK (168 NOK) und UTNE (147 NOK) nach NOORHEIMSUND (316 NOK) mit Busanschluss nach BERGEN. Infos über 💻 www.norled.no.

Ein Abstecher zum Vøringsfoss, Norwegens populärstem Wasserfall, ist ein Muss am Hardanger.

Utne

Das nur wenige Kilometer und etwa 25 Fährminuten von Kinsarvik entfernte Utne erstreckt sich am gegenüberliegenden Fjordufer auf der Folgefonn-Halbinsel, und als Highlight gilt vielen die Fährfahrt, die reinste Augenweide. Aber auch der kleine Ort selbst ist mit Aussicht reich gesegnet und präsentiert sich obendrein als malerische Holzhaussiedlung. Schmuckstück ist das aus dem Jahr 1772 stammende **Utne Hotel** (s. u., Übernachtung), das älteste des gesamten Landes und durchaus eine Sehenswürdigkeit für sich. Wer über das nötige Kleingeld verfügt, sollte es als Gast in den historisch möblierten Zimmern genießen. Im anderen Fall kann man im festlichen Speisesaal aus alter Zeit das Abendessen einnehmen oder wenigstens, und auch für den kleinen Geldbeutel erschwinglich, auf der Gartenterrasse einen Kaffee.

Auf der Strecke von Utne nach Jåstad zweigen zahlreiche kleine Landstraßen und Traktorwege von der Hauptstraße ab, die bis ca. 500 m Höhe in die Bergwelt aufsteigen, von wo teilweise markierte Pfade auf die umliegenden Gipfel führen. Eine beliebte und gut markierte **Rundwanderung** (ca. 2 Std.) beginnt beim Dorf Agatunet. Über diese und andere Touren informiert das Touristenbüro, wo auch Wanderkarten erhältlich sind.

ÜBERNACHTUNG UND ESSEN

Hardanger Gjestegard, Alsåker (12 km südlich Richtung Jondal), ✆ 90167632, 💻 www.hardanger-gjestegard.no. Gasthaus in einem restaurierten Gehöft aus dem 19. Jh. Sehr ansprechende Lage mit Fjordblick, umringt von Obstbäumen und einem Garten. Innen traditionell in „Opas" Stil eingerichtet, 12 schmucke Zimmer mit Bad/WC und 8 Apartments gehobenen Komforts. Restaurant mit leckerer Traditionskost zu hohen Preisen. DZ inkl. Frühstück ab ❹, Apartment mit Selbstverpflegung ab ❺

Utne Hotel, Utne, ✆ 53666400, 💻 www.utnehotel.no. Das wunderschöne alte Holzhaus aus dem Jahre 1722 gilt als Norwegens ältestes Hotel und gehört zur edlen Kette der Historischen Hotels. Modernisierte, im Stil der alten Zeit gehaltene Zimmer mit historischem

Einzigartige Ausstellungen

Die Hauptsehenswürdigkeit von Utne ist das **Hardanger Volksmuseum** (Hardanger Folkemuseum), das als Regionalmuseum für den gesamten Hardangerraum zuständig ist und zum Pflichtprogramm für kulturhistorisch interessierte Reisende gehört. Die Freilichtabteilungen dieser Ausstellung, eine der bedeutendsten des gesamten Landes, beeindrucken mit Dutzenden von Bauten aus mehreren Jahrhunderten, und an besonderen Aktivitätstagen werden die traditionellen Handwerkstechniken demonstriert sowie Fladenbrot und Kuchen gebacken, Letzteres an jedem Dienstag. Norwegens Nationalinstrument, der Hardangerfiedel, ist eine eigene Werkstatt gewidmet, in der man Ole Vindal, dem zurzeit berühmtesten Fiedelbauer des Landes, bei seiner Kunst auf die Finger schauen und auch Fiedeln käuflich erwerben kann. Interessant sind auch die zahlreichen Ausstellungen zu Volkstanz und Volksmusik, zu Volkstrachten und Trachtenzubehör, zum Obstanbau, zum Arbeitsjahr der Frau in der traditionellen Bauerngesellschaft sowie zu den lokalen Hochzeitsbräuchen. 💻 www.hardangerogvossmuseum.no, 🕒 Mai–Aug tgl. 10–17, sonst Mo–Fr 10–15 Uhr, Eintritt 90 NOK.

17 km südlich von Utne am Fjordufer wurde mit dem **Agatunet** gleich ein komplettes Dorf unter Denkmalschutz gestellt, und mehr als drei Dutzend Häuser und Gehöfte aus allen Jahrhunderten vom Mittelalter bis in unsere Zeit sind hier neben zahlreichen Trachten zu bestaunen. Als Kleinod der Freilichtsammlung gilt die aus dem 13. Jh. stammende und in ihrer Art norwegenweit einzigartige „Richterstube". Während der Hochsaison lädt hier u. a. eine Ausstellung zum Mittelalter sowie zum Kunstgewerbe ein, während im angeschlossenen Café lokale Spezialitäten verkauft werden, freitags auch traditionelles Backwerk. 💻 www.agatunet.no, 🕒 Mai–Aug tgl. 10–17 Uhr, Eintritt 90 NOK; das Museum kann nicht mit öffentlichen Verkehrsmitteln erreicht werden.

Mobiliar, Salons mit Kamin und Fjordblick, die Küche ist berühmt. Unbedingt frühzeitig reservieren. ❻

Lothe Camping, Utne (5 km südlich Richtung Jondal), ✆ 53666650, 💻 www.lothecamping.no, ⌚ 15. Mai–15. Sep. Schöne Fjorduferlage im Saum von Obstbäumen. Gutes Übernachtungsangebot in einfachen Hütten (ab 450 NOK, bis zu 4 Pers.) oder in Zimmern des Haupthauses (ab 350 NOK). Neuere Sanitäranlagen, Aufenthaltsraum, Badeplatz und Bootsverleih sowie gute Angel- und Wandermöglichkeiten. Ab ❶

SONSTIGES

Informationen

Turistinformasjon Utne, ✆ 53661822, 💻 www.visitullensvang.no, ⌚ 22. Juni–8. Aug Mo–Fr 10–17 Uhr.

Medizinische Hilfe

Legevakt, ✆ 53648010.

Polizei

Politiet, ✆ 02800.

Post

Utne Post i butikk (Joker Supermarkt), ✆ 04004, ⌚ Mo–Fr 9–17, Sa 9–15 Uhr.

TRANSPORT

Busse

Es bestehen mehrmals tgl. Verbindungen mit JONDAL.

Schiffe

Schnellboote

Mai–Okt tgl. um 16.35 Uhr von/nach NORHEIMSUND (203 NOK) mit Busanschluss nach BERGEN. Außerdem tgl. um 9.50 Uhr via LOFTHUS (125 NOK) und KINSARVIK (111 NOK) nach EIDFJORD (168 NOK). Infos über 💻 www.norled.no.

Fähren

Tgl. bis zu zwei Dutzend Fahrten zwischen Utne und KINSARVIK/LOFTHUS (25 Min., 38 NOK, Pkw 102 NOK).

Jondal

Das am Südufer des Hardangerfjord-Hauptarms gelegene Jondal präsentiert sich mit seiner dichten Sammlung an schmucken **Holzbauten** als ein wahres Kleinod. Auch alte Mühlen und Bootshäuser laden zur Besichtigung ein, doch Highlight des nur wenige Hundert Einwohner zählenden Dorfes ist das üppige **Aktivitätsangebot**: Zur Auswahl stehen neben mehr als einem Dutzend Wanderungen (die in einer Karte verzeichnet sind) auch ein halbes Dutzend Fahrradrouten, drei Mountainbiketrails sowie Seekajaktouren. Ansprechpartner für alle Aktivitäten ist das Touristenbüro, das bei der Planung behilflich ist und auch geführte Touren anbietet. Zudem vermittelt es Fahrräder mitsamt Ausrüstung (300 NOK pro Tag) sowie Seekajaks (500 für 4 Std., 1000 NOK pro Tag).

ÜBERNACHTUNG UND ESSEN

Folgefonn Gjestetun, Jondal, ✆ 53668055, 💻 www.folgefonn-gjestetun.no. Ehemaliges Altersheim, 2003 umfassend renoviert, zentral gelegen. 30 einfache Zimmer mit oder ohne Bad/WC. Das Restaurant (mit Pub) bietet sehr günstige Mahlzeiten. Verleih von Kanus und Kajaks, Internetcafé. Ab ❸

Jondal Gjestgjervarstad, Jondal, ✆ 53668563, 💻 www.jondalhotel.no. Schöner weißer Holzbau mitten im Ortszentrum, in den letzten Jahren vollständig renoviert. Die 13 hellen Zimmer (mit oder ohne Bad/WC) sind komfortabel und modern eigerichtet, doch den besten Gegenwert fürs Geld bieten die Apartments. Restaurant mit gutem Essen zu bekömmlichen Preisen, schöne Sonnenveranda. DZ inkl. Frühstück ❹, Apartment für 2 Pers. ❸

Folgefonn Hytte- og Gårdscamping, Jondal, ✆ 53668423, 💻 www.gardscamping.com. Einfacher, familienfreundlicher Bauernhof-Campingplatz etwas außerhalb des Ortszentrums in ländlicher Umgebung gelegen. Große Zeltwiesen, Campinghütten (4 Pers.) und Apartments. Gratis-Ruderboote für Gäste, gute Angel- und Wandermöglichkeiten in direkter Nähe. ⌚ Anfang Mai–Ende Okt. Stellplatz 215 NOK, Apartments ab ❶, Hütten ab ❶

SONSTIGES

Apotheken
Medizinverkauf im Spar-Supermarkt, ✆ 53668564.

Fahrradverleih
Jondal turistinformasjon, s. u.

Geld
Sparebank 1, Zentrum, ✆ 53671100.

Informationen
Jondal turistinformasjon, Zentrum, ✆ 53668531, 💻 www.visitjondal.no, 🕒 Juni–Mitte Aug tgl. 9.30–16, im Juli bis 17.30 Uhr.

Medizinische Hilfe
Legevakt, ✆ 53648010.

Polizei
Jondal lensmannskontor, ✆ 02800.

Post
Jondal Post i butikk (Spar Supermarkt), ✆ 04004, 🕒 Mo–Fr 9–18, Sa 9–16 Uhr.

TRANSPORT

Selbstfahrer
2012 wurde der 10 km lange Jondalstunnel eröffnet, der von Nordrepollen bei Mauranger nach Torsnes bei JONDAL (S. 286) führt und auf der Strecke nach Bergen rund 40 km einspart. Er ist mautpflichtig und kostet 100 NOK pro Pkw, 200 NOK pro Wohnmobil.

Busse
Es bestehen mehrmals tgl. Verbindungen mit UTNE, außerdem von Tørvikbygt aus (Fähre ab Jondal, s. u.) via NORHEIMSUND ins 42 km entfernte BERGEN.

Schiffe
Die **Fähre** von Jondal nach TØRVIKBYGT (20 Min., 38 NOK, Pkw 102 NOK) verkehrt alle 60 Min. Infos über 💻 www.norled.no.

Das Folgefonn-Sommerskizentrum

Eine Fahrt von den üppig grünen Ufern des Hardangerfjords von Jondal aus zum Folgefonn-Sommerskizentrum (Folgefonn Bresport, an der R 555 beschildert) ist eine der beeindruckendsten, die man in der Region unternehmen kann. Sie lohnt auch dann, wenn nicht geplant ist, die **Sommer-Rodelbahn** (1,5 km lang) und/oder die **Skipisten** (250 m Höhenunterschied) zu nutzen. Die **Panoramen**, die man von der 19 km langen mautpflichtigen Straße hinunter auf den blaugrün schimmernden Fjord sowie hinüber auf hochalpine Frost- und Reifriesen genießt, sind schlicht umwerfend, und wer immer schon mal mit freiem Oberkörper oder im Bikini auf die Loipe gehen wollte – hier oben, rund 1200 m über dem Meer, wo auch Norwegens längster Gletscherlift (1100 m) steht, ist es möglich. ✆ 90088278, 💻 www.folgefonn.no, 🕒 Mitte Mai–Aug tgl. 9–16 Uhr; zwischen Mitte Juni und Mitte Aug verkehrt ab Jondal zudem ein Gletscherbus zum Skifeld hinauf (tgl. 9.05 Uhr, retour um 15.50 Uhr, 55 NOK pro Weg), und natürlich kann alle erforderliche Ausrüstung vor Ort ausgeliehen werden: Ski 320 NOK pro Tag, Snowboard 350 NOK, Liftfahrt 70 NOK, Tageskarte 390 NOK.

Der Folgefonni Breførarlag bietet zwischen Mitte Juni und Mitte Aug während der Saison geführte **Gletscherwanderungen** in zwei Schwierigkeitsgraden: Die „Blaueistour" dauert 5–6 Std. (750 NOK), alle erforderliche Ausrüstung ist im Preis enthalten, und die Tour eignet sich für alle Menschen mit normaler Kondition sowie für Kinder ab 8 Jahre. Zu Beginn geht es für etwa 40 Min. über Schneefelder zum eigentlichen Blaueis, auf das es anschließend hinaufgeht. Im weiteren Verlauf werden an speziellen Panoramapunkten Pausen eingelegt, unterwegs erfährt man Interessantes aus Natur und Kultur, und im warmen Nachmittagslicht gelangt man schließlich zum Ausgangspunkt zurück. Folgefonni Breførarlag, ✆ 55298921, 💻 www.folgefonni-breforarlag.no.

8 HIGHLIGHT

Bergen und Umgebung

Landeinwärts durch sieben Bergzüge geschützt und seewärts mit sieben inselgespickten Fjorden verbunden, besitzt Bergen eine strategisch günstige Lage nahe der offenen Nordsee, der es seine Gründung verdankt. König Olav Kyrre verlieh dem vermutlich sehr viel älteren Handelsplatz Bjørgvin oder Bergvin um das Jahr 1070 die Stadtrechte, und im Verlauf des nächsten Jahrhunderts wuchs der Ort zu Norwegens wichtigstem Umschlagplatz für Waren aus aller Welt heran. Als König Håkon Håkonsson der Stadt 1217 noch die Residenzfunktion von Trondheim übertrug, wurde Bergen Kristallisationspunkt nicht nur wirtschaftlicher, sondern auch politischer Macht im Lande.

Um 1230 vergab der auf eine Öffnung Norwegens bedachte Herrscher erste Handelsprivilegien an Lübecker Kaufleute und schuf so die Grundlage für die Niederlassung der Hanse rund 100 Jahre später.

Obwohl die Verlegung der königlichen Residenz von Bergen nach Oslo im Jahre 1299 einen erheblichen Machtverlust bedeutete und eine Umorientierung ankündigte, blieb die Handelsmetropole im Westen weiterhin die glanzvolle „Hauptstadt des Nordens“, wie sie schon seit dem 12. Jh. genannt wurde. Sie war bedeutender noch als Kopenhagen, Stockholm oder Lund, denn obwohl das hanseatische Kontor vorwiegend an der Mehrung des eigenen Reichtums interessiert war, diente es doch auch dem Wohlstand der Stadt. Erst im 16. Jh. wurde die deutsche Vorherrschaft beendet, und als im 19. Jh. im Zuge der aufkommenden Industrialisierung Bergens Handelsmonopol gebrochen wurde, verlor die Stadt, die bis 1909 keine relevante Landverbindung mit dem Rest Norwegens besaß, ihre Vormachtstellung als größte und reichste Metropole des Landes an Oslo.

Auch heute ist Bergen mit seinen rund 280 000 Einwohnern nur noch die Nummer zwei im Lande, allerdings die am schönsten gelegene und die Großstadt mit dem meisten Flair. Seine kosmopolitische Atmosphäre ist im Norden einzigartig, und nicht zuletzt durch ihre Wahl zur „Europäischen Kulturstadt 2000“, die mit fast 3000 mm Niederschlag pro Jahr auch als „Hauptstadt des Regens“ gilt, konnte die Stadt ihre Stellung als wichtigstes kulturelles Zentrum nach Oslo bewahren. Bereits 1765 wurde hier das Philharmonische Orchester aus der Taufe gehoben, 1850 gründete sich in Bergen Norwegens erstes Theater, und die alljährlichen Internationalen Bergenser Festspiele mit Kammerkonzerten, Theater- und Tanzaufführungen, Folkloreveranstaltungen, Kunstausstellungen sowie den parallel stattfindenden „Nightjazz-Konzerten“ sind in Norwegen unübertroffen.

Orientierung

Bahnhof und **Busbahnhof** liegen nahe beieinander am östlichen Rand des inneren Stadtkerns, dessen Zentrum der **Torget** (Marktplatz) am **Hafenbecken** des Vågen bildet, wo sich auch das Büro der **Touristeninformation** befindet und rings umher in fußläufiger Entfernung die meisten Unterkünfte, Restaurants, Kneipen sowie sonstigen Service-Adressen liegen., Auch die bedeutendsten Sehenswürdigkeiten der Stadt kann man vom Marktplatz aus zu Fuß innerhalb weniger Minuten erreichen. Weiter entfernte Highlights werden von den Stadtbussen bedient; die wichtigsten Linien starten ebenfalls am Torget bzw. am Busbahnhof.

Das Hanseviertel Bryggen

Seine Ernennung zur Europäischen Kulturstadt 2000 verdankt Bergen vor allem seiner bedeutendsten Sehenswürdigkeit, dem einstigen Hanseviertel Brygge, das auf eine mehr als 700 Jahre alte Geschichte zurückblickt und schon vor mehr als 25 Jahren als Weltkulturerbe der Menschheit in die Liste der erhaltenswerten Baudenkmäler der Unesco aufgenommen wurde. Hier befanden sich einstmals die Wohnviertel der deutschen Kaufleute, hier herrschte hanseatisches, nicht norwegisches Recht, und das verwirrende Labyrinth von Gässchen, miteinander verschachtelten Kontoren, Stiegen und Galerien lädt zu einem Streifzug ins Mittelalter ein.

Die Hanse-Museen

Ausgangspunkt dafür ist das Infozentrum **Bergen Meeting Point**, wo man kostenlose Broschüren erhält, alle geführten Touren durch das Hanseviertel starten und wo angrenzend auch das **Bryggens-Museum** einlädt. Es informiert umfassend über die Geschichte der Hanse in Norwegen wie auch über Handel, Handwerk und Verkehr der Stadthistorie und beeindruckt obendrein mit der umfangreichsten Runensammlung der Welt. 🖳 www.bymuseet.no, 🕒 Mitte Mai–Aug tgl. 10–16, sonst Mo–Fr 11–15, Sa ab 12, So 12–16 Uhr, Eintritt 80 NOK.

Ebenfalls ganz im Zeichen der Hansezeit steht das **Hanseatische Museum** (Hanseatisk Museum), das ein Bild von den Lebensbedingungen der Hansekaufleute und ihrer Bediensteten vermitteln will. Es befindet sich im alten Bryggen-Kontor Finnegården, das ganz authentisch im Stil des 16. Jh. eingerichtet ist. Der Sammlung angeschlossen ist die an der Øvregaten 50 gelegene **Schøtstuene**, der ehemalige Aufenthaltsraum der Hanseaten, der zwischen Juni und Mitte August an jedem Dienstag ab 21 Uhr den stilvollen Rahmen für traditionelle Volkstänze gibt. 🖳 www.museumvest.no, 🕒 Mitte Mai–Mitte Sep tgl. 9–17, sonst tgl. 11–15 Uhr, Eintritt 90 NOK.

Die Marienkirche

Folgt man der Øvregaten von der Schøtstuene aus hangaufwärts, ist es nur ein kurzes Stück zu der im 12. Jh. errichteten Marienkirche, die als das älteste Bauwerk der Stadt und eine der besterhaltenen romanischen Kirchen des Landes gilt. Zwischen 1408 und 1776 war das damals *Tyskekirken* („Kirche der Deutschen") genannte Gotteshaus im Besitz der Hanseaten, woran u. a. der Altarschrein erinnert, eine Lübecker Arbeit aus dem späten 15. Jh. Auch die Barockkanzel, die 1676 von hanseatischen Kaufleuten gestiftet wurde und als schönste des Landes gilt, ist wahrscheinlich deutschen Ursprungs, und bis ins 19. Jh. hinein wurden in dieser Kirche die Gottesdienste nicht in norwegischer, sondern in deutscher Sprache abgehalten. Mariakirken, 🕒 Juni–Mitte Sep Mo–Fr 9–16 Uhr, Eintritt 50 NOK.

Rings um den Vågen

Das Hanseviertel mit seinen schiefen und bunt getünchten Spitzgiebel-Kaihäusern nimmt die gesamte Ostseite der Hafenbucht Vågen ein, die mit ihrem bunten Durcheinander von Ausflugsbooten, Segel- und Motorjachten, Kuttern und Schiffen ein prachtvolles Bild abgibt. Schon ein erster Blick auf dieses ebenso ehrwürdige wie lebhafte Ensemble lässt verstehen, warum die „Königin der Fjorde" als die schönste Metropole des Königreiches gilt. Das mit Abstand beeindruckendste Panorama über den Hafen hinweg auf die Brygge und zu den säumenden Fjellhöhen empor genießt man von der Festung Bergenshus aus.

Festung Bergenshus

Die Festung liegt dort, wo in der Gründungszeit Bergens erste Gebäude entstanden: direkt an der Öffnung des langgestreckten Vågen. Insbesondere der düstere und an eine Zwingburg erinnernde **Rosenkrantztårnet** lohnt hier einen Besuch. Der wehrhafte Turm, dessen Räum-

Auf alten Gleisen

Die alte **Vossbahn**, 1883 eröffnet und 1964 stillgelegt, wurde 1993 zur Museumsbahn erklärt und verkehrt seitdem, direkt vor der Haustür Bergens, auf dem 18 km langen Abschnitt Garnes–Midttun. Gezogen wird sie von einer Dampflok (Baujahr 1913), und auch die Waggons stammen aus alter Zeit. Gamle Vossebanen, ✆ 55917780, 🖳 www.njk.no. 🕒 1. Juni–10. Sep jeden So um 11.30 und 14.30 Uhr ab Garnes und um 12.20 sowie 15.20 Uhr ab Midttun. Die Fahrzeit beträgt 50 Min., der Preis beläuft sich auf 180 NOK, eine Einzelstrecke kostet 120 NOK. Die An- und Rückfahrt ist problemlos mit Bus und Zug; Informationen auch über das Touristenbüro von Bergen.

lichkeiten besichtigt werden können, wurde um 1560 im Renaissancestil errichtet und nach dem mächtigen Lehnsherrn Erik Otteren Rosenkrantz benannt, der der Vorherrschaft der Hanse in Bergen ein Ende setzte, indem er sie norwegischer Gerichtsbarkeit unterstellte. ⌚ Mitte Mai–Mitte Sep tgl. 9–16 Uhr, stdl. Führungen, sonst nur So 12–15 Uhr, Eintritt 70 NOK.

Ein Stückchen weiter liegt die 1261 fertiggestellte **Håkonshalle** jenes Königs Håkon IV., der 1250 einen Handelsvertrag mit Lübeck schloss und so der Deutschen Hanse den Weg zur Macht an den nordischen Küsten öffnete. Ihre Architektur ist voller englischer Einflüsse, und insbesondere die breit geöffneten spitzbogigen Fenster der 36 m langen und 16 m breiten Halle erinnern rege an britische Vorbilder. ⌚ wie Rosenkrantztårnet.

Am Torget

Mittelpunkt der Stadt und Zentrum ihres kosmopolitischen Treibens ist der gegenüber der Festung Bergenshus gelegene und an das Hanseviertel angrenzende Marktplatz, der mit seinen zahlreichen Restaurants, Straßencafés, Lokalen und Musikkneipen geradezu südländisch anmutet und im ganzen Königreich kein Gegenstück hat. Er ist Standort der überlebensgroßen, 3 m hohen Bronzestatue des Bergenser Dichters Ludvig Holberg (1684–1754), und in unmittelbarer Nähe erinnert das Seemannsmonument mit Skulpturen und Reliefs an die Entdeckung Nordamerikas durch die Wikinger, die Reise nach Grönland sowie den Transport von Getreide und Öl.

Besuchenswert ist hier zudem das Restauranthaus Matbørsen. Es befindet sich im Gebäude der alten Börse aus dem Jahr 1862, die dank reicher Fresko-Malereien von Axel Revold (1887–1962) auch als **Fresko-Halle** bezeichnet wird. Die Fresken gliedern sich in drei Hauptmotive: Die „Nordland-Wand" stellt die Lofot-Fischerei dar sowie die Fahrt nach Bergen, während die „Bergen-Wand" der Ankunft der Nordland-Boote von den Lofoten sowie dem Weitertransport des Trockenfisch gewidmet ist. Die „Weltwand" schließlich zeigt u. a. den Menschen im Maschinenzeitalter. ⌚ tgl. ab 12 Uhr.

0
200 m
Fløyen
Fløyfjellstunnelen
Oslo
Hestebergveien
Fløyveien
Fjellveien
Skansebakken
Fløibanen
Nordre Skansemyren
Skansemyrsv.
SKANSEMYREN
Ole Irgens vei
Endregårdsv.
Endregården
Endregårdsbk.
①, ②, Fantoft Stabkirche, Troldhaugen, Ulriken,
Leitet
Brattlien
Cappes vei
Skivebakken
St. Jørgens gt.
Lungeg. gt.
Krohnengsgaten
Claus Fastingsgt.
Prof. Dahls gate
Tordenskjoldsgt.
Henrik Wergelands gate
Øvre Blekeveien
N. Blekevn.
Skanselien
Skansegt.
Promsgt.
Fløygate
Arbeidergt.
Fjellgt.
Langevn.
Fløyen/ Talstation
B.Meyersv.
Bispensgaten
Stølegaten
Steinkjellergt.
Schøtstuene
Marien-kirche
Bryggen-museum
Hanseviertel Bryggen
Hanseatisches Museum
Øvregaten
Bryggen
Zachariasbryggen
Fischmarkt
Torget
Vågsalm.
Kong Oscars gate
Oscars gate
Allehelgens gt.
Marken
Strømgaten
Bahnhof
Kaigaten
Z. Kaaes gt.
Bergen legevakt,
Grønnevollen
Fjøsanger-veien
E 39
585
Lille Lungegårds-vann
Lysverket
Rasmus Meyers Samling
Byparken (Bybanen)
Lars Hilles gate
Bergens Kunstforening
Stenersens Samling
Rasmus Meyers allé
Christies gate
Kunstindustrie-museum
Nygårdsgaten
H. Holmboes gt.
Herman Foss gt.
Allégaten
Harald Hårfagres gt.
Parkveien
Vågen
Strandkaien
Strandgaten
Valkendorfsgaten
Torgalmenningen
Olav Kyrres gt.
Ole Bulls plass
C. Sundts gate
Jon Smørs gate
Den Nationale Scene
Vaskerelven
Neumanns gt.
Håkons gaten
Vestre Torggt.
Fosswinckels gt.
Muséplass
Naturhistorische Sammlungen
Botanischer Garten
Johannes-kirken
Kulturhistorische Sammlungen
Bergens Seefahrtsmuseum
Ole Vigs gt.
Tullinsgt.
Nykirken
Klosteret
Markeveien
Teatergt.
Jonsvollsgt.
Rosenbergsgaten
Sydneskleiven
Sydnesgaten
Øisteinsgt.
Bergen Internationale Theater
Nøstegaten
Hurtigrutenkai
Kulturhuset USF
Verftsgaten
Galgebk.
Dokkeveien
Dokken
Bredalsmarken
Torborg Nedreaasgt.
555
Sydnes
Jekteviken
Fährterminal (Color Line)
Frieleneskaien
4 Julehuset
5 Juhl's Silver Gallery
6 Oleana Bergen
7 Grieghallen
8 Garage
9 Finnegan's
10 Altona vinbar
11 Fincken Cafe
12 Rickshuset
13 Café Opera
14 Carte Blanche
15 Hulen Rock Club
TRANSPORT
1 Bergen Base Camp
2 Bystasjonen bilutleie
3 Budget
4 Avis
5 Schnellbootkai

Der Fischmarkt

Hauptanziehungspunkt des charmanten, an Restaurants und Cafés reichen Marktplatzes Torget ist der allmorgendliche Gemüse-, Obst- und Fischmarkt, der seit Kurzem mit einer neuen Attraktion aufwartet: In einer verglasten Markthalle können Besucher nicht nur die diversen Köstlichkeiten des Meeres kaufen, sondern diese auf Wunsch auch gleich an Ort und Stelle zubereiten lassen und genießen. Man sitzt recht nett und mit Aussicht, lediglich die selbst für norwegische Verhältnisse recht stattlichen Preise können einem mitunter den Appetit verderben. ⌚ Juni–Sep tgl. 7–20, sonst Mo–Sa 7–16 Uhr.

Bergens Kunststraße

Seinen Ruf als bedeutendste Kulturmetropole des Landes nach Oslo verdankt Bergen der entlang des Südufers des Stadtsees Lille Lungegårdsvann verlaufenden **Rasmus Meyers allé**, an der sich einige der bedeutendsten Kunstsammlungen des Königreiches aneinanderreihen. Entsprechend ist diese Straße auch als *Bergens Kunstgate* bekannt, und der direkte Weg vom Torget zu „Bergens Kunststraße" führt durch die hübschen Fußgängerzonen Vågsalmenningen sowie Marken.

Bergen-Kunstmuseum

Wer sich für Kunst in all ihren Spielarten vom Mittelalter bis in unsere Tage hinein interessiert, wird im Bergen-Kunstmuseum nicht enttäuscht. Es hat sich eine herausragende Reputation erarbeitet, die es ebenso seinen umfangreichen Sammlungen wie den spannenden Ausstellungen und Veranstaltungen verdankt. Das Museum besteht aus insgesamt vier Abteilungen. 💻 www.kodeberge.no, ⌚ tgl. 11–17 Uhr, 15. Sep–14. Mai nur Di–So 11–16 Uhr, Eintritt 100 NOK (gilt 2 Tage lang für alle vier Sammlungen).

Der weiße Ziegelbau des **Lysverket** wird deutlich von der Architekturspielart der Art déco akzentuiert und wartet mit nicht weniger als über 9000 Kunstwerken auf. Bei den ältesten Exponaten handelt es sich um griechische und russische Ikonen sowie um Werke alter europäischer Meister; auch norwegische Künstler sind reich vertreten, und Johan Christian Dahl, dem „Vater" der norwegischen Malerei, sowie seinen nationalromantischen Schülern ist eine eigene Abteilung gewidmet, während die dritte Etage im Zeichen herausragender Exponate nationaler und internationaler Künstler des 19./20. Jh. steht, darunter Edvard Munch, Pablo Picasso, Paul Klee und Joan Miró, um nur die berühmtesten zu nennen.

Die **Rasmus Meyers Samling**, eine der größten Sammlungen norwegischer Kunst vom 18. bis zum 20. Jh., zeigt alles in allem über 1000 Werke von der Nationalromantik über die Düsseldorfer Schule und den Impressionismus bis hin zum Expressionismus. Außerdem besitzt das Museum eine beachtliche Sammlung an Möbeln und Interieurs (u. a. ein Rokoko-Interieur aus dem Jahr 1756), und der prunkvolle Blumenhal-Saal gilt gar als einer der schönsten seiner Art in Norwegen.

Nebenan zeigt **Bergens Kunstforening** wechselnde Ausstellungen zur zeitgenössischen Kunst, und weiter geht's zur **Stenersen Samling**, der Arena für wechselnde Kunstausstellungen.

Eine weitere Kunstinstitution befindet sich in der Nähe: das an der Nordahl Brunsgt. 9 gelegene **Kunstgewerbemuseum** (Vestlandske Kunstindustrimuseum), eingerichtet im klassizistischen Schmuckbau Permanenten. Es zeigt eine einzigartige Sammlung norwegischer, europäischer und chinesischer Kunst- und Kunstgewerbegegenstände und umfasst zudem die größte Sammlung buddhistischer Skulpturen in Skandinavien. Ihr größter Schatz ist jedoch die aus dem Jahre 1562 stammende und einst vom „Teufelsgeiger" Ole Bull (S. 115) gespielte Geige, die zu den ältesten und wertvollsten auf Erden zählt.

Die Nordnes-Halbinsel

Bergen Aquarium

Die Sehenswürdigkeiten der zwischen dem Puddefjord und der Vågenbucht gelegenen Nordnes-Halbinsel kann man bequem zu Fuß erkunden, und schöner Auftakt für den Spaziergang ist die Fahrt mit dem Fährboot (🕒 Juni–Aug tgl. 10–18 Uhr, alle 20 Min.) vom Torget über das Hafenbecken hinweg zur äußersten Spitze der Halbinsel, wo das **Aquarium** (Akvariet) auf Besucher wartet (alternativ verkehrt der Bus Nr. 11 auf der Strecke zwischen Torget und Aquarium). Mit seinen rund 70 Meerwasserbecken ist es eines der größten und modernsten Salzwasseraquarien Europas, und nicht nur Kinder strömen in Scharen herbei, wenn hier tgl. um 11 und 14 Uhr Seehund-Dressur angesagt ist, und um 12 und 15 Uhr Seelöwen-Show, um 12.30 Uhr Schlangen-, 13 Uhr Pinguin- und um 13.30 Uhr Fisch-Fütterung ansteht. 💻 www.akvariet.no, 🕒 Mai–Aug tgl. 9–18 sonst tgl. 10–16 Uhr, Eintritt 220 NOK bzw. 270 NOK (Juni–Aug).

Zum Seefahrtsmuseum

Die mit charmanten Holzhäusern bestandenen Straßen Strandgaten und Klosteret markieren den schönsten Weg vom Aquarium zum Ole-Bulls-Platz, an dem mit **Den Nationale Scene** das älteste Theater Norwegens einlädt, gleichzeitig eines der Hauptwerke des norwegischen Jugendstils. Von hier aus ist es nur ein kurzer Weg vorbei an mehreren teils prachtvoll herausgeputzten Villen im Stil der Neorenaissance bis zum am Dokkeveien gelegenen **Bergens Seefahrtsmuseum** (Bergens Sjøfartsmuseum), das die Entwicklung der norwegischen Seefahrt von den frühen Wikingertagen bis in unsere Zeit nachzeichnet. Auch Modelle spektakulärer Funde aus der Wikinger- und Hansezeit sind ausgestellt. 💻 www.bsj.uib.no, 🕒 Mai–Aug Mo–Fr 10–16, Sa und So ab 11, sonst tgl. 11–15 Uhr, Eintritt 80 NOK.

> **Bergen-Karte**
>
> Die in der Touristeninformation erhältliche *Bergenskort* macht Bergen billiger, denn wer sie besitzt, erhält zahlreiche Ermäßigungen (u. a. bei Automiete und im Parkhaus) und genießt freien Eintritt in die meisten Museen der Stadt. Auch die Kabelbahn zum Fløyen kann man damit vergünstigt benutzen. Die Karte kostet für einen Tag 240/75 NOK (Erw./Kind), für zwei Tage 310/100 NOK, für 3 Tage 380 NOK bzw. 125 NOK.

Bergen-Museum

Das Bergen-Museum besteht aus zwei Abteilungen und nennt einige der bedeutendsten natur- sowie kulturhistorischen Sammlungen des Königreiches sein eigen. Insbesondere die **Kulturhistorischen Sammlungen** (Kulturhistoriske samlinger), die dem archäologischen, ethnografischen sowie kunst- und kulturhistorischen Erbe von Westnorwegen gewidmet sind, enthalten zahlreiche herausragende Exponate, deren berühmteste eine Madonna aus der Urnes-Stabkirche (S. 323), eine ebenfalls aus dem 12. Jh. stammende Kreuzigungsgruppe, das älteste norwegische Königsporträt (König Øystein) sowie 19 Altarvorderseiten sind. Auch Gemälde aus dem 13. Jh. sind ausgestellt, und die Sammlung zur Rosenmalerei ist eine der feinsten des Landes. 💻 www.uib.no/universitetsmuseet, 🕒 Juni–Aug Di–Fr 10–16, Sa und So ab 11, sonst Di–Fr 10–15, Sa und So bis 16 Uhr, Eintritt 60 NOK.

Angrenzend lädt der **Botanische Garten** zu einem Spaziergang durch die Florenwelt des Fjordlandes ein. Im Zentrum der Anlage befinden sich die **Naturhistorischen Sammlungen** (Naturhistoriske samlinger), die vor allem der Flora und Fauna sowie Geologie von Westnorwegen gewidmet sind, aber auch eine große Mineraliensammlung zeigen. 🕒 bis 2018 wegen Renovierungsarbeiten geschlossen.

In der Umgebung

Südlich der Stadt

Sieht man einmal vom Hanseviertel ab, so verzeichnen die Stabkirche von Fantoft sowie der Troldhaugen die höchsten Besucherzahlen aller Sehenswürdigkeiten Bergens. Beide Highlights sind mit der Bybanen ab Byparken oder Bystasjonen erreichbar. An der Haltestelle „Fantoft“ aussteigen, dann entlang den Hinweisschildern zur rund 500 m entfernten **Stabkirche von Fantoft** (Fantoft Stavkirke) laufen. Sie wurde gegen Mitte des 12. Jh. am Sognefjord errichtet, aber Ende des 19. Jh. von dort aus nach Bergen überführt, um anfangs einem reichen Bergenser als Gartenschmuck zu dienen. Später wurde sie von der Stadt Bergen übernommen, brannte aber im Sommer 1992 bis auf die Fundamente ab. Inzwischen wurde sie in einer fünfjährigen Kraftanstrengung wieder rekonstruiert. 💻 www.fantoft stavkirke.com, 🕒 Mitte Mai–Mitte Sep tgl. 10.30–18 Uhr, Eintritt 60 NOK.

Ab der Haltestelle „Fantoft" geht es weiter mit der Bybanen bis „Hop" und zu Fuß (ca. 25 Min.) weiter zum 1885 im viktorianischen Stil inmitten eines Parks errichteten **Troldhaugen**, zwischen Mai und Sep auch tgl. um 11.30 Uhr mit dem Troldhaugen-Bus ab Torget zu erreichen; retour geht es um 14.30 Uhr, das Ticket kostet inkl. Eintritt Troldhaugen und halbstündiges Konzert (S. 301) 250 NOK.

Weltberühmt wurde die schmucke Villa durch Edvard Griegs (S. 115) Komposition *Hochzeitstag auf Troldhaugen*, und hier verbrachte der geniale Künstler 22 Jahre seines Lebens. Das Innere des Hauses präsentiert sich heute als ein Grieg-Museum, auch ein Multimedia-Raum ist eingerichtet, und im Sommer werden hier Grieg-Konzerte aufgeführt (S. 301). 💻 www.griegmuseum.no 🕒 Mai–Sep tgl. 9–18, sonst tgl. 10–16 Uhr, Eintritt 100 NOK.

Gamle Bergen

Nur 7 Min. benötigt der alle 15 Min. verkehrende Bus (Nr. 3, 4, 5, 6, 83) vom Torget bis zur Museumsstadt „Alt-Bergen", in der mehr als 40 aus ganz Bergen hierher überführte Stadthäuser aus dem 17.–19. Jh. auf einen Besuch einladen. Sie halten auch von innen, was sie von außen versprechen; neben Wohnungen sind hier zahlreiche Läden sowie Werkstätten rekonstruiert, und so vermittelt die kleine Freilichtmuseums-Stadt am Meer eine Vorstellung davon, wie das alte Bergen einmal aussah. 💻 www.bymuseet.no, 🕒 Mitte Mai–Ende Aug tgl. 9–16 Uhr, Führungen stdl. 9–15 Uhr, Eintritt 100 NOK.

Fjordfahrten

Bergen von innen ist sehenswert, Bergen von oben schlicht ein Traum, aber auch Bergen von außen ist für einzigartige Stadt- und Landschaftseindrücke gut, und so lohnt sich unbedingt eine Bootsfahrt. Weniger Betuchte nehmen einfach das **Fährboot**, das zwischen Torget und Aquarium (S. 292) verkehrt, aber mehr bekommt man natürlich im Rahmen einer **Hafenrundfahrt** zu sehen (🕒 Juni–Aug tgl. um 10 und 15.30 Uhr, ca. 4 Std., 480 NOK), die am Torget startet. Tickets gibt es im Touristenbüro, wo man auch eine **Fjordfahrt** mit der „White Lady" buchen kann (🕒 Mai–Aug tgl. um 13 Uhr, ca. 4 Std., 500 NOK) sowie rund zwei Dutzend andere Fjordfahrten, die bis hinunter nach Stavanger und bis hinauf zum Sognefjord führen.

Auch andere Fahrten sind im Angebot, denn das gesamte Fjordland kann von Bergen aus auf Schiffs- und Busfahrten bzw. Kombitouren erreicht werden, und all diese Touren kann man wiederum direkt bei der Touristeninformation sowie über deren Website auch online buchen.

ÜBERNACHTUNG

Untere Preisklasse

Meist Mehrbettzimmer, Bettzeug ist mitzubringen oder kann ausgeliehen werden (um 50–100 NOK), Schlafsäcke sind in der Regel nicht gestattet.

€ **Intermission Hostel**, Kalfarveien 8, ✆ 55300400, 💻 www.intermissionhostel.no. Hübsches Holzhaus, nur 200 m vom Bahnhof entfernt, mit 39 Betten in Schlafsälen (ohne Geschlechtertrennung). Angenehme Atmosphäre mit Aufenthaltsraum, Gästeküche, Parkplatz, kostenlosem Bettzeug. Zudem gibt's tgl. von 18 bis 22 Uhr gratis Waffeln mit Kaffee und Tee. 🕒 Mitte Juni–Mitte Aug. Günstigstes Bett in der Innenstadt: 190 NOK.

€ **Marken Gjestehus**, Kong Oscars gate 45, ✆ 55314404, 💻 www.marken-gjestehus.com. Dieser Treff der Rucksackreisenden bietet sich als Alternative zur Jugendherberge an. Vergleichbar günstige Lage, Gästeküche sowie Aufenthalts-/TV-Raum. Die Zimmer (bis zu 10 Betten) sind hell und luftig und nett möbliert; es gibt auch einen reinen Frauen-Schlafsaal. Ab 250 NOK. ❷

€ **Bergen YMCA**, Nedre Korskirkeallmenning 4, ✆ 55606055, 💻 www.bergenhostel.com. Gutes Hostel im Stadtzentrum, nur einen Katzensprung vom Fischmarkt, dem Kai und der Touristeninformation entfernt. Teure DZ und EZ, dafür mit eigener Miniküche und Bad/WC. Günstig sind die Mehrbettzimmer (nur Anfang Juni–Mitte Sep). Große Gästeküche, TV-Zimmer,

Norwegen für Eilige

„Norway in a Nutshell" – mit diesem Slogan wird vielerorts im Fjordland ein Tagesausflug angeboten, auf dessen Programm üblicherweise eine Bootsfahrt auf dem Sognefjord steht, die mit einer Fahrt mit der Flåm- und der Bergenbahn kombiniert ist. Diese kombinierte **Zug-, Boot- und Busrundfahrt** durch einige der schönsten Teile Westnorwegens zählt zu den beliebtesten touristischen Aktivitäten des Landes. Bergen ist der reizvollste Ausgangspunkt dieser Tour, die in organisierter Form wesentlich günstiger zu haben ist als individuell gebucht.

Im Regelfall führt die Tour von **Bergen** aus um 8.34 Uhr mit der Bergenbahn (S. 240) innerhalb von 2 Std. nach **Myrdal**, auf 866 m Höhe inmitten der Kältesteppe der Hardangervidda gelegen. Die Fahrt ist voller spektakulärer Panoramen, und Gleiches gilt für die anschließende Fahrt mit der Flåmsbahn (S. 309). Nach 1 Std. führt die Trasse steil ans Ufer des Sognefjords hinunter, das bei **Flåm** (S. 309) erreicht wird. 2 Std. hat man nun Zeit, die traumhafte Lage des Ortes zu genießen sowie das Flåmsbahn-Museum zu besuchen, bevor es um 14 Uhr aufs Schiff geht, das über den auf der World Heritage List der Unesco geführten **Nærøyfjord** (S. 309) nach **Gudvangen** (S. 311) fährt. Es schließt sich die spektakuläre Busfahrt entlang der **Stalheimskleivi-Straße** (S. 312) nach **Voss** (S. 304) an, wo man um 17.41 Uhr wieder in die Bergenbahn nach **Bergen** einsteigt, das gegen 19 Uhr erreicht wird.

In der hier vorgestellten Standardversion kostet die (nicht geführte) Tagestour 1440 NOK. Dieser Preis umfasst alle Tickets inkl. Museumsbesuch sowie Infomaterial. Man kann die Tour im Touristenbüro von Bergen oder online über 💻 www.norwaynutshell.com buchen, und auch wer die Tour in Oslo oder Voss beginnen oder sie auf mehrere Tage ausdehnen will, findet hier alle wesentlichen Infos.

günstiges Restaurant und sehr attraktive Dachterrasse mit tollem Ausblick über die Stadt. Stark nachgefragt, daher unbedingt frühzeitig reservieren! Bett ab 205 NOK, DZ ❸.

Gullaksen Gjestehus, Olav Kyrres gate 32, ✆ 47877777, 💻 www.gullaksen-gjestehus.no. Einfache Unterkunft im Zentrum von Bergen mit schlichten, aber äußerst preiswerten Zimmern mit oder ohne Bad/WC. Bettzeug inkl., angeschlossen sind auch 2 Gästeküchen. Ab ❶

Skansen Pensjonat, Vetrlidsallmenningen 29, ✆ 55319080, 💻 www.skansen-pensjonat.no. Pensionat in einem restaurierten Holzhaus aus dem 19. Jh. 7 einfache Zimmer mit Gemeinschaftsbad/WC und teils schöner Aussicht auf die Stadt (besonders schön ist das Balkonzimmer für nur 100 NOK Aufpreis). Aufenthaltsraum mit TV, Zeitungen und Zeitschriften, Frühstück inkl. Die Besitzer sind freundlich. Ab ❸

Vandrerhjem Montana, Johan Blyttsveien 30, ✆ 55208070, 💻 www.montana.no, Bus Nr. 12 ab Busbahnhof. Etwa 5 km vom Stadtkern entfernte Jugendherberge, 1–5-Bett-Zimmer, alle mit Bad/WC. Schöne Umgebung, leider wird die Aussicht auf die Stadt teils von Luxussiedlungen versperrt. Gästeküche, gemütliche Gemeinschaftsräume.
🕒 Weihnachten–Neujahr geschlossen.
Bett ab 250 NOK, DZ ab ❷

Bergen aus der Vogelperspektive

Sieben „Hausberge" rahmen die Stadt ein, und auf zwei davon kann man minutenschnell mit der Kabel- bzw. Seilbahn gelangen. Kein Besuch in Bergen ist ganz vollständig, ohne einen Blick aus der Vogelperspektive auf die Stadt und die Fjorde in der Tiefe, auf die Schärenküste am Horizont sowie auf die umgebende Bergwelt genossen zu haben. Am schnellsten und billigsten erreicht man den 320 m hoch gelegenen Aussichtsberg **Fløyen**, dessen Talstation nur 150 m vom zentralen Marktplatz Torget entfernt an der Vetrlidsalmenning liegt. Auch ein Panoramarestaurant lädt ein, und wer Lust auf einen Spaziergang hat, kann in etwa 45 Min. durch Wald und Villensiedlungen wieder zu Tal wandern. Fløibanen, 💻 www.floyen.no, 🕒 ganzjährig Mo–Fr 7.30–23, Sa und So 8–23 Uhr, alle 6–30 Min., 45 NOK pro Weg, 90 NOK hin und zurück.

Wer noch höher hinauf strebt, muss mit der Seilbahn den **Ulriken** (642 m) erklimmen. Auch er wird von einem Panoramarestaurant gekrönt und ist zentraler Ausgangspunkt zahlreicher Wanderungen. Ulriksbanen, 💻 www.ulriken.no, 🕒 tgl. 9–18 Uhr, alle 7–15 Min., 100 NOK pro Weg, hin und zurück 160 NOK; hin mit Bus Nr. 3, 2 und 12 oder dem „Ulrikenbus" ab Torget (hin und zurück inkl. Seilbahnfahrt 270 NOK).

Citybox, Nygårdsgaten 31, 📞 55312500, 💻 www.citybox.no. Neues Budgethotel im Zentrum. Die geräumigen Zimmer (mit oder ohne Bad/WC) sind modern und luftig, wirken teils allerdings etwas kahl. Gutes Preis-Leistungs-Verhältnis. Ab ❸

Basic Hotel Bergen, Kong Oscars gate 29, 📞 81522742, 💻 www.basichotels.no. Direkt im Zentrum gelegenes Sommerhotel mit 43 schlichten, aber behaglich-modern eingerichteten Zimmern, alle mit Bad, TV und Kühlschrank. 🕒 nur Juni–Aug. ❹

Hotels

Scandic Strand Hotel, Strandkaien 2B, 📞 55593300, 💻 www.scandichotels.no. Beeindruckende Aussicht auf den Torget, das Hanseviertel und hinauf zum Fløyen, am schönsten von der Dachterrasse aus zu genießen. Zimmer mit gehobenem Komfortstandard, Restaurant und Bar. ❻

Clarion Hotel Admiral, C. Sundts gate 9, 📞 55236400, 💻 www.clarionhotel.com. In einem aufwendig restaurierten alten Speicherhaus. Die Lage dieses Spitzenhotels am Ufer des Vågen ist beeindruckend, und die Räumlichkeiten sind es auch. ❻

Radisson Blu Hotel Norge, Nedre Ole Bulls plass 4, 📞 55573000, 💻 www.radissonblu.com. Das größte und vielleicht beste Fullservice-Hotel der Stadt in Top-Lage. Sämtliche 345 Komfortzimmer wurden unlängst renoviert und sind elegant und modern eingerichtet. Toller Service, mehrere Restaurants, Bars, Nachtclub, Spa, Schwimmbad, Sauna und Fitnesscenter. ❻

Campingplätze und Hütten

Campervan Parking Bergenshallen, Vilhelm Bjerknes vei 24, 📞 55 56 88 50. Für Wohnmobile und Caravans ausgestatteter Parkplatz in Zentrumsnähe. Zufahrt Tag und Nacht möglich, aber Duschen und Toiletten gibt es nicht. Man steht nicht idyllisch, aber mit 150 NOK pro Stellplatz relativ günstig; lediglich zu parken kostet 20 NOK pro Std. 🕒 Mai–Aug.

Lone Camping, Hardangerveien 697, Haukeland, 📞 55392960, 💻 www.lonecamping.no. 19 km außerhalb an der R 580 gelegener Wiesenplatz, selbst im Hochsommer fast nie überfüllt. Idyllische Seeuferlage, sehr gute Ausstattung, außerdem 12 Apartments sowie 18 Hütten in verschiedenen Größen (ab 400 NOK). 🕒 ganzjährig. ❹

ESSEN

Untere Preisklasse

Lido Cafe og Restaurant, Torgalmenning 1 (Torget), 📞 55325912, 💻 www.brasserielido.no. Empfehlenswertes kleines Restaurant und Café mit schöner Aussicht auf den Fischmarkt.

Hauptsächlich günstige norwegische und europäische Lunch- und Abendspeisen (u. a. Lasagne, Pasta und Salate), aber auch Sandwiches, Baguettes, Kuchen, Gebäck und frischgepresste Säfte. Freundliche Bedienung. ⌚ Mo–Sa 11–23, So ab 13 Uhr.

Peppes Pizza, 💻 www.peppes.no. Die erfolgreichste Pizzakette Norwegens ist in Bergen gleich dreimal vertreten: am Finnegården 2 (neben dem Hanseatischen Museum), an der Zachariasbryggen sowie an der Olav Kyrresgate 11. Köstliche Pizzen, entspannte Atmosphäre, günstige Preise. ⌚ Mo–Fr 11–23, Sa und So 12–23 Uhr.

Pygmalion Økokafé, Nedre Korskirkeallmenning 4, ✆ 55323360, 💻 www.pygmalion.no. Gemütlich und zugleich urban eingerichtetes Ökocafé mit Kunstausstellung am Platz vor der Kreuzkirche. Preiswerte Gerichte und Snacks mit ausschließlich ökologischen Zutaten, darunter viel Vegetarisches. Perfekt für Lunch und leichtere Abendmahlzeiten. ⌚ tgl. 11–23 Uhr.

Buchen und sparen

€ Während der Hochsaison sowie zur Zeit der großen Festivals (S. 301) gibt es in Bergen kaum freie Zimmer, weshalb eine möglichst frühzeitige Reservierung zu empfehlen ist. Dann aber kommt man nicht in den Genuss der bis zu 40 % vergünstigten **Last-Minute-Preise**, die viele Hotels in der Saison (Mitte Juni–Mitte Aug) dann gewähren, wenn die Buchung der Unterkunft 48 Std. oder weniger vor der Ankunft in Bergen erfolgt.

Außerhalb der Saison gibt es vergleichbar günstige **Wochenendtarife**, und stets am billigsten sind **Online-Buchungen**, die man für Hotels auch über die Website des Touristenbüros (S. 302) vornehmen kann.

Mit Abstand am günstigsten aber wohnt man in Privatzimmern bzw. -wohnungen, die man am unkompliziertesten über www.airbnb.de finden kann. Die Preise beginnen etwa ab 400–500 NOK für ein EZ, ab 500–600 NOK für ein DZ, auch ganze Häuser werden hin und wieder angeboten.

€ **Shanghai-Kobe**, Lodin Lepps gate 4, ✆ 55961059. Eines der günstigsten Restaurants der Stadt, viele Gerichte unter 150 NOK, dennoch üppige Portionen und qualitativ okay. Die Atmosphäre ist locker, die Bedienung freundlich. Kurz gesagt: die perfekte Adresse für den preisbewussten Reisenden. ⌚ tgl. 14–22 Uhr.

Mittel- bis Gourmetklasse

Big Horn Steak House, Lodin Lepps gate 2, ✆ 55366060, 💻 www.bighorn.no. Amerikanisch inspiriertes Steakhaus. Nicht ganz billig (Steak mit 200 g zu 259–349 NOK), aber dafür gibt's großzügige Portionen. ⌚ Mo–Sa 15–23, So 14–23 Uhr.

Bryggeloftet & Stuene, Bryggestredet 2, ✆ 55302070, 💻 www.bryggeloftet.no. Die Lage dieses Traditionshauses im Hanseviertel am Kai ist spitze, die auf 2 Etagen verteilten historischen Gaststuben sind urgemütlich und bieten obendrein viel Hafenblick. Serviert werden traditionelle norwegische Gerichte mit reichlich Fisch sowie Meeresfrüchten. Gehobenes Preisniveau. ⌚ Mo–Sa ab 11, So ab 13 Uhr.

Bryggen Tracteursted, Bryggen, ✆ 55336999, 💻 www.bellevue-restauranter.no. Tafeln wie vor über 300 Jahren im ältesten Gasthof des Königreiches ist vielen Besuchern ein Bedürfnis. Auch hier dreht sich alles um Traditionsgerichte, aber die Preise haben sich gewaschen (Hauptgerichte um 350 NOK). ⌚ Mai–Sep tgl. Lunch ab 11 Uhr, Dinner ab 17 Uhr, Okt–Dez Di–Sa ab 17 Uhr.

Egon Bristol, Torgalmenningen 11, ✆ 55551540 💻 www.egon.no. Wie in allen größeren Städten gibt's das beliebte Egon auch in der Hansestadt. Das unterhalb des Thon Hotels direkt am Marktplatz gelegene Lokal ist gemütlich im traditionellen Stil mit Holztischen und holzgetäfelten Wänden eingerichtet. Norwegische und internationale Küche, mittlere Preisklasse, günstig ist das tgl. wechselnde Fischgericht (195 NOK). ⌚ tgl. 7–24 Uhr.

Enhjørningen, Bryggen, ✆ 55327919, 💻 www.enjhorningen.no. Das in traditionsreichen eleganten Räumen aus der Hansezeit eingerichtete Fischrestaurant ist das älteste der Stadt und eine der ersten Gourmetadressen

Norwegen mit dem Postschiff erleben

Sie gilt als die **schönste Seereise der Welt** – die Fahrt mit einem Hurtigruten-Schiff von Bergen, der alten Hansestadt, nach Kirkenes, dem abgelegenen Ort nahe der russischen Grenze. Bereits seit 1893 verkehren die berühmten Postschiffe im täglichen Liniendienst entlang der eindrucksvollen norwegischen Fjordküste.

Seit am 2. Juli 1893 das erste Postschiff von Trondheim in Richtung Hammerfest in See stach, hat sich in puncto Komfort zwar einiges geändert, vieles von der ursprünglichen Atmosphäre ist jedoch lebendig geblieben. Eine Reise an Bord der Hurtigruten ist immer auch eine Reise in die Vergangenheit. Stand lange Zeit der Transport von Post und anderen Waren in den auf dem Landweg nur schwer zugänglichen Norden im Vordergrund, so sind die Hurtigruten heute eine faszinierende Mischung aus erholsamer Seereise und alltäglichem Transportmittel für die Küstenbewohner. Für die Einheimischen stellen die Hurtigruten ein Stück Tradition und Kultur dar, für den Urlauber einen einzigartigen Weg, Norwegen mit all seinen landestypischen Phänomenen kennen und lieben zu lernen.

Drei Generationen

Im Laufe der Jahre wurde die Hurtigruten-Flotte ständig vergrößert und modernisiert. Zwölf Schiffe gibt es insgesamt. Die beiden letzten klassischen Postdampfer wurden im Jahr 2002 von den Neubauten MS *Trollfjord* und MS *Finnmarken* abgelöst. Und auch das Jahr 2003 brachte Zuwachs: die MS *Midnatsol*. Die so genannte **neue Generation** umfasst seitdem neun Schiffe. Sechs davon stammen aus den 1990er-Jahren, drei weitere aus den Jahren 2002 und 2003. Die drei jüngsten der insgesamt elf Hurtigruten-Schiffe, MS *Finnmarken*, MS *Trollfjord* und MS *Midnatsol*, bieten dem Reisenden noch mehr Komfort und Ambiente: sehr ansprechend ausgestattete Kabinen, Suiten mit privater Seeblick-Veranda, attraktive Fitnessbereiche und mit durchdachtem Design eingerichtete Gesellschaftsräume. Das architektonische Highlight von MS *Trollfjord* und MS *Midnatsol* sind die Vielzahl von Panoramafenstern und gläsernen Fassaden, die Reisende auch in den kälteren Jahreszeiten stets den Rundumblick auf die faszinierende Natur genießen lassen. Die MS *Finnmarken* wiederum hat ein ganz eigenes Gesicht: Es ist, in Anlehnung an Schiffe der Jugendstil-Ära, durch Jugendstil-Elemente geprägt.

Bei dem letzten noch in Dienst stehenden Schiff der **mittleren Generation** handelt es sich um die MS *Vesterålen* (Baujahr 1983), die aber dank Modernisierungen einen ähnlich hohen Standard wie die neuen Schiffe aufweist und mit einem hellen, freundlichen Interieur punkten kann. Selbstverständlich finden sich an Bord auch dieses Schiffes Aussichtssalon, Bar, Restaurant, Fahrstuhl, Shop und Spielzimmer. Die relativ niedrige Passagierkapazität und die rustikalen Hölzer an Deck machen das Reisen auf der „MS Vesterålen" besonders gemütlich. Der wichtigste Unterschied liegt in der Größe: Das Schiff der mittleren Generation ist kleiner und bietet Platz für 550 Passagiere, während die Schiffe der neuen Generation 690 bis 823 Passagiere beherbergen können.

Zur **traditionellen Generation** gehört noch ein Schiff, das aber nur noch zu bestimmten Saisonzeiten eingesetzt wird. Trotz Modernisierung sind der traditionelle Stil und die ganz besondere Atmosphäre an Bord der MS *Lofoten* erhalten geblieben. Sie stammt noch aus dem Jahr 1964 und steht sogar unter Denkmalschutz.

Gut zu wissen: Auf allen Schiffen der Hurtigruten-Flotte sorgt die legere Atmosphäre für besonders erholsame Entspannung fernab von Alltagshektik und Touristenströmen. Abendgarderobe und Dinnerjacket kann man also beruhigt zu Hause lassen, denn es gibt keinen Dresscode wie auf einem Kreuzfahrtschiff.

Tag für Tag

Heute nimmt an jedem Tag des Jahres ein Hurtigruten-Schiff von der Hansestadt Bergen aus Kurs in Richtung Kirkenes an der russischen Grenze. Am siebten Tag wird der Wendepunkt der Reise erreicht, und es geht wieder zurück nach Bergen, das am zwölften Tag angelaufen wird. Unterwegs legen die Postschiffe insgesamt 2500 Seemeilen zurück. Alle Häfen, die auf der Hinfahrt Tagesziel sind, werden auf der Rückfahrt nachts angelaufen und umgekehrt. Touristen, die die ganze Rundreise von Bergen über Kirkenes zurück nach Bergen machen, werden also keine der 34 Anlegestellen verpassen. In den Häfen mit längerer Verweildauer kann der Urlauber auf eigene Faust oder im Rahmen geführter Landausflüge die Umgebung erkunden.

Die Geschichte der Hurtigruten

Viele Orte entlang der zerklüfteten Küste Norwegens waren vor der Erfindung des Flugzeuges zumal im Winter nur vom Meer aus erreichbar. Um auch diese abgeschiedenen Orte versorgen zu können, erhielten Fischer Mitte des 17. Jhs. den offiziellen Auftrag, zweimal jährlich Post von Trondheim zur Festung Vardøhus in der Finnmark zu bringen. Ab 1804 stellten Mannschaften zu je acht Ruderern alle drei Wochen die Verbindung von Trondheim nach Alta sicher: Das erste Boot fuhr von Trondheim nach Bodø, das zweite weiter nach Tromsø, das dritte schließlich nach Alta. Ab Mitte des 19. Jhs. übernahmen Dampfschiffe den Postdienst.

Der aus Tromsø stammende Kaufmann Richard With erkannte Ende des 19. Jhs. das wirtschaftliche Potential einer regelmäßigen Verbindung nach Nord-Norwegen und gründete die *Vesterålens Dampskipsselskap*. Am 2. Juli 1893 verließ das erste Linienschiff Trondheim in Richtung Hammerfest. 1894 schlossen sich zwei weitere Reedereien mit ihren Schiffen an. 1898 wurde die Strecke bis hinunter nach Bergen erweitert. Ein Staatsvertrag legte 1911 die Routenführung bis nach Kirkenes fest. Heute bedient die Reederei *Hurtigruten Group ASA* die Strecke der alten Postschifflinie.

Bis zum Jahr 2001 wurden die Hurtigruten, die auch „Reichsstraße Nr. 1" genannt werden, staatlich subventioniert, um den Norden des Landes täglich mit Post und Waren versorgen zu können und so der drohenden Entvölkerung entgegenzuwirken. Da heutzutage das Flugzeug eine weit wichtigere Rolle bei der Aufrechterhaltung der Verbindung zur Außenwelt spielt, wird seit 2002 nur der Winterverkehr subventioniert (wenn Landebahnen vereist sind, können Flugzeuge nicht starten und landen). Im Sommerhalbjahr müssen die Hurtigruten sich selbst tragen. Als Zugeständnis an den Tourismus unternehmen deshalb alle Schiffe auf der nordgehenden Route von Mitte April bis Mitte September einen Abstecher in den Geirangerfjord, eine der touristischen Hauptattraktionen Norwegens.

Heute sind die Hurtigruten für die Norweger ein Transportmittel wie jede andere Fähre auch. Man steigt in einem Hafen zu und im nächsten wieder aus. Und das macht – neben dem Erleben der grandiosen Natur – den Reiz einer Reise aus. Man beobachtet in den Häfen das Laden und Löschen von Ladungen, trifft „echte" Norweger und muss doch auf Service und manchen Luxus – die MS *Finnmarken* hat z. B. einen Außenpool – nicht verzichten.

Allein aus Deutschland kommen jährlich fast 30 000 Passagiere, um mit den Hurtigruten die grandiose Natur im Land der blauen Fjorde kennenzulernen. Die deutsche Niederlassung der Reederei ist die Hurtigruten GmbH, die in Hamburg ansässig ist (S. 77). Die Hurtigruten-Schiffe sind übrigens heute nicht mehr nur entlang der norwegischen Küste unterwegs sondern auch vor Island, Grönland und Spitzbergen, Kanada und den USA. Sie kreuzen im Mittelmeer und in der Karibik, vor Mittelamerika sowie in der Antarktis, queren den Atlantik, und auch die Nordwestpassage wird neuerdings befahren.

Krabben puhlen

Zwar ist der Fischmarkt am Torget (S. 292) nicht gerade für günstige Preise bekannt, aber eine Tüte *reker*, also „Krabben", kann man dennoch für rund 80 NOK erstehen. Dazu noch eine Zitrone und sich dann einen Platz am Meer suchen, die Krabben puhlen, Saft darüber träufeln und genießen. So machen es jedenfalls die Norweger, doch wer als Mitteleuropäer zu seinem Meeresfrüchte-Snack ein Bier genießen will, muss sich mit seiner Krabbentüte in eines der zahlreichen Kaicafés setzen, denn Alkohol in der Öffentlichkeit zu trinken ist in Norwegen verboten.

des Landes. Dennoch offene und angenehme Atmosphäre. Für besondere Anlässe empfiehlt sich eines der Menüs (ab 625 NOK), die mit zum Besten gehören, was man sich in Westnorwegen gönnen kann. ⌚ im Sommer tgl. ab 16, im Winter Mo–Sa ab 16 Uhr.

UNTERHALTUNG UND KULTUR

Nachtleben

Im Sommer spielt sich das Nachtleben zumindest an schönen Abenden v. a. in der Torget und ihren Nebengassen ab, wo Dutzende Straßencafés und Kneipen einladen und stets ein kosmopolitisches Durcheinander von Besuchern aus aller Herren und Frauen Länder herrscht.

Altona vinbar, Strandgaten 81, ✆ 55304000, 💻 www.augustin.no/altona. Im Altona, Norwegens größtem Weinlokal, locken rund 30 Champagnersorten, über 120 verschiedene Weine und eine große Auswahl an Whiskys, Grappas und Cognacs, darunter auch viel Edles. Die Bar ist stilvoll und schick in einem 400 Jahre alten „Gemäuer" eingerichtet, behagliche Musik spielt im Hintergrund. Der perfekte Ort, um einen ruhigen Abend zu verbringen. ⌚ Mo–Do 17–0.30, Fr und Sa 18–1.30 Uhr.

Café Opera, Engen 18, 💻 www.cafeopera.org. Der „In"-Treff von Bergens Musikszene, tagsüber ein Café. Allabendlich ab 21 oder 22 Uhr dröhnt aus dieser Holzvilla, was immer an Sound gerade im Trend des meist studentischen Publikums liegt. Do, Fr, So Livemusik oder DJs. ⌚ tgl. ab 10, Sa/So ab 11 Uhr, abends Mindestalter 21 Jahre.

Fincken Cafe, Nygårdsgate 2a, 💻 www.fincken.no. Bergens ältester Treff für Gays und Lesben ist noch immer auch der populärste, und Fr und Sa muss man oft froh sein, überhaupt noch einen Stehplatz ergattert zu haben. ⌚ Mi–Do ab 19, Fr und Sa ab 20 Uhr, Mindestalter 21 Jahre.

Finnegan's, Veiten 3, 💻 www.ricks.no. Gemütliche und intime Atmosphäre mit vielen kleinen Tischen und Sitzecken, gedämpfter Beleuchtung und meist gutem irischen Folk. Das traditionelle „Guiness" oder „Kilkenny" kann man im Sommer auch auf der Außenterrasse genießen. ⌚ tgl. 14–3 Uhr.

Garage, Christiesgate 14, 💻 www.garage.no. Diese Kneipe mit Rock-Keller gilt als einer der ältesten und populärsten Musikclubs von Norwegen; die Getränkepreise sind moderat. ⌚ tgl. Livemusik 21–3 Uhr, am Wochenende Mindestalter 21 Jahre.

Hulen Rock Club, Olav Ryesvei 48, 💻 www.hulen.no. Ein ehemaliger Luftschutzbunker gibt den Rahmen für oft trommelfellzerreißenden Rocksound, teils live, teils aus der Konserve. Viele Studenten, günstige Getränke. ⌚ Do–Sa ab 21 Uhr, Mindestalter 21 Jahre.

Rickshuset, Veiten 3, 💻 www.ricks.no. Mehrere Restaurants, Cafés, Kneipen und Discos unter einem Dach. ⌚ tgl. ab 11 Uhr.

Zachariasbryggen, Torget, 💻 www.zabr.no. Mit mehreren Lokalen direkt am Hafenbecken des Vågen ist die Zachariasbryggen bei Bergensern und Besuchern beliebt. Im Sommer sitzt man draußen auf dem Dach im **Taket**, ⌚ Mai–Sep tgl. ab 12 Uhr, wer Hochprozentiges liebt, wählt die üppig mit Spirituosen bestückte Bar **Havariet**, ⌚ tgl. ab 12 Uhr, und im **Wave Pub**, ⌚ Mi–Sa ab 20 Uhr, herrscht tgl. Stimmung ab 21/22 Uhr. In der **Zachen Piano Bar** sitzt tgl. ab 12 Uhr ein Mann am Klavier, So und Mo gibt's Karaoke.

Kultur klassisch

Mit seinen zahlreichen Theatern, Konzertsälen und Kunstausstellungen besitzt Bergen nach Oslo und vor Trondheim das reichhaltigste und interessanteste Kulturangebot des Landes. Während der Sommerpause ist es allerdings recht eingeschränkt, sodass sich dann in der Hauptsache Konzerte in Troldhaugen (s. Kasten unten) anbieten. Weitere Infos in der Tagespresse sowie über das Touristenbüro (S. 302) und dessen Website.

Grieghallen, Edvard Griegs plass 1, ✆ 55216100, 💻 www.grieghallen.no. Bergens Kulturarena sowohl für Konzerte, Tanz und Theater.

Den Nationale Scene, Ole Bulls plass, ✆ 55549730, 💻 www.dns.no. Das älteste Theater des Landes ist stimmungsvolle Bühne für Musicals, norwegische Stücke sowie leichtere Unterhaltung.

Bergen Internationale Theater, ✆ 55232235, 💻 www.bit-teatergarasjen.no. Norwegische und internationale Bühnenkunst, Theater und klassisches Ballett.

Carte Blanche, Studio Bergen, Nøstegate 119, ✆ 55308680, 💻 www.carteblanche.no. Moderne Tänze sowie ebenfalls Ballett.

Das direkt am Südufer der Nordnes-Halbinsel auf einem ehemaligen Werftgelände eingerichtete **Kulturhuset USF** (Georgernes Verft 12), 💻 www.usf.no, versteht sich als das Kulturzentrum der Stadt und ist Treff alternativ angehauchter Kulturschaffender sowie eingefleischter Kulturkonsumenten, meist aus der Studentenszene. Das Publikum ist somit überwiegend jung, und entsprechend präsentiert sich das wechselnde Programm der angeschlossenen Cinemathek sowie der Theaterbühne. Regelmäßig finden hier auch Konzerte mit Schwerpunkt auf Jazz und Blues statt, und das Kulturcafé Kippers ist nicht nur im Sommer gut besucht, wenn man herrlich draußen am Kai sitzen und das Treiben im gegenüberliegenden Hafen beobachten kann, wo auch die Schiffe der Hurtigrute an- und ablegen. Es werden kalte und warme Gerichte serviert, die Preise sind äußerst moderat. ⌚ Café Mo–Fr ab 11, Sa und So ab 12 Uhr.

Grieg-Konzerte

In **Troldhaugen** (S. 294), dem ehemaligen Wohnsitz des Komponisten Edvard Grieg, finden im Sommer regelmäßig Grieg-Klavierkonzerte der Extraklasse statt. ⌚ 1. Mai–Ende September tgl. 13–13.30 Uhr, 160 NOK; inkl. Zubringerbus und geführtem Museumsrundgang kostet das Ticket 250 NOK. Weitere Informationen und Eintrittskarten über das Touristenbüro, von wo auch die Zubringerbusse starten.

FESTE

Der Veranstaltungskalender der Stadt, den man über die Website des Touristenbüros einsehen und downloaden kann, listet allein etwa fünf Dutzend Großveranstaltungen im Jahr auf. Herausragend sind die folgenden Events:

Nattjazz, Ende Mai/Anfang Juni. Internationales Jazzfestival mit über 60 Konzerten, 💻 www.nattzjazz.no.

Festspillene i Bergen. Das „Internationale Bergen-Festival" ist die älteste und seit vielen Jahrzehnten bedeutsamste Kulturveranstaltung des Landes. Zwischen Ende Mai und Anfang Juni finden im Laufe von 12 Tagen rund 200 verschiedene Musik-, Ballett-, Theater- und Folklore-Vorstellungen statt, ein Schwerpunkt liegt auf klassischen Konzerten sowie Opern. Wer eine der nicht ganz billigen Karten ergattern will, sollte unbedingt mehrere Wochen im Voraus buchen (im Touristenbüro oder auf der Website der Festspielleitung: 💻 www.fib.no.

Bergens Musikfest, 4 Tage Anfang/Mitte Juni, 2015 u. a. mit Jackson Browne und Patti Smith, www.bergenfest.no.

Grieg in Bergen, Mitte Juni–Ende Aug, 💻 www.grieginbergen.com. Über 40 Konzerte.

Bergen Internationales Kammermusikfestival, Ende August.

Gourmetfestival, Mitte September, 💻 www.matfest.no.

Bergen Filmfestival, Mitte September, 💻 www.biff.no.

EINKAUFEN

Shoppingmeilen

Wie es heißt, lässt sich die Kultur einer Stadt gut an der Vielfalt und dem Niveau ihrer Geschäfte ablesen – und von Oslo einmal abgesehen, gibt es nirgends sonst im Lande derart viele lohnende Shopping-Ziele wie in Bergen. Für einen Streifzug eignen sich die den Fußgängern vorbehaltenen Straßen **Torgalmenning**, Gåten und **Marken**, an denen sich einige der größten Einkaufszentren des Königreichs befinden. Souvenirs findet man dort auch, aber die größte Auswahl bietet das Hanseviertel **Brygge**, wo nicht nur an der Straßenfront, sondern auch im Bereich der Gänge und Stiegen einige der am besten bestückten Souvenirgeschäfte des Landes einladen.

WESTNORWEGEN

Typisch norwegisch

Juhl's Silver Gallery, Bryggen (neben dem SAS-Hotel), 💻 www.juhls.no. Wer nicht nach Kautokeino (S. 560) in die innere Finnmark reist, wo Juhl's Silberschmiede ihren Sitz hat, kann in dieser Außenstelle auf die Suche nach ausgefallenen Schmuckkreationen gehen. Auch einige Gemälde und Kunstgewerbeartikel aus der Finnmark sind hier zu finden. Schnäppchen findet man hier kaum, aber die Preise sind moderat und angemessen. 🕒 Mo–Sa 9–21 Uhr, im Sommer auch bis 22 Uhr.

Julehuset, Bryggen, 💻 www.gifts.no. Im „Weihnachtshaus" dreht sich alles um norwegischen Weihnachtsschmuck sowie jede Menge bunten Schnickschnack rund um das Fest. 🕒 tgl. 10–18, im Sommer 9–20 Uhr.

Oleana Bergen, Strandkaien 2, 💻 www.oleana.no. Strickwaren aus Norwegen sind berühmt, folgen aber meist dem gleichen und ziemlich biederen Strickmuster. Anders die preisgekrönten Strickkollektionen aus Wolle, Seide, Alpaka und Kaschmir von Oleana, die teils durchaus „gewagte" Kreationen darstellen und grundsätzlich handgestrickt sind. Nur leisten muss man sie sich können. 🕒 Mo–Fr 10–17, Sa 10–16, im Sommer werktags 10–18 Uhr.

Elg, Bryggen 11, 📞 55215488. Der Laden verkauft Souvenirs rings um den „König der Wälder" auf 14 m². Hier sind sie u. a. zu bekommen, die beliebten Elch-Aufkleber. 🕒 tgl. 10–17 Uhr.

SONSTIGES

Aktivitäten

Die schönste Aussicht auf die Fjorde, Schärenküste und Bergwelt rings um Bergen kann man vom **Fløyen** (S. 296) sowie insbesondere vom **Ulriken** (S. 296) aus genießen, und auf beiden Aussichtsbergen beginnen zahlreiche markierte Wanderwege. Besonders populär ist die Tour vom Ulriken aus zum Fløyen. Das Touristenbüro gibt erschöpfende Auskunft.

Alkohol

Bergen Storsenter vinmonopol, Vincens Lungesgate 5, 📞 55369462, 🕒 Mo–Do 10–18, Fr 9–18, Sa 9–15 Uhr.

Apotheken

Apotek 1 Galleriet, Torgallmenningen 8, 📞 04560, 🕒 Mo–Fr 9–21, Sa 9–18 Uhr.

Autovermietungen

Bystasjonen bilutleie, Lilandsvegen 75, 📞 55228822, 💻 www.bruktbilutleie.no. Sehr günstig, bei freier Kilometerzahl (ab 595 NOK pro Tag).

Budget, Vestre Strømkaien 5, 📞 55326000.

Avis, Lars Hilles gate 20, 📞 55553955.

Rent-A-Wreck, 📞 45950100. Nur am Flughafen Flesland.

Fahrradverleih

Bergen Base Camp, Haukelandsbakken 40, 📞 55325500, 💻 www.bergenbasecamp.com. Verliehen werden gute Räder mit GPS für 340 NOK pro Tag.

Geld

Sparebank, Kaigate 4, 📞 05555.

Informationen

Turistinformasjon i Bergen, Vågsallmenningen 1, 5014 Bergen, 📞 55552000, 💻 www.visitbergen.com. Die Bergener Touristeninformation bietet Unterkunftsvermittlung (auch Online-Booking), Geldwechsel, Verkauf von Zugtickets, Billets für Sightseeing und Fjordfahrten, Gepäckaufbewahrung u. a. Dienstleistungen. ⏲ Juni–Aug tgl. 8.30–22, Mai und Sep tgl. 9–20, sonst Mo–Sa 9–16 Uhr.

Medizinische Hilfe

Bergen legevakt, Vestre Strømkaien 19, ☎ 55568760.

Polizei

Sentrum politistasjon, Allehelgensgate 6, ☎ 02800.

Post

Bergen Sentrum postkontor, Småstrandgaten 3, ☎ 04004, ⏲ Mo–Fr 9–20, Sa 9–18 Uhr.

NAHVERKEHR

Das **Busnetz** ist dicht und effektiv, alle Sehenswürdigkeiten auch außerhalb des Zentrums lassen sich problemlos per Bus erreichen. Zuständig für alle Verbindungen ist **Skyss**, über deren Website (auch auf Englisch) man alle Verbindungen mit Bus und Bybahn (Stadtbahn) abrufen kann: 💻 www.skyss.no; telefonische Fahrplanauskünfte über ☎ 177; ein Einzelticket kostet für eine normale Stadtfahrt (1–2 Zonen) 37 NOK (am Automaten; im Bus 60 NOK), ein Tagesticket kommt auf 95 NOK.
Taxis sind relativ teuer (etwa mindestens 150 NOK für eine kurze Stadtfahrt), Bestellung über ☎ 07000.

TRANSPORT

Selbstfahrer

Das gut ausgeschilderte Stadtzentrum zu finden ist problemlos, wohingegen sich die Parkplatzsuche als äußerst nervenaufreibend entpuppen kann, denn viele der ausgeschilderten Parkhäuser sind scheinbar ständig belegt. Außerdem sind die Preise mit rund 60 NOK pro Std. ziemlich happig, sodass man als Mobilist die Stadt am besten von den Campingplätzen aus besucht oder aber in den freilich teuren Hotels Quartier nimmt, die mit Tiefgaragen ausgestattet sind. Jede Einfahrt in den inneren Stadtbereich ist mautpflichtig (25–40 NOK, je nach Tageszeit).

Busse

Interessierte erhalten Fahrplanauskünfte am einfachsten über den Reiseplaner von Skyss, der alle Verbindungen innerhalb von Westnorwegen sekundenschnell anzeigt: 💻 www.skyss.no.
Der Busbahnhof befindet sich beim Bahnhof an der Strømgt., wo es auch ein Auskunftsbüro gibt. Verbindungen bestehen mehrmals tgl. mit allen größeren Städten des Landes bis hinauf nach TRONDHEIM und hinüber nach OSLO. Innerhalb von Hordaland werden auch kleine Orte regelmäßig angefahren, das gesamte Westnorwegen wird bestens bedient.

Bergen geführt

Auf den Spuren der Hanse: Das Bryggens Museum (S. 289) organisiert vom 15. Juni–31. Aug Stadterkundungen durchs Hanseviertel von 1 1/2 Std. Dauer. Die Führungen auf Deutsch beginnen tgl. um 10 Uhr (11 und 12 Uhr auf Englisch), Treffpunkt und Verkauf der Tickets (150 NOK) beim Bryggens Museum. Das Ticket gewährt am gleichen Tag Zutritt zum Bryggens Museum, dem Hanseatischen Museum (S. 289) und den Schøtstuene.
Sightseeing organisiert – Citysightseeing: ☎ 97781888, 💻 www.citysightseeing-bergen.net, 2. Mai–15. Sep. Wenn Zeit ein Problem ist, bietet es sich an, auf geführte Sightseeingtouren zurückzugreifen. Es finden sich zahlreiche Veranstalter, das Touristenbüro informiert umfassend, und dort, wo auch die meisten Touren beginnen, kann man zudem alle Tickets kaufen. Populär sind auch die Fahrten mit den offenen „Cabriolet"-Bussen sowie den Doppeldeckerbussen von Citysightseeing, die ab dem Torget im Halbstundentakt (9–16 Uhr) eine bestimmte Route zu den Highlights der Stadt abfahren. Insgesamt werden 13 Stopps eingelegt, der Preis beträgt 275 NOK, man kann an allen Stationen immer wieder zu- und aussteigen.

Eisenbahn

Der Bahnhof liegt beim Busbahnhof an der Strømgt. und ist Start- bzw. Endpunkt der Bergenbahn (S. 240), die 4x tgl. via VOSS über die Hardangervidda nach GEILO fährt und weiter via ÅL und GOL nach OSLO.

Schiffe

Fähren

Tgl. nach HIRTSHALS/DÄNEMARK via STAVANGER mit der Fjord Line, ✆ 55548700, 💻 www.fjordline.com, ab dem beschilderten Skoltegrunnskaien.

Schnellboote

Für alle Schnellbootverbindungen ist **Norled** zuständig: ✆ 51868700, 💻 www.norled.no. Fahrplanauskunft aber am einfachsten über den Reiseplaner von Skyss, der alle Verbindungen innerhalb von Westnorwegen sekundenschnell anzeigt: 💻 skyss.no. Hochgeschwindigkeitskatamarane fahren 1–2x tgl. ab Strandkaiterminal u. a. nach VIK (560 NOK), FLÅM (825 NOK), AURLAND (805 NOK) und SOGNDAL (705 NOK).

Hurtigruten

Bergen ist Anfangs- bzw. Endpunkt der Hurtigruten (Postdampfer). Tgl. um 20 Uhr (Sommerhalbjahr) bzw. 22.30 Uhr (Winterhalbjahr) legt ein Schiff vom Hurtigrutenkai (rund 2 km südlich des Stadtzentrums) Richtung Kirkenes ab. Zu Fuß ist man ab Zentrum ca. 20 Min. zum Anleger unterwegs, Taxi ca. 180 NOK. Informationen über ✆ 77597137, 💻 www.hurtigruten.no. Siehe auch S. 298–299.

Flüge

Der **Bergen Lufthavn** liegt ca. 20 km südlich bei Flesland. Er wird vom Flughafenbus bedient, der alle 15 Min. ab/zum Stadtzentrum (Torget) via Busbahnhof verkehrt (100 NOK); Infos über 💻 www.flybussen.no. Ein Taxi kostet um 400 NOK je nach Tageszeit für max. 4 Pers. Verbindungen bestehen mit SAS, Norwegian sowie Widerøe zu allen größeren Städten des Landes, mit SAS auch zu Dutzenden Destinationen in ganz Europa, mit Norwegian u. a. mit BERLIN, HAMBURG und MÜNCHEN.

9 HIGHLIGHT

Sognefjord

Westnorwegen als Hochgenuss, das Fjordland der Farbprospekte – am mit 204 km längsten Fjord der Welt kann man es in Vollkommenheit genießen. Der Sognejord, von den Bergwelten der Hardangervidda sowie von Jotunheimen und Breheimen begrenzt, formt mal mächtige Weiten, mal regelrechte Schluchten und wird dabei streckenweise von Felswänden umschnürt, die bis 1308 m tief im Wasser wurzeln und sich bis über 1000 m über den Fjordspiegel hinaufrecken, wo sich die größten Gletscher Europas ausbreiten.

Jeder Fjordarm, ja -abschnitt hat seinen eigenen Charakter, der sich besser erspüren als beschreiben lässt. Man muss diese steinernen Zeugen der Eiszeit erleben, am besten per Boot, und insbesondere die Fahrt über den seit Sommer 2005 auf der World Heritage List der Unesco als Weltnaturerbe geführten **Nærøyfjord** sollte sich niemand entgehen lassen. **Gletscher-Sightseeing** ist ein weiteres Highlight am „König der Fjorde", aber nicht nur die Natur gibt sich hier besonders spektakulär, vielmehr ist es gerade die Kombination von atemberaubenden Landschaften mit den Zeugnissen einer jahrhundertealten Kultur. Von einzigartigem Reiz sind vor allem die sechs Stabkirchen, die die Ufer des Sognefjords säumen: Während die **Stabkirche von Borgund** als das besterhaltene Beispiel norwegischer Holzbaukunst überhaupt gilt, ist die zum Kulturerbe der Menschheit ernannte **Stabkirche von Urnes** die älteste und am reichsten mit Schnitzereien verzierte des Landes.

Voss

Westnorwegens populärster Wintersportort erfreut sich schon seit nahezu 200 Jahren einer großen Beliebtheit auch als Sommer-Ferienzentrum. Doch reiste man früher an, um zu an-

geln und die alpin anmutende Landschaft zu genießen, so heute vor allem, um sich bei Drachenfliegen, Parasailing, Fallschirmspringen und anderen Extremsportarten Adrenalinkicks zu verschaffen. Die rund 14 000 Einwohner große Stadt am Weg von Bergen zum Sognefjord ist das wichtigste Outdoor-Zentrum des Landes insbesondere in Sachen Luftsport und in dieser Hinsicht auch zum Abheben schön.

Aber auch wer nicht in die Luft gehen will, sollte hier zumindest einen Zwischenstopp einlegen, denn das weite Panorama auf die Stadt und den angrenzenden See sowie das umgebende Bergland ist faszinierend und am besten vom 660 m hohen „Hausberg" **Hangur** aus zu genießen. Eine Wanderung (ca. 2 Std.) führt auf den Berg, und demnächst verkehrt auch wieder eine Seilbahn (die alte Hangursbanen wurde 2015/2016 demontiert). Oben starten zahlreiche Wander- und Radwege.

Kulturhistorisch lohnt ein Besuch des **Voss-Folkemuseum**, das unter anderem die 16 Gebäude des 400 Jahre alten und bis 1927 benutzten Gehöfts von Mølstertunet umfasst. 💻 www.

Infos zum Sognefjord

- www.fjordnorway.com: Offizielle Website für die gesamte Fjordlandschaft Norwegens, man kann u a. einen umfangreichen Reiseführer downloaden. Einen Klick wert ist auch die Website www.fjords.com.
- **Visit Sognefjord**: Trolladalen 30, 6856 Sogndal, ✆ 99231500, www.sognefjord.no. Für das gesamte Sognefjord-Gebiet (mitsamt Jostedalsbreen) zuständig.
- **Öffentliche Verkehrsmittel**: Die Region lässt sich problemlos per Bus, Schnellboot und Fähren erkunden, doch um Umwege oder teure Fährpassagen zu vermeiden, bietet es sich an, zuerst die eine, dann die andere Fjordseite zu bereisen. Infos unter ✆ 177 sowie www.rutebok.no, www.norled.no und den o. g. Websites.

WESTNORWEGEN

vossfolkemuseum.no, Mitte Mai–Mitte Aug tgl. 10–17, sonst Mo–Fr 10–15, So ab 12 Uhr, Eintritt 90 NOK.

ÜBERNACHTUNG

Hostels und Hotels

Voss Vandrerhjem, Evangervegen 68 (an der E 16), ✆ 56512017, www.vosshostel.com. Ganzjährig geöffnete Jugendherberge, schön am Seeufer etwas außerhalb des Ortzentrums gelegen. DZ und EZ mit Bad/ WC, Frühstück inkl. Fernsehzimmer, Kaminstube, Gästeküche und Panoramaterrasse. Fahrradverleih. Bett 350 NOK, DZ ❸

Park Hotel Vossevangen, Utträgate 3, ✆ 56531000, www.parkvoss.no. Schön am See gelegenes Hotel der oberen Mittelklasse mit 131 Komfortzimmern. Die Zimmer mit Balkon zur Seeseite sind mit Abstand am schönsten. Restaurant, Café, Bar und Nachtclub. ❻

Fleischer's Hotel, Evangervegen 13, ✆ 56520500, www.fleischers.no. Der mit seinen Türmen, Spitzen und Erkern höchst prachtvolle Bau wurde 1889 im sogenannten Schweizer Stil errichtet und zählt zu den Spitzenhäusern der Hotelkette „Historiske Hoteller". Auch das Innere hält, was das Äußere verspricht, und wer prunkvoll residieren will, sollte unbedingt nach den Zimmern im alten Flügel fragen. Gourmetrestaurant, Bar, Hallenbad, Sauna und Tennisplatz. DZ ❻

Camping und Hütten

Voss Camping, Zentrum, ✆ 56511597, www.vosscamping.no. Gut ausgestatteter Campingplatz am See mit schönen Wiesenplätzen unter schattigen Kiefern. Der Platz bietet einen Kiesstrand, ein Freibad, Fahrradverleih und 7 kleinere Hütten. Das Ortszentrum ist nur wenige Gehminuten entfernt. Stellplatz ab 170 NOK, Hütten ab ❸

€ **Tvinde Camping**, Tvinde, ✆ 56516919, www.tvinde.no. 12 km nördlich von Voss am Tvindefossen. Der 3-Sterne-Platz erstreckt sich direkt neben dem Wasserfall und leider auch neben der Straße. Nette Zeltwiesen, Hütten und Apartments in verschiedenen Komfortklassen, gute Sanitäranlagen. Perfekter Ausgangspunkt für Wanderungen, Angel- und Rafting-Touren. Stellplatz ab 195 NOK, Hütten ab ❷

ESSEN

€ **Peppes Pizza**, Vangsgate 46, www.peppes.no. Die populäre Pizzeria serviert gute und günstige Pizzen, Salate und Pasta. tgl. 11–23 Uhr.

Vangen Café, Vangsgate 42, ✆ 56518073, www.vangencafe.no. Kleineres Café im Zentrum, perfekt für Lunch (ab 65 NOK) und Zwischenmahlzeiten, u. a. Kuchen, Baguettes und Sandwiches; sehr lecker auch die Tapas-Platte für 280 NOK. Mo–Sa 10–17.30, So ab 12 Uhr.

Ringheim Kafe, Vangsgate 32, www.ringheimcafe.no, ✆ 56511365. Gemütliches Café/Restaurant seit mehr als 50 Jahren. Vielseitiges Menü mit norwegischen und internationalen Gerichten. Preisbewusste wählen mittags die Tagessuppe oder das Tagesgericht. Mo–Fr 10–18, Sa 10–17, So 12–18 Uhr.

Restaurant Elysée, Park Hotel Vossevangen (s. o.). Auf französische und internationale Küche spezialisiertes Gourmetrestaurant mit imposanter Weinkarte (das Hotel verfügt über einen eigenen Weinkeller). Auch die Preise sind top, etwas günstiger ist das ebenfalls dem Hotel angeschlossene Cafe Stasjonen. ⏲ Elysée: tgl. 13–24 Uhr, Cafe Stasjonen: tgl. 9.30–24 Uhr.

AKTIVITÄTEN

Luftsport

Nordic Ventures, ✆ 56510017, 💻 www.nordicventures.com. Gilt als eines der renommiertesten Aktivitätszentren seiner Art in ganz Norwegen. Auf dem Programm stehen u. a. Tandem-Paragliding, Parasailing (bei dem man, von einem Motorboot gezogen, auf bis zu 1000 m Höhe aufsteigen kann) sowie Bungee-Jumping mit fast 115 m im freien Fall.

Skydive Voss, ✆ 56511000, 💻 www.skydivevoss.no. Bietet Tandem-Fallschirmsprünge vom Flugzeug aus (45 Sek. freier Fall) sowie Kurse.

Radfahren

Es gibt endlos viele Möglichkeiten auf Nebenstraßen und Offroad-Pisten. Eine schöne, ca. 3-stündige Route folgt einem asphaltierten Radweg vom Zentrum via Golfplatz zum Tvinnefossen, auf einer kürzeren Tour (etwa 1 1/2 Std.) kann man den Vangsvatnet unrunden. Das Touristenbüro informiert über weitere Routen.

Reiten

Voss Hest og Fjelliv, ✆ 41458490, 💻 www.vosshest.no. Stunden-, Halb- oder Ganztages-Ausritte. Reitunterricht sowie Kutschenfahrten.

Wandern

In der Touristeninformation bekommen Interessierte eine Broschüre, Karten und

WESTNORWEGEN

Extremsport satt!

Voss hat sich in den letzten Jahren zu einem ganzjährigen Outdoor-Zentrum gemausert, und dies nicht nur im Winter, sondern auch im Sommer, wenn tgl. Dutzende Sportaktivitäten zu Luft, Wasser und zu Lande angeboten werden. Vor allem in puncto Luftsport steht Voss einzigartig da: Da die Höhe perfekte Aufwinde fürs **Hanggliding** und **Paragliding** bietet, hat sie sich für diese Sportarten einen herausragenden Namen gemacht. Angeboten werden **Tandem-Paragliding-Flüge** (15–30 Min., tgl. ab 11 Uhr, 1890 NOK), **Tandem-Fallschirmsprünge** (ab 3990 NOK inkl. Video), und **Fallschirmkurse** (14 950 NOK inkl. Übernachtung); Anfänger sind willkommen.
Auch **Gletscher-Rundflüge** zum Sogne- sowie zum Hardangerfjord sind populär. Auf dem Land garantiert insbesondere **Bungee-Jumping** (der Sprung zu 1800 NOK) aus 115 m Höhe den größten Adrenalinkick. Aber auch in Sachen **Rafting** und **Kajakfahren**, **Canyoning** sowie **Climbing** gibt es im Fjordland kein Gegenstück zu Voss. Daneben bietet der Hausberg Hangur zahlreiche **Wanderungen** sowie **Mountainbiketrails**. Das Touristenbüro informiert umfassend über alle Sportarten.
In der zweiten Juni-Hälfte ist Voss Gastgeberstadt der **Extreme Sports Week**, 💻 www.ekstremsportveko.com, statt, und eine Woche lang dreht sich alles um Fallschirmspringen und Freeclimbing, Skysurfing und Freeride, Rafting, Kajaking und Hanggliding. Außerdem finden zahlreiche Konzerte statt, insbesondere Rock ist stark vertreten.

genaue Infos über sämtliche Wanderungen rings um Voss. Auch geführte Halbtages-Wanderungen mit lokalem Guide werden angeboten. ✆ 56510525.

Wassersport

Voss Active, ✆ 56510525, 💻 www.vossrafting.no. Im Angebot ist alles von Wildwasserrafting (von Familientouren zu 645 NOK bis hin zu Extremtouren zu 1280 NOK) über Canyoning (1280 NOK), Riverboarding (1190 NOK), Wasserfall-Abseiling (1080 NOK) und mehr.

Wintersport

Voss besitzt 2 größere Skizentren:
Voss Resort, ✆ 56511310, 💻 www.vossresort.no. Über 40 km mit Abfahrtspisten, bis 680 m Höhenunterschied.
Voss Fjellandsby, ✆ 56531030, 💻 www.vossfjellandsby.no. 16 Pisten, bis 600 m Höhenunterschied.

SONSTIGES

Alkohol

Voss vinmonopol, Sverresplass 6, ✆ 04560, 🕒 Mo–Mi 10–16.30, Do und Fr 10–17, Sa 9–14 Uhr.

Apotheken

Apotek 1, Vangsg. 42, ✆ 56530440, 🕒 Mo–Fr 10–17, Sa 10–15 Uhr.

Fahrradverleih

Voss Vandrerhjem, S. 306; 350 NOK pro Tag.

Feste

Vossajazz, Ostern, 💻 www.vossajazz.no. Schon seit rund 40 Jahren gilt Vossajazz als Nonplusultra in puncto verjazzter Folk und ist eines der größten Jazzfestivals von Norwegen.

Geld

Spare Bank 1, Vangsgate 22, ✆ 53671100.

Informationen

Voss turistinformasjon, Skulegt. 14, ✆ 40617700, 💻 www.visitvoss.no, 🕒 Juni–Aug Mo–Fr 8–19, Sa 9–19, So 10–19, sonst Mo–Fr 9–15.30 Uhr.

Medizinische Hilfe

Voss legevakt, Sjukehusvegen 16, ✆ 56519400.

Polizei

Politiet Voss, Hardangervegen 6, ✆ 02800.

Post

Voss postkontor, Skulegate 14, ✆ 04004, ⌚ Mo–Fr 9–17, Sa 9.30–15 Uhr.

Taxi

✆ 56511340.

Touren

Die Touristeninformation informiert über organisierte Busrundfahrten und diverse Sightseeing-Touren wie z. B. Rundflüge über den Folgefonn-Gletscher.

TRANSPORT

Busse

Verbindungen ab Busbahnhof mehrmals tgl. u. a. nach KINSARVIK/LOFTHUS und EIDFJORD, BERGEN und OSLO, VIK, FLÅM, AURLAND und LÆRDAL, SOGNDAL, FAGERNES, KRISTIANSAND und LILLEHAMMER.

Eisenbahn

Voss ist per Bergenbahn (S. 240) mit BERGEN und OSLO via Geilo, Ål und Gol) verbunden.

Flåm

Kreuzfahrt-Touristen aus Deutschland sowie England entdeckten schon im 19. Jh. den „kleinen Ort zwischen steilen Bergen", was *Flåm* übersetzt in etwa bedeutet. Heute ist das rund 450 Einwohner zählende Städtchen eines der meistbesuchten Ziele in Norwegen. Diesen Stellenwert verdankt es vor allem seiner unvergleichlich malerischen Lage am Südufer des Sognefjords, das sich von hier aus im Rahmen von **Ausflügen** prächtig erkunden lässt. Die Infrastruktur lässt keine Wünsche offen, die **Bootsfahrt** hinüber in den zum Naturerbe der Menschheit erklärten Nærøyfjord gehört zu den Top-Highlights von Skandinavien, und auch das **Aktivitätsangebot** ist umfangreich. Um es voll auszukosten, sollte man für Flåm mindestens zwei oder drei Tage einplanen.

Die Flåmsbahn

Flåm ist in Norwegen bekannt als Endstation bzw. Ausgangspunkt der Flåmsbahn (Flåmsbana), die zu den steilsten und spektakulärsten Eisenbahnstrecken der Welt zählt und in ihrem rund 20 km langen Verlauf vom Meeresniveau bis hoch nach Myrdal auf der Hardangervidda sage und schreibe 865 m Höhe bewältigt und dabei Panoramen bietet, die – wieder einmal – zu den größten Sehenswürdigkeiten Norwegens zählen. Die Fahrt dauert 45 Min.; unterwegs wird ein Stopp beim 225 m hohen Wasserfall **Kjossfossen** eingelegt.

Sportliche Reisende sollten erwägen, ein Fahrrad mit hinauf nach Myrdal zu nehmen, um von dort aus in rasanter Talfahrt wieder nach Flåm zurückzukehren, das auch End- bzw. Startpunkt des berühmten Radfahrweges **Rallarvegen** (S. 244) ist. 💻 www.visitflam.com, ✆ 57632100,

WESTNORWEGEN

Weltberühmte Fjordfahrten – in den Nærøyfjord

Hauptattraktion von Flåm sind neben der Flåmsbahn die Fjordfahrten, die von hier aus durchgeführt werden. Ganz besonders lohnend ist eine Fahrt über den Nærøyfjord, der seit Sommer 2005 auf der World Heritage List der Unesco als Weltnaturerbe geführt wird. Er zählt zu den größten landschaftlichen Attraktionen ganz Europas, und angesichts dieser 17 km langen, an der schmalsten Stelle aber nur 250 m breiten und dabei von bis zu 1200 m hohen Felswänden umschnürten Kluft kann man sich ein ungefähres Bild von der Gewalt der eiszeitlichen Gletschererosion machen, die diese „Fjordklamm", übrigens die schmalste der Welt, aus einem früheren Talzug herausmodelliert hat.

Zur Auswahl stehen mehrere Touren verschiedener Anbieter, und wer wenig Zeit hat, sollte wenigstens an der **Basic Fjordsafari** teilnehmen, die nur 1 1/2 Std. dauert und einen Ausblick in den Nærøyfjord gewährt (ca. 640 NOK). Die 2 1/2 Std. dauernde **Heritage Fjordsafari** (790 NOK) führt ganz durch den Nærøyfjord hindurch nach Gudvangen (S. 311), während die dreistündige **Heritage Taste Safari** auch nach Undredal (S. 311) führt und 780 NOK kostet.

im Sommer zwischen 7.30 und 18.40 Uhr tgl. 10 Abfahrten, im Winter tgl. 4 Abfahrten, 360 NOK je Weg, 480 NOK hin und zurück.

Wer sich über den Bau der Bahnstrecke (1922 bis 1940) informieren will, sollte das **Flåmsbahn-Museum** (Flamsbana museet) besuchen, 💻 www.visitflam.com, 🕒 tgl. 9–18 Uhr, Eintritt frei.

ÜBERNACHTUNG UND ESSEN

Heimly Pensjonat, Flåm, 📞 57631400, 💻 www.heimly.no. 25 schlichte Zimmer, völlig überteuert, dafür aber mit TV-Salon, Kaminzimmer, Cafeteria und Pub. Auch Verleih von Kanus, Ruder- und Motorbooten und Fahrrädern. Schöne Lage am Fjord, etwa 400 m östlich vom Bahnhof. 🕒 Juni–Mitte Sep, ❻

Fretheim Hotel, Flåm, 📞 57636300, 💻 www.fretheimhotel.no. Edles und traditionsreiches Hotel mit moderner Glasfassade und geräumigen Komfortzimmern. Das angeschlossene Restaurant mit üppigem Öko-Menü (alle Zutaten aus lokalen Rohwaren) ist bekannt für leckere Traditionskost wie z. B. geräucherten Lachs, gepökelte Lammkeule und geräucherte Lammrippen. Auch Vermittlung von diversen Touren und Aktivitäten. ❻

€ **Flåm Camping og Vandrarheim**, Flåm, 📞 94032681, 💻 www.flaam-camping.no. Nahe des Bahnhofs gelegene Jugendherberge mit angeschlossenem Campingplatz. Das Hostel (Zimmer mit oder ohne Bad) bietet viel fürs Geld, und auch der Campingplatz (teils Fjord-, teils Obstbaumblick) ist sehr ordentlich. Gemütliche Campinghütten in 2 Kategorien. Mit Kiosk und Fahrradverleih. 🕒 Jugendherberge: Anfang April–Sep, Camping: Mai–Sep, Stellplatz Zelt/Auto 235 NOK, Bett ab 260 NOK, DZ/Hütten ab ❸

AKTIVITÄTEN

Radfahren

Flåm ist End- bzw. Startpunkt des bekannten Rallarvegen (S. 244), im Touristenbüro ist die offizielle Wegbroschüre *Sykkelguide Rallarvegen* erhältlich. Auch Fahrräderverleih.

Wassersport

Flåm ist eines der bedeutendsten Seekajak-Zentren am Sognefjord. Es werden zahlreiche geführte Touren angeboten (von 660 NOK für 3 Std. bis 8490 NOK für 6 Tage) und Seekajaks sowie komplette Ausrüstungen vermietet. Anbieter ist u. a. **Njord Kajak**, 📞 97194511, 💻 www.njord.as.

Wandern

Auch für Wanderungen ist Flåm ein guter Ausgangspunkt. Beliebt ist z. B. eine Bahnfahrt nach Myrdal (S. 295), um von dort aus zurück ins Tal zu wandern. Die Touristeninformation hält Kartenmaterial und Infos zu zahlreichen Routen bereit.

SONSTIGES

Autovermietungen

Flåm bilutleie, Zentrum, 📞 57632300.

Fahrradverleih

Flåm turistinformasjon, s. u.
Flåm Camping og Vandrarheim, S. 310.
Heimly Pensjonat, S. 310.

Geld

Aurland Sparebank, Zentrum, 📞 57632223.

Informationen

Flåm turistinformasjon, im Bahnhof, 📞 57631400, 💻 www.visitflam.no, 🕒 Mai–Sep tgl. 9.30–17, Juni–Aug tgl. bis 18 Uhr. Auch Buchungsstelle für Fjordfahrten.
Einen Klick wert ist auch 💻 www.naroyfjorden.com.

Medizinische Hilfe

Zuständig ist **Aurland legesenter**, Fjordsentret, Aurland, 📞 57632000.

Polizei

Aurland lensmannskontor, Aurland, 📞 02800.

Post

Flåm Post i butikk (Coop Supermarkt), Zentrum, 📞 04004, 🕒 Mo–Fr 10–17, Sa bis 19 Uhr.

Touren

Flåm Guide Service, ✆ 57633323, 💻 www.fjordsafari.com. Größter Anbieter für die o. g. Bootstouren und andere Fahrten.

TRANSPORT

Busse

Alle 2–3 Std. nach BERGEN (via STALHEIM und VOSS) und OSLO (via LÆRDAL und FAGERNES), im Sommer verkehren mindestens 1x tgl. Busse über den AURLANDSVEGEN (S. 248) nach ÅL, GEILO und weiter nach Oslo.

Eisenbahn

Per Flåmsbahn (S. 309) nach MYRDAL, ab dort Anschluss Richtung OSLO und BERGEN.

Schiffe

1–2x tgl. fahren **Schnellboote** nach BERGEN (825 NOK) und AURLAND (99 NOK). Infos über das Touristenbüro sowie 💻 www.norled.no.

Westlich von Flåm: das Südufer des Sognefjords

Die E 16 führt von Flåm aus via Gudvangen nach Stalheim und erschließt in ihrem Verlauf Landschaftsbilder, wie man sie ähnlich in Norwegen kein zweites Mal zu Gesicht bekommt. Ein Ausflug von Flåm aus entlang der Europastraße kann somit als Highlight der Region gelten, sollte aber mit dem eigenen Fahrzeug durchgeführt werden, da die Sehenswürdigkeiten am Weg abseits der Busroute liegen.

Undredal

Direkt westlich von Flåm verläuft die E 16 durch den über 5 km lange Flengjatunnel, und dahinter zweigt bald eine 6 km lange Nebenstraße nach rechts ab, die in Undredal endet, 85 Einwohner groß. Da sich Parkplätze nur am Ortseingang finden, sollte man auf keinen Fall mit dem Auto in dieses ungemein malerische Dorf hineinfahren, in dem eng an eng schmucke Holzhäuser an schmalen Gassen stehen, die immer wieder herrliche Fjordsicht bieten. Öffentliche Verkehrsmittel verkehren nicht nach Undredal, und wer kein eigenes Fahrzeug hat, besucht den Ort am besten im Rahmen einer Bootstour, S. 309.

Sehenswert in diesem kleinen Fjordort (der bis 1988 nur per Boot zu erreichen war) ist die **Undredal-Kirche** (Undredal Stavkirke), mit nur 40 Sitzplätzen die kleinste Norwegens und angeblich ganz Skandinaviens. Der lediglich 3,50 m breite Bau geht auf eine Stabkirche aus dem Jahre 1147 zurück, die 1722 aber grundlegend umgebaut wurde, sodass sich ihr Ursprung heute nur noch im Innenraum offenbart, wo u. a. alte Malereien sowie ein mit geschnitzten Rehköpfen verzierter Leuchter zu betrachten sind. 💻 www.undredal-stavkyrkje.com, 🕒 1. Juni–10. Aug tgl. Führungen zu jeder halben Std. zwischen 10 und 11.30 sowie 13 und 16 Uhr, Eintritt 70 NOK.

Gudvangen

Auch der westlich von Undredal gelegene Ort Gudvangen war bis Ende der 1980er-Jahre von Flåm aus nur per Boot zu erreichen, da die Steilufer des Sognefjords keinerlei Straßenbau zuließen. Heute führt die E 16 durch einen über 11 km langen Tunnel in diesen winzigen Ort, der derart eng von den senkrechten Felsflanken des Nærøy-Tales umgeben ist, dass er selbst im Sommer nur wenige Stunden Sonne pro Tag abbekommt. Wo sich das Tal zum Meer hin öffnet, beginnt der zum Naturerbe der Menschheit erklärte Nærøyfjord (S. 309), der aber von Land aus betrachtet nicht gar so viel hermacht. Eine Bootsfahrt ist folglich ein Muss (s. rechts), auch von Gudvangen aus werden täglich zahlreiche Touren durchgeführt, die aber mit denjenigen von Flåm nicht konkurrieren können.

TRANSPORT

Selbstfahrer

Für größere Wohnmobile und Gespanne ist die Stalheimskleivi-Straße (S. 312) gesperrt, sie müssen die neue Straße nehmen, die deutlich beschildert ist.

Busse

Undredal wird nicht von Bussen bedient.
Von Stalheim sowie Gudvangen aus fährt alle

Stalheim: berühmt und beeindruckend

13 km von Gudvangen entfernt liegt Stalheim, das als Motiv in nahezu jedem Bildband über Norwegen auftaucht und dem J. C. C. Dahl in seinem Gemälde *Ausblick von Stalheim* (1842; Nationalgalerie Oslo) ein beeindruckendes Denkmal gesetzt hat. Auch Kaiser Wilhelm II. weilte auf seinen Kreuzfahrten durchs Fjordland Jahr für Jahr an diesem beeindruckenden Ort, der heute freilich als fester Programmpunkt aller geführten Touren außerordentlich frequentiert wird.
Ein Besuch lohnt sich dennoch, denn der Blick aus dem allgemein zugänglichen Garten des **Stalheim-Hotels** in den 550 m tiefen Abgrund, auf den zuckerhutähnlichen Jordalsknut und nicht zuletzt ins enge Nærøydal ist umwerfend. Das Gleiche gilt für die Fahrt von Gudvangen hierher über die alte **Stalheimskleivi-Straße** (größere Wohnmobile und Gespanne müssen die neue Straße nehmen), die sich über 2 km in 13 Kehren in die Höhe zieht, dabei bis zu 20 % Steigung überwindet und als bautechnisches Meisterwerk gilt. Sie wurde 1849 nach siebenjähriger Arbeit fertiggestellt. Unterwegs lohnt ein Stopp am Aussichtspunkt auf den 126 m hohen **Stalheimfoss** (rechter Hand).

2–3 Std. ein Bus Richtung BERGEN (via VOSS) sowie Richtung OSLO via FLÅM, AURLAND, LÆRDAL und FAGERNES.

Schiffe

Fähren
Juni–Sep 1x tgl. von Gudvangen aus nach KAUPANGER (350 NOK, Pkw 750 NOK) und retour. Aufgrund der großen Nachfrage sollte man reservieren, insbesondere für Fahrzeuge (über das Touristenbüro oder 💻 www.fjord2.com).

Aurland

8 km östlich von Flåm liegt das ebenfalls nur rund 600 Einwohner zählende Städtchen Aurland am Ostufer des Aurlandsfjordes, der sich landeinwärts ins dramatisch schöne Aurlandsdal öffnet. Im Vergleich zum Nachbarort geht es hier wesentlich geruhsamer zu, auch die Preise sind gemäßigter, und so ist es eine Frage des persönlichen Geschmacks, ob man das Südufer des Sognefjords von Flåm aus erkundet oder von hier, wo man mehr Platz im Rücken hat und obendrein zu zahlreichen **Wanderungen** aufbrechen kann.

Auch von hier aus werden **Bootstouren** in den berühmten Nærøyfjord angeboten, und mit dem eigenen Fahrzeug oder Bus bietet sich die Befahrung des auf die Hardangervidda hinaufführenden **Aurlandsvegen** an (S. 248). Besuchenswert ist das auf halbem Weg nach Flåm gelegene **Otternes-Freilichtmuseum**. Es umfasst 27 Gebäude aus dem 16. Jh., und im Hochsommer werden täglich die alten Handwerkstechniken wie Spinnen und Weben, Backen, Wollefärben und Bierbrauen demonstriert sowie traditionelle norwegische Gerichte zubereitet. 💻 www.otternes.no, 🕒 Juni–Sep tgl. 10–18 Uhr, Eintritt 50 NOK.

ÜBERNACHTUNG UND ESSEN

Vangsgaarden, Zentrum, 📞 57633580, 💻 www.vangsgaarden.no. Ehemaliges Gehöft, teils noch aus dem 17. Jh., direkt am Fjord gelegen. Ansprechende, renovierte DZ mit Bad/WC und TV, Apartments mit Küche, Wohnzimmer, Schlafzimmer, Bad/WC sowie mehrere Hütten für bis zu 6 Pers. Gemütliches Restaurant, gutes Essen, günstige Preisen. Intimer Pub mit Außenterrasse im Garten. Die Preise variieren je nach Saison, ab ❺.

Aurland Fjordhotel, Bjørgavegen 1, 📞 57633505, 💻 www.aurland-fjordhotel.com. Moderner Terrassenbau im Zentrum von Aurland, mit schönem Fjordblick. 30 angenehme Zimmer mit allem Drum und Dran (wenn auch etwas altmodische Einrichtung), die meisten mit Aussicht auf den Fjord. Gutes Restaurant mit Gerichte in der mittleren Preisklasse. Bar mit Sonnenterrasse. Inkl. Frühstück. ❹

€ **Lunde Camping**, R 50 (etwa 1,5 km von Aurland), 📞 9970470, 💻 www.lunde-camping.no. Ganzjährig geöffneter Wiesenplatz am Ufer des Aurland-Flusses. Schönes Wiesenareal, teils unter Bäumen, 17 Hütten unterschiedlicher Kategorien (2–5 Pers.). Renovierte Sanitäranlagen, Minigolf sowie gute Bade- und Angelplätze. Camping 200 NOK, Hütten ab ❶

AKTIVITÄTEN UND TOUREN

Wandern

Das Aurlandsdal ist für ausgedehnte Wandertouren geradezu prädestiniert. In einer Broschüre des Touristenbüros sind mehr als ein Dutzend Touren ausführlich beschrieben, und es werden auch geführte Wanderungen vermittelt. Eine der spektakulärsten Touren führt von Vassbygdi (etwa 10 km von Aurland via R 50) in 6 Std. über einen gut ausgebauten Wanderpfadfad hinauf zur Hütte Østerbø. Eine kürzere Wanderung beginnt in Vassbygdi und führt zum benachbartem Stondalen (etwa 2 Std.). Busverbindungen von Aurland nach Vassbygdi und Østerbø bestehen bis zu 3x tgl.

Touren

Die Touristeninformation informiert über **Fjordfahrten** und **Kajaktouren** sowie über kombinierte **Bus-/Bootstouren** zum Nigardsbreen.

SONSTIGES

Fahrradverleih

Vermittlung über Aurland turistinformasjon, s. u.

Geld

Aurland Sparebank, Zentrum, ✆ 57632600.

Informationen

Aurland turistinformasjon, Heradshuset, ✆ 91794164, 💻 www.sognefjord.no, ⌚ Juni–Aug Mo–Fr 9–17, Sa und So 10.30–17.30, sonst Mo–Fr 9–15 Uhr.

Medizinische Hilfe

Aurland legesenter, Fjordsentret, Aurland, ✆ 57632000.

Polizei

Aurland lensmannskontor, Aurland, ✆ 02800.

Post

Aurland Post i butikk (Spar Supermarkt), ✆ 04004, ⌚ Mo–Fr 9–20, Sa 9–18, So 9–14 Uhr.

Taxis

✆ 90130808.

TRANSPORT

Selbstfahrer

Für den 24,5 km langen Tunnel zwischen Aurland und Lærdal wird keine Mautgebühr erhoben. Der Lærdalsvegen ist i. d. R. zwischen September und Mai gesperrt und sollte im Frühsommer und Herbst nicht bei schlechter Wetterlage befahren werden, da dann jederzeit mit Schneefall zu rechnen ist.

Busse

Seit Fertigstellung des Tunnels zwischen Aurland und Lærdal verkehren die Expressbusse auf der Strecke zwischen OSLO und BERGEN via Aurland, sodass der Ort 4–6x tgl. von beiden Städten her angefahren wird.
Im Sommer fährt außerdem 1x tgl. um 10.15 Uhr ein Bus nach GEILO über den AURLANDSVEGEN (S. 248).

Schiffe

1x tgl. um 7.50 Uhr fährt ein **Schnellboot** nach BALESTRAND (245 NOK), außerdem 2x tgl. (im Sommer 5x tgl.) nach FLÅM (99 NOK) und GUDVANGEN (250 NOK).
1–2x tgl. fahren **Schnellboote** nach BERGEN (805 NOK). Infos über das Touristenbüro sowie 💻 www.norled.no.

Lærdal

Wo der Lærdalselv, der im 19. Jh. von britischen Adeligen entdeckte „König der norwegischen Lachsflüsse“, in den zum Sognefjord gehörenden Lærdalsfjord mündet, erstreckt sich Lærdalsøyri, das rund 2200 Einwohner zählende Zentrum der Lærdals-Gemeinde. Es lohnt insbesondere

Extremwege nach Lærdal

Zwei Wege bieten sich ab Aurland für die Weiterreise nach Lærdal (S. 313) an: Zum einen der Ende 2000 fertiggestellte (mautfreie) **Tunnel**, mit einer Länge von 24,5 km der längste Straßentunnel der Welt; zum anderen der 47 km lange und zum Nationalen Touristenweg ernannte **Lærdalsvegen**, der (ab ca. 1. Juni) über die Berge führt und nicht zu unrecht auch „Schneeweg" heißt. Auf rund 5 km Länge windet sich die zunächst schmale, aber asphaltierte Straße über zwölf Serpentinen in die Höhe und bietet dabei ein ums andere Mal faszinierende Ausblicke auf den Aurlandsfjord. Wo sie erreicht wird, blickt man auf den 650 m tiefer gelegenen Fjord. Und zwar von der 30 m weit in den freien Luftraum ragenden und aus Holz und Stahl gefertigten Rampe der Aussichtsplattform Stegasteinen aus!

Das ist ein Highlight, das seinesgleichen sucht in Norwegen, und auch die folgende Fahrt, über die Baumgrenze hinaus in ein wildes, einsames Hochgebirgsland, das sich oft selbst noch im Juli ganz und gar winterlich präsentiert, bietet ein ums andere Mal reinste Augenverführung. In Ruhe zu genießen vom Rastplatz **Flotane** aus, der sich für Wanderungen ins Umland anbietet und, weil auch ausgestattet mit Toilette und Bänken, wie geschaffen ist für eine Übernachtung.

Auch das ist ein Höhepunkt, doch der per Straße erreichbare ist noch ein paar Kilometer weit entfernt und trägt den Namen **Vedahaugane**. Von hier aus, 1306 m hoch, kann man bei gutem Wetter bis zu den funkelnden Gletschermassen des Jostedalsbreen im Norden und den monumentalen Frost- und Reifriesen Jotunheimens im Nordosten blicken. Und weil ein solcher Platz selbst in Norwegen einzigartig ist, wurde hier ein Laufsteg aus Beton angelegt, der zu den allerschönsten der schönsten Aussichtspunkte führt. An seinem Ende macht seit September 2012 ein Kunstwerk von sich sehen, das, so der Künstler, „die Kräfte der Natur widerspiegeln will". Von dieser Landmarke aus geht es sanft in tiefere Lagen hinunter, der Winter weicht dem Frühling, und erste Sennhütten auf grünen Wiesen kommen nun ins Blickfeld. Dann, nach einer abschließenden Gefällstrecke von rund 9 %, ist man endgültig wieder in den Sommer zurückgekehrt, und begleitet von einem schäumenden Sturzbach verläuft die Fahrt ins wildromantische Lærdal hinein.

Weitere Infos und Fotos über den Lærdalsvegen unter 💻 www.nasjonaleturistveger.no.

im alten Ortsteil, **Gamle Lærdalsøyri**, einen Besuch, denn dort finden sich nicht weniger als 160 unter Denkmalschutz stehende Häuser aus dem 18. und 19. Jh., und es macht einfach Spaß, durch die alten Gassen zu schlendern, in Antiquitätengeschäften zu stöbern, an Führungen teilzunehmen (Buchung über das Touristenbüro) oder den im Sommer an jedem Samstag abgehaltenen Markt zu besuchen.

Seit 2013 ist Lærdal übrigens eines von zurzeit sieben Reisezielen in Norwegen, die sich mit dem Gütesiegel „Bærekraftig Reisemål" schmücken dürfen, einer nationalen Auszeichnung für nachhaltige Destinationen. Vergeben wird sie durch die staatliche Tourismuszentrale „Innovation Norway" nach zahlreichen Kriterien, die für umweltfreundlichen, verantwortlichen und ganzheitlichen Tourismus entscheidend sind. So musste Lærdal nicht nur bei der Umweltarbeit sowie bei der Natur- und Kulturnutzung strenge Auflagen erfüllen, sondern auch seinen Einsatz für die regionale Infrastruktur nachweisen, sich obendrein als guter Gastgeber erweisen und seinen Besuchern zahlreiche Aktivitäten im Bereich Nachhaltigkeit und Naturschutz offerieren. Die einzelnen Anbieter solcher Dienstleistungen (in/um Lærdal sind es zurzeit acht) dürfen mit dem Öko-Siegel werben. Weitere norwegische Gütesiegel sind der „Schwan", der den sparsamen Wasser- und Energieverbrauch von Hotels und Restaurants auszeichnet, und der „Umwelt-Leuchtturm", der nachhaltigen Umgang mit Chemikalien belohnt.

Das Norwegische Lachszentrum

Hauptsehenswürdigkeit aber das etwas außerhalb an der E 16 am Weg nach Borgund gelegene **Norwegische Lachszentrum** (Norsk Villakssenter), die größte Ausstellung zum Thema Wildlachs in Norwegen. Sie informiert vorbildlich über das Leben der Lachse sowie die traditionellen und historischen Fangmethoden und wird durch einen (preisgekrönten) Film abgerundet. Daneben gibt es einen Angelsimulator, eine Fliegenbinde-Werkstatt sowie einen Naturlehrpfad. 💻 www.norsk-villakssenter.no, 🕒 Juni und Aug tgl. 10–17, Juli tgl. 10–18, Eintritt 90 NOK.

Auf historischen Wegen

Besonders reizvoll an Lærdal sind seine herrliche Tallandschaft, seine kulturhistorischen Sehenswürdigkeiten sowie die Wanderpfade, die in einer Broschüre des Touristenbüros ausführlich beschrieben werden. Sie liegen alle entlang der E 16 Richtung Borgun und können auch mit öffentlichen Verkehrsmitteln erreicht werden. Hinter Bjørkum, das rund 18 km entfernt ist, verengt sich das Tal zusehends und wird bald zur wildromantischen Schlucht, in der der Lærdalselv über den **Sjurhaugfoss** talwärts stürzt (an der Seite finden sich vier Lachsleitern). Hier ist ein Rastplatz eingerichtet, und wer, wie 1023 schon Olav der Heilige, den insgesamt 5 km langen **Galdane-Pfad** begehen möchte, sollte parken und der Straße noch ein Stück zu Fuß bis zum Einstieg (bei den Überresten der alten Steinbrücke) folgen.

Gegenüber der Steinbrücke windet sich der im Jahre 1843 angelegte **Postweg** in die Höhe, und rund 1,5 km weiter, bei Husum, beginnt der 2,3 km lange **Sverrestig**, der noch aus dem Mittelalter stammt und über Stock und Stein zur Stabkirche von Borgund (s. links) führt. Parallel zu ihm verläuft der **Vindhellaveg** aus der Postkutschenzeit; er hat ebenfalls die Stabkirche von Borgund zum Ziel, sodass es sich anbietet, auf dem einen Pfad nach Borgund und auf dem anderen wieder zurück nach Husum zu laufen. Im Örtchen **Husum** selbst lohnt der verspielte Zuckerbäckerbau des 1826 im sogenannten Schweizer Stil errichteten Husum Hotel einen längeren Blick, und einige Hundert Meter weiter erinnert ein Gedenkstein an den Holländer Beduin, dem im Sommer 1901 die Erstbefahrung der Strecke Oslo–Lærdal mit einem Automobil gelang.

ÜBERNACHTUNG UND ESSEN

Hostels und Hotels

€ **Borlaug Turist- og Vandrerheim**, Steinklepp (Kreuzung E 16/R 52), ✆ 91109946, 💻 www.hihostels.no. Etwas trister, 2-stöckiger Fertigbau an der Straße. Schlichte und einfache, aber verhältnismäßig günstige Zimmer, Frühstück inkl. 🕒 Juni–Sep. Bett ab 290 NOK, DZ ❶

Sanden Pensjonat, Øyragate 9, Lærdal, ✆ 57666404, 💻 www.sandenpensjonat.no. Herberge aus dem 19. Jh. in ansprechender

Die Stabkirche von Borgund

Genial müssen sie gewesen sein, die Zimmerleute des Mittelalters, denn schon aus der Distanz betrachtet manifestiert sich in der Stabkirche von Borgund (Borgund Stavkirke) eine Holzbaukunst von einzigartiger Schönheit. Mit ihren kaskadenförmig übereinander gestaffelten sechsfachen Schindeldächern mutet sie wie das Abbild einer Pagode an, und in herrlicher Klarheit und Harmonie fügt sich das Gotteshaus in die umgebende Natur ein. Die um 1180 herum errichtete Stabkirche ist einer der ältesten Holzbauten ganz Europas. Sie gilt, trotz ihres hohen Alters, als das besterhaltene Beispiel norwegischer Holzbaukunst und wird entsprechend stark besucht – pro Jahr zählt man hier über 230 000 Touristen. Wer kürzer als eine halbe Stunde auf Einlass wartet, hat viel Glück gehabt, und ist man dann an der Reihe, ist es vor lauter Geschiebe und Gedränge schier unmöglich, die Atmosphäre und die Details in Ruhe zu genießen.

Wesentlich ruhiger geht es da schon im angrenzenden Besucherzentrum zu, in dem man sich die Wartezeit vertreiben und sich ausführlich über die Geschichte der Stabkirchen, ihre Bauweise sowie ihren Platz in der Weltarchitektur informieren kann. Auch das religiöse Leben im Mittelalter in Norwegen wird beleuchtet; ein Restaurant sowie ein Geschenkladen sind angeschlossen. 💻 www.stavechurch.com, 🕒 Mai–Sep tgl. 10–17, Mitte Juni–Mitte Aug tgl. 8–20 Uhr, Eintritt 90 NOK.

Lage im historischen Ortsteil Gamle Lærdalsøyri, Anfang 2010 komplett renoviert und ausgebaut. 9 DZ mit oder ohne Bad/WC im traditionellen Stil. Gemeinschaftsküche, eigenes Frühstück- und Aufenthaltszimmer. ❶–❺

Eggum Gard, Steinklepp, ✆ 90278871, 💻 www.eggumgard.no. Traditioneller alter Hof, etwa 200 m von der E 16 entfernt mitten im Grünen gelegen. Im Angebot sind 6 renovierte und komplett ausgestattete Hütten unterschiedlicher Größe. In direkter Nähe befinden sich gute Angelplätze. 🕒 Anfang Mai–Ende Sep. Ab ❷

Lindstrøm Hotell, Lærdal, ✆ 57666900, 💻 www.lindstroemhotel.no. Das schmucke Holzhaus im hübsch gepflegten Garten gilt als eine der besten Adressen im Ort. Insgesamt bietet es 86 komfortable Zimmer, am schönsten (weil nostalgisch möbliert) sind diejenigen im alten Flügel. Das Haus verfügt über Restaurant, Bar, Souvenirladen und Fahrradverleih. Im Haupthaus dieses Traditionshotels wird tgl. von 19–20.30 Uhr zum Buffet geladen, das mit 10–15 kalten sowie 1–2 warmen Fischgerichten, 2–3 Fleischgerichten und einer unglaublichen Auswahl an Kuchen, Gebäck, Pudding, Obst und Käse keinerlei Wünsche offen lässt – teuer (345 NOK), aber lohnenswert. 🕒 Anfang Mai–Ende Sep. ❺

Camping und Hütten

Lærdal Ferie og Fritidspark, ✆ 57666695, 💻 www.laerdalferiepark.com. 4-Sterne-Platz, am Fjord gelegen, nur 400 m vom Ortszentrum entfernt. Große Campingwiesen, Hütten, Apartments sowie ein Motel mit Café/Restaurant (einfache Gerichte und Snacks). Fahrradverleih, Bademöglichkeit und Tennisplatz. Stellplatz ab 230 NOK, Hütten ab ❸, Apartments/DZ ab ❷

€ **Vindedal Camping og Hytter**, Lærdal (10 km westl.), ✆ 57666528, 💻 www.avindeda.freeyellow.com. Kleiner, ruhiger Campingplatz in schöner Fjorduferlage. Die Hütten sind etwas klein, aber preiswert. Angeln direkt am Fjord. Stellplatz 145 NOK, Hütten ab 475 NOK.

SONSTIGES

Fahrradverleih

Lindstrøm Hotel, s. o.
Lærdal Ferie og Fritidspark, s. o.

Informationen

Lærdal turistkontor, Øyraplassen 14, ✆ 48277526, 💻 www.sognefjord.no, 🕒 Juni–Aug tgl. 10–19 Uhr. Auch Buchung von Unterkünften, Fjordfahrten und Aktivitäten sowie Fahrradverleih.

Polizei

Lærdal lensmannskontor, ✆ 02800.

Post

Lærdal Post i butikk (Coop Supermarkt), Øyraplassen 2, ✆ 04004, 🕒 Mo–Fr 9–21, Sa 9–20 Uhr.

TRANSPORT

Selbstfahrer

Für den 24,5 km langen Tunnel zwischen Aurland und Lærdal wird keine Mautgebühr erhoben. Der Lærdalsvegen ist i. d. R. zwischen Sep und Mai gesperrt und sollte im Frühsommer und Herbst nicht bei schlechtem Wetter befahren werden, da dann mit Schneefall zu rechnen ist.

Busse

Verbindungen alle 2–3 Std. Richtung BERGEN (via AURLAND, FLÅM, STALHEIM und VOSS) sowie OSLO (via BORGUND und GOL, außerdem via FAGERNES), zudem 3–4x tgl. via SOGNDAL und FJÆRLAND nach FØRDE.

Schiffe

Die **Autofähre** über den Sognefjord hinweg verkehrt vom nahen Fodnes aus bis zu 40x tgl. nach MANHELLER (nahe Kaupanger) am Nordufer des Sognefjords (35 NOK, Pkw 114 NOK). Im Hochsommer sollte man aufgrund der großen Nachfrage reservieren, insbesondere für Fahrzeuge. Reservierung über das Touristenbüro oder 💻 www.fjord1.no, ✆ 57757000.

Sogndal und Kaupanger

Die Lage von **Sogndal** am Nordufer des Sognefjords vor der Kulisse gewaltiger Bergketten ist schlicht faszinierend, und ihr verdankt das rund 4500 Einwohner große Städtchen seinen hohen touristischen Stellenwert. Mit über 2000 Gästebetten ist es das größte Ferienzentrum der gesamten Region Sognefjord, und entsprechend groß ist auch das Angebot an Touren, Ausflugsmöglichkeiten sowie Aktivitäten. Sehenswürdigkeiten im eigentlichen Sinn aber gibt es nicht, dafür umso mehr im benachbarten Fährort **Kaupanger**, rund 11 km entfernt, wo man zudem wesentlich günstiger wohnen kann als in Sogndal, das hauptsächlich norwegischen Touristen als Urlaubsdomizil dient.

Zeitzeugen

Das bei Kaupanger an der E 16 ausgeschilderte **Sogn Fjordmuseum** ist eines der größten seiner Art in Norwegen und beeindruckt vor allem mit der Zahl der hier ausgestellten historischen Boote. Auch eine Bootsbauer-Werkstatt ist angeschlossen, und eine große Sammlung an Fotografien, Zeichnungen, Werkzeugen und Gerätschaften vervollständigt die Ausstellung. 💻 www.dhs.museum.no, 🕒 Juni–Aug tgl. 10–17, Mai und Sep tgl. 10–15 Uhr, Eintritt 80 NOK, das Ticket gilt auch für das Sogn Folkemuseum.

Am Weg nach Sogndal lohnt ein Besuch des schon vor über 100 Jahren eingerichteten **Sogn Folkemuseum**, das es sich zur Aufgabe gemacht hat, ein anschauliches Bild vom Leben der Menschen am Sognefjord im 16. Jh. zu vermitteln. Rund drei Dutzend historische Gebäude erfüllen diesen Zweck, und sehenswert sind darüber hinaus die Ausstellungen im Haupthaus, die u. a. Trachten und Möbel, Werkzeuge sowie ganze Werkstätten zeigen. 💻 www.dhs.museum.no, 🕒 wie das Fjordmuseum, das Ticket gilt auch für das Sogn-Fjordmuseum.

Übernachtung

Die allermeisten Touristen nutzen das enorme Übernachtungsangebot von Sogndal, doch günstiger, ruhiger und auch schöner wohnt man in Kaupanger.

Stabkirche von Kaupanger

Mit ihren 20 Masten, die die Konstruktion tragen, ist die Stabkirche von Kaupanger eine der größten des Landes, allerdings als solche von außen kaum zu erkennen, da sie in der nachreformatorischen Zeit sowohl erweitert als auch völlig verfremdet wurde. So ist es hauptsächlich ihr Inneres, das als sehenswert gilt, denn Teile der Einrichtung stammen noch aus dem 12. Jh. 💻 www.stavechurch.com, 🕒 Juni–Aug tgl. 10–17 Uhr, Eintritt 70 NOK.

Sogndal

Hostels und Hotels

€ **Sogndal Vandrerhjem**, Helgheimsvegen 9 (Straße Richtung Kaupanger, Kreisverkehr vor Brücke), 📞 57627575. Jugendherberge in Zentrumsnähe, recht schön am Fjord gelegen. 44 einfache Zimmer (Mehrbettzimmer, EZ, DZ, Familienzimmer), Gästeküche, Kaminzimmer, Frühstück inkl. 🕒 Mitte Juni–Mitte Aug. Ab ❷

Hofslund Fjord Hotel, Ortsausgang Richtung Kaupanger, 📞 57627600, 💻 www.hofslund-hotel.no. Das etwas ältere Mittelklassehotel in ansprechender Fjordlage mit neuem Anbau bietet 54 gute Zimmer mit TV, Telefon und teils mit Aussicht und Balkon. Es gibt einen schönen Garten mit beheiztem Pool, ein großes Restaurant und kostenlose Ruderboote (nur für Gäste). ❺

Quality Hotel Sogndal, Gravensteinsgate 5, 📞 57627700, 💻 www.qualityhotelsogndal.no. Gediegenes Hotel der oberen Mittelklasse, teilweise renoviert. Moderne und elegante Zimmer mit schmucken Holzmöbeln, außerdem 3 Restaurants, Bar, Disco, Hallenbad, Fitnesscenter, Billard und Sauna. Je nach Saison ❻

Camping und Hütten

Kjørnes Camping, 3 km vom Zentrum an Straße nach Kaupanger, 📞 97544156, 💻 www.kjornes.no. Der empfehlenswerte Wiesenplatz am Fjord eröffnet wunderschöne Ausblicke auf Sogndal. Mit über 1 km Küstenlinie bietet das Areal (der übrigens gerade erst zu

Norwegens bestem Campingplatz gekürt wurde) hervorragende Bade- und Angelmöglichkeiten. Auch zahlreiche Hütten mit Fjordblick sowie Apartments gehören zur Anlage; Fahrräder können von Gästen geliehen werden. Die nahegelegene Straße kann allerdings ein wenig störend wirken. Stellplatz 250 NOK, Hütte ab 500 NOK, Apartment ❸

Kaupanger

Havnebakken feriehus, Havnebakken 2, Kaupanger, ✆ 91751016, 💻 www.havnebakken.no. Oddrun Vedvik, der freundliche Besitzer des Bauernhofes, vermietet 2 voll ausgestattete Ferienhäuser (bis zu 6 Schlafplätze je Haus) mit tollem Fjordblick sowie 3 DZ mit Gemeinschafts-Bad/WC, Küche und Wohnzimmer mit TV. Gute Bade- und Angelmöglichkeiten, Bootsverleih. ❸–❹

Amble Gård, Øvre Amla 14, Kaupanger, ✆ 40510589 💻 www.amblegaard.no. Recht ansprechender Museumshof mit 7 freistehenden, komplett eingerichteten Ferienhäusern sowie schönen Camping-Stellplätzen direkt am Fjord (sehr einfache Ausstattung, nur mit Kaltwasserduschen, aber auch spottbillig: 100 NOK für Zelt, Auto und 2 Pers.). Im Angebot sind außerdem kostenlose Boote für Gäste. Schon allein der hier produzierte Apfelsaft aus ökologischem Anbau ist die Anreise wert.

ESSEN

€ **Dolly Dimple's**, Storsenter, Sogndal, 💻 www.dolly.no. Das beliebte Pizzarestaurant liegt mitten im Zentrum und bietet eine gute Auswahl an Pizzen sowie Salaten und Tapas. Recht preiswert. 🕒 Mo–Fr 10–19, Sa bis 17.30 Uhr.

Quality Hotel Sogndal, s. o. Hier stehen gleich 3 Restaurants zur Auswahl: das Compagniet (gehobene Preise) mit reichhaltigem internationalem À-la-carte-Menü und Abendbuffet, die Dr. Hagen Cafe og Bar (mittlere Preislage, leichte Speisen) und schließlich ein weiteres Dolly Dimple's Pizzarestaurant.

AKTIVITÄTEN

Angeln

Der Arøyelv ist einer der berühmtesten Lachsflüsse in ganz Norwegen. Wer hier angeln will, muss allerdings mit sehr teuren Angellizenzen rechnen (bis zu mehreren Tausend Kronen pro Tag!). Wesentlich billiger ist es im Sogndalselva, wo aber Forellen die Hauptrolle spielen.

Wandern

Dutzende Wanderungen in allen Schwierigkeitsgraden laden ein, sie alle sind ausführlich in einer kostenlosen Wanderbroschüre beschrieben, die das Touristenbüro herausgibt; mit Kartenmaterial.

Eine leichte und familienfreundliche Wanderung folgt dem **altem Fahrweg** vom Kjørnes-Campingplatz (S. 317) zum Sogn Folkemuseum und dauert ca. 2 Std. Für Panoramablicke lohnt sich die etwas anstrengendere Route zum **Loftenesfjell** (dem Berg hinter dem Kjørnes-Campingplatz): Der Pfad beginnt etwas südlich des Platzes, oberhalb des Wohngebietes (dort beschildert); etwa 4 Std. hin und zurück.

Mit Abstand die spektakulärste Wanderung aber hat den 1116 m hohen **Molden** zum Ziel, der im Ruf steht, das schönste Panorama am Sognefjord überhaupt zu bieten. In der Tat ist die Aussicht von dem in rund 2 Std. erreichbaren Gipfel auf den Lustrafjord schlicht einzigartig und unbedingt den etwa 2 Std. währenden Aufstieg (moderat) wert. Er ist beschildert (aber nicht markiert), und man kann sich nicht verlaufen. Ausgangspunkt ist eine hinter Solvorn, aber noch vor Gaupne an der R 55 nach rechts mit „Molden" ausgeschilderte Schotterstraße; nach ca. 1 km findet sich linker Hand ein Parkplatz mit Hinweisschildern zum Molden sowie einer Topokarte.

SONSTIGES

Alkohol

Sogndal vinmonopol, Hoveveien 10 (im Shoppingcenter), ✆ 04560, 🕒 Mo–Mi 10–16, Do 10–17, Fr 10–16.30, Sa 9–14 Uhr.

Apotheken

Apotek 1, Hoveveien 10 (im Shoppingcenter), ✆ 57679070, ⌚ Mo–Fr 9–17, Sa 9–14 Uhr.

Autovermietungen

Avis, ✆ 57725080.
Sixt, ✆ 90556557.

Fahrradverleih

Kjørnes Camping, S. 317.
Sogndal turistkontor, s. u.

Feste

Fjellsportfestivalen, Ende Februar, 💻 www.fjellsportfestivalen.no. 5-tägiges Wintersportfestival mit Wettbewerben (u. a. Alpinski, Snowboard), Kursen/Seminaren und Konzerten.

Geld

Sparkebank, Parkveien 11, ✆ 57648510.

Informationen

Sogndal turistkontor, Parkvegen 5, ✆ 99231500, 💻 www.sognefjord.no, ⌚ Mitte Juni–Mitte Aug Mo–Sa 10–22, sonst Mo–Fr 11–16 Uhr.

Medizinische Hilfe

Sogndal legevakt, Gravensteinsgate 17, ✆ 57629600.

Polizei

Sogndal politistasjon, Fjørevegen 20, ✆ 02800.

Post

Sogndal postkontor, Hovevegen 4, ✆ 04004, ⌚ Mo–Fr 9–17, Sa 10–14 Uhr.

Taxis

✆ 57000222.

NAHVERKEHR

Der vom 20. Juni–20. Aug verkehrende **Brebus** (Gletscherbus) bedient von Sogndal aus tgl. um 8.45 und 13.40 Uhr die Strecke zum NIGARDSBREEN (1 1/2 Std., 158 NOK; S. 325) und zurück, auch SOLVORN (für die Stabkirche von URNES) und GAUPNE werden angefahren. Infos über 💻 www.jostedal.com/brebussen.

TRANSPORT

Busse

Mehrmals tgl. Verbindungen mit allen Orten am Nordufer des Sognefjords, außerdem mit FJÆRLAND und BALESTRAND sowie, über die Sognefjellstraße (S. 391), mit LOM, VÅGÅ und OTTA. Auch mit OSLO bestehen Verbindungen (und zwar sowohl via GOL als auch GEILO), des Weiteren mit FØRDE.

Schiffe

Schnellboote

1–2x tgl. ab Sogndal nach BERGEN (705 NOK) via LEIKANGER, VANGSNES und BALESTRAND.

Fähren

Ab Mannheller (südl. von Kaupanger) 40x tgl. nach FODNES (15 Min., 35 NOK, Pkw 114 NOK), von wo es nur ein kurzes Wegstück nach LÆRDAL ist. Im Sommer sollte man angesichts der großen Nachfrage reservieren, insbesondere für Fahrzeuge. Reservierung über das Touristenbüro oder 💻 www.fjord1.no, ✆ 57757000.

Flüge

Der Flughafen liegt 20 km südlich von Sogndal auf gut 800 m Höhe. Buszubringer 75 NOK; Taxi nach Sogndal nur nach Vorbestellung für ca. 450 NOK. Direktverbindungen per Widerøe tgl. mit SANDANE, FØRDE, FLORØ und BERGEN sowie OSLO.

Fjærland

Von Kaiser Wilhelm II. ist überliefert, dass er sich zu höchsten Lobpreisungen der norwegischen Fjordwelt hingerissen fühlte, als er zum ersten Mal den schmalen und felsummauerten **Fjærlandsfjord** zu sehen bekam. Hingerissen ist auch heute noch jeder Besucher, wenn er von dem schlicht wunderschön am Nordzipfel dieses Wasserwegs gelegenen malerischen Städtchen aufs Meer hinausblickt. Doch auch im Rücken der rund 300 Einwohner großen Ortschaft gibt es Einzigartiges zu sehen, denn Fjærland liegt inmitten einer der gletscherreichsten Regionen Norwegens. Ihre Topografie ist derart unwegsam, dass der Ort erst 1986 ans norwegische Verkehrsnetz angeschlossen werden konnte, und erst seit 1994 gar besteht die Möglichkeit, von Sogndal aus entlang des 33 km messenden **Fjærlandsvegen** nach Fjærland zu gelangen.

Diesen Weg, auf dem es von Traumpanorama zu Traumpanorama dahingeht, muss man einfach mal genommen haben. Und man muss reservieren, nämlich eine Unterkunft in Fjærland, denn mehrere Hunderttausend Touristen besuchen mittlerweile alljährlich den Ort, der gestern noch in tiefem Dornröschenschlaf lag, und machen ihn damit zu einer Hauptdestination von Westnorwegen.

Das Norwegische Gletschermuseum

Welche Fragen man auch immer zu den Themen Eiszeiten und Gletscher sowie von Menschen verursachte Klimaänderungen haben mag: Diese 1991 eröffnete und in ihrer Art europaweit einzigartige Ausstellung kann sie beantworten. Dabei geht es hier ganz und gar nicht „museal langweilig" zu, sondern außerordentlich spannend, und so lernt man hier u. a., was unter einem effektiven Klimaschutz zu verstehen ist und welchen Beitrag jeder Einzelne dazu leisten kann. Wer will, kann sogar durch einen künstlichen Mini-Gletscher hindurchwandern. Auch ein Film über die atemberaubende Gletscherwelt wird geboten, und last not least kann man sich auf einem Monitor ansehen, welche Wanderungen in welchem Schwierigkeitsgrad von Fjærland aus ans Blaueis heranführen.
Norsk Bremuseum, www.bre.museum.no, Juni–Aug tgl. 9–19, April/Mai und Sep/Okt tgl. 10–16 Uhr, Eintritt 120 NOK.

Gletscher

Nach der Theorie kommt die Praxis, und tatsächlich ist es trotz aller Museumsfreuden eine ganz andere Sache, einen Gletscher mit eigenen Augen zu bewundern. **Gletscher-Sightseeing** ist folglich eine weitere Attraktion im Angebot des Gletschermuseums, von wo aus zwischen Mai und September täglich um 11 und 14.30 Uhr der vom Fjærland-Fährkai kommende Gletscherbus verkehrt; zurück zum Museum und Anleger geht es gegen 12.55 und 15.05 Uhr. Wer's individuell bevorzugt, sollte eine **Gletscher-Wanderung** zum auf etwa 1000 m Höhe gelegenen Flatbreen unternehmen, wo man nahebei in der Flatbrehytta mit 18 Betten auch übernachten kann (DZ ab 1650 NOK). Im Sommer Reservierung empfohlen, 9323518, www.rodseter.no/flatbrehytta/. Die Tour dauert hin und zurück etwa 5–6 Std. und beginnt in Øygård, rund 7 km außerhalb von Fjærland, wohin man auch mit dem Auto gelangt.

Wer auch auf das Gletschereis hinaus will, muss an einer **organisierten Gletschertour** teilnehmen, über die man sich ebenfalls im Museum informieren kann; zu buchen über das Touristenbüro sowie www.brekick.no (s. o.). Ausgangspunkt ist wiederum die Flatbrehytta, und 1400 NOK sind für die etwa 9 Std. währende Tour zu berappen, die zwischen Juli und Mitte August an jedem Mittwoch durchgeführt wird. Noch weitere Gletscher sind geführt ab Fjærland erreichbar (250–800 NOK p. P.), und auch **Gletscherkurse** (ab 2550 NOK) sind im Angebot. Auch zu weiteren Gletschern werden Touren durchgeführt, des Weiteren werden Bergbesteigungen angeboten (ab 700 NOK) und Kletterkurse (ab 4300 NOK).

ÜBERNACHTUNG UND ESSEN

Fjærland Fjordstue Hotell, Fjærland, 41000 200, www.fjaerlandhotell.no. Schmucke Holzvilla in idyllischer Panoramalage am Fjordufer im Ortszentrum. 16 gemütliche und angenehme Zimmer, jedes in einer anderen, hellen Farbe gestrichen, alle mit Bad/WC, die meisten auch mit Fjordblick. Das Restaurant mit Außenterrasse bietet gute norwegische Traditionskost sowie internationale Gerichte; auch Pizzen und leckere Salate. Mitte Mai–Mitte Sep. 6

Hotel Mundal, Fjærland, 91909990, www.hotelmundal.no. Prachtbau im Schweizer Stil aus dem Jahre 1891 in herrlicher Fjorduferlage. Die Holzvilla ist von außen schön mit Balkonen, Türmen und

Erkern verziert, innen stilvoll mit Möbeln und Gemälden aus alter Zeit eingerichtet. Es gibt insgesamt 34 romantische Zimmer in verschiedenen Kategorien, dazu ein Turmzimmer mit nahezu vollständigem 360-Grad-Panorama. Restaurant mit erstklassiger norwegischer Küche, zubereitet aus frischen lokalen Rohwaren. Abends empfehlenswertes 4-Gänge-Menü (495 NOK, auf Vorbestellung), mittags Lunch-Menü ab 325 NOK. Schöner und traditionsreicher kann man wohl kaum wohnen. Unbedingt vorab reservieren. ⌚ Mai–Sep. 6

€ **Bøyum Camping**, etwa 2,5 km von Fjærland beim Gletschermuseum, ✆ 57693252, 💻 www.fjaerland.org/boyum camping. Großer offener Campingplatz mit schönen Wiesenstellplätzen, moderner Ausstattung sowie komfortablen Hütten mit Bad/WC, TV und Küche. Zum Areal gehören auch einfache DZ und Mehrbettzimmer. Fahrradverleih, Volleyball und markierte Wanderwege. ⌚ Anfang Mai–Ende Sep. Stellplatz 150 NOK, Bett 200 NOK, DZ ab 390 NOK, Hütten ab 2

AKTIVITÄTEN

Kanu und Kajakfahren

Fjærland Guiding, 💻 www.fjaerland.org, ✆ 57693233. Ein schöneres Paddelrevier als der Fjærlandsfjord ist kaum denkbar, und von Mai bis Sep werden tgl. geführte Touren von 2–4 Std. Länge angeboten (550/800 NOK).

Radfahren

In der Umgebung von Fjærland bieten zahlreiche Landstraßen ruhige Radelfreuden, populär sind u. a. die Touren nach Jorddal (südlich von Fjærland am Fjord), zum Mundalsdalen (westlich vom Ort) und in das Suphelledalen.

Wandern

Die Touristeninformation hält eine Gratisbroschüre („Escape the Asphalt") bereit, in der 11 größere Wanderungen beschrieben sind. Wer ins „Eingemachte" will, kann zudem eine Wanderkarte (Maßstab 1: 50 000) mit eingezeichneten Pfaden abrufen. Wer 4 Routen bewältigt, wird im Touristenbüro mit einem Diplom belohnt.

Die Bücherstadt Fjærland

Ist Tvedestrand (S. 182) die „Bücherstadt am Skagerrak", so hat sich Fjærland das Prädikat „Norwegische Bücherstadt" gesichert, weshalb sie die Norweger sowohl als *brebyen* („Gletscherstadt) als auch als *bokbyen* („Bücherstadt") bezeichnen. Nicht weniger als 4 km Regalwände mit mehreren Hunderttausend antiquarischen Büchern aller möglicher Sprachen werden in den rund ein Dutzend Secondhand-Buchhandlungen des Ortes sowie in Bootshäusern, Garagen, Scheunen und Schuppen ausgestellt und verkauft. Das ist eine Rekordzahl nicht nur in Norwegen, sondern auch im Vergleich zu den anderen acht zurzeit bekannten Bücherstädten weltweit. Weitere Infos über 💻 www.bokbyen.no.

SONSTIGES

Fahrradverleih

Bøyum Camping, S. 321.
Fjærland turistinformasjon, s. u.

Informationen

Fjærland turistinformasjon, Zentrum, ✆ 57693233, 💻 www.fjaerland.org. Sehr hilfsbereites und kundiges Personal, auch deutschsprachig. ⌚ Mai–Sep tgl. 10–16 Uhr.

Medizinische Hilfe

Zuständig ist die Ärztewache in Sogndal, ✆ 57629600.

Polizei

Sogndal politistasjon, Sogndal, ✆ 02800.

Post

Fjærland Post i butikk (Joker Supermarkt), ✆ 04004, ⌚ Mo–Sa 9.30–18 Uhr.

TRANSPORT

Busse
Fjærland ist mehrmals tgl. mit STRYN, FØRDE, SOGNDAL, LÆRDAL, GOL, GEILO und OSLO verbunden.

Schiffe
Von Fjærland aus besteht zwischen Juni und Aug um 15.20 Uhr 1x tgl. eine Bootsverbindungen (nur Personen und Fahrräder) mit BALESTRAND; Autofähren verkehren keine.

Entlang des Lustrafjords

Die durch Fjordarme stark zergliederte Nordseite des Sognefjords wird von der R 55 erschlossen, die von Sogndal aus bald ans Westufer des Lustrafjords bei Solvorn führt. Diesem folgt sie, vorbei an der Abzweigung zum Gletschersturz des Nigardsbreen, zu seiner nördlichen Stirnseite bei der Ortschaft Skjolden. In ihrem weiteren Verlauf steigt sie als Sognefjellstraße steil zum höchsten Straßenpass des Nordens auf, und auch wer diese weltberühmte, weil atemberaubend schöne Hochgebirgsstrecke nicht befahren will, sollte der R 55 einmal zumindest bis zum Fjordende folgen, was auch mit öffentlichen Verkehrsmitteln problemlos möglich ist.

Es erwarten einen rund 70 km Wegstrecke mit ständig wechselnden Panoramen, wie sie „norwegischer" nicht sein könnten, und anstatt den gleichen Weg zurückzunehmen, kann man alternativ auch bei Skjolden auf die Nebenstraße einzubiegen, die am Ostufer des Lustrafjords entlang bis hinunter zur Stabkirche von Urnes verläuft, von wo aus es im Sommer Fährverbindungen über den Fjord hinweg zurück nach Solvorn an der R 55 nördlich von Sogndal gibt.

An den Fuß der Sognefjellstraße
Nördlich von Solvorn präsentiert sich die Landschaft in ihren malerischsten Ausprägungen. Selbst zur Zeit des römischen Reiches soll hier, wo die Böden sehr fruchtbar sind, schon Landwirtschaft betrieben worden sein. Hauptort dieser auch heute noch agrarwirtschaftlich intensiv genutzten Fjordregion ist die Ortschaft **Hafslo**, die wenige Kilometer nördlich von Solvorn an der R 55 liegt. Sie ist Ausgangspunkt für einen Besuch des Austerdalsbreen (s. Kasten unten).

In **Gaupne**, rund 13 km weiter nordöstlich, dreht sich in touristischer Hinsicht alles um den Nigardsbreen (S. 325). Nur 5 km trennen diesen Ort von **Nes/Høyheimsvik**, populär vor allem wegen des herrlichen Panoramas über den Fjord hinweg auf den Feigumfoss. Bei **Skjolden** ist das Ende des Lustrafjords erreicht und damit der Beginn der **Sognefjellstraße**. Sie führt durch das Kernland von Jotunheimen hindurch, die alpine Sensation Norwegens mit den höchsten Bergen ganz Skandinaviens, und man muss sie einfach mal genommen haben, diese „Traumstraße des Tourismus".

Das Ostufer
Wer die R 55 von Sogndal bis Skjolden befahren hat, kann auf dem Rückweg dem Ostufer des Lustrafjords bis hinunter zur Stabkirche von Ur-

Der Austerdalsbreen – Norwegens spektakulärster Eissturz

Von den insgesamt 24 Gletscherzungen des Jostedalsbreen (S. 326) gilt zwar der Nigardsbreen (S. 325) als der populärste, spektakulärer aber ist der Austerdalsbreen, der am wildesten zerklüftete Eissturz des Königreichs. Doch während man an den Nigardsbreen mit dem Boot heranfahren kann, muss man sich die Aussicht auf „Europas schönstes Eisschauspiel" erwandern: 2 Std. dauert die gut markierte und mittelschwere Tour von der bewirtschafteten Wanderhütte **Tungastølen** aus zur rund 150 m höher gelegenen Gletscherzunge, die durch die drei Gletscherfälle Loke, Odin und Tors gebildet wird (schon von der Straße aus sichtbar). Tungastølen selbst wird nicht von öffentlichen Verkehrsmitteln angefahren und liegt am Ende einer 35 km langen Stichstraße (letzter Abschnitt ist mautpflichtig), die in **Hafslo**, ein paar Kilometer nördlich von Solvorn an der R 55, beginnt und sich als eine wahre Traumstraße entpuppt.

Einzigartig: die Stabkirche von Urnes

Gerade die Kombination von atemberaubender Natur mit den Zeugnissen einer jahrhundertealten Kultur ist es, die dem Sognefjord ihren ganz besonderen Reiz verleiht, und in Vollendung ist dieses Miteinander bei der **Stabkirche von Urnes** (Urnes stavkirke) zu genießen. Auf einer hohen Landzunge gelegen und von Wiesen und Birken gesäumt, thront sie vor der alpin anmutenden Kulisse über dem spektakulären Lustrafjord. Einen schöneren Standort für einen Sakralbau als diesen kann man sich kaum vorstellen, und doch ist es nicht der einzigartigen Lage zu verdanken, dass die Stabkirche von Urnes als Kulturerbe der Menschheit auf die World Heritage List der Unesco gesetzt wurde. Vielmehr sind es ihr ehrwürdiges Alter – bereits im 11. Jh. errichtet, ist sie die älteste des Landes – sowie vor allem die Schnitzereien insbesondere am Nordportal, die zu den herausragendsten im Königreich zählen. Auch in ihrem Inneren offenbart sich im Schnitzwerk die enge Verzahnung des frühen Christentums mit dem germanischen Götterglauben. Einzigartig sind insbesondere die mit fantastischen Motiven des alten heidnischen Glaubens geschmückten Würfelkapitelle der Säulen. 💻 www.stavechurch.com, 🕒 2. Mai–Sep tgl. 10.30–17.45 Uhr, sonst nach Absprache, 📞 57678840, Eintritt 90 NOK inkl. obligatorischer Führung (auch auf Englisch, aber nicht auf Deutsch).

Ausgangspunkt für einen Besuch der am Ostufer des Lustrafjords gelegenen Stabkirche von Urnes ist der rund 15 km nördlich von Sogndal an der R 55 ausgeschilderte Ort **Solvorn**, der von Sogndal aus auch mit öffentlichen Verkehrsmitteln (Gletscherbus) erreicht werden kann und sich mit seinen schneeweißen gepflegten Holzhäusern als ein wahres „Puppenstubendorf" erweist. Hier lohnt u. a. ein Blick auf das berühmte **Walaker Hotel** (S. 323), bevor man die Fähre (20 Min.) hinüber zur anderen Fjordseite mit der Stabkirche nimmt, die zudem im Rahmen von Bootsausflügen besucht werden kann. Vom Fähranleger aus sind es rund 15 Gehminuten zur Kirche hinauf, unterhalb derer ein Café einlädt. Wer mit dem eigenen Fahrzeug unterwegs ist und eine Rundtour beschreiben möchte, sollte das Fahrzeug auf die Fähre mitnehmen und dann von Urnes aus der **Ostuferstraße** (s. rechts) des Fjords nach Skjolden folgen, von wo aus es entlang des Westufers wieder nach Sogndal zurückgeht.

nes folgen. Der besondere Reiz dieser Strecke liegt in der steten Aussicht über den Fjord hinweg auf die „Breheimen" genannte Gletscherlandschaft des Jostedalsbreen-Nationalparks (S. 326), aber auch der auf etwa halber Strecke am Weg liegende **Feigumfoss** markiert ein Highlight. Mit einer Höhe von 275 m, davon 218 m in freiem Fall, zählt er zu den höchsten naturbelassenen Wasserfällen des Nordens. Auch wer bereits den Hardangerfjord mit seinen Dutzenden Fällen besucht hat, wird begeistert sein.

Das gilt insbesondere für Reisende, die sich nicht mit dem Blick von der Straße aus zufriedengeben, sondern zum beschilderten Aussichtspunkt wandern, der etwa 300 m hinter dem Dorf Ornes an einem Parkplatz beginnt. Der Weg ist leicht zu begehen und etwa 30 Min. lang. Bei der **Stabkirche von Urnes** (s. Kasten oben) ist das Ende der Straße erreicht, von wo das Fährschiff auf rund 20 Min. währender Passage nach **Solvorn** zurückfährt.

ÜBERNACHTUNG UND ESSEN

Solvorn

€ **Eplet Bed & Apple**, Solvorn, 📞 41649469, 💻 www.eplet.net. Empfehlenswertes Gästehaus des Weltenbummlers Trond Henrik in traumhafter Wiesen- und Obsthain-Lage. DZ, Betten in Mehrbettzimmern sowie in einem Tipi, auch Platz für 25 Zelte, angeschlossen sind Gästeküche, Grillplätze im Garten, Internet und für Gäste kostenloser MTB-Verleih. Vermittlung von Dutzenden Aktivitäten – alles in allem eine der empfehlenswertesten Budget-Unterkünfte am Sognefjord!. 🕒 1. April–Anfang Okt. Zelt 110 NOK p. P., Bett 220 NOK, DZ ❷

Walaker Hotel, Solvorn, 📞 57682080, 💻 www.walaker.com. Das über 300 Jahre alte Traditionshotel in atemberaubender Fjordlage ist das älteste familienbetriebene Hotel in Norwegen. Eine der feinsten und besten Adressen des Landes, laut Umfragen das beliebteste Hotel im

Königreich! 22 Zimmer, verteilt auf 3 Gebäude, teils elegant modern (Anbau), teils mit urgemütlichen Himmelbetten und entweder im Empire-, Louis-XVI.-, Barock- oder Rokokostil eingerichtet. Romantischer kann man kaum wohnen und, im angeschlossenen Restaurant, gepflegter und stilvoller kaum zu Abend essen. Das Dinner wird um 19.30 Uhr serviert, man kann aus verschiedenen Menüs auswählen, und wenn es sich lohnt, mal mehr für ein Essen auszugeben, dann hier, wo man auch prachtvoll im Fjordgarten sitzen und Kaffee und Gebäck genießen kann. Mitte April–Mitte Okt. 6

Nes/Høyheimsvik

Nes Gard Bed & Breakfast, Nes Gard, R 55, Høyheimsvik, 95232694, www.nesgard.no. Dass die Wirklichkeit mitunter schöner ist als eine Postkarte, davon kann man sich in dieser charmanten Boutique-Pension aus dem Jahre 1859 überzeugen, die vor einer großartigen Berg- und Fjordkulisse gegenüber dem rauschenden Feigumfoss über dem Fjord thront. Die traditionelle Architektur und geschmackvolle Innenausstattung verbindet Historisches mit modernem Service. Die Zimmer sind mit viel Liebe und bis ins letzte Detail authentisch eingerichtet, das Frühstücksbuffet lässt keine Wünsche offen, und das drei Gänge umfassende Schlemmermenü erfreut allabendlich mit regionalen Köstlichkeiten auf höchstem Niveau. Am Fjordufer lädt eine Badebrücke ein, es werden Ruderboote, Seekajaks (180 NOK) und Fahrräder (200 NOK) vermietet sowie Fahrrad-, Kajak-, Gletscher- und Raftingtouren vermittelt. Auch geführte Wanderungen sind im Angebot, und die alljährlich im April/Mai stattfindenden Ski-Camps haben Kultstatus. Der Nes Gard ist ein magischer Ort und ideal, um das ganze Kaleidoskop der norwegischen Fjordexotik zu erleben – und zwar für relativ wenig Geld: DZ ab 620 NOK p. P. inkl. Frühstück; Suiten und Apartments 740 NOK p. P., auch Halbpension im Angebot. Es gibt spezielle Wander- und Ski-Pakete für Aktive, während Senioren im Mai und Sep für 3500 NOK p. P. 4 Tage lang in den Genuss von Übernachtung mit Vollpension kommen. Ab 4

€ **Viki Fjordcamping**, Høyheimsvik, 99539730, www.vikicamping.no. Idyllischer Platz am Fjord mit Aussicht auf den Feigumfossen auf der gegenüberliegenden Uferseite. Grüne Zeltwiesen und 13 Hütten in verschiedenen Preisklassen. Verleih von Ruder- und Motorbooten sowie von Kanus und Angelausrüstung. Anfang Mai–Mitte Okt. Stellplatz 180 NOK, Hütten ab 450 NOK, in der Hochsaison ab 500 NOK.

Gaupne

€ **Pluscamp Sandvik**, Sandvikvegen 17, Gaupne, 57681153, www.sandvikcamping.com/de. Ganzjährig geöffneter Wiesenplatz am Ortseingang mit guter Ausstattung, Fjord- und teils auch Gletscherblick. 60 Stellplätze sowie 22 Hütten unterschiedlichen Standards, Boots- und Fahrradverleih, Kiosk. Stellplatz fürs Zelt 110 NOK, fürs Wohnmoboil 170 NOK, Hütten 390–1230 NOK in der Hochsaison.

Skjolden

Skjolden Brygge, Skjolden, 91803025, www.skjolden-resort.com. Von außen ein recht schlicht wirkendes Hotel in einer Gartenanlage am Fjord, doch von innen höchst komfortabel und mit Restaurant, Bar, Schwimmhalle, Sauna, Fitnessraum, Kletterwand, Solarium und Bootsverleih. Angrenzend gibt es zudem schicke Ferienhäuser in verschiedenen Komfortklassen, außerdem Apartments der gehobenen Kategorie; Mindestaufenthalt 3 Nächte. Mitte Mai–Mitte Sep. Ab 5

Nymoen Leirplass, Skjolden, 57686603, www.skjolden.com/nymoen. Ein sonniger Wiesenplatz am See Eidsvatnet mit grandioser Aussicht. Die 13 ansprechenden Hütten variieren in Größe und Ausstattung. Insgesamt recht einfache Ausstattung, doch sauber und ruhig. Anfang Mai–Mitte Okt. Stellplatz 200 NOK, Hütten ab 1

€ **Skjolden Vandrerhjem**, Vassbakken, Skjolden, 57686188, www.hihostels.no. Außerordentlich idyllische Anlage, grasgedeckt, mit 24 Doppel- und Mehrbettzimmern, die durchaus Mittelklassehotel-Niveau haben;

Der Nigardsbreen

Das wechselvolle Leben der Gletscherzungen zwischen Warm- und Kaltzeiten kann man nirgends so anschaulich verfolgen wie am Beispiel des Nigardsbreen. Dieser Seitenarm des Jostedalsbreen wuchs in der ersten Hälfte des 18. Jh. derart an, dass zahlreiche Gehöfte im angrenzenden Jostedal Opfer der Eismassen wurden. Auch die namengebende Siedlung Nigard wurde seinerzeit (1743) verschüttet. Nur sieben Jahre später traten die Eismassen den Rückzug an; mehr als 5 km Länge hat der Nigardsbreen seitdem verloren, und der 1,5 km lange Gletschersee unterhalb seiner Zunge begann sich schon in den 1930er-Jahren zu bilden, also lange bevor das Phänomen der globalen Klimaerwärmung bekannt wurde.

Ausgangspunkt für einen Besuch des Nigardsbreen ist das Städtchen **Gaupne** (S. 322), wo eine zur Gletscherzunge ausgeschilderte Nebenstraße beginnt. Sie misst 37 km Länge, und dass man ihr zweimal folgen muss (da es sich um eine Sackgasse handelt), wird niemand als nachteilig empfinden, markiert doch allein schon die Fahrt durch das Jostedal mit dem reißenden Jostedalselv und zahlreichen Wasserfällen einen Höhepunkt. Das letzte Wegstück, rund 4 km lang und mautpflichtig (40 NOK pro Pkw), führt mitten durch ein Moränenfeld hindurch, das anzeigt, wie weit die Gletscherzunge zur Zeit ihrer größten Ausdehnung ins Tal hineinreichte.

Dann wird das **Jostedalen-Breheimsenteret** erreicht (es informiert über die Natur- und Kulturgeschichte der Region, versteht sich auch als Touristeninformationen und ist Buchungsstelle für Aktivitäten), und auf dem letzten Wegstück bis zum Ufer des Gletschersees kann man herrliche Bilder auf den in eleganten Kurven zu Tal fließenden Eiskoloss genießen.

Aber die eindrucksvollsten Motive bekommt man erst im Rahmen der Bootsfahrt über den **Gletschersee** zu sehen (10. Juni–10. Sep tgl. 10–18 Uhr, 60 NOK hin und zurück, 💻 www.brevegen.no), von wo aus es zu Fuß bis an den die **Gletscherzunge** herangeht (ca. 20 Min.). Im August 2014 ist hier ein deutsches Ehepaar von abstürzenden Eisbrocken erschlagen worden. Die beiden Touristen hatten wohl die Absperrung ignoriert und sich zu nah an das Eis herangewagt, weshalb nicht eindringlich genug davor gewarnt werden kann, Gletschergänge allein zu unternehmen und Warnschilder/Absperrungen auf die leichte Schulter zu nehmen!

WESTNORWEGEN

auch Zelten ist hier möglich. Ein absolut empfehlenswertes Restaurant ist angeschlossen. 🕒 Mai–Mitte Sep. ❸

AKTIVITÄTEN

Radfahren

Die „Romantische Straße" von Skjolden nach Urnes ist zum Radeln geradezu prädestiniert. Ein empfehlenswerter Abstecher führt von Urnes ins naturschöne Kinsedalen (etwa 5 km).

Seekajak

Geführte Kajaktouren von Marifjøra (südl. von Gaupne) nach Solvorn bietet **FjordSeal** in Marifjøra, ✆ 95774196, 💻 www.fjordseal.com: 20. Juni–Aug tgl. um 9.30 Uhr, 4 Std., 700 NOK alles inkl. Die Tour ist auch für Kinder ab 7 Jahre geeignet, es gibt auch Tandemkajaks.

Wandern

Das Touristenbüro vertreibt eine lohnende Broschüre über die 30 schönsten Wandertouren in der Umgebung des Lustrafjords sowie einige detaillierte Wanderkarten.

SONSTIGES

Alkohol

Luster vinmonopol,
Pyramiden Senter, Gaupne, ✆ 04560,
🕒 Do 12–17, Fr 11–16.30,
Sa 11–14 Uhr.

Fahrradverleih

Eplet Bed & Apple, S. 323.
Nes Gard Bed & Breakfast, S. 324.
Skjolden turistinformasjon, S. 326.

Feste

Kulturdagane Skjolden, Skjolden, Ende Mai. Lokales Kulturfestival, u. a. mit Kunstausstellungen, Volkstanz und Markt.

Fjellfilmfestivalen, Turtagrø, Anfang September. 2-tägiges Filmfestival zum Thema Berg und Natur. 💻 www.fjellfilmfestivalen.no.

Geld

Luster Sparebank, Gaupne, ✆ 57682700.

Informationen

Gaupne turistkontor, im Einkaufszentrum Pyramiden gelegen, ✆ 99231500, 💻 www.sognefjord.no, 🕒 Mitte Juni–Mitte Aug tgl. 10–17 Uhr.

Skjolden turistinformasjon, Fjordstova, ✆ 99231500, 💻 www.skjolden.com, 🕒 Mitte Juni–Mitte Aug Mo–Fr 10–19 Uhr.

Medizinische Hilfe

Luster legevakt, ✆ 57685600.

Polizei

Luster lensmannskontor, Gaupne, ✆ 02800.

Post

Gaupne Post i butikk (Coop-Supermarkt im Einkaufszentrum Pyramiden), Gaupne, ✆ 04004, 🕒 Mo–Fr 9.30–21, Fr 9.30–20, So 12–20 Uhr.

Taxis

✆ 57681620.

NAHVERKEHR

Der von Sogndal zum Nigardsbreen verkehrende *Brebus* (Gletscherbus, S. 319) bietet Zusteigemöglichkeiten in Solvorn, Hafslo und Gaupne.

TRANSPORT

Selbstfahrer

Die Sognefjellstraße ist nur im Sommer von etwa Mitte Mai bis Ende Sep geöffnet.

Busse

Sämtliche Orte am Lustrafjord sind mit SOGNDAL verbunden sowie, im Sommer, über die Sognefjellstraße (S. 391) mit LOM, VÅGÅ und OTTA.

Schiffe

Die **Fähre** von Solvorn nach URNES (40 NOK, Pkw 110 NOK)) ist rund ums Jahr mehrmals tgl. im Einsatz: von Mai–Sep 9x tgl zwischen 7.10 und 16.50 Uhr. Infos unter ✆ 91794211, 💻 www.lustrabaatane.no.

Der Jostedalsbreen-Nationalpark

Von den rund 1700 norwegischen Gletschern, die zusammen eine Fläche von über 3300 km² bedecken, ist der 487 km² große **Jostedalsbreen** der ausgedehnteste. Noch imposanter wird es, wenn man weiß, dass er zusammen mit den benachbarten und bis zu 500 m mächtigen Eisfeldern rund 30 weiterer Gletscher eine zusammenhängende Fläche von insgesamt rund 1000 km² bildet. Damit ist er der größte Plateaugletscher des europäischen Festlandes, und so verwundert es nicht, dass die gesamte Region im Norwegischen als **Breheim** bezeichnet wird. Dieses „Gletscherheim" steht als Jostedalsbreen-Nationalpark seit 1991 unter Schutz, und mit über 600 000 Besuchern jährlich gehört das 1230 km² große Eis-Refugium zu den bedeutendsten Sehenswürdigkeiten des Landes.

Es erstreckt sich zwischen dem Sognefjord im Süden und dem Nordfjord im Norden westlich der ebenfalls unter Schutz stehenden Hochgebirgslandschaft Jotunheimen und präsentiert sich dem staunenden Betrachter als ein blendend weißes Eismeer, aus dem zwei Dutzend Gletscherzungen von bis zu 2038 m Höhe talwärts fließen. Jedoch handelt es sich bei diesem Gletscherfeld nicht, wie oft angenommen, um ein Überbleibsel der letzten Eiszeit, sondern es verdankt seine Existenz vielmehr einer Klimaverschlechterung, die gegen 500 v. Chr. einsetzte. Im Laufe der Jahrhunderte dehnte sich das Eisfeld je nach den vorherrschenden Klimabedingungen immer wieder drastisch aus oder schrumpfte und hat heute etwa die gleiche Größe wie im 18. Jh.

© DUMONT BILDARCHIV / DR. CHRISTIAN NOWAK

Besuch in der Eiszeit gefällig? Der Jostedalsbreen mit seinen 24 Gletscherzungen, hier der Brikdalsbreen, macht's möglich.

Gletscherspaß

Gletschertouren

Vom 1. Juli bis 25. Aug starten im Gletscherzentrum mehrmals tgl. Familien-Gletscherwanderungen (1 Std., 360 NOK, Mindestalter 6 Jahre), Mitte Mai bis Ende September geht es auf 2-stündige Blaueis-Touren (560 NOK), die es von Juni bis Mitte September auch in einer langen Version gibt (3 Std., 660 NOK) sowie nur von Juli bis Mitte August auch in einer sehr langen (5 Std., 860 NOK). Rechtzeitige Buchung über das Jostedalen Breheimsenteret (s. Informationen) ist zu empfehlen.

Gletschersee-Kajaktouren

Die Seen sind leicht erreichbar und daher ideal für Tagesausflüge in einer atemberaubenden Eislandschaft. Die Touren sind leicht und für jeden zu bewältigen, die Ausrüstung wird gestellt. Tagestour (8 Std.) 1050 NOK, Übernachtungstour 2500 NOK, 2-Tages-Tour 3500 NOK, jeweils alles inkl. Auch Raftingtouren. Weitere Infos über Icetroll, Breheimsenteret, ✆ 97014370, 💻 www.icetroll.com.

ÜBERNACHTUNG

Jostedal Hotel, Gjerde, ✆ 57683119, 💻 www.jostedalhotel.no. Im Jostedal am Weg zum Gletscherzentrum. Ein Neubau im „Alpenstil", ideal für den Gletscherbesuch. ❹

Jostedal Camping, Gjerde, ✆ 9775678, 💻 www.jostedalcamping.no. Ebenfalls im Jostedal gelegen, ca. 5 km vor dem Nigardsbreen. Spektakuläre Lage am Wildfluss, ein idealer Ausgangspunkt für ausgedehnte Wanderungen, ordentliche Hütten in verschiedenen Kategorien zu günstigen Preisen. 🕒 ganzjährig. ❶–❹

INFORMATIONEN

Jostedalen Breheimsenteret, ✆ 57683250, 💻 www.jostedal.com. Im Jahr 2010 abgebrannt, 2013 neu eröffnet: Nicht nur Museum, sondern auch Touristeninformation und Buchungszentrale für Gletschertouren jeder Art sowie sonstige Aktivitäten im Jostedal. 🕒 Mai–Sep tgl. 10–17 Uhr, 21. Juni–20. Aug 9–18 Uhr.

TRANSPORT

Selbstfahrer

Die zum Nigardsbreen führende Nebenstraße ist eine Sackgasse, das letzte Stück ist mautpflichtig: 60 NOK pro Pkw.

Busse

Der vom 20. Juni bis 20. Aug verkehrende *Brebus* (Gletscherbus) startet tgl. um 8.45 und 13.45 Uhr in SOGNDAL zum Nigardsbreen, Rückkehr um 12.35 sowie 17 Uhr (je Weg 158 NOK); Infos über 💻 www.jostedal.com/brebussen, ✆ 57676620 und 57683250.

Nördliches Fjordland

Dramatische Landschaften gelten im Allgemeinen als schöne Landschaften, und diejenigen, die man zwischen dem Geirangerfjord im Süden und Kristiansund im Norden zu sehen bekommt, lassen in puncto Dramatik nichts zu wünschen übrig. Hier ist es zu finden, das Norwegen der Reiseprospekte, das durch die Nordland-Begeisterung des wilhelminischen Deutschland schon zu Beginn des 20. Jhs. zu einem Eldorado des Fremdenverkehrs avancierte und vom *National Geographic Traveler*, dem weltweit auflagenstärksten Reisemagazin, unlängst gar zum schönsten Reiseziel auf Erden erklärt wurde. Es deckt sich im Großen und Ganzen mit dem rund 15 000 km^2 großen Bezirk **Møre-Romsdal**, der mit Tausenden Kilometern an Küstenlinie seit alters her zum Meer hin ausgerichtet ist. Dementsprechend leben die rund 250 000 Einwohner dieser Region überwiegend an der wild zerfransten Küste, vor der sich idyllische Fischerinseln wie Perlen auf einer Schnur aneinanderreihen und von der aus die Fjorde tief ins Land, ja teils ins Hochgebirge hineinschneiden.

Schon seit mehr als 100 Jahren gehen Postkarten des spektakulären **Geirangerfjords** um die Welt, „Norwegens schönste Fährstrecken", wie es die Prospekte sagen, führen hinüber, gleich mehrere der extremsten Gebirgsstraßen Europas – allen voran der **Trollstigen** – entführen ins luftige Reich der Wolken, und so dreht sich hier alles um atemberaubende Panoramen, die zu den spektakulärsten des Landes zählen. Doch auch die Städte dieser Region sind überaus sehenswert: Ålesund präsentiert sich als städtebauliches Denkmal des Jugendstils und ist auch Ausgangspunkt für **Runde**, Norwegens drittgrößte und südlichste Vogelinsel. Die „Alpenstadt" Åndalsnes ist ein Eldorado für Bergsteiger, Kletterer und Anhänger des Fjellsports, während die „Rosenstadt" **Molde** im Ruf einer „Jazzmetropole" steht und **Kristiansund**, wohin die aufgrund ihrer Streckenführung preisgekrönte **Atlantikstraße** führt, die Klippfisch-Kapitale des Landes ist.

Infos zum nördlichen Fjordland

- **www.fjordnorway.com**: Offizielle Website für gesamte Fjordlandschaft, man kann u. a. einen umfangreichen Reiseführer downloaden. Einen Klick wert ist auch die Website **www.fjords.com**.
- **www.visitmr.com**: Offizielle Website der Region Møre og Romsdal, die sich von Ålesund im Süden bis nahe Trondheim im Norden erstreckt und den gesamten Bereich des nördlichen Fjordlandes umfasst. Dem Nordfjord gewidmet ist www.nordfjord.no.
- **Öffentliche Verkehrsmittel**: Die gesamte Region lässt sich problemlos per Bus, Schnellboot sowie mit den Schiffen der Hurtigruten erkunden. Informationen unter ✆ 177 sowie www.rutebok.no und den o. g. Websites.

Ålesund

„Stadt des Jugendstils" lautet die offizielle Bezeichnung der auf den drei Inseln Nørvøy, Apsøy und Heissa ausgebreiteten Stadt am namengebenden Sund – ein Name, der auf die vielen Jugendstilbauten anspielt, die allesamt im Zeitraum zwischen 1904 und 1907 errichtet wurden. Vorausgegangen war eine katastrophale Feuersbrunst, die in der Nacht vom 22. auf den 23. Januar 1904 nahezu den gesamten Stadtkern von Ålesund zerstörte, der bis dahin ganz aus farbenfroh getünchten Holzbauten bestand. Mehr als 800 Häuser wurden Opfer der Flammen, rund 10 000 Menschen waren obdachlos, und aus ganz Europa traf bald Hilfe ein. Am schnellsten reagierte Deutschland, wo auf Befehl des Nordland-Enthusiasten Kaiser Wilhelm II. schon am Abend des 23. Januar Schiffe in Hamburg und Bremerhaven mit Lebensmitteln, Medizin und Kleidung sowie Baumaterial beladen wurden. Nun ging es an den Wiederaufbau des seinerzeit größten Fischereihafens von Norwegen sowie bedeutendsten Exporthafens der Welt für Trockenfisch, und nach nur drei Jahren erstrahlte Ålesund in neuem Glanz im Stil der Architekturrichtung jener Zeit, dem mit nationalen Elementen gemischten Jugendstil.

Ganze Straßenzüge zeigen hier eindrucksvolle Ensembles mit den für diese Architekturrichtung so typischen Elementen wie Giebeln und Erkern, Stuckfassaden und Türmchen, was insbesondere dem von den drei Inseln eng umschlossenen Naturhafen einen stilvollen Ausdruck verleiht. In Touristenkreisen berühmt ist aber auch das Stadtpanorama vom Hausberg aus, und da die Stadt mit ihren 48 000 Einwohnern zudem Ausgangspunkt für Boots- sowie Postdampfer-Fahrten in den Geirangerfjord ist und darüber hinaus auch Ausgangspunkt für einen Besuch der Vogelinsel Runde, zählt sie zu den meistbesuchten Orten des Fjordlandes.

Das Jugendstilzentrum

In der „Stadt des Jugendstils" dreht sich natürlich jede Besichtigungstour in erster Linie um Jugendstilbauten, so auch die Stadtwanderung mit Führer, die in den Sommermonaten tgl. vom Touristenbüro organisiert wird. Doch auch individuell ist ein Jugendstil-Stadtrundgang kein Problem, und da man bekanntlich nur sieht, was man kennt, sollte jeder Stadtbummel im Jugendstilzentrum an der Apotekergate 16 beginnen. Die 2003 von Ihrer Majestät Königin Sonja eröffnete Ausstellung befindet sich in einem der schönsten Jugendstilbauten der Stadt, der ehemaligen Svane-Apotheke am Brosundet, und

Nördliches Fjordland

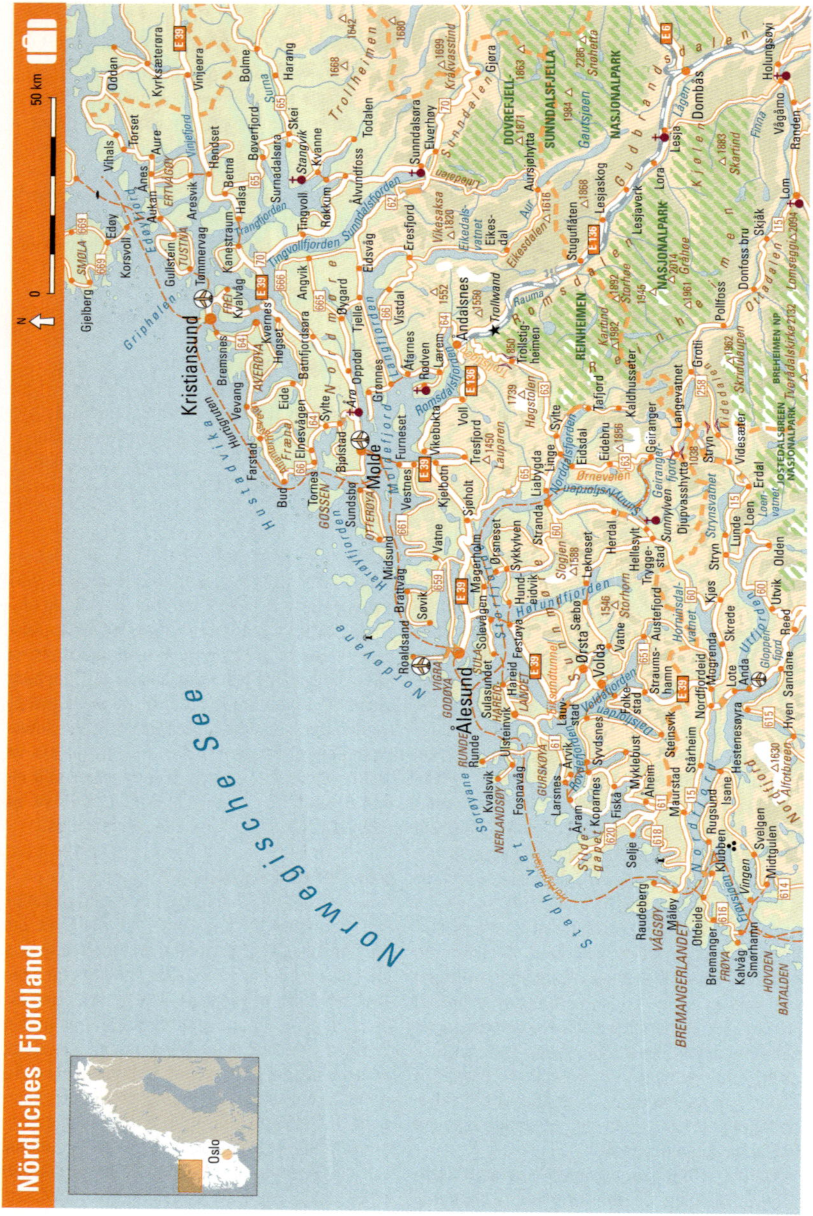

vermittelt einen lehrreichen und faszinierenden Einblick in den Ablauf des Stadtbrandes 1904 und in die Geschichte des Wiederaufbaus sowie des Jugendstils insgesamt.

Die Besonderheit liegt dabei nicht nur in der umfangreichen Kollektion norwegischen Jugendstildesigns, sondern auch in der Kombination von authentischem Interieur mit modernen Multimedia-Programmen. Durchgängige Ausstellungen behandeln Themen wie „Aus der Asche zum Jugendstil", „Die Jugendstilstadt am Meer" und „Was ist eigentlich Jugendstil?" Jugendstilsentrum, 💻 www.jugendstilsenteret.no, 🕒 Juni–Aug tgl. 10–17, sonst Di–So 11–16 Uhr, Eintritt 80 NOK.

Bausubstanz des Jugendstils

Die vom Touristenbüro herausgegebene Broschüre *Zu Fuß in Ålesund* versteht sich u. a. als Führer zu den schönsten Jugendstilbauten der Stadt, die insbesondere die parallel zur Uferstraße Skansegate verlaufende **Kongensgate** schmücken. In ihrem etwa 300 m langen Verlauf zeigt diese autofreie Straße eine dichte Sammlung schmucker Häuser, und wo sie im Süden endet, erstreckt sich der ebenfalls dem Jugendstil verbundene **St. Olavsplass**, nur einen Steinwurf entfernt vom Ålesund Museum an der Rasmus Rønnebergsgate. Diese Ausstellung ist vor allem dem Stadtbrand sowie ebenfalls dem Jugendstil gewidmet, aber es kommen auch die Seefahrt, das Handwerk und der Fischfang nicht zu kurz, und Highlight ist ein originalgetreu eingerichteter Kaufmannsladen aus alten Zeiten. 💻 www.sunnmore.museum.no, 🕒 Mai–Aug Mo–Fr 9–16, Sa 11–15, So 12–16, sonst nur Mo–Fr 9–16 Uhr, Eintritt 60 NOK.

Rings um Ålesund

Bei dem 4 km außerhalb vom Zentrum Richtung Festland gelegenen **Sunnmøre Museum** handelt es sich um das größte Museum zwischen Bergen und Trondheim. Während die weitläufige Freilichtabteilung mit mehreren Dutzend historischen Häusern aus der gesamten Region beeindruckt, wartet die Bootsausstellung mit Nachbauten von Wikingerschiffen auf. Auch ein Mittelaltermuseum ist angeschlossen, doch Publikumsliebling ist allemal eine Fahrt mit dem Wikingerschiff „Borgundknarren", das im Sommer an jedem Mittwoch gegen 13 Uhr auf den Fjord hinausfährt. 💻 www.sunnmore.museum.no 🕒 1. Mai–Sep Mo–Fr 10–16, So ab 12 Uhr, im Juli auch Sa, sonst Di–Fr 10–15, So ab 12 Uhr, Eintritt 80 NOK.

Der rund 3 km außerhalb gelegene **Atlantikpark** (Atlanterhavsparken) ist eines der größten Aquarien des Landes und den Bewohnern des Nordmeeres und der Fjorde gewidmet. Insbesondere Kinder haben an den Fischfütterungen durch Taucher sowie an Tauchshows ihren Spaß, und auch das Krabbenfischen erfreut sich größter Beliebtheit. Da obendrein große Freiflächen mit Bade- und Angelplätzen, Wanderwegen und Schnorchelgründen einladen, kann man hier schnell einen halben Tag verbringen. 💻 www.atlanterhavsparken.no, 🕒 Mo–Sa 11–16, So bis 18 Uhr, Eintritt 170 NOK.

Mehr als ein Drittel aller norwegischen Hochseetrawler sind in Møre og Romsdal registriert, wo auch über ein Viertel aller norwegischen Fischer ihre Heimat haben. Ålesund wiederum ist das größte Fischereizentrum der Region, außerdem Sitz des **Fischereimuseums** (Fiskerimuseet), das im alten Speicherhaus Holmbua aus dem Jahre 1861 eingerichtet ist, einem der wenigen Gebäude, die den Stadtbrand von 1904 überlebten. Es erzählt die Geschichte der Fischereistadt, behandelt insbesondere

Postkarten-Panorama

Die vom Ålesund-Museum aus landeinwärts verlaufende Rasmus Rønnebergsgate führt bald an einen Treppenstieg heran, der sich über 418 Stufen auf die 189 m messende „Hausberg-Höhe" **Aksla** hinaufzieht. Von dort oben aus genießt man ein wahres Postkarten-Panorama in naher Vogelperspektive auf und über ganz Ålesund hinweg bis hin zu den Alpen von Sunnmøre, und dass der Stadtgipfel mit seinen beiden Aussichtspunkten Fjellstua sowie Kniven jährlich über 200 000 Besucher zählt, spricht für sich. Insbesondere die **Fjellstua** (S. 333, Essen) ist populär, da man sich dort das Panorama mit Kaffee und Kuchen sowie Eiscreme versüßen kann.

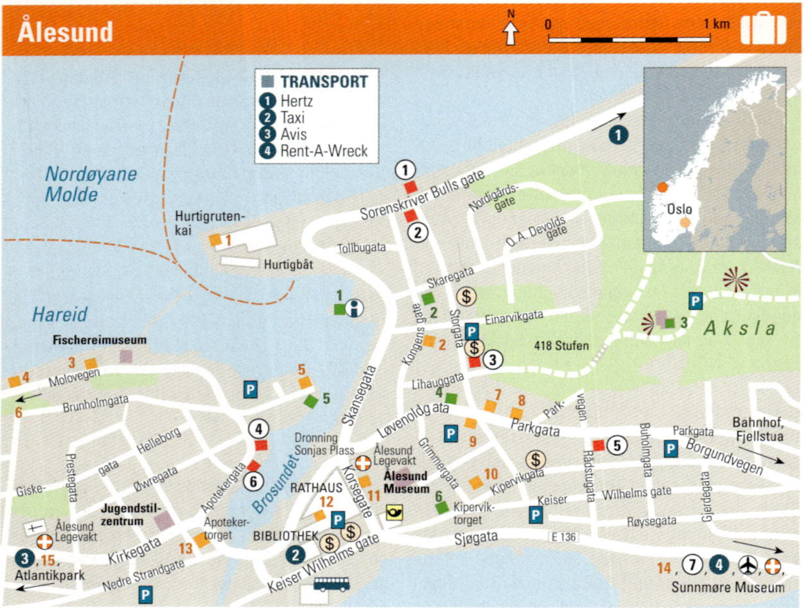

ÜBERNACHTUNG	**ESSEN**	**SONSTIGES**	
① Radisson Blu Hotel	1 XL Diner	1 62° NORD	8 Parken kulturhus
② Thon Hotel Ålesund	2 Hummer & Kanari	2 Hoffmann Cafe og Bar	9 Brudes Bar
③ Scandic Parken Hotel	3 Fjellstua	3 Trankokeriet	10 Ålesund storsenter
④ Clarion Collection Hotel Bryggen	4 Restaurant Egon	4 Teaterfabrikken	11 Apotek 1 Nordstjernen
⑤ Ålesund Vandrerhjem	5 Sjøbua Fiskerestaurant	5 Ålesund Dykkesenter	12 Ålesund Sentrum vinmonopol
⑥ Hotel Brosundet		6 Actin AS	13 Apoteker'n Cafe
⑦ Volsdalen Camping	6 Peppes Pizza	7 Husfliden AS	14 Moa svømmehall
			15 Ålesund politistasjon

die Herstellung und den Export von Klippfisch und Tran und führt auch in das Arbeitsleben der Böttcher, Blockmacher und anderer Handwerksberufe ein, die heute in der Stadt ausgestorben sind. 💻 www.sunnmore.museum.no, 🕒 Mitte Juni–Aug So–Fr 10–18, Sa bis 16, sonst Mo–Sa 11–16 Uhr, Eintritt 60 NOK.

ÜBERNACHTUNG

Das Touristenbüro hält eine Liste mit Privatunterkünften bereit, die Zimmer ab etwa 400 NOK pro Nacht vermieten. Für eine kleine Servicegebühr werden hier auch Unterkünfte gebucht.

Untere Preisklasse

€ **Ålesund Vandrerhjem**, Parkgate 14, ✆ 70115830, 💻 www.hihostels.no. Jugendherberge, zentrumsnah in einem großem Steinbau aus dem frühen 20. Jh. gelegen. Außer DZ und EZ gibt's auch Mehrbettzimmer und Familienzimmer, alle inkl. Frühstück. Guter Service, etwas überdurchschnittliche Preise. 🕒 ganzjährig. Bett ab 300 NOK, DZ ❸

Hotels

Thon Hotel Ålesund, Kongensgate. 27, ✆ 70122938, 💻 www.thonhotels.no. Von außen kommt das Hotel eher unattraktiv daher, innen aber präsentiert es sich tiptop mit 106 renovierten Zimmern mit gehobenem Komfortstandard. Eines der günstigsten Hotels der Stadt, dennoch nicht ganz billig. Frühstück inkl. ❺

Scandic Parken Hotel, Storgate 16, ✆ 70132300, 💻 www.scandichotelsno. Von außen ein etwas trister Betonblock, von innen aber hält das Hotel guten internationalen Standard. Fast 200 Zimmer, davon die Hälfte renoviert, in den oberen Etagen mit schöner Aussicht. Das französische Restaurant zählt zu den besten der Stadt. Fitnesscenter und Sauna. ❻, im Sommer ❺

Clarion Collection Hotel Bryggen, Apotekergate 1-3, ✆ 70103300, 💻 www.choicehotels.no. Schöner Jugendstilbau am Sund mit bester Aussicht auf Hafen und Stadt. Das Interieur sowie die 85 Komfortzimmer sind stilvoll eingerichtet (alle Badezimmer wurden 2009 renoviert). Es gibt eine kostenlose Wellness-Abteilung mit Sauna, Dampfbad, Solarium. Höchster Komfort und entsprechend stilvolles Ambiente. ❺

Hotel Brosundet, Apotekergate 5, ✆ 70114500, 💻 www.brosundet.no. Ehemaliges Speicherhaus, in den 1990er-Jahren umgebaut und umfassend restauriert, steht heute unter Denkmalschutz. Stilvolles Interieur, 44 große und helle Zimmer im „Designer-Stil" mit weiten Fensterfronten. Empfehlenswert ist auch das angeschlossene Fischrestaurant. ❻

Radisson Blu Hotel, S. Bullsgate 7, ✆ 70160000, www.radissonblu.com. Die Top-Adresse der Stadt in puncto Service und Komfort. Mehrstöckiger moderner Bau aus Glas und Beton mit 131 Zimmern und erlesener Ausstattung. ❻

Camping und Hütten

€ **Volsdalen Camping**, Sjømannsveien, ✆ 70125890, 💻 www.volsdalencamping.no. 3-Sterne-Platz in ruhiger Lage am Fjordufer, nur eine Viertelstunde zu Fuß von der Innenstadt entfernt. Herrliche Aussicht aufs Meer und die Berge, Badeplatz und Möglichkeiten zum Tauchen und Angeln. 17 Hütten verschiedener Größe, die viel Gegenwert fürs Geld bieten. 🕒 Mitte Mai–Mitte Sep. Stellplatz etwa 200 NOK, Hütten ab 580 NOK.

ESSEN

€ **Peppes Pizza**, Keiser Wilhelmsgate 25, 💻 www.peppes.no. Das Menü ist üppig, die Atmosphäre locker, das Innere gemütlich und die Preise sind niedrig, zumal wenn man zu zweit oder dritt eine große Pizza bestellt, was völlig ausreichend ist. 🕒 Mo–Fr 11–23, Sa und So 13–23 Uhr.

Fjellstua, Aksla, 💻 www.fjellstua.no. Das 1903 errichtete Restaurant auf dem „Hausberg" Aksla (s. Kasten S. 331) ist das älteste der Stadt und wurde im Laufe der Jahre mehrmals umgebaut. Heute präsentiert sich die Fjellstua mit einer modernen Glaskuppel und bietet das mit Abstand beste Panorama auf Ålesund. Eigenes Lunchmenü mit warmen und kalten Gerichten sowie zahlreiche Fleisch- und Fischspeisen fürs Abendessen. Kultstatus genießt der exzellente Schoko-Fondant mit Eis und Sahne (132 NOK). Die Abendgerichte sind ziemlich teuer (um 280 NOK), günstiger aber ist das Lunchangebot (Tagesteller 180 NOK). 🕒 Juni–Aug tgl. 11–22, sonst tgl. 11–18 Uhr.

Hummer & Kanari, Kongensgate 19, 💻 www.hummerkanari.no. Das Restaurant ist geschmackvoll eingerichtet und mit großen Wandgemälden dekoriert, während das Bistro mit raumgroßen Fenstern aufwartet. Hauptsächlich italienische Küche zu verhältnismäßig günstigen Preisen (im Bistro gibt's das gleiche Menü für 15–20 NOK weniger). Spezialität des Hauses: „Hummer & Kanari" – Allerfeinstes aus dem Meer (279 NOK). 🕒 Mo–Fr ab 16, Sa und So ab 14 Uhr.

Restaurant Egon, Løvenvoldgate 8, 💻 www.egon.no. Das reichhaltige Menü umfasst (teure) Hauptgerichte mit Fisch und Fleisch sowie (preisgünstige) Salate, Pizzen & Pasta, Hamburger, Desserts und eigene Kindermenüs. 🕒 Mo–Do 11–23, Sa 11–24, So 12–22 Uhr.

Sjøbua Fiskerestaurant, Brunholmgate 1, ✆ 70127100, 💻 www.sjoebua.no. Das in einem restaurierten Speicherhaus direkt am Brosund gelegene Fischrestaurant gilt als eines der besten der Stadt. Im Angebot sind Delikatessen wie Krabben und Hummer, Heilbutt, Rochen und andere Köstlichkeiten, die täglich frisch von

lokalen Fischern geliefert werden. Hohes Preisniveau. 🕒 Mo–Sa 17–1 Uhr.
XL Diner, Skaregate 1, 💻 www.xldiner.no. Gute internationale Küche mit bester Aussicht auf den Hafen. Spezialität des Hauses ist Bacalao, der in vielen verschiedenen Varianten angeboten wird. Im Sommer sitzt man herrlich im Freien auf der Sonnenterrasse. Gehobenes Preisniveau. 🕒 Mo–Sa 17–23 Uhr, Küche bis 22 Uhr.

UNTERHALTUNG UND KULTUR

WESTNORWEGEN

Cafés und Kneipen

Hoffmann Cafe og Bar, Kongensgate 11, 💻 www.chb.no. Schönes Lokal auf 2 Etagen, tagsüber beliebt für eine kleine Zwischenmahlzeit oder eine Tasse Kaffee, abends mehr Kneipe als Café. Im Sommer ist die Außenterrasse mit Hafenblick geöffnet. 🕒 Mo–Mi 10–23, Do–Sa 10–3 Uhr.
Apoteker'n Cafe, Apotekergate 16, 📞 70104970. Stilvolles kleines Café im Jugendstilzentrum mit behaglicher Atmosphäre. Es werden Kuchen, Snacks und Sandwiches serviert, zudem gibt's ein großes Kaffeemenü mit verschiedenen Spezialitäten. 🕒 tgl. ab 10 Uhr.
Brudes Bar, Løvenvoldgate 8, im Scandic Hotel Scandinavia, 📞 70157800. Erstaunlich große Getränkeauswahl und ein reiches Stadtpanorama. 🕒 tgl. ab 17 Uhr.

Kulturelles

Parken kulturhus, Parkgt. 3B, 📞 70162469. Das Touristenbüro informiert über das wechselnde Kulturprogramm.
Teaterfabrikken, Moloveien 22, 📞 70100410, 💻 www.teaterfabrikken.no. Das in einer ehemaligen Trankocherei eingerichtete Kellerlokal ist einer der beliebtesten Kulturtreffpunkte der Stadt für ein durchweg älteres Publikum. Eine Kunstgalerie ist angeschlossen, an den Wochenenden gibt's oft Theatervorführungen und Konzerte. 🕒 Wechselnde Zeiten, je nach Programm, i. d. R. ab 20 Uhr.

FESTE

Zahlreiche Events laden rund ums Jahr ein, hier nur die größten:
Ålesund Teaterfestival, Anfang März. 10-tägiges Happening, im Mittelpunkt steht die Theaterkunst. Jedes Jahr wird ein spezielles Thema behandelt.
Ålesund Båtfestival, Mitte Juli, 💻 www.batfestivalen.no. Für Jacht-Freaks markiert dieses 3-tägige Festival einen Höhepunkt. Auf dem Programm stehen unter anderem Regatten, Warenmessen, Konzerte und Kirmesvergügungen.
Den Norske Matfestivalen, letzte Augustwoche, 💻 www.matfestivalen.no. Hier dreht sich alles um Kochkunst aus lokalen Rohwaren. Es gibt Kurse, Märkte und Wettbewerbe.

EINKAUFEN

Die Fußgängerzone Kongensgate bietet viele Geschäfte, das größte Einkaufszentrum ist das **Ålesund Storsenter** in der Grimmergate.
Husfliden AS, Parkgate 1, 📞 70121668. Die mit Abstand beste Adresse für qualitativ hochwertige Souvenirs aus Wolle, Holz, Eisen, Silber und Keramik. 🕒 Mo–Fr 10–17, Sa 10–15 Uhr.
Die mehr als 100 Jahre alte **Trankocherei von Ålesund** (Trankokeriet), Moloveien 16b, 💻 www.trankokeriet.no, direkt am Kai vor dem Meer gelegen und wunderbar restauriert, lädt zu einem entspannten Einkaufsbummel ein. Auf über 500 m² Fläche, verteilt auf 2 Etagen, beeindrucken dichte Sammlungen an Antiquitäten, Kitsch und Kunst, und ob man nun einen alten Kompass sucht oder Bauernmöbel, Kerzenhalter oder Seekarten, Silber, Kristalllüster, Gemälde, Fischernetze oder was auch immer: Hier kann man fündig werden. Vom Einkaufsstress Geplagte können im ebenso gemütlichen wie urigen Café bei Kaffee und Kuchen und mit Tageszeitung und Meerblick eine Rast einlegen. 🕒 Mo–Fr 10–17, Sa 10–15 Uhr.

AKTIVITÄTEN

Baden

Moa Svømmehal, Moaveien 11, 📞 70164520. Mehrere Schwimmbecken, Rutschen, Sauna und Solarium. 🕒 Mo–Fr 11–19, Sa und So 10–14 Uhr. Eintritt 83 NOK.

Tauchen

Die Gewässer rings um Ålesund sind beliebte Tauchreviere insbesondere bei Wracktauchern. Geführte Tauchgänge und Kurse sowie Verleih von Ausrüstung (komplett 450/600 NOK pro Tag) offeriert das **Ålesund Dykkesenter**, Brunholm-gate 2, ✆ 70123424, 💻 www.dykkersenter.no.

TOUREN

Actin AS, Steinvågveien 67, ✆ 92095745, 💻 www.actin.no. Wenn's ums Fischen und Angeln geht, bietet sich dieser Veranstalter an, der mehrere Touren verschiedener Länge im Programm hat (Ausrüstung wird gestellt). Auch geführte Fahrrad-, Kajak- und Wandertouren werden veranstaltet sowie Verleih von Kajaks für 450 NOK pro Tag und Fahrrädern für 250 NOK pro Tag.

62°NORD, Skansekai, ✆ 70114500, 💻 www.62.no. Größter Veranstalter von Bootstouren, darunter Fahrten zu Vogelinseln und Leuchttürmen, Angeltouren und kombinierte Boots- und Bustouren.

Das Touristenbüro organisiert im Sommer 2-stündige **geführte Stadtwanderungen** (100 NOK) zu den Sehenswürdigkeiten der Stadt. Die Guides sprechen u. a. auch Deutsch. Die Spaziergänge starten tgl. um 12 Uhr ab dem Touristenbüro.

Fjordfahrt nach Geiranger

Von Ålesund aus stampft tgl. um 9.30 Uhr der **Postdampfer** der Hurtigruten über die mächtigen Wasserweiten des Storfjord dahin, hinter denen sich majestätische Gebirge auftürmen. Dann geht es in den 20 km langen Sunnylvsfjord hinein, von dem wiederum der 16 km lange Geirangerfjord abzweigt. Insbesondere in diesem letzten Abschnitt der Passage, der durch enge Felsschluchten führt, in die sich gischtende Wasserfälle ergießen, kommt man aus dem Schauen und Staunen gar nicht mehr heraus. Auch der Anblick von Geiranger selbst (S. 338) verschlägt einem die Sprache, und angesichts all der landschaftlichen Highlights, die man im Rahmen der rund 4 Std. währenden Passage genießen kann, wird sehr deutlich, warum die Hurtigruten (S. 298) in der Welt des internationalen Reiseverkehrs einen ganz besonderen Stellenwert innehat, ja als „schönste Seereise der Welt" gerühmt wird. Stilvoller kann man den Geirangerfjord vom Wasser aus kaum kennenlernen. Der Postdampfer verkehrt vom 1. Juni bis 31. August, die Passage nach Geiranger kostet 487 NOK je Weg. Zu buchen über ✆ 81003030, 💻 www.hurtigruten.no.

SONSTIGES

Alkohol

Ålesund Sentrum vinmonopol, Rasmus Rønnebergsgate. 6, ✆ 04560, 🕒 Mo–Mi 10–17, Do und Fr 10–18, Sa 10–15 Uhr.

Apotheken

Apotek 1 Nordstjernen, Korsegate 8, ✆ 70157690, 🕒 Mo–Fr 9–17, Sa 10–15, So 18–20 Uhr.

Autovermietungen

Avis, Nedre Strandgate 50, ✆ 70132400.

Hertz, Lerstadveien 517, ✆ 70158010.

Fahrradverleih

Die Touristeninformation vermittelt Leihfahrräder.

Actin AS, S. 335.

Geld

Handelsbanken Ålesund, Keiser Wilhelmsgate 23, ✆ 70112400.

Informationen

Ålesund turistinformasjon, Skateflukaia, ✆ 70163430, 💻 www.visitalesund-geiranger.com. Auch Buchung von Unterkünften, Fjordfahrten und Aktivitäten sowie Geldwechsel. 🕒 Juni–Aug tgl. 9–18, sonst Mo–Fr 9–16 Uhr.

Medizinische Hilfe

Ålesund legevakt, ✆ 70143113.

Polizei

Ålesund politistasjon, Nedre Strandgate 50, ✆ 02800.

Post

Ålesund postkontor, Korsegate 4, ✆ 04004, ⌚ Mo–Fr 9–17, Sa 10–15 Uhr.

Taxis

✆ 70103000.

TRANSPORT

Busse

Verbindungen bestehen bis hinunter nach BERGEN sowie hinauf nach MOLDE, KRISTIANSUND und TRONDHEIM; im Sommer werden auch GEIRANGER sowie ÅNDALSNES mehrmals tgl. angefahren. Zuständig sind NORWAY Bussekspressen sowie **Nettbuss Ålesund**, ✆ 05070, 💻 www.nettbuss.no. Auch TORVIK sowie FOSNÅVAG (für RUNDE) werden 2x tgl. bedient (6.15 und 19 Uhr), und zwar von der **Buss Møre AS**, ✆ 177, 💻 www.fjord1.no.

Eisenbahn

Der nächste Bahnhof ist in Åndalsnes (S. 343), schnell per Bus erreichbar. Von dort aus bestehen 4x tgl. Verbindungen nach DOMBÅS mit Anschluss Richtung OSLO und TRONDHEIM.

Schiffe

Hurtigruten

Im Sommer Abfahrt des Schiffes Richtung MOLDE um 19 Uhr, im Winter um 15 Uhr. Das Schiff nach Süden (TORVIK) legt ganzjährig um 1 Uhr ab. Im Sommer fährt das Schiff Richtung Norden von Ålesund aus um 9.30 Uhr nach GEIRANGER (Ankunft 13.30 Uhr), von wo es gegen 14 Uhr wieder nach Ålesund zurückkehrt (Ankunft gegen 18 Uhr und direkte Weiterfahrt Richtung Molde).

Flüge

Vom rund 20 Min. außerhalb der Stadt gelegenen Flughafen aus werden mehrmals tgl. insbesondere OSLO, BERGEN und TRONDHEIM angeflogen. Nach Ankunft einer Maschine gibt es stets einen Buszubringer ins Zentrum (25 Min., 93 NOK) und auch direkt zu den Spitzenhotels der Stadt. Ein Taxi kostet 350 NOK.

Die Insel Runde

Die südlich von Ålesund gelegene Insel Runde ist mit mehreren Hunderttausend Paaren über 200 verschiedener Seevogelarten die drittgrößte der 22 Vogelinseln Norwegens, dabei die einzige südlich des Polarkreises. Obendrein ist sie die am leichtesten erreichbare Insel und bietet zudem mit markierten Wanderwegen, Bootstouren und Infostellen mit Abstand die beste Infrastruktur zur Vogelbeobachtung im gesamten Königreich.

Wanderung zum Vogelberg

Die durch nacheiszeitliche Landhebung entstandene Insel Runde präsentiert sich als 6,4 km² großer und bis über 300 m hoch ansteigender Felsklotz, der nur im Süden sowie Osten von einem schmalen Streifen flachen Küstenlandes gesäumt wird. Dort leben auch die rund 100 Einwohner der Insel in den beiden Dörfern Runde sowie Goksøyr, die durch eine rund 3 km lange Straße verbunden sind. Da sich die eigentlichen Vogelfelsen aber auf der Nord- und insbesondere Westseite der Insel erheben, müssen Reisende, die auf Vogelbeobachtung gehen wollen, an einer Bootstour teilnehmen oder wandern – am besten beides, denn gut von Land aus zu beobachten ist eigentlich nur der Papageitaucher.

Das Schild *Fyglefjellet* weist ab **Goksøyr** den Wanderweg zum „Vogelberg", und steil führt der Pfad von der Küste herauf ins Inselinnere und sodann über Schafwiesen hinweg zum Aussichtspunkt **Kaldekloven**, der nach etwa 30 Min. erreicht ist. Senkrecht fällt der Blick von dort auf das offene Meer hinunter, doch hier achtet man weniger auf Panoramen als vielmehr auf die Vögel, die an der Wand des Inselklotzes sitzen, sich von ihr abstoßen, als Fahnen aufs Meer gleiten, bevor sie wieder auffliegen, um sich vom Wind zurücktragen zu lassen. Das heisere Gekreische der zankenden

Vögel hallt von den steilen Klippen wider und kann sogar das Donnern und Rauschen des Nordmeeres übertönen, das gegen die Felsen brandet.

ÜBERNACHTUNG

€ **Goksøyr Camping**, ✆ 70085905, 💻 www.insel-runde.de. Beim gleichnamigen Ort am Meer gelegener Campingplatz (Stellplatz 130 NOK) mit Vermietung von Hütten in verschiedenen Komfortstufen und Größen von 310 NOK (2 Pers.) bis 570 NOK (4 Pers.). Auch Ferienhäuser (1200 NOK) und ein altes Lotsenhaus (500 NOK) in exponierter Lage. ⌚ ganzjährig.

TOUREN

Auf Runde dreht sich nahezu alles um die Vogelkolonien, die man am besten zwischen Mai und August, wenn Brutzeit herrscht, im Rahmen einer **Bootsfahrt** besichtigt. Die Unterkunft der Insel bietet organisierte Bootstouren zu den Vogelkolonien an (die Skipper sprechen auch Deutsch), und zwischen Mai und August starten je nach Wetterlage und Nachfrage tgl. 3 Touren ab Runde-Hafen (11, 13 und 16 Uhr, 2 Std., 250 NOK). Da die Nachfrage sehr groß ist, sollte man mindestens 1 Tag im Voraus reservieren (über die Touristeninformation oder die Unterkünfte).

Angeltouren werden im gleichen Zeitraum von den gleichen Veranstaltern tgl. um 19 Uhr durchgeführt, und auch **Seehundsafaris** zu den grasbewachsenen Grasøyane (tgl. 19 Uhr, 200 NOK) stehen auf dem Programm.

SONSTIGES

Informationen

Runde Miljøsenter, 6096 Runde, ✆ 70080800, 💻 www.rundecentre.no, ⌚ Mai–Sep tgl. 9–16 Uhr. Weitere (und für Touristen wichtigere) Informationen unter 💻 www.insel-runde.de.

Wo Millionen Vögel leben – die Vogelfelsen

In Norwegen, dessen gesamte Küstenlinie länger ist als der Äquator, stehen Land und See in ständigem Kontakt und Wechselspiel, und die Fauna der insgesamt über 150 000 Inseln und Eilande, die dem Festland vorgelagert sind, besteht fast ausschließlich aus Vögeln. Hobby-Ornithologen finden hier also ein denkbar reiches Betätigungsfeld, und ein Besuch auf einem der 22 großen Vogelfelsen von Norwegen gehört ganz bestimmt – und nicht nur für erklärte Seevogel-Freunde – zu den spektakulärsten Erlebnissen einer Reise in den Norden.

Schaut man sich einen Vogelfelsen aus der Nähe an, fällt sofort sein stockwerkartiger Aufbau ins Auge: Bereits wenige Meter über dem Meeresspiegel finden sich die Nester der perlgrau gefärbten und an ihrem langen Schwanz leicht erkennbaren **Dreizehenmöwen** *(Larus tridactylus)*, deren Fundamente aus Erde und Schlamm und deren Polsterungen aus Gras, Tang oder Moos bestehen. Ein Stückchen weiter oben brüten die **Basstölpel** *(Sula bassana)*, die mit mehr als 3 kg Gewicht und einer Flügelspannweite von bis zu 2 m die größten Seevögel der Nordhalbkugel sind. Ihre Nester finden sich direkt unterhalb derer der **Tordalke** *(Alca torda)* und **Trottellummen** *(Uria aalge)*, die beide zur großen Familie der Alken *(Alcidae)* gehören, welche in der nördlichen Hemisphäre die Pinguine vertreten und ganz ähnlich wie diese leben. Daher ist ihr Flugapparat wesentlich besser zum Tauchen als zum Fliegen geeignet, weshalb sie auch den größten Teil ihres Lebens auf hoher See verbringen. So auch die ebenfalls zur Familie der Alken zählenden **Papageitaucher** *(Fratercula arctica)*, die die größte Kolonie im Fels bilden und stets die Grashänge im oberen Bereich der Klippen bevölkern, wo sie in selbst gegrabenen Erdhöhlen von bis zu 3 m Länge brüten. Mit ihren rot gebänderten Schnäbeln, roten Augenringen und roten Füßen sehen sie überaus lustig und eben wie Papageien aus. Abseits vom eigentlichen Vogelberg, auf hoch gelegenen Partien der Steilhänge, brüten die Eissturmvögel. Auch die gewaltigen Seeadler errichten ihre Horste stets an den unzugänglichsten Stellen.

Rund um Runde

Da man im Rahmen von Wanderungen nur dem Papageitaucher wirklich nahe kommen kann, ist eine Bootstour zu den Vogelfelsen ein Muss. Dabei ist allein schon die Fahrt in dem kleinen, offenen und extrem wendigen Fischerboot ein Erlebnis für sich, und wenn es das Wetter erlaubt, wird die Insel umrundet. Startpunkt ist der Hafen beim Dorf **Runde**, sodann wird die Runde-Brücke (die die Insel mit dem Festland verbindet) unterquert und das **Maganeset**, das Südkap der Insel, umrundet. Von dieser Landmarke aus geht es auf Nordkurs, und langsam tuckert das Boot nun teilweise recht nah der Küste dahin, direkt auf die Felswand des **Kaldekloven** zu, an deren Fuß man nun bald zu „stehen" kommt. Hier sind es insbesondere Dreizehenmöwen sowie Tordalke, die man gut beobachten kann, und nur ein Stückchen weiter nördlich kommt man insbesondere mit Trottellummen und Basstölpeln in Sichtkontakt.
Hier, zu Füßen des 294 m hohen **Rundebranden**, klaffen großen Grotten in der Felswand, und bei ruhiger See geht es per Boot sogar ein Stück weit hinein. Dann wird das **Nordkap** umrundet, in dessen Nähe 1972 der sogenannte **Runde-Schatz** (Silber- und Goldmünzen im Gewicht von 560 kg) aus einem gesunkenen Ostindien-Segler geborgen wurde.

WESTNORWEGEN

Wandern
Außer der oben kurz vorgestellten Tour zum Aussichtspunkt Kaldekloven laden auf der schönen Insel 4 weitere Wanderungen von 3–8 Std. Dauer ein. Die beiden Unterkünfte sowie das Touristenbüro informieren, dort sind auch Karten erhältlich, die man über die Website 💻 www.insel-runde.de auch downloaden kann.

TRANSPORT

Selbstfahrer
Von Runde aus durch einen 2008 eröffneten Tunnel (mit 285 m Tiefe der tiefste Untersee-tunnel der Welt) aufs Festland nach FOSNÅVAG, von wo aus sowohl ÅLESUND als auch TORVIK erreicht werden können.

Busse
Verbindungen bestehen von Runde sowie Goksøyr aus bis zu 5x tgl. nach FOSNÅVAG, mit Anschluss an ÅLESUND und TORVIK.
💻 www.nettbuss.no.
Im Touristenbüro von Ålesund kann man Komplettouren nach RUNDE mit öfentlichen Verkehrsmitteln buchen, wass 500 NOK p. P. für hin/zurück kostet.

10 HIGHLIGHT

Geiranger und Geirangerfjord

Der 16 km lange Geirangerfjord gilt als Top-Highlight von Skandinavien und steht als „Fjord aller Fjorde" seit dem Jahre 2005 als Weltnaturerbe der Menschheit auf der World Heritage List der Unesco. Insbesondere, wer vom Meer her anreist – etwa im Rahmen einer Fjordtour von Ålesund aus (S. 329) –, kann das Panorama in vollen Zügen genießen, aber auch wer über Land kommt, wird angesichts des von bis über 1000 m hoch aufragenden Felswänden eng umschnürten Fjords aus dem Staunen nicht herauskommen. In puncto „One Million Dollar Views", wie es die Tourismuswerbung ausdrückt, kommt wohl kein Ort im Lande an Geiranger heran, wie auch der Anblick des rund 250 Einwohner zählenden Dorfes selbst am idyllischen Wiesenufer im Saum steilster Berge ein Erlebnis der Extraklasse ist. Entsprechend viele Besucher zieht er an, und dass Geiranger mehr als 5000 Gästebetten zählt, spricht für sich. Mit anderen Worten: Es ist brechend voll; wer unter Klaustrophobie leidet, kann hier während der Saison durchaus mal Probleme bekommen, und auch die Preise haben längst jeden normalen Rahmen gesprengt.

Im Ort selbst lohnt vor allem ein Besuch des **Geiranger Fjordsenter**, das grundlegende Informationen über das zum Welterbe erklärte Gebiet vermitteln will. Insbesondere die Multimediashow „Von den Bergen bis zum Fjord“ bietet höchst eindrucksvolle Naturbilder, und sie ist Highlight der Ausstellung, die ansonsten u. a. eine Galerie umfasst. 💻 www.fjordsenter.com, 🕒 Mai–Sep tgl. 10–18, sonst 10–15 Uhr, Eintritt 120 NOK.

Geirangerfjordtour

Auch wenn man Schlange stehen muss, sollte man auf die größte Zugnummer des Ortes nicht verzichten. Die bis zu viermal täglich durchgeführte Geirangerfjordtour (230 NOK; über Geiranger Fjordservice, S. 342) ist, bei allem Rummel, ein unvergessliches Erlebnis, führt sie doch über 1 1/2 Std. durch enge Felsschluchten hindurch und an steilsten Felswänden entlang, die Hunderte Meter tief im Wasser wurzeln und sich wiederum bis weit über 1000 m über den Meeresspiegel hinaufrecken, wo auf schmalen Simsen die winzigen Bergbauernhöfe Knivsflå und Skageflå balancieren und wo von unerreichbar scheinenden Graten die silbern glitzenden Wasserfälle De Syv Søstre („Die Sieben Schwestern“), Friaren („Der Freier“) und Brudesløret („Der Brautschleier“) herabstürzen.

Der Geirangervegen

Auch alle Landwege nach Geiranger hinein und aus Geiranger hinaus sind von größter Dramatik, und wer kein eigenes Fahrzeug hat, sollte erwägen, sich mit dem Mountainbike, das man ausleihen kann, auf Tour zu begeben. Voraussetzung ist allerdings eine „bärenstarke“ Kondition, denn die Steigungen sind ebenso extrem wie die Höhenmeter, die es stets zu bewältigen gilt. Wen das nicht reizt, der kann aber auch ab Geiranger ein Taxi nehmen.

Den 1900 in Paris während der Weltausstellung als Meisterwerk der Straßenbaukunst preisgekrönten **Geirangervegen** (R 63) muss man einfach mal genommen haben. Er endet im 24 km entfernte Ottadal (S. 388), und sein spektakulärster Abschnitt führt vom Meer aus über 20 Serpentinen auf einer Distanz von 11 km zur 1038 m hoch gelegenen **Djupvasshytta**, 💻 www.djupvasshytta.no. Unterwegs, etwa bei km 4, bietet sich bei **Flydalsjuvet** die berühmteste Postkartensicht auf Ort und Fjord. Der Ausblick von der Djuppvasshytta ist beeindruckend, doch nicht vergleichbar mit dem, das sich vom 1494 m hohen Gipfel der **Dalsnibba**, 💻 www.dalsnibba.no, präsentiert, wohin an der Hytta eine 5 km lange und elf Serpentinen zählende Straße abzweigt (130 NOK Maut).

Auch ein Besucherzentrum mit gigantisch großen Glasfronten lädt ein, und der einzige Schatten, der auf das von hier aus zu genießende Traumpanorama fällt – hinunter auf den Geirangerfjord mit den stecknadelkopfgroßen Kreuzfahrtschiffen sowie hinüber zu ringsum von Bergen umrahmten Horizonten –, wird von den Besuchern geworfen, von denen man hier zwischen Mitte Juni und Mitte August über eine viertel Million zählt … Fazit: hin frühmorgens oder spätabends oder gar nicht. Zwischen dem 18. Mai und 22. September verkehrt ein- bis mehrmals tgl. ein Ausflugsbus ab dem Fjordsenter zur Dalsnibba und zurück (320 NOK, zu buchen über das Touristenbüro). Ein Taxi kostet 1400 NOK (hin und zurück) für bis zu 4 Pers.

Ørneveien – aus Adlerperspektive

Auch der nach Norden Richtung Åndalsnes und Trollstigen führende Abschnitt der R 63, der im Jahre 1952 eröffnet und 2011 zur Nationalen Touristenstraße ernannt wurde, präsentiert sich als Traumstraße, und er trägt den Beinamen Ørneveien, was übersetzt „Adlerstraße“ bedeutet. Sein erster Abschnitt ist der spektakulärste: Er führt vom Ort aus mit zahlreichen Spitzkehren auf einer Distanz von nur 5 km zur 625 m hoch gelegenen „Adlerkurve“ *(Ørnesvingen)*, von wo aus sich von einer Panoramaplattform aus der ganze Fjord sowie der Wasserfall „Sieben Schwestern“ aus der Vogelperspektive betrachten lassen. Weitere Infos über 💻 www.nasjonaleturistveger.no.

ÜBERNACHTUNG

Die Hotels in Geiranger sind in der Hochsaison oft ausgebucht und die Preise mitunter horrend! Alternativ bieten sich Privatunterkünfte an, die ab etwa 600 NOK pro DZ oder Hütte kosten. Schilder am Straßenrand mit der

Wandertouren rings um Geiranger

Die Umgebung rund um Geiranger ist für Wanderungen zu verlassenen Gehöften, auf Bergspitzen und zu Wasserfällen oder Aussichtspunkten gut. In der offiziellen Infobroschüre, die man kostenlos im Touristenbüro bekommt, sind die schönsten und populärsten aufgelistet; auch eine eigene Wanderbroschüre mit über 12 Routen inkl. Karten ist erhältlich.

Eine empfehlenswerte 2-stündige Wanderung (hin und zurück) führt zum Wasserfall **Storseterfossen** (etwa 550 Höhenmeter). Ausgangspunkt ist Vesterås gard, wo der gut markierte Pfad deutlich beschildert ist. Das Besondere: Man kann hinter den Wassermassen hindurchspazieren! Vom gleichen Ausgangspunkt gelangt man über einen etwas steilen, aber kürzeren Weg (1 Std. hin und zurück) zum Aussichtspunkt **Løsta**.

Eine längere Wanderung (4 Std. hin und zurück) führt von der Brücke Hole Bru (etwas oberhalb vom Ortszentrum) zu den 820 m hoch gelegenen **Grindalseter**. Gute Kondition ist ein Muss, denn der Pfad ist an manchen Stellen sehr steil (aber gut ausgebaut). Oben angekommen, wird man mit einer phänomenalen Aussicht belohnt.

Aufschrift *Rom* oder *Værelse* weisen darauf hin, auch das Touristenbüro kann mit Adressen aushelfen.

Hotels

Grande Fjord Hotel, R 63 Richtung Åndalsnes, 70269490, www.grandefjordhotel.com. Etwa 2 km oberhalb vom Ortszentrum in ruhiger Lage am Hang gelegenes Panoramahaus. 48 Zimmer, davon 40 mit eigenem Balkon und grandioser Fjordaussicht. Panoramarestaurant, Vermittlung von Touren und Aktivitäten, Anfang Juni–Ende Okt. Ab ❺

Hotell Utsikten, 70269660, www.classicnorway.no. Schmuckes Hotel aus dem 19. Jh. in bester Lage über dem Ort und mit 33 Mittelklassezimmern, die meisten mit Aussicht. Restaurant, Vermittlung von Fjordfahrten. Unbedingt frühzeitig reservieren, da oft von Touristengruppen geblockt. Anfang April–Ende Aug. Ab ❺

Hotell Geiranger, 70263005, www.hotel-geiranger.no. Mehrstöckiger Komplex oberhalb des Fähranlegers mit 151 attraktiven Zimmern, fast alle mit herrlicher Aussicht. Die gelungene Mischung aus Alt und Neu schafft eine gemütliche Atmosphäre, angeschlossen sind mehrere Restaurants und Bars sowie eine schöne Panoramaterrasse. Anfang Mai–Anfang Okt, je nach Saison und Kategorie ❺–❻

Camping und Hütten

Grande Hytteutleige og Camping, R 63 Richtung Åndalsnes, 70263068, www.grande-hytteutleige.no. Sehr schöner Platz am Ostufer des Fjordes, fast direkt neben dem Grande Hotel gelegen. Die grünen Campingwiesen reichen bis ans Wasser, die 16 Hütten (2–5 Pers.) bieten tolle Fjordaussicht. Gute Sanitäranlagen, Bootssteg, Boot- und Seekajakverleih sowie Internetzugang. Mai–Ende Sep. Stellplatz 200 NOK, Hütten ab ❶

Vinje Camping, 1,5 km östlich von Geiranger an der R 63, 70263017, www.vinjecamping.no. Ansprechender Wiesenplatz oberhalb des Ortes neben einem Wildfluss mit Wasserfall. Das Campingareal liegt teilweise recht idyllisch unter schattenspendenden Birkenbäumen, die gemütlichen Campinghütten mit Grasdach haben fast alle gute Aussicht. Stellplatz 230 NOK, Hütten ab ❺, es werden auch mehrere große Safarizelte vermietet.

Geirangerfjorden Feriesenter, 95107527, www.geirangerfjorden.net. Etwa 2 km außerhalb, am Weg zum Ørneveien am Fjordufer. Stellplätze bis direkt ans Wasser, Hütten in 5 verschiedenen Größenordnungen, gemütlich holzvertäfelt mit Bad/WC und Miniküche. Kiosk, Motor- und Ruderbootverleih, gute Angel- und Wandermöglichkeiten. Mitte April–Mitte Sep. Stellplatz ab 225 (am Fjordufer ab 255 NOK), Hütten ab ❹

€ **Fjelltun Camping**, Homlong (etwa 2 km von Geiranger), 70263040, www.fjelltuncamping.no. Schön am Hang gelegene Campinganlage auf der Westseite des Fjords mit 5 kleinen Hütten (schlichte Einrichtung ohne eigenes Bad/WC, aber mit Miniküche) und Apartments in verschiedenen Größen (2–8 Pers.). Café mit einfachen Gerichten. Gute Wandermöglichkeiten. Stellplatz 160 NOK, Hütten ab ❶

€ **Dalen Gaard Familiecamping**, 7 km taleinwärts an der R 63, ✆ 90877460, 💻 www.dalengaard.no. So laut, hektisch und relativ teuer es direkt in Geiranger ist, so naturschön, ruhig und günstig wohnt man auf diesem Campingplatz, dessen Ferienhütten ein außerordentlich gutes Preis-Lesitungs-Verhältnis bieten. Es gibt sie in 3 verschiedenen Komfortstufen, in Preisklassen von 460 bis 790 NOK für 2–6 Pers. Sie sind u. a. mit Kochecke, Kühlschrank, Mikrowelle und Terrasse ausgestattet. Auch Camper kommen hier gut und recht günstig auf ihre Kosten: 2 Pers. im Wohnmobil oder Zelt zahlen generell 170 NOK.

ESSEN

Fast sämtliche Hotels bieten in der Sommersaison üppige Abendbuffets (ca. 270 NOK p. P.), an denen sich auch Nicht-Gäste laben können. Tischreservierung ist ratsam.

Café Olé, Zentrum, 💻 www.olebuda.no. Trendiges Café mit Außenterrasse und dem besten Kaffee der Stadt. Auch einfache Gerichte wie z. B. Sandwiches, Salate und Suppen werden aufgetischt. Abends beliebter Treff auf ein Glas Bier oder Wein. 🕒 tgl. Mai–Sep.

Naustkroa, 💻 www.olebuda.no. Urgemütliches Restaurant und Kellerpub in einem alten umbauten Bootshaus am Hafen mit tollen Sitzplätzen im Freien sowohl zur Fußgängerzone als auch zur Meerseite hin. Die Pizza des Hauses gilt als die beste in Geiranger, es gibt aber auch diverse typisch norwegische Gereichte mit Fleisch und Fisch. Günstiges bis mittleres Preisniveau. 🕒 tgl. Mitte Mai–Mitte Sep.

Restaurant Olebuda, 💻 www.olebuda.no. Intimes und traditionell eingerichtetes Restaurant in einem restaurierten Holzhaus aus dem 19. Jh. Erstklassige norwegische Spezialitäten (oft aus lokalen Rohwaren), zu empfehlen sind u. a. das Rentierfilet und gegrillter Lachs sowie Muscheln in Knoblauch und Weißweinsoße.

An Geiranger ist alles spektakulär, und auch die Fährfahrt nach Hellesylt ist ein Erlebnis.

Zum Abheben schön

In Geiranger begegnet man den Superlativen auf Schritt und Tritt, und ganz und gar hervorragend ist auch das Angebot an geführten Touren, das der **Geiranger Fjordservice**, ✆ 70263007, 💻 www.geirangerfjord.no, in seinem Programm hat. Dazu zählen lohnende Seekajak-Touren (2–6 Std., 525–1600 NOK, auch Verleih von Einer-/Tandem-Kajaks), Tageswanderungen zu berühmten Aussichtspunkten (ab 690 NOK), mehrmals täglich Bootsfahrten (1,5 Std., 230 NOK) sowie Schlauchboottouren (1 Std., 645 NOK) auf dem Geirangerfjord zu den Wasserfällen De Syv Søstre („Die Sieben Schwestern"), Friaren („Der Freier") und Brudesløret („Der Brautschleier"). Außerdem kann man Panoramabus- und Limousinentouren buchen, knallgrüne Elektro-Mobile, Fahrräder und Autos mieten und sogar zum Heli-Sightseeing einchecken (1500 NOK für einen 20-Min.-Flug).

Sonnige Außenterrasse mit schöner Aussicht über den Ort und den Fjord. Vorspeisen ab 135 NOK, Hauptgerichte um 320 NOK. ◷ Juni–Aug tgl. 10–23 Uhr.

Union Hotel, ✆ 70268300, 💻 www.hotelunion.no. An „One Million Dollar Views", wie's die Tourismuswerbung sagt, kann sich wohl kein Ort im Land mit Geiranger messen und das, wie wir finden, allerschönste der schönsten Panoramen bietet die Nina-Grieg-Terrasse des Union Hotels. Sie öffnet sich in luftiger Höhe direkt auf den Fjord hinaus, sodass noch jeder Kaffee und Aperitif, jedes Tapahäppchen und Sandwich durch herrlichste Augen-Blicke verfeinert wird. Das ist durchaus ein unvergessliches Erlebnis. Anschließend dann in die Lobbybar – ebenfalls mit Augenschmaus. ◷ Frühstück ab 7.30, Lunch ab 12, Dinner ab 19 Uhr, Bar ab 10 Uhr.

AKTIVITÄTEN

Outdoor-Abenteuer

Gute Möglichkeiten in Fjørå. Direkt am Fjord befindet sich ein größeres Klettergebiet mit Routen (15–25 m Seillänge) in verschiedenen Schwierigkeitsgraden, die auch gut für Rappels geeignet sind.

Valldal Naturopplevingar (✆ 90014035, 💻 www.valldal.no) organisiert 4-stündige Klettertouren sowohl für Anfänger als auch Fortgeschrittene jeden Alters (590 NOK). Außerdem Canyoning vom Feinsten (4 Std., 750 NOK), Rafting (Grad 3+, 4 Std., ab 750 NOK) sowie Verleih von Seekajaks (7 Std. 450 NOK), Seekajak-Kurse gibt´s ab 790 NOK.

Wintersport

In Stranda, nordwestlich von Geiranger, befindet sich das **Strandafjellet Skisenter** (✆ 70260212, 💻 www.strandafjellet.no), eine moderne Anlage mit 6 Liften, 17 Abfahrten und 15 km präparierte Langlaufloipen. Es gibt hier auch eine eigene Skischule sowie Ski- und Ausrüstungsverleih.

SONSTIGES

Alkohol

Stranda vinmonopol, Stranda, ✆ 70263300, ◷ Di–Do 11–16, Fr 11–17, Sa 10–14 Uhr. In Geiranger selbst gibt es keinen Alkoholverkauf.

Apotheken

Vitusapotek Storfjord, Stranda, ✆ 70260811, ◷ Mo–Fr 9–16.30, Sa 10–14 Uhr.

Autovermietungen

Hertz, Geiranger Fjordservice, ✆ 70263007.

Einkaufen

Geirangerfjord Design, Zentrum neben dem Fähranleger, ✆ 70263190. Große Auswahl an norwegischen Stickwaren, Geschenkartikeln, Schmuck, und Souvenirs.

Geld

Geldautomaten gibt's in Geiranger, Hellesylt, Stranda und Valldal.

Fahrradverleih

Geiranger Fjordservice, s. Kasten.links; 470 NOK pro Tag.

Informationen

Geiranger turistinformasjon, Gamle fergekai, ✆ 70263099, 💻 www.fjordnorway.com/GEIRANGER (die Website informiert über den gesamten Bereich des Geirangerfjord-Umlandes, auch den Trollstigen) und 💻 www.geiranger.no. ⏲ Juni–Aug. tgl. 9–19, sonst Mo–Fr 10–16 Uhr.
Weitere Touristenbüros finden sich in Valldal:
Valldal turistinformasjon, ✆ 91780746, ⏲ Juni–Mitte Aug tgl. 10–17 Uhr,
und in Hellesylt:
Hellesylt turistinformasjon, ✆ 94811332, ⏲ Juni–Mitte Aug tgl. 9–17 Uhr.

Medizinische Hilfe

Legevakta, Stranda, ✆ 70268120.

Polizei

Stranda lensmannskontor, Stranda, ✆ 02800.

Post

Geiranger Post i butikk (Brødre Maraak), ✆ 04004, ⏲ Mo–Fr 9–19, Sa 9–18 Uhr.

Taxis

Geiranger Taxi, ✆ 40003741.

TRANSPORT

Selbstfahrer

Der Geirangervegen sowie der Ørneveien und der sich nördlich anschließende Trollstigen (S. 347) wurden 2011 zur Nationalen Touristenstraßen ernannt, 💻 www.nasjonaleturistveger.no. Alle drei sind im Winter (Okt–Mai) gesperrt. Die einzige Straßenverbindung mit dem Rest des Landes besteht dann via LINGE und HELLESYLT, von wo aus Fähren von/nach Geiranger verkehren (s. u.). Im Sommer kann man auch die Fähre von/nach VALLDAL nehmen (s. u.).

Busse

Von/nach Hellesylt und Linge (Fähren, s. u.) in alle Landesteile, außerdem mehrmals tgl. nach ÅNDALSNES und ÅLESUND, Mitte Juni–Mitte Aug zusätzlich 1–2x tgl. Busse über den ØRNEVEIEN und TROLLSTIGEN nach ÅNDALSNES sowie entlang dem GEIRANGERVEGEN ins Ottadal nach LOM und VÅGÅ sowie OTTA im Gudbrandsdal.

Schiffe

Hurtigruten
Von April–Sep legt das via ÅNDALSNES Richtung MOLDE fahrende Schiff tgl. auch in Geiranger an, Abfahrt um 13.30 Uhr.

Fähren
Mit den Fähren von MRF, ✆ 57757000, 💻 www.fjord1.no, von Mai–Sep 4–8x tgl. nach HELLESYLT (Pkw inkl. Fahrer 410 NOK) sowie ganzjährig mehr als 25x tgl. von Eidsdal nach LINGE in 10 Min. für 33 NOK, Pkw 79 NOK. Nur Mitte Juni–Mitte Aug außerdem 2x tgl. nach VALLDAL, jenseits des Ørneveien und diesseits des TROLLSTIGEN am Weg nach ÅNDALSNES gelegen. Diese Route gilt als Norwegens schönste Fährfahrt und wird entsprechend stark nachgefragt, daher möglichst reservieren. Abfahrt von Geiranger tgl. um 12 und 17.15 Uhr, von Valldal um 9.30 und 14.45 Uhr; einfache Strecke 240 NOK, hin und zurück 370 NOK, Pkw 440 NOK.

Åndalsnes und das Romsdal

Der Beiname „Alpenstadt“ ist sprechende Bezeichnung, denn die landschaftlich beeindruckende Lage des an der Öffnung des Romsdals in den Romsdalsfjord ausgebreiteten Åndalsnes kann durchaus mit alpinen Panoramen mithalten. Hier der bergummauerte Fjord, dort der in steilste Felswände gefasste Wiesentrog, und mitten darin das knapp 3000 Einwohner große Städtchen. Sehenswürdigkeiten im klassischen Sinne gibt es heute nicht mehr, denn sie wurden während des Zweiten Weltkrieges zerstört, und so dreht sich hier in touristischer Hinsicht alles um den Genuss der spektakulären Landschaft. Dafür steht insbesondere der Trollstigen (s. Kasten S. 347), Norwegens berühmteste Straße, die vom Romsdal ins luftige Reich des Hochgebirges entführt. Aber auch das Romsdal selbst, aus dem sich u. a. Europas höchste senkrecht aufsteigende Felswand erhebt, ist für einzigartige Natureindrücke gut, und obendrein gilt die gesamte Region als gelobtes Land nicht nur für Wanderer, sondern für Anhänger des Fjellsports schlechthin.

Der Berg ruft

Wer es Arne Randers Heens, dem „norwegischen Messmer", nachmachen möchte, kann auf eine perfekte Infrastruktur zurückgreifen. Erste Anlaufstelle sollte das Touristenbüro sein, das sowohl **Bergbroschüren** herausgibt als auch **Bergführer** vermittelt. Die populärsten Gipfel sind neben dem Romsdalshorn der Trollveggen, der Vengeting, Juratind und Kvandalstind, doch 950–2800 NOK muss man je Gipfel schon veranschlagen, während **Kletterkurse** von fünf Tagen Dauer rund 6000 NOK kosten. Kletterer finden hier traumhafte Bedingungen vor, denn mehr als 400 Routen laden in der Region ein. Beschrieben sind sie allesamt im bislang leider nur auf Norwegisch erschienenen Buch „Klatring i Romsdal", das man über das Touristenbüro beziehen kann.

Wer allein auf **Bergwanderung** gehen will, kann aus Dutzenden markierten Wegen auswählen, und auch **geführte Wanderungen** in verschiedenen Längen und Schwierigkeitsgraden werden hier vom Touristenbüro organisiert (ab 950 NOK).

Auf Panoramasuche durchs Romsdal

Eine Fahrt von Åndalsnes aus durch das insgesamt rund 120 km lange Romsdal, dem die E 136 Richtung Dombås (S. 379) folgt, ist überaus lohnend, denn ständig wechseln in diesem Talzug die Bilder. Mal geht es durchs Wiesengrün weiter Auen dahin, mal durch enge Schluchten; stets ist die hier sanft fließende, dort wild schäumende Rauma im Blick, und stets genießt man reiche Aussicht auf bis zu 1800 m hohe Berge, von deren Steilflanken zahllose Wasserfälle herabgischten.

Der spektakulärste Streckenabschnitt beginnt bei **Sogge bru** (wo der Trollstigen abzweigt, S. 347), gleich 5 km außerhalb der Stadt, von aus man die mit Abstand beste Aussicht auf das **Romsdalshorn** genießen kann, den berühmtesten Berg des Romsdals. Ein Stückchen weiter, bei Horgheim, steigt mit der **Trollveggen** Europas höchste senkrechte Felswand 1000 m hoch zum fast 1800 m messenden **Trolltind**. Hier lädt das **Trollveggen Besøkssenter** ein, 💻 www.visit-trollveggen.com, ✆ 95898000 mit Cafeteria, Aussichtsplattform und einem historischen Film über die Geschichte der Trollveggen-Besteigung. 🕒 Juni–Aug tgl. 9.30–19 Uhr. Erst ab dem auf halber Strecke nach Dombås am Weg liegenden **Bjørli** nimmt das Romsdal ein sanfteres Gepräge an.

Gipfel und ihre Bezwinger

Nirgends sonst in Norwegen rufen die Berge lauter als hier, und wer sich einen Überblick über die Berge und ihre Bezwinger verschaffen will, sollte das 2016 direkt am Kai neu eröffnete **Norsk Tindesenter**, 💻 www.tindesenteret.no, besuchen, das die Geschichte des Klettersports von den Pioniertagen bis zur Gegenwart nachzeichnet und seinem Namen auch in architektonischer Hinsicht gerecht werden will. 🕒 Mitte Mai–Mitte Sep tgl. 11–16 Uhr, 140 NOK.

ÜBERNACHTUNG

Hostels und Hotels

Åndalsnes Vandrerhjem, Setnes, ✆ 71221382, 💻 www.aandalsnesvandrerhjem.no und www.hihostels.no. Im Grünen gelegene Jugendherberge in einem ehemaligen Gutshof, etwa 1,5 km außerhalb des Stadtzentrums. Die grasgedeckten Gebäude sind von innen ebenso gemütlich, wie man von außen vermutet. Nicht ganz billig, aber Zimmer mit gehobener Ausstattung und großes Frühstücksbuffet inkl. Mehrere Gästeküchen für Gäste. 🕒 Mitte Mai–Mitte Sep. Bett 365 NOK, DZ ❸

Nora Gård, Åndalsnes, ✆ 71222460, 💻 www.noragard.com. Großes Holzhaus am Waldrand mit einem schönen Garten, 1 Apartment (4–5 Betten, Küche, Wohnzimmer mit TV), 1 großem DZ (3 Betten, Miniküche) und 1 Dachzimmer für bis zu 4 Pers. Alle Einheiten teilen sich Bad/WC. Gute Möglichkeiten zum Lachsangeln. Ab ❸

Camping und Hütten

Åndalsnes Camping & Motell, Åndalsnes, ✆ 71221629, 💻 www.andalsnes-camping.com. Eine empfehlenswerte Ferienanlage mit großen Zeltwiesen unter vereinzelten Bäumen direkt am Fluss, etwa 1,5 km vom Stadtzentrum. Sehr gut ausgestattet mit modernen Sanitäranlagen. 12 Hütten, Apartments und Zimmer, außerdem Grillplätze, Billard, Aufenthaltsraum mit TV, Spielplatz und Verleih von Kanus und Fahrräder. Restaurant mit einfachen Gerichten, Internetzugang. 🕒 Mai–Mitte Sep. Stellplatz 210 NOK, Hütten/Apartments/DZ ab ❶

Gjerdset Turistsenter, Torvk (etwa 18 km von Åndalsnes), ✆ 91368096, 💻 www.visitgjerdset.no. Nette Ferienanlage auf der gegenüberliegenden Seite des Fjordes mit herrlicher Aussicht. Gute Übernachtungsmöglichkeiten in einfachen DZ (mit oder ohne eigenem Bad/WC), 20 Hütten verschiedener Kategorien (2–6 Pers.), auch Campingwiese. Verleih von Fahrrädern, Kanus und Motorbooten. DZ ❶, Hütten ab ❶

Mjelva Camping, Åndalsnes, ✆ 71226450, 💻 www.mjelvacamping.no. 3 km außerhalb (Richtung Trollveggen) gelegener Campingplatz (Stellplatz ab 140 NOK) mit atemberaubendem Ausblick auf die Bergmassive. Die Auswahl an Hütten ist ansprechend, und das Aktivitätsangebot ist vielfältig (u. a. Ballspiele, Minigolf, Fahrradverleih). Außerdem zum Service gehören: Cafeteria, Grillplätze, Spielplatz und Verkauf von Angelkarten. 🕒 Anfang Mai–Mitte Sep. Ab ❶

Trollstigen Camping & Gjestegård, Isterdalen (etwa 10 km südlich via R 63), ✆ 94849755, 💻 www.trollstigen.no. Schöne Anlage mit sattgrünen Zeltwiesen und Panoramaaussicht auf den Trollstigen. Moderne Ausstattung, hübsche Grasdachhütten in 2 Kategorien, auch Apartments und Zimmer. Im Restaurant wird Traditionskost serviert. Frühstück 80 NOK. 🕒 Anfang April–Ende Sep, Restaurant nur Mitte Mai–Mitte Sep. Stellplatz 170 NOK, Hütten/DZ ab ❶

Unter Dampf durchs Romsdal

Anstatt der Straße Richtung Dombås zu folgen, kann man auch die 1924 eröffnete **Rauma-Bahn** nehmen, die unlängst von Lonely Planet zur schönsten Bahnreise Europas gekürt wurde, und vom 30. Mai–30. Aug an besonders sehenswerten Abschnitten wie etwa gegenüber der Trollwand sowie bei anderen an der Trasse liegenden Sehenswürdigkeiten kurze Sightseeing-Stopps einlegt. Wer die Verbindung um 9.33 Uhr ab Åndalsnes nimmt, ist um 10.55 Uhr in Dombås und kann von dort um 12.09 Uhr wieder nach Åndalsnes zurückfahren, Ankunft um 13.27 Uhr, 264 NOK. Weitere Informationen über das Touristenbüro sowie unter 💻 www.nsb.no/raumabanen.

ESSEN

Piccola Mama Rosa, Vollan 5, ✆ 71222007, 💻 www.mamarosa.no. Pizzeria in einem gemütlichen Lokal in der Innenstadt. Gutes Essen, außer Pizzen werden auch Pasta, Salate, Kebabs und Steaks aufgetischt, alles zu verhältnismäßig günstigen Preisen. 🕒 tgl. ab 14 Uhr.

Hotel Aak, ✆ 71221700. Das kleine Restaurant diesen Spitzenhotels gilt als das beste der Stadt. Ausgezeichnete traditionelle Küche und intime Atmosphäre. 🕒 Mitte Juni–Ende Aug tgl. 16–22 Uhr.

FESTE

Norsk Fjellfestival, Mitte Juli, 💻 www.norskfjellfestival.no. 5-tägiges Bergsteigerfest mit Seminaren und Konzerten.

Rauma Rock, Anfang August, 💻 www.raumarock.com. Populäres Rockfestival mit bekannten nationalen Gruppen und Künstler.

AKTIVITÄTEN

Fallschirmspringen

Lesja Fallskjermklubb, ✆ 90062300, 💻 www.lesjafsk.no. Tandemsprünge aus einer Höhe von 3000 m mit 35 Sek. in freiem Fall. Der Adrenalinkick ist allerdings nicht ganz billig, 3900 NOK sind pro Sprung fällig, ein Video dazu kostet satte 4700 NOK extra.

Der Trollstigen entführt ins luftige Reich der Wolken und ist eine der beeindruckendsten Gebirgsstraßen Europas.

Der Trollstigen, Norwegens berühmteste Straße

Von allen Bergstraßen Norwegens ist der 2011 zur Nationalen Touristenstraße ernannte Trollstigen der bekannteste, und wer in der Region unterwegs ist, sollte ihm einmal vom nahezu auf Meeresniveau gelegenen Isterdal bis zum Rasthaus Trollstigheimen auf 850 m Seehöhe gefolgt sein. Auf dem Weg dort hinauf erwarten einen 18 km ständig wechselnder Bergpanoramen. Ausgangspunkt ist das 5 km östlich Åndalsnes gelegene **Sogge bru**, wo der Trollstigen (R 63) nach Süden abzweigt. Nur wenig später beginnt die eigentliche Steigungsstrecke, die spektakulär über eine nahezu senkrecht aufsteigende Felswand führt, in die die Straße gesprengt ist. Über elf Kehren und mit bis zu 12 % Steigung windet sie sich in die Höhe, und auch wenn der Trollstigen in den letzten Jahren mit Millionenaufwand ausgebaut und gesichert wurde, hat er doch nichts von seiner schweißtreibenden Dramatik verloren, die ihm seit seiner Fertigstellung im Jahre 1936 nachgesagt wird. Kein Geringerer als König Håkon VII. war es, der nach elfjähriger Bauzeit den Trollstigen feierlich eröffnete. Schon bald nach dem Zweiten Weltkrieg avancierte die Straße zur populärsten Touristenattraktion des Landes, und heute besuchen jährlich über 600 000 Touristen dieses Straßenabenteuer. Entsprechend eng geht es zu, und entsprechend schwer fällt es, von unterwegs die Aussicht in die Tiefe des Isterdal zu genießen, in die sich der 180 m hohe Wasserfall **Stigfoss** ergießt.
Zum Glück aber bieten sich die mit Abstand eindrucksvollsten Motive nicht von unterwegs, sondern vielmehr von der **Aussichtsplattform Trollstigplatået**, die 852 m über der Talsohle gelegen ist. Der Blick von dort aus auf die Bergketten des Trolltindan (1795 m), Bispen (1450 m), Kongen (1614 m) sowie Dronningen (1568 m) ist schlicht berauschend, und nur wer an der Weggeschichte interessiert ist (oder Richtung Geiranger bzw. Ålesund weiterreisen will), wird über diesen höchsten Streckenpunkt hinausfahren, es sei denn, um das **Trollstig-Wegmuseum** zu besuchen, das nach 3 km erreicht ist. 🕒 Ende Juni–Aug tgl. 11–16 Uhr. Eintritt 50 NOK.
Infos gibt es unter 💻 www.trollstigen.net oder im Touristenbüro von Åndalsnes sowie unter 💻 www.nasjonaleturistveger.no.
Transport: Der Trollstigen ist im Winter geschlossen, Öffnung je nach Wetterlage irgendwann im Mai oder Juni. Wer kein eigenes Fahrzeug hat, kann in Åndalsnes Mountainbikes ausleihen oder den Bus von dort Richtung Geiranger nehmen (nur Mitte Juni bis Ende August) und später mit dem von Geiranger kommenden Bus zurückkehren.

Kajak fahren

Heinåli Kajakk, ✆ 71228189, 91851292, 💻 www.heinalikajakk.no. Verleih von Seekajaks mitsamt Ausrüstung (300 NOK pro Tag, 1200 NOK pro Woche). Auch Kurse für Anfänger (1500 NOK) und Fortgeschrittene sowie geführte Touren.

Wandern

In der Touristeninformation ist die Wanderkarte „Romsdalsalpene" (Maßstab: 1:80 000) erhältlich, die rund vier Dutzend markierte Wanderrouten vorstellt. Eine empfehlenswerte Tour über markierte Wege führt auf den 715 m hohen Gipfel des **Nesaksla**, eines markanten Berges oberhalb von Åndalsnes. Die beschilderte Route beginnt vor der Esso-Tankstelle im Stadtzentrum, sie steigt erst mäßig, dann steil an, dafür gibt's ganz oben reichen Panoramalohn.

TOUREN

Rauma Jakt & Fiskesafari, ✆ 71226354, 💻 www.rauma-jakt-fiskesafari.no. Das ganze Jahr über werden bis zu 3x tgl. 3-stündige Angeltouren auf einem traditionellen Fischkutter organisiert.
Norgesguidene, ✆ 92054057, 💻 www.norgesguidene.no. Bergtouren mit Guide sowie professionelle Kletter- und Bergsteigerkurse.
Romsdal Aktiv, ✆ 98493345, 💻 www.romsdalaktiv.com. „Wir hinterlassen keine Spuren in der Natur, aber ihre Faszination wird für immer in uns weiterleben" – so lautet

Entlang dem Atlantik

Åndalsnes ist nicht nur Ausgangspunkt für eine Fahrt durch das Romsdal zur E 6, sondern auch Startpunkt für eine Alternativroute entlang der Atlantikküste Richtung Trondheim (oder Bergen). Auf dem größtenteils der E 39 folgenden Weg Richtung Norden laden mit Ålesund (S. 329), Molde (s. u.) und Kristiansund (S. 352) drei interessante Städte zu einem Besuch ein, und auch an landschaftlichen Attraktionen herrscht kein Mangel.

das Motto dieses auf der Liste von Norks Økoturisme geführten Veranstalters, auf dessen Programm Halb- und Ganztagestouren (600/1000 NOK) entlang der Rauma mit dem Kanu stehen; Erfahrung ist nicht erforderlich. Auch Kajaktouren auf dem Romsdalsfjord, Kanutouren sowie Höhlenwanderungen (400 NOK).

SONSTIGES

Alkohol
Åndalsnes vinmonopol, Strandgate 8, ✆ 04560, ⌚ Mo–Fr 10–17, Sa 10–15 Uhr.

Apotheken
Vitusapotek, Vollan 16, ✆ 71221440, ⌚ Mo–Fr 9–16.30, Sa 9.30–14 Uhr.

Autovermietungen
Avis, Aandalgata 5, ✆ 93212401, 💻 www.avis.no.
Hertz, Romsdalsveien 5, ✆ 71201444, 💻 www.hertz.no.

Fahrradverleih
Åndalsnes Camping & Motell, S. 345.

Geld
Spare Bank 1, Vollan 3, ✆ 07300.

Informationen
Åndalsnes & Romsdal Reiselivslag, im Stadtzentrum beim Bahnhof, ✆ 71221622, 💻 www.visitandalsnes.com, ⌚ Juni–Sep Mo–Fr 9–18, Sa und So 11–16, sonst Mo–Fr 9–15 Uhr.

Medizinische Hilfe
Legevakta, ✆ 71166700.

Polizei
Rauma lensmannskontor, Havnegate 6, ✆ 02800.

Post
Åndalsnes Post i butikk (Coop/Prix-Supermarkt), Kamsvegen 1, ✆ 04004, ⌚ Mo–Fr 7–23, Sa 9–21 Uhr.

Taxis
Åndalsnes Taxi, ✆ 71221555.

TRANSPORT

Selbstfahrer
Der Trollstigen (s. Kasten S. 347) und der Ørneveien (S. 339) sind im Winter (Okt–Mai) gesperrt. Die einzige Straßenverbindung mit GEIRANGER besteht dann via LINGE und HELLESYLT, von wo aus Fähren von/nach Geiranger verkehren (S. 343). Im Sommer kann man auch die Fähre von VALLDAL aus nach Geiranger nehmen (S. 343).

Busse
Es bestehen tgl. 2–4x tgl. Verbindungen mit OSLO, BERGEN, DOMBÅS, MOLDE und ÅLESUND. Mitte Juni–Mitte Aug fährt zudem 1–2x tgl. (morgens und spätnachmittags) ein Bus via TROLLSTIGEN und ØRNEVEIEN nach GEIRANGER (mit Anschluss am kommenden Morgen via LOM und VÅGÅ nach OTTA im Gudbrandsdal). Weitere Infos hierzu unter 💻 www.fjord1.no und über das Touristenbüro.

Eisenbahn
4x tgl. mit der Raumabahn nach DOMBÅS, ab dort Anschluss Richtung OSLO und TRONDHEIM.

Molde

Die Jazzmetropole des Nordens, dank ihres Klimas auch als „Stadt der Rosen" gerühmt, erstreckt sich am Fjordufer vor dem Hintergrund des postkartenreifen Moldepanoramas. Dieser Lage ist Moldes Stellenwert als Touristenattraktion zu verdanken, denn alte Bausubstanz ist hier kaum zu finden, da die Stadt im April 1940 im Verlauf schwerer deutscher Bombardements nahezu vollständig zerstört wurde. Schon im 14. Jh. als Handelsplatz für Holzexporte nach England gegründet, zählt Molde heute rund 20 000 Einwohner und ist Sitz der Provinzverwaltung des Bezirks Møre-Romsdal.

Das Moldepanorama

„Ich kenne kein einziges Alpenland in Norwegen, in der Schweiz oder in den Alpen, das solch eine großartige Schönheit besitzt, wie man sie hier in Sunnmøre findet", sagte einst der britische Bergsteiger W. C. Slingsby und bezog sich damit auf das vom Hausberg **Varden** aus zu genießende Moldepanorama, das mit nicht weniger als 222 Berggipfeln aufwartet, davon 87 mit einer Höhe von über 1000 m. Nur zehn Fahrminuten oder etwa eine Wanderstunde benötigt man, um die mit einem Restaurant gekrönte Höhe auf 407 m zu erreichen (im Ort ausgeschildert).

Zeitzeugen

Dank seiner Stadtgeschichte kann Molde nicht mit alter Bausubstanz aufwarten, und was aus alter Zeit herübergerettet wurde, schmückt heute lediglich noch die zwei Museen des Ortes, von denen das **Romsdalsmuseum** am interessantesten ist. Bereits 1912 gegründet, ist es nicht nur eines der ältesten Volksmuseen des Landes, sondern auch eines der größten, und nicht weniger als rund vier Dutzend Bauwerke aus Stadt und Land des Bezirks Møre-Romsdal sind hier im Original zu besichtigen, darunter auch Rauchlochstuben, Speicherhäuser, Räucherkammern sowie eine Kapelle. Als Highlight gilt die malerische Bygate, die eine Altstadtzeile von Molde vor dem Zweiten Weltkrieg darstellt. Im Hochsommer gibt es zudem Folklore-Veranstaltungen, und während des Molde-Jazzfestivals (s. Kasten oben) ist das Freilichtmuseum Austragungsort für die großen Open-Air-Konzerte. 💻 www.romsdalsmuseet.no, 🕒 Mitte Juni–13. Aug tgl. 11–17 Uhr, der Museumspark ist tgl. 11–22 Uhr geöffnet, Eintritt 100 NOK.

Ein weiteres Refugium aus alter Zeit ist das **Fischereimuseum** (Hjertøya Fiskerimuseet) auf der Insel Hjertøya gleich gegenüber der Stadt. Zu sehen gibt es vor allem Fischerhäuser, Bootsschuppen und Werkstätten nebst einer Tranbrennerei, und da man hier auch Ruderboote ausleihen sowie baden kann, lohnt der Besuch der Insel auch für Museumsmuffel. 💻 www.romsdalsmuseet.no, 🕒 Mitte Juni–Mitte Aug Di–So 12–17 Uhr, Eintritt 100 NOK. Anfahrt mit dem Zubringerboot M/S *Hjertøy*, tgl. um 12, 13, 14, 15 und 16 Uhr, hin und zurück 100 NOK.

Das älteste Jazzspektakel Europas

Jedes Jahr im Juli zieht das 6-tägige **Molde Internasjonale Jazz Festival**, ✆ 71203150, 💻 www.moldejazz.no, bis zu 100 000 Besucher aus aller Welt an. Hier treten hauptsächlich skandinavische Musiker auf, mitunter aber auch international renommierte. Gespielt wird in verschiedenen Lokalen sowie im Freien, und manche Auftritte sind sogar kostenlos.

ÜBERNACHTUNG

Das Touristenbüro vermittelt ganzjährig Privatunterkünfte in Molde und Umgebung. Für ein DZ muss man ab etwa 500 NOK einkalkulieren, doch während des Jazzfestivals, wenn Zimmer knapp werden, ist mit teils gewaltigen Preissteigerungen zu rechnen.

Molde Vandrerhjem, Raumaveien 2–4, ✆ 71259470, 💻 www.hihostels.no. Am westlichen Stadtrand in einer Gartenanlage gelegene Jugendherberge mit schöner Aussicht über den Fjord und auf die Berge. Das Haus ist schon etwas in die Jahre gekommen, doch die Zimmer sind korrekt und nicht überteuert. Gästeküche, Aufenthaltszimmer. Lunchpaket 40 NOK. 🕒 1. Juni– 10. Aug. Bett 340 NOK, DZ ab ❷

Scandic Seilet Hotel, Gideonveien. 2, ✆ 71114000, 💻 www.scandichotels.no. Optisch eines der spektakulärsten Hotels im Fjordland, 2002 eröffnet und von seiner Architektur her einem Segel nachempfunden. Großartige Konstruktion aus Glas und Beton direkt am Fjord (nur 2 km vom Zentrum) mit atemberaubender Aussicht auf die Romsdalsalpen. 169 moderne Komfortzimmer auf 16 Etagen (während der Recherche wurde das Hotel ausgebaut, geplant sind insgesamt 224 Zimmer, eine Badeanlage und Spa). Empfehlenswertes Restaurant, tolle Bar in der 15. Etage, Fitnesscenter und Sauna. ❻, im Sommer jedoch ab ❸

Kviltorp Camping, Fannestrandveien. 140 (3 km östlich vom Zentrum), ✆ 71211742, 💻 www.kviltorpcamping.no. Ansprechender 3-Sterne-Platz am Fjord mit moderner Ausstattung. Die 25 Hütten unterschiedlicher Größe sind komfortabel eingerichtet. Neu und luxuriös sind auch die Sjøhus, die auf Pfählen direkt über dem Fjord stehen. Großer Kiosk, Internet, gute Angel- und Bademöglichkeiten. Stellplatz 190 NOK, Hütten ab ❶, Sjøhus ❻

ESSEN

Milano, Hamnegate 39, ✆ 71219090. Italienisches Restaurant mit guten und preiswerten Pizzen, Burger und Kebabs. Das Lokal selbst ist eher ungemütlich. 🕒 Mo–Sa 14–23, So 14–22 Uhr.

Vertshuset, Storgt. 1–7, ✆ 71203775. Rustikales À-la-carte-Restaurant im Quality Hotel Alexandra mit gemütlicher, maritimer Einrichtung und einer guten Auswahl an norwegischen Gerichten der mittleren Preislage. 🕒 tgl. nachmittags und abends.

Vardestua, Varden, ✆ 90859902. Panoramarestaurant auf dem Gipfel des Varden (407 m) mit der absolut besten Aussicht. Das gemütliche Blockhaus mit Grasdach bietet norwegische Traditionskost mit internationalem

Atemberaubende Atlantikstraße

Wer von Molde aus nordwärts oder von Kristiansund aus südwärts unterwegs ist, kann entweder der schnellen E 39 folgen oder aber dem äußerst empfehlenswerten **Atlanterhavsveien**, der sich weit draußen am offenen Meer entlang über Brücken und Dämme und von Holm zu Holm entlang der mit Untiefen gespickten **Hustadvika** schlängelt. Dieser extrem exponierten Lage ist es auch zu verdanken, dass die nach sechs Jahren Bauzeit im Sommer 1989 dem Verkehr als R 664 übergebene und 2005 als „technische Meisterleistung des Jahrhunderts" preisgekrönte Strecke nun in den Rang einer Nationalen Touristenstraße erhoben wurde. Dementsprechend wurden auch zahlreiche Rast- und Aussichtsplätze sowie Wanderwege und Anglerstege angelegt, und als der schönste und panoramareichste Rastplatz gilt der mit Infostelle, Café und Toiletten ausgestattete **Rastplatz Eldhusøya**, der erst im Sommer 2014 eröffnet wurde.

Highlights im klassischen Sinn gibt es kaum, aber dank der reichen und von zahlreichen Küstenrastplätzen zu genießenden Meer- und Inselblicke kommt dennoch nie Langeweile auf. Als sternchenverdächtige Sehenswürdigkeit kann das **Ergan Kystfort**, 💻 www.romsdalsmuseet.no, gelten, eine deutsche Wehranlage aus dem Zweiten Weltkrieg, in der rund 350 deutsche Soldaten (sowie etwa 150 russische und polnische Kriegsgefangene) stationiert waren. Die Kommandozentrale mit Kanonenstellungen kann besichtigt werden, auch ein kleines Museum ist eingerichtet. 🕒 Mitte Juni–Mitte Aug tgl. 10–17 Uhr, Eintritt 100 NOK.

Sehenswerter als dieses Zeugnis deutscher Großmachtgedanken ist allerdings die aus dem frühen 13. Jh. stammende **Kvernes-Stabkirche**. Sie liegt ganz im Norden der Atlantikstraße auf der Insel Averøya, die seit 2009 durch einen rund 5,7 km langen und bis 250 m tief unter dem Wasser verlaufenden Atlantiktunnel mit Kristiansund verbunden ist. 🕒 20. Juni–17. Aug tgl. 11–17 Uhr, Eintritt 60 NOK.

Infos: Zuständig ist das Touristenbüro von Molde (S. 348), das auch eine auf die Belange von Fahrradfahrern zugeschnittene Atlantikstraße-Broschüre herausgibt, denn zum Radeln ist die überwiegend flache Strecke ideal. Weitere Informationen unter 💻 www.atlanterhavsveien.info sowie (auch auf Deutsch) unter 💻 www.nasjonaleturistveger.no.

Einschlag. Spezialität ist *rømmegrøt*, gekostet schon von prominenten Gästen wie Queen Elisabeth und Jimmy Carter. Unbedingt vorab reservieren. Die Preise sind relativ günstig (ca. 95–250 NOK). ⌚ Mai–Sep/Okt tgl. 11/12–18 Uhr.

AKTIVITÄTEN

Die Umgebung von Molde ist ein Eldorado für **Bergsport** jeder Art (Wandern, Bergsteigen oder Klettern) sowie für **Wassersport** (insbesondere Kajaktouren und Tauchen). Auch organisierte Boots- und Angeltouren stehen auf dem Programm diverser Anbieter; das Touristenbüro informiert. Routenbeschreibungen für **Fahrradtouren** sind dort ebenfalls erhältlich. Eine empfehlenswerte und familientaugliche Tour führt entlang verkehrsarmer Straßen rund um die Insel Sekken, die man per Fähre in 40 Min. von Molde aus bequem erreichen kann.

SONSTIGES

Alkohol
Molde vinmonopol, Birger Hatlebakks veg 1, ✆ 04560, ⌚ Mo–Fr 10–18, Sa 10–15 Uhr.

Apotheken
Apotek 1, Torvgt. 1, ✆ 71206680, ⌚ Mo–Fr 10–20, Sa 10–15 Uhr.

Autovermietungen
Avis, am Flughafen, ✆ 71212919.

Fahrradverleih
Molde turistkontor, s. u.

Geld
Sparebank, Storgate 42, ✆ 07300.

Informationen
Molde turistkontor, Torget 4, ✆ 71201000, 💻 www.visitmolde.com, ⌚ Mitte Juni–Mitte Aug Mo–Fr 9–17, Sa 9–15, So 12–16, sonst Mo–Fr 9–15 Uhr.

Dem Himmel nah

Es gibt nur wenige Orte in Norwegen, wo man von einer Bar aus ein derartig eindrucksvolles Panorama genießen kann wie in der **Himmelsbar** des Scandic Seilet Hotels (S. 349). Man blickt hier aus 60 m Höhe aufs Meer und die umliegenden Berge – atemberaubend! Skybar mit großer Außenterrasse, ⌚ tgl. ab 20 Uhr.

Medizinische Hilfe
Molde legevakt, ✆ 71253333.

Polizei
Molde politistasjon, Strandgate 2, ✆ 02800.

Post
Molde postkontor, Moldegårdsveien. 5, ✆ 04004, ⌚ Mo–Fr 9–18, Sa 10–15 Uhr.

Taxis
✆ 71252811.

TRANSPORT

Selbstfahrer
Der ATLANTERHAVSVEIEN (s. Kasten S. 350) bildet mit Abstand die spannendste Straßenverbindung Richtung Norden nach KRISTIANSUND.

Busse
Es existieren sehr gute Verbindungen nach ÅNDALSNES, ÅLESUND, KRISTIANSUND (E 39) und TRONDHEIM sowie Richtung OSLO und auch BERGEN; der Atlanterhavsveien (s. Kasten S. 350) nach Kristiansund wird nicht von öffentlichen Bussen befahren.

Eisenbahn
Der nächste Bahnhof ist in Åndalsnes (S. 343), schnell per Bus erreichbar, von dort aus 4x tgl. Verbindungen nach DOMBÅS mit Anschluss Richtung OSLO und TRONDHEIM.

Schiffe
Das Schiff der **Hurtigruten** nach Norden Richtung KRISTIANSUND verlässt Molde im

Winter um 18.30 Uhr, im Sommer um 22.15 Uhr, jenes nach Süden/ÅNDALSNES legt ganzjährig um 21.30 Uhr ab.

Flüge

Vom wenige Kilometer außerhalb gelegenen Flughafen aus fliegt SAS mehrmals tgl. nach OSLO, BERGEN und TRONDHEIM; es verkehren Flughafenbusse vom/zum Scandic Seilet Hotel.

WESTNORWEGEN

Kristiansund

Der Hafen der rund 24 000 Einwohner zählenden „Klippfischmetropole" gibt mit seinem bunten Durcheinander ein prachtvolles Bild ab. Er gilt als sicherster Naturhafen des Königreiches und markiert das lebhafte Zentrum der über die drei Inseln Kirkelandet, Innlandet sowie Nordlandet ausgebreiteten Stadt. Der Niederländer Jappe Ippes gründete sie im Jahre 1692 als Handelsplatz für Trockenfisch, der von den Lofoten (S. 467) „importiert" und anschließend vor allem nach Spanien, Italien und Portugal exportiert wurde. Kristiansund erlebte einen regelrechten Boom und wuchs bis 1940 zu einer der schönsten Holzhausstädte des Nordens heran. Doch dann kam der deutsche Bombenhagel, es folgten verheerende Brände, sodass man heute leider nur noch erahnen kann, wie malerisch die vom namengebenden Sund terrassenförmig in die Höhe steigende Stadt früher einmal ausgesehen haben muss. Heute wird sie von modernen Zweckbauten geprägt und lebt vor allem vom Schiffsbau sowie insbesondere auch von der Offshore-Technik, da sie von den reichen Öl- und Gasfunden im norwegischen Nordsee-Sektor profitiert.

Klippfisk-Shopping

Klippfisch, in Mitteleuropa selbst in gut sortierten Feinkostläden kaum zu finden (und wenn, dann nur zu extrem hohen Preisen), ist Hauptbestandteil vieler köstlicher Gerichte. In Kristiansund hingegen ist es kein Problem, im Supermarkt Klippfisch zu kaufen, er ist in der Regel geruchssicher verpackt und mehrere Monate lang haltbar.

Das Nordmøre Museum

Was Sie schon immer über Klippfisk und seine Zubereitung wissen wollten, in Kristiansund erfahren Sie es im zum Nordmøre Museum gehörenden **Norwegischen Klippfischmuseum** (Norsk Klippfiskmuseum) auf der Stadtkerninsel Kirkelandet. Es dokumentiert die Trockenfisch-Geschichte des Ortes und informiert über die Herstellung von und die Unterschiede zwischen Stockfisch und Klippfisch, und auch leckere Rezepte für Bacalao (S. 46) und andere Klippfisch-Spezialitäten gibt es hier. 💻 www.nordmore.museum.no, 🕒 Mitte Juni–Mitte Aug tgl. 12–17 Uhr, Eintritt 70 NOK.

Nicht weniger spannend ist ein Besuch der **Mellemværftet** am Kranaveien, bei der es sich um eine der letzten authentisch eingerichteten und noch in Betrieb befindlichen Werften aus der Zeit der Windjammer in Norwegen handelt. Insbesondere historische Segelschiffe werden hier heutzutage noch restauriert. 💻 www.nordmore.museum.no, 🕒 Mitte Juni–Mitte Aug tgl. 12–17 Uhr, Führung zu jeder vollen Stunde, Eintritt 70 NOK.

Weitere Abteilungen des Nordmøre Museum umfassen u. a. das Klippfischlagerhaus (mit Böttcherei) **Hjelkrembrygga og Woldbrygga**. Doch eindrucksvoller ist ein Besuch des als **Knudtzondalen** bekannten Hauptgebäudes des Nordmøre-Museum an der Storgate 19, das einerseits der Fischerei gewidmet ist, andererseits den traditionellen Handwerksberufen und insbesondere der Stadt- bzw. Insel-Geschichte, die um mehr als 9000 Jahre zurückreicht und mit der Fosna-Kultur (ca. 7000–2500 v. Chr.) ihren Anfang nahm. 💻 www.nordmore.museum.no, 🕒 ganzjährig Mo–Fr 9–14 Uhr, Eintritt 40 NOK.

ÜBERNACHTUNG

Pensionen und Hotels

Gjestehus Kongens Plass, 3. Etage, Kongensplass 4, ✆ 45507704, 💻 www.gjestehusetkp.no. Günstige Pension im Zentrum, von außen etwas schmuddelig, doch der Schein trügt: 8 Zimmer mit Bad/WC, unlängst vollständig renoviert.

Ruhige Lage, wer Hunger bekommt, kann ihn im Erdgeschoss stillen, wo ein Burger King einlädt. ❷

Hotell Kristiansund, Storgate 17, ✆ 71570300, 💻 www.hotell-kristiansund.no. Zentrales Mittelklassehotel mit 49 Zimmern in gutem Standard (Minibar, Teléfon, Kabel-TV), manche mit schöner Aussicht. Guter Service und freundliches Personal. Restaurant mit sehr günstigem Abendbuffet, die angeschlossene Bar ist ein beliebter Treffpunkt. ❹

Thon Hotel Kristiansund, Fiskergate 12, ✆ 71573000, 💻 www.thonhotels.no. Schön in der Altstadt gelegen, außen und innen sehr ansprechend, geschmackvolles und modernes Interieur. Empfehlenswert sind die Zimmer im alten Teil des Hotels (ein ehemaliger Speicher): rustikaler Stil mit originalen Deckenbalken und gemütlicher, komfortabler Einrichtung. Das Restaurant bietet gutes Essen und eine feine Aussicht auf den Hafen. ❻

Camping und Hütten

Atlanten Motell og Camping, Dalaveien 22, ✆ 71671104, 💻 www.atlanten.no. Große Ferienanlage, etwa 1,5 km vom Stadtzentrum neben einem kleinen Wäldchen gelegen. Zeltwiesen, 40 einfache Motelzimmer mit Bad/WC, Wohnungen (2–3 Schlafzimmer, Miniküche, Bad/WC), 10 Hütten verschiedener Kategorien, im Sommer auch schlichte Budgetzimmer. Gästeküche, Cafeteria, 300 m zu Sportplätzen und Schwimmhalle. Stellplatz ab 140 NOK, Hütte ab ❶, Motelzimmer ❷, Apartment ❸

ESSEN

Barcarole Tapasrestaurant, Fiskergate 6, ✆ 99512555, 💻 www.barcarole.no. Restauriertes Lokal aus dem 18. Jh. mit eigenem Weinkeller, gemütlicher und intimer Atmosphäre und äußerst leckerer spanischer Küche (auch: Paella, 295 NOK). Wer etwas von allem probieren möchte, bestelle die große Tapas-Platte. ⏲ Mi–Sa 16–22 Uhr.

Dødeladen Cafè, Skippergate 1 A, ✆ 71675030, 💻 www.dodeladen.no. Das restaurierte Altstadthaus aus dem 17. Jh. ist der angesagte Kulturtreff in Kristiansund mit häufigen Kultur- und Musikevents. Das À-la-carte-Menü bietet leckere norwegische Gerichte der preislichen Mittelklasse. ⏲ Di–Fr ab 16, Sa ab 14 Uhr.

Sjøstjerna Fiskerestaurant, Skolegate 8 (in der Fußgängerzone), ✆ 71678778, 💻 www.sjostjerna.no. Das gemütliche Lokal mit maritimer Einrichtung hat sich auf Klippfisch spezialisiert, wofür die Küche schon mehrmals ausgezeichnet wurde. Empfehlenswert sind *Husets Bacalao* (250 NOK) und die Fischsuppe (105 NOK). Mittlere Preisklasse. ⏲ Mo–Sa 17–24 Uhr.

UNTERHALTUNG UND KULTUR

Christian's Bar, Hotell Kristiansund (S. 353). In diesem attraktiven Pub ist allabendlich recht viel los, insbesondere an den Wochenenden, wenn Livemusik gespielt wird. ⏲ tgl. ab 17 Uhr.

Cafe Onkel & Vennene hans, Kaibakken 1, 💻 www.onkel.no. Schönes Café mit entspannter Atmosphäre. Großes Kaffeeangebot sowie eine reichhaltige Auswahl an Bieren und Spirituosen. Auch Snacks und einfache Gerichte werden angeboten. An Sonnentagen sitzt man schön auf der Terrasse. Auch Internetzugang. ⏲ Mo–Sa ab 10, So ab 12 Uhr.

AKTIVITÄTEN

Stadtwanderung

In der Touristeninformation erhält man einen Stadtplan, in dem eine 3 km lange Route eingezeichnet ist, die zu den Sehenswürdigkeiten der Stadt führt. Sie endet in der Altstadt, von wo man mit dem *sundbåt* wieder zum Zentrum gelangt.

Archipel von Grip

Ein empfehlenswerter Ausflug führt von Kristiansund zum Archipel von Grip, einer etwa 14 km vom Festland entfernten und aus rund 80 Inseln und Schären bestehenden Inselgruppe. Die Hauptinsel war früher sogar bewohnt, wurde aber 1974 wegen ständiger Überflutungen verlassen. Heute erfreut sich Grip großer Beliebtheit als Wochenend- und Ferieninsel. Vom 15. Mai bis 25. Aug verkehrt ab dem Sundbotkai mindestens 1x tgl. ein Bootszubringer (hin/zurück 350 NOK). Mehr Infos über das Touristenbüro oder 💻 www.visitgrip.no.

SONSTIGES

Alkohol

Kristiansund vinmonopol, Arnulf Øverlands gate 2, ✆ 04560, ⏲ Mo–Mi 10–17, Do und Fr 10–18, Sa 10–15 Uhr.

Apotheken

Apotek 1, Nedre Enggate 6 A, ✆ 71570840, ⏲ Mo–Fr 9–16.30, Sa 9–14 Uhr.

Autovermietungen

Avis, am Flughafen, ✆ 71583815, 💻 www.avis.no.

Feste

Klippfiskfestivalen, Anfang/Mitte Juni. Beim Klippfischfestival dreht sich 4 Tage lang alles um Klippfisch sowie Bacalao. Eine kulinarische Festlichkeit.

Geld

Nordea Bank, Storgate 3, ✆ 06001.

Informationen

Kristiansund turistkontor, Kongens plass 1 (am Fähranleger), ✆ 70238800, 💻 www.visit kristiansund.com, ⏲ Mitte Juni–Mitte Aug

Mo–Fr 9–18, Sa 10–15, So 11–16, sonst Mo–Fr 9–15.30 Uhr.

Medizinische Hilfe

Kristiansund legevakt, Langveien 19, ✆ 71574000.

Polizei

Kristiansund politikontor, Storgate 43, ✆ 02800.

Post

Kristiansund postkontor, Kongens plass 5, ✆ 81000710, ⌚ Mo–Fr 9–17, Sa 9–14 Uhr.

Taxis

✆ 71672222.

TRANSPORT

Selbstfahrer

Der Atlanterhavstunnel, der Kristiansund mit dem Atlanterhavsveien verbindet, kostet 98 NOK/PKW, 40 NOK/Pers.

Busse

Es bestehen sehr gute Verbindungen nach MOLDE (via E 39), ÅNDALSNES, ÅLESUND und TRONDHEIM sowie Richtung OSLO und BERGEN; der Atlanterhavsveien (s. Kasten S. 350) nach Molde wird nicht von öffentlichen Bussen befahren.

Schiffe

Schnellboote

Tgl. bis zu 3 Verbindungen nach TRONDHEIM in 3 1/2 Std. für 606 NOK, weitere Infos über ✆ 73890700, 💻 www.fosennamsos.no.

Hurtigruten

Das nach Norden/TRONDHEIM fahrende Schiff verlässt Kristiansund im Winter um 23 Uhr, im Sommer um 1.45 Uhr, in Richtung Süden/MOLDE geht es ganzjährig um 17 Uhr.

Flüge

Der Flughafen liegt 7 km außerhalb (Taxi ca. 180 NOK) und bietet mehrmals tgl. Flüge u. a. nach OSLO, BERGEN und TRONDHEIM.

JOTUNHEIMEN; © ISTOCK / PHILARTPHACE

Ost- und Mittelnorwegen

Ostnorwegen (Østland) reicht von der Mittelgebirgslandschaft des Südens bis hinauf nach Mittelnorwegen (Trøndelag) sowie von der schwedischen Grenze bis zu den Fjorden des Westens und präsentiert sich dabei als ein faszinierendes Miteinander von hohen Bergen und traditionsreichen Tälern, tiefen Wäldern und schönen Seen.

Stefan Loose Traveltipps

Lillehammer Die kulturellen Attraktionen der Olympiastadt stehen ihrem Aktivangebot in nichts nach. S. 365

Otta Üppige Sport- und Erlebnisangebote am Fuße des Rondane-Bergmassivs. S. 375

Moschusochsen-Safaris sind die „Renner" auf dem Dovrefjell. S. 381 und S. 382

11 **Jotunheimen** Die „Heimat der Riesen" ist die größte und höchste Gebirgsregion Nordeuropas. S. 387

Finnskogen Das große Waldgebiet wird vom 240 km langen Finnskogleden erschlossen, einem Wander- und Mountainbikeweg. S. 409

Femund-See Die erste Adresse im Land für Freunde des Kanusports. S. 415

12 **Røros** Die alte Erzstadt steht als einzige Stadt Skandinaviens geschlossen auf der Liste des Unesco-Welterbes. S. 420

13 **Trondheim** Norwegens historische Hauptstadt glänzt mit ihrer malerischen Bausubstanz sowie dem Dom. S. 425

NIDAROS-DOM, TRONDHEIM: © FOTOLIA / SLUNICKO1977

ELCH: © FOTOLIA / SIEGMAR

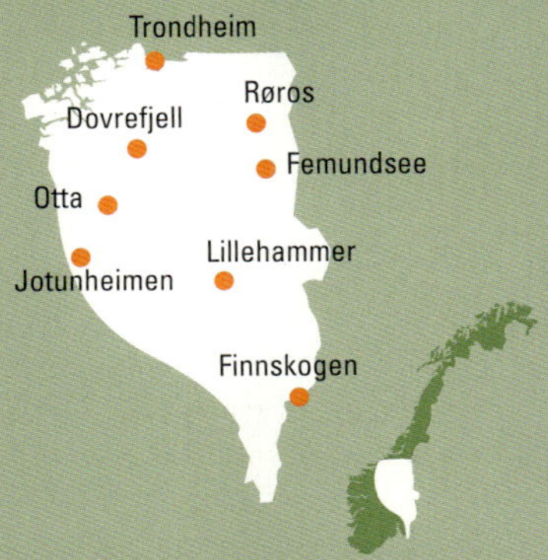

Wann fahren? Juni–Sep, Hochsaison Mitte Juni–Anfang Aug, Wandersaison Juli–Ende Sep

Wie lange? Mindestens 2–3 Wochen

Bekannt für die höchsten Berge, schönsten Seen, größten Wälder des Landes, Moschusochsen-Safaris und die Sognefjellhochstraße

Outdoor-Tipp Besteigung des Galdhøpiggen, Wandern über den Besseggengrat, Kanufahrten auf dem Femundsee, Rafting in Otta

Unbedingt ausprobieren Gourmetmenüs im Fossheim Turisthotell, Wildgerichte im Finnskogen Turist & Villmarksenter, Seafood in der Ravnkloa Fiskhall (Trondheim)

Ost- und Mittelnorwegen

N 0 50 km

In Ostnorwegen erheben sich mit **Jotunheimen, Dovrefjell** und **Rondane** die wildesten und höchsten Gebirgszüge ganz Skandinaviens. Doch auch die kulturgeschichtlich interessantesten Täler des Landes – allen voran das **Gudbrandsdal** – finden sich in dieser Region, die mit Ausnahme der Fjorde alle Landschaftsformen umfasst, die für Norwegen charakteristisch sind.

Auch **Mittelnorwegen**, das rund 41 000 km² große geografische Herz des Landes, kann sich rühmen, innerhalb seiner Grenzen nahezu alle Vorzüge der norwegischen Naturlandschaft zu vereinen. Es erstreckt sich von den seenreichen Wald- und Hochfjellflächen an der Grenze zu Schweden über weite Taleinschnitte bis hin zur wild zerklüfteten Fjordküste vor dem Schärenhof im Westen, von den alpinen Tundraweiten des Dovre-Gebirges im Süden bis hin zum *Limes norrlandicus* an der Taiga-Grenze. Trotz der hohen nördlichen Breite, die derjenigen von Island und Südgrönland entspricht, sind die Böden dank klimatisch günstiger Bedingungen überaus ertragreich, und während im Landesdurchschnitt weniger als 2 % der erwerbstätigen Norweger in der Land- und Forstwirtschaft beschäftigt sind, sind es hier etwa 20 %. Dank dieser naturräumlichen Vorzüge konnte hier mit **Trondheim** auch das erste Machtzentrum des norwegischen Königreiches entstehen, und mit ihrer malerischen Altstadt mitsamt hölzernen Packhäusern sowie dem größten Sakralbau Skandinaviens vermag sich die Stadt auch heute noch gegenüber Bergen und Oslo touristisch zu behaupten.

Infos zum Gudbrandsdal

- **Gudbrandsdalen Reiseliv**: c/o Lillehammer Turist, Postboks 44, 2601 Lillehammer, ✆ 61289800, 🖳 www.lillehammer.com. Ist für das gesamte Gudbrandsdalen zuständig.
- 🖳 **www.fjellnorway.com**: Webseite zur gesamten hier vorgestellten Region (sowie Jotunheimen und Valdres).
- **Trøndelag Reiseliv AS**: Postboks 65, 7004 Trondheim, ✆ 73842440, 🖳 www.trondelag.com. Für die gesamte Region Trøndelag (Mittelnorwegen) zuständig; die Grenze zwischen dem Gudbrandsdal und dem Trøndelag verläuft durchs Dovrefjell.
- **Öffentliche Verkehrsmittel**: Die gesamte Region lässt sich problemlos per Bus und Bahn erkunden. Informationen unter ✆ 177, im Internet hilft 🖳 www.rutebok.no.

Das Gudbrandsdal

Mit rund 200 km Länge gehört das Gudbrandsdal, das sich nördlich der Mjøsa, Norwegens größtem Binnensee, bis zum rund 500 m höher gelegenen Dombås am Fuße des Dovrefjells erstreckt, zu denjenigen Tälern Norwegens, die schon seit uralter Zeit die Siedlungs- und Kulturinseln zwischen den nahezu menschenleeren Gebirgs- und Waldregionen des Landesinneren darstellen. Auch der historische „Königsweg nach Trondheim" führte durch diesen Talzug, der obendrein den ältesten Binnenhandels- und Verkehrsweg nach Norden markiert und daher im Bewusstsein der Norweger als „Tal der Täler" gilt.

Heute wird die Bauerntalung in ihrer gesamten Länge von der E 6 erschlossen, die als Standardroute des Tourismus in der Regel von all denen bevorzugt wird, die es vorwiegend in den Norden zieht. Dass die Europastraße während der Sommersaison stark, teils auch außerordentlich stark frequentiert ist, versteht sich daher von selbst. Doch immer wieder bieten sich auch herrliche Alternativstrecken an, und trotz allen Verkehrs zählt das Gudbrandsdal zu den landschaftlich wie auch kulturhistorisch beeindruckendsten Regionen des Königreiches, denn hier finden sich lebendige Traditionen, zahlreiche Zeugnisse einer alten Bauernkultur sowie echten Naturschönheiten, insbesondere in den angrenzenden Nationalparks.

Mit seinem mal breit und träge dahinfließenden, mal seeartig verbreiterten, mal auch wild aufschäumenden Fluss Lågen, den bewaldeten, von Wiesen, Feldern sowie uralten Gehöften überzogenen Höhen und den stillen Seiten-

Gudbrandsdal

tälern präsentiert sich der Talzug auch heute noch größtenteils wie aus dem Bilderbuch. In der norwegischen Literatur spielt es ohnehin eine große Rolle, so z. B. in der Romantrilogie *Kristin Lavranstochter* der Nobelpreisträgerin Sigrid Undset, deren Leben und Werk eng mit dem Gudbrandsdal verbunden ist. Im Ausland wurde es vor allem durch Henrik Ibsens *Peer Gynt* und Edvard Griegs *Peer Gynt Suite* bekannt und verlieh auch den Werken der Nobelpreisträger Bjørnstjerne Bjørnson sowie Knut Hamsun viele Sujets.

Hamar

Haupt-Touristenmagnet zwischen Eidsvoll im Süden und Lillehammer im Norden ist der rund 100 km lange und durchschnittlich 15 km breite **Mjøsa-See**, an dessen Ostufer auch Hamar gelegen ist. Er umfasst eine Fläche von gut 362 km² und ist damit der mit Abstand größte Binnensee des Landes, obendrein ein Familien-Urlaubsparadies par excellence. Unzählige Bade- und Campingplätze, Ferienanlagen und Hotels liegen an seinen von Wiesen, Feldern und Wäldern gesäumten Ufern, und auf einer **Seerundfahrt** mit dem historischen Raddampfer Skibladner (S. 364) lässt sich die Landschaft wunderbar genießen. Hamar selbst, mit rund 32 000 Einwohnern die größte Stadt Norwegens, die nicht am Meer liegt, ist nicht nur Seemetropole, sondern auch Hauptstadt der Hedmark und das größte Handels- und Dienstleistungszentrum der Region.

Sehenswertes

Das Stadtbild von Hamar wird von Allerweltsbauten geprägt, und lediglich die **Ruinen** der alten Domkirche sowie der Bischofsburg zeugen davon, dass der Ort nicht erst im 20 Jh. gegründet wurde, sondern bereits im Jahr 1152 als Bischofssitz. Zu finden sind diese Überreste aus alter Zeit unter der monumentalen Glaskuppel, die im Zentrum des **Hedmark-Freilichtmuseums** (Hedmarksmuseet) aufragate Mit rund 70 historischen Gebäuden aus Stadt und Land ist es eines der größten seiner Art in Norwegen und erfreut sich mit einem angeschlossenen Freizeitgebiet mit Picknickplätzen und guten Bademöglichkeiten im See insbesondere bei norwegischen Familien großer Beliebtheit. 💻 www.hedmarksmuseet.no, 🕒 18. Juni–11. Aug tgl. 10–17, 9. Mai–17. Juni und 12. Aug–15. Sep Di–So 10–16 Uhr, Eintritt 110 NOK.

Das unweit gelegene **Norwegische Eisenbahnmuseum** (Norsk Jernbanemuseum) ist das größte von Skandinavien und besitzt u. a. ein rundes Dutzend Dampflokraritäten, deren älteste, von Robert Stephenson erbaut, auf das Jahr 1861 zurückgeht. Auch die 1,5 km lange Schmalspurbahn (750 mm) kann Eisenbahnfans begeistern. An manchen Tagen im Sommer verkehrt sie zwischen dem Museum und dem Bahnhof Killingmo. 💻 www.norsk-jernbanemuseum.no, 🕒 Juli tgl. 10–17, sonst 11–15 Uhr, Eintritt 90 NOK.

ÜBERNACHTUNG

Pensionen und Hotels

Seiersted Pensjonat, Holsetgate 64, ☏ 99717066, 💻 www.seiersted.no. Gemütliche Pension in einem über 100 Jahre alten Holzhaus, zentrumsnah, aber ruhig in einem Garten gelegen. 18 schmucke und komfortable Zimmer mit oder ohne Bad/WC, die ihr Geld wert sind, zumal das große Frühstücksbuffet im Preis enthalten ist. ❸

Hamar Vandrerhjem, Åkersvikaveien 24, ☏ 62526060, 💻 www.vikingskipet.no. Moderne Jugendherberge, nur etwa 100 m von der Olympiahalle und 2 km vom Stadtzentrum entfernt. 48 helle Zimmer für bis zu 6 Pers., alle mit eigenem Bad/WC, Frühstück inkl. Gästeküche, Aufenthaltszimmer mit TV, Lunch und Mittagessen gibt es zu kaufen. ❷

Bellevue Bed & Breakfast, Aluvegen 65, ☏ 62521244, 💻 www.bellevue.hamar.no. Am nördlichem Stadtrand in ruhiger Umgebung gelegene Pension. Das Innere ist prunkvoll mit schweren Möbeln bestückt, der traditionell eingerichtete Speisesaal behaglich, die Zimmer haben Hotelstandard (alle mit Bad/WC und TV). ❸

Fokhol Gård, Stange, ☏ 62571979, 💻 www.fokhol.no. 11 km südlich von Hamar, vor Stange von der R 222 auf die Straße „Fokholgutua" abbiegen. Fokhol Gård ist der größte ökologisch betriebener Hof in ganz Norwegen und liegt wunderschön in ländlicher Umgebung mit Ausblick auf die Mjøsa. Hier wird das meiste selbst produziert, von Milch über Korn und Fleisch bis hin zu Brot, Gemüse, Marmeladen und Säften. Die Zimmer sind hell und freundlich eingerichtet, im Restaurant bekommt man Hausmannskost aus eigenen Rohwaren. VP 1045 NOK p. P. ❷

Scandic Hotel Hamar, Kårtorpvegen 1 (etwa 4 km nördlich vom Zentrum), ☏ 62350100, 💻 www.scandichotels.no. Das mit Abstand

Hamar
ÜBERNACHTUNG
1 Scandic Hotel Hamar
2 Bellevue Bed & Breakfast
3 Hedmarktoppen Camping
4 Seiersted Pensjonat
5 Hamar Vandrerhjem
6 Fokhol Gård
ESSEN
1 Basarene
2 Pasta & Pizzanini
3 Hamarstua Spiseri
SONSTIGES
1 Hamar vinmonopol
2 Apotek 1
3 Bootsanleger Skibladner
4 Hamar politihus
TRANSPORT
1 Sykkel & Fritid
2 Taxi
3 Hamar bilutleie
0
500 m
N
Oslo
6, Stange, Oslo
Mjøsa
Olympiahalle
Vikingskipet
Hamarhallen
Hamar Stadion
Utstillings-plassen
Hamar park
Briskeby gressbane
Bahnhof
Skibladner-brygga
TJYVHOLMEN
Hamar Legevakt
Hedmarksmuseet / Norsk Jernbanemuseum
Prestrud
Jønsrud-løkka
Dalsløkka
Ajer
Bondesvea
Stormyra
Storhamar
Vestbyen
Koigen
Sagatun
Mæhlums-løkka
Ankerløkka
Holset
Børstad
Rollsløkka
Disen
Briskebyen
Østbyen

Die größte Sporthalle der Welt

© DUMONT BILDARCHIV / DR. CHRISTIAN NOWAK

Die meistfotografierte Attraktion der Stadt ist die einem Wikingerschiff nachempfundene **Olympiahalle**, die aus Anlass der Olympischen Winterspiele 1994 errichtet wurde (Austragungsorte waren neben Lillehammer auch Hamar und Gjøvik) und als größte Sporthalle der Welt gilt. Heute dient sie vor allem als Eissportarena und gibt vor dem Hintergrund der gegenüberliegenden Akersvika ein prachtvolles Motiv ab. 💻 www.vikingskipet.com, 🕒 Mitte Juni–Mitte Aug Mo–Fr 9–20 Uhr.

größte Hotel der Stadt gilt als auch ihr bestes. 176 Komfortzimmer mit allem Schnickschnack, hervorragender Service, stilvolles Restaurant mit gutem internationalem Standard. Sauna, Hallenbad, Bar und Disco. ❻

Camping

€ **Hedmarktoppen Camping**, Limhusveien 15 (3 km nördlich vom Zentrum), ✆ 62519370, 💻 www.hamar-hytteutleie.no. Großer Wiesenplatz in ländlicher Umgebung mit schöner Aussicht auf die Stadt und auf die Mjøsa. Übernachtungsmöglichkeit auch in Komforthütten und DZ. Kiosk, nahe gelegenes Restaurant, gute Wandermöglichkeiten. 🕒 Anfang Juni–Ende Aug. Stellplatz ab 180 NOK, Hütten ❹, DZ ❸

ESSEN

€ **Pasta & Pizzanini**, Vangsveien 23, 💻 www.pizzanini.com. Italienisches Restaurant im Zentrum am Ende der Fußgängerzone. Pizza und Pasta, dazu Salate, Hamburger und einfache Fleischgerichte. Günstig. 🕒 Mo–Fr ab 11, Sa und So ab 14 Uhr, im Sommer tgl. ab 14 Uhr.

Hamarstua Spiseri, Strandvegen 100, 💻 www.hamarstua.no. Wer Fisch und Meeresfrüchte bevorzugt, ist hier richtig. Direkt am See gelegen mit schöner Aussicht, im Sommer lockt die Außenterrasse. Etwas überdurchschnittliche, aber korrekte Preise. 🕒 Di–Sa ab 16, So ab 12 Uhr.

Basarene, Storhamargata 2, ✆ 91900090, 💻 www.basarene.no. Feinschmeckerrestaurant in einem historischen Gebäude aus dem 19. Jh., sehr schön auch zum draußen Sitzen. Die Speisekarte listet lediglich 4 Vorspeisen (128–155 NOK) sowie Hauptgerichte (275–335 NOK) auf, aber die Qualität ist hoch. Alle verwendeten Zutaten kommen, wenn möglich, aus ökologischem Anbau, auch die Zutaten fürs Ökobier, das hier im Haus gebraut wird. 🕒 Mo–Fr ab 16, Sa ab 12 Uhr.

FESTE

Hamar Music Festival, Ende Juni, 💻 www.musicfest.no. Großes 4-tägiges Musikfestival, auch international bekannt.

Middelalderfestivalen, Mitte Juli, 💻 www.middelalderfestival.no. Hier dreht sich alles ums Mittelalter, von der Musik (u. a. gregorianische Gesänge) über das Essen bis zur Kleidung.

AKTIVITÄTEN

Wandern

Etwas südlich von Hamar, in Vallset (E 6 folgen, nach etwa 6 km auf die R 24 abbiegen), laden rund 45 km an markierten **Kulturwanderwegen** ein. Die meisten führen durch leichtes Waldterrain, unterwegs passiert man zahlreiche Kulturdenkmäler mit Infotafeln. Näheres im Touristenbüro.

SONSTIGES

Alkohol

Hamar Vinmonopol, Ringgate 53, ✆ 04560, 🕒 Mo–Fr 10–18, Sa 9–15 Uhr.

Apotheken

Apotek 1, Strandgate 43, ✆ 62541100, 🕒 Mo–Fr 9–17, Sa 9–15 Uhr.

Autovermietungen

Hamar bilutleie, Stangevegen 72, ✆ 62518700.

Geld

Handelsbanken, Seminargate 1, ✆ 62520770.

Informationen

Hamar turistkontor, Grønnegt. 52, ✆ 40036036, 💻 www.visit-hedmark.no, 🕒 22. Juni–31. Juli Mo–Fr 9–17, Sa 10–16, sonst Mo–Fr 9–15 Uhr. Auch Fahrradverleih.

Medizinische Hilfe

Hamar legevakt, Skolegate 32, ✆ 62531900.

Polizei

Hamar politihus, Vangsvegen 155, ✆ 02800.

Post

Hamar postkontor, Grønnegate 52, ✆ 04004, 🕒 Mo–Fr 9–17, Sa 10–15 Uhr.

Taxis

✆ 62555000.

TRANSPORT

Busse

Verbindungen bestehen mehrmals tgl. mit OSLO und LILLEHAMMER sowie Richtung

Der weiße Schwan der Mjøsa

„Der weiße Schwan der Mjøsa", wie der **Raddampfer Skibladner** in Norwegen liebevoll genannt wird, unternahm am 2. August 1856 seine Jungfernfahrt auf der Mjøsa und gilt damit als die älteste noch in Betrieb befindliche Binnenseefähre der Welt. Früher wie heute verkehrt das lang gestreckte weiße Schiff, dessen Name der altnordischen Mythologie entnommen wurde, auf der Route zwischen Eidsvoll am Südzipfel der Mjøsa und Lillehammer im Norden, und für das entspannte Genießen von See und Landschaft gibt es kein geeigneteres Verkehrsmittel als dieses charmante alte Dampfschiff, auf dem man sich dank dreier komfortabler Salons sowie eines Restaurants auch bei Regenwetter wohlfühlen kann.

Die Skibladner verkehrt vom 27. Juni bis 20. August jeden Mi, Fr und So auf der Strecke Gjøvik (9.30 Uhr)–Hamar (11.15 Uhr)–Eidsvoll (14.20 Uhr) und zurück (an Hamar 17.15 Uhr, an Gjøvik 18.45 Uhr) sowie an jedem Di, Do und Sa auf der Strecke Gjøvik (9.30 Uhr)–Hamar (11.15 Uhr)–Gjøvik (12.40 Uhr)–Lillehammer (15 Uhr)–Gjøvik (17.30 Uhr)–Hamar (18.45 Uhr)–Gjøvik (20 Uhr).

Für die Strecken Gjøvik–Hamar sowie Gjøvik–Lillehammer werden 210 NOK p. P. fällig, Gjøvik–Eidsvoll und Hamar–Lillehammer kosten 250 NOK p. P. Wer ein Retourticket kauft, erhält gut 30 % Rabatt. Fahrkarten gibt es an Bord, aber auch telefonisch ✆ 61144080 sowie unter 💻 www.skibladner.no.

TRONDHEIM via OTTA, DOMBÅS, DOVREFJELL und OPPDAL. Außerdem fahren Busse mehrmals tgl. bis stdl. nach ELVERUM, KONGSVINGER und TRYSIL.

Eisenbahn

4x tgl. Verbindungen nach TRONDHEIM via LILLEHAMMER, OTTA, DOMBÅS, DOVREFJELL und OPPDAL, 2x tgl. geht es via Østerdal nach RØRØS. Weitere Verbindungen gibt es bis zu 5x tgl. nach ELVERUM und via KONGSVINGER Richtung STOCKHOLM. Richtung OSLO (via GARDERMOEN-Flughafen, ca. 1 1/2 Std.) verkehren außerdem mehrere Nahverkehrszüge. Der Bahnhof liegt im Zentrum.

Schiffe

Auf der Strecke nach EIDSVOLL, GJØVIK sowie LILLEHAMMER kann man auch den Raddampfer *Skibladner* nehmen (s. Kasten S. 364).

Lillehammer

Die Olympischen Winterspiele 1994 in Lillehammer sind schon lange vorbei, doch geblieben sind die Erinnerungen an tief verschneite Winterlandschaften unter blauem Himmel, an herrliche Pisten und Loipen ganz ohne jeden Rummel, nicht zuletzt auch an ein charmantes Städtchen, dessen kulturhistorische Attraktionen seinen landschaftlichen Reizen in nichts nachstehen. Das norwegische Wintermärchen, von Millionen Menschen auf dem Bildschirm verfolgt, hat einen ganzen Kontinent verzaubert und den Namen Lillehammer in die Welt des internationalen Tourismus hinausgetragen.

Das am Nordende der Mjøsa gelegene „Tor zum Gudbrandsdal" wurde als „Klein Hamar" *(Litli Hamar)* gegründet und erfreute sich aufgrund seiner reizvollen Tallage sowie der berg- und waldreichen Umgebung schon seit Ende des 19. Jhs. großer Beliebtheit bei norwegischen Besuchern. Auch zahlreiche norwegische Maler und Dichter holten sich hier ihre Inspiration, und in den letzten Jahrzehnten avancierte der mittlerweile rund 30 000 Einwohner zählende Ort zum populärsten Touristenzentrum von ganz Ostnorwegen. Und dies nicht nur im Winter, denn Lillehammer, das einen Skifahrer im Stadtwappen trägt, ist dank seiner zahlreichen Attraktionen und eines umfassenden Aktivitätenangebots zu allen Jahreszeiten einen Aufenthalt wert.

Maihaugen

Den Anspruch, auch eine Kulturarena des Landes zu sein, unterstreicht Lillehammer vor allem mit dem Maihaugen-Freilichtmuseum, das nicht nur eines der schönsten des Nordens ist, sondern mit einer Fläche von 40 ha und sage und schreibe 185 historischen Gebäuden aus dem gesamten Gudbrandsdal auch eines der größten Europas. Mehr als 40 000 Exponate werden in dieser einzigartigen kulturhistorischen Ausstellung präsentiert, und neben der Freilichtabteilung, die als eine Miniaturausgabe des Gudbrandsdals daherkommt, laden im Haupthaus zahlreiche Spezialsammlungen ein, sodass sich hier mühelos ein ausgefüllter Tag verbringen lässt.

Der Umstand, dass der Maihaugen heute als Sinnbild lebendiger Traditionen gilt, ist dem Zahnarzt Anders Sandvig (1862–1950) zu verdanken. Sein Distrikt umfasste seinerzeit das gesamte Gudbrandsdal, und da die Wegwerfgesellschaft nicht erst eine Erfindung unserer Tage ist, brachte er von seinen Arztbesuchen so manchen „alten Plunder" mit. Seit 1894 baute der manische Sammler gar ganze Häuser ab, die von ihren Einwohnern verlassen waren, und als sein Garten zu klein wurde, stellte die Stadt die „Maihöhe" zur Verfügung, wo die einzigartige Ausstellung bis in unsere Tage hinein vervollständigt wurde. 💻 www.maihaugen.no, 🕒 Juni–Aug tgl. 10–17, Sep tgl. 11–16, Okt–Mai Di–So 11–16 Uhr, Eintritt 170 NOK im Sommer, 130 NOK in der Nebensaison.

Das Norwegische Fahrzeugmuseum

Dass die Entwicklung vom Schlitten über Kutschen bis hin zum Automobil äußerst spannend sein kann, zeigt das Norwegische Fahrzeugmuseum, das in seiner Art einzigartig ist im Lande und auch einige äußerst ungewöhnliche Raritäten vorweisen kann – so etwa ein Fahrzeug, in dem zwei Personen hintereinander Platz fanden und dessen Vorderräder im Winter durch Skier ersetzt werden konnten. Da die Ausstellung

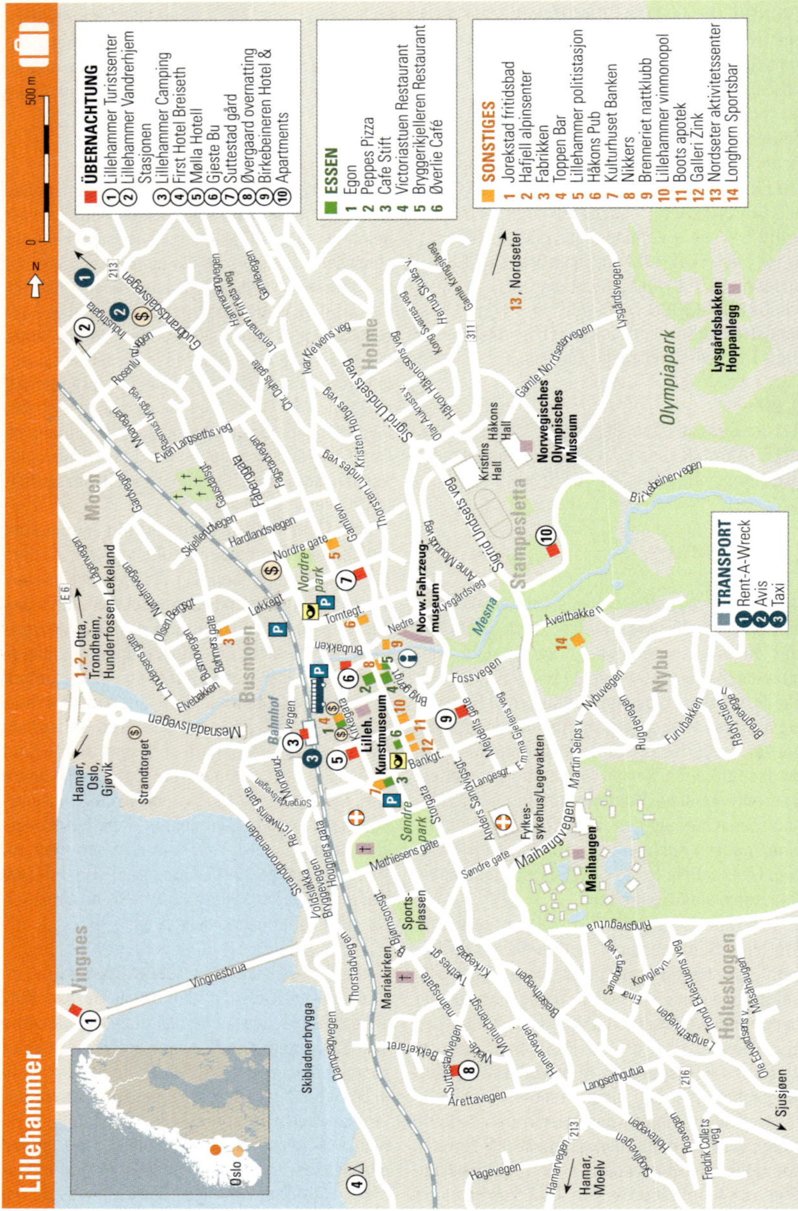
Lillehammer
500 m
ÜBERNACHTUNG
1 Lillehammer Turistsenter
2 Lillehammer Vandrerhjem Stasjonen
3 Lillehammer Camping
4 First Hotel Breiseth
5 Mølla Hotell
6 Gjeste Bu
7 Suttestad gård
8 Øvergaard overnatting
9 Birkebeineren Hotel & Apartments
10 Øverlie Café
ESSEN
1 Egon
2 Peppes Pizza
3 Cafe Stift
4 Victoriastuen Restaurant
5 Bryggerikjelleren Restaurant
6 Øverlie Café
SONSTIGES
1 Jorekstad fritidsbad
2 Hafjell alpinsenter
3 Fabrikken
4 Toppen Bar
5 Lillehammer politistasjon
6 Håkons Pub
7 Kulturhuset Banken
8 Nikkers
9 Brenneriet nattklubb
10 Lillehammer vinmonopol
11 Boots apotek
12 Galleri Zink
13 Nordseter aktivitetssenter
14 Longhorn Sportsbar
TRANSPORT
1 Rent-A-Wreck
2 Avis
3 Taxi
Hamar, Oslo, Gjøvik
1, 2, Otta, Trondheim, Hunderfossen Lekeland
13, Nordseter
Hamar, Moelv
Sjusjøen
Vingnes
Vingnesbrua
Skibladnerbrygga
Moen
Busmoen
Bahnhof
Holme
Stampesletta
Nybu
Holteskogen
Olympiapark
Lysgårdsbakken Hoppanlegg
Norwegisches Olympisches Museum
Kristins Hall
Håkons Hall
Norw. Fahrzeug-museum
Lilleh. Kunstmuseum
Maihaugen
Mariakirken
Sportsplassen
Søndre park
Nordre park
Fylkes-sykehus/Legevakten
Mesna
Strandtorget
Oslo

am Maihaugvegen gelegen ist, wo nicht nur Maihaugen, sondern auch der Olympiapark einladen, wird sie von den meisten Besuchern auf dem Weg von dieser zu jener Attraktion „mitgenommen". ⌚ 2017 war das Museum geschlossen, es soll 2018 wiedereröffnen.

Stadtbummel durchs Zentrum

Die meisten norwegischen Städte vergleichbarer Größe laden mit ihren vom Betonzeitalter geprägten und oft genug denkbar sterilen Zentren nicht gerade zu einem Spaziergang ein. Anders Lillehammer, dessen autofreie Hauptgeschäftsstraße **Storgate** sich als Laufsteg entpuppt, dem zahlreiche Restaurants, Straßencafés und feine Boutiquen eine charmante Note verleihen. Ein Stadtbummel hat somit durchaus seine Reize, und kein Kunstfreund lässt das an dieser Fußgängerzone gelegene **Lillehammer-Kunstmuseum** (Lillehammer Art Museum) aus, das mit mehr als 1000 Gemälden norwegischer Künstler aller Generationen aufwartet und daher nicht ohne Grund als eine Art „zweite Nationalgalerie" gilt. 💻 www.lillehammerartmuseum.com, ⌚ Juli/Aug tgl. 11–17, sonst Di–So 11–16 Uhr, Eintritt 100 NOK.

Das Norwegische Olympische Museum

Wer sich für die Geschichte der Olympischen Spiele von ihren Anfängen im 8. Jh. v.Chr. bis heute interessiert, wird das **Norwegische Olympische Museum** mögen, das in der unübersehbaren Håkon-Halle eingerichtet ist und mithilfe moderner Medien den trockenen Stoff spannend in Szene setzt. 💻 www.ol.museum.no, ⌚ Juni–Aug tgl. 10–17, sonst Di–So 11–16 Uhr, Eintritt 130 NOK.

Weitere Attraktionen

Auch Lillehammer bietet sich für einen gemütlichen Ausflug mit dem **Raddampfer „Skibladner"** (s. Kasten S. 364) an. Ansonsten lohnt ein Abstecher entlang der E 6 Richtung Norden nach Fåberg mit dem angrenzenden Hunderdamm (280 m lang, 16 m hoch), der den Lågen auf 7 km Länge staut. Am jenseitigen Ufer befindet sich der Freizeitpark **Hunderfossen Lekeland**, in dem Dutzende Attraktionen für die ganze Familie nach Art des Disneyland einladen. Besucher erwartet hier u. a. eine 500 m lange Wildwasser-Raftingbahn ebenso wie der angeblich größte sitzende Troll der Welt, und wer mit Kindern anreist, tut gut daran, wenigstens einen halben Tag in dem Park zu verbringen. 💻 www.hunderfossen.no, ⌚ 20. Juni–13. Aug tgl. 10–18 Uhr Eintritt 410 NOK, Kinder unter 90 cm Größe gratis, unter 120 cm 350 NOK, auch Familientickets sind im Angebot.

Adrenalinkicks im Olympiapark

Seit 1994 gilt der Olympiapark Lillehammer als zweitpopulärste Attraktion der Stadt nach Maihaugen, und wer je mit einer Geschwindigkeit von über 100 km pro Stunde mit dem Räderbob über die Olympische **Bob- und Rodelbahn** gerast ist, wird die Anlage für immer in Erinnerung behalten. Wer dem Adrenalinschub einer echten Bobfahrt nicht gewachsen ist, kann sich seinen Speed-Kick im **Bob-Simulator** holen. Und eine Fahrt mit dem Lift zur **Lysgårdsbakkene-Skisprunganlage** ist ebenso unvergesslich wie der Blick vom **Sprungturm** aus in die Tiefe. 💻 www.olympiaparken.no, ⌚ Mitte Juni–Ende Aug tgl. 10–17 Uhr für den Bob-Simulator; der Eintritt zum Sprungturm kostet 25 NOK, der Lift kommt auf 60 NOK, der Bob-Simulator kostet 250 NOK.

Das „Dach der Stadt"

Im Hinterland von Lillehammer steigen die Flanken des Gudbrandsdals auf bis über 1000 m Höhe an, und dass sich die Stadt nicht erst seit dem Erfolg der Olympischen Winterspiele rühmen kann, das unbestrittene Wintersportzentrum des Landes zu sein, verdankt sie der sprichwörtlichen Schneesicherheit ihres „Daches". Insbesondere das 14 km außerhalb und auf etwa 800 m Höhe gelegene **Nordseter** hat sich einen guten Namen bei Wintersportlern jeder Couleur gemacht. Aber auch im Sommer ist es eine Reise wert, und sei es nur der herrlichen Talsicht wegen, die man immer wieder von der Straße aus genießen kann.

Wer über Nordseter hinausfährt, gelangt bald auf eine mautpflichtige Privatstraße, die in die weitere 200 m höher gelegene Hütten-„Stadt"

Sjusjøen führt, bevor sie in den historischen **Birkebeinervegen** übergeht, international bekannt durch das alljährlich Mitte März stattfindende, 58 km lange Birkebeinerrennen (💻 www.birkebeiner.no). Diesem Weg kann man bis zu seinem Ende im Østerdal folgen, und wer dies tut, wird mit atemberaubenden Panoramen belohnt. Vom höchsten Punkt der Straße aus reicht der Blick vom wildromantischen Rondane-Gebirgszug (S. 376) im Norden bis zu den hochalpinen Frost- und Reifriesen Jotunheimens (S. 387) im Westen. Da die Strecke aber nicht von öffentlichen Verkehrsmitteln bedient wird, muss man ein eigenes Fahrzeug haben, ideal ist ein Fahrrad, das man sowohl in Lillehammer als auch in Nordseter ausleihen kann.

ÜBERNACHTUNG

Untere Preisklasse

€ **Gjeste Bu**, Gamleveien 110, ✆ 61254321, 💻 www.gjestebu.no. Gutes Gästehaus in ruhiger Umgebung, aber dennoch zentral. DZ mit oder ohne Bad/WC sowie komplett eingerichtete Apartments für bis zu 8 Pers. (optimal für längere Aufenthalte). Gästeküche, Wohnzimmer, freundliche Besitzer. Eine der günstigsten Unterkünfte der Stadt. DZ ab ❶, Apartment ab ❷

€ **Øvergaard overnatting**, Jernebanegate 24, ✆ 61259999, 💻 www.oevergaard.net. Zentral gelegene Pension in altem Holzhaus. Einfache Zimmer mit Gemeinschafts-Bad/WC, Bettzeug inkl. Außerdem Gästeküche, Gemeinschaftsraum mit TV. Frühstück 70 NOK. ❷

Lillehammer Vandrerhjem Stasjonen, in der 2. Etage des Bahnhofes, ✆ 61260024, 💻 www.stasjonen.no. Die Jugendherberge (ganzjährig geöffnet) mit 75 Betten über dem Bahnhof gehört zu den besten Europas. Alle Zimmer haben Bad/WC, TV; Frühstück und Bettzeug sind inkl. Mit Gästeküche und Cafeteria. Bett 350 NOK, DZ ab ❷

Suttestad gård, Suttestadveien 17, ✆ 61250444, ✉ suttestadgaard@gmail.com. Romantischer alter Hof von 1610 auf einer grünen Wiese, etwa 10 Min. zu Fuß vom Bahnhof entfernt. Die Zimmer sind hell und geräumig und ganz im alten Stil gehalten, u. a. mit Himmelbetten möbliert (allerdings Gemeinschaftsbad). Großes Bauernfrühstück ist inkl. Unbedingt im Voraus reservieren. Ab ❷

Hotels

Birkebeineren Hotel & Apartments, Birkebeinervegen 24, ✆ 61050080, 💻 www.birkebeineren.no. Top-Adresse beim Olympiapark in der Nähe der Skisprungschanze. Das Hotel wurde eigenes für die Olympischen Spiele errichtet und bietet heute schmucke, geräumige Hotelzimmer in unterschiedlichen Preisklassen, einfachere Motelzimmer (Bad/WC im Korridor) sowie ansprechende Apartments. Moderner Speisesaal und großes Aufenthaltszimmer mit Kamin, Spielzimmer. Frühstück inkl. Rabatt bei mehr als 2 Übernachtungen. Motelzimmer ❸, Hotelzimmer ab ❹, Apartment ❺

First Hotel Breiseth, Jernbanegate 1-5, ✆ 61247777, 💻 www.firsthotels.com. Gegenüber dem Bahnhof gelegener Betonbau mit 20 modern gestalteten Zimmern sowie rund 70 Zimmern im Stil des ausgehenden 19. Jhs. Eines der ältesten und gleichzeitig besten Hotels der Stadt. Sauna, Solarium, empfehlenswertes Restaurant. Ab ❹

Mølla Hotell, Elvegate 12, ✆ 61057080, 💻 www.mollahotell.no. Die umgebaute Mühle aus dem Jahre 1863 ist laut Eigenwerbung „eines der ungewöhnlichsten Hotels der Welt" und wurde 2006 zum besten Übernachtungsbetrieb der Stadt gewählt. Schöne Lage mitten im Zentrum am Fluss, die Komfortzimmer sind stilvoll mit rustikalen Kiefernmöbeln eingerichtet, an den Wänden hängen Bilder vom früheren Mühlenbetrieb und der Winterolympiade. Spitzenrestaurant sowie Panoramabar im oberen Stockwerk. ❺

Camping und Hütten

€ **Lillehammer Camping**, Dampsagveien 47, ✆ 61253333, 💻 www.lillehammer-camping.no. Reizvoller Platz am Ufer der Mjøsa in Fußweite zum Zentrum. Sehr gut ausgestattet mit 200 Stellplätzen für Wohnmobile und Caravans, zahlreichen Hütten, Wohnungen (bis zu 6 Pers.) sowie grünen Zeltwiesen. Moderne Sanitäranlagen, Auf-

Der Peer Gynt Veien

Nördlich von Lillehammer bildet das Gudbrandsdal mal weit ausladende Tröge, dann wieder beklemmend enge Schluchten, und oft genug muss sich seine Lebensader, der von Jotunheimen herabströmende Lågen, regelrecht hindurchzwängen. Auch der teils sehr stark frequentierten E 6 verbleibt dann wenig Platz, von Parknischen ganz zu schweigen, und in der Folge kommt das Genießen der Landschaft oft viel zu kurz. Wer nicht im Eiltempo nordwärts strebt, sollte daher erwägen, in Tretten (rund 20 km nördlich von Lillehammer) die Europastraße zu verlassen.
Mehrere parallel zum Talzug verlaufende Alternativwege bieten sich für die Weiterreise an, aber keiner kann sich mit dem **Peer Gynt Veien** (R 254, ab Segalstad Bru R 255) messen, der auf seinem Weg nach Vinstra (wo er rund 60 km nördlich von Lillehammer wieder in die E 6 einmündet) zwar keinerlei kulturhistorische Sehenswürdigkeiten bietet, stattdessen aber für ungetrübte Natureindrücke sorgt und sich als regelrechte „Straße in die Einsamkeit" präsentiert. Bergpanoramen satt sind das Markenzeichen der Strecke, und weil in ihrem Verlauf viele traditionsreiche Hochgebirgshotels sowie Aktivitätszentren einladen, bietet das „Reich des Peer Gynt" sogar genug Abwechslung für einen ganzen Urlaub. Der Fahrbahnbelag dieser nur im Sommer geöffneten Straße ist größtenteils Schotter, aber das nimmt man ebenso wie die Maut (insgesamt 150 NOK) gerne in Kauf angesichts der Hochgebirgslandschaften, die diese Traumstrecke erschließt.
Ab Vinstra kann man erneut der E 6 durchs Gudbrandsdal folgen, aber spannender ist es, zuvor eine Rundschleife über den **Peer Gynt Seterweg** zu beschreiben. Er ist in Vinstra gen Osten ausgeschildert, stößt nördlich der Ortschaft wieder ins Tal und führt durch malerische Almlandschaften bis hinauf nach Rondablikk, am Rande des Rondane-Nationalparks (S. 376) gelegen und beliebter Ausgangspunkt für dieses wilde Bergrefugium (90 NOK Maut). Nicht zu vergessen ist das **Peer-Gynt-Festival**, 💻 www.peergynt.no, das alljährlich Anfang August in Vinstra veranstaltet wird und den Ort zehn Tage lang in eine einzige große Festspielbühne verwandelt.
Infos: Zuständig sind das Touristenbüro in Lillehammer (S. 373) und im Gausdal, 💻 www.gausdal.com, ✆ 97562000), im Internet informieren 💻 www.peergyntvegen.no sowie 💻 www.peergynt seterveg.com. Auf beiden Routen sind keine öffentlichen Verkehrsmittel unterwegs, man benötigt ein eigenes Fahrzeug. Lohnend ist auch eine Tour per Fahrrad, das man in Lillehammer ausleihen kann.

enthaltsraum mit Billard und TV, Kiosk, Badestrand mit Bootsanleger. Stellplatz für Zelt/Auto 280 NOK, Hütten ab ❶, Apartments ab ❷
Lillehammer Turistsenter, Sandheimsbakken 20, ✆ 61259710, 💻 www.lillehammer camping.no. 3 km vom Zentrum am nördlichen Stadtrand. Tolle Wiesenstellplätze unter Birken, die gemütlichen Blockhütten (bis zu 5 Pers.) liegen auf einer kleinen Anhöhe und bieten reiche Aussicht auf den See. Übernachtungsmöglichkeiten auch in einfachen Zimmern (mit Bad/WC, manche mit eigener Küche). 300 m zum Badestrand, Verleih von Fahrrädern, Kanus und Booten, Beachvolleyball, Minigolf, Angelkarten werden in der Rezeption verkauft. Stellplatz ab 180 NOK, Hütten ab ❸, DZ ab ❷

ESSEN

Die kulinarische Vielfalt in Lillehammer ist bemerkenswert, und die allermeisten Lokale liegen zentral und nahe beieinander im Bereich der Storgate sowie Elvegate.
Egon, Elvegate 12, ✆ 61057080, 💻 www.egon.no. 200 Sitzplätze auf drei Etagen in einer über 130 Jahre alten Mühle, mit altem Mobiliar nett eingerichtet, schön auch zum Draußensitzen, Speisekarte in fünf Sprachen mit norwegischen und internationalen Gerichten (um 225–325 NOK), außerdem Pizzen ab 175 NOK, gut und günstig, dabei gemütlich. 🕒 tgl. ab 11 Uhr.
€ **Peppes Pizza**, Storgate 69, 💻 www.peppes.no. Das informelle und gemütliche Lokal bietet spitzenmäßige Riesenpizzen

zu bezahlbaren Preisen sowie Salate und Pasta. Mittags lockt das günstige Lunchbuffet. ⌚ Mo–Fr 11–23, Sa und So 13–23 Uhr.

€ **Øverlie Café**, Storgate 50, ✆ 97715298. Nichts Spezielles, doch günstige Preise bei üppigen Portionen. ⌚ tgl. ab 11 Uhr.

Cafe Stift, Kirkegaten 41, 🖳 www.cafestift.no. Nettes Café im Kulturhaus Banken mit modernem Interieur und wechselnden Kunstausstellungen. Das den Jahreszeiten angepasste À-la-carte-Menü bietet norwegische Lunch- und Abendgerichte der mittleren Preislage. ⌚ Di–Sa ab 12 Uhr.

Bryggerikjelleren Restaurant, Elvegate 19, ✆ 61270660, 🖳 www.bblillehammer.no. Das Lokal im Steingewölbe der alten Stadtbrauerei aus dem Jahre 1855 zählt zu den Top-Adressen des Gudbrandsdals. Die Einrichtung ist rustikal-gemütlich und die Bedienung professionell und freundlich. Hauptsächlich Fleischgerichte (die Steaks gelten als die besten der gesamten Region). Obere Preiskategorie, unbedingt reservieren. ⌚ tgl. 18–23, Fr und Sa bis 1 Uhr.

Victoriastuen Restaurant, Scandic Victoria Hotel, Storgate 84 B, ✆ 61271700. Das Gourmetrestaurant im Rica Hotel ist ganz im norwegischen Stil eingerichtet und serviert hauptsächlich traditionelle Speisen, u. a. Elch und Rentierbraten. Eine der besten Adressen der Stadt, gehobene Preislage. ⌚ tgl. von nachmittags bis abends.

UNTERHALTUNG UND KULTUR

Cafés und Kneipen

So wie die Restaurants und Cafés liegen auch die meisten Kneipen und Nachtclubs rund um die Storgate und Elvegate sowie entlang der Mesnaelva.

Der Rondevegen

Wer mit seinem fahrbaren Untersatz in die Bergnatur vorstoßen und/oder der stark befahrenen E 6 auf dem Weg nach Norden entkommen möchte, sollte der in Ringebu von der E 6 abzweigenden R 27 den Vorzug geben, die als Rondevegen oder auch Rondanevegen bekannt ist und das wilde Rondane-Gebirge erschließt, dessen Ausläufer das Venabygsfjell bildet. Nach rund 100 km mündet die R 27 in die R 29 ein, die nach weiteren 30 km nach Hjerkinn (S. 384) an die E 6 führt. Macht rund 130 km (entlang der E 6 sind es von Ringebu nach Hjerkinn rund 145 km), wobei die Strecke aber nicht an ihrer Länge, sondern nur an der Vielzahl atemberaubender Panoramen gemessen werden kann, erschließt sie doch eine der spektakulärsten Landschaften von Südnorwegen. Aus diesem Grunde auch wurde ihr schönster Abschnitt unlängst zur Nationalen Touristenstraße ernannt, entsprechend ausgebaut und auch mit herrlichen Rastplätzen versehen.

Ihr schönster ist fraglos der **Sohlbergplassen**, der für seine besondere Architektur schon mehrere Preise erhalten hat und eine ganz und gar traumhafte Aussicht auf das Rondane-Massiv des Rondane-Nationalparks (S. 376) gewährt. Ein Stück weiter wird mit dem Rastplatz **Strømbu** der wichtigste Ausgangspunkt für Wanderungen ins Schutzgebiet erreicht, während am Ende der Strecke bei Folldal die **Folldal-Gruben** einen Aufenthalt wert sind. Hier wurde fast 250 Jahre lang und bis 1993 Kupfer, Zink und Schwefel abgebaut. Eine Tour mit dem Zug führt in die alten und bis 600 m tief in den Berg reichenden Grubengänge, wo die Holzkonstruktionen, Schächte und Hallen zum Abbau von Erz besichtigt werden können. Ein Grubenmuseum ist angeschlossen, ebenso ein Café sowie Gasthof nebst einem **Rondane Nationalparkzentrum**, das über Geologie, Flora und Fauna des Schutzgebietes informiert. Folldal Gruver, ✆ 62490505, 🖳 www.folldalgruver.no, ⌚ 12. Juni–23. Aug tgl. 11–18 Uhr, Eintritt 90 NOK.

Infos: Über die Nationale Touristenstraße und ihre Highlights informiert 🖳 www.nasjonaleturistveger.no. Darüber hinaus lohnen die Webseiten 🖳 www.rondanevegen.no sowie 🖳 www.rondanegeopark.no einen Klick. Busse verkehren nicht auf der Strecke, man muss schon ein eigenes Fahrzeug haben, und lohnend ist auch, die Tour mit dem Fahrrad zu bewältigen.

Brenneriet Nattklubb, dem Bryggerikjelleren Restaurant (S. 370) angeschlossen, ist eine der beliebtesten Partyadressen in Lillehammer. Nach 24 Uhr wird das Licht gedämpft, DJs legen ihre Platten auf und das schicke moderne Lokal füllt sich mit tanzfreudigem Volk. ⌚ Mi, Fr und Sa 23–3 Uhr.
Nikkers, Elvegate 18, 💻 www.svareberg.no. Die zum Restaurant „Nikkers" gehörende Bar ist abends, vor allem am Wochenende, ein beliebter Treffpunkt der jüngeren Generation. Tagsüber herrscht entspannte Atmosphäre, perfekt für eine Tasse Kaffee. ⌚ tgl. ab 11 Uhr.
Håkons Pub, Storgate 95, 💻 www.haakons.no. Gemütliche Kneipe, die in den Abendstunden zum Leben erwacht. Gute Auswahl an Bieren, oft auch Livekonzerte und Cover-Bands. ⌚ tgl. 13–3 Uhr.
Toppen Bar, Elvegate 12, 💻 www.mollahotell.no. 36 m hoch in der obersten Etage der alten Mühle (s. auch Egon Restaurant, S. 369) gelegen und großzügig verglast, genießt man hier neben einem üppigen Angebot an Bier, Wein und veredelten Kornprodukten jeder Art vor allem ein traumhaftes Panorama über die Stadt und auf die Berge. ⌚ Mo–Do 20–12, Fr und Sa bis 2 Uhr.
Longhorn Sportsbar, Radisson Blu Hotel, Turisthotelveien 6, ✆ 61286000. Moderne Bar mit bequemen Sofas und Sesseln. Hier geht es im Vergleich zu den lebhaften Afterski-Bars im Zentrum etwas ruhiger zu, im Sommer kann man auch in schöner Atmosphäre im Freien sein Bier genießen. Abends tgl. Live-Klaviermusik. Ältere Klientel, teure Getränke. ⌚ tgl. ab 17 Uhr.

Kulturelles

Kulturhuset Banken, Kirkegate 41, ✆ 61050800, 💻 www.kulturhusetbanken.no. Imposantes orangenes Gebäude aus dem Jahre 1895. Hier stehen oft Konzerte und diverse kulturelle Veranstaltungen auf dem Programm.
Galleri Zink, Storgate 49, ✆ 48192303, 💻 www.gallerizink.no. Galerie mit einer ansprechenden Sammlung von Bildkunst, Gemälden und Handwerksarbeiten. ⌚ Di–Fr 12–17, Sa 11–15, So 13–16 Uhr.

FESTE

Birkebeinerrennet, Mitte März, 💻 www.birkebeiner.no. Das traditionsreiche, 54 km lange Birkebeiner-Rennen von Rena nach Lillehammer findet alljährlich statt und wird getragen von Tausenden Ski-Langläufern.
Lillehammer Blues Weekend, Ende März, 💻 www.blueslillehammer.com. 3-tägiges Bluesfestival mit bekannten internationalen und nationalen Künstlern.
Lillehammer Rock Weekend, Ende Mai, 💻 www.rocklillehammer.com. 3 Tage lang „Rock around the clock".
Litteraturfestival/Sigrid Undset-Dagene, Ende Mai, 💻 www.litteraturfestival.no. Alljährliches Literaturfestival, das zu den größten des Nordens zählt. Auf dem Programm stehen Theatervorführungen, Konzerte, Seminare, Interviews mit Autoren und vieles mehr.
Lillehammer Jazzfestival, Mitte Oktober, 💻 www.dolajazz.no. 4-tägiges Jazzfestival, schon seit 1987 eine jährliche Tradition.

AKTIVITÄTEN

Angeln

In der Mjøsa tummeln sich rund 20 verschiedene Fischarten, darunter große Bestände an Forellen und Hechten. Angelkarten sind u. a. in der Touristeninformation erhältlich.

Baden

Jorekstad Fritidsbad, Fåberg (7 km nördlich von Lillehammer), ✆ 61057060, 💻 www.jorekstad.no. Große familienfreundliche Badeanlage mit mehreren Becken, Rutschen, Sauna, Dampfbad, Solarium. In der dazugehörenden Sporthalle kann man Badminton, Tennis und Volleyball spielen. ⌚ Mo–Fr 13–20 Uhr, Eintritt 130 NOK.

Klettern

Die 20 m hohe Indoor-Kletterwand in der **Håkons Hall** (Olympiaparken) zählt zu Nordeuropas besten Kletterwänden und bietet zahlreiche Routen in allen Schwierigkeitsgraden. 💻 www.olympiaparken.no, ⌚ Mo–Fr 8–20, Sa und So 10–18 Uhr.

Wandern

In **Nordseter** (14 km östlich von Lillehamer) laden Dutzende markierte Routen ein, u. a. die populäre Tour um das Slåseterfjell (1089 m; recht einfach, sehr guter Pfad, ca. 3 Std. hin und zurück). Ebenfalls in Nordseter bietet sich die etwa 5 km lange Route rund um den Nevelvannet an, und etwas weiter östlich in Sjusjøen führt eine Familientour rund um den See **Sjusjøvannet** (Rundtour, 2 Std.). Für schöne Ausblicke empfiehlt sich die etwa 4 Std. lange Wanderung von der Øyer Fjellstue (nördlich von Lillehammer in Øyer) zum Hafjelltoppen (recht einfaches Terrain, gut markierter Pfad). Die Touristeninformation hat Infos zu diesen und weiteren Routen und verkauft Wanderkarten.

Wintersport

Das Skisportcenter **Hafjell Alpinsenter** (13 km nördlich von Lillehammer, ✆ 61274700, 💻 www.hafjell.no) ist mit 31 Abfahrtspisten (darunter mehrere schwarze), 16 Lifts (835 m Höhenunterschied) sowie Skischule, Skiverleih, Snowboardpark u. a. mehr eine von Norwegens größten und modernsten Alpinanlagen.

TOUREN

Das **Touristenbüro** informiert u. a. über Hundeschlittentouren, Elchsafaris, Sightseeingfahrten, organisierte Wanderungen, Schneescooter- und ATV Safaris. Für Fahrten mit dem historischen Raddampfer *Skibladner* s. Kasten S. 364.

Nordseter Aktivitetssenter, in Nordseter, ✆ 61264037, 💻 www.nordseter.no. Großes Aktivitätszentrum (auch Übernachtungsmöglichkeiten), es stehen organisierte Ausritte, Kajak- und Kanutouren, Elchsafaris, Angeltouren, Kanufahrten, Bergtouren und Huskysafaris auf dem Programm. Außerdem Verleih von Fahrrädern (auch MTBs), Kanus und Kajaks sowie Alpin-Ausrüstung.

Mountainbike-Spaß

In der Umgebung von Lillehammer bieten sich Hunderte Kilometer mit Pisten und Schotterstraßen zum wilden Biken an. Im Touristenbüro erhält man eine Karte (Lillehammer Omland, 1:50.000) sowie Routenbeschreibungen, Räder gibt es u. a. beim Nordseter Aktivitetssenter (s. u.). Für enthusiastische Biker bietet sich auch der **Hafjell Bike Park** im Hafjell Alpinsenter, ✆ 61274700, 💻 www.hafjellbikepark.com, an, der mit über 830 m Höhenunterschied und zahlreichen Abfahrten zu Norwegens besten MTB-Arenen zählt. Der Lift kostet 60 NOK pro Fahrt, Tageskarte 315 NOK, spezielles MTB kostet 800 NOK pro Tag. 🕒 17. Juni–30. Sep Do/Fr–So 10–17 Uhr.

EINKAUFEN

Wer auf der Suche nach einem ausgesucht schönen Mitbringsel aus Norwegen ist – etwa Keramik- und Glaswaren, Schmuck und Textilien, Kitsch und Kunst –, sollte den **Museumsladen** im Foyer des Kunstmuseums (S. 367) besuchen: Unter seinem Dach stellen mehr als 100 norwegische Kunsthandwerker ihre Arbeiten aus.

Fabrikken, Løkkegate 9, 💻 www.fabrikken.org. In diesem kreativen Handwerks- und Kunstzentrum sind Galerien, Werkstätten und Shops von über 30 verschiedenen Gewerben vertreten. Hier tummeln sich unter anderem Glasbläser und Maler, Fotografen und Keramiker und Goldschmiede sowie viele andere kreative Menschen. 🕒 Mo–Fr 12–16.30, Sa 12–15 Uhr.

SONSTIGES

Alkohol

Lillehammer vinmonopol, Storgate 62, ✆ 04560, 🕒 Mo–Mi 10–17, Do 10–18, Fr 9–17, Sa 9–15 Uhr.

Apotheken

Boots apotek, Storgate 51, ✆ 61247800, 🕒 Mo–Fr 9–17, Sa 9–15 Uhr.

Autovermietungen

Rent-A-Wreck Lillehammer, Industrigata 37B, ✆ 61100566.
Avis, Industrigate 26, ✆ 02847.

Fahrradverleih

Lillehammer turistkontor, s. u.
Nordseter Aktivitetssenter, S. 372.

Geld

Handelsbanken Lillehammer, Storgate 106, ✆ 61279910.

Informationen

Lillehammer turistkontor, Jernebanetorget 2, ✆ 61289800, 💻 www.lillehammer.com, 🕒 Mitte Juni–Mitte Aug Mo–Fr 9–18, Sa und So 10–16, sonst Mo–Sa 8–16, So 10–14 Uhr. Zentrale Informationsstelle für die gesamte Region sowie große Teile des Gudbrandsdals. Sehr gut ausgestattet mit Landkarten und Büchern, außerdem Souvenirverkauf, Zimmer- und Aktivitätsvermittlung sowie Geldwechsel.

Medizinische Hilfe

Legevakten, Anders Sandvigs gate 17, ✆ 61251450.

Polizei

Lillehammer politistasjon, Storgate 129, ✆ 02800.

Post

Lillehammer postkontor, Tomtegate 2, ✆ 04004, 🕒 Mo–Fr 9–17, Sa 10–15 Uhr.

Taxis

✆ 06565.

TRANSPORT

Busse

Mehrmals tgl. Verbindungen mit allen größeren Orten Süd-, Ost- und Westnorwegens, insbesondere mit HAMAR, OSLO, BERGEN, LOM, VÅGÅ sowie TRONDHEIM (via OTTA, DOMBÅS, DOVREFJELL und OPPDAL).

Eisenbahn

4x tgl. Verbindungen nach TRONDHEIM via OTTA, DOMBÅS, DOVREFJELL und OPPDAL. Richtung OSLO (via HAMAR und GARDERMOEN-Flughafen, ca. 1 1/2 Std.) verkehren außerdem mehrere Nahverkehrszüge. Der Bahnhof liegt im Zentrum.

Schiffe

Auf der Strecke nach HAMAR, EIDSVOLL und GJØVIK kann man auch den Raddampfer *Skibladner* nehmen (s. Kasten S. 364).

Ringebu

Zwischen dem Kvitfjell im Westen und dem zum Rondane-Gebirgszug (S. 376) gehörenden Venabygsfjell im Osten liegt rund 60 km nördlich von Lillehammer das knapp 1300 Einwohner zählende Städtchen Ringebu im mittleren Gudbrandsdal. Da sich die Hälfte des Gebietes der gleichnamigen Gemeinde in Höhenlagen von über 900 m erstreckt, zählt sie zu den schneesichersten Regionen des Landes, weshalb hier während der Olympischen Winterspiele von 1994 u. a. der Super-G und die Abfahrt der Herren ausgetragen wurden. Aber auch im Sommer ist das beschauliche Städtchen einen Aufenthalt wert, und insbesondere **Wanderer** können auf eine außerordentlich gute Infrastruktur zurückgreifen.

ÜBERNACHTUNG UND ESSEN

€ **Fryaleir**, 6 km nördlich an der E 6, ✆ 45069558, 💻 www.fryaleir.no. Eine zu einem Touristenzentrum umgebaute ehemalige deutsche Militäranlage aus dem Zweiten Weltkrieg, die heute von einem niederländischen Paar geleitet wird. Das riesige Areal, am Waldrand zwischen Kiefern gelegen, bietet ein Restaurant mit guten und günstigen Mahlzeiten, Aufenthaltsraum und Gästeküche. Außerdem Fahrradverleih, Paintball-Bahn, Billard und Ballspiele. Es gibt günstige Mehrbettzimmer (Bett ab 240 NOK), DZ in unterschiedlichen Kategorien (ab 500 NOK) sowie Stellplätze (180 NOK).

Gudbrandsgard Hotell, Kvitfjell, ✆ 61249000, 💻 www.gudbrandsgard.no. Moderner Hotelkomplex aus Holz mit 3 Stockwerken auf 795 m Höhe am Rande der Kvittfjell-Alpinskipiste. Edles und stilvolles Interieur mit

OST- UND MITTELNORWEGEN

dunklen Holzmöbeln. 79 urgemütliche Zimmer mit gehobenem Komfort, die Apartments im Nebengebäude sind geradezu luxuriös ausgestattet. Mehrere Restaurants mit erstklassigem Essen zu gehobenen Preisen. Nachtklub, Bar, Wellness-Abteilung mit Schwimmbad und Sauna sowie Fitness-center. ❻

Camping und Hütten

€ **Enden Camping**, Frya (5 km nördlich von Ringebu), ✆ 61296049, 💻 www.enden camping.no. 3-Sterne-Platz in ruhiger Lage am Waldrand mit grünen Zeltwiesen und Hütten in unterschiedlichen Preisklassen. Mittelprächtige Sanitäranlagen. Angeschlossen sind Campingküche, Kiosk und Spielplatz. Stellplatz ab 140 NOK, Hütten 350–800 NOK.
Trabelia Hyttegrend & Camping, Venabygd, ✆ 61284075, 💻 www.trabelia.no. Größerer, offener Wiesenplatz an der Baumgrenze auf 850 m Höhe. Die sanitären Einrichtungen wurden renoviert, die Gästeküche ist u. a. mit Kühlschränken, Tiefkühltruhe und Spülmaschine ausgestattet. Ansprechende Hütten in 2 Größen (4–7 Betten), alle tiptop mit Bad/WC, Küche und Wohnzimmer (mit TV). Sehr gute Wandermöglichkeiten direkt vor der Tür, Ausritte werden organisiert. Kanu- und Kajakverleih. Stellplatz ab 185 NOK, Hütten ab 550 NOK

AKTIVITÄTEN

Reiten

Venabu Fjellhotell, Venabygd, ✆ 61293200, 💻 www.venabu.no, organisiert geführte Reitausflüge auf Stunden-, Halbtages-, Ganztages- und 5-Tages-Basis. Die meisten Touren eignen sich auch für Anfänger. Außerdem geführte Wanderungen und Elchsafaris sowie Verleih von Fahrrädern und Kanus.

Skilaufen

Die olympische Ski- und Alpinanlage **Kvitfjell**, ✆ 61283600, 💻 www.kvitfjell.no, gilt als Skicenter der Spitzenklasse und bietet sowohl für Anfänger als auch für Fortgeschrittene und Alpinfreaks jede Menge Herausforderungen. Insgesamt gibt's 9 Lifte, der Höhenunterschied der 23 Abfahrtspisten beträgt bis zu 850 m, und obendrein locken zig Kilometer an präparierten Langlaufloipen. Natürlich gibt es auch eine Skischule sowie Verleihstationen für jegliche erforderliche Ausrüstung, außerdem zahlreiche Cafés, Restaurants und diverse Übernachtungsmöglichkeiten (s. „Übernachtung").

Wandern

Das am Südrand des Rondane-Nationalparks gelegene Venabygsfjell (auch: Ringebufjell)

Ringebu-Stabkirche

Auch in kulturhistorischer Hinsicht ist Ringebu bedeutsam, und nicht nur für erklärte Bildungsbürger ist ein Besuch der oberhalb des Talzuges in spektakulärer Panoramalage thronenden Ringebu-Stabkirche ein Muss. Sie ist eine der größten Stabkirchen des Landes und wurde um 1220 herum auf dem Platz einer heidnischen Kultstätte errichtet, die noch heute *Gildevollen* (Gilde-Hügel) genannt wird und in vorchristlicher Zeit eine zentrale Bedeutung als Gerichts- und Opferstätte im gesamten Gudbrandsdal einnahm. Das im Drachenstil geschnitzte Westportal sowie das Taufbecken aus Speckstein nebst einer Statue und zwei Kruzifixen stammen noch aus der Gründerzeit, doch das Querschiff und den charakteristischen roten Dachreiter erhielt die Kirche im Zuge der Reformation während des 17. Jhs. Eindrucksvoll ist auch die auf das frühe 18. Jh. datierte prächtige Kanzel sowie die Bemalung der Wände und Decken, und wer an einem sommerlichen Sonntag in Ringebu weilt, sollte es sich nicht nehmen lassen, den klassischen Orgelkonzerten zu lauschen (ab 19 Uhr), die sich bereits seit Jahren eines herausragenden Rufs erfreuen. 🕒 4. Juni–8. Aug tgl. 9–17 Uhr, Eintritt 60 NOK inkl. Führung; weitere Infos über 💻 www.stavechurch.no. Anfahrt über die E 6 (dort beschildert).

ist ein beliebtes Wandergebiet mit Dutzenden größtenteils markierten Trekkingrouten von bis zu mehreren Tagen Dauer. Wanderkarten und weitere Infos bekommt man im Touristenbüro.

SONSTIGES

Alkohol

Ringebu vinmonopol, Hanstadgate 3, ✆ 04560, ⏲ Di–Fr 11–17, Sa 10–15 Uhr.

Apotheken

Vitusapotek, Jernbanegate 4, ✆ 61283550, ⏲ Mo–Fr 9–16.30, Sa 9–13 Uhr.

Fahrradverleih

Fryaleir, S. 373.
Venabu Fjellhotell, S. 374.

Geld

Sparebank, Brugate 23, ✆ 61218000.

Informationen

Skysstasjonen Ringebu, Ringebu, ✆ 61284700, 💻 www.ringebu.com, ⏲ ganzjährig Mo–Fr 9–15.30 (im Juli 9–18) Uhr.

Medizinische Hilfe

Legevakt, ✆ 61251450.

Polizei

Ringebu lensmannskontor, Jernbanegate 4, ✆ 02800.

Post

Ringebu Post i butikk (Coop Supermarkt), Hanstadgate 5, ✆ 04004, ⏲ Mo–Fr 9–20, Sa 9–18 Uhr.

Taxis

✆ 61280710.

TRANSPORT

Busse

Mehrmals tgl. regelmäßige Verbindungen mit OSLO via LILLEHAMMER und HAMAR, mit TRONDHEIM via OTTA, DOMBÅS, DOVREFJELL UND OPPDAL sowie mit BERGEN via LOM und VÅGÅ.

Eisenbahn

4x tgl. Verbindungen nach TRONDHEIM via OTTA, DOMBÅS, DOVREFJELL und OPPDAL sowie Richtung OSLO via LILLEHAMMER und HAMAR sowie GARDERMOEN-Flughafen.

Otta

Wo das Ottadal (S. 388) ins Gudbrandsdal und die R 15 in die E 6 einmündet, erstreckt sich das rund 1600 Einwohner zählende Städtchen Otta. Dank seiner verkehrsgünstigen Lage im Zentrum des durch Jotunheimen, Rondane sowie Dovrefjell gebildeten Hochgebirgsdreiecks war es schon in alter Zeit ein wichtiger Knotenpunkt für Reisende zwischen Mittel- und Westnorwegen. Daran hat sich bis heute nichts geändert, und wer mit dem eigenen Fahrzeug oder öffentlichen Verkehrsmitteln auf Entdeckungstour gehen möchte, könnte kaum einen besseren Ausgangspunkt wählen. In erster Linie aber ist Otta eines der ganz großen Outdoor-Zentren Skandinaviens, und in jedem Sommer wimmelt es hier von Aktivtouristen aus aller Welt, die das üppige Sport- und Erlebnisangebot in der Umgebung der Stadt nutzen.

Das Outdoor-Zentrum Otta

Die nahe Hochgebirgswelt von Jotunheimen (S. 387) ist das norwegische Zentrum für Outdoor-Aktivitäten wie Canyoning, Bergbesteigungen und Gletschertouren. Die Sjoa beim 12 km entfernten gleichnamigen „Ort" ist das populärste Rafting- und Wildwasser-Kajak-Gewässer des Landes, und die Wanderparadiese des Rondane- sowie des Dovrefjell-Sunndalsfjella-Nationalparks (S. 383) liegen direkt vor der Haustür. Was immer Outdoor-Begeisterte schätzen mögen, hier ist es ganz sicher zu finden, und erster Ansprechpartner sollte stets das Touristenbüro sein, das umfassende Informationen bereithält.

Hoch über dem Gudbrandsdal

Wer ein Auto hat oder sich von 600 Höhenmetern auf einer Distanz von rund 8 km auch auf dem Fahrrad nicht abschrecken lässt, sollte von Otta aus der gen Norden nach **Mysuseter** und **Raphamn** ausgeschilderten Nebenstraße folgen, die in ihrem steilen Verlauf aus der Taltiefe auf die Berghöhe hinauf immer wieder herrliche Panoramen bietet. Beide Bergorte, bei denen es sich um ehemalige Almen handelt, sind heute ganz auf den Fremdenverkehr eingestellt, und wer wandernd in die herbe Schönheit des Rondane-Nationalparks (s. u.) eintauchen will, findet hier ideale Ausgangspunkte.

Anstatt den gleichen Weg wieder zurück zu nehmen, sei empfohlen, der in Mysuseter mit „Sel" beschilderten mautpflichtigen Privatstraße (20 NOK) zu folgen, die 3 km nördlich von Otta wieder ins Gudbrandsdal mündet und unterwegs die bis zu 6 m hohen Konglomeratsäulen **Kvitskriuprestene** passiert, die aus Moränenmaterial entstanden sind und mit ihren aufgesetzten Steinhüten ein beliebtes Fotomotiv abgeben. Sie liegen auf etwa halber Talstrecke, rund 10 Gehminuten vom Fahrweg entfernt. Wie es heißt, sollen solche glazialen Erosionsformen nirgends sonst in Skandinavien in vergleichbarer Größe vorkommen.

Rondane-Nationalpark

Sieht man einmal von Jotunheimen (S. 387) ab, lässt sich die Größe und Majestät der norwegischen Hochgebirgslandschaft wohl nirgends eindrucksvoller erleben als im mächtigen Gebirgsstock von Rondane, der sich zwischen den oberen Abschnitten des Gudbrands- und Atnadals sowie dem Dovrefjell ausbreitet und dem man auch im eigenen Fahrzeug nahekommen kann. Die E 6, R 27 sowie R 29 führen rings um den Hochfjellbezirk herum, dessen Name so viel wie Rand oder Streifen bedeutet, was auf die spektakulären Grat- und Gipfelformen des zerklüfteten und vegetationsarmen Gebietes hinweist, dem die Eiszeiten ihren Prägestempel aufgedrückt haben: Mitunter sind die bis über 2000 m hoch aufragenden Berggestalten vom Gletscherschliff derart „angefressen", dass die trennenden Kämme zu schmalen Graten reduziert sind und die Berge nunmehr als scharfkantige Pyramiden, Trapeze oder langgestreckte Felsmauern erscheinen.

Diese Felswelten waren u. a. Anlass, das Kernland von Rondane, eine 560 km² große Hochgebirgsfläche, 1962 unter Naturschutz zu stellen und 1970 zum ersten norwegischen Nationalpark zu erklären. Zehn Gipfel mit Höhen über 2000 m befinden sich innerhalb der Grenzen des Schutzgebietes, das sich in der extremen Wildheit seiner oft völlig nackten Felswelten aber nur dem Wanderer offenbart, der hier auf ein dichtes Netz an markierten Wanderwegen zurückgreifen kann. Es gibt eine Reihe von geeigneten Ausgangspunkten für kurze oder längere Touren. Am populärsten ist die **Rondvassbu Turisthytte**, ✆ 61231866, 💻 https://rondvassbu.dnt.no, 🕒 22. Juni–7. Okt, die auf 1173 m Höhe über Otta und dem Gudbrandsdal liegt. Anfahrt über die bei Mysuseter (s. links) mit „Spranget" beschilderte mautpflichtige Privatstraße (20 NOK).

An ihrem Endpunkt beginnt ein breit ausgetretener Wanderweg, der nach rund 6 km zur bewirtschafteten Wanderhütte führt, mit 128 Betten (ab 250 NOK) die größte im Schutzgebiet. Von hier aus kann man weiter entlang des Sees Rondvatnet zum dessen Nordufer wandern, von wo es dann über einen Höhenrücken zurück zum Ausgangspunkt geht. Im Sommer verkehren bis zu 2x tgl. Boote auf dem See, perfekt für eine kombinierte Bootsfahrt/Wanderung.

Rondvassbu eignet sich aber auch gut als Stützpunkt für markierte Gipfelstürme, u. a. zum **Rondslottet** (2178 m, 4–5 Std.), auf den Gipfel des **Storronden** (2138 m, ca. 2 Std.) oder zum **Veslesmeden** (2015 m, 2–3 Std.). Informationen zum Schutzgebiet erhält man in der Touristeninformation und beim Büro des Norwegischen Wandervereins DNT in Otta (S. 378) sowie insbesondere im **Otta Nasjonalparksenter**, Skysstasjonen, ✆ 61241444, 💻 www.nasjonalparker.org und www.nasjonalparkriket.no, 🕒 ganzjährig Mo–Fr 8–16 Uhr, der ersten Anlaufstelle für alle, die an Flora, Fauna und Geologie des Schutzgebietes interessiert sind.

Ein weiteres Nationalparkzentrum befindet sich in **Dombås** (S. 381), und im **Internet** informiert umfassend die Webseite 💻 www.miljo

direktoratet.no, über die man auch Karten sowie Broschüren downloaden kann.

ÜBERNACHTUNG

Hostels und Hotels

Brekkeseter, Høvringen, ✆ 61233711, 💻 www.brekkeseter.no. Nördlich von Otta via E 6, nach etwa 16 km Richtung Høvringen abbiegen. Idyllische Almsiedlung aus dem Jahre 1772 in freier Lage und mit herrlicher Aussicht. Fast alle Gebäude sind noch original erhalten und entsprechend gemütlich-rustikal eingerichtet. Hotel im Hauptgebäude mit 12 geräumigen Zimmern sowie Restaurant, Sauna, Dampfbad, Kaminzimmer, Bibliothek und riesiger Panoramaterrasse, außerdem diverse alleinstehende Hütten unterschiedlicher Größe und Ausstattung. Umfassendes Freizeitangebot, der Rondane-Nationalpark mit zahllosen Wandermöglichkeiten liegt gleich vor der Tür. DZ ❺, Hütten ab ❸

Sjoa Gjestehus & Vandrerhjem, Sjoa (12 km südlich von Otta), ✆ 61236200, 💻 www.hihostels.no. Wunderschöner alter Holzbau im traditionellen Stil aus dem 18. Jh. auf einer Wiese am Waldrand über dem Fluss. Einfache, aber gemütliche Zimmer, das Angebot reicht von Mehrbettzimmern (Bett zu 340 NOK) bis hin zu großen Familienzimmern, alle inkl. Frühstück und eigenem Bad/WC. Überwiegend junge und sportliche Klientel, denn angeschlossen ist das Heidal-Raftingsenter (s. Touren S. 378). Mit Gästeküche, Aufenthaltsraum. 🕒 15. Mai–15. Sep. Ab ❸

Camping und Hütten

€ **Otta Camping og Motell**, 1,5 km westlich von Otta, ✆ 61230309, 💻 www.ottacamping.no. Campingplatz in schöner und ruhiger Lage am Flussufer mit Wiesenplätzen, Hütten und einfachen Motelzimmern in diversen Kategorien. Mäßige Sanitäreinrichtungen, ein Kiosk ist angeschlossen. 🕒 1. Mai–15. Okt. Stellplatz 150 NOK, Hütten ab ❶, DZ ab ❶

€ **Jotunheimen Feriesenter**, Heidal, ✆ 61234950, 💻 www.jotunheimenferiesenter.no. Das rund 27 km von Otta entfernte Ferienzentrum bietet eine große, teils von Bäumen überschattete Campingwiese sowie 16 gepflegte Hütten in drei verschiedenen Preiskategorien. Angeschlossen ist ein Kiosk, außerdem werden Rafting- und andere Touren vermittelt, Angelausrüstungen werden verliehen. Es ist weitaus angenehmer hier zu wohnen als direkt in Otta, wo es dank E 6 recht laut werden kann. Ganzjährig; Zelten kostet für 2 Pers. 160 NOK inkl. Auto, Wohnmobil 200 NOK. Ab ❶

ESSEN

€ **Pillarguri Cafe**, Otta, 💻 www.pillarguricafe.no. Gutes Café im Stadtzentrum mit abwechslungsreicher Speisekarte. Für Lunch und Zwischenmahlzeiten empfehlen sich Sandwiches, Salate oder Pasta-Gerichte, abends wird neben Pizzen hauptsächlich norwegische Traditionskost aufgetischt, z. B. Elchfrikadellen mit Gemüse und Wildsoße. Reichhaltige Portionen zu bezahlbaren Preisen. 🕒 Mo–Sa ab 11, So ab 14 Uhr.

Thon Otta Hotell, Ola Dahlsgate 7, 💻 www.ottahotell.no. Das große, helle Hotelrestaurant des Norlandia-Hotels gilt als die beste Adresse im Ort. Jahreszeitlich wechselndes Menu mit lokalen Spezialitäten, auch günstiges Tagesgericht. Mittlere Preisklasse. 🕒 Mo–Do 18.30–21 Uhr.

AKTIVITÄTEN

Wandern

Mit dem Rondane-Nationalpark (S. 376) in direkter Nachbarschaft sind die Wander- und Trekkingmöglichkeiten schier unerschöpflich. Insgesamt laden 16 über das Schutzgebiet verteilte DNT-Hütten zum Übernachten ein, und wer hier auf Tour gehen will, sollte im Touristenbüro in Otta die Karten „Rondane" (1 : 100 000) oder „Rondane Sør" (1 : 50 000) von Statens Kartverk erstehen.

Das nördlich von Mysuseter gelegene **Høvringen** (Übernachtung: Brekkeseter, s. o.) ist ebenfalls ein guter Ausgangspunkt für Wanderungen. Hier beginnt/endet u. a. eine 170 km lange Wanderroute nach/von Lillehammer. Weitere Infos im Touristenbüro.

Kajak fahren

Sjoa Kajakksenter, Faukstad, ✆ 90066222, www.kajakksenteret.no. Professionell geführtes Kajakzentrum, das zu den renommiertesten des Landes zählt. Hauptsächlich Kurse im Wildwasserpaddeln für unterschiedliche Niveaustufen (Einführungskurs ab 1400 NOK) sowie Rettungskurse, aber auch geführte Flusstouren (ab 1100 NOK) stehen auf dem Programm.

TOUREN

Der etwas südlich von Otta gelegene Ort Sjoa sowie das nahe gelegene Heidal sind die wichtigsten norwegischen Zentren für Rafting und Kajaking (von Stufe 1 bis hin zur actionreichen Stufe 5, 650–1250 NOK), Canyoning (um 790 NOK), Riverboarding (990 NOK) und andere Extremsportarten. Die Saison dauert von Mitte Mai bis Ende Sep. Als versierte Tourveranstalter gelten insbesondere:

Heidal Rafting, Sjoa Gjestehus & Vandrerhjem, Sjoa, ✆ 61236037, www.heidalrafting.no. Stunden- und Ganztagestouren in allen Schwierigkeitsstufen sowie Wildnistouren, Riverboarding, Canyoning und geführte Bergtouren.

Sjoa Raftingsenter NWR, Varphaugen Gård, ✆ 47660680, www.sjoaraftingsenter.no. Das älteste und größte Rafting-/Kajakzentrum Norwegens wird unter ökologischen Gesichtspunkten betrieben und bietet ein ebenso umfassendes wie vielseitiges Angebot an Outdoor-Aktivitäten. Dank der enormen Nachfrage werden sämtliche Touren meist tgl. durchgeführt. Es locken u. a. Rafting (5-stündige Standardtouren, 4–5-stündige Extremtouren und kürzere Familientouren) sowie Canyoning, Abseiling, Klettern, Wildwasserkajaking, Riverboarding, Höhlenwanderungen und geführte Wandertouren.

Go Rafting, Nedre Heidal, ✆ 61235000, www.gorafting.no. Auch hier werden Rafting-Touren verschiedener Dauer und Schwierigkeitsgrade organisiert.

Bre og Fjell, ✆ 57678855, www.breogfjell.no. Klettern, Canyoning, Eisklettern, Gletscherwandern und Bergsteigen.

Für Reitfans organisiert **Brekkeseter** (S. 377) Ausritte und mehrtägige Touren.

SONSTIGES

Alkohol

Otta vinmonopol, Johan Nygårds gate 17, ✆ 04560, Mo–Do 10–17, Fr 10–18, Sa 10–15 Uhr.

Apotheken

Apotek 1, Johan Nygårds gate 11, ✆ 61235550, Mo–Fr 9–16.30, Sa 9–14 Uhr.

Autovermietungen

Hertz, Kongsveien 1, ✆ 41519423, www.hertz.no.

Fahrradverleih

Otta turistsenter, s. u.

Geld

Sparebank, Storgate 17, ✆ 6128000.

Informationen

Otta turistkontor, Ola Dahls gate 1, ✆ 61241444, www.nasjonalparkriket.no, Mitte Juni–Mitte Aug Mo–8–18, Sa und So 11–18 Uhr.

DNT Gudbrandsdalen, Steindalsvegen 14, Otta, https://gudbrandsdalen.turistforeningen.no. Die Niederlassung des Norwegischen Wandervereins informiert umfassend über alle Wandermöglichkeiten im Gudbrandsdal sowie den angrenzenden Gebirgsregionen.

Medizinische Hilfe

Legevakta, ✆ 61700700.

Polizei

Sel lensmannskontor, Ola Dahls gate 3, ✆ 02800.

Post

Otta postkontor, Ola Dahls gate 3, ✆ 04004, Mo–Fr 9–17, Sa 10–14 Uhr.

Taxis

✆ 61230501.

TRANSPORT

Busse

Mehrmals tgl. Verbindungen mit OSLO via LILLEHAMMER und HAMAR, mit TRONDHEIM via DOMBÅS, DOVREFJELL und OPPDAL sowie mit BERGEN via LOM und VÅGÅ. Mitte Juni–Mitte Aug zudem 1–2x tgl. (morgens und spätnachmittags) ein Bus entlang des Ottadals und GEIRANGERVEGEN nach GEIRANGER (Anschluss am kommenden Tag nach ÅNDALSNES via ØRNEVEIEN und TROLLSTIGEN).

Eisenbahn

4x tgl. Verbindungen nach TRONDHEIM via DOMBÅS, DOVREFJELL und OPPDAL sowie Richtung OSLO via LILLEHAMMER und HAMAR sowie GARDERMOEN-Flughafen.

Dombås

Das obere Gudbrandsdal, das sich nördlich von Otta öffnet, ist teilweise eng und unwegsam, und über steile Felsflanken, an die sich kleine Gehöfte klammern, ergießen sich zahlreiche Wasserfälle in den Lågen. Zentrum dieses oft wildromantischen Talabschnitts ist der 1200 Einwohner zählende Ort Dombås, der einen weiteren wichtigen Verkehrsknotenpunkt bildet: Die E 6 steigt von hier aus zur Hochgebirgswelt des Dovrefjells an der Grenze nach Mittelnorwegen auf, während die abzweigende E 136 ins Romsadal führt, das den Übergang nach Westnorwegen markiert.

Der Kongsveien

Ein geschlagenes Jahrtausend lang markierte das Dovrefjell das letzte und größte Hindernis auf dem historischen „Königsweg" (sowie Pilgerpfad) zum Nidarosdom von Trondheim, und bis ins frühe 18. Jh. hinein konnte die Strecke nur wandernd oder reitend bewältigt werden. Dann kam König Fredrik IV. an die Macht, und wie es heißt, war er der erste Herrscher, der die Überquerung mit einem zweirädrigen Karren zu meistern suchte. 1704 soll das geschehen sein, und 29 Jahre später mühte sich König Christian VI. mit einer schweren Karosse durch das unwegsame Bergland. Diese Reise, von zahlreichen Chronisten in Wort und Bild festgehalten, war seinerzeit ein Ereignis ohnegleichen, und ohne die begleitende Kompanie Soldaten, die mit Schaufeln, Spaten, Brecheisen und Seilen ausgerüstet war, wäre sie wohl zum Scheitern verurteilt gewesen.

Heute führt die E 6 von Dombås aus „wie im Flug" über die Gebirgsbarriere hinweg, und der historische Königsweg wurde zu einem Wanderweg ausgebaut. Er beginnt südlich von Dombås am **Kongsgård Tofte**, dem alten „Königshof", den man von Dombås aus über eine ausgeschilderte Höhenstraße auch fahrend erreichen kann. Von dort aus, wo übrigens alle norwegischen Könige von Harald Schönhaar bis hin zu Karl Johan zu Gast gewesen sind, zieht sich der markierte Weg auf einer Strecke von 17 km über den 1338 m hohen Hardbakken nach **Fokstua** (S. 383) an der E 6.

Diese Etappe markiert den populärsten Wanderweg aufs Dovrefjell hinauf, und wer den Gebirgszug durchqueren will, kann dem durchgehend markierten Königsweg für weitere 35 km bis **Nesdalsvoll** an der Nordseite des Dovrefjells folgen. Für die gesamte Strecke sind etwa drei Tage anzusetzen, und umfassende Informationen sowie Kartenmaterial sind im Touristenbüro (S. 381) von Dombås erhältlich; eine weitere Infoquelle ist das Nationalparkzentrum (S. 381) des Ortes.

ÜBERNACHTUNG

Hostels und Hotels

€ **Dombås Vandrerhjem**, 2 km nördlich von Dombås, ✆ 61240960, 💻 www.trolltun.no. Die Jugendherberge ist Teil des Trolltun-Gästehauses und bietet 77 Betten, verteilt auf das Haupthaus (alle Zimmer mit privatem Bad/WC) sowie voll ausgestattete Hütten (5–6 Pers.). Auch Caravanplätzebefinden sich hier, außerdem gibt es eine Gästeküche, ein ansprechendes Restaurant, Cafeteria sowie mehrere Aufenthaltsräume mit TV. Frühstück ist ebenso inkl. wie die tolle Aussicht aufs Tal und die umgebende Bergwelt. 🕒 ganzjährig. Ab ❷

OST- UND MITTELNORWEGEN

Toftemo Turiststasjon, 10 km südlich von Dombås an der E 6, 61240045, www.toftemo.no. Ansprechende Anlage am Fluss, die Hauptgebäude stammen aus dem Jahre 1820 und sind genauso traditionell und rustikal-gemütlich, wie das Äußere vermuten lässt. Zur Auswahl stehen Zimmer (mit oder ohne eigenem Bad/WC), 21 Hütten und über 150 Wiesenplätze für Zelte und Wohnmobile. Angeschlossen sind ein Café und ein Restaurant sowie ein Freibad. Entlang der zur Anlage gehörenden 3,5 km langen Uferlinie dürfen Gäste kostenlos die Angel auswerfen. Stellplatz ab 220 NOK, DZ ab 500 NOK, Hütte ab 400 NOK.

Hjelle Seter, 5 km nördlich von Dombås an der E 6, 61241695, www.hjelleseter.no. Hübsche Gebirgsstube mit Grasdach und schöner Aussicht. Im Angebot sind Hütten unterschiedlicher Kategorien. In der traditionell und urgemütlich eingerichteten Cafeteria bekommt man einfache Gerichte. Hütten ab 250 NOK

Dovrefjell Hotell, Svenskebakken, Dombås, 61241005, www.dovrefjellhotell.no. Komfortables Hotel mit 89 Zimmern der gehobenen Mittelklasse. Guter Service und super Ausstattung, u. a. Hallenbad, Sauna, Spielzimmer für Kinder, Tanzlokal, Restaurant und Bar. Vermittlung von Touren und Aktivitäten. 5

Camping und Hütten

€ **Bjørkhol Camping**, 6 km südlich von Dombås an der E 6, 61241331, www.bjorkhol.no. Schöner Wiesenplatz am Waldrand mit großem Campinggelände und 20 Hütten. Es gibt einen Kiosk, außerdem ist der Platz Ausgangspunkt für mehrere Wanderungen. Sehr günstige Preise: Stellplatz/Zelt 150 NOK, Hütten ab 325 NOK.

Midtskog Hytter og Caravan, Romsdalsveien 2 (an der E 136), 61241021, anbthore@online.no. Kleiner, ordentlicher Platz, 500 m vom Ortszentrum gelegen. Da es nur 35 Stellplätze gibt, kann es im Sommer manchmal eng werden. Im Angebot sind auch 11 Hütten (mit oder ohne Bad/WC). Stellplatz 170 NOK, Hütten ab 350 NOK.

ESSEN

Außer den Restaurants und Cafés in den Unterkünften bieten sich 2 recht gute und günstige Adressen im Shoppingcenter im Zentrum von Dombås an:

Frich's Kafeteria, www.frich.no. Überraschend große Auswahl an Gerichten, Snacks und Zwischenmahlzeiten. Hier bekommt man alles von Suppen, Salaten, Sandwiches und Pizzen bis hin zu Elchsteak, gegrilltem Lachs und Lammkeule. Die Preise sind günstig. Mo–Sa 8.30–22.30, So 9–22.30 Uhr.

Moskus Grillen, 61240100. Bekannt für gute Pizzen und Grillgerichte sowie eine üppige Auswahl an Eiscreme; mit Außenterrasse. tgl. 9–23 Uhr.

TOUREN

Moskus Safari Dovrefjell, Dombås, 46420102, www.moskus-safari.no. Vom 23. Juni bis 26. Aug starten tgl. um 9 Uhr ab dem Touristenbüro in Dombås geführte 5-stündige Moschusochsen-Safaris (s. Kasten S. 381) aufs Dovrefjell (S. 382), die ökologische Gesichtspunkte beachten und mit 425 NOK p. P. ein gutes Preis-Leistungs-Verhältnis bieten. Im Juli um 21 Uhr starten hier auch Elchsafaris (275 NOK), außerdem werden tgl. Fahrradtouren (5 Std., 500 NOK) und ganztägige Fotosafaris angeboten. Reservierung auch über das Touristenbüro sowie das Nationalparkzentrum.

SONSTIGES

Alkohol

Dombås vinmonopol, Coop Shoppingcenter, 04560, Mo–Fr 10–17, Sa 10–15 Uhr.

Apotheken

Apotek 1, Coop Shoppingcenter, 61215000, Mo–Fr 9–16, Sa 10–14 Uhr.

Geld

Den Norske Bank, Stadtzentrum, 03000.

Moschusochsen-Safaris

Als Ausgangspunkt für Moschusochsen-Safaris hat sich Dombås in der Welt des internationalen Tourismus einen guten Namen gemacht. Zwar kostet der geführte Spaß 300 NOK, aber die sind gut angelegt für die fünfstündigen Touren, die hinaufführen in die Tundraweiten des Dovrefjells. Hier tummeln sich rund 300 Exemplare dieses urtümlichen Großwildes, das bis zu 2,50 m lang und 400 kg schwer werden kann. Der Moschusochse, seinem yakähnlichen Aussehen zum Trotz ein Verwandter der Ziege, galt seit Ende der letzten Eiszeit europaweit als ausgestorben, und nur in Nordkanada und Grönland hatte die Tierart überlebt. Dort wurde sie gegen Mitte des 18. Jhs. „entdeckt", und von dort aus wurde in den 1930er-Jahren ein Bestand von etwa 30 Exemplaren nach Norwegen eingeführt und auf dem Dovrefjell ausgesetzt. Da die Moschusochsen seit 1917 unter Schutz standen, gediehen sie prächtig, wurden aber allesamt Opfer des Zweiten Weltkrieges. 1947 startete der zweite Versuch mit 16 importierten Exemplaren, die den Grundstock der heutigen, mittlerweile wieder etwa 300 Tiere umfassenden Herde bildet. Die Moschusochsen leben jeweils in Gruppen von etwa 6–15 Tieren.
Safaris werden außer von Dombås aus auch von Kongsvold (S. 383) sowie Oppdal (S. 385) aus durchgeführt. Die geführten Touren stellen keine besonderen Anforderungen an die Kondition, doch ist es natürlich ein Erlebnis ganz anderer Art, diesen wiederkäuenden Paarhufern allein in freier Wildbahn gegenüberzustehen, was im Rahmen individueller Wanderungen durchaus möglich ist. Bester Ausgangspunkt dafür ist Kongsvold (S. 383), und so lange man den an Bisons erinnernden Tieren nicht zu nahe kommt, sollen sie angeblich ganz ungefährlich sein. Wie es heißt, liegt die „Schmerzgrenze" bei etwa 200 m …

Informationen

Dombås turistkontor, Frichgården, ✆ 61241444, 💻 www.rondane-dovrefjell.no, 🕒 Mitte Juni–Mitte Aug Mo–Sa 9–20, So 11–16, sonst Mo–Fr 9–16 Uhr.

Dombås Nasjonalparksenter, ✆ 99254964 💻 www.nasjonalparker.org. Hier bekommt man umfangreiche Information zum Rondane-Nationalpark (S. 376) und zum Dovrefjell-Sunndalsfjella-Nationalpark (S. 383). 🕒 wie das Touristenbüro.

Medizinische Hilfe

Legevakta, ✆ 61219100.

Polizei
Lesja Og Dovre lensmannskontor, Kyrkjevegen 16, ✆ 02800.

Post
Dombås Post i butikk, Coop Supermarkt, ✆ 04004, ⌚ Mo–Fr 9–20, Sa 9–18 Uhr.

Wandern
In der Umgebung von Dombås laden bestens ausgebaute Wander- und Kulturpfade ein, die zusammen eine Länge von rund 12 km haben und sich entweder entlang des Flussufers dahinziehen oder durch kleine Wäldchen schlängeln. Zahlreiche Einstiegsmöglichkeiten, u. a. von beiden o. g. Campingplätzen aus. In der Touristeninformation bekommt man eine Broschüre, in der sämtliche Routen eingezeichnet sind.

TRANSPORT

Busse
2x tgl. nach BERGEN (via OTTA, LOM, VÅGÅ und STRYN) und TRONDHEIM (via DOVREFJELL und OPPPDAL), außerdem 2–4x tgl. nach ÅNDALSNES sowie im 2-4-Std.-Takt Richtung LILLEHAMMER via Otta.

Eisenbahn
4x tgl. bestehen Verbindungen nach TRONDHEIM via DOVREFJELL und OPPDAL sowie Richtung OSLO via OTTA, LILLEHAMMER, HAMAR und GARDERMOEN-Flughafen (ca. 1, 1,5 Std.).
Außerdem mit der Raumabahn 4x tgl. nach ÅNDALSNES.

Das Dovrefjell

Das von Mooren und kleinen Seen durchzogene und von kegelförmigen Erhebungen, Kämmen und Karen geprägte Hochfjellplateau ist nicht nur die Heimat der einzigen wild lebenden Moschusochsen Europas (S. 381), sondern gilt als das letzte intakte Hochgebirgs-Ökosystem unseres Kontinents und steht als **Dovrefjell-Sunndalsfjella-Nationalpark** (S. 383) größtenteils unter Naturschutz.

Es erstreckt sich nördlich des oberen Gudbrandsdals in einer Höhe von 900–2286 m am Übergang von Süd- nach Mittelnorwegen sowie an der Wasserscheide zwischen Ost und West und hat im Bewusstsein des norwegischen Volkes den Rang eines Nationalmonumentes inne: „Einig und treu werden wir sein, bis das Dovregebirge einstürzt", so gelobten es die Väter der norwegischen Verfassung 1814 in Eidsvoll, und entsprechend steht das Dovrefjell nicht zuletzt auch als Symbol für die Ewigkeit der Nation.

Ausgangspunkte für die Entdeckung dieser mächtigen Gebirgsregion, „wo ans Ohr tönt der Kiefern Gesause – Welcher Sang, welche Stille! – hier bin ich zu Hause", wie es Henrik Ibsens Solveig findet, sind neben **Dombås** vor allem **Kongsvold** (s. u.) und **Oppdal** (S. 385), die beide an der E 6 liegen, der einzigen Straße, die das Dovrefjell durchquert. Auch die Bahnlinie Oslo–Trondheim zieht sich durch das Refugium hindurch, und auf diese beiden Wege ist jeder angewiesen, der nicht wandernd unterwegs ist.

Nach Kongsvold

Nördlich des Vogelreservates steigt die E 6 weiter an, und immer karger wird das Land, das sich bald als Tundrasteppe präsentiert und ge-

Panorama Snøhetta

Im Juni 2015 wurde in 1220 m Höhe auf dem Tverrfjell ein Aussichts-Pavillon eröffnet, von dem aus man ein ganz und gar fantastisches Panorama über das Dovfrefjell hinweg auf die Snøhetta (S. 384) genießen kann, den mit 2286 m höchsten Berg im Dovrefjell. Geplant wurde das aus Stahl und Holz errichtete Gebäude von der Architekturfirma gleichen Namens, also Snøhetta, die u. a. auch für den Bau des neuen Opernhauses in Oslo verantwortlich zeichnet. Der Aussichtspunkt liegt 1,5 km von Hjerkinn und dem dort an der E 6 einladenden Park-/Rastplatz entfernt, und ein neu angelegter, auch für Rollstuhlfahrer tauglicher Weg führt dort hin.

Das Fokstumyra, ein Paradies für Vögel

Das an der südlichen Abdachung des Dovrefjells gelegene Hochmoor (*myra* = „Moor") gehört mit rund 70 brütenden Vogelarten – darunter auch so seltene Vertreter wie Kraniche, Moorfalken und Lappensperlinge – zu den beliebtesten nordeuropäischen Reisezielen der Ornithologen. Doch auch als Laie kann man in diesem seit 1923 unter Naturschutz stehenden und etwa 8 km² großen Refugium so manche Vogelspezies beobachten. Ein 6 km langer, markierter Rundwanderweg führt hinein. Wichtigste Ausrüstungsgegenstände sind ein Fernglas sowie Gummistiefel, und beschilderter Startpunkt ist die Bahnstation Hjerkinn bei der Fokstua Fjellstugu, wo nahebei auch der Kongsveien (S. 379) an die E 6 heranführt. Wo die Straße zum Reservat abzweigt, muss man sich beim Fokstua Gård registrieren lassen (kostenlos). Dort erhält man auch eine Informationsbroschüre und kann sich während der Hochsaison für ornithologische Führungen anmelden.

mäß der Sage Heimat des Dovregubben ist, eines trollähnlichen Unholds, welchem mit dem am Weg liegenden Holzbau **Dovregubbens hall** schon 1938 ein Denkmal gesetzt worden ist. Vor dem Gebirgsgasthof steht eine Nachbildung des Riesentrolls, und wie groß hier im Sommer der Touristenandrang ist, kann man sich leicht ausmalen.

Mehr als einen Kurzbesuch wird man der „Halle des Dovretrolls" nicht abstatten wollen, und immer höher zieht sich nun die E 6 auf die immer karger werdende Hochfjellebene hinaus, aus der im Westen bald die beiden Zweitausender Snøhetta (2286 m) und Svanåtind (2215 m) herausragen. Dieser Anblick markiert einen Höhepunkt der Wegstrecke, und auch geografisch ist hier der mit 1026 **höchste Punkt der Europastraße** erreicht. Von dieser Wasserscheide aus geht es wieder bergab, und jenseits der Bezirksgrenze zu Sør-Trøndelag ist bald Kongsvold erreicht.

Kongsvold

Der aus 29 Gebäuden bestehende Komplex dieses Gebirgsgasthofes fügt sich mit seinen rot und weiß getünchten altersschiefen Holzkaten prächtig in die umgebende Landschaft ein und bietet nicht nur eine urig-rustikale Gaststuben-Gemütlichkeit, sondern auch die behaglichsten Fremdenzimmer im gesamten Bereich des Dovrefjells. Obendrein ist er im Sommer täglich Ausgangspunkt geführter **Moschusochsen-Safaris** (S. 381), und auch die Besteigung der 2286 m messenden **Snøhetta** wird von hier aus angeboten. Doch auch individuell ist es kein Problem, den Gipfel zu erklimmen (S. 384, Wandern).

Wem die Moschusochsen- oder Klettertour zu anstrengend sind, dem sei die zweistündige Wanderung entlang des **Vårstigen** empfohlen. In früheren Zeiten galt er als der gefährlichste Teil des gesamten Königsweges (S. 379), und vorbei an zahlreichen Aussichtspunkten windet er sich oberhalb der oft reißenden Driva zu Tal. Auch über diesen Spazierweg erhält man in Kongsvold Informationen, wo nicht zuletzt auch der **Fjellhagen** („Fjellgarten") einlädt, der zahlreiche Pflanzenarten, die auf dem Dovrefjell beheimatet sind, zeigt und benennt (Informationen auch auf Deutsch).

Dovrefjell-Sunndalsfjella-Nationalpark

Der im Jahre 2002 ausgewiesene Dovrefjell-Sunndalsfjella-Nationalpark ging aus dem bereits 1974 eingerichteten Dovrefjell-Nationalpark hervor, der aber mit einer Fläche von nur 265 km² viel zu klein war, um seinem Anspruch gerecht werden zu können, die alpine Tundralandschaft des Dovrefjell mit ihrer unerhört reichen Pflanzen- und Tierwelt nachhaltig zu schützen. Unter ökologischen Gesichtspunkten war eine Erweiterung unumgänglich, und zusammen mit angrenzenden Landschaftsschutzgebieten umfasst der derzeitige Nationalpark nun eine Fläche von 4367 km². Das ist Rekord in Norwegen, wie auch die Anzahl der registrierten Moose und Flechten (ca. 350 Arten) sowie der höheren Pflanzen (rund 440 Arten) einzigartig dasteht.

Da die Flora zudem zahlreiche endemische Arten kennt – Pflanzen, die weltweit nur hier gedeihen –, kam die Frage nach ihrem Ursprung auf. Gemäß der gängigen Theorie war nämlich stets vorausgesetzt worden, dass keine Pflanze die Eiszeit überlebt hatte, alle heute vorkommenden Pflanzen somit vom früher eisfrei gewordenen Mitteleuropa aus nach Norden zurückgewandert waren. Dies stellte sich nun als falsch heraus, denn wie Datierungen ergaben, haben auf dem Dovrefjell mehrere Pflanzenarten „überwintert" – wahrscheinlich auf der Nordre und Søndre Knutshøy, zwei Berge von rund 1700 m Höhe, die sich östlich von Kongsvold erheben. Informationen über Tier- und Pflanzenwelt sowie die vielfältigen Wandermöglichkeiten im Nationalpark erhält man im vorbildlich ausgestatteten Informationszentrum von Kongsvold an der E 6, doch am umfassendsten informieren die Nationalparkzentren von Dombås (S. 381) sowie Oppdal (S. 385).

ÜBERNACHTUNG

€ **Hjerkinnhus**, Hjerkinn, ✆ 61215100, 💻 www.hjerkinn.no. Die gemütliche Gaststube, an einem Wiesenhang gelegen, ist schon seit 12 Generationen in Familienbesitz und damit eines der ältesten Familienunternehmen in ganz Norwegen. Es gibt 26 Hotelzimmer (gut ausgestattet mit Bad/WC), mehrere Apartments sowie 50 Stellplätze für Wohnmobile/Zelte, außerdem Betten im Schlafsaal (350 NOK). Zum Angebot der Unterkunft zählen auch ein Reitstall (organisierte Reittouren), Sauna und Badezuber. Außerdem Fahrrad- und Kanuverleih, Vermittlung von geführten Touren und Aktivitäten. Auch Halb- und Vollpension sind möglich. Stellplatz 180 NOK, DZ/ Apartments ab ❺

Kongsvold Fjellstue, Kongsvold, ✆ 90084802, 💻 www.kongsvold.no. Traditionsreicher Hof aus dem frühen 18. Jh. neben der winzigen Bahnstation (Zug hält nur auf Anfrage). 32 holzvertäfelte Zimmer (inkl. Frühstück) mit moderner Ausstattung und Bad/WC. Cafeteria, ein rustikales Spitzenrestaurant sowie ein urgemütliches Kaminzimmer. Auch bekommt man hier Infos zum Nationalpark sowie Wanderkarten und kann an geführten Moschusochsen-Safaris teilnehmen (S. 381). Ab ❺

Furuhaugli Turisthytte, Furuhaugli (südlich von Hjerkinn via E 6), ✆ 61240000, 💻 www.furuhaugli.no. Nördlich des Fokstu-Moores (S. 383) und etwas abseits der E 6 gelegene Hütten- und Campinganlage. Schöne Stellplätze unter vereinzelten Birken, 29 große und kleine Hütten, gute Sanitäranlage, Cafeteria, Kaminzimmer mit TV, Badezuber unter freiem Himmel. Stellplatz 150 NOK, große Auswahl an Hütten ab 750 NOK.

AKTIVITÄTEN

Das Dovrefjell ist für Dutzende **Wanderungen** gut, und viele Routen sind untereinander mit DNT-Wanderhütten verbunden (Schlüssel in Kongsvold oder im Nationalparkzentrum in Dombås). Unterwegs sieht man auch recht häufig Moschusochsen (s. Kasten S. 381), von denen man aber, wie gesagt, mindestens 200 m Abstand halten sollte.

Wer längere Wanderungen plant, sollte sich in Kongsvold oder Dombås die Karte *Dovrefjell* (1 : 100 000) von Statens Kartverk besorgen, wo sämtliche Routen eingezeichnet sind. Eine der beliebtesten Touren startet etwa 100 m südlich der Kongsvold Fjellstue (s. links) und führt zur **DNT-Hütte Reinheim**. Die Tour zur Hütte dauert etwa 4 1/2 Std. pro Weg, und die Hütte wiederum ist Ausgangspunkt für die Besteigung des 2286 m hohen Gipfels der Snøhetta (5 Std. hin und zurück). Am besten plant man 2 Tage ein und übernachtet in der Hütte. Eine weitere Infoquelle für Wanderungen ist die Hjerkinn Fjellstue (s. slinks), die eine eigene Wanderkarte herausgibt, und über ein gutes Dutzend Wanderungen von bis zu mehreren Tagen Dauer informiert.

TOUREN

Moschusochsen-Safaris bietet die **Kongsvold Fjellstue** (s. links); Juni–Mitte Aug für 325 NOK. Reittouren, Ausritte und Pferdetreks bietet **Hjerkinnhus** (s. links). Auf dem Programm stehen Ausritte und Pferdetrecks verschiedener Länge, Halbtagestouren ab 680 NOK, Tagestouren ab 925 NOK; auch Kanuverleih (150 NOK pro Tag) und Fahrradverleih (200 NOK) sowie Moschusochsen-Safaris 350 NOK.

INFORMATIONEN

Infos zum Dovefjell bekommt man im Touristenbüro in Dombås sowie im dortigen Nationalparkzentrum (S. 381). Ansonsten gibt's eine kleine Informationsstelle bei der Kongsvold Fjellstue (S. 384).

TRANSPORT

Busse

Die Busse halten am Fokstumyra sowie in Kongsvold, es bestehen Verbindungen Richtung TRONDHEIM via OPPDAL sowie Richtung OSLO via DOMBÅS, OTTA, LILLEHAMMER und HAMAR; auch ÅNDALSNES wird bedient.

Eisenbahn

Von Kongsvold aus 4x tgl. Verbindungen nach TRONDHEIM via OPPDAL sowie Richtung OSLO via DOMBÅS, OTTA, LILLEHAMMER, HAMAR und GARDERMOEN-Flughafen); die Züge halten in Kongsvold nur auf Anfrage.

Oppdal

Der am Nordrand des Dovrefjells gelegene Ort (ca. 4000 Einwohner) hat sich vor allem als Wintersportzentrum einen herausragenden Namen in Mittelnorwegen gemacht, bietet aktiven Reisenden aber auch ein beachtliches Sommerprogramm. Als Highlight gelten die auch von hier aus durchgeführten Moschusochsen-Safaris (S. 381) sowie das Panorama, das sich vom 1150 m hohen Hausberg Skjærshovden aus eröffnet, auf dessen Gipfel eine Seilbahn (Gondolen) führt. ⌚ Mitte Juni–Anfang Okt Sa und So 11–17, 4. Juli–16. Aug tgl. 11–17 Uhr, 100 NOK.

Das **Freilichtmuseum** (Oppdal Bygdemuseum), kann mit seinen 25 teilweise jahrhundertealten Gebäuden auch kulturhistorisch interessierte Besucher begeistern. 💻 www.oppdalsmuseet.no, ⌚ 25. Juni–20. Aug Di und Fr 11–15, So 11–17 Uhr, Eintritt 50 NOK). Gleiches gilt für die **Holzkirche** aus dem 17. Jh., 3 km außerhalb an der R 70, sowie das unterhalb des Gotteshauses gelegene **Gräberfeld von Vang**, das fast 1000 Grabhügel aus der Wikingerzeit umfasst.

Weitere Highlights sind die nach Dutzenden zu zählenden **Wanderungen** auf/über das Dovrefjell sowie Trollheimen. Die Website des Touristenbüros bietet allein 40 ausführliche Tourbeschreibungen und die dazugehörigen downloadbaren Karten, und wer eher an **Fahrradtouren** interessiert ist, kann unter elf vorgestellten Routen auswählen.

Bleiben last not least die **Tandem-Fallschirmsprünge**, die im Sommer von Skydive Oppdal, ☎ 90507323, 💻 www.skydiveoppdal.no, angeboten werden. Sie sind auch für Anfänger geeignet und kosten 3690 NOK. Auch Fallschirmsprungkurse (ab 7450 NOK) stehen auf dem Programm.

ÜBERNACHTUNG

Die Buchungsseite 💻 www.oppdalbooking.no ist die zentrale Buchungsstelle für Unterkünfte und Aktivitäten in Oppdal.

Hostels und Hotels

€ **IMI Stølen**, 4 km vom Zentrum, ☎ 72421370, 💻 www.imi-stolen.no. Etwas außerhalb im Grünen gelegene Ferienanlage. Erheblich günstiger als die teuren Hotelzimmer im Zentrum. Einfache Zimmer (mit oder ohne Bad/WC), Apartments (3–7 Pers.), kleine Hütten und Campingstellplätze (140 NOK). Das freundliche Personal ist bei der Vermittlung von Aktivitäten behilf-

Wintersport in Oppdal

Mit 39 Abfahrtspisten (darunter fünf schwarze) und 18 Liften ist Oppdal das größte Alpinski-Zentrum in Norwegen. Natürlich gibt es eine Skischule sowie Skiverleih, außerdem laden Dutzende gespurte Loipen ein; weitere Informationen erhält man über das **Oppdal Skisenter**, ☎ 72404480, 💻 www.oppdalskisenter.no. Die Skisaison dauert hier in den Regel von Dezember bis April.

lich. Gute Wandermöglichkeiten. Hütten 430 NOK, DZ/Apartments ab ❸

Vekve Hyttetun, Auneveien 10, ✆ 91387743, 💻 www.vekvehyttetun.no. Empfehlenswerte Hüttenanlage mitten im Stadtzentrum. Die 10 traditionellen und urgemütlichen Grasdach-Blockhütten liegen schön auf einem Wiesenhügel, sind von Birken gesäumt und mit 4 Betten, Sitzecke/TV, Küche und Bad/WC ausgestattet. ❷

Vangslia Fjelltun, Vangslia (3 km vom Zentrum an der RV 70), ✆ 72400800, 💻 www.oppdal booking.no. Die ansprechende Apartmentanlage direkt neben dem Skizentrum mit traumhafter Aussicht auf das Tal bietet 30 Apartments in hübschen Blockbauten mit Grasdächern. Die Gäste erwartet ein guter Standard: Die Quartiere verfügen über 2 Schlafzimmer (bis zu 6 Pers.), Bad/WC, eigene Sauna (!), Wohnzimmer mit TV, moderne Küche (u. a. Spülmaschine). Eigene Skischule, Skiverleih, Wandermöglichkeiten Ab ❹

Quality Hotel Skifer, O. Skasliens veg 9, ✆ 73605080, 💻 www.skiferhotel.no. Modernes Hotel in Top-Panoramalage und mit architektonischem Bezug zum Schiefer-Abbau in dieser Region. Ab ❸

Camping und Hütten

€ **Granmo Camping**, Driva (etwa 6 km südl. von Oppdal an der E 6), ✆ 99642947, 💻 www.hevle.no. Großer, etwas kahler Wiesenplatz am Fluss. 32 ansprechende Hütten von unterschiedlichem Standard, gute Sanitäranlagen, Campingküche und Aufenthaltszimmer, Spielplatz, Kiosk. Gäste können gratis im Fluss angeln. Stellplatz ab 150 NOK, Hütten ab 400 NOK, Apartments ab 700 NOK.

Halsetløkka Oppdal Camping, 3 km nördlich an der E 6, ✆ 72421361, 💻 www.halsetlokka.no. Ganzjährig geöffneter 4-Sterne-Platz in einem Birkenwald mit großen Wiesenarealen. Moderne sanitäre Anlagen, Hütten verschiedener Preisklassen, Minigolf, Kinderschwimmbad, Aufenthaltszimmer mit TV, Wanderpfade vor der Tür. Stellplatz 195 NOK, Hütten ab ❷

ESSEN

€ **Baretta**, in der 1. Etage des Einkaufszentrums Aunasenteret, 💻 www.baretta.no. Lunchgerichte, traditionelle Hausmannskost, À-la carte-Speisen und Burger, alles zu zivilen Preisen. So Taco- und Pizzabuffet zum Sattessen. Schön zum draußen Sitzen auf der Außenterrasse. 🕒 Mo–Fr 11–19, Sa 11–18 Uhr.

Møllen Restaurant & Pizzeria, Dovreveien 2, 💻 www.moellen.no. Die Speisekarte ist üppig und listet unter anderemSalate und Burger, Pasta und Grillgerichte, Fisch- und Fleischgerichte sowie Pizzen und Kebabs auf. Günstig. 🕒 tgl. 13–23 Uhr.

TOUREN

Das Touristenbüro organisiert **Elchsafaris** (Juni–Aug tgl. ab 21 Uhr, 350 NOK), **Rafting** (Juni–Aug tgl. um 10 Uhr, 750 NOK), **Canyoning** (ab 750 NOK), vermittelt Sightseeing- und Bustouren sowie geführte **Goldgräbertouren**, **Hundeschlittentouren** und **Moschusochsen-Safaris** (350 NOK).

SONSTIGES

Alkohol

Oppdal vinmonopol, Dovreveien 2 (Domussenteret), ✆ 04560, 🕒 Mo–Do 10–17, Fr 10–18, Sa 10–15 Uhr.

Apotheken

Vitusapotek, Domussenteret, ✆ 72400990, 🕒 Mo–Fr 9–17, Sa 9–14 Uhr.

Fahrradverleih

Oppdal turistkontor, s. u.; 150 NOK pro Tag.

Geld

Oppdalsbanken, O. Skasliens veg 15, ✆ 72404040.

Informationen

Oppdal turistkontor, O. Skasliens veg 15, ✆ 72400470, 💻 www.oppdal.com, 🕒 Mitte Juni–Mitte Aug Mo–Fr 9–16, Sa und So 9–13.30, sonst Mo–Fr 9–16 Uhr.

Oppdal Nasjonalparksenter: Interessante Ausstellung zum Dovrefjell-Sunndalsfjella-Nationalpark, die dem örtlichen Touristenbüro angeschlossen ist, 💻 www.nasjonalparker.org.

Medizinische Hilfe

Oppdal legevakt, ✆ 72480100.

Polizei

Oppdal lensmannskontor, Rådhuset, ✆ 02800.

Post

Oppdal postkontor, Dovreveien 2, ✆ 04004, 🕒 Mo–Fr 9–17, Sa 10–14 Uhr.

Taxis

✆ 72421205.

TRANSPORT

Busse

Verbindungen u. a. mehrmals tgl. nach TRONDHEIM, RØROS sowie OSLO via DOVREFJELL, DOMBÅS, OTTA, LILLEHAMMER und HAMAR.

Eisenbahn

4x tgl. Verbindungen nach TRONDHEIM, außerdem Richtung OSLO via DOVREFJELL, DOMBÅS, OTTA, LILLEHAMMER, HAMAR und GARDERMOEN-Flughafen (ca. 1 1/2 Std.).

11 HIGHLIGHT

Jotunheimen

Größe und Majestät der norwegischen Gebirgswelt erschließen sich wohl nirgends eindrucksvoller als in der gipfelstarrenden und ungeheuer gletscherreichen Landschaft von Jotunheimen, die mit mehr als 250 Bergen über 1900 m Höhe (davon 20, die die Marke von 2300 m überragen) die größte und wildeste Gebirgsregion von Nordeuropa bildet – und auch die höchste. Nichts anderes will ihr im 19. Jh. in nationalromantischer Begeisterung von dem Dichter A. O. Vinje geprägter Name „Heimat der Riesen" aussagen, der aus der nordischen Mythologie entlehnt wurde und an die Frost- und Reifriesen der Edda erinnert.

Im Süden grenzt dieses rund 3500 km² umfassende Gebiet ans malerische Valdres; im Norden des früher als Jotunfjell bezeichneten Gebirgsstocks verläuft das wildromantische Ottadal, während das „Riesengebirge" im Osten ins Sjøadal blickt und im Westen abrupt aus den schimmernden Fluten des Sognefjords aufsteigt. Insbesondere Wanderer und Bergsteiger erleben diese Gebirgsbastion als einmaliges Naturerlebnis, doch auch im Rahmen einer Bootsfahrt lässt sich das Gebiet in all seiner majestätischen Schönheit genießen, während man hier mit dem eigenen Fahrzeug oder auch Bus innerhalb kurzer Distanzen alle Landschaftstypen Norwegens wie im Zeitraffer durchfahren kann. Und da sich der Bezirk obendrein durch ein überreiches Kulturerbe auszeichnet und u. a. zahlreiche Stabkirchen zählt, heißt es zu Recht auch hier, dass Natur und Kultur wunderbar vereint sind.

Infos zu Jotunheimen

- 💻 **www.visitjotunheimen.no**, 💻 **www.jotunheimen.com** und 💻 **www.fjellnorway.com**: Die drei Websites stellen ganz Jotunheimen detailliert vor.
- Öffentliche Verkehrsmittel: Die gesamte Region lässt sich problemlos per Bus erkunden, zumal im Sommer, wenn Dutzende Fjellbusse auch das Hochgebirge bedienen. Da die beiden schönsten Straßen der Region – die Sognefjellstraße sowie die Straße über die Valdresflya – erst ab ca. Ende Mai nach langer Wintersperrung wieder geöffnet sind, lohnt es nicht, Jotunheimen schon im Frühling zu besuchen. Informationen für die Gesamtregion unter ✆ 177, im Internet hilft 💻 www.rutebok.no.

Lom

Das knapp 1000 Einwohner zählende und auf rund 350 m Höhe gelegene Städtchen erstreckt sich am Südende des lang gezogenen Ottavatnet zu Füßen bis über 1500 m hoher Berge. Seiner Lage im Zentrum des Ottadals am Kreuzungspunkt der Sognefjellstraße mit der traditionellen Hauptverkehrsader zwischen Ost- und Westnorwegen verdankt der kleine Ort seinen heutigen touristischen Stellenwert als bedeutendstes Ferienzentrum von Jotunheimen.

Insbesondere für Freunde ungewöhnlicher Outdoor-Abenteuer entpuppt sich Lom zusammen mit dem 24 km entfernten Vågåmo (S. 397) als wahres Eldorado. Im Hochsommer herrscht entsprechender Andrang, von dem man sich aber nicht davon abhalten lassen sollte, die zahlreichen Sehenswürdigkeiten zu besuchen, die nicht nur den Naturfreund, sondern auch den kulturhistorisch interessierten Reisenden begeistern werden.

Die Stabkirche von Lom

Mit ihrem hohen spitzen Turm ist die aus dem frühen 12. Jh. stammende Stabkirche von Lom (Lom Stavkirke) Blickfang im Ort, und auch aus der Nähe betrachtet gibt das altersdunkle, in Form einer dreischiffigen Basilika errichtete Gotteshaus ein prachtvolles Bild ab. Obendrein gilt es als eines der größten Zeitzeugen seiner Art, und da die Stabkirche in den 1930er-Jahren mit größter Sorgfalt restauriert wurde, kann sie sich rühmen, eine der am besten erhaltenen des Königreiches zu sein. Diesem Anspruch wird sie auch im Innern gerecht, wo 20 Masten das bauliche Gefüge tragen, und selbst das, was in nachreformatorischer Zeit an Schmuckwerk hinzugefügt wurde – insbesondere der Renaissance-Altar von 1669 sowie die Barockkanzel von 1793 –, trübt den harmonischen Gesamteindruck nicht. ⌚ 8. Juni–16. Aug tgl. 9–17 Uhr, 18. Mai–7. Juni und 17. Aug–20. Sep tgl. 10–16 Uhr, Eintritt 60 NOK.

Lom-Freilichtmuseum

Highlight des rund zwei Dutzend historische Gehöfte umfassenden **Lom Bygdemuseum** ist das Storstabburet, bei dem es sich um das größte noch erhaltene Speicherhaus des Landes handelt. Sehenswert sind darüber hinaus die Sammlungen zur norwegischen Volkskunst sowie insbesondere die Sonderausstellung „Bewässerungskultur im Ottadal": Mit weniger als 400 mm Niederschlag pro Jahr ist der im Schatten der umgebenden Gebirgsmassive liegende Talzug eine der trockensten Regionen des Landes, weshalb hier schon vor langer Zeit aufwendige Bewässerungsanlagen errichtet wurden. 💻 www.gudbrandsdalsmusea.no, ⌚ 27. Juni–10. Aug Di–So 11–16 Uhr, Eintritt frei.

Fossheim Steinzentrum

Das **Fossheim Steinsentrum** befindet sich auf dem Gelände des Fossheim Turisthotels und ist nichts weniger als die mit Abstand größte Sammlung an Mineralien und Schmucksteinen im Königreich, weshalb sie sich als internationaler Treff für Mineraliensammler einen Namen gemacht hat. Aber auch Schmuckjäger können hier überreiche Beute machen, man kann eigene Mineralienfunde bestimmen lassen und seit 2003 auch eine hochwertige Foto- und Kunstgalerie besuchen. Daneben locken ein Geschäft für lokale Spezialitäten und, im ehemaligen Stall, Antiquitäten jeder Art. 💻 www.fossheimsteinsenter.no, ⌚ 15. Juni–15. Aug tgl. 10–18, Vor- und Nachsaison tgl. 10–16 Uhr, Eintritt frei.

ÜBERNACHTUNG

Hostels und Hotels

€ **Bøverdalen Vandrerhjem**, Bøverdalen (18 km von Lom Richtung Sognefjellet), ✆ 61212064, 💻 www.hihostels.no. Gemütliche Jugendherberge in herrlicher Lage. Die holzvertäfelten Zimmer mit Gemeinschafts-Bad/WC sind einfach, aber sauber und recht günstig; Schlafsaal gibt es nicht. Gästeküche, Aufenthaltszimmer, großes Aktivitätsangebot. Hütten ab 600 NOK. ⌚ 30. April–20. Okt, DZ ❷

Skjåk Turistheim, Skjåk (10 km von Lom Richtung Stryn an der R 15), ✆ 61214024, 💻 www.skeidkro.no. Größere Anlage im Grünen mit 13 Mittelklassezimmern, großen und kleinen Hütten mit oder ohne Bad/WC sowie Apartments und Stellplätzen für Zelte und Wohnmobile (210 NOK). Restaurant mit guter traditioneller Hausmannskost. DZ ❹, Hütten ab 600 NOK, Apartment ❹

Fossberg Hotell, Lom, ✆ 61212250, 💻 www.fossberg.no. Ansprechendes Traditionshaus in etwas erhöhter Lage im Zentrum. Sehr komfortable und gemütliche Zimmer, hervorragende Ausstattung (u. a. Hallenbad, Sauna, Badezuber, Solarium, Squash und Fitnessraum), gutes Restaurant, Café mit Terrasse. Auch zahlreiche Hütten und Apartments. DZ ❻, Hütten ab ❺

Fossheim Turisthotell, Lom, ✆ 61219500, 💻 www.fossheimhotel.no. Schmucker Holzbau aus dem 19. Jh., der in früheren Zeiten als

© DUMONT BILDARCHIV / DR. CHRISTIAN NOWAK

Die Stabkirche von Lom vereint frühchristliche und germanisch-heidnische Formensprache.

OST- UND MITTELNORWEGEN

Poststation diente und sich heute als luxuriöses Hotel präsentiert, in dem Gemütlichkeit, Eleganz und moderne Ausstattung Hand in Hand gehen. ⌚ Mitte Feb–Mitte Dez. ❻

Camping und Hütten

Nordal Turistsenter, Lom, ✆ 61219300, 💻 www.nordalturistsenter.no. Große Anlage im Zentrum mit Zeltwiesen unter vereinzelten Birken. Es gibt 18 Komfortzimmer mit Bad/WC und TV, außerdem 64 Hütten unterschiedlichen Standards. Zum Angebot gehören topmoderne Sanitäranlagen (u. a. mit Sauna, türkischem Dampfbad und Solarium), Spielplatz, Aufenthaltsraum, Restaurant/Café und urgemütlicher Pub. Stellplatz ab 190 NOK, Hütten ab ❶, DZ ab ❸

Gjeilo Camping, 7 km westlich von Lom an der R 15, ✆ 61214120, 💻 www.gjeilocamping.no. Netter kleiner Platz in idyllischer Lage am See, nicht weit von einem Naturschutzgebiet entfernt. Etwa 60 preiswerte Stellplätze, 10 Hütten, saubere Sanitäranlagen, Campingküche und Kanuverleih. Sehr gute Bade- und Angelmöglichkeiten im See. Stellplatz 130 NOK, Hütten ab 350 NOK.

ESSEN

Fossheim Turisthotell, S. 389. Das Hotel-Restaurant genießt in Feinschmeckerkreisen landesweit einen herausragenden Ruf. Zur delikaten Auswahl stehen 4 Gourmetmenüs mit 3, 4, 5, 6 oder 8 Gängen (ab 425 NOK), die aus den besten Rohwaren der Jahreszeit zusammengestellt werden (Spezialitäten wie Elchfleisch oder Schneehuhn stehen fast immer zur Auswahl). Im Sommer wird auch im Kräutergarten serviert. ⌚ Dinner 19.30–21.30 Uhr.

AKTIVITÄTEN

Radfahren

Im Umfeld von Lom laden mehrere spezielle Fahrradrouten ein, die entlang kaum von Fahrzeugen frequentierter Schotterstraßen führen; das Touristenbüro informiert ausführlich. Wer eine gute Kondition und Lust auf „Steigung satt" hat, kann sich an der schmalen Serpentinenstraße versuchen, die sich von Bismo aus (R 15 Richtung Skjåk) über 700 Höhenmeter zum See Aursjøen hinaufzieht.

Wandern

In der Touristeninformation gibt es eine kostenlose Broschüre, in der zahlreiche Wanderungen in Stadtnähe beschrieben sind, darunter ein beliebter Kulturwanderpfad ins Ottadal. Start- und Endpunkt am Touristenbüro (Nationalparkzentrum), die Route ist leicht, die Steigung schwach (ca. 3 Std. hin und zurück). Wer höher hinauf will, wähle etwa die 3 km lange Rundwanderung vom Stadtzentrum auf den 1289 m hohen Gipfel des Lomseggen.

TOUREN

Wer an organisierten Outdoor-Aktivitäten wie Gletschertouren, Bergtouren (u. a. zum Galdhøpiggen (S. 394), Kletterausflügen, Höhlenwanderungen, Rafting und Canyoning interessiert ist, kann in Lom aus zahlreichen Veranstaltern auswählen. Das Touristenbüro spricht Empfehlungen aus, und einen guten Namen haben u. a. **Naturopplevingar**, ✆ 61211155, 💻 www.naturopplevingar.no, sowie **Aktiv i Lom**, Bøverdalen, ✆ 61212799, 💻 www.aktivilom.no nebst **Lom & Skjåk Adventure**, Ofossen, Skjåk, ✆ 47261672, 💻 www.isadventure.no.

SONSTIGES

Alkohol

Lom vinmonopol, Flekkøybygget, ✆ 04560, 🕒 Di, Do, Fr 12–16, Sa 11–15 Uhr.

Apotheken

Apotek 1, Flekkøybygget, ✆ 61219910, 🕒 Mo–Fr 9–16, Sa 10–13 Uhr.

Fahrradverleih

Jotunheimen Fjellstue, Bøverdalen; Kontakt über das Touristenbüro in Lom, s. u.

Geld

Spare Bank 1, Skjåk, ✆ 61213500.

Informationen

Lom turistinformasjon, im Gebäude des Gebirgsmuseums (S. 392), ✆ 61212990, 💻 www.jotunheimen.com und www.visitjotunheimen.no. Ist für Lom und das gesamte Jotunheimen-Gebiet (Schwerpunkt westliches Jotunheimen) zuständig. 🕒 Mitte Juni–Mitte Aug Mo–Fr 9–17, Sa und So 10–15, sonst Mo–Fr 10–15 Uhr.

Medizinische Hilfe

Legevakta, ✆ 61217300.

Polizei

Lom lensmannskontor, Murgarden, ✆ 02800.

Post

Lom Post i butikk (Kiwi Supermarkt), ✆ 04004, 🕒 Mo–Fr 9–21, Sa 9–18 Uhr.

Taxis

✆ 61211697.

TRANSPORT

Busverbindungen mehrmals tgl. mit OTTA, LILLEHAMMER, HAMAR und OSLO sowie mit VÅGÅ und FAGERNES (via BYGDIN und GJENDE). Im Sommer, wenn zudem zahlreiche Fjellrouten ins Gebiet von JOTUNHEIMEN und RONDANE bedient werden, auch über die Sognefjell-Hochstraße zum SOGNEFJORD. Mitte Juni–Mitte Aug fährt 1–2x tgl. (morgens und spätnachmittags) ein Bus entlang des Ottadal und GEIRANGERVEGEN nach GEIRANGER (Anschluss am kommenden Tag nach ÅNDALSNES via ØRNEVEIEN und TROLLSTIGEN). Außerdem mehrmals tgl. Richtung NORDFJORD; auch BERGEN wird bedient.

Über das Sognefjell

Vom Trollstigen (S. 347) einmal abgesehen, gibt es in Norwegen keine Strecke, die sich mit der **Sognefjellstraße** an Berühmtheit messen kann, und Hunderttausende Besucher sind es folglich, die sich Sommer für Sommer auf den Weg von Lom (S. 388) im Ottadal nach Skjolden am Nordende des Lustrafjords (S. 393) machen. Es erwarten sie rund 80 km voller wechselnder, aber stets spektakulärer Hochgebirgseindrücke, und allem Verkehr zum Trotz sollte man sich den

Spaß nicht entgehen lassen, der zum Nationalen Touristenweg, 💻 www.nasjonaleturistveger.no, ernannten R 54 zu folgen, die zwischen den höchsten Gipfeln des Königreiches im Osten und den ausgedehntesten Gletscherfeldern Europas im Westen hindurchführt und dabei den höchsten Straßenpass Norwegens überwindet.

Auch mit öffentlichen Verkehrsmitteln lässt sich die Strecke problemlos bewältigen, und da im Hochsommer zudem die oft abseits gelegenen Fjellhütten mehrmals täglich angefahren werden (Informationen über das Touristenbüro im Lom, S. 391), kann man auch diese Ausgangspunkte für Wanderungen und Gipfelstürme mit dem Bus erreichen.

Ins Hochgebirge

Zu den besten Stützpunkten für Bergwanderer gehört die **Spiterstulen Turisthytte** (S. 393, Übernachtung), zu der bei Røysheim, rund 15 km südlich von Lom, eine Stichstraße abzweigt. Sie liegt auf 1100 m Höhe, ist Ausgangspunkt für die Besteigung des Galdhøpiggen (S. 394) sowie des nur 5 m niedrigeren Glittertind (2464 m) und außerdem Sitz einer Fjellschule, die u. a. geführte Wanderungen nach Memurubu (S. 399) am Gjende-See im Programm hat.

4 km südlich der Abzweigung ist die **Juvasshytta** ausgeschildert, und auf rund 15 km Länge zieht sich die Stichstraße hinauf zur Wanderhütte, die Ausgangspunkt für einen Besuch des Klimaparks 2469 (s. Kasten, S. 393), die Besteigung des Galdhøpiggen sowie zahlreiche Hochgebirgswanderungen ist. Sie liegt auf 1850 m Höhe und markiert damit auch den höchsten in Nordeuropa erreichbaren Straßenpunkt.

1440 m über dem Meer

Der höchste Straßenpass Skandinaviens aber wird erst rund 50 km südlich von Lom bei der **Sognefjell Turisthytte** (S. 396) erreicht, und die Aussicht von der 1440 m messenden Höhe auf die von Gletschern und Berggiganten geprägte Hochgebirgswelt, die oft noch bis in den Juli hinein im Kältegriff des Winters liegt, ist schier überwältigend. Das mit Abstand schönste Panorama genießt man vom ausgeschilderten Rastplatz Mefjellet aus, mit einem Kunstwerk geschmückt, das inmitten der Hochgebirgswelt ein prächtiges Fotomotiv abgibt. Auch der Andrang ist dort oben natürlich entsprechend, doch das nimmt man gerne in Kauf, zumal es ein Leichtes ist, dem Rummel innerhalb weniger Minuten zu entgleiten, indem man sich in diesem

Norwegisches Gebirgsmuseum und Nationalpark-Informationszentrum

Wer sich für die norwegische Gebirgswelt und den Jotunheimen-Nationalpark interessiert, muss das nahe der Stabkirche eingerichtete **Norsk Fjellmuseum** einfach gesehen haben! Es hat sich seiner Eröffnung 1994 eine herausragenden Ruf als eines der besuchenswertesten und ökologisch engagiertesten Naturmuseen des Landes erarbeitet, die es ebenso den umfangreichen naturkundlichen Sammlungen verdankt wie spannenden Ausstellungen und fantastisch gemachten Multimediashows. Auch das Projekt „Klimapark 2469" (S. 393) wurde hier ins Leben gerufen. Insbesondere will es Wege in die norwegische Bergwelt aufzeigen und darüber informieren, wie sich das Zusammenwirken von Mensch und Natur von der Eiszeit bis heute entwickelt hat. Zu den Ausstellungsthemen gehören u. a. „Das Norwegische Hochgebirge" sowie „Jotunheimen", auch eine Sammlung von Jagdwaffen und Rentiergeweihen ist zu sehen.

Im Auditorium locken die Diashow „Das Jahr in den Bergen" sowie die Filme „Ein Bergabenteuer" und „Klettern am Store Skagastølstind" (jeweils engl. Untertitel), während eine interaktive Wanderung durch Ton und Bild das Verhältnis der Menschen zum Gebirge beleuchtet und zeigt, wie Klima und Natur Geschichte und Kultur geformt haben und wie das Gebirge Sinne und Gefühle beeinflussen kann. Im eigentlichen **Informationszentrum des Nationalparks** gibt es Ausführliches zu den Themen „Klimawandel", „Flora und Fauna", „Landschaft" und „Wanderwege". 💻 www.fjell.museum.no, 🕒 12. Mai–21. Juni und 24. Aug bis 4. Okt Mo–Fr 9–16, Sa und So 10–15 Uhr, 22. Juni–23. Aug Mo–Sa 9–18, So bis 15 Uhr, Eintritt 80 NOK.

Sommerski-Zentrum Skier ausleiht. Wer immer schon mal mit freiem Oberkörper oder im Bikini auf die Loipe gehen wollte – hier ist es möglich.

Rund 30 km trennen diese Landmarke noch von **Skjolden** an den grünen Ufern des Sognefjords, und dass auf dieser Strecke eine Höhendifferenz von 1440 m zu überwinden ist, sagt etwas über das beachtliche Gefälle auf diesem Streckenabschnitt aus, der zumindest in den höheren Lagen meist im Saum von meterhohen Schneewänden verläuft. Zumindest einmal sollte man auf dieser Strecke noch eine Rast einlegen, und zwar beim ausgeschilderten Parkplatz Nedre Oscarshaug: Dort lädt ein gläsernes Messfernrohr auf nahe Blicke zu den höchsten Gipfeln des Hurrunganefjells ein, deren Namen einer Übersichtstafel zu entnehmen sind.

ÜBERNACHTUNG UND ESSEN

Entlang der aufs Sognefjell führenden R 55 finden sich zahlreiche Hochgebirgshotels sowie auch Wanderhütten. Nachfolgend eine Auswahl der populärsten sowie günstigsten Übernachtungsbetriebe in der weiteren Umgebung von Lom.

Spiterstulen Turisthytte, Visdalen, ✆ 61219400, 💻 www.spiterstulen.no. In Røysheim an der R 55 etwa 15 km südlich von Lom ausgeschildert, danach 18 km Schotterstraße. Die ehemalige Almhütte auf 1100 m Höhe wurde Mitte des 19. Jh. für Gäste ausgebaut. Heute steht hier ein komfortables Gebirgshotel mit allem Drum und Dran. Mehrbettzimmer, DZ, Kaminzimmer, alle mit grandioser Aussicht auf die umliegenden schneebedeckten Gipfel. Für Camper gibt's einen kleinen Zeltplatz mit eigener Sanitäranlage. Restaurant, Sauna und Schwimmbad. Das Hotel ist Ausgangspunkt für Wanderungen u. a. auf den Galdhøppigen (S. 394) und zu Dutzenden anderen Zielen mehr. Frühstück kostet 150 NOK, Abendessen 340 NOK. 🕒 Mai–Mitte Okt. Bett ab 200 NOK, DZ ab ❷, Zelten 70 NOK.

Raubergstulen, an der Straße zur Juvasshytta, ✆ 61211800, 💻 www.raubergstulen.no. Anlage mit komfortablen Zimmern und verschiedenen Hütten in diversen Preisklassen.

Klimapark 2469

Das auf Initiative des Norwegischen Gebirgsmuseums (S. 392) ins Leben gerufene Projekt „Klimapark 2469" hat es sich zur Aufgabe gemacht, auf anschauliche Weise allgemein verständliches Wissen über den durch Menschen verursachten Klimawandel in unserer Zeit zu vermitteln und so einen Beitrag zu einem „neuen" Umweltverständnis zu liefern. Eingerichtet wurde diese europaweit einzigartige Institution im Bereich des 2469 m hohen Galdhøpiggen (daher der Name „Klimapark 2469"). In der ersten Phase wurde im Sommer 2010 ein Eistunnel fertiggestellt, der anschaulich vermittelt, wie sich das Klima im Zeitverlauf geändert und dadurch auf die Lebensbedingungen der Menschen eingewirkt hat.

Ausgangspunkt zum Besuch von Klimapark/Eistunnel ist die Juvasshytta, wo zwischen 24. Juni und 20. Aug tgl. um 10.30 und 14 Uhr geführte Touren beginnen (3 Std., 345 NOK). Da die Teilnehmerzahl auf 20 begrenzt ist, sollte man möglichst frühzeitig reservieren: ✆ 61211600, 💻 www.klimapark2469.no.

Das Restaurant bietet gute Speisen zu verhältnismäßig günstigen Preisen. Großes Aktivitätsangebot sowie ebenfalls geführte Touren auf den Galdhøppigen tgl. um 10 Uhr (250 NOK). Hütten/DZ ab ❷

Leirvassbu, ausgeschildert an der R 55, ✆ 61211210, 💻 www.leirvassbu.no. Schön am See gelegene Gebirgspension auf 1400 m Höhe mit gutem Übernachtungsangebot. EZ/DZ mit oder ohne eigenes Bad/WC, Mehrbettzimmer und Familienzimmer, jedes der Zimmer ist nach einem Gletscher, Berggipfel oder See im Jotunheimen benannt. Traditionell eingerichtetes Restaurant mit guter Küche. Ausgangspunkt Dutzender Wanderungen. 🕒 22. Juni–15. Sep, DZ ab ❸

Krossbu Turiststasjon, R 55 (46 km westlich von Lom), ✆ 61212922, 💻 www.krossbu.no. Privat betriebene Gebirgsstube aus dem Jahre 1901 mit über 20 Berggipfeln über 2000 m in direkter Umgebung. 85 Betten in guten

Gipfeltour auf den Galdhøppigen

- **Route**: Juvasshytta – Galdhøpiggen (3 1/2 Std.) – Juvasshytta (2 1/2 Std.)
- **Länge**: ca. 15 km
- **Dauer**: hin und zurück ca. 6–7 Std.
- **Wegbeschaffenheit**: Es geht über Erdwege sowie vor allem steinige Pfade, über Geröll sowie im oberen Abschnitt in Seilschaft über Gletschereis.
- **Orientierung**: Der Aufstieg erfolgt geführt, Orientierungsprobleme gibt es daher nicht, und auch eine Karte ist nicht erforderlich.
- **Wandersaison**: Die geführte Bergtour wird vom 1. Juni bis 30. Sep tgl. angeboten.
- **Ausrüstung**: Grundausstattung, Trekkingschuhe, warme Zusatzkleidung, außerdem Handschuhe, Kopfbedeckung, Sonnenbrille sowie starke Sonnenschutzcreme.

Relativ leichte geführte Tour, durchaus auch für Kinder und ältere Wanderer geeignet. Ziel ist der mit 2469 m höchste Gipfel Skandinaviens, der mit atemberaubenden Panoramen über die gesamte Jotunheimen-Region beeindruckt.

Die Route

Nur etwa 3–3 1/2 Std. dauert der geführte Aufstieg auf den Gipfel des Galdhøpiggen, zwischen Juni und Sep. Jahr für Jahr Pilgerziel von Tausenden Bergwanderern aus dem In- und Ausland. Die erste bekannte Besteigung erfolgte erst im Jahre 1850, aber schon lange zuvor muss es Menschen auf diese markante Bergspitze getrieben haben, wie ein hier gefundener Pfeil aus der Eisenzeit belegt.

Die Besteigung des Galdhøpiggen erfordert außer genügend Kondition auch ein wenig Abenteuerlust, denn im oberen Abschnitt führt die Tour über den Styggebreen („grausamer Gletscher"), der seinen Namen nicht umsonst trägt und in der Vergangenheit aufgrund der lebensgefährlichen Spalten, die bis in den Spätsommer hinein oft von Schneebrücken verdeckt werden, schon viele Opfer gefordert hat. Aus diesem Grund darf der Aufstieg von der **Juvasshytta** (1841 m) aus nur zusammen mit einem Bergführer erfolgen, und der Gletscher wird ausschließlich in Seilschaft gequert. Das ist absolut sicher, außerdem spannend, wie auch die Querung des oberhalb angrenzenden Piggbreen („Stachelgletscher") einen Höhepunkt darstellt.

Unvermittelt taucht dann der erst ganz zuletzt ins Bild rückende Gipfel des **Galdhøpiggen** (2469 m) auf, und von oben blickt man auf ein Areal von über 35 000 km^2: Gipfel um Gipfel von Jotunheimen, Breheimen und auch Dovrefjell sind durch ein Fernrohr mühelos zu erkennen, und damit man auch weiß, was man sieht, wurde eine Orientierungstafel aufgestellt. Nachdem man sich an diesem wahrhaft atemberaubenden Panorama sattgesehen hat, kann man sich in einer ins Geröll geschmiegten und aus Stein und Glas errichteten Wanderhütte an warmen und kalten Getränken sowie einfachen Gerichten stärken, bevor es nach einer angenehm langen Pause an den etwa 2–3-stündigen Abstieg zur **Juvasshytta** geht.

Praktische Tipps

Touren

Von der Juvasshytta (s. u.) sowie Raubergstulen (S. 393) startet während der Saison (27. Mai–Sep) mindestens einmal täglich eine organisierte Wanderung auf den Gipfel (10 Uhr, 250 NOK alles inkl., Reservierung mind. einen Tag zuvor erforderlich, ✆ 61211550).

Alternativ kann man auch von der Spiterstulenhytta (S. 393) aufsteigen, die aber „nur" auf 1100 m Höhe liegt, weshalb der Aufstieg wesentlich länger dauert und anstrengender ist. 5 Std. hinauf und 3–4 Std. wieder hinab sind anzusetzen, und wenn auch der Weg deutlich sichtbar und markiert ist, kam es in der Vergangenheit im oberen Bereich dennoch zu mehreren Unfällen (u. a. wegen plötzlichem Wettersturz), weshalb man als nicht alpin erfahrener Wanderer möglichst an der geführten Tour ab der Juvasshytta teilnehmen sollte.

Übernachtung

Juvasshytta, ✆ 61211550, 💻 www.juvasshytta.no. In Galdesanden an der R 55 etwa 19 km südlich von Lom ausgeschildert, danach 15 km Schotterstraße. Große Wanderhütte aus dem späten 19. Jh., am Ende von Nordeuropas höchster Autostraße gelegen. Sehr beliebt bei Skifahrern und Bergwanderern; das Galdhøppigen-Sommerskizentrum (s. u.) liegt nur wenige Minuten entfernt. DZ und Mehrbettzimmer mit oder ohne eigenes Bad/WC. Restaurant, Bar, gemütliches Aufenthaltszimmer. Ausgangspunkt für zahlreiche Wanderungen, u. a. auf den Galdhøppigen. Etwas teuer, Frühstück aber inkl. 🕒 ab Mitte Mai. DZ ❺, Bett ab 440 NOK, Zelten kostet 50 NOK p. P.

Sommerski

Am **Galdhøpiggen Sommerskisenter**, ✆ 61211750, 💻 www.gpss.no, nahe der Juvasshytta (s. o.), kann man im Sommer auf die Piste gehen. Die 1400 m lange Abfahrtsstrecke bewältigt einen Höhenunterschied von etwa 350 m, zudem laden auch Langlaufloipen ein. Cafeteria, Ski- und Snowboardverleih (300 NOK pro Tag, wozu sich Schuhe zu 150 NOK, Skistöcke zu 30 NOK und Helm zu 30 NOK addieren). 🕒 Mitte Mai–Okt, Lift-Tagespass 405 NOK.

Wer Norwegen aufs Dach steigt, dem liegt ganz Jotunheimen zu Füßen.

Zimmern, großer Speisesaal, mehrere gemütliche Aufenthaltszimmer. Cafeteria mit einfachen Tellergerichten sowie mehrgängigen (allerdings recht teuren) Menus. ⏲ Anfang Juni–Ende Sep. Bett ab 410 NOK, DZ ohne Bad/WC ❷, DZ mit Bad/WC ❸

Sognefjell Turisthytte, R 55 (etwa 53 km westlich von Lom), ☏ 61212934, 💻 www.sognefjellet.no. Ansprechende Herberge in Panoramalage auf 1440 Höhe unter Leitung des DNT. 80 Betten, verteilt auf Zimmer unterschiedlicher Kategorien; gemütlich-rustikale Cafeteria. ⏲ Ende April–Mitte Sep. Bett 345 NOK (inkl. Frühstück), DZ ab ❺

AKTIVITÄTEN

Wandern

Die Wandermöglichkeiten im Jotunheim-Gebirge sind schier unerschöpflich, und zudem sind die meisten Routen gut ausgebaut sowie markiert, weshalb der gesamte Großraum auch für selbst organisierte Touren geradezu prädestiniert ist. Als Ausgangspunkte empfehlen sich u. a. die o. g. Unterkünfte, wo man auch Wanderkarten sowie weitere Infos erhält.

Wen eine Tour auf den **Galdhøppigen** (S. 394) reizt, der sollte möglichst von der Juvasshytta (S. 395) oder Raubergstulen (S. 393) aus starten, aber auch die Spiterstulen Turisthytte (S. 393) bietet sich hierfür an. Wem die Gipfelwanderung zu beschwerlich ist, der kann von der Spiterstulen Turisthytte aus über den Pfad am Visa-Fluss entlang durch das Visdalen nach **Leirvassbu** (S. 393) wandern, eine Route, die nicht nur wunderschön, sondern auch recht mühelos zu bewältigen ist. Da die Strecke etwa 6 Std. pro Weg in Anspruch nimmt, sollte man eine Übernachtung in einer der Hütten einplanen. Auch kürzere Wanderungen zu anderen Hütten (z. B. zur Juvasshytta) oder zur Abbruchkante des Svellnosgletschers (2 Std.) sind von Spiterstulen aus möglich.

Fun und Frust auf zwei Rädern

Sehr beliebt und zugleich eine mittlere Herausforderung ist die Bewältigung der Sognefjellstraße mit dem Zweirad, und es ist eine Frage der Reiseplanung sowie der Kondition, ob man der Strecke von Skjolden (S. 393) am Lustrafjord aus gen Lom folgt oder ob man sich von Lom aus in RIchtung Skjolden (bzw. bis zum Pass) auf den Weg macht. Die Gesamtstrecke beläuft sich auf rund 83 km, aber während man ab Skjolden auf einer Distanz von rund 30 km 1440 Höhenmeter zu bewältigen hat, sind es von Lom aus „nur" etwa 1100 Höhenmeter auf einer Distanz von 53 km. Die Nord-Süd-Richtung ist somit wesentlich einfacher zu bewältigen, aber auch dann macht einem der starke Autoverkehr zu schaffen, der mit Lärm und Abgasbelastung einhergeht. Wer vermeiden will, dass der Radfahr-Spaß in Frust umschlägt, sollte daher überlegen, stattdessen eine MTB-Tour zur Juvasshytta (S. 395) zu unternehmen.

SONSTIGES

Informationen

Die **Touristenbüros** in Lom (S. 391), Vågåmo (S. 398) und am Sognefjord (S. 304) sind für die R 55 und das von der Straße erreichbare Umland zuständig.

Touren

Auf dem Sognefjell dreht sich alles ums Wandern, um den Bergsport und um Skifahren. Alle der o. g. Unterkünfte entlang der Sognefjellstraße bieten geführte Touren und Aktivitäten wie Gletscherwanderungen (auch Kurse), Berg- und Skitouren, Höhlenwanderungen, Klettern und Reiten im Hochgebirge an; weitere Adressen von Outdoor-Veranstaltern finden sich in den Praktischen Tipps zu Lom (S. 391) sowie Vågåmo (S. 397).

TRANSPORT

Selbstfahrer

Die Sognefjellstraße ist nur im Sommer von etwa Mitte Mai bis Ende September geöffnet.

Busse

Entlang der Sognefjellstraße sind im Sommer zahlreiche „Fjellbusse" im Einsatz, die zwischen

VÅGÅ und LOM sowie dem SOGNEFJORD verkehren und teils auch die Berghütten SPITERSTULEN und JUVASSHYTTA anfahren.

Vågåmo

Zusammen mit dem rund 24 km westlich gelegenen Lom (S. 388) bildet das 1500 Einwohner zählende Städtchen Vågåmo (auch: Vågå) das kulturelle Zentrum Jotunheimens und gibt mit seinen zahlreichen unter Denkmalschutz stehenden Gehöften vor dem Hintergrund des bergummauerten Ottavatnet ein eindrucksvolles Bild ab. Die größte Gruppe dieser auf 16 historische Hofanlagen verteilten Blockbauten liegt an den nach Süden ausgerichteten Wiesenhängen oberhalb der Otta. Einen repräsentativen Querschnitt durch die Holzbauarchitektur der verschiedenen Jahrhunderte vermittelt das **Museumsdorf Jutulheimen** am westlichen Ortsrand, 💻 www.gudbrandsdalsmusea.no, 🕒 15. Juni–9. Aug Mi–So 9–16 Uhr, Eintritt 50 NOK.

Auch Kunsthandwerk ist ausgestellt, und ansonsten lohnt ein Blick auf die angrenzend am Rande der R 454 gelegene Felsformation **Jutulporten**, bei der es sich um eine wie eine Pforte geformte Felswand handelt, hinter der einst gemäß der Sage der örtliche Bergtroll Jutul gehaust haben soll. Das schönste Panorama weit und breit kann man von dem 12 km entfernten, 1618 m hohen **Blåhø**-Berg aus genießen, auf den eine Privatstraße führt (Maut 40 NOK; Automat). Der Ausblick (von der bei Drachenfliegern beliebten Höhe) umfasst große Teile des oberen Gudbrandsdals, reicht im Osten bis zu den 2000ern des Rondane-Gebirges, im Norden bis zum Dovrefjell und im Südwesten über Jotunheimen.

Stabkirche von Vågå

Highlight des Städtchens ist die Stabkirche von Vågå (Vågå Stavkirke), die im 12 Jh. errichtet und später kreuzförmig umgebaut wurde. Von herausragender Schönheit ist das überreich mit Schnitzwerk verzierte Südportal, dessen Drachenmotive zu den am feinsten ausgearbeiteten sowie ältesten des Landes gehören. 🕒 1.–15. Juni und Aug Mo–Fr 9–15, 16. Juni–Ende Juli Mo–Sa 9–19 Uhr, Eintritt 50 NOK.

ÜBERNACHTUNG UND ESSEN

Kvila Turistheim, Garmo (19 km westlich von Vågåmo via R 15), ☎ 90644661, 💻 www.kvila.info. Schlichte Pension an der Straße mit einfachen Zimmern (Gemeinschafts-Bad/WC), 4 großen Hütten (bis zu 6 Pers., mit Küche und Bad/WC) sowie 4 kleinere (4 Pers., ohne Bad/WC). Gutes Aktivitätsangebot, TV-Zimmer mit Billard, Grillhütte, Bootsverleih und gute Wandermöglichkeiten. Café mit einfachen Gerichten zu überaus günstigen Preisen. Ab ❶

Vågå Hotel, Vågåveien 45, Vågåmo, ☎ 61239550, 💻 www.vagahotel.no. Modernes Mittelklassehotel im „Alpenstil" mit einem ansprechendem Komfortangebot. Die 57 Zimmer sind ihr Geld wert. Restaurant, Bar, Sauna, Hallenbad, Kaminzimmer und sogar eine eigene Fotoakademie (Kurse werden angeboten). In der Hochsaison unbedingt reservieren, da das Hotel oft von Reisebusgruppen gebucht wird. Ab ❹

Camping und Hütten

Smedsmo Camping, Vågåvegen (an der Shell-Tankstelle), Vågåmo, ☎ 61237450, 💻 www.smedsmo.no. Ganzjährig geöffneter Platz am westlichen Ortsrand mit guter Ausstattung. Großes Campingareal mit sauberen Sanitäranlagen, 15 Hütten (4 Pers.) und 8 komplett eingerichtete Apartments. Die fast 600 m lange Seeuferlinie bietet gute Bade- und Angelmöglichkeiten (Angeln kostenlos), des Weiteren gibt's Grillplätze, einen Spielplatz, Kiosk, Bootsverleih, Sauna und eine kleine Cafeteria. Stellplatz ab 150 NOK, Hütten ab 560 NOK.

€ **Skoglund Camping**, 11 km westlich von Vågåmo an der R 15, ☎ 70297085, 💻 www.skoglundcamping.no. Kleine, einfache Anlage in schöner Seeuferlage. Nicht ganz so fein wie der Platz im Zentrum, aber dafür ruhiger und günstiger. Die 5 Hütten bieten nichts Besonderes, sind aber mit Miniküche und 4 Betten ausgestattet. Hütten um 400 NOK. ⌚ Juni–Aug.

SONSTIGES

Alkohol

Vågå vinmonopol, Vågåvegen 47, ☎ 04560, ⌚ Mo–Do 11–16.30, Fr 11–17, Sa 10–15 Uhr.

Apotheken

Apotek 1, Moavegen, ☎ 61237530, ⌚ Mo–Fr 9–16 Uhr.

Geld

Sparebank, Vågåvegen 51, ☎ 61219000.

Informationen

Vågå turistinformasjon, am Smedsmo Campingplatz (S. 397), ☎ 61212990, 💻 www.visit jotunheimen.com, www.jotunheimen.no, ⌚ Anfang Juni–Ende Aug Mo–Fr 10–15, Juli Mo–Fr 10–17, Sa und So 10–15 Uhr.

Mit dem Fahrrad ins Fjell

In Randsverk (27 km südlich von Vågåmo via R 51), wo sich das von der Sjoa durchströmte Sjoadal öffnet (s. Otta, S. 375), beginnt eine wunderschöne, wenn auch teilweise recht anstrengende Radroute entlang des Fuglesætervegen zur DNT-Wanderhütte Glitterheim. Die beschilderte Schotterstraße führt zuerst durch eine idyllische Almenlandschaft, die nach und nach dem Hochgebirge weicht. Nach etwa 16 km wird eine Schranke erreicht (Endstation für Motorfahrzeuge), und von hier aus sind noch rund 7 km bis zur DNT-Hütte zu bewältigen, die wiederum Ausgangspunkt zahlreicher lohnender Wanderungen ist (u. a. auf den Gipfel des Glittertinds).

Auch in der direkten Umgebung von Vågåmo gibt es zahlreiche Radstrecken in allen Schwierigkeitsgraden. Die populärsten Routen (sowie auch Wandertouren) sind in der Karte *Vandrekart for Vågå* (1 : 50 000) verzeichnet; man bekommt sie in den meisten Unterkünften sowie in der Regel auch im Touristenbüro.

Medizinische Hilfe

Legevakta, ☎ 61219100.

Polizei

Vågå lensmannskontor, Vågåvegen 51, ☎ 02800.

Post

Vågå Post i butikk (Coop Supermarkt), Vågåvegen 47, ☎ 04004, ⌚ Mo–Fr 8–21, Sa 8–18 Uhr.

Taxis

☎ 95950980.

Touren

Auch Vågåmo hat sich in Sachen Outdoor-Aktivitäten einen guten Namen gemacht, doch finden sich die meisten Anbieter von Rafting-, Mountainbike- und Bergtouren, Höhlen- und Gletscherwanderungen, Canyoning, Klettertrips, Elchsafaris und anderen Abenteuern mehr nicht im Ort selbst, sondern südlich davon bei Sjoa sowie Heidal (s. Otta, S. 375).

TRANSPORT

Busverbindungen mehrmals tgl. mit OTTA, LILLEHAMMER, HAMAR und OSLO sowie LOM und FAGERNES (via BYGDIN und GJENDE). Im Sommer, wenn zudem zahlreiche Fjellrouten ins Gebiet von JOTUNHEIMEN und RONDANE bedient werden, auch über die Sognefjell-Hochstraße zum SOGNEFJORD. Mitte Juni–Mitte Aug fährt zudem 1–2x tgl. (morgens und spätnachmittags) ein Bus entlang des Ottadal und GEIRANGEREGEN nach GEIRANGER (Anschluss am kommenden Tag nach ÅNDALSNES via ØRNEVEIEN und TROLLSTIGEN); außerdem mehrmals tgl. Richtung NORDFJORD; auch BERGEN wird bedient.

Die Valdresflya

Die zwischen dem Ottadal bei Vågåmo und Fagernes im Valdres verlaufende R 51 ist ein wahrer Touren-Klassiker, der mit einer Vielzahl unvergleichlicher Panoramen aufwartet. Mit den

Seen Bygdin und Gjende liegen zudem zwei der „most important lakes of the world“ am Weg, wie es die Unesco schon in den 1960er-Jahren befand. Die Bootsfahrt über die türkis schimmernden Gewässer, von bis zu 1300 m hohen Felswänden umrankt, zählt zu den touristischen Hauptattraktionen von Norwegen, und nahezu ebenso beliebt ist die Wanderung über den Besseggen, der durch Henrik Ibsens *Peer Gynt* zu Weltruhm gekommen ist. Es gibt also viel zu tun, und so lohnt sich auch ein mehrtägiger Besuch dieser rund 130 km langen „Traumstraße des Tourismus“, die sich auch mit öffentlichen Verkehrsmitteln erkunden lässt und 2012 zu einer Nationalen Touristenstraße ernannt wurde, 💻 www.nasjonaleturistveger.no.

Der Gjende-See

Obwohl die Gebirgsformation Jotunheimen hauptsächlich aus einem überaus harten Tiefengestein besteht, das nur äußerst langsam von der Erosion abgetragen werden kann, haben auch hier die Eiszeiten ihre Spuren hinterlassen. Die Form der Gipfel, die zahlreichen Kare und Moränen sowie mit Findlingen übersäte Fjellheiden und Moore, an denen vorbei die Fahrt ab Vågåmo bald verläuft, verdeutlichen dies ebenso wie die fjordartig ausgeschürften und heute oft von langgestreckten Seen ausgefüllten Taltröge, die ganzen Landschaftsabschnitten ihren Stempel aufgedrückt haben. Diese Seen gelten als die schönsten (und tiefsten) des gesamten Nordens, und der Gjende steht gar im Ruf, Norwegens schönster Gebirgssee überhaupt zu sein. Auf einer Höhe von etwa 1000 m gelegen, zieht er sich über rund 20 km bei durchschnittlich nur 1 km Breite ins Herz der Jotunheimen-Bergwelt hinein, und eine **Seefahrt** gehört zum touristischen Pflichtprogramm in diesem Teil des Landes.

Ausgangspunkt ist die Hochgebirgsunterkunft **Gjendesheim**, von wo aus die beiden Schiffe *Gjende III* (etwa 100 Plätze) sowie *Gjendine* (etwa 50 Plätze) im Sommer mehrmals täglich in rund 20–35 Min. via **Memurubu** nach **Gjendebu** und zurück verkehren. Unterwegs wird u. a. der berühmte Gjendegrat (auch: Besseggengrat, S. 400) passiert, der rund 400 m senkrecht über dem See verläuft und durch Henrik Ibsens *Peer Gynt* zu Weltruhm gekommen ist. Die Saison dauert von 15. Juni bis 20. September, die Passage nach Memurubu kostet 150 NOK, nach Gjendebu 200 NOK, hin und zurück 240 NOK; weitere Infos in Gjendesheim am Seeufer sowie über 💻 www.gjende.no.

Der Bygdin-See

Vom Gjende-See aus zieht sich die Straße zur **Valdresflya** hinauf, dem mit 1389 m höchsten und wohl auch panorama- sowie schneereichsten Punkt der gesamten Strecke. Auf der anderen Seite der Passhöhe geht es wieder rund 400 Höhenmeter zu Tal, und man erreicht den von einer bis über 2300 m hohen Bergkette gesäumten **Bygdin-See**. Der Anblick der verführerisch blau und grün schimmernden Wasserfläche ist berückend, aber doch bei Weitem nicht vergleichbar mit den Ansichten, die genießen kann, wer an einer Fahrt mit Nordeuropas höchstgelegener Schifffahrtslinie teilnimmt.

Ausgangspunkt für diese **Seefahrt** ist das Bygdin-Hochgebirgshotel, von wo aus das bald 100 Jahre alte Veteranenboot M/S *Bitihorn* nach Eidsbugaren am 30 km entfernten Westende des Sees startet. Die atemberaubend schöne Fahrt dauert knapp eine Stunde, und da es nach einem rund einstündigen Stopp in Eidsbugaren wieder nach Bygdin zurückgeht, lässt sich eine Rundfahrt von insgesamt etwa 3 Std. Dauer machen. Alternativ ist auch eine Boot-Bus-Kombination auf der Route Bygdin–Eidsbugaren–Fagernes–Bygdin möglich. Das Schiff verkehrt vom 1. Juli–3. September tgl. um 9.05 und 13.30 Uhr, 330 NOK hin und zurück, Infos über ✆ 61365900, 💻 www.jvb.no/bitihorn.

ÜBERNACHTUNG UND ESSEN

Bygdin Fjellhotel, Bygdin-See, ✆ 61341400, 💻 www.bygdin.com. Schön gelegene Hotelanlage direkt am See mit rustikal, aber schlicht eingerichteten Zimmern, teils mit eigenem Bad/WC. Das angeschlossene Restaurant ist bekannt für gute Hausmannskost. Vom Hotel starten im Sommer tgl. die Bootsfahrten auf dem See (s. o.). 🕒 29. Juni–4. Sep. DZ ab ❹

Bessheim Fjellstue, Sjodalen (nahe Gjende-See), ✆ 61238913, 💻 www.bessheim.no. Sehr gemütliche Gebirgsstube auf 953 m Höhe, nahe

OST- UND MITTELNORWEGEN

Panoramatour über den Besseggengrat

- **Route**: Gjendesheim-Wanderhütte – Weggabelung (30 Min.) – Veslefjell (1 1/2 Std.) – Besseggengrat (30 Min.), Bessvatn (30 Min.) – Memurubu-Wanderhütte (2 Std.) – Gjendesheim-Wanderhütte (Bootstour)
- **Länge**: ca. 14 km.
- **Dauer**: 5–7 Std.
- **Wegbeschaffenheit**: Deutlich erkennbarer, breiter und größtenteils gut präparierter Pfad bis zur Memurubu-Wanderhütte, steil hinauf und steil hinab, teils über Felsstufen sowie Felsbänder. Wer ab der Memurubu-Hütte nicht das Boot zurück zum Ausgangspunkt nehmen, sondern wandern will, muss sich mit einem teils überwachsenen und holprigen Seeuferweg arrangieren, der bisweilen steil ansteigt und vereinzelt auch über Felsbänder und Geröllfelder führt (3–4 Std., ca. 11 km).
- **Orientierung**: Der Weg ist stark ausgetreten, die Richtung stets klar, die Orientierung daher völlig problemlos; Kartenmaterial ist nicht erforderlich.
- **Wandersaison**: etwa Ende Juni –Mitte/Ende September.
- **Ausrüstung**: Grundausstattung, Trekkingschuhe, Trinkwasser.

Diese mittelschwere, da teilweise sehr steile Tour auf Peer Gynts Spuren bietet Panoramen der Superlative, und eben darum wird sie mittlerweile rund 50 000-mal pro Jahr begangen, womit sie Norwegens zweitpopulärste Wanderung nach derjenigen zum Preikestolen (S. 266) ist. Der Rückweg erfolgt in der Regel mit dem Boot. Man kann die Tour auch in entgegengesetzte Richtung machen, nimmt dann morgens das Boot von Gjendesheim nach Memurubu und schließt dort die Wanderung zurück nach Gjendesheim an.

Die Route

Der Weg beginnt direkt neben der **Gjendesheim-Wanderhütte** (995 m) und zieht sich als weithin sichtbares Band steil in die Höhe, wo nach etwa 30 Min., und nun schon im Bereich des Jotunheimen-Nationalpark, eine zur Russvassbui-Wanderhütte ausgeschilderte **Weggabelung** (ca. 1200 m) erreicht wird.

Der Hauptpfad führt weiter geradeaus, und auf dem nun folgenden Abschnitt an der steil ansteigenden Felsflanke des Veslefjells hinauf hat schon so mancher untrainierte Wanderer bereut, überhaupt auf Tour gegangen zu sein …

Dann wird ein Plateau erreicht, und bei nur noch mäßiger Steigung führt der Pfad weiter gen Wes-

ten auf den mit einer gewaltigen Steinpyramide gekrönten Scheitelpunkt des **Veslefjells** (1743 m) zu, dem höchsten Punkt der Wanderung, von wo aus man eine atemberaubende Aussicht auf die mit Schneefeldern und Gletschern bedeckte Bergwelt von Jotunheimen genießen kann.

Von hier aus ist es nur ein kurzes, leicht abschüssiges und teils über Geröllbänder führendes Wegstück bis zum Beginn des **Besseggengrates** (auch: Gendin-Grat, ca. 1550 m), eines rund 20 m breiten Panoramabalkons mit schlicht sensationeller Aussicht auf den smaragdgrün schimmernden und etwa 600 m tiefer gelegenen Gjende-See zur einen und den kobaltblau leuchtenden Bessvatn-See in etwa 200 m Tiefe zur anderen Seite.

Mit ständigem Ausblick auf diese beiden Seen geht es nun über relativ steile Felsstufen nach unten ans Südufer des **Bessvatn** (1373 m) heran.

Es folgt eine Auf-und-ab-Passage, dann ist ein breiter, aber relativ flacher Bach zu queren, und am Ufer des kleinen Bergsees Bjørnbøltjørna vorbei zieht sich der Pfad auf eine Hochebene hinauf, von der aus sich bald der Blick auf das tief unten liegende Wanderziel öffnet.

Gut 30 Min. sind noch zu bewältigen, dann ist die am Ufer des Gjende-Sees gelegene **Memurubu-Wanderhütte** (ca. 1000 m) erreicht.

Wer hier nicht übernachten will, kann das tgl. um 16.45 Uhr nach **Gjendesheim** verkehrende Boot (ca. 25 Min., 100 NOK) nehmen, alternativ auch am Seeufer entlang zurückwandern oder aber (unsere Empfehlung) am nächsten Tag nach **Gjendebu** weiterwandern. Auf dieser 5–6-stündigen Wanderung wird der Gebirgskamm des Memurutunga überquert, und nur an wenigen Stellen in Jotunheimen genießt man eine ähnlich imposante Aussicht auf mehr als ein Dutzend Zweitausender. Von Gjendebu aus fährt ebenfalls ein Boot nach Gjendesheim zurück.

Praktische Tipps

Infos

Alles, was man für die Wanderung wissen muss, kann man über die Website 💻 www.besseggen.net abrufen (auch auf Deutsch). Auch über An-/Abfahrt, Bootszeiten, Übernachtungsmöglichkeiten, alternative Wanderungen wird umfassend informiert, es werden interessante Links gegeben, und zahlreiche Fotos stimmen auf die Tour ein.

Mit dem Gjendeboot über Norwegens schönsten Gebirgssee

Geführte Touren

Wer sich die Wanderung auf eigene Faust nicht zutraut, kann auch ab Memurubu an einer geführten Tour auf den Besseggengrat teilnehmen (tgl., 300 NOK p. P.).

Bootstransfer

Das Gjendeboot verkehrt vom 23. Juni–Mitte Sep bis zu 8x tgl. auf der Strecke Gjendesheim–Memurubu (150 NOK pro Weg) sowie Gjendesheim–Memurubu–Gjendebu (240 NOK pro Weg) und zurück. Infos unter ✆ 91306744, 💻 www.gjende.no.

Hütten-/Zelttour

Ziel der Wanderung ist die Memurubu-Wanderhütte, ✆ 61238999 und 40609800, 💻 www.memurubu.no, die vom 15. Juni–20. Sep bewirtschaftet ist. Etwa 150 Betten in Zwei- und Vierbettzimmern (ab 325 NOK p. P.), Zeltwiese, Restaurant, Kiosk; auch geführte Gletschertouren (ab 500 NOK p. P.) werden organisiert.

dem Gjende am Ufer des Sjodalsvatn. Zimmer (die meisten mit Bad/WC), zahlreiche Hütten (2–10 Pers.), kleiner Campingplatz am See. Aufenthaltsraum mit offenem Kamin, Speiseraum (Frühstück und Mittagessen) und Sauna. Guter Ausgangspunkt für Gebirgswanderungen. ⌚ Anfang Feb–Mitte Okt. Hütten ab ❶, DZ inkl. Frühstück ab ❺

Besseggen Fjellpark, Maurvangen (R 51 vor dem Sjodalsvatnet), ✆ 61238922, 💻 www.maurvangen.no. Ganzjährig geöffnete Camping- und Hüttenanlage am Wildbach, auf etwa 1000 m Höhe gelegen. Offene, große Campingwiesen, 26 Komforthütten mit Miniküche und Wohnzimmer mit Kamin, 19 Hütten (ab 550 NOK) haben auch Bad/WC. Kleiner Lebensmittelladen, gemütliches Restaurant. Ausgangspunkt für Wanderungen über den Besseggengrat (S. 400), Bootsfahrten auf dem Gjende-See (S. 399) und Ausflüge in die Umgebung. Stellplatz mit Auto und Zelt 180 NOK, Hütten ab ❷

Hindsæter Fjellhotell, Vågå (etwa 15 Fahrminuten nördlich des Besseggengrates), ✆ 61238916, 💻 www.hindseter.no. Gebirgshotel im Blockhaus-Stil aus dem Jahre 1898 in schöner offener Lage mit Panoramablick auf die Bergwelt von Jotunheimen. 26 einfache Zimmer mit Bad/WC. Neue, im rustikalen Stil gehaltene Wellness-Abteilung mit Sauna und Massage-Bad. ❻

Bergo Scandic Hotel, Beitostølen, ✆ 61351000, 💻 www.scandichotels.no. Das Rica-Partner-Hotel liegt mitten im Ortszentrum, hat traditionelle Atmosphäre, guten Service und gemütliche Komfortzimmer (Ende 2007 renoviert) zu akzeptablen Preisen. Auch Apartments und Hütten in unterschiedlichen Größen und Preisklassen. Edles Restaurant mit hervorragendem Essen, in der angeschlossenen Bar wird oft im Afterski-Stil gefeiert. Ab ❹

Beitostølen Hytter & Camping, Beitostølen, ✆ 61341100, 💻 www.beitocamp.no. 4-Sterne-Platz am Ortsrand mit Wiesenplätzen unter Birken und zahlreichen guten Hütten und Apartments in allen Größen. Sehr gutes Serviceangebot, u. a. Sauna und Dampfbad, Solarium, Spielplatz, Grillplätze, Kiosk und Aufenthaltsräume. Stellplatz Wohnmobil 220 NOK, Zelt 130 NOK, Bett 300 NOK, Hütten ab ❷

AKTIVITÄTEN

Radfahren

Im Touristenbüro in Beitostølen sowie den meisten Unterkünften ist die Karte „Biking in Beitostølen“ (kostenlos) erhältlich, in der 3 Rundfahrten von 14, 38 bzw. 62 km Länge verzeichnet sind.

Sehr populär ist die in Bygdin beginnende und dem verkehrsarmen Jotunheimsvegen (Schotterstraße) folgende Tour über das östliche Hochland von Jotunheimen nach **Skåbu** (etwa 60 km), von wo aus man anschließend über die R 255 weiter ins Gudbrandsdalen weiterradeln kann. Die Strecke nach Skåbu ist einigermaßen problemlos zu bewältigen (es geht viel bergab), die Rückfahrt ist dementsprechend anstrengender. Wer auf der gleichen Route zurückradeln will, sollte daher eine Übernachtung in Skåbu einplanen. Verleih von Fahrrädern/Mountainbikes in Beitostølen (S. 403).

Wandern

Die populärste Wanderung im gesamten Großraum ist diejenige über den Besseggengrat (S. 400), aber noch Dutzende andere Touren bieten sich im Bereich des Jotunheimen-Nationalparks an, und an vielen hat der DNT obendrein Übernachtungshütten eingerichtet. Alle sind in den Wanderkarten „Jotunheimen Øst“ und „Jotunheimen Vest“ (1 : 50 000) von Statens Kartverk verzeichnet, die man u. a. in den Touristenbüros (die im Sommer auch teils geführte Wanderungen organisieren) und vielen Unterkünften erhält.

Eine schöne und zugleich einfache Gipfelwanderung beginnt etwa 10 km nördlich von Beitostølen an der R 51 bei einem Parkplatz und führt auf den 1607 m hohen Gipfel des **Bitihorn**. Der gut markierte Weg verläuft durch malerische Hochgebirgslandschaft, und am Ziel angekommen, wird man mit einer fantastischen Aussicht belohnt. Für den Rundweg muss man etwa 3 Std. ansetzen.

Eine weitere lohnende Wanderung führt über den Bergrücken des **Knutshøi**. Startpunkt der Tour ist ein etwa 10 km nördlich des Valdresflya Vandrerhjem an der R 51 gelegener Rastplatz.

Jotunheimen für Sattelfeste

Wer über Grundkenntnisse im Reiten verfügt und sattelfest ist, kann von Beitostølen aus zwischen Mitte Juni und Ende September mit **Fjellrittet Beitostølen**, ✆ 91185503, 💻 www.fjellrittet.no, zu einem nicht alltäglichen Abenteuer starten: Im Programm dieses ökologisch orientierten Familienbetriebes stehen Wochenend- sowie 3-, 4- und 6-Tagestouren (4700–8000 NOK) hoch zu Ross. Das Mindestalter liegt bei 12 Jahren. Auch Kutsch- und (im Winter) Pferdeschlittenfahrten werden angeboten.

Der Weg ist zwar nicht markiert, aber gut ausgetreten und daher leicht zu erkennen. Er führt zuerst über einen kleinen Fluss und anschließend mehr oder weniger steil bergauf. Oben angelangt, folgt man dem Bergrücken (mit herrlichem Panorama), von wo es, vorbei an einem See, zum Fuße des Berges hinab- und anschließend zum Ausgangspunkt zurückgeht. Die gesamte Tour nimmt etwa 5 Std. in Anspruch.
Wem die Gipfelwanderungen zu anstrengend sind, dem bietet sich der einfache, etwa 5,5 km lange Kulturwanderweg **Huldrestigen** an, der an der R 51 in Russlia (etwas nördlich des Sees „Nedre Sjodalsvatnet") bei einem Parkplatz beginnt. Die Tour dauert etwa 1 1/2 Std. und führt durch leicht wellige Wiesen- und Moorlandschaften.

SONSTIGES

Apotheken
Die nächstgelegene Apotheke befindet sich in Fagernes (S. 405). Rezeptfreie Medikamente bekommt man auch im Spar-Supermarkt in Beitostølen.

Fahrradverleih
Intersport, Beitostølen, ✆ 61340105.

Geld
Øystre Slidre Sparebank, Beitostølen, ✆ 61352030.

Informationen
Beitostølen turistinformasjon, Beitostølen, ✆ 61359420, 💻 www.valdres.com und www.beitostolen.com, 🕒 21. Juni–17. Aug Mo–Fr 9–18, Sa und So 10–15 Uhr.

Medizinische Hilfe
Legevakta, ✆ 61352920.

Post
Beitostølen Post i butikk (Spar Supermarkt), Beitostølen, ✆ 04004, 🕒 Mo–Fr 9–20, Sa 9–18, So 10–18 Uhr.

Taxis
✆ 97689059.

Touren
Für Bootsfahrten auf dem Gjende- und Bygdin-See S. 399.
Beitostølen Aktiv, Beitostølen ✆ 61341360, 💻 www.beito-aktiv.com, organisiert Rafting und Riverboarding, Kletterausflüge, Canyoning, ATV-(Quadbike-)Fahrten sowie geführte Wanderungen.

TRANSPORT

Selbstfahrer
Die Straße über die Valdresflya ist nur im Sommer von Mitte Mai–Ende Sep geöffnet.

Busse
Es bestehen mehrmals tgl. Verbindungen in Richtung VÅGÅMO sowie FAGERNES. Im Sommer sowie während der Skisaison verkehren außerdem „Fjellbusse" vom Gjende und Bygdin nach Fagernes.

Fagernes

Der Werbeslogan „VVV" steht für *Vakre Varierte Valdres*, was so viel bedeutet wie „schönes, vielseitiges Valdres". Das ist keineswegs übertrieben, denn der von rund 18 000 Menschen bewohnte Talbezirk stellt eine der abwechslungsreichsten Landschaften von Ostnorwegen dar. Sein Hauptort heißt Fagernes („schöne Landzunge"), eine treffende Bezeichnung für das an der seeartig verbreiterten Begna gelegene Städtchen, das seine Gründung im Jahre 1906 dem Bau der mittlerweile stillgelegten Valdres-Bahn verdankt. In unserer Zeit hat Fagernes vor allem durch den Tourismus an Bedeutung gewonnen, denn hier zweigt eine der spektakulärsten Hochgebirgsstraßen des Landes, die R 51, von der E 16 ab, die Oslo und Bergen verbindet und auch das Südufer des Sognefjords erschließt.

Herausragendste Sehenswürdigkeit der Stadt ist das **Valdres Folksmuseum** mit 87 z. T. über 800 Jahre alten Gebäuden aus dem Valdres. In vielen sind alte Werkstätten eingerichtet, Handwerker demonstrieren die alten Künste, und da im Valdres auch die Traditionen von Volksmusik und Volkstanz noch sehr lebendig sind, werden hier im Juli mehrmals täglich Folklore-Vorführungen dargeboten. Aber auch eine eigene Instrumentenwerkstatt ist eingerichtet (in der noch heute u. a. Hardangerfideln hergestellt werden), und zudem lockt das älteste Volksmusikarchiv Norwegens. 💻 www.valdresmusea.no, 🕒 Juni und Aug tgl. 10–16, Juli 10–17, sonst Mo–Fr 10–15 Uhr, Eintritt 100 NOK.

Die Stabkirchen des Valdres

Highlight des Valdres sind die zahlreichen Stabkirchen, die im Umfeld von Fagernes einladen und meist nahe der E 16 gelegen sind, die das Tal durchzieht. Zu ihnen gehört die **Stabkirche von Reinli**, 28 km südlich Fagernes bei Bagn gelegen. Sie stammt aus dem 12. Jh., und von der Baulichkeit selbst einmal abgesehen, gefällt hier die im Renaissancestil gehaltene Kanzel sowie insbesondere der Altar, der aus einem mittelalterlichen Marienaltar umgearbeitet wurde. 🕒 22. Juni–17. Aug tgl. 12–17 Uhr, Eintritt 60 NOK.

Nördlich von Fagernes lohnt ein Abstecher entlang der E 16 nach Slidre mit der steinernen **Slidre Kirke**, die gegen Ende des 12. Jhs. im romanischen Stil erbaut wurde und seitdem im Wesentlichen unverändert blieb. Aufgrund ihrer beachtlichen Dimensionen ist sie im Volksmund auch als „Slidredom" bekannt, und nebst einem Abendmahlskelch (13./14. Jh.) gilt das Deckengemälde, das Jesus und seine Jünger im Himmelreich darstellt und auf das 13. Jh. datiert wird, als Highlight. 🕒 3. Juli–17. Aug tgl. 11–17 Uhr, Eintritt 50 NOK.

Ein Stück weiter entlang der E 16 in Richtung Sognefjord lädt die **Stabkirche von Lomen** ein, die auf die Mitte des 13. Jhs. datiert wird, aber nur in Teilen erhalten ist. Insbesondere der Mittelteil ist noch völlig intakt. Um 1750 etwa wurde die Apsis abgerissen, der Chor erweitert, das Dach erhöht und das Gotteshaus alles in allem derart umgebaut, dass es zumindest von außen nur schwer als Stabkirche zu erkennen ist. Im Innern jedoch, 1970 mit viel Geschick restauriert, zeugen die reich mit Holzschnitzereien verzierten Portale und Kapitelle vom Mittelalter; auch eine alte Truhe ist ausgestellt (wahrscheinlich aus der Zeit um 900 n. Chr.) sowie ein Madonnenkopf im reinsten Stil des 13. Jh. 🕒 1. Juli–14. Aug tgl. 11–17 Uhr, Eintritt 50 NOK.

Einen Besuch wert ist schließlich die 22 km nördlich von Fagernes gelegene **Stabkirche von Hegge**, die aber nicht über die E 16, sondern vielmehr über die R 51 (S. 398) zu erreichen ist. Der achtsäulige Bau stammt aus dem 13. Jh., wurde aber im 19. Jh. stark umgebaut, sodass von der ursprünglichen Architektur nur noch der Mittelbau erhalten ist. Beachtung verdienen das reich mit Schnitzwerk versehene Westportal sowie die mittelalterlichen Holzmasken am oberen Ende der Säulen oberhalb der später eingezogenen Zwischendecke. 🕒 1. Juli–16. Aug Mo–Do 11–17 Uhr, Eintritt 50 NOK.

ÜBERNACHTUNG

In Fagernes ist es während der Saison mitunter schwierig, ein vakantes Quartier zu finden, weshalb nachfolgend alternative Unterkünfte im nahen Umland vorgestellt werden.

Rings um Fagernes

Furulund Pensjonat, Røn (14 km nördlich von Fagernes via E 16), 📞 61423339, 💻 www.furulundpensjonat.com. Empfehlenswerte Pension in schöner Lage am Waldrand auf 400 m Höhe. Das Holzhaus aus dem 19. Jh. bietet freundliche Zimmer (EZ, DZ und Familienzimmer) mit Gemeinschafts-Bad/WC. Frühstück inkl., auf Bestellung werden einfache

Abendmahlzeiten serviert. Mit Kamin- und TV-Zimmer, hübschem Garten, Fahrradverleih. Ab ❹

Vasetdansen Camping, Tisleidalen (18 km von Fagernes Richtung Gol), ✆ 61359950, 🖥 www.vasetdansen.no. Ganzjährig geöffnete Wiesenanlage in herrlicher Flusslage. Große Auswahl an Hütten und Wohnungen, saubere Sanitäranlagen, Lebensmittelladen, Cafeteria, Angelmöglichkeiten im Fluss oder Teich. Außerdem gibt es ein nahe gelegenes Skicenter, zahlreiche Loipen und Wanderrouten direkt vor der Tür. Stellplatz 200 NOK, Hütten ab ❷

In Fagernes

Fagerlund Hotell, Jernbanevegen 3, Fagernes, ✆ 61361858, 🖥 www.fagerlundhotell.no. Kleines, gemütliches Hotel aus dem späteren 19. Jh. in der Nähe des Stadtzentrums. Das im malerischen Schweizerstil errichtete Haus bietet 17 Zimmer mit oder ohne Bad/WC sowie ein gutes Restaurant mit Bar. ❹

Fagernes Camping, Tyinvegen 23, Fagernes, ✆ 61360510, 🖥 www.fagernes-camping.no. Idyllischer 4-Sterne-Platz am Seeufer mit großen, sattgrünen Campingwiesen, 18 tollen Hütten (von einfach bis luxuriös) sowie mehreren modernen Apartments. Funkelnagelneue 5-Sterne-Sanitäranlage, eigener Badestrand (mit Sprungturm und Wasser-Trampoline), Boots- und Fahrradverleih, Spielplätze, Gästeküche, Aufenthaltsräume und Cafeteria (nur im Sommer). Stellplatz 260 NOK, Hütte ab ❶, Apartment ab ❹

ESSEN

€ **Skysskroa**, Fagernes, Jernbaneveien 7, 🖥 www.skysskroa.no. Einfaches Cafe im Stadtzentrum mit Außenterrasse. Gute Adresse für hungrige Frühstücksgäste, für ein leckeres Eis oder eine Tasse Kaffee. Auch unterschiedliche Fastfood-Gerichte wie Hamburger oder Kebabs. 🕒 tgl. ab morgens.

Fagerlund Hotell (s. o.). Gutes China-Restaurant im Hotelgebäude. Behagliche Atmosphäre mit Kerzenlicht, gedämpfter Beleuchtung. 🕒 tgl. ab 18 Uhr.

AKTIVITÄTEN

Radfahren

Das Umland von Fagernes ist für Radtouren geradezu prädestiniert: zahlreiche Routen durch malerische Landschaften entlang meist verkehrsarmer Wege. Das Touristenbüro informiert umfassend und verleiht auch Räder. Eine leichte Familientour führt von Fagernes entlang der zum Wander-/Radfahrweg umgebauten alten Eisenbahntrasse nach Leira, Aurdal sowie bis Bjørgo, von wo es auf gleicher Strecke zurückgeht (hin und zurück etwa 34 km). Eine längere, aber dennoch leichte Panoramatour führt von Fagernes aus ins rund 60 km entfernte Tisleidalen, von wo aus man mit dem Bus (Fahrzeiten im Touristenbüro) nach Fagernes zurückkehrt.

Wandern

Die Touristeninformation informiert über Wanderungen in der Umgebung von Fagernes und verkauft Wanderkarten.

Wintersport

In Aurdal, etwa 15 km südlich von Fagernes, liegt das **Valdres Alpinsenter**, ✆ 61359999, 🖥 www.valdresalpin.no, mit 10 Abfahrten, 4 Liften, und 350 m Höhenunterschied; auch Skischule und Skiverleih.

SONSTIGES

Alkohol

Fagernes vinmonopol, Skrautvålsveien 2, ✆ 04560, 🕒 Mo–Mi 10–17, Do 10–18, Fr 9–18, Sa 9–15 Uhr.

Apotheken

Vitusapotek Valdres, Skrautvålsvegen 10, ✆ 61357820, 🕒 Mo–Fr 8.30–16.30, Sa 9–14 Uhr.

Autovermietungen

Avis, Spikarmoen, ✆ 40410606, 🖥 www.avis.no.

Fahrradverleih

Valdres turistkontor, s. u.

Geld

Sparebank, Jernbanevegen 6, ✆ 03202.

Informationen

Valdres turistkontor, Skrautvålsvegen 10, Fagernes, ✆ 61359410, 💻 www.valdres.com. Vermittlung von Hütten und Privatunterkünften, Verkauf von Karten und Angelscheinen. 🕒 21. Juni–17. Aug Mo–Fr 8–18, Sa 10–18, So 10–16, sonst Mo–Fr 8–16 Uhr.

Medizinische Hilfe

Valdres Vaktsental, ✆ 61361044.

Polizei

Nord-Aurdal lensmannskontor, Jernbanevegen 7, ✆ 02800.

Post

Fagernes postkontor, Jernbaneveien 7, ✆ 04004, 🕒 Mo–Fr 8.30–17, Sa 10–14 Uhr.

Taxis

✆ 61361800.

TRANSPORT

Jotunheimen og Valdres Bilselskap, ✆ 61365900, 💻 www.jvb.no, bietet mehrmals tgl. **Busverbindungen** in Richtung VÅGÅMO via BYGDIN und GJENDE. Mindestens 2–6x tgl. geht es auch nach OSLO sowie mindestens 1x tgl. nach BERGEN via LÆRDAL, AURLAND, FLÅM und VOSS. Im Sommer sowie während der Skisaison verkehren außerdem „Fjellbusse" zum Gjende und Bygdin.

Entlang der schwedischen Grenze

Die Landschaft im äußersten Osten von Norwegen ähnelt bereits dem Nachbarland Schweden: Sie ist einfach und ruhig, von einer klaren, keineswegs aufdringlichen Schönheit, die geprägt wird durch friedliche Felder, wohlriechenden Wald, Kirchen, Dörfer und über sanfte Hügelwellen verstreute Bauernhöfe, deren ochsenblutrote Fassaden auf Blumenwiesen von leuchtender Pracht blicken. Man sieht viel Grün, aber auch an blauer Farbe wird nicht gespart, denn allenthalben plätschern Flüsse und erstrecken sich Seen in dieser zum Wandern, Rad- und Kanufahren sowie Baden besonders geeigneten Region, die im Süden vom **Halden-Kanal** (S. 156) durchschnitten wird. Im **Finnskogen** dann, einem der ausgedehntesten Waldgebiete des Landes, dreht sich alles um Wildmark-Erlebnisse. Es leitet über nach **Elverum**, dessen Beiname – „Hauptstadt der Wälder" – sprechende Bezeichnung ist.

Erst nördlich des Outdoor- und Wintersportzentrums **Trysil** nimmt die Landschaft ein wildes Nordland-Gepräge an. Dort befindet sich mit dem **Gutulia-Nationalpark** eines der letzten Urwaldgebiete des Landes mit bis zu 500 Jahre alten Bäumen, die auf die kahlen Kuppen und Hochebenen des angrenzenden **Femundsmarka-Nationalparks** blicken. Hier, wo nahebei die Rentierzucht der heute in der Finnmark beheimateten Samen (S. 99) ihr südlichstes Verbreitungsgebiet hat, erstreckt sich mit dem **Femund** Norwegens drittgrößter See, der gleichzeitig die allererste Adresse des Landes für Kanuwanderer ist. Auch zum Bootfahren ist der rund 67 km lange und 200 km² umfassende Femund prädestiniert. Er liegt am Weg nach **Røros**, das als einziger Ort Skandinaviens auf der World Heritage List der Unesco steht.

Kongsvinger

Das an der 1862 eingeweihten Bahnlinie Oslo–Stockholm gelegene Kongsvinger (1500 Einwohner) erstreckt sich zu beiden Seiten der hier breit und träge dahinströmenden Glomma, Norwegens längstem Fluss, und ist vor allem als Dienstleistungszentrum für die im waldreichen Umland gelegenen Dörfer von Bedeutung. Blickfang ist die über dem Ort aufragende **Festung** (Kongsvinger Festning), ein sternförmiges Bollwerk aus dem 17. Jh., das heute den Rang eines Nationalmonumentes innehat. Im Innern der mächtigen Anlage informiert das

Grenzland Elverum - Røros

Infos zum Grenzland

- **Hedmark Reiselivsråd**: Grønnegt. 11, 2317 Hamar, ✆ 62553320, 💻 www.visit-hedmark.no. Informationen über das gesamte Grenzland zwischen Kongsvinger im Süden und dem Femund-See im Norden.
- **Öffentliche Verkehrsmittel**: Wer mit öffentlichen Verkehrsmitteln reist, sollte den Süden des Grenzlandes aussparen, denn erst nördlich von Kongsvinger lässt sich die Region zumindest entlang der Hauptstraße problemlos per Bus erkunden. Infos unter ✆ 177, im Internet hilft 💻 www.rutebok.no.

Verteidigungsmuseum über die wechselhafte Militärgeschichte des Grenzlandes zu Schweden von der Wikingerzeit bis zum Zweiten Weltkrieg, doch Highlight ist der weite Ausblick über Stadt, Land und Fluss, den man von den Festungswällen genießt. 💻 www.forsvarsbygg.no, ⌚ 8. Mai–30. Sep tgl. 11–16 Uhr, Eintritt 25 NOK.

Unterhalb der Festung erstreckt sich die Altstadt **Øvrebyen**, die mit ihrem Holzhausmilieu aus dem 18./19. Jh. teils unter Denkmalschutz steht und auch zahlreiche Prachtbauten im sogenannten Schweizer Stil umfasst. In einer dieser Villen residiert das **Norwegische Frauenmuseum** (Norsk Kvinnemuseet), das der Geschichte der Frau von der Urzeit bis heute gewidmet und in seiner Art wohl einzigartig in Europa ist. 💻 www.kvinnemuseet.no, ⌚ 13. Juni–30. Aug Di–So 11–16 Uhr, Eintritt 75 NOK.

ÜBERNACHTUNG

Kongsvinger Budget Hotel, Osloveien 103 (R 2), ✆ 62203535, 💻 www.kongsvingerbudgethotel.no. Direkt am Fluss, etwas außerhalb des Stadtzentrums gelegene Pension mit 24 modernen, aber schlichten mit 24 Mittelklassezimmern (alle mit Bad/WC, TV, Telefon) und einer Cafeteria mit großer Außenterrasse. Nahe gelegene Wanderwege und gute Angelmöglichkeiten in der Glomma. ❸

Vinger Hotell, Østre Solørveg 6, ✆ 62888180, 💻 www.vinger.no. Große, moderne Hotelanlage, schön in einem privaten Park gelegen. 82 geräumige Zimmer mit gehobenem Komfort. Eigene Spa-Abteilung, Sauna, Hallenbad, edles Restaurant. ❻

Camping und Hütten

€ **Sjøstrand Camping**, R 2 (12 km südlich von Kongsvinger), ✆ 99019284, 💻 www.sjostrandcamping.no. Recht idyllischer 3-Sterne-Platz am See mit 14 Hütten, guten Angel- und Wandermöglichkeiten, Spielplatz sowie Kanu- und Ruderbootsverleih. Stellplatz 220 NOK, Hütten ab ❶

Sigernessjøen Fritidssenter, R 2 (8 km südlich von Kongsvinger), ✆ 40601122, 💻 www.golfcamping.no. Großer familienfreundlicher Platz mit offenen Campingwiesen direkt am See. Ansprechende Hütten in verschiedenen Kategorien (3–8 Pers.) gutes Preis-Leistungs-Verhältnis; moderne Sanitäranlage, großes Aktivitätsangebot (u. a. nahe gelegene Golfplätze, Fahrrad- und Bootsverleih, Wanderpfade, Wasserrutsche). Stellplatz 200 NOK, Hütten ab ❸

ESSEN

Bastian Brasserie, Strandvegen 5, ✆ 62819619. À-la-carte-Restaurant mit Außenterrasse. Es werden jahreszeitlich wechselnde Fisch- und Fleischgerichte serviert; die Hauptgerichte kosten etwas mehr, während Lunchgerichte im Vergleich sehr günstig sind. ⌚ im Sommer Di–Do 12–24, Fr und Sa 12–2, So 14–21 Uhr.

SONSTIGES

Aktivitäten

Das örtlichen Touristenbüro informiert über **Wanderungen** und **Fahrradrouten** insbesondere im Bereich des nahe gelegen Finnskogen, wo auch der Finnskogleden (S. 409) verläuft.

Alkohol

Kongsvinger vinmonopol, Gågate 34, ✆ 04560, ⌚ Mo–Mi 10–17, Do 10–18, Fr 9–17, Sa 9–14 Uhr.

Apotheken

Apotek 1, Brugate 15 (im Kongssenteret), ✆ 62882860, ⌚ Mo–Fr 9–18, Sa 9–15 Uhr.

Autovermietungen

Avis, Industrivegen 23, ✆ 62810450.

Fahrradverleih

Das Touristenbüro (s. u.) verleiht auch Fahrräder.

Geld

Sparebank, Gågate 31, ✆ 02999.

Informationen

Kongsvinger turistinformasjon, Glommengaten 33, ✆ 90066486, www.reiserogopplevelser.no, ⌚ im Sommer Mo–Fr 10–17, Sa 12–15, sonst Mo–Fr 10–16 Uhr.

Medizinische Hilfe

Legevakt, Fjellgate 2, ✆ 62814465.

Polizei

Kongsvinger politistasjon, Parkvegen 12, ✆ 602800.

Post

Kongsvinger postkontor, Brugate 15, ✆ 04004, ⌚ Mo–Fr 9–18, Sa 10–15 Uhr.

Taxis

✆ 62814246.

TRANSPORT

Busse

Mehrmals tgl. Verbindungen mit ELVERUM und TRYSIL, außerdem u. a. mit OSLO und HAMAR (je 8x tgl.).

Eisenbahn

Tgl. gibt es mehrere Verbindungen Richtung OSLO via HAMAR sowie nach STOCKHOLM.

Finnskogen

Wer gen Norden über Kongsvinger hinausfährt, folgt bis hinauf nach Elverum dem weit ausladenden Muldental der Glomma, das zwar immer wieder gute Bademöglichkeiten bietet, aber sonst nicht viel. Deutlich mehr gibt es im angrenzenden Finnskogen zu erleben, einem der ausgedehntesten Waldgebiete des Landes. Bis ins 16. Jh. hinein war es nahezu unbewohnt, und erst zu dieser Zeit ließen sich finnische Siedler im großen Grün nieder. Rund 200 Jahre später fassten auch die Norweger Fuß im Wald, die Finnen wurden assimiliert, und heute verrät nur noch die Silbe *finn* des Finnskogen, woher diese Region ihren Namen hat.

Die Wildnis ruft

Ausgangspunkt für einen Besuch ist das 10 km nördlich von Kongsvinger an der R 20 gelegene **Roverud**, wo der in einer Schleife durch den Wald führende **Finnskogvegen** abzweigt. Mal verläuft er durch Kiefern-, Fichten- und Birkenwald, mal breiten sich Moore aus, mal kleine Sumpftümpel, mal wachsen graue Fjellrücken aus der Landschaft. Er folgt im Wesentlichen der R 205 sowie der R 202, präsentiert sich als „Waldweg" im Sinne des Wortes und ist für viele Wildmark-Eindrücke gut, bevor er südlich von Elverum wieder in die Hauptstraße einmündet. Die Chance, hier Elche und Biber beobachten zu können, ist groß, sogar Bären kommen in dieser teils völlig unzugänglichen Taiga-Wildnis noch vor, und so gibt es für **Tiersafaris** keine bessere Adresse als den Finnskogen, der sich als **Outdoor-Zentrum** einen herausragenden Namen gemacht hat und auch über eine entsprechende Infrastruktur verfügt.

Am eindrucksvollsten präsentiert sich das „Erlebnis Wildnis" aber nicht von der Straße Finnskogvegen aus, sondern vielmehr vom **Finnskogleden**, einem speziellen Wander- und Mountainbikeweg, der kreuz und quer durch den Wald verläuft und über insgesamt 240 km von Kongsvinger bis hinauf nach Trysil führt. Karten und genaue Wegbeschreibungen sind in den Touristenbüros der beiden Orte erhältlich sowie über www.finnskogleden.com. Wanderer benötigen durchschnittlich zehn Tage zur Bewältigung der Strecke, Radfahrer vier Tage. Das Touristenbüro bietet für den Finnskogleden sowie andere Routen *sykkelpakker* an, die inkl. Anreise ab Oslo und eine Übernachtung sowie Fahrrad 1000 NOK p. P. kosten; auch Fahrradverleih.

ÜBERNACHTUNG UND ESSEN

€ **Finnskogen Turist & Villmarksenter**, Skasenden, Kirkenær, ✆ 62945750, 💻 www.finnskogen.net. Empfehlenswerte Wald- und Wiesenanlage am Ufer des Skasen-See (mit Badeplatz). Teils idyllische Campingstellplätze am Seeufer unter Bäumen, außerdem 20 große, voll ausgestattete Hütten (u. a. mit 2 Schlafzimmern, Bad/WC, Küche mit Spülmaschine, Veranda) sowie ein paar kleine Campinghütten. Das Aktivitätsangebot reicht von Kajak- und Kanupaddeln (Ausleihe) über Paint-Ball, Tennis, Minigolf und Tretbootfahren bis hin zu Hundeschlittentouren im Winter. Mehrere Spielplätze, Sauna, Aufenthaltsräume und gutes, recht günstiges Restaurant (Elchsteak 215 NOK, Hirschsteak 235 NOK). Stellplatz mit Auto und Zelt 180 NOK, Wohnmobil 220 NOK, Hütten ab ❷

Finnskogtoppen Vælværehotell, Grue, Finnskog, ✆ 62946300, 💻 www.finnskogtoppen.no. Der See- und Wald-Rundumblick von diesem auf einer einsamen Hügelkuppe hoch über dem Finnskogen gelegenen Spa-Hotel ist fantastisch, und auch von innen hält das ganz mit Gras gedeckte und mit Glas eingefasste Gebäude, was es von außen verspricht. Insbesondere die über 60 m² großen Suiten lassen keinen Wunsch offen. Auch ein Hallenbad ist vorhanden. Alle Preise verstehen sich inkl. Vollpension und belaufen sich auf 1390 NOK für ein EZ, 2380 NOK für ein DZ und 3280 NOK pro Suite.

AKTIVITÄTEN

Angeln

Beste Möglichkeiten hat man beim Finnskogen Turist & Villmarksenter (s. rechts) am Ufer des Skasen-Sees, wo oft Hechte und Barsche anbeißen. Angelkarten in der Rezeption.

Radfahren

Vom Finnskogleden abgesehen, ist noch die kurze Radtour zum Aussichtspunkt **Spulsåstoppen** erwähnenswert, die im Ortszentrum von Våler beginnt und etwa eine halbe Stunde in Anspruch nimmt. Oben angekommen, hat man eine schöne Aussicht über die Baumwipfel, und zudem lädt eine kleine Grillhütte mit Sitzbänken zum Picknicken ein.

Wandern

Das Hauptwandergebiet ist der Finnskogen mit dem beliebten **Finnskogleden** (S. 409). Der beste Ausgangspunkt für kurze und lange Wanderungen sind das Finnskogen Turist & Villmarksenter (s. links), das auch Wanderkarten verkauft.

SONSTIGES

Apotheken

Apotek 1, Gruetorget, Kirkenær, ✆ 62945800, 🕒 Mo–Fr 9–16.30, Sa 9–14 Uhr.

Fahrradverleih

Im Touristenbüro in Kongsvinger, s. dort.

Geld

Sparebank, Flisa, ✆ 02999.

Informationen

Im **Finnskogen Turist & Villmarksenter** (s. links) erhält man alle nötigen Informationen

Aktivitäten satt

Die Webseite 💻 www.visitfinnskogene.no informiert umfassend über das breit gefächerte Angebot an Aktivitäten im Finnskogen, und auch die Unterkünfte sowie die Touristenbüros in Kongsvinger und Elverum informieren bzw. vermitteln Anbieter. Auf dem Programm stehen u. a. geführte Rad- und Kanutouren, Elch-, Biber- und Fotosafaris, Wandertouren und Pferdetreks (1 Std. 400 NOK), im Winter Hundeschlittentouren (Tagestouren 1700 NOK), und natürlich kann man angeln sowie Kanus und Fahrräder ausleihen (ab 200 pro Tag).

zum Finnskogen, ebenso im Touristenbüro in Kongsvinger (S. 409) sowie unter 💻 www.visitfinnskogene.no, außerdem, aber nur auf Norwegisch, unter 💻 www.finnskogen.turistforeningen.no.

Medizinische Hilfe

Solør legevakt, ✆ 62951888.

Polizei

Åsnes lensmannskontor, Negardsvegen 1, Flisa, ✆ 02800.

Post

Flisa Post i butikk (Spar Supermarkt), Flisa, ✆ 04004, 🕒 Mo–Fr 8–21, Sa 9–20 Uhr.

TRANSPORT

Busse

Mit öffentlichen Verkehrsmitteln kann man den Finnskogen nicht bereisen. Die Unterkünfte sowie Outdoor-Zentren im Wald bieten aber einen Shuttledienst von/nach KONGSVINGER bzw. an die Hauptstraße an, wo die Busse Richtung ELVERUM und Kongsvinger halten.

Elverum

Das am Rande des Finnskogen im Tal der Glomma gelegene Elverum mit seinen 14 000 Einwohnern trägt zu Recht den Beinamen „Hauptstadt der Wälder", und so verwundert es kaum, dass hier auch das einzige Spezialmuseum für Forstwirtschaft, Jagd und Süßwasserangeln in ganz Norwegen anzutreffen ist. Gegründet wurde das **Norwegische Forstmuseum** (Norsk Skogmuseum) schon im Jahre 1954, und was dem Petrijünger das einzige Süßwasserfisch-Aquarium des Landes, das ist dem Waldfreund das rund 80 Baumarten umfassende Arboretum und dem Vogelkundler die große ornithologische Abteilung. Zu den Glanzlichtern der norwegischen Natur führt die Multimediashow „Die norwegischen Nationalparks", und auch ein Freilichtmuseum mit rund 30 historischen Gebäuden ist angeschlossen. 💻 www.skogmus.no, 🕒 20. Juni–9. Aug tgl. 10–17, sonst 10–16 Uhr, Eintritt 110 NOK, mit Glomsdalsmuseum 150 NOK.

Auf der anderen Flussseite lädt das **Glomsdalsmuseum** zur Besichtigung von gleich 91 historischen Gebäuden ein, womit es das drittgrößte Freilichtmuseum Norwegens ist. 💻 www.glomdal.museum.no, 🕒 wie Skogmuseum, Eintritt 140 NOK.

ÜBERNACHTUNG

Bookingkontor Elverum, Barbra Ringsveg 5, ✆ 62415567, 90584526, 💻 www.elverum-hostel.no. Zentrale Buchungsstelle für Unterkünfte in der gesamten Region. Das Angebot reicht von einfachen Mehrbettzimmern (Bett ab 295 NOK) über Hütten (ab 350 NOK) bis zu Zimmern in Pensionen (ab 450 NOK) und Hotels.

Solvårs Bed'n Breakfast, Barbra Ringsveg 14, ✆ 99612026, 💻 www.elverumbb.com. Kleine Herberge in fußläufiger Entfernung zum Forstmuseum (S. 411). Nur 1 DZ (700 NOK) und 1 Familienzimmer, daher unbedingt im Voraus buchen. Guter Standard und sehr gute Matratzen. Gemeinschafts-Bad/WC. Das leckere Frühstück ist im günstigen Zimmerpreis inkl. ❷

Scandic Elgstua, Trondheimsveien 9 (hinter dem Bahnhof), ✆ 62431010, 💻 www.scandichotels.no. Die gemütliche „Elchstube" bietet helle, renovierte Komfortzimmer der gehobenen Mittelklasse. Sehr empfehlenswertes Restaurant mit den besten Wildgerichten der Region. ❺

Camping und Hütten

Elverum Camping, Halvdan Gransvei 6 (etwas südlich an der R 3), ✆ 62416716, 💻 www.elverumcamping.no. Großer, gut ausgestatteter Campingplatz mit schönem Wiesengelände an der Glomma. Gute Sanitäranlagen, die etwa 35 Hütten für 2–4 Pers. in verschiedenen Kategorien (ab 700 NOK) sind ebenfalls ihr Geld wert. Einladende Badeplätze am Fluss, Kanuverleih, Spielplatz, gute Wandermöglichkeiten, geführte Biber- und Elchsafaris. Stellplatz ab 120 NOK.

ESSEN

€ **Kremmer'n Cafe & gatekjøkken**, Kremmertorget (Shoppingcenter), ✆ 45235419, 🖳 www.kremmertorget.no. Gute Adresse für Kuchen, Kaffee und einfache Gerichte zu günstigen Preisen. ⌚ tgl. ab 10 Uhr.

€ **Gråberg Kina Restaurant**, Torggate 10, ✆ 62417892. Chinarestaurant im Zentrum, gut und günstig. ⌚ tgl. ab nachmittags.

Steinbua Kro og Pizzeria, Lundgaardveien. 16, 🖳 www.steinbua.no. Ansprechendes Lokal in einem Haus aus dem Jahre 1897. Das umfangreiche À-la-carte-Menü bietet neben Salaten, Pasta und Hamburgern auch Fisch und Fleisch zu relativ zivilen Preisen; außerdem Tapas, des weiteren eine gute Auswahl an Pizzen (ab 159 NOK). ⌚ tgl. ab 12 Uhr.

FESTE

Volumfestival, Ende Juni, 🖳 www.volumfestivalen.no. Kulturfestival mit Schwerpunkt Musik, Film, Literatur und Kunst der Region.

Festspillene i Elverum, Ende Juli/Anfang August, 🖳 www.fie.no. 10-tägiges Event, das zu den größten Kulturveranstaltungen im gesamten Østland zählt. Rund 50 Veranstaltungen, darunter zahlreiche Konzerte (u. a. Kammermusik und Orchestermusik), Theatervorführungen und Familienaktivitäten.

AKTIVITÄTEN

Die Touristeninformation informiert über die besten **Bade-** und **Angelplätze** (und verkauft auch Angelkarten), organisiert **Biber-** und **Elchsafaris** und hält Karten mit den schönsten **Fahrrad-** und **Wanderrouten** bereit. **Kanus** leiht man am besten bei Elverum Camping (S. 411).

Segelfliegen

Ole Reistad Senter, Stamoen Fritidspark, 🖳 www.nthf.no. Das Segelflugzentrum gilt als das größte und beste in ganz Norwegen. Mitflug-Gelegenheiten und Segelflug-Kurse werden auf Anfrage angeboten. ⌚ April–Sep.

SONSTIGES

Alkohol

Elverum vinmonopol, Storgate 10, ✆ 04560, ⌚ Mo–Do 10–17, Fr 9–18, Sa 9–15 Uhr.

Apotheken

Boots apotek, Torggate 3, ✆ 62419140, ⌚ Mo–Fr 9–18, Sa 9–15 Uhr.

Autovermietungen

Nederberg bilutleie, Jernbanegate 5, ✆ 62411600.

Geld

Sparebank, Storgate 26, ✆ 02999.

Informationen

Elverum turistinformasjon, Solørvn 151 (im Norsk Skogmuseum), ✆ 62409070, 🖳 www.visit-hedmark.no/elverum-regionen, ⌚ 20. Juni–9. Aug tgl. 10–17, sonst Mo–Fr 10–16 Uhr.

Medizinische Hilfe

Legevakten, Kirkevegen, ✆ 62411500.

Polizei

Elverum politistasjon, Elvarheimgate 10, ✆ 02800.

Post

Elverum postkontor, Elvarheimgate 3, ✆ 804004, ⌚ Mo–Fr 9–17, Sa 10–14 Uhr.

Taxis

✆ 62411888.

TRANSPORT

Busse

Tgl. mehrere Verbindungen ab der Busstation an der Torggate (nördl. vom Zentrum, auf der östl. Flussuferseite), u. a. in Richtung OSLO sowie TRYSIL und HAMAR, KONGSVINGER, FEMUND und auch RØROS.

Eisenbahn

Verbindungen 3x tgl. in Richtung TRONDHEIM via RØROS, auch in Richtung OSLO via HAMAR.

Trysil

Rühmt sich Elverum im Prospekt als „Hauptstadt der Wälder", so wirbt das zu Füßen des 1139 m hohen Trysilfjells gelegene und rund 2500 Einwohner zählende Trysil mit dem Beinamen „Hauptstadt der Wildnis". Auch an diesem Namen ist etwas dran, denn ringsum erstreckt sich eine menschenleere Wald- und Bergwildnis, in der sich im Durchschnitt nur rund zwei Einwohner einen Quadratkilometer teilen. Auch leben nirgends sonst im Lande so viele Biber (sowie Forellen) wie hier, Elche sind ohnehin überreich vertreten, und vereinzelt kommen sogar noch Bären und Luchse vor.

Dank einer ausgezeichneten Infrastruktur hat sich der Ort auch als **Outdoor-Zentrum** etabliert, während die zahlreichen Sommerveranstaltungen der Stadt einen Ruf als Hort der Kultur eingetragen haben. Sehenswürdigkeiten aber sind rar, und nur das Museumsdorf **Trysil Bygdetun** lädt mit seinen zwei Dutzend historischen Häusern und Gehöften zu einem Besuch ein. Es wurde bereits 1901 gegründet, womit es das älteste seiner Art in Norwegen ist. 💻 www.tryengmus.no, 🕒 29. Juni–Anfang Aug So–Fr 11–17 Uhr, Eintritt 40 NOK inkl. Führung.

ÜBERNACHTUNG

Mehr als zwei Dutzend Hotels, ein Dutzend Pensionen sowie ein Dutzend Campingplätze und Hüttenvermietungen liegen rings um Trysil, Informationen über das Touristenbüro, wo man alle Unterkünfte auch direkt buchen kann, über die Website der Touristeninformation (s. o.) sind Online-Buchungen möglich.

Trysil Hotell, Zentrum, ✆ 62450833, 💻 www.trysilhotell.net. Kleineres Holzhotel mit 31 Mittelklassezimmern nebst 20 Komfort-Apartments sowie einer Spa-Abteilung. Sehr gemütliches Restaurant mit offenem Kamin und Bar. Teils sehr günstige Online-Preise. ❺

Camping und Hütten

Trysilelva Camping, 600 m von Zentrum, ✆ 90561173, 💻 www.trysilelvacamping.no. Ganzjährig geöffnete Anlage am Flussufer in ruhiger Lage. Wiesenplätze für Zelte und Wohnmobile sowie 11 einfache Hütten (mit Miniküche, aber ohne Bad/WC) mit Blick auf das Trysilfjell. Sehr familienfreundlich, u. a. Spielplatz, Trampoline und Ballspiele. Kanu- und Bootsverleih, Grillplätze und beste Angelmöglichkeiten. Aktivitäten werden vermittelt. Stellplatz 220 NOK, Hütten ab 540 NOK.

€ **Trysil Camp – Fredbo**, Jordet (R 26, rund 10 Fahrminuten nördlich von Trysil), ✆ 41617077, 💻 www.trysilcamp.no. Kleinere und recht günstige Anlage, ebenfalls am Fluss gelegen. 10 Hütten für bis zu 4 Pers. mit Miniküche. Spielplatz, neuere Sanitäranlagen. Zahlreiche Wanderwege in der nahen Umgebung. Stellplatz ab 100 NOK, Hütten ab 350 NOK, Apartments ab 750 NOK.

Trysil Hyttegrend, Øråneset, ✆ 90132761, 💻 www.trysilhytte.com. Zahlreiche holzvertäfelte Hütten für 2, 4 oder 6 Pers., zum Teil in wunderschöner Flussuferlage, alle mit Bad/WC, kompletter Küche und TV. Gutes Preis-Leistungs-Verhältnis. Auch Fahrradverleih sowie Camping. Stellplatz Zelt 150 NOK, Wohnmobil 230 NOK. Hütten 2 Pers. ❶, Hütten 4–6 Pers. ❸

ESSEN

In den meisten Hotelrestaurants bekommt man erstklassiges Essen, doch in der Regel zu entsprechend gehobenen Preisen. Folgende Adressen bieten gute und vor allem günstigere Alternativen:

€ **Peppes Pizza**, Trysil Turistsenter, 💻 www.peppes.no. Gemütliches Restaurant mit lockerer Atmosphäre und enormer Auswahl an Salaten und Pasta-Gerichten sowie leckeren Pizzen. Letztere kommen Mo 11–23 Uhr sowie Di–Fr 11–15 Uhr am günstigsten, denn dann wird zum Pizzabuffet geladen. 🕒 tgl. 11–23 Uhr.

Bøes Bistro, Storvegen 20, 💻 www.boesbistro.no. Eines der ältesten Lokale in Trysil, schön renoviert mit edler Einrichtung und einer großen Außenterrasse. Gute und günstige Lunch-Speisen (wie Gulaschsuppe, griechischer Salat, Sandwiches oder gebackene Kartoffeln), À-la-Carte-Menü mit teils etwas gehobenen Preisen

(u. a. Pfeffersteak, Lammkeule, Elchburger) sowie ein eigenes Pizza-Menü. Angeschlossen ist auch eine Piano- und Sportbar, wo spät abends oft mächtig was los ist. ⌚ Mo–Do 15–23, Fr 15–2, Sa 14–2, So 13–23 Uhr.

FESTE

Trysilrittet, Anfang Juli, 💻 www.sykkelritt.com/trysilrittet-75. 3-tägiger Wettbewerb für Radfahrfreaks: Am ersten Tag geht's hoch auf Trysilfjellet (über 900 Höhenmeter auf 13 km!), am 2. Tag steht eine 75 km-Strecke in wechselndem Terrain an, der letzte Tag ist Familienrennen vorbehalten. Anmeldung über das Touristenbüro.
Trysil Sommerfestival, Mitte August. Großes Sommerfestival mit zahlreichen Aktivitäten sowie Unterhaltung für Groß und Klein.
Trysilrypa, Anfang September, 💻 www.trysil.no/no/trysilrypa. Ein Marathon-Wettbewerb, allerdings nur für Frauen! Teilnehmerinnen wählen zwischen einer 6 km, 10 km oder 13 km langen Strecke.

AKTIVITÄTEN

Angeln
Die Möglichkeiten im fast 100 km langen Verlauf der Trysilelva sowie in den Dutzenden Seen der Umgebung sind schier unbegrenzt. Angelkarten (erhältlich im Touristenbüro oder an den meisten Unterkünften) sind allerdings vorgeschrieben.

Golf
Auf der Südseite des Trysilfjells liegt die 18-Loch-Anlage **Trysilfjellet Golfbane**, ✆ 62452033, 💻 www.trysilgolf.no, die als eine der besten Wald- und Gebirgs-Golfbahnen des ganzen Landes gilt.

Radfahren
Mit einem außerordentlich gut ausgebauten Netzwerk an Fahrradwegen in allen möglichen Terrains und Schwierigkeitsstufen auf Asphalt und Schotter, Waldwegen und Offroad-Pisten im Gebirge ist Trysil ein wahres Radfahr-Eldorado. Startpunkt der 10 Hauptrouten (zwischen 4 und 75 km Länge) ist beim Touristenbüro (dort auch Radverleih), wo man auch Karten mit genauen Routenbeschreibungen erhält.

Wandern
Dutzende markierte Wege durch Wald und auf die Berge in allen Schwierigkeitsstufen laden ein und haben Trysil den Ruf eines Wanderparadieses eingebracht. In einer Gratis-Broschüre des Touristenbüros sind die schönsten Routen detailliert beschrieben (auch auf Englisch, nicht auf Deutsch), und im Sommer werden geführte Wanderungen angeboten.

SONSTIGES

Alkohol
Trysil vinmonopol, Storvegen 2, ✆ 04560, ⌚ Mo–Mi 10–17, Do und Fr 10–18, Sa 10–15 Uhr.

Apotheken
Apotek 1, Løkjaveien. 4, ✆ 62448430, ⌚ Mo–Fr 9–17, Sa 9–14 Uhr.

Autovermietungen
Trysil Bil AS, Mosanden, ✆ 62448400. Günstige Leihwagen.

Fahrradverleih
Trysil Hyttegrend (S. 413, Übernachtung) sowie **Destinasjon Trysil** (s. u.) verleihen Räder und Ausrüstung (auch Kindersitze); 260 NOK pro Tag.

Geld
Sparebank, Storvegen 7, ✆ 02999.

Informationen
Destinasjon Trysil, Storveien 3, ✆ 62451000, 💻 www.trysil.com, ⌚ Mo–Fr 9–16, im Sommer bis 18, sowie Sa und So 10–14 Uhr.

Medizinische Hilfe
Legevakta, ✆ 62457855.

Polizei
Trysil lensmannskontor, Storvegen 3, ✆ 02800.

Das Outdoor- und Wintersport-Zentrum Trysil

Trysil bietet auch für die Dauer eines ganzen Urlaubs mehr als genug an Abwechslung, und dies rund ums Jahr, denn der Winter, der hier von November bis Mai währt, beschert der Region wahre Berge an Schnee und zieht Jahr für Jahr mehr Urlauber an. Hunderte Kilometer an präparierten und teils auch beleuchteten **Langlaufloipen** sowie nicht weniger als 65 **Abfahrtspisten** aller Schwierigkeitsgrade (darunter auch solche mit bis zu 44 % Gefälle!) konkurrieren mit **Hundeschlittentouren** und **Schlittenfahrten** und machen Trysil, Heimat des ältesten Skiclubs der Welt (gegründet 1861), zu einem Wintersportziel ersten Ranges. Natürlich laden auch Ski- und Snowboardschulen ein; alle erforderliche Ausrüstung kann ausgeliehen werden. Weitere Infos unter ✆ 81556300 und 💻 www.skistar.com/no/trysil.

Im Sommer dann locken gleich drei Dutzend unterschiedliche Aktivitäten, deren populärste **Wanderungen** und **Fahrradtouren** sind. Auch für kleine und große **Kanutouren** ist das Umland von Trysil geradezu prädestiniert, zum **Angeln** auf Forelle sowie Äsche gibt es norwegenweit kein besseres Revier, und obendrein locken **Canyoning** und **Rafting** (bis Grad V) sowie natürlich **Biber- und Elchsafaris.**

Post

Trysil postkontor, Storvegen 39, ✆ 04004, 🕒 Mo–Fr 9–16.30, Sa 10–14 Uhr.

Taxis

✆ 62451190.

Touren

Trysilguidene, ✆ 62448500, 💻 www.trysilguidene.com. Der größte Veranstalter der Region organisiert sowohl im Sommer als auch im Winter rund 3 Dutzend unterschiedliche Touren und Aktivitäten in Zusammenarbeit mit dem Touristenbüro. Angeboten wird beispielsweise Rafting (für Familien, Anfänger und Fortgeschrittene), Extrem-Rafting (Grad V), Canyoning (recht extrem, daher Mindestalter 18 Jahre), Kanutouren (auch Verleih), Riverboarding, Wildwasserkajak-Kurse, Biber- und Elchsafaris, Familienklettern, Schneescooter-Safaris, Hundeschlittentouren und geführte Wanderungen. Angeboten werden auch günstige Übernachtungsmöglichkeiten in Hütten, Zelten und Gammen (Hütten der Samen).

TRANSPORT

Busverbindungen bestehen 6–9x tgl. nach OSLO via ELVERUM, außerdem mehrmals tgl. nach HAMAR, KONGSVINGER sowie in andere Orte der Hedmark, im Sommer bestehen gute Verbindungen hinauf zum FEMUND mit Busanschluss nach RØRVIK.

Rings um den Femund-See

Wer über Trysil hinausfährt, gelangt bald in eine derartige Weite und Einsamkeit, von der man in der dicht besiedelten Mitte Europas kaum eine Vorstellung hat. Zwischen ausgedehnten Taigawäldern erstrecken sich große Seenplatten sowie ausgedehnte Moore; wildromantische Schluchten führen in schroffe Hochfjellzonen, und das i-Tüpfelchen wird der Landschaft schließlich vom ausgedehnten Blau des Femund aufgesetzt: Der Anblick der rund 67 km langen und etwa 200 km^2 großen Wasserfläche, die inmitten von Wäldern liegt und von teilweise mehr als 1400 m hohen Bergen umgeben wird, ist beeindruckend und lässt wohl automatisch den Wunsch aufkommen, ins Kanu zu steigen und sich für mehrere Tage von der Zivilisation zu verabschieden. Diesen Wunsch kann man sich erfüllen, denn der Femund gilt als das **Kanu-Paradies** von Norwegen schlechthin, und nirgends im Lande ist die Infrastruktur besser als hier (s. Kasten S. 416).

Aber auch eine **Bootsfahrt** über die Wasserweite hinüber ist ein eindrückliches Erlebnis, und für das entspannte Genießen von See und Landschaft gibt es keine geeigneteren Verkehrsmittel

Norwegens Paddelparadies

Für Freunde des Kanusports gibt es norwegenweit keine angesagtere Adresse als den Femund-See. Zahlreiche Routen auf dem **Femund** selbst sowie den Seen und Flüssen der Umgebung laden ein, und auch einen ganzen Urlaub kann man hier paddelnd in der Wald- und Wasserwildnis verbringen. Populärste Tour ist die etwa 170 km lange Umrundung des Femund, wofür in der Regel 11–12 Tage benötigt werden. 4–5 Tage dauert die Umrund des benachbarten **Isteren** (60 km), und auch die Flussverbindung zwischen beiden Seen hat ihre Reize (Grad III–IV), doch in landschaftlicher Hinsicht am beeindruckendsten gilt der von bis zu über 1700 m hohen Bergen umgebene **Sølensjøen**, der ebenfalls umrundet werden kann (ca. 40 km, 3–4 Tage).
All diese Touren sowie andere mehr sind in dem Buch *Kanutouren im Kanuland Femund* (Pollner-Verlag) beschrieben, das vom Kanu-Guru Gert Kassel (www.kanukassel.de) verfasst wurde. Kanuverleih wird mehrfach angeboten, aber die örtliche Top-Adresse ist das **Femund Canoe Camp** (S. 418): Kanus inkl. Schwimmwesten etc. kosten beispielsweise ab 365/1555 NOK pro Tag/Woche (2 Pers.) bzw. ab 550/2345 NOK pro Tag/Woche (3 Pers.). Auch spezielle Kanu-Pakete stehen bei diesem Anbieter auf dem Programm.

als die M/S *Femund II* sowie die M/B *Svuku*, die im Sommer täglich im Liniendienst auf der Strecke Elgå–Jonasvollen–Femundshytta–Synnervika (Busanschluss nach Røros) und zurück verkehren, somit den See in seiner gesamten Länge befahren und sich auch für all diejenigen anbieten, die den Femundsmarka-Nationalpark wandernd erkunden wollen.

Das Engerdal

Das rund 35 km lange und teils vom Engeren-See ausgefüllte Engerdal erstreckt sich südlich des Femund Richtung Trysil und wird von der R 26 erschlossen, auf der auch öffentliche Busse verkehren. Hauptort ist der kleine Ort **Drevsjø**, Sitz der Touristeninformation für die gesamte Femund-Region sowie des Blokkodden Wildmarkmuseum. Die Ausstellung ist dem Leben und Wirtschaften in der Wildnis zu früheren Zeiten gewidmet und informiert auch über Rentierzucht sowie das Volk der Samen (S. 95): Zwischen dem 17. und 19. Jh. wanderten mehrere Samenfamilien von der Finnmark bis hierher, um neue Weideplätze zu finden, und noch heute leben ihre Nachfahren bei Elgå am Femundufer von der Rentierzucht. www.tryengmus.no, 30. Juni–14. Aug Di–So 11–16 Uhr, Eintritt 80 NOK.

Eine weitere Sehenswürdigkeit ist das etwas südlich von Drevsjø bei **Engerdalssetra** gelegene Seter-Museum, das ganz und gar der Almwirtschaft gewidmet ist: Das Engerdal gehört zu den ganz wenigen Regionen Norwegens, in denen heute noch Almwirtschaft betrieben wird, und auch wann welche Alm *(seter)* im Engerdall ihren „Tag der offenen Tür“ hat (meist im Juli), kann man hier erfragen.

Femundsmarka-Nationalpark

Nach Osten hin steigt die bewaldete Uferzone des Femund bald zu den kahlen Fjellkuppen dieses 1971 eingerichteten und 2003 erweiterten Schutzgebietes an, das auf seiner Fläche von 573 km² alle Vegetationszonen zwischen Taiga und Oreal umfasst und bis auf eine Höhe von 1415 m hinaufreicht, wo nur noch Glazialschutt den Boden bedeckt. Seinen Status verdankt das Refugium vor allem der Wildheit seiner Landschaften sowie dem relativen Vogelreichtum, und gerade Schneeammer, Schneehuhn und Regenpfeifer sind hier insbesondere in den Höhenlagen anzutreffen. In den Waldtälern der tieferen Lagen sollen sogar noch Kraniche heimisch sein, und die größte Chance, eines dieser seltenen Tiere zu Gesicht zu bekommen, hat man im Rødal bzw. dem angrenzenden Seengebiet, das von Mooren umgeben ist. Hier wurde auch die größte Pflanzendichte registriert: Der hiesige Bestand umfasst mehr als 300 verschiedene Gefäßpflanzen. Zur Fauna gehören insbesondere das Ren sowie – in tieferen Lagen – Nerz, Marder, Biber und Elch.

Großer Beliebtheit erfreut sich das Schutzgebiet vor allem wegen seiner zahlreichen **Wanderwege**, und Dutzende Touren entlang markierter Wald- und Bergpfade stehen zur Auswahl, darunter allein zehn Gipfeltouren. Während man für den Aufstieg zum Store Svukku (1415 m) etwa 2 1/2 Std. und für die Ersteigung des Elgåhogna (1460 m) um die 3 1/2 Std. ansetzen muss, erreicht man den Goloføkkampen (1326 m) in rund 2 Std., die Storhøa (1139 m) in etwa 2 1/2 Std. und die Kvitvola (1153 m) in ca. 1 1/2 Std. Da außerdem mehrere **Übernachtungshütten** einladen, zwischen denen die Wanderabstände relativ gering sind, eignet sich dieses Femundsmarka-Schutzgebiet gerade auch für Familien mit Kindern.

Den einfachsten Zugang zum Park hat man von Elgå aus (Straße ab Femund, außerdem tgl. Schiffsverbindung, S. 419), von wo eine Straße (11 km) zur bewirtschafteten Svukuriset-Übernachtungshütte führt, ✆ 64929150 und 47612496, 💻 https://svukuriset.dnt.no. Das Bett kostet ab 250 NOK, DZ gibt's für 820 NOK, 🕒 23. Juni–10. Sep. Wer wandert, nimmt am besten die Schiffsverbindung bis Revlingen, von wo aus man etwa eine Gehstunde unterwegs ist. Ab Elgå dann geht es nur noch per pedes weiter, z. B. zur 4 Std. entfernten Übernachtungshütte bei Sylen.

Umfassende Informationen über alle möglichen Wanderungen sowie die hiesige Flora und Fauna und auch über die Rentierwirtschaft vermittelt das bei Elgå am Femund eingerichtete **Femundsmarka-Nationalparkzentrum**, 💻 www.femunden.no, 🕒 25. Juni–21. Aug tgl. 10–16.30 Uhr, Eintritt 40 NOK. Weitere Informationen bietet insbesondere die Website 💻 www.miljodirektoratet.no.

Gutulia-Nationalpark

Das Femundsmarka-Nationalparkzentrum ist auch Informationsstelle für den benachbarten Gutulia-Nationalpark, der sich zwischen dem Gutulissjøen und der schwedischen Grenze in einer Höhe von 615–948 m ausdehnt. Er wurde bereits im Jahre 1968 eröffnet und beeindruckt trotz seiner geringen Größe von nur 23 km² mit einem Bestand an bis zu 500 Jahre alten Bäumen. Sie bilden eines der allerletzten Urwaldgebiete des Landes, bewohnt von einigen Dachsen, Bibern und Elchen, und damit dies auch in Zukunft so bleibt, wurden keinerlei markierte Wege angelegt.

Den leichtesten Zugang ins Schutzgebiet bietet ein beschilderter Waldweg, der nahe dem Femund Canoe Camp (S. 418) von der Straße abzweigt und bis an den Gutulis-See heranreicht. An seinem Ostufer führt ein schmaler Pfad bis zu einer Brücke über den Gutulis-Fluss (der die Parkgrenze bildet), auch eine ehemalige Alm mit mehreren restaurierten Hütten sowie eine allgemein zugängliche Schutzhütte kann man besuchen. Weitere Infos sind unter 💻 www.miljodirektoratet.no abrufbar.

Der Rørosvegen

Der Rørosvegen führt westlich des Femund in Richtung Norden zur alten Bergwerkstadt Røros (S. 420). Er verdankt seine Entstehung dem enormen Holzbedarf, der dort ab Mitte des 18. Jhs. herrschte, als die Verhüttung von Kupfer begann. Der heute größtenteils mit der R 26 identische Rørosvegen dreht bald vom Femundufer landeinwärts, wo er wenig später an den **Isterfossen** heranführt, über dessen Katarakte sich der Trysilelv aus dem **Isteren-See** gen Süden ergießt. An dieser Stelle werfen oft zahlreiche Angler ihre Ruten aus, denn der Wasserfall sowie der angrenzende See gelten als eines der besten Angelreviere der Femund-Region; insbesondere Hechte und Felchen sollen hier in großer Zahl vorkommen. Im weiteren Verlauf der Strecke geht es bald an einem Aussichtspunkt vorbei, und das **Femund-Panorama** vor dem Hintergrund des 1415 m hohen Store Svuku lohnt einen Zwischenstopp.

ÜBERNACHTUNG UND ESSEN

Drevsjø Camping, Drevsjø, ✆ 62459203, 💻 www.drevsjocamping.no. Schöner Wiesenplatz idyllisch am Ufer des Drevsjø-Sees gelegen. Es werden auch einige Hütten in verschiedenen Komfortstufen vermietet. Außerdem gehören zum Service eine Grillhütte, Kanu- und Bootsverleih, Kiosk und Cafeteria. Zeltplatz 150 NOK, Wohnmobile 200 NOK, Hütten ab 850 NOK.

Eine Paddeltour auf dem Femund-See bietet reinste Wildmark-Eindrücke.

Johnsgård Turistsenter, Sømådalen, ✆ 62459925, 💻 www.johnsgard.no. Am Westufer des Femund-Sees, 6 km von der R 26. Empfehlenswerte Anlage in schöner Uferlage, Camping-Terrain sowie 23 unterschiedliche Hütten mit gehobener Ausstattung. Grillplätze am Seeufer, Kiosk, Spielplatz, Sauna und Solarium. In der Hochsaison sollte man Hütten unbedingt im Voraus buchen. Stellplatz 200 NOK, Hütten 195–795 NOK.

€ **Femund Canoe Camp**, Sorken, ✆ 62459019, 💻 www.femundcanoecamp.com. Naturbelassenes, autofreies Zeltareal am Ufer des Sorka-Flusses in einiger Entfernung zum Haupthaus, u. a. ausgestattet mit Feuerstellen, Grillhaus sowie Windunterständen. Außerdem 4 Hütten (595 NOK pro Tag); Zelten 50 NOK p. P. Siehe auch Kasten S. 416.

Femundtunet, 4 km nordwestlich von Drevsjø, ✆ 62459066, 💻 www.femundtunet.no. Komfortable Anlage am See, eine der besten Adressen der Region. 2- und 3-Bett-Zimmer mit Bad/WC und toller Aussicht auf den See, voll ausgestattete Apartments sowie Hütten unterschiedlichen Standards (teils sehr gemütlich im traditionellen Stil), große Wiesenflächen für Zelte und Wohnmobile. Restaurant/Cafeteria, Kiosk, Campingküche, Pub, Bootsvermietung; organisierte Touren und Aktivitäten. Stellplatz ab 200 NOK, Hütten ab ❶, Apartments ❸, DZ ab ❹

AKTIVITÄTEN

Das Touristenbüro (S. 419) organisiert und vermittelt diverse Aktivitäten wie **Biber- und Elchsafaris, Angeltouren** (auch Verkauf von Angelkarten), **Goldwasch-Kurse** sowie, im Winter, **Hundeschlittentouren** über die Femundsmarka. Auch für **Fahrradverleih** ist die Infostelle zuständig (eine eigene Fahrrad-Broschüre mit genauen Routenbeschreibungen ist erhältlich), und obendrein ist sie erster Ansprechpartner in Sachen **Wanderungen**. Die meisten Unterkünfte verleihen auch Boote

© FOTOLIA / SIMON DANNHAUER

und Kanus, die beste Adresse ist allerdings **Femund Canoe Camp** (s. Kasten S. 418).

SONSTIGES

Fahrradverleih
Fahrräder kann man außer über das Touristenbüro auch in Drevsjø (**Gløtvold Handel**), beim **Femundsmarka-Nationalparkzentrum** (S. 417) und bei **Femundtunet** (S. 418) ausleihen.

Informationen
Engerdal turistkontor, Engerdalsveien 1781, ✆ 94186951 💻 www.femundengerdal.no, 🕒 ganzjährig Mo–Fr 9–16 Uhr.

Medizinische Hilfe
Legevakta, Drevsjø, ✆ 62458611.

Polizei
Engerdal lensmannskontor, Engerdal, ✆ 02800.

Post
Drevsjø Post i butikk (Coop Supermarkt), ✆ 04004, 🕒 Mo–Fr 9–20, Sa 9–15 Uhr.

TRANSPORT

Busse
Busse fahren Richtung KONGSVINGER via TRYSIL und ELVERUM, außerdem Richtung RØROS.

Schiffe
Vom 15. Juni–16. Aug verkehrt die *Femund II* tgl. um 12.30 und 14 Uhr auf der Strecke Elgå–SYNNERVIKA und retour, vom 17. Aug–6. Sep wird die gleiche Strecke Di, Fr, Sa und So (255 NOK, Fahrrad 50 NOK, Kanu 250 NOK), bedient. Unterwegs wird an fünf Plätzen angelegt. Von Synnervika aus am Nordrand des Femund besteht Busanschluss nach RØROS. Eine Tageskarte (z. B. für eine Seerundfahrt) kostet lediglich 340 NOK. Infos über ✆ 93692017, 💻 www.femund.no.

12 HIGHLIGHT

Røros

Die in der menschenleeren Hochfjellweite der Rørosvidda nahe der schwedischen Grenze gelegene Stadt verdankt alles dem Kupfererz: ihre Gründung im Jahre 1644, ihre 333 Jahre währende Blüte als Bergwerkstadt sowie ihre heutige Stellung als eine der meistbesuchten Touristenattraktionen des Landes. Røros steht als einzige Stadt Skandinaviens geschlossen als Kulturerbe auf der World Heritage List der Unesco, und der gesamte alte Ortskern der heute rund 3000 Einwohner zählenden Stadt präsentiert sich mit seiner geschlossenen altertümlichen Bebauung als ein wahres Kleinod und lässt Geschichte im Sinne des Wortes lebendig werden. Man schlendert – und kommt aus dem Staunen nicht heraus: Røros bekam bereits im Jahre 1897 – als dritte Stadt in Europa nach Paris und Hammerfest – eine elektrische Straßenbeleuchtung.

Røros wird auch international als umweltfreundliches Reisziel geschätzt: 1991 wurde die Stadt zu „Europas besterhaltenem Dorf" gekürt, 1995 erhielt sie als erster Ort in Norwegen einen Umweltpreis, 2013 wurde sie offiziell als erste nachhaltige Reisedestination des Landes zertifiziert, 2015 erhielt die Stadt den norwegischen Tourism Award und zuletzt war Røros in den Finalrunden von drei der weltweit renommiertesten Nachhaltigkeitsauszeichnungen! So viele Umwelt-Ehrungen verpflichten, und so hat die Stadt ein vom Ökogedanken getragenes Sightseeing-, Ausflugs- und Aktivitäten-Angebot der Superlative zu bieten, zu jeder Jahreszeit! Und da Nachhaltigkeit auch durch den Magen geht, sollen in naher Zukunft sämtliche Lebensmittel, die in den Restaurants der Stadt verarbeitet und serviert werden, ganz und gar aus ökologischer Produktion stammen.

Die Kupferstadt

Als die schönsten Bauzeugen des von 1644 bis 1977 währenden „kupfernen" Zeitalters der Stadt gelten die alten Bergarbeiterhäuser, die in Røros zahlreiche Gassen zieren. Insbesondere an der malerischen **Bergmannsgate** stehen die oft altersschiefen Blockbauten mit ihren Butzenscheiben und grasgedeckten Dächern eng an eng, und so museal auch ihr Erscheinungsbild ist, sind sie dennoch allesamt nach wie vor bewohnt. Im Rahmen von geführten Stadtwanderungen wird besonders der Rasmusgård (Hausnr. 9) hervorgehoben, der als das älteste Haus an dieser Straße gilt (erbaut um 1680); herausragend zudem der Bekholdtgård (Hausnr. 14), bei dem es sich um das älteste Gebäude mit drei Etagen handelt, sowie der benachbarte Bergskrivergård (Hausnummer 15), der um 1793 errichtet wurde und besonders prächtig anzusehen ist.

Das traditionsreichste Haus aber ist der etwas westlich vom Zentrum stehende **Aasengård** jenes Hans Olsen Aasen, der hier in der ersten Hälfte des 17. Jhs. auch die reichen Kupfererz-Vorkommen entdeckte. Es wurde zwischen 1620 und 1644 errichtet und befindet sich bereits seit elf Generationen in Familienbesitz. Røros ist eine Stadt in Dunkelbraun und Kupferrot, denn Kupferschlacke war es, die den Häusern im Laufe der Jahrhunderte ihre markante Farbe gab, und Kupferschlacke ist es, aus der die große Halde besteht, die den ungemein fotogenen Hintergrund der **Røros Kirke** bildet. Sie trägt den Beinamen *Bergstadens Ziir* („Zierde der Bergstadt"), wurde 1779–1784 im Stil des Barock erbaut, ist Wahrzeichen der Stadt sowie Nationalmonument des Reiches. 🕒 20. Juni–16. Aug Mo–Sa 10–16, So 12.30–14.30, Eintritt frei; Führungen (30 Min.) Mo–Sa um 11.30 und 15.30, So 12.30 Uhr, 50 NOK.

Nur ein paar Meter von dieser auch von zahlreichen Gemälden her bekannten Kirche entfernt, findet sich am Malmplassen („Erzplatz") unterhalb der Schlackenhalde die historische Schmelzhütte (Smelthytta) der Stadt. Hier ist heute das **Røros-Museum** eingerichtet, das der Geschichte der Kupferstadt gewidmet ist und u. a. die alten Gruben- sowie Verhüttungssysteme als Modell zeigt. 💻 www.rorosmuseet.no, 🕒 20. Juni–15. Aug tgl. 10–18, 16. Aug–10. Sep tgl. 10–16, sonst tgl. 10–15, Eintritt 100 NOK; im Sommer Führungen auch auf Englisch (11 Uhr).

Røros

Die Olavsgrube

Kein Besuch von Røros ist vollständig, ohne nicht auch die rund 15 km außerhalb am Weg nach Schweden (R 31) gelegene **Olavsgrube** (Olavsgruva) besucht zu haben, die seit 1979 als Norwegisches Bergwerksmuseum dient, nachdem in ihrer Tiefe zwischen 1935 und 1973 mehr als 1 Mio. t Kupfererz, Äquivalent zu rund 12 000 t Kupfer, abgebaut worden waren. Da die Abraummaschinen allesamt im Original erhalten sind und ausgeklügelte Licht- und Toneffekte den Anschein vermitteln, als wären die Abbauarbeiten nach wie vor unverändert in Gang, kann man sich im Rahmen der bis 500 m weit in den Berg reichenden Führungen zudem ein realistisches Bild davon verschaffen, wie es hier früher ausgesehen hat. 💻 www.rorosmuseet.no, 20. Juni–15. Aug tgl. 10–17, Führungen um 11, 13, 15 und 17 Uhr, 1.–19. Juni und 16. Aug–10. Sep Mo–Sa 13 und 15, So 12 Uhr, sonst nur Sa 15 Uhr nach Voranmeldung über das Touristenbüro, Eintritt 120 NOK.

Da die Innentemperatur in der Grube nur um 5 °C beträgt, sollte man warme Sachen nicht vergessen.

ÜBERNACHTUNG

Hotels

Erzscheidergården, Spell Olaveien 6, ✆ 72411194, 💻 www.erzscheidergaarden.no. Urgemütliches Gästehaus neben der Kirche, nur einen Katzensprung vom Bergbaumuseum entfernt. Die Zimmer sind eher traditionell eingerichtet, aber modern ausgestattet (u. a. mit Flachbild-TV). Der Service lässt nichts zu wünschen übrig, ebenso das Essen (großes Frühstückbuffet inkl.). ❻

Vertshuset Røros, Kjerkgate 34 (Fußgängerzone), ✆ 72419350, 💻 www.vertshusetroros.no.

Schöner wohnen: Alte Bergarbeiterhäuser zeugen von der einstigen Bedeutung der Kupferstadt Røros.

Sehr anspruchsvolles historisches Gasthaus, das zur edlen Hotelkette „De Historiske Hotell" gehört. 16 holzverbrämte Komfortzimmer im „Rammegården" sowie 15 Zimmer mit oder ohne Küche in einer alten, komplett umgebauten Fabrik aus dem Jahr 1914. Auch ganze Wohnungen werden vermietet. Restaurant sowie urgemütliche Kellerbar. Inkl. Frühstück je nach Saison ab ❹

Scandic Bergstadens Hotel, Osloveien 2, ✆ 72406080, 💻 www.bergstadenshotel.no. Mitten im Zentrum am Ende der Fußgängerzone gelegen. 90 stilvoll und modern eingerichtete Komfortzimmer sowie Suiten. Cafeteria, Restaurant, Bar, Disco und Sauna. Im Sommer allerdings oft von Busgruppen ausgebucht. Ab ❺

Camping und Hütten

Idrettsparken Hotell, Øra 25 (300 m unterhalb des Zentrums), ✆ 72411089, 💻 www.idrettsparken.no. Ferienanlage mit Campingstellplätzen (200 NOK), Hütten, Apartments und Zimmer (mit oder ohne Bad/WC) im Hotel, das 2007 komplett renoviert wurde. DZ ab ❹, Apartment ❺

Røros Fjellheimen, Johan Falkbergets vei 25 (R 30, 1 km vom Zentrum), ✆ 72411468, 💻 www.fjellheimen.no. 2 km vom Stadtzentrum entfernt liegende Anlage mit gemütlichen, holzvertäfelten Zimmern. Mit großem Aufenthaltsraum (aber keine Gästeküche), außerdem Hütten mit eigener Küche sowie Stellplätze für Wohnmobile (250 NOK). Cafeteria mit einfachen Gerichten. Ab ❸

Håneset Camping, Osloveien (R 30), ✆ 7241 0600. Großer 3-Sterne-Platz, 2,5 km vom Zentrum mit Hütten in verschiedenen Preisklassen, guten Sanitäranlagen, Spielplatz, Kanu- und Bootsverleih, Angel- und Bademöglichkeiten. Stellplatz 220 NOK, Hütten ❶–❹

€ **Bergstaden Camping**, Johan Falkbergets vei 34, ✆ 72411573, 💻 https://bergstadencamping.wordpress.com. Sehr schöner und gepflegter Campinglatz nahe dem Stadtzentrum am Waldrand gelegen, mit Wiesenstellplätzen und einfachen Hütten. 🕒 Anfang Mai–Ende Sep. Stellplatz ab 150 NOK, Hütten ab ❶

ESSEN

Kaffestuggu, Bergmanngate 18, ✆ 72411033, 💻 www.kaffestuggu.no. Das älteste Café der Stadt ist zudem ihr traditionsreichstes und gemütlichstes. Die Speisekarte listet regionale Spezialitäten auf. Gut und günstig sind insbesondere die Lunchgerichte (ab 12 Uhr, ca. 129–145 NOK). Hauptgerichte um 280 NOK. 🕒 Di–Fr 11–17.30 und 18–23, Sa nur 18–23 Uhr.

Vertshuset Røros (S. 421). Empfehlenswertes Restaurant mit stilvollem, altertümlichem Mobiliar (inspiriert vom 19. Jh.) und einem abwechslungsreichen Menu. Lokale Rohwaren sind hier Trumpf, hauptsächlich norwegische Spezialitäten wie Elch- und Rentiersteaks und Gebirgsforelle. Eigenes Lunchmenü mit Snacks und einfacheren Gerichten. Preise der oberen Mittelklasse. 🕒 Di–Sa 18–22 Uhr.

Skanckebua Bar & Restaurant, Kjerkgate 28, ✆ 72410567. Intimes und romantisches Lokal in einem alten Steingewölbe mit Kerzenlicht, mit urbanem Interieur und weichen Sofas. Norwegische und internationale Speisen werden in großzügigen Portionen serviert. Freundliche Bedienung, allerdings etwas hohes Preisniveau. 🕒 tgl. ab 11 Uhr.

FESTE

Rørosmartnan, Mitte Februar, 💻 www.rorosmartnan.no. Der „Rørosmarkt" ist mit Abstand das größte Event im Winter und hat seinen Ursprung im 17. Jh., als in Røros die jährliche Zusammenkunft von Jägern ihren Anfang nahm. Mit bis zu 70 000 Besuchern stellt es 5 Tage lang die ganze Stadt auf den Kopf. Zahlreiche Kulturprogramme, Straßenmärkte, Konzerte, Volkstanz, Live-Entertainment und diverse Wettbewerbe.

AKTIVITÄTEN

Angeln

In den umliegenden Seen und Flüssen tummeln sich Lachse, Forellen, Barsche und Hechte. In der Touristeninformation sind die Angelscheine erhältlich, dort werden auch Angelausrüstungen vermietet.

Kanu und Kajak

Der nahe Femund-See (S. 415) ist Norwegens populärstes Kanurevier. Es gibt mehrere Verleihstationen im Ort, die auch den Transport organisieren, u. a. Røros Sport in der Bergmannsgate oder der Håneset Camping (S. 423).

Radfahren

Die Umgebung von Røros ist perfekt zum Radfahren, mit vielen Nebenstraßen und Pisten. Eine leichte Route (28 km) führt von Røros nach Erlia entlang der R 31 und dann vorbei an Orvos und Kvernangen, bevor man wieder zurück nach Røros gelangt. Insgesamt laden rund 10 reine Fahrradrouten zwischen 25 und 60 km Länge im Umland von Røros zum Radfahren ein; es informiert das Touristenbüro.

Reiten

4 km nordwestlich von Røros liegt das Reitzentrum **Røros Hestesportsenter**, Kvernengan, ✆ 91519363, 💻 www.roroshestesportsenter.no, das Ausritte unterschiedlicher Länge offeriert, von einstündigen Ausflügen (180 NOK) über Halbtagestouren (3 Std. 490 NOK) bis hin zu mehrtägigen Bergtouren hinauf auf die Rørosvidda. Auch Reitunterricht.

Wandern

Eine schöne Wanderung in relativ leichtem und offenem Terrain (doch mit guter Aussicht) führt von Røros zur **Enarsvola**. Startpunkt ist der Parkplatz am Konstknektveien oberhalb des Røros Hotell. Gut markiert und familienfreundlich. Wanderkarten und Infos zu weiteren Wanderungen im Touristenbüro.

Wintersport

Am **Hummelfjell**, etwa 12 km südlich der Stadt, gibt es ein Skicenter mit 2 Liften, mehreren Abfahrten und um die 300 m Höhenunterschied.

TOUREN

Über Kutschenfahrten, Biber- und Elchsafaris, Schneescooterfahrten (zu den Winterweideplätzen der Rentiere) sowie Rundflüge über die Rørosvidda und das Dovrefjell informiert die Touristeninformation.

Bootsfahrten

Vom 15. Juni bis 16. Aug stampft der restaurierte Uralt-Dampfer M/S *Fæmund II* auf dem Femund-See auf fester Route von Røros nach Elgå und zurück. Die Fahrten starten um 8.15 Uhr an der Bahnstation in Røros und enden um 11.50 Uhr in Elgå, wo es gegen 12.30 Uhr nach Røros zurückgeht. Unterwegs wird an 5 Plätzen angelegt. Vom 17. Aug bis 6. Sep wird die gleiche Strecke Di, Fr, Sa und So bedient (255 NOK p. P., Fahrrad 50 NOK, Kanu 250 NOK). Infos über ✆ 93692017, 💻 www.femund.no.

Hundeschlittentouren

Einer der größten Anbieter ist Alaskan Husky Tours, Narjordet, ✆ 94281212, 💻 www.huskytour.no. Auf dem Programm dieses auf der Liste des Norsk Økoturisme geführten Veranstalters stehen zahlreiche Halb- und Ganztagestouren (1200/1995 NOK) bis hin zu 7-tägigen Safaris mit Übernachtung wahlweise in Hütten oder Alaskazelten mit Holzofen.

SONSTIGES

Alkohol

Røros vinmonopol, Peder Hiortsgate 7, ✆ 04560, 🕒 Mo–Do 10–16.30, Fr 10–18, Sa 10–15 Uhr.

Apotheken

Vitusapotek, Kjerkgate 15, ✆ 72406450, 🕒 Mo–Fr 9–16.30, Sa 9–14 Uhr.

Autovermietungen

Avis, Osloveien 14, ✆ 72409250.

Fahrradverleih

Røros Sport, Bergmanngate 13, ✆ 72411218.

Geld

Røros Banken, Kjerkgate 1, ✆ 72409000.

Informationen

Røros turistkontor, Peder Hiorts gate 2, ✆ 72410000, 💻 www.roros.no, 🕒 Juli–Aug Mo–Sa 9–18, So 10–16, sonst Mo–Fr 9–15, Sa 11–12.30 Uhr. Im Sommer tgl. geführte Stadtrundgänge (2 Std., 100 NOK).

Medizinische Hilfe

Røros legevakt, Henrik Grønns vei 25, ✆ 72410555.

Polizei

Lensmannen i Røros, Bergmanngate 15, ✆ 02800.

Post

Røros Post i butikk (Coop Prix Supermarkt), Tollef Bredals vei 7, ✆ 04004, ⌚ Mo–Fr 9–22, Sa 9–20, So 9–20 Uhr.

Taxis

✆ 72411258.

TRANSPORT

Busse

Verbindungen mehrmals tgl. u. a. nach TRONDHEIM, OSLO und TYNSET, im Sommer auch nach FEMUND, DREVSJØ, TRYSIL und ELVERUM. Außerdem auch nach SYNNERVIKA am Nordufer des Femund, von wo aus Schiffsanschluss nach ELGÅ am Südufer besteht (S. 419).

Eisenbahn

Røros ist mehrmals tgl. mit OSLO (via HAMAR und ELVERUM) und TRONDHEIM verbunden.

13 HIGHLIGHT

Trondheim und Umgebung

Die historische Metropole Trondheim, einst berühmtester Wallfahrtsort des Nordens, ist dank ihrer malerischen Bausubstanz auch eine der sehenswertesten von ganz Norwegen. Am Nidaros-Dom, dem größten Sakralbau Skandinaviens, führt ebenso kein Weg vorbei wie an den bis zu den „Knien" im Wasser stehenden Speicherhäusern von Bryggene, die zu den beliebtesten Fotomotiven im Königreich zählen.

Norwegens historische Hauptstadt

Gegründet wurde Trondheim um 997 von König **Olav I.**, der zuvor in England zum Christentum übergetreten war und von hier aus weite Landesteile christianisieren ließ. Stärker noch zur Bekehrung der heidnischen Wikinger zum „rechten Glauben" trug allerdings sein in der Normandie getaufter Nachfolger Olav Haraldsson (Olav II.) bei. Aber erst sein Tod im Jahre 1030 war es letztlich, der dazu führte, dass die seinerzeit Nidaros („Mündung des Nid-Flusses") genannte Siedlung zum bedeutendsten Wallfahrtsort des gesamten Nordens und bald auch zur größten und reichsten Stadt des Landes aufstieg, die bis zur Reformation im Jahre 1536 auch sein geistiges Zentrum bildete.

Olav II. war bei Stiklestad auf ein großes Heer aufständischer Bauern gestoßen; es kam zur Schlacht, der König fiel und wurde dort begraben. Doch bald schon, so berichtet die Sage, ging im Volk die Kunde von Mirakeln um, die im Umfeld des Grabes zu beobachten waren. So grub man die Leiche im Jahr darauf wieder aus, fand sie unversehrt vor, nahm dies als Beweis von Olavs Heiligkeit und setzte dessen sterbliche Überreste in Nidaros auf dem Hochaltar der St.-Clemens-Kirche bei. Olav selbst wurde als Märtyrer heilig gesprochen, zum Symbol für Volk und Reich erklärt und unter dem Namen Olav der Heilige in ganz Europa bekannt. Sein Grab, über dem später der Nidaros-Dom errichtet wurde, stieg zur bedeutendsten mittelalterlichen Wallfahrtsstätte des gesamten Nordens auf, ja überall im Abendland breitete sich nun ein Olav-Kult aus, und sogar in Rom entstanden Kirchen mit seinem Namen.

Tor zum hohen Norden

Diese Pilgerschaft gehört jedoch seit der Reformation im 16. Jh. der Vergangenheit an, und auch ihre Stellung als weltliches und geistliches Zentrum des norwegischen Königreiches musste die heute über 190 000 Einwohner zählende Stadt an Bergen bzw. Oslo abtreten. Sie wurde die Nummer drei im Trio der Großen und profitierte dabei insbesondere vom lukrativen

Handel mit Holz aus den Wäldern des Trøndelag sowie der verkehrsgünstigen Lage am „Weg nach Norden", was Norwegen übersetzt bedeutet. Auch heute noch ist sie als Verkehrsknotenpunkt von Bedeutung, denn nach wie vor ist Trondheim für alle, die aus dem Süden oder Osten anreisen, eines der wichtigsten Tore zum hohen Norden, der nach landläufiger Meinung erst jenseits der magischen Schwelle des Polarkreises beginnt.

Orientierung

Das Herz von Trondheim schlägt auf der **Halbinsel Øra**, die durch die Schlinge des Nid-Flusses gebildet wird. Nur hier, wo König Olav Tryggvason vor über 1000 Jahren seine Residenz nahm, hat sich das Alte, Ehrwürdige erhalten; nur hier übertönt das Raunen der Jahrhunderte die Geschäftigkeit der heute stark expandierenden Technologiemetropole und Universitätsstadt Trondheim, in der über 15 000 Studenten leben.

Auf der Halbinsel konzentrieren sich all die sternchenverdächtigen **Sehenswürdigkeiten** einer großartigen Vergangenheit, und auch die meisten empfehlenswerten Unterkünfte und Restaurants, Gaststätten sowie die Haupteinkaufsstraßen sind in dieser Altstadt gelegen, deren Marktplatz, der **Torget**, auch ihr Zentrum markiert. Direkt angrenzend an die Altstadt erstreckt sich das Ufer des Trondheimsfjords mit dem **Hafen** nebst **Busterminal** sowie **Bahnhof**, und da die Entfernungen gering sind, kann man alles problemlos zu Fuß erreichen.

Der Nidaros-Dom

Der Nidaros-Dom (Nidaros domen) zu Trondheim, im Mittelalter jährlich von Tausenden Wallfahrern aufgesucht, ist mit seinem hohen Vierungsturm unverkennbar und stellt das repräsentativste Architekturdenkmal der Gotik in Skandinavien dar. Obendrein gilt er als Norwegens schönster Sakralbau, ist Nationalheiligtum und Krönungskirche der norwegischen Könige, denn wie es die Verfassung festschreibt, muss jeder zukünftige Regent in seinen ehrwürdigen Mauern gekrönt werden.

Schon von außen präsentiert sich das Gotteshaus außerordentlich spektakulär, doch besonders schön ist die **Westfassade** mit dem Hauptportal, und angesichts ihrer 76 in mehreren Reihen übereinander gestaffelten Skulpturen begreift man leicht, warum diese beeindruckende Schauwand mit ihrer gewaltigen Fensterrose im Zentrum vielen als großartigstes, steingewordenes Bilderbuch mittelalterlich christlicher Geschichte des gesamten Nordens gilt. Dort sind sie alle zu sehen, die Propheten, Apostel und Heiligen der Christenheit, Bischöfe und Symbolfiguren ebenso wie die Könige des Nordens, und obwohl die Skulpturen einen alten, feierlichen Eindruck machen, sind sie doch allesamt meist nur wenige Jahre alt: Die letzte wurde 1983 aufgestellt, und erst seit 1969 erstrahlt die Westfassade in ihrer heutigen Schönheit.

Der Grund für die überraschende Jugend dieses eindrucksvollen steinernen Zierrats ist, dass der Dom als Ganzes noch vor rund einem Jahrhundert in einem vollkommen desolaten Zustand war. Mehrere Brände im 14., 15., 16. und 18. Jh. hatten das einst so stolze Gebäude weitgehend zerstört. Ein Sturm kappte im Jahre 1689 den ursprünglich 110 m hohen Turm, vom Hauptschiff standen nur noch die Außenwände, von den ehemals 28 Altären überstanden nur zwei das Unwetter. Das ehedem so bedeutende Wallfahrtsziel wurde in den rund 300 Jahren seit Einführung der Reformation nahezu all seiner Skulpturen, Schätze und Schmuckstücke beraubt, als Steinbruch missbraucht und war zu einer Ruine verfallen. Erst dem erstarkten Nationalbewusstsein ist es zu verdanken, dass der Dom umfassend restauriert werden konnte. 1869 wurden die Arbeiten aufgenommen, und erst 1930 konnte das Gotteshaus wieder eingeweiht werden.

Im 20 m hohen Inneren liegen zehn Könige und die meisten Erzbischöfe des Landes begraben, wahrscheinlich auch die Gebeine des heiligen Olav, und tritt man durchs **Westportal** (auch: Olavsportal) hindurch, so findet man sich im feingliedrigen und von Säulen getragenen gotischen **Langschiff** (13. Jh.) wieder. Die auf Dur-Moll-Kontrast gestimmte Farbigkeit der Fenster gibt dem Raum Bindung, und mit ein bisschen Fantasie kann man vielleicht nachempfinden, was Sigrid Undset meinte, als sie in

Kristin Lavranstochter schrieb: „Sie ging dahin wie in einem Wald – die Säulen gefurcht wie alte Bäume –, und in diesen Wald herein sickerte das Licht durch die farbigen Glasfenster, bunt und klar wie ein Gesang. Hoch über ihr regten sich im Steinlaub Tiere und Menschen, und Engel spielten auf Instrumenten – noch viel weiter oben in schwindelerregender Höhe spannten sich die Gewölbe und hoben die Kirche zu Gott empor."

Angrenzend trifft man auf den ältesten Teil des Doms, das im 12. Jh. im romanischen Stil errichtete **Querschiff**, an den sich der Chor mit einem achteckigen Hochchor anschließt. In diesem Oktagon, das in seinem zierlichen Gotikstil skandinavienweit als einzigartig gilt, findet sich der eingemauerte und 12 m tiefe **Olavsbrunnen**, der gemäß der Legende nach dem Tode Olavs zu sprudeln begonnen haben soll und daher möglicherweise Anlass für die Errichtung des Doms selbst war. Weitere Reminiszenz an den Heiligen sind der benachbarte **Hochaltar** (der im Stil eines Schreins gehalten ist und dort steht, wo angeblich die sterblichen Überreste des *rex per-*

petuus Norvegiae beigesetzt wurden) sowie der **St.-Olavs-Altar**, dessen Front die Geschichte der bedeutungsschweren Schlacht von Stiklestad bildhaft in Szene setzt. Auch die Axt, mit der Olav getötet wurde und deren Darstellung ins norwegische Reichswappen einging, ist dargestellt.

Zum Abschluss des Rundgangs lohnt ein Blick auf die eindrucksvolle **Wagner-Orgel** aus dem 18. Jh., die sich im reinsten Barock präsentiert und weltweit nur noch vier Gegenstücke auf Erden kennt – alle im Umfeld von Berlin gelegen. Auch die **Steinmeyer-Orgel** wurde in Deutschland erbaut (1930) und war bis zu ihrer Modifizierung im Jahre 1960 eine der größten Skandinaviens. Seit dem Sommer 2014 erstrahlt sie nach umfassender Restaurierung wieder in altem Glanz.

Um reinste Augenverführung geht es bei der über 172 Stufen führenden **Turmbesteigung**. Die Aussicht über die Stadt hinweg ist schlicht faszinierend! 💻 www.nidarosdomen.no, 🕒 Juni–Aug Mo–Fr 9–18, Sa bis 14, So 13–bis 17, sonst Mo–Fr 9–15, Sa bis 14, So 13–16 Uhr; von Juni–Aug werden mehrmals tgl. Führungen auch auf Deutsch sowie auf Englisch angeboten; Kirchturm: Mitte Juni–Mitte Aug, Besteigung (40 NOK) jede halbe Stunde Mo–Fr 10–16.30, Sa bis 12.30, So 13–16.30 Uhr; Eintritt (nur Dom) 80 NOK, Kombiticket (Dom, Erzbischöfliches Palais und Reichsinsignien) 180 NOK.

Die Museen

Direkt neben dem Nidaros-Dom beeindruckt das teils noch aus dem 12. Jh. stammende **Erzbischöfliche Palais** (Erkebispegården), das der älteste aus Stein errichtete Profanbau Norwegens ist und im Ruf eines der besten Museen des Landes steht. Es umfasst u. a. die größte Sammlung mittelalterlicher Steinskulpturen von ganz Skandinavien; auch die erzbischöfliche Münze sowie die erzbischöflichen Repräsentationsräume sind zu besichtigen, und eine dritte Abteilung zeigt die Reichsinsignien mitsamt den königlichen Kronjuwelen. Ansonsten gibt es ein Waffenmuseum nebst einem Widerstandsmuseum, das die Stadtgeschichte im Zweiten Weltkrieg nachzeichnet. 💻 www.nidarosdomen.no, 🕒 Juni–Aug tgl. 10–17, sonst Mo–Fr 11–14, Sa bis 15, So 12–16 Uhr; Eintritt (nur Erzbischöfliches Palais und Reichsinsignien) 80 NOK, Kombiticket (Dom, Erzbischöfliches Palais und Reichsinsignien) 180 NOK.

Vom Dom sowie dem Bischofspalast ist es nur ein Katzensprung zum **Kunstmuseum** (Trondheim Kunstmuseum), das hauptsächlich der norwegischen Bildkunst des 19. und 20. Jhs. gewidmet ist und heute die drittgrößte Kunstsammlung in Norwegen bildet. Zu sehen sind Werke nicht nur von Malern der Nationalromantik (u. a. J.C.C. Dahl, Hans Fredrik Gude), sondern auch von Edvard Munch, Harald Sohlberg, Christian Krogh und vielen anderen mehr. 💻 www.trondheimkunstmuseum.no, 🕒 Mi–So 12–16 Uhr, Eintritt 100 NOK.

Das nur wenige Gehminuten entfernte **Kunstindustriemuseum** (Kunstindustrimuseet) an der Munkegate zeigt Kunsthandwerk aus mehreren Jahrhunderten, darunter Arbeiten aus Glas, Keramik, Porzellan, Silber und Bildteppichen, Textilien und Möbeln. 💻 www.nkim.no, 🕒 1. Juni–20. Aug Mo–Sa 10–16, So ab 12, sonst Di–Sa 10–15, Do 12–20, So 12–16 Uhr, Eintritt 80 NOK.

Ebenfalls an der Munkegate liegt das **Stiftsgården**, ein im 18. Jh. im Rokokostil errichtetes Gebäude, das mit seinen 70 Zimmern als das größte Holzbauwerk Nordeuropas gilt und Norwegens Königsfamilie bei Besuchen als Residenz dient. 💻 www.nkim.no/stiftsgarden, 🕒 1. Juni–16. Aug Mo–Sa 10–16, So ab 12 Uhr; Besuch nur im Rahmen von Führungen jede volle Stunde, Eintritt 100 NOK.

Die alten Speicherhäuser

Die vielfarbig gestrichenen Speicherhäuser der Stadt, die sich entlang den Ufern der Nidelva aneineinderreihen und oft bis zu den „Knien" im Wasser stehen, bieten einen ungemein malerischen Anblick und sind ein beliebtes Fotomotiv bei Einheimischen und Touristen. Zu finden sind sie einerseits im Bereich des dem Bahnhof direkt gegenüberliegenden **Vestre Kanalhavn** sowie insbesondere entlang der östlichen Schleife der Nidelva. Dieser Flussabschnitt wird **Bryggene**

Ringve-Nationalmuseum

Für Musikfreunde gibt es im Königreich kein Pendant zum **Musikhistorischen Nationalmuseum von Ringve**. Der Nachwelt erhalten sind hier u. a. mehr als 1800 verschiedene Musikinstrumente nebst Tausenden von Fotografien, rund 25 000 Kompositionen, Pianola- und Phonographen-Rollen, Schallplatten und anderen Tonträgern. Präsentiert werden die Exponate auf vorbildliche Weise in verschiedenen Gebäuden. Im Haupthaus, im Stil des späten 18. Jh. gehalten und nur im Rahmen von Führungen zu besuchen, lohnt ein Gang durch die Geschichte der klassischen Musik Europas. Die einzelnen Räume tragen die Namen der herausragenden Komponisten der jeweiligen Ära. Auch die dazugehörigen Instrumente sind zu bewundern, darunter zahlreiche Einmaligkeiten (u. a. eine im 17. Jh. in Norwegen erbaute Orgel) und Kuriositäten (z. B. das „Monochordon Unicum" von 1752).
Eine weitere Abteilung ist der Geschichte der „leichten" Musik gewidmet, und wer sich mehr für Natur interessiert, wird den **Botanischen Garten** lieben, der 1973 nach den strengen Vorgaben der englischen Park-Etikette angelegt wurde. Im sogenannten Renaissancegarten gedeihen mehr als 120 verschiedene Kräuter, im Arboretum wurden die 80 meistvertretenen Baumarten der nördlichen Hemisphäre angepflanzt. 💻 www.ringve.no, 🕒 Juni–Aug Di–So 10–18, sonst Di–So 11–16 Uhr, Eintritt 120 NOK. Das Museum liegt rund 3 km vom Stadtzentrum entfernt und wird u. a. von den Buslinien Nr. 3 und Nr. 4 angefahren.

genannt, und eng an eng stehen hier die prachtvoll restaurierten Holzbauten, die größtenteils auf das 19. Jh. zurückgehen. Sie bieten einen herrlichen Anblick, insbesondere vom gegenüber der Altstadt gelegenen ehemaligen Arbeiterviertel **Møllenberg** aus, das sich mit seinen teils altersschiefen Holzhäusern an Kopfsteinpflastergassen ganz und gar malerisch präsentiert.

Die hölzerne **Gamle Bybrua** führt nahe dem Nidaros-Dom hinüber, und auf der anderen Seite der 1861 im neugotischen Stil errichteten Brücke steigt steil die mit „Kristiansten Festning" beschilderte Straße Brubakken den Hang hinauf zur 72 m hoch aufragenden und rund 300 Jahre alten **Festung Kristiansten**. Die Aussicht von den Wällen der sternförmigen Anlage über das Gassen- und Stiegengewirr des Møllenberg-Viertels auf die Altstadt ist beeindruckend.

Außerhalb des Stadtzentrums

Trøndelag-Freilichtmuseum

Vor den Toren der Stadt lädt an der Sverresborg allé das **Trøndelag-Freichlichtmuseum** (Trøndelag Folkemuseum) zu einem kulturhistorischen Spaziergang ein: Über 60 traditionelle und aus dem gesamten Trøndelag zusammengetragene Stadthäuser und Herrensitze, Gehöfte und Speicherhäuser machen dieses Freilichtmuseum zu einem der größten des Landes. In der angeschlossenen **Vertshuset Tavern** (S. 431) kann man sich für relativ wenig Geld an kulinarischen Spezialitäten aus Mittelnorwegen erfreuen, und die dem Museum angeschlossene **Haltdalen-Stabkirche**, die 1937 aus dem Haltdalen hierhin überführt und bereits im 12. Jh. errichtet wurde, ist die nördlichste des Landes. 💻 www.sverresborg.no, 🕒 Juni–Aug tgl. 10–17, sonst Di–Fr 10–15, Sa und So 12–16 Uhr, Eintritt 155 NOK. Hin mit Bus Nr. 18 und 8.

Munkholmen

Eine schöne Aussicht auf Trondheim und den Trondheimsfjord genießt man von der ehemaligen Klosterinsel Munkholmen aus, im 16. Jh. zur Festung ausgebaut und heute der bevorzugte Badeplatz der Trondheimer. Anfahrt mit dem Zubringerboot (1. Juni–3. Sep tgl. 11–16/18 Uhr, Eintritt 90 NOK); weitere Infos unter 💻 www.munkholmen.no.

ÜBERNACHTUNG

Untere Preisklasse

Åse's Romutleie, Nedre Møllenberg gate 27, ✆ 73511540, ✉ aaseander@hotmail.com. Einfaches B&B in reizvoller Lage in der Altstadt mit zahlreichen kleinen Cafés und Restaurants in direkter Nähe. 4 schlichte Zimmer teilen sich 2 Bäder, Zugang zu Waschmaschine/Trockner sowie Internet und TV. Die Besitzer sprechen etwas Deutsch. Unbedingt im Voraus buchen. Ab ❶

Vandrerhjem Rosenborg, Weidemannsveien 41, ✆ 73874450, 💻 www.trondheimvandrerhjem.no. Neubau mit gehobener Ausstattung wie Aufenthalts-/TV-Raum, Gästeküche und Internetzugang sowie ca. 50 Zimmer, 12 davon mit Dusche/WC. Bett (im 6-Bettzimmer) 350 NOK inkl. Frühstück. ⌚ ganzjährig. ❷

Singsaker Sommerhotell, Rogertsgate 1, ✆ 73893100, 💻 http://sommerhotell.singsaker.no. Im Stadtteil Singsaker (etwa 10 Min. vom Zentrum) im Süden der Kristiansten-Festung gelegenes Studentenwohnheim, das in den Sommerferien als günstiges Hotel dient. Riesiges Holzhaus mit 104 Zimmern unterschiedlichen Standards (1–4 Betten, mit/ohne Bad/WC). Schöne Gartenanlage mit Grillplätzen. Frühstück inkl. Bett ab 300 NOK. ⌚ Mitte Juni–Mitte Aug. Ab ❷

Pensjonat Jarlen, Kongensgate 40, ✆ 73513218, 💻 www.jarlen.no. Empfehlenswerte Pension in sehr zentraler Lage, die meisten Sehenswürdigkeiten sind fußläufig erreichbar. Die hellen Zimmer (alle mit eigenem Bad/WC, TV und Miniküche) sind ihr Geld wert. ❷

Hotels

City Living Schøller Hotel, Dronningensgate 26 (nahe Stiftsgården), ✆ 73870800, 💻 www.cityliving.no. Einfaches Budgethotel, von außen ziemlich unansehnlich, drinnen entschädigen 50 modern eingerichtete Zimmer mit Bad/WC, TV, Kühlschrank und Kaffeekocher. Service ist Fehlanzeige, aber die Preise (DZ ab 750 NOK) sind unschlagbar günstig und die Lage im inneren Stadtzentrum perfekt. Ab ❷

P-Hotels, Nordregate 24, 80046835, 💻 www.p-hotels.no. Neues, preiswertes Übernachtungskonzept: mitten im Stadtzentrum und dennoch bezahlbar und persönlich, außerdem webbasiert (man kann auch online einchecken). Sehr zentral mit 49 hell eingerichteten Zimmern (mit Bad/WC, TV und Telefon). Frühstück inkl. ab ❸

Scandic Nidelven Hotel, Havnegaten 1, ✆ 73568000, 💻 www.scandichotels.no. Modernes Komforthotels der renommierten Rica-Kette. Die Lage über dem Fluss Nidelv könnte besser nicht sein, und im Sommer ist das Preis-Leistungs-Verhältnis stadtweit konkurrenzlos. ❻

Britannia Hotel, Dronningensgate 5, ✆ 73800800, 💻 www.thonhotels.no. Sowohl außen wie auch innen lässt die Belle Epoque grüßen, und stilvoller als in diesem ebenso charmanten wie eleganten und obendrein ältesten Hotel der Stadt, 2017 komplett renoviert, kann man in Trondheim nicht wohnen. Mehrere Restaurants, die zu den besten der gesamten Region zählen, außerdem Bar und schmucker Aufenthaltsraum. Wer online bucht, spart mehrere Hundert Kronen. Ab ❻

Camping und Hütten

Vikhammer Camping, Vikhammer (R 950, 14 km vom Stadtzentrum), ✆ 73976164, 💻 www.vikhammer.no. Naturschön und küstennah an der alten Trasse der E 6 gelegen (Lokalzug bis Vikhammer, auch Lokalbus); gute Ausstattung. Mit großer Zeltwiese (150 NOK), Wohnmobilplätzen (210 NOK), Hütten (ab 500 NOK) und Zimmern (ab 750 NOK). Zum Badeplatz sind es ca. 100 m.

Flakk Camping, Flakk (R 715, etwa 10 km westlich von Trondheim, hin mit Bus Nr. 75 und 76), ✆ 72843900, 💻 www.flakk-camping.no. Sehr schöner Wiesenplatz direkt am Meer mit ansprechender Aussicht. Einfache Hütten, gute Campingküche, Badeplatz am Fjord. Leider können die Maschinengeräusche der in der Nähe anlegenden Fähren etwas störend wirken. ⌚ Mai–Sep. Stellplatz mit Zelt/Auto 190 NOK, Hütten und Hauszelte ab ❶

ESSEN

Untere Preisklasse

Egon Søndre, Thomas Angells gate 8, 💻 www.egon.no. Ansprechendes Restaurant im Zentrum, im Sommer tolle Außenterrasse. Reichhaltiges und abwechslungsreiches Menü: Pizzen, Hamburger, Salate, Fisch- und

Fleischgerichte. Günstige bis mittlere Preisklasse. ⌚ tgl. 11–23 Uhr.

Szechuan Restaurant, Olav Tryggvasons gate 20, 💻 www.szechuan.no. Gutes chinesisches Restaurant im China-Stil mit blau gestrichenen Wänden und allerlei Dekorationen aus Fernost. Günstig. ⌚ Di–Sa 15–23, So 14–22 Uhr.

Ravnkloa Fiskhall, Vestre Kanalhavn, 💻 www.ravnkloa.no. Der moderne Flachbau der „Fischhalle" ist eine Institution in Trondheim, denn nirgends sonst im gesamten Großraum des Trøndelag ist die Auswahl an Fisch und Meeresfrüchten größer als hier. Auch Klipp- und Stockfisch stehen täglich zum Verkauf. Die Preise sind moderat, im angeschlossenen Café kann man gut und günstig essen. Krabbenbrötchen und überhaupt Krabben sind hier der „Renner". Schade nur, dass die Gemütlichkeit viel zu kurz kommt. ⌚ Mo–Fr 10–17, Sa bis 16 Uhr.

Vertshuset Tavern, Sverresborg allé 7, ✆ 45488889. Wenn Liebe auch durch den Magen geht, wird man sich bei einem Besuch in diesem Gasthaus gleich neben dem Trøndelag Folkemuseum (S. 429) mit Sicherheit ins Trøndelag verlieben! 1739 eröffnet, ist es das älteste weit und breit und – da authentisch erhalten – auch das gemütlichste. Serviert werden superleckere Traditionsgerichte der Region wie *Rømmegrøt* (S. 46), *Bråttsjø* (Matjesfilet), Erbsensuppe mit Klößen und Salzfleisch oder auch Rentiersteak, alles zu relativ günstigen Preisen. Umfangreiche Karte, und wer hier mittags einkehrt, sollte die preislich unschlagbaren Tagesgerichte kosten. 💻 www.tavern.no, ⌚ Di–Sa ab 16, So ab 14 Uhr; zumindest Fr–So abends reservieren.

Für Feinschmecker

To Rom og Kjøkken, Carl Johans gt 5, ✆ 73568900, 💻 www.toromogkjokken.no. Wenn es etwas Besonderes mit Fleisch sein soll, geht man in Trondheim in dieses Restaurant, das aber auch Vegetariern uneingeschränkt zu empfehlen ist. Vorspeisen um 150 NOK, Hauptgerichte um 350 NOK, Menüs von 3 (545 NOK) bis 5 Gängen (715 NOK). ⌚ Mo–Sa 16–24 Uhr.

Krambua, Krambugate 12, 💻 www.krambuatrondheim.no. Sehr gemütliches Kellerlokal mit Kamin und Kerzenlicht. Hauptsächlich hochpreisige norwegische Traditionskost (u. a. Bacalao und Rippchen), zudem ein sehr günstiges, täglich wechselndes Tagesmenü. Angeschlossener Pub. ⌚ Mo–Sa 15–24, So 12–23 Uhr.

Grenaderen, Kongsgårdsgate 1, ✆ 73516680, 💻 www.grenaderen.no. Neben dem erzbischöflichen Palais, in einer ehemaligen Schmiede. Traditionsreiche Speisen zu moderaten Preisen im Ambiente alteingesessener Bürgerfamilien. Günstiges Lunch-Buffet tgl. 12–16 Uhr. ⌚ Di–Sa ab 12, So ab 14 Uhr.

Havfruen, Kjøpmannsgate 7, ✆ 73874070, 💻 www.havfruen.no. Das in einem alten Speicherhaus am Nidelv eingerichtete Restaurant gilt als erste und feinste Adresse für Fisch und Meeresfrüchte zwischen Bergen und Tromsø. Man kommt, bestellt das 8-gängige und monatlich neu kreierte Menü (man kann auch in Teilen ordern), genießt und denkt nicht an die Kosten (mindestens 530 NOK ohne Getränke). ⌚ Mo–Sa ab 16 Uhr, So geschl.; Reservierung ist ein Muss.

UNTERHALTUNG UND KULTUR

Nachtleben

In den lichten Sommernächten spielt sich das Nachtleben vorzugsweise im Bereich der alten Speicherhauszeile Bryggene am und vor allem auf dem Nidelv ab, auf dem dann schwimmende Plattformen verankert sind.

Cafe 3B, Brattørgate 3 b, 💻 www.cafe3b.no. Eine der beliebtesten Studentenkneipen der Stadt, u. a. mit Dart und Billard-Tischen. Meistens wird laute Rockmusik gespielt, am Wochenende gibt's oft auch Konzerte oder es spielen DJs auf. Altersgrenze 20 Jahre. ⌚ tgl. 18–2.30 Uhr.

Ni muser, Bispegate 9, 💻 www.nimuser.no. Populäres „In"-Café der Künstlerszene in der Nähe des Doms mit wechselnden Ausstellungen und Livemusik an Sommerabenden. Sehr schön auch zum Draußensitzen. ⌚ tgl. ab 11 Uhr.

Die Olavs-Festtage

© DUMONT BILDARCHIV / OLA ROE

Die größte Festivität von Stadt und Region erinnert jährlich gegen Ende Juli an jenen König Olav II., der zu Beginn des 11. Jh. heilig gesprochen und zum „ewigen König Norwegens" erklärt wurde (S. 100). Er starb in der **Schlacht bei Stiklestad** am 29. Juli 1030, und dieser Tag wurde selbst noch nach der Einführung der Reformation mit Feierlichkeiten begangen. Insbesondere im Trøndelag sowie in Westnorwegen wurden dann große Gedenkfeuer abgebrannt und Gottesdienste gehalten, auch prognostizierte das Wetter am St. Olavstag das gesamte Herbstwetter, und seit alljährlich zum 29. Juli in Stiklestad (nördlich von Trondheim an der E 6) im größten Freilufttheater Skandinaviens das **St. Olav-Mysterienspiel** wieder an jenes denkwürdige Datum erinnern will, keimen neue Feierlichkeiten um Olav auf – einerseits in Stiklestad selbst, andererseits aber auch in Trondheim, wo zwischen dem 28. Juli und dem 6. August die *Olavsfestdagene* einladen.

Sie sind die größte Festivität der Stadt sowie von ganz Mittelnorwegen, und von den speziellen Gottesdiensten einmal abgesehen, die dann mehrmals täglich im Dom abgehalten werden, ist der Dom stimmungsvolle Bühne für Dutzende klassische **Konzerte**. Aber auch die Rock- und Pop-Fans sowie Anhänger anderer Musikrichtungen können sich Tag für Tag an zahlreichen Konzerten (oft open-air) nach ihrem Geschmack erfreuen. Abends locken zudem Jazzkonzerte in Kellerlokale, während Dutzende **Sonderausstellungen** in Museen und Galerien einladen und sich der **Mittelaltermarkt** als prächtig buntes Happening mitsamt Jahrmarkt und Reiterspielen, Musik und Tanz präsentiert.

Da die Nachfrage nach Karten enorm ist, sollte man so früh wie möglich bestellen: online unter www.olavsfestdagene.no; weitere Infos über das Touristenbüro sowie St. Olavsfestival, Postboks 2045, 7410 Trondheim, 73841450.

Trondhjem Mikrobryggeri, Prinsensgate 39, www.tmb.no. Die Mikrobrauerei ist zumindest für echte Bier-Fans „der" Tipp in Trondheim: Bis zu 8 verschiedene selbstgebraute Biersorten werden angeboten, vom traditionellen „Trondheims-Pilsner" bis hin zum „India Pale Ale". Daneben gibt's allerlei leckere Snacks und leichte Gerichte; die perfekte Zusammensetzung für einen gelungenen Abend! Mo–Fr 15–2, Sa 12–2 Uhr.

Macbeth, Søndregate 22 b, www.macbeth.no. Schotten kommen wohl in ganz Norwegen ihrer Heimat nicht näher als im Macbeth. Der Laden ist ein urgemütlicher Pub mit einer großen Auswahl an Bieren nebst mehr als 20 Malt-Whisky-Sorten. Es gibt große Flachbildschirme, über die regelmäßig Fußballspiele und Pferderennen flackern. 🕒 tgl. 13.30–2 Uhr.

Downtown, Nordregate 28, 💻 www.downtown.no. Stilvoller Nachtklub auf mehreren Etagen und Ebenen, mit spezieller Beleuchtung und potentem Sound-System. Eigene Pianobar mit Livemusik. An Wochentagen lockt sehr günstiges Bier, an den Wochenenden gibt's jedoch lange Warteschlangen. 🕒 Mo–Sa 22–2.30 Uhr.

Den Gode Nabo, Øvre Bakklandet 66, 💻 www.dengodenabo.com. Direkt an der alten Stadtbrücke gegenüber Bryggene gelegener Pub mit dem größten Fassbier-Angebot der Stadt (mehr als 100 Biersorten). Das Interieur ist holzverbrämt und urgemütlich, und nicht ohne Grund wurde „Der gute Nachbar" bereits mehrfach als beste Kneipe Norwegens nominiert. Im Sommer können die Gäste draußen sitzen, auch hier lädt eine „Bierplattform" ein. 🕒 tgl. ab 16, im Sommer ab 13 Uhr.

Kulturelles

Das **Trondheim Sinfonieorchester** (Olavskvartalet), Kjøpmannsgate 46, 📞 7399 4050, 💻 www.tso.no, bietet wöchentlich Konzerte mit international bekannten Solisten und Dirigenten. Saisonprogramme erhalten Interessierte am Kartenschalter in der Olavshalle, aber Mitte Juni bis Ende August ist Sommerpause.

FESTE

Das Touristenbüro gibt einen jährlich aktualisierten Veranstaltungskalender heraus und informiert auch online umfassend. Zu den wichtigsten Events gehören:

Nidaros Bluesfestival, Ende April, 💻 www.nidarosbluesfestival.com.

Trondheim Jazzfestival, Juni, 💻 www.jazzfest.no.

Olavsfesttage, 28. Juli–6. Aug, 💻 www.olavsfestdagene.no; s. Kasten.

Trondheim Kammermusikkfestival, September, 💻 www.kamfest.no.

EINKAUFEN

Haupteinkaufsstraßen mit Hunderten Geschäften und Boutiquen sind auf der Altstadt-Halbinsel Øra die **Munke-, Dronningens-** und **Nordregate** sowie ihre jeweiligen Nebenstraßen.

Møllers, Munkegate 3, 📞 73520439, 💻 www.facebook.com/gullsmedmoller. Nordeuropas ältestes Goldschmiedegeschäft (gegründet 1770) in einem wunderschönen historischen Holzbau. Handgefertigter Gold- und Silberschmuck von feinster Qualität zu entsprechenden Preisen. 🕒 Mo–Fr 10–17, Sa bis 14 Uhr.

Riibe, Dronningensgate 46, 📞 73873737, 💻 www.riibe.com. Eines von Skandinaviens größten Fachgeschäften für antike Münzen (über 120 000 Stück sind hier stets auf Lager) sowie Silber- und Goldwaren. Ein Paradies für Sammler und Investoren. 🕒 Mo–Fr 10–17, Sa 10–14 Uhr.

AKTIVITÄTEN

Beliebte **Wanderwege** in die herrliche Wald-Wiesen-Feld-und-Fjord-Natur rings um Trondheim sind einerseits der etwa 14 km lange **Ladestien** sowie der **Nidelvstien**, der dem Nidelv bis zum Leirfoss-Wasserfall folgt. Über beide Wanderwege können sich Wanderinteressierte beim Touristenbüro eingehend informieren.

SONSTIGES

Alkohol

Trondheim Munkegate vinmonopol, Munkegate 30, 📞 04560, 🕒 Mo–Mi 10–17, Do 10–18, Fr 9–18, Sa 9–15 Uhr.

Apotheken

Apotek 1 Svanen, Kongensgate 14 b, 📞 73990370, 🕒 Mo–Fr 9–18, Sa 10–16 Uhr.

Autovermietungen

Rent-A-Wreck, Magnus lagabøters vei 4, ✆ 73907000. Auch am Flughafen.
Avis, Kjøpmannsgate 34, ✆ 67255600.
Hertz, Innherredsveien 103, ✆ 73503500.

Fahrradverleih

Sykkelsenteret, Ilevollen 2, ✆ 73510940.
Visit Trondheim AS, s. u., 50 NOK pro Tag.

Geld

Sparebank, Olav Tryggvasons gate 1, ✆ 07166.

Informationen

Visit Trondheim AS, Nordregt. 11, 7411 Trondheim, ✆ 73807660, www.visit trondheim.no, ganzjährig Mo–Sa 9–18 Uhr, Juni–Aug auch So. Während der Hochsaison Organisation von Stadtrundfahrten, Hafen- und Angeltouren; Vermittlung von Stadtführern. Vom 24. Juni–11. Aug starten hier tgl. um 14 Uhr geführte Stadtrundgänge von 1 1/2–2 Std. Dauer (170 NOK).
www.trondheim.com führt zu Apps und einem – auch downloadbaren – Stadtführer (auch auf Englisch).

Medizinische Hilfe

Legevakt, ✆ 73522500.

Polizei

Politiet, Gryta 4, ✆ 02800.

Post

Trondheim Sentrum postkontor, Munkegt. 30, ✆ 04004, Mo–Fr 9–17, Sa 10–15 Uhr.

Taxis

✆ 07373.

NAHVERKEHR

Innerhalb des relativ kleinen Zentrums kann man alle Sehenswürdigkeiten sowie alle Service-Adressen zu Fuß erreichen, auch an Taxen herrscht hier kein Mangel. Ansonsten gibt es ein sehr gut funktionierendes Busnetz: Zuständig für alle Verbindungen ist **AtB**, über deren Website (auch auf Englisch) man alle Busverbindungen abrufen kann: www.atb.no. Telefonische Fahrplanauskünfte erhält man über ✆ 177; ein Einzelticket kostet für eine Stadtfahrt 41 NOK (wenn am Automaten gekauft) bzw. 50 NOK (im Bus), ein Tagesticket kommt auf 105 NOK (in Narvesen-Kiosken sowie 7Eleven-Läden).

TRANSPORT

Selbstfahrer

Im gut ausgeschilderten Zentrum gibt es mehrere Parkhäuser, und wer mit Caravan oder Wohnmobil anreist, sollte sich am Hafen sowie im Bereich des angrenzenden Bahnhofs auf Parkplatzsuche begeben.

Busse

Der Busbahnhof befindet sich direkt neben dem Bahnhof sowie dem Hafen mit dem Hurtigrutenanleger. Verbindungen bestehen in alle größeren Orte des Trøndelags (Mittelnorwegen), auch Westnorwegen ist gut angebunden. Mehrmals tgl. angefahren werden u. a. NAMSOS, STEINSKJÆR, GRONG, KRISTIANSUND, MOLDE, ÅLESUND und BERGEN. Nordnorwegen hingegen wird von Trondheim aus nicht mit Bussen bedient. Wer in den Norden reisen will, ist daher auf Bahn, Flugzeug oder die Schiffe der Hurtigruten angewiesen. Richtung Südnorwegen bedient Nor-Way Bussekspress die Strecke nach OSLO auf zwei Routen: auf direkter Strecke entlang des gesamten GUDBRANDSDAL sowie auf einer östlicheren Route via RØROS, FEMUNDSEE, TRYSIL, ELVERUM und KONGSVINGER.
Auf der Strecke nach Oslo durchs Gubrandsdal verkehrt auch der preiswerte Lavprisekspressen (ab 100 NOK). Buchung online unter www.lavprisekspressen.no oder über ✆ 67980480.

Eisenbahn

Der Bahnhof befindet sich direkt neben dem Busbahnhof sowie dem Hafen mit dem Hurtigrutenanleger. Verbindungen bestehen 4x tgl. via DOVREFJELL und GUDBRANDSDALEN nach OSLO, außerdem mindestens 2x tgl. via RØROS,

TRYSIL, ELVERUM und KONGSVINGER nach Oslo. 2x tgl. wird die Strecke nach BODØ via GRONG, MAJAVATN, MOSJØEN, MO I RANA, SALTDAL und FAUSKE bedient, und 2x tgl. geht's nach ÖSTERSUND in Schweden.

Schiffe

Fähren

Wer die R 715 von Trondheim aus Richtung Namsos/Kystriksveien (S. 439) nehmen möchte, folge der im Zentrum beschilderten Straße bis zum etwa 10 km westlich gelegenen Ort **Flakk**, von wo aus 1–2x stdl. eine Autofähre über den Trondheimsfjord nach RØRVIKA verkehrt: **Fosen Traffiklag**, ✆ 73890700, 💻 www.fosen namsos.no.

Schnellboot

Fosen Traffiklag, ✆ 02820, 💻 www.fosennamsos.no, verkehrt 2–3x tgl. nach KRISTIANSUND (648 NOK). Fosen Traffiklag (s. o.) bedient zusätzlich die dem Trondheimsfjord vorgelagerten Inseln. Richtung Norden gibt es keine durchgehende Verbindung, erst ab Namsos (S. 440) kann man per Boot weiter nach Norden reisen.

Hurtigruten

Abfahrt tgl. um 12 Uhr Richtung Kirkenes sowie tgl. um 10 Uhr Richtung Bergen, der Hurtigrutenkai ist hinter dem Bahnhof am Hafen.

Flüge

Der Trondheim Lufthavn liegt ca. 35 km nordöstlich der Stadt in Værnes an der E 6. Anfahrt mit dem Flughafenbus, tgl. 5–21 Uhr (Sa nur bis 17 Uhr) alle 15 Min. (Sa alle 30 Min.), Fahrdauer etwa 40 Min., 105 NOK. Alternativ kann man auch mit der Bahn fahren (40 Min.): 82 NOK am Automaten, 100 NOK im Zug. Das Taxi kostet 550 NOK für bis zu 4 Pers. SAS und Norwegian bedienen von hier aus die meisten größeren Flughäfen in ganz Norwegen und fliegen u. a. auch nach FRANKFURT (mit SAS, bis zu 8x tgl.), MÜNCHEN (mehrmals wöchentl. mit Norwegian, mehrmals tgl. mit SAS via Kopenhagen), HAMBURG (SAS, bis zu 10x tgl.) und BERLIN (2x tgl. mit Norwegian, mehrmals tgl. mit SAS via Kopenhagen). Widerøe bedient nur inländische Ziele, insbesondere NORDLAND und MØRE-ROMSDAL (mehrmals tgl.).

REINE, LOFOTEN; © FOTOLIA / IAKOV KALININ

Nordnorwegen

Das „Land der Mitternachtssonne“, entlegenster Teil und raueste Wildnis Europas, markiert zugleich die größte zusammenhängende Fläche Natur unseres Kontinents. Es reicht am Nordkap bis 2090 km an den Nordpol heran, grenzt im Osten an Russland und umfasst u. a. die Lofoten, berühmt als das „schönste Reiseziel in Norwegen“ und eines der herausragenden Naturgebiete auf Erden.

Stefan Loose Traveltipps

Træna und Lovund Reif für die Insel? Dann nichts wie hin auf diese Archipele. S. 454

14 **Die Lofoten** Die großartige Landschaft mit ihren alpinen Bergformen, den traditionellen Fischerdörfern und Traumstränden hat den „Archipel über dem Polarkreis" weltberühmt gemacht. S. 467

15 **Whale Watching** Die Pottwalsafaris vor den Vesterålen gelten als lohnendste Walsafaris der Welt. S. 508

Lachsangeln am Namsen, einem der lachsreichsten Flüsse des Nordens. S. 514

16 **Tromsø** Die historische Pforte zum Eismeer ist die schönste und lebendigste Metropole des hohen Norden. S. 534

17 **Kautokeino** Das Zentrum der Bergsamen bietet spannende Kultureindrücke und Naturerlebnisse. S. 560

18 **Das Nordkap** Das „Ziel der Ziele" markiert den nördlichsten auf Erden erreichbaren Straßenpunkt. S. 573

19 **Die arktische Route** führt durch die spektakulärsten Landschaften der Ostfinnmark. S. 579

Wann fahren? Mitte/Ende Juni–Mitte Sep, Hochsaison Mitte Juni–Ende Juli., Wandersaison Juli–Mitte Sep

Wie lange? Mindestens 3 Wochen

Bekannt für Polarkreis, Mitternachtssonne und Polarlicht, Hammerfest, Nordkap und Eismeerstraße, die Samen und Rentierherden

Outdoor-Tipp Radeln auf dem Kystriksveien, Wanderungen zu Vogelfelsen und auf alpine Gipfel, Seekajak- und Tauchtouren, Surfing und Climbing auf den Lofoten, Kanutouren (Reisaelv) und Hundeschlittenfahrten

Unbedingt ausprobieren Trockenfisch auf den Lofoten, Königskrabben in Tromsø

Der südlichste Bezirk von Nordnorwegen heißt **Nordland**. Er erstreckt sich als eine Symphonie aus Stein und Eis über mehr als 500 km entlang der Atlantikküste, überspannt dabei den **Polarkreis** und wird lediglich von zwei Straßen erschlossen. Ob man nun entlang der herrlichen Küstenstraße **R 17** nach Norden vorstößt oder aber der landeinwärts verlaufenden **E 6** folgt, überall winken unvergessliche Eindrücke und Erlebnisse, darunter die **Beobachtung von Pottwalen** auf der Inselgruppe der **Vesterålen**.

Auch die Region **Troms**, die sich nördlich an Nordland anschließt und eine gleicherma-ßen vom Wasser geprägte wie auch hochalpine Landschaft darstellt, hat noch keinen Reisenden unberührt gelassen. Sie umfasst u. a. Norwegens „wildeste Wildnis" sowie mit den **Lyngen-Alpen** die alpine Sensation des hohen Nordens, während ihre Metropole **Tromsø** die größte, schönste und sehenswerteste Stadt von Nordskandinavien ist.

Die höchsten Besucherzahlen im gesamten Großraum aber verzeichnen **Hammerfest** sowie das **Nordkap**, die beide in der **Finnmark** liegen. Diese nördlichste Landschaft unseres Kontinents ist Heimat der **Samen** und ihrer **Rentierherden**, die heute wie vor tausend Jahren auf den Tundrasteppen der **Finnmarksvidda** umherziehen. Grenzlandstimmung liegt hier in der Luft, erst recht an der sogenannten **Eismeerküste**, die sich entlang der **Barentssee** bis nach **Kirkenes** an der Grenze zu Russland hinzieht.

Weit und einsam, so stellt man sich Nordnorwegen gemeinhin vor, und dass diese beiden oft strapazierten Begriffe hier durchaus den Kern der Wahrheit treffen, zeigt ein Blick auf die Statistik: Auf einer Fläche von rund 113 000 km^2 (zum Vergleich: Österreich umfasst rund 84 000 km^2) leben hier weniger Menschen als beispielsweise in Dresden oder Nürnberg, nämlich nur rund 470 000, wobei diese Zahl noch nichts über die Bevölkerungsdichte aussagt. Teilen sich in Nordland im Durchschnitt noch rund 6,2 Einwohner einen Quadratkilometer, so sind es in Troms nur 6 und in der Finnmark gar nur noch 1,5, außerhalb der Ortschaften liegt dieser Wert oft bei 0,3 oder gar noch darunter. Einsamkeitsliebhaber werden sich hier also erwartungsgemäß wohlfühlen. Erstaunlich ist hingegen, dass dank des Golfstroms Sommertemperaturen von 20 °C im Schatten keine Seltenheit sind und die Landschaft das gesamte Spektrum zwischen arktischen Kältesteppen und nahezu südländisch anmutenden Ackerbaugebieten umfasst.

Die Helgelandsküste

Keine andere Provinz des Königreiches besitzt einen so ausgeprägten Küstencharakter wie **Nordland** (s. auch S. 512). Zigtausende Inseln und Inselsplitter liegen hier vor stolzen 14 000 Küstenkilometern im Nordmeer beidseits des Polarkreises – jener magischen Schwelle, die bei 66°33'51" verläuft und die gemäßigte von der polaren Zone trennt. Es dominiert eine seit Jahrtausenden nahezu unberührte Landschaft, das Land der **Mitternachtssonne**, die zwischen Eisnacht und Eisnacht immer wieder scheint. Dann ertrinkt das Land über dem Polarkreis in farbigem Licht, und man lebt wie in einem Traum.

Doch ob nun im Mittsommer, wenn die nächtlichen Berge eine Komposition aus Rot und violetten Schatten bilden, oder im Polarwinter, wenn sich mittags ein grünlich-blauer Abendhimmel über die gläsern hell erstrahlenden Berge wölbt: Stets haftet der Landschaft etwas Unwirkliches an. Das gilt besonders für die Berggestalten der **Helgelandsküste**, die von Karlingen dominiert wird, jenen bizarren Gesteinsformationen, die ihre Entstehung dem Gletscherschliff der Eiszeiten verdanken und sich mal als gratschmale Felsmauern zeigen, mal als scharfkantige Pyramiden oder gezackte Trapeze, himmelhoch gereckte Obelisken oder glatt polierte Monolithen. Angesichts solcher Naturschönheiten erkennt man leicht, warum die Helgelandsküste von Sagen und Legenden umwoben ist.

Der Kystriksveien

Von den Postdampfern der Hurtigruten (S. 298) einmal abgesehen, wird die Helgelandsküste einzig und allein von der **Reichsstraße 17** (R 17) erschlossen, die in der Tourismuswerbung unter dem Namen **Kystriksveien** bekannt ist und als eine der eindrucksvollsten Küstenstraßen der Welt gilt. Sie zieht sich vom nördlichen **Trøndelag** mit der **Namsdalsküste** entlang der „Wespentaille" Norwegens bis hinauf nach **Bodø** gegenüber den **Lofoten**. Am Weg dieser „Traumstraße ins Land der Mitternachtssonne" liegen so berühmte Berggestalten wie der **Torghatten** und die **„Sieben Schwestern"**, aber auch der von nahezu 1600 m hohen Gipfeln bis fast ans Meer fließende **Svartisen-Gletscher** sowie natürlich der **Saltstraum**, berühmt als stärkster Gezeitenstrom auf Erden. Immer wieder laden Inseln und kleine Orte zu einem Spaziergang durch die reiche Geschichte dieser auch in kultureller Hinsicht faszinierenden Region ein, die auf dem als Weltkulturerbe der Menschheit geführten **Archipel von Vega** älteste Spuren menschlicher Siedlungen trägt.

Namsos

Das vorgelagerte „Tausend-Insel-Reich" der zum Bezirk Nord-Trøndelag gehörigen Namsdalsküste ist nur eine kurze Bootsstrecke entfernt, während die ausgedehnten Wälder im Hinterland zum Wandern, Paddeln und insbesondere auch Lachsangeln geradezu prädestiniert sind. Vor allem sportlich aktive Familien nutzen das rund 9000 Einwohner zählende Namsos gerne als Standort für Wald- und Küstenferien, und die Infrastruktur der modernen (weil im Zweiten Weltkrieg vollkommen zerstörten) Kleinstadt an der Mündung des Namsen in den Namsfjord hat sich auf die Bedürfnisse dieser Besucher eingestellt.

Gegründet wurde Namsos im 19. Jh. als Holzumschlagplatz, und hier nahm 1884 auch die erste dampfgetriebene Sägemühle Norwegens ihre Arbeit auf. Das etwas südlich der Ortschaft in Spillum am Namsfjord gelegene **Norwegische Sägemühlenmuseum** (Norsk Sagsbruksmuseum) ist dieser Zeit gewidmet, und die originalgetreuen Maschinen und Ausrüstungen sind auch heute noch teilweise in Betrieb. 💻 www.sagbruksmuseet.no, 🕒 ganzjährig Mo–Fr 9–15 Uhr. Eintritt 50 NOK.

Haupttouristenmagnet aber ist das **Namsdalsmuseum** mit 7500 kulturhistorischen Exponaten aus dem Namsdal und dem Küstenbereich, darunter auch 15 historische Gebäude (bis zu 300 Jahre alt) sowie vor allem ein vollständig intakter *fembøring*, ein zwölfruderiges Nordlandboot, das eines von weltweit fünf erhaltenen Booten seiner Art ist. 💻 www.namdalsmuseet.no, 🕒 ganzjährig Mo–Fr 9–15.30 Uhr, Eintritt 60 NOK.

Let it Rock

Namsos ist gerade auch unter Rockfans bekannt, denn die Stadt gilt als die Wiege des sogenannten Trønderrocks, und einige der bekanntesten norwegischen Rocksänger kommen von hier. So u. a. Hans Rotmos und Åge Aleksandersens. Über deren Leben, den Trønderrock und Rock und Pop im Allgemeinen informiert das mitten im Stadtzentrum gelegene Erlebnis- und Entwicklungszentrum **Rock City**, das in seiner Art wohl einzigartig sein dürfte in Skandinavien schlechthin und sich auch als Förderzentrum für Rock- und Popmusik versteht. Bei einem Besuch kann man sich unter anderem auch als Songschreiber versuchen und hat Gelegenheit, sein Werk ganz praktisch im Studio auszuprobieren – vielleicht sogar auf der Bühne. Rock City Namsos, Sverresgate 37, 📞 97184013, 💻 www.rockcity.no, 🕒 16. Juni–24. Aug Mo–Fr 11–21, Sa 14–18 Uhr, Eintritt 100 NOK.

Stilecht wohnt man als Rockfan in Namsos übrigens im direkt angrenzenden **Scandic Rock City Hotel** (S. 442), dessen Zimmer, Restaurant und öffentlichen Bereiche die Seele des Rocks widerspiegeln wollen. Das macht optisch was her, gerade auch von außen, und wie es heißt, ist die poppige Unterkunft das meistfotografierte Objekt in Namsos.

Namsos aktiv

Nur etwa 20 Gehminuten trennen das Stadtzentrum vom 115 m hohen **Aussichtsberg Klumpen** mit herrlichem Weitblick über Stadt, Fjord und Land. Der letzte Schrei sind **Draisinefahrten** durch die wilde Natur auf einem 13 km langen stillgelegten Bahnabschnitt ab dem Plus Camp Namsos (S. 443, Übernachtung), wo Draisinen für 1 und 2 Pers. vermietet werden (250 NOK) sowie auch Kanus. Auch Angelscheine für das **Lachsangeln** sind dort zu bekommen, und die Fänge können beachtlich sein, gilt Namsos doch als eine der bedeutendsten Wildlachs-Kommunen Norwegens.

Einen weiteren Rekord bietet die zentral gelegene **Schwimmhalle Oasen**, bei der es sich um das weltweit größte Hallenbad (mit Sauna, Solarium, Wellenbad, Riesenrutsche) handelt, das je in einen Berg hineingesprengt wurde. 💻 www.oasen-namsos.no, 🕒 Mo–Fr 10–20, Sa und So bis 16 Uhr, Eintritt 120 NOK.

Helgelandsküste

Infos zur Helgelandsküste

- **Kystriksveien Reiseliv**, Postboks 91, 7701 Steinkjer, ✆ 74401717, 💻 www.kystriksveien.no. Für den Küstenbereich bis hinauf nach Bodø zuständig; alljährlich wird eine aktualisierte Broschüre herausgegeben (auch online verfüg- sowie downloadbar), die eine Fülle wertvoller Informationen und Tipps bietet und auch auf Deutsch erhältlich ist.
- Öffentliche Verkehrsmittel: Auf 💻 www.kystriksveien.no finden sich die aktuellen Fährpläne (auch zum Download). Telefonische Informationen zum Verkehrsnetz für die Gesamtregion unter ✆ 177, im Internet hilft 💻 www.rutebok.no.
- Zwar sind die Entfernungen groß, aber dennoch bietet es sich nicht an, die Helgelandsküste mit dem **Flugzeug** zu bereisen, denn zu einzigartig sind hier die Landschaften. Flughäfen gibt es in Brønnøysund, Sandnessjøen und Bodø, und Widerøe verbindet diese Orte mehrmals tgl. untereinander sowie mit Trondheim, während SAS (sowie Norwegian: Bodø) auch von Oslo aus hinfliegt.
- Ideales Transportmittel sind die Schiffe der **Hurtigruten**, die zwischen Trondheim im Süden und Bødø im Norden die Orte Rørvik, Brønnøysund, Sandnessjøen, Nesna und Ørsnes in beide Richtungen bedienen. Im Süden des Kystriksveien kann man mit **Schnellbooten** von Namsos nach Rørvik fahren, aber von dort nach Brønnøysund gibt es keine Verbindung (alternativ kann man den Postdampfer der Hurtigruten nehmen). Ab Brønnøysund fahren Schnellboote alle größeren Küstenorte bis hinauf nach Bodø an und sind hier auch mit Abstand die besten Transportmittel, denn eine durchgehende Busverbindung entlang der R 17 gibt es nicht; man fährt von Ort zu Ort, was teils recht zeitraubend und auch teuer ist.
- **Selbstfahrer**: Der **Kystriksveien** markiert eine Traumstrecke und bietet sich als lohnende Alternative zur **E 6** (S. 512) an. Voraussetzung ist allerdings, dass man mindestens vier bis fünf Tage Zeit mitbringt, denn auf der Strecke von rund 600 km zwischen Namsos und Bodø müssen mindestens sechs Fähren genommen werden, zudem ist die Straße sehr kurvenreich.

Unlängst wurde der gesamte Kystriksveien zwischen Vennesund im Süden und Bodø im Norden zur **Nationalen Touristenstraße** ernannt und entsprechend gut mit Rastplätzen ausgebaut und beschildert. Weitere Informationen und auch Fotos zum Einstimmen bietet die Website 💻 www.nasjonaleturistveger.no, über die man auch eine Infobroschüre downloaden kann.

ÜBERNACHTUNG UND ESSEN

Scandic Rock City, Sverresgata 35, ✆ 74224000, 💻 www.scandichotels.com. Ganz und gar von Rock & Pop inspiriertes Hotel, wahrscheinlich das einzige Rock-Hotel Europas und über eine Glastür direkt mit dem benachbarten Erlebniszentrum Rock City (S. 440) verbunden. Die 63 Zimmer wären teils wahrscheinlich ganz nach Geschmack eines Andy Warhol, und am „poppigsten" sind die Superior-Zimmer, die man bei Online-Buchung ab 1340 NOK bekommen kann; die Standardzimmer gibt es ab 945 NOK, und auch sie sind schon eine Nacht wert. ❺

Børstad Hotel og Gjestgiveri, Carl Gulbransosn gate 19, ✆ 74218090, 💻 www.borstadhotel.no. Gemütliche Pension mit 12 komfortablen Zimmer und 2 edlen Suiten (u. a. mit Kamin und Whirlpool). Salon und Aufenthaltsraum sind etwas arg prunkvoll möbliert, vermitteln aber eine freundliche Atmosphäre. Ab ❹

Tino's Hotell, Verfts gate 5, ✆ 74218000, 💻 www.tinoshotell.no. Das mitten im Zentrum und nur einen Katzensprung vom Meer entfernt gelegene Hotel umfasst 14 komfortable Zimmer, die meisten mit eigenem Balkon. Angeschlossen ist ein italienisches Spezialitätenrestaurant, 🕒 tgl. ab 15 Uhr, in dessen Bar im Sommer oft Livemusik gespielt wird. ❻

€ **Rollaug Bistro & Pub**, Kirkegate 11, ✆ 74287455. Einfaches Café, aber die hiesigen Burger sollen die besten von Namsos sein. Auch gute und günstige Ciabattas und Salate. ⌚ So–Do 14–22, Fr und Sa 12–4 Uhr.

Camping und Hütten

€ **Plus Camp Namsos**, Høknesøra (3 km östlich der Stadt, zwischen der Straße und dem Namsenelv), ✆ 74275344, 💻 www.namsos-camping.no, ⌚ Mai–Aug. Schöner 3-Sterne-Platz am Waldrand mit großen Wiesenflächen an der Namsenmündung und 31 Hütten in verschiedenen Komfortstufen. Mit Kiosk, Badestrand, Fahrradverleih. Hier starten auch die Draisinefahrten (S. 440). Stellplatz ab 210 NOK, Hütten ab ❶

AKTIVITÄTEN

Die gesamte Helgelandkyste ist ein Eldorado für Fahrradfahrer (S. 448), und 2015 hat Namsos eine eigene Radfahr-Webseite lanciert, die eine sechstägige Rundreise vorstellt: 💻 www.backpacker17.com/nm. Für ausführliche Informationen und Hilfe bei der Tourplanung steht das Touristenbüro zur Verfügung sowie auch das Namsos Sykkelsenter (s. u.), wo man Fahrräder ausleihen kann.

SONSTIGES

Alkohol

Namsos vinmonopol, Verftsgate 2 (im Shoppingcenter), ✆ 04560, ⌚ Mo–Mi 10–17, Do und Fr 10–18, Sa 10–15 Uhr.

Apotheken

Apotek 1, im Amfi-Center, ✆ 74226630, ⌚ Mo–Fr 10–18, Sa 10–15 Uhr.

Autovermietungen

Avis, Hestmarka, ✆ 74276122.

Fahrradverleih

Namsos Sykkelsenter, Abel Meyers gate 30, ✆ 90280096, 💻 www.namsossykkelsenter.no, ⌚ Mo–Fr 10–18, Sa bis 15 Uhr. Große Auswahl an Fahrrädern, auch Reparaturen.

Geld/Geldautomat

Fokus Bank, Søndregate 15, ✆ 08540.

In die Schärenwelt

€ Eine Bootsfahrt durch das mit Inseln und Schären gespickte Küstengebiet ist ein „Muss". Einige Veranstalter bieten entsprechende Touren an. Ebenso gut, aber deutlich billiger kann man auf den Linienbooten der **Fosen Namsos** (S. 445) mitfahren, die tgl. zwischen Namsos und Rørvik verkehren.

Informationen

Namsos turistkontor, Søren Thornæs vei 10, ✆ 90977800, 💻 www.visitnamdalen.com, ⌚ Juni–Aug Mo–Fr 8–19, Sa 10–15, sonst Mo–Fr 8–16 Uhr.

Medizinische Hilfe

Namsos legevakt, ✆ 74272500.

Polizei

Namsos politi, Abel Meyersgate 10, ✆ 02800.

Post

Namsos Post i butikk, (Coop/Prix-Supermarkt), Namdalsvegen 13, ✆ 04004, ⌚ Mo–Fr 9–22, Sa 9–20 Uhr.

Taxis

✆ 74272828.

TRANSPORT

Selbstfahrer

Die E 6 zwischen Trondheim und Steinkjer, wo die R 17 nach Namsos abzweigt, ist mautpflichtig: 3 Zollstationen, zusammen 73 NOK pro Pkw.

Busse

Richtung Süden bestehen von Namsos aus 4–5x tgl. Verbindungen via GRONG und STEINKJER nach TRONDHEIM. Im Norden wird RØRVIK mehrmals tgl. bedient.

Schiffe

Schnellboote

Ganzjährig 1–2x tgl. mit Fosen Namsos, ✆ 02820, 💻 www.fosennamsos.no, nach RØRVIK (ca. 2 Std., 245 NOK).

Die Qual der (Weg-)Wahl

Für die Weiterfahrt nach Norden bieten sich ab Namsos zwei Strecken an: Entweder man folgt der nun letztmalig durchs wald- und seenreiche Binnenland verlaufenden **R 17** (was am schnellsten ist), oder aber – und diese Variante ist zu empfehlen – einem System von Nebenstraßen, die das zerklüftete Küstenland erschließen und nach 121 km wieder in die R 17 einmünden. Die **R 769**, die am Kreisverkehr in Namsos-Zentrum Richtung Rørvik beschildert ist, markiert die Richtung nach Lund (Fährpassage nach Hofles, s. u.), und entlang der **R 770** geht es via Kolvereid am markanten Gipfel des 1036 m hohen Heilhornet vorbei, wo die Grenze nach Nordland überschritten wird und die Straße in die R 17 einmündet. Auf dem Weg nach Rørvik ist nun bald noch eine weitere Fähre zu nehmen: von Holm nach Vennesund (s. u.).

Fähren

Auf der Strecke Richtung Rørvik ist eine Fährpassage zu nehmen bzw. derer zwei, wenn man die landschaftlich eindrucksvollere Strecke wählt (s. o.). LUND–HOFLES: im Sommer 6.25–22 Uhr (11x tgl., 25 Min., 32 NOK, Pkw 68 NOK); HOLM–VENNESUND: im Sommer 6.25–22.40 Uhr (14x tgl., 20 Min., 37 NOK, Pkw 95 NOK).

Rørvik

Nicht weniger als 6000 Inseln und Schären sowie sage und schreibe 2460 Küstenkilometer zählt die Umgebung von Rørvik, dem Hauptort der Küstenkultur, wo der Wassersport eine entsprechend große touristische Bedeutung hat. In wirtschaftlicher Hinsicht aber spielt der Fremdenverkehr hier eine eher unbedeutende Rolle, denn die Vikna-Gemeinde, deren Handelszentrum das etwa 2500 Einwohner große Küstenstädtchen ist, profitiert wie eh und je von ihrer Lage an dem von Frachtern und Booten stark frequentierten **Nærøysund**, dem „Tor nach Nordland".

Sehenswertes

Eine 700 m lange und über 40 m hohe Hängebrücke führt vom Festland über den Sund hinüber zum eigentlichen Ort. Sie bietet das mit Abstand schönste **Panorama** auf die Wasserstraße sowie die von bunt gestrichenen Holzhäusern geprägte Siedlung, die allabendlich zwischen etwa 20.30 und 21.15 Uhr Treffpunkt eines nord- sowie eines südwärts fahrenden Postdampfers der Hurtigruten ist. Dieses Ereignis, im Hochsommer oftmals von einer Kapelle musikalisch begleitet, zieht stets Hobbyfotografen an den geschäftigen **Kai**, der mit mehreren malerischen Speicherhäusern aus dem 19. Jh. einen Blickfang sowie das eigentliche Zentrum des Ortes bildet.

Angrenzend beginnt die Einkaufsstraße, die auf den Kirchenhügel zuführt. Von oben kann man die Aussicht genießen und blickt direkt unterhalb auf den Holzbau der alten **Handelsstation Berggården**, in der u. a. ein im Stil des 19. Jhs. eingerichteter Krämerladen zu besichtigen ist. 💻 www.norveg.org, 🕒 Juli tgl. 11–15 Uhr.

ÜBERNACHTUNG

Løvøen Gård, Lauvøya (10 km nördlich von Rørvik), ✆ 97151668, 💻 www.lovoengard.net. Etwas außerhalb gelegener Hof aus dem 19. Jh. in schöner Lage am Meer. Gutes Übernachtungsangebot in voll ausgestatteten, teils gemütlich

Eine Zeitreise

Die Ausstellung dieses Namens gehört zum Angebot des **Norveg Museum**, dessen preisgekrönte, spektakuläre Architektur die Segel der traditionellen Nordlandboote symbolisieren will. Der vorbildlich aufgebauten Ausstellung zur Küstenkultur und Küstenwirtschaft verdankt das Museum an der Strandgate 7 seine Nominierung zum „European Museum of the Year 2006". Sie entführt auf eine Zeitreise durch 10 000 Jahre Küstengeschichte, die durch Filme und interaktive Stationen vertieft wird. 💻 www.kystmuseetnorveg.no, 🕒 Juni–Aug tgl. 10–17, sonst Mo–Fr 10–15, Sa ab 11 Uhr, Eintritt 140 NOK.

mit Holz verkleideten Wohnungen und Hütten unterschiedlicher Größe (2–6 Pers.). Verleih von größeren Motorbooten (ab 850 NOK pro Tag), außerdem Angel- und Seeadlertouren. Ab ❸

Rørvik Rorbuer, Nyvegen 12, ✆ 47802240, www.rorvikrorbuer.com. Recht anspruchsvolle Rorbu-Anlage mit schönem Meeresblick. Voll ausgestattet, u. a. mit Küche, Wohnzimmer, TV und bis zu 3 Schlafzimmern. Bootsverleih ab 950 NOK pro Tag. ❻

Kysthotellet Rørvik, Storgate 20, ✆ 74366600, www.kysthotellet.no. Das einzige Hotel der Stadt, 43 helle Zimmer der Mittelklasse, Bar. Ab ❺

Camping und Hütten

€ **Kleiva Camping**, 8 km nordwestlich von Rørvik, ✆ 90190516, www.kleivacamping.no. Gemütlicher kleiner Campingplatz am Ende einer Bucht. Mehrere Stellplätze direkt am Wasser, neuere Hütten in verschiedenen Kategorien, Spielplatz, Cafeteria, Kiosk, Bootsverleih. Stellplatz Zelt/Auto 130 NOK, Hütte ab ❷

ESSEN

Die Auswahl an Restaurants ist gering. Freunde der italienischen Küche steuern das **Restaurant Melissa** am zentralen Torget an, wo auch die **Ankeret Spiseri** (norwegische Kost) zu finden ist.

SONSTIGES

Alkohol

Rørvik vinmonopol, Strandgate 13, ✆ 04560, ⌚ Mo–Fr 10–18, Sa 10–14 Uhr.

Apotheken

Rørvik apotek, Strandgate 1, ✆ 74360550, ⌚ Mo–Fr 9–16, Sa 10–14 Uhr.

Geld

Sparebank, Strandgate 1, ✆ 07300.

Informationen

Rørvik turistinformasjon, Norveg Museum, ✆ 74360770, www.namdalskysten.no und www.visitnamdalen.com. Ansprechpartner für Fahrrad- und Wander-, Paddel- und Angeltouren.

Medizinische Hilfe

Legevakta, Kirkegate 10, Rørvik, ✆ 74391555.

Polizei

Vikna lensmannskontor, Strandgate 3, ✆ 02800.

Post

Rørvik Post i butikk (Coop-Mega Supermarkt), Strandgate 13, ✆ 04004, ⌚ Mo–Fr 9–22, Sa 9–20 Uhr.

Taxis

✆ 74391300.

TRANSPORT

Selbstfahrer

S. Kasten „Die Qual der (Weg-)Wahl" auf S. 444.

Busse

4–5 x tgl. Verbindungen nach NAMSOS sowie Richtung BRØNNØYSUND.

Schiffe

Schnellboote

Ganzjährig mit Fosen Namsos, ✆ 02820, www.fosennamsos.no, nach NAMSOS in ca. 2 Std. für 245 NOK.

Fähren

Auf der Strecke Richtung Namsos sind 1–2 Fährpassagen zu nehmen (s. Kasten S. 444). HOFLES–LUND: im Sommer 6–22.25 Uhr (10x tgl., 25 Min., 32 NOK, Pkw 63 NOK); HOLM–VENNESUND: im Sommer 6.05– 22.05 Uhr (14x tgl., 20 Min., 37 NOK, Pkw 95 NOK).

Hurtigruten

Von Rørvik aus fahren die Postschiffe tgl. um 21.15 Uhr gen Norden (BRØNNØYSUND) sowie tgl. gegen 21.30 Uhr Richtung Süden nach TRONDHEIM.

Brønnøysund

Das knapp 5000 Einwohner große Küstenstädtchen liegt auf halbem Weg vom Kap Lindesnes zum Nordkap – und präsentiert sich als modernes Fischerei- sowie Dienstleistungszentrum. Herausragende Sehenswürdigkeiten gibt es nicht, umso größer ist hingegen die Zahl möglicher Ausflüge, und wer sich am Spätnachmittag in Brønnøysund aufhält, darf es sich nicht nehmen lassen, über die 550 m lange Bogenbrücke zu wandern, die sich südlich vom Stadtzentrum über die Meerenge wölbt und am deutlich ausgeschilderten Weg zum Torghatten (s. u.) liegt. Kurz vor der Auffahrt zur Brücke kann man parken, von oben genießt man eine fantastische **Aussicht** auf die Stadt, den Torghatten sowie gegen 17 Uhr auch auf den Postdampfer der Hurtigruten, der bei seiner Ausfahrt aus dem Hafen Richtung Süden den schmalen Brønnøysund nahezu völlig ausfüllt.

Der Torghatten

Dieses Motiv ist ebenso auf unzähligen Postkarten wiederzufinden wie der hutförmige, 260 m hohe Torghatten (*hatten* = „Hut"), an dessen Fuß die Straße endet. Als „Berg mit dem Loch" ist er von Legenden und Sagen umwoben, und am Parkplatz unterhalb des Berges beschreibt eine große Infotafel die verschiedenen Wanderwege. Wer will, kann auf markierten Pfaden einmal um den Berg herumlaufen (ca. 2 Std., unterwegs finden sich schöne Sandstrände) oder in 30 Min. zum Loch emporsteigen, das etwa 35 m hoch und 15–20 m breit ist sowie eine Länge bzw. Tiefe von 169 m hat.

Der Weg ist leicht, das Ziel beeindruckend und die Frage nach dem Ursprung des Lochs schnell erklärt: Die norwegische Landmasse wurde vom Glazialpanzer der letzten Eiszeit tief in den Erdmantel gedrückt, und zwar so tief, dass sich das heute auf 112 m Höhe gelegene Loch auf Meeresniveau befand. Steter Tropfen höhlt den Stein; in diesem Fall höhlte die Meeresbrandung den Fels aus. Der Troghatten wird nicht von öffentlichen Verkehrsmitteln angefahren, und wer kein eigenes Fahrzeug hat, kommt am entspanntesten und günstigsten mit dem Fahrrad dorthin, das man im Ort ausleihen kann.

Das Weltkulturerbe Vega

Der nördlich von Brønnøysund gelegene und von dort per Schnellboot (sowie vom 10 km nördlich gelegenen Ort Horn auch per Fähre) erreichbare Vega-Archipel umfasst mehr als 6000 Inseln, Schären und Holme und trägt die ältesten nachgewiesenen Siedlungen in Nordnorwegen. Schon vor nahezu 10 000 Jahren sollen sich hier die ersten Menschen niedergelassen haben, worüber ein 3 km langer **Naturlehrpfad** informiert. Der Umstand, dass die Inselgruppe im Jahre 2004 als Weltkulturerbe in die Heritage List der Unesco aufgenommen wurde, ist jedoch nicht dem Leben in der Steinzeit zu verdanken. Grund für diesen höchsten Schutzstatus ist vielmehr die weltweit beispiellose Kulturlandschaft dieser Inselgruppe, die vom harmonischen Zusammenleben menschlicher und tierischer Bewohner geprägt ist.

Schon die Fahrt über die Hauptinsel Vega hinweg vermittelt einen ersten Eindruck vom Leben in den kleinen Dörfern des Archipels, und vereinzelt kann man in der oft kargen Landschaft auch kleine Holzkästchen und regelrechte Hüttchen ausmachen – es sind jene als *e-hus* („Eiderentenhaus") bezeichneten Nistplätze, die hier von den Frauen seit über 1500 Jahren für die Eiderenten angelegt werden, um deren Gelege sowie auch Küken vor ihren Fressfeinden zu schützen.

Dafür werden sie von den Enten im Gegenzug mit allerfeinster Daune „beschenkt", und diese Tradition des Miteinanders von Enten und Menschen steht im Mittelpunkt des ebenfalls als *e-hus* bezeichneten **Eiderentenmuseums** (Verdensarvstiftelsen) der Insel. Die Ausstellung befindet sich in einem alten Speicherhaus direkt am Meer und informiert mit viel Engagement und Liebe zum Detail über den Lebensraum der Eiderente, ihre Nestarchitektur und ihr Brutverhalten und natürlich über die traditionelle Verarbeitung der Entendaunen zu Bettdecken. Sämtliche Arbeitsgänge werden anschaulich geschildert sowie vorgeführt, wozu auch ein „Spiel auf der Daunenharfe" gehört, einem zum Reinigen der Daunen verwendeten Instrument. 💻 www.verdensarvvega.no, 📞 75035503, 97034646, 🕒 Juni–Sep Di–So 12–16 Uhr, Eintritt 50 NOK.

Schnupperkreuzfahrt mit dem Postdampfer

„Die schönste Küste der Welt" von einem Postschiff der Hurtigruten aus betrachtet ist ein echtes Erlebnis, und **Brønnøysund** bietet sich für eine solche Minikreuzfahrt geradezu an: Jeden Tag um 17 Uhr legt hier nämlich das südwärts fahrende Schiff ab und trifft gegen 21 Uhr in Rørvik (S. 444) ein, wo man sich um 21.15 Uhr mit dem in die Gegenrichtung verkehrenden Dampfer wieder auf den Weg nach Brønnøysund begibt (Ankunft dort etwa 0.15 Uhr). Der gesamte Weg kostet hin und zurück um 836 NOK, Geld, das gut investiert ist, bedenkt man die Vielzahl der unvergesslichen Eindrücke, die man unterwegs genießen kann.

Unterwegs geht es auf idealer Panoramaroute am **Torghatten** (S. 446) entlang, dann wird die Grenze zwischen Nord-Norge und dem Trøndelag überquert, und in der Folge passiert das Schiff die Insel **Leka**, bekannt geworden durch die schöne Lekamøya, die hier zu Stein erstarrte und seitdem auf dem Südzipfel der nur rund 15 km langen Insel aufragt. Aber auch unsere Zeit hat ihre „Wunder", und so heißt es, dass hier im Jahre 1932 die dreijährige Svanhild von einem Seeadler ergriffen und zu seinem 300 m hoch gelegenen Horst entführt wurde. Das Mädchen konnte befreit werden, und die von vielen Ornithologen angezweifelte Geschichte diente später als Vorlage für einen Roman sowie einen Film.

Weiter geht es anschließend auf das Gebiet der Gemeinde von **Vikna**. Vom Schiff aus genießt man reiche Ausblicke auf diese vom Wasser geprägte Landschaft. Höhepunkt der Etappe ist die Fahrt durch den schmalen **Nærøysund**, der als das „Tor zu Nordland" bekannt ist und nach **Rørvik** (S. 444) führt.

Wer aber erwartet, im Eiderentenmuseum verkäufliche Daunendecken made in Vega in den Auslagen zu finden, wird enttäuscht, denn zu gering ist der Ernteertrag der heute noch gepflegten Nester. Und zu gering ist wohl auch die Nachfrage, was insbesondere vor dem Hintergrund des Preises verständlich wird: Ein Kopfkissen beispielsweise kostet ab 3000 NOK, während man für ein 80 x 100 cm messendes Babydeckchen mit 150 g allerfeinster Daunenfüllung 9900 NOK berappen muss. Wer sich dennoch in dieses unvergleichlich weiche und warme ökologische Nischenprodukt hüllen möchte, wie es z. B. mit Vorliebe das Norwegische Königspaar tut, sollte die Touristeninformation auf Vega kontaktieren (S. 447), die eine Liste mit einigen nach wie vor produzierenden Familienbetrieben bereithält. Der größte Produzent ist **Utværet Lånan AS**, ✆ 45272654, 💻 www.lanan.no. Mit den Eiderentenhüterinnen dieses Betriebs können geneigte und vor allem solvente Eiderentendaunen-Interessenten auch heute noch hinaus zur Entenwacht gehen. Umfassende Informationen über Vega bietet die **Vega turistinformasjon**, Gladstad, ✆ 75035388, 💻 www.visitvega.no.

ÜBERNACHTUNG UND ESSEN

Die Touristeninformation vermittelt private Hütten, Zimmer und Rorbuer (Fischerhütten) für bis zu 8 Pers.

Corner Motell, Storgate 79, ✆ 94818179, 💻 www.cornermotell.no. Einfaches Motel in der Innenstadt mit schlichten Zimmern mit TV und Bad/WC. Hütten ab ❷, DZ ❹

Thon Hotel Brønnøysund, Sømnaveien 98, ✆ 75008900, 💻 www.thonhotels.com. Direkt beim Hurtigrutenkai gelegenes Mittelklassehotel, schick-modern eingerichtet, farbenfrohe Zimmer. ❻

Camping und Hütten

€ **Skogmo Familiecamping**, Skogmo (ca. 10 km östlich der Stadt), ✆ 75026641, ✉ skogmofc@start.no. Schöner Wiesenplatz mit Torghatten-Aussicht. 14 einfache Hütten, Spielplatz, Kiosk, Aufenthaltszimmer. 🕒 Mitte April–Mitte Okt. Hütten ab ❶

Mosheim Camping, R 17 (3 km nördlich von Brønnøysund), ✆ 41465145, 💻 www.mosheimcamping.no. Einfacher 2-Sterne-Platz mit 5 kleinen Hütten. ❶

Inselhüpfen mit dem Fahrrad

- **Route**: Brønnøysund – Sandnessjøen bzw. Schleife nach Brønnøysund
- **Länge**: 90 km bzw. 160 km (lange Version via Stokkvågen: 190 km)
- **Dauer**: 2–3 Tage bzw. 4–5 Tage (lange Version: 6 Tage)
- **Höhenunterschied**: max. 80 m (lange Version: max. 365 m)
- **Wegbeschaffenheit**: auf den Inseln teils Schotterstraßen, kaum frequentiert, auf dem Festland Asphalt, mittelstark frequentiert
- **Schwierigkeitsgrad**: leicht (lange Version: moderat)

„Inselhüpfen mit dem Fahrrad" ist im hohen Norden nirgends so abwechslungsreich wie an der Helgelandsküste, die mit Tausenden Inseln und Inselsplittern gespickt ist. Die Verkehrsdichte ist gering, die Straßen sind in hervorragendem Zustand, und da die Fahrt meist am Wasser entlangführt, gibt es kaum nennenswerte Steigungen.

Route

Die Radler-Traumroute beginnt in **Brønnøysund**, von wo es mit dem Schnellboot nach **Vega** (S. 446) hinübergeht. Die Radtour über diese Insel, die zum Unesco-Welterbe gehört, ist dank fehlender Steigungen das reinste Kinderspiel. Die meisten Radler werden das Eiderentenmuseum ansteuern, das zu einem interessanten Rundgang einlädt. Daneben gibt es aber auch einen lohnenden Naturlehrpfad, der in die Prähistorik entführt. Mindestens einen Tag wird man insgesamt auf Vega verbringen wollen, bevor es wiederum mit dem Schnellboot zur Nachbarinsel **Herøy** weitergeht. Die Fahrt durch diese brettflache Inselgemeinde vermittelt einen guten Eindruck vom Leben am Meer, und mehrmals kann man unterwegs von den Brücken, die von Inselsplitter zu Inselsplitter führen, weite Ausblicke bis hin zum Horizont genießen. Einen Besuch der im 12. Jh. aus Speckstein errichteten Kirche von Herøy sollte man sich nicht entgehen lassen, und auch das Herøy Bygdemuseum, das der alten Küstenkultur gewidmet ist, ist einen Rundgang wert.

Wer nur wenig Zeit hat, kann von Herøy aus die Fähre über Austbø nach Søvik nehmen und so Sandnessjøen erreichen, doch interessanter ist, von Herøy aus über die Åkviksund-Brücke hinüber nach **Dønna** zu radeln. Highlight des Inselbesuches ist die Besteigung des am Weg liegenden Dønnamannen (858 m), während man in Glein (auch: Valhaugen) den ältesten und größten Marmorphallus von Skandinavien betrachten kann – ihm verdankt Dønna den Beinamen „Fruchtbarkeitsinsel". Die nahe gelegene Kirche von Dønnes (12. Jh.) wurde 2006 zur schönsten Kirche Nordnorwegens erkoren, und bei gutem Wetter sollte man zum angrenzenden Dønnesfjell (128 m) aufsteigen, von dem aus man auf alle bekannten Gipfel der Küste von Helgeland blickt: vom „Rødøy-Löwen" im Norden bis zum „Berg mit dem Loch" (Torghatten), im Süden.

© DUMONT BILDARCHIV / JÖRG MODROW

Die „Sieben Schwestern"

Nächstes Ziel ist das vom Fähranleger Bjørn aus schnell erreichte **Sandnessjøen** (ca. 90 km ab Brønnøysund), und bis hierhin sollte man bei entspannter Fahrt wenigstens drei Tage einplanen. Wer Lust auf mehr hat, beschreibt entlang der Bergkette der „Sieben Schwestern" via **Tjøtta** und **Forvik** eine Rundfahrt entlang der R 17 zurück ins 71 km entfernte Brønnøysund. Hierfür sind zwei weitere Tage anzusetzen, und wem auch das noch nicht genug ist, der nimmt zuvor ab Sandnessjøen das Schnellboot nach **Stokkvågen** und erreicht nach zwei bis drei Tagen auf 102 km langer, aber teils etwas anspruchsvoller Tour entlang der Reichsstraße 17 via **Nesna** und **Levang** wieder den Ausgangspunkt.

Praktische Tipps

Radverleih

Die Touristenbüros in Brønnøysund (S. 450) und Sandnessjøen (S. 452) verleihen Fahrräder, auch Einwegmiete ist möglich.

Übernachtung

Entlang der gesamten Strecke laden radlerfreundliche Unterkünfte ein, auch „wildes" Zelten ist nirgends ein Problem.

Infos

Die Websites der Touristenbüros in Brønnøysund (S. 450) und Sandnessjøen (S. 452) haben nun je ein eigenes Untermenü mit Thema „Mit dem Fahrrad an der Helgelandküste" und informieren umfassend über die hier beschriebene sowie auch andere mögliche Routen. Außerdem bieten sie eine 24 Seiten starke Radbroschüre auf Englisch zum Download an. Auch alle erforderlichen Karten und Adressen sind enthalten. Infos auch auf www.cyclingnorway.no.

Anschlussmöglichkeiten

Der gesamte Kystriksveien ist zum Radfahren wie geschaffen, und ab Bodø bietet es sich an, die „Lofoten-Route" (S. 473) anzuschließen.

Torghatten Feriesenter, am Torghatten gelegen, ✆ 75025495, 💻 www.visittorghatten.no. Ansprechender, großer Fjordplatz mit offenen Wiesenstellplätzen direkt hinter einem bilderbuchschönen weißen Sandstrand. Sanitäranlagen sowie die gesamte Ausstattung sind tiptop. Übernachtung auch in Hütten (bis zu 6 Pers.) und Familienwohnungen; mit Restaurant/Cafeteria. Gute Wander-, Angel- und Bademöglichkeiten, Bootsverleih und Reitausflüge, auch Vermittlung von Touren und diversen Aktivitäten. Stellplatz ab 250 NOK, DZ, Wohnung und Hütten ab ❺

SONSTIGES

Alkohol

Brønnøysund vinmonopol, Storgate 58 (Havnesenteret), ✆ 04560, 🕒 Mo–Mi 10–17, Do und Fr 10–18, Sa 10–15 Uhr.

Aktivitäten

Hildurs Urterarium, 6 km nördlich der Stadt, ✆ 75025134, 💻 www.hildurs.no. Große Kräuterfarm mit alten rustikalen Hofgebäuden, einer kleinen Kunstgalerie und einem Laden mit hauseigenen Produkten. Im angeschlossenen Gartenrestaurant werden außerordentlich gute, wenn auch nicht billige norwegische Gerichte serviert. 🕒 20. Juni–9. Aug tgl. 10–17 Uhr.

Apotheken

Apotek 1, Storgate 74-76, ✆ 75007190, 🕒 Mo–Fr 9–16.30, Sa 9.30–14 Uhr.

Autovermietungen

Avis, Kaigate 2, ✆ 97567585.

Fahrradverleih

Brønnøysund turistkontor, s. unten.
Torghatten Feriesenter, s. o.

Geld

Sparebank 1, Havnegate 36, ✆ 02244.

Informationen

Helgeland Reiseliv, Sømnaveien 92, ✆ 75018000, 💻 www.visithelgeland.com. Informationen zur gesamten Helgelandsküste sowie zu Nordland und dem Kystriksveien. Außerdem über organisierte **Angel-** und **Inselausflüge**, **Kajaktouren** und diverse **Bootsausflüge**. 🕒 20. Juni–5. Aug Mo–Fr 9–19, Sa/So 11–17, sonst Mo–Fr 10–15 Uhr.

Medizinische Hilfe

Legevakten, ✆ 75020500.

Polizei

Brønnøy og Vevelstad lensmannskontor, im Rathaus, ✆ 02800.

Post

Brønnøysund postkontor, Storgate 23, ✆ 04004, 🕒 Mo–Fr 9–17, Sa 10–15 Uhr.

Taxis

✆ 75020328.

TRANSPORT

Busse

Die Strecke Richtung Norden nach SANDNESSJØEN wird 5x tgl. bedient, in Richtung Süden wird mind. 2x tgl. GRONG an der E 6 angefahren, 3x tgl. geht es per Bus nach MOSJØEN an der E 6.

Schiffe

Schnellboote

Verbindungen mit der Torghatten Trafikkselskap, ✆ 75018100, 💻 www.tts.no, 1–3x tgl. zur vorgelagerten Insel VEGA (61 NOK, Anschluss zur Insel DØNNA; 108 NOK) sowie tgl. um 8.30 Uhr nach SANDNESSJØEN (299 NOK).

Hurtigruten

Die Schiffe legen tgl. gegen 1 Uhr nachts ab (Richtung SANDNESSJØEN) bzw. gegen 17 Uhr (Richtung RØRVIK), das Ticket für die Minikreuzfahrt nach Rørvik (S. 444) kann man an Bord kaufen, Reservierung nicht erforderlich.

Fähren

Auf der Strecke Richtung Sandnessjøen sind zwei Fähren zu nehmen. HORN–ANNDALSVÅG:

im Sommer 6–22.15 Uhr (12x tgl., 20 Min., 37 NOK, Pkw 94 NOK); FORVIK–TJØTTA: im Sommer 6.50–21.30 Uhr (12x tgl., 1 Std., 51 NOK, Pkw 155 NOK).

Flüge

Der Flughafen liegt etwa 2 km vor der Stadt (Bus 30 NOK, Taxi um 100 NOK), er wird nur von Widerøe angeflogen, die Verbindungen nach TRONDHEIM, OSLO sowie SANDNESSJØEN anbieten.

Sandnessjøen

Das rund 6000 Einwohner zählende Städtchen ist wichtigster Verkehrsknotenpunkt des gesamten Großraumes und unlängst dank der Offshore-Erdölexploration zu Wohlstand gekommen. Was der Torghatten für Brønnøysund, das ist der eindrucksvolle Gebirgsstock der „Sieben Schwestern" für Sandnessjøen: Blick- und damit Touristenfang par excellence. Draußen im Nordmeer unter dem Polarkreis gelegene Archipele laden zu „Robinsonaden" ein, und auch Aktivurlauber sowie Seevogel-Beobachter finden hier, was sie zu ihrem Glück benötigen.

Die „Sieben Schwestern"

Wer der R 17 von Sandnessjøen aus nach Süden folgt (auch mit öffentlichen Verkehrsmitteln möglich), fährt zunächst rund 15 km an der sagenumwobenen Bergkette der „Sieben Schwestern" entlang, die eine Höhe von 1072 m erreicht und eine Landschaftsmarke von einzigartiger Schönheit bildet. Markierte Pfade führen von „Schwester" zu „Schwester", und alle zwei Jahre wird hier ein Gebirgslauf abgehalten, der über alle Gipfel führt. Idealer Ausgangspunkt für die sehr empfehlenswerte Bergtour ist der direkt vor dem Flughafen ausgeschilderte Sandnessjøen Camping (S. 452, Übernachtung), der auch Informationen über den Wanderweg bereithält. Ein weiterer Startpunkt ist Breimo (1 km außerhalb der Stadt an der R 17), von wo aus man etwa 2 km zum Fuß der Bergkette laufen muss. Das Touristenbüro verkauft detaillierte Wanderkarten und ist mit Routenbeschreibungen behilflich.

Alstahaug

Südlich der „Sieben Schwestern" und rund 20 km von Sandnessjøen entfernt liegt inmitten einer wunderschönen, von Wald und Wiesen, Moor und Strand geprägten Landschaft das Dorf Alstahaug, wo ab 1689 der Geistliche Petter Dass (1647–1707) lebte. Sein seelsorgerischer Bezirk war seinerzeit einer der größten und reichsten des Nordens, doch die allermeisten *nordlendinger* standen damals unter der Knute der großen Kaufmannsherren und waren bitterarm, was Petter Dass durch unermüdliche Einmischung in weltliche Angelegenheiten zu verbessern wusste. Damit ihn sein Volk auch im Alltag verstehen würde, übersetzte er die Martin-Luther-Bibel, und um das Leben im hohen Norden auch den Südländern begreiflich zu machen, verfasste er „Nordlands Trompet", das heute als eines der ersten Werke der norwegischen Literatur überhaupt gerühmt wird.

Dem dichtenden Pfarrer zum Gedenken wurde im Jahre 2007 das **Petter-Dass-Museum** eröffnet, das sich als architektonisches Kleinod aus Stahl, Beton und Zinkplatten präsentiert. Es wurde von der renommierten Architekturfirma Snøhetta entworfen, die u. a. auch für die Bibliothek in Alexandria und die neue Oper (S. 133) in Oslo verantwortlich zeichnet. Diesem „Kulturleuchtturm" angeschlossen ist auch das alte Pfarrhaus aus dem frühen 18. Jh., dessen Inneneinrichtung und Exponate teils noch dem 17. Jh. stammen. 💻 www.petterdass.no, 🕒 15. Juni–15. Aug tgl. 10–18, sonst Di–Fr 10–15.30, Sa und So 11–17 Uhr, Eintritt 100 NOK.

Die neben dem Museum gelegene **Alstadhaug Kirke**, um 1200 im romanischen Stil erbaut, ist eine der ältesten Kirchen des gesamten Nordens, und das südöstlich der Kirche gelegene **Grab von Sjeggeneset** gilt mit einem Durchmesser von 30 m und einer Höhe von 8 m als das größte Hügelgrab von Nordland.

ÜBERNACHTUNG

Hostels und Hotels

€ **Sandnessjøen Overnatting**, Håreksgate 15, 📞 46904743, 💻 www.sandnessjoen overnatting.no. Ehemalige Jugendherberge in einem neueren Holzhaus im Stadtzentrum. Die

NORDNORWEGEN

Zimmer sind gut und sauber (Gemeinschafts-Bad/ WC), Gästeküche, Aufenthaltszimmer, Tee und Kaffee sind kostenlos. Ab ❶

Scandic Hotel Syv Søstre, Torolv Kveldulvsons gate 16, ☏ 75065000, 💻 www.scandichotels.no. Von außen nicht das schönste, aber dennoch das beste Haus der Stadt. Recht ansprechende Lage mit Ausblick auf den Hafen. 69 helle Zimmer mit gutem Komfort, manche auch mit Balkon. Bar, empfehlenswertes Restaurant. Am Wochenende oft günstiger. ❻

Camping und Hütten

€ **Sandnessjøen Camping**, 12 km südlich an der R 17, direkt hinter dem Flughafen, ☏ 97562050, 💻 www.ssj.no. Großes Wiesengelände in relativ ruhiger Lage am Meer mit schöner Aussicht auf die „Sieben Schwestern". Einfache, aber ausreichende sanitäre Anlagen, Hütten in verschiedenen Preisklassen (teils in romantischer Lage), Camperküche, gute Angel- und Bademöglichkeiten sowie Bootsverleih. Stellplatz ab 160 NOK, Hütten ab ❷

Offersøy Camping, etwa 33 km südlich von Sandnessjøen an der R 17, ☏ 91705564, 💻 www.kystferie.no. Schöner kleiner Platz, ebenfalls direkt am Meer mit traumhafter Aussicht. Es gibt 10 gut ausgestattete Hütten, Boots- und Fahrradverleih, nahe gelegenes Aktivitätscenter (u. a. Kajakverleih), außerdem einen Badeplatz. Stellplatz ab 160 NOK, Hütten ab ❶

ESSEN

Restaurant Napoli, Øyvind Lambesvei 4, ☏ 75064080. Einfaches, aber gemütliches Lokal im Stadtzentrum, das außer Pizzen auch Grillgerichte, Salate und Pastagerichte auftischt. ⌚ tgl. 10–23 Uhr.

Syv Søstre, Scandic Hotel Sandnessjøen (s. o.). Empfehlenswertes Restaurant mit nobler Einrichtung, gutem Service und leckerer Küche mit hauptsächlich norwegischen Speisen. Die Spezialität des Hauses, *Fiskegryte Åsvær* (Fischsuppe), ist eine wahre Geschmacksbombe und unbedingt ihr Geld wert. ⌚ tgl. ab 17 Uhr.

Die Helgelandsküste von draußen

Im Sommer organisieren zahlreiche Anbieter **Schärenkreuzfahrten** ab Sandnessjøen zu Inseln und Schären an der gesamten Helgelandsküste. Am populärsten sind Touren (mehrmals tgl.) zu den Inseln Dønna oder Herøy sowie diverse Rundfahrten. Auch **Angeltörns, Wal- und Seeadlersafaris** nebst **Meeresrafting** in Schlauchbooten können gebucht werden. Eine Liste sämtlicher Anbieter und deren Abfahrtszeiten hält die Touristeninformation bereit.

AKTIVITÄTEN

Das Touristenbüro informiert über die schönsten **Fahrradrouten** in der Umgebung und vermittelt **Boots- und Kajakverleih**. Die relativ flachen Gewässer rund um Sandnessjøen sind ideal fürs **Tauchen** (auch mehrere Wracks).

SONSTIGES

Alkohol

Sandnessjøen vinmonopol, Richard With's gate 1, ☏ 04560, ⌚ Mo–Mi 10–16, Do 10–18, Fr 10–16, Sa 10–14 Uhr.

Apotheken

Vitusapotek, Torolv Kveldulvsons gate 24, ☏ 75063510, ⌚ Mo–Fr 9–16.30, Sa 9–14 Uhr.

Autovermietungen

Avis, Flughafen, ☏ 95467430.

Fahrradverleih

Turistinformasjonen i Sandnessjøen, s. u.

Geld

Helgeland Sparebank, Torolv Kveldulvsons gate 37, ☏ 0244.

Informationen

Helgeland Reiseliv, Skippergata 1, ☏ 75018000, 💻 www.visithelgeland.com, ⌚ 22. Juni–2. Aug Mo–Fr 9–19, Sa und So 12–18, sonst Mo–Fr 10–16 Uhr.

Medizinische Hilfe

Legevakten, ✆ 75060999.

Polizei

Alstahaug og Leirfjord lensmannskontor, Torolv Kveldulvsons gate 27, ✆ 02800.

Post

Sandnessjøen postkontor, Torolv Kveldulvsons gate 26, ✆ 04004, ⌚ Mo–Fr 9–17, Sa 10–14 Uhr.

Taxis

✆ 75040212.

TRANSPORT

Busse

Mehrmals tgl. insbesondere nach BRØNNØYSUND sowie MO I RANA, 1x tgl. (7.40 Uhr) nach NESNA.

Schiffe

Schnellboote

Verbindungen mit der Torghatten Trafikkselskap, ✆ 75018100, 💻 www.tts.no, 1x tgl. nach BRØNNØYSUND (13 Uhr, 299 NOK). Torghatten Nord, ✆ 90620700, 💻 www.torghatten-nord.no, verkehrt mit dem „Nordlandsekspressen" tgl. auf der Strecke nach BODØ (595 NOK) via NESNA (115 NOK), STOKKVÅGEN (153 NOK) und ØRNES (380 NOK), außerdem 1x tgl. nach TRÆNA (299 NOK) und LOVUND (211 NOK).

Hurtigruten

Die Schiffe legen tgl. um 4.15 Uhr Richtung NES-NA ab, um 13.30 Uhr Richtung BRØNNØYSUND.

Fähren

Auf der Strecke nach BRØNNØYSUND sind zwei Fähren zu nehmen (S. 447), Richtung NESNA nur eine. LEVANG–NESNA: im Sommer 6–23 Uhr (16x tgl., 25 Min., 42 NOK, Pkw 115 NOK).

FLÜGE

Vom südlich der Stadt gelegenen Flughafen aus (Flughafenbus 100 NOK, Taxi um 210 NOK) fliegt Widerøe u. a. tgl. nach TRONDHEIM, OSLO, BODØ und BRØNNØYSUND.

Nesna

Alle Küstenwege nach Nesna führen über Wasserstraßen, und wer aus Richtung Sandnessjøen anreist, passiert die Öffnung des gewaltigen **Ranafjords**, der sich landeinwärts bis nach Mo i Rana (S. 517) erstreckt, während im Norden der **Sjonafjord** tief ins Land schneidet. Ausgangspunkt zur Entdeckung dieser urwüchsigen Felslandschaften ist die auf einer Landspitze gelegene Kleinstadt Nesna (ca. 1800 Einwohner), deren farbenfroh gestrichene Holzhäuser auf die vorgelagerten Inseln **Hugla**, **Handnessøya** sowie **Tomma** blicken.

Ein Besuch dieser naturschönen Radfahr- und Wanderrefugien verleiht einem Aufenthalt in diesem auch von den Schiffen der Hurtigruten angelaufenen Städtchens seinen besonderen Reiz, und vor allem Tomma sollte niemand auslassen, der einzigartige Panoramen liebt: Vom fast 1000 m hohen **Tomskjevelen** aus kann man bei schönem Wetter nicht nur nach Lovund und Træna (S. 454) hinüberblicken, sondern sieht sogar die fast 200 km entfernte Lofotenkette aus dem Meer herausragen – und dazu noch, um die Sommersonnenwende herum, den Glutball der Mitternachtssonne.

Alle genannten Inseln kann man von Nesna aus schnell per Fähre erreichen, auch stimmungsvolle Bergtouren und Seekajak-Abenteuer nebst Fjord- und Meer-Raftingtouren werden hier angeboten, und für kulturhistorische Interessierte sei erwähnt, dass es hier war, wo Petter Dass (S. 451) zwischen 1672 und 1689 seine ersten Gedichte verfasste.

ÜBERNACHTUNG

Havblikk, Sjåberget 3, ✆ 75056540, 💻 www.havblikknesna.no. Ganzjährig geöffneter Platz am Fjord mit gehobener Ausstattung: Campingküche, Waschräume, Spielplatz, Familienbadestrand, Minigolf, Grillplätze und sogar eine Bar im Badezuber! Neben den vielen Stellplätzen gibt's auch gute Hütten. Großes

Aktivitätsangebot, u. a. eine Wasserrutsche für Kinder, Angeln, Wandern, Tauchen, Sightseeingfahrten und Bootsverleih. Stellplatz ab 150 NOK, Hütten ab ❶

AKTIVITÄTEN

Die Küste vor Nesna mit ihren nach Tausenden zu zählenden Inseln und Inselchen ist ein Paddelparadies par excellence. Für Kurse, geführte Touren sowie auch Verleih kompletter Kajakausrüstungen empfiehlt sich **Hav og Fritid**, ✆ 91594340, 💻 www.havogfritid.no: Sehr großes See-Kajakzentrum, zahlreiche geführte Touren, u. a. über den Polarkreis hinweg. Ausgesucht gutes Material, das auch verliehen wird (ab 300 NOK pro Tag, ab 1500 NOK pro Woche – je nach Kajak), außerdem Kurse (Einführungskurs 650 NOK, obligatorisch zum Ausleihen eines Kajaks) und geführte Touren (ab 550 NOK).

NORDNORWEGEN

SONSTIGES

Fahrradverleih

Nesna Feriesenter, s. o.

Geld

Helgeland Sparebank, Nesna, Movegen 34, ✆ 02244.

Informationen

Nesna Feriesenter (s. o.), ✆ 75067000. Im Internet informieren 💻 www.visithelgeland.com und www.kystriksveien.no.

Medizinische Hilfe

Nesna legekontor, ✆ 75067210.

Polizei

Nesna lenmannskontor, Movegen 24, ✆ 02800.

Post

Nesna Post i butikk (Coop Supermarkt), Idrettsvei 13, ✆ 04004, 🕒 Mo–Fr 9–21, Sa 10–18 Uhr.

Taxis

✆ 41145411.

TRANSPORT

Busse

Verbindungen u. a. in Richtung MO I RANA (3x tgl.), MOSJØEN (4x tgl.) sowie SANDNESSJØEN (1x tgl.). Entlang der R 17 gen Norden sind die Verbindungen schlecht, besser bedient ist man hier mit dem Schnellboot oder dem Postdampfer der Hurtigruten.

Schiffe

Schnellboote

Tgl. Richtung BODØ (489 NOK) via STOKKVÅGEN (102 NOK) und ØRNES (305 NOK; morgens) und Richtung SANDNESSJØEN (115 NOK; nachmittags), auch die vorgelagerten Inseln LOVUND (179 NOK) und TRÆNA (246 NOK) werden bedient.

Hurtigruten

Die Schiffe legen in Nesna tgl. um 5.30 Uhr Richtung SVARTISEN ab sowie tgl. gegen 11.15 Uhr Richtung SANDNESSJØEN.

Fähren

Richtung Sandnessjøen ist eine Fähre zu nehmen (S. 453), ebenso auf der Strecke zum Svartisen. KILBOGHAMN–JEKTVIK: im Sommer 8.30–21.30 Uhr (11x tgl., 1 Std., 63 NOK, Pkw 182 NOK).

Træna und Lovund

Die Inselgruppe **Træna**, durch die der Polarkreis verläuft, beherbergt Norwegens ältestes Fischerdorf und ist, ebenso wie der für seinen Seevogelreichtum (insbesondere Papageitaucher) bekannte Nachbararchipel **Lovund**, geradezu geschaffen für eine „Robinsonade". Hier lässt sich der alte und immer wieder neue Traum vom Leben auf einem unbewohnten Eiland erfüllen, denn die weit draußen im offenen Meer gelegenen Archipele bieten dafür mit mehr als 600 Inseln, von denen nicht einmal eine Handvoll bewohnt sind, allerbeste Voraussetzungen.

Dort kann man sich im Ruderboot der Unendlichkeit des Meeres stellen, hinaufsteigen auf bis über 600 m hohe Gipfel, um das Mitternachtslicht zu genießen, Wanderer und Fischer sein sowie „Entdecker" von Steinzeithöhlen und Vogelfelsen. Wer mag, kann sich für eine Weile sogar dem Gedanken hingeben, wie es wäre, nicht dorthin zurückzukehren, woher er gekommen ist. Und dies, ohne auf die von dort gewohnten Annehmlichkeiten wie Hotelzimmer, gemütliches Häuschen, Restaurant und Lebensmittelladen sowie verlässliche Verbindungen zur Außenwelt verzichten zu müssen.

ÜBERNACHTUNG UND ESSEN

Lovund RorbuHotell, Lovund, ✆ 75092030, 💻 www.lovund.no. Rorbu-Anlage mit gehobener Ausstattung in schöner Lage direkt am Meer. Alle Rorbuer sind mit Küche, 1 oder 2 Schlafzimmern, TV, Bad/WC sowie eigenem Balkon ausgestattet. Sehr empfehlenswertes Restaurant „Maaken", 🕒 tgl. Mitte Juni–Mitte Aug, mit Außenterrasse und einem traumhaften Ausblick. Außerdem Fahrrad- und Bootsverleih. Ab ❺

€ **Træna Gjestegård**, Træna, ✆ 75095228, 💻 www.trænagjestegård.com. Einfacher Übernachtungsplatz mit Hütten und Zimmern, auf der Mitte der Insel gelegen. Café und Restaurant sind angeschlossen. Vermittelt Bootsverleih. Ab ❸

Træna Rorbuferie, Træna, ✆ 97983276, 💻 www.rorbuferien.no. Auf Pfählen direkt am Meer stehende kleine und große Rorbuer. Moderne, komfortable Einrichtung, allerdings auch entsprechend teuer. Ab ❸

FESTE

Trænafestivalen, Anfang/Mitte Juli, 💻 www.trena.net. 3-tägiges Musik- und Kulturfestival auf Træna mit nationalen und internationalen Künstlern. Da während der Festivalzeit alle Unterkünfte zumeist komplett belegt sind, sollte man möglichst lange im Voraus buchen.

SONSTIGES

Aktivitäten

Lovund RorbuHotell (s. o.), vermittelt organisierte Angelsafaris, Touren mit Hochgeschwindigkeits-Schlauchbooten sowie Ausflüge zu den Vogelbergen und informiert über Wander- und Fahrradrouten auf Lovund und den Nachbarinseln.

Fahrradverleih

Lovund RorbuHotell, s. o.

Informationen

Lovund hat keine eigene Touristeninformation, aber die wichtigsten Infos bekommt man im **Lovund RorbuHotell**, s. o.

Medizinische Hilfe

Lurøy kommune legevakt, ✆ 75093580.

Post

Lovund Post i butikk (Joker Supermarkt), ✆ 04004, 🕒 Mo–Fr 14–16, Sa 11–14 Uhr.

TRANSPORT

Selbstfahrer

Das Auto nimmt man nicht mit auf die Inseln, sondern stellt es an den Anlegern des Schnellbootes ab (Parkplätze).

Schiffe

Verbindungen bestehen 1x tgl. per **Schnellboot** nach SANDNESSJOEN (211 NOK ab Lovund, 299 NOK ab Træna) und NESNA (179 NOK ab Lovund, 246 NOK ab Træna) sowie STOKKVÅGEN (253 NOK), außerdem 1x tgl. nach BODØ (510 NOK) via ØRNES.

Von Nesna nach Kilboghamn

Nördlich von Nesna steigt die R 17 über 365 Höhenmeter zum **Sjonfjell** hinauf, und das Panorama auf den Sjonafjord bildet mühelos einen Höhepunkt jeder Nordwegenreise. Wildromantische Talschluchten schließen sich an sowie malerische Auen, und ein ums andere mal geht es durch Tunnel hindurch. Ständig wechseln die Eindrücke auf dieser Straße, die ab dem Fähranleger **Stokkvågen** (Schnellbootverbindung u. a. mit Lovund und Træna sowie Nesna, Sandnessjøen und Bodø via Ørnes), nach insgesamt 70 km

Über den Polarkreis hinweg

Rund 60 Min. währt die Fährfahrt von Kilboghamn nach Jektvik, doch schnell vergisst man die Zeit angesichts der Vielzahl an Panoramen, und mit einigem Recht gilt dies als schönste Passage im gesamten Verlauf der R 17. Wild und vollkommen unberührt präsentieren sich hier die weitgehend vegetationslosen Küstenlinien, an denen es oft in kürzester Entfernung vorbeigeht. So auch während der Überquerung jener imaginären Linie, die bei 66°33'51" verläuft und als **Polarkreis** bekannt ist. Sie stellt nichts anderes dar als eine mathematische, abstrakte Trennlinie zwischen der Polarzone und der gemäßigten Zone, und im Tourismusjargon trennt sie die Normalsterblichen von den „Nordlandfahrern". Dieses Erlebnis will niemand verpassen, und entsprechend eng geht es an der Steuerbord-Reling des Oberdecks zu. Von hier aus sieht man nämlich die Trennlinie, die am Festland durch das Modell einer Weltkugel markiert wird.

Im Westen verläuft der Polarkreis quer durch die von Sagen umwobene und an ihrem Gipfelsporn unschwer zu erkennende Insel **Hestmannøy**, und zu bedauern ist eigentlich nur, dass die Fähre nicht auch mittsommernachts verkehrt, wenn die Polarkreiswelt im farbigen Licht ertrinkt und sich der Hestmann in einen flammenden Reiter verwandelt. Dann wird die Fährstation **Jektvik** erreicht, und auch die weitere Fahrt nach Norden zu ist ein einziges Genussstück für die Sinne, das schließlich im Anblick des **Svartisen** gipfelt, dessen strahlendes Eisfeld sich wie ein weißes Leinentuch vom 1599 m hohen Snøtind aus entfaltet.

ab Nesna erreicht, unter dem Motto *Verdens Vakreste Kyst* (Die schönste Küste der Welt) steht, und bis hinauf zu ihrem nördlichen Endpunkt als Nationale Tourismusstraße klassifiziert ist.

Entsprechend viele Rast- und Aussichtsplätze wurden angelegt, und es macht einfach Spaß, dieser „schönsten Küste der Welt" zu folgen, die gen Norden zu bald von den „**Lurøy Alpen**" gesäumt wird, an deren wilden Felswelten entlang es zum Fähranleger **Kilboghamn** geht. Nur rund 25 km misst die Distanz, und wer es einrichten kann, dem sei empfohlen, sich für diese Strecke einen ganzen Tag Zeit zu lassen und auch die Nacht hier zu verbringen, wenn die Mitternachtssonne im Norden den Himmel ausleuchtet, dabei die Fjorde im Schatten lässt und dem offenen Nordmeer ein ganz unwirkliches Licht verleiht.

Svartisen

Wer hätte sich nicht schon einmal gewünscht, die Welt so zu erleben, wie sie während der Eiszeiten ausgesehen hat? Am Svartisen kann man das, denn mit rund 370 km² Fläche ist er der zweitgrößte Gletscher Norwegens. Bis zu 100 m dick sind die Eiswalzen seiner insgesamt über 60 Arme, die aus der Hochgebirgswelt des Saltfjell-Svartisen-Nationalparks (S. 520) bis nahezu auf Meeresniveau ins Land greifen. Am tiefsten hinab fließt der **Engabreen**, der bis wenige Kilometer an den **Holandsfjord** heranreicht. Zwischen dem 3. Juni und 3. September verkehrt 12x tgl. ein Boot ab der R 17 über den Meeresarm hinweg, und nur 3 km sind es dann noch zu Fuß oder per Rad (Verleih: 65 NOK für 4 Std.), bis man am Fuß der grünblau schimmernden Gletscherzunge zu stehen kommt. Unterwegs geht es vorbei am **Svartisen Turistsenter** (S. 458), von wo aus mehrmals täglich Gletscherwanderungen für jedermann durchgeführt werden.

ÜBERNACHTUNG UND ESSEN

Åg gjestehus, Ågskardet, ✆ 91838386, ✉ aagkroa@gmail.com. 4 Apartments, alle etwas ungemütlich, dafür aber relativ preiswert. Cafeteria, Bootsverleih. Ab ❶

Kvitbrygga, Forøy (etwa 500 m vom Fähranleger), ✆ 94806320 🖳 www.kvitbrygga.no. Relativ neue Anlage mit eigenem Bootssteg und guten Übernachtungsalternativen direkt am Meer: Zimmer (im Haupthaus), Rorbuer und Apartments, alle mit eigener Küche, Bad/WC und TV. Verleih von Motorbooten, Angelausrüstungen und Fahrrädern. Ab ❷

Wie ein Fossil aus der Eiszeit fließt die Gletscherzunge des Engabreen bis fast ans Meer heran.

Camping und Hütten

Svartisen Turistsenter, 1 km vom Bootssteg, 2 km vom Gletscher entfernt, ✆ 75751100, 💻 www.svartisen.no. Für alle, die nahe am Gletscher wohnen möchten, gibt es keine bessere Adresse. Die Wiesen bieten sich zum Zelten an, auch Hütten (sehr gemütlich, komplett ausgestattet, aber recht teuer) werden vermietet. Angeschlossen ist das Restaurant „Brestua". Zelten 150 NOK für 2 Pers., Hütten ❻

€ **Furøy Camping**, Furøy (nahe des Fähranlegers in Halsa), ✆ 94191315, 💻 www.furoycamp.no. Gut ausgestatteter Campingplatz mit etwa 50 Wiesenstellplätzen und 19 Hütten in verschiedenen Preisklassen. Eigener Badeplatz, Verleih von Fahrrädern und größeren Motorbooten (30 PS, Echolot). Touren zum Svartisen werden vermittelt. Zeltplatz 195 NOK, Hütten ab ❶

TOUREN

Gletscherwanderungen vermittelt das **Svartisen Turistsenter** von Mitte Juni bis 22. Aug. Die Touren sind leicht, Mindestalter 12 Jahre. Start tgl. um 11.45 Uhr, Dauer 4 Std, 800 NOK. Weitere Infos unter 💻 www.rocksnrivers.no. Der Aktivitätsanbieter **Rocks 'n Rivers**, ✆ 41082981, 💻 www.rocksnrivers.no, bietet im Sommer vor allem Gletschertouren auf dem Svartisen (900 NOK p. P. mit Führer) sowie unterschiedliche Kajaktouren an (u. a. Touren in der Mitternachtssonne, 750 NOK) und Kajak-Kurse für Anfänger und Fortgeschrittene. Auf Anfrage werden auch Bergtouren organisiert.

SONSTIGES

Geld

Spare Bank 1, Vågland, ✆ 03900.

Informationen

Zuständig für die Region sind das Touristenbüro in Glomfjord (S. 459 im Abschnitt zu Ørnes) sowie der Informationskiosk an der R 17 in Holand (nur im Sommer geöffnet), von wo auch das Boot zum Turistsenter ablegt. Ansonsten bekommt man Infos beim **Svartisen turistsenter**.

Medizinische Hilfe

Halsa kommune legevakt, ✆ 71556302.

Polizei

Halsa lennsmanskontor, Vågland, ✆ 02800.

Post

Halsa Post i butikk (Joker-Supermarkt), ✆ 04004, 🕒 Mo–Fr 10–21, Sa 10–18 Uhr.

Radfahren

Die meisten Unterkünfte vermieten auch Fahrräder, zudem kann man direkt am Bootssteg Räder ausleihen und von dort zum **Svartisen Turistsenter** (1 km) sowie weiter zum **Gletscher** (nochmals 2 km) radeln.

TRANSPORT

Selbstfahrer

Am Anleger in Holand, von wo das Boot zum Svartisen verkehrt, kann man das Auto problemlos parken.

Busse

Die zwischen NESNA und ØRNES verkehrenden Busse passieren auch den Svartisen, aber die Verbindungen sind relativ schlecht.

Schiffe

Schnellboote

Kein Anleger am Svartisen, zuständig ist Ørnes (S. 459).

Boote

Ab Holand zum Engabreen, 26. Mai–3. Sep tgl. 7.45–18.30 Uhr, 9x tgl. (130 NOK p. P.), einen Fahrplan findet man unter 💻 www.svartisen.no, ✆ 95920327.

Fähren

Richtung NESNA ist eine Fähre zu nehmen (S. 455), ebenso Richtung ØRNES. ÅGSKARET–FORØY: im Sommer 5.30–0.15 Uhr bis zu 20x tgl. (10 Min., 33 NOK, Pkw 81 NOK).

Ørnes

Aufgrund seiner günstigen Verkehrslage an der geschützten Nordlandrinne im Norden des Svartisen-Gletschers rühmt sich dieser rund 1500 Einwohner große Küstenort, der auch von den Schiffen der Hurtigruten angefahren wird, als **Pforte zum Svartisen**. Im Sommer fahren entsprechend täglich Bootszubringer vom Hafen aus bis nahe an das Eisfeld heran. Ohnehin ist die Streusiedlung, die sich am Ufer einer seegleichen Meeresbucht und zu Füßen des markanten Berges Spilderhesten ausbreitet, Ausgangspunkt zahlreicher **Bootstouren**, die vom Touristenbüro organisiert werden: Eine Fotosafari zur Insel **Støtt** steht ebenso auf dem Programm wie eine Angel- und Badetour zur weit draußen gelegenen Insel **Bolga**, auch große Küsten-Bootsfahrten werden angeboten, und wer sich einmal wie Robinson fühlen möchte, kann hier für relativ wenig Geld unbewohnte Schären mit einem Häuschen darauf und einem Boot am Ufer mieten.

ÜBERNACHTUNG UND ESSEN

Relativ günstige **Privatzimmer** vermittelt die **Meløy Turistinformasjon**, ansonsten empfehlen sich folgende Adressen:

Glomfjord Hotell, Glomfjord (9 km südlich von Ørnes), ✆ 75752500, 🖳 www.glomfjordhotell.no. Einfaches Hotel mit schlichten, preislich überzogenen Zimmern. ❻

Ørnes Hotell, Havneveien 12, Ørnes, ✆ 7575 4599, 🖳 www.orneshotell.no. Kleines Hotel am Hafen, von außen kastenförmig, aber ausgestattet mit 24 relativ komfortablen Zimmern. Restaurant und Pub sind angeschlossen. Ab ❺

Camping und Hütten

€ **Reipå Camping**, 7 km nördlich von Ørnes an der R 17, ✆ 75755774, 🖳 www.reipacamping.com. Schönes Gelände mit offenen Wiesenplätzen und hübschen roten Hütten in verschiedenen Preisklassen. Grillhaus, Jacuzzi und saubere Sanitäranlagen. Stellplatz 150 NOK, Hütten ab ❶

Åmnes Skjærgårdscamping, Engavågen, ✆ 75751350, 🖳 www.aamnescamping.no. Etwas außerhalb, was allerdings die fantastische Lage am Meer hinter einem Badestrand und mit Blick auf die Mitternachtssonne wettmacht. 6 Hütten (2 Schlafzimmer, Küche, Bad/WC, TV), Motorboot- und Fahrradverleih, Kiosk mit Tankstelle, gute Spazier-/Wandermöglichkeiten. Stellplatz ab 150 NOK, Hütten ab ❹

Meløy Skjærgårdsferie, Mevik, ✆ 75751202, 🖳 www.meloyferie.no, ganzjährig. Sandstrände nahebei, komfortable Hütten, Verleih von Fahrrädern (200 NOK pro Tag), Kajaks (200 NOK) und Motorbooten (50 PS, 860 NOK pro Tag). Ab ❷

SONSTIGES

Fahrradverleih

Åmnes Skjærgårdscamping und **Meløy Skjærgårdsferie**, s. o.

Geld

Sparebank 1, Ørnes, ✆ 75751470.

Informationen

Meløy turistinformasjon, Glomford (im Sommer auch im 25 km südlich gelegenen Ort Holand), ✆ 75754888, 🖳 www.visitmeloy.no, ◷ ganzjährig.

Medizinische Hilfe

Meløy legevakt, ✆ 75754333.

Polizei

Meløy lensmannskontor, Ørnes, ✆ 02800.

Post

Ørnes Post i butikk (Rema 1000 Supermarkt), ✆ 04004, ◷ Mo–Fr 9–22, Sa 9–20 Uhr.

Touren

Die Touristeninformation in Glomfjord, 🖳 www.visitmeloy.no, organisiert im Sommer mehrere **Bootstouren**, darunter eine Fotosafari zur Insel Støtt sowie Bade- und Angeltouren zur weiter draußen gelegenen Insel Bolga.

Wandern

Markierte Wanderpfade zu Aussichtspunkten, auf Berge, und entlang der Küste beginnen bei **Åmnes Skjærgårdscamping** (s. o.).

TRANSPORT

Selbstfahrer

Am Weg zum Svartisen ist eine Fähre zu nehmen (S. 458).

Busse

Verbindungen bestehen Richtung BODØ und NESNA, aber es ist mühsam, so zu reisen, einfacher (und eindrucksvoller) ist es mit dem Schiff.

Schiffe

Schnellboote

1x tgl. Verbindungen nach BODØ (Mo–Sa 216 NOK) sowie nach SANDNESSJØEN (Mo–Sa 380 NOK) via STOKKVÅGEN (302 NOK) und NESNA (305 NOK).

Hurtigruten

Die Schiffe legen tgl. Richtung BODØ (9.30 Uhr) und Richtung NESNA (7.15 Uhr) ab.

NORDNORWEGEN

Saltstraum

Nördlich von Ørnes präsentiert sich die Küstenlandschaft immer wieder als Augenweide aus steilen Bergen, sattgrünen Wiesen und weißen Sandstränden vor dem türkisfarbenen Meer. Sie leitet über zum Saltstraum, der sich viermal täglich mit bis zu 20 Knoten Geschwindigkeit durch eine 150 m breite Sundenge ergießt und damit der **stärkste Gezeitenstrom der Erde** ist. Zum Gezeitenwechsel (Gezeitentabelle über 💻 www.visitbodo.com und www.saltstraumen.info/saltstraumtabellen, auch Download) transportiert er nicht weniger als 400 Mio. Kubikmeter Wasser in den von hohen Bergen umstandenen Skjerstadfjord hinein bzw. auf das offene Meer hinaus.

Die mit Abstand beste Aussicht sowohl auf die wunderschöne Landschaft als auch insbesondere auf die brodelnden und oft genug gewaltige Strudel bildenden Wassermassen genießt man vom Scheitelpunkt der 770 m langen Brücke aus, die sich in 41 m Höhe über den Gezeitenstrom zieht. Auch spannende Bootstouren in den Mahlstrom hinein werden angeboten. Außerdem gibt es Seeadlersafaris, Fjordtouren, Angelfahrten sowie Tauch- und Schnorcheltouren im Gezeitenstrom. All diese Aktivitäten können über die Unterkünfte in der Umgebung, über die Touristeninformation am Saltstraumen und in Bodø (S. 466) sowie über deren Website (💻 www.visitbodo.com) auch online gebucht werden.

ÜBERNACHTUNG

Saltstraumen Brygge Apartment, ✆ 92455100, 💻 www.sfc.no. Schmucke, aber relativ teure Anlage am Straumen mit komfortablen Zimmern und Apartments unterschiedlicher Größe. Zum Service gehören Badezuber, Sauna, Café, Pub, Grillhütte, Bootsverleih, organisierte Schlauchbootfahrten. Zimmer ab ❺, Apartment ab ❻

Saltstraumen Hotel, ✆ 75506560, 💻 www.saltstraumenhotell.no. Größere Hotel- und Bungalowanlage neben dem Erlebniszentrum. Die hellen Zimmer sind stilvoll sowie modern eingerichtet und halten guten Mittelklassestandard. 12 Bungalows mit 2 Schlafzimmern (je mit eigenem Bad), schön auf einer etwas abseits gelegenen Wiesenfläche errichtet. Restaurant mit erstklassigem Essen. Aktivitäten und Touren werden organisiert und vermittelt. ❻

Camping und Hütten

Saltstraumen Camping, ✆ 75587560, 💻 www.saltstraumen-camping.no. Ganzjährig geöffneter Campingplatz mit schönen, offenen Wiesenarealen und großzügiger Ausstattung: 24 Komforthütten (davon 16 renoviert, komplett mit Bad/WC, Küche, Wohnzimmer), 100 Stellplätze, sehr saubere Sanitäranlagen (mit Sauna), Grillhütten, Bootverleih, Vermittlung von Angeltouren, Tiefkühlmöglichkeiten für Fisch. Sehr beliebt in Anglerkreisen. Stellplatz ab 180 NOK, Hütten ab ❸

Elvegård Camping, ✆ 94800900. Eine Alternative zum Plus Camp. Grüne Stellplätze mit Blick auf den Saltstraumen, unlängst renovierte Hütten unterschiedlicher Größe, Bootsverleih, gute Angelplätze. Stellplatz ab 195 NOK, Hütte ab ❷

ESSEN

Kjelen Kafe, Saltstraumen Zentrum, 💻 www.kafekjelen.no. Gute Adresse für Fisch und Meeresfrüchte, in der Regel stehen tgl. 3 Menüs (mit Vor- und Nachspeise) auf der Speisekarte. Gemütliche Atmosphäre und schöne Aussicht, günstiges bis mittleres Preisniveau. 🕒 Mai–Mitte Juni tgl. 12–20, Juli und Aug tgl. 10–22 Uhr.

TOUREN

Sightseeingtouren können auch von Bodø aus unternommen werden. Destination Bodø organisiert im Sommer tgl. geführte Bustouren (2 1/2 Std., 550 NOK, auch auf Deutsch) ab Bodø, Abfahrt normalerweise um 12 Uhr.

SONSTIGES

Angeln

Entlang des Saltstraumen-Ufers sieht man oft das Wasser vor lauter Anglern nicht, und wer Wert auf Ruhe legt, kann über die meisten Unterkünfte ein Motorboot mieten (ab etwa 1075 NOK pro Tag für ein Boot mit 25 PS) oder nimmt an den organisierten Angeltörns teil, die ebenfalls fast überall angeboten werden.

Informationen

Zuständig ist Destination Bodø: **Bodø turistinformasjon**, Tollbugate 13, ✆ 75548000, 💻 www.visitbodo.com, www.bodo.no, 🕒 Juni–Aug Mo–Fr 9–20, Sa/So 10–18, sonst Mo–Fr 9–15.30 Uhr.

Direkt am Saltstraum findet sich von Mitte Juni bis Mitte Aug ein **Infokiosk** der Touristeninformation.

💻 **www.saltstraumen.info**: Infoportal zum Saltstraumen.

Medizinische Hilfe

Zuständig ist **Bodø legevakt**, Plassmyrveien 13, ✆ 75557000.

Polizei

Zuständig ist **Bodø politihus**, Kongensgate 81, ✆ 02800.

Post

Saltstraumen Post i butikk (Joker Supermarkt), Knaplund, ✆ 04004, 🕒 Mo–Sa 9–21, So 12–21 Uhr.

TRANSPORT

Regelmäßige **Busverbindungen** nach FAUSKE (E 6) und BODØ, außerdem, aber recht ungünstig, nach ØRNES.

Bodø

In touristischer Hinsicht ist die gut 50 000 Einwohner große Hauptstadt von Nordland als Start-/Endpunkt der Küstenstraße R 17 von Bedeutung, außerdem auch als Sprungbrett zu den Lofoten sowie als Ausgangspunkt zum Saltstraum nebst Svartisen. Die im Zweiten Weltkrieg vollkommen zerstörte Provinzmetropole am meergleichen Vestfjord ist heute Sitz des Militäroberkommandos für Nordnorwegen sowie Endpunkt der ab Trondheim verkehrenden Nordlandbahn und präsentiert sich als Handels-, Verwaltungs- und Industriestadt im Allerwelts-Betonkleid.

Ins Reich der Seeadler

Ein kurzer Aufenthalt kann sich dennoch lohnen, denn in puncto Aktivitäten zu Wasser und zu Lande hat die Stadt viel zu bieten, und obendrein laden mehrere Sehenswürdigkeiten ein. Das eindrucksvollste Erlebnis ist vielleicht ein Besuch des vom Zentrum etwa 3 km entfernten **Rønvikfjell** (150 m), auf dessen Gipfel sowohl eine Straße als auch ein Wanderweg führen. Von oben genießt man ein Traumpanorama auf die Stadt und vor allem die Küste, den Vestfjord bis hin zu den Lofoten im Nordwesten, und vom 2. Juni bis 10. Juli kann man hier bei entsprechendem Wetter die Mitternachtssonne beobachten. Zu sehen gibt es hier in der Regel auch Seeadler, rühmt sich Bodø doch des größten Seeadlerbestandes aller Städte dieser Welt. Einige Infotafeln am Berggipfel weisen darauf hin, und wem das Glück hold ist, über der Stadt einen dieser Greifvögel zu Gesicht zu bekommen, hat damit die Aufnahmebedingung in den **Havørnklubben** („Seeadlerclub") von Bodø erfüllt und kann im Touristenbüro die Mitgliedschaft beantragen …

Im Stadtzentrum

Eine große Anziehungskraft übt auf die meisten Besucher der ausgedehnte **Fischerei- und Jachthafen** aus, den man von einer lang gestreckten und mit Parkbänken versehenen Mole aus in Ruhe betrachten kann. Wer kulturhistorisch interessiert ist, sollte das im ältesten Gebäude der Stadt (1903) eingerichtete **Nordlandmuseum** (auch: Salten Museum) besuchen. Es berichtet über die Geschichte der Region, informiert über den Alltag der Fischerbauern und zeigt u. a. den Silberschatz von Bodø. Er wurde 1919 gefunden, enthält u. a. Schmuckstücke und Münzen aus Arabien und gilt als größter eisenzeitlicher Fund Nordnorwegens. 💻 www.nordlandsmuseet.no. 🕒 19. Juni–20. Aug tgl. 11–17, sonst Mo–Fr 9–15 Uhr, Eintritt 60 NOK.

Die direkt gegenüber gelegene **Kathedrale** (Domkirke), Sitz des Bischofs von Nordnorwegen, folgt dem nüchternen Baustil der 1950er-Jahre. 🕒 Mitte Juni–Mitte Aug meist Mo–Fr 10–14.30 Uhr.

Das Norwegische Luftfahrtmuseum

Haupttouristenmagnet der Stadt ist das etwas außerhalb beim Flughafen gelegene Norwegische Luftfahrtmuseum (Norsk Luftfartsmuseum), das auf über 10 000 m² Fläche umfassend und spannend über die Geschichte der zivilen und militärischen Luftfahrt informiert. Insgesamt 34 Flugzeuge von der AVRO 504 (1913) über die U 2 bis hin zu modernen Kampfjets sind hier ausgestellt, und nicht nur Kinder geraten schier aus dem Häuschen, wenn sie an einem Flug im Simulator teilnehmen – sei dies im Düsenjäger vom Typ F-16, wenn nicht gar in der Weltall-Achterbahn Astro Canyon Coaster. 💻 www.luftfart.museum.no, 🕒 Juni–Aug tgl. 10–19, sonst Mo–Fr 10–16 und Sa und So 11–17 Uhr, Eintritt 160 NOK.

ÜBERNACHTUNG

Hostels und Hotels

Nordlysbuen Apartments, Nordlysbuen 19, 📞 99635752, 💻 www.nordlysbuen.no. Moderne, komplett ausgestattete Apartments in verschiedenen Kategorien (1–2 Zimmer, Küche, Bad/WC, TV) in zentraler Lage unweit des Stadtzentrums in der Nähe des Krankenhauses. ❻

City Hotell, Storgate 39, 📞 75520402, 💻 www.cityhotellbodo.no. Budgethotel in einem gelben Betonbau mit 22 renovierten Zimmern, etwa 100 m vom Bahnhof entfernt. Einfache, aber gute Unterkunft, alle Zimmer haben Bad/WC. Cafeteria. Ab ❸

€ **Bodø Vandrerhjem**, Sjøgate 57, 📞 75508048, 💻 www.hihostels.no. Langgestreckter Backsteinbau beim Bahnhof mit frisch renovierten und modern möblierten 22 Zimmern, die alle mit Bad/WC ausgestattet sind. Das Bett kostet 325 NOK. 🕒 ganzjährig. ❸

Radisson Blu Hotel, Storgate 2, 📞 75519000, 💻 www.radissonblu.com. Größtes und teuerstes Hotel der Stadt, gleichzeitig auch das höchste und das mit der besten Aussicht. Internationaler Top-Standard, 190 Komfortzimmer in skandinavischem, chinesischem, englischem oder japanischem Stil. Sehr gute Ausstattung: Sauna, Solarium, Fitnessraum und Buffet-Frühstück sind inklusive. Bowlingbahn, internationales Restaurant, mehrere Bars, Buchung von Aktivitäten und Touren. ❻, im Sommer jedoch, je nach Termin, schon ab ❹

Scandic Hotel Bodø, Sjøgate. 23, 📞 75547000, 💻 www.scandichotels.no. Ansprechendes Komforthotel am Hafen, nur 200 m von der Anlegestelle der Hurtigrute entfernt. 113 große Zimmer im gewohnt hohen Rica-Standard, Spitzenrestaurant, 2 Bars, Sauna, Fitnessraum. Je nach Termin ❺–❻

Skagen Hotel, Nyholmsgate 11, 📞 75519100, 💻 www.skagen-hotel.no. Das etwas schlichte Äußere kann auch hier täuschen: Innen ist das Hotel geschmackvoll im klassischen Stil eingerichtet, und jedes der 71 Zimmer ist individuell gestaltet und möbliert. Guter Standard und Service, Aktivitäten und Touren können gebucht werden, auf Anfrage auch Übernachtungen im Leuchtturm Landego fyr. Im Sommer teils deutlich günstiger. ❺–❻

Thon Hotel Nordlys, Moloveien 14, 📞 75531900, 💻 www.thonhotels.no. Großes, modernes Hotel

in schöner Lage direkt an der Mole mit 152 Komfortzimmern, z. T. mit toller Aussicht auf den Hafen. Gutes Restaurant, Bar, Solarium. ❺–❻

Camping und Hütten

€ **Bodøsjøen Camping**, Båtstøveien 1, ✆ 75563680, 💻 www.bodocamp.no. Ganzjährig geöffneter großer Platz, etwa 3 km außerhalb des Stadtzentrums. Offenes Wiesengelände mit schöner Aussicht, gute sanitäre Anlage, Hütten in verschiedenen Kategorien für 2–4 Pers., Supermarkt. Stellplatz 215 NOK, Hütten ab 250 NOK.

€ **Geitvågen Bad og Camping**, Geitvågen (etwa 10 km nördlich von Bodø an der R 834), ✆ 75510142, 💻 www.geitvaagen.com. Riesiger, familienfreundlicher Platz an einem Badesee mit schöner Aussicht. Grüne Campingwiesen mit 300 Stellplätzen sowie 16 Hütten. Mehrere Sanitärblöcke, Spielplatz, Kiosk, Café, sehr gute Angelmöglichkeiten. ⌚ Ende Mai–Mitte Aug. Stellplatz ab 160 NOK, Hütten ab 350 NOK.

ESSEN

Untere Preisklasse

€ **Løvolds Kafé**, Tollbugate 9, ☎ 75520261. Einfaches Café mit bescheidener Einrichtung, aber sehr günstigen und opulenten norwegischen Gerichten. Tgl. werden spezielle Tagesgerichte (ab 155 NOK) und ein eigenes Grillmenü mit Steaks und Hamburgern (ab 150 NOK) serviert. ⌚ Mo–Fr 9–18, Sa 9–15 Uhr.

€ **Mon Ami**, Storgate 12 (im Glashuset/Einkaufszentrum), ☎ 75522480, 💻 www.monamibodo.no. Französisch inspiriertes Café mit schöner Außenterrasse, beliebt für günstige Lunchgerichte und Zwischenmahlzeiten. Baguettes, Croissants, Gourmet-Burger, Pizza, Salate, selbstgebackene Kuchen und mehr. ⌚ Mo–Fr 10–20, Sa 10–18 Uhr.

€ **Kafe Kafka**, Sandgate 5b, 💻 www.kafka.no. Bodøs Kulturcafé, recht originell und stadtbeliebt, doch weniger Café als vielmehr Pub und Restaurant, auch wenn es hier den besten Kaffee der Stadt gibt. Günstige Gerichte der sogenannten New World Cuisine. ⌚ Mo–Do 11–24, Fr und Sa 11–3 Uhr.

Peppes Pizza, Storgate 3, 💻 www.peppes.no. Wie in fast allen größeren Städten ist auch hier Peppes vertreten. Köstliche Pizzen, Salate und Pastagerichte zu zivilen Preisen. ⌚ Mo–Fr 11–23, Sa 11–24, So 12–23 Uhr.

Mittlere bis gehobene Preisklasse

Egon, dem Thon Hotel angeschlossen, 💻 www.egon.no. Das gemütliche Restaurant der landesweit populären Egon-Kette liegt schön an der Mole und bietet eine große Auswahl an Lunch und Abendgerichten (u. a. Pizzen, Burger, Pastagerichte, Steaks und Fischspeisen). Mittlere, teils gehobene Preisklasse. ⌚ Mo–Do 11–23, Fr und Sa 11–24, So 12–23 Uhr.

Big Horn Steak House, Havnegate 1, 💻 www.bighorn.no. Für Liebhaber von Fleischgerichten und Steaks (ab 249 NOK) ist das Big Horn ohne Zweifel die beste Wahl. Die 2 Etagen des hellen Lokals sind zugleich modern und gemütlich eingerichtet, die Bedienung ist professionell und freundlich, und die angeschlossene Bar bietet eine gute Auswahl an Getränken. Gehobene Preise. ⌚ Mo–Sa 16–22, So 15–21 Uhr.

Bryggerikaia, Sjøgate 1, ☎ 75525808, 💻 www.bryggerikaia.no. Empfehlenswertes Restaurant am Hafen mit geschmackvollem Interieur und großer Außenterrasse, wo man im Sommer herrlich unter freiem Himmel speisen kann. Die Speisekarte wechselt mit den Jahreszeiten und bietet leckere Fleisch- und Fischspezialitäten, die zumeist aus lokalen Rohwaren bestehen (z. B. Lammkeule mit Selleriepüree). Mo–Fr von 11–14 Uhr gibt's auch ein mit 195 NOK recht günstiges Lunchbuffet. Gehobene Preise. Abends ist die angeschlossene Bar ein beliebter Treffpunkt mit Live-Pianomusik an den Wochenenden. ⌚ Mo–Sa 11–3.30, So 12–24 Uhr.

UNTERHALTUNG

Frost Lounge & Bar, Storgata 7A, 💻 www.facebook.com. Das Lokal beim Torget ist an warmen Sommertagen das populärste Straßencafé der Stadt, an den Wochenendabenden Tanztreff zu DJ-Sound. ⌚ tgl. 11–23, Wochenenden bis 3 Uhr.

Public, Sjøgate 14, 💻 www.utibodo.no. Bodøs Rockkneipe mit intimer Atmosphäre. Oft Konzerte, an den Wochenenden meist Cover-Bands. ⌚ tgl. 20–3 Uhr.

Sydøst, Torvgate 2, 💻 www.utibodo.no. Trendiges Lokal direkt an der Mole, v. a. beim Jungvolk beliebt. Nicht nur gutes Essen, sondern auch eine üppige Auswahl an Getränken und Spirituosen. Jeden Sa legen abends DJs auf, die Tanzfläche füllt sich, und die Stimmung steigt im Takt mit dem Alkoholkonsum. ⌚ Mi–Do 11–24, Fr und Sa 11–3 Uhr.

FESTE

Nordland Musikkfestuke, Anfang bis Mitte August, ☎ 75549040, 💻 www.musikkfestuka.no. 10-tägiges Kulturfestival mit Musik aller Gattungen, von Pop und Rock über Jazz und

Folk bis hin zu klassischer Musik und Kirchenmusik. Mehr Infos im Touristenbüro.
Parkenfestivalen, Mitte bis Ende August, 💻 www.parkenfestivalen.no. Das 2-tägige Musikfestival ist mit seinen bis zu 20 000 jährlichen Besuchern eines der größten in Nordnorwegen. Nationale und internationale Musiker der Genres Rock, R'n'B, Jazz und Pop.
Weltmeisterschaft im Seelachs-Angeln, Ende August; Informationen über das Touristenbüro.

EINKAUFEN

Bodø Husfliden, Storgate 13, ✆ 75544300. Reichlich Handwerksarbeiten aus Holz, Stein, Keramik und Metall. Des weiteren Strickwaren und diverse Souvenirs.
Bertnes Geo-Senter, Fenesveien 4 (9 km außerhalb an der R 80 Richtung Fauske), ✆ 75518303, 💻 www.bertnesgeosenter.no. Nordnorwegens größter Steinladen und Steinschleiferei ist unbedingt einen Besuch wert. Riesige Auswahl an Souvenirs, Gold- und Silberschmuck, Geschenkartikel, Trophäen und vieles mehr, alles mit verschiedenen Steinarten verarbeitet. Angeschlossene Cafeteria. 🕒 Mo–Fr 9–17, Sa 10–16, So ab 12 Uhr.

TOUREN

Die Touristeninformation informiert u. a. über Schärenkreuzfahrten, vermittelt Bootsverleih und organisiert Stadtrundfahrten im Sommer, Mittsommernacht-Sightseeingtouren (Juni–Mitte Juli), Tagesausflüge zum Saltstraumen sowie mehrstündige Seeadlersafaris zur vorgelagerten Insel Landegode.
Nordland Turselskap, ✆ 90636086, 💻 www.nordlandturselskap.no. Großer Touren- und Aktivitätsanbieter, der zahlreiche Ausflüge und Exkursionen in ganz Nordland im Programm hat: Wildniscamps, geführte Kanu- und Seekajaktouren, Klettertouren (auch Kurse für Anfänger und Fortgeschrittene), kombinierte Wander- und Klettertouren (u. a. auf den Stetind, Norwegens Nationalberg), Grottentouren, Hundeschlittentouren, Meeresrafting, Elchsafaris und Gletscherwanderungen.

Abstecher nach Kjerringøy

Rund 40 km nördlich von Bodø findet sich mit der Ortschaft Kjerringøy eines der wichtigsten kulturgeschichtlichen Denkmäler von Nordnorwegen. Die 15 authentisch eingerichteten Gebäude dieses ehemals reichsten Handelsplatzes des hohen Nordens sind vollständig der Nachwelt erhalten und schmiegen sich malerisch an den Wiesensaum der mit dramatischen Berggestalten gesäumten Küste. Man kann beim Bäcker vorbeischauen, im Kolonialwarenladen einkaufen und sich im Rahmen einer Multimediashow mit der Geschichte dieses im 19. Jh. erblühten Handelszentrums vertraut machen, in dem einst schon Knut Hamsun Inspiration für sein dichterisches Schaffen erhielt. Entsprechend wurden hier auch seine Romane *Rosa und Benoni*, *Der Telegrafist* sowie *Pan* verfilmt, und 2001 war Kjerringøy zudem Drehort für die Verfilmung von Herbjørg Wassmos Roman *Dinas Buch*. 💻 www.kjerringoy.info sowie www.nordlandsmuseet.no/kjerringoy_handelssted, 🕒 1. Mai–3. Sep tgl. 11–17 Uhr, Eintritt 100 NOK; die Anreise ist ab Bodø über die nach Norden ausgeschilderte R 834 problemlos auch per Bus möglich.

Stella Polaris, ✆ 75528508, 💻 www.stella-polaris.no. „Die" Adresse für Aktivitäten und Touren zu Wasser: Seeadlersafaris, Hochseeangeltouren, Meeresrafting in bis zu 50 Knoten schnellen Schlauchbooten zum Saltstraumen, über den Vestfjord zu den Lofoten-Inseln (recht extreme Touren) sowie zu vorgelagerten Inseln, u. a. nach Kjerringøy (s. Kasten S. 465). Auch Gletschertouren, Bergbesteigungen und Höhlenwanderungen.

SONSTIGES

Alkohol

Bodø vinmonopol, Sjøgate 15/17, ✆ 04560, 🕒 Mo–Mi 10–17, Do und Fr 10–18, Sa 10–15 Uhr.

Apotheken

Boot apotek Sentrumsgården, Sjøgate 6, ✆ 75544400, 🕒 Mo–Fr 8.30–17, Sa 10–15 Uhr.

Autovermietungen

Hertz, Jordbruksveien 41, ✆ 75548400, 🖳 www.hertz.no.
Rent-A-Wreck, Olav V Gate 98 b, ✆ 45421600, 🖳 www.rent-a-wreck.no.
Europcar, Stormyrveien 35, ✆ 75529140, 🖳 www.europcar.no.

Fahrradverleih

Bodø turistinformasjon, s. S 467.

Geld

Handelsbanken Bodø, Sjøgate 27, ✆ 75519090.

Golf

Myklebostad (etwa 13 km nördlich an der R 834), ✆ 91582547, 🖳 www.bodogolfklubb.no. Sehr schöner und gut ausgestatteter Golfplatz am Meer. Im Sommer kann man nachts in der Mitternachtssonne spielen.

Informationen

Bodø turistinformasjon, Tollbugate 13, ✆ 75548000, 🖳 www.visitbodo.com, www.bodo.no, ⌚ Juni–Aug Mo–Fr 9–20, Sa 10–18, So 12–20, sonst Mo–Fr 9–15.30 Uhr.

Medizinische Hilfe

Bodø legevakt, Plassmyrveien 13, ✆ 75557000.

Polizei

Bodø politihus, Kongensgate 81, ✆ 02800.

Post

Bodø postkontor, Havnegate 9, ✆ 04004, ⌚ Mo–Fr 9–17, Sa 10–14 Uhr.

Taxis

✆ 07550.

Top-Ten-Tauchplatz

Die Tauchreviere rund um Bodø sind in Taucherkreisen weithin bekannt, und der Saltstraumen (S. 460) gar wurde von *National Geographic* zu einem der Top-Ten-Tauchplätze der Welt gewählt. Auch Schiffswracks bieten sich reichlich zum Betauchen an. Das **Saltstraumen DykkeCamp**, Saltstraumen, ✆ 92260560, 🖳 www.saltstraumen-dykkecamp.no, bietet geführte Tauch- und auch Schnorchelsafaris (ab 650 NOK p. P.) sowie Tauchkurse in allen Schwierigkeitsgraden.

TRANSPORT

Busse

Vom Busbahnhof (nahe Touristenbüro am Hafen) fahren Busse u. a. mehrmals tgl. nach FAUSKE, HAMARØY, NARVIK, TROMSØ sowie MO I RANA. Im Sommer verkehrt zudem tgl. um 10 Uhr ein Bus entlang des Blå Vägen durch Schweden via STORUMAN nach SELLEFTEÅ am Bottnischen Meerbusen, 🖳 www.skelleftebuss.se.

Eisenbahn

Der Bahnhof liegt beim Hafen im Zentrum, 2x tgl. (morgens und abends) verkehrt ein Zug via FAUSKE und ROGNAN/SALTDAL sowie über das SALTFJELL nach MO I RANA und weiter via MOSJØEN, MAJAVATN, GRONG und STEINKJER nach TRONDHEIM mit Anschluss nach OSLO.

Schiffe

Schnellboote

1x tgl. (Mo–Sa 17.15, So 20.30 Uhr) verkehrt ein Schnellboot der Torghatten-Nord, ✆ 90620700, 🖳 www.torghatten-nord.no, via STEIGEN und SKUTVIK/Hamarøy nach SVOLVÆR/Lofoten (463 NOK).
Richtung Süden werden mind. 1x tgl. (Mo–Sa 16, So 13 Uhr) ØRNES (216 NOK), NESNA (489 NOK) und SANDNESSJØEN (595 NOK) angefahren.

Hurtigruten

Die Postdampfer legen tgl. um 15 Uhr Richtung STAMSUND/Lofoten ab sowie tgl. um 4 Uhr Richtung ØRNES.

Fähren

Bodø ist Ausgangspunkt der Autofähre, die zu den Lofoten übersetzt, wo MOSKENES (196 NOK, Pkw 702 NOK) und VÆRØY (179 NOK, Pkw 630 NOK) angefahren werden. Zuständig für diese Verbindungen ist Torghatten Nord AS, ✆ 90620700, 💻 www.torghatten-nord.no.

Flüge

Der Flughafen liegt rund 2 km außerhalb des Zentrums (Taxi 130 NOK, Bustransfer alle 30 Min zu 30 NOK).

Widerøe bietet u. a. mehrmals tgl. Flüge nach STOKMARKNES (Vesterålen), TROMSØ, SANDNESSJØEN und BRØNNØYSUND, außerdem zu den Lofoten nach VÆRØY, LEKNES auf Vestvågøy und SVOLVÆR auf Austvågøy.

SAS und Norwegian bedienen außerdem u. a. mehrmals tgl. die Strecken nach TROMSØ und OSLO.

14 HIGHLIGHT

Die Lofoten

Wer auf dem Oberdeck der Fähre von Bodø nach Moskenes steht und seinen Blick über den Vestfjord schweifen lässt – von seiner Größe her selbst ein kleines Meer und eines der fischreichsten Gewässer der Welt –, wird vom Anblick fasziniert sein: Einer bizarren Skulptur gleich erhebt sich dort die Zackenlinie der rund 150 km langen und bis über 1000 m hohen, aber durchschnittlich nur etwa 10 km breiten Lofotenwand aus der arktischen See. Dem Betrachter erscheint die rund 1200 km² große Inselgruppe der Lofoten wie ein gigantisches Bollwerk aus Fels und Eis, und schon aus der Ferne begreift man sofort, warum die Wikinger, die hier bereits im 9. Jh. einen Stützpunkt errichteten, dem Archipel den Beinamen „Insel der Götter" gaben.

Zum „Archipel des Kabeljau" wurde er ab der Hansezeit im 13. Jh., als die heute weltberühmte Lofot-Fischerei begann, und in unseren Tagen wird er glanzvoll als „Trauminseln über dem Polarkreis" oder auch als „Alpenkulisse, die aus Wogen steigt" beschrieben. All diese sprechenden Bezeichnungen stellen das Einzigartige der untereinander sowie seit Ende 2007 auch mit dem Festland mittels Brücken und Tunnel verbundenen Inselkette heraus, die in vielerlei Hinsicht eine Sonderstellung innehat. So besitzt sie Seen, die zu den klarsten unseres Planeten zählen und in deren transparenten Tiefen sich urzeitliches Meerwasser findet; Gezeitenströme, die zu den stärksten der Welt gehören; kennt dank Golfstrom die höchste Temperaturanomalie auf Erden, beeindruckt mit Traumstränden sowie schmucken Fischerdörfern und nicht zuletzt auch mit dem vielseitigsten Aktivitätsangebot von vielleicht ganz Norwegen. Aber auch in kultureller Hinsicht bietet die Inselgruppe Herausragendes.

Die Lofot-Fischerei

Auch die Fischerei ist in einer Fülle von Ölgemälden und Aquarellen, Radierungen und Lithografien verewigt, doch sind es nicht Bilder vom Hightech-Fischfang unserer Tage, den die Künstler vermitteln wollen, sondern vielmehr von der traditionellen Lofot-Fischerei. Als wichtigster Saisonfischfang des Nordens bestimmte sie ein gutes Jahrtausend lang die Geschichte und die Kultur der Menschen auf den Lofoten sowie auf Vesterålen, ja es ist sogar ihr Verdienst, dass **Storvågan**, die Keimzelle des heutigen Kabelvåg auf der Insel Austvågøy, von den Wikingern schon im 9./10. Jh. als Handelsort gegründet wurde. Damit war es die erste permanent bewohnte Stadt nördlich des Polarkreises. Aus dem Jahr 1120 ist bezeugt, dass hier die erste Kirche und die ersten *rorbuer* (S. 478) für von auswärts kommende Fischer errichtet wurden, die jeden Winter zwischen Januar und April mit ihren Nordlandbooten in den Vestfjord ruderten, um den zum Laichen aus der Barentssee herbeigeschwommenen Dorsch (Kabeljau) zu fangen.

Von da an und bis in das 20. Jh. hinein war **Dorsch** das Hauptexportgut des Nordens, und zeitweise nahm nahezu ein Viertel der gesamten Bevölkerung von Nordland an der Lofot-Fischerei teil. Das waren bis zu 33 000 Fischer (1895), und noch 1947 machten rund 20 000 Fischer 147 000 t Dorschbeute – ein Rekord. Aber von da an ging es dank hoffnungsloser Überfischung bei gleichzeitiger Modernisierung der Fischerboote immer weiter bergab mit der

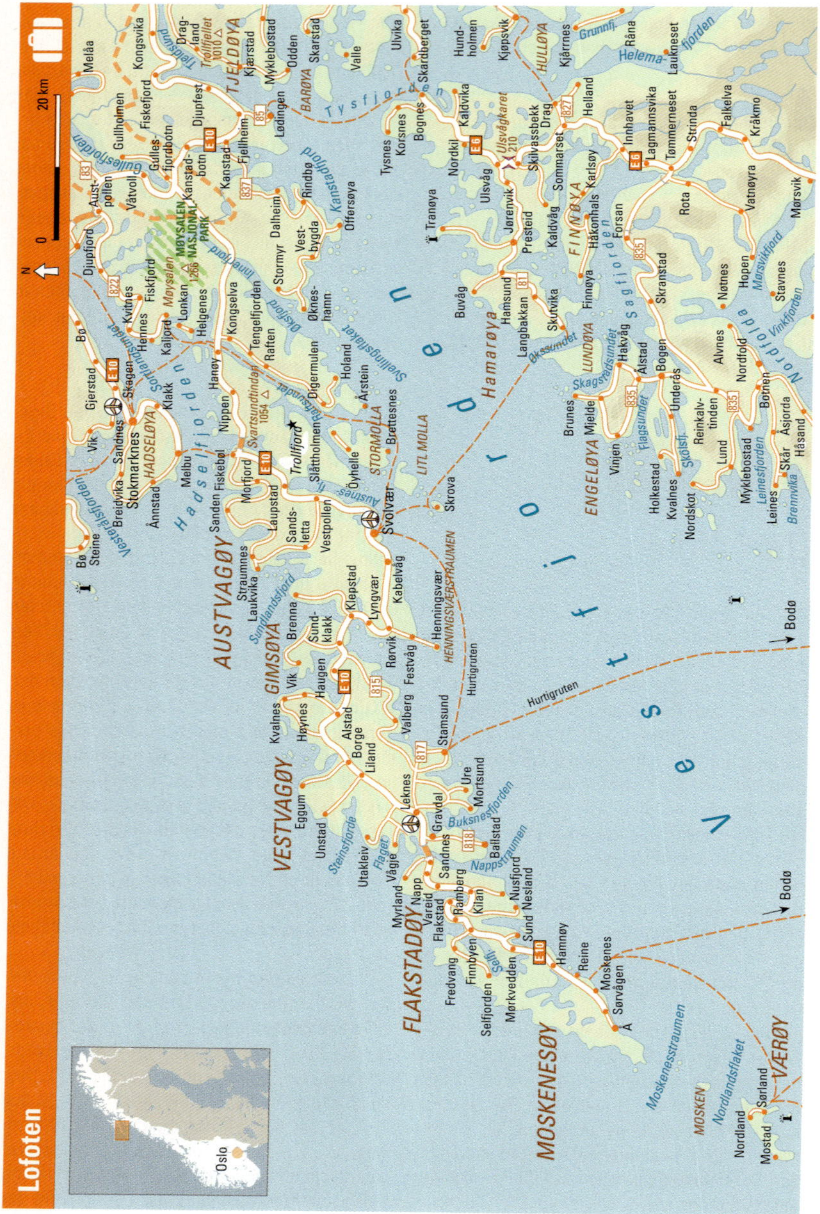
Lofoten
Oslo
0
20 km
N
AUSTVAGØY
VESTVAGØY
GIMSØYA
FLAKSTADØY
MOSKENESØY
HADSELØYA
HAMARØYA
ENGELØYA
VÆRØY
MOSKEN
TJELDØYA
BARØYA
HULLØYA
FINNØYA
LUNDØYA
STORMOLLA
LITL MOLLA
Vestfjorden
Hadselfjorden
Tysfjorden
Sagfjorden
Nordfolda
Helemafjorden
Moskenesstraumen
Nordlandsflaket
Henningsværstraumen
Hurtigruten
Svolvær
Leknes
Stokmarknes
Henningsvær
Kabelvåg
Stamsund
Ballstad
Ramberg
Reine
Moskenes
Sørvågen
Å
Hamnøy
Nusfjord
Skrova
Trollfjord
Svartsundtinden 1054
Møysalen Nasjonalpark
Møysalen 1266
Trollfjellet 1010
Ulsvågkaret 210
Bodø
Melbu
Fiskebøl
Laupstad
Digermulen
Lødingen
Kjøpsvik
Ulsvåg
Hamsund
Drag
Bogen
E 10
E 6

Lofot-Fischerei, und im Jahr 2017 wurden gerade einmal noch 72 000 t von rund 3000 Fischern an Land gebracht. Ökonomisch gesehen hat die Lofot-Fischerei damit keinerlei Bedeutung mehr für Norwegen, und wenn wie geplant dereinst die gewaltigen Erdölreserven, die unter dem Vestfjord schlummern, ans Tageslicht gefördert werden, ist es nur noch eine Frage von Jahren, bis lediglich die alljährliche Weltmeisterschaft im Dorsch-Angeln (s. Kasten S. 494) noch an die „gute alte Zeit" erinnert, als der Fjord wirklich noch eines der fischreichsten Gewässer der Welt war.

Doch was ist das Geheimnis dieses enormen Fischreichtums? Warum kommt der Dorsch zum Laichen ausgerechnet in den Vestfjord und nicht irgendwo anders hin, und warum bleibt er nicht in der Barentssee, wo er herkommt? Der Grund für dieses Phänomen ist wieder einmal mehr der **Golfstrom**, jene natürliche „Warmwasserheizung", die ihren Ursprung im Golf von Mexiko hat. Das Ungewöhnliche des Golfstroms – der bereits seit 1786 systematisch erforscht wird – sind seine hohe Fließgeschwindigkeit (die rund 4–5 Seemeilen pro Stunde entspricht), sein enormer Massetransport (bis zu 150 Mio. Kubikmeter pro Sekunde) sowie die Tatsache, dass seine Wassersäule von der Wasseroberfläche bis zum Meeresboden reicht.

So sorgt der Golfstrom letztlich nicht nur für ein mild-maritimes Küstenklima vom Skagerrak bis hinauf an die Barentssee sowie für ein eisfreies Meer an der gesamten norwegischen Küste, sondern im Vestfjord, in den er direkt hineindrückt, für 4–6 °C wärmere Wasserschichten als an dieser Stelle üblich. Genau das ist es, was die Dorsche zum Laichen benötigen, und so ziehen sie seit Menschengedenken allwinterlich in wahrhaft gigantischen Hochzeitszügen aus der Barentssee in den Vestfjord, der als das größte Fisch-Kindbett unseres Planeten gilt bzw. galt. Nur dem Golfstrom ist es auch zu verdanken, dass das Winterklima der Lofoten mit Temperaturen aufwartet, die im Januar und Februar um 24 °C höher sind als irgendwo sonst auf Erden auf gleicher geografischer Breite. Das gilt als die höchste Temperaturanomalie auf Erden.

PRAKTISCHE TIPPS

Übernachtung

Die Lofoten bieten die größte Dichte an Unterkünften in ganz Nordnorwegen, doch da sich die Inselgruppe größter Beliebtheit bei Reisenden aus dem In- und Ausland erfreut, ist zwischen Anfang/Mitte Juni und Anfang August dennoch oft alles ausgebucht. Daher empfiehlt es sich, möglichst frühzeitig zu reservieren. Am stärksten nachgefragt werden die Rorbu-Hütten (S. 478) sowie Hütten auf den Campingplätzen, und noch am ehesten findet man während der Saison ein vakantes Bett bzw. Zimmer in den drei Jugendherbergen der Inselgruppe.
Wenn alle Stricke reißen und man eine mobile Campingausrüstung dabeihat, bleibt aber immer noch die Möglichkeit, sich zu den vielen Gleichgesinnten zu gesellen und „wild" zu zelten. Das geht vielerorts problemlos, und im Folgenden werden einige herausragende **Wildcampingplätze** kurz vorgestellt.

Feste

In den Sommermonaten (Mitte Mai bis Mitte August) lockt auf den Lofoten ein überaus dichtes Veranstaltungsprogramm. Das Touristenbüro Destination Lofoten (S. 471) informiert umfassend. Nachstehend die wichtigsten Events:

Weltmeisterschaft im Dorsch-Angeln, Mitte März, 💻 www.vmiskreifiske.info. 2 Tage lang ist die Insel Austvågøy, Schwerpunkt Svolvær, im Dorschfieber; die Teilnahme kostet 1350 NOK pro Tag.

Codestock, Ende Mai, 💻 www.codstock.com. Musik- und Kulturfestival in Henningsvær.

Internationales Theaterfestival Stamsund, Anfang Juni, 💻 www.stamsund-internasjonale.no. Kompromisslose und spannende Bühnenkunst für alle Altersgruppen.

Lofoten Kammermusikfestival, Anfang/ Mitte Juli, 💻 www.lofotenfestival.com. Das Motto lautet „Klassische Musik in einzigartiger Natur"; Konzerte im gesamten Inselreich.

Midnightsunfestival, alle 2 Jahre (2016, 2018 etc.) 7 Tage gegen Mitte Juli, Værøy, 💻 www.facebook.com/midnightsunfestival. Ticket für die gesamte Zeit um 850 NOK. Riesen-Musik-

Wanderliteratur für die Lofoten

Deutsch- oder englischsprachige Wanderführer über die Lofoten gibt es nicht, doch wer ein wenig Norwegisch lesen und auch ein bisschen improvisieren kann, dem sei das 2014 vom *Lofoten Turlag* (Wanderverein) neu aufgelegte Wanderbuch **„På tur i Lofoten"** empfohlen, in dem auf 190 Seiten nicht weniger als 93 Bergtouren aller Schwierigkeitsgrade, zu allen Jahreszeiten und auf allen Inseln vorgestellt werden. Die meisten sind reich bebildert, und der Verlauf vieler Touren ist auf den Fotos markiert. In Verbindung mit einer topografischen Karte für das jeweilige Gebiet kann man dann, ein wenig Erfahrung vorausgesetzt, den Routenverlauf auch ohne Sprachkenntnisse in etwa nachvollziehen. Das Buch ist vor Ort in den meisten Buchläden und Touristenbüros erhältlich sowie online über **www.lofoten.turistforeningen.no**; Preis 299 NOK. Allein die Bergbilder lohnen bereits die Anschaffung.

Klickt man auf dieser Website des Lofoten Turlag den Menüpunkt „Turbeskrivelser" an, öffnen sich Beschreibungen (auf Norwegisch) zu insgesamt 35 Wanderungen auf den Lofoten. Eine jede lässt sich separat anklicken, und wer es tut, wird umgeleitet auf das Norwegen-Outdoor-Portal **www.ut.no**, wo sich alle wichtigen Hinweise zur Route finden, außerdem eine Topokarte mit Routenverlauf sowie (zumeist auch) die downloadbaren GPX-Dateien fürs GPS. Die eigentlichen Wanderbeschreibungen, abrufbar auch auf Deutsch, bieten zwar nur oberflächliche Informationen, doch wer ein wenig Erfahrung hat, kann mit der Topokarte (die man natürlich auch ausdrucken und/oder abfotografieren kann) allein schon auf Tour gehen.

Eine außerordentlich gut gemachte Website, die sich dem Thema „Bergwandern auf den Lofoten" widmet, ist **www.68north.com**. Gleich zwei Dutzend Lofoten-Wanderungen in allen Schwierigkeitsgraden werden auf Englisch kurz beschrieben. Zu jeder Tour kann man sich eine Topokarte anzeigen lassen und ausdrucken und zudem Dutzende Fotos von teils sehr guter Qualität betrachten; auch drei Wanderungen zu Stränden an der Außenseite von Moskenesøya werden vorgestellt.

Auch die Websites der Touristeninformationen informieren über Wanderungen. Im downloadbaren Infoguide Lofoten, **www.lofoten.info**, sind 16 einfache Touren auf allen Inseln skizziert, während im downloadbaren Moskenesguide, **www.lofoten-info.no**, insgesamt 14 Wanderungen auf Flakstadøya sowie Moskenesøya vorgestellt sind.

Topografisches Kartenmaterial bekommt man auf den Lofoten in den Touristenbüros sowie Buchhandlungen, doch sind sie teuer. Kostenlos hingegen sind die digital abrufbaren topografischen Karten des norwegischen Outdoor-Portals **www.ut.no**. Man kann sie sich in jedem beliebig großen Ausschnitt ansehen und eben auch ausdrucken. Zu diesem Zweck gebe man **www.ut.no/kart** ein und dann in der Suchmaske den gewünschten Namen (etwa Vågakallen, Kroktind, Glomtind etc.). Sofort öffnet sich die entsprechende Karte, und nun kann man so weit heran- oder so weit wegzoomen, wie man nur möchte. Dann einfach unten links das Drucksymbol angeklickt – und fertig ist der Ausschnitt. Oder aber, ganz und gar kostenlos: Einfach die Karte bzw. den Ausschnitt digital abfotografieren und mitnehmen.

Ganz einfach aber hat man es als Besitzer eines **Smartphones**, denn **www.ut.no/kart** ist auch für Smartphones (alle Typen) optimiert. So kann man auf einen Wisch hin nahezu stets sehen, wo exakt man sich befindet, denn Netzabdeckung (zumindest „Edge", oft auch „3G") hat man fast überall in der Bergwelt der Lofoten.

happening der Richtungen Trance, Techno, House, Minimal, Progressiv auf einer großen Wiese am Meer. Auf der Facebook-Seite zur Veranstaltung kann man sich Fotos vom letzten Festival anschauen.

Lamholmenfestivalen, erstes Wochenende im August, Lamholmen/Svolvær, www.lamholmenfestivalen.no. Bedeutendstes Musikfestival der Stadt auf der mitten im Hafenbecken gelegenen Insel Lamholmen; zahlreiche

NORDNORWEGEN

norwegische Bands diverser Musikrichtungen. Tagesticket 830 NOK, Ticket für beide Tage 1395 NOK.

Wikinger-Festival, Anfang August, www.lofotr.no. Mittelaltertage im Lofotr-Wikingermuseum auf Vestvågøya.

Informationen

Destination Lofoten, Postboks 210, Torget, 8301 Svolvær, 76070575 und 76069800, www.lofoten.info. Infos über die gesamten Lofoten, man kann Unterkünfte sowie Aktivitäten auch gleich online buchen. Juni–Aug Mo–Sa 9–21, So ab 10, Sep, Okt und Nov–März Mo–Fr 9–15.30, sonst Mo–Fr 9–15.30 Uhr

www.lofoten-online.de, sorgfältig und privat gepflegte und mit viel Liebe gemachte, nicht kommerzielle Homepage eines deutschen Lofotenfans.

www.lofoten-startside.no, kommerzielle Website, die das gesamte Inselreich abdeckt; auch auf Deutsch.

www.lofotposten.no/webkamera, die Website der Lokalzeitung zeigt 8 Webcams: Svolvær, Storvågan/Kabelvåg, Henningsvær, Laukvik, Gimsøy, Leknes, Unstad, Reine.

www.viewlofoten.no, mehr als Hunderte 360°-Panoramabilder in HD-Qualität.

Autovermietungen

Internationale Mietwagenfirmen wie **Avis**, 76071140 und **Hertz**, 97479006 finden sich insbesondere in Svolvær auf Austvågøy (auch am Flughafen) sowie in Leknes (auch am Flughafen) und Stamsund auf Vestvågøy, aber während der Saison sind alle Fahrzeuge oft über Wochen hinaus ausgebucht, und ohne frühzeitige Reservierung ist man chancenlos. Obendrein sind die Preise schlicht horrend: Unter etwa 1500 NOK pro Tag inkl. lediglich 150 Freikilometer ist kein Kleinstwagen zu bekommen.

NAHVERKEHR

Selbstfahrer

Die auch als „Lofoten Highway" bezeichnete **E 10** wurde 2008 in ihrer gesamten Länge zur

Winter auf den Lofoten

Als Sommerziel sind die Lofoten weltberühmt und stehen ganz oben auf der Rangliste der beliebtesten Feriendestinationen in Nordnorwegen. Doch auch die kalte Jahreszeit hat hier ihre Reize, denn wenn ab November die tief stehende Sonne über die Gebirge rollt, zieht es die Schwertwale in den Vestfjord. **„Killerwal"-Safaris** mit Boot oder Kajak stehen dann bis Januar auf dem Programm, während ab Dezember **Schneeschuhtouren** geführt werden. Das **Nordlicht** ist bei klarer Wetterlage im Winterhalbjahr fast allnächtlich zu bestaunen, ab Januar sind Dutzende **Skiloipen** gespurt, und spätestens im Februar öffnen die **Alpinpisten** von Svolvær und Stamsund. Februar/März stehen im Zeichen der **Lofot-Fischerei**, im März/April lockt u. a. die Weltmeisterschaft im Dorschangeln, und Anfang April, wenn es nachts schon fast nicht mehr dunkel wird, lockt der **Ski-/Snowboardcup** von *Lofoten Freeride* Extremsportler aus aller Welt an.

Das Touristenbüro informiert umfassend, und über die Website www.lofoten.info kann man u. a. einen Winter-Aktivitätenplan downloaden. In Sachen Ski und Snowboarding bieten die Seiten www.facebook.com/lofotenfreeride, https://twitter.com/lofotenfreeride und www.skiinfo.no/videoer/t/Lofoten umfassende Infos sowie atemberaubende Fotos und Videos! Für versierte Ski- und Snowboardfreaks, die *das Erlebnis* ihres Lebens suchen, bietet **Northern Alpine Guides**, 94249110, www.alpineguides.no, alles, was man sich nur wünschen kann, als da wären Avalanche-Kurse auf Level 1 (Februar, 3 Tage, 3600 NOK), Level 2 (Februar, 5 Tage, 6000 NOK), Ski Mountaineering und Steep Skiing-Kurse (April, 5 Tage, 6800 NOK) sowie geführte Extrem-Abfahrten der Weltklasse (Februar–Mai, pro Tag bei 4 Teilnehmern 1100 NOK p. P. und Tag, bei nur 1 Teilnehmer 3000 NOK pro Tag. Die eigene Skiausrüstung ist stets mitzubringen.

Wintertouren (auch Bergtouren) mit Skiern und Schneeschuhen bietet außerdem Jann Engstad (S. 499) von Lofoten Aktiv, www.lofoten-kajakk.no, darunter Nordlicht-Touren.

Nationalen Touristenstraße ernannt und entsprechend gut mit Rastplätzen ausgebaut und beschildert. Weitere Informationen und Fotos zum Einstimmen bietet 💻 www.nasjonaleturistveger.no, über die man auch eine Infobroschüre downloaden kann. Die Straße verläuft von Fiskebøl im hohen Norden der Insel Austvågøy bis hinunter nach Å im tiefen Süden der Insel Moskenesøy auf einer Distanz von rund 180 km. Kleine und große Brücken spannen sich von Insel zu Insel, teils von Holm zu Holm, auch ein Unterwassertunnel ist zu nehmen, aber Maut muss auf der Strecke nicht mehr bezahlt werden. Immer wieder laden auch **Nebenstraßen** (teils mit Schotteruntergrund) zu Abstechern und kleinen Rundtouren ein, und diese zu befahren ist überaus lohnend, da sie oft atemberaubende Landschaften erschließen. **Tankstellen** finden sich in Svolvær sowie in Leknes (Verwaltungszentrum von Vestvågøy), in Ramberg (Flakstadøy) sowie in Reine (Moskenesøy); 🕒 9–22/24 Uhr, in Ramberg/Reine 9–18/20 Uhr.

Busse

Für den gesamten Archipel ist **Boreal**, 💻 www.boreal.no, zuständig. In den Bussen und den Touristenbüros erhält man kostenlose Fahrpläne.

Die Hauptroute im Archipel von SVOLVÆR auf Austvågøy entlang der E 10 via VESTVÅGØY und FLAKSTADØY bis hinunter nach Å (210 NOK) auf Moskenesøy sowie die Strecken von Svolvær nach KABELVÅG (42 NOK) und HENNINGSVÆR (50 NOK) werden 6–8x tgl. bedient, von Leknes (126 NOK) aus wird auch Stamsund tgl. mehrmals angefahren, aber auf den Nebenrouten gibt es so gut wie keinen Busverkehr.

Schiffe

Dem Schiff als Transportmittel kommt heute auf Austvågøy, Vestvågøy, Flakstadøy sowie Moskenesøy keine Bedeutung mehr zu. Værøy (sowie Røst) hingegen kann man nur per Schiff (Fähre) ab Moskenesøy sowie Bodø erreichen (außerdem, aber nur ab Bodø, mit dem Helikopter; S. 473).

TRANSPORT

Auf 💻 www.lofoten.info finden sich unter dem Stichwort „Transport“ alle Bus-, Zug- und Fährfahrpläne. Folgende Angaben gelten für den gesamten Archipel.

Selbstfahrer

Man erreicht den Archipel entweder per **Fähre** von Bodø (S. 473), Skutvik (S. 527) oder Melbu (S. 506) aus oder per Straße über die 2007 fertiggestellte **Lofoten-Festlandsverbindung** „Lofast“ (s. Kasten S. 473), die man ab Narvik via E 6 und E 10 erreicht. Sie führt von Gullesfjordbotn (an der E 10 westlich von Lødingen) nach Fiskebøl (E 10, ganz im Norden von Austvågøy).

Busse

Von Å aus 2x tgl. Busse via Leknes und Svolvær nach HARSTAD (Schnellbootanschluss nach TROMSØ) sowie 1–2x tgl. nach NARVIK via Harstad/Narvik-Flughafen mit Anschluss nach FAUSKE (Bahnanschluss gen Süden). 4x tgl. von Svolvær nach SORTLAND (Busanschluss mit ANDENES für die Walsafari sowie, mit dem Flybuss, zum Narvik/Harstad-Flugplatz) via STOKMARKNES auf den Vesterålen.

Gebrauchtwagenverleih

€ **Rent a car**, Svolvær, am Fährterminal der Skutvik-Fähre (Fähr-Café), 📞 476 43560 und 90583987, 💻 www.rentacar-lofoten.com. Größter Anbieter mit Dutzenden Fahrzeugen aller Kategorien. Endlich gibt es Konkurrenz zu den teuren internationalen Verleihfirmen, und wer auf den Lofoten einen Gebrauchtwagen mietet, zahlt je nach Modell 450–1400 NOK pro Tag, Minibusse kosten ab 1400 NOK pro Tag – inkl. Versicherung und unbegrenzter Kilometerzahl! Die Fahrzeuge sind durchweg gepflegt, haben aber schon ein paar Jahre auf dem Buckel, und günstiger kann man den Archipel selbst mit öffentlichen Verkehrsmitteln kaum bereisen. Übernahme ist möglich an den Flughäfen von Svolvær und Harstad/Evenes sowie am Fährterminal in Svolvær oder Moskenes.

Auf Lofast über Land ins Inselreich

Eine Fahrt auf der im Dezember 2007 dem Verkehr übergebenen Lofoten-Festlandsverbindung, kurz „Lofast" genannt, ist ein 53 km langes Fest für die Sinne! Es geht größtenteils durch ein völlig unbewohntes und von Menschenhand unberührtes Naturland hindurch, und nicht weniger als sechs Tunnel, teils unter Fjordarmen hindurch und bis zu knapp 6,5 km lang, sind zu durchfahren. Daneben überquert man drei gewaltige Brückenkonstruktionen, von denen die 45 m hoch aufragende Raftsundbrücke mit über 700 m Länge und knapp 300 m Spannweite die zweitlängste freitragende Brücke der Welt ist.

Über 14 Jahre hat es gedauert, dieses Meisterwerk norwegischer Straßenbaukunst zu realisieren, das bereits gegen Mitte der 1970er-Jahre erstmals zur Diskussion stand. Doch seinerzeit wollte man im Storting zu Oslo noch nicht die damit verbundenen Milliardenmittel zur Verfügung stellen, und erst 1989 beugten sich die Politiker dem Druck des Wegbauamtes sowie der Bevölkerung der Lofoten, die insbesondere im sturmreichen Winter darunter zu leiden hatte, dass der Archipel oft tagelang mehr oder weniger von der Außenwelt abgeschnitten war. Auch eine Steigerung des Tourismus versprach man sich von dem ehrgeizigen Projekt, das allerdings, wie sich bald herausstellte, alle Kostenplanungen sprengte und sich als ein „Kronen-Loch" ohnegleichen erwies.

1998 wurde folgerichtig ein Baustopp verkündet, und erst im Jahr 2003 ließ sich Oslo unter wieder zunehmendem Druck erweichen, auch die noch fehlende 29 km lange Reststrecke fertigstellen zu lassen. Allein dafür waren mehr als 1 Mrd. Krone notwendig, insgesamt wurden mehr als 2 Mrd. Kronen verbaut, und all dies für, wie Statistiker errechnet haben, 650 Fahrzeuge, die pro Tag durchschnittlich auf diesem neuen Abschnitt der E 10 unterwegs sind.

Eisenbahn

Anschluss besteht ab NARVIK (Bus; S. 531) Richtung STOCKHOLM sowie ab FAUSKE (Fähre/Bus; S. 526) und BODØ (Flug, Fähre, Schnellboot, Hurtigruten; S. 466) Richtung TRONDHEIM und OSLO.

Schiffe

Fähren: Verbindungen bestehen mit Torhatten-Nord, 🖳 www.torghatten-nord.no, zwischen Moskenes, Værøy und BODØ (2x tgl., s. auch unter „Bodø" S. 466), zwischen Svolvær und SKUTVIK auf Hamarøy (Achtung: Seit 2014 verkehrt diese Fähre bis zu 6x tgl. nur noch in der Saison zwischen Juni und August; 108 NOK p. P., Pkw 375 NOK) sowie zwischen Fiskebøl und MELBU/Vesterålen (etwa stdl., 44 NOK, Pkw 123 NOK).

Schnellboote: Verbindungen zwischen Svolvær und BODØ (463 NOK) via SKUTVIK/Hamarøy (1x tgl.).

Hurtigruten: Die Schiffe legen tgl. Richtung Norden und Süden in Svolvær (22/19.30 Uhr) sowie Stamsund (19.30/21.30 Uhr) an bzw. ab.

Flüge

Widerøe bedient 6x tgl. die Strecken von Svolvær/Austvågøy und Leknes/Vestvågøy nach BODØ; auch Værøy ist mit Bodø verbunden (Helikopter), Svolvær darüber hinaus mit STOKMARKNES/Vesterålen.

Ein weiterer, auch für die Lofoten bedeutsamer Flughafen ist der Narvik/Harstad Lufthavn (S. 532) in Evenes an der E 10 westlich von Narvik, wohin man von den Lofoten aus mit dem Bus Richtung Narvik gelangen kann. Norwegian und SAS bedienen von dort aus vor allem OSLO sowie TROMSØ.

Værøy

Am Südende der Lofoten, von Moskenesøy durch den Gezeitenstrom Moskenestraumen (S. 476) getrennt, ragt diese nur 17,5 km^2 große und lediglich rund 750 Einwohner zählende Insel aus dem Vestfjord. Mehr als 80 % der Bevölkerung ist hier auch heute noch in der Fischereibranche tätig, und dem Tourismus kommt bis-

Zum Vogelberg Mostadheia

- **Route**: Fährkai südlich Sørland – Nordland (2 Std.) – Tussen (15 Min.) – Wiesensattel (1 Std.) – Mostad (1 Std.) – Mostadheia (1 Std.) – Fladneset (30 Min.)
- **Länge**: ca. 16,5 km je Weg bei Start in Værøy-Stadt, ca. 8 km bei Start in Tussen
- **Dauer**: 5–6 Std. je Weg bei Start am Fährkai, ca. 3 Std. bei Start in Tussen, was die allermeisten Wanderer bevorzugen
- **Wegbeschaffenheit**: Asphalt bis Nordland, Schotter bis Tussen, steiniger Saumpfad bis Mostad, teils rutschiger Erdweg auf die Mostadheia
- **Orientierung**: völlig problemlos, Kartenmaterial ist nicht erforderlich.
- **Wandersaison**: April–Okt; wer vorrangig an den Seevögeln interessiert ist, sollte den Juni bevorzugen (Brutzeit), aber auch später im Jahr gibt es genug zu sehen.
- **Ausrüstung**: Grundausstattung, Trekkingschuhe; Wasser gibt es nur in Værøy-Stadt, Nordland und Mostad.

Relativ einfache Wanderung von der Inselmetropole Sørland aus um Værøy herum auf das Mostadgebirge, Heimat einer der größten Seevogelkolonien des Nordens.

Die Route

Der **Fährkai** liegt südlich von Sørland, dem Hauptort der Insel, durch den es gerade hindurch zu einer Kreuzung geht. Dort links ab und entlang der Ostküste auf Asphaltstraße zum lang gezogenen Dorf **Nordland**, dessen zwei Dutzend bunt getünchte Holzhäuser eine Wiesenebene schmücken, die über Geröllstrände ins Meer übergeht. Ein Stückchen weiter lädt auf dem Gelände des ehemaligen Inselflughafens der **Trollhavna-Campingplatz** mit Pub und Restaurant zum Zelten ein. Rund 2 Std. ist man bis hierhin unterwegs, und wer Zeit sparen will, nimmt ab dem Fährkai ein Taxi und lässt sich dann am besten gleich bis **Tussen** bringen, rund 10 Gehminuten weiter westlich, wo die Straße endet und in einen breiten Pfad übergeht. Er ist eindeutig, nicht zu verlieren, steigt in seinem Verlauf entlang der Nordküste bis 80 m an und fällt dann wieder ab bis auf Meeresniveau. Es geht vorbei an Felsbrocken in Hausgröße, an wildromantischen Sandbuchten sowie an einer 440 m hoch aufragenden Steilwand, die von zwei Radarkuppeln der Nato gekrönt ist.

Nach insgesamt etwa 1 Std. ab Tussen folgt der Weg linker Hand einem tief eingeschnittenen Trogtal und führt dann auf einen etwa 20 m hoch gelegenen **Wiesensattel**: im Rücken das offene Nordmeer, voraus der Vestfjord mit der sichelförmigen Mostad-Bucht. An ihrem Nordrand liegt der bilderbuchschöne Strand Sanden (den man wandernd leider nicht erreichen kann), an ihrem Südende der Ort **Mostad**, der in den 1950er-Jahren aufgegeben wurde, nachdem die geplante Straßenverbindung ab Nordland gescheitert war.

NORDNORWEGEN

Wer ging, erhielt auf Staatskosten ein neues Haus in Værøy-Stadt, und mehrere Jahrzehnte lang war Mostad ein „Geisterort“. Heute sind die meisten Häuser renoviert, und zumindest an den Wochenenden und im Sommer herrscht teils reges Treiben, denn Mostad dient heute zunehmend als Feriendomizil für „gestresste“ Bürger aus Værøy-Stadt.

In seinem Rücken erhebt sich der von hier aus schnell (wenn auch nicht leicht) erreichbare Vogelberg **Mostadheia** (300 m), auf den eine deutlich sichtbare Serpentinenspur hinaufführt. Die Steigung ist teils beachtlich, es kann rutschig sein, und je nach Kondition kann der Aufstieg schon mal 1 Std. dauern. Der beste Beobachtungsplatz für Papageitaucher und Lummen, Basstölpel, Dreizehenmöwen, Seeadler sowie andere Vogelberg-Bewohner findet sich jedoch nicht auf der Mostadheia selbst, sondern auf dem rechts angrenzenden **Fladneset** (400 m), der über einen Saumpfad innerhalb von 30 Min. erreicht werden kann. Von dort blickt man nicht in gerader Linie auf die belebten Felssimse herunter, sondern vielmehr schräg hinüber, hat gewissermaßen die ganze Wand aus weißen Flügeln direkt vor Augen und genießt obendrein das schönst mögliche Panorama auf die Mostadbukta, den vollständigen Inselklotz von Værøy, die Lofotenwand im Norden, die Konturen von Røst im Süden.

Praktische Tipps

Anreise

Von Juni bis August verkehrt Mo–Fr um 8.45 Uhr eine Fähre von Moskenes auf Moskenesøy nach Sørland auf Værøy (Ankunft 11 Uhr, 94 NOK), und tgl. (außer Sa) geht es abends um 22.45 Uhr wieder nach Moskenes zurück (Ankunft gegen Mitternacht). So hat man genug Zeit für die Wanderung, die direkt beim Fährkai beginnt. Wer abkürzen will, beginnt/endet in Tussen (mit Campingplatz), wohin man sich mit dem Taxi bringen lassen kann (ca. 280 NOK pro Weg).

Kormorane nisten stets in den tieferen Lagen der Vogelberge.

lang nur eine geringe Bedeutung zu, da es im Vergleich zu den anderen Regionen des Archipels eher wenig zu sehen gibt – mit Ausnahme einer Vogelkolonie, die man am besten im Rahmen einer Wanderung besucht (S. 474).

Møskenesøy

Auf der südwestlichsten der großen Lofoten-Hauptinseln präsentiert sich die weltberühmte Bergnatur des Archipels in ihren spektakulärsten Erscheinungsformen. Obendrein finden sich hier zahlreiche Kulturperlen sowie auch die vielleicht malerischsten Dörfer des Nordens. Nirgends sonst im Inselreich ist die Dichte an traditionellen Rorbu-Hütten (S. 478) größer als hier. Touristische Zentren sind die Fischerorte Reine und Hamnøy sowie Å, die außerdem noch von der traditionellen Fischerei leben.

Reine und Hamnøy

Die Tatsache, dass **Reine** einst als das schönste Fischerdorf von Norwegen ausgezeichnet wurde, spricht für sich. Zusammen mit dem direkt angrenzenden **Hamnøy** breitet es sich ungemein malerisch auf mehreren durch Brücken mit dem „Festland" verbundenen Schären an der Mündung des mehrfach verzweigten Kirkefjordes in den Vestfjord aus. Beide Dörfer bieten mit Hunderten von pittoresken Rorbu-Hütten (S. 478) echtes Lofotmilieu und blicken auf schwarz polierte Berge, die ohne jegliche Spur pflanzlichen Lebens aus grünspanfarbenen Wasserflächen aufsteigen. Hier sollte man möglichst ein paar Tage verbringen, um zu fischen, zu wandern, den Anblick der Landschaft zu genießen und natürlich, um an einer der zahlreichen täglich durchgeführten **Bootstouren** (S. 484) teilzunehmen.

Å

Rund 10 km südlich von Reine und Hamnøy liegt am Start- bzw. Endpunkt des sogenannten Lofoten-Highways (E 10) das Fischerdorf Å, das seinen Namen dem hier in den Vestfjord mündenden Bach verdankt und als Standort einer Jugendherberge besonders von Backpackern stark frequentiert wird. Nach Norden hin geht das Dorf nahtlos in Sørvågen über, es schließt sich der Fährhafen Moskenes an.

Hautattraktion ist hier das 23 Gebäude aus dem 19. Jh. umfassende **Norwegische Fischereisiedlungsmuseum** (Norsk Fiskeværsmuseum), das in seiner Art landesweit ein Unikat ist und mit seinen Wohnstuben, der Trankocherei und Schmiede, dem Bootshaus sowie der Salzerei und Bäckerei einzigartige Einblicke in Leben und Arbeit der Fischer früherer Jahrhunderte gewährt. 💻 www.museumnord.no/fiskevarsmuseum, 🕒 17. Juni–31. Aug tgl. 9–19, sonst Mo–Fr 10–17 Uhr, Eintritt 90 NOK.

Direkt angrenzend befindet sich das **Trockenfischmuseum** (Lofoten Tørrfiskmuseum), das alle Fragen, die man zum Thema Trockenfisch (insbesondere Stockfisch, S. 46) nur haben kann, beantwortet und das weltweit einzige seiner Art ist. 🕒 Mitte Juni–Mitte Aug tgl. 11–17 Uhr, Eintritt 50 NOK.

Bootstouren

Highlight der Insel sind vor allem die zahlreichen Bootstouren, die das Touristenbüro vermittelt und die von Juni bis August täglich in Å, Reine und Hamnøy starten. Zu diesen Angeboten gehören u. a. „Fischer für einen Tag" (bei der man das Alltagsleben der Fischer kennenlernen soll), „Im Nordland-Boot auf Fischfang" (rudernd/segelnd mit einem alten Nordlandboot), „Durch den Mahlstrom" (Schlauchboottour in den Moskenestraumen hinein) sowie Fischkutterfahrten zur **Revsvik-Höhle** am Südwestrand der Insel – einer imposanten Naturkathedrale von 50 m Höhe, in der sich 3000 Jahre alte Steinzeitzeichnungen finden. Die Touren dauern 3–6 Std. und kosten zwischen 600 und 950 NOK.

Auch **Mitternachtssonnen-Genusstouren** sind im Programm, des Weiteren **Boots- und Fjell-Kombitouren** (Mitte Mai–Mitte Sep, 500 NOK bei mind. 5 Teilnehmern). Sehr beliebt sind die zwischen Mai und August vom Turistkontor Flakstad og Moskenes (S. 479) täglich angebotenen **Hochseeangeltouren** mit Fischkuttern, die von Å starten und etwa drei Stunden dauern. Die komplette Ausrüstung wird gestellt (im Preis inklusive) und die angefahrenen Fischplätze versprechen reiche Ernte (600 NOK, Minimum 5 Teilnehmer, nur bei gutem Wetter).

Aber die landschaftlich vielleicht schönste Tour von allen, billigste obendrein, ist diejenige mit der M/S *Fjordskyss*, 99491805, www.reinefjorden.no, quer über den **Reinefjord/Kirkefjord** von Reine via Rostad, Kjerkfjord und Vindstad zurück nach Reine. Das regulär auf fester Route verkehrende Schiff bedient die Strecke 2–3x tgl. rund ums Jahr (im Winter nur 1–2x tgl.) und fasst 30 Personen, die Rundfahrt kostet 130 NOK, Tickets an Bord.

ÜBERNACHTUNG

Wildcamping

Wildcampingplätze, zumal in Straßennähe, sind auf der Insel äußerst dünn gesät, da die Topografie einfach keinen Platz dafür bietet. Wer mit dem Wohnmobil reist, kann aber nördlich von Hamnøy auf einem Rastplatz übernachten.

Hamnøy

Eliassen Rorbuer, 76092305, www.rorbuer.no. Die Lage der auf Pfählen direkt am Hafenbecken des Fischerdorfes einladenden Rorbu-Hütten mit Blick auf die bizarren Berge ringsherum ist absolut betörend, der Komfortstandard entspricht der Mittelklasse. Im Mietpreis ist ein Ruderboot inkl., das gleich vor der Hütte vertäut liegt. Ab ❹

Reine

Reine Rorbuer, 76092222, www.classicnorway.no. Rings um die Gammelbua direkt am Hafen gelegene Rorbu-Hütten in Rot, die mit ihren weißen Fenstereinfassungen und grünen Grasdächern genauso gemütlich aussehen, wie sie sich auch im relativ komfortablen Innern präsentieren. Im Sommer sehr begehrt, daher so früh wie möglich reservieren. ganzjährig. Ab ❺

Det Gamle Hotellet, 99038068, www.lofoten-info.no/hotellet. Hübsches Gästehaus in einem zweigeschossigen Nordlandshus mit schlichten, aber teils reiches Panorama bietenden Zimmern. Billiger kann man in Reine nicht übernachten. ❸

Å/Sørvågen

Å Hamna Rorbuer, 76091211, www.lofotenferie.com. Die zwei Dutzend zu mietenden Rorbu-Hütten stehen auf Pfählen am oder im Meer bzw. sind in die Klippen integriert und bieten alle eine Sonnenterrasse am/über dem Meer, die meisten mit malerischer Aussicht. Sie bieten Platz für bis zu 6 Pers. und kosten ab 975 NOK. Mit zur Anlage gehört das **Nordlandhaus Hennumgården**, das nun mit zur Jugendherberge gehört (s. u.). Es werden komplette Angelausrüstungen sowie ein rundes Dutzend Motorboote von 30–150 PS vermietet.

Im Dorf **Sørvågen** werden außerdem Häuser (ab 6800 NOK pro Woche für 4–5 Pers.) und Zimmer (ab 550 NOK) vermittelt.

Å Vandrerhjem, 76091121, www.hihostels.no. Die Jugendherberge von Å ist umgezogen und befindet sich nicht mehr direkt beim Fischereimuseum (wie bis 2014), sondern nahebei in Sørvågen im schmucken Hennumgården von Å Hamna Rorbuer (s. o.). Dieses rund 150 Jahre alte, weiß getünchte Nordlandhaus im Gartensaum bietet 8 gemütliche Mehrbettzimmer (Bett kostet 260 NOK). Nebenan, im Gebäude des Stockfischmuseums (S. 476) werden in der 1. Etage ebenfalls Betten vermietet, außerdem Doppelzimmer (560 NOK) sowie Familienzimmer; sanitäre Gemeinschaftseinrichtungen, alle Zimmer mit Meerblick, teils nett möbliert, auch mit Sofa und Sessel. Es stehen Gemeinschaftsküche, Aufenthaltsraum sowie eine schöne Sonnenterrasse zur Verfügung. ganzjährig. ❶

Maren Anna, Sørvågen, 76092050, www.marenanna.no. In Sørvågen, kurz vor Ende der E 10, finden sich alles in allem mittlerweile rund ein halbes Dutzend Rorbuanlagen. Mit malerischer Uferlage punkten u. a. die Rorbuer von Maren Anna, die authentisch im Stil der alten Zeit eingerichtet sind, aber über eine moderne Ausstattung verfügen. Außerdem stehen 11 Zimmer im Dorfzentrum zur Vermietung, die erst 2014 komplett renoviert wurden, auch über ein eigenes Bad verfügen. Sie sind schlicht eingerichtet und kosten 950 NOK für 2 Pers. (bei Einzelbelegung 600 NOK).

Moskenes Camping, Moskenesvågen, ✆ 99489405, 💻 www.moskenescamping.no. Nur 150 m vom Moskenes-Fährhafen entfernter Übernachtungsplatz insbesondere für Wohnmobile sowie Caravans, auch einige Zeltplätze. Ideal, wenn man frühmorgens die Fähre nehmen will. Stellplätze ab 200 NOK für 2 Pers.

ESSEN

Reine

Gammelbua, ✆ 76092222. Ehemalige Rorbu-Hütte im rustikalen Blockbaustil am Hafenbecken. Sie ist über 200 Jahre alt, mit Fischereiutensilien dekoriert und entsprechend urig – ein wunderbarer Ort, um draußen auf der Veranda zu sitzen und das Treiben zu genießen. Nachmittags werden leckere Kuchen serviert, ansonsten relativ günstige Fischgerichte sowie Pizzen; auch Bier. 🕒 Mai–Aug tgl. ab 10/11 Uhr, sonst nur sporadisch an Samstagabenden.

Sakrisøy

€ **Fiskebua**, ✆ 90061566, 💻 www.sakrisoy.no. Die Fiskebua auf Sakrisøy zwischen Hamnøy und Reine direkt bei der Bogenbrücke an der E 10 gelegen, ist eine Fisch- und Meeresfrüchte-Institution auf Moskenesøya. Hier gibt es die mit Abstand besten *fiskekaker* weit und breit: Fischfrikadellen entweder aus Dorsch, Sei (Seelachs), Lachs oder Steinbeißer – die Preise liegen bei 25–40 NOK das Stück. Auch Fischburger und Fischbrötchen, Räucherwal und andere zubereitete Leckereien stehen zum Verkauf, außerdem gibt es stets frischen Fisch (1 kg ab ca. 150 NOK), Garnelen und meist auch Walfleisch sowie – aber in der Regel nur im Juni – Möweneier. 🕒 im Sommer tgl. ab 10 Uhr.

Å/Sørvågen

Maren Anna, Hamnøy/Sørvågen, ✆ 76092050. Schon die Kailage mit Speiseterrasse spricht für sich. Das Restaurant selbst (früher eine Trankocherei) präsentiert sich im Stil der alten Zeit, die Speisen sind bodenständig, lecker lecker, aber relativ teuer (knapp unter 300 NOK), und natürlich dreht sich hier fast alles um Fisch. Ab 23 Uhr, wenn das Restaurant schließt, gibt es oft Livemusik (i. d. R. 100 NOK Eintritt). 🕒 im Sommer tgl. ab 13 Uhr.

TOUREN

Veranstalter von Bootstouren und geführten Wanderungen sind außer dem Touristenbüro u. a. **Aqua Lofoten Coast Adventure**, Reine, ✆ 99019042, 💻 www.aqualofoten.no. Im Angebot sind Schnorcheltouren, Tauchexkursionen sowie -kurse, aber auch Bootstouren.

Lofoten Outdoor, Torget, Reine, ✆ 93069207, 💻 www.lofotenoutdoor.no. Wer Klettern, Bergwandern, Bergsteigen oder auf Seekajaktour gehen will, findet auf der Insel kein Pendant zu diesem Anbieter, der auch

Rorbuferie – Wohnen wie die Fischer

Eine *rorbu* ist eine Wohnstätte *(bu)* für Ruderer *(ror)*, und in früheren Jahrhunderten dienten diese stets direkt am Meer und teils sogar auf Pfählen stehenden Holzhütten den oft von weither angereisten Fischern als Quartier. Die Zeiten haben sich gewandelt, heute ziehen allsommers Touristen ein, und wer die Lofoten besucht, der „muss" einfach mal in solch einer urtypischen Unterkunft gewohnt haben. Es gibt sie mittlerweile in vielen verschiedenen Komfortstufen, traditionell gehört auch ein Ruderboot mit dazu, und da die Rorbu-Nachfrage ständig steigt, tut man gut daran, zumindest für die Hochsaison rechtzeitig zu reservieren. Rorbuer gibt es auf allen Inseln der Lofoten; in Reine und Hamnøy auf Moskenesøya sowie in Nusfjord auf Flakstadøya findet man die typischsten und, wie viele meinen, auch die am schönsten gelegenen.
In die gleiche Kategorie wie die Rorbuer fallen die *sjøhus*, wörtlich „Seehäuser", bei denen es sich in der Regel um eine moderne Entsprechung der Fischerhütten handelt.

Seekajaks ausleiht (450 NOK pro Tag) sowie Seekajaktouren anbietet (3 Std. auf dem Reinefjord für 750 NOK, 6 Std. zum Bunesstranda 1100 NOK).

Reine Adventure, Reine, ✆ 93214596, 💻 www.reineadventure.no. Ebenfalls u. a. Bergwanderungen, Kajaktouren sowie geführte Fahrradtouren.

SONSTIGES

Alkohol

Auf Moskenesøy (und Flakstadøy) gibt es keine Verkaufsstelle für Alkohol; zuständig ist das *vinmonopol* in Leknes (S. 487).

Apotheken

Zuständig ist der *medisinutsalg* in den Supermärkten von Reine.

Autovermietungen

Sakrisøy Bruktbilutleie, Rentacar Moskenes, ✆ 97520088, 💻 www.rentacar-moskenes.no. Autoverleiher für relativ günstige Gebrauchtwagen, die zwischen 500 und 800 NOK pro Tag kosten.

Fahrradverleih

Reine Adventure, Reine, ✆ 93214596, 💻 www.reineadventure.no. Große Auswahl an Fahrrädern zu Preisen zwischen 195 und 280 NOK pro Tag; auch Kinderräder (100 NOK), Packtaschen (60 NOK) sowie Fahrradanhänger (100 NOK).

Geld

Nordea Bank Norge, Reine, ✆ 22485000.

Informationen

Turistkontor Flakstad og Moskenes, Reine Kultursenter, Reine ✆ 98017564, 💻 www.lofoten-info.no. Für Moskenesøy und Flakstadøy zuständige Zweigniederlassung in Å beim Norwegischen Fischereisiedlungsmuseum. Ottar Schøtz, der Leiter dieser Infostelle, ist ein Kenner der Lofoten-Natur und -Kultur, und das Personal ist ebenso kompetent wie die Website umfassend. 🕒 April–Mitte Juni tgl. 10–14, Mitte Juni–Mitte Aug tgl. 10–19.30 Uhr.

Medizinische Hilfe

Legevakt Moskenes, Reine, ✆ 76053113.
Tammhelsetjeneste Moskenes, Sørvågen, ✆ 76053990.

Polizei

Politiet i Vest-Lofoten, ✆ 02800.

Post

Reine Post i butikken, Reine, im Coop-Supermarkt, ✆ 04004, 🕒 Mo–Fr 9–20, Sa 10–18 Uhr.

NAHVERKEHR

Selbstfahrer

Im Bereich der Ortschaften sind **Parkplätze** äußerst rar. Während man in Hamnøy sowie Reine vakante Plätze noch am ehesten im Bereich des jeweiligen Hafens findet, stehen in Å die Chancen direkt vor dem Norwegischen Fischereisiedlungsmuseum am besten, wo eine große Parkfläche eingerichtet wurde. Eine **Tankstelle** gibt es auf der Insel nur in Reine, und zwar am Hafen direkt vor Reine Rorbuer/Gammelbua.

Busse

Die Hauptroute im Archipel entlang der E 10 verbindet Å (sowie Reine und Hamnøy) 6–8x tgl. mit RAMBERG auf Flakstadøy sowie mit LEKNES (Anschluss nach STAMSUND) und BORGE auf Vestvågøy, bevor es nach Austvågøy mit KABELVÅG und SVOLVÆR hinübergeht; ab RØRVIK hat man Anschluss an den Bus nach HENNINGSVÆR.

TRANSPORT

Busse

Von Å aus geht es 2x tgl. via Leknes und Svolvær sowie STOKMARKNES und SORTLAND nach HARSTAD (Schnellbootanschluss nach TROMSØ), 1x tgl. nach NARVIK mit Anschluss nach FAUSKE (Bahnanschluss gen Süden).

Schiffe

Von Moskenes aus verkehrt 1–2x tgl. eine **Autofähre** nach VÆRØY (1 1/2 Std., 94 NOK, Pkw

„Höhenflüge“ – auf den Reinebriggen

- **Route**: Kreuzung der E 10 mit der Straße Richtung Reine-Zentrum – Mit „Reinebriggen“ markierter Pfad (10 Min.) – Panoramasattel (1 1/4 Std.) – Reinebriggen (10 Min.)
- **Länge**: ca. 3 km
- **Dauer**: ca. 3 Std.
- **Wegbeschaffenheit**: steiler Erd- und Wiesenpfad, nur bei trockener Wetterlage begehbar
- **Orientierung**: völlig problemlos, Kartenmaterial ist nicht erforderlich.
- **Wandersaison**: Mai/Juni–Sep/Okt, wenn der Hang schnee- und frostfrei ist
- **Ausrüstung**: Grundausstattung, Trekkingschuhe; unterwegs gibt es kein Wasser (reichlich mitbringen).

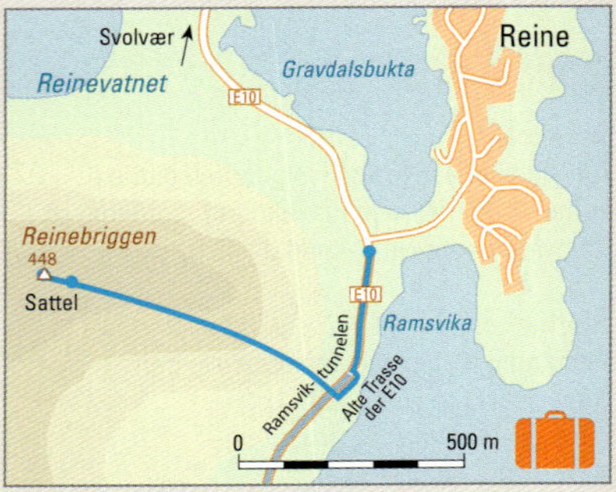

In ganz Skandinavien gibt es kaum eine Wandertour, die in so kurzer Zeit zu einem Aussichtspunkt mit derart atemberaubendem Panorama führt. Der Aufstieg ist zwar sehr steil, aber recht schnell zu bewältigen.

Die Route

Ausgangspunkt zum „Höhenflug“ ist die **Kreuzung** (40 m) der E 10 mit der ins Zentrum von Reine führenden Straße, wo sich ein Parkplatz finden lässt. Nun hält man sich auf der E 10 Richtung Å, wo bald ein Tunnel erreicht wird. Direkt davor geht es ab auf die alte Küstenstraße, bis nach insgesamt etwa 500 m rechts am Hang ein ausgetretener und deutlich sichtbarer, mit „Reinebriggen“ **markierter Pfad** ausgemacht werden kann. Er führt den rechter Hand angrenzenden Wiesenhang empor, und die ausgetretene Spur, die direkt zum Ziel der Wanderung führt, ist von nun an beim besten Willen nicht mehr zu verpassen.

Rund 80 Min. etwa hat man nun noch vor sich, aber es werden durchschwitzte Minuten sein, denn steil, mitunter auch extrem steil windet sich der Pfad in die Höhe. Dennoch ist er gut zu bewältigen, denn der Weg schlängelt sich im Zickzack, und außerdem sind Stufen aufgewaschen, die recht leicht zu begehen sind. Bei 300 m Höhe endet der Wiesenhang vor dem Felsbuckel, der den Gipfel des Reinebriggen bildet, bzw. zieht sich nach links um ihn herum. Ein Stück weiter, nunmehr auf ca. 350 m Höhe, öffnet sich die begrünte Schräge in der Höhe zu einem **Sattel**, dem Ziel der Tour: 420 m tief fällt von dort der Blick senkrecht hinunter auf den Reinefjord, der in allen Schattierungen von Grün und Blau leuchtet und mit zahllosen Inseln gespickt ist, zu deren größten sich weiß schimmernde Bogenbrücken hinüberspannen. Die Berge, die dieses anmutige Bild auf drei Seiten umrahmen, scheinen bar jeglicher Vegetation zu sein und kontrastieren mit der leuchtenden Klarheit des Meeres sowie den farbigen Tupfern der Häuser.

Alles scheint so unwirklich und traumhaft wie die Landschaft eines fremden Planeten. Wer es sich zutraut, ein paar Meter an einer (Trittstufen bietenden) Felswand hinaufzuklettern, kann die Dramatik des Anblicks noch steigern: Gemeint ist der Aufstieg zum Gipfel des **Reinebriggen** (448 m), der den Sattel um rund 30 m überragt. Lediglich die ersten 2 m müssen kletternd überwunden werden, dann beginnt ein Pfad, der bis oben hinaufführt. Keine 10 Min. nimmt dieser Abstecher in Anspruch, und zum Lohn gibt es ein Panorama, das den im Westen klaffenden Kirkefjord umfasst (womöglich eines der spektakulärsten Trogtäler des Nordens) und dazu den See Reinevatnet, der im Gegensatz zum grünblau schimmernden Meer von tiefschwarzer Farbe ist und sich zu Füßen eines „Amphitheaters" aus grauen Felswänden kreisrund ausbreitet.

Praktische Tipps

Anreise

Über die E 10 nach Reine, wohin von allen Orten des Archipels mehrmals tgl. Busse fahren.

Übernachtung

Auf dem Sattel oder Gipfel des Reinebriggen zu übernachten, ist in puncto Panorama ein Traum, aber lediglich schmale Ein-Personen-Zelte sowie Biwak-Säcke finden (linker Hand vom Sattel) Platz, und Wasser muss man mitbringen.

Achtung: Lebensgefahr

Am Einstieg der Route fand sich bis zum Herbst 2016 nicht nur das Hinweisschild „Reinebriggen", sondern auch ein Warnschild mit der Info, dass das gesamte Gelände steinschlaggefährdet ist und die Wanderung auf eigenes Risiko erfolgt. Im Touristenbüro und vielen Unterkünften wurde deshalb vor der Wanderung gewarnt, und in der Tat musste man aufpassen, unterwegs auf dem teils sehr ausgewaschenen Pfad nicht Steine loszutreten oder von Steinen erschlagen zu werden. Um dieses Risiko auszuschließen, wurde von der Gemeinde ein Projekt zur Wegsicherung beschlossen. Und da kaum ein Volk mehr Erfahrung mit schwierigen Pfaden hat als dasjenige der nepalesischen Sherpa, wurde kurzerhand ein Team aus jener Region damit beauftragt, den Pfad bis Sommer 2018 sicher auszubauen. Wer die Tour in Angriff nehmen möchte, sollte sich sicherheitshalber vor Ort nach dem Stand der Dinge erkundigen.

„Alpenkulisse", die aus Fjorden steigt

317 NOK) und weiter nach RØST (3 1/2 Std., ab Moskenes 167/596 NOK); anschließend fährt das Schiff je nach Wochentag weiter nach BODØ (212/760 NOK) oder zurück nach Moskenes.

Flakstadøy

Nordwestlich an Moskenesøya und von dort aus über eine Brücke erreichbar schließt sich die nicht einmal 100 km² große und nur etwa 1500 Einwohner zählende Insel Flakstadøy an, deren blendendweiße **Strände**, gesäumt von oft bis in den Juni hinein noch schneebedeckten Bergen, jeden Fotografen verzücken. Insbesondere das schneeweiße Halbrund des feinsandigen Rambergstranda vor der Kulisse der kleinen Inselmetropole **Ramberg** ist von einzigartiger Schönheit. Es leitet über zum bald nördlich angrenzenden Sandband von **Flakstad**, das sich über mehrere Kilometer Länge und mit bis zu mehreren Hundert Meter Breite im Saum von Felsen und Dünenkliffs erstreckt.

Der feuerrote Kreuzbau der 1783 gezimmerten Dorfkirche setzt diesem Strand das i-Tüpfelchen auf, während schräg gegenüber die wild skulptierten „Mondberge" über **Fredvang** den kontrastreichen Hintergrund bilden. Zwei Bogenbrücken führen hinüber zu dieser winzigen Ortschaft, deren weite Sandstrände auf das offene Nordmeer blicken und im Hochsommer von der Mitternachtssonne beschienen werden. Den schönsten Platz, um diese Lightshow zu genießen, findet man im Bereich des Fredvang-Campingplatzes (s. u.). Auch Boote kann man dort ausleihen, und bei ruhiger See (und wirklich nur dann!) sollte man es sich nicht nehmen lassen, einmal um das linker Hand aufragende Kap herum zur Außenseite der Lofoten zu tuckern, wo sich monströse Trogtäler zwischen schwarzen Felsmonolithen erstrecken.

Nusfjord

Aber auch die dem Vestfjord zugewandte Inselseite hat ihre Naturwunder, und zu diesen zählt der kaum 100 m breite, aber mehr als 1 km lange Nusfjord. Seine Felsflanken steigen nahezu senkrecht in beschneite Gipfelhöhen auf, und wo sich die wie mit der Axt in die Bergwelt geschlagene Kerbe zum Meer hin öffnet, breitet sich das vollständig aus alten Zeiten herübergerettete ehemalige Fischerdorf Nusfjord aus. Da es in Privatbesitz ist, werden 50 NOK Eintritt p. P. verlangt.

Nahezu alle Häuser des Dorfes stammen aus dem 19. Jh., als „Carl Johan, von Gottes Gnaden König von Schweden und Norwegen, der Goten und Wenden", einem Herrn Dahl das Eigentum an Nusfjord überschrieb. Hans Grøn Dahl konnte zwar nicht schreiben, aber rechnen, und er legte den Grundstein für einen Handelsplatz, der über vier Generationen hinweg eines der größten Kaufmannsdörfer *(nessekongevær)* auf den Lofoten war. Hier gab es schon damals eine Post nebst Café, Bäckerei, Krämerladen und Gefängnis, bald auch ein Telegrafenamt, schließlich eine Dampfschiffahrtsgesellschaft sowie – man staune – ab 1907 ein eigenes Kraftwerk.

Von alldem gibt es heute gar nichts mehr, und auch daran ist der Niedergang der Lofot-Fischerei Schuld, denn kamen noch Anfang des 20. Jhs. bis zu 3000 Fischer allein nach Nusfjord, sind es heute insgesamt nur noch knapp 3000 im gesamten Archipel. So blieben auch die roten Rorbuer leer, die zum Ort gehören wie die Berge zum Inselreich, und heute strömen die Touristen in Massen herbei, um in den ehemaligen Fischerhütten Quartier zu nehmen, die als die urigsten im Archipel gelten.

ÜBERNACHTUNG

Wildcamping

€ Wildcampingplätze finden sich besonders am Strand von **Flakstad** sowie auf der anderen Inselseite bei **Fredvang** (den Schildern folgen, dann links ab nach Seljord).

Fredvang

Lydersen rorbuer, ☏ 76094117, 💻 www.lofoten-info.no/lydersen/. Direkt am kleinen Hafen von Fredvang gelegene, ehemalige Fischannahmestelle mit Rorbu-Hütten und Zimmern, die ab 600 NOK kosten. Auch Motorboote und Fahrräder werden ausgeliehen.

Fredvang Strandcamping, ✆ 76094288, 💻 www.fredvangcamp.no. Direkt an den Traumstrand von Fredvang (s. o.) angrenzendes riesiges Wiesenareal, das wie geschaffen ist, um mittsommernachts die „Botschaft des Lichts" zu empfangen. Lebensmittel sollte man mitbringen. Im Hochsommer können die (schlichten) Sanitäranlagen schon einmal etwas überlastet sein, aber das nehmen die Gäste gerne in Kauf angesichts der außergewöhnlichen Lage. ⌚ 20. Mai–31. Aug. Hütten gibt es auf dem Gelände nicht, Zelten kostet rund 160 NOK für 2 Pers.

Nusfjord

Nusfjord Rorbuanlegg, ✆ 76093020, 💻 www.nusfjord.no. Das ganze Dorf präsentiert sich als eine einzige Rorbu-Anlage, und wenn man den Touristenandrang ertragen kann, wohnt man nirgends sonst im Archipel lofotentypischer und dennoch komfortabel. 36 traditionelle Rorbuer in drei Komfort-Kategorien. Auch Verleih von Fahrrädern (200 NOK pro Tag), Kajaks (440 NOK), Angelausrüstung (120 NOK) sowie Motorbooten (ab 200 NOK pro Std., 900 NOK pro Tag). ⌚ ganzjährig. ❻

Ramberg

Ramberg Gjestegård, E 10, ✆ 76093500, 💻 www.ramberg-gjestegard.no. Dieser von der norwegischen Umweltschutzbehörde ausgezeichnete Campingplatz liegt im Hüttensaum mitten im Dorf, doch das stört überhaupt nicht, ganz im Gegenteil: Die Lage am atemberaubenden Feinsandstrand könnte schöner nicht sein, die Einrichtungen sind vorbildlich, die Hütten gepflegt. Ein Zelt mit Auto kostet 195 NOK für 2 Pers. Außerdem Verleih von Booten, Seekajaks sowie Fahrrädern. ⌚ ganzjährig. ❹

ESSEN

Ramberg Gjestegård, Ramberg, ✆ 76093500. Dem gleichnamigen Campingplatz angeschlossenes Restaurant, durch dessen große Glasfronten man direkt auf den Strand und das Meer blicken kann. Die Einrichtung des Lokals ist modern, die Küche traditionsverbunden und kreativ zugleich, und das Preisniveau günstig bis untere Mitteklasse. ⌚ im Sommer tgl. ab 7 Uhr.

TOUREN

Lofoten Adventure, Ramberg, ✆ 48 23 33 80, 💻 www.lofotenadventure.no. Outdooranbieter und Spezialist für Kajakfahren (Kurs 1595 NOK, Touren 950/1700 NOK), Surfen (Kurs 1195 NOK, Verleih 795 NOK), Stand Up Paddling (Kurs 795 NOK, Verleih 795 NOK) und Schnorcheln (Verleih 595 NOK).

SONSTIGES

Alkohol

Auf Moskenesøy (und Flakstadøy) gibt es keine eigene Verkaufsstelle für Alkohol; zuständig ist das *vinmonopol* in Leknes (S. 487).

Apotheken

Zuständig ist der *medisinutsalg* im Bunnpris-Supermarkt von Ramberg.

Geld

Sparebank 1, Ramberg, ✆ 02244.

Informationen

Flakstad turistkontor, Nusfjord, ✆ 93278700, 💻 www.lofoten-info.no, ⌚ Juni–Aug tgl. 10–17 Uhr.

Medizinische Hilfe

Legekontor Flakstad, Ramberg, Rathaus, ✆ 76052250.

Polizei

Politiet i Vest-Lofoten, ✆ 02800.

Post

Ramberg Post i butikken, Ramberg, im Bunnpris-Supermarkt, ✆ 04004, ⌚ Mo–Fr 9–20, Sa 10–18 Uhr.

Sykkelbåt

Das „Fahrradboot" bietet sich für Radfahrer an, die den Nappstraum-Tunnel von Flakstadøy nach Vestvågøy umgehen wollen, sowie für alle, die an einer landschaftlich eindrucksvollen Sightseeingbootstour interessiert sind. Vom 15. Juni bis 15. Aug verkehrt die MS *Fosengutt* tgl. um 12 Uhr ab Nusfjord nach BALLSTAD (12.40 Uhr) auf Vestvågøy. Rechtzeitige Reservierung über ✆ 76060920, 🖳 www.kremmervika.no, im Voraus wird empfohlen, denn nur jeweils 12 Passagiere werden befördert, die Passage kostet 300 NOK.

NAHVERKEHR

Busse

Fredvang sowie Nusfjord werden nicht von öffentlichen Verkehrsmitteln angefahren, und so bestehen nur von Ramberg und anderen Orten entlang der E 10 aus Verbindungen in Richtung Å via HAMNØY und REINE. Gen Norden geht es via LEKNES (Anschluss nach STAMSUND) und BORGE auf Vestvågøy nach KABELVÅG und SVOLVÆR auf Austvågaøy; ab RØRVIK hat man Anschluss an den Bus nach HENNINGSVÆR.

TRANSPORT

2x tgl. bestehen **Busverbindungen** via Leknes und Svolvær sowie STOKMARKNES und SORTLAND nach HARSTAD (Schnellbootanschluss nach TROMSØ), 1x tgl. (frühmorgens) nach NARVIK mit Anschluss nach FAUSKE (Bahnanschluss gen Süden).

Vestvågøy

Schönere Strände als auf dieser mit 422 km² Fläche zweitgrößten Insel des Archipels findet man kaum im Norden. Während ihre Küsten in gezackte Felskränze eingefasst sind, lockt das Landesinnern mit dem bedeutendsten landwirtschaftlichen Zentrum Nordnorwegens sowie dem berühmtesten Wikingermuseum des Landes. Die Insel war schon während der frühen Eisenzeit bewohnt und in der Wikingerzeit, von der zahlreiche Funde zeugen, wahrscheinlich sogar dichter besiedelt als heute, wo rund 12 000 Einwohner gezählt werden. Die meisten von ihnen leben rings um das Verwaltungszentrum **Leknes**, das aber keinerlei Reize, sondern nur günstige Einkaufsmöglichkeiten bietet.

Die touristisch bedeutendste Stadt sowie wichtigster Hafenort und Zentrum der Fischerei ist das rund 1200 Einwohner große **Stamsund**, wo auch eine Jugendherberge einlädt und allabendlich der Postdampfer der Hurtigruten einläuft. Der Ort liegt nahe Leknes an der Vestfjordküste, und die von dort aus entlang des Vestfjords verlaufende **R 815** ist ein Muss für alle Lofotenreisenden. Sie markiert die „Traumküstenstrecke" nach Austvågøy, während die **E 10** durch das Herz der Insel vorbei am Wikingermuseum ebenfalls dorthin führt und zu zahlreichen Strandabstechern ans offene Nordmeer einlädt.

Traumstrände am Nordmeer

Direkt nördlich von Leknes weist an der E 10 ein Schild nach „Haukland/Utakleiv". Wer ihm folgt, gelangt zum fast 2 km langen, bis zu 300 m breiten und durch eine Klippe zweigeteilten Halbmondstrand von **Haukland**, dem zumindest nach Meinung der Lofoter ein Platz unter den allerschönsten Stränden des Nordens gebührt. Landeinwärts geht die blendend weiße Fläche ins satte Grün eines weit ausladenden Wiesentroges über, von Norden her kommt das gewaltige Massiv des 965 m hohen Himmeltind ins Bild, und um das Idyll perfekt zu machen, lädt zudem ein herrlich gelegener Rastplatz mit Kiosk, Toilette und Trinkwasser ein. Direkt nebenan führt ein Tunnel durch den Berg zum Einöddorf **Utakleiv**, wo die Straße endet. Auch dort erstreckt sich ein Traumstrand, der einst von der englischen *Times* sogar als schönster Strand Europas bezeichnet wurde!

Unterkünfte gibt es an beiden Stränden jedoch leider nicht; erst ein Stück weiter nördlich, in **Unstad**, befindet sich ein Campingplatz. Um dorthin zu gelangen, muss man allerdings der E 10 weiter nach Norden und dann nördlich von Borge und dem Wikingermuseum den Schildern zum hübschen Holzhausdorf folgen, das an der Öffnung eines weiten Wiesentroges aufs Nordmeer vor einem langen Sandband errichtet wurde. Die hiesigen Surfwellen sind die besten des Nordens (s. Kasten S. 486), und zudem beginnt in Unstad ein Küstenwanderweg. Er führt nach **Eggum**, dem beliebtesten Treffpunkt für Mitternachtssonnen-Anbeter weit und breit, wo man an einem See mit Zeltwiese am Meer auch prächtig campen oder in festen Unterkünften Quartier nehmen kann.

Das Wikingermuseum

Nicht nur in Südnorwegen wurden reiche Funde aus der Wikingerzeit gemacht, sondern auch auf den Lofoten. Ein Schwerpunkt dieser Entdeckungen ist Borge auf der Insel Vestågøy, wo in den 80er-Jahren des 20. Jhs. eine Siedlung ausgegraben wurde, die wahrscheinlich schon um die Zeitenwende herum existierte. Richtig berühmt aber wurde das Gebiet, als hier die Überreste des mit 83 m Länge und 9 m Breite bei 9 m Höhe größten je in Skandinavien gefundenen Langhauses aus der Wikingerzeit freigelegt wurden, das schließlich in jahrelanger Arbeit originalgetreu nachgebaut wurde. Von innen ist der mit Holzschindeln gedeckte Bau ebenso authentisch wie von außen, und in Wikingertrachten gekleidete Führer geleiten den Besucher durch die von Tranlampen beleuchteten Räume. Der Geruch von Holzteer und Hammelsuppe dringt in die Nase, und am flackernden Holzfeuer im Zentrum der festlichen **Gildehalle**, wo auch Met serviert wird, kann man sich um Jahrhunderte zurückversetzt fühlen.

Hier war es, wo früher der Häuptling thronte, wo Gäste empfangen und ausgelassen gefeiert wurde, wohingegen man im angrenzenden, etwa 20 m langen **Wohnraum** lebte und arbeitete. Dort wird geschnitzt und gedrechselt, gesponnen und gewebt, während draußen die Haustiere gehalten werden. Da finden sich Schweine, Schafe und Nordlandpferde, die, vor eine Kutsche gespannt, den Besucher vorbei an einer rekonstruierten Schmiede aus der Eisenzeit ans Fjordufer hinunterbringen, wo als weitere Rarität das Wikingerschiff **Lofotr** vertäut ist. Es handelt sich um den originalgetreuen Nachbau des Gokstadschiffes (S. 135), das im Osloer Wikingermuseum ausgestellt ist. Die *Lofotr* wird mit 32 Riemen gerudert und fährt im Sommer einmal täglich zu einer Rundfahrt hinaus. 💻 www.lofotr.no, 🕒 1. Juni–15. Aug tgl. 10–19, Mai sowie 15. Aug–15. Sep tgl. 10–17 Uhr; Eintritt 200 NOK im Hochsommer, sonst 140 NOK.

ÜBERNACHTUNG

Wildcamping

€ Entlang der E 10 finden sich kaum ansprechende Wildcampingplätze, sehr wohl aber im Bereich von **Haukland** und **Utakleiv** an der Nordmeerseite. In **Unstad**, am Startpunkt der Küstenwanderung (rechts im Tal am Meer), werden im Sommer 100 NOK Übernachtungsgebühr verlangt (Wasser gibt es nur aus dem Bach; kein WC). Günstiger ist es am südlichen Strandrand (in Unstad vor dem Strand nicht nach rechts, sondern links abbiegen), wo im Sommer 50 NOK fürs Übernachten verlangt werden (kein Wasser/WC). Bei **Eggum**, bzw. dem 1 km weiter westlich am Ende der Fahrstraße (Privatweg, gebührenpflichtig: 20 NOK) gelegenen Tøan handelt es sich um ein mit Gras bewachsenes Dünenareal zwischen dem Meer und einem großen See. Abfallkörbe und WC sind vorhanden, ebenso ein Kiosk mit Café/Imbiss, der aber nur im Hochsommer (und auch dann nicht immer) geöffnet ist. Ausgebaut wurde dieser Rastplatz im Rahmen der Ernennung der E 10 zur Nationalen Touristenstraße (S. 473), und beim Architektenwettbewerb für Eggum wurde auf umweltfreundliche Ressourcennutzung Wert gelegt. Das Servicegebäude befindet sich unter einem alten Dach aus Gesteinsmassen, das verwendete Holz ist Treibholz, und für die Stützmauern wurde vor Ort vorgefundenes Geröll genutzt. Dafür zahlt man 100 NOK Campgebühr pro Nacht. Im Verlauf der R 815, die dem **Vestfjord** folgt, ist es ebenfalls kein Problem, ein idyllisches Plätzchen für Zelt oder Wohnmobil zu finden.

Stamsund und Vestfjordküste

€ **Justad Vandrerhjem**, Stamsund, 📞 760 89334, 💻 www.hihostels.no, 🕒 März–Mitte Okt. Die Jugendherberge lädt mit schlichten Hütten im Rorbu-Stil ein, die teils am, zum

NORDNORWEGEN

Traumziel für Wellenreiter

Im Surfermagazin *Transworldsurf* war zu lesen, dass sich vor den Lofoten die mit Abstand besten und höchsten Wellen im hohen Norden brechen. Der beliebteste Surfspot im Archipel ist Unstad an der Außenseite von Vestvågøy, wo nicht selten mehrere Meter hohe Wellen in einem perfekten Break auf den Sandstrand zurollen. Als beste Zeit für den erfahrenen Wellenreiter gelten die Monate August bis November, wenn die Wellentätigkeit am größten und die Wellen selbst am höchsten sind; die Monate zwischen etwa Ostern und Juni markieren die zweitbeste Saison, und Anfänger werden den Sommer bevorzugen, wenn ein sanfter Break ideale Schulungsbedingungen bietet. Dann ist das Wasser zudem mit etwa 12 °C am wärmsten, aber da hier ohnehin niemand ohne Neopren (5 mm sind ein absolutes Minimum) aufs Brett klettert, ist das relativ egal.

Unstad, in Surferkreisen schon seit den 1960er-Jahren ein Begriff, gilt als nördlichster Top-Surfspot weltweit, als bester Norwegens ohnehin. Treff aller Wellenreiter ist der **Unstad-Campingplatz** (s. Übernachtung), wo man nicht nur wohnen, sondern auch alle Ausrüstung ausleihen kann: Das Brett kostet ab 275 NOK pro Tag, der Wetsuit kostet komplett mit Schuhen und Handschuhen ebenfalls ab 275 NOK. Im Juni und Juli werden außerdem 3-tägige Surfcamps abgehalten (3990 NOK inkl. VP und Unterkunft); von Juni bis Aug werden regelmäßig Einführungskurse gegeben (1195 NOK), eine Privatstunde kostet 900 NOK (Folgestunden 600 NOK).

Wer sich schon zu Hause einen Wellenüberblick verschaffen will, steuert 💻 www.windguru.cz an, dann im Menü das Such-Stichwort „Spot" und wählt „Unstad" aus; mit Wellenvorhersage. Über die Website 💻 www.lofotenekstremsportklubb.no hat man Zugriff auf die nördlichste Surf-Webcamera der Welt, die am Strand von Unstad steht; des Weiteren kann man einen Surf-Blog anklicken (Facebook; auch Fotos, Videos). Dutzende Surf-Fotos von Unstad finden sich bei Instagram.

Teil auf Pfählen im Meer stehen. Treff aller Rucksackreisenden auf der Insel, entsprechend lockere Atmosphäre. Bett ab 190 NOK. ❶

Ytterviks Rorbuer, Stamsund, ✆ 95140442, 💻 www.ytterviksrorbuer.no. Nur wenige Gehminuten vom Hurtigrutenkai entfernt. 12 voll ausgestattete Rorbu-Hütten mit 1–2 Schlafzimmern; auch Motorboote sowie Fahrräder werden verliehen. Perfekt für Angler. ❸

Skjærbrygga, Stamsund, ✆ 76054600, 💻 www.skjaerbrygga.no. 19 urgemütliche Rorbuer direkt am Meer nahe dem Hurtigrutenkai, nahezu 100 Jahre alt, aber komplett renoviert und daher komfortabel und modern eingerichtet. Dazu ein Restaurant (s. u., Essen), das einst als eines der besten Norwegens ausgezeichnet wurde; außerdem ein umfassendes Aktivitätsprogramm, auch Bootsverleih. Ab ❺

Brustranda Sjøcamping, Brustranda (an der R 815 rund 10 km nördlich von Stamsund), ✆ 90473630, 💻 www.brustranda.no. Sehr schön in einer Bucht am Vestfjord gelegener Wiesenplatz mit zahlreichen, gemütlich eingerichteten Hütten in mehreren Komfortstufen. Kleines Café/Restaurant mit Außenterrasse, mehrere Wanderwege nahebei. 🕒 ganzjährig. ❷–❺

Nordmeerseite

€ **Joh I Unstad Sjøhus**, Mærvollveien 205 (am Weg von der E 10 nach Unstad ausgeschildert), ✆ 76085427, 90650202, ✉ funlofoten@yahoo.no. Das Sjøhus selbst, eine ehemalige Fiskebrygge, sieht auf den ersten Blick zwar wenig einladend, da teils geradezu verfallen aus, doch auf den zweiten Blick, von innen, muss man sein Urteil revidieren, denn die 9 Zimmer mit 2–6 Betten sind einfach, aber ordentlich eingerichtet – und eben außerordentlich günstig. Sehr beliebt bei Backpackern, die sich hier oft Zimmer teilen und dann nur 150 NOK p. P. bezahlen. EZ kommen auf 300 NOK, DZ kosten 400 NOK, für 6 Pers. 700 NOK. ❶

Unstad Camping, Unstad, ✆ 97061201, 💻 www.unstadarcticsurf.com. Im Zentrum des

Einöddorfes und nahe dem Strand gelegener Wiesenplatz im Bereich der ehemaligen Schule. Zelten 150 NOK für 2 Pers., auch mehrere Hütten sowie 2 große Robuer (max. 12 Pers.). Verleih von Surfausrüstungen, denn der Platz ist Treff der Wellenreiter im Archipel. ⌚ ganzjährig. ❸

ESSEN

Skjærbrygga (s. o.). Der Rorbu-Anlage angeschlossen ist ein urgemütlich eingerichtetes Restaurant, das 2001/2002 als eines der besten Norwegens ausgezeichnet wurde. Vor allem norwegische Traditionsgerichte zu gehobenen Preisen. Ein besonderer Genuss ist das Sommermenü (nur Mitte Juni–Mitte Aug tgl. 17–22 Uhr). Auch im angrenzenden Pub, dem angesagten Treff in Stamsund, werden Gerichte serviert (ab 12 Uhr); Empfehlungen: Fischsuppe, Skjærbrygga-Salat sowie Pizzen (allesamt recht günstig). ⌚ tgl. ab 12 Uhr.

EINKAUFEN

Zwei Ökohöfe gibt es auf den Lofoten, und beide befinden sich auf Vestvågøy:

Lofoten Gårdsyteri, Unstadveien 235 (am Weg von der E 10 nach Unstad), ✆ 76089631 und 95082958, 💻 www.lofoten-gardsysteri.no. Dieser Ökohof punktet mit einer eigenen Käserei und einem Ladenlokal, in dem selbstgemachte Käse sowie Würste und andere lokale Spezialitäten verkauft werden und Interessierte eine Einweisung in die Kunst des Käsemachens bekommen können. ⌚ im Sommer Mo–Sa 11–21 Uhr.

Aalan Gård, Lauvdalen 186 (an der E 10 nördlich vom Lofotr Wingermuseum ausgeschildert, ✆ 76084534 und 97711184, 💻 www.aalan.no. Auch hier dreht sich alles um selbst gemachten Käse (8 verschiedene Sorten!), aber auch um Kräutertees (u. a. gibt es hier einen Lofoten-, einen Nordland- und auch einen Viking-Tee), zu kosten im angeschlossenen Sommercafé. Auch ein ökologischer Kräutergarten lädt ein, und Kindern werden die 200 Ziegen des Hofes gefallen. ⌚ tgl. 10–20 Uhr.

SONSTIGES

Alkohol

Leknes vinmonopol, Leknes, Lofotsenteret, Storgate 8, ✆ 04560, ⌚ Mo–Mi 10–16, Do 10–18, Sa 10–15 Uhr.

Apotheken

Apotek 1, Leknes, Lofotsenteret, Storgate 8, ✆ 76060950, ⌚ Mo–Fr 9.30–17, Sa 10–14 Uhr.

Autovermietungen

Avis, Leknes, Lufthavnveien 30, ✆ 76080104.
Hertz, Leknes, Idrettsgate 28, ✆ 75401755.

Geld

Sparebank 1, Leknes, Storgate 86, ✆ 02244, ⌚ Mo–Fr 9–15 Uhr.

Informationen

Turistinformasjon Leknes, Storgate/Shoppingcenter, Leknes, ✆ 76087553, 💻 www.lofoten.info. Im gläsernen Einkaufszentrum eingerichtete Zweigstelle des Touristenbüros von Svolvær. ⌚ 20. Juni–20. Aug Mo–Fr 10–18, Sa/So 12–16, sonst Mo–Fr 10–16 Uhr.

Medizinische Hilfe

Legevakt Leknes, Sykehusbakken 23, Gravdal, ✆ 76083999.

Polizei

Politi i Vestvågøy, Storvollveien 45, Leknes, ✆ 02800.

Post

Leknes postkontor, Elvegårdsveien 5, Leknes, ✆ 04004, ⌚ Mo–Fr 9–16, Sa 10–14 Uhr.

NAHVERKEHR

Busse

Die Hauptroute folgt der E 10 via Leknes (Busbahnhof), von wo aus 6–8x tgl. Verbindungen via RAMBERG/Flakstadøy sowie HAMNØY und REINE nach Å/Moskenesøy bestehen. In die andere Richtung geht es via Borge nach Austvågøy mit KABELVÅG und SVOLVÆR;

Hoch über Gimsøy und dem Nordmeer

- **Route**: Parkplatz am Golfplatz (10 m) – Hoven (1 1/2 Std., 368 m) – Parkplatz (1 Std., 10 m)
- **Länge**: ca. 4 km
- **Dauer**: ca. 2 1/2 Std.
- **Wandersaison**: am schönsten zur Zeit der Mitternachtssonne (27. Mai–17. Juli)
- **Wegbeschaffenheit**: deutlich sichtbare Pfade durchs Heidekraut und über Feuchtstellen bis zum Fuß des Berges, sodann auf stark ausgetretenen Bergpfaden den Wiesenhang hinauf zum Gipfel
- **Ausrüstung**: Grundausstattung, Trekkingschuhe; kein Wasser entlang des Weges
- **Orientierung**: völlig problemlos, Kartenmaterial ist nicht erforderlich

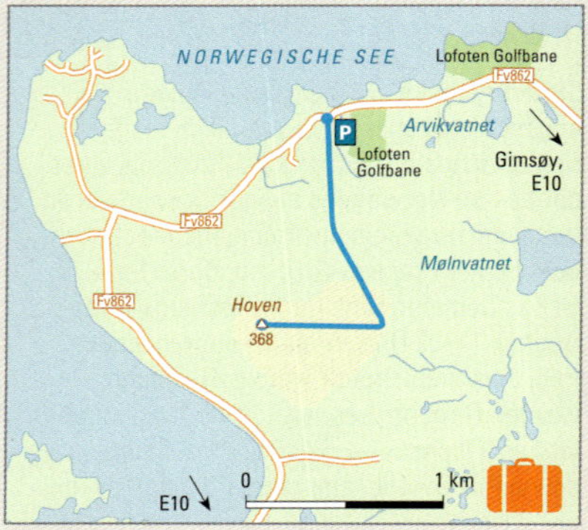

Leichte Tour (auch für sportliche Kinder problemlos zu bewältigen), die zum Gipfel eines isoliert am Nordmeer aufragenden Panoramaberges führt. Er liegt auf der kleinen Insel Gimsøy, die sich zwischen Vestvågøy und Austvågøy erstreckt und von der E 10 erschlossen wird.

Die Route

Direkt hinter dem **Parkplatz** der „Lofoten Golfbane" beginnt links vom Werkzeugschuppen ein deutlich ausgetretener Pfad, der in ziemlich direkter Linie auf den Berg zuhält. Nach wenigen Minuten (mehrere Feuchtstellen) ist sein Fuß erreicht, und weiter geht's auf teils stark ausgetretenen Pfaden den mal mehr, mal weniger steilen Wiesenhang hinauf. Der Weg ist kaum zu verlieren (alle nach oben führenden Pfade sind recht), und mit jedem Höhenmeter wächst das Panorama auf den Golfplatz, die Küstenlinie, das Moor, schließlich auf ganz Gimsøy sowie hinüber nach Vestvågøy und auf die Vesterålen. Da der (mit einem trigonometrischen Punkt gekrönte) **Hoven** gänzlich isoliert aus dem ausgedehnten Gimsøy-Moor herausragt, genießt man ringsum völlig freie Sicht, und ganz deutlich kann man von der Höhe aus erkennen, dass in früheren Zeiten, als der Meeresspiegel noch höher lag, die Küstenlinie auf Gimsøy mitten durchs heutige Moor verlief.

Praktische Tipps

Anreise

Ab Gimsøy den Schildern zur „Lofoten Golfbane" folgen, dort auf den Parkplatz; öffentliche Verkehrsmittel gibt es nicht.

Aktivitäten

Lofoten Golf Links, ✆ 76072002, 💻 www.lofotenlinks.no, 🕒 Mai–Mitte Nov 0–24 Uhr. Auf dem direkt beim Ausgangspunkt der Wanderung gelegenen Golfplatz wird man im Sommer 24 Stunden am Tag lang von der Sonne begleitet. Greenfee für Gäste 550 NOK (9 Loch), 850 NOK (18 Loch), Golfsetverleih ab 250 NOK.

Folgt man der Straße am Ausgangspunkt der Wanderung vorbei, erreicht man nach rund 1 km einen halbmondförmigen Sandstrand, der auch ideale Bademöglichkeiten bietet.

ab RØRVIK hat man Anschluss an den Bus nach HENNINGSVÆR.
Außerdem bestehen mehrmals tgl. Busverbindungen zwischen Leknes und Stamsund, aber entlang der Vestfjordküste sind keine öffentlichen Verkehrsmittel im Einsatz.

TRANSPORT

Busse

2x tgl. Verbindungen von Leknes via Svolvær sowie STOKMARKNES und SORTLAND nach HARSTAD (Schnellbootanschluss nach TROMSØ), 1x tgl. nach NARVIK mit Anschluss nach FAUSKE (Bahnanschluss gen Süden).

Schiffe

Die Schiffe der **Hurtigruten** legen tgl. um 19.30 Uhr Richtung SVOLVÆR und 21.30 Uhr Richtung BODØ in Stamsund ab.

Flüge

Der Flughafen der Insel befindet sich in Fußweite von Leknes. Widerøe bedient von hier aus 6x tgl. die Strecken nach SVOLVÆR/ Austvågøy sowie BODØ.

Austvågøy

Die nordöstlichste und mit 477 km^2 größte Insel der Lofoten ist in landschaftlicher Hinsicht die vielfältigste und abwechslungsreichste des Archipels. Rund 10 000 Menschen leben in diesem bis auf nahezu 1200 m Höhe aus dem Meer ragenden „marin-alpinen Märchenreich", das auch in historischer Hinsicht einzigartig dasteht: Mit Vågan trug die Insel einst die erste Stadt Norwegens nördlich von Trondheim, und während der letzten 1000 Jahre war sie Zentrum der Lofot-Fischerei.

Heute lebt sie mehr noch als alle anderen Lofoten-Inseln vom Tourismus. Dessen Drehscheiben sind die Hauptstadt Svolvær, die ehemalige Lofoten-Metropole Kabelvåg sowie Henningsvær, das berühmteste Fischerdorf von ganz Norwegen. Da hier auch der kulturbeflissene Reisende auf seine Kosten kommt und kein anderes Reiseziel in der Region zu allen Jahreszeiten ein so umfassendes Aktivitätsangebot bereithält, ist Austvågøy für einen Urlaubsaufenthalt geradezu prädestiniert.

Svolvær

Als Anfang des 20. Jhs. der Hafen von Kabelvåg (S. 490) versandete, ging der Stern der historischen Lofoten-Metropole unter und derjenige der nur 5 km entfernten Ortschaft Svolvær auf. Schon 1918 wurde sie mit den Stadtrechten ausgestattet und ist seitdem das administrative Zentrum der Vågan-Gemeinde, die den allergrößten Teil von Austvågøy sowie die Nachbarinsel Gimsøy umfasst und einen Dorsch im Wappen trägt.

Anmutig breitet sich die rund 4500 Einwohner große Lofoten-Metropole an der Felswurzel bis über 700 m hoher Berge aus, und dieser atemberaubenden Lage ist es vor allem zu verdanken, dass die auch von den Schiffen der Hurtigruten angefahrene Stadt heute die Drehscheibe des Lofoten-Tourismus ist. Sie besitzt die größte Dichte an Unterkünften und Restaurants, Cafés und Kneipen im Archipel, und dank einer perfekten Infrastruktur, zahlreicher Galerien sowie Ausflugsmöglichkeiten kommen hier sowohl Kultur- als auch Naturreisende voll auf ihre Kosten.

Zentrum der Stadt ist der direkt an den Kai mit den Hafenanlagen angrenzende **Torget** (Marktplatz), der 2006 im Stil der neuen Zeit umgebaut wurde und sich nun als ein cooles Granitquadrat präsentiert. Seinen Blickfang bildet der 2009 fertiggestellte Glaspalast des Kulturhauses, und folgt man dem Kaiufer von hier aus nach rechts, geht es am Anleger der Hurtigruten-Schiffe vorbei zur **Eisgalerie Magic Ice**. Es handelt sich dabei um Norwegens erste Galerie und Bar, die ganz und gar, mitsamt Gläsern und Tischen, aus durchsichtigem Eis besteht. Mit ihren kristallklaren Kunstwerken, prächtig-kitschig beleuchtet und akustisch untermalt, will Magic Ice laut Eigenwerbung „in einem Ambiente aus Eiskristallen, Echtheit und Reinheit die Beziehungen zwischen Mensch und Natur eindrucksvoll zum Ausdruck bringen". Ein cooles Erlebnis im wahrsten Sinne des Wortes. 💻 www.magic-ice.no, 🕒 Mitte Juni–Mitte Aug 12–22.30, sonst tgl. 18–22 Uhr, Eintritt 165 NOK.

NORDNORWEGEN

Zum Torget zurückgekehrt, lohnt ein Besuch im **Touristenbüro**. Es ist vorbildlich ausgestattet, die Mitarbeiter sind sachkundig, und was immer man an Informationen suchen mag, hier wird man garantiert fündig. Und kann sich obendrein mit beliebten Lofoten-Souvenirs eindecken sowie mit eindrucksvollen Postkarten, 🕒 S. 471. Direkt nebenan lädt die **Galerie des Nordnorwegischen Künstlerzentrums** (Galerie Nordnorsk Kunstnersenter) ein, das mit seinen wechselnden Ausstellungen eine Institution auf den Lofoten ist. Hier sind sie alle vertreten, die berühmtesten nordnorwegischen Design- und Kunstschaffenden aller Bereiche, und wer etwas Originelles sucht, wird garantiert fündig. 💻 www.nnks.no, 🕒 wie das Touristenbüro (S. 471).

Gegenüber setzt das Glas-, Chrom- und Holz-Halbrund des Lofoten Suitehotels modernistische Akzente, und weiter geht es über die autofreie Promeniermeile der Stadt, den **Kaiweg**, der vorbei an Jachten, Kaicafés und Souvenirshops zur hoch gewölbte **Bogenbrücke** der Austnesfjordgate führt. Sie bietet zu beiden Seiten ein faszinierendes Bild auf die lang gestreckten Hafen- und Werftanlagen mit Dutzenden, je nach Jahreszeit auch Hunderten Booten und Kuttern, Trawlern und Frachtern.

Die Schlacht im Trollfjord

Der Anblick des Trollfjord ist Höhepunkt einer Lofoten-Reise, doch noch in anderer Hinsicht ist der Trollfjord bemerkenswert, war er doch Schauplatz der sogenannten **Schlacht im Trollfjord** im Jahre 1890, die durch den Konkurrenzkampf der einfachen Fischer gegen kapitalstarke Fischereigesellschaften ausgelöst wurde. In seinem international berühmt gewordenen Roman *De siste viking* (Titel der deutschen Ausgabe: „Die Lofot-Fischer") gibt der norwegische Schriftsteller **Johan Bojer** in einprägsamer Sprache und mit unvergesslichen Stimmungsbildern eine dramatische Schilderung der Geschehnisse zur Zeit der damaligen Lofot-Fischerei, als mehrere Dampfschiffe den Trollfjord abgesperrt hatten, um den rund 500 von Henningsvær (S. 491) herangeruderten Nordland-Booten den Zugang zu den Fischgründen zu verwehren.

Für die mehrere Tausend Fischer ging es schlicht ums Überleben, und wutentbrannt enterten sie die Dampfschiffe, um sich gewaltsam den Weg zum Fisch zu erkämpfen. Sie hatten Erfolg, wenige Tage später waren sage und schreibe über 1 Mio. Dorsche gefangen, und um nicht zukünftig doch einmal gegen die reichen Dampfschiffbesitzer zu verlieren, reichten die Fischer Protest im Storting (Parlament) zu Oslo ein. Dort wurde schließlich entschieden, dass man Schutzbestimmungen zugunsten der kleinen Fischer erlassen müsse, und wichtigste Restriktion war das Verbot der um 1880 eingeführten und nur von Dampfschiffen aus verwendbaren Senknetze. Damit aber war im Prinzip auch über die Zukunft der Dampfschiffe in der Fischerei entschieden, die sich in der Folge zu keinem Zeitpunkt zu einer echten Konkurrenz für die traditionellen Nordlandboote entwickeln konnten.

Kabelvåg

Das Erste, was man von diesem rund 1800 Einwohner großen Ort zu sehen bekommt, ist die unmittelbar an der E 10 aufragende **Vågankirche** (Vågan kirke), die rund 1200 Menschen Platz bietet. Damit ist sie die größte Holzkirche nördlich von Trondheim, wird entsprechend auch „Lofot-Kathedrale" genannt und stammt, 1898 fertiggestellt, aus der Glanzzeit von Kabelvåg, das damals noch Hauptstadt der Lofoten sowie Drehscheibe der Fischerei und des Stockfisch-Exportes war. 🕒 Mitte Juni–Mitte Aug Mo–Sa 10/11–18, So 12–18 Uhr, Eintritt 50 NOK.

Ein paar Meter weiter, ebenfalls auf der dem Meer zugewandten Seite der Straße, erhebt sich der **Oskar-Skaret**, ein Felsen, auf den alle Könige Norwegens seit 1873 ihre Namenszüge in Gold geschrieben haben. Im Sommer gibt es nichts Schöneres, als im meerwärts der E 10 gelegenen Zentrum von Kabelvåg in der Præstengbrygga (S. 498) am vom Meer umspülten **Torget** Platz zu nehmen und das rege Treiben ringsherum bei Kaffee und Kuchen oder auch einem Bier entspannt zu genießen.

Storvågan

Rund 1 km weiter südlich und ebenfalls an der E 10 ausgeschildert liegt der Ortsteil Storvågan, bei dem es sich nach archäologischen Erkenntnissen um den im 9. Jh. gegründeten Ort Vågan handelt, die erste feste Niederlassung von Nordnorwegen und Keimzelle des heutigen Kabelvåg. Im 12. Jh. wurde hier bereits eine erste Kirche errichtet, und spätestens seit dieser Zeit fuhren von Storvågan aus große Schiffskonvois bis hinunter nach Bergen, um Stockfisch gegen andere Waren zu tauschen.

Dort, wo heute das **Lofot-Museum** (Lofotmuseet) steht, lag vor langer Zeit einer der wichtigsten Höfe von Vågan. Die zentralen Themen dieses Regionalmuseums sind folglich die Frühgeschichte, der Lofoten-Fischfang und die Entwicklung des Trockenfischexportes im Mittelalter. In mehreren Gebäuden werden Unterkünfte, Boote und Geräte der Lofot-Fischer des 19. Jh. gezeigt; eine Abteilung ist den Wikigern gewidmet, und im Haupthaus dokumentiert eine Ausstellung das Leben der einst so allmächtigen *værkonger*, der Fischgrund-Könige. 💻 www.lofotmuseet.no, 🕒 Juni–17. Aug tgl. 10–18, Mai/Sep Mo–Fr 9–15, Sa und So 11–15, sonst nur Mo–Fr 11–15 Uhr, Eintritt 90 NOK; ein Kombiticket für alle drei Sehenswürdigkeiten von Storvågan kostet 220 NOK.

Direkt angrenzend an diese bedeutende Sammlung ragt der verglaste Bau des **Lofoten-Aquariums** (Lofot akvariet) in die ehemalige Hafenbucht hinein, und von einem großen Seehundbecken abgesehen (Fütterung der Seehunde während der Hauptsaison tgl. um 12 und 18 Uhr), dreht sich hier in der Hauptsache alles um die im Vestfjord vorkommenden Fischarten. Eine naturgeschichtliche Ausstellung ist angeschlossen, aber Touristenmagnet sind vor allem die zwei Multimediashows, die die Themen „Lofot-Fischerei" sowie „Jahreszeiten auf den Lofoten" prachtvoll in Szene setzen. 💻 www.lofotakvariet.no, 🕒 wie Museum, Eintritt 130 NOK bzw. 220 NOK fürs Kombiticket.

Zu erwähnen bleibt schließlich die architektonisch einer Grassodenkote nachempfundene **Galleri Espolin** mit ca. 100 Werken des Malers Kaare Espolin Johnson (1907–1994), der es wie kein anderer verstanden hat, mit genialem Pinselstrich das Leben der Lofoten-Bevölkerung zu schildern. Auch eine Bibliothek ist angeschlossen, es werden Videos vorgeführt, und die zum Verkauf stehenden Espolin-Kunstpostkarten gehören zu den beliebtesten Lofoten-Mitbringseln. 💻 www.galleri-espolin.no, 🕒 wie Museum, Eintritt 90 NOK bzw. 220 NOK fürs Gemeinschaftsticket.

Nach Henningsvær

Mit seinem von Landungsbrücken, Bohlenstegen und Speicherhäusern eng umschlossenen Rechteck des natürlichen Hafenbeckens, in dem stets ein paar Fischkutter für bunte Farbtupfer sorgen, präsentiert sich das auf einem Gewirr von Schären und Inseln zu Füßen bis zu 1000 m hoher Berge ausgebreitete Henningsvær als Schmuckstück aus alter Zeit. Schon die Anfahrt auf der R 816, die rund 10 km südlich von Kabelvåg von der E 6 abzweigt und um den sagenumwobenen Vågakallen herumführt, ist ein eindrucksvolles Erlebnis. Höhepunkt aber ist der Anblick des schneeweißen Feinsandstrandes von **Rørvik** (mit Toiletten und Trinkwasser), der als schönster und populärster Badeplatz der Insel an warmen Sommertagen oft Hunderte Lofoter anzieht.

Im weiteren Verlauf geht es an dem mit Inselscherben gespickten Henningsværstraumen entlang, in dessen Hintergrund die zerklüftete Küste von Vestvågøy grandiose Berg-, Meer- und Schärenakzente setzt. Die Straße ist hier entweder in den nackten Fels gesprengt oder windet sich zwischen haushohen Bergtrümmern hindurch, und bevor die erste von drei Bogenbrücken erreicht wird, geht es hautnah entlang der Steilwand des **Presten**, der vielen als spektakulärste natürliche Kletterwand des Nordens gilt. Im Sommer ist er täglich Ziel geführter Touren der Nordnorwegischen Kletterschule (S. 499), und entsprechend viele Kletterer haben im Umland ihre Zelte aufgeschlagen.

Henningsvær

Henningsvær, das wohl berühmteste Fischerdorf der Lofoten, ist noch heute Zentrum des Stockfischexports sowie der berühmten Lofot-Fischerei, und zwischen Januar/Februar und März/April liegen hier oft Dutzende Trawler

Auf den Glomtind, Genusstour für alle

- **Route**: Parkplatz an der E 10 (6 m) – Rørvikskaret (40 Min., 150 m) – Felsbalkon (1 Std., 360 m) – Glomtind (20 Min., 419 m)
- **Länge**: 4 km
- **Dauer**: ca. 2–3 Std.
- **Wandersaison**: Mai/Juni–Okt, wenn die alte Trasse der E 10 schneefrei ist.
- **Wegbeschaffenheit**: bis zur Rørvikskaret entlang der alten Trasse der E 10 (Schotter- und Wiesenweg); bis hinauf zum Plateau konstant ansteigende Pfade, gut ausgetreten, teils etwas rutschig. Das letzte Teilstück zum Gipfel ist sehr steil und rutschig, eher etwas für „alpin" Erprobte.
- **Ausrüstung**: Grundausstattung, Trekkingschuhe; Wasser gibt es nur im ersten Wanderabschnitt entlang der alten Trasse der E 10.
- **Orientierung**: problemlos, da die Richtung durch die Topografie zumeist klar vorgegeben ist; Kartenmaterial ist unnötig.

Der erste Abschnitt dieser Panoramatour ist eher ein Spaziergang, es folgt ein relativ kurzer und unbeschwerlicher Aufstieg zu einem Panoramabalkon, und bis dorthin, wo man bereits herrliche Aussicht genießt, ist die Tour auch für Familien mit kleineren Kindern sowie für Senioren geeignet.

Die Route

Der teils fahrzeugbreite Schotter-/Erdweg der alten Trasse der E 10 beginnt am **Parkplatz** hinter einer Schranke und führt von nun an in gerader Linie für etwa 1,5 km durch lichten Birkenwald sanft ansteigend in die Höhe. Die Aussicht nach links ist durch Bäume zumeist versperrt, was sich erst am Ende dieses Streckenabschnittes ändert, wo ein kleiner Wildbach auf einem alten *ferist* (Viehsperre) zu überqueren ist. Wer einen schönen Zeltplatz für die Nacht sucht, kann hier fündig werden. Der Weg beschreibt nun eine 90°-Kurve und zieht sich bis zur Passhöhe, noch etwa 1 km entfernt, als Saumpfad am Steilhang entlang. Unterwegs kann man deutlich Spuren der im Winter so zahlreichen Geröll- und Schneelawinen ausmachen, und mitunter ist hier noch bis in den frühen Juni hinein wegen Schnee kein Durchkommen. Der Weg ist nun zumeist steinig, viel mit losem Geröll bedeckt und bietet immer imposanter werdende Tiefblicke hinunter auf den Hopen-See und hinüber Richtung Kabelvåg. Dann wird der **Rørvikskaret** auf gut 150 m Meereshöhe erreicht, und das Erste, was man auf dieser Passhöhe zu sehen bekommt, ist ein hoher Zaun mit Warnschilder *livsfare* („Lebensgefahr"), denn beim Tunnelbau vor über 30 Jahren ist hier der Berg „zusammengebrochen", woran ein tief klaffendes Loch erinnert.

Ein paar Meter noch, dann kann man auch auf die andere Seite hinabblicken, wo sich der Rørvikvatnet vor der Rørvika mit dem Henningsværstraumen öffnet. Im Hintergrund kommt die Bergkette von Vestvågøya ins Bild, das auf der nun folgenden Strecke von Höhenmeter zu Höhenmeter eindrucksvoller wird. Der Zaun liegt ein paar Meter zurück, da sieht man linker Hand

Das Panorama von Glomtind reicht über den Vestfjord hinweg bis zum Festland.

einen ausgetretenen Erdpfad den angrenzenden Birkenhang hinaufführen. Er markiert die weitere Richtung. Von nun an geht es auf einem deutlich erkennbaren Kamm in direkter Linie Richtung Glomtind hinauf. Der Weg wird steinig und auch rutschig, weil oft sandig, und mit etwas Glück kann man auf diesem Abschnitt **Fossilien** finden, insbesondere versteinerte Muscheln, die beweisen, dass sich einst der gesamte Archipel unter der Meeresoberfläche befand. Sonst ist über diesen Abschnitt nicht viel zu sagen, der eigentliche Weg nicht zu verlieren, auch wenn er sich immer wieder mal gabelt (die Spuren laufen stets wieder zusammen).

Ab etwa halber Hangstrecke, wo ein großer Steinhaufen passiert wird, tritt zum Panorama Richtung Vestvågøy noch die Aussicht über Ørsnes und Kabelvåg bis über den Vestfjord hinweg zum Festland, aber erst wenn der letzte Buckel genommen ist, wo der Hang nahezu senkrecht zum Trolldal hin abstürzt, genießt man eine optimale Fernsicht gen Osten Richtung schwedischer Grenze, in die Tiefe auf Hopen sowie gen Westen bis weit über Vestvågøya hinweg. Man steht hier auf einem ausgedehnten **Felsbalkon**, gut 360 m hoch, und archipelweit gibt es nicht viele Touren, die vergleichsweise leicht und schnell solche eindrucksvollen Ausblicke bieten.

Auf den umherliegenden Felsblöcken in Garagengröße lassen sich herrliche Logenplätze für eine Rast finden, und wer nicht wirklich trittsicher ist, sollte hier umkehren. Allen anderen aber sei empfohlen, den am rechten Balkonrand zu erkennenden Pfad zu begehen, der in direkter und teils sehr steiler Linie auf den 419 m hohen Gipfel des **Glomtind** führt. In den oberen Lagen muss sich jeder seinen eigenen Weg ersteigen, und oben angekommen, wo flache Felsblöcke ein bequemes Sitzen ermöglichen und es auf zwei Seiten senkrecht um gut 100 m hinuntergeht, ist das Panorama noch einmal deutlich eindrucksvoller als vom Felsbalkon aus. Nur von hier aus nämlich hat man auch das gewaltige Felsmassiv des Vågakallen voll im Blick!

Praktische Tipps

Anreise

Der E 10 Svolvær–Leknes folgen, an der Abzweigung nach Hopen vorbei zum Parkplatz an der rechten Straßenseite, der ca. 500 m weiter erreicht wird. Jeder Bus der Linien Svolvær–Henningsvær sowie Svolvær–Leknes passiert den direkt an der E 10 gelegenen Parkplatz.

Dorsch – Ein Geschenk des Himmels

Dem Dorsch oder – um genau zu sein – dem Kabeljau (wie der Dorsch genannt wird, wenn er geschlechtsreif ist) müssten die Norweger eigentlich ein monumentales Denkmal setzen, denn G*adus morhua* bildet seit mehr als 1000 Jahren das wirtschaftliche Rückgrat großer Landesteile und ist auch heute noch eine wichtige Existenzgrundlage. Auf Norwegisch wird er *skrei* oder *torsk* genannt, und ersterer Name bedeutet so viel wie „Wanderer", was auf die lange Winterreise des Kabeljaus von der Barentssee in den Vestfjord hinweist (S. 467). *Torsk* hingegen leitet sich von *tørrfisk* ab: „Trockenfisch", da der Kabeljau – nach dem Fang geköpft und ausgenommen – nach uralter Tradition paarweise an den Schwänzen zusammengebunden und auf hohe, als *stokk* bezeichnete Holzgestelle gehängt wird, wo er in Wind und Wetter acht bis zehn Wochen lang verbleibt, bis er trocken und knochenhart geworden ist. Nach dieser Prozedur, die weltweit als die älteste Konservierungsmethode für Fisch gilt, wird der Kabeljau nun schließlich *stokkfisk* genannt bzw., auf Deutsch, **Stockfisch**.

Da dem Kabeljau durch den Trocknungsprozess lediglich Wasser entzogen wird – rund 80 % –, bleiben der Geschmack sowie Proteine, Vitamine und Mineralien vollständig erhalten. So entspricht der Nährwert von 1 kg Stockfisch demjenigen von 5 kg Frischfisch. Vor allem aber ist er jahrelang haltbar, was schon vor über einem Jahrtausend, als in Mitteleuropa die ersten größeren Städte entstanden, die Nachfrage geradezu explodieren ließ. Noch aber gab es keinen geregelten **Handel**, was sich ab dem 12. Jh. etwa mit Aufkommen der Lübecker Hanse nachhaltig ändern sollte. Ihr Hauptumschlagplatz wurde die Stadt Bergen, und von nun an und bis ins 16. Jh. hinein hielt die geschäftige Kaufmannsgilde das Monopol im Stockfischhandel fest in Händen und sorgte dafür, dass Stockfisch europaweit bekannt und beliebt wurde: einerseits als nahezu unverderbliche, energiereiche Nahrung, andererseits als **Fastenspeise** für die vorgeschriebenen Fastenperioden streng katholischer Länder, in denen es verboten war, an Freitagen Fleisch zu essen. Der Umsatz an Stockfisch zu jener Zeit war enorm, und enorm waren auch die Reichtümer, die der Handel mit der „Speise, die uns der Himmel geschickt hat", wie es der Papst einmal ausdrückte, der Hanse einbrachte – nicht ohne Grund zeigt deren Wappen einen Stockfisch, der eine Krone trägt.

Aber auch in den kommenden Jahrhunderten blieb Stockfisch eines der meistverbreiteten Lebensmittel, diente er doch u. a. der **Versorgung von Schiffsmannschaften**. Es ist daher kaum übertrieben zu sagen, dass der Stockfisch in erheblichem Maße an der Geschichte der Entdeckungen der westlichen Welt beteiligt war. Noch heute wird in der alljährlichen Lofot-Fischerei (S. 467) der größte Teil des Fangs wie vor 1000 Jahren zum Lufttrocknen auf Holzgestellen aufgehängt, und es stehen nicht weniger als weltweit 30 Länder auf der Kundenliste der Fischhändler. Größter Abnehmer ist nach wie vor **Italien**, das bis vor wenigen Jahrzehnten nahezu 85 % der gehandelten Menge abnahm und wo *stoccafisso* fester Bestandteil der kulinarischen Kultur ist. Über 90 % der allerbesten Klasse – ihrem Adressat entsprechend „Prima" genannt – gehen noch heute dorthin, während devisenschwache Länder wie Nigeria die schlechtesten und entsprechend als „Afrikaqualität" bezeichneten Stockfischkategorien abnehmen. Ein Großteil aber verbleibt heute in Norwegen, wo Jahr für Jahr nicht weniger als etwa 2600 t allein an *lutefisk* (S. 45) vertilgt werden, dem Weihnachtsessen schlechthin und sozusagen Norwegenspezialität Nummer eins.

vor Anker. Aber auch im Sommer ist das Hafenbecken für viele herrliche Motive gut, und ein Dorfbummel lohnt sich unbedingt, denn der Ort selbst ist eine einzige Sehenswürdigkeit, auch wenn es hier kaum „klassische" Sehenswürdigkeiten gibt.

Kulturelle Attraktion ist die direkt am Ortseingang beim großen Parkplatz eingerichtete **Galleri Lofoten Hus**, die sich als umfangreichste Kunstsammlung Nordnorwegens vorstellt. Hunderte Werke sind zu betrachten, daneben prachtvolle Fotografien sowie die einzigartigen Diashows „Das magische Inselreich" sowie „Seeadlerland". Auch käufliche Bilder und Fotografien sind ausgestellt, und obendrein starten im Sommer von hier aus täglich Hochsee-Schlauchboottouren auf den Vestfjord hinaus. 💻 www.galleri-lofoten.no, 🕒 Mai–Aug tgl. 9/10–19 Uhr, Eintritt 90 NOK.

Folgt man vom o. g. Parkplatz vor der Galerie Harr der dorfeinwärts am (rechten) Hafenbecken entlang verlaufenden Straße, sind es nur etwa 200 m bis zur **Nordnorwegischen Kletterschule** (S. 499), die Kletterkurse und Climbingtouren anbietet. Auch ein gut bestückter Outdoor-Laden (u. a. mit Climbing-Literatur) ist angeschlossen. Nirgends wohnt man günstiger als hier im Ort, und nirgends sitzt und trinkt man gemütlicher als im angeschlossenen Den Siste Viking-Café & Pub.

Wiederum etwa 200 m weiter führt die Kaigasse auf den direkt an den Hafen angrenzenden **Torget** (Marktplatz) von Henningsvær (mit Kiosk und Bier-Verkaufsstelle), wo die Keramikwerkstatt und Glasbläserei **Engelskmannsbrygga** (S. 499) zum Besuch einlädt. Von hier aus folgt man der durch den Ort zur südlichen Begrenzung des Hafenbeckens führenden „Hauptstraße", von wo aus man mit Abstand die schönste **Aussicht** über Hafen, Ort und die im Rücken aufragenden Felsendome genießt.

Auf dem Rückweg bietet es sich an, der neuesten Kulturinstitution des Ortes einen Besuch abzustatten, der **Kaviar Factory**. Die alte Kaviarfabrik, in der von 1924 bis Mitte der 1990er-Jahre die beliebte „Lofotenpaste" (Brotaufstrich aus geräuchertem Dorschrogen) hergestellt wurde, wurde ab 2006 vollkommen umgebaut und im Sommer 2013 als Venue für norwegische und internationale Gegenwartskunst neu eröffnet. Schon jetzt gilt sie als *die* Kunstinstitution im Archipel schlechthin, und sie umfasst drei Abteilungen: eine feste Ausstellung des bekannten nordnorwegischen Fotografen und Künstlers Rune Johansen, wechselnde Ausstellungen in- und ausländischer Künstler sowie ein Atelier mit Wohnmöglichkeiten für Künstler. Angeschlossen ist ein Kunstshop mit Büchern, Souvenirs sowie Objekten skandinavischer Designer. 💻 www.kaviarfactory.com, 🕒 Juni–Aug, in der Regel tgl. 10–19 Uhr.

ÜBERNACHTUNG

Svolvær

Ohne rechtzeitige Reservierung ist es im Sommer oft unmöglich, ein vakantes Zimmer (egal welcher Preisklasse) zu bekommen, und so muss dringend empfohlen werden, für diesen Zeitraum möglichst frühzeitig zu reservieren. Ausweichquartiere finden sich im nur rund 4 km entfernten Nachbarort Kabelvåg (S. 490) sowie in Henningsvær.

Lofoten Rorbuer, Marinepollen, Jektveien 10, 📞 76071833, www.lofoten-rorbuer.no. Das vollständig renovierte Gebäude am Nordrand des Hafenbeckens ist eines der ältesten erhaltenen der Stadt. 18 Zimmer/Apartments für 2–4 Pers. mit Gemeinschaftsbad, davon 8 mit Kochecke, TV und Stereoanlage. Gemeinschaftsküche sowie urgemütlicher Aufenthaltsraum unter dem Dach, günstige Preise. Ab ❸

Svinøya Rorbuer, Gunnar Bergsveien 2, Svinøya, 📞 76069930, 💻 www.svinoya.no. Die mittlerweile schon nach mehreren Dutzenden zählenden Rorbu-Hütten und Rorbu-Suiten dieses größten Rorbu-Anbieters der Insel liegen direkt am Hafenbecken der Stadt, sind teils urig-rustikal, teils elegant-modern und stets sehr komfortabel eingerichtet, leider ganz und gar nicht billig, bieten aber dennoch den besten Gegenwert. Angeschlossen sind ein Spitzenrestaurant sowie ein Aktivitätszentrum. Ab ❺

Scandic Hotel Svolvær, Langholmen, 📞 76072222, 💻 www.scandichotels.no. Modern-stilvoller Holzbau mit riesiger Glasfront zum Hafen, wie der Bug eines Schiffes gestaltet. Das geschmackvollste Hotel der Inselgruppe. ❻

Thon Hotel Lofoten, Torget, 📞 76049000, 💻 www.thonhotels.no. Der 10-stöckige Glasturm dieses Hotels, das direkt neben dem Hurtigrutenkai eröffnet wurde, ist das höchste Gebäude der Lofoten und auch das umstrittenste. Man mag es oder auch nicht – das Baumilieu und die umgebende Landschaft zumindest hätten architektonisch Anspruchsvolleres verdient. Die Einrichtung freilich ist top, die Aussicht eine Wucht. ❻

Kabelvåg

€ **Kabelvåg Sommerhotell**, Finnesveien 24 (ab der Lofoten-Kathedrale den Schildern folgen), ✆ 76069880, 💻 www.lofotensommerhotell.no. Die Sommer-Jugendherberge in ruhiger Ortsrandlage über dem Hafen ist im Studentenwohnheim der Volkshochschule untergebracht. Einfache Ausstattung, mit Gästeküche, aber gepflegt und preislich unschlagbar. Bett 335 NOK inkl. Frühstück, man kann auch sein Zelt aufbauen (100 NOK). ⌚ 1. Juni–13. Aug. ❸

Lofotferie, Torggata 16 (Marktplatz, neben Prix Supermarkt), ✆ 76074500, 💻 www.lofotferie.no. Zusammenschluss mehrerer Rorbu-Anlagen mit Dutzenden Rorbuer und Sjøhus (1250–3150 NOK je nach Komfortstufe) an verschiedenen Lokalitäten im Ort. Alle liegen ruhig und teils landschaftlich sehr eindrucksvoll direkt am Meer, wurden umfassend renoviert, aber doch im ursprünglichen Stil erhalten (manche Rorbuer stammen noch aus dem 19. Jh.). Außerdem werden 7 einfache Zimmer vermietet (690 NOK), die aber irreführenderweise auf der Webseite als „Jugendherbergszimmer" angeboten werden – was falsch ist: Mit dem originalen Vandrerhjem (Jugendherberge, s. o.) des Ortes hat die Anlage nichts zu tun.

Nyvågar Rorbuer, Storvågan (beim Aquarium), ✆ 76069700, 💻 www.classicnorway.no. Wunderschön an einer ruhigen Seitenbucht gelegene Rorbu-Reihenhausanlage, die höchsten Komfortansprüchen genügt. ⌚ März–Sep. ❻

Sandvika Fjord og Sjøhuscamp, Ørsvåg (2 km südlich von Kabelvåg an der E 10 ausgeschildert), ✆ 76078145, 💻 www.lofotferie.no. Der vorbildlich ausgestattete Campingplatz bietet u. a. einen kleinen Strand sowie Bootsverleih nebst einer großen Zeltwiese (Stellplatz ab 170 NOK) und Wohnmobil-Stellplätze ab 215 NOK am Meer. Zahlreiche Hütten (für 2, 4 oder 6 Pers.), Rorbuer und Zimmer in verschiedenen Größen und Komfortstufen. Sehr viele deutsche Touristen, insbesondere Angler. Mit Aufenthaltsraum (auch Internet) und Kiosk sowie Verleih von Ruderbooten (80 NOK pro Std., 250 NOK pro Tag) und Motorbooten (250 NOK pro Std., 1050 NOK pro Tag). ⌚ Mai–Sep. ❸–❻

Henningsvær

€ **De Siste Viking**, ✆ 90574208, 💻 www.nordnorskklatreskole.no. Der Kletterschule (S. 499) angeschlossene Herberge in einem teils herrlich renovierten Speicherhaus am Hafenbecken. Das Publikum ist jung und aktiv, viele Interrailer, ein nettes Café/Restaurant (S. 498) ist angeschlossen, und die Preise sind mit 300 NOK pro Bett im 2- oder 4-Bett-Zimmer denkbar günstig. ⌚ Juni–Sep. ❶

Tobiasbgrygga, ✆ 76303000, 💻 www.tobiasbrygga.com. 2014 umfassend renovierte Fiskebrygga aus dem frühen 19. Jh., direkt am Hafen gelegen. Mit zahlreichen Rorbu-Wohnungen für 2–7 Pers., alle außerordentlich stilvoll-gemütlich eingerichtet, aber modern ausgestattet. Mit zum Haus gehört der Fischkutter *Flakstadtind*, mit dem Angeltouren durchgeführt werden (650 NOK für 3 Std.). Ab ❸

Henningsvær Rorbuer, ✆ 76066000, 💻 www.henningsvar-rorbuer.no. Eine der größten der zahlreichen Anlagen in Henningsvær. Urgemütlich, teils relativ authentisch eingerichtete Rorbuer. Großes Komfortangebot, u. a. Sauna, Whirlpool, Solarium, Verleih von Angelutensilien, Organisation von Hochsee-Rafting-Touren und anderen Aktivitäten. Ab ❺

Henningsvær Bryggehotel, ✆ 76074750, 💻 www.classicnorway.no. Holz-/Glasbau der gehobenen Komfortstufe am Hafen; wegen seiner Architektur preisgekrönt, aber alles in allem ein wenig steril. Restaurant, Sauna, Bar. ⌚ März–Okt. ❻

Camping

Entlang der E 10 sind Wildcampingplätze eher dünn gesät, und nur nördlich von Svolvær, an der Strecke nach Fiskebøl, bieten sich mehrere Rastplätze an. In Svolvær selbst stehen Wohnmobilisten gerne auf den Parkplätzen der Supermärkte sowie am Fährterminal für Skutvik. Herrliche Plätze auch für Zelte finden sich entlang der Nebenstraßen der Insel (z. B. am Weg nach Laukvik), doch der populärste Platz

NORDNORWEGEN

Schon die Lage von Henningsvær am Fuß nahezu 1000 m hoher Berge ist einzigartig.

ist Kalle Stranda bei Hopen (an der E 10 südlich von Kabelvåg ausgeschildert), wo eine große Wiese direkt am Meer mit Badestrand einlädt; auch Trinkwasser und Toiletten sind vorhanden.

ESSEN UND UNTERHALTUNG

Svolvær

Fellini Pizza og Grill, Torget 8, 🖳 76077760. Gemütliches kleines Restaurant, das für seine Pizzen (rund zwei Dutzend Sorten in jeweils Größen (120–145 NOK bzw. 186–215 NOK), Salate (um 130 NOK), Hamburger (120–140 NOK), Fleisch- und Fischgerichte (ca. 210–248 NOK) unlängst von der Tageszeitung *Lofotposten* ausgezeichnet wurde. ⌚ tgl. ab 13 Uhr.

Du Verden, Torget, ✆ 76070975, 🖳 www.duverden.no/svolvar. Direkt am Marktplatz in der 1. Etage des Lofoten Suitehotels (S. 490) gelegenes Restaurant sogenannter neo-norwegischer Küche, die kulinarische Bereicherungen u. a. aus dem Mittelmeerraum aufgenommen hat. Das Ambiente ist modernistisch, die Atmosphäre cool, man sitzt draußen auf dem Marktplatz oder im mit viel Chrom und Schwarz ausgestatteten Inneren, wenn nicht im recht edlen Restaurant in der 1. Etage des Lofoten-Suitehotels. Kulinarisch dreht sich hier dem Namen getreu alles um „Weltküche", und so listet das Menu u. a. Pizzen auf (um 170 NOK), aber auch Sushi, Pasta und natürlich auch Fischsuppe (165 NOK), gegrillten Trockenfisch (345 NOK) und andere Lofoten-Spezialitäten. Da jede Woche neue Angebote locken (z. B. Lunchteller zu 99 NOK, Pizzabuffet zu 169 NOK), lohnt es sich, zuvor die Website zu sichten, über die man auch einen Tisch reservieren kann (was für Sommerabende ein Muss ist). ⌚ Mo–Sa ab 11, So ab 14 Uhr.

Bacalao, Havnepromenaden 2, ✆ 76079400, 🖳 www.bacalaobar.no. Das direkt um die Ecke vom Torget am Kai gelegene Bacalao, ist das angesagte Café der Stadt, aber auch ein beliebter Nachttreff. Im Sommer kann man hier wunderbar draußen am Hafenbecken sitzen und dem Kommen und Gehen der Motor- und Segeljachten sowie Ausflugsboote zusehen. Der große Innenraum ist insbesondere im Winterhalbjahr gemütlich, wenn im verglasten Kamin ein Feuer prasselt. An den Wochenendabenden (nach 22 Uhr Einlass oft nur ab 21 Jahre) spielen oft norwegische Bands auf. Die Preise für Getränke und Lunchgerichte sind moderat. ⌚ Mo–Do 10.30–1, Fr und Sa 10.30–2.30 Uhr.

Kabelvåg

Præstengbrygga, Torget, ✆ 76078060. Kneipe und Café in einem alten Speicherhaus direkt am Meer beim Torget; auch zum Draußensitzen. Billige Gerichte wie Pizzen, Fr gibt es mittags traditionelle Fischsuppe, und am Wochenende treten oft Jazz-, Blues- und Folk-Gruppen auf. ⌚ tgl. ab 10/11 Uhr.

€ **Miyako Innersia**, Torggata 8, ✆ 48344840. 2016 eröffnet, rühmt sich dieses unter norwegisch-chilenischer Leitung stehende Restaurant, das erste japanische Restaurant von Nordnorwegen zu sein. Auf jeden Fall hat es bislang nur allerbeste Kritiken bekommen! Im Sommer ist das Lokal auch nett zum Draußensitzen. ⌚ im Sommer tgl. ab 11/12 Uhr bis spätnachts (teils bis 3 Uhr), in der Nebensaison mehrmals wöchentl. (zumindest Do, Fr und Sa) ab 20 Uhr (teilweise ebenfalls bis 3 Uhr).

Henningsvær

€ **Den Siste Viking** (S. 499). Der Kletterschule angeschlossenes Bryggen-Café/Pub in traumhafter Lage am Hafenbecken mit Kaffee und Kuchen sowie einfachen und günstigen Gerichten; abends oft Livemusik. ⌚ Mai–Sep tgl. ab 10/11 Uhr.

Fiskekrogen, Henningsvær Feriebrygge (links der Hauptstraße am Hafenbecken, ausgeschildert), ✆ 99417900, 🖳 www.fiskekrogen.net. Fisch und Meeresfrüchte vom Allerfeinsten zu relativ günstigen Preisen (Hauptgerichte ab 185 NOK) im gutbürgerlich eingerichteten Innenraum sowie auf der (teils überdachten) Kaiterrasse am Hafen. Schon der norwegische König war hier Gast – und fand's lecker. Für die Abendstunden ist Tischreservierung zu empfehlen. ⌚ Feb–Okt Mi–So ab 13 Uhr, im Hochsommer tgl.

Lysstøperi og Kafe, Gammelveien 2, ✆ 90551877, 🖳 www.facebook.com/henningsvarlys. Mit der „Kerzengießerei" (hier werden eben auch handgemachte Kerzen verkauft) hat Henningsvær ein stilvolles Café bekommen, schick, aber nicht aufdringlich eingerichtet (auch zum draußen an der Straße sitzen). Gebäck und Kuchen sind schlicht fantastisch (oh, dieser Karottenkuchen und die Zimtschnecken …), ebenso sind es die hausgemachten Pizzen, und nirgends sonst im Ort gibt es besseren Espresso und Kaffee! Und alles zu ganz moderaten Preisen. ◷ Juni–Aug tgl. ab 10 Uhr bis gegen 21 Uhr, sonst nur Di–So 11–16 Uhr.

EINKAUFEN

Svolvær

Am **Torget** (Marktplatz) laden im Sommer Stände mit Obst und Gemüse, Fisch und Fleischwaren sowie vor allem Souvenirs ein. Allergrößte Auswahl an Souvenirs aber bieten die einschlägigen Geschäfte entlang der Kaipromenade sowie das dem Touristenbüro angeschlossene Geschäft von Lofoten-Natur (Produkte lokaler Kunsthandwerker).

Henningsvær

Engelskmannsbrygga, Henningsvær am Torget/Hafen, 🖳 www.engelskmannsbrygga.no. Große Auswahl an qualitativ sehr hochwertigen geblasenen Glaswaren sowie Töpferarbeiten. ◷ Mi–So 11–16 Uhr, im Sommer tgl. bis 21 Uhr.

AKTIVITÄTEN

Henningsvær

Lofoten opplevelser, ✆ 90581475, 🖳 www.lofoten-opplevelser.no. Einziger Anbieter im Archipel für geführte Schnorcheltouren, in deren Rahmen man im Laufe von 2 Std. ins kristallklare und reich belebte Nass vor Henningsvær eintauchen kann (tgl. um 11 und 16.30 Uhr). Im Preis von 850 NOK ist u. a. auch ein Trockenanzug enthalten, sodass einem die Wassertemperaturen egal sein können. Im Winter übrigens (Anfang Dez–Anfang Feb) werden hier tgl. Schwertwalsafaris von 3 Std. Dauer zu 1250 NOK p. P. organisiert.

Nordnorsk Klatreskole, Den siste Viking, ✆ 90574208, 🖳 www.nordnorskklatreskole.no. Verleih sowie Verkauf von hochwertigen Kletterausrüstungen, auch Kletterliteratur (u. a. ein englischsprachiger Kletterführer zu

NORDNORWEGEN

Lofoten Aktiv – dem Ökotourismus verpflichtet

Jann Engstad, der in Kabelvåg beheimatete Teamchef von **Lofoten Aktiv**, ✆ 99231100, 🖳 www.lofoten-aktiv.no, dem größten Outdoor-Zentrum der Lofoten, wurde unlängst von Kronprinz Haakon höchstpersönlich der Norwegische Umweltpreis *Glassbjørnen* überreicht. Diese Auszeichnung verdankt er seinem Wirken für verantwortungsbewussten Tourismus, der sich an ökologischen Kriterien orientiert. Besonders hervorgehoben wurden Engstads Kajaktouren im Bereich der Lofoten und Vesterålen.

Der fließend Deutsch sprechende Jann bietet vom 1. Mai bis 15. Sep geführte Bergtouren, darunter leichte, aber auch anspruchsvolle; Dauer 3–8 Std., Preis ab 495 NOK. Ausgangspunkt ist jeweils die Touristeninformation in Svolvær. Weitere Aktivitäten umfassen u. a. Fahrradtouren, Bergsteigen, Tauchexkursionen und Adlersafaris, Skitreks und auch Angeltouren nebst Walsafaris (Orka-Safaris ab Okt., auch per Seekajak) sowie insbesondere Kajaktouren (1–10 Tage, 1550–14500 NOK) und Kajakkurse. Des Weiteren werden Fahrräder (220 NOK für 1 Tag, 1 Woche 1365 NOK; Einwegmiete möglich) und Seekajaks der deutschen Marke „Prijon" verliehen (1 Tag 450 NOK, 1 Woche 3040 NOK), auch komplette Campingausrüstungen sowie Schneeschuhe und Skier.

Seit 2016 kann man hier auch das *Lofoten Seakayak Guidebook* kaufen, das Jann auf Englisch geschrieben hat, und in dem rund 50 Kajaktouren im Großraum der Lofoten ausführlich beschrieben werden. Es kostet 399 NOK bei Abholung vor Ort bzw. ab 524 NOK bei Postversand. ◷ ganzjährig.

den gesamten Lofoten). ⌚ Juni–Sep. Außerdem Kletterkurse (6600 NOK inkl. VP/Unterk.) sowie insgesamt 5 geführte Klettertouren (Juni–Mitte Aug) von Grad 4 bis Grad 6, 4–12 Seillängen, 3000 NOK; darunter auch die Besteigung der Nordwand des Vågakallen sowie die berühmten Kletterrouten Piano Handler Lund, Bare Blåbær, Vestpillaren, Presten und auch Svolværgeita (Berg-Wahrzeichen von Svolvær, auf Dutzenden Postkarten abgelichtet). Auch Bergwanderungen werden angeboten, u. a. geht es auf den Tjeldbergtind, Festvågtind und Glomtind, aber auch zur Fløya & Djevleporten, zum Blåtind und sogar Vågakallen (kurze Touren 385 NOK p. P., lange Touren 450 NOK).

Gimsøy

Lofoten Golf Links, ✆ 76072002, 💻 www.lofotenlinks.no. Auf der südlich an Austvågøy angrenzenden Insel Gimsøy (s. auch Wanderung S. 488) lädt einer der nördlichsten Golfplätze der Welt ein, angeblich auch der einzige, auf dem man im Sommer 24 Std. lang von der Sonne begleitet wird. ⌚ Mai–Aug rund um die Uhr, Sep–Mitte Nov 9/10–16/18 Uhr.

„Lofotenkonfekt"

In Nordnorwegen sind kulinarische Feinheiten traditionell eher weniger gefragt, und vom *lutefisk* (S. 45) einmal abgesehen wird auf den Lofoten der Stockfisch (S. 46 auch heute noch vorzugsweise auf die „klassische" Art genossen. Zu diesem Zweck nimmt man einen ganzen Stockfisch und klopft ihn mit einem Hammer oder Stein so weich, bis er faserig wird; dabei löst sich die Haut ab (die man nicht mitisst). Nun kaut man die einzelnen trockenen, nahezu hölzernen Fasern gut durch, bis die „unglaublich delikaten Geschmacksstoffe im Mund förmlich explodieren", wie es die Lofoter sagen. Wer es kultivierter mag, kann den überall auf den Lofoten erhältlichen „Lofotkonfekt" erstehen, bei dem es sich um portionsweise verpackten und schon vorgehämmerten Stockfisch handelt. Ab 25 NOK das Päckchen.

Kabelvåg

Northern Alpine Guides, Havnegata 3, ✆ 94249110, 💻 www.alpineguides.no. Dieser auf Klettern, Bergbesteigungen, Eisklettern und Extremski spezialisierte Familienbetrieb gilt als eine der besten Adressen im Archipel. Es werden u. a. Kletterkurse für Anfänger (2 Tage, 2000 NOK alles inkl.) und Fortgeschrittene (3 Tage, 4000 NOK) angeboten, des Weiteren geführte Klettertouren zu den schönsten Routen im Archipel, darunter auch zum Vågakallen über die Nordwand (Grad 4, ab 3000 NOK) und eben auch auf die Svolværgeita: Anders bei allen anderen Anbietern dieser Kletterour, werden hier keine Vorkenntnisse im Klettern oder gar die Vorlage eines Kletterzertifikats verlangt, sondern lediglich körperliche Fitness und der Willen zum Klettern. Ein unvergessliches Erlebnis, das einen halben Tag dauert und ab 1800 NOK (mind. 2 Teilnehmer) bis 4000 NOK (wenn nur 1 Teilnehmer) kostet.

SONSTIGES

Alkohol

Svolvær vinmonopol, Lofotgate 33, AMFI-Einkaufszentrum, ✆ 04560, ⌚ Mo–Mi 10–17, Do und Fr 10–18, Sa 10–15 Uhr.

Apotheken

Apotek 1, Lofotgate 33, AMFI-Einkaufszentrum, ✆ 76066740, ⌚ Mo–Fr 8.30–16, Sa 10–14 Uhr.

Autovermietungen

S. 472

Fahrradverleih

Zuständig ist u. a. **Lofoten Aktiv**, s. Kasten S. 499.

Geld

Direkt am Torget in Svolvær finden sich 2 Banken mit Geldautomat; Geld wechseln kann man auch bei der Post. In Kabelvåg bietet sich ebenfalls am Torget eine Bank mit Geldautomat an (der allerdings meist nicht funktioniert).

Informationen
Destination Lofoten, S. 471.

Medizinische Hilfe
Legevakt Vågan, Kong Øysteins gate 9, Svolvær, ✆ 75521021.

Polizei
Politiet i Svolvær, Fiskergate 28, ✆ 02800.

Post
Svolvær postkontor, Sivert Nilsens gate 51, ✆ 04004, ◷ Mo–Fr 9–18, Sa 10–15 Uhr.

NAHVERKEHR

Von Svolvær aus (Busstopp hinter dem Hurtigrutenkai) verkehren **Busse** etwa 6x tgl. nach Kabelvåg (Torget) und weiter nach Henningsvær. Außerdem 6–8x tgl. via Kabelvåg und Rørvik (Busanschluss von Henningsvær) nach LEKNES/Vestvågøy und weiter via RAMBERG/Flakstadøy sowie HAMNØY und REINE nach Å auf Moskenesøy.

TRANSPORT

Busse
2x tgl. Verbindungen von Kabelvåg sowie Svolvær nach HARSTAD (Schnellbootanschluss nach TROMSØ), 1x tgl. nach NARVIK mit Anschluss nach FAUSKE (Bahnanschluss gen Süden). Außerdem fährt ab Svolvær 4x tgl. ein Bus nach SORTLAND (Busanschluss nach ANDENES für die Walsafari) via STOKMARKNES auf den Vesterålen.

Schiffe
Fähren
Seit 2014 verkehrt die Fähre zwischen Svolvær und SKUTVIK auf Hamarøy bis zu 6x tgl. nur noch in der Saison zwischen Juni und August: 108 NOK p. P., Pkw 375 NOK) sowie zwischen Fiskebøl und MELBU/Vesterålen (etwa stdl., 44 NOK, Pkw 123 NOK).

Schnellboote
Verbindungen zwischen Svolvær und BODØ (1–2x tgl., 463 NOK).

Hurtigruten
Die Schiffe legen in Svolvær tgl. um 22 Uhr Richtung STOKMARKNES und 19.30 Uhr Richtung STAMSUND ab.

Flüge
Der Flughafen von Svolvær liegt 8 km außerhalb der Stadt (Taxi rund 200 NOK). Mit Widerøe bestehen 2–6x tgl. Verbindungen mit LEKNES, BODØ sowie STOKMARKNES und TROMSØ.

Vesterålen und Senja

Die Küstengewässer rings um die Lofoten sowie um die sich nördlich anschließenden Vesterålen und Senja gehören nicht nur zu den fischreichsten Europas, sondern beeindrucken auch mit einer einzigartigen Fülle an Säugetieren, vor allem an Walen. Wer zwischen Oktober/November und Januar auf den Inselgruppen weilt, wird garantiert Gelegenheit haben, Herden von **Schwertwalen** zu beobachten, die dann im Gefolge der großen Heringsschwärme in die Fjorde kommen, um sich an ihren Beutefischen gütlich zu tun. Bis zu 9 m lang und 6 t schwer können diese fälschlicherweise auch als „Killerwale" bezeichneten Tiere werden, denen man sich am besten im Rahmen von organisierten Boots- oder Seekajaktouren annähert. Solche Touren werden insbesondere auf den Lofoten (S. 467) sowie am Tysfjord (S. 523) angeboten.

Auch der bis zu 8,5 m lange **Grindwal** taucht mitunter auf, Glückspilze können die bis zu 19 m langen und für ihren Gesang bekannten **Buckelwale** beobachten, und am häufigsten noch sieht man die durchschnittlich 1,50 m langen **Schweinswale** (Kleintümmler), die Delphinen zum Verwechseln ähnlich sehen. Sie gehören zur Familie der geselligen Zahnwale, die bereits seit rund 30 Mio. Jahren in allen Ozeanen unseres Planeten zu Hause sind. Der eindrucksvollste Vertreter dieser Gattung aber ist der bis zu 75 t schwere und bis zu 20 m lange **Pottwal**, das größte bezahnte Tier der Erde, der bis in Tauchtiefen von mehr als 3000 m vordringen kann. Ihn findet man ausschließlich vor der Inselkette der Vesterålen, da dieser Großwal nur dort, am Rand des europäischen Festlandssockels, den Nahrungsreichtum findet, den er benötigt.

Entlang der Walroute nach Andøy

Der Name „Walroute" ist kein inhaltsleerer Slogan, sondern vielmehr sprechende und auch offizielle Bezeichnung für die insgesamt 382 km lange Strecke von Å im Süden der Lofoten über die Vesterålen bis hinauf nach Finnsnes auf Senja, die sich als Alternative zur vergleichsweise eher langweiligen E 6 anbietet. Ihr nördlicher Abschnitt, der die Vesterålen durchquert, wird im Folgenden beschrieben. Dieser Archipel, dessen Name so viel wie „Streifen im Westen" bedeutet, ist mit einer Fläche von rund 2400 km² der größte des Landes und zeigt ein Landschaftsbild, das durch rundgeschliffene Berge und ausgedehnte Moorflächen, bewaldete Hänge sowie Wiesen und Felder geprägt wird. Hauptattraktion dieser noch wenig besuchten und nur rund 30 000 Einwohner zählenden Inselgruppe ist natürlich das *Whale Watching* – die Beobachtung von Pottwalen –, aber auch die nach Dutzenden zu zählenden Sandstrände lohnen einen Besuch.

Infos zu den Vesterålen und Senja

- **Vesterålen Reiselivslag**, Postboks 243, 8401 Sortland, ✆ 76111480, 💻 www.visitvesteralen.com. Für die gesamte Inselgruppe zuständig, nur Senja ist ausgespart, da diese Insel zur Region Troms gehört:
- **NordNorsk Reiseliv AS**, P.O. Box 434, 8001 Bodø, ✆ 75545200, 💻 www.nordnorge.com. Informationen über den gesamten hohen Norden.
- Öffentliche Verkehrmittel: Die gesamte Region ist gut per **Bus** zu bereisen. Wie auf den Lofoten gehören auch hier die meisten Busse zu Boreal, 💻 www.boreal.no; s. unter „Lofoten", S. 472. Sowohl die Vesterålen als auch Senja werden von den Schiffen der **Hurtigruten** bedient. Den **Fähren** kommt heute nur noch wenig Bedeutung zu, da die meisten Inseln untereinander mittels Brücken verbunden sind; einzige wichtige Fährverbindungen sind diejenigen zwischen Fiskebøl (Lofoten) und Melbu (Vesterålen) sowie zwischen Andenes und Senja. Informationen für die Gesamtregion unter ✆ 177 oder 💻 www.rutebok.no.

Hadseløy

Tor zu den Vesterålen ist das im Norden der Lofoteninsel Austvågøy gelegene **Fiskebøl** Start- bzw. Endpunkt der Lofoten-Festlandsverbindung Lofast (S. 473). Die rund 20-minütige Fährfahrt von dort über den ca. 5 km breiten Hadselfjord hinüber nach **Melbu** ist ein herrlicher Auftakt für die Entdeckung der Vesterålen: Beim Blick zurück genießt man noch einmal traumhafte Panoramen auf die bizarre Kette des von den schartigen Gipfeln, Bastionen und Zinnen geprägten Austvågøy, während voraus die grünen Buckel von Hadseløy das Bild bestimmen. Die E 10 markiert ab Melbu den 16 km langen Weg nach **Stokmarknes** im Norden der Insel.

Langøy

Von Stokmarknes aus geht es über ein System imposanter Bogenbrücken zur Nachbarinsel Langøy hinüber, der mit 860 km² Fläche drittgrößten Insel von Norwegen und Hauptinsel der Vesterålen. Sie wird durch tief ins Land reichende Fjorde nahezu in mehrere Teile zerschnitten und lockt mit ihrer landschaftlichen Vielfalt aus Feldern und Wäldern, Stränden, Mooren und Bergen.

Inselmetropole und Verwaltungszentrum der gesamten Inselgruppe ist das von Stokmarknes rund 28 km entfernte **Sortland**, dem 4700 Einwohner zählenden Hauptstützpunkt der nordnorwegischen Küstenwache, dessen größtes und einziges Highlight die Lage am Hadselfjord gegenüber dem Nordrand der **Lofotenwand** ist. Steil und sagenhaft präsentiert sich das berühmte Bollwerk auch von dieser Seite, und wer je das majestätische Bühnenbild leuch-

tendweißer Schneefelder und wolkenumrahmter schwarzer Bergspitzen erblickt hat, der versteht auf Anhieb, warum es heißt, dass auf den Lofoten die Natur in ihren unwahrscheinlichsten Erscheinungsformen auftritt.

Im Ort selbst sowie bei den Kaianlagen erregen zahlreiche in verschiedenen Blautönen gestrichene Häuser die Aufmerksamkeit der Besucher. Sie sind Teil des Projektes **Blå Byen** („Blaue Stadt"), das 1999 ins Leben gerufen wurde, um der Stadt ein ansprechenderes Aussehen zu verschaffen. Dabei soll das Blau für Bewegung stehen, den „Wechsel der Formen in Raum und Zeit", und wie findige Statistiker errechnet haben, wurden hier bis zur Fertigtünchung alles in allem gut 50 000 l blauer Farbe vermalt. Ansonsten ist zum Ruhme dieses Städtchens nicht viel mehr zu sagen, als dass es mit Abstand die besten Einkaufsmöglichkeiten im gesamten Archipel bietet. Nachdem die 961 m lange Brücke über den Sortlandsund überquert ist, geht es links ab auf die R 82, die auf rund 80 km langer Wegstrecke nach Andenes führt.

ÜBERNACHTUNG

Hadseløy

€ **Stokmarknes Camping**, Stokmarknes (R 19, am östlichen Ortsrand), ✆ 992 34380, 76152696, ◷ Juni–Mitte Sep. Einfacher, aber netter Platz am Birkenwald. Die Stellplätze und die 8 schlichten Hütten bieten leider keine Aussicht. Ausgangspunkt mehrerer Wanderungen. Spielplatz, Bademöglichkeiten, Boots- und Angelverleih. Stellplatz 200 NOK, Hütten ab ❶

Langøy

Vesterålen Sjøhus, Ånstadsjøen (2 km vom Stadtzentrum an der R 820), ✆ 76123740, 💻 www.lofoten-info.no/vesteralen-sjohus. Ansprechende Ferienanlage am Meer im typischen Nordland-Stil. 7 moderne Sjøhus direkt am Wasser mit Küche, Wohnzimmer, Bad/WC und 2 Schlafzimmern im Obergeschoss (5 Betten), außerdem mehrere DZ. Holzgefeuerte Badezuber, Bootsverleih sowie Vermittlung von Aktivitäten und Bootstouren. Sjøhus ❺, DZ ab ❷

Sortland Camping & Motell, Vesterv. 51, ✆ 76110300, 💻 www.sortland-camping.no. Guter Platz in Stadtnähe mit umfangreichem Übernachtungsangebot. Die Stellplätze liegen teils schön unter Birken, allerdings können die sanitären Anlagen im Sommer etwas überfordert sein. 15 Campinghütten ohne Bad/WC, 18 Bungalows mit Bad/WC sowie Zimmer im angeschlossenen Motel. Cafeteria, Kiosk, Schwimmbad, Fahrradverleih, Wandermöglichkeiten, Touren-Vermittlung. Stellplatz 200 NOK, Hütten/Bungalows/Zimmer ❶–❻

ESSEN

Langøy

€ **Milano Pizzarestaurant**, Torggate 17, Sortland, ✆ 76122838. Die beste Adresse für gute und günstige Pizzen, aber auch Pastagerichte, Kebabs und Hamburger. ◷ tgl. ab 13 Uhr.

Sortland Hotell, Vesterålsgt 58, Sortland, ✆ 76108400. Großes Hotelrestaurant mit günstigen Lunchgerichten und üppigem Abendbuffet (im Sommer tgl.), an dem sich überwiegend Busgruppen sättigen.

Restaurant Sjøstua, Sjøhus (S. 504). Eines der besten Restaurants der Insel, speziell wenn es um Fisch und Meeresfrüchte geht. Traditionell und gemütlich eingerichtet mit Ausblick auf die Marina. Das Arctic-Menu bietet leckere Fischgerichte, Fr gibt's ein eigenes Schellfisch-Buffet (20 Uhr). Gehobene Preise. ◷ tgl. ab nachmittags.

AKTIVITÄTEN

Hadseløy

Baden

Etwa 10 km westlich von Melbu liegt der Badestrand Taen. Schöne Umgebung, Wiesenareale, WC (behindertengerecht).

Radfahren

Die Rundtour um die Hadsel-Insel ist etwas über 40 km lang, perfekt für einen Tagestrip auf dem Zweirad. Unterwegs kommt man an mehreren Badestränden und Angelfelsen vorbei.

Langøy

Radfahren

Die vielen Nebenstraßen rund um Sortland eigenen sich perfekt zum Radeln. In der Touristeninformation ist die Kartenbroschüre „Sykkel- og Turkart Vesterålen" erhältlich, in der alle Routen genau beschrieben sind.

Wandern

Eine echte Herausforderung ist der 1263 m hohe und noch teils vergletscherte Møysalen, der allerdings nur von wirklich erfahrenen Kletterern allein bestiegen werden sollte (gut 9 Std.). Die Touristeninformation kann auf Anfrage Führer vermitteln, weitere Infos über 💻 www.moeysalen.no.

Eine leichtere und ebenfalls reiche Aussicht bietende Wanderung führt zum Holandsknurren (649 m), Ausgangspunkt ist Kleiva (6 km von Sortland) oberhalb des Gymnasiums. Auch der 504 m hohe Galten ist ein populäres Wanderziel (Start bei der Kirche in Sigerfjord, etwa 10 km von Sortland), aber ohne topografische Karten (die das Touristenbüro vertreibt) verläuft man sich schnell.

TOUREN

Das Angebot an **Bootstouren** sowohl von Hadseløy als auch von Langøy aus ist üppig: Dutzende Anbieter haben u. a. Schärenkreuzfahrten, Angeltörns, Wal- und Seeadlersafaris, Trollfjord-Fahrten und andere Touren mehr im Programm. Die Touristeninformationen informieren umfassend und dienen auch als Buchungszentralen.

Vesterålen Padle og Klatreskole, ✆ 90186269, 💻 www.facebook.com/VesteralenPadle Klatresenter. Verleih von Seekajaks (450 NOK pro Tag) und Ausrüstungen, auch organisierte Kajak- und Klettertouren diverser Schwierigkeitsgrade, des Weiteren Kajak- und Kletterkurse.

SONSTIGES

Alkohol

Stokmarknes vinmonopol, Markedsgate 11, Stokmarknes, ✆ 04560, 🕒 Mo–Mi 11–16.30, Do und Fr 10–16.30, Sa 10–15 Uhr.

Sortland vinmonopol, Strandgate 24, Sortland, ✆ 04560, 🕒 Mo–Mi 10–17, Do und Fr 10–18, Sa 10–15 Uhr.

Apotheken

Apotek 1, Markedsgate 9, Stokmarknes, ✆ 76151510, 🕒 Mo–Fr 9–16.30, Sa 10–14 Uhr.

Apotek 1, Strandgate 24, Sortland, ✆ 76111530, 🕒 Mo–Fr 9–17, Sa 10–15 Uhr.

Autovermietungen

Europcar, Stokmarknes, ✆ 47702190.

Sortland bruktbilutleie Brekkavegen 10, Sortland, ✆ 41103711. Ältere Wagen, aber deutlich günstiger.

Fahrradverleih

Hurtigruten-Museum in Stokmarknes, S. 505

Sortland Camping & Motell, S. 504.

Sortland turistkontor, s. u.

In Sachen Hurtigruten

Wichtigster Meilenstein in der Geschichte der rund 3500 Einwohner zählenden Stadt Stokmarknes war die Gründung der *Vesterålen Dampskibsselskab* im Jahre 1881 durch Richard With, den „Vater der Hurtigrute" und späteren Direktor der Gesellschaft. An ihn erinnert ein Denkmal bei der Anlegestelle neben der E 6, und hier steht auch das aufgedockte Hurtigruten-Schiff M/S *Finnmarken*, das 1956 erbaut und 1999 vollständig restauriert wurde. Es gehört zum **Hurtigruten-Museum**, das 1993 anlässlich des 100-jährigen Jubiläums der Hurtigruten eröffnet wurde. Auf drei Etagen kann man sich anhand von Gemälden, Schiffsmodellen, historischen Filmen und einer Diashow über die Geschichte der Postdampfer informieren (s. auch S. 447). 💻 www.hurtigrutemuseet.no, 🕒 Mitte Juni–Mitte Aug tgl. 10–18, Mitte Mai/Aug–Mitte Juni/Sep tgl. 12–16, sonst tgl. ab 14 Uhr, Eintritt 90 NOK.

Feste

Hadseløy

Sommer-Melbu, August, 💻 www.sommermelbu.no. Jährliches Kulturfestival, u. a. mit Konzerten und diversen Aktivitäten.

Geld

Spare Bank 1, Markedsgate 5, Stokmarknes ✆ 02244.

Spare Bank 1, Kjøpmannsgate 8, Sortland, ✆ 02244.

Informationen

Stokmarknes turistinformasjon, Hurtigruten-Museum (S. 505), ✆ 76152999, 💻 www.visitvesteralen.com, 🕒 ganzjährig.

Sortland turistkontor, Kjøpmannsgate 2, ✆ 76111480, 💻 www.visitvesteralen.com, 🕒 im Sommer tgl. bis 20 Uhr, sonst Mo–Fr 9–17 Uhr.

Medizinische Hilfe

Legevakt i Stokmarknes, ✆ 75424242.

Legevakta i Sortland, Sortland, ✆ 75424242.

Polizei

Hadsel lenmannskontor, Markedsgate, Stokmarknes, ✆ 02800.
Sortland lensmannskontor, Strandgate 37, Sortland ✆ 02800.

Post

Stokmarknes Post i butikk (Prix Supermarkt), Markedsgate 3, ✆ 04004, ⌚ Mo–Fr 9–22, Sa 9–20 Uhr.
Sortland postkontor, Strandgate 16, Sortland, ✆ 04004, ⌚ Mo–Fr 9–17, Sa 10–15 Uhr.

Taxis

Taxi Stokmarknes, ✆ 76156600.
Taxi Sortland, ✆ 76121310.

TRANSPORT

Selbstfahrer

Wer von den Lofoten kommt, muss die Fähre von Fiskebøl nach Melbu nehmen (S. 506). Danach führt die Straße über Brücken von Insel zu Insel der Vesterålen bis hinauf nach Andenes.

Busse

Von Storkmarknes aus bestehen 4x tgl. Verbindungen mit den Lofoten entlang dem Lofoten-Highway bis hinunter nach Å via SVOLVÆR, LEKNES, RAMBERG und REINE. Außerdem 6–8x tgl. nach Sortland; von dort 2x tgl. Anschluss nach HARSTAD (Schnellboot nach TROMSØ), 1x tgl. nach NARVIK sowie nach BODØ (via FAUSKE; Bahnanschluss gen Süden) und 2–3x tgl. nach ANDENES.

Schiffe

Hurtigruten
Das nordwärts fahrende Schiff legt tgl. um 1 Uhr nachts in Stokmarknes Richtung Sortland ab, das südwärts fahrende tgl. um 15.15 Uhr Richtung SVOLVÆR/Lofoten.
Von Sortland aus geht es es tgl. um 3 Uhr nachts nach FINNSNES/Senja sowie um 13 Uhr nach Storkmarknes.

Fähren
Fiskebøl/Lofoten–MELBU/Vesterålen: ganzjährig, mind. 12x tgl., 44 NOK, Pkw 123 NOK.

FLÜGE

Stokmarnes

Der Flughafen liegt ein paar Kilometer nördlich der Stadt an der E 10 jenseits der Bogenbrücke Richtung Sortland (Taxi 150 NOK). Widerøe bedient von dort aus mehrmals tgl. BODØ, TROMSØ, ANDENES sowie SVOLVÆR und LEKNES auf den Lofoten.

Harstad/Narvik

Bedeutsam ist auch der Narvik/Harstad Lufthavn (S. 532) in Evenes an der E 10 westlich von Narvik, wohin man ab Sortland mit dem Flughafenbus gelangt, 🖳 www.flybussen.no, 250 NOK. SAS und Widerøe bedienen die Routen nach TROMSØ, OSLO, TRONDHEIM und innerhalb von Nordland, Norwegian Air fliegt günstig nach Oslo.

Andøy

Die gut ausgebaute Straße verläuft direkt an der Küste entlang und bietet ein ums andere Mal herrliche Aussichten hinüber nach Langøy sowie bald auch nach Andøy, nördlichste Insel der Vesterålen, die ebenfalls über eine Brücke zu erreichen ist. Hier überwiegen rund geschliffene Berge, die oft bis obenhin mit Gras bewachsen sind und aus weit gestreckten Moorflächen aufragen. An der Westküste, die 2012 zur Nationalen Touristenstraße ernannt und entsprechend ausgebaut wurde, 🖳 www.nasjonaleturistveger.no, durch eine Nebenstraße erschlossen, erstrecken sich berückend schöne Sandstrände mit Blick aufs offene Nordmeer. Doch auch die R 82, die am Andfjord entlangführt, hat viele Reize zu bieten, insbesondere spektakuläre Ausblicke auf die im Osten aufragenden Inseln Grytøy sowie Senja, die an Dramatik durchaus mit den Lofoten konkurrieren können.

Andenes

Hauptort des rund 488 km² messenden Eilandes ist das 3000 Einwohner zählende Gemeindezentrum Andenes, am Nordzipfel von Andøy gegenüber Senja gelegen. Das Städtchen ist Ausgangspunkt für die angeblich besten **Walsafaris** weltweit, die zwischen dem 25. Mai und 15. September mehrmals täglich (sowie im Dez–März 1x tgl.) durchgeführt werden (s. Kasten S. 508). Aber auch sonst gibt es genug zu tun: Neben einem Besuch des **Walzentrums** (S. 508), einer der größten Ausstellungen über Wale und Walforschung in Europa, lohnt auch die Besteigung des 40 m hohen und 1859 in Dienst gestellten **Leuchtturms** von Andenes. ⌚ 22. Juni–22. Aug tgl. 10–17 Uhr, Eintritt 90 NOK.

Das angrenzende **Polarmuseum**, 💻 www.museumnord.no/andoymuseet, im Ortszentrum ist insbesondere der Überwinterung des Tierfängers Hilmar Nøis auf Spitzbergen gewidmet. ⌚ 22. Juni–22. Aug tgl. 10–17 Uhr, Eintritt 50 NOK.

Dem etwa 10 km südwestlich von Andenes gelegenen und in niedrige Dünen eingefassten **Bleikstranda**, mit 2,5 km Ausdehnung einer der längsten Sandstrände des Nordens, gebührt ein Rang unter den schönsten Stränden des Königreiches, und vom Fischerort Bleik aus starten zwischen dem 21. Juni und 20. Aug tgl. um 13 und 15 Uhr Bootsfahrten (ca. 2 1/2 Std., 450 NOK) zum **Vogelfelsen Bleiksøya**, auf dem u. a. etwa 80 000 Papageitaucher nisten. Veranstalter ist Puffinsafari, ✆ 90281772, 💻 www.puffinsafari.no.

ÜBERNACHTUNG

Grønnbuene Rorbuhotell, ✆ 76141, 💻 www.andrikkenhotell.no. Ansprechende Unterkunft im Nordland-Stil in grün getünchten Stelzenhäusern direkt am Hafen. In der „Grønbua 1" werden gemütliche DZ mit Gemeinschaftsküche und geteiltem Bad/WC vermietet, während die „Grønbua 2" und „Grønbua 3" moderne, voll ausgestattete Apartments bieten. Angeschlossen ist ein empfehlenswertes und relativ preiswertes Restaurant. Ab ❸

Andrikken Hotell, Storgate 53, ✆ 76149090, 💻 www.andrikkenhotell.no. Ein etwas trist wirkender Neubau, doch die Zimmer sind modern ausgestattet, geräumig und hell. Mit Restaurant und Bar, außerdem Vermittlung von Aktivitäten und Touren. Ab ❺

Camping und Hütten

€ **Andenes Camping**, R 82 (3 km außerhalb des Ortszentrums), ✆ 41340388, 💻 www.whalesafari.no. Schöner Campingplatz am Ortseingang mit Meeresblick. Grüne Campingwiesen, allerdings keine Hütten. Neue Sanitäranlage, gut ausgestattete Küche und Aufenthaltszimmer, außerdem Spielplatz und Grillplätze. Zeltplatz 150 NOK, Wohnwagen/Wohnmobil 200 NOK. ⌚ Juni–Aug

Midnattsol Camping, Bleik (etwa 10 km von Andenes), ✆ 45221942, 💻 www.midnattsolcamping.com. Urgemütliche Grasdachhütten (im Sommer 700 NOK) in toller Lage am Sandstrand von Bleik Kanu-, Boots- und Fahrradverleih, gute Angel- und Bademöglichkeiten, geführte Touren, u. a. zur Vogelinsel Bleiksøya. ❸

ESSEN

Lysthuset Sørvesten Restaurant, Storgate 51, ✆ 76141499. Gemütliches Restaurant mit maritimer Einrichtung und entspannter Atmosphäre. Erstaunlich große Speisenauswahl, die von Salaten über Burger und Pizzen bis hin zu köstlichen Traditionsgerichten der norwegischen Küche (hauptsächlich Fisch und Meeresfrüchte) reicht. Mittleres Preisniveau. ⌚ tgl. mittags und abends.

FESTE

Nordlyst-festivalen, Ende Februar, 💻 www.nordlyst.wordpress.com. Jährliches Winterfestival mit Konzerten, Kunstaustellungen und Seminaren.

Andenes havfiskefestival, Ende Juni. Internationales Hochseefisch-Festival mit Angelwettbewerben und Ausstellungen.

AKTIVITÄTEN

Radfahren

Die Umgebung von Andenes mit ihren kaum befahrenen Nebenstraßen und geringen Steigungen ist wie geschaffen fürs Fahrradfahren. Im Touristenbüro (das auch Radverleih vermittelt) erhält man eine Broschüre über sämtliche Fahrradrouten.

15 HIGHLIGHT

„Die beste Walsafari der Welt"

© DUMONT BILDARCHIV / MIKE SCHRÖDER, HARTMUT SCHWARZENBACH

NORDNORWEGEN

Ganz nahe an Andenes vorbei verläuft der Rand des europäischen Festlandssockels, an dem sich, angelockt durch das große Angebot an Beutetieren, alljährlich ein stabiler Bestand von **Pottwalen** aufhält. Anlass genug für vier- bis fünfstündige Beachtungstouren zu diesen bis zu 75 t schweren und 20 m langen Meeressäugern, die nicht selten nur wenige Meter neben dem wartenden Boot aus dem Wasser tauchen. Die Wahrscheinlichkeit, wirklich einen Pottwal zu Gesicht zu bekommen, wird mit sage und schreibe 95–99 % beziffert, und wer dennoch kein Glück hat, kann ein zweites Mal kostenlos mitfahren. Wissenschaftler und Biologiestudenten sind als kompetente Führer mit an Bord, wo auch Wal-Bestimmungsbücher ausliegen, und nicht umsonst hat die Whale & Dolphin Conservation Society der Tour, einem Gemeinschaftsprojekt des Fremdenverkehrsamtes und des World Wildlife Fund, das Prädikat der besten arktischen Walsafari weltweit verliehen.

Jede Whale-Watching-Tour beginnt mit einer einstündigen Führung durch das **Walzentrum** Andenes, das direkt am Hafen des Städtchens in einem ehemaligen Fischverarbeitungsbetrieb eingerichtet wurde und sich als Walmuseum, Bildungseinrichtung und Forschungsstätte gleichermaßen präsentiert. Im Rahmen von geführten und durch Multimediaprogramme unterstützten Rundgängen (auch auf Deutsch) wird hier ein Überblick über die Biologie der Meeressäuger sowie wissenschaftliche Untersuchungen vermittelt, und wer mag, kann Mitglied im Royal International Whale Safari Club werden. Als Hauptattraktion der Ausstellung gilt das Skelett eines 1996 an Strand gespülten Pottwalmännchens von etwa 16 m Länge, das mithilfe deutscher Biologen geborgen und präpariert wurde. Es vermittelt einen Eindruck von der Größe der Pottwale – allein der Schädelknochen wiegt schon über 1 t.

Dann geht es **an Bord** der 28 m langen M/S *Reine* oder eines Katamarans. Leinen los, und hinaus zu den Walgründen am Tiefseegraben, wo die am Schiffbug angebrachten Hydrophone eingeschaltet werden, dank derer die bis zu 80 Passagiere die Echo-Ortungs-Klicklaute der Pottwale hören können. Je lauter es klickt, desto näher ist ein Wal und desto größer die Chance, dass er im näheren Umkreis oder gar nur wenige Meter von der Bordwand entfernt auftaucht.

Hvalsafari AS, Andenes, Hamnegate 1c (am Leuchtturm), ✆ 76115600, 💻 www.whalesafari.com. 2. Mai–19. Juni und 21. Aug–31. Aug tgl. um 9.30 und 14.30 Uhr, 15. Juni–20. Aug auch 10.30 und 15.30 Uhr, Dez–März 1x tgl. (Preis dann 990 NOK), Dauer ca. 3 Std., Erwachsene 975 NOK, Kinder bis 13 Jahre 690 NOK, Kinder 1–4 Jahre 290 NOK. Wer keinen Wal zu Gesicht bekommt, erhält Freikarten für eine weitere Tour oder kann sich den Preis erstatten lassen.

Wandern

Wanderkarten bekommt man ebenfalls im Touristenbüro (und im Sportladen in der Storgate/Ortszentrum). Die populärsten Routen führen zum 408 m hohen **Måtind** (toller Panoramablick, etwa 3 Std.), auf den 468 m hohen **Ramnan** (schöne Aussicht auf Senja und Hinnøya, mittlerer Schwierigkeitsgrad) und zum **Forfjorddalen** (leichte Tour, auch für Familien geeignet).

SONSTIGES

Alkohol

Andenes vinmonopol, Sjøgate 21, ✆ 04560, ◷ Mo–Fr 11–16.30, Sa 10–14 Uhr.

Apotheken

Apoteket Neptun Kristiansen, Fridtjof Nansens gate 21, ✆ 76141600.

Autovermietungen

Avis, Mich. Sahrsgt 4, ✆ 76141565.

Fahrradverleih

Die Touristeninformation (s. o.) vermittelt Räder.

Geld

Sparebank 1, Storgate 1, ✆ 02244.

Informationen

Andøy turistinformasjon, Kong Hans gate 8, ✆ 76141203, 🖳 www.andoyturist.no, ◷ 22. Juni–22. Aug tgl. 10–18 Uhr, sonst Mo–Fr 8–16 Uhr.

Medizinische Hilfe

Legevakten, ✆ 75424242.

Polizei

Andenes politistasjon, Sjøgate 26, ✆ 02800.

Post

Andnes Post i butikk, Storgate 71, Coop/Prix Supermarkt, ✆ 04004, ◷ Mo–Fr 9–22, Sa 9–20 Uhr.

Taxis

✆ 76141200. Auf Anfrage auch Sightseeingtouren.

TRANSPORT

Selbstfahrer

Um von Andenes nach Senja überzusetzen, muss man die Fähre nehmen.

Busse

Verbindungen bestehen 3x tgl. mit SORTLAND, 2x tgl. mit HARSTAD (Schnellbootanschluss nach TROMSØ) sowie 2x tgl. mit NARVIK.

Schiffe

Von Andenes verkehren vom 22. Mai–30. Aug **Fähren** nach GRYLLEFJORD (2–3x tgl., 215 NOK, Pkw 555 NOK), Informationen über 🖳 www.tromskortet.no.

Flüge

Der Flughafen befindet sich am südlichen Stadtrand (mit dem Taxi ca. 100 NOK). Widerøe bedient von dort aus mehrmals tgl. BODØ, TROMSØ, STOKMARKNES und NARVIK.

Senja

Allenfalls die Lofoten sowie die Lyngen-Alpen (S. 548) können es in puncto Dramatik mit der steinernen Urwelt an der Außenseite der zweitgrößten Insel Norwegens aufnehmen. Mit seinen 1590 km² Fläche liegt Senja zwischen den Vesterålen und Tromsø und ist durch eine Brücke mit dem Festland und damit der E 6 verbunden.

Die landschaftlich eindrucksvollste Strecke nach Senja folgt aber nicht der im Sommer sehr stark befahrenen E 6, sondern vielmehr der Fährpassage von Andenes nach Gryllefjord (S. 512) im Westen der Insel. Von dort aus führt die Nationale Touristenstraße vorbei an den „Zähnen des Teufels" (S. 511) nach Botnhamn im Norden von Senja. Weiter Richtung Norden geht es dann am schönsten und schnellsten mit der Fähre von Botnhamn nach Brensholmen (S. 512) auf der Insel Kvaløya, von wo aus man über die R 862 nach Tromsø gelangen kann (dort gibt es eine Brücke). Bevor man sich aber allzu eilig auf den Weg nach Tromsø macht, sollte man von Brensholmen aus unbedingt einen Abstecher einplanen und den Schildern nach Sommarøy folgen. Die Insel ist über Brücken erreichbar und hat einige geradezu karibisch schöne Sandstrände im Wiesensaum zu bieten.

ÜBERNACHTUNG

Hostels und Hotels

€ **Senja Vandrerhjem**, Silsand (gegenüber von Finnsnes, an der R 86), ✆ 77844165, 💻 www.hihostels.no, 🕒 14. Juni–14. Aug. Jugendherberge in einem ansprechenden Holzgebäude in ruhiger Lage. 1–4-Bett-zimmer mit privatem Bad/WC, Schlafsaal, Gästeküche, gemütlicher Aufenthaltsraum mit Kamin. Bettzeug und Handtuch sind inkl., Frühstück 60 NOK. Bett 220 NOK, DZ ❷

Kroken Gård, Nygårdsveien 7, Finnsnes, ✆ 92814619. Schöne, von außen renovierte Hofanlage aus dem frühen 20. Jh., zentrale Stadtlage. 12 Zimmer, auf 8 hübsche Gebäude verteilt, etwas altmodisch eingerichtet. Ab ❸

Eidebrygga Rorbuanlegg, Torsken, ✆ 77855343, 💻 www.eidebrygga.no. Idyllisch am Fjord gelegene Anlage. Gemütliche Rorbuer (2–4 Betten) direkt am und über dem Wasser auf Stelzen, die meisten mit eigener Küche. Verleih von Motorbooten. Ab ❶

Finnsnes Hotell, Strandveien 2 (im Zentrum), ✆ 77870777, 💻 www.finnsnes-hotell.no. Das gute Mittelklassehotel mit Fjordblick bietet 56 Zimmer mit Bad/WC und TV; gutes Preis-Leistungs-Verhältnis. Empfehlenswertes Restaurant mit leckerer Hausmannskost, außerdem eine Bar. ❺–❻

Camping und Hütten

Senja Camping, Torsmo (15 km von Finnsnes im Inselinneren, zwischen der R 86 und der R 860), ✆ 48158475, 💻 www.senjacamping.no. Großer und gut ausgestatteter Campingplatz in ansprechender Seeuferlage. 10 unterschiedliche Hütten mit 4–6 Betten, die meisten mit einfacher Kücheneinrichtung, außerdem Wiesenplätze für Zelte, 2 Sanitärblocks. Großes, beheiztes Freibad, Verleih von Ruderbooten, Kajaks und Kanus, Verkauf von Angelscheinen. Stellplatz ab 110 NOK, Hütten ab ❶

€ **Fjordbotn Camping**, Stønnesbotn (etwa 10 km südlich des Fähranlegers Botnhamn), ✆ 77849310, 💻 www.fjordbotn.no. Tolle kleine Anlage mit herrlichen Zeltwiesen, die direkt ans Meer angrenzen; außerdem 6 schlichte, aber gemütliche Hütten. Kiosk, einfacher Imbiss, Spielplatz, Bootsverleih, gute Wandermöglichkeiten. Stellplatz 150 NOK, Hütten ab ❶

AKTIVITÄTEN

Angeln

Senja ist ein wahres Paradies zum Meeresangeln, und entsprechend kann man nahezu über jede Unterkunft Ruder- bzw. Motorboote ausleihen und auch geführte Angeltörns buchen. Auch an den vielen Seen des Inselinnern kommen Angler auf ihre Kosten, doch benötigt man einen Angelschein, den man u. a. in der Touristeninformation sowie auf den Campingplätzen bekommt.

Radfahren

Insbesondere im südlichen Teil der Insel bieten sich zahlreiche schöne Nebenstraßen mit wenig Verkehr an, so z. B. die R 860 entlang der Küste nach Skrollsvika (etwa 22 km).
Am spektakulärsten ist aber zweifellos die Befahrung der R 864 zwischen Gryllefjord und Botnhamn.

Wandern

Das Touristenbüro informiert über zahlreiche Wanderungen und verkauft Wanderkarten.
Die populärsten Touren führen in den Ånderdal-Nationalpark und ins Nord-Heggedal (der Weg beginnt direkt hinter der Brücke über den See Lysvatn, 30 km von Finnsnes via R 861).
Der mit Abstand schönste Wanderweg trägt den Namen **Senja på langs**, quert die gesamte Insel von Nord nach Süd und ist alles in allem rund 75 km lang, wofür man mindestens 5 (anstrengende) Tage ansetzen sollte. Aber auch für einen ausgedehnteren Wanderurlaub ist die markierte und ausgezeichnete Wander-

Die „Zähne des Teufels"

Der Umstand, dass die **R 862** zwischen dem Fährhafen Gryllefjord und Botnhamn den Beinamen „Zähne des Teufels" trägt, ist den wild gezackten und bis zu 1000 m hoch aufragenden Berggiganten geschuldet, die die Nordküste der Insel säumen. Diese Strecke, die seit 2010 im Rang einer Nationalen Touristenstraße steht, 💻 www.nasjonaleturistveger.no, auf der aber kaum öffentliche Verkehrsmittel unterwegs sind, lohnt auch eine längere Anreise. Man sollte dafür aber mindestens ein bis zwei Tage einplanen, zumal sich zahlreiche Abstecher anbieten, insbesondere in die wildromantisch gelegenen Fischerorte Bøvær, Mefjordvær und vor allem Husøy (vor dem Ort gibt es einen Platz für Wohnmobile und Zelte, 100 NOK).

Auf dem Weg von Gryllefjord nach Finnsnes lädt im Erlebniszentrum **Trollpark** der mit 17,96 m Höhe und 125 t Gewicht größte Troll auf Erden zur Besichtigung ein. 💻 www.senjatrollet.no, 🕒 30. Mai–30. Aug tgl. 9–20 Uhr, 27. Juni–2. Aug tgl. Trollshow um 13 und 16 Uhr, Eintritt 120 NOK, Kinder 80 NOK.

route mit einigen möglichen Abstechern gut geeignet. Im Touristenbüro der Insel erhält man genaue Webgeschreibungen sowie Kartenmaterial. Auf Deutsch wird der Weg u. a. auf der Website 💻 www.ledertramp.de/senja-palangsn vorgestellt.

SONSTIGES

Alkohol

Finnsnes vinmonopol, Strandveien 13, 📞 04560, 🕒 Mo–Mi 10–16, Do und Fr 10–18, Sa 10–15 Uhr.

Apotheken

Apotek 1 Finnsnes, Storgate 47, 📞 77850990, 🕒 Mo–Fr 9–16.30, Sa 10–14 Uhr.

Autovermietungen

€ **Bilutleie AS**, Otterveien 2, Finnsnes, 📞 77852330.

Fahrradverleih

Die Touristeninformation vermittelt Fahrräder.

Geld

Spare Bank 1, Storgate 18, Finnsnes, 📞 02244.

Informationen

Destinasjon Senja, Laukhellavn 2, 9303 Silsand, 📞 93022333, 💻 www.visitsenja.no. Informations- und Buchungszentrale (Touren und Unterkunft) für die gesamte Region. 🕒 im Sommer tgl. 10–17, sonst Mo–Fr 9–16 Uhr.

Medizinische Hilfe

Finnsnes legekontor DMS, Helsesenterveien 32, 📞 77871400.

Polizei

Lenvik lensmannskontor, Hans Karolius vei 6, Finnsnes, 📞 02800.

Post

Finnsnes postkontor, Smørhusbakken 2, 📞 04004, 🕒 Mo–Fr 9–17, Sa 10–15 Uhr.

Taxis

Finnsnes Taxi, Sjøgate 5, 📞 77840733.

TRANSPORT

Selbstfahrer

Die Insel ist dank einer Brücke mit dem Festland verbunden, eine Fähre muss man nur auf der Strecke von/nach Andenes nehmen (S. 512). Auf der Insel selbst gibt es nur wenige Tankstellen (in Gryllefjord, Senjahopen, Stonglandseidet und Vangsvik), die Öffnungszeiten sind unterschiedlich, und lediglich in Finnsnes ist im Sommer bis gegen Mitternacht geöffnet.

Busse

Zwischen Gryllefjord und Finnsnes verkehren Busse, die mit der Fähre korrespondieren, die anderen Orte der Insel sind mit Bussen nur äußerst umständlich (wenn überhaupt) zu erreichen. Von Finnsnes mehrmals tgl. Verbindungen mit TROMSØ sowie SETERMOEN/MÅLSELV.

Schiffe

Schnellboote
FFR Troms, 💻 www.tromskortet.no, bedient von Finnsnes aus 2–3x tgl. HARSTAD (360 NOK) sowie TROMSØ (310 NOK).

Hurtigruten
Die Postdampfer legen tgl. um 4.45 Uhr nachts in Finnsnes Richtung SORTLAND ab sowie um 11.45 Uhr in Richtung TROMSØ.

Fähren
Der Fähranleger für ANDENES ist Gryllefjord im Westen der Insel.
Von Botnhamn aus im Norden von Senja verkehrt zwischen Mai und Sep bis zu 6x tgl. ein Fährschiff nach BRENSHOLMEN auf Kvaløya. 💻 www.tromskortet.no. Die Fahrt (45 Min.) kostet 59 NOK p. P., 196 NOK pro Pkw und 467 NOK für ein Wohnmobil.

Durch Nordland und Troms

Gäbe es einen Preis für die Provinz mit der bizarrsten geografischen Gestalt, **Nordland**, Nordnorwegens südlichster Teil, wäre seiner würdig. Er ist 500 km lang, an der schmalsten Stelle aber nur 6,3 km breit und umfasst dabei eine Küstenlinie von stolzen 14 000 km. Keine andere Provinz des Königreiches hat einen derart ausgeprägten Küstencharakter, und im Binnenland, wo sich die rund 38 000 km² große Region als eine einzige Symphonie in Stein und Eis präsentiert, wähnt man sich schnell inmitten der Hochalpen oder Rocky Mountains.

Die Bilder wechseln oft auf kleinstem Raum, und auch die rund 26 000 km² umfassende Region **Troms**, die sich mit Tausenden von Inseln und bis zu 1800 m hohen Bergen zwischen dicht bewaldeten Tälern nördlich an Nordland anschließt und im Osten von der Finnmark begrenzt wird, zeigt in ihrer Landschaft einen enormen Formenreichtum. Die meisten ausländischen Touristen durchqueren sie dennoch recht schnell, da die berühmten Highlights wie etwa die Lofoten oder das Nordkap zu zugkräftig sind und die Urlaubszeit meist begrenzt ist. Folglich werden hier die niedrigsten Besucherzahlen nördlich von Trondheim verzeichnet, und so kommt es, dass man hier so manches landschaftliche Kleinod noch ganz für sich allein haben kann.

Die Europastraße 6

Erschlossen werden beide Landschaften durch die Europastraße 6, die als „Via Skandinavia" die populärste Route in den hohen Norden bildet und ähnlich wie der parallel verlaufende Kystriksveien (R 17, S. 439) zu Recht als „Traumstraße ins Land der Mitternachtssonne" bezeichnet wird. Beide Straßen lohnen unbedingt die Anreise. Dreht sich im Süden des Großraumes bei **Grong** in touristischer Hinsicht fast alles ums Lachsangeln, geht es im angrenzenden **Namsdal** durch ausgedehnte Taigawälder. Es folgt das kulturreiche **Mosjøen**, bis nördlich von **Mo i Rana** Hochgebirgsluft über die Kältesteppe des **Saltfjells** weht, von dem der **Svartisen-Gletscher** zu Tal fließt. Das angrenzende **Saltdal** bildet eine Urlaubslandschaft wie aus dem Bilderbuch, während sich die „Wespentaille" Norwegens, wo das Land nur wenig mehr als 6 km breit ist, als steilstes, von Fjorden durchschnittenes Bergland präsentiert.

Diese facettenreiche Landschaft hat noch keinen Reisenden unberührt gelassen. Auch Knut Hamsun nicht, der auf der wildschönen Insel **Hamarøy** lebte, von wo es ein kurzes, aber panoramenreiches Wegstück bis **Narvik** ist, der berühmten Erzstadt am bergummauerten Ofotfjord. Landeinwärts schließt sich bald mit dem Øvre Dividal-Nationalpark „Norwegens wildeste Wildnis" an. Weitere Highlights sind die eisverbrämten **Lyngen-Alpen** sowie das wildromantische **Reisadal**, während Øksfjord Akzente in Gletscherweiß setzt. Auch Reisende, die es ans Nordkap zieht, sollten sich Zeit nehmen, dieses ungemein spannende Wildnisgebiet an der

Infos zu Nordland und Troms

- **NordNorsk Reiseliv AS**, P.O. Box 434, 8001 Bodø, ✆ 75545200, 💻 www.nordnorge.com. Informationen über den gesamten hohen Norden.
- 💻 **www.nordlandsnaturen.no:** Die Website informiert umfassend über alle sieben Nationalparks von Nordland.
- 💻 **www.kulturisalten.no**: Informationen zu allen kulturellen Veranstaltungen (Festivals, Events etc.) zwischen dem Saltdal im Süden und Hamarøy im Norden.
- Öffentliche Verkehrsmittel: Eine durchgehende Verbindung mit dem **Bus** entlang der E 6 gibt es nicht, man fährt von Ort zu Ort. Mehrmals tgl. fährt ein Bus von Trondheim nach Grong, von dort aus geht es weiter nach Mosjøen mit Anschluss nach Mo i Rana, von wo aus Direktbusse bis nach Narvik verkehren. Ab Narvik geht es nach Setermoen/Målselv oder direkt nach Tromsø via Nordkjosbotn, wo man in den Bus nach Skibotn und Storslett (für Reisadal) sowie nach Alta (Anschluss nach Hammerfest sowie zum Nordkap) umsteigt. Bequemer reist es sich zumindest im südlichen Abschnitt der E 6 mit dem **Zug**: Zwischen Trondheim im Süden und Fauske (bzw. Bodø) im Norden verkehrt 2x tgl. die Nordlandsbahn in beide Richtungen. Alle Orte von Bedeutung werden angefahren, aber nördlicher als Bodø kann man mit dem Zug nicht reisen, denn Narvik, die nördlichste Bahnstation des Landes, wird nur vom „Lapplandzug" (S. 531) bedient, der durch Schweden führt und sich für die An- oder Abreise anbietet. **Flüge** werden überwiegend von Widerøe angeboten, die die Orte Mosjøen, Mo i Rana, Narvik, Setermoen, Storslett sowie Tromsø untereinander sowie teils auch mit Oslo verbindet.
- **Selbstfahrer**: Im Verlauf der E 6 muss man nur eine einzige **Fähre** nehmen, dafür aber Dutzende Tunnel von bis zu mehreren Kilometern Länge. Maut wird dafür aber nicht mehr erhoben, und lediglich im Abschnitt zwischen Trondheim und Steinkjer südlich von Grong ist an drei (automatisierten) Stationen Maut in Höhe von insgesamt 73 NOK pro Pkw zu zahlen. Informationen für die Gesamtregion unter ✆ 177 oder 💻 www.rutebok.no.

Grenze zur Finnmark in Ruhe zu entdecken, und selbst wer einen ganzen Urlaub hier verbringt, macht bestimmt keinen Fehler.

Grong

Wer über Trondheim hinausfährt, gelangt bald in die Weite und Einsamkeit des nördlichen Trøndelag, in dem auf einer Fläche größer als Hessen nur etwa 130 000 Menschen zwischen ausgedehnten Taigawäldern leben. Dazwischen erstrecken sich große Seenplatten sowie ausgedehnte Moore, wildromantische Schluchten führen in schroffe Hochfjellzonen, und alles in allem präsentiert sich hier die Landschaft ganz so, wie man sich gemeinhin wohl Sibirien vorstellt. Eben darum haben einst Straßenarbeiter diese Bezeichnung auch als Ortsnamen für eine der hiesigen Siedlungen geprägt. Als populäres Fotomotiv schmückt er ein Straßenschild an der von Grong nach Schweden verlaufende R 74, deren Beiname **Fiskevägen** von dem enormen Fischreichtum dieser größtenteils unter Naturschutz stehenden Grenzregion kündet.

Auch der **Namsen** sowie die **Sandøla**, zwei der reichsten Lachsflüsse Europas, haben hier ihren Ursprung, und wo sich beide vereinen, liegt das kleine Städtchen Grong, das seit nunmehr fast schon 200 Jahren allerhöchstes Ansehen bei Petrijüngern aus dem In- und Ausland genießt. Entsprechend dreht sich touristisch fast alles ums **Lachsangeln** (s. Kasten oben).

Blåfjella-Skjækerfjella- und Lierne-Nationalpark

Auch Waldliebhaber kommen in Grong auf ihre Kosten, und wer einen Elch vor die Kameralinse bekommen möchte, hat im Grenzbereich zu Schweden, der durch die R 74 erschlossen wird, gute Chancen. Auch einige der letzten norwegischen Wölfe sollen hier leben, wo verein-

Lachsangeln in der „Königin der Flüsse"

Für das Lachsangeln gibt es kaum ein besseres Revier als den Namsen, der zusammen mit seinen Nebenflüssen als eines der lachsreichsten Gewässer von Skandinavien gilt und vor etwa 200 Jahren von englischen Sportfischern entdeckt wurde. Von ihnen stammt auch der Ausdruck *The Queen of the rivers*, und noch heute werden hier jährlich rund 20–25 t Wildlachs von Hobbyanglern gefangen. Auch in puncto Einzelgewicht der Lachse gebührt dem Namsen ein erster Rang, denn im Jahre 1924 wurde hier 31,5 kg schweres Prachtstück gefangen. Im Jahr 2016 lag das Durchschnittsgewicht immerhin bei rund 4,3 kg, jedes Jahr sind aber auch etliche 20 kg schwere Brocken dabei.
Das Touristenbüro von Grong, 💻 www.grongfritid.no, informiert ausführlich zum Thema Lachsangeln, und dort erhält man auch die *fiskekort* für die verschiedenen Angelplätze. Die Lachssaison im Namsen dauert vom 1. Juni bis zum 31. August, wobei im Juni das höchste Durchschnittsgewicht zu erzielen ist, während in der zweiten Saisonhälfte der durchschnittliche Fang pro Angler am größten ist. In dieser Zeit, am ersten August-Wochenende nämlich, findet mit dem Lachsfestival auch das größte Happening der Region mit Wettangeln und anderen Veranstaltungen statt.

zelt noch Braunbären anzutreffen sind und der Luchs auf leisen Pfoten sein Revier durchstreift. Die Vogelwelt ist vor allem durch Stelzvögel vertreten, aber selbst Adler und Turmfalken haben hier ihre Jagdgebiete, und da viele Regionen völlig unzugänglich sind, findet sich dort noch so manche andernorts vom Aussterben bedrohte Gattung.

Diese üppige Tierwelt zu schützen, ist erklärtes Ziel der zwei im Jahre 2004 eingerichteten Nationalparks **Blåfjella-Skjækerfjella** (1924 km²) und **Lierne** (333 km²), die das 180 km² große Gebiet des ehemaligen und nun aufgelösten Gressåmoen-Nationalparks mit umfassen. Durch ein Naturreservat verbunden und von weiteren Schutzgebieten umgeben, bildet dieses Refugium eines der größten zusammenhängenden Wildnisgebiete ganz Skandinaviens. Vom Tierschutz abgesehen, geht es vor allem darum, die unberührte Taiga sowie die subalpine Birkenwaldregion dieser Zone zu bewahren, die durch mehrere Gebirgszüge mit bis zu 1400 m hohen Gipfeln gegliedert wird. Auch ausgedehnte Sümpfe und Moore und ungemein fischreiche Seen und Flüsse sind ein bedeutender Bestandteil der Landschaft, in der wegen ausgesprochen nährstoffarmer Böden höhere Pflanzen allerdings selten sind.

Die **Infrastruktur** beschränkt sich auf mehrere Wanderwege, darunter nur wenige markierte, auch die Zahl der Wanderhütten hält sich in sehr engen Grenzen (es gibt gerade einmal zwei), und Übernachtungshütten fehlen völlig. So sind die Schutzgebiete eher den erfahrenen „Waldläufern" vorbehalten, sofern man sie nicht im Rahmen organisierter Wildnistouren besucht. Informationen über Anbieter gibt es im Touristenbüro von Grong (S. 515), aber wer auch etwas über Flora und Fauna erfahren sowie den Verlauf der Wanderpfade kennenlernen will, muss das **Lierne Nasjonalparksenter** besuchen, das rund 65 km östlich von Grong an der R 74 gelegen ist. 💻 www.nasjonalparken.no, 🕒 ganzjährig Mo–Fr 9–16 Uhr. Hilfreich ist auch die Webseite der Nationalparkverwaltung, 💻 www.miljødirektoratet.no, die u. a. topografisches Kartenmaterial zum Download anbietet.

ÜBERNACHTUNG UND ESSEN

Grong Gård & Gjestegård, etwa 12 km vom Zentrum (ausgeschildert), ☏ 74331116, 💻 www.grong-gard.no. Hübscher Gasthof im Stil eines Trøndelag-Gutshauses in ruhiger, ländlicher Lage. Gemütliche Zimmer mit Bad/WC, teils mit traditionellem Bauernmobiliar. Aufenthaltszimmer mit TV und Kamin. Beliebter Treff der Lachsangler, die Küche bietet traditionelle norwegische Hausmannskost. Frühstück inkl. ❸

Heia Gjestegård, an der E 6 (13 km südlich von Grong), ☏ 74312460, 💻 www.heia-gjestegard.no. Pension mit 31 komfortablen Mittelklassezimmer sowie 10 Ganzjahreshütten mit Bad/WC,

TV und Miniküche. Im Restaurant (⌚ Mo–Sa ab 9, So ab 11 Uhr) wird Traditionsessen mit Spezialitäten wie Elch, Rentier und Lachs serviert. Hütten/DZ ab ❷

Camping und Hütten

Langnes Camping, Grong, ☏ 47688333, 💻 www.langnescampin.no. Ganzjährig geöffnete Anlage mit guter Ausstattung. Perfekt für Angler, da direkt neben dem Fluss gelegen. Zeltwiesen sowie 8 Hütten. Campingküche, Waschmöglichkeiten, sehr familienfreundlich (Spielplatz, 2 km entferntes Reitzentrum). ⌚ Juni–Aug. Stellplatz für Zelt und Auto 200 NOK, Hütten ab ❷

AKTIVITÄTEN

Wandern und Mountainbiking

Rund um Grong laden mehr als 20 markierte Pfade verschiedener Längen und Schwierigkeitsgrade zu Wanderungen und teils auch Mountainbiketouren ein. Für längere Fußtouren bieten sich insbesondere die Nationalparks **Blåfjella-Skjækerfjella & Lierne** (S. 514) sowie **Børgefjell** an. Im Touristenbüro erhält man detaillierte Infos und Kartenmaterial.

Wintersport

Grong skisenter (10 km südlich von Grong, ☏ 74330340, 💻 www.grong-skisenter.no, ist Nord-Trøndelags größte Alpinanlage mit 15 Abfahrten, 4 Lifts, Snowboardpark, einem eigenen Gelände für Kinder und meterweise Schnee in den Wintermonaten.

SONSTIGES

Alkohol

Grong vinmonopol, im Einkaufszentrum, ☏ 04560, ⌚ Di und Mi 10–15, Do und Fr 11–17, Sa 11–15 Uhr.

Apotheken

Apotek 1, Zentrum, ☏ 74312050, ⌚ Mo–Fr 9–16, Sa 10–13 Uhr.

Fahrradverleih

Die Touristeninformation vermittelt Fahrräder.

Geld

Spare Bank 1, im Zentrum, ☏ 74312860.

Informationen

Grong turistkontor (Fritidssenter), im Zentrum, ☏ 74312700, 💻 www.grongfritid.no. Sehr informativ und hilfsbereit, auch Verkauf von Angelkarten. ⌚ Ende Juni–Anfang Aug Mo–Fr 8–19, Sa und So 11–18, sonst Mo–Fr 9–15.30 Uhr.

Medizinische Hilfe

Grong legevakt, ☏ 74331200.

Polizei

Grong lensmannskontor, ☏ 02800.

Post

Grong Post i butikk (Spar Supermarkt), ☏ 04004, ⌚ Mo–Fr 8–21, Sa 9–18 Uhr.

Taxis

Grong Taxi, ☏ 74331031.

TRANSPORT

Busse

Mehrmals tgl. bestehen Verbindungen mit TRONDHEIM, NAMSOS, BRØNNØYSUND, MAJAVATN und MOSJØEN.

Eisenbahn

2x tgl. geht es mit der Nordlandsbahn nach TRONDHEIM sowie hinauf nach FAUSKE (bzw. BODØ) via NAMSSKOGAN, MAJAVATN, MOSJØEN, MO I RANA und ROGNAN.

Von Grong nach Mosjøen

Durch das Namsdal

Nördlich an Grong schließt sich das zunächst noch tief in die Berge eingefressene Namsdal an, durch das sich der ungemein lachsreiche Namsen seinen Weg bahnt. Mehrere imposante Wasserfälle sind an der parallel zum

Fluss verlaufenden E 6 ausgeschildert. Das eindrucksvollste Natuschauspiel bietet sicher der **Fiskumfoss**. Die steilen Talflanken treten bald zurück, und tiefe Wälder, in der Ferne von hohen Bergen gerahmt, bestimmen nun die Landschaft. Wer sich mit der Tierwelt der Taiga vertraut machen möchte, kann einen Abstecher in den **Namsskogan Familiepark** machen, der ein paar Kilometer südlich von **Namsskogan** an der E 6 liegt. Über 200 Tiere, darunter auch die großen Säugetiere des Nordens, sind in diesem insbesondere für Kinder interessanten Freizeitpark zu sehen. 💻 www.familieparken.no, 🕒 1.–24. Juni und 10. Aug–11. Sep tgl. 10–17 Uhr, 25. Juni–9. Aug tgl. 10–18 Uhr, Eintritt 305 NOK, Kinder 280 NOK.

Als nächste Attraktion entlang der Wegstrecke gilt die Grenze zwischen den Bezirken Nord-Trøndelag sowie Nordland, die durch einen monumentalen Holzbogen, der die Straße überspannt, deutlich angezeigt ist. Hier beginnt das eigentliche Nordnorwegen, auch wenn das wichtigste Etappenziel der Touristen – der Polarkreis – noch rund 280 km auf sich warten lässt. Von nun an weht Hochgebirgsluft durch das Namsdal, denn mächtig wölben sich baumlose Berge zu beiden Seiten der Straße, die immer wieder auch durch ausgedehnte Wälder führt und unzählige Seen passiert. Das schönste dieser Gewässer ist vielleicht der **Store Majavatn**, der beim gleichnamigen Ort erreicht wird. **Majavatn** ist ein uralter Versammlungsplatz der Samen (S. 99) mit einem erhaltenen Lebensmittelspeicher, mehreren Torfhütten sowie einer Samenkirche aus dem Jahre 1915. Viele Namen von Bergen und Seen, besonders im Bereich des östlich angrenzenden Børgefjells, verdeutlichen die enge Beziehung der Samen zu dieser Region, und auch heute betreiben im Umland noch mehrere Samenfamilien die Rentierzucht.

Entlang der Vefsna

Nördlich von Majavatn steigt die E 6 beständig zum **Kappfjell** an, und nördlich dieser 375 m hohen Landmarke wird der Vefsna-Fluss zum ständigen Begleiter. Bei **Sefrivatn** ergießt er sich schäumend durch das Styggdal, das von der Straße aus aber nicht einsehbar ist (100 m nördlich des Bahnhofs beginnt linker Hand ein zur Schlucht führender Pfad). Der Anblick ist imposant, aber in ihrer ganzen verschwenderischen Fülle zeigt sich die geballte Wasserkraft erst am 54 km nördlich gelegenen **Laksfors**, wo der Fluss in einer Wolke von Wasserstaub und Gischt in die Tiefe hinabstürzt. Das Lärmen kann man schon an der E 6 vernehmen, aber dort nimmt es sich gering gegenüber dem ohrenbetäubenden Donnern und Rauschen aus, das einen direkt über dem Wasserfall empfängt, wo man im Laksforsen Turistkafè, 💻 www.laksfors.no, einkehren kann (auch Stellplätze für Zelt und Wohnmobil, 100 NOK).

Mosjøen

Mosjøen beeindruckt seine Besucher vor allem mit der dichtesten Sammlung traditioneller Holzhäuser von ganz Nordnorwegen, während im Umland die Taiga und die Gebirgswelt locken. Nur darf man sich nicht vom äußeren, von der E 6 aus sichtbaren Erscheinungsbild der etwa 12 000 Einwohner großen Industriestadt täuschen lassen, die traditionell von der Holzverarbeitung und heutzutage vor allem von einer Aluminiumhütte lebt.

Die etwa 100 unter Denkmalschutz stehenden Wohn- und Speicherhäuser, Boots- und Lagerschuppen der 400 m langen **Sjøgate** kommen als „lebendes Museum“ daher. Die Uferstraße umfasst die längste im Originalzustand bewahrte zusammenhängende Holzhauszeile von ganz Nordnorwegen, und ein Großteil der Bauten stammt noch aus dem 18. und 19. Jh. Einer der ältesten Bauten der Sjøgate ist das Speicherhaus Jacobsbrygga an der Sjøgate 31B. Hier hat das **Vefsnmuseum** eine interessante stadthistorische Ausstellung eingerichtet, auch über die Fortwirtschaft der Region wird in der Schau umfassend informiert. 💻 www.helgelandmuseum.no, 🕒 Juli Mo–Fr 10–15, Sa 11–16, sonst Mo–Fr 10–15 Uhr.

Ebenfalls zum Vefsnmuseum gehört das **Dolstad Freilichtmuseum** am Austerbygdveien 3, das aus zwölf bis zu über 300 Jahre alten interessanten Gebäuden besteht und auch eine schöne Kreuzkirche aus dem 18. Jh. umfasst. 🕒 Juli Mo–Fr 10–15.30, Sa 11–16, sonst Mo–Fr 10–15.30 Uhr.

INFORMATIONEN

Mosjøen turistinformasjon, Sjøgata 2, ✆ 75018000, 💻 www.visithelgeland.com, ⏲ 22. Juni–14. Aug Mo–Fr 9–19, Sa und So 11–17, sonst Mo–Fr 10–15 Uhr.

TRANSPORT

Busse

Von Namsskogan sowie Majavatn aus bestehen mehrmals tgl. Verbindungen nach GRONG sowie MOSJØEN. Mosjøen ist mehrmals tgl. mit MO I RANA und BRØNNØYSUND sowie 2x tgl. mit NESNA verbunden.

Eisenbahn

Sowohl Namsskogan als auch Majavatn und Mosjøen liegen an der Nordlandsbahn, und 2x tgl. bestehen Verbindungen nach TRONDHEIM sowie hinauf nach FAUSKE (bzw. BODØ) via MO I RANA und ROGNAN.

Flüge

Der Flughafen von Mosjøen liegt 5 km außerhalb der Stadt (Taxi 120 NOK). Widerøe bedient 3x tgl. die Strecken nach TRONDHEIM, BODØ, SANDNESSJØEN und MO I RANA.

Mo i Rana

Die knapp 20 000 Einwohner zählende Industriestadt Mo i Rana ist zwar wenig reizvoll, bietet sich aber als Ausgangspunkt für Touren ins spektakuläre Umland an und ist wegen des Svartisen-Gletschers, der in die Eiszeit entführt, als „Tor zum Polarkreisland" berühmt. Aber auch die Grotten am Weg zum Gletschersturz sind einen Besuch wert, und einen ganzen Tag sollte man wenigstens für die Besichtigung dieser Natur-Highlights einplanen.

Die Seter- und Grønligrotte

Insbesondere das **Dunderlandsdal**, das sich nördlich von Mo i Rana zum Saltfjell hin öffnet, ist für zahlreiche Ausflüge gut. Es bildet in seinem Verlauf mal weit ausladende Tröge, mal enge Schluchten, und oft genug muss sich der vom Polarkreis herabströmende Rana-Fluss regelrecht durch eine Bergspalte hindurchzwängen. Dann bleibt auch der Europastraße wenig Platz, und erst bei der kleinen Ortschaft Røssvoll/Skonseng weitet sich das Tal erneut. Hier ist an der E 6 der Weg zur **Grønligrotte** ausgeschildert, der einzigen beleuchteten und meistbesuchten Höhle Skandinaviens, die u. a. mit einem unterirdischen Wasserfall beeindruckt. 💻 www.gronligrotta.no, ⏲ 20. Juni–15. Aug 10–16 Uhr, stdl. Führungen jeweils zur vollen Stunde, Eintritt 165 NOK p. P.; Buchung auch über das Touristenbüro in Mo i Rana.

Spannender noch präsentiert sich die Unterwelt der **Setergrotte**, die eine der größten Höhlen des Nordens überhaupt ist und mit Felshallen, Gletschermühlen und einem unterirdischen Fluss beeindruckt, an dem man im Rahmen von 2-stündigen Führungen entlangwandern kann. Spezielle Kleidung ist nicht mitzubringen, denn man wird mit Overall, Helm, Stirnlampe und Gummistiefeln ausgerüstet. 💻 www.setergrotta.no, ⏲ Führungen 20. Juni–20. Aug tgl. 15, Juli zusätzlich um 11.30 Uhr, Eintritt 350 NOK, Reservierung über ✆ 95974497, Buchung auch über das Touristenbüro in Mo i Rana.

Einen Blick wert ist auch das nahe der Höhlen ausgeschilderte **Marmorslottet**, bei dem es

Der Svartisen-Gletscher

Stippvisite in der Eiszeit gefällig? Der Østerdalsisen, ein Nebenarm des Svartisen-Gletschers, macht's möglich, und folgt man dem ausgeschilderten Weg an den beiden o. g. Höhlen vorbei, wird nach insgesamt 24 km ab Røssvoll/Skonseng das Ende der Stichstraße erreicht. Dort liegen ein kleiner Campingplatz sowie ein Kiosk oberhalb des **Svartisvatn**, und ab dort auch verkehrt zwischen dem 13. Juni und 31. Juli zwischen 10 und 16 Uhr ein Fährboot (Infos unter ✉ nilslomahug@gmailö.com, 20 Min., 150 NOK hin und zurück) zum Westufer des Gletschersees, von wo aus ein leichter, auch mit Turnschuhen zu begehender Pfad (gut ausgeschildert) direkt an die noch ca. 3 km entfernte **Eiszunge** von Norwegens zweitgrößtem Gletscher heranführt.

sich um naturgeschaffene Marmorskulpturen handelt, die in einer Flussschlucht aufragen (ab dem Parkplatz ca. 20 Min. Fußweg).

ÜBERNACHTUNG

Mo Gjestegård, Elias Blixgate 5 (nahe Torget im Zentrum), ✆ 75152211, 🖳 www.mo-gjeste gaard.no. Unlängst renovierte Pension in einem gelben Holzhaus in ruhiger Lage. 15 komfortable Zimmer mit Bad/WC und TV auf 3 Etagen. Aufenthaltszimmer, Frühstück inkl. ❸

Camping und Hütten

Mo i Rana Camping, Hammerveien 10, ✆ 75144144. Hotel- und Campinganlage mit großen Wiesen am Waldrand. Eigentlich sehr schön, aber laut, da nahe einer großen Industrieanlage gelegen. Die Apartments (ab 1500 NOK) bieten nichts Besonderes, die Campinghütten sind spartanisch, aber günstig (ab 500 NOK). Mit Spielplatz. Zeltstellplatz 160 NOK.

€ **Yttervik Camping**, Sørlandsveien 874, Dalsgrenda (16 km südlich von Mo i Rana), ✆ 75164565, 🖳 www.ytterviccamping.no. Idyllisch gelegener Campingplatz direkt am Ranafjord. Wiesenstellplätze mit schönem Fjordblick, unterschiedliche neue Hütten, Apartments. Vorbildliche Gemeinschaftsanlagen (u. a. mit Küche, Waschmöglichkeiten), großer Spielplatz, Minigolf, Bootsverleih. Stellplatz Zelt 190 NOK, Hütten ab ❶, Apartment ab ❸

ESSEN

€ **Abelone Mat & Vinstue**, Olsensgate 6, ✆ 75155500. Recht gemütliches Lokal mit kleinen Nischen und rustikaler Einrichtung. Reichhaltiges internationales Menu, u. a. mexikanische und türkische Gerichte, Pizza und Pasta. Günstige Preise. ⏲ Mo–Fr ab 17, Sa und So ab 12 Uhr.

Bimbo Veikro, an der E 6 nördlich der Stadt, 🖳 www.bimbo.no. Gemütliches Restaurant und Café mit Sandwiches, Pizzen und Grilltellern (relativ günstig) sowie norwegischen Traditionsspeisen; populär ist der Rentier-Burger (120 NOK). ⏲ Mo–Fr ab 7, Sa und So ab 12 Uhr.

AKTIVITÄTEN

Moheia Badeland (Moheia Fritidsbad), ✆ 75146060. Hat mehrere Schwimmbecken (auch für Kinder) sowie Wasserrutschen, außerdem Solarium, Sauna und Dampfbad. ⏲ tgl. 15–21 Uhr, Eintritt 120 NOK.

TOUREN

Rana Spesialsport, Øvre Idrettsvei 35, ✆ 90951108, 🖳 www.spesialsport.no. Touren und Aktivitäten rund ums Jahr, darunter Kajak- und Klettertouren (auch Eisklettern), Gletscherwanderungen und Skitouren.

SONSTIGES

Alkohol

Mo i Rana vinmonopol, Ole Tobias Olsens gate 1, ✆ 04560, ⏲ Mo–Mi 10–17, Do und Fr 10–18, Sa 9–15 Uhr.

Apotheken

Apotek 1, Fridtjof Nansens gate 11, ✆ 75124999, ⏲ Mo–Fr 8.30–16.30, Sa 9.30–14 Uhr.

Autovermietungen

Avis, ✆ 995013411.
Hertz, ✆ 98205599.

Fahrradverleih

Das Touristenbüro vermittelt Fahrräder.

Geld

Helgeland Sparebank, Jernbanegate 15, ✆ 75119000.

Informationen

Polarsirkelen Reiseliv, Ole Tobias Olsens gate 1, ✆ 75018000, 🖳 www.arctic-circle.no. Für die ganze Region zuständig. Buchung von Unterkünften und Touren, Informationen zu zahlreichen Aktivitäten. ⏲ 22. Juni–2. Aug Mo–Fr 9–19, Sa und So 11–17, sonst Mo–Fr 10–15 Uhr.

Internet

Bibliothek, Torggate 1, ✆ 75146100.

Medizinische Hilfe

Rana legevakt, Sjøforsgate 36, ✆ 75126840.

Polizei

Mo i Rana politistasjon, Midtre gate 9, ✆ 02800.

Post

Mo I Rana postkontor, Midtre gate 3 (Fjordsenteret), ✆ 04004, ⌚ Mo–Fr 9–17, Sa 10–14 Uhr.

Taxis

Mo Taxisentral, Ole Tobias Olsens gate 17, ✆ 07550.

TRANSPORT

Busse

Mehrmals tgl. bestehen Verbindungen nach BRØNNØYSUND, SANDNESSJØEN und NESNA sowie nach MOSJØEN, ROGNAN und FAUSKE.

Eisenbahn

2x tgl. geht es mit der Nordlandsbahn nach TRONDHEIM via MOSJØEN, MAJAVATN, NAMSSKOGAN und GRONG sowie hinauf nach FAUSKE (bzw. BODØ) via ROGNAN.

Flüge

Der bei Røssvoll an der E 6 nördlich von Mo i Rana gelegene Flughafen (Flybussen zu 145 NOK, Taxi mindestens 280 NOK) wird von Widerøe bedient. 3x tgl. gibt es Flugverbindungen nach TRONDHEIM, BODØ, SANDNESSJØEN, BRØNNØYSUND und MOSJØEN.

Über den Polarkreis

Das Saltfjell

Steil zieht sich die E 6 aus dem nahezu auf Meeresniveau gelegenen Dunderlandsdal nördlich von Mo i Rana auf das 650 m hohe Saltfjell hinauf, wo die Berge weit zurücktreten und eine bis zum Horizont reichende Tundrasteppe entblößen. Oft fährt man hier bis in den Juni hinein entlang meterhoch aufgetürmter Schneebarrieren, und im Winter, zwischen November und März/April, ist die Strecke oft tagelang gesperrt oder nur im Konvoi mit einer Schneefräse vorneweg zu befahren. Inmitten dieser Urwelt aus vegetationslosen Bodenwellen, plattgehobelten Bergrücken und Wasserläufen, die silbrig blitzende Schleifen ins schier endlose Gelände zeichnen, verläuft auf 66°33'51'' nördlicher Breite die Linie des **Polarkreises**, die, obwohl unsichtbar, zu den größten Touristenattraktionen von Nordland gehört.

An der Stelle, wo sie von der E 6 überquert wird, wurde das architektonisch sehr ansprechende, pilzförmig aufragende **Polarkreiszentrum** (Polarsirkelsenteret) errichtet. Die riesigen, stets gut gefüllten Parkplätze davor sprechen Bände, was es Nordlandfahrern bedeutet, hier anzuhalten und sich beiderseits der magischen Linie zu ergehen bzw. sich für teures Geld ein **Polarzirkel-Zertifikat** ausstellen zu lassen. Ansonsten stehen völlig überteuerte Souvenirs zum Verkauf, nur die Briefmarken des angeschlossenen Sonderpostamtes kosten so viel wie überall. Besuchenswert ist immerhin die Multivisionsshow „Welcome to the arctic", die die Highlights der Region vorstellt. 💻 www.polarsirkelsenteret.no, ⌚ 20. Mai–1. Sep tgl. 8–22 Uhr, Eintritt für die Multivisionsshow 50 NOK.

Das Saltdal Turistsenter

Oft kilometerlang schnurgerade zieht sich die Straße vom Polarkreis aus ins Nichts der Kältesteppe hinaus, und insbesondere mittsommernachts, wenn die Sonne auf dem Horizont balanciert, gibt es kaum eine schönere Strecke als diese Überquerung des Saltfjell in Richtung Norden, bevor es entlang des über Hunderte von Katarakten zu Tal stürzenden Lønselv ins Saltdal hinuntergeht. Am Talgrund befindet sich das Saltdal Turistsenter mit dem angrenzenden **Junkerdalsura-Naturreservat**, das zu einem Spaziergang einlädt. Eine Hängebrücke führt hinüber in die gleichnamige Klamm, und hautnah vorbei an der wild tosenden Junkerdalselva zieht sich die in den Fels geschlagene, sehr gut ausgebaute und auch rollstuhlgerechte Trasse durch die tief eingeschnittene, bis zu 20 m schmale Kluft. Im Juli organisiert das Nordland-Nationalparkzentrum (s. Kasten S. 521) Mo–Fr um 13 Uhr geführte Wanderungen durch die Schlucht (2 1/2 Std., 90 NOK).

Auf dem „Silberweg"

Von allen Straßen, die das Kaledonische Gebirge, die Grenze zwischen Norwegisch- und Schwedisch-Lappland, durchqueren, ist der beim Saltdal Turistsenter (S. 521) von der E 6 abzweigende und zum schwedischen Arvidsjaur führende *Silvervägen* (R 77) vielleicht die aufregendste, weil sie besonders abwechslungsreiche Bergpanoramen bereithält. Ihr Name erinnert an das 17. Jh., als das in den Gruben des nahen Nasafjälls geschürfte Silber mühsam auf Rentierrücken, Booten und Schlitten nach Skellefteå an der Ostseeküste transportiert wurde.

Zumindest bis ins rund 14 km entfernte **Junkerdal** lohnt sich ein Abstecher. Während der ersten 3 km ab dem Saltdal Turistsenter steigt die schmale und kurvenreiche Straße steil an, um aus dem tief eingeschnittenen Saltdal herauszugelangen. Schon bald bieten sich atemberaubende Ausblicke in die waldige Tiefe, die Junkerdalsura und den darin talwärts tosenden Wildfluss. Dann tauchen aus einer vor Gischt dampfenden Klamm der Solvågtind (1559 m) sowie die rechts angrenzende Felsmauer des langgestreckten Båtfjells auf, und schließlich, dem Solvågtind zu Füßen und wie hingemalt, die Auen des sattgrünen Junkerdals, durch die der Junkerdalselv seine kurvigen Bahnen zieht. Nach insgesamt rund 11 km weist ein Schild nach links in das Dorf Junkerdal, und dieser Schotterstraße sollte man für ca. 100 m folgen, denn erst von dort aus ist die monströse Monolith-Skulptur des **Solvågtind**, die bis in den Juli hinein mit Firn und Schnee überzogen ist, in ihrer ganzen Schönheit zu bewundern.

Der Saltfjell-Svartisen- und Junkerdal-Nationalpark

Zwischen Mo i Rana im Süden und Fauske im Norden, der schwedischen Grenze im Osten und der Helgelandsküste im Westen erstreckt sich beiderseits des Polarkreises der Saltfjell-Svartisen-Nationalpark, der zusammen mit dem nordöstlich angrenzenden Junkerdal-Nationalpark eine Fläche von nahezu 2800 km² umfasst und damit eines der größten Wildnisgebiete des Nordens bildet. Unter Schutz gestellt wurde das Gebiet hauptsächlich, weil es ein typisches Beispiel der von glazialen Erosionsformen geprägten Nordland-Landschaft darstellt. Im Wesentlichen besteht es aus langgestreckten Hochebenen, dessen glitzernde Wassergeflechte die Farbe des Himmels spiegeln und über denen als eisiger Zeitzeuge der **Svartisen**, Norwegens drittgrößter Gletscher, wacht. Anderenorts bestimmen gewaltige Buckelberge das Bild, und immer wieder setzen bizarre Felsskulpturen atemberaubende Akzente.

Aber auch weite Trogtäler, gewaltige Schluchten und enge Klammen, Seensysteme, Wildflüsse und Wasserfälle prägen dieses Refugium, dessen reiche Pflanzen- und Tierwelt das Pendant zur landschaftlichen Vielfalt bildet. Elche, Vielfraße und Luchse kommen vor, selbst Bären sollen schon gesichtet worden sein, und auch die Vogelwelt ist reich vertreten. In weiten Teilen scheint das Polarkreisland so unschuldig und friedvoll wie schon seit Jahrtausenden, doch von der Straße aus erschließt sich dieses Schutzgebiet nicht – nur als Wanderer kann man es in seiner ganzen Vielfalt und Schönheit entdecken. Von allen Nationalparks des hohen Nordens ist er der vielleicht am besten erschlossene. Hunderte Kilometer an markierten **Wanderwegen** führen durch seine spektakulärsten Zonen, in denen sich auch zahlreiche Übernachtungshütten finden.

Auf der im Maßstab 1:100 000 gehaltenen „Saltfjellkarte" sind alle Wege, Hütten und Shelter sowie landschaftliche Highlights vorbildlich verzeichnet. Diese Wanderkarte ist in der Regel in den Buchhandlungen sowie Touristenbüros von Mo i Rana (S. 518) sowie Fauske (S. 524) erhältlich, ebenso im Nordland-Nationalparkzentrum (s. Kasten). Im Internet informiert vor allem 💻 www.miljodirektoratet.no.

Das Saltdal

Dieser tief in die Bergwelt eingeschnittene Talzug, der sich vom Saltdal Turistsenter aus zum felsummauerten Saltfjord hin öffnet, wird von Extremen geprägt und bildet eine norwegische Urlaubslandschaft wie aus dem Bilderbuch:

Hier das Hochgebirge, dort das Meer, hier wilde Schluchten, dort liebliche Wald-, Feld- und Wiesen-Landschaften, durch die sich der namengebende Salten oft schäumend ergießt.

Parallel zum Fluss verläuft die hervorragend ausgebaute und mit zahlreichen herrlich gelegenen und vorbildlich ausgestatteten Rastplätzen versorgte E 6. Allein die Tatsache, dass hier überhaupt eine Straße existiert, kann beeindrucken. Errichtet wurde sie in der Nazizeit sprichwörtlich mit dem Blut Tausender Kriegsgefangener, woran zahlreiche Mahnmale am Wegesrand erinnern. Dann ist **Rognan** erreicht, der an der Öffnung des Saltdals auf den Saltfjord gelegene Zentralort der Region. Hier kann man Ruderboote und Kanus ausleihen, Kanukurse belegen oder an zweitägigen, organisierten Paddeltouren auf dem Saltdalselv teilnehmen. Auch Höhlenexkursionen, Wanderungen zu Fuß oder Pferd und viele andere Aktivitäten werden geboten, sodass der Ort alles in allem einen angenehmen mehrtägigen Aufenthalt ermöglicht.

Ein paar Kilometer außerhalb an der E 10 Richtung Fauske, in **Botn**, wo einst das Gefangenenlager stand, befinden sich drei Soldatenfriedhöfe (darunter auch ein deutscher mit Gedenkplatten für über 2730 Gefallene), und ein Stückchen weiter veranschaulicht das **Blutweg-Museum** (Blodveimuseet) den Alltag der Kriegsgefangenen, die von 1942 bis 1945 unter dem Kommando der Wehrmacht zur Fron gezwungen wurden. 💻 www.nordlandsmuseet.no/blodveimuseet, 🕒 20. Juni–20. Aug Di–So 11–17 Uhr, Eintritt 60 NOK.

Natur pur

In direkter Nachbarschaft des Touristenzentrums, wo nahebei auch der „Silberweg" ins Junkerdal abzweigt, wurde das **Nordland-Nationalparkzentrum** (Nordland nasjonalparksenter) eingerichtet, das anhand von Dauer- und Sonderausstellungen, Filmen und Bildern vorbildlich über alle Nationalparks und sonstige Schutzgebiete von Nordland informiert. Darüber hinaus erfährt man Interessantes über die Kultur der Samen, der angeschlossene botanische Garten zeigt die Vielfalt der Pflanzen im Gebirge, und nicht zuletzt ist das architektonisch sehr ausgefallene, nämlich kreisrunde Zentrum auch idealer Ausgangspunkt für Wanderungen in die nahe gelegenen Nationalparks Junkerdal sowie Saltfjellet-Svartisen (S. 520). 💻 www.nordlandsnaturen.no, 📞 40067251, 🕒 Juni–Aug tgl. 10–17 Uhr, Eintritt frei.

NORDNORWEGEN

ÜBERNACHTUNG

Saltdal Turistsenter, Storjord/Saltdal, 📞 75682450, 💻 www.isaltdal.no. Große Ferienanlage beim Nationalparkzentrum am Rande eines Kiefernwaldes mit einfachen Zimmern, 12 luxuriösen Blockhütten (bis zu 5 Pers., mit Küche, TV, Bad/WC) und Stellplätzen für Zelte und Wohnwagen/Wohnmobile. Kleiner Supermarkt, Tankstelle, guter Ausgangspunkt für Wanderungen. Stellplatz 180 NOK, Hütten ab ❷

Rognan Fjordcamp, Rognan, 📞 75690088, 💻 www.fjordcamp.com. Campingplatz am Fjord mit Wiesenplätzen unter vereinzelten Bäumen. Zahlreiche Hütten in verschieden Kategorien (mit/ohne Bad/WC, die meisten mit Miniküche), Verleih von Kanus (480 NOK pro Tag), Fahrrädern (200 NOK pro Tag), Ruder- und Motorbooten (ab 700 NOK pro Tag; sehr gute Angelmöglichkeiten im Fjord. Stellplatz Auto mit Zelt/ 2 Pers. 215 NOK, Hütten ab 370 NOK.

€ **Nordnes Camp & Bygdesenter**, Nordnes/Saltdal, 📞 75693855, 💻 www.nordnescamp.no. Schöner, offener Platz, direkt an der E 6 gelegen. Hier findet sich auch die offizielle Touristeninformation für das gesamter Saltdal. Gemütliche, teils holzvertäfelte Hütten, traditionell eingerichtetes Restaurant/Cafeteria mit erstklassiger Hausmannskost. Einziger Störfaktor: die nahegelegene, teils laute Straße. Stellplatz ab 195 NOK, Hütten ab 495 NOK.

EINKAUFEN

Birk Design, Rognan, 📞 47372281, 💻 www.birkdesign.no. Kleidung, Textilien und Souvenirs, handgemacht in Rognan. Werkstatt und Ausstellungslokal. 🕒 nur im Sommer tgl. ab 10 Uhr.

TOUREN

Bodø Wanderverien, ✆ 75521413, 💻 www.bot.no. Bietet im Sommer diverse geführte Wanderungen im Saltdal sowie im Junkerdal- und im Saltfjell-Svartisen-Nationalpark.

SONSTIGES

Alkohol

Rognan vinmonopol, Kirkegate 26, Rognan, ✆ 04560, 🕒 Di–Do 11–16, Fr 11–17, Sa 11–15 Uhr.

Apotheken

Apotek 1, Strandgate 19, Rognan, ✆ 75690377, 🕒 Ma–Fr 9.30–16 Uhr.

Fahrradverleih

Rognan Fjordcamp, S. 521.

NORDNORWEGEN

Feste

Trebåtdagene/Rognandagene, Rognan, Mitte August. 5-tägiges Festival mit Verkaufsständen (insbesondere lokales Kunsthandwerk) und zahlreichen Aktivitäten zu Land und zu Wasser. Höhepunkt ist ein Ruderwettbewerb in traditionellen Nordlandsbooten.

Geld

Spare Bank 1, Kirkegate 24, Rognan, ✆ 02244.

Informationen

Nordnes Camp & Bygdesenter, s. o. Versteht sich auch als Touristeninformation. Informativ ist außerdem die Webseite 💻 www.saltdal.kommune.no (auch auf Deutsch), über die man sich einen Saltdal-Reiseführer downloaden kann.

Medizinische Hilfe

Saltdal legevakt, Rognan, ✆ 75692000.

Polizei

Saltdal lenmannskontor, Håndverkeren 1, Rognan, ✆ 02800.

Post

Rognan Post i butikk (Coop Prix Supermarkt), Jernbanegate 12, Rognan, ✆ 04004, 🕒 Mo–Fr 8–22, Sa 8–20 Uhr.

Taxis

✆ 75690255.

Wandern

Mit Dutzenden markierter Wanderungen unterschiedlicher Längen und Schwierigkeitsgrade ist der gesamte Großraum ein wahres Wanderparadies. Ideale Ausgangspunkte für große und kleine Touren sind das **Saltdal Turistsenter** (S. 521 und 519) sowie das **Rognan Fjordcamp** (S. 521), von wo ein schöner und einfacher Pfad entlang der Westseite des Fjords zum Leuchtturmwärterhaus Tangodden fyr führt. Ein anderer Pfad verläuft vom Camp zum 400 m hohen Berg Storflåget. Routenbeschreibungen sowie Karten für diese und viele andere Wanderungen gibt's in der Touristeninformation.

TRANSPORT

Busse

Mehrmals tgl. bestehen ab Rognan Verbindungen nach MO I RANA sowie FAUSKE (umsteigen in den Bus nach HAMARØY und NARVIK), ebenso nach BODØ.

Eisenbahn

2x tgl. mit der Nordlandsbahn von Rognan nach TRONDHEIM via MO I RANA, MOSJØEN, MAJAVATN und GRONG sowie hinauf nach FAUSKE (bzw. BODØ).

Vom Saltdal nach Narvik

Rund 280 km beträgt die Distanz von Rognan bis hinauf nach Narvik, und wie schon so oft im Verlauf der E 6, die auch diese Strecke erschließt, wird nur der Superlativ den Landschaften gerecht, durch die sie führt. Da gibt es keine sedimentären Lagen und Faltungen mehr, stattdessen dominiert das homogene Grau riesiger eisgekrönter Felsskulpturen aus Türmen,

Spitzen und Buckeln, die von Fjorden durchschnitten und von Seen und Mooren umkränzt werden.

Rings um Fauske

Dies ist das Herz von Nordland, von dem Bjørnstjerne Bjørnson sagte, dass es in seiner Monumentalität über alle Beschreibungen hinausgehe. Insbesondere der rund 140 km lange Abschnitt zwischen **Fauske**, dem selbst nicht sehenswerten Verwaltungszentrum der Region, und Ulsvåg präsentiert sich als eine Urwelt aus düster heraufdrängenden Bergen. Vom **Rago-Nationalpark** abgesehen, empfiehlt sich insbesondere das 40 km östlich von Fauske gelegene und ab dort entlang der R 830 erreichbare **Sulitjelma** (tgl. mind. vier Busverbindungen) als Ausgangspunkt für Wanderungen: Im Umfeld dieser ehemals insbesondere vom Bergbau lebenden Ortschaft im Grenzbereich zu Schweden laden zahlreiche Touren unterschiedlicher Schwierigkeitsgrade und Länge ein. Am populärsten in Kreisen von Fernwanderern ist die Querung des Kaledonischen Gebirges hinüber ins Nachbarland, wo der Padjelantaleden verläuft, der zusammen mit dem berühmten Kungsleden (an den man ebenfalls Anschluss hat) die wildesten Regionen von schwedisch Lappland erschließt.

Insgesamt laden im Umfeld von Sulitjelma neun Übernachtungshütten des DNT (S. 65) ein. Genaue Wanderwegbeschreibungen sowie topografisches Kartenmaterial hält das Touristenbüro in Fauske (S. 524) bereit. Auch über **Gipfeltouren** kann man sich dort informieren. Populär, weil relativ einfach, sind insbesondere die Besteigungen des Vardetoppen (1722 m), Stortoppen (1830 m) und Sulistoppen (1930 m), während die Bezwingung der Eiskappe des **Blåmannsisen** den erfahrenen Bergfreunden vorbehalten bleibt.

Der Rago-Nationalpark

Wer entlang der E 6 gen Norden fährt, staunt nicht zuletzt über die teilweise extreme Straßenführung, die durch mehr als ein Dutzend bis über 5 km lange Tunnel verläuft. Rund 26 km hinter Fauske passiert die E 6 die zum Rago-Nasjonalpark ausgeschilderte Stichstraße. An ihrem Ende beginnt ein gut markierter Wanderweg zur 7 km entfernten Storskogvasshytta mitten im 171 km^2 großen Refugium, das 1971 ausgewiesen wurde, um die dramatischen Landschaften im Grenzbereich zum Nachbarland Schweden zu schützen.

Dramatische Wasserfälle, Schluchten und Klammen, Seensysteme, Wildflüsse und Kiefernurwälder, aber auch monumentale Karlinge sowie Gletscher prägen diese Region, die im Osten an die großen schwedischen Nationalparks Stora Sjöfallet, Sarek und Padjelanta grenzt und auch eine reiche Tierwelt aufweist. Die Übernachtungshütte steht allen Wanderern offen, am nahegelegenen See liegen zwei Ruderboote bereit, und wer Lust auf eine Anschlusstour hat, kann von hier aus zur rund 8 km entfernten Ragohytta wandern, die sich ebenfalls als Übernachtungsplatz anbietet. Weitere Infos über 💻 www.miljodirektoratet.no und www.nordlandsnaturen.no.

Beidseits des Tysfjords

Nördlich von **Ulsvåg**, wo die R 81 nach Hamarøy sowie zu den Lofoten abzweigt, setzt die in der Ferne sichtbare Lofotenwand reizvolle Akzente, und während der Fährfahrt über den Tysfjord von **Bognes** nach **Skarberget** kann man das Panorama 25 Minuten lang in aller Ruhe genießen. Zuvor sollte man aber nach Möglichkeit das Umland des ungemein dramatischen, weil (insbesondere im inneren Teil) von Bergen eingeschlossenen Tysfjord erkunden. Er wird von der R 827 erschlossen, die auch die Orte Drag und Kjøpsvik berührt. In Drag lädt zudem das auch architektonisch sehenswerte **Kulturzentrum Arran** ein, das der samischen Kultur gewidmet ist. 💻 www.arran.no, 🕒 tgl. 10–14 Uhr, Eintritt 80 NOK.

Dann geht es weiter in Richtung Narvik, und trotz der zahlreichen einzigartigen Natureindrücke im Verlauf der bisherigen E 6 setzt erst diese letzte Etappe auf dem Weg nach Narvik der Fahrt das i-Tüpfelchen auf: Vom Gletscherfraß zu Tropfen, Kegeln und Pyramiden geformte Berggestalten steigen aus den grünblau schimmernden, von weißen Stränden nebst blumenübersäten Wiesen gesäumten Wassern des **Ballangenfjords** auf.

ÜBERNACHTUNG UND ESSEN

Fauske

Fauske Camping & Motell, Leivset (etwa 3,5 km südlich von Fauske), ✆ 75648401, ✉ fausm@online.no. Direkt an der E 6 gelegene Anlage mit nicht weniger als 44 Hütten (von schlicht bis luxuriös) sowie, im Haupthaus, schlichten (und überteuerten) Zimmern. Aufenthaltsraum, Grillmöglichkeiten, Kiosk/Souvenirladen, Café mit einfachen Gerichten, gute Sanitäranlagen. Stellplatz 220 NOK, Hütten ab ❶, DZ ❸

€ **Strømhaug Camping**, Strømhaugveien 2, 14 km nördlich von Fauske (an der E 6 beschildert), ✆ 75697106, 🖳 www.stromhaug.no. Empfehlenswerter Campingplatz mit bester Ausstattung in naturschöner Lage. Grüne Wiesenplätze, 12 Hütten, modernes Sanitärgebäude, Aufenthaltsraum mit TV, Waschraum, gut ausgestattete Küche, nahe gelegener Supermarkt und Imbiss. Auch guter Ausgangspunkt für Angel- und Wandertouren. Stellplatz 180 NOK, Hütten ab ❶

Am Tysfjord

€ **Tømmerneset Camping**, Tømmernes (an der E 6, etwa 50 km vor dem Tysfjord), ✆ 75772955. 3-Sterne-Platz in Fjordnähe mit ansprechender Ausstattung. 14 Hütten, Aufenthaltsraum, Sauna, Badeplatz, Bootsverleih. ⌚ Anfang Juni–Ende Aug. Stellplatz 150 NOK, Hütten ab 375 NOK.

Stetind Hotell, Granveien 4, Kjøpsvik, ✆ 75774100, 🖳 www.stetind-hotell.no. Kleineres Hotel in naturschöner und ruhiger Lage, nur wenige Geminuten vom Ortszentrum entfernt. 16 Zimmer mit Bad/WC und TV. Bootsverleih, Massage-Bad, gute Wandermöglichkeiten. ❺

Tysfjord Turistsenter, Storjord, ✆ 75775370, 🖳 www.tysfjord-turistsenter.no. Große Camping- und Hotelanlage direkt am Fjord. Im Angebot sind 37 Hotelzimmer (gute Mittelklasse) sowie 18 Motelzimmer, die zwar weniger komfortabel, aber gemütlich und vor allem preiswerter sind. Außerdem gibt es mehrere einfache Hütten beim Campinggelände (nur im Sommer/Herbst), ein Restaurant, Café und einen Supermarkt. Zahlreiche Aktivitäten sowie geführte Touren (u. a. Walsafari, Angeltörns, Wanderungen zum/Klettertouren auf den Stetind, Paddeltouren). Stellplatz 180 NOK, Hütten ab 350 NOK, Motelzimmer ❸, DZ ❸–❹

AKTIVITÄTEN UND TOUREN AM TYSFJORD

Schwertwalsafaris

Das **Tysfjord Turistsenter** (S. 524) organisiert von Ende Okt bis Ende Jan tgl. Schwertwalsafaris auf dem Tysfjord (1450 NOK). Die Touren werden entweder auf einem größerem Kutter (am günstigsten) oder in RIBs (Schlauchbooten mit PS-starken Motoren) durchgeführt. Auch kombinierte Schnorchel- und Walsafaris sind möglich (2200 NOK), außerdem stehen Seeadler-, Elch-, Angel- und Nordlicht- sowie Kajaktouren auf dem Programm, und wer die Extreme liebt, sollte nach einer Tour auf den Stetind fragen (4000 NOK, mind. 2 Pers.).

Wandern

Sowohl beim Stetind Hotell als auch beim Tysfjord Turisstenter (S. 524) beginnen markierte Wanderpfade, die durch relativ einfaches Terrain zu Aussichtspunkten führen. Weitere Infos in den Unterkünften selbst.

SONSTIGES

Alkohol

Fauske vinmonopol, Sjøgate 74 (im Focus Center), ✆ 04560, ⌚ Ma–Mi 10–17, Do und Fr 10–18, Sa 10–15 Uhr.

Apotheken

Apotek 1, Sjøgate 74 (im Amfi Center), ✆ 75602450, ⌚ Mo–Fr 10–18, Sa 10–15 Uhr.

Geld

Sparebank 1, Storgate 75, ✆ 02244.

Informationen

Fauske turistinformasjon, Sjøgate 46, ✆ 75604000, 🖳 www.nordlandsmuseet.no, ⌚ 22. Juni–15. Aug Mo–Fr 11–15 Uhr.

Norwegens Nationalberg

Highlight am Tysfjord ist der Anblick des 1392 m hohen **Stetind**, 💻 www.stetind.nu, der im Jahre 2002 zu Norwegens Nationalberg erklärt wurde und mit seiner markanten Monolithform ein eindrucksvolles Bild abgibt. Er erhebt sich direkt an der R 827 am Tysfjord (lohnenswerte Alternative zur E 6) und ist über die Orte Drag und Kjøpsvik zu erreichen. Seine Besteigung ist allerdings den Kletterern vorbehalten. Infos auf der o. g. Website.

Tysfjord turistsenter, S. 524. Keine Touristeninformation im eigentlichen Sinn, aber dennoch eine ergiebige Infoquelle; hier werden auch Wanderkarten verkauft.

Medizinische Hilfe
Legevakta, Fauske, ✆ 75540444.
Legevakta, Kjøpsvik, ✆ 75770202.

Polizei
Fauske lensmannskontor, Fauske, Storgate 83, ✆ 02800.
Tysfjord lensmannskontor, Rognaleen 1, Kjøpsvik, ✆ 02800.

Post
Fauske postkontor, Fauske, Sjøgate 71, ✆ 04004, 🕒 Mo–Fr 9–17, Sa 10–14 Uhr.
Kjøpsvik Post i butikk (Coop Marked Supermarkt), am Torget (Marktplatz), ✆ 04004, 🕒 Mo–Fr 9–20, Sa 9–18 Uhr.

Taxis
Fauske, ✆ 75644444.

TRANSPORT

Selbstfahrer
Auf dem Weg nach Narvik muss nördlich von Ullsvåg der Tysfjord überquert werden (s. u., Schiffe).

Busse
Mehrmals tgl. bestehen ab Fauske sowie (mit Umsteigen) ab Tysfjord Verbindungen nach ROGNAN und MO I RANA sowie nach HAMARØY, NARVIK, BODØ und den LOFOTEN.

Eisenbahn
2x tgl. geht es mit der Nordlandsbahn von Fauske nach TRONDHEIM via ROGNAN, MO I RANA, MOSJØEN, MAJAVATN und GRONG sowie hinauf nach BODØ.

Schiffe

Südlich von Narvik unterbricht der Tysfjord die E 6, aber zwischen den Fährstationen Bognes und Skarberget sind die **Fähren** von Torghatten, www.torghatten-nord.no, rund um die Uhr im Halbstunden- bzw. Stundentakt im Einsatz (25 Min., 42 NOK, Pkw 115 NOK), sodass es kaum je zu Wartezeiten kommt.

Hamarøy

Die Landschaft der Halbinsel Hamarøy, die südlich von Narvik mit einem Wirrwarr von Holmen und Schären in den Vestfjord hineinragt, offenbart eine abwechslungsreiche Szenerie mit bizarren Felsskulpturen und windzerzausten Wäldern, bildschönen Sandstränden und endlosen Ausblicken auf spiegelnde Fjorde und Sunde. Obendrein ist die Halbinsel und gleichnamige Gemeinde „Hamsuns Reich", denn hier verbrachte der Literaturnobelpreisträger Knut Hamsun (S. 114) seine Kindheit und Jugend und empfing jene Natureindrücke, die sich in seinen späteren Werken so charakteristisch niederschlugen.

Erschlossen wird die Halbinsel von der **R 81**, die Ullsvåg an der E 6 mit dem Fährhafen Skutvik („Tor zu den Lofoten") verbindet und auf ihrem Weg zahlreiche landschaftliche Sehenswürdigkeiten berührt. Einen Besuch wert ist außerdem das im August 2009 nach vierjähriger Bauzeit eröffnete und architektonisch sehr eindrucksvolle **Hamsunzentrum** (Hamsun senteret), www.hamsunsenteret.no, das dem Leben und Werk des beliebten Dichters gewidmet ist. Alljährlich finden hier ab dem 4. August die Hamsun-Tage statt. 1. Juni–20. Aug tgl. 10–18, sonst Di–Fr 10–15.30, Sa und So 11–17 Uhr, Eintritt 100 NOK.

Sehenswert ist auch das Fischerdorf **Tranøy**, wohin eine Stichstraße führt. An ihrem Ende erhebt sich der **Leuchtturm Tranøy** (s. u.), und von dieser Landmarke aus fällt in der Ferne der Blick auf die Zacken und Zinnen der sagenhaften Lofotenwand.

Bei Bø, auf der südlich von Hamarøy gelegenen Halbinsel Engeløya, erinnert die **Batterie Dietl** an den Zweiten Weltkrieg. Ursprünglich waren hier 40,6-cm-Geschütze installiert, und einer der gewaltigen Bunker der Anlage dient heute als Museum. www.saltenmuseum.no, 17. Juni–20. Aug tgl. 11–18 Uhr, Eintritt 60 NOK.

ÜBERNACHTUNG UND ESSEN

Tranøy fyr, Tranøy, 99704499, www.tranoyfyr.no. Im Leuchtturmwärterhaus auf der über eine Brücke mit dem Festland verbundenen Leuchtturminsel werden Zimmer (ab 700 NOK) und Wohnungen vermietet.
Sehr gemütlich, gut ausgestattet (oft mit eigener Küche), fantastische Aussicht. Näher an der Natur als hier geht es kaum, und auch das im Restaurant servierte Essen ist fantastisch (VP möglich). Ende Mai–Ende Aug. Ab ❸

Hamarøy Hotell, Innhavet, 75765500, www.hamaroyhotel.no. Von außen so la la, von innen aber gut und modern eingerichtet. 36 Zimmer mit Mittelklassestandard (u. a. Telefon und Kabel-TV), das Restaurant bietet leckere nordnorwegische Kost. Angeschlossen sind Bar, Außenterrasse, Fitnessraum, Sauna, Fahrrad- und Autoverleih. ❺

€ **Ness Camping**, Skutvik, 75771388, www.ness-camping.no. 4 km von Skutvik und damit der Fährstation zu den Lofoten entfernt direkt am Meer mit schönem Sandstrand gelegene Anlage, die traumhafte Aussicht bietet sowie rund 10 Hütten, die ab 350 NOK (für bis zu 5 Pers.!) kosten. Stellplatz für Zelt und Wohnmobil gibt es zu 175 NOK.

Knut Hamsun zu Ehren

Hamsundagene, Ende Juli/Anfang August, www.knuthamsun.no. Zu Ehren des norwegischen Dichters Knut Hamsun finden im Hamsunzentrum jährlich die Hamsun-Tage statt. Das Festival ist mit seinen Film- und Kunstausstellungen, Konzerten und Literaturseminaren eine der größten Kulturveranstaltungen von Nordnorwegen.

SONSTIGES

Autovermietungen

Avis, Innsett,
✆ 75772561.

Fahrradverleih

Hamarøy Hotell, s. o.

Informationen

Reiseliv i Hamsuns Rike,
Oppeid, ✆ 95876306,
💻 www.hamsuns-rike.no.

Medizinische Hilfe

Legevakta,
✆ 75770202.

Polizei

Hamarøy Lensmannskontor, Oppeid,
✆ 02800.

Post

Hamarøy Post i Butikk (Mix-Kiosk),
Opeid, ✆ 04004, 🕒 Mo–Sa 10–21,
So 16–20 Uhr.

TRANSPORT

Busse

Mehrmals tgl. bestehen von Skutvik (Fährhafen von/zu den Lofoten) sowie allen Orten an der R 81 (die ganz Hamarøy erschließt) Verbindungen nach ULLSVÅG (an der E 6), wo man umsteigt in den Bus Richtung FAUSKE und BODØ sowie NARVIK.

Schiffe

Schnellboote

1x tgl. besteht von Skutvik aus eine Verbindung nach SVOLVÆR/Lofoten (182 NOK) sowie nach BODØ (463 NOK) via STEIGEN.

Fähren

Die Fähre verkehrt seit 2014/2105 nur noch im Hochsommer zwischen dem 1. Juni und 31. Aug 3x tgl. von Skutvik aus nach SVOLVÆR/Lofoten (ca. 2 Std., 108 NOK, Pkw 375 NOK).

Narvik

Rund 14 000 Einw. zählt die Stadt am bergummauerten Ofotfjord, deren Lage ebenso beeindruckend ist wie die Palette möglicher Ausflüge und Aktivitäten. Die Geschichte des Ortes begann 1883 mit dem Bau der Erzbahn, mit deren Hilfe das Eisenerz aus den nordschwedischen Gruben hierher an einen ganzjährig eisfreien Hafen gebracht werden konnte. Seit jener Zeit ist das Erz die ökonomische Grundlage der Stadt, und auch dass die Deutsche Wehrmacht im Jahre 1940 Norwegen angriff, ist vor allem dieser wichtigen Ressource zu verdanken.

Hitler selbst soll lange gezögert haben, den Norden in seinen Krieg mit einzubeziehen, doch Eisen und Stahl schienen letztlich kriegsentscheidend, und so erfolgte am 9. April 1940 unter dem Namen „Weserübung" (S. 104) die „Operation zur Sicherung der Neutralität der nordischen Staaten", wie Hitler es ausdrückte. Noch am selben Tag wurden alle Häfen bis weit hinaus über den Polarkreis besetzt und insbesondere auch Narvik eingenommen, größter Erzverladehafen der Welt, wohin Hitler ein Expeditionskorps unter General Dietl entsandt hatte. Damit kam Deutschland den Alliierten nur um kurze Zeit zuvor, denn diese hatten bereits am Morgen des 8. April begonnen, norwegisches Fahrwasser zu verminen. Am 28. Mai dann eroberten sie Narvik zurück – dies war die erste größere Niederlage der deutschen Kriegsmacht, und der Ausspruch „Look to Narvik" ging als Hoffnungsbote um die Welt. Aber nicht für lange Zeit, denn nur 14 Tage später musste die Stadt wieder aufgegeben werden, in die die Deutschen erneut und für nun rund fünf Jahre einzogen.

Sehenswertes

Wer sich über die Kriegsereignisse informieren will, findet dazu im **Kriegsgedenkmuseum** (Krigsminnemuseet) Gelegenheit, das vom Roten Kreuz eingerichtet wurde und, bar jeder Polemik, ein lebendiges Bild jener Zeit vermittelt. 💻 www.warmuseum.no, 🕒 Mo–Sa 10–16 Uhr, Eintritt 100 NOK.

Das benachbarte **Ofot-Museum**, 💻 www.museumnord.no/narvik, informiert über die Höhen und Tiefen der Stadtgeschichte, insbesonde-

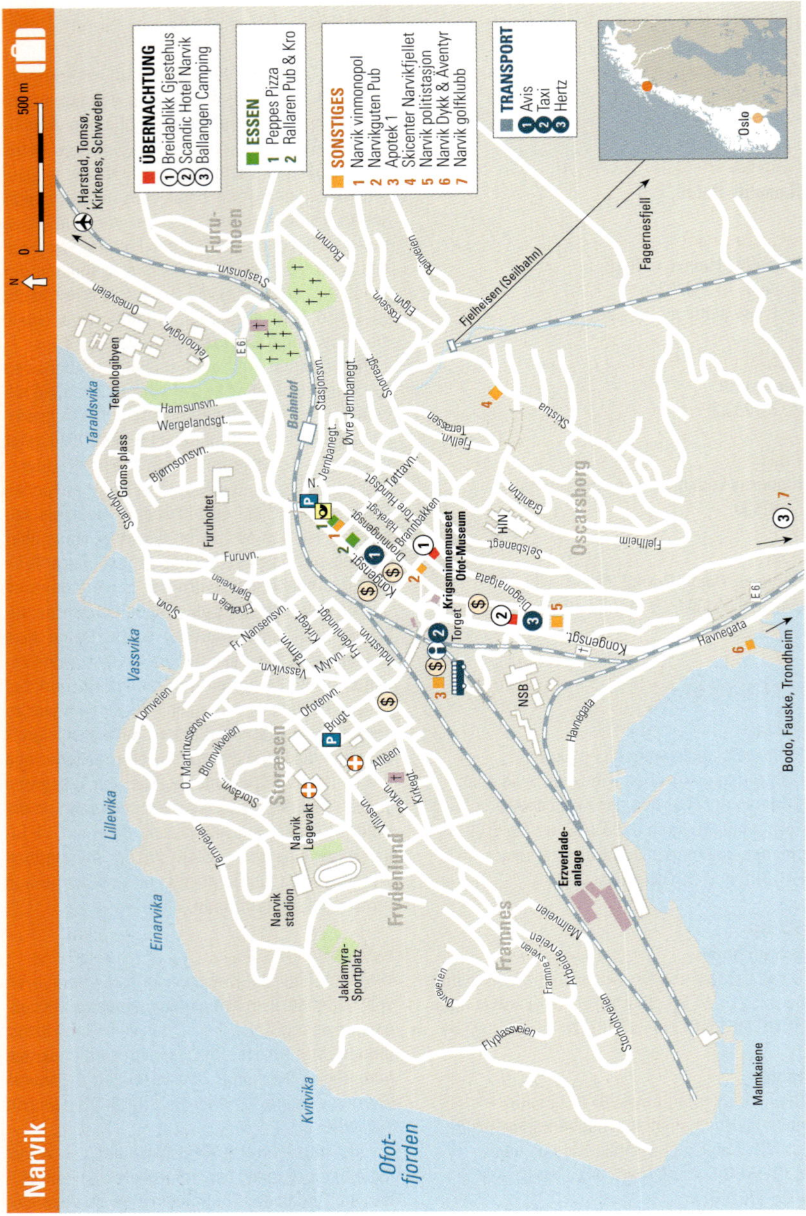
Narvik
0
500 m
N
ÜBERNACHTUNG
1 Breidablikk Gjestehus
2 Scandic Hotel Narvik
3 Ballangen Camping
ESSEN
1 Peppes Pizza
2 Rallaren Pub & Kro
SONSTIGES
1 Narvik vinmonopol
2 Narvikguten Pub
3 Apotek 1
4 Skicenter Narvikfjellet
5 Narvik politistasjon
6 Narvik Dykk & Äventyr
7 Narvik golfklubb
TRANSPORT
1 Avis
2 Taxi
3 Hertz
Oslo
Harstad, Tomsø, Kirkenes, Schweden
Fagernesfjell
Fjellheisen (Seilbahn)
Bodo, Fauske, Trondheim
Furu-moen
Oscarsborg
Storæsen
Frydenlund
Framnes
Taraldsvika
Vassvika
Lillevika
Einarvika
Kvitvika
Ofot-fjorden
Teknologibyen
Groms plass
Furuholtet
Bahnhof
Krigsminnemuseet
Ofot-Museum
Torget
NSB
HiN
Narvik Legevakt
Narvik stadion
Jaklamyra-Sportplatz
Erzverlade-anlage
Malmkaiene
Stasjonsvn.
Kongensgt.
Dronningensgt.
Havnegata
Jernbanegt.
Øvre Jernbanegt.
Diagonalgata
Selsbanegt.
Fjellheim
Skistua
Brugt.
Alléen
Villavn.
Parkvn.
Kirkegt.
Ofotenvn.
Industrivn.
Fr. Nansensvn.
Bjørnsonsvn.
Wergelandsgt.
Hamsunsvn.
Teknologivn.
Ornesveien
Malmveien
Flyplassveien
Storholtveien
E6

re über den Bau der von Kiruna/Schweden nach Narvik verlaufenden Erzbahn. ⌚ 20. Juni–11. Aug Mo–Fr 10–16, Sa und So 12–15 Uhr, sonst nur Mo–Fr, Eintritt 50 NOK.

Die meistbeachtete Sehenswürdigkeit der Stadt ist jedoch der gegenüber vom Kriegsgedenkmuseum aufgerichtete übergroße **Wegweiser**, der z. B. bezeugt, dass der Nordpol 2420 km und Hamburg 2007 km entfernt ist. Angrenzend befindet sich die Stadtbrücke, von deren Höhe aus man die gewaltige **Erzverladeanlage** (LKAB) im Blick hat, die mit einer Kapazität von 20 Mio. t pro Jahr die weltweit größte und modernste ihrer Art ist und im Rahmen von Führungen besichtigt werden kann. ⌚ im Sommer tgl. Führungen zu 250 NOK, Infos über ✆ 76965600.

Tolle Panoramen sind von der 650 m hoch auf dem Fagernesfjell gelegenen Bergstation der **Seilbahn** zu genießen, Ausgangspunkt einer nicht alltäglichen Höhenwanderung. 💻 www.narvikfjellet.no, ⌚ 21. Juni–20. Juli tgl. 13–1, 21. Juli–21. Aug tgl. 12–20 Uhr, Ticket 130 NOK.

ÜBERNACHTUNG

Hostels und Hotels

Scandic Hotel Narvik, Kongensgate 33, ✆ 76961400, 💻 www.scandichotels.no. Das moderne 18-stöckige Hotel (eines der höchsten Gebäude von ganz Nordnorwegen) präsentiert sich als ein Glaspalast und beeindruckt mit reichem Panorama ebenso wie mit höchstem Komfort; Restaurant und Bar. Ab ❺

Breidablikk Gjestehus, Tore Hundsgate 41, w 76941418, I www.breidablikk.no. Ansprechende Pension in Zentrumsnähe, vor Kurzem komplett umgebaut und renoviert. Die Zimmer sind ansprechend möbliert und mit modernen Badezimmern und Kabel-TV ausgestattet. Großes Frühstücksbuffet inkl., aber die Preise scheinen überzogen. ❺

Camping und Hütten

Ballangen Camping, Ballangen, ✆ 76927690, 💻 www.ballangen-camping.no. Familienfreundlicher 4-Sterne-Platz, 40 km südlich von Narvik an der E 6. Zwar ziemlich dezentral,aber ohne Alternative, seit der Platz in Narvik geschlossen wurde. Ungefähr 150 Wiesenstellplätze, 50 Campinghütten in verschiedenen Größen (bis zu 6 Betten), kleiner Supermarkt, Bootsverleih (gut zum Angeln), beheiztes Freibad mit mehreren Becken und Rutschen, Solarium, Sauna und ein großes Restaurant (einfache Gerichte) mit Sonnenterrasse. Stellplatz 220 NOK Hütte ab 450 NOK.

ESSEN UND UNTERHALTUNG

€ **Peppes Pizza**, Kongensgate 66, 💻 www.peppes.no. Auch hier ist die beliebte Pizza-Restaurantkette vertreten: Leckere Pizzen, Salate und Pastagerichte zu günstigen Preisen. ⌚ Mo–Fr 10–23, Sa und So 13–23 Uhr.

Rallaren Pub & Kro, Kongensgate 64 (im Quality Hotel), ✆ 76977000. Gemütliches Restaurant und Pub mit altertümlicher Einrichtung aus der „Rallarzeit". Die Speisenauswahl reicht von lokaler Hausmannskost bis zur internationalen Küche. Mittlere Preisklasse. ⌚ tgl. ab 15 Uhr bis spät.

Nachttreff in Narvik ist das **Narvikguten Pub**, Dronningensgate 60, 💻 www.narvikguten.no. Sehr lebhaft an Wochenenden, oft mit Livemusik. Das tagsüber eher ruhige Café verwandelt sich abends in eine beliebte Kneipe. Die angeschlossene Discothek mit mehreren Bars und Tanzflächen ist nur an den Wochenenden geöffnet und zieht hauptsächlich Studenten und eine jüngere Klientel an. ⌚ So–Do 11–1, Fr und Sa 11–3 Uhr.

FESTE

Vinterfestuka, Mitte März, 💻 www.vinterfestuka.no. Das einwöchige Winterfestival bietet jede Menge Action und zahlreiche Events, u. a. mit Sportveranstaltungen und Konzerten.

AKTIVITÄTEN

Golf

Etwa 35 km südlich von Narvik am Skjomen-Fjord liegt einer der nördlichsten Golfplätze der Welt: der 18-Loch-Platz **Narvik Golfklubb**, 💻 www.narvikgolf.no, ✆ 76951201. Zwischen

Juni und August kann man nachts im Licht der Mitternachtssonne spielen. ⌚ Mai–Okt.

Mountainbiking
Die Downhill-Tracks des Narviksfjellet sind erstklassig (wo 2014 die norwegischen Meisterschaften ausgetragen wurden) und bieten Abfahrten von bis zu 540 Höhenmetern und 3 km Länge. Die Pisten starten oben am Fjellheisrestauranten und führen fast bis auf Meeresniveau hinunter. MTBs verleiht die Gebirgsstation an der Gondelbahn.

Wandern
Die Wandermöglichkeiten im Umland von Narvik sind schier grenzenlos, die beliebtesten Routen führen ins Bjørnfjell hinauf (Grenzland zu Schweden), von wo aus Anschluss an die schwedischen Fernwanderwege besteht (u. a. Kungsleden), weitere (Hochgebirgs-)Routen, teilweise ebenfalls markiert, nehmen an der Bergstation des Fjellheisen (Seilbahn) ihren Anfang. Über alle Möglichkeiten informiert das Touristenbüro.

Wintersport
Das **Skicenter Narvikfjellet**, ✆ 76977282, 💻 www.narvikfjellet.no, bietet erstklassige Abfahrtpisten mit 900 m Höhenunterschied, einer Gondelbahn, 5 Liften und 13 Abfahrten bis zu 3200 m Länge sowie eine schöne Langlaufloipe. Auch Skiverleih und Skischule.

Weitere Angebote
Das Touristenbüro informiert über Drachen- und Gleitschirmfliegen, Grotten- und Klettertouren, Seekajakverleih, Reiten sowie Hundeschlitten- und Schneescootertouren.

SONSTIGES

Alkohol
Narvik vinmonopol, Kongensgate 66 (im Shoppingcenter), ✆ 04560, ⌚ Mo–Mi 10–17, Do und Fr 10–18, Sa 10–15 Uhr.

Apotheken
Apotek 1, Bolagsgate 1, ✆ 76923300, ⌚ Mo–Fr 9–18, Sa 10–15 Uhr.

Autovermietungen
Hertz, Kongensgate 20, ✆ 75401770.
Avis, Dronningensgate 66, ✆ 76943980.

Geld
Sparebanken Narvik, Kongensgate 24, ✆ 76911100.

Informationen
Narvik turistinformasjon, Kongensgate 11, ✆ 76965600, 💻 www.visitnarvik.com, ⌚ 22. Juni–23. Aug Mo–Fr 9–19, Sa und So 9–14, sonst Mo–Fr 9–15 Uhr.

Medizinische Hilfe
Legevakten i Narvik, Sykehusveien 3, ✆ 76943000.

Polizei
Narvik politistasjon, Kongensgate 14-18, ✆ 02800.

Post
Narvik postkontor, Kongensgate 66 (Narvik Storsenter), ✆ 04004, ⌚ Mo–Fr 9–18, Sa 10–15 Uhr.

Tauchen
Narvik Dykk & Äventyr, ✆ 99512205, 💻 www.divenarvik.com. Gilt als das erfahrenste Tauchzentrum der Stadt. Seit das Tauchverbot im Ofotfjord in der Nähe der rund 46 auf Grund liegenden deutschen Kriegsschiffe aufgehoben wurde, steht Narvik im Ruf eines der besten Reviere für Wracktaucher weltweit. Über die Website des Veranstalters kann man sich mit der Lage und Historie diverser Wracks vertraut machen.

Taxis
✆ 07550.

TRANSPORT

Selbstfahrer
Auf dem Weg nach Süden muss der Tysfjord auf einer Fährfahrt überquert werden (s. u.).

Mit der Erzbahn nach Riksgränsen

Dramatisch sind alle Wege, die nach Narvik hinein- und aus Narvik hinausführen. Auf keiner Strecke aber wird man das besser gewahr als mit der **Ofot-Bahn**, die Teil der Erzbahn ist und Narvik via Kiruna mit Luleå am Bottnischen Meerbusen verbindet. Der spektakulärste Abschnitt ist derjenige zwischen Narvik und Riksgränsen, der auf dem Bjørnfjell gelegenen Grenzstation zu Schweden, und unglaublich scheint, dass die Trasse täglich der gewaltigen Last von 156 000 t Eisenerz standhalten kann, die 30 Züge, jeder über 400 m lang, aus den größten Erzgruben der Welt nach Narvik befördern. Trommelfellzerreißend dringt das Kreischen der Bremsen eines solchen 52 Waggons langen Tatzelwurms herunter, der vollelektronisch und bewegt von dreimal 7400 Pferdestärken ans Ziel geführt und schließlich von dort nach Kiruna zurückgeleitet wird.
Auch der berühmte „Lapplandzug" von und nach Malmö, mit 2147 km eine der längsten Eisenbahnstrecken Europas, folgt dieser einspurigen Trasse, die bis zur Grenze hinauf einen Höhenunterschied von 520 m bewältigt und dabei nicht weniger als 21 Tunnel passiert. Er verkehrt einmal täglich, auch ein Panoramawaggon ist angekoppelt, aber zusätzlich ist auf der Strecke auch zwei- bis dreimal täglich der Lokalzug „Rallarrosen" unterwegs, und wer es zeitlich einrichten kann, der sollte wenigstens bis Riksgränsen einmal per Schiene fahren, was etwa eine Stunde an Zeit in Anspruch nimmt.
Das schönste Panorama genießt, wer in Fahrtrichtung links sitzt. Langsam, denn die schon bald zu bewältigende Steigung ist beachtlich, geht es von **Narvik** aus entlang steiler Felswände in die Höhe. Bald kann man die Lage der Stadt auf einem schmalen Saum zwischen dem **Ofotfjord** und dem Fuße himmelstürmender Berge bewundern, und insbesondere der Tiefblick hinunter in den direkt neben der Trasse senkrecht abfallenden **Rombaksfjord** ist von eindringlicher Schönheit. Je höher es hinaufgeht, desto schütterer wird der Baumbewuchs der zunehmend felsigen Landschaft, die von Minute zu Minute wilder und zerklüfteter wird. Bald reichen die Bäume nur noch bis zur Brust, dann sind sie kniehoch, dennoch anscheinend uralt – Bonsai der Natur.
Schließlich fehlt jede Spur höherer Gewächse, nur noch Gräser, Moose und Flechten vermögen in der steinernen Welt des **Bjørnfjells** zu überleben, auf dem auch **Riksgränsen** liegt, der 520 m hoch gelegene Grenzübergang nach Schweden. Das Ensemble aus schwarzen Granitflanken im Norden, der blauen Weite des Vassijaure im Osten und von Geröllhalden geprägtem Hochgebirge im Süden fügt sich zu einem Bild von archaischer Schönheit. Erratische Blöcke ragen wie Atolle in einem Meer aus Weiden, Birken und Moorflächen auf, und wer im Frühherbst vom Meer heraufkommt, wenn an den Fjorden noch der Sommer herrscht, doch die Gipfel der Berge schon weiß verschneit sind, während sich das Land als „Farborgie" aus Rot, Gelb und Gold präsentiert, wird die weite Anreise nicht bereuen.Auf dem Rückweg bietet es sich an, z. B. in **Katterat** oder **Rombak** auszusteigen, von wo aus man über vorbildlich markierte Wege zum Rombaksfjord hinunter oder nach Narvik zurückwandern kann (Infos im Touristenbüro).

NORDNORWEGEN

Busse

Vom zentral gelegenen Busbahnhof aus mehrmals tgl. Verbindungen nach FAUSKE (nördlicher Endpunkt der durch Norwegen führenden Eisenbahnstrecke) via ULLSVÅG/Hamarøy und BODØ sowie nach TROMSØ, außerdem entlang der E 10 nach HARSTAD, STOKMARKNES und SORTLAND sowie weiter auf die Lofoten via SVOLVÆR, KABELVÅG, LEKNES, RAMBERG, REINE bis hinunter nach Å am Ende des Lofoten-Highways.

Eisenbahn

Der Bahnhof liegt wenige Gehminuten außerhalb des Zentrums (Richtung Norden). Narvik ist per Schiene nur mit Schweden verbunden; tgl. fahren zwei kostengünstige Züge via ABISKO (Start des Kungsleden) und KIRUNA nach STOCKHOLM (ab 700 SEK) bzw. GÖTEBORG und MALMÖ; Infos über ✆ 0046-771-757575, 💻 www.sj.se. Weitere Züge sind tgl. auf der Strecke Richtung Kiruna im Einsatz, Infos über die NSB,

📞 81500888, 💻 www.nsb.no, wo man auch alle Tickets kaufen kann.

Schiffe

Fähren

Südlich von Narvik unterbricht der Tysfjord die E 6, aber zwischen den Fährstationen Bognes und Skarberget sind die Fähren rund um die Uhr im Halbstunden- bzw. Stundentakt im Einsatz (25 Min., 42 NOK, Pkw 115 NOK), sodass es kaum je zu Wartezeiten kommt.

Schnellboote

Die Verbindung von Narvik nach Svolvær auf den Lofoten wurde eingestellt.

Flüge

Vom Evenes-Flughafen Narvik/Harstad Lufthavn aus, der auf halber Strecke nach Harstad/Sortland an der E 10 bei Evenes liegt (ca. 80 km ab Narvik), bedienen SAS und Widerøe die Routen nach TROMSØ, OSLO und TRONDHEIM sowie innerhalb von Nordland. Norwegian fliegt günstig nach Oslo. Ab dem Busbahnhof gibt es zu jedem Flug einen Transfer nach Narvik zu 225 NOK (70 Min.), 💻 www.flybussen.no/narvik; Taxi kostet ein Vermögen.

Målselv

Die Målselv-Gemeinde mit dem etwa 2200 Einwohner großen Zentralort **Bardufoss** sowie dem kleinen Städtchen **Andselv** ist ein Paradies für **Wandertouristen** sowie **Lachsangler**, außerdem eine der wichtigsten militärischen Standorte in Nordnorwegen. Er hat die Aufgabe, die Nordflanke der Nato zu verstärken, und entsprechend gehören Kriegsspiele in diesen zum Großteil von Militärs bewohnten Ortschaften zum Alltag. Hauptsehenswürdigkeit ist der 25 km südlich von Bardufoss im Salangsdalen gelegene **Polar-Park** (übrigens der nördlichste Tierpark weltweit), in dem Bären und Wölfe, Luchse und Vielfraße, Elche, Rentiere, Moschusochsen und andere arktische Arten in natürlicher Umgebung zu beobachten sind. Seit 2015 kann man hier auch im Wohnmobil übernachten (100 NOK), auf Anfrage werden auch Elchsafaris organisiert, und wer Englisch oder Norwegisch spricht, hat zudem die Möglichkeit, im Rahmen eines „Wolf Visit" auf Tuchfühlung mit den Wölfen zu gehen (1500 NOK). Anreise über die E 6 (beschildert). 💻 www.polarpark.no, 🕒 2. Juni–31. Aug tgl. 10–18, sonst Mo–Fr 10–16, Sa und So 12–16 Uhr, tgl. um 11.30 Uhr Fütterung der Raubtiere. Eintritt 260 NOK, Familienticket 750 NOK.

Rund 12 km nördlich von Bardufoss/Setermoen (bei Elverum auf die R 87 abbiegen und dieser über 3 km folgen) stürzt sich der Målselv, eines der besten Lachsgewässer von Skandinavien, auf einer Länge von 600 m über Dutzende von Katarakte, die zusammen den **Målselvfossen** bilden. Von einem Uferweg aus kann man dieses Schauspiel hautnah erleben und auch Europas längste Lachsleiter (450 m) betrachten. Wer hier sein Glück beim Lachsfang versuchen will, kann im angrenzenden Målselvfossen kurs og feriesenter oberhalb des Flusses die notwendige Angelkarte erstehen.

Der Øvre Dividal-Nationalpark

Der 770 km² große und im Norden an Schweden grenzende Øvre Dividal-Nationalpark gilt als Norwegens „wildeste Wildnis" und besteht im Wesentlichen aus Hochebenen, die sich bis zum Horizont erstrecken und von bis zu 1700 m hohen Buckelbergen und Karlingen überragt werden. Sie sind durchzogen von tiefen Schluchten, die sich ein ums andere Mal in breite Taltröge öffnen, in denen sich wahre Urwälder aus teils jahrhundertealten Kiefern erstrecken.

Luchs, Vielfraß, Elch und Auerhahn sind hier noch zu Hause, auch die Vogelwelt ist reich vertreten, aber den Besucher erwarten nicht nur Landschaft, Flora und Fauna, sondern auch die Samen, die die Weidegründe der Dividal-Hochebenen schon seit alters her nutzen und deren Rechte durch die Einrichtung des Parks nicht beeinträchtigt wurden. Die (einzige) Zufahrt ins Schutzgebiet gewährt die bei Øverbygd von der R 87 ins Dividal abzweigenden Stichstraße, auf der keine öffentlichen Verkehrsmittel im Einsatz sind. Weitere Informationen sowie Kartenmaterial erhält man bei den Touristeninformationen in Setermoen und Tromsø, außerdem über 💻 www.miljodirektoratet.no

Das Outdoor-Zentrum Innset

Bei Bardufoss zweigt die R 847 ab, die nach 35 km bei Innset am **Altevatn** endet, dem mit rund 80 km^2 Fläche größten See Nordnorwegens, der für seinen großen Fischreichtum bekannt ist. Seine Umgebung bietet zahlreiche **Wanderziele**. So ist der in Schweden gelegene Torneträsk in 8 Std. erreichbar (Bootsverbindung nach Abisko), und durch den Øvre-Dividal-Nationalpark (s. u.) zieht sich eine markierte Strecke, die in rund 20 Std. nach Vetlenesbua im Dividal führt. Unterwegs gibt es drei Übernachtungshütten.

Auch geführte Wanderungen sind im Angebot, des Weiteren bieten sich **Kanu- und Mountainbiketouren** an, und bei der unter deutsch-norwegischer Leitung stehenden Husky-Farm Innset kann man alle Touren buchen sowie komplette Ausrüstungen ausleihen; ebenso Fahrräder und Kanus (180 NOK pro Tag). Im Winter werden hier obendrein anspruchsvolle **Hundeschlitten-, Ski- und Schneeschuhtouren** durchgeführt, auch **Hundeschlittenkurse** kann man belegen, und um die Natur in ihrer Ursprünglichkeit erleben zu können, wird konsequent auf technische Hilfsmittel verzichtet. Nur schwerlich wird man im Norden einen versierteren Winterkenner finden als Bjørn Klauer, der auch im deutschen Sprachraum bekannt geworden ist, da er Norwegen im Winter in voller Länge auf Skiern durchquert hat:

Bjørn Klauer Huskyfarm Innset, Innset, ✆ 77184503, www.huskyfarm.de. Zur Übernachtung stehen eine Hütte und ein Gästehaus zur Verfügung, auch Campen ist möglich.

NORDNORWEGEN

ÜBERNACHTUNG UND ESSEN

Bardufosstun, Ole Reistadsvei 4, Bardufoss, ✆ 77834600, www.bardufosstun.no. Kurs- und Trainingscenter in schöner Lage, etwa 4 Autominuten vom Flughafen entfernt. Die Zimmer sind einfach, aber funktional, die 4 Hütten hingegen tiptop ausgestattet. Sauna, Solarium, Sporthalle/Trainingscenter, Restaurant, Kanuverleih. Hütten ❹, DZ ❸

Nedre Målselvfossen Feriesenter, 12 km östlich von Bardufoss via R 87, ✆ 77832730, www.maalselvfossen.no. Riesige Anlage mit separaten Stellplätzen für Camper auf idyllischen Wiesen am Lachsfluss. Die mehrere Dutzend Hütten in unterschiedlichen Preisklassen (4–10 Pers.) liegen im oberen Teil des Platzes, wo u. a. Cafés, ein beheiztes Freibad, Minigolf und Aufenthaltsräume mit TVs einladen. Sehr gute Angelmöglichkeiten und entsprechend hohe Nachfrage nach Stellplätzen und Hütten, weshalb man für die Hochsaison möglichst im Voraus buchen sollte. Stellplatz ab 160 NOK, Hütten ab ❷

€ **Bardu Camping & Turistsenter**, Industriveien 2, Bardufoss, ✆ 77612300, www.barducamping.no. Zwischen dem Polar Zoo und dem Polarbadet gelegener Campingplatz mit zwei Dutzend Hütten, Campingwiesen und jeder Menge Ausstattung: beheiztes Freibad, Minigolf, Fahrrad- und Bootsverleih, Grillhütten, nahe gelegener Supermarkt, Café/Imbiss. Stellplatz ab 175 NOK, Hütten ab ❷

AKTIVITÄTEN

Angeln

Die Flüsse und Seen von Målselv genießen einen Spitzenruf als Angelparadiese, und der Målselv selbst gilt als eines der besten **Lachsgewässer** von Skandinavien. Angelsaison auf Lachs und Forelle herrscht zwischen Anfang Juni und Mitte Aug, zum Angeln benötigt man die übliche Angellizenz und eine Angelkarte (Fiskekort) für das jeweilige Gewässer (u. a. über die Touristeninformation sowie das Målselvfossen kurs og feriesenter, www.maalselvfossen.no).

Baden

Das bei Bardufoss gelegene **Polarbadet** (Rustahogda, www.polarbadet.no, ✆ 77832770, präsentiert sich als eine moderne Erlebnis- und Badeanlage. Mehrere Becken, Sprungturm, Wasserrutsche, Lagune, Whirlpool,

Prima Paddeln

Auch in Sachen Paddelfreuden tut sich die Målselv-Gemeinde hervor, denn gleich zwei überaus schöne Touren bieten sich zum Kanufahren an, die obendrein noch recht unproblematisch sind: Die eine führt auf der Målselva vom Rostavatnet aus flussabwärts, die andere von Straumsmofoss hinunter nach Målsnes. Gewisse Paddelkenntnisse sind allerdings ebenso Voraussetzung wie eine genaue Planung, bei der das Touristenbüro behilflich ist. Dort sind auch Karten erhältlich und werden Kanus verliehen.

Sauna, Dampfbad, Café/Restaurant. ⌚ Di–So 11–16.30 Uhr, Eintritt 110 NOK (in den Sommerferien 150 NOK).

SONSTIGES

Alkohol

Bardufoss vinmonopol, Domus-Center, ✆ 04560, ⌚ Mo–Mi 10–16, Do 10–18, 10–17, Sa 10–15 Uhr.

Apotheken

Apotek 1, Andselv, ✆ 77830830, ⌚ Mo–Fr 9–16 Uhr.

Autovermietungen

Andselv bilutleie, Beretveien 7, Heggelia (E 6, am Flughafen), ✆ 77833387.

Fahrradverleih

Bjørn Klauer Huskyfarm, S. 533.

Geld

Fokus Bank, Andselv, ✆ 08540.

Informationen

Bardu Turistinformasjon, Bardu, Midt Troms Museum, Høeg bygget, Bardufoss, ✆ 47834500, 💻 www.visitbardu.no, ⌚ Juli tgl. 10–17, sonst Mo–Fr 10–15 Uhr.

Medizinische Hilfe

Målselv legevakt, ✆ 77181000.

Polizei

Målselv lensmannskontor, Bardufoss, ✆ 02800.

Post

Bardufoss Post i butikk (Coop Prix Supermarkt), ✆ 04004, ⌚ Mo–Fr 9–22, Sa 9–20 Uhr.

Taxis

Målselv Taxi, ✆ 77831700.

TRANSPORT

Selbstfahrer

Wer nordwärts orientiert ist, aber Tromsø auslassen möchte, folgt ab Nordkjosbotn, wo die Straße nach Tromsø abzweigt, auch weiterhin der E 6.

Busse

Mehrmals tgl. Verbindungen nach FINNSNES/Senja sowie NARVIK, in Richtung Nord nach TROMSØ via NORDKJOSBOTN (umsteigen nach SKIBOTN, ØKSFJORD und REISADAL sowie ALTA, HAMMERFEST und NORDKAP).

Flüge

Der Flughafen liegt 4 km außerhalb von Bardufoss (Taxi 100 NOK); Flughafenbus nach Ankunft einer Maschine. Norwegian bedient von hier aus mehrmals tgl. die Route nach OSLO.

16 HIGHLIGHT

Tromsø und Umgebung

Mit gut 75 000 Einwohnern ist die Metropole der Region Troms die größte und urbanste Stadt von Nordnorwegen und besitzt mit 2558 km² zudem die größte Stadtfläche Europas. Sie entwickelte sich auf der mitten im Balsfjord gelegenen Insel Tromsøya ab 1252 rings um eine von König Håkon Håkonsson gegründete Kirche und war schon im Mittelalter bedeutsam. Im Jahre 1794 erhielt Tromsø die vollen Stadt- und Handelsrechte, wurde bald darauf Bischofssitz (1803) und ab 1820 Ausgangspunkt zahlreicher Entdeckungsreisen in die Arktis. Fridtjof Nansen startete von hier zu seiner berühmten Eisdrift mit der „Fram"; Roald Amundsen besuchte die Stadt mit der „Gjøa" und der „Maud", und auch Andrée und Carlsen brachen hier zu ihren Fahrten ins Ungewisse auf, weshalb sich Tromsø in der Tourismuswerbung auch mit dem Titel „Pforte zum Eismeer" schmücken kann.

Als „Paris des Nordens" rühmt sich die im Sommer fast südländisch anmutende Metropole wegen ihrer zahlreichen Nachtklubs, Bars und Pubs, Cafés und Restaurants. Und weil Tromsø im Zweiten Weltkrieg, während dessen es für kurze Zeit die Hauptstadt des freien Norwegens war (am 7. Juni 1940 flohen König und Regierung von hier nach England), von Zerstörungen weitgehend verschont blieb, besitzt die Stadt neben der berühmten Eismeerkathedrale und zahlreichen Museen, der nördlichsten Brauerei der Welt sowie anderer nördlichster Einmaligkeiten auch eine dichte Sammlung alter Holzhäuser, die ihr zusammen mit dem attraktiven urbanen Treiben und der Farbenpracht des Hafenlebens vor der Kulisse teils über 1200 m hoher Berggipfel außerordentlich viel Atmosphäre verleihen.

Kurz und gut: An Tromsø ist einfach alles außergewöhnlich, und da hier die Winter besonders schneereich und schneesicher sind und angeblich nirgendwo sonst in Norwegen an so vielen „Tagen" im Jahr das Nordlicht zu sehen ist, fliegt die Lufthansa seit 2016 im Winterhalbjahr einmal wöchentlich direkt von Frankfurt und zurück.

Orientierung

Ein **Unterwassertunnel** sowie die 1036 m lange und 38 m hohe **Tromsøbrua** verbinden die auf der Insel **Tromsøya** im Balsfjord gelegene Stadt mit dem Festland. Hält man sich nach dem Durchfahren des Tunnels bzw. nach Überquerung der Brücke nach links, gelangt man automatisch auf die Hauptstraße **Storgate**, die sich parallel zum Tromsøsund mit den Hafenanlagen erstreckt und den eigentlichen Stadtkern bildet. Hier befinden sich die meisten Unterkünfte und Lokale sowie das Touristenbüro, des Weiteren zahlreiche Sehenswürdigkeiten, und auch wer mit öffentlichen Verkehrsmitteln anreist, betritt die Stadt in ihrem überschaubaren Zentrum, das man problemlos zu Fuß erkunden kann.

Nach Westen hin führt die Verlängerung der Storgate als **Strandgate** entlang der Südküste von Tromsøya zum Erlebniszentrum Polaria sowie dem Tromsø Museum, während am Festlandsbrückenkopf der Tromsøbrua im Ortsteil **Tromsdalen** die berühmte Eismeerkathedrale zu einem Besuch einlädt.

Tromsdalen

Die Eismeerkathedrale

Vom Festland führt eine geschwungene Brücke ins eigentliche Tromsø hinüber. An ihrem östlichen Fuße im Ortsteil Tromsdalen setzt die 1965 geweihte Tromsdalen-Kirche als Eismeerkathedrale (Ishavskatedralen) futuristische Akzente. Das dreieckige Meisterwerk in Weiß will mit seiner äußeren Form an die mächtigen Trockenfisch-Gestelle erinnern, denen man an den Küsten des Nordmeeres überall begegnet, und soll darüber hinaus gleichermaßen Polarnacht, Mitternachtssonne sowie Nordlicht symbolisieren.

Ihr Inneres beherbergt das mit 23 m Höhe und 140 m² Fläche größte Glasmosaik Europas und entfaltet insbesondere in Sommernächten, wenn hier Mitternachtskonzerte aufgeführt werden, eine einzigartige Atmosphäre, der sich kaum ein Besucher entziehen kann. 💻 www.ishavskatedralen.no, 🕒 Juni–Mitte Aug Mo–Sa 9–19, So ab 13, sonst tgl. 14/15–18 Uhr, Eintritt 50 NOK; Mittsommer-Orgelkonzert von 1. Juni–15. Aug tgl. 23 Uhr (170 NOK); Mitternachtskonzerte 9. Feb–16. März an jedem Do, Fr, Sa und So ab 22.30 Uhr (170 NOK).

Der Storsteinen

Dass Goethes Empfehlung, jede Stadt zunächst von oben kennen zu lernen, Hand und Fuß hat, erkennt man spätestens von der Höhe des Aussichtsberges Storsteinen aus, auf den man mit der **Fjellheisen-Seilbahn** innerhalb weniger Minuten gelangt. Die Talstation am Solliveien in Tromsdalen ist vor der Eismeer-Kathedrale beschildert (erreichbar auch mit der Buslinie 26), und minutenschnell geht es von dort aus zur Bergstation (mit Restaurant) hinauf, von wo man Ausblicke fast wie aus dem Flugzeug genießen kann.

421 m tiefer erstreckt sich westlich der Kathedrale die Sundbrücke, die hinüber nach Tromsø auf Tromsøya führt. Dahinter erkennt man die Insel Kvaløya, vor der das deutsche Schlachtschiff *Admiral Tirpitz* am 12. November 1944 von englischen Flugzeugen versenkt wurde. Im Süden zweigt der Straumsfjord ab, und im Norden öffnet sich der Kvalsund zum „Eismeer". Verschiedene Wanderwege beginnen hier oben, u. a. kann man innerhalb von etwa einer Stunde wieder die Talstation der Seilbahn erreichen. 💻 www.fjellheisen.no, 🕒 15. Mai–15. Aug tgl. 10–1, sonst tgl. bis 22 Uhr, hin und zurück 170 NOK.

Stadtzentrum

Im Stadtkern lohnt ein Spaziergang entlang der Skippergate sowie Sjøgate, die eine beachtliche, wenn auch ständig schrumpfende Anzahl **alter Holzhäuser** aufweisen und beide von der Storgate abzweigen, dem urbanen und teils zur Fußgängerzone erklärten Stadtzentrum. Dort befindet sich nahebei mit der 1861 im neugotischen Stil erbauten **Domkirche** (Domkirke) der nördlichste protestantische Dom der Welt, außerdem eine der größten Domkirchen des Landes. 🕒 ganzjährig Di und Do 14–16, So Gottesdienst 11–12 Uhr, im Juni/Juli tgl. Konzert um 16 Uhr.

Weitaus mehr Besucher allerdings zählt **Macks Ølbryggeri**, die nördlichste Bierbrauerei der Welt, die man im Rahmen von Führungen besichtigen kann. Die eigentliche Brauerei ist zwar ins 70 km von Tromsø entfernte Nordkjosbotn umgezogen, doch viele der alten Räumlichkeiten sind noch originalgetreu erhalten und können im Rahmen von Führungen besichtigt werden, die rund ums Jahr von Mo–Do um 15.30 Uhr in der Ølbutikk (Biergeschäft) der Brauerei starten. Der Preis der Tour ist abhängig von der Anzahl der gewünschten Bierproben: inkl. derer zwei bezahlt man 130 NOK p. P., bei drei Proben kostet es 170 NOK, bei vier 210 NOK. 💻 www.olhallen.no, 🕒 Mo–Mi 10–19.30, Do–Sa 10–0.30 Uhr.

Nahebei informiert das **Polarmuseum** (Polarmuseet), das wertvolle Sammlungen aus Nordnorwegen und der Arktis besitzt, über die Forschungsaktivitäten in den Polargebieten, wobei der Schwerpunkt auf den Expeditionen von Fridtjof Nansen und Roald Amundsen liegt. 💻 www.polarmuseum.no, 🕒 Mitte Juni–Mitte Aug tgl. 9–18, sonst 11–17 Uhr, Eintritt 60 NOK, Kombiticket mit Tromsø Museum 80 NOK.

Amundsen, Bezwinger des Nordpols sowie der legendären Nordwestpassage und erster Mensch am Südpol, startete von hier aus am 18. Juni 1928 mit dem französischen Flugzeug „Latham", um dem verschollenen Umberto Nobile zur Hilfe zu eilen. Er kam nie zurück, und ihm zum Gedenken wurde in einer Parkanlage am Kai die **Roald-Amundsen-Statue** errichtet. Auf dem Weg zu dem Denkmal genießt man schöne Ausblicke auf den Hafen sowie die wenigen noch erhaltenen alten Speicherhäuser.

Etwa 1 km weiter stadtauswärts lädt an der Hjalmar Johansensgate das direkt am Tromsøysund gelegene Erlebniszentrum **Polaria** auf einen Besuch in die Barentsregion und die Polargebiete ein. Sehenswert ist u. a. der im Sommerhalbjahr vorgeführte Film über Spitzbergen (sowie, im Winterhalbjahr, jener über die Antarktis), doch Publikumsliebling ist allemal der „Arctic Trail", der mit den Extremen der hochnördlichen Landschaften vertraut machen will. Zur Anlage gehört außerdem ein Aquarium, doch dass hier im angegliederten Shop auch Kleidungsstücke aus Seehundfell verkauft werden, kann man als geschmacklos empfinden. 💻 www.polaria.no, 🕒 18. Mai–Aug tgl. 10–19, sonst 10–17 Uhr, Eintritt 130 NOK.

Direkt nebenan erhebt sich in einem schützenden Glashaus die **M/S Polstjerna**, das bestbewahrte Robbenfangschiff Norwegens, das zwischen 1949 und 1981 über 100 000 Robben erlegen konnte – womit hier, ganz ohne Selbstkritik, geprahlt wird. 🕒 Mitte Juni–Mitte Aug tgl. 11–17, Eintritt 40 NOK.

Das Tromsø-Museum

Spitzenreiter in der Beliebtheitsskala ist das 4 km außerhalb vom Stadtkern gelegene und überall deutlich ausgeschilderte Tromsø-Museum (Tromsø Universitetsmuseet), das als das bedeutendste des hohen Nordens gilt und sich vor allem mit der natur- und kulturgeschichtlichen Entwicklung dieser Region beschäftigt. Zehn Abteilungen informieren außerordentlich anschau-

NORDNORWEGEN

lich (z. B. mittels großer Dioramen) über Geologie, Flora, Fauna, Samen- und Kirchenkunst, Archäologie, neuere Kulturgeschichte und – besonders besuchenswert – Volksmusik. Hier sollte man es sich nicht entgehen lassen, die Sprache der Samen-Seele als Wolfs-, Rentier- sowie Wildgans-Joik (S. 565) über Kopfhörer auf sich wirken zu lassen. Ebenfalls lohnend ist ein Besuch im angeschlossenen Aquarium sowie in der Freilichtabteilung. Daneben werden jährlich wechselnde Ausstellungen organisiert. 💻 www.uit.no/tmu, 🕒 Juni–Aug tgl. 9–18, sonst Mo–Fr 10–16.30, Sa 12–15, So 11–16 Uhr, Eintritt 60 NOK, Kombiticket mit Polarmuseum 80 NOK; Anfahrt u. a. mit Bus Nr. 37.

ÜBERNACHTUNG

Tromsø ist ein ziemlich teures (Übernachtungs-)Pflaster, und die günstigsten Unterkünfte (ab etwa 600 NOK pro DZ) sind Zimmer und kleine Wohnungen in Privathäusern. Die Webseite der Touristeninformation listet mehrere solcher Adressen auf, doch gleich Dutzende Anbieter von Privatzimmern und -wohnungen, ja ganzen Häusern, finden sich unter 💻 www.airbnb.de.

Untere Preisklasse

€ **Bed & Books**, Strandveien 84 und 45, ✆ 77029800, 💻 www.bedandbooks.no; Bus Nr. 34, Haltestelle Strandkanten. Der

Angeltouren-Anbieter vermietet ansprechende Zimmer in zwei gemütlichen, vollständig restaurierten Holzhäusern (Fisherman's House und Writer's Home). Frühstück gibt es hier nicht, aber dafür Gästeküchen, Aufenthaltsraum, Aussicht, eine angenehme Atmosphäre. Im EZ kommt man für 595 NOK unter, im DZ ab 795 NOK. Etwa 10 Gehminuten zum Zentrum. Im Sommer tgl. organisierte Angeltörns. ❷

ABC Hotel Nord, Parkgate 4, ✆ 77668300, 💻 www.hotellnord.no. Sehr preiswertes Hotel im Zentrum, teils mit schöner Aussicht. Einfache, aber saubere Zimmer mit TV und Telefon (man kann gratis ins norwegische Festnetz anrufen!), mit oder ohne eigenes Bad/WC (die Zimmer ohne eigenes Bad haben teils sehr niedrigen Standard). Gästeküche, Aufenthaltsraum mit TV und 2 PCs, außerdem Fahrradverleih; einfaches Buffet-Essen den ganzen Tag über für 30 NOK je Teller, Studenten erhalten bis zu 25 % Rabatt. Ab ❷

City Living Hotel, Grønnegate 48, ✆ 77781050, 💻 www.cityliving.no. Neues, modernes Budgethotel mitten im Zentrum. Die 46 hellen Zimmer und Apartments bieten ein sehr gutes Preis-Leistungs-Verhältnis, alle haben eine eigene Miniküche sowie Bad/WC und sind mit Flachbildschirm-TV ausgestattet. Waschmaschine und Trockner können Gäste gratis benutzen. Ab ❷

Ami Hotel, Skolegate 24, ✆ 77621000, 💻 www.amihotel.no. Günstige Hotelunterkunft am Kongsparken, nur etwa 5 Gehminuten vom Zentrum entfernt. Einfache, aber modern eingerichtete Zimmer (mit oder ohne Bad/WC) mit TV, Parkettfußboden und Telefon. Voll ausgestattete Gästeküche, gemütlicher Aufenthaltsraum mit PCs, gratis Kaffee/Tee den ganzen Tag über. Ab 3 Übernachtungen gibt's Rabatt, Studenten bekommen 30 % Ermäßigung, Frühstück inkl. Ab ❸

Skansen Hotell, Storgate 105, ✆ 77629500, ✆ www.skansenhotell.no. Die 29 hellen Zimmer mit Bad/WC, Flachbildschirm-TV und Parkettfußboden bieten einen sehr guten Gegenwert fürs Geld. Frühstück inkl., Parkmöglichkeiten direkt am Hotel. Ab ❸

Sydspissen Hotell, Strandveien 166 (2,3 km vom Zentrum, am Südende der Insel), ✆ 77661410, 💻 www.sydspissenhotell.no; Bus Nr. 34 und 42. Etwas abseits in ruhiger Umgebung: in der Nähe eines direkt am Meer gelegenen Parks (mit kleiner Sandbucht und Picknicktischen/Grillplätzen). Einladendes Hotel mit 48 Zimmern, alle mit Bad/WC, TV und Kühlschrank. Schöne Aussicht, Frühstück inkl. ❹

Hotels

Thon Hotel Polar, Grønnegate 45, ✆ 77751700, 💻 www.thonhotels.no/polar. Das direkt gegenüber dem City Living gelegene Hotel gehört noch zu den günstigeren Stadthotels. Funktional eingerichtete Zimmer in hellen Farben, im Restaurant in der 1. Etage wird gutes Essen serviert. Ab ❹

Scandic Ishavhshotel, Fredrik Langesgate 2, ✆ 77666400, 💻 www.scandichotels.no. Architektonisch sehr ansprechendes Komforthotel direkt am Kai. Fast alle der 180 Zimmer haben Meerblick. Mit Restaurants, Bars und dem üblichen Angebot eines Spitzenhotels. ❻

Clarion Hotel The Edge, Kaigata 6, ✆ 77668400, 💻 www.nordicchoicehotels.no/clarion/clarion-hotel-the-edge. Seit Mai 2014 ist Tromsø um ein Hotel der weltweiten Spitzenklasse reicher: Das direkt am Tromsøsund in Nähe des Hurtigrutenkai aufragende und 11 Stockwerke zählende Clarion Hotel The Edge präsentiert sich als ein architektonisches Schmuckstück aus Glas. Wie ein gigantischer Keil ragt es in den Sund hinaus, und die rund 220 Zimmer sind superschick und hypermodern und bieten dabei größtenteils eine Aussicht, die schlicht atemberaubend ist! „Die" Aussicht aber überhaupt genießt man von der Skybar im 11. Stock aus, die schon kurz nach Eröffnung des Hotels im Ruf stand, die vielleicht trendigste Adresse der Stadt zu sein. ❻, aber im Sommer und an den Wochenenden oft ab ❺.

Camping und Hütten

€ **Tromsø Camping**, Tromsdalen (etwa 3 km vom Zentrum), ✆ 77638037, 💻 www.tromsocamping.no; Bus Nr. 24. Recht idyllischer Platz mit schönen Stellplätzen (allerdings im Sommer sehr mückenreich) unter Birken entlang eines Flusses. 67 Hütten in 7 Komfortklassen (2–5 Pers.), Sauna, Solarium und neue Sanitäranlagen. Stellplatz 165–365 NOK, Hütten ab 595 NOK.

Skittenelv Camping, Skittenelv (25 km nördlich von Tromsø), ✆ 46858000, 💻 www.skittenelvcamping.no. Großer, familienfreundlicher Wiesenplatz mit traumhafter Aussicht. Offene Stellplätze mit Grillplätzen, 20 Hütten ab 600 NOK und beheiztes Freibad mit der nördlichsten Wasserrutsche der Welt. Minigolf, Paintball, Sauna, Bootsverleih. Top, um die Mitternachtssonne zu genießen. Stellplatz ab 150 NOK.

ESSEN

Untere Preisklasse

Aunegården, Sjøgate 29, ✆ 77651234, 💻 www.aunegarden.no. Stilvoll eingerichtetes Restaurant und Café in einem historischen Holzhaus aus dem Jahr 1830. Im Café wird tagsüber eine Auswahl an leichten Speisen serviert (u. a. Salate, Suppen), das Restaurant ist bekannt für gute Lunchgerichte. ⌚ Mo–Sa 11–18, So 12–17.30 Uhr.

Burgr, Skippergata 6A, 💻 www.burgr.no. Der neueste Burger-Imbiss der Stadt orientiert sich stilistisch an den Comics der 1980er- und 1990er-Jahre und bietet mit Abstand die besten Burger von Stadt und Land. Wer es scharf liebt, wird den „Doom Burger" mögen. Zu trinken gibt es u. a. deutsche Limonade und importierte Biere. ⌚ Mo 12–19, Di–Sa 12–22, So 12–19 Uhr.

Casa Inferno, Vestregata 2, ✆ 77680995, 💻 www.casainferno.no. Die beste Pizza in Tromsø gibt es hier. Das Lokal selbst ist mit Geschmack im altmodischen „Industrie-Stil" eingerichtet, das Bier wird hier selbst gebraut. ⌚ Mo–Di 16–22, Mi–Sa 16–23, So 16–22 Uhr.

€ **Kafe Globus**, Storgata 30, ✆ 93481555. Einfach und preisgünstig, im südlichen Stadtzentrum gelegen. Wie der Name schon vermuten lässt, gibt es hier vor allem internationale Kleingerichte, perfekt zum Lunchen. Auch vegetarische Auswahl. ⌚ Mo–Fr 10–19, Sa 11–17 Uhr.

€ **Kaffebønna**, Strandtorget, 💻 www.kaffebonna.no. Tromsøs erste erklärte Kaffeebar, mit einer außerordentlich großen Auswahl an Kaffeespezialitäten, Gebäck und Kuchen sowie einfachen Lunchgerichten. Nur hier wird in Tromsø original italienisches Eis serviert. Schön auch zum Draußensitzen. ⌚ Mo–Fr 9–18, Sa 9–18, So 11–18 Uhr.

€ **Knoll og Tott**, Storgate 62, ✆ 77666880. Beliebtes Café, und wie es heißt, bekommt man hier die besten und am üppigsten belegten Baguettes von Tromsø. Außerdem leckere Lunch- und Tellergerichte, große Auswahl an Kaffeesorten. Das Preisniveau ist relativ niedrig, der Andrang insbesondere um die Mittagszeit sowie samstagnachts entsprechend groß. ⌚ Mo–Fr 8–18, Sa ab 10 Uhr, außerdem nachts von 1–4 Uhr (für die hungrigen Nachtschwärmer).

Presis Tapas, Storgata 36, 2. Etage, ✆ 77681020, 💻 www.presistapas.no. Spanische Küche mit norwegischem Einschlag und lokalen Rohwaren. Recht preiswert für norwegische Verhältnisse. Urig eingerichtet, an manchen Tischen sitzt man auf Schaukeln. ⌚ Di–Do 16–22, Fr–Sa 16–23 Uhr.

Risø Mat & Kaffebar, Strandgata 32, ✆ 41664516, 💻 www.risoe-mk.no. Vielleicht eines der besten Cafés der Stadt und unbedingt eine Empfehlung zum Lunch oder für einen Snack. Altmodisch, aber edel eingerichtet und oft sehr voll zur Mittagszeit. Hier bekommt man unter anderem kolumbianischen Kaffe, Salate mit lokalen Ingredienzen und superleckeres Gebäck. Obere Café-Preisklasse. ⌚ Mo–Fr 8–17, Sa 9–17 Uhr.

Suvi, Grønnegata 48, ✆ 77691166, 💻 www.suvitromso.no. Vietnamesisches Restaurant im Stadtzentrum. Modern und hell eingerichtet. Hier gibt's eine große Auswahl an asiatischen Gerichten, u. a. leckere Currys sowie Sushi. Eher mittlere Preisklasse. ⌚ Mo 14–21, Di–Fr 11–22, Sa 12–22, So 14–21 Uhr.

Obere Preisklasse

Compagniet Restauration, Sjøgate 12, ✆ 7766422, 💻 www.compagniet.no. Das vielleicht renommierteste Feinschmeckerrestaurant des hohen Nordens bietet eine kleine,

Die Königskrabbe – lecker und gefährlich zugleich

Der alle zwei Jahre in Lyon ausgetragene Bocuse d'or, der weltweit wichtigste Kochwettbewerb für Profiköche, stand 2007 ganz unter norwegischen Vorzeichen – er drehte sich nämlich insbesondere um die norwegische Königskrabbe. Dieses eingewanderte Monster-Krustentier hat seinen Siegeszug aber nicht nur in den Kochtöpfen der Haute Cuisine angetreten, sondern auch im Ökosystem der Barentssee, die es kahl zu fressen droht.

Stalins letzte Armee

Um die Versorgungslage in Moskau zu verbessern und um der verarmten Bevölkerung von Murmansk Arbeit zu verschaffen, hegte Josef Stalin bereits in den 1930er-Jahren den Plan, die Königskrabbe *(Paralithodes camtschaticus)* aus dem nördlichen Pazifik in der Barentssee nahe Murmansk anzusiedeln. Unter seinem Nachfolger Nikita Chruschtschow wurde dieses ehrgeizige Vorhaben 1961 im großen Stil umgesetzt. Und siehe da: Es funktionierte – das aufgrund seiner Heimat auch Kamtschatkakrabbe genannte Krustentier gedieh auch im Nordmeer prächtig. Allerdings kümmerte es sich keinen Deut um den „Eisernen Vorhang" und begab sich bald schon auf den Weg nach Westen, wo es bereits 1977 den ersten norwegischen Fischern ins Netz ging. Die trauten zuerst ihren Augen kaum und glaubten an eine Mutation, denn was sie vor sich sahen, war ein rötlichbraunes und mit zahlreichen Dornen besetztes Schwergewicht, das bis zu 10 kg auf die Waage brachte, mit einem bis zu 25 cm breiten Rückenpanzer und einer Gesamtspannweite von teilweise über 2 m. Nachdem sie den ersten Schock überwunden hatten, kam dieses eingewanderte Ungetüm den wegen Überfischung unter leeren Netzen leidenden Fischern gerade recht, denn bald schon fand die Riesenkrabbe reißenden Absatz nicht nur in Norwegen, sondern auf der ganzen Welt, wo sie von Feinschmeckern in den höchsten Tönen gelobt wurde. Die Preise für die neue Delikatesse waren entsprechend horrend, und so wäre alles wunderbar gewesen, hätte sich nicht sehr bald herausgestellt, dass der Gast aus Fernost die unangenehme Tendenz hat, sich im Nordmeer dank fehlen-

aber edle Auswahl an Gerichten der norwegischen Küche, französisch verfeinert. Die Preise (Vorspeisen ab 165 NOK, Hauptgerichte um 365 NOK) spiegeln die hohe Qualität wider. ⌚ Mo–Sa 16–23 Uhr.

Emmas Drømmekjøkken, Kirkegate 8, ✆ 77637730, 💻 www.emmasdrommekjokken.no. Das helle und freundliche Emmas Under in der 1. Etage bietet günstige Lunch- und Tellergerichte (um 170 NOK), 15 verschiedene Kaffeespezialitäten sowie leichte Abendmahlzeiten. Hauptattraktion für Feinschmecker ist aber das mehrfach ausgezeichnete Gourmetrestaurant in der 2. Etage (Vorspeisen um 180 NOK, Hauptgerichte um 350 NOK). Teils sehr ausgefallene Gerichte (u. a. Hirschfilet und Fasanenbrust). ⌚ Café: Mo–Sa 11/12–22 Uhr, Restaurant: Mo–Sa ab 18 Uhr.

Fiskekompaniet Sjøsiden, Sjøgate 17 b, ✆ 77687600, 💻 www.fiskekompani.no. Neu eröffnetes Fischrestaurant in schöner Lage am Hafen mit toller Aussicht. Sehr modernes und edles Interieur, auf dem Menü stehen ausschließlich Fisch und Meeresfrüchte (je nach Saison auch Spezialitäten wie gelaugter Stockfisch und Bacalao). Stets zu empfehlen ist das 3-Gänge-Menü (625 NOK). ⌚ tgl. 17–23 Uhr.

Vertshuset Skarven, Strandtorget 1, ✆ 7760 0720, 💻 www.skarven.no. Das Restaurant-Haus beherbergt mehrere Lokale unter einem Dach: Im eigentlichem „Wirtshaus" werden leichte und günstige Gerichte (u. a. Miesmuschelsuppe) aufgetischt, das „Biffhuset" serviert Fleischgerichte und Steaks in allen Größen und Preisklassen, während das „Sjømat Restaurant Arctandria" als eines der besten Fisch- und Schalentier-Restaurants der Stadt gilt. Hier werden u. a. Spezialitäten wie Seehund, Wal, Hai sowie gegrillter Stockfisch und Seeteufel angeboten. ⌚ Wirtshaus: tgl. ab 11 Uhr, Biffhuset: tgl. ab 15.30 Uhr, Arctandria: Mo–Sa ab 16 Uhr.

der Fressfeinde geradezu explosionsartig zu vermehren: Jedes Weibchen zeugt im Laufe ihres bis zu 20 Jahre währenden Lebens gut und gern 10 000 Nachkommen, die das Erwachsenenalter erreichen, und so ist „Stalins letzte Armee", wie es Umweltschützer ausdrücken, im hohen Norden inzwischen auf über 10 Mio. „Kämpfer" angeschwollen, von denen mindestens 4,5 Mio. den Meeresboden vor der nordnorwegischen Küste belagern.

Ausrotten oder nutzen?

Die hungrigen Krustentiere verbringen ihren Tag damit, alles zu fressen, was sie zwischen die Scheren bekommen: Würmer und Algen, Seesterne, Seegurken, Schnecken und mittelgroße Fische, vor allem aber Muschelbänke sowie Laich von Dorsch und Hering und allen anderen Fischen den Nordmeers. Wo immer sie auftauchen, ist der Meeresboden in kürzester Zeit völlig leergefressen. Sodann ziehen sie weiter, und ihr ungezügelter Wandertrieb spült sie in immer fernere Regionen. Schon 100 km nördlich vom Nordkap, auf dem Weg nach Spitzbergen, ist die Königskrabbe gesichtet worden, längst auch hat sie sich bis zu den Lofoten durchgekämpft, und es werden Befürchtungen laut, dass sie es locker bis in die Nordsee oder gar bis nach Gibraltar schaffen könnte, fühlt sie sich doch bei Wassertemperaturen von –2 bis +18 °C und in Tiefen von wenigen Metern bis hinab zu etwa 400 m wohl. Kein Wunder also, dass Umweltschützer wie auch der WWF schon seit Jahren eine ökologische Katastrophe herannahen sehen und unter Verweis auf die UN-Konvention für biologische Vielfalt eine sofortige Vernichtung der Königskrabben empfehlen oder zumindest eine drastische Anhebung der Fangquoten, die in Norwegen bei 300 000 Tieren liegt. Doch andererseits ist die Monsterkrabbe bei Kunden äußerst gefragt, schafft Arbeitsplätze und sorgt für reichlich Devisenzufuhr, und so ist dank marktwirtschaftlicher Begeisterung für die „norwegische" Krabbe bis heute kaum etwas geschehen. Nach wie vor lehnt die Regierung in Oslo ein kategorisches Ausrotten strikt ab.

UNTERHALTUNG UND KULTUR

Cafés und Nachtleben

Café Circa, Storgate 36, ✆ 77681020. Gemütliches und intimes Lokal mit behaglicher und lockerer Atmo. Abends dreht sich alles um Musik, live und aus der Konserve, viel Jazz, aber auch Reggae, Rap & Rock, Hip-Hop und andere Stilrichtungen mehr. Mi und Fr sind Dj-Tage, Sa wird oft ein Großteil des Lokals zu einer Tanzfläche umgerüstet. Große Wein- und mit die größte Bierauswahl von Norwegen. ⌚ Di–Do 15–1.30, Sa 20–3, So 15–23 Uhr.

Cafe Sånn, gegenüber dem Kino. Im Herzen des Kulturhauses bietet dieses gemütliche Café internationale Kleinspeisen und eine ausgefallene Auswahl an Bieren und Drinks. Urbane Atmosphäre und sehr beliebt am Nachmittag und Abend. In den Sofa-Ecken kann man sich wunderbar die Zeit mit Brettspielen vertreiben (Verleih an der Theke). Auch Konzerte, Theater, Themen- und DJ-Abende. ⌚ Mo–Do 11–1, Fr 11–2, Sa 12–2 Uhr.

Fun Pub, Grønnegate 83, ✆ 77687500. Riesige Sportsbar, 2016 komplett renoviert. Stilvolles Lokal, gemütliche Sitzecken, eigene Dart-Ecke und große TV-Bildschirme, auf denen Fußballfans Spiele aus England verfolgen. Ist das Sport-Gucken vorbei, legt am Wochenende ein DJ Platten auf. Oft auch Livemusik. ⌚ Mo–Do 18–2, Fr 15–3, Sa 12–3, So 13–2 Uhr.

Gründer, Storgata 44, ✆ 77753767. „Hard work – Hard fun" ist Motto dieser vielleicht beliebtesten Cocktailbar der Stadt. Tagsüber ist es auch eine recht angesagte Lunch-Adresse. Am Wochenende wird der angeschlossene Club im Keller geöffnet. Gute Partys, gerade für jüngere Klientel. Fr und Sa sind DJ-Tage. ⌚ So–Do 11–1, Fr–Sa 11–3 Uhr.

Verdensteatret Cafe og Bar, Storgate 93 (am nördlichen Ende der Fußgängerzone), 💻 www.verdensteatret.no. Stilvolles, modernes

Café und Film-Kulturtreffpunkt in einem alten restaurierten Kino aus dem Jahr 1916. Jeden Tag werden 2–3 besonders sehenswerte Filme gezeigt (kein Mainstream), zumeist mit englischem Originalton (und norwegischen Untertiteln). ⌚ Mo–Sa ab 11, So ab 13 Uhr, Eintritt 100 NOK.

Coole Kultorte

€ **Driv**, Storgata 6, 💻 www.driv.no. Haupttreffpunkt der Studentenszene, 2014 umgezogen in einen Gebäudeteil der ehemaligen Ølhallen der Mack-Brauerei. Das günstigste Essen der Stadt und das billigste Bier; auch Theatervorführungen, Konzerte, Filmvorführungen und andere Kulturveranstaltungen. Insbesondere Sa ist hier in der Regel mächtig was los. ⌚ Mo–Fr ab 11, Sa ab 12 Uhr, Mo–Do bis 1, Wochenenden bis 3 Uhr.

Flyt, Sjøgate 25, 💻 www.cafeflyt.no. Hier treffen sich Kletterer, Snowboarder und andere Extremsportler auf ein kaltes Bier (79 NOK der halbe Liter) und saftige Burger (um 190 NOK). Fr und Sa abends ausgelassene Partys. Dann dröhnt der (Rock-)Sound und es kann schwer sein, auf den 2 Etagen überhaupt noch einen Stehplatz zu finden. ⌚ tgl. ab 15 Uhr, am Wochenende bis 3.30 Uhr.

Blå Rock Cafe, Strandgate 14/16, 💻 www.facebook.com/Blaarock. Das angeblich nördlichste Rock-Café der Welt. Ebenso gemütliches wie originelles Lokal auf mehreren Etagen, mit verwinkelten Sitzecken und Tanzflächen. Rock-Utensilien an den Wänden. Fr und Sa oft Livebands, die bis in den frühen Morgen spielen, Mo der beliebte „Blaue Montag" *(Blåmandag)*, der hier traditionell für Billigbier steht (0,5 l 59 NOK). ⌚ Mo–Sa 11.30–3.30, So ab 13 Uhr.

Kulturelles

Kino

Tromsø hat 2 Kinos: zum einen das **Focus Kino**, 💻 www.fokus.aurorakino.no, direkt neben der Bibliothek und dem Rathaus (modern mit 6 Sälen), zum anderen das **Verdensteatret**, Storgate 93, siehe Cafés und Nachtleben.

Konzerte/Orchester

Tromsø Symfoniorkester, Strandgate 41, ✆ 99387810, 💻 www.tromsymf.no. Oper, Musiktheater und Konzerte.

Weitere Kultureinrichtungen

Bibliothek, Grønnegate 94, ✆ 77790901. Riesengroßes Gebäude mit mehreren Etagen (von der oberen aus hat man eine tolle Aussicht über die Stadt). Großes Angebot an internationalen Zeitschriften und Zeitungen.

Kulturhaus, Erling Bangsunds plass 1, ✆ 77663810. Galerien, Werkstätte, Bühnen (oft Theatervorführungen und Konzerte) und ein Café.

Driv (siehe Coole Kultorte). 3 Bühnen, verteilt auf 4 Etagen. Oft Konzerte, Filmabende und andere Kulturveranstaltungen.

Theater, Teaterplassen 1, 💻 www.ht.tr.no. Das nördlichste Theaterhaus der Welt.

FESTE

Tromsø Internasjonale Filmfestival, Mitte–Ende Januar, 💻 www.tiff.no. 6-tägiges internationales Filmfestival, das mit mehr als 40 000 Besuchern jährlich das größte in Norwegen ist.

Nordlysfestivalen, Ende Januar, 💻 www.nordlysfestivalen.no. Das mittlerweile 9-tägige Nordlichtfestival ist seit 1988 eine jährliche Tradition. Im Mittelpunkt steht die klassische und zeitgenössische Musik, mit nationalen und internationalen Künstlern.

Midnight Sun Marathon, Mitte Juni, 💻 www.msm.no. Mitternachtssonnen-Marathon, schon seit 1989 eine Tradition und wahrscheinlich der nördlichste Marathon der Welt. 2015 nahmen knapp 4000 Teilnehmer aus mehr als 4 Dutzend Nationen teil!

Bukta Open Air Festival, Mitte Juli, 💻 www.bukta.no. Nordnorwegens größtes Open-Air-Rockfestival mit nationalen und internationalen Künstlern. 3 Tage.

Riddu Festival, Mitte–Ende Juli, 💻 www.riddu.no. Ein internationales „Urvolkfestival" der ethnischen Minderheiten dieser Welt. Konzerte, Tanz und zahlreiche Kulturveranstaltungen. 5 Tage.

Tromsø Internasjonale Havfiskefestival, alle 2 Jahre Ende Juli (2018, 2020 ...). 2-tägige Meisterschaft im Meeresangeln für Angelclubs sowie Privatpersonen.

Karlsøyfestivalen, Juli, 💻 www.karlsoyfestivalen.wordpress.com. Kunst- und Musikfestival auf Karlsøya. 5-tägiges „Hippie"-Festival meist nationaler Künstler.

Ølfestivalen, Mitte August, 💻 www.festivalinord.no. Jährliches Bierfestival auf dem Strandtorget vor der nördlichsten Brauerei der Welt. 3 Tage.

Døgnvillfestivalen, Ende Aug, 💻 www.dognvill.no. Eines der größten Konzertereignisse Nordnorwegens. Jedes Jahr kommen viele bekannte internationale und nationale Bands und Musiker der Genres Rock, Pop, Metall, R'n'B, Rap und Jazz zu diesem 2-tägigen Happening. In den vergangenen Jahren waren u. a. Travis, Brian Wilson und Snoop Dog zu Gast.

Rakettnatt, Ende Aug, 💻 www.rakettnatt.no. Zusammen mit dem Bukta Festival das größte Musikfestival der Region. Das Stadtzentrum verwandelt sich zu einer Riesen-Meile, sehr intime Atmosphäre, oft viele nordische Bands. 2 Tage.

Tromsø Internasjonale Litteraturfestival, Anfang Oktober, 💻 www.ordkalotten.no. Internationales Literaturfestival.

EINKAUFEN

Husfliden, Sjøgate 4, ✆ 77758870, 🕒 Mo–Fr 10–16.30, Sa 10–14 Uhr. Traditionelle Strickwaren, Souvenirs und allerlei handgefertigte Artikel.

Jekta, Karsøyvegen 12. Neben dem Flughafen liegt das größte Einkaufszentrum Nordnorwegens. Unter anderem gibt es hier jede Menge Sportgeschäfte, darunter mit dem „XXL" das vielleicht größte des Landes. Mit Bus vom Zentrum: Nr. 42 nach „Gjæverbukta".

Snarby Strikkestudio, Fr. Langesgate 18, ✆ 77641320, 💻 www.strikkestudio.no. Der beste Laden für Strickjacken und Pullover im Norwegerdesign. 🕒 Mo–Sa ab 10 Uhr.

Tromsø Gift & Souvenir Shop, Strandgate 36, ✆ 77673413, 💻 www.tgss.no. Riesige Auswahl an Souvenirs und handgefertigten Geschenkartikeln. 🕒 Juni–Aug Mo–Fr 9–21, sonst 10–18 Uhr.

AKTIVITÄTEN

Das Touristenbüro hält eine über 50 Seiten starke Broschüre mit sämtlichen Sommer- und Winteraktivitäten bereit (Download unter 💻 www.visittromso.no) und dient auch als zentrale Vermittlungsstelle für Touren jeder Art.

Baden

Wer sich vom kaltem Wasser (im Sommer etwa 12 °C) nicht abschrecken lässt, kann gut am Stand der **Telegrafbukta** (ganz im Süden der Insel) baden. Ansonsten gibt's eine Schwimmhalle (mit Sauna und Solarium) im Ortsteil Alfheim.

Golf

Tromsø Golfpark, 45 km außerhalb der Stadt an der R 91, ✆ 77633260, 💻 www.tromsogolf.com. Der nördlichste 18-Loch-Golfplatz der Welt.

Klettern

Die beste Kletterwand findet sich in der Halle des **Tromsø Klattreklubb**, Dramsvegen 200, ✆ 77666104, 💻 www.tromsoklatring.no. Verleih von Ausrüstung sowie Kurse für Anfänger.

Radfahren

Rund um die Tromsø-Insel verläuft eine hügelige Ski- und Wanderloipe, auf der man auch gut radfahren kann. Die kleinen Hänge sind allerdings teilweise extrem steil.

Tauchen

Dykkersentret, Stakkevollveien 72, ✆ 77696600, 💻 www.dykkersentret.no. Anbieter verschiedener Tauchtouren, z. B. zu den Wracks der *Tirpitz*, *Flint* und *Tott*. Verleih von Ausrüstung, Flaschenfüllung und Kurse für Anfänger und Fortgeschrittene sowie Spezialkurse fürs Eistauchen.

Tromsø aus der Vogelperspektive

- **Route**: Wendeplatz (60 m) – Abbiegung (2 Std., 130 m) – Baumgrenze (30 Min., 300 m) – Steinpyramide (30 Min., 520 m) – Gipfel (2 1/2 Std., 1238 m) – Wendeplatz (ca. 2 1/2 Std.)
- **Länge**: ca. 16 km
- **Dauer**: hin und zurück ca. 8 Std.
- **Wegbeschaffenheit**: Schotterstraße und Erdwege, im letzten Abschnitt vor allem Geröll.
- **Orientierung**: Der Wanderweg ist mit roten Farbklecksen gut markiert, das Ziel ist eindeutig. Kartenmaterial ist nicht unbedingt erforderlich. Topokarte zum Downloaden sowie GPS-Daten für die Wanderung findet man unter 💻 http://ut.no/tur/2.5056/.
- **Wandersaison**: Etwa Anfang/Mitte Juli–Mitte/Ende Sep oder generell dann, wenn der Berg schneefrei ist.
- **Ausrüstung**: Grundausstattung, Trekkingschuhe, warme Zusatzbekleidung.

Tageswanderung zum 1238 m hohen Tromsdalstind, die hohe Anforderungen an die Kondition stellt und hochalpines Panorama bietet.

Die Route

Vom **Wendeplatz** am Ende des Turistvegen aus geht es für etwa 30 Min. auf einem breiten Erd- und Schotterweg durch einen dichten Birkenwald dahin. Nach und nach wird der Weg schmal und steinig, doch kommt man gut voran. Nach etwa 2 Std. (ca. 6,5 km) wird eine **Abbiegung** erreicht, und hier zweigt der Weg (deutlich markiert) nach links ab und erreicht bald das Ufer der Tromsdalselva, die als Wildbach über Steinstufen herunterstürzt. Eine Brücke führt hinüber, und bis zum Erreichen der **Baumgrenze** auf etwa 300 m Höhe geht es über teils rutschige Erdwege durch einen Birkenwald einen 45° steilen Hang hinauf. Von jetzt an genießt man ein ständig großartiger werdendes Panorama über das Tromsdalen bis nach Tromsø sowie zum Gipfel des Tromsdalstind hinauf, und etwa 1 Std. nach der Flussquerung wird auf 520 m Höhe eine mit einem dicken Farbklecks markierte **Steinpyramide** erreicht. Hier gabelt sich der Weg, es geht rechts ab, direkt auf die Felsflanke des Tromsdalstind zu.

Immer entlang des von roten Farbklecksen markierten Weges geht es zu einem Wiesensattel hinauf, und nach insgesamt etwa 2 1/2 Wanderstunden beginnt der eigentliche **Aufstieg** zum noch rund 650 Höhenmeter entfernten Gipfel. Wer seine Kondition überschätzt hat, wird es auf den nun folgenden 2 Std. bitter bereuen, denn es geht konstant steil hinauf, und gerade die ersten 200 Höhenmeter sind die schwersten, da hier der Wiesenhang eine teils extreme Neigung aufweist. Auf 750 m Höhe geraten im Norden die Gletscherhauben der Lyngen-Alpen (S. 548) ins Bild, auf 820 m umfasst das Panorama einen Winkel von über 180°, auf 900 m sind es schon 270°, und ab dieser Höhe aus führt der durchgehend markierte Weg mehrfach über breite Geröllbänder, die mit Vorsicht zu queren sind. Nahe an der senkrecht abstürzenden Westflanke des Tromsdalstind vorbei geht es höher und höher hinauf, und plötzlich

Weit reicht der Blick vom Gipfel des Tromsdalstind.

ist man oben auf dem 1238 m hohen **Gipfel des Tromsdalstind**, einer Insel im Meer der Gebirgswogen, über das das Auge ringsum über 100 km weit schweifen kann. Im Westen blickt man über Tromsøya mit der „Spielzeugstadt" Tromsø und über Kvaløya bis aufs offene Eismeer, im Osten über die ganze Lyngen-Halbinsel hinweg, während sich im Süden die Balsfjord-Halbinsel öffnet und im Norden die Insel Ringvassøy. Es braucht seine Zeit, dieses hochalpine Traumpanorama zu verdauen und schließlich das Gipfelbuch unter dem hohen Steinhaufen zu finden, in dem vier nach den Himmelsrichtungen angelegte Fotomappen die Orientierung erleichtern sollen.

Praktische Tipps

Ausgangspunkt

Tromsø, Ortsteil Tromsdalen, Wendeplatz am Ende des Turistvegen (verläuft direkt rechts neben der Eismeerkathedrale landeinwärts).

Übernachtung

Geeignete Zeltplätze machen sich auf dem Tromsdalstind äußerst rar, aber für ein kleines Ein-Mann-Zelt oder einen Biwaksack sollte sich im Gipfelbereich ein (mehr oder weniger unbequemer) Stellplatz finden lassen. Solange noch Schneefelder liegen, ist die Trinkwasserversorgung gesichert (Kocher nicht vergessen), sonst muss Wasser mitgebracht werden (Tromsdalselva). Natürlich ist es mit Abstand am eindrucksvollsten, während der Zeit der Mitternachtssonne hier zu nächtigen, wenn Himmel, Meer und Bergwelt horizontweit auf das Schönste erleuchtet sind.

Sicherheitshinweis

Es kann gar nicht eindringlich genug darauf hingewiesen werden, die im Kapitel Travelinfos aufgeführten „Tipps für die Bergwildnis" (S. 64) ernst zu nehmen, denn es vergeht kaum ein Jahr, in dem der Tromsdalstind nicht Todesopfer fordern würde – so zum Beispiel im Mai 2009, als hier ein deutscher Bergwanderer zu Tode stürzte. Wie die Untersuchungen zeigten, war er allein unterwegs und hat sich wahrscheinlich zu weit auf die überhängenden Schneewachten hinausgewagt …

Wintersport

Das **Tromsø Alpinsenter** (im Krokelvdalen) bietet mehrere beleuchtete Abfahrtspisten, 3 Lifte sowie Langlaufloipen.

TOUREN

Arctic Fishing Adventures, ✆ 94860941, 💻 www.arcticfishingadventures.no. 3-, 5- und 10-stündige Angeltouren (bis zu 37 schwere Dorsche wurden schon aus dem Meer gezogen), Fotosafaris in der Mitternachtssonne sowie Nordlicht- und Eisangeltouren.

Natur i Nord, ✆ 97517583, 💻 www.naturinord.no. Im Sommer tgl. Fotosafaris, Angeltouren, Wandertouren, Sightseeingtouren in der Mitternachtssonne sowie Jagdausflüge. Im Winter werden Hundeschlittentouren, Skitouren, Eisangeln und Nordlichtfahrten angeboten.

Tromsø Villmarkssenter, ✆ 77696002, 💻 www.villmarkssenter.no. Einer der größten Anbieter in Sachen Outdoor-Touren. Auf dem Programm stehen hier u. a. Gletscherwanderungen, Kajaktouren, Bergbesteigungen, Hundeschlittensafaris, Skitouren und Nordlichtfahrten.

SONSTIGES

Alkohol

Tromsø Sentrum vinmonopol, Grønnegate 64, ✆ 04560, 🕒 Mo–Fr 10–18, Sa 10–15 Uhr.

Apotheken

Apotek 1, Storgate 76, ✆ 77606840, 🕒 Mo–Fr 9–17, Sa 10–15 Uhr.

Autovermietungen

Rent-A-Wreck, Skattøraveien 60 (auch am Flughafen), ✆ 77670010, 💻 www.rent-a-wreck.no. Preiswert.

Avis, Strandskillet 5, ✆ 90749000, 💻 www.avis.no.

Hertz, Ringvegen 4, ✆ 48262000, 💻 www.hertz.no.

Fahrrad- und Skiverleih

Tromsø Outdoor, Sjøgata 14, ✆ 97575875, 💻 www.tromsooutdoor.no. Beste Adresse für Rad- und Skiverleih. Auch „Trailbikes", „Fatbikes", „Randonee"- und Tourenski sowie Sicherheitsausrüstung.

Geld

Spare Bank 1, Storgate 65, ✆ 02244.

Informationen

Destinasjon Tromsø, Kirkegate 2, ✆ 77610000, 💻 www.visittromso.no, 🕒 Mitte Mai–Ende Aug Mo–Fr 9–19, Sa und So 10–18, sonst Mo–Fr 9–16, Sa 10–16 Uhr.

Medizinische Hilfe

Tromsø legevakt, Sykehusvegen 30, ✆ 77628000.

Polizei

Politiet, Stakkevollvegen 9, ✆ 02800, 77796000.

Post

Tromsø postkontor, Sjøgata 7, ✆ 04004, 🕒 Mo–Fr 8–18, Sa 10–15 Uhr.

Taxis

Tromsø Taxi, ✆ 03011.

NAHVERKEHR

Der Stortorget am Hafen ist Haltestelle der **Stadtbusse**, die von hier aus alle Destinationen auf Tromsøy sowie am Festland anfahren.

TRANSPORT

Busse

Mehrmals tgl. Busse u. a. nach NARVIK via SETERMOEN, nach ALTA via SKIBOTN und STORSLETT, nach HARSTAD (hier umsteigen Richtung LOFOTEN) sowie nach FINNSNES/Senja.

Schiffe

Schnellboote

FFR Troms, 💻 www.tromskortet.no, bedient 3x tgl. HARSTAD (630 NOK) und FINNSNES (310 NOK).

Hurtigruten
Die Postdampfer legen tgl. um 18.30 Uhr in Richtung SKJERVØY und um 1.30 Uhr in Richtung FINNSNES ab.

Flüge

Der Flughafen liegt rund 4 km außerhalb des Zentrums (Taxi ca. 150 NOK, Flughafenbus ins Zentrum 80 NOK, außerdem mit Bus Nr. 40 und 42). SAS fliegt nach SPITZBERGEN, OSLO, STOCKHOLM und BODØ, Widerøe unterhält Verbindungen nach HAMMERFEST, ALTA, ANDENES, LEKNES und STOKMARKNES, Norwegian bedient die Strecke nach OSLO mit Anschluss nach BERLIN, HAMBURG und MÜNCHEN.
Lufthansa fliegt im Winter (Nov–März) jeden Samstag direkt nach FRANKFURT.
Flyviking, 💻 www.flyviking.no bedient neuerdings Kurzstrecken in der Region, u. a. HAMMERFEST, SVOLVÆR.

Skibotn

Heute zieren Fotos von den eisverbrämten **Lyngen-Alpen** die Umschläge der Troms-Broschüren, sofern sie nicht die prächtigen Fjorde am **Dreiländereck** zwischen Norwegen, Schweden und Finnland zeigen. Im Zentrum beider Landschaften erstreckt sich am Südufer des über 100 km langen **Lyngenfjords** der kleine Ort Skibotn, der sich aufgrund seiner verkehrsgünstigen Traumlage an der Abzweigung der E 8 von der E 6 zu einem regelrechten kleinen Ferienzentrum in dieser ansonsten oft völlig menschenleeren Region gemausert hat.

Das Dreiländereck

Eine Nacht sollte man hier schon wenigstens verbringen, um das spektakuläre Fjord-und-Alpen-Panoramaerlebnis zu genießen, und auch wer in Eile ist, darf an dem von Skibotn aus steil ins Landesinnere hin ansteigende **Skibotndal** nicht vorbeifahren. Die wie mit der Axt in die Bergwelt geschlagene Talkerbe bildet das vielleicht monumentalste Trogtal der Region. Sie wird von der E 8 erschlossen, einer der grandiosesten Bergstraßen des Nordens. Je weiter man in die sich ständig verjüngende Kerbe vordringt, desto spektakulärer wird die Landschaft, die auch ungemein reich an Wasserfällen ist.

Schließlich erreicht man auf rund 550 m Höhe die **Baumgrenze**, die gleichzeitig die **Landesgrenze zu Finnland** bildet, und von einem Moment auf den anderen ändert sich das Landschaftsbild: Man blickt auf ein sich bis zum Horizont erstreckendes Kahlfjell, von Hügeln nur mäßig gegliedert und lediglich mit Krüppelbirken sowie Wollweiden bestanden, aber von einem Flechtwerk aus silbernen Strängen durchzogen, die sich zum Kilpisjärvi und anderen kilometerlangen Seen vereinigen. Inmitten dieser von unendlicher Weite geprägten Landschaft des finnischen Nordwestzipfels ragt steil und sagenhaft das langgestreckte Trapez des **Saanatunturi** wie eine Burg auf, und zu Füßen dieses heiligen Berges der Samen erstreckt sich am Nordufer des mehr als 14 km langen und 40 km² großen gleichnamigen Sees der kleine Ort **Kilpisjärvi**.

Hier kann man in Relation außerordentlich günstig, weil zu Euro-Preisen, Lebensmittel sowie Alkohol einkaufen, eine rund zweistündige Wanderung führt zum Gipfel des Saanatunturi hinauf, und im Rahmen eines etwa 45-minütigen Spaziergangs gelangt man von der Südseite des Sees, wohin im Sommer täglich mehrere Boote verkehren (30 Min.), zum **Dreiländereck** zwischen Norwegen, Finnland und Schweden. Das Touristenbüro in Kilpisjärvi informiert ausführlich über beide Wanderungen.

NORDNORWEGEN

ÜBERNACHTUNG

Olderelv Camping, Skibotn, ✆ 77715444, 💻 www.olderelv.no. Ganzjährig geöffneter 4-Sterne-Platz mit großem Campingareal (fast 300 Stellplätze) und zahlreichen Hütten (alle mit Küche/Miniküche) in mehreren Preisklassen. Top-Ausstattung: Imbiss, Kiosk, Spielplatz, Tankstelle, Minigolf, Sauna, gute Angel- und Wandermöglichkeiten. Stellplatz für Auto und Zelt 220 NOK, Hütten ab ❷

€ **Skibotn Camping**, E 6 (etwas nördlich vom Ort), ✆ 77715277. Einfacher, aber dafür auch preiswerter Platz mit 10 Hütten, Spielplatz, Bootsverleih. 🕒 Mitte Juni–Ende Aug. Stellplatz 200 NOK, Hütten ab ❶

AKTIVITÄTEN

Das Gebiet rings um Skibotn genießt in der Troms-Fylke einen Spitzenruf, und im Spätsommer/Herbst reisen Leckermäuler selbst vom fernen Tromsø aus an, um Preiselbeeren, Blaubeeren und Rauschebeeren sowie Steinpilze, Pfifferlinge und Rotkappen nebst Braunkappen, Hallimasch und Butterpilze zu **sammeln**. Eines der besten Sammelreviere wird durch den insgesamt gut 550 m ansteigenden Bollmansvegen erschlossen, von dessen Höhe aus man obendrein eine schlicht traumhafte Aussicht auf den Fjord genießen kann. Weitere Infos, auch über **Angelplätze**, in der Touristeninformation (s. u.).

Die Lyngen-Alpen

Skibotn liegt am Lyngenfjord, und folgt man der E 6 weiter nach Westen, geht es für nahezu 100 km an diesem keilförmig ins Land reichenden Wasserweg entlang. Seine großartige Kulisse wird von den Lyngen-Alpen gebildet, die nach Norden hin mit bis über 1800 m hoch aufragenden Gipfeln den Blick verstellen und eine der imposantesten Bergketten unseres Kontinents sind. Zahllose Felsskulpturen türmen sich dort auf, staffeln sich hintereinander und sind von grünblau schimmernden Gletscherströmen behangen, die in rissigen Wellen in die Tiefe drängen.

Aufgrund der extremen Topografie der Lyngen-Halbinsel ist ihr Binnenland nahezu vollkommen unerschlossen und sind ihre Gipfel nahezu ausschließlich erfahrenen Bergsteigern vorbehalten. Vereinzelte Bergwanderwege aber gibt es auch, und wer nicht damit zufrieden ist, die spektakuläre Alpinlandschaft von der E 6 aus zu betrachten, kann von den Dörfern **Koppangen** und **Furuflaten** sowie **Jægervatn** aus per pedes in die fast unberührte Naturlandschaft gelangen, die, wenn auch bislang vergeblich, als Nationalpark vorgeschlagen wurde. Ausgangspunkt zum Erreichen dieser Dörfer ist u. a. der rund 70 km östlich von Skibotn an der E 6 gelegene Ort **Olderdalen**, von wo Fähren über den Fjord nach Lyngseidet verkehren. Wer von Tromsø aus kommt, sollte bei Fagernes von der E 8 auf die R 91 abbiegen, die ebenfalls nach Lyngseidet führt, aber eine weitere Fährfahrt von Breivikeidet nach Svensby erfordert (rund 10 x tgl., 20 Min., 120 NOK je PKW inkl. alle Fahrgäste, 💻 www.tromskortet.no).

SONSTIGES

Geld

Sparebank 1, Skibotn, ✆ 02244.

Informationen

Skibotn turistinformajon, Café Ruija, ✆ 48091823, 💻 www.visit-lyngenfjord.com. Einem Café angeschlossene Infostelle. 🕒 tgl. 10–18 Uhr.

Medizinische Hilfe

Legevakta, Skibotn, ✆ 77712700.

Polizei

Lyngen lensmannskontor, Skibotn, ✆ 02800.

Post

Skibotn Post i butikk (Skibotn Varesenter), ✆ 04004, 🕒 Mo–Fr 9–18, Sa 9–16 Uhr.

Taxis

✆ 98257777.

TRANSPORT

Skibotn liegt an der Haupt-**Busroute** zwischen TROMSØ und ALTA. Wer Richtung Süden unterwegs ist, muss den Bus Richtung Tromsø nehmen und in NORDKJOSBOTN in den Bus nach NARVIK via BARDUFOSS umsteigen.

Das Reisadal

Das Reisadal bildet einen spektakulären Canyon, der in tiefe Wälder und majestätische Berge eingefasst ist, und gilt – wieder einmal – als eines der eindrucksvollsten Wildnisgebiete des Nordens. Als **Reisadal-Nationalpark** steht es

Abenteuer Reisaelv

Wer auf der Fahrt nach Norden eine gut halbtägige Rast einlegen möchte, sollte an einer **Langbootfahrt** auf dem spektakulärsten Abschnitt des Reisaelv bis zum Mollisfossen teilnehmen (Mai–Sep tgl. um 9, 13 und 17 Uhr, mindestens 3 Personen, 1195 NOK p. P.). Auf den 2 1/2 Std. währenden Bootstouren geht es tief in den Reisadal-Nationalpark hinein. Ausgangspunkt für die im Sommer täglich angebotenen Fahrten ist u. a. das „Flussbootzentrum" **Saraelv Villmarkssenter** in Veslebo (s. Übernachtung unten), das man über die R 865 erreicht, die von Storslett aus über etwa 50 km bis an den Nationalparkrand führt. Dort steigt man um ins Boot, und ab geht's mit Motorkraft stromaufwärts. Souverän steuert der Skipper das Langboot durch Stromschnellen, tiefe Urwälder breiten sich beiderseits des Flusses aus, bis nach rund 45 Min. die Stelle erreicht wird, an der von links der Mollis-elv über 269 m in freiem Fall in den Reisaelv hinabstürzt. Weiße Wasserschleier wehen im Wind, es sprüht und steigt auf wie Silberstaub, und im Gegenlicht der Sonne weben Milliarden von Tropfen einen regenbogenfarbenen Chiffon. Dieser Wasserfall, der **Mollisfossen**, ist der zweithöchste naturbelassene des Landes, bestimmt aber einer seiner spektakulärsten.

Auch bis zum Imofossen werden Bootstouren organisiert, doch kann man auf dem Fluss nur bis zur Wanderhütte Fossestua am **Nedrefossen** gelangen. Von dort aus führt ein Wanderweg zum **Imofossen** (4 Std. hin und zurück), in dem sich der Reisaelv selber in freiem Fall und mit ohrenbetäubendem Lärm aus einem schmalen, hoch gelegenen Canyon ergießt (diese Tour dauert insgesamt 7 Std. und kostet 2195 p. P. bei mindestens 3 Personen).

Bis Nedrefossen kann man übrigens auch ein mitgebrachtes **Kanu** (das man hier ausleihen kann: 300 NOK pro Tag) den Fluss hinaufschleppen lassen. Dann ist man auf sich allein gestellt und kann nun entspannt mit der Strömung für gut 80 km zurück **paddeln**. Stromschnellen gibt es wenige, sie sind zudem recht unproblematisch. Als beste Zeit gilt Juni bis September; etwas weniger Mückenprobleme sind ab Mitte August zu erwarten. Für Einsteiger werden auch organisierte Kanutouren angeboten.

größtenteils unter Naturschutz. Touristische Attraktionen der Region sind neben Wanderungen vor allem **Langbootfahrten** sowie **Kanutouren** auf dem Reisaelv, der bei dem Städtchen **Storslett**, das größtenteils von der Fischerei lebt und etwa 1500 Einwohner zählt, in den Reisafjord mündet.

Der Reisadal-Nationalpark

Der 1986 eingerichtete, 803 km² große Nationalpark umfasst das gesamte obere Reisadal sowie die Bergwelt des Kaledonischen Gebirges und die südlich angrenzende Hochfjellebene der Finnmarksvidda. Das Tal selber, vom Reisaelv durchströmt, präsentiert sich als monumentaler Canyon, auf beiden Seiten durch steile und dunkel bewaldete Bergflanken bedrängt, die fast von Meeresniveau in bis über 1000 m hohe, teilweise noch im Sommer beschneite Felsregionen aufsteigen. Seine mächtigen Wasserfälle sind eine der Hauptattraktionen des leicht zu erreichenden Nationalparks.

Am Ufer des Reisaelv, einem Kanu-Eldorado, wurden Schutzhütten errichtet, und markierte Pfade führen durch ein wahres Labyrinth von kleinen und großen Canyons bis hinüber nach Finnland. Ebenso vielfältig wie die Landschaft stellen sich die Flora (525 verschiedene Pflanzen wurden registriert) sowie die Fauna dar, die noch Bären, Vielfraße, Luchse, Otter und angeblich sogar Wölfe sowie 137 Vogelarten umfasst. Das **Halti-Nationalparkzentrum** (S. 550) in Storslett informiert umfassend über Geologie, Flora und Fauna des Schutzgebietes. Weitere Infos auch unter 💻 www.miljodirektoratet.no.

ÜBERNACHTUNG

Saraelv Villmarkssenteret, Veslebo, Reisadal (rund 50 km ab Storslett), ☎ 93038389, 💻 www.saraelv.no. Das Flussbooutzentrum liegt am waldreichen Ufer der Reisaelva, wo seit 2014 5 Zimmer in einem komplett renovierten Haus einladen (495 NOK p. P.).

€ **Tronsanes Camping**, Storslett, ✆ 40473404 und ✆ 91153623, 🖳 www.tronsanescamping.no. Im Reisadal am Flussufer gelegene Anlage, rund 40 km von Storslett. Einfache Sanitäranlagen, Grillhaus, Sauna, Küche und Kiosk. Stellplatz 180 NOK.

Sandnes Fjordcamping,10 km nördlich von Storslett an der E 6, ✆ 40094264, 🖳 www.sandnes-camping.no. Schönes Campingareal mit weitem Blick über den Straumfjord und 10 einfachen Hütten für bis zu 4 Pers. (ab 350 NOK). Stellplatz ab 150 NOK. ⌚ Juni–Aug.

€ **Fosselv Camping**, 11 km nördlich Storslett an der E 6, ✆ 91636193, 🖳 www.fosselv-camping.no. Gute Ausstattung, ebenfalls schöne Aussicht auf den Fjord, außerdem beginnt hier ein Wanderweg zu einem 60 m hohen Wasserfall. 10 einfache Hütten (2 Pers. zahlen 500 NOK), außerdem mehrere Komforthütten (ab 950 NOK). Stellplatz 170 NOK.

AKTIVITÄTEN

Außer Kanutouren sind **Wanderungen** das große Highlight im Reisadal, u. a. kann man auf markierten Pfaden und vorbei an Schutzhütten bis auf und über die Finnmarksvidda gehen. Im Nationalparkzentrum sind Wegbeschreibungen sowie Kartenmaterial erhältlich, ebenso die Schlüssel für die im Nationalpark gelegenen Übernachtungshütten.

TOUREN

Lyngshestlandet, Flatvoll, ✆ 91891578, 🖳 www.lyngshestlandet.no. Einer der wenigen Anbieter im Norden für Pferdetreks und Ausritte. Mehrere z. T. 1-wöchige Touren auf sowie über die Finnmarksvidda. 1 Tag kostet 1095 NOK, 7 Tage alles inkl. 9750 NOK.

Die **Winteraktivitäten** im Park umfassen u. a. Schneescooter-Touren, Hundeschlitten-Fahrten, Schneeschuh-und Ski-Treks sowie Eisangeln. Größter Anbieter für solche Erlebnistouren ist das **Saraelv Villmarkssenteret** (S. 549), das u. a. auch 3-tägige Schneescootertouren nach Kautokeino und zurück organisiert (7295 NOK alles inkl.).

Weitere Empfehlungen sind im Nationalparkzentrum erhältlich.

SONSTIGES

Alkohol

Vinmonopol Storslett, Fosseng 2, Storslett, ✆ 04560, ⌚ Mo–Mi 10–16, Do 10–18, Fr 10–17, Sa 10–15 Uhr.

Apotheken

Nordreisa Apotek 1, Sentrum 22, Storslett, ✆ 77770277, ⌚ Mo–Fr 9–16 Uhr.

Informationen

Halti-Nationalparkzentrum/Nord Troms Reiseliv, Hovedveien 2, Storslett, ✆ 77588250, 🖳 www.reisa-nasjonalpark.no. Sehr informativ und hilfsbereit, hier kann man auch Bootstouren buchen und die Schlüssel für die Hütten im Nationalpark erhalten. ⌚ ganzjährig Mo–Fr 9–15 Uhr, im Sommer bis 18 Uhr sowie Sa und So 12–18 Uhr.

Medizinische Hilfe

Legevakt for Nordreisa, Sonjatunvegen 21, Storslett, ✆ 77770800.

Polizei

Lensmannen, Sentrum 11, Storslett, ✆ 02800.

Post

Storslett postkontor, Høgeggveien 2, ✆ 04004, ⌚ Mo–Fr 10–21, Sa 10–18 Uhr.

TRANSPORT

Busse

Storslett liegt an der Haupt-Busroute zwischen TROMSØ und ALTA. Wer Richtung Süden unterwegs ist, muss den Bus Richtung Tromsø nehmen und in Nordkjosbotn in den Bus nach NARVIK via STERMOEN/MÅLSELV umsteigen.

Flüge

Der Flughafen Sørkjosen liegt 4 km außerhalb von Storslett (Taxi 150 NOK). Widerøe bedient die Routen nach TROMSØ, KIRKENES sowie HAMMERFEST.

Øksfjord

Auch verwöhnte Reisende werden von der Lage dieses beschaulichen Fischerortes begeistert sein, denn „Axtfjord" ist nicht nur der Name des Dorfes, sondern auch die sprechende Bezeichnung der von Felsen umgebenen Wasserstraße, an dem es erbaut wurde. Von Kai aus eröffnet sich ein überwältigendes **Panorama**, dessen dramatisches i-Tüpfelchen die Gletscherkrone des aus über 1200 m Höhe herabfließenden Øksfjordjøkelen bildet. Mit rund 41 km² Fläche ist er der größte Gletscher nördlich des Svartisen und vor dem Eisrückgang der vergangenen zwei Jahrzehnte zudem der einzige Norwegens, der direkt ins Meer bzw. in den Jøkelfjord kalbte. Dieses Phänomen machten sich die Fischer zunutze, indem sie die im Meer treibenden Eisschollen als Kühlmittel für ihren Fang einsammelten.

ÜBERNACHTUNG

In Øksfjord selbst bietet sich nur eine Übernachtungsadresse an, die beiden anderen Unterkünfte liegen relativ weit entfernt. Eine Alternative stellen die Hütten dar, die auf Nuvsvåg vermietet werden.

Arctic Nuvsvåg, Sandtun, Nuvsvåg, ✆ 9947 0339, 💻 www.arcticnuvsvaag.no. Komfortable Hütten (ab 1335 NOK für 4 Pers.) in traumhafter Lage mit Bootsverleih und allem, was der Angler benötigt. Es werden auch Berg-und Gletschertouren vermittelt. Hier möchte man nicht nur Urlaub machen – hier möchte man leben. ❺–❻

Altafjord Camping, ✆ 78438000, 💻 www.altafjord-camping.no. 1 km südlich von Langfjordbotn nahe der E 6 (40 km vor Øksfjord). Idyllisch am Fjord gelegener Campingplatz mit schönem Zeltareal und 25 Hütten verschiedener Kategorien. Angeschlossenes Hofmuseum aus dem 18. Jh., Aufenthaltsraum, gute Sanitäranlagen, TV-Zimmer. Tankstelle/Supermarkt und Café in der Nähe. Vermittlung von Touren und Aktivitäten, gute Wandermöglichkeiten, Bootsverleih (Ruderboot 220 NOK pro Std., Motorboot 500 NOK pro Std.), Stellplatz 150 NOK, Hütten ab 475 NOK

Eisgänge

Wer das Eisfeld des Øksfjordjøkelen nicht nur aus der Entfernung, sondern aus nächster Nähe betrachten möchte, hat dafür von Nuvsvåg aus, ab Øksfjord mit einem Bootszubringer erreichbar, beste Möglichkeit. Von dort werden nämlich zwischen Juni und September sowie zwischen Februar und März geführte Gletscher- und Gipfeltouren angeboten. Populär ist die an mehreren fixen Tagen im Sommer organisierte Gletschertour, die rund 10 Std. lang ist und 1500 NOK (mind. 3 Pers.) kostet. Zu buchen sind alle genannten Touren bei **Bre og Vandring**, ✆ 41308627, 💻 www.breogvandring.no.

TOUREN

Wer ein paar Tage an Zeit erübrigen kann, sollte erwägen, von Øksfjord aus das i. d. R. tgl. verkehrende **Schnellboot zur Insel Loppa** zu nehmen. Die Insel ist insbesondere für ihr Vogelreservat (über 100 verschiedene Arten) sowie ihre vielseitige subalpine Vegetation bekannt, die sich am besten im Rahmen von Wanderungen auf einem der zahlreichen Pfade erschließt.

SONSTIGES

Informationen

Loppa turistinformasjon, Porten til Finnmark, Langfjord Bygdetun, Langfjordbotn (an der E 6), ✆ 45405257, 💻 www.visitloppa.no. Café und Restaurant, das im Sommer auch als Touristeninformation für den gesamten Großraum fungiert. Hier kann man auch Beschreibungen für insgesamt 9 Wanderungen im Umland abrufen. 🕒 Juni–Aug tgl. 12–18, Juli Mo–Fr Uhr.

Medizinische Hilfe

Loppa kommune legevakt, Øksfjord, ✆ 78453030.

Polizei

Loppa lensmannskontor, Øksfjord, ✆ 02800.

NORDNORWEGEN

Post

Øksfjord Post i butikk (Coop Supermarkt), ✆ 04004, ⌚ Mo–Fr 10–21, Sa 10–18 Uhr.

TRANSPORT

Selbstfahrer

Øksfjord ist über die R 882 mit der E 6 bei Langfjordbotn (westlich von Alta) verbunden.

Busse

Verbindungen bestehen 1x tgl. um 8.40 Uhr mit ALTA.

Schiffe

Schnellboote

Verbindungen bestehen mindestens 1x tgl. mit HAMMERFEST (325 NOK) via LOPPA.

Hurtigruten

Die Postdampfer der Hurtigruten legen tgl. um 15.45 Uhr in Richtung SKJERVØY sowie tgl. um 2.15 Uhr in Richtung HAMMERFEST ab.

Die Finnmark

Weite, Extreme und Gegensätze prägen diese höchstnördliche Landschaft unseres Kontinents, ein menschenleerer, in den kurzen Sommern lichtdurchfluteter Naturraum. Er erstreckt sich zwischen den rauen Gestaden der sogenannten Eismeerküste und der Hochebene der Finnmarksvidda, auf deren Tundrasteppen die Samen mit ihren Rentierherden ihr letztes Rückzugsgebiet gefunden haben. Im Süden wird die Finnmark von Schweden und Finnland begrenzt, im Osten von Russland, und mit einer Gesamtfläche von rund 49 000 km² ist sie größer als beispielsweise Dänemark oder die Niederlande und damit Norwegens flächenmäßig größter Verwaltungsbezirk. Ihre 75 000 Einwohner machen sie zugleich zur bevölkerungsärmsten Region des Königreiches sowie ganz Europas, und nur 1,5 Einwohner teilen sich hier rein rechnerisch einen Quadratkilometer.

Wer Einsamkeit und ursprüngliche Landschaften schätzt, wird sich über diese Zahlen freuen, ebenso über die Tatsache, dass es hier unzählige Seen gibt, nahezu eine Million Rentiere, mehrere Hundert Gletscher, rund 80 000 Inseln und über 10 000 km Küstenlinie, wobei diejenige der Inseln noch nicht einmal berücksichtigt ist. Kurz gesagt: Die Finnmark ist die raueste Wildnis und zugleich die größte zusammenhängende Naturlandschaft unseres Kontinents.

Ultima-Thule-Gefühle liegen hier gewissermaßen in der Luft, und dies im wahrsten Sinne des Wortes, denn seit der griechische Entdecker Pytheas im 4. Jh. v. Chr. von **Thule** berich-

Infos zur Finnmark

- **NordNorsk Reiseliv AS**, P.O. Box 434, 8001 Bodø, ✆ 90177500, 💻 www.nordnorge.com. Informationen über den gesamten hohen Norden, sehr hilfreich sind die Broschüren (auch auf Deutsch), die man downloaden kann.
- **Book Finnmark**, Fiskeriveien 4D, 9751 Honningsvåg, ✆ 78477031, 💻 www.bookfinnmark.com. Informationen, die ausschließlich der Finnmark gewidmet sind.
- Öffentliche Verkehrsmittel: Aufgrund der Größe der Finnmark kommt hier dem **Flugzeug** größere Bedeutung zu als in allen anderen Regionen des Landes. Insbesondere Widerøe hat ein dichtes Netz gespannt, Norwegian und SAS stellen hauptsächlich die Verbindung mit Oslo sicher. Dank der langen Küstenlinie und der Isolation vieler Küstenorte bieten sich auch die Schiffe der **Hurtigruten** als Verkehrsmittel an, während **Schnellboote** insbesondere in der westlichen Finnmark im Einsatz sind: Boreal, 💻 www.boreal.no, bedient dort im regelmäßigen Liniendienst Dutzende Inseln, Städte und Einöddörfer, während die **Busse** der Gesellschaft ein relativ dichtes Überlandnetz spannen; auch mit Finnland sowie Russland bestehen gute Busverbindungen, und beide Länder bieten sich auch für die An- oder Rückreise an.
- **Telefonische Informationen** bzw. Infos im Internet für die Gesamtregion finden sich unter ✆ 177 oder 💻 www.rutebok.no.

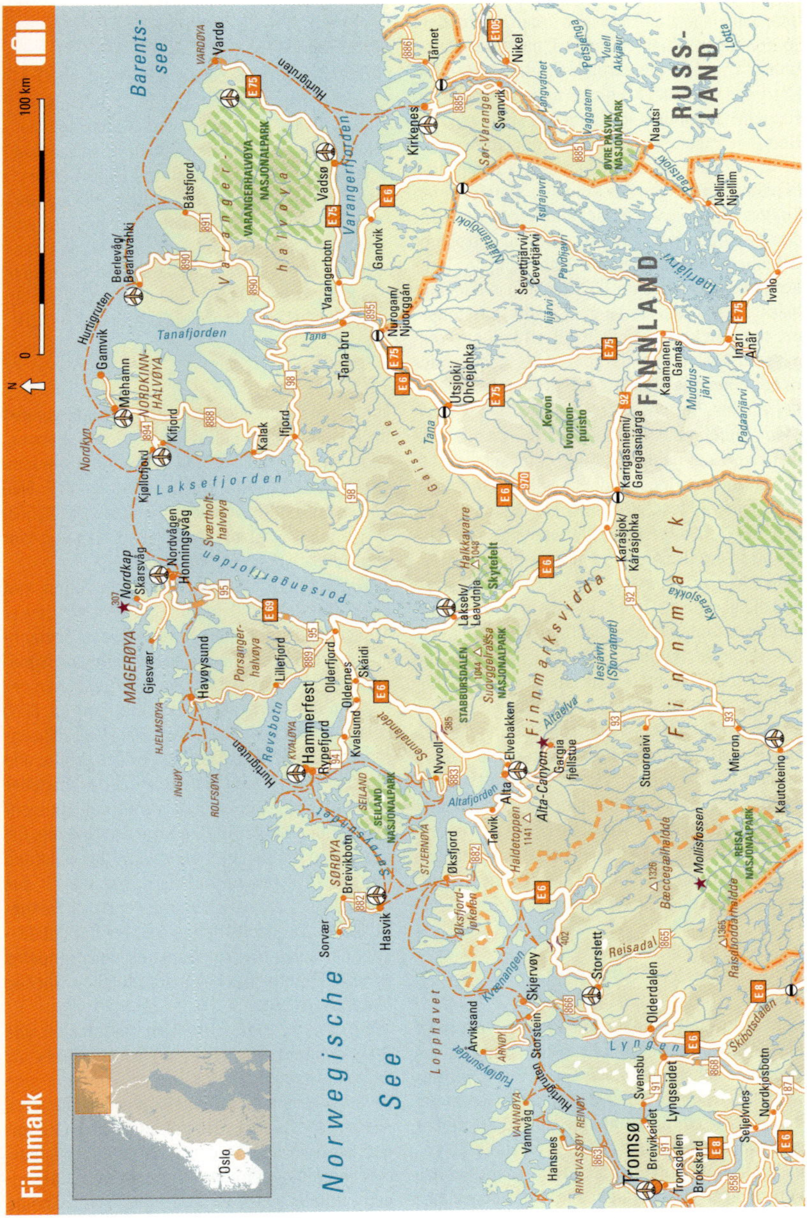
Finnmark
100 km
Norwegische See
Barents-see
FINNLAND
RUSSLAND
Oslo
Tromsø
Hammerfest
Alta
Nordkap
Honningsvåg
Kirkenes
Vardø
Vadsø
Karasjok/Kárášjohka
Kautokeino
Lakselv/Leavdnja
Tana bru
Varangerfjorden
Porsangerfjorden
Laksefjorden
Tanafjorden
Altafjorden
Hurtigruten
Finnmarksvidda
Alta-Canyon
Mollisfossen
Ivalo
Inari Anár
Nikel
Svanvik
Mehamn
Gamvik
Berlevåg/Bearalváhki
Båtsfjord
Hasvik
Havøysund
Skjervøy
Storslett
Nordkjosbotn
MAGERØYA
SØRØYA
SEILAND NASJONALPARK
STABBURSDALEN NASJONALPARK
REISA NASJONALPARK
VARANGERHALVØYA NASJONALPARK
ØVRE PASVIK NASJONALPARK

tete, „einem letzten Land im Norden", nahe dem „geronnenen Meer" (Eismeer), steht der Name Ultima Thule sprichwörtlich für den äußersten Nordrand der Welt. Als nichts anderes wurde die Finnmark zumindest in früheren Zeiten von den Norwegern selbst angesehen. Folglich bewahrte sie sich seit der mittelalterlichen Kolonisation den Status einer von der Krone vernachlässigten Kolonie, die u. a. auch aus dem Süden des Landes deportierte Verbrecher und Landstreicher aufnehmen musste. Erst mit Aufhebung des Handelsmonopols im Jahre 1789 konnten in der Finnmark eigene Marktorte und Städte entstehen, die nun auch die Möglichkeit erhielten, direkt mit dem Ausland Handel zu treiben. Insbesondere der **„Pomorje-Handel"** (russ. *Pomorje*: Küste), der bis hinüber nach Archangelsk am Weißen Meer reichte, blühte nun auf. Haupthandelsgut war Fisch, der gegen Getreide getauscht wurde, das in Nordnorwegen nicht gedeihen kann.

So ging es bis zur Russischen Revolution im Jahr 1917, als alle Handelsverbindungen gen Osten bis in die 1990er-Jahre hinein offiziell zum Erliegen kamen. Dann fiel der „Eiserne Vorhang", und die gerade noch entlegenste und von Entvölkerung bedrohte Region am Rande der Welt profitierte plötzlich wieder von ihrer nun zentralen Lage in der Barentsregion. Doch als viel nachhaltiger noch für die wirtschaftliche Entwicklung der Finnmark werden sich die gewaltigen **Erdöl- und Erdgasvorräte** erweisen, die man in den letzten Jahren an Dutzenden Stellen unter der Barentseee entdeckt hat und die teils bereits ausgebeutet werden. Nachhaltigkeit ist dabei ein wichtiger Faktor, gehört doch das Ökosystem des höchsten Nordens dank der klimatischen Gegebenheiten zu den empfindlichsten auf Erden.

Alta

Der teils geradezu lieblichen Sommerlandschaft an der Mündung der Altaelv in den Altafjord verdankt die mit rund 15 000 Einwohnern größte Stadt der Finnmark den Beinamen „Finnmarks Italia". Die wenig kompakte Ortschaft selbst wird diesem Anspruch zwar nicht gerecht, bietet aber sowohl Natur- als auch Kulturliebhabern zu allen Jahreszeiten eine Vielfalt an Highlights und ist obendrein idealer Ausgangspunkt für Ausflüge nicht nur in die nähere Umgebung, sondern auch für Fahrten in die Tundrasteppe der Finnmarksvidda, nach Kautokeino (S. 560) und Karasjok (S. 564), nach Hammerfest (S. 568) sowie nicht zuletzt zum Nordkap, das von hier aus lediglich noch 217 km entfernt ist.

Arctic Travel Pass

Der 2015 ins Leben gerufene Arctic Travel Pass berechtigt für 3 oder wahlweise 7 Tage zur kostenlosen Benutzung aller Boreal-Buslinien in der Finnmark. Außerdem gewährt er Preisnachlass auf viele Sehenswürdigkeiten im Bereich der Finnmark, und wer mit öffentlichen Verkehrsmitteln unterwegs ist, ist gut beraten, sich den Pass zu holen, den man online über www.arcticpass.no bestellen kann. Er kostet 690 NOK (Kinder von 2–16 Jahren: 345 NOK) für 3 Tage bzw. 1290 NOK (645 NOK) für 7 Tage.

Die Region Alta, nachweisbar schon seit über 6000 Jahren bewohnt, gilt als „Wiege der Menschheit" im hohen Norden. Diese Bezeichnung verdankt sie dem **Felsbilderfeld von Hjemmeluft**, das sich westlich von Alta zwischen der E 6 und der Fjordküste ausbreitet und ca. 3000 Felsritzungen umfasst, die vor 3000 bis 6200 Jahren entstanden sind. Damit ist es das größte und älteste seiner Art in Nordeuropa und steht daher zu Recht seit 1985 als Kulturerbe der Menschheit auf der World Heritage List der Unesco. Ein rund 5 km langer Pfad erschließt das Feld und führt von Felsritzung zu Felsritzung, die für das Publikum rot ausgemalt wurden und u. a. Rentiere, Bären, Jäger, Waffen und Boote darstellen – Zeugen menschlichen Denkens und Handelns in einer Epoche, die keine schriftlichen Quellen hinterlassen hat.

In direkter Nachbarschaft findet sich das **Alta-Museum**, das 1993 den Europa-Preis als bestes Museum des Jahres gewann und sich vollständig der Kulturgeschichte der Finnmark widmet. Ihr Beginn wird auf ca. 9000 v. Chr. datiert, und wie die Wissenschaftler heute glauben, bestand die sogenannte Komsa-Kultur über einen Zeitraum von etwa 6000 Jahren, wobei heute noch gänzlich ungeklärt ist, wie das Komsa-Volk überhaupt existieren konnte, war doch ganz Nordnorwegen seinerzeit angeblich von einem kilometerdicken Eispanzer bedeckt. 🖳 www.alta.museum.no, 🕒 16. Mai–12. Juni und 22. Aug–5. Sep tgl. 8–17 Uhr, 13. Juni–21. Aug tgl. 8–20, sonst Mo–Fr 9–15 Uhr, Eintritt 110 NOK, Audioguide (auch auf Deutsch) 20 NOK.

Haupttouristenmagnet aber ist der **Altaelv**, der als eines der besten Reviere zum Lachsangeln in Europa gilt (2013 wurde hier der mit über 28 kg Gewicht schwerste Lachs in Norwegen überhaupt gefangen). Er durchfließt den nördlich der Stadt gelegenen **Alta-Canyon**, den mit 15 km Länge und 500 m Tiefe größten Canyon Nordeuropas. Eine Fahrt stromaufwärts im **Langboot** (1. Juni–Sep tgl. 12 Uhr, 1 1/2 Std. bis zur Stromschnelle Patagoski zu 625 NOK, 2 1/2 Std. bis zum Gabofossen, 865 NOK) darf man sich nicht entgehen lassen, auch wenn es ein ganz anderes Abenteuer ist, den Fluss (organisiert oder alleine) per Kanu oder Kajak zu befahren (S. 557). Auch eine Wanderung an die Abbruchkante der monumentalen Schlucht (S. 558) ist ein unvergessliches Erlebnis.

Unvergesslich auch ist der Anblick der 2013 eingeweihten **Nordlichtkathedrale**, die mit ihrem spiralförmig 47 m hoch in den Himmel ragenden Kirchturm wohl das auffallend-eigentümlichste Bauwerk der gesamten Finnmark ist. Das sieht von Weitem so aus wie eine Küchenrolle, die sich nach unten halb abgewickelt hat, und richtig zur Geltung kommt diese gut 100 Mio. Kronen teure Bauskulptur in den dunklen Wintermonaten, da dann die Fassade, die teils mit speziell reflektierenden Titanplatten verkleidet ist, das Nordlicht optimal widerspiegeln, ja angeblich sogar verstärken soll. Im Internetmagazin *The Culture Trip* wurde das Gotteshaus gar als das spannendste Bauwerk Norwegens der letzten 5 Jahre bezeichnet, und es lohnt sich, mal Instagram anzuklicken, wo man sich Hunderte Fotos zur Nordlichtkathedrale ansehen kann (Nordlyskatedralen, Markedsgata 30, 🖳 www.nordlyskatedral.no, 🕒 Mo–Fr 11–15, allsonntags Gottesdienst um 11 Uhr, Eintritt 40 NOK.

Im etwas westlich von Alta an der E 6 gelegenen Kåfjord erinnert das **Tirpitz-Museum** an die Seeschlacht im Kåfjord und wartet u. a. mit der größten Fotosammlung über die Schlachtschiffe *Tirpitz* und *Scharnhorst* auf. 🖳 www.tirpitz-museum.no, 🕒 15. Juni–15. Aug tgl. 10–17 Uhr, Eintritt 80 NOK.

ÜBERNACHTUNG

Hostels und Hotels

Gargia Fjellstue, Gargia (20 km außerhalb von Alta am Weg nach Kautokeino), ✆ 78433351, 🖳 www.gargiafjellstue.no. Ansprechendes Gästehaus am Rande der Vidda in wunder-

Supercool

Wer ein ausgeprägtes Faible für das ganz und gar Außergewöhnliche hat, der sollte im Winter nach Alta reisen, denn dann – gegen Mitte Januar, zum Ende der Polarnacht – eröffnet Jahr für Jahr und schon seit 1999 das vielleicht ausgefallenste Hotel der Welt seine eisigen Pforten: das Sorrisniva Igloo Hotel, seinem Namen getreu in Iglu-Form erbaut und ganz und gar aus Eis errichtet: Die Wände, die Zimmer, das Mobiliar, sogar die Betten bestehen aus dem blau schimmernden frostigen Material; in der Eisbar werden die Eiswürfel gleich aus der Wand geschnitten, und damit es nicht zu kalt wird, werden die Räume und Gänge auf „behagliche" -4° C erwärmt.

Die Gesamtfläche dieses mit Eisskulpturen geschmückten Frost-Arrangements beläuft sich auf immerhin 1600 m², auf die sich nicht weniger als 50 Zimmer verteilen, bis die Strahlen der wärmenden Frühlingssonne den glitzernden Eispalast zum Schmelzen bringen. Angst vor Bettkälte ist übrigens unbegründet, denn in weiche Rentierfellberge gekuschelt, liegt man sogar auf einer Eismatratze in wohliger Wärme. **Sorrisniva Igloo Hotel**, Sorrisniva, ✆ 78433378, 🖳 www.sorrisniva.no, 🕒 19. Dez–2. April. Übernachtungspaket mit 2-Gänge-Menü, Sauna, Frühstück und Transport: 5000 NOK für 2 Pers., 3000 NOK für 1 Pers.

schöner Natur, nahe dem Canyon und dem Ausgangspunkt für die Wanderung dorthin (S. 558). 11 Zimmer und 3 Hütten, gutes Restaurant, Sauna, Badezuber und großes Freizeitangebot. Hütte ab 1100 NOK, DZ ab ❸

Scandic Hotel Alta, Løkkeveien 61, ✆ 78482700, 💻 www.scandichotels.no. Moderner Betonbau im Zentrum von Alta. Das größte und beste Hotel der Stadt. Gutes Restaurant, Bars, Nachtklub, Sauna. Ab ❺, an Wochenenden ab ❹

Thon Hotel Vica, Fogdebakken 6, ✆ 78482222, 💻 www.thonhotels.no/vica. 24 schöne und moderne Zimmer, die nach der Übernahme durch den Thon-Konzern komplett renoviert wurden. Restaurant, Bar. Ab ❺

Camping und Hütten

€ **Alta River Camping**, Steinfossen 5 (ca. 5 km außerhalb von Alta), ✆ 78434353, 💻 www.alta-river-camping.no. Ganzjährig geöffneter Campingplatz mit etlichen Stellplätzen, Hütten, Apartments und Zimmern verschiedener Kategorien (mit und ohne Bad/WC). Gute Sanitäranlagen, Sauna. Stellplatz für 2 Pers., Zelt/Auto ab 180 NOK, Hütten/Zimmer ab ❷

Camp Alta, Steinfossveien 25, ✆ 40077399, 💻 www.campalta.no. Ganzjährig geöffnet. Empfehlenswerter, geräumiger Platz, besonders gut für Zelte geeignet, da ein säumender Laubwald Windschutz bietet. Einfache Hütten und 6 Apartments, Küche mit TV und Grillhaus. Saubere Sanitäranlage. Stellplatz ab 180 NOK, Hütte ab ❷

ESSEN

Von den durchwegs empfehlenswerten Hotelrestaurants abgesehen, bieten sich die folgenden Lokale an:

€ **Studenthuset City**, Markedsgate 3, ✆ 99112446, 💻 www.studenthusetcity.no/city-spiseri. Restaurant des Studentenhauses, aber nicht nur für Studenten. Günstiger als hier wird man in Alta kaum essen können. Obendrein schmeckt es, und die Portionen sind recht üppig. Sättigende Suppen ab 129 NOK, große Salatteller 155 NOK, Hauptgerichte ab 135 NOK. 🕒 Mo–Fr 11–20, Sa bis 18 Uhr.

Alfa Omega, Markedsgate 14/16, 💻 www.alfaomega-alta.no. Ein Teil des Lokals versteht sich als Café/Restaurant mit internationaler Küche (u. a. preiswerte Pastagerichte, Salate und leckerer Kuchen), der andere Teil als Bar. 🕒 Mo–Do 11–24, Fr und Sa 11–2.30 Uhr.

Boazo Sami Siida, R 93 (6 km außerhalb von Alta), ✆ 41473405, 💻 www.sami-siida.no. In einer traditionellen Lavvo (Samenkote) werden samische Spezialitäten am Lagerfeuer serviert, so z. B. Trockenfleisch (60 NOK) und Rentiersteak (200 NOK). 🕒 Mitte Juni–Mitte Aug tgl. 15–23 Uhr.

Gargia Fjellstue, S. 555. Holzvertäfeltes, rustikales Restaurant mit schönem Blick auf die umliegende Natur. Im Angebot sind samische Speisen sowie Traditionsgerichte aus der Finnmark zu vernünftigen Preisen. Wer das Besondere liebt, koste das samische Gourmetmenü. 🕒 Juni–Mitte Aug tgl. ab 11 Uhr.

€ **Wingwah House**, Skoleveien 1, 💻 www.wingwahhouse.com. Preiswertes China-Restaurant (Hauptgerichte um 200 NOK) nahe dem Zentrum. 🕒 Mo–Do ab 15, Fr und Sa ab 11 Uhr.

UNTERHALTUNG

Barila Pub, Markedsgate 10, ✆ 91340363. Das schicke kleine Lokal gilt als der beste Pub der Stadt. Vor allem am Wochenende, wenn die Einheimischen zum Feiern ausrücken, ist hier oft mächtig was los zu Bier und exotischen Cocktails. 🕒 Mo–Do 12–1, Fr und Sa 11–3, So 18–1 Uhr.

Studenthuset City, Markedsgate 3, ✆ 99112280, 💻 www.studenthusetcity.no/city-scene. Altas Bühne fürs Nachtleben wurde unlängst vom Studentenverband übernommen, und allabendlich sorgen hier günstiges Bier und guter Sound für Superstimmung. An den Wochenden gibt es häufig Livekonzerte teils recht bekannter norwegischer Bands. 🕒 Wechselnde Öffnungszeiten, i. d. R. Do 21–1, Fr und Sa 21–3 Uhr.

TOUREN

Die Touristeninformation organisiert im Sommer Bootstouren verschiedener Länge, u. a. 12-stündige Fahrten zum Nordkap, in den Alta-Canyon und zum Alta-Staudamm (4 Std.).

Alta Adventure, Markedsgate 3, ✆ 78434050, 💻 www.alta-adventure.no. Angel- und Gletschertouren, Wanderungen, Winterabenteuer.

Gargia Fjellstue, S. 555. Boots- und Angeltouren, geführte Wanderungen, Ausritte, Pferdetreks und im Winter Hundeschlitten und Schneescooter-Touren.

Sorrisniva, Sorrisniva 20, ✆ 78433378, 💻 www.sorrisniva.no. Zwischen dem 1. Juni und 1. Sep bietet dieser Veranstalter tgl. Langboot-Touren auf dem Altaaelv an. Start ist jeweils um 12 Uhr, es gibt eine 1 1/2 Std. kurze Tour bis zur Stromschnelle Patagoski (625 NOK) und eine 2 1/2 Std. lange bis zum Gabofossen (865 NOK); die Mindestteilnehmerzahl liegt bei 4 Pers.

Glød Naturopplevelser, Vesterhaugveien 1, ✆ 99794256, 💻 www.glodexplorer.no. Empfehlenswerte Adresse für Outdoor-Aktivitäten zu jeder Jahreszeit. Trygve Nygård, der Leiter, arrangiert Kanutouren auf dem Altaelv (Halbtagestouren zu 1365 NOK, Tagestouren 1750 NOK, 2-Tagestouren 3850 NOK, Kajaktouren 1365 NOK), geführte MTB-Touren von bis zu 5 Tagen Länge, geführte Wanderungen, Ski-, Berg-, Angeltouren sowie Hundeschlittensafaris und Nordlicht-Abenteuer. Verliehen werden zudem sehr hochwertige Mountainbikes (500 NOK pro Tag) sowie Kanus (500 NOK pro Tag) und Flusskajaks nebst See-

Wanderung zum Alta-Canyon

- **Route**: Parkplatz (410 m) – Seeablauf (30 Min., 450 m) – Weggabelung – (15 Min., 440 m) – Cap'pesjåkka (45 Min., 440 m) – Canyon (25 Min., 330 m)
- **Länge**: ca. 16 km
- **Dauer**: hin und zurück ca. 4 Std.
- **Wegbeschaffenheit**: Schmale Pfade über Hochheide, teils morastig (Frühsommer), teils felsig; zwei Bäche sind zu queren, im Frühsommer auch mehrere Schneebrücken.
- **Orientierung**: Der Pfad ist sporadisch markiert, aber stets gut sichtbar, daher kaum Orientierungsprobleme; Kartenmaterial ist nicht erforderlich.
- **Wandersaison**: Ab Anfang Juni, gegen Mitte Juli sind die Schneebrücken abgeschmolzen, die Bäche meist ausgetrocknet. Ideal im Herbst (ab Ende Aug), wenn sich die Fjerllbirken einfärben und die Mückensaison (Beginn etwa Anfang Juli) beendet ist. Mitternachtssonne herrscht von 18. Mai bis 24. Juli.
- **Ausrüstung**: Grundausstattung; im Frühsommer bis ca. Mitte Aug Gummistiefel, sonst Trekking- oder Turnschuhe.

Wenig anstrengende Wanderung über die Finnmarksvidda zum Alta-Canyon, dem mit 15 km Länge und rund 500 m Tiefe größten Canyon Nordeuropas.

Die Route

In der am Weg zum Ausgangspunkt der Wanderung gelegenen Gargia Fjellstue (S. 555) stimmen zahlreiche Fotos auf die Fjelltour ein, und auch eine topografische Wanderkarte hängt aus. Die hinter der Fjellstue beginnende Schotterstraße ist steil und schmal, aber von Pkws und kleinen Wohnmobilen durchaus befahrbar. Sie führt aus dem Gargia-Tal heraus und nach etwa 4,5 km zu einem linker Hand gelegenen und mit einer Mülltonne „gekennzeichneten" **Parkplatz**. Hinweisschilder oder Markierungen gibt es nicht, aber der von hier Richtung Osten ins Fjell verlaufende Weg ist nicht zu verfehlen.

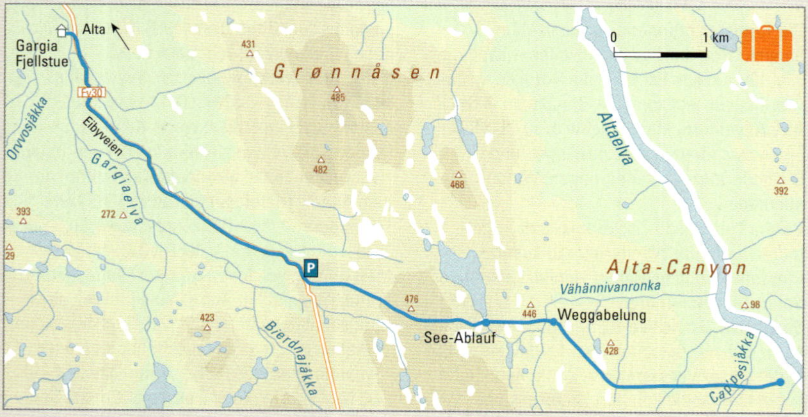

Rentierherde in der Finnmark

Nach etwa 30 Min. endet die mit Steinen bedeckte und konstant sanft ansteigende Spur vor dem **Ablauf** eines linker Hand auftauchenden Sees. Auf den folgenden Metern kann man sich schnell nasse Füße holen, und entsprechend vorsichtig sind die Feuchtstellen zu queren, die in einen deutlich sichtbaren Trampelpfad übergehen. Ein niedriger Buckel schließt sich an, und oben öffnet sich ein weites Panorama über das von den eiszeitlichen Gletschern glattgehobelte Plateau der Finnmarksvidda. Erst auf den zweiten Blick erspäht man voraus, Richtung Osten, den steil abfallenden Rand einer gewaltigen Furche: des Alta-Canyons.

Ein paar Minuten später wird eine **Weggabelung** erreicht; der links abzweigende Pfad führt direkt zum Fluss Altaelva. Wir gehen jedoch weiter geradeaus und erreichen nach insgesamt etwa 45 Min. einen zu querenden Bach, und wer hier vor Mitte Juli unterwegs ist, wird nicht umhin kommen, die Schuhe auszuziehen und durch das etwa 5 m breite und bis zu knietiefe Schmelzwasser zu waten. Später im Jahr lässt sich das Hindernis auf Steinen überwinden, und vom jenseitigen Bachufer aus ist der sporadisch markierte Weg breit und ausgetreten und beim besten Willen nicht zu verlieren.

Ein paar Feuchtstellen müssen noch umgangen werden, dann geht es nach etwa 10 Min. (ab der Bachquerung) linker Hand um einen kleinen See herum, und nach insgesamt etwa 90 Wanderminuten ist die ca. 20 m breite und 4 m tief eingeschnittene Felskluft des **Cap'pesjåkka** erreicht, über die sich bis Mitte Juli eine (vorsichtig zu querende) Schneebrücke spannt. Auf der anderen Seite fällt der Weg bald steil in die Canyon-Furche ab, und nachdem man etwa 70 m tief abgestiegen ist, schlängelt sich der Weg in einen Birkenhain, in dem er abrupt vor einem Lattenzaun endet.

Man steht nun am Rand des gewaltigen **Alta-Canyons**, und der Blick fällt mehrere Hundert Meter tief nach unten auf das Band des, der hier von senkrecht aufragenden Schluchtwänden eingefasst wird. Dieser Anblick ist einen längeren Aufenthalt wert, und wer ein wenig sucht, kann mehrere überhängende Felsnasen ausmachen, die wunderbare Panoramabalkone abgeben.

Praktische Tipps

Ausgangspunkt

Von Alta auf die R 93 Richtung Kautokeino, nach etwa 8 km den Schildern nach Gargia folgen; an der Gargia Fjellstue vorbei, weiter für etwa 4,5 km bis zu einem linker Hand gelegenen Parkplatz.

kajaks (500/700 NOK pro Tag). Alle Touren stehen unter dem Motto „Keine Spuren hinterlassen", weshalb u. a. auch keine motorisierten Transportmittel benutzt werden.

SONSTIGES

Alkohol

Alta vinmonopol, Markedsgate 21–25 (im Alta Storsenter), ✆ 04560, ⌚ Mo–Mi 10–17, Do und Fr 10–18, Sa 10–15 Uhr.

Apotheken

Apotek 1, Markveien 14, ✆ 78449610, ⌚ Mo–Fr 8.30–16, Sa 10–14 Uhr.

Autovermietungen

Hertz, Bjørn Wirkolas vei 11, ✆ 78435229, 💻 www.hertz.no, ⌚ Mo–Fr 8–16 Uhr.
Rent-A-Wreck, Betongveien 15, ✆ 78434088, 💻 www.rent-a-wreck.no. Billigster Anbieter. ⌚ Mo–Fr 8–16 Uhr, Sa und So nach Vereinbarung.

Baden

In Lathari (1 km östlich von Alta der Ausschilderung folgen) gibt es einen schönen **Badestrand** an einem Kiefernwald. Spielplatz und Grillmöglichkeiten.

Fahrradverleih

Studentbokhandelen, Sentrumsparken 2, ✆ 78435877. Die Buchhandlung vermietet tatsächlich Fahrräder.

Feste

Alta Soul & Blues Festival, 💻 www.altasoulogblues.no. Ende Anfang/Mitte Juni. Eines der größten Musikfestivals der Region.

Geld

Den Norske Bank, Løkkeveien (im Zentrum), ✆ 78418940.

Informationen

Alta turistinformasjon, Bjørn Wirkolasvei 11, ✆ 99100022, 💻 www.visitalta.no, ⌚ ganzjährig Mo–Fr 8.30–16.30, Sa 10–14 Uhr.

Medizinische Hilfe

Legevakt Alta, Dr. Kvammes vei 21, ✆ 78455555.

Polizei

Politiet i Alta, Labyrinten 1, ✆ 02800.

Post

Alta postkontor, Markedsgate 21, ✆ 04004, ⌚ Mo–Fr 9–18, Sa 10–15 Uhr.

Taxis

Løkkeveien 8, ✆ 78435353.

TRANSPORT

Busse

Verbindungen bestehen 2–4x tgl. u. a. nach TROMSØ via Nordkjosbotn (für NARVIK), HAMMERFEST und HONNINGSVÅG/Nordkap sowie nach KIRKENES (entlang der E 6), KARASJOK und KAUTOKEINO.

Flüge

Verbindungen mit Widerøe nach TROMSØ, HAMMERFEST, HONNINGSVÅG/Nordkap, MEHAMN/GAMVIK, BERLEVÅG, VARDØ, VADSØ und KIRKENES, mit SAS und Norwegian vor allem nach OSLO. Taxi vom Flughafen in die Stadt kostet 120 NOK.

17 HIGHLIGHT

Kautokeino

Die in der weiten Senke des Kautokeinoelv im Herzen der inneren Finnmark gelegene Stadt ist Hauptort der flächenmäßig größten Gemeinde Norwegens (9700 km²) mit den skandinavienweit meisten samischen Einwohnern (rund 2300 von insgesamt 2600 Bewohnern). Obendrein ist sie kulturelles Zentrum von *Samiid Ædnam*, dem grenzübergreifenden „Land der Samen", und daher Sitz zahlreicher Institutionen wie des Nordisch-Samischen Instituts, des Samischen Ausbildungsrats, des einzigen Samentheaters der

Welt, einer samischen Hochschule sowie einer Rentierzucht-Forschungsstation.

Der Sommerbestand der Rentiere im Umland wird auf über 100 000 Stück geschätzt, und da nimmt es nicht wunder, dass hier mehr an traditionellen samischen Lebens- und Wirtschaftsformen erhalten blieb als irgendwo sonst im Norden. Dies ist auch der Grund, warum der an sich wenig sehenswerte Ort auf der Standardroute aller geführten Touren liegt: Ein Großteil der Samen – seien es nun Rentierzüchter, Bankangestellte oder Grillbudenbesitzer – trägt noch die angestammte blau-rote Tracht.

Das sieht exotisch aus, und ins Reich der Exotik entführen auch die angebotenen Aktivitäten und Touren. Im Sommer stehen unter anderem Rentiersafaris, Kälbermarkierungen, Wanderungen, Kanutouren, Pferdetreks und Flussbootfahrten auf dem Veranstaltungsprogramm, im Herbst kann man hier an den großen Rentierscheidungen teilnehmen und den „Indian Summer" in seiner ganzen Farbenpracht genießen. Im Winter werden Rentierschlitten-, Schneescooter- und Hundeschlitten-Ausflüge geboten, und im Frühling lockt das farbenprächtige Osterfestival als größte Kulturveranstaltung der Samen.

Ein überaus spannender Ort also, besuchenswert zu allen Jahreszeiten, auch wenn es lediglich eine Sehenswürdigkeit im klassischen Sinn gibt: das mitten im Ort gelegene **Freilichtmuseum** (Riddo Duottar Museat (RDM)) zeigt Kautokeino, wie es früher aussah, als der ganze Ort aus Zelten und Gammen bestand; im angeschlossenen Kulturhaus kann man schöne Produkte des samischen Kunsthandwerkes erstehen. Riddo Duottar Museat (RDM), 💻 www.rdm.no, 🕒 15. Juni–16. Aug Mo–Sa 9–18, So ab 12, sonst nur Mi und Do 9–15 Uhr, Eintritt 50 NOK.

Ostern einmal anders

Sami Easter Festival, das jährliche Osterfestival von Kautokeino, steht demjenigen von Karasjok (S. 564) um nichts nach und ist mittlerweile auch in internationalen Kreisen bekannt. Es wird in aller Regel mit einem Filmfestival eingeleitet, wo die Filme im wahrscheinlich einzigen Open-Air-Kino der Welt, in das man mit Schneescooter einfahren kann, vorgeführt werden. Des Weiteren gibt es Theatervorstellungen, Joik-Konzerte, Scooter-Rallys, Rentierschlitten-Weltmeisterschaften (Touristen in einer eigenen Klasse) und etliche andere Veranstaltungen mehr. Weitere Informationen über 💻 www.samieasterfestival.com.

ÜBERNACHTUNG

Kautokeino Villmarkssenter, Hannoluohkka 2, 📞 78487602, ✉ vmsenter@start.no. Weitläufige Anlage im Stadtzentrum mit insgesamt 32 Betten, die sich auf die Zimmer, Hütten (ohne Bad/WC) und Apartments verteilt. Angeschlossen ist auch ein Restaurant/Café, in dem samische Speisen serviert werden. Diverse Sommer- und Winteraktivitäten. Hütte ab ❷, DZ ab ❸

Thon Hotel Kautokeino, Biedjovaggeluodda 2, 📞 78487000, 💻 www.thonhotels.no. 2011 erbautes Hotel mit 65 modern eingerichteten und komfortablen Zimmern. Das beste Haus der Stadt bietet u. a. auch ein Spitzenrestaurant, Sauna und Vermittlung von diversen Aktivitäten. ❺, im Sommer ab ❹

Camping und Hütten

€ **Arctic Camping & Motell**, Suomaluodda 16 (an der R 93 Richtung Finnland), 📞 78485400, 💻 www.arcticmotel.com. Ganzjährig geöffneter Platz, ruhig am Ufer gelegen. Stellplätze für Zelt und Wohnwagen sowie Hütten in verschiedenen Kategorien (mit und ohne Bad/WC) nebst einfachen Zimmern und Hütten (ab 400 NOK). Bar und einfaches Restaurant. Stellplatz ab 170 NOK, Zimmer ab ❶

ESSEN UND UNTERHALTUNG

Kaffe Risku, Bredbuktnesveien 8, 📞 98648346. Kleines Café, beste Adresse für Kaffee und Kuchen in Kautokeino. 🕒 Mo–Fr 11–19, Sa 11–17 Uhr.

Thon Hotel Kautokeino, s. links. Modernes Restaurant in der 1. Etage, bietet eine weite

Die acht Jahreszeiten der Bergsamen

Die Zahl der Rentiere in Nordnorwegen wird auf gut und gerne 300 000 geschätzt, und von allen Hirscharten ist es die einzige, die zu zähmen gelungen ist. So hat die Domestikation des wiederkäuenden Tieres die Lebens- und Wirtschaftsweise der Samen in besonderem Maße geprägt, die sie als frei umherstreifende Fleischlieferanten seit Jahrtausenden züchten.

Die „Kuh des Nordens"

Man begegnet dem Paarhufer in der Taiga ebenso wie im Birkenwaldgürtel, in der Tundra wie im Oreal, und selbst auf den höchsten Gipfeln ist er im Sommer auf der steten Suche nach Flechten und Moosen unterwegs, von denen ein ausgewachsenes Exemplar täglich immerhin zwischen fünf und acht Kilogramm Trockengewicht benötigt. Natürlich tummelt sich das Rentier auch auf den Straßen, und nur Norwegen-Neulinge verfallen dem Fotofieber, wenn ihnen auf dem Asphalt ein paar Exemplare dieses 60 bis 320 kg schweren Herdentieres begegnen, bei dem auch die Weibchen ein Geweih tragen. Wie Ausgrabungen erwiesen haben, ist die Nutzbarmachung dieses arktischen Säugers schon seit mindestens 3000 Jahren fester Bestandteil der samischen Kultur. Doch wird das Ren nicht als Haustier gehalten, sondern streift frei in riesigen Arealen umher. Die damit verbundenen stetigen Wanderungen haben zwangsläufig die Lebens- und Wirtschaftsweise der Samen entscheidend geprägt, deren Tradition entsprechend nicht vier, sondern acht Jahreszeiten kennt.

Wenn das Eis schmilzt

Im Frühlingswinter, wenn sich der Schnee über dem Waldboden in eine harte Eisdecke verwandelt, die die Rentiere bei ihrer stetigen Flechtensuche nicht mehr aufkratzen können, wandern sie zu ihren Kalbungsplätzen ins Gebirge. Die mit Schneescootern, früher Rentierschlitten, nachziehenden Samen brauchen sich dabei um ihre Herden kaum zu kümmern, denn die Tiere werden vom Instinkt dorthin gezogen, wo auch die Brunftweiden des Herbstes liegen. Gefahren wird üblicherweise nachts (um den Harsch auszunützen), und geschlafen wird tagsüber auch heute noch zumeist in Zelten, deren Gestänge aus in Bogenform gewachsenen Birken- oder Kiefernästen bestehen.

Aussicht über die Finnmarksvidda. Lokale und internationale Gerichte gehobener Preisklasse.

Kautokeino Kulturhus, Bredbuktnesveien 50. Theater- und Kulturhaus mitsamt Kino; hat 1987 den nordnorwegischen Architekturpreis gewonnen.

EINKAUFEN

Juhls' Silvergallery, ✆ 78484330, 💻 www.juhls.no. Die berühmteste Silberschmiede der Finnmark mit Werken insbesondere von Frank und Regine Juhls ist norwegenweit bekannt, auch international ein Begriff und schon allein wegen ihrer samisch inspirierten Architektur fester Sightseeingbestandteil der meisten geführten Reisen durch die Finnmark. Rund 1–2 Std. benötigt man mindestens, um sich einen Überblick über den ästhetisch sehr hochstehenden, aber dennoch eher moderat bepreisten Schmuck zu verschaffen, und auch Gemälde mit meist samischem Hintergrund stehen zum Verkauf. 🕒 tgl. 9–18 Uhr.

Oskal, an der Hauptstraße. Hier werden samische Souvenirs, Samen-Trachten und -Messer verkauft.

Reinkjøtt-Marked, Stornes, ✆ 91565992. Geräuchertes und getrocknetes Rentierfleisch sowie Verkauf von Rentierfellen.

AKTIVITÄTEN

Nordkalottenweg

Der über 800 km lange Nordkalotten-Wanderweg beginnt in Kautokeino und führt bis hinunter nach Fauske (S. 523) in Nordland.

Erst bei Erreichen der Kalbungsplätze im Frühling gegen Ende April wird für längere Zeit ein festes Lager errichtet, denn hier verbleiben die Herden für mindestens einen Monat. Traditionell bestand es aus Birkenrindengammen, doch heutzutage werden vielmehr Blockhütten und kleine Holzhäuser bevorzugt.

Aufbruch zu den Bergweiden

Die Geburt der Kälber leitet gegen Ende Mai den Frühlingssommer ein, in dem die Wanderung zu den Sommerweiden im Gebirge erfolgt, wo etwa im Juli die Markierung der Kälber beginnt, bei dem alle Tiere mit Eigentumsmarken am Ohr versehen werden. Auch das Melken nimmt Zeit in Anspruch, ansonsten widmen sich Männer und Frauen verschiedenen handwerklichen Beschäftigungen, deren Produkte heute meist in den Souvenirläden landen. Früher wurden in dieser Zeit die Kleider gearbeitet und ausgebessert, das Schuhwerk aus Leder gefertigt, die Packkörbe geflochten, die Packsättel erstellt und vieles andere mehr, was heute nicht mehr nötig ist.

Der Winter naht

Der August leitet den Herbstsommer ein, im dessen Verlauf sich die Rentiere in tiefere Lagen zurückziehen. Dort werden sie gegen Ende des Monats zusammengetrieben, denn nun fällt die wichtige Arbeit des Auslesens von Tieren fremder Besitzer, zu kastrierender Kälber und für die Schlachtung vorgesehener Rentiere an (Rentierscheidung). Die Restherde wird nun, im Herbst, auf die mit den Kalbungsplätzen des Frühlings identischen Brunftweiden getrieben, wo die Tiere bis gegen Anfang November verbleiben, um sich zu paaren. Längst ist der erste Schnee gefallen, und mit den Gerätschaften, mit denen man im Frühlingswinter angereist war, geht es im Herbstwinter zu den Winterplätzen in der Waldzone zurück, die Schutz und Nahrung für den langen Winter bietet. Früher verbrachten die Samen diese Zeit in Zelten oder Gammen, heute meist in Holzhäusern, und zum Hüten der Tiere, bei dem der Renhund große Hilfe leistet, ist man von Skiern längst auf Schneescooter umgestiegen.

Der Weg ist durchgehend markiert und sehr populär, im Sommer zu Fuß, im Winter auf Skiern. Weitere Informationen und Karten bekommen Interessierte im Touristenbüro und u. a. über www.fjaellwanderung.de/wege/nordkalottleden/.

Kulturwanderpfad Sozuhpatjávri

Einstieg etwa 10 km südlich von Kautokeino. 4,5 km lange, markierte Wanderung (mit Rastplatz und Torfhütte sowie einem ehemaligen Opferstein); unterwegs wird ein Einblick in die lokale Geschichte vermittelt.

Pikefossen

Der Pikefossen-Wasserfall, 40 km nördlich von Kautokeino, ist an der R 93 beschildert und Ziel eines lohnenden Ausflugs in die Umgebung.

TOUREN

Samiway, Ávži, 90996569, www.samiway.no. Dieses von Samen geführte Unternehmen hat sich darauf spezialisiert, ganzjährig Erlebnisse nach Samenart anzubieten. Etwas ganz besonderes ist etwa die Teilnahme am insgesamt 2 Wochen währenden Frühlings-Treiben der Rentierherden von Kautokeino an die Küste. Wer weniger Zeit hat, kann Tagestouren buchen, in deren Verlauf man etwas über das traditionelle Leben der Samen erfahren kann.

Cavzo Safari, Hirsaluohkka (in Masi, 60 km nördlich von Kautokeino), 95973963, www.sautso.no. Im Sommer tgl. ab 16 Uhr Flussbootfahrten verschiedener Länge (ab 650 NOK), außerdem Rentierschlitten-Fahrten im Winter, Joik-Konzerte, Kälbermarkierungen, Rentieressen und vieles mehr.

SONSTIGES

Alkohol
Kautokeino vinmonopol, Bredbuktnesveien 2, ✆ 04560, ⌚ Di–Mi 11–14, Do und Fr 11–17, Sa 11–14 Uhr.

Autovermietungen
Auto-Mek, Gironluodda, ✆ 78486740, 48012887. Günstige Leihwagen.

Geld
Sparebank 1, Bredbuktnesveien 22, ✆ 02244.

Informationen
Kautokeino Turistinformasjon, im Rathaus am Bredbuktveien 6, ✆ 78487100, ⌚ Mo–Fr 8.30–15 Uhr.

Medizinische Hilfe
Kautokeino legevakt, Sarriloudda 2, ✆ 78487260.

Polizei
Lensmannen i Kautokeino, Bredbuktnesveien 8, ✆ 02800.

Post
Kautokeino Post i butikk (Coop Marked), Bredbuktnesveien 2, ✆ 04004, ⌚ Mo–Fr 9–21, Sa 9–18 Uhr.

Taxis
✆ 78486371.

TRANSPORT

Busverbindungen bestehen hauptsächlich mit ALTA sowie KARASJOK, außerdem nach FINNLAND mit Eskelisen Lapin Linjat, ✆ 0358-16-3422160, 💻 www.eskelisen.fi.

Karasjok

Die östlich von Kautokeino nahe der finnischen Grenze gelegene inoffizielle Hauptstadt des Samenlandes genießt wegen ihres umfassenden Aktivitätsangebotes und nicht zuletzt wegen ihres berühmten Osterfestivals einen hohen Stellenwert im internationalen Tourismus. Auch das bedeutendste Museum für samische Kultur ist hier zu finden. Zudem tagt in Karasjok das alle vier Jahre gewählte Samenparlament, Volksvertretung der samischen Minderheit, und auch die größte samische Zeitung, die samische Rundfunkstation und die größte samische Bibliothek der Welt sind hier zu finden. Die rund 3000 Einwohner von Karasjok sind zu gut 90 % samischen Ursprungs, tragen allerdings – anders als z. B. die Kautokeino-Samen – kaum noch ihre Tracht und schätzen es verständlicherweise nicht, wenn sie von dreisten Touristen mit der Kamera verfolgt werden.

Liebhaber von Folklore kommen dennoch auf ihre Kosten, denn im **Samenlandzentrum** (Samelandssenteret) an der E 6 werden zahlreiche Samen-Souvenirs angeboten: Samentrachten, Samenpuppen, Samenteppiche, Samenschuhe, Samensocken, Samenschmuck, Samenmesser ... Auch das Touristenbüro ist hier untergebracht, des Weiteren ein Reisebüro, dessen Angebot außerordentlich interessante Aktivitäten und Touren umfasst: Ausflüge zum Lachsangeln, Fahrten im Wildwasser, Kanufahrten, Besuche von Samendörfern, Kälbermarkierungen, Rentierscheidungen sowie an „Goldflüssen", wo man in die hohe Kunst des Goldwaschens eingewiesen wird. Außerdem werden zwischen dem 24. Juni und 11. Aug tgl. verschiedene Aktivitäten im Sápmi Park angeboten: Um 11 und 14 Uhr kann man bei der Rentier-Fütterung zuschauen und mithelfen, um 12 Uhr ist ein Joik zu hören, um 13 sowie 15 Uhr dreht sich alles ums Lassowerfen. Sápmi Park, Leavnnjageaidnu 1, 💻 www.visitsapmi.no, ⌚ 1. Juni–9. Juni und 11. Aug–31. Aug tgl. 9–16 Uhr, 10. Juni–10. Aug tgl. 9–19, sonst Mo–Fr 10–14 Uhr, Eintritt 160 NOK.

Auf der gegenüberliegenden Wiese erhebt sich die weißrot getünchte **Kirche** (Karsjok kirke), die, 1807 errichtet, die älteste der Finnmark ist. ⌚ 15. Juni–30. Aug tgl. 10–17 Uhr. Nahebei werden am Ufer der **Karasjokka** Kanus verliehen sowie Touren im *elvebåt*, dem traditionellen Samen-Flusskahn, angeboten. Auch baden lässt es sich dort vortrefflich, das Wasser ist sauber und bis zu 18 oder auch 20 °C warm.

Die Sprache der samischen Seele: der Joik

Der Joik (auch: *juoigam* oder *vuolé*), die charakteristische Musik der Samen, kann so rein und mysteriös wie das Nordlicht sein, so wechselhaft wie das fließende Wasser, so funkensprühend wie das prasselnde Feuer oder so tief aufwühlend wie das Heulen der Wölfe auf der Vidda. Er kann den Flug der Wildgänse, das Glitzern eines Sees, das Sichaufbäumen eines Bären oder die Konturen eines Gebirges lautmalen, ist er doch ursprünglich der spontane Ausdruck des Naturmenschen für ein Gefühl, das ihn bei einem Erlebnis oder Anblick befällt.

Der Joik ist von extremer Einfachheit, eigentlich nur ein sonderbares Trällern, reinste Improvisation, die keine Worte benötigt, sie aber verwenden kann; nicht für Instrumente vorgesehen, pentatonisch, primitiv und zugleich kompliziert. Er ist Entspannung und Unterhaltung, ist das, was Rentiere herbeilocken, Raubtiere vertreiben, den Schlaf bringen oder die Müdigkeit nehmen kann, ist Gemeinschaft, eine andere Welt, die man nicht beschreiben, sondern nur erfahren kann.

Der Joik galt einst als gefährlich, diente er doch neben den Schamanentrommeln dem Erreichen des Trancezustands und war daher eine wichtige Stütze der samischen Kultur. Entsprechend wurde er von den Missionaren verteufelt und schon 1609 von Christian IV., König von Dänemark und Norwegen, unter Androhung der Todesstrafe verboten. Doch trotz aller Verbote verstummte er nie und erlebt heute sogar eine Renaissance, da er jetzt auch Schneescooter lautmalt oder Funktelefone und damit beweist, dass er sich ändern kann wie die Zeiten und die Lebensweisen. Nur eines ist der Joik nicht: Er ist keine Kunst, denn dieser Begriff war den Samen, deren Sprache keine Abstrakta kannte, fremd. „Oder vielleicht sollte man sagen, dass den Samen alles Kunst war, das ganze Leben …", wie es Nils-Aslak Valkeapää, einer der größten Joiker von Sameätnam, einmal ausdrückte.

Nirgendwo sonst auf der Welt werden so feine traditionelle Samenmesser geschmiedet wie in Karasjok, und die größte Auswahl hochwertiger Messer bietet Knivsmed Strømeng, dessen einer Samengamme nachempfundenes Besucherzentrum eine Sehenswürdigkeit für sich ist. Rund 10 000 Samenmesser mit Stahlklinge und Birkenholzschaft werden dort jährlich gefertigt, die Beratung ist umfassend, und natürlich kann man auch bei der Produktion zuschauen. **Knivsmed Strømeng**, Badjenjarga Rute (von der R 92 Richtung Finnland in den Svinengveien abbiegen), ✆ 78467105, 💻 www.samekniv.no, 🕒 Mo–Fr 8.30–16 Uhr.

Museum für samische Kultur

Haupttouristenmagnet von Karasjok ist das jenseits des Flusses ausgeschilderte Museum für samische Kultur (Samiid Vuorka Davvirat). Es ist mit Abstand die größte Ausstellung dieser Art in Norwegen und beherbergt mehr als 2000 Exponate, darunter befinden sich auch einige Schamanentrommeln (s. Kasten oben). Angeschlossen ist eine große Freilichtabteilung, die vorbildlich über die Haus- und Hofformen sowie Wirtschaftseinrichtungen der Samen aus früherer Zeit informiert. Dazu gehört u. a. ein großes Fallgrubensystem, wie es die Samen seit der Eisenzeit zum Fangen von Wildrenen errichteten. De Samiske Samlinger, 💻 www.rdm.no, 🕒 15. Juni–16. Aug tgl. 9–18, sonst Mi, Do und Sa 9–12 Uhr, Eintritt 90 NOK.

Øvre-Anarjokka-Nationalpark

Es erstaunt nicht, dass in diesem 1290 km² großen Schutzgebiet noch Bären, Wölfe, Vielfraße, Luchse und sogar zahlreiche Königsadler zu Hause sein sollen, denn das von Tausenden von Seen und Mooren durchzogene Taigaareal ist weit von jeglicher Zivilisation entfernt. Nur die Nebenstraße von Karigasniemi nach Angeli führt in der Nähe des vollkommen weglosen Gebietes vorbei, das jenseits der finnischen Grenze im Osten an den Lemmenjoki-Nationalpark angrenzt, der eines der größten Wildnisgebiete Europas umfasst. Informationen sowie eine auch downloadbare Karte finden sich unter 💻 www.miljodirektoratet.no.

ÜBERNACHTUNG

Sápmi Motell og Overnatting, Deanugeaidnu 4 (direkt an der E 6), ✆ 78466432, 💻 www.lapland-lodging.com. Ganzjährig geöffnete Pension mit 11 Betten und Gästeküche, außerdem 2 Hütten. Preiszuschlag für Bettzeug. Ab ❷

Karasjok Engholm Husky, Danskarjohka (6 km außerhalb des Zentrums), ✆ 78467166, 💻 www.engholm.no (s. auch Kasten). „Wohnen im Wald" in urgemütlichen und mit viel Liebe und Geschmack eingerichteten Blockhütten (ganzjährig). Hauseigene Bibliothek, mit Holz befeuerte Sauna, Badezuber, rustikales Restaurant. Hütten ab 600 NOK zzgl. 300 NOK p. P., auch Vollpension (ab 1250 NOK p. P., Dinner kostet hier 300 NOK). Unbedingt im Voraus buchen!

Karasjok Kroa, Kautokeinoveien 9, ✆ 78467446. In schöner Lage, zentrumsnah. Relativ günstige Übernachtung in Hütten, alle mit Bad/WC, TV. ❸

Scandic Hotel Karasjok, Leavnnjageaidnu 1, ✆ 78468860, 💻 www.scandichotels.no. Die beste Adresse der Stadt. Moderne und komfortable Zimmer, teils hübsch geschmückt mit Gemälden von samischen Künstlern. Sauna, Pub und Bar sowie ein Zelt-Restaurant nach Samenart, in dem man an der offenen Feuerstelle speisen kann. Ab ❺, im Sommer ab ❸

Camping und Hütten

€ **Karasjok Camping**, Kautokeinoveien (1 km vom Zentrum), ✆ 97072225, 💻 www.karacamp.no. Ganzjährig geöffneter 3-Sterne-Platz mit günstigen Stellplätzen und zahlreichen Hütten, schön am Hang direkt über dem Fluss gelegen. Die Sanitäranlagen sind gut, Aufenthaltszimmer. Stellplatz (2 Pers., Auto und Zelt) 170 NOK, Hütte ab 390 NOK.

ESSEN UND UNTERHALTUNG

Sápmi Park Kafeen, Leavnnjageaidnu 1 (im Samelandssenteret), ✆ 78468860. Günstiges Café und Restaurant im samischen Kulturpark Sápmi. Einfachere Lunch- und Abendgerichte. 🕒 1. Juni–9. Juni und 11. Aug–31. Aug tgl. 9–16 Uhr, 10. Juni–10. Aug tgl. 9–19, sonst Mo–Fr 10–14 Uhr.

FESTE

Über alle Veranstaltungen informiert 💻 www.festivalerkarasjok.no.

Påske-Festivalen. Das Osterfest gilt zusammen mit dem von Kautokeino (S. 561) als eines der größten Events in der inneren Finnmark.

Midtsommerfestivalen. Sommersonnenwend-Festival mit Dutzenden von Veranstaltungen. Programmhefte gibt's in der Touristeninformation.

AKTIVITÄTEN

Angeln

Karasjok bietet traumhafte Bedingungen für Lachsangler. Hinter der Ortschaft Elvemund (an der E 6 nördlich von Karasjok) mündet die Kárásjohka in die Anárjokka und bildet so den Tana-Fluss, der im Ruf steht, Europas bester Lachsfluss zu sein.

Baden

Die Sandstrände des Flusses Kárásjohka eignen sich im Sommer perfekt zum Baden.

Wandern

Die Umgebung von Karasjok ist wie die gesamte Finnmark ein Paradies für Wanderer. Empfehlenswert ist der 3,5 km lange Assebákti Kultur- und Wanderpfad (16 km westl. an der R 92 ausgeschildert), der einen Einblick in die samische Geschichte gewährt.

Touren

Die Touristeninformation organisiert Ausflüge z. B. zu Rentiercamps, Goldwaschen in Basevuovdi sowie Exkursionen zu Samendörfern. Vermittlung von Boots-, Angel-, Trekking- und Kanutouren sowie Schneescooter-Fahrten.

Turgleder, Haldenjarga (bei Engholm Husky), ✆ 91167303, 💻 www.turgleder.com. Im Angebot dieses Veranstalters stehen sowohl Sommer- als auch Winteraktivitäten, und sind die im Sommer (u. a. Kanutouren, Besuch der Huskys von Engholm Husky) eher auf Familien zugeschnitten, so die im Winter auf Outdoor-Freaks:

Im Hundeschlitten über die Vidda

Wer hätte nicht schon einmal davon geträumt, im Winter unter dem Polarlicht mit Hundeschlitten über die vereist daliegende Vidda zu reisen? In Karasjok kann man sich diesen Traum erfüllen, da sich hier mit **Engholm Husky** einer der versiertesten Hundeschlitten-Touranbieter des Nordens findet: Zwischen Anfang Dezember und Anfang Mai werden Dutzende Husky-Touren in allen Längen und Schwierigkeitsgraden organisiert. Die Preise für die naturnahen und unter ökologischen Gesichtspunkten durchgeführten Touren belaufen sich auf etwa 11 600 NOK für 5 Tage, aber es gibt auch spezielle Abenteuer-Touren mit Expeditionscharakter, die mit 44 000 NOK (für 8 Tage) zu Buche schlagen.

Da gibt es z. B. 9 Tage lange Skitouren mit Pulkas (Alta-Karasjok; 16 800 NOK), 17 Tage lange Skiexpeditionen quer über die Finnmarksvidda (37 000 NOK) oder (aktive) Teilnahme an Rentierscheidungen, was zwar teuer ist (50 000 NOK für 8 Tage), doch einzigartig bzw., wie 2014 *National Geographic* schrieb *one of the World's Best Guided Expeditions – a Tour of a Lifetime.*

SONSTIGES

Apotheken

Apotek Sapmi, Tanaveien 8, ✆ 78469440. ⌚ Mo–Fr 10–16 Uhr.

Autovermietungen

Avis bilutleie, Svinengveien 2, ✆ 78466311, 💻 www.avis.no.

Einkaufen

Samelandssenteret, Porsangerveien 1, ✆ 78468810. Viele Samen-Souvenirs unter einem Dach. ⌚ 1. Juni–9. Juni und 11. Aug–31. Aug tgl 9–16 Uhr, 10. Juni–10. Aug tgl. 9–19, sonst Mo–Fr 10–14 Uhr.

Fahrradverleih

Engholm Husky, s. Kasten.

Geld

Sparebank, Fitnodatgeaidnu 17, ✆ 02244.

Informationen

Karasjok turistinformasjon, Leavnnjageaidnu 1, ✆ 78468800, 💻 www.sapmi.no, ⌚ 1. Juni–15. Aug– tgl. 9–19, sonst Mo–Fr 10–14 Uhr.

Medizinische Hilfe

Karasjok helsesenter, Rådhusgate 4, ✆ 78468500.

Polizei

Lensmannen i Karasjok, Fitnodatgeaidnu 12, ✆ 02800.

Post

Karasjok Post i butikk (Coop Prix Supermarkt), Storgate 1, ✆ 04004, ⌚ Mo–Fr 8–22, Sa 9–20 Uhr.

Taxis

✆ 78466506.

TRANSPORT

Busverbindungen bestehen überwiegend nach ALTA, LAKSELV, KAUTOKEINO sowie KIRKENES (entlang der E 6 via TANA BRU), außerdem zwischen dem 2. Juni und 26. Aug Sa/So nach FINNLAND mit Eskelisen Lapin Linjat, ✆ 00358-16-3422160, 💻 www.eskelisen.fi.

Hammerfest

Der Slogan „On Top of the World", der nahezu jeden Hammerfest-Prospekt schmückt, gibt die geografische Wirklichkeit der Stadt auf 70°38'48'' nördlicher Breite trefflich wieder, denn in der Tat ist Hammerfest, fast 1000 km nördlich vom Polarkreis und damit auf der Höhe von Mittel-Grönland gelegen, die nördlichste Stadt der Welt. Obendrein ist sie Sitz des berühmten „Eisbärenclubs" und gilt daher bei Touristen als Pflichtprogrammpunkt. Obwohl bereits 1789 gegründet, trägt sie ein modernes Kleid, und geschuldet ist dieser Mangel an alter Bausubstanz der deutschen Wehrmacht: Dem Prinzip der „Verbrannten Erde" (S. 105) entging vor dem deutschen Rückzug im Jahre 1944 kein Haus, keine Hütte und kein Boot, allein die Grabkapelle überlebte als makabres Zeichen die gelegte Feuersbrunst.

Heute haben die knapp 10 000 Einwohner von Hammerfest wieder ein normales Verhältnis zu Angehörigen der deutschen Nation gefunden, was nicht zuletzt auch dem Tourismus zu verdanken ist. Dieser bildet neben Fischerei und Schifffahrt den Haupterwerbszweig der Stadt, die seit 2008 auch an der Erdöl- und Erdgas-Exploration in der Barentssee teilhat und heute Standort der größten Erdgasverflüssigungsanlage der Welt ist.

Der „Eisbärenclub"

Direkt beim Hurtigrutenkai und im gleichen Gebäude wie das Touristenbüro gelegen, lädt der von der „Royal and Ancient Society of Polar Bears" eingerichtete *Isbjørnklubben* ein, der in der Welt des internationalen Tourismus eine führende Position einnimmt, da scheinbar jeder Besucher der Stadt das Bedürfnis hat, die ausgestopften Tiere dieser Sammlung zu betrachten und natürlich Mitglied im Club selbst zu werden. Die Aufnahmekriterien erschöpfen sich im Besuch sowie der Zahlung der Aufnahmegebühr in Höhe von 180 NOK, wofür man im Gegenzug Mitgliedsausweis, Urkunde, Aufkleber und die beliebte Eisbärennadel aus Silber und Emaille erhält. Neueste Attraktion sind die Multimediashows zu den Themen „Eisbären" und „Winternachtstraum". 💻 www.isbjornklubben.no, ⌚ Juni und Juli Mo–Fr 8–18, Sa und So 9–16, sonst Mo–Fr 9–16, Sa und So 10–13 Uhr, Eintritt frei.

Weitere Sehenswürdigkeiten

Das **Wiederaufbaumuseum** (Gjenreisningsmuseet) an der nahe dem Eisbärenclub gelegenen Kirkegate informiert anschaulich über die Geschehnisse im Zweiten Weltkrieg, insbesondere das Prinzip „Verbrannte Erde" sowie den Wiederaufbau der Stadt. 💻 www.kystmuseene.no, ⌚ Juni–Mitte Aug tgl. 10–16, sonst Mo–Fr 9–15, Sa und So 11–14 Uhr, Eintritt 80 NOK.

Weiter geht es entlang der Kirkegate zur **Hammerfest-Kirche** mit einem prachtvollen dreieckigen Fenster von 8 m Kantenlänge und der benachbarten **Grabkapelle**, nach Ende des Zweiten Weltkrieges das einzige noch intakte Gebäude der Stadt. Hier beginnt der beschilderte **Hammerfest-Panoramaweg**, der auf die Höhe des 86 m über der Stadt gelegenen Aussichtspunktes **Salen** führt. Dort kann man in eine traditionelle Torfgamme einkehren, doch vor allem beeindruckt die herrliche Aussicht über die Stadt, den Sørøysund und die darin eingebette-

ten Inseln. Ins Zentrum zurück führt der etwas steile, aber dafür kurze **Sikk-Sakk Veien**, der schon 1891 errichtet wurde und seinem Namen entsprechend verläuft.

ÜBERNACHTUNG

Scandic Hotel Hammerfest, Sørøygate 15, ✆ 78425700, 💻 www.scandichotels.no. Großer dekorativer Backsteinbau mit dem gewohnten Rica-Komfort. Die Zimmer haben teils Hafenaussicht. Attraktives Restaurant und Bar/Nachtklub, kostenlose Benutzung von Sauna und Fitnessraum. ❻, Sommer ab ❸

Thon Hotel Hammerfest, Strandgate 2, ✆ 78429600, 💻 www.thonhotels.no. Teilweise geschmackvoll eingerichtete Zimmer mit sehr gutem Standard. Empfehlenswertes Restaurant und Bar, Solarium und Sauna, ❻, im Sommer ab ❹

Vom Schamanismus zum Christentum

Was wir als Religion bezeichnen, ist das Ergebnis jahrtausendelanger Prozesse, die nach dem schwedischen Theologen Nathan Söderblom nicht in Vorstellungen wurzeln, sondern in Gefühlen und Affekten des primitiven Menschen gegenüber einer ihm konkret begegnenden Macht. Entsprechend wurden bei den Samen alle **Naturkräfte als Gottheiten** verstanden. Über alle Stätten der Natur wachten Geister; jedes Tier, jede Pflanze, jedes Ding galt als beseelt, der Mensch als eine Verbindung von **Körper und Seele**. Die Seele selbst war geteilt in eine an den Körper gebundene „Lebensseele" und eine „freie Seele", die ihren Träger unter Umständen wie Krankheit oder Schlaf verlassen konnte, allwissend und unsterblich war. Dieses „Überselbst" manifestierte sich in der „göttlichen Familie", bestehend aus Urvater, Urmutter und deren Sohn, und in der Rangfolge als Nächstes kamen die zahlreichen Naturgottheiten – u. a. Sonne und Mond, Wind und Donner –, die an speziellen **Opferplätzen** verehrt wurden. Hunderte solcher Stätten wurden im hohen Norden gefunden, und alle zeichnen sich durch eine Umgebung aus, die auch auf „aufgeklärte" Menschen eine nahezu magische Ausstrahlung hat. Hier und da steht inmitten solcher Kultstellen auch noch ein von der Natur geformtes „Götterbild" aus Stein, aber die allermeisten dieser Idole, denen man sich barhäuptig und auf Knien näherte, wurden von Missionaren in christlichem Eifer zerschlagen. Das Verbindungsglied des Menschen zur jenseitigen Welt war der **Schamane**, der mittels spiritistischer Trance die dingliche Welt verlassen konnte, um mit Göttern und Geistern Kontakt aufzunehmen. Wichtigstes Instrument der samischen Schamanen war die **Schamanentrommel**. Ihr Klang verhalf dem Schamanen dazu, in Trance zu fallen, die ihn oft tage- und nächtelang in andere Dimensionen entführte, wo er Hilfestellung für die Probleme im Diesseits fand. Die Trommel hatte eine ovale Form, bestand aus einem gebogenen, mit Rentierhaut bespannten Rahmen und wurde mit einem Schlegel aus Holz oder Bein geschlagen. Rahmen wie Schlegel waren mit zahlreichen Gravuren verziert, das Fell trug charakteristische Zeichnungen, die ein Abbild des Kosmos bildeten. Dass

€ **Storvannet NAF Camping**, Storvannsveien 103, ✆ 78411010, 💻 www.nafcamp.no. Ruhig am Ufer des kleinen Stadtsees gelegener Platz mit etwa 100 Stellplätzen sowie 7 einfachen Hütten (mit Miniküche). Angel- und Wandermöglichkeiten ⌚ 20. Mai–30. Sep. Stellplatz ab 180 NOK, Hütte 470–660 NOK.

ESSEN UND UNTERHALTUNG

Mikkelgammen, Salen ✆ 96229279. Auf dem Stadthügel gelegene Samenkote, in der man auf Vorbestellung ein traditionelles Rentiergericht („Bidos") erhält. Das Essen wird am Lagerfeuer zubereitet, während der Koch über die Kultur der Samen informiert. Nett, aber ziemlich touristisch; zu buchen über das Touristenbüro.

Skansen Mat og Vinstue, Scandic Hotel Hammerfest (S. 569). Intimes À-la-carte-Restaurant mit offener Grillküche und „arktischen" Gerichten, u. a. Rentier. Aber auch die Steaks sowie vor allem die Fischgerichte sind ausgezeichnet. ⌚ tgl. ab 16 Uhr.

€ **Peppes Pizza Hammerfest**, Sjøgate 6 (im Einkaufzentrum Nissen), 💻 www.peppes.no. Empfehlenswertes Pizzarestaurant im Zentrum. Außer Pizzen gibt es Pastagerichte, Salate und Burger. ⌚ Mo–So 11–23.30 Uhr.

FESTE

Hammerfest-Tage, Mitte Juli, 💻 www.hammerfestdagan.no. Ein 9-tägiges Fest mit Ständen, Musikveranstaltungen und viel buntem Treiben.

Mørketidsfestivalen, Mitte November, 💻 www.facebook.com/morketidsfestivalen. Dunkelzeit-Festival mit verschiedenen Aktivitäten, viel Musik und Theaterveranstaltungen.

die Schamanen selbst und auch diese Trommeln von den Missionaren als teuflische Bedrohung fürs Seelenheil angesehen wurden, liegt auf der Hand. Das Schamanentum war auch politisch brisant, waren es doch die Trommeln und die Schamanen, die zusammen mit dem Joik (S. 565) die einigende Kraft des Samenvolkes bildeten.

So wurden Schamanen, ihre Trommeln und das Joiken unerbittlich verfolgt, und als die von Generation zu Generation vererbten Trommeln gegen Mitte des 18. Jhs. zum größten Teil verbrannt waren, wurde der alte animistische Glaube an eine beseelte Umwelt und Natur bald endgültig vom Christentum verdrängt. Dieses konnte sich ab Mitte des 19. Jhs. bei den Samen durchsetzen, wobei dem **Læstadianismus** eine entscheidende Rolle zukam. Nachhaltiger als alle Missionstätigkeiten hat die auf den nordschwedischen Pfarrer Lars Levi Læstadius (1800–1861) zurückgehende Religionsströmung die Struktur der samischen Gesellschaft beeinflusst, indem sie den Kern der christlichen Lehre durch Gleichnisse und Geschichten darstellte, in die samische Mythen und Göttergestalten eingeflochten wurden. So gelang es Læstadius sogar, schamanische Ekstase in den Gottesdienst einzubauen, indem er sich bei seinen Predigten in einen Erregungszustand versetzte, der sich auf alle Anwesenden übertrug, die sich dann wie in Trance umarmten und einander die Absolution erteilten. Diese Praxis führte zur Einstufung als „Erweckungsbewegung", aber auch zu der breiten Basis, auf die sich der Læstadianismus bald stützen konnte. Als Læstadius starb, galten die meisten Samen als wirklich gläubig, und weil die pietistische Lehre eine abweisende Haltung gegenüber vielen Bereichen des modernen Lebens einnahm, ist es zum großen Teil ihr Verdienst, dass sich die alte samische Lebensweise bis in unsere Tage hinein zumindest teilweise erhalten hat. Noch immer ist die Kraft des Læstadianismus ungebrochen, der heute zu Recht die „Religion der Samen" genannt wird und dem Volk in genau dem Augenblick ein neues Selbstverständnis geben konnte, als es im Vakuum zwischen altem und neuem Glauben unterzugehen drohte.

EINKAUFEN

Eine große Auswahl an Souvenirartikeln findet man im **Gjenreisningsmuseet** (S. 568) und im **Isbjørnklubben** (S. 568). Frischen Fisch gibt's auf dem **Fischmarkt** am Rathausplatz, ⏲ Mo–Sa bis 14 Uhr.

SONSTIGES

Alkohol

Hammerfest vinmonopol, Sjøgate 6, ✆ 04560, ⏲ Mo–Mi 10–16.30, Do und Fr 10–18, Sa 10–15 Uhr.

Apotheken

Apotek 1, Strandgate 8, ✆ 78407460, ⏲ Mo–Fr 8.30–17, Sa 10–14 Uhr.

Autovermietungen

Hertz bilutleie, Rossmollgate 86, ✆ 90061862, 💻 www.hertz.no.

Geld

Den Norske Bank, Strandgate 1, ✆ 78418940.

Informationen

Hammerfest turistinformasjon, Hamnegate 3, ✆ 78413100, 💻 www.hammerfest-turist.no, ⏲ Juni und Juli Mo–Fr 8–19, Sa und So 9–16, sonst Mo–Fr 9–16, Sa und So 10–13 Uhr.

Medizinische Hilfe

Hammerfest legesenter, Strandgate 52, ✆ 78402470.

Polizei

Politiet, Parkgate 16, ✆ 02800.

Post

Hammerfest postkontor, Parkgate 18, ✆ 04004, ⏲ Mo–Fr 9–17, Sa 10–15 Uhr.

Mit „Schneewittchen" in die Zukunft

Dass auch in der Finnmark die Zukunft schon längst begonnen hat, zeigt *Snøhvit*, das nördlich von Hammerfest in der Barentssee gelegene größte europäische **Erdgasfeld**, das 2007 nach Investitionen in Höhe von 53 Mrd. US-Dollar ans „Netz" ging. Vollautomatisierte Förderanlagen sitzen direkt auf dem etwa 350 m tiefen Meeresgrund und saugen das Gas aus dem Boden, von wo es durch Pipelines nach Hammerfest befördert wird. Dort wird es verflüssigt, gelagert und in alle Welt verschifft.

Und weil es in Norwegen eine Steuer auf Kohlendioxid-Emission gibt (50 US$/t), ging der Betreiber Statoil-Hydro neue, umweltschonende Wege: Das aus dem Rohgas herausgefilterte CO_2 wird unter die Erde gepumpt und dort in einer von Salzwasser durchtränkten Gesteinsschicht gespeichert. So kommt es, dass die Emissionswerte der norwegischen Erdgasförderung heute um bis zu 80 % unter denen des Weltdurchschnitts liegen und norwegisches Erdgas nur 30 % so viel CO_2 enthält wie sonst üblich.

Taxis

Storgate 2, ✆ 78411234.

Touren

Das Touristenbüro von Hammerfest organisiert zahlreiche Aktivitäten und Ausflüge, z. B. Hochseefahrten, Angeltrips und Wandertouren, Besuche von Vogelfelsen und Fischerdörfern sowie Rentierscheidungen (Herbst). Es vermittelt Bootsverleih und führt im Winter Schneescootersafaris durch.

TRANSPORT

Busse

Mindestens 2x tgl. Verbindungen nach ALTA (in Skaidi umsteigen in Richtung HONNINGSVÅG/Nordkap) sowie mindestens 1x tgl. nach KIRKENES via LAKSELV, KARASJOK und TANA BRU.

Schiffe

Hurtigruten

Die Postdampfer der Hurtigruten legen tgl. um 6.45 Uhr Richtung HONNINGSVÅG/Nordkap sowie tgl. um 12.45 Uhr Richtung ØKSFJORD ab.

Schnellboote

Von Hammerfest aus wird die gesamte Westküste der Finnmark angelaufen, und tgl. bestehen u. a. Verbindungen nach ØKSFJORD (325 NOK).

Flüge

Vom Flughafen gegenüber der Stadt (Taxi ca. 150 NOK) bestehen mit Widerøe gute Verbindungen nach TROMSØ, HONNINGSVÅG/Nordkap, MEHAMN/GAMVIK, BERLEVÅG, VARDØ, VADSØ sowie KIRKENES, mit SAS und Norwegian vor allem nach OSLO.

Die Nordkapinsel Magerøya

Nackt und baumlos präsentiert sich die arktische Ödnis der „mageren Insel", die als Reiseziel kaum für sich allein stehen kann und daher für viele nicht das ist, was sie sich davon versprochen haben. So ist es fraglos empfehlenswert, schon den Weg, der ab Oslo immerhin rund 2100 km lang ist, zum Ziel zu machen, denn auch das vom englischen Seefahrer Richard Chancellor im Jahre 1553 auf seinen heutigen Namen getaufte Nordkap selbst, die meistbesuchte Sehenswürdigkeit des hohen Nordens überhaupt, hat schon manch einen enttäuscht. Hier ist alles auf den Fremdenverkehr eingestellt, für alles und nichts wird man kräftig zur Kasse gebeten, und ob man das Kap nun wirklich gesehen haben muss oder nicht, mag jeder für sich selbst entscheiden.

Honningsvåg

Der Weg zur Insel führt durch den 6,8 km langen und in bis zu 212 m Tiefe unter dem Magerøysund verlaufenden **Nordkaptunnel**, der nach Honningsvåg überleitet, dem rund 3000 Einwohner zählenden Hauptort der Nordkapinsel. Fischverarbeitungsbetriebe und Werften vor dem von Trawlern und Kuttern bevölkerten Hafen prägen diese bedeutendste Fischereisiedlung der westli-

Rentierschwimmen

Im Herbst, Ende September etwa, werden rund 5000 Rentiere von ihren Sommerweiden auf Magerøya in die innere Finnmark getrieben. Das Schwimmen über den Magerøysund ist ein Teil des Umzugs auf die Winterweide, und den strapaziösen Kampf der Tiere gegen Kälte und Meeresströmung zu beobachten, vermittelt einen bleibenden Eindruck. Außerdem bekommt man nicht alltägliche Einblicke in die Arbeit der samischen Rentierzüchter. Informationen im Touristenbüro von Honningsvåg.

chen Finnmark, die wie die allermeisten Orte des hohen Nordens im Architekturkleid der Nachkriegszeit daherkommt. Entging in Hammerfest nur die Grabkapelle der Zerstörung durch die Deutsche Wehrmacht, so war es hier die **Kirche**, ⌚ Juni–Mitte Sep tgl. 9–20 Uhr.

Das **Nordkap-Museum** (Nordkappmuseet) informiert ausführlich über die wechselvolle Geschichte der Stadt, und auch der Nordkap-Tourismus von den frühesten Zeiten bis in unsere Tage hinein ist Thema der Ausstellung. 💻 www.nordkappmuseet.no, Mo–Fr 11–15 Uhr, Eintritt 50 NOK.

Hauptattraktion der Stadt aber ist das coole Arrangement der direkt am Hafen gelegenen **Artico Ice Bar**, in der absolut alles aus schierem Eis besteht. Nicht weniger als 123 Kubikmeter dieses Rohmaterials wurden verbaut, und es ist schon ein Erlebnis der besonderen Art, hier im Schutz eines kuschelwarmen Thermoanzugs einen Drink zu genießen. 💻 www.articoicebar.com, ⌚ April–Mitte Sep tgl. 10–21 Uhr, Eintritt 139 NOK, Fruchtsaftgetränk inkl.

18 HIGHLIGHT

Das Nordkap

Das Nordkap-Plateau

Während es in Honningsvåg nicht gar so viel zu sehen gibt, kann man vom 307 m senkrecht ins Meer fallenden Schieferfelsen des Nordkaps auf 71°10'21'' nördlicher Breite und 25°47'40'' östlicher Länge in die ungeheure Weite Richtung Nordpol spähen, der nur noch 2090 km entfernt ist. Dieses Erlebnis der besonderen Art wird Jahr für Jahr von mehr als einer viertel Million Touristen gesucht, und entsprechend eng geht es im Sommer mitunter auf der E 69 zu, die 44 km nördlich von Honningsvåg und damit am nördlichsten per Straße erreichbaren Punkt der Welt vor einem Schlagbaum mit Ampelanlage endet. Dort wird man kräftig zur Kasse gebeten und reiht sodann sein Fahrzeug auf einem Parkplatz ein, der einem rasch das Gefühl vermittelt, auf eine Wohnmobil-Ausstellung geraten zu sein.

Jetzt aber raus, aufs Nordkap-Plateau hinaus, und dort steht man dann, genießt den Ausblick nach Norden und gibt sich dem Gefühl hin, am äußersten Punkt des Kontinents zu stehen. Was jedoch nicht stimmt, denn weiter nördlich liegt Spitzbergen, und nicht das Kap, sondern der westlich davon gelegene Knivskjellodden (S. 577) markiert den nördlichsten Punkt von Magerøya. Aber dort ist nichts für Touristen hergerichtet, wohingegen hier das berühmte Modell der Weltkugel über dem Nordmeer thront und auch der weiter östlich gelegene Skulpturenpark zum Thema „Frieden auf Erden" ein beliebtes Motiv abgibt.

Die Nordkap-Halle

Ist das Kap einmal „abgehakt", ziehen sich die Reisenden fröstelnd in die angrenzende Nordkap-Halle zurück, die 1988 eröffnet wurde und sich als ein 5000 m² großes Service-Zentrum aus Beton präsentiert. Populär ist hier der direkt im Foyer gelegene **Nordkap-Postschalter**, wo man Nordkap-Briefmarken mitsamt Nordkap-Stempel auf Nordkap-Postkarten versenden kann. Nach links schließt sich eine große Shopping-Galerie an, und hier gibt's die Nordkap-Anstecknadeln sowie -Autoaufkleber in jeder Größe. Rechter Hand wirbt ein völlig überteuertes Restaurant um Kundschaft, und an einem exotisch anmutenden **Thai-Pavillon** vorbei, der an den Kap-Besuch des thailändischen Königs erinnern will, gelangt man durch einen Tunnel in unterirdische Hallen. Hier lassen Schaukästen einen Rückblick auf die Vergangenheit des Kaps zu und erwecken die fünf Projektoren einer **Multivisions-**

show die vier Jahreszeiten der Finnmark zu farbigem Leben.

Bleibt schließlich, und im Regelfall zuletzt besucht, die in den Nordkapfelsen integrierte **Grotten-Bar**, wo man von einem Panoramafenster sowie einer Aussichtsterrasse aus den Nordkap-Blick zu Champagner (125 NOK das Gläschen) und Kaviar (110 NOK das Portiönchen) genießen kann. Diese teure Tradition wird hier schon seit über 100 Jahren gepflegt, und den allermeisten Besuchern ist es zudem ein Bedürfnis, ein **Nordkap-Zertifikat** (50 NOK) zu erstehen und die Mitgliedschaft im Royal North Cape Club (125 NOK) zu erwerben.

Das war's dann, und nun kann man mit den Worten Francesco Negris, der hier 1664 weilte, sagen: „Hier wo die Welt endet, nimmt meine Neugier ein Ende, und ich kehre zufrieden nach Hause zurück." – Tatsächlich? 💻 www.visitnordkapp.net, ✆ 78476860, ⏲ 18. Mai–17. Aug tgl. 11–1, bis Ende Aug 11–22, sonst tgl. 11–15 Uhr, Eintritt 270 NOK, Familien 635 NOK.

Die Kirkeporte

Auf der Nordkap-Halbinsel, wo die Sonne zwischen dem 14. Mai und dem 29. Juli nicht untergeht, pflegen die Besucher die Sitte, insbesondere in den Stunden um Mitternacht auf die Jagd nach „Augen-Blicken" zu gehen. Einer der prächtigsten ist von der „Kirchenpforte" aus zu erhaschen, einer mehrere Meter durchmessenden Höhlung in einer vorspringenden Felswand, durch die mitternachts die Sonne beobachtet werden kann – und zwar genau dann, wenn sie zwischen 0 und 2 Uhr um das Nordkap herumgewandert ist und sein Wahrzeichen, das Horn von Hornvika, in ein flammendes Feuerschwert verwandelt. Zu erreichen ist dieser Logenplatz im Rahmen eines etwa 20-minütigen Spaziergangs von **Skarsvåg** aus, der am Weg zum Kap liegenden nördlichsten Fischereisiedlung der Welt, wo direkt vor dem Kirkeporten Camping ein Schild den nicht zu verfehlenden Weg nach links weist.

ÜBERNACHTUNG

Hotels gibt es eigentlich nur in Honningsvåg sowie Skarsvåg, und alle sind ziemlich teuer. Ansonsten bieten sich ein paar Campingplätzen und Hüttenanlagen auf dem Weg zum Nordkap an, doch da im Sommer oft noch das letzte Bett ausgebucht ist, sollte man so früh wie möglich eine Reservierung vornehmen.

Hostels und Hotels

€ **Norkapp Vandrerhjem**, Honningsvåg, Kobbhullveien 10, ✆ 91824156, ✉ nina.oterhals@hordafor.no. Ehemalige Jugendherberge, die sich, obwohl seit 2015 nicht mehr auf der offiziellen Liste, fälschlicherweise noch immer „Vandrerhjem" nennt. Das Hostel befindet sich in einem zweigeschossigen Plattenbau aus den 1950er-Jahren mit originalen Details wie Holzböden und Kronleuchtern, sieht auf Anhieb recht trist aus, bietet aber korrekte, wenn auch einfache Zimmer, die als EZ 600 NOK, als DZ 800 NOK kosten.

Arran Norkapp, Kamøyvær, ✆ 75402085, 💻 www.arran.as/nordkapp. Empfehlenswerte Gaststätte nördlich von Honningsvåg: 50 ansprechende Zimmer (alle mit Bad/WC) in einem knallblau gestrichenen Holzhaus direkt am Hafen. Im Restaurant wird fast tgl. frisch gefangener Fisch serviert, ansonsten gibt's eine Gästeküche. Ab ❹

Scandic Bryggen Hotel, Honningsvåg, Vågen 1, ✆ 78477250, 💻 www.scandichotels.no. Bestes Haus der Stadt, direkt an der Hafenmole gelegen. Im Angebot sind 42 gut ausgestattete Zimmer, fast alle mit tollem Meerblick. Im Restaurant wird frisch gefangener Fisch serviert, die Bar besteht aus Versatzstücken eines Kutters. ❻

Camping und Hütten

€ **Kirkeporten Camping**, Skarsvåg, Storvannsveien 2, ✆ 90960648, 💻 www.kirkeporten.no. Der vermutlich nördlichste Campingplatz der Welt, in friedlicher Umgebung nahe am Meer gelegen. Rund 6 Dutzend Stellplätze für Zelte/Wohnmobile, außerdem Hütten (mit oder ohne Bad/WC) in verschiedenen Kategorien. Im Restaurant/Cafeteria werden Fischspezialitäten und Rentiergerichte angeboten. Stellplatz 180 NOK, DZ ab ❶, Hütte ab ❷

Norkapp Camping, Skipsfjord (an der E 6), ✆ 78473377, 💻 www.nordkappcamping.no.

6 km nördlich von Honningsvåg bei Skipsfjord gelegener Campingplatz mit einer großen Auswahl an unterschiedlichen Übernachtungsmöglichkeiten in Hütten, Bungalows und Zimmern. Geräumige Gemeinschaftsküche, 2 Sanitäranlagen. In der Rezeption werden Touren und Aktivitäten vermittelt. Stellplatz für Zelt und 2 Pers. 260 NOK, Hütte ab ❷, DZ ab ❸

ESSEN UND UNTERHALTUNG

Corner Café, Honningsvåg, Fiskerveien 1, 💻 www.corner.no. Günstiges Restaurant mit einladendem Blick übers Wasser. Ausgezeichnete Küche, besonders lecker sind der Fisch und die Meeresfrüchte. Obendrein ist es günstig. Außer Pizzen werden insbesondere Fisch- und Fleischgerichte serviert. 🕒 tgl. ab 11 Uhr.

Nøden Pub, Honningsvåg, Larsjorda 1, 💻 www.corner.no. Die beliebteste Kneipe der Stadt, am Wochenende wird hier oft Livemusik gespielt. 🕒 Di–Sa 20–2 Uhr.

Restaurant Scandic Bryggen, Honningsvåg, Vågen 1, 📞 78473616. Das vornehmste Restaurant der Stadt. Reichhaltiges Menü und ordentliche Portionen. Gehobene Preise. 🕒 Di–So ab 18 Uhr.

TOUREN

Das Touristenbüro vermittelt Dutzende Touren rund ums Jahr, u. a. Wanderungen, Deep Sea Raftingsafaris (in Schlauchbooten mit rasanter Geschwindigkeit), Königskrabben- und Angeltouren, Vogelbeobachtungsausflüge und vieles andere mehr.

Destinasjon 71° Nord AS, Honningsvåg, 📞 47289320, 💻 www.71-nord.no. Anbieter für aktive Erlebnistouren auf der Nordkap-Insel.

Birdsafari, Gjesvær (direkt am Kai), 📞 41613983, 💻 www.birdsafari.com. Auf Vogelbeobachtung spezialisiert. Von Anfang Juni bis Ende August werden tgl. mehrere Touren zum Vogelfelsen Gjestværtappan geführt, eine der bedeutendsten Vogelbrutstellen in ganz Norwegen (u. a. etwa 600 000 Papageitaucher).

SONSTIGES

Alkohol

Honningsvåg vinmonopol, Sjøgate 4, 📞 04560, 🕒 Mo–Fr 10–16, Sa 10–14 Uhr.

Apotheken

Apotek 1, Nordkappgate 2, 📞 78473022, 🕒 Mo–Fr 10–16, Sa 10–14 Uhr.

Autovermietungen

Avis bilutleie, Nordkappveien 14 (an der E 69), 📞 78476222, 💻 www.avis.no, 🕒 Mo–Fr 8–16 Uhr.

Einkaufen

Norkapp Jule- og vinterhus, Skarsvåg, 📞 78475289, 💻 www.julehuset.no. Das „Weihnachts- und Winterhaus" verkauft das ganze Jahr über Weihnachtsschmuck und anderen Schnickschnack rund ums Fest. 🕒 Juni–Okt tgl. 10/11–18, sonst 12–18 Uhr.

Fahrradverleih

Nordkapp turistinformasjon, s. u.

Feste

Nordkappfestivalen, 💻 www.nordkapp festivalen.no. Jedes Jahr zur Sommersonnenwende: mit dem 70 km langen Nordkap Marsch von Honningsvåg zum Kap, einem der anstrengendsten Volksläufe der Welt.

Geld

Sparebank, Storgate 4C, 📞 02244.

Informationen

Nordkapp turistinformasjon, am Hafen von Honningsvåg, 📞 78477030, 💻 www.nordkapp.no, 🕒 Mai–Sep Mo–Fr 9–16, Sa und So 11–16, sonst Mo–Fr 11–14 Uhr.

Medizinische Hilfe

Honningsvåg legevakt, Sykehusveien 16 B, 📞 78476666.

Polizei

Lensmannen i Nordkapp, Holmen 2 A, 📞 02800.

Zum nördlichsten Punkt Europas

- **Route:** Parkplatz an der E 69 (320 m) – Weggabelung (2,5 km, 240 m) – Abstieg zur Knivskjellbukta (2,5 km, 200 m) – Knivskjellodden (2 km, 0 m)
- **Länge:** ca. 14 km
- **Dauer:** hin und zurück ca. 4 Std.
- **Wegbeschaffenheit:** einfach zu begehende Erdwege, teils durch Feuchtstellen hindurch, Abstieg zum Meer teils etwas rutschig.
- **Orientierung:** Der Wanderweg ist mit roten Farbklecksen gut markiert, es gibt keinerlei Probleme. Kartenmaterial ist nicht erforderlich.
- **Wandersaison:** Am eindrucksvollsten präsentieren sich die hochnördlichste Landschaft sowie der Anblick des Nordkaps natürlich zur Nachtzeit, wenn zwischen dem 14. Mai und 29. Juli die Mitternachtssonne scheint. Aber auch ab Anfang April und bis Ende August etwa wird es nachts nicht dunkel und ist der Himmel oft auf das Herrlichste erleuchtet.
- **Ausrüstung:** Wanderschuhe sind anzuraten, auch mit Turnschuhen kommt man gut (aber nicht trockenen Fußes) durch.

Ziel dieser relativ einfachen Wanderung ist die Landzunge Knivskjellodden, die exakt 1380 m nördlicher als das Nordkap liegt und damit der wahrhaftig nördlichste Punkt unseres Kontinents ist.

Die Route

Wie die Landschaft eines fernen Planeten in einem Fantasy-Film, so liegt das Tafelland des Nordkaps über dem Eismeer. 307 m hoch steigt die gischtummantelte Schieferklippe senkrecht aus dem Meer auf und wird gerade zur Mitternachtssonnenzeit oft in den unglaublichsten Farbtönen angeleuchtet. Kein Gerede, kein Lärm, rein gar nichts stört den ebenso erhabenen wie unwirklichen Anblick, und selbst die Schreie der Möwen und das Donnern der anbrandenden Wellen wirken wie ein Echo aus Lichtjahre entfernten Welten. Doch der Schein trügt, denn wie das GPS anzeigt, befindet man sich auf 71°11'8" nördlicher Breite und damit lediglich eine Bogenminute nördlicher als das Nordkap, das gut einen Kilometer weiter südlich den Himmel verstellt. Knivskjellodden ist die sprechende Bezeichnung dieser in der Tat mit scharfen Muscheln besetzten Landzunge (*kniv* = Messer, *skjell* = Muschel, *odde* = Landspitze), und wer wirklich stolz und staunend am alleräußersten Nordrand unseres Kontinents zu stehen kommen will, der muss sich auch an den alleräußersten, flach ins Meer hinausragenden Rand dieser Landzunge vorwagen. Der Preis sind einzigartige Ausblicke sowie meistens auch nasse Schuhe – doch was macht das schon, wenn es um das Erleben und Ablichten nördlichster Einmaligkeiten geht!

Rund 2 1/2 Stunden dauert die Wanderung vom **Parkplatz** an der E 69 bis zu dieser Landmarke, und zuerst einmal verläuft der durchgehend mit roten „T"s markierte Wanderweg für etwa 2,5 km über die Kahlsteppe der Tundra hinweg zu einer **Weggabelung**. Wir halten uns hier nach rechts, und für etwa weitere 2,5 km geht es weiter über die Tundra dahin. So eintönig diese Landschaft aus der Ferne wirkt, so vielfältig präsentiert sie sich aus der Nähe und so unvergleichlich farbenprächtig im Herbst, wenn sich hier alle Pflanzenkleider rot einfärben. Als etwas beschwerlich kann man in diesem leicht abschüssigen Wegabschnitt lediglich die Feuchtstellen bezeichnen, die einem hier und da den Weg versperren und ein mitunter großräumiges Umgehen erfordern. Aber das kommt ganz aufs Jahr und die Jahreszeit an, doch vom Frühling bis in den Herbst hinein sind es zumeist die vielen Rentiere, die hier die Wanderer aufhalten – weil man sie schließlich in bestem Winkel und möglichst nah vor die Kameralinse bekommen möchte …

Etwa 2 Stunden lang ist man so auf ausgetrampeltem Pfad unterwegs, bis plötzlich der Blick auf das rund 200 m tiefer gelegene Meer vor der grün begrasten und bemoosten **Knivskjellbukta** fällt. Diese Bucht markiert das nächste Etappenziel, und steil, auch etwas rutschig, geht es dort hinunter und ans Meer heran, sodann nach links, gen Norden zur **Knivskjellodden**, der „Landzunge am Ende der Welt". Dort steht man dann, genießt den Anblick und die Stille sowie das Wissen darum, welch exponierten Punkt man hier mit eigener Körperkraft erreicht hat. Dies ist der Ort, wo schon im 18. Jh. die ersten Touristen auf ihrem Weg zum Nordkap an Land gebracht wurden und wo im Jahre 1795 auch der französische Prinz Philippe mitsamt seinem Gefolge zu stehen kam. Später, zu Beginn des 19. Jhs., wurde die Hornvika als Landungsplatz benutzt (auch der Norwegen-Enthusiast Kaiser Wilhelm II. 1891 ging hier an Land), bis dann schließlich 1956 die Nordkapstraße eröffnet wurde.

Praktische Tipps

Ausgangspunkt

Ab Honningsvåg der E 69 Richtung Nordkap folgen; Startpunkt ist ein Parkplatz, 7 km vor Straßenende erreicht. Man kann auch sich auch vom Bus absetzen lassen oder Taxidienste in Anspruch nehmen.

Die Landzunge Knivskjellodden – 1380 m nördlicher als das Nordkap

Post

Honningsvåg Post i butikk (Rimi Supermarkt), Storgate 18, ✆ 04004, ⌚ Mo–Fr 7–22, Sa 8–20 Uhr.

NAHVERKEHR

Alle Orte auf Magerøya sind per **Bus** mit Honningsvåg verbunden. Vom 1. Juni bis Mitte Aug fahren Busse 6x tgl. von Honningsvåg zum Nordkap (sonst 2–4x tgl.), und im Preis von 590 NOK ist der Eintritt in die Nordkaphalle inkl. Alternativ (aber nicht im Winter) nimmt man das **Taxi** zum Kap, ✆ 78472234, hin und zurück ca. 1600 NOK für 4 Pers. inkl. 1 Std. Wartezeit am Kap, oder einen Mietwagen (S. 575).

TRANSPORT

Selbstfahrer

Fährverbindungen zur Nordkapinsel gibt es nicht mehr, seit 1999 die **Tunnelstrecke** zum Festland eröffnet wurde.

Busse

Mindestens 2x tgl. Verbindungen nach ALTA (in Skaidi umsteigen in Richtung HAMMERFEST) und TROMSØ sowie mind. 1x tgl. nach KIRKENES via LAKSELV, KARASJOK und TANA BRU.

Schiffe

Schiffe der **Hurtigruten** legen tgl. gegen 15.30 Uhr von Honningsvåg Richtung KJØLLEFJORD sowie um 7 Uhr Richtung HAMMERFEST ab.

Flüge

Der Flugplatz liegt rund 4 km außerhalb von Honningsvåg (Taxi ca. 150 NOK). Verbindungen mit Widerøe nach TROMSØ, MEHAMN/ GAMVIK, BERLEVÅG, VARDØ, VADSØ sowie KIRKENES, mit SAS vor allem nach OSLO.

Lakselv

Die meistfotografierte Sehenswürdigkeit dieses am Südufer des Porsangerfjordes gelegenen Städtchens dürfte der Wegweiser am Ortsausgang sein, der anzeigt, dass das Nordkap nur 170 km entfernt ist. Entsprechend halten es die meisten Besucher hier nicht lange aus –„volltanken und weiter zum Ziel der Ziele" lautet oft ihr Motto. Damit verpassen sie allerdings zahlreiche mögliche Ausflüge und ein Aktivitätsangebot, das bis hinüber nach Kirkenes an der fernen russischen Grenze nirgendwo sonst erreicht wird.

Der Stabbursdalen-Nationalpark

Der im Jahre 2002 auf 747 km² erweiterte Stabbursdalen-Nationalpark wurde 1970 ausgewiesen, da sich im Stabbursdal, knapp oberhalb des 70. Breitengrades, der nördlichste Kiefernurwald der Welt mit bis zu 500 Jahre alten Bäumen erstreckt. Das namengebende Flusstal des Stabburselv, das sich allmählich auf die Hochebene der Finnmarksvidda hinaufzieht, bildet den größten Teil des Parks. Insbesondere dort, wo der Fluss mäandriert, sind die Ufer mit verschiedenen Weidenarten bestanden. Rund 250 verschiedene Arten von Gefäßpflanzen sind hier anzutreffen, und reicher noch als die Flora, die auf dem harten Sandsteinboden des Schutzgebietes schlecht gedeihen kann, ist die Fauna, insbesondere die gefiederte. Im Bereich der alten Bäume nisten u. a. Rotschwänzchen, Gänsesäger und Schellente, auch die Ammer, die eigentlich in Sibirien heimisch ist, kann hier beobachtet werden.

Die Zufahrt zum Park zweigt rund 17 km nördlich von Lakselv beim Stabbursdalen Feriesenter (S. 579) von der E 6 nach Westen ab. Wer sich über Flora und Fauna des Schutzgebietes informieren will, sollte der E 6 an der Parkzufahrt vorbei zum **Stabbursnes Naturhus og Museum** folgen, das als Nationalparkzentrum fungiert. Auch mehrere spannende Naturfilme werden dort gezeigt, außerdem kann man an organisierten, themenbezogenen Wanderungen in den Nationalpark teilnehmen. 💻 www.stabbursnes.no, ⌚ 20. Juni–20. Aug tgl. 9–20, sonst Di und Do 9–15, Mi 12–18 Uhr, Eintritt 60 NOK.

ÜBERNACHTUNG UND ESSEN

Lakselv Vandrehjem, Karalaks, ✆ 90745342, 💻 www.hihostels.no/lakselv. Rund 7 km südlich von Lakselv in schöner Umgebung

19 HIGHLIGHT

Die arktische Route – rund um die östliche Finnmark

Diese fast schon klassische Tour wird in Prospekten auch als „Polar-Route" oder „Eisbären-Route" angepriesen und beschreibt von **Lakselv** aus eine rund 400 km lange Rundschleife um den spektakulärsten Abschnitt der Finnmark. Der ungemein abwechslungsreiche Weg folgt in seinem ersten Abschnitt der E 6 quer über die Finnmarksvidda hinweg durch eine weitgehend menschenleere Wildnis zur Samen-Hauptstadt **Karasjok** (S. 564). Weiter geht es entlang der Europastraße für etwa 180 km am Westufer des Tana-Flusses entlang, der die Grenze zu Finnland bildet und mal breit und träge dahinfließt, dann wieder über Stromschnellen rauscht; hier ist er von steilen Felsen eingefasst, da von weißen Sandstränden, teils sogar von Dünen, auch von lichten Birkenhainen und grünen Wiesen. Hinter jeder Kurve eröffnen sich neue Panoramen, keines ist herausragend oder grandios, aber alle zusammengenommen ergeben den Eindruck einer schillernden Landschaft, die zu keinem Zeitpunkt langweilig wirkt. Man fährt und genießt und erreicht schließlich den Ort **Tana bru** (S. 582), wo man sich entscheiden muss, ob auch Kirkenes (S. 593) und Vardø (S. 589), je 140 km pro Weg, Vadsø (S. 586) und Båtsfjord (S. 585), je 100 km pro Weg, oder Mehamn (S. 580) und Berlevåg (S. 583), je 135 km pro Weg, besucht werden sollen.
Wer zum Ausgangspunkt Lakselv zurückkehren möchte, nimmt die **R 98**, und diese Strecke, als „Eismeerstraße" gepriesen, ist tatsächlich ein Highway in die Einsamkeit. Sie führt von Tana bru via **Ifjord** (88 km) nach **Børselv** (81 km), bevor sie wieder an den Porsangerfjord heranführt, den viertgrößten und vielleicht wildesten Fjord Norwegens, an dessen Südufer **Lakselv** liegt, das nach weiteren 42 km erreicht wird. Dazwischen liegen rund 210 km voller ständig wechselnder Panoramen, und ist es gerade noch ein gigantisches Bollwerk aus Schwarz und Weiß, Fels und Eis, das sich gegen den arktischen Himmel türmt, so faszinieren bald darauf pulsierende Wasserfälle, deren silberne Gischt mit dem Türkis des Eismeeres kontrastiert. Die Gegensätze sind enorm: hier eine vom Permafrost geprägte Kältesteppe, dort ein Refugium uralter Bäume, ein melancholisch stimmendes Moor, ein schillernder Sandstrand.

gelegen, mit guten Wander-, Jagd- und Angelmöglichkeiten. Im Angebot sind schlichte Zimmer (keine Schlafsäle), teils mit Gemeinschafts-Bad/WC, teils mit eigenem Bad, außerdem komfortable Hütten. Eine Gästeküche ist ebenfalls angeschlossen. ⏲ 15. Juni–15. Aug. ❷

Porsanger Vertshus, Banak sentrum (neben Statoil-Tankstelle), ✆ 78461377, 💻 www.porsangervertshus.no. Einfache Übernachtung im Ortszentrum, Zimmer mit Bad/WC. Im angeschlossenen Åstedet Kafe og Bistro gibt's Pizzen, Burger und Salate sowie ordentliche Fleischgerichte. ❻

Lakselv Hotel, Karasjokveien, ✆ 78465400, 💻 www.lakselvhotell.no. Hotel der gehobenen Klasse, etwa 1,5 km außerhalb von Lakselv auf einer Anhöhe gelegen. 44 moderne, unlängst renovierte Komfortzimmer. Empfehlenswertes Restaurant, Sauna und ein „Badeboot" (umgebauter Fischkutter mit Badezuber). ❻, im Sommer ab ❹

Camping und Hütten

Stabbursdalen Feriesenter, Stabbursdal (15 km nördlich an der E 6), ✆ 78464760, 💻 www.stabbursdalen.no. Ganzjährig geöffnetes Ferienzentrum. Schön gelegen am Fluss mit Sommercafé, großer Campingwiese und Hütten in verschiedenen Kategorien. Gutes Aktivitätsangebot, u. a. Rafting, Minigolf und v. a. Angeln: Das Zentrum ist der perfekte Anlaufpunkt für (Lachs-)Angler. Hier erhält man Karten und Infos über die besten Plätze. Stellplatz für Zelt und 2 Pers. 200 NOK, Hütten ab 525 NOK.

TOUREN

Das Touristenbüro Porsanger Fjord Travel (s. u.) bietet ganzjährig geführte Touren, u. a. Wanderungen zum Trollheimsund (einem natürlich entstandenen Skulpturenpark am Porsangerfjord), Bootsausflüge und Schneescootersafaris. Des Weiteren werden Wanderungen zum Stabbursnes-Nationalpark, Fotosafaris sowie Seekajak-, Kanu- und Angeltouren vermittelt.

SONSTIGES

Alkohol

Lakselv vinmonopol, Torgsenteret, ✆ 04560, ⌚ Mo–Fr 10–16, Sa 10–14 Uhr.

Apotheken

Apotek 1 Lakselv, Kvadraten Kjøpesenter, ✆ 78465530, ⌚ Mo–Fr 10–16, Sa 10–14 Uhr.

Autovermietungen

Lakselv bruktbilutleie, Esso-Tankstelle, ✆ 78461366, 💻 www.lakselv-bruktbilutleie.no. Sehr günstige Angebote.

Hertz bilutleie, Smørstadbrinken 1, ✆ 78109940, 💻 www.hertz.no, ⌚ Mo–Fr 8–16 Uhr.

Geld

Sparebank 1, Markveien 2, ✆ 02244.

Informationen

Porsanger Fjord Travel, Akkøyringen 35, Lakselv, ✆ 40633380, 💻 www.visitporsanger.no, ⌚ Juni–Mitte Aug Mo–Fr 10–17, Sa und So 10–16, sonst Mo–Fr 9–15 Uhr.

Medizinische Hilfe

Lakselv legekontor, Helsetunveien 2, ✆ 78460040.

Polizei

Porsanger lensmannskontor, Arne m Holdens vei, ✆ 02800.

Post

Lakselv postkontor, Torgsenteret Laatasveien, ✆ 04004, ⌚ Mo–Fr 9–16.30, Sa 10–14 Uhr.

Taxis

Skogens Taxi/Turbuss, ✆ 78461563. Auch Sightseeingtouren.

TRANSPORT

Busse

Mindestens 1x tgl. Verbindungen nach KIRKENES via KARASJOK und TANA BRU, außerdem nach HAMMERFEST, MEHAMN, HONNINGSVÅG/Nordkap und ALTA.

Flüge

SAS fliegt tgl. vom North Cape/Banak Airport (Taxi 110 NOK) nach TROMSØ, Widerøe unterhält Verbindungen nach ALTA, KIRKENES, BERLEVÅG, VARDØ und VADSØ.

Mehamn

Europas nördlichster Festlandspunkt befindet sich jenseits von Porsanger- und Laksefjord auf der Nordkinn-Halbinsel, und die etwa 1400 km² große, aber nur rund 1600 Einwohner zählende Gamvik-Gemeinde ist die nördlichste Landfeste unseres Kontinents. Sie lebt größtenteils vom Fischreichtum der Barentssee. Ihr administratives und touristisches Zentrum ist das 20 km westlich von Gamvik gelegene Mehamn.

ÜBERNACHTUNG UND ESSEN

Übernachten im **Slettnes fyr** s. Kasten.

Mehamn Vandrerhjem/Nordic Safari, Pomorveien, ✆ 97421900, 💻 www.hihostels.no/mehamn. Jugendherberge in roten Stelzenhäusern am Meer. Schlichte, aber saubere Zimmer mit Gemeinschaftsbad/WC; Küche und Wohnzimmer mit TV, Waschmaschine und Internet. Die separat gelegenen „Fisherman Huts" sind edel eingerichtet, aber teuer. Angeschlossen ein gutes, aber ebenfalls nicht gerade günstiges Fischrestaurant (Gerichte um 300 NOK). ⌚ ganzjährig. DZ ab ❸, Hütten ❻

Mehamn Arctic Hotel, Værveien 40, ✆ 7849 6700, 💻 www.mehamn.no. Das einzige Hotel im Ort bietet 16 komfortable Zimmer, alle mit Bad/WC, Telefon und TV. Zur Ausstattung gehören

Nördlicher geht's nicht

Mehamn ist Ausgangspunkt zum Besuch des **Kinnarodden**, dem mit den Koordinaten 71°08'01" nördlichsten Festlandspunkt Europas, der aber nur im Rahmen einer ganztägigen Wanderung erreicht werden kann. Das Touristenbüro informiert, auch Bootstouren um diese Landmarke herum sind im Angebot, und wer diesen entlegensten Punkt erreicht hat, wird in der Infostelle mit einem Besucherzertifikat belohnt. Der rund 30 km westlich von Mehamn gelegene Fischerort **Kjøllefjord** (der auch von den Schiffen der Hurtigruten angefahren wird) lohnt wegen der am Fjord aufragenden und wie eine Kirche geformten Finnkirka, bei der es sich laut Touristikwerbung um eine der schönsten Klippen der Welt handelt. In alter Zeit diente sie den Samen als Opferplatz, und vor der Kulisse glatt geschliffener Felsflanken, zwischen die der Ort gebettet ist, gibt die Zinne ein denkbar bizarres Bild ab.

Ein weites Panorama über die Nordkinn-Halbinsel hinweg sowie auf die Barentssee hinaus bietet sich östlich von Mehamn an dem an der R 888 Richtung Gamvik am Weg liegenden Aussichtspunkt **Trollhetta**. Noch eindrucksvoller aber ist es, etwa gegen 20.30 Uhr vom etwas weiter östlich gelegenen **Slettnes fyr** (🖳 www.slettneslighthouse.com) aus gen Nordpol zu spähen, denn dann schiebt sich das nordwärts fahrende Hurtigrutenschiff in die Kulisse. Der Leuchtturm selbst ist der nördlichste Festlands-Leuchtturm der Welt; er liegt auf demselben Breitengrad wie die Nordspitze von Alaska – und er bietet von Mitte Juni bis Mitte August Unterkünfte (mehrere DZ) im ehemaligen Leuchtturmwärterhaus ab 695 NOK (Buchung online über die o. g. Website).

Einen Besuch wert ist schließlich das in Gamvik eingerichtete **Gamvik Museum 71° Nord**, das über die zahlreichen Fundstätten aus der älteren bis jüngeren Steinzeit auf der Nordkinn-Halbinsel informiert und sich zudem der Küstenkultur widmet. 🖳 www.kystmuseene.no/gamvik-museum, 🕒 15. Juni–15. Aug tgl. 10–16 Uhr, sonst nur Mo–Fr, Eintritt 50 NOK.

ein Restaurant, eine Cafeteria und ein Aufenthaltsraum mit Kamin sowie Pub. 5

SONSTIGES

Autovermietungen

Bilutleie – Nordic Safari Mehamn, Pomorveien, ✆ 90147509, 🖳 www.nordicsafari.no. Die günstigste Autovermietung im Ort.

Feste

Nordkynfestivalen, 🖳 www.nordkynfestivalen.no. Jährlich in der letzten Juliwoche. Konzerte, Tanz und Stände mit lokalen Essensspezialitäten locken Touristen und Einheimische gleichermaßen an.

Geld

Nordea Bank, Værveien 68, ✆ 78477890.

Informationen

Gamvik turistinformasjon, Strandveien 49, ✆ 41575538 und 78497949, 🖳 www.gamvik.kommune.no. Die Touristeninformation befindet sich nicht in Mehamn, sondern in Gamvik, etwa 20 km nördlich entlang der R 888; eine weitere **Infostelle** hat im Sommer in Kjøllefjord (✆ 95493464, 🖳 www.visitnordkyn.no) geöffnet. 🕒 Mitte Juni–Mitte Aug tgl. 9–16 Uhr.

Medizinische Hilfe

Mehamn legevakt, Johan Larsens vei 10, ✆ 78497100.

Polizei

Politiet, Værveien 101, ✆ 02800.

Post

Mehamn Post i butikk (Mix-Kiosk), Værveien 59, ✆ 04004, 🕒 Mo–Sa 10–21, So 17–20 Uhr.

Taxis

Vevikveien 41, ✆ 99345423.

Touren

Nordic Safari, Pomorveien, ✆ 90147509, 🖳 www.nordicsafari.no. Zahlreiche Sommer und Winteraktivitäten, u. a. Angel- und Königskrabbensafaris, Segeln, Speedboottouren, geführte Mountainbike-, Kajak- und Jagdausflüge, Hundeschlittensafaris, Eisfischen, Schneescootertouren und vieles mehr.

TRANSPORT

Busse

Verbindungen bestehen lediglich nach GAMVIK, KJØLLEFJORD sowie LAKSELV.

Schiffe

Die Postdampfer der **Hurtigruten** legen tgl. um 1.15 Uhr in Richtung KJØLLEFJORD sowie tgl. um 20 Uhr in Richtung BERLEVÅG ab.

Flüge

Vom südlich der Stadt gelegenen Flughafen aus (Taxi 110 NOK) bedient Widerøe tgl. alle größeren Orte der Finnmark mit Ausnahme von Lakselv.

Tana bru

An der Stelle, wo die von Lakselv kommende R 98 in die zwischen Karasjok und Kirkenes verlaufende E 6 einmündet, spannt sich die „Tanabrücke" mit der nach ihr benannten Ortschaft Tana bru über den Tanaelv. Dieser aus dem Samischen kommende Name bedeutet so viel wie „großer Fluss" und bezeichnet treffend den mit 360 km zweitlängsten Strom Norwegens, der in der Finnmark auf weiten Strecken die Grenze nach Finnland bildet, wo er Tenojoki genannt wird. Er gilt als einer der lachsreichsten Flüsse Europas. Bis an sein Ostufer stieß gegen Ende des Zweiten Weltkriegs die Rote Armee vor, um die Finnmark vom Joch Nazideutschlands zu befreien.

Auch in touristischer Hinsicht dreht sich hier fast alles um den Tanaelv, auf dem im Sommer lohnende Langboot-Fahrten angeboten werden. Ihr Ausgangspunkt ist das etwas östlich von Tana bru gelegene **Skipagurra**, wo sich der an dieser Stelle fast 2 km breite Fluss eher als Fjordarm oder See präsentiert. Zwei Touren stehen auf dem Programm: Während die eine in vier Stunden zum Wasserfall **Storfossen** führt, beinhaltet die andere einen Besuch des von Samen bewohnten Dorfs **Polmak** (1 1/2 Std.), wo eine Kirche aus dem Jahr 1626 sowie das Tana-Museum locken, das der Geschichte der Region gewidmet ist. An beiden Orten sind traditionelle Samenzelte errichtet, in denen den Fahrtteilnehmern über offenem Feuer gebratener Lachs serviert wird.

In Skipagurra zweigt die R 895 von der E 6 ab, die nach 18 km die **Grenze nach Finnland** überquert und am Ost- und Südufer des Tanaelv nach Utsjoki sowie weiter nach Inari führt. Ab Tana bru selbst bietet sich ein spektakulärer Abstecher entlang der R 890 nach Berlevåg an.

ÜBERNACHTUNG UND ESSEN

Tana Familiecamping, Skipagurra (5 km südöstlich von Tana), ✆ 78928630, 🖳 famcamp.net. Ganzjährig geöffneter Platz mit Stellplätzen für Zelte und Wohnmobile/Wohnwagen, außerdem 17 Hütten ab 375 NOK (alle mit Bad/WC). Aufenthaltsraum und Sauna. Stellplatz Zelt/2 Pers. 160 NOK, Hütten ab ❶, DZ/Apartments ab ❷

Elva Hotel & Camping, im Zentrum von Tana, ✆ 78928222, 🖳 www.elvahotel.no. Einfache Anlage mit nur 15 Stellplätzen für Zelte/Wohnmobile, recht komfortable Hotelzimmer; wird hauptsächlich von Lachsanglern frequentiert (man bekommt hier auch die erforderliche Fiskekort sowie alle erforderlichen Infos). Stellplatz Zelt/2 Pers. 180 NOK, Zimmer ❺

Polmakmoen Gjestegård, Polmak (20 km flussaufwärts via R 895), ✆ 46905816, ✉ estherutsi@yahoo.no. Sehr schön inmitten unberührter Natur gelegener Platz mit Unterkunft in komfortablen und höchst romantischen Lavvos (samische Torfgammen), alle mit eigenem Schlafzimmer, Miniküche sowie Bad/WC. Im angeschlossenen Restaurant werden schmackhafte Gerichte aus fast ausschließlich lokalen Rohwaren serviert, u. a. Wild und Lachs. ❺

AKTIVITÄTEN

In der Umgebung von Tana verlaufen viele schöne **Wanderwege**, ansonsten ist der Ort bekannt fürs **Angeln** im Tana-Fluss und in den nahe gelegen Seen. Wander- und Angelkarten bekommt man in der Touristeninformation und an Tankstellen.

TOUREN

Tana Husky, Masjok (ein wenig nördlich von Tana), ✆ 98899665, 🖳 www.tanahusky.no. Husky-Touren das ganze Jahr über, im Winter auf dem gefrorenem Tana-Fluss und im Sommer entlang des Flussufers mit „Hundewagen" anstatt Hundeschlitten.

Polmakmoen Gjestegård, S. 582. Der beste Ausgangspunkt für Touren und Aktivitäten: Lachsfischen, Segeltouren im Nordlands-Boot, Schneescootersafaris auf der Finnmarksvidda, Flusspaddeln, geführte Bergtouren und anderes mehr.

SONSTIGES

Geld

Spare Bank 1, Ringveien, ✆ 02244.

Medizinische Hilfe

Tanalegesenter, Maskevarreveien 3, ✆ 78925500.

Polizei

Politiet, Sentrum 7, ✆ 02800.

Post

Tana Post i butikk (Coop Mega), Ringveien 3, ✆ 04004, 🕒 Mo–Fr 9–21, Sa 9–19 Uhr.

TRANSPORT

Mehrmals tgl. **Busverbindungen** nach BERLEVÅG, VARDØ, VADSØ und KIRKENES sowie nach ALTA via KARASJOK und LAKSELV, außerdem mind. 1x tgl. nach HONNINGSVÅG/ Nordkap und HAMMERFEST.

Berlevåg

Die Distanz von Tana bru bis Berlevåg beträgt 135 km, und diese Strecke einmal zu befahren, kann allen Freunden schaurig-schöner Fels- und Tundra-Landschaften nur ans Herz gelegt werden. Derart unwirtliche Regionen wie diejenige der Halbinsel **Raggonjargga**, die sich wie ein dicker Daumen zwischen dem Tanafjord im Westen und dem Kongsøyfjord im Osten in die Barentssee reckt, kann man nirgends sonst in Europa von einer gut ausgebauten Straße aus bewundern, und wer noch im Juni oder schon im September in Nebel oder Schneewehen hineingerät, braucht sich der Angst um das Fortkommen nicht zu schämen. Im Winter kann man Berlevåg nur im Konvoi durch meterhohen Schnee mit einer Fräse vorneweg erreichen oder aber – seit 1975 – mit dem Postdampfer der Hurtigruten. Seinerzeit nämlich wurde der Hafen durch riesige Tetrapoden geschützt, die den bis zu 10 m hohen Wellen die Stirn bieten können.

Dieser Hafen, umgeben von einem Gewürfel schmuckloser Häuser, markiert den Ortskern von Berlevåg, dem Zentrum der gleichnamigen Kommune, die etwa ebenso viele Menschen zählt wie Fläche in Quadratkilometern – nämlich rund 1200. Die Stadt lebt von der Fischerei, und das hat sie mit den meisten Küstenorten der Finnmark gemeinsam, wohingegen es kaum einen anderen ähnlich abgelegenen Ort im Königreich gibt, der derart bekannt ist: Unlängst nämlich schuf Nordnorwegens profiliertester Regisseur, Knut Erik Jensen, das Dokumusical *Heftig og begeistret*, das mit lautstarker Untermalung durch den lokalen Männergesangsverein das Leben am Rande der bewohnten Welt dokumentiert.

Klassische Sehenswürdigkeiten fehlen in dieser „Siedlung am Ende der Welt", aber wer sich vom Zauber und der tiefen Einsamkeit der vollkommen von Erosion gezeichneten und ungemein seevogelreichen Küste im Urzustand umfangen lässt, kann hier sein Paradies finden. Insbesondere sommernachts, wenn die gleißende rote Sonnenscheibe im Norden den Himmel ausleuchtet, werden die schroffen Küstenränder der Halbinsel oft in den ungewöhnlichsten Farben beleuchtet, und Jägern von „Augen-Blicken" ist dann reichste Beute sicher. Dort ist eine von der Brandung ausgehöhlte Wand zu bewundern, da der schwarze Monolith einer schartigen Klippe, die düstere Pracht monströser Trogtäler, deren Vorgebirge wie halbversunkene Riesenskelette daherkom-

Wandern am „Ende der Welt"

Tanahorn: Etwa 4 km lange Wanderung zum Gipfel des Panoramaberges (269 m), der in früherer Zeit eine Opferstätte der Samen war. Sensationeller Ausblick übers Eismeer. Der Wanderweg beginnt etwa 8 km westlich von Berlevåg am Weg nach Store Molvik.
Store Molvik: Ein verlassenes Fischerdorf in wilder Landschaft, rund 20 km von Berlevåg entfernt, Ausgangspunkt für eine einsame Strandwanderung.
Veidnes, Kongsfjord (östlich von Berlevåg): Eine leichte Wanderung führt zu einer alten Festungsanlage aus dem Zweiten Weltkrieg. Tolle Aussicht und Fotomöglichkeiten.
Alle Wegbeschreibungen in der Touristeninformation.

men. Leblos, in schweigender Majestät liegt die weite Landschaft da, und was die Natur dieser entlegensten Region Europas an Fülle und Üppigkeit der Vegetation versagt hat, das ersetzt sie hundertfach durch ihre Spiele von Licht und Schatten.

Insbesondere im Rahmen von **Wanderungen** erschließt sich die herbe Schönheit dieser Region. Das Touristenbüro berät umfassend über alle möglichen Touren und bietet auch geführte Wanderungen an, z. B. auf den Kegel des 266 m hohen Tanahorn (s. Kasten S. 584), der mit seinen wild skulptierten Erosionshängen eine prächtige Kulisse für einen apokalyptischen Endzeitfilm abgeben würde. Auch **Boots- und Angelfahrten** auf hoher See oder in den Tanafjord stehen auf dem Aktivprogramm der Infostelle, die zudem Exkursionen zu nahebei gelegenen **Vogelinseln** anbietet.

ÜBERNACHTUNG

Berlevåg Pensjonat & Camping, Havnegate 8, ✆ 41544255, 💻 www.berlevag-pensjonat.no. Die gepflegte Anlage ist in schöner Umgebung gelegen, und doch so gut wie im Zentrum von Berlevåg. Es gibt einfach eingerichtete EZ/DZ mit Gemeinschaftsbad/WC in der 1. Etage, jedes in einem anderen Stil eingerichtet („Meer", „Tal", „Nordlicht" und „Mitternachtssonne"). In der 2. Etage kleine Wohnungen mit TV, Küche, Bad/WC und Schlafzimmer. Außerdem 22 Stellplätze für Zelte, Wohnmobile und Wohnwagen. Sehr saubere und gut ausgestattete Gemeinschafts- und Sanitäranlage. DZ ab ❸, Wohnung ❺, Stellplatz mit Zelt/Auto 165 NOK.

SONSTIGES

Fahrradverleih

Berlevåg Pensjonat & Camping, verleiht Fahrräder.

Geld

Sparebank 1, Storgate 25, ✆ 02244.

Informationen

Berlevåg turistinformasjon, am Berlevåg Pensjonat & Camping.

Medizinische Hilfe

Berlevåg legevakt, Iversensveien 1, ✆ 78782130.

Polizei

Lensmannen i Berlevåg, Storgate 1, ✆ 02800.

Post

Berlevåg Post i butikk (ICA Supermarkt), Storgate 7, ✆ 04004, ⌚ Mo–Fr 9–20, Sa 10–16 Uhr.

Taxis

Egils gate 30, ✆ 94826640.

TRANSPORT

Busse

Mindestens 2x tgl. Verbindungen nach TANA BRU sowie BÅTSFJORD.

Schiffe

Die Postdampfer der **Hurtigruten** halten auch in Berlevåg, sie legen tgl. um 22.30 Uhr in Richtung MEHAMN sowie tgl. um 22.45 Uhr in Richtung BÅTSFJORD ab.

Flüge

Vom direkt südlich der Stadt gelegenen Flughafen aus (Taxi 100 NOK) bedient Widerøe tgl. alle größeren Orten der Finnmark mit Ausnahme von Lakselv.

Båtsfjord

Das am Rande der bewohnten Welt gelegene und landfest nur über den höchsten Straßenpass der Finnmark (385 m) erreichbare Båtsfjord bietet dem an Einsamkeit und ursprünglichen Naturerlebnissen interessierten Reisenden ein Höchstmaß an Urlaubsglück. Es ist Zentrum der gleichnamigen Gemeinde, in der rund 2100 Menschen ihr isoliertes Leben meist durch die Fischerei bestreiten, denn in Bezug auf den Geldwert der Fangmengen ist diese alte Niederlassung die größte Fischereisiedlung nicht nur der Finnmark, sondern ganz Norwegens.

Da Båtsfjord einer der wenigen Orte der Finnmark ist, die während des Zweiten Weltkrieges nur geringfügige Schäden erlitten, diente er nach dem Rückzug der deutschen Wehrmacht als Versorgungsbasis für den gesamten Bezirk. Alte Bausubstanz fehlt aber dennoch, als Sehenswürdigkeit sei lediglich die **Ortskirche** erwähnt, deren 85 m² Fläche umfassende Glasmalerei eine der größten Europas ist.

Syltefjord

Das Touristenbüro vertreibt eine Karte, auf der zahlreiche Wanderungen verzeichnet sind, vermittelt Führer für Angeltouren und Bootstouren und hilft zudem, Ausflüge zu organisieren, etwa zum 33 km entfernten Fischerdorf **Syltefjord**, das alljährlich nur durch den Sommertourismus kurzzeitig aus dem Dornröschenschlaf wachgeküsst wird und dann auch touristische Infrastruktur bietet. Wie Funde im Umland zweifelsfrei beweisen, gab es hier schon vor 5000–6000 Jahren eine für die damalige Zeit hoch entwickelte Jäger- und Hirtenkultur. Es fanden sich insbesondere bearbeitete Muschelschalen sowie Knochen von Rentieren, Walen und Seehunden. Sie belegen, dass damals Jagd und Tierfang einen hohen Stellenwert besaßen, und wie viele Wissenschaftler heute glauben, soll es sich bei diesen „Alten" bereits um Ur-Samen gehandelt haben (S. 99).

ÜBERNACHTUNG UND ESSEN

Polar Hotel & Camping, Valen 2, ✆ 78983100, 💻 www.polarhotel.net. Mittelklassehotel mit ein paar benachbarten Camping-Stellplätzen. Alle Zimmer mit Bad, TV und Schreibtisch. Wer campt, darf die Sanitäranlagen im Hotel benutzen. Sauna und beheizte Badebottiche für Gäste. Die angeschlossene Kneipe bietet einfache Gerichte. Campingstellplatz für 2 Pers. mit Auto und Zelt 160 NOK, Zimmer ❻

SONSTIGES

Alkohol

Båtsfjord vinmonopol, Havnegate 2, ✆ 04560, 🕒 Mi 12–16, Do und Fr 11–17, Sa 11–15 Uhr.

Vogelfelsen

Highlight von Båtsfjord sind die nahe gelegenen Vogelfelsen, wohin Touren veranstaltet werden: Der kleine **Skarvskiten**, ca. 1 km entfernt, ist auch zu Fuß erreichbar, der 190 m hohe **Syltefjordstauren** hingegen nur mit dem Boot. Er gilt als der am dichtesten besiedelte Vogelberg des Landes; Millionen von Möwen sowie Papageientaucher sind dort heimisch, und nahebei findet sich zudem eine 250 Exemplare zählende Seehundkolonie. Den ebenfalls nur über den Seeweg erreichbaren **Storalkestauren** haben sich vor allem die Tölpel als Wohnort ausgesucht, andere Felsen sind von Tordalken und Trottellummen besiedelt, auch der sonst so seltene Eissturmvogel ist über diesen Gestaden häufig zu sehen. Besonders gut lassen sich Kormorane beobachten, da sie sich nach der Jagd hinsetzen, die Flügel öffnen und sich rhythmisch hin und her wiegen, um die Flügel zu trocknen. Ein Fernglas sollte niemand vergessen, der an dieser Küste vorbeifährt.

Autovermietungen

Sixt bilutleie (Båtsfjord Bilsenter AS), Valen 3, ✆ 78983992, 💻 www.sixtbilutleie.no, 🕒 Mo–Fr 8–19, Sa 9–16 Uhr.

Geld

SpareBank 1, Hindberggate 21, ✆ 02244.

Informationen

Båtsfjord turistinformasjon, Hindberggate 19, ✆ 78983400, 💻 www.batsfjord.kommune.no/turistinformasjon, 🕒 Mitte Juni–Mitte Aug Mo–Fr 9–15.30 Uhr.

Medizinische Hilfe

Båtsfjord legevakt, Helsevegen 1, ✆ 78985400.

Polizei

Båtsfjord politistasjon, Hindberggate 22, ✆ 02800.

Post

Båtsfjord postkontor, Havnegate 13, ✆ 04004, 🕒 Mo–Fr 9–16, Sa 10–14 Uhr.

Taxis

✆ 78983480.

TRANSPORT

Busse

Mindestens 2x tgl. Verbindungen nach TANA BRU sowie BERLEVÅG.

Schiffe

Die Postdampfer der **Hurtigruten** legen tgl. um 20.30 Uhr in Richtung BERLEVÅG. Tgl. um 1 Uhr brechen sie in Richtung VARDØ auf.

Flüge

Die Fluggesellschaft Widerøe steuert tgl. alle größeren Orte der Finnmark an, mit Ausnahme von Lakselv; eine Taxifahrt vom Flughafen 150 NOK.

Vadsø

An der schwach konturierten Südküste der Varanger-Halbinsel konnten Archäologen die bislang ältesten Spuren menschlicher Besiedlung im hohen Norden ausgraben: Bis zu 10 000 Jahre alt sollen die hier entdeckten Relikte sein, die man auf der Insel Vadsøya dem Boden entreißen konnte. Noch im 16. Jh. war das Eiland zudem Standort der kleinen Fischereisiedlung Vadsø, die dann allerdings kurzerhand aufs Festland verlegt wurde und, wie auch Vardø (S. 589), im 19. Jh. durch den Pomorje-Handel mit Russland erblühte. 1833 wurden dem aufstrebenden Ort bereits die Stadtrechte verliehen, und schon seit dem Jahr 1888 befindet sich in Vadsø das administrative Zentrum der Finnmark.

Zur gleichen Zeit etwa kam es zu regelrechten Einwanderungsschüben aus Finnland, sodass hier zu Beginn des 20. Jhs. mehr als 60 % aller Einwohner finnisch sprachen. Diese Volksgruppe, hier *Kvæner* genannt, ist heute voll integriert, aber noch immer sind viele der rund 6000 Einwohner der Vadsø-Gemeinde auch der finnischen Sprache mächtig und unterhalten rege Beziehungen zu dem nur 75 km entfernten Nachbarland. Der finnische Staatspräsident weihte hier deshalb 1977 zusammen mit den Königen von Norwegen und Schweden das **Einwandererdenkmal** des finnischen Bildhauers Eusio Säppänen ein.

Der Weg zu besagtem Denkmal ist beschildert, und nahebei lädt das interessante **Vadsø-Museum** zu einer historischen Reise durch die Jahrhunderte ein. Eigene Abteilungen sind u. a. den Kvænern gewidmet sowie den Zerstörungen im Zweiten Weltkrieg, doch die spannendste Ausstellung ist diejenige über die Nordpol-Expeditionen: 1926 legte Roald Amundsen hier mit seinem Luftschiff „Norge“ an, 1928 folgte ihm Umberto Nobile mit dem Luftschiff „Italia“, und auch authentische Fotos von den Landungen auf Vadsøya (wo der *Luftskipsmasta*, an denen die Flugboote ankerten, noch heute steht) sowie Amundsens Nordpolreise sind zu betrachten. 💻 www.varangermuseum.no, 🕒 Mitte Juni–Mitte Aug Di–Fr 10–15 Uhr, Eintritt 50 NOK.

ÜBERNACHTUNG

€ **Vadsø Apartments**, Tiberveien 2, ✆ 78954400, 💻 www.ivaranger.no/apartments. 10 EZ/DZ, alle mit eigener Miniküche und Bad/WC; Zugang zu Waschmaschine, Trockner und Kabel-TV. Gutes Preis-Leistungs-Verhältnis, doch begrenzte Kapazität in der Saison, daher frühzeitig reservieren. ❶

Arntzen Arctic Adventures, Fossesvingen 25, ✆ 90760412, 💻 www.varanger.info. Eine Wohnung und eine Hütte in ruhiger zentraler Lage, etwa 15 Gehminuten vom Zentrum entfernt. Die Wohnung hat 2 DZ mit kompletter Kücheneinrichtung, Wohnzimmer, Bad/WC und Waschmaschine (Vermietung nur komplett), die Hütte bietet insgesamt 6 Schlafplätze, Wohnzimmer, Miniküche und WC. Dusche in separatem Gebäude. Wohnung/Hütte ab ❸

Vadsø Fjordhotel, Brugate 2, ✆ 45060345, 💻 www.vadsoefjordhotell.no. Das Mittelklassehotel mit 30 Zimmern (alle mit Bad/WC, Telefon und TV) liegt auf einer eigenen Insel, 500 m vom Zentrum entfernt. Zimmer Nr. 217 bietet eine besonders schöne Aussicht. Mit Sauna, Restaurant und Bar. Ab ❹, im Sommer ab ❸

Scandic Hotel Vadsø, Oscarsgate 4, ✆ 7895 5250, 💻 www.scandichotels.no. Hotel der gehobenen Mittelklasse mit internationalem Standard. Die renovierten Zimmer mit Bad/WC, Satelliten-TV, Telefon, Minibar und bieten gute Aussicht. Kostenlose Nutzung von Sauna, Fitnessraum und Solarium. Mit Bar und Restaurant. ❻

Camping und Hütten

Vestre Jakobselv Camping, Lilledalsveien 6 (17 km westl. von Vadsø), ✆ 78956064, 💻 www.vj-camping.no. Sehr schöne Lage und recht gut ausgestattet. Stellplätze für Wohnwagen/Wohnmobile und Zelte (jeweils 200 NOK für 2 Pers.), außerdem Hütten/Zimmer

Vogelbeobachtung

Das **Ekkerøy Naturreservat** ist eines von Europas größten Vogelrefugien; über 90 verschiedene Vogelarten haben dort im Sommer ein Zuhause. Ein guter Ausgangspunkt für individuelle Wanderungen durchs Schutzgebiet entlang markierter Pfade ist:

Ekkerøy Feriehus, www.ekkeroy.net, wo man Informationen zur Vogelbeobachtung bekommen, an geführten Touren teilnehmen und, mit Glück, diverse Vögel auch von der Terrasse des angeschlossenen Restaurants aus beobachten kann. Hier kann man auch wohnen (mehrere Häuser stehen zur Verfügung, aber unter 1490 NOK pro Nacht kommt man leider nicht unter. Ekkerøy Feriehus wurde 2009 übrigens als erster Ökotourismusbetrieb in den Provinzen Finnmark und Troms ausgezeichnet.

Ein weiterer Anbieter für Vogelbeobachtungstouren ist **Arntzen Arctic Adventures** (S. 587), der in Besitz eines privaten Vogelschutzgebietes ist (Varanger Birdpark). Im Juli werden tgl. Touren zu den 3 angelegten Futterstellen angeboten, die 700 NOK kosten; wer individuell in den Park möchte, zahlt 400 NOK, Gäste von Arntzen Arctic Adventures lediglich 100 NOK.

in verschiedenen Kategorien. Moderner Sanitärbereich, kostenlose Nutzung von Gästeküche, Dusche, Waschmaschine und Aktivitätszimmer mit Internet. Gute Möglichkeiten zum Angeln und Wandern. DZ ab ❶, Hütten ab ❶

ESSEN

Indigo Restaurant, Tollbugate 12, 78953999. Wahrscheinlich das nördlichste indische Restaurant der Welt. Gutes Essen, gerade auch Vegetarisches, zu vernünftigen Preisen. Di–Sa 15–23 Uhr.

Påls Matopplevelser, Hvistendahlsgate 6, www.paalsmat.no. Günstige Preise insbesondere zur Lunchzeit, bietet eine große Auswahl an Salaten. Mo–Fr 10–17, Sa 10–15 Uhr.

Scandic Hotel Vadsø, Oscarsgate 4, 78955250. Restaurant der gehobenen Preiskategorie mit großer Auswahl an norwegischen und internationalen Gerichten. Auch Gourmets kommen hier auf ihre Kosten. Das tgl. wechselnde Fleisch- und Fischgericht bietet stets einen besonders guten Gegenwert fürs Geld. Es werden ausschließlich lokale Rohwaren verwendet. Mo–Sa 16–22 Uhr.

Havhesten, Ekkerøy (15 km von Vadsø), www.ekkeroy.no. Die Aussicht übers Meer ist top, die Einrichtung gepflegt und das Essen, insbesondere Fisch und Wild, das beste weit und breit. Mittlere Preislage. nur Ende Juni–Anfang Aug Di–Fr 14–2 Uhr, Sa ab 13, So ab 12 Uhr.

FESTE

Varangerfestivalen, www.varangerfestivalen.no. Anfang August. 4-tägiges Musikfestival, das größte Jazz-Event von Nordnorwegen mit sowohl lokalen als auch international bekannten Größen.

Vadsødagene, Anfang August, zur gleichen Zeit wie das Varangerfestivalen. Großer Markt mit buntem Treiben, das Menschen aus der ganzen Region anzieht.

Kongekrabbefestivalen, www.facebook.com/highnorthhighend. Ende Sep/Anfang Okt. Das Königskrabbenfestival lockt mit gutem Essen, Wein, Ausstellungen, Konzerten und anderem mehr. Beste Möglichkeit, Königskrabben zu kosten.

Kulturdagene i Vadsø, in der letzten Woche vor Advent. Mischung zwischen Traditionstreffen, Kulturausstellung und Handwerksmesse; mit Konzerten.

AKTIVITÄTEN

Baden

In Vestre Jakobselv und auf Ekkerøy gibt es mehrere schöne Strände, die sich für eine gewagte Abkühlung im Eismeer anbieten.

Golf

Varanger Golfclub, in Vestre Jakobselv, etwa 15 km westl. von Vadsø, ✆ 90686648, 💻 www.varangergolf.no. Golfplatz in schöner Umgebung.

SONSTIGES

Alkohol

Vadsø vinmonopol, Strandgate 8, ✆ 04560, 🕒 Mo–Mi 10–16, Do und Fr 10–17, Sa 10–14 Uhr.

Apotheken

Vadsø apotek, Strandgate 18, ✆ 78941990, 🕒 Mo–Fr 9–16, Sa 10–14 Uhr.

Autovermietungen

Hertz bilutleie, Tanavegen 10, ✆ 78109938.

Fahrradverleih

Scandic Hotel Vadsø, Oscarsgate 4, ✆ 78955250.

Geld

Den Norske Bank Vadsø, Strandgate 18, ✆ 78955860.

Informationen

Vadsø turistinformasjon, Tollbugata 11, ✆ 78940444, 💻 www.varanger.com, 🕒 1. Juni–20. Aug Mo–Fr 10–18, Sa–So 10–16 Uhr.

Medizinische Hilfe

Vadsø legevakt, Vidjeveien 4, ✆ 78951999.

Polizei

Vadsø politistasjon, Damsveien 1, ✆ 02800.

Post

Vadsø postkontor, W. Andersens gate 6, ✆ 04004, 🕒 Mo–Fr 9–17, Sa 10–15 Uhr.

Taxis

Strandgate 16, ✆ 78951524, 💻 www.vadsotaxi.no.

Touren

Varanger opplevelser, ✆ 78954510, 48182381, 💻 www.varangeropplevelser.no. Unter anderem Schneescootersafaris, Meeresrafting, Königskrabbensafaris, Fischtouren und Eisfischen.

TRANSPORT

Busse

Mehrmals tgl. bestehen Verbindungen nach VARDØ, KIRKENES, TANA BRU und BERLEVÅG.

Schiffe

Die Postdampfer der **Hurtigruten** legen tgl. um 8 Uhr in Richtung KIRKENES ab.

FLÜGE

Vom 3 km südöstlich der Stadt gelegenen Flughafen aus (Taxi 120 NOK) bedient Widerøe tgl. alle größeren Orte der Finnmark mit Ausnahme von Lakselv.

NORDNORWEGEN

Vardø

Die auf einer Insel vor der Varanger-Halbinsel ausgebreitete Stadt liegt mit ihren rund 2300 Einwohnern auf gleicher geografischer Länge wie Istanbul oder Kairo und ist damit die östlichste des Königreiches. Im Jahre 1306 als Bollwerk gegen die Russen gegründet, ist sie auch die älteste im hohen Norden. Schon 1798 erhielt die damals größte Fischereisiedlung von Skandinavien die Stadtrechte, und im 19. Jh. wurden sogar Passagierrouten nach Murmansk und Archangelsk am Weißen Meer eingerichtet. Die Russische Revolution brachte das Aus und schließlich der Zweite Weltkrieg so verheerende Verwüstungen, dass es Pläne gab, die Stadt aufs Festland zu verlegen. Daraus wurde nichts, aber 1982 wurde mit Norwegens erstem Meerestunnel (2800 m lang; tiefster Punkt 88 m unter der Wasseroberfläche) der alte Traum verwirklicht, Vardø – Norwegens Küstenstadt mit der niedrigsten Durchschnittstemperatur und den meisten Sturmtagen pro Jahr – mit dem Festland zu verbinden.

Hauptsehenswürdigkeit von Stadt und Region ist die 1738 in achteckiger Sternform errichtete **Festung Vardøhus**, die vor russischen

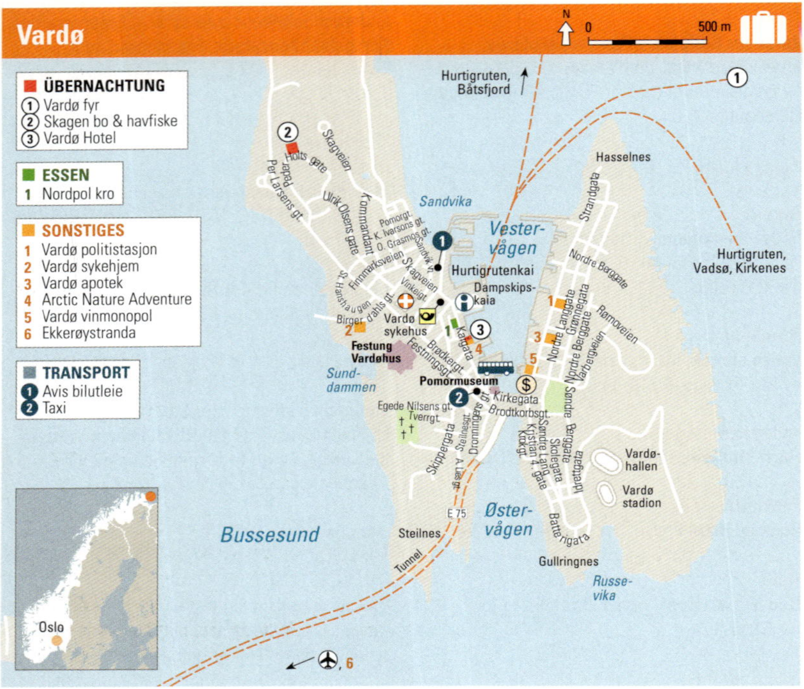

Angriffen schützen sollte, doch niemals angegriffen wurde. Die Aussicht von den Festungsmauern ist beeindruckend, und wenn am 20. Januar zum ersten Mal wieder nach langer Polarnacht die Sonne auf dem Horizont balanciert, wird dies Jahr für Jahr zum Anlass genommen, von hier aus Salut zu schießen und den Schulkindern einen freien Tag zu gewähren. 💻 www.forsvarsbygg.no, 🕒 Mitte April–Mitte Sep tgl. 10–21, sonst 10–18 Uhr, im Sommer Führungen, Eintritt 40 NOK.

Im 17. Jh. war Vardø Schauplatz der größten Hexenverfolgung Norwegens, in deren Verlauf mehr als 90 Frauen lebendig verbrannt wurden. Das **Pomormuseum** informiert über diese Gräueltaten ebenso wie über diejenigen des Zweiten Weltkrieges. Weitere Ausstellungen sind den Polarexpeditionen von Fridtjof Nansen und Willem Barents gewidmet sowie dem früheren Handel mit Russland, der der Stadt im 19. und frühen 20. Jh. wichtige Wachstumsimpulse einbrachte. 💻 www.varangermuseum.no, 🕒 20. Juni–19. Aug tgl. 12–17 Uhr, Eintritt 80 NOK.

ÜBERNACHTUNG

€ **Skagen bo & havfiske**, Peder Holtsgate 34, ✆ 41675777, 💻 www.utleie-havfiske.com. Hier gibt es 3 lediglich Zimmer, holzverkleidet und einfach möbliert; mit Gästeküche und Familienanschluss sowie einem verglasten Pavillon im Garten. ❶

Vardø Hotel, Kaigate 8, ✆ 78987761, 💻 www.vardohotel.no. Zentral gelegenes Mittelklassehotel (das einzige der Stadt) mit 42 Zimmern. Das Haus bietet guten Standard, 2012 wurde es umfassend renoviert. Pluspunkt ist die Aussicht zum Hafen. Verfügt über Sauna, Fitnesscenter und Solarium. ❹

ESSEN

Restaurant Arctic, Vardø Hotel, Kaigate 8, ✆ 78987761. Kleines, gemütliches Restaurant mit schöner Aussicht auf den Hafen. Mittlere Preisklasse. ⌚ Mo–Fr 17–21, Sa 14–21, So 14–20 Uhr.
Nordpol kro, Kaigate, 💻 www.nordpolkro.no. Gemütliches Lokal, holzverkleidet und mit Antiquitäten dekoriert, im Sommer kann man auch draußen sitzen. Die beste Adresse für Pizzen. ⌚ Di–So 10–15 und 20–24, an den Wochenenden bis 3 Uhr.

FESTE

Yukigassen, Ende März, 💻 www.yukigassen.no. Hier kann man die Weltmeisterschaft im Schneeballwerfen miterleben.
Pomor-Tage, Ende Juli, 💻 www.pomorfestivalen.no. Norwegisch-russische Kultur- und Markttage.
Blues i vintermørket, Mitte November, 💻 www.bluesivintermorket.no. Das wohl nördlichste Bluesfestival der Welt.

AKTIVITÄTEN

Die Touristeninformation gibt Auskünfte über Wanderungen, Plätze zum Beerenpflücken, Fahrradtouren und die besten Angelplätze in der Umgebung.

Ein schöner Badestrand direkt bei Vardø ist **Ekkerøystranda**. An sonnigen und warmen Tagen ist dort viel los, besondere an den Pomor-Tagen (s. Feste). Jahr für Jahr wird hier im Wettbewerb ermittelt, wer am längsten im Meer baden kann …

SONSTIGES

Alkohol

Vardø vinmonopol, Strandgate 8, ✆ 04560, ⌚ Mo–Mi 10–16, Do und Fr 10–17, Sa 10–14 Uhr.

Apotheken

Vardø apotek, Strandgate 28, ✆ 78987158, ⌚ Mo–Fr 9–16 Uhr.

Autovermietungen

Avis bilutleie, Sandvikveien 2, ✆ 90749000, 💻 www.avis.no.

Fahrradverleih

Arctic Nature Adventure, s. unten.

Geld

Norges Bank Vardø, Brodtkorbsgate 1, ✆ 78943960.

Informationen

Vardø turistinformasjon, Kaigata 18, ✆ 78986907, 💻 www.varanger.com, ⌚ 15. Mai–30. Sep Mo–Fr 9–17, Sa–So 10–17 Uhr.

NORDNORWEGEN

Wohnen im Leuchtturm am Ende der Welt auf einer Vogelinsel

Nur zehn Minuten dauert die Bootsfahrt vom Hafen aus zur vorgelagerten **Insel Hornøya**, die Norwegens östlichsten Punkt markiert. Hier stehen mit dem **Vardø fyr** der östlichste Leuchtturm des Landes sowie das zugehörige, heute verlassene Leuchtturmwärterhäuschen, das von Mitte Juni bis Ende August als **Unterkunft** dient ❸. Die Zimmer sind schlicht und mit Doppelstockbetten ausgestattet, es gibt eine Gästeküche, einen Aufenthaltsraum mit TV sowie ein Bad/WC, aber bewirtschaftet ist das Haus nicht, und so sind Essen und auch Bettzeug mitzubringen. Wer sich dafür entscheidet, eine oder mehrere Nächte an den rauen Gestaden dieser flachen Wieseninsel zu verbringen, späht in die Unendlichkeit der Barentssee und beobachtet vor allem anderen sonst **Vögel**, gilt die Insel doch mit rund 80 000 heckenden Paaren als eine der größten Vogelinseln des hohen Nordens. Zwischen Juni und Anfang August verkehren tgl. Boote zur Insel (stdl. zwischen 9 und 18 Uhr) für 400 NOK p. P.
Zu buchen ist das Arrangement über das Touristenbüro (S. 591) sowie 💻 vardhavn@online.no; weitere Infos unter ✆ 90179585 und Fotos zum Einstimmen unter 💻 www.vardohavn.no.

© DUMONT BILDARCHIV / JÖRG MODROW

Jahr für Jahr am 20. Januar, wenn die Polarnacht zu Ende geht, schießt diese alte Kanone in der Festung Vardøhus Salut zur Begrüßung der Sonne.

Medizinische Hilfe
Vardø sykehjem, Birger Dahls gate 9, ✆ 78943600.

Polizei
Vardø politistasjon, Strandgate 44, ✆ 02800.

Post
Vardø Post i butikk, Knut Bye Kolonial, Skagveien 1, ✆ 04004, ⌚ Mo–Fr 9–22, Sa 9–18 Uhr.

Taxis
Festningsg 4, ✆ 78987371.

Touren
Arctic Nature Adventure, Kaigate 8, ✆ 47647459, 💻 www.ana.no. Dieser Anbieter organisiert lohnende Fotosafaris nach Hamningsberg (Mitte Juli–Ende Aug), Angeln am See und Königskrabbensafaris, Bootstouren, Ausflüge zur Vogelbeobachtung, Angeltouren, Fotosafaris und Schneescooterfahrten. Auch Verleih von Booten und Fahrrädern.

TRANSPORT

Busse
Mehrmals tgl. bestehen Verbindungen nach VADSØ, KIRKENES und TANA BRU.

Schiffe
Die Postdampfer der **Hurtigruten** legen tgl. um 4.14 Uhr in Richtung VADSØ ab, um 17 Uhr in Richtung BÅTSFJORD.

Flüge
Vom rund 2 km westlich der Stadt gelegenen Flughafen aus (Taxi 130 NOK) bedient Widerøe tgl. alle größeren Orten der Finnmark mit Ausnahme von Lakselv; außerdem tgl. Flüge nach TROMSØ.

Kirkenes

Das an den grauen Gestaden der Barentssee hautnah an Russland gelegene Kirkenes ist Ausgangspunkt für Fahrten hinter den ehemaligen „Eisernen Vorhang", außerdem Umkehrpunkt der Hurtigruten-Schiffe und wichtigstes touristisches Zentrum des nordöstlichen Skandinaviens. Weniger als 10 km Luftlinie trennen den rund 4000 Einwohner großen Hauptort der sage und schreibe 3700 km² großen Sør-Varanger-Gemeinde von Russland, nur 50 km sind es nach Finnland, und von dieser zentralen Lage in der Barentsregion profitiert die ehemals wichtigste Erzstadt Norwegens, in der zwischen 1906 und 1996 jährlich bis zu 3 Mio. Tonnen Eisenerz abgebaut wurden.

Die wichtige Ressource Eisenerz war es auch, wonach Nazideutschland trachtete, und gut 30 000 Soldaten wurden hier folglich während des Zweiten Weltkrieges stationiert. Sie dienten als Erzbewacher gegen die riesigen Flottenverbände der Alliierten, die von Amerika und England aus zum nahen Murmansk zogen, dem seinerzeit einzigen Hafen im europäischen Teil der damaligen Sowjetunion, den Deutschland nicht kontrollierte. Doch immer näher rückte in den Jahren nach der Schlacht von Stalingrad die Front, immer schwerer wurden die Bombardements sowjetischer Flugzeuge, und alles in allem wurden rund 320 Bombenangriffe auf die Stadt geflogen, die schließlich im Oktober 1944 von der Roten Armee eingenommen werden konnte.

Doch auch hier hatte die Deutsche Wehrmacht vor ihrem Rückzug eine derart vollkommene Zerstörungsarbeit geleistet, dass es acht Jahre dauerte, bevor der Grubenbetrieb überhaupt wieder aufgenommen werden konnte. In den Jahrzehnten danach lebte hier nahezu jeder Einwohner vom Bergbau, und es ist der Umsicht der Stadtväter zu verdanken, dass das Ende der Grubenarbeiten nicht auch das „Aus" für den Ort selbst bedeutete, dem es gelungen ist, innerhalb weniger Jahre den gewaltigen Sprung zu einem modernen Dienstleistungszentrum zu schaffen.

Schiffsreparaturen, Kleinindustrie und zunehmend Tourismus sind weitere Erwerbsquellen unserer Tage, und seit kurzem laufen auch im Bergwerk von Bjørnevatn wieder die Bänder. Wie Probebohrungen gezeigt haben, lagert hier nämlich noch wesentlich mehr Eisenerz als vermutet, und verschifft wird es vor allem nach China, weshalb unlängst auch der Hafen von Kirkenes ausgebaggert wurde, auf dass Schiffe mit bis zu 100 000 Tonnen Ladung und 13 m Tiefgang anlegen können. „Kirkenes in Pole Position" steht selbstbewusst auf den Broschüren der Gemeinde, und Optimisten schwärmen bereits, dass Kirkenes zukünftig gar ein „Rotterdam des Nordens" werden könnte. Dies aber weniger wegen des Eisenerzes, sondern vielmehr wegen des ca. 340 Seemeilen entfernt in der Barentssee gelegenen Gasfeldes Schtokman, das laut Schätzungen genug Gas enthält, um beispielsweise Deutschland 40 Jahre lang kom-

Nach Russland hinüber

Seit der „Eiserne Vorhang" gefallen ist, ist Kirkenes wichtiger Ausgangspunkt für Touren ins russische Nachbarland, wohin man über den 15 km entfernte Grenzübergang **Storskog** tgl. zwischen 7 und 21 Uhr sogar mit dem eigenen Fahrzeug reisen darf. Voraussetzung ist aber nach wie vor ein **Visum**, das man unbedingt bereits zu Hause beantragen muss. Das dafür erforderliche Einladungsschreiben erhält man über das auf Russlandreisen spezialisierte Reisebüro **Pasvikturist** (S. 596) in Kirkenes (der Preis dafür ist in den Tourangeboten schon inkl.).

Diese Organisation bietet außerdem interessante geführte Zweitages- sowie Wochenendtouren nach **Murmansk** (2400 NOK inkl. Transport, Übernachtung), auch Fahrten zum **Kloster Pechenga** stehen auf dem Programm (2000 NOK), und wer lieber auf eigene Faust reist, kann dort auch ein Taxi oder ein Busticket (350 NOK je Weg) nach Murmansk bestellen. Das Angebot ist groß, selbst Touren via Murmansk nach **Moskau** und weiter mit der **Transsibirischen Eisenbahn** sind möglich, und wer eine abenteuerliche Ader hat, kann über Russland und die baltischen Staaten sogar die **Heimreise** antreten, was auch mit öffentlichen Verkehrsmitteln möglich ist.

plett versorgen zu können. Ausgebeutet werden soll es, allen Protestern von Umweltschützern zum Trotz, und Kirkenes wird Umschlagplatz für Schtokman werden.

Sehenswertes

Einen umfassenden Überblick über die wechselvolle Geschichte der Stadt und des Grenzgebietes sowie über Natur und Kultur dieser Region vermittelt das vorbildliche **Grenzlandmuseum** (Grenselandmuseet), das vor allem der wechselhaften Geschichte des höchsten Nordens gewidmet ist; auch Wanderausstellungen zur Gegenwartskunst sowie eine feste Ausstellung zu den Arbeiten (Holzschnitte) des samischen Künstlers John Savio (1902–1938). 💻 www.varangermuseum.no, 🕒 Mo–Fr 9.30–14, Sa und So bis 14 Uhr, Eintritt 80 NOK.

Eine zweite Attraktion ist die **Andersgrotte**, die während des Zweiten Weltkriegs ausgesprengt wurde und der Bevölkerung als Luftschutzraum diente. Sie kann nur im Rahmen von Führungen besucht werden, im Verlauf derer auch ein Film über die Kriegsgeschichte des Ortes gezeigt wird. 💻 www.kirkenessnowhotel.com, 🕒 Juni–Aug Führungen tgl. um 12.30 Uhr, Eintritt 100 NOK.

Das Pasviktal

Das Pasviktal, das sich von Kirkenes aus über etwa 100 km keilförmig zwischen Finnland und Russisch-Karelien nach Süden erstreckt, wird von der R 885 erschlossen und präsentiert sich als eine urwüchsige labyrinthartige Naturlandschaft von Wäldern, Mooren und Seen. Der Weg ist hier das Ziel, und wer wandernd in die Wildnis vordringen will, findet zahlreiche markierte und an der Straße ausgeschilderte Pfade. Der populärste unter ihnen führt nach **Bjørnehiet**, einer verlassenen Bärenhöhle. Sie ist bei der Siedlung Strand markiert und führt in etwa 15 Min. zu dem in einen Sandhügel gegrabenen Bau.

Drei Zeitzonen auf einen Schlag

Eine etwas anstrengendere, rund 5 km lange Wanderung führt zum Dreiländereck **Treriksrøysa**, wo die Grenzen von Norwegen, Finnland und Russland aufeinandertreffen. Sie ist an der Straße ausgeschildert und beginnt bei Grenseberget, am Ende eines 20 km langen Schotterweges. Der Pfad führt teils auf Knüppelwegen über Feuchtstellen hinweg, aber hier wie überall bei Wanderungen im Pasviktal ist man mit Gummistiefeln gut beraten. Das Ziel ist durch eine Steinpyramide gekennzeichnet, und es ist weltweit der einzige Punkt, an dem sich drei Zeitzonen treffen.

Der Øvre-Pasvik-Nationalpark

Im südlichen Teil des Pasviktales erstreckt sich der 119 km² große Øvre-Pasvik-Nationalpark an der botanischen und zoologischen Grenze zwischen Europa und Asien. Er wurde 1970 eingerichtet und beherbergt als Ausläufer der russischen Taiga trotz der hohen nördlichen Breite Norwegens größten Kiefernurwald. Über 160 Vogelarten sind hier vertreten (darunter so seltene wie der Singschwan), zudem leben hier etwa 20 Braunbären, des Weiteren Luchse und Vielfraße, und immer häufiger kommen im Winter Wölfe von jenseits der russischen Grenze herüber.

Auch die Flora ist mit allein über 190 Blütenpflanzen überreich präsent, und umfassende Informationen erhält man im **Nationalparkzentrum** (Øvre Pasvik Nasjonalparsentrum), das sich als Naturmuseum versteht und didaktisch sehr gut aufgebaut ist. Es beeindruckt u. a. mit dem nördlichsten Botanischen Garten der Welt sowie einem Aussichtsturm mit faszinierender Rundumsicht, seit Sommer 2012 zudem mit einer speziellen Bärenausstellung, und ist heute integriert in das Umweltzentrum **Bioforsk Svanhovd** (Bioforsk Svanhovd), das mit Natur-, Umwelt- und landwirtschaftlichen Projekten in der gesamten Barentsregion arbeitet und außerdem als Treffpunkt für grenzüberschreitende Zusammenarbeit zwischen Russland, Finnland und Norwegen dient. 💻 www.bioforsk.no, 🕒 Mo–Fr 9–15, im Sommer 9–20, Sa und So 10–18 Uhr.

ÜBERNACHTUNG

Apartment und Hotels

Kirkenes overnatting, Langørveien 30 B, ☎ 91343739, 💻 www.kirkenesovernatting.no. Kleine Wohnung (900 NOK für bis zu 4 Pers.)

ÜBERNACHTUNG
(1) Hotel Wessel
(2) Scandic Kirkenes Hotel
(3) Kirkenes Camping
(4) Kirkenes overnatting
(5) Kirkenes Snowhotel

ESSEN
1 Gapahuken ved Pikevannet

SONSTIGES
1 Kirkenes vinmonopol, Vitusapotek Renen, Legesenter
2 Politikontor
3 BIRK-Husky
4 Kirkenes Fjord Fiske
5 Barentssafari

TRANSPORT
1 Avis Sandnes Auto
2 Herz bilutleie
3 Taxi

in ruhiger und zentraler Lage. Komplett eingerichtete Küche mit Herd, Mikrowelle und Kaffeemaschine. Eigenes Bad mit WC und Dusche, außerdem Kabel-TV mit norwegischen und internationalen Kanälen. 4

Hotel Wessel, Dr. Wesselsgate 3, ✆ 78998600, 💻 www.hotellwessel.no. Kleines privat betriebenes Stadthotel mit 28 renovierten Zimmern der unteren Mittelklasse (alle mit Bad/WC und TV). Chinarestaurant und Pub. 3

Kirkenes Snowhotel, Gabba Rentier-Safaripark (1 km stadtauswärts ab dem Grenzlandmuseum), Reservierung über ✆ 78970540, 💻 www.kirkenessnowhotel.com. Gegen Mitte Dezember eines jeden Jahres öffnet das „Schneehotel" seine Iglupforten, und wer ein ausgeprägtes Faible für das Außergewöhnliche hat, wird seine helle Freude an den Schneesuiten haben, die ganz und gar aus Eis errichtet, mit Eisskulpturen geschmückt und in mystisches Licht getaucht sind. Der Preis beträgt inkl. Abendessen, Frühstück und Sauna sowie Rentierfelle und Schlafsäcke 3400 NOK p. P. Es werden auch Führungen durch das (unbedingt sehenswerte) Eishotel angeboten, sie dauern 1 1/2 Std. und kosten 600 NOK p. P.
🕒 20. Dez–20. April.

Scandic Kirkenes Hotel, Kongensgate 1-3, ✆ 78995900, 💻 www.scandichotels.no. Mittelklassehotel im Zentrum von Kirkenes. Moderne Zimmer mit Telefon, TV, Minibar und kostenloser WLAN-Nutzung. Hallenbad, Sauna und Solarium. Ab 5

Camping und Hütten

Kirkenes Camping, Maggedalen, 7 km vor Kirkenes an der E 6, ✆ 78998028, ✉ post@kirkenescamping.no. Campingplatz mit Stellplätzen für Wohnwagen/Wohnmobile und Zelte, auch Hütten in verschiedenen Kategorien. Schlichte Sanitäranlage mit Dusche/WC, Waschmaschinen, Trockner, Küchenabteilung. 180 NOK für Zeltplatz, Auto und 2 Pers., Hütten ab 450 NOK.

ESSEN

Gapahuken ved Pikevannet, Storskog, ✆ 78990820, 🖳 www.storskog.no. Dieses in Touristenkreisen populärste Restaurant der Stadt liegt rund 15 km außerhalb beim Grenzübergang Storskog am Ufer des Pikesees (Pikevannet), durch den hindurch die Grenze nach Russland verläuft. Sehr schön zum Draußensitzen auf der großen Veranda. Die Küche ist gut und traditionell, es werden u. a. Schneehuhnsuppe und Elchsteak, Rentierfilet und Walgulasch serviert. Gehobene Preise. ⏲ Mitte Juni–Aug Mo–Sa ab 16, So ab 15 Uhr.
Scandic Kirkenes Hotel, (S. 595). Die Speisekarte dieses Hotelrestaurants der preislichen Mittelklasse führt norwegische und internationale Gerichte. ⏲ tgl. 16–22.30 Uhr.

FESTE

Barentsspektakel, 🖳 www.barentsspektakel.no. Ende Januar. 4-tägiges, grenzüberschreitendes Festival.
Finnmarksløpet, ✆ 78446450, 🖳 www.finnmarkslopet.no. Anfang März. Eines der längsten Hundeschlittenrennen der Welt, das u. a. auch durch Kirkenes führt.
Pasviktrail, 🖳 www.pasviktrail.com. Ende März–Anfang April. Das 320 km lange Hundeschlittenrennen beginnt in Kirkenes am Grenzlandmuseum.
Lachsfestival, Neiden. Erster Samstag im Juli am Neidenfluss.
Kirkenestage, 🖳 www.kirkenesdagene.no. Ende Juli. Russischer Markt, Wassershow, Tanzgala, Frühstück in der Fußgängerzone, Auktionen und vieles mehr.

EINKAUFEN

Kirkenes Touristenbüro, große Auswahl an Souvenirs, norwegische und russische Handarbeiten. Ähnliches findet man am Grenzlandmuseum und im Kiosk an der russischen Grenze Storskog.
Russisk Torghandel, Kirkenes Marktplatz. Am letzten Donnerstag eines jeden Monats (aber nicht im Juli). Russischer Markt mit vielen Ständen und buntem Treiben.

TOUREN

Barentssafari, Fjellveien 28, ✆ 90190594, 🖳 www.barentssafari.no. Viele verschiedene Touren, u. a. Sightseeing ins Pasviktal, Fjordfischen sowie Königskrabbensafaris nebst Fahrten nach Russland und Finnland. Einer der beliebtesten Ausflüge im Sommer (tgl.10 und 14 Uhr) führt in einem Flussboot zur russischen Grenze bei Boris-Gleb (990 NOK).
BIRK-Husky, Melkefoss, ✆ 90978248, 🖳 www.birkhusky.no. Unter ökologischen Gesichtspunkten geführtes Erlebniscenter mit Sommer und Winterprogrammen, u. a. Hundeschlittentouren unterm Nordlicht, Angeltouren, Kanutouren, Sauna und Badebottich am Grenzfluss Pasvik, Lavvo-Zelt-Erlebnisse, Touren zur Balz des Auerhahns, geführte Wanderungen in das Reich der Bären.
Kirkenes Fjord Fiske, Storskog, ✆ 78999681, 🖳 www.fjord-fiske.no. Ganzjährig Fisch- und Erlebnis-, Scooter- und Jagdtouren.
Pasvikturist, Dr. Wesselsgate 9, ✆ 78995080, 🖳 www.pasvikturist.no. Hauptanbieter für Reisen nach Russland (s. Kasten S. 593), auch Visabeschaffung, außerdem geführte Touren.

SONSTIGES

Alkohol

Kirkenes vinmonopol, Storgate 2, ✆ 04560, ⏲ Mo–Mi 10–16.30, Do 10–18, Fr 10–17, Sa 10–15 Uhr.

Apotheken

Vitusapotek Renen, Storgate 2, ✆ 78994950, ⏲ Mo–Fr 9–17, Sa 10–14 Uhr.

Autovermietungen
Avis Sandnes Auto (Toyota), Hessengkryss, ✆ 78973705, 💻 www.avis.no, 🕒 Mo–Fr 8–16 Uhr.
Herz bilutleie, Tangveien, ✆ 78993973, 💻 www.herz.no, 🕒 Mo–Fr 8–16 Uhr.

Geld
SpareBank 1 Nord-Norge, Wiullsgate 3-5.

Informationen
Kirkenes turistinformasjon, Dr. Wesselsgate 16 (Fußgängerzone), ✆ 46 51 24 20, 💻 www.visitkirkenes.no, 🕒 Juni-Sept. tgl. 9-15 Uhr.

Medizinische Hilfe
Legesenter (Krankenstation), Dr. Palmstrøms vei 15, ✆ 78973000.

Polizei
Politikontor, Rådhussvingen 1, ✆ 02800.

Post
Postkontor, Storgate 2, ✆ 04004, 🕒 Mo–Fr 9–17, Sa 10–15 Uhr.

Taxis
Presteveien 1, ✆ 78991397, 💻 www.kirkenestaxi.no.

TRANSPORT

Selbstfahrer
Auch mit dem eigenen Fahrzeug darf man nach Russland einreisen, Voraussetzung ist allerdings ein Visum (s. Kasten S. 593).

Busse
1–3x tgl. (außer Sa) Verbindungen in die Orte der Gemeinde Sør-Varanger, nach HAMMERFEST und HONNIGSVÅG/Nordkap sowie nach ALTA via TANA BRU, KARASJOK und LAKSELV.

Nach Russland
Storskog, der Grenzübergang nach Russland, ist 15 km von Kirkenes entfernt und tgl. zwischen 7 und 21 Uhr geöffnet. Für die Einreise ist ein Visum erforderlich, das man bereits zu Hause beantragt haben muss.
Bei Pasvikturist (S. 596) dann entweder eine geführte Tour buchen oder lediglich das Busticket nach MURMANSK (tgl. um 15 Uhr, 350 NOK).
Pasvikturist ist auch für Bustickets **nach Finnland** zuständig, Minibusse fahren ganzjährig tgl. auf der Route nach Inari (2500 NOK).

Schiffe
Tgl. um 12.45 Uhr legt der Postdampfer der **Hurtigruten** vom Hurtigrutenkai (Taxi vom Zentrum ca. 120 NOK) in Richtung VARDØ ab.

Flüge
Der Flughafen liegt 15 km außerhalb. Der Zubringerbus (105 NOK) ist auf die Ankunfts-/Abflugszeit der Flugzeuge abgestimmt, Taxi 320 NOK. Mit Widerøe bestehen u. a. tgl. Verbindungen nach VARDØ, VADSØ, LAKSELV, BERLEVÅG, HONNINGSVÅG, ALTA und HAMMERFEST sowie nach TROMSØ, während SAS und Norwegian die Strecke nach OSLO bedienen.

Anhang

Bücher

Folgende Bücher norwegischer Autoren bieten sich – neben den bekannten Klassikern von Knut Hamsun, Henrik Ibsen, Sigrid Undset (S. 114) – zur Einstimmung an:

Norwegische Literatur

Ingvar Ambjørnsen, *Ausblick auf das Paradies* (Edition Nautilus 2015). Ambjørnsens Figuren sind meist Randexistenzen, Havarierte in der Glitzerwelt des Konsums. Sein bislang größter Erfolg gelang ihm mit der Buchreihe über den Eigenbrötler Elling, der versucht, in einer Welt, die ihm über den Kopf gewachsen ist, nicht unterzugehen. Dies ist der aktuelle Band.

Johan Bojer, *Die Lofotfischer* (dt. erstmals 1924). Übersetzung des ebenso spannenden wie stimmungsvollen Romans *Den siste viking*; leider vergriffen und nur im Antiquariat erhältlich.

Lars Saabye Christensen, *Der Alleinunterhalter* (btb Verlag 1999). Bekannt wurde der Autor durch diesen Roman, der in Nordnorwegen spielt und die Geschichte von einem Pianisten aus Oslo erzählt. Ebenfalls in Deutschland populär ist *Der Halbbruder* (btb Verlag 2005). Christensens neuestes Buch heißt *Die Beisetzung* (btb Verlag 2015).

Thomas H. Eriksen, *Die Tyrannei des Augenblicks* (Herder Verlag 2002). Das bekannteste Werk Eriksens, der als Professor für Kulturelle und Soziale Anthropologie an der Universität Oslo lehrt. Er ist Verfechter einer humanistischen Moderne und will durch die Forderung nach „Entschleunigung“ Auswege aus den schädlichen Tendenzen des Informationszeitalters aufzeigen. Der Kernsatz des Buches lautet: „Wir leben in einer Gesellschaft, in der alles mit einer ungeheuren Geschwindigkeit stillsteht.“ Sein neuestes Buch trägt den Namen *Mensch und Müll* (Futurum Verlag 2013).

Robert Ferguson, *Knut Hamsun* (List Verlag 1992). Mit diesem Buch legte der englische Biograf die bislang ausführlichste Biografie über den Schriftsteller vor. Sie wurde ebenso wie sein Werk *Henrik Ibsen* (Kindler 1998) von der Presse außerordentlich gelobt.

Erik Fosnes Hansen, *Choral am Ende der Reise* (Fischer Verlag 2011). Der recht bekannte Roman ist ein Porträt Europas vor dem Ersten Weltkrieg. Der Erzählband *Momente der Geborgenheit* (Fischer Verlag 2001) führt den Leser auf eine Zeitreise vom Norwegen unserer Tage bis ins Italien der Frührenaissance. In *Das Löwenmädchen* (Fischer Verlag 2009) schildert Fosnes mit großem Einfühlungsvermögen und poetischer Kraft eine Außenseiterin in Norwegen, die sich gegen Vorurteile und Ausgrenzung durchsetzt.

Nina Freydag, *Elche, Fjorde, Königskinder – Norwegische Glücksmomente* (Picus Verlag 2004). Die Geschichten der Reisejournalistin Nina Freydag beschwören den Zauber Norwegens herauf: ein Land voller überwältigender Natur und Lebensfreude. In *Lesereise Norwegen* (Picus Verlag 2010) erzählt sie von den Sitten und liebenswerten Eigenschaften der Norweger, von Elchjagd und Abiturfeiern, vom Schwarzbrennen …

Jostein Gaarder, *Sofies Welt* (dtv 1999). Teils melancholisch, teils fantasievoll nähert sich

Gaarder den Wundern des Denkens. Für seine Geschichte der Philosophie erhielt er u. a. den Deutschen Jugend-Literaturpreis. Mit *Der Geschichtenverkäufer* (dtv 2004) legte Gaarder einen ideenreichen Roman für Erwachsene vor. In *2084 – Noras Welt* (Hanser Verlag 2013) widmet er sich der Frage, wie es im Jahr 2084 auf der Erde aussieht, wenn wir so weitermachen wie bisher, während sein neuestes Buch, *Ein treuer Freund* (Hanser Verlag 2017), ein philosophischer Schelmenroman ist.

Frode Grytten, *Was im Leben zählt* (Nagel & Kimche Verlag 2001). Der 1960 in Odda (Hardangerfjord) geborene Schriftsteller debütierte 1999 mit diesem gesellschaftskritischen Roman. Darin schildern 24 ineinander verwobene Erzählungen durchweg skurrile Einwohner seiner Geburtsstadt. In dem (preisgekrönten) Kriminalroman *Die Raubmöwen besorgen den Rest* (Nagel & Kimche Verlag 2006), kämpft der Protagonist gegen Rassismus, Korruption und Medienmacht, während er in seinem neuesten Werk *Ein ehrliches Angebot* (Nagel & Kimche Verlag 2012) pointiert und spannend von Erfolg und Verlust und von den großen Gefühlen erzählt. Ein berührender Roman voll herbem Humor.

Trygve Gulbranssen, *Und ewig singen die Wälder/Das Erbe von Bjørndal* (Langen/Müller Verlag 2000). Diese beiden Romane zählen trotz ihres „Heimatschnulzen"-Images zu den stärksten Dichtungen Skandinaviens; sie schildern das Leben dreier Generationen eines norwegischen Bauerngeschlechts.

Olav H. Hauge, *Spät hebt das Meer seine Woge* (Wiesenburg Verlag 2006). Olav H. Hauge (1908–1994) gilt als der meistgelesene norwegische Lyriker. Wie kaum einem anderen ist es ihm gelungen, die Natureindrücke seiner Heimat Westnorwegen in Poesie zu verdichten. Von seinen sieben Gedichtbänden ist leider nur die o. g. zweisprachige Ausgabe in deutscher Übersetzung erschienen.

Anne Holt, *Ein kalter Fall* (Piper Verlag 2017). Neuester Roman der bekannten norwegischen Krimi-Autorin.

Jan Kjaerstad, nach *Der Verführer* (List Verlag 2001) und *Der Eroberer* (Kiepenheuer & Witsch Verlag 2002) liegt mit *Der Entdecker* (List Verlag 2006) auch der dritte Teil der spannenden Wergeland-Krimi-Trilogie in deutscher Übersetzung vor. Sein berühmtestes Werk ist aber nach wie vor der 1998 erschienene Roman *Homo Falsus oder Der perfekte Mord* (Rowohlt 1998), der erste postmoderne Roman in Norwegen überhaupt.

Norwegische Kriminalliteratur

www.nordische-krimis.de: Eine Website rund um nordische Krimis, nach Ländern geordnet, nach Autoren sortiert, mitsamt Biografien, Buchbesprechungen und persönlichen Anmerkungen der Redakteure.

www.schwedenkrimi.de: Der Name ist irreführend, denn die Seite ist die umfangreichste auch zu norwegischer Krimiliteratur; u. a. mit Forum und Leseproben.

Karl Ove Knausgård, *Kämpfen* (Luchterhand Literaturverlag 2017). Der wohl wichtigste Autor in Norwegen ist derzeit Karl Ove Knausgård (1968 geboren), der 1998 als erster Debütant den Norwegischen Kritikerpreis verliehen bekam. Großes Aufsehen erregte sein sechsbändiges autobiografisches Werk *Min Kamp*, das zum heiß diskutierten Bestseller avancierte. Mit *Sterben* erschien 2011 der erste Band auf Deutsch, der Abschlussband *Kämpfen* wurde 2017 aufgelegt.

Jo Nesbø, *Der Fledermausmann* (Ullstein Verlag 2002). Der ehemalige Fußballspieler, Börsenmakler, Sänger, Komponist und Maler veröffentlichte 1993 diesen Debütkrimi, der sofort preisgekrönt wurde. Sein zweites Buch, *Rotkehlchen* (Ullstein Verlag 2004), wurde 2004 zum besten norwegischen Krimi aller Zeiten gewählt. Seitdem erscheint eigentlich jährlich ein neuer Kriminalroman, stets mit dem alkoholkranken und alleinstehenden Hauptkommissar Harry Hole in der Hauptrolle. Zuletzt erschienen: *Durst* (Ullstein Verlag 2017).

Herbjørg Wassmo, *Das Buch Dina* (Knaur 1999). In ihrem Roman versetzt die Autorin den Leser in die Zeit des 19. Jhs. An der Küste ihrer norwegischen Heimat, zwischen den Lofoten und Tromsø, lebt Dina Groenelv, die Herrin im Handels- und Gästehaus Reisnes. Ihre Geschichte erzählt das Buch. Auch *Die Geliebte des Spielers* (Droemer Knaur Verlag 2007) schildert das

Leben einer ungewöhnlichen Frau, nämlich einer Schriftstellerin aus Oslo. Das neueste Werk von Herbjørg Wassmo heißt *Schritt für Schritt* (Argument 2016).

Naturführer

Erfolgreich Angeln in Norwegen: Traumreviere des Nordens, Robert Langford (Franckh-Kosmos Verlag 2016). Angelenthusiast Langford liefert praxisnahe Angelinfos von Ausrüstung bis Fangtechnik und führt zu den schönsten und ergiebigsten Angelplätzen in Norwegen.

Fjorde, Gletscher, Wasserfälle: Radwandern in Norwegen, Alexander Geh (Edition Elch 2007). Abseits der gängigen Routen radelt Alexander Geh von Oslo aus durch einsame Bergtäler, über schneebedeckte Pässe und abgelegene Wege nordwärts zum Archipel der Lofoten. Er beschreibt die Begegnungen mit Walen und Rentieren, mit der Ruhe der Natur und stimmt so auf eine Radreise durch Norwegen ein.

Hardangervidda, Jotunheimen und Rondane, Tonia Körner (Conrad Stein Verlag 2009/2013). Mit diesen drei Wanderführern legt der Conrad-Stein-Verlag die ausführlichsten und aktuellsten deutschsprachigen Wanderführer zu den drei populärsten norwegischen Wanderregionen vor.

Norwegen der Länge nach, Simon Michalowicz (Malik Verlag 2015). 3000 km zu Fuß durch Norwegen vom Kap Lindesnes bis zum Nordkap – eine Reiseerzählung, über die das *Nordis*-Magazin unlängst schrieb: „Doch auch wer in nächster Zeit nicht gleich zur Langstreckenwanderung aufbricht, findet dank ausführlich recherchierten Hintergrundinformationen und Schilderungen der Örtlichkeiten in Simons Reisebericht ein bedingungslos empfehlenswertes Nachlesewerk."

Nordskandinavien – Der Wanderführer, Peter Bickel (Edition Elch 2010). Wer zum Wandern in den Norden Skandinaviens will, kommt an diesem Buch von Peter Bickel fast nicht vorbei. Hier sind die wichtigsten Fernwanderwege ausführlich beschrieben. Detaillierte Reisetipps und ein umfangreiches Ausrüstungskapitel für Sommer- wie Wintertouren runden das Buch ab.

Norwegen per Rad, Frank Pathe (Kettler 2011) Der einzige reine Fahrradführer deutscher Sprache stellt in seinen 113 Streckenvorschlägen v. a. die südliche Hälfte des Landes vor. Von Trondheim bis zum Nordkap wird eine Küstenstrecke unter Einbeziehung der Lofoten geboten.

Skandinavien – Pflanzen im Fjäll, Hans-Jürgen Gottschalk (Edition Elch 2005). Das zurzeit wohl ausführlichste Bestimmungsbuch über die skandinavische Pflanzenwelt in deutscher Sprache. Jede der 214 Pflanzen wird mit Foto, deutschem, lateinischem, englischem sowie norwegischem (oder schwedischem) Namen samt ausführlicher Beschreibung und Angaben zu Verbreitung, Biotop, Blütezeit usw. vorgestellt. Die Seiten mit den Pflanzentexten sind nomenklatorisch geordnet; das Register enthält die deutschen und lateinischen Pflanzennamen. Zeichnungen (zum Beispiel von Blattformen) und Karten (zum Beispiel zu den Vegetationsstufen in den skandinavischen Gebirgsregionen) komplettieren das Bestimmungsbuch.

Südnorwegen: Das Reisehandbuch für Aktive, Lars Schneider (Kettler Verlag 2014). 20 Touren zu Fuß und mit Rucksack, mit dem Fahrrad oder Boot, im Frühjahr, Sommer, Herbst oder Winter sprechen sowohl Norwegen-Kenner als auch Norwegen-Neulinge an.

Wandern in Norwegen, Sabine Gorsemann/ Christian Kaiser (DuMont Reiseverlag 2013). 35 Touren in den klassischen Wandergebieten Zentralnorwegens zwischen Hardangervidda und Trollheimen. Gipfeltouren auf Slogen, Store Tuva und Galdhopiggen, Wanderungen zum Hardangerjokulen, zu Bergseen, Fjorden und Wasserfällen oder auf den Spuren Peer Gynts. Wegbeschreibung, Karte und Höhenprofil ergänzen einander ideal mit konkreten Angaben zur Wegbeschaffenheit, Orientierungspunkten mit Zeitangaben, Anfahrtswegen, Einkehrmöglichkeiten und Sehenswertem am Wegesrand.

Geschichte und Gesellschaft

Einer von uns: Die Geschichte des Massenmörders Anders Breivik, Åsne Seierstad (Kein & Aber Verlag 2016). Detailierte Biografie eines

Massenmörders, die auf akribische Recherchen und Interviews, auch mit Angehörigen Breiviks, aufbaut. Die Tageszeitung *Welt* urteilte über diesen Beststeller: „Was dieses Buch zu einem Meisterstück literarischer Reportage macht [...]: Es nimmt sich wirklich Zeit, die Geschichten der Opfer zu erzählen."

Fettnäpfchenführer Norwegen: Im Slalom durch den Sittenparcours des hohen Nordens, Julia Fellinger (Conbook Medien 2016). Julia Fellingers Buch zeigt viel Humor und garantiert Spaß für jeden, der sich für die Unterschiede zwischen der deutschen und der norwegischen Kultur interessiert.

Kleine Geschichte Norwegens, Ralph Tuchtenhagen (Beck Verlag 2009). Norwegen hat sich von einem Staat am Rande Europas zu einem der wichtigsten Erdöllieferanten und einem der erfolgreichsten Wohlfahrtsstaaten der Gegenwart entwickelt. Dieses Buch erläutert die Hintergründe und lädt ein, den europäischen Norden besser kennenzulernen.

Krieg in Norwegen, Willy Brandt (Europa Verlag 2010). Willy Brandts eindringliche Schilderung aus seinem Exil während des Zweiten Weltkriegs.

Mein neues Leben – Norwegen: Der Ratgeber zum Auswandern. Einwandern, Leben und Arbeiten in Norwegen, Eileen Stiller (Verlag Rat & Reise 2009). Nicht zuletzt das gute Sozialsystem bewegt viele Deutsche dazu, sich für ein neues Leben in Norwegen zu entscheiden. Dieser Ratgeber informiert umfassend über alles, was man als Auswanderer wissen muss. Auch die Unterschiede zur nordischen Kultur und Mentalität werden aufgezeigt, und es gibt viele Tipps und Informationen zu Sozialgesetzen, Schulformen und den alltäglichen Fragen rund um die Emigration nach Norwegen.

Norge med Willy: Durch Norwegen auf den Spuren von Willy Brandt, Uwe Heilemann (Books on Demand 2006). Willy Brandt bezeichnete seine Zeit als politischer Flüchtling in Norwegen von 1933 bis 1940 als seine „Lehr- und Wanderjahre". Der Reiseführer folgt seinen Spuren durch das Land.

Norwegen fürs Handgepäck: Geschichten und Berichte – Ein Kulturkompass, Stefanie Lind (Unionsverlag 2017). Stefanie Linds amüsantes Buch beginnt dort, wo dieser Reiseführer aufhört und lässt erkennen, dass der Reiz Norwegens nicht nur in dramatischen Fotomotiven und landschaftlicher Extravaganz zu finden ist, sondern auch in der Kultur, Geschichte und Literatur eines räumlich nahen, von uns in vielem aber weit entfernten Volkes.

SüdSüdOst Mekka: Pakistanische Muslime in Norwegen, Dagmar Larssen (LIT Verlag 2010). In diesem Taschenbuch geht es darum, wie ein klassisches Auswanderungsland zum Einwanderungsparadies schlechthin wird und welche speziellen gesellschaftlichen Probleme damit verbunden sind.

Sprachführer Norwegisch (Bokmål)

Besonderheiten

Es gibt zwei norwegische Sprachen (s. Kasten S. 103): Bokmål und Nynorsk (sowie, im hohen Norden, Samisch). Nynorsk, das insbesondere in Westnorwegen gesprochen wird, zeichnet sich durch mehr Diphthonge und vokalreicheren Klang als Bokmål aus. Gesprochen wird aber hauptsächlich Bokmål; auch Englisch versteht fast jeder.

In geschriebenem Norwegisch kann man sich bei leichten Texten als Deutscher zumindest den Zusammenhang erschließen. Im gesprochenen Norwegisch steht man dagegen ziemlich hilflos da, vor allem im Süden und Westen, wo oft ganze Buchstaben und Silben verschluckt werden.

Im Norwegischen werden die Artikel an das Hauptwort angehängt, und zwar in der Einzahl der bestimmte Artikel: *-en* (männl.), *-a* oder auch *-en* (weibl.) und *-et* (sächl.), z. B.: *en fjord* = ein Fjord; *fjorden* = der Fjord; *ei hytte* = eine Hütte; *hytta* = die Hütte; *et fjell* = ein Berg/Gebirge; *fjellet* = der Berg/das Gebirge. In der Mehrzahl wird sowohl der unbestimmte Artikel (*-er* für alle Geschlechter) als auch der bestimmte Artikel *(-ene)* angehängt, also: *hytter* = Hütten, *hyttene* = die Hütten.

Aussprache

Die Vokabeln zu kennen ist eine Sache, sie richtig auszusprechen und zu betonen eine andere.

Da sind zunächst die Vokale, die im Prinzip wie im Deutschen ausgesprochen werden. Allerdings wird das **o** meist (aber nicht immer) wie „u" ausgesprochen (weshalb man „Uschlu" sagt und nicht „Oslo") und das **u** wie „ü". Zudem hat das Norwegische zusätzliche Buchstaben wie das **å** (auch aa geschrieben), das als langes offenes „o" gesprochen wird, während das **ø** für „ö" und das **æ** für „ä" steht. In alphabetischen Registern rangieren å, ø und æ hinter z.

Mit den Konsonanten ist es etwas schwieriger; viele klingen ganz anders als im Deutschen. Für sie gelten folgende Ausspracheregeln:

d	stumm vor *s*, nach *n* und *l* sowie als Endkonsonant nach *r* und *l*
g	vor *i* und *y* wie „j" ausgesprochen
gj	wie „ja" ausgesprochen
h	stumm vor *j* und *v*
k	vor *i* und *y* wie „ch" in „ich" ausgesprochen
kj	ebenfalls wie „ch" in „ich"
s	ist stimmlos
sk	vor *i* und *j* wie „sch" ausgesprochen
sj, skj	stets wie „sch"
tj	wie „tsch"
v	wie „w"

Die Betonung im Norwegischen liegt fast immer auf der ersten Silbe eines Wortes.

Wörter und Wendungen

Zahlen und Ordnungszahlen

1, 1.	*en, første*
2, 2.	*to, andre*
3, 3.	*tre, tredje*
4, 4.	*fire, fjerde*
5, 5.	*fem, femte*
6, 6.	*seks, sjette*
7, 7.	*sju, sjuende*
8, 8.	*åtte, åttende*
9, 9.	*ni, niende*
10, 10.	*ti, tiende*
11	*elleve*
12	*tolv*
13	*tretten*
14	*fjorten*
15	*femten*
16	*seksten*
17	*sytten*
18	*atten*
19	*nitten*
20	*tjue*
25	*tjuefem*
30	*tretti*
40	*førti*
50	*femti*
60	*seksti*
70	*sytti*
80	*åtti*
90	*nitti*
100	*hundre*
150	*hundre og femti*
200	*to hundre*
1000	*tusen*

Zeitbegriffe

Montag	*mandag*
Dienstag	*tirsdag*
Mittwoch	*onsdag*
Donnerstag	*torsdag*
Freitag	*fredag*
Samstag	*lørdag*
Sonntag	*søndag*

Januar	*januar*
Februar	*februar*
März	*mars*
April	*april*
Mai	*mai*

Juni	*juni*
Juli	*juli*
August	*august*
September	*september*
Oktober	*oktober*
November	*november*
Dezember	*desember*

Minute	*minutt*
Stunde	*time*
Tag	*dag*
Woche	*uke*
Monat	*måned*
Jahr	*år*
Werktag	*hverdag*
Feiertag	*helligdag*
gestern	*i går*
heute	*i dag*
morgen	*i morgen*
früh	*tidlig*
spät	*senjetzt nå (auch: nu)*
später	*senere*
vorher	*tidligere*
nachher	*etter*
morgens	*om morgenen*
vormittags	*om formiddagen*
nachmittags	*om ettermiddagen*
abends	*om kvelden*

um 2, 3, 4 ... Uhr	*om klokka 2, 3, 4 ...*
halb 5	*halv 5*
Viertel vor 6	*kvart på 6*
Viertel nach 7	*kvart over 7*
10 Min. vor 8	*10 på 8*
10 Min. nach 10	*10 over ti*
20 nach 11	*10 på halv 11*
20 vor 12	*10 over halb 12*
5 Min. vor halb 1	*5 på halv 1*
5 Min. nach halb 2	*5 over halv 2*

Allgemeines

Da in Norwegen die Anrede per „Du" üblich ist (S. 81), wird hier im Sprachführer bei der direkten Rede stets die norwegische „Du"-Form angegeben.

ja/nein	*ja/nei*
und	*og*
bitte (bittend)	*vær så snill*
bitte (gebend)	*vær så god* *Danketakk*
Vielen Dank	*tusen takk*
Wo ist ...?	*Hvor er ...?*
Wie viel Uhr ist es?	*Hva er klokka?*
Wann ...?	*Når ...?*
Um 2, 3, 4 ... Uhr	*klokka 2, 3, 4 ...*
Mann	*mann*
Frau	*kvinne, kone (Ehefrau), fru (Anrede)*
Kind	*barn*

Begrüßung/Verabschiedung

Hallo	*Hei!*
Guten Morgen	*God morgen (morn)*
Guten Tag	*God dag*
Guten Abend	*God aften*
Gute Nacht	*God natt*
Gute Reise	*God tur*
Ich heiße ...	*Jeg heter ...*
Wie heißt du?	*Hva heter du?*
Auf Wiedersehen	*Ha det, Vi sees*

Die wichtigsten Floskeln

Entschuldigen Sie!	*Unnskyld!*
Ich verstehe nicht.	*Jeg forstår ikke.*
Ich spreche kein Norwegisch.	*Jeg snakker ikke norsk.*
Sprechen Sie Deutsch/ Englisch?	*Snakker du tysk/ engelsk?*

ANHANG

Arzt/Apotheke

Arzt	*lege*
Apotheke	*apotek*
Unfallstation	*legevakt*
Krankenhaus	*sykehus*
Zahnarzt	*tannlege*
Frauenarzt	*gynekolog*
Kinderarzt	*barnelege*
Zahnarzt	*tannlege*
Erste Hilfe	*førstehjelp*
Krankenversicherung	*sykeforsikring*
Wo ist hier eine Apotheke?	*Hvor er det et apotek?*
Wo kann ich einen Arzt finden?	*Hvor kan jeg finne en lege?*
Ich möchte …	*Jeg vil gjerne ha …*
ein Hustenmittel	*et middel mot hoste*
Ich habe Schmerzen.	*Jeg har smerter.*
Durchfall	*diare*
Erkältung	*forskjølelse*
Halsschmerzen	*halsmerter*
Kopfschmerzen	*hodepine*
Zahnschmerzen	*tannverk*
Bauchschmerzen	*magesmerter*

Wetterbericht

Det blåser.	*Es ist windig.*
pent vær	*schönes Wetter*
skyet	*bewölkt*
is	*Eis*
uvær	*Gewitter*
hagl	*Hagel*
tåke	*Nebel*
regn	*Regen*
snø	*Schnee*
slutt	*Schneeregen*
sol	*Sonne*
soloppgang	*Sonnenaufgang*
storm	*Sturm*
skyd	*Wolke*

Post

Postamt	*postkontor*
Briefkasten	*postkasse*
Telefonzelle	*telefonkiosk*
Ansichtskarte	*prospektkort*
Brief	*brev*
Briefmarke	*frimerke*
Briefumschlag	*konvolutt*
Paket	*pakke*
postlagernd	*poste restante*
Telefon	*telefon*

Unterkunft

Übernachtung	*overnatting*
Hotel	*hotell*
Zimmer	*rom*
Einzelzimmer	*enkeltrom*
Doppelzimmer	*dobbeltrom*
Familienzimmer	*familierom*
Haben Sie ein freies Zimmer?	*Har du et ledig rom?*
Ich habe ein Zimmer bestellt.	*Jeg har bestilt et rom.*
Kann ich das Zimmer sehen?	*Kan jeg få se på rommet?*
Wie viel kostet das Zimmer?	*Hvor mye koster rommet?*
pro Tag/Woche?	*per døgn/uke?*
Ich bleibe eine Nacht (… Tage, … Wochen)	*Jeg blir en natt (… dager, … uker)*
Campingplatz	*campingplass*
Hütte	*hytte*
Wohnmobil	*bobil*
Zelt	*telt*
Bett	*seng*
Dusche	*dusj*
Toilette	*toalett*
warmes Wasser	*varmt vann*

Unterwegs

Auto	*bil*
Mietauto	*leiebil*
Ausfahrt	*utkjørsel*
Kilometer	*kilometer*
Meter	*meter*
nach Norden/Süden/ Westen/Osten	*til nord/sør/ vest/øst*
Ampel	*trafikklys*
Kreuzung	*veikryss*
abbiegen	*svinge*
nach rechts	*til høyre*
nach links	*til venstre*
geradeaus	*rett fram*
Auskunft	*opplysning*
Stadtplan	*bykart*
Eingang	*inngang*
Ausgang	*utgang*
geöffnet	*åpent*
geschlossen	*stengt*
Kirche	*kirke*
Museum	*museum*
Strand	*strand*
Brücke	*bru*
Platz	*plass*
Benzin/Diesel	*bensin/diesel*
Bitte volltanken!	*Full tank, takk!*
Autowerkstatt	*bilverksted*
Parken verboten	*parkering forbudt*
Mautstraße	*bomvei*

Wo ist/liegt der/die/ das nächste …?	*Hvor er/ligger nærmeste …?*
… Touristen-information	*… turistinformasjon*
… Tankstelle	*… bensinstasjon*
Wo kann man … kaufen?	*Hvor kan man … kjøpe?*
Wie weit ist das?	*Hvor langt er det?*

Öffentliche Verkehrsmittel

Abfahrt	*avgang (avg.)*
Ankunft	*ankomst*
nach	*til*
von	*fra*
Fahrkarte	*billett*
Kinderfahrkarte	*barnebillett*
Rückfahrkarte	*returbillett*
Taxi	*drosje*
Bus	*buss*
Haltestelle	*stoppested*
Zug	*tog*
Bahnhof	*stasjon*
Flugzeug	*fly*
Flughafen	*flyplass*
Schiff	*skip*
Schnellboot	*hurtigbåt*
Fähre	*ferje*
Hafen	*havn*

Ich will nach …	*Jeg skal til …*
Ich möchte …	*Jeg vil gjerne ha …*
… eine Hinfahrkarte	*… en enkeltbillet*
… eine Hin- und Rückfahrkarte	*… en tur-returbillet*
Welcher Bus geht nach …?	*Hvilken buss går til …?*
Wo muss ich umsteigen in den Zug/ Bus nach …?	*Hvor må jeg bytte tog/ bus til …?*
Wann geht der nächste Zug nach …?	*Når går neste tog/ buss/fly til …?*
Ich möchte aussteigen.	*Jeg vil gjerne gå av (stige av).*

Kulinarisches Lexikon

Allgemeines

Guten Appetit!	*Velbekomme!*
Prost!	*Skål!*

Die wichtigsten Sätze im Restaurant

Ich möchte einen Tisch für … Personen reservieren.	*Jeg vil gerne reservere et bord til … personer.*
Ist hier frei?	*Er det ledig her?*
Ist hier besetzt?	*Er det opptatt?*
Guten Appetit!/ Prost!	*Velbekomme!/ Skål!*
Herr Ober!	*Kelner!*
Fräulein!	*Frøken!*
Was wünschst du/ wünscht ihr?	*Hva ønsker du/dere?*
Ich möchte gerne …	*Jeg vil gjerne ha …*
Bitte die Speisekarte!	*Menuen, takk!*
Ich bin allergisch gegen …	*Jeg er allergisk mot …*
Ich bin Vegetarier.	*Jeg er vegetar.*
Noch etwas?	*Litt mer?*
Nein danke, nicht mehr	*Nei takk, ikke mer.*
Wo sind die Toiletten?	*Hvor er toalettene?*
Kann ich die Rechnung bekommen?	*Kann jeg få regningen?*
Wie viel kostet …?	*Hvor mange koster …?*
Behalten Sie den Rest.	*Behold resten.*
Danke für das Essen! (sagt man nach dem Essen)	*Takk for maten!*

Ja, danke	*Ja takk*
Nein, danke	*Nei takk*
Frühstück	*frokost*
Mittagessen	*lunsj*
Abendessen	*middag*
Café	*kaffe*
Imbissstube	*snackbar*
Pommesbude	*gatekjøkken*
Gasthaus	*gjestgiveri*
Restaurant	*restaurant*

Brot und Milchprodukte

brød	*Brot*
dansk rugbrød	*Schwarzbrot*
knekkebrød	*Knäckebrot*
loff	*Weißbrot*
melk	*Milch*
helmelk, H-Melk	*Vollmilch (3,8 %)*
kulturmelk	*Buttermilch*
lettmelk	*Halbfettmilch (1,5 %)*
skummet melk	*Magermilch (0,1 %)*
ost	*Käse*
rundstykke	*Brötchen*
Sahne	*fløte*

Fisch und Meeresfrüchte

abbor	*Barsch*
ål	*Aal*
blåskjell	*Miesmuschel*
hellefisk	*Heilbutt*
hvitting	*Weißling*
hyse, kolje	*Schellfisch*
høvrig, krabbe	*Krabbe*
laks	*Lachs*
makrell	*Makrele*
pale	*Seelachs*
piggvar	*Steinbutt*
reker	*Garnelen*
rødsprette	*Scholle*
sei	*Seelachs*
sild	*Hering*
sjøtunge	*Seezunge*
skrei, torsk	*Kabeljau, Dorsch*
steinbit	*Steinbeißer*
ørret	*Forelle*

Gemüse

agurk	*Gurke*
blomkål	*Blumenkohl*
bønner	*Bohnen*
erter	*Erbsen*
gulrot	*Karotten*
kål	*Kohl*
løk	*Zwiebel*
sopp	*Pilz*

Fleisch

får	*Hammel*
kalve	*Kalb*
lamme	*Lamm*
okse	*Rind*
pølse	*Wurst*
svine	*Schwein*
stek	*Braten*

Geflügel und Wild

and	*Ente*
dyrestek	*Renbraten*
elg	*Elch*
gås	*Gans*
hare	*Hase*
kalkun	*Pute*
kylling	*Hähnchen*
rapphøne	*Rebhuhn*
rein	*Ren*
rådyr	*Reh*

Obst

ananas	*Ananas*
banan	*Banane*
bjørnebær	*Brombeere*
blåbær	*Blaubeere*
bringebær	*Himbeere*
drue	*Weintraube*
eple	*Apfel*
fersken	*Pfirsich*
grapefrukt	*Grapefruit*
jordbær	*Erdbeere*
kirsebær	*Kirsche*
kivi	*Kiwi*
mandarin	*Mandarine*
moltebær	*Multebeere*
nektarin	*Nektarine*
oransje	*Orange*
pære	*Birne*
plomme	*Pflaume*
tyttebær	*Preiselbeere*

Getränke

flaske	*Flasche*
glass	*Glas*
kopp	*Tasse*
kaffe	*Kaffee*
saft	*Saft*
te	*Tee*
vann, vatn	*Wasser*
bayer	*dunkles Bier*
bitter	*Magenbitter*
brennevin	*Branntwein*
fatøl	*Fassbier*
hvitvin	*Weißwein*
konjakk	*Cognac, Weinbrand*
moltebærvin	*Multebeer-wein*
musserende vin	*Sekt*
rom	*Rum*
rødvin	*Rotwein*
toddy	*Grog*
vin	*Wein*
øl	*Bier*
sterk	*stark*
søt	*süß*
tørr	*herb*

Index

ANHANG

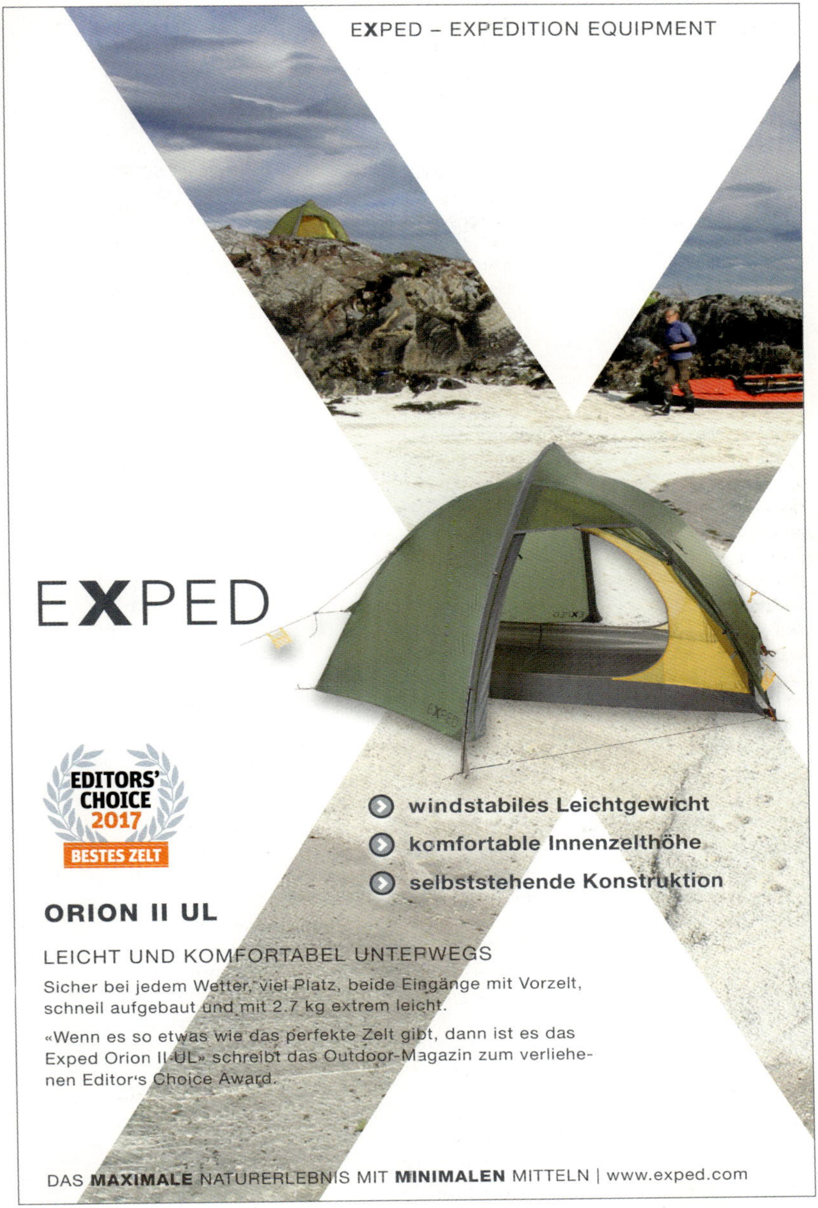
EXPED – EXPEDITION EQUIPMENT
EXPED
EDITORS' CHOICE 2017
BESTES ZELT
windstabiles Leichtgewicht
komfortable Innenzelthöhe
selbststehende Konstruktion
ORION II UL
LEICHT UND KOMFORTABEL UNTERWEGS
Sicher bei jedem Wetter, viel Platz, beide Eingänge mit Vorzelt, schnell aufgebaut und mit 2.7 kg extrem leicht.
«Wenn es so etwas wie das perfekte Zelt gibt, dann ist es das Exped Orion II UL» schreibt das Outdoor-Magazin zum verliehenen Editor's Choice Award.
DAS MAXIMALE NATURERLEBNIS MIT MINIMALEN MITTELN | www.exped.com

ANHANG

P

R

S

ANHANG

Bildnachweis

Umschlag

Titelfoto huber-images.de/Bernd Römmelt; Sami-Frau in Kautokeino, Nordnorwegen
Umschlagklappe vorn Corbis/Jean-Pierre Lescourret; Bergen
Umschlagklappe hinten mauritius images/age; Elch

Highlights

S. 6 huber-images.de/Gräfenhain
S. 7 Laif /Joerg Modrow (oben), LOOK-Foto/Age Fotostock (unten)
S. 8 Mauritius Images/Gerhard Zwerger-Schoner
S. 9 Dumont Bildarchiv/Dr. Christian Nowak (oben), Mauritius Images/Alamy (unten)
S. 10 Laif/Plambeck (oben), Laif/Max Galli (unten)
S. 11 Laif-Plambeck (oben), Mauritius Images/Robert Harding (unten)
S. 12 Picture Alliance/Chris Mellor (oben), laif/Andreas Gkanatsios (unten)
S. 13 Laif/Arcticphoto
S. 14/15 Huber-Images.de/Gräfenhain
S. 16 Mauritius Images/Bard Loken (oben), LOOK-Foto/Age Fotostock (unten)
S. 17 Laif/Hemis
S. 18 Mauritius Images/Gerhard Zwerger-Schoner (oben), Mauritius Images/Christian Handl (unten)
S. 19 huber-images.de/Gräfenhain (oben), Mauritius Images/Bernd Römmelt (unten)
S. 20 LOOK-Foto/Age Fotostock (oben), Mauritius Images-Bernd Römmelt (unten)

Regionalteil

Dumont Bildarchiv Gerald Haenel S. 82, 98; Jörg Modrow S. 449, 497, 592; Dr. Christian Nowak S. 22, 27, 69,112, 114, 119, 121, 183, 201, 213, 233, 239, 245, 251, 256, 267, 284, 327, 341, 346, 363, 381, 390, 401, 422; Ola Roe S. 38, 79, 86, 242, 432, 437, 475, 525, 545, 559, 567; Mike Schröder, Hartmut Schwarzenbach S. 508; G. Thiemann S. 223
Fotolia Galyna Andrushko S. 457; Corbis/infinite S. 275; Simon Dannhauer S.419; Sergii Figurnyi S.133; Kjersti S. 121; Kiwisoul S. 26; Milan Kuminowski S. 481; iPics S. 250; Siegmar S. 357; Slunicko1977 S.157, 172, 357; Lakov Kalinin S. 436; Harvepino S. 437; Zannzibar S. 205
iStock Anna Bryukhanova S.120; Fjord-Images S.186; Sofia Kozlova S. 577; Philartphace S. 356, 395; Tupungato S. 251
KabelvÅg Jann H. Engstad S. 493

Impressum

Norwegen
Stefan Loose Travel Handbücher
4., vollständig überarbeitete Auflage **2018**

Die in diesem Buch enthaltenen Angaben wurden von den Autoren nach bestem Wissen erstellt und vom Lektorat im Verlag mit großer Sorgfalt auf ihre Richtigkeit überprüft. Trotzdem sind, wie der Verlag nach dem Produkthaftungsrecht betonen muss, inhaltliche und sachliche Fehler nicht vollständig auszuschließen.
Deshalb erfolgen alle Angaben ohne Garantie des Verlags oder der Autoren. Der Verlag und die Autoren übernehmen keinerlei Verantwortung und Haftung für inhaltliche und sachliche Fehler.
Alle Landkarten und Stadtpläne in diesem Buch sind von den Autoren erstellt worden und werden ständig überarbeitet.

Gesamtredaktion und -herstellung
Bintang Buchservice GmbH
Zossener Str. 55/2, 10961 Berlin
www.bintang-berlin.de
Redaktion: Sabine Bösz, Jan Düker
Lektorat: Oliver Kiesow
Satz und Bildredaktion: Anja Linda Dicke, Stefan Müssigbrodt
Karten: Anja Krapat, Klaus Schindler
Reiseatlas: DuMont Reisekartografie, Fürstenfeldbruck

Printed in Poland

Kartenverzeichnis

ANHANG

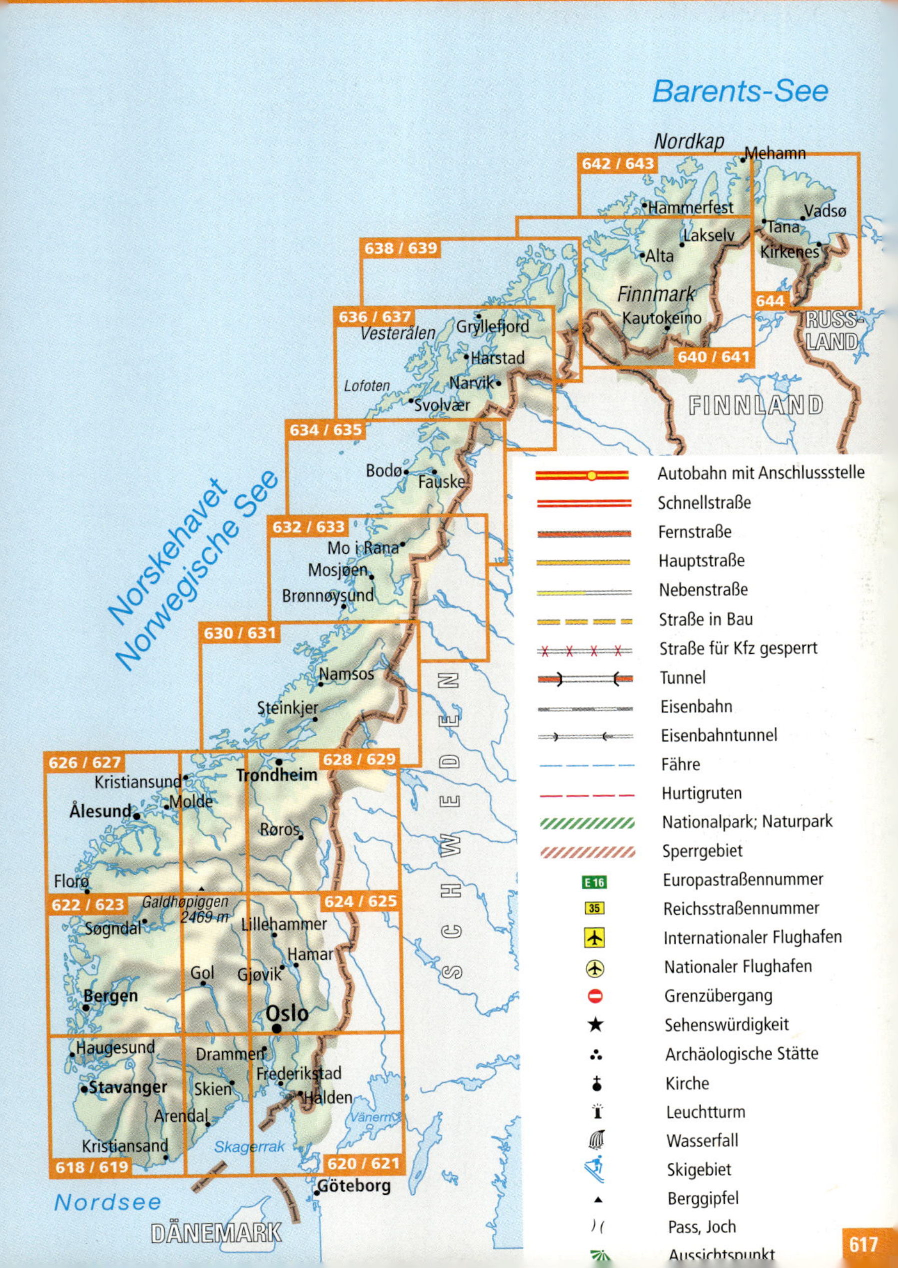
Barents-See
Nordkap
Mehamn
642 / 643
Hammerfest
Vadsø
Tana
Lakselv
Alta
Kirkenes
638 / 639
Finnmark
644
636 / 637
Vesterålen
Gryllefjord
Kautokeino
RUSSLAND
Harstad
640 / 641
Lofoten
Narvik
Svolvær
FINNLAND
634 / 635
Bodø
Fauske
Norskehavet
Norwegische See
632 / 633
Mo i Rana
Mosjøen
Brønnøysund
630 / 631
Namsos
Steinkjer
SCHWEDEN
626 / 627
628 / 629
Kristiansund
Trondheim
Ålesund
Molde
Røros
Florø
622 / 623
Galdhøpiggen 2469 m
624 / 625
Søgndal
Lillehammer
Hamar
Gol
Gjøvik
Bergen
Oslo
Haugesund
Drammen
Frederikstad
Stavanger
Skien
Halden
Arendal
Vänern
Kristiansand
Skagerrak
618 / 619
620 / 621
Göteborg
Nordsee
DÄNEMARK
Autobahn mit Anschlussstelle
Schnellstraße
Fernstraße
Hauptstraße
Nebenstraße
Straße in Bau
Straße für Kfz gesperrt
Tunnel
Eisenbahn
Eisenbahntunnel
Fähre
Hurtigruten
Nationalpark; Naturpark
Sperrgebiet
E 16
Europastraßennummer
35
Reichsstraßennummer
Internationaler Flughafen
Nationaler Flughafen
Grenzübergang
Sehenswürdigkeit
Archäologische Stätte
Kirche
Leuchtturm
Wasserfall
Skigebiet
Berggipfel
Pass, Joch
Aussichtspunkt

S. 622
HAUGESUND
Utsira
Karmøy
Kopervik
Skudeneshavn
Sandvesanden
Åkrehamn
Vedavågen
Kvalavåg
Ferkingstad
Falnes
Torvastad
Avaldsnes
Visnes
Føyno
Røvær
Espevær
Langevåg
Bømlafjord
Sveio
Våge
Vikebygd
Aksdal
Førre
Tysvær
Skjold
Ølen
Etne
Sauda
Saudafjord
Allmannajuvet
Skavlen
1515 m
Ryfylke
Sand
Sandeid
Vikedal
Hundseid
Ropeid
Jelsa
Nesvik
Hjelmeland
Vindafjord
Nedstrandsfjord
Boknafjord
Bokn
Alvestad
Finnøy
Rennesøy
Mosterøy
Kvitsøy
Ystebøhamn
Tungenes fyr
Randaberg
Sørbø
Tau
Strand
Jørpeland
Lysefjord
Preikestolen
597 m
Kjerag
1132 m
Lysebotn
STAVANGER
Tananger
Madla
Sola
Solastrand
Feistein fyr
Borestranda
SANDNES
Hommersåk
Høle
Forsand
Landa Prehistoric Village
Sviland
Ålgård
Dirdal
Gjesdal
Kleppe
Bryne
Time
Undheim
Nærbø
Varhaug
Vigrestad
Jæren
Kvassheim fyr
Ogna
Sirevåg
Brusand
Bjerkreim
Helleland
Vikeså
Øvrebygd
Tonstad
Sirdal
Øvre Sirdal
EGERSUND
Hellvik
Hauge
Jøssingfjord
Åna-Sira
Flekkefjord
Kvinesdal
Lund
Feda
Hidra
Farsund
Vanse
Lista
Spind
Lindesnes fyr
Lindesnes
Nordsjøen
Nordsee
E 39
E 134

S. 623
S. 620
Haukeliseter
Haukeligrend
Edland
Grungedal
Totak
Rauland
Krossen
Vinje
Åmot
Gaustatopp 1883 m
Bossbøen
Vierli
Kvambekk
Åmotsdal
Hjartdal
Seljord
Morgedal
Kviteseid
Dalen
Eidsborg
Stavkirken
Vrådal
Telemarkkanalen
Flåvatnet
Fjågesund
Bø
Lunde
Ulefoss
Notodden
Kongsberg
Heddal
Saulandi
Tinnoset
Bolkesjø
Sauherad
Nordagutu
Fyresdal
Nisser
Nissedal
Tørdal
Drangedal
Treungen
Tjønnefoss
Kilebygd
Solum
Helle
Bjåen
Frolandsheiene
Valle
Rysstad
Austad
Sandnes
Bygland
Byglandsfjord
Tovdal
Åmli
Gjerstad
Kragerø
Søndeled
Risør
Tvedestrand
Vegårshei
Vegusdal
Mykland
Svenes
Evje
Hornnes
Grindheim
Hægeland
Birkeland
Froland
Arendal
Grimstad
Lillesand
Vennesla
Oddernes
Kristiansand
Søgne
Mandal
Laudal
Øvrebø
Eiken
Kvås
Vigeland
Hovåg
Blindleia
Randesund
Vågsbygda
Flekkerøy
Aust-Agder
Setesdal
Setesdalbane
Stokken
Tromøy
Fevik

S. 624
S. 619
Skagerrak
Oslofjorden
Gaustatoppen 1883 m
Brattefjell 1540 m
Blefjell 1370 m
Lifjell 814 m
Lifjell 1550 m
Holtefjell 707 m
Skrimfjell 869 m
Hjartdalen
Heddalen
Jondalen
Flesberg
Kongsberg
Notodden
Stavkirken
Hokksund
Drammen
Asker
Sandvika
Røyken
Hurum
Svelvik
Sande
Holmestrand
Horten
Tønsberg
Nøtterøy
Tjøme
Sandefjord
Larvik
Stavern
Porsgrunn
Skien
Ulefoss
Lunde
Bø
Seljord
Kviteseid
Vrådal
Telemark-kanalen
Fjågesund
Nissedal
Treungen
Drangedal
Kilebygd
Brevik
Langesund
Bamble
Kragerø
Gjerstad
Søndeled
Risør
Tvedestrand
Arendal
Grimstad
Froland
Stokken
Lillesand
Vestfossen
Mjøndalen
Krokstadelva
Konnerud
Eiker
Hof
Andebu
Stokke
Kodal
Hedrum
Helgeroa
Nevlunghavn
Tolling
Helgerød
Vasser
Nesbryggen
Torød
Slemmestad
Drøbak
Tofte
Åsgårdstrand
Borre
Vallø
Lunde
Holla
Landsmarken
Sannidal
Vafoss
Stabbestad
Lyngør
Dypvåg
Laget
Holt
Austre Moland
Barbu
Tromøy
Hisøy
Fevik
Engene
Landvik
Blindleia
Nissér
Flåvatnet
Norsjø
Toke
Seljordsvatnet
Agder
Telemark
E 18
E 134

S. 625
Aursmoen
Bjørkelangen
Vestmarka
Charlottenberg
Skillingmark
Nordsjöbruket
Gunnarskog
Sunne
Björkefors
Skymnäs
Torsby
Munkerud
Mårbacka
Rottneros
Flateby
Momoen
Fosser
Løken
Tangen
Setskog
Stensrud
Köla
Eda
Amotfors
Gravås
Årbotten
Tobyn
Mangskog
Enebakk
Ytre Enebakk
Hemnes
Rømskog
Påterud
Sälboda
V. Åmtervik
Åmot
Heiås
Bjørkenes
Sandem
Skulerud
Trosterud
Ivarsbyn
Koppom
Västerås
Ny
Jössefors
Arvika
Kronan
Myran
Elofsrud
Järnskog
Näva
Hovin
Skjønhaug
Spydeberg
Bingen
Ulsby
Östervallskog
Lien
Gränsjör
Älgå
Furtan
Dalen
Edane
Brunskog
Nilsby
Askim
Momarken
Lundeby
Rødenes
Stømmen
Björkebol
Lyssås
Stretsbol
Glafsfjord
Glava
Högerud
Högboda
Boda
Frykerud
Fagerås
Mysen
Kallak
Klund
Töcksmark
Karlanda
Smolmark
Vännacka
Brandsbol
Eidsberg
Trømberg
Ørje
Holmedal
Rössbyn
St. Gla
Hillringsberg
Lenungen
Stavnäs
Kil
Töcksfors
Västra Fågelvik
Värmskog
Edsvalla
Lång
Skiptvet
Glomma
Rakkestad
Øymark
Øymarksjøen
Vång
Fölsbyn
Ström
Årjäng
Finntorn
Stömne
Strand
Nor
Malsjö
Alvenäs
KARLST
Degernes
Gjølstad
Foxen
Silbodal
Ängebäck
Åsebyn
Borgvik
Högsäter
Grums
Segerstad
Vartejg
SARPSBORG
Hafslund
Vatvet
Borgen
Oldfidsveien
Skjeberg
Rokke
Skjærvika
Damholtet
Otteid
Strømsfoss
Bergstrøm
Tolsby
Rive
Lennartsfors
Grunnerud
Trankil
Låbbyn
Sillerud
Blomskog
Harnäs
Silen
Lönnskog
St. Bör
Gillberga
Långserud
Norane
Kettilsbyn
Sillingebyn
Nysäter
Segmon
Slottsbron
Liljedal
Mässvik
Djupviken
Kila
Fossby
Kjølen
Aremark
Årbu
Dalen
Leläng
Gustavsfors
Skogen
Bro
Håkenby
Fredriksten
HALDEN
Fjell
Torrskog
Sund
Krokfors
Kråkviken
Svaneholm
Svanskog
Säffle
S. Ny
Kvaldersrud
Sponvika
Tistedal
Krusæter
Bjørkebekk
Nössemark
Barkerud
Sundgiinge
Mo
Tveta
By
Båglanda
Svinesund
Idd
Bomarken
Valsebo
Sölvik
Edsleskog
Åmål
Halle
Aspedammen
Ør
Ørsjøen
Ravnarken
Stora Le
Ärtemark
Laxarby
Bräcke
Olserud
Nordby
Hogdal
Prestebakke
Sannerud
Bengtsfors
Skåpafors
Fengersfors
Millesvik
Gaperhult
Kuggbäck
Hällestrand
Buar
Glenne
Kornsjø
Klevmarken
Håbol
Billingsfors
Steneby
Mustadfors
Fröskog
Tösse
St.Strand
Eskilsäter
Ekenäs
Skee
Håve
Berg
Strömstad
Holtet
Dalshögen
Mon
Ed
Ånimskog
Tjärnö
Varp
Vassbotten
Bondemon
Iväg
Berg
Tisselskog
Rämne
Töftedal
Rölanda
Ödsköit
Överby
Lur
Smeberg
Fagerhult
Håverud
Åsensbruk
Bäckefors
Skållerud
Resö
Skällerod
Gesäter
Ragård
Köpmannebro
Lindön
Dalskog
Havstenssund
Sannäs
Edsäm
Naverstad
Lerdal
Järbo
Gunnarsnäs
Holm
Tanum
Mo
SCHWEDEN
Örekilsälven
Dals-Rostock
Mellerud
Grebbestad
Ljungbytorp
Krokstad
Sanne
Ränneland
Ör
Järn
Lackö
Kämpersvik
Högsäter
Örsjön
Udden
Hällek
Raballshede
Hedekas
Hede
Sörbo
Harsängen
Erikstad
Grinstad
Otterstad
Fjällbacka
Bolstad
Sundals-Ryr
Strö
Hamburgsund
Hällevadsholm
Färgelanda
Stigen
Brålanda
Rackeby
Sunnersberg
Gösslunda
Götene
Kville
Dingle
Ödeborg
Rådanefors
Gestad
Söne
LIDKÖPING
Heestrand
Valbo-Ryr
Frändefors
Mellby
Tådene
Bovallstrand
Hallinden
Munkedal
Nättjebacka
Timmervik
Vänersnäs
Såtenäs
Vinninga
Hunnebostrand
Binäs
Frugården
Tun
Gillstad
Hasslösa
Torreby
Lane-Ryr
Lavad
Röd
Hogstorp
Vänersborg
Skara
Gravarne
Brastad
Skredsvik
UDDEVALLA
Lilleskog
Tång
Järpås
Saleby
Smögen
Rixö
Vargön
Flo
Grästorp
Gerum
Malmön
Bokenäs
Sundsandvik
Gustavsberg
St. Levene
Jung
Kvänum
TROLLHÄTTAN
Forshälla
Oresjö
Håsten
Trököma
Vara
Lysekil
Resteröd
Notebror
Väne-Åsaka
Främmestad
Trävad
Torp
Edsvära
Lunnevik
Henån
Ljungskile
Gardhem
Laxarebo
Tumleberg
Grundsund
Stillingsön
Orust
Sjuntorp
Nossebro
Fling
Vedum
Ellös
Svanesund
Koberg
Larv
Stala
Lilla Edet
St. Mellby
Floby
Hälleviksstrand
Svenshögen
Sollebrunn
Varekil
Göta
8. Härene
Herrljunga
Stenungsund
Nösund
Västerlanda
Livered
Gräfsnäs
Upplo
Mollösund
Hudene
Vänern
Dalsland
Bohuslän

S. 626
S. 618
Nordsjøen
Nordsee
BERGEN
Askrova
Stavøyna
Stavang
Svanøy
Stavfjord
Flokenes
Holevik
Hurtigruten
Gjelsvik
Stongfjord
Vevring
Naustdal
Redalsgrend
Førdefjord
Erdal
Førde
Ervika
Kalland
Nes
Aksla
Ålhus
Årdal
Jølster
Hove bru
Ramstad
Vassenden
Sandal
Astrupt
Moskog
Holsen
Haukedalsvatnet
Skipaset
Storehaug
Bringeland
Viksdalen
Hestad
Eldalsosen
Vallestad
Gaularfjellet
Gjemundstad
Sande
Bygstad
Laukeland
Eikeneset
Askvoll
Atløy
Alden
Bulandet
Landøy
Værlandet
Geita
Dalsfjord
Stauren
Gjervik
Vilnes
Værdal
Holmedal
Tysse
Dale
Halsnes
Osen
Håland
Flekke
Årøy
Fure
Hellevik
Sellevoll
Korssund
Færøy
Ospa
Saltbu
Nautsund
Guddal
Heggheim
Atløy
Afjord
Holtenbru
Hersvik
Risnes
Hyllestad
Lavikdal
Torvund
Dyrneslia
Høyanger
Vadheim
Dale
Nordeide
Bolstad
Låne
Svørefjord
Ulvestad
Esebotn
Balestrand
Kongsnes
Nessane
Flesje
Målsnes
Kvamsøy
Steinsundøya
Hardbakke
Sula
Krakhella
Leirvik
Lavik
Alværa
Vattekar
Kyrkjebø
Svartemyr
Fuglsbo
Utvær
Ytre Sula
Kolgrov
Nåra
Gjerdeneset
Rysjedalsvika
Rutledal
Bekken
Trædal
Sognefjorden
Søreide
Ortnevik
Vollavik
Limmesand
Hopperstad
Syingen
Brosvik
Bålen
Dingja
Hisarøyna
Eivindvik
Nordgulen
Takle
Nese
Brekke
Ytre Oppedal
Ikjen
Osland
Førde
Bjordal
Hest
Flogedalen
Finnefjord
Arnafjord
Austgulen
Instefjord
Stjordalen
Sognefjella
Framfjord
Steinslandstølen
Mjømna
Dalsøyra
Leversund
Ynnesdal
Kringla
Fosse
Byrknesøyna
Sandøyna
Glenja
Frøyset
Hogsvær
Steinsland
Gråvik
Sløvag
Risnes
Solheim
Matre
Straume
Grøndalen
Leirvåg
Hatlevik
Haugsdal
Masfjord
Fedje
Sævrøy
Fosnøy
Austrheim
Duesund
Andvik
Fjon
Grønhaug
Slottet
Farestveit
Mo
Modalen
Trefall
Flatekvål
Gullbrå
Nesheim
Vinje
Myrkdal
Helge
Lindås
Straume
Haugland
Austfjord
Lygrafjord
Radøyni
Sørkvingo
Sævråsvåg
Romarheim
Høvik
720 m
Lindåshalvøya
Myking
Eidslandet
Brekkhus
Seløy
Hellesøy
Marås
Andås
Vikanes
Gammersvik
Stamnes
Mæstad
Lønahorgi
1424 m
Tvindefoss
Staup
Raundal
Manger
Selm
Bjørsvik
Straume
Bolstadøyri
Evanger
VOSS
Alvøy
Herdla
Holsnøyni
Hjeltefjord
Alversund
Eikanger
Tysso
Bulken
Palmafoss
Blomøy
Rossland
Knarvik
Hosanger
Osterfjord
Fosse
Dale
Brekka
Hodnaberg
Vangsvatnet
Vinsand
Rongøy
Rong
Frekhaug
Hamre
Hordvik
Osterøya
Stanghelle
Bergsdalen
Tesdal
Toftøy
Askøy
Breistein
Breidvik
Åsebø
Valestrandsfossen
Hamlagrø
Veafjord
Erdal
Åsane
Haus
Bruvik
Solsvik
Ytre Arna
Garnes
Hamlagrovatnet
Fuglafjellet
1334 m
Rong
Granvin
Store
Knarrevik
Indre Arna
Espeland
Trengereid
Kvitingen
Hardanger
Kvanndal
Kolltveit
Mathopen
Haga
Tysse
Tokagjelet
Porsmyr
Øystese
Klyve
Ålvik
Utne
Mørvik
Fjell
Midtun
Haukeland
Frøland
Gaupholm
Steindalsfoss
Norheimsund
Steinstø
Ågrenda
Vikøy
Vines
Sotra
Hjellestad
Nesttun
Helldal
Pøyla
Tveitakvitingen
1299 m
Tørvikbygd
Oddland
Hardangerfjord
Herand
Velure
Telavåg
Fana
Lønningdal
Strandebarm
Skutevik
Jondal
Krossdal
Agatunet
Glesvær
Eide
Sund
Krokeide
Søfteland
Ådland
Fosse
Ljones
Lysøen
Søvik
Samnangerfjord
Eikelandsosen
Holdhus
Klokkarvik
Hatvik
Vengjaneset
Store Kalsøy
Korsfjord
Lysefjord
Osøyro
Fusa
Hamm
Belsnes
Grøtnes
Nåbygd
Hundvåko
Askvik
Halhjem
Hamaren
Flatebø
Espe
Frisvik
Backesund
Huftarøy
Legland
Engjavik
Mundheim
Kvitno
Vasskra museum
Austevoll
Bjørnafjord
Gravdal
Skår
Varaldsøyna
Varaldsøy
Hessvik
Storebø
Haukanes
Gjøvåg
Bruntveit
Malkenes
Sunndal
Apold
Stolmen
Huftarøy
Reksteren
Lunde
Gjermundshamn
Maurangerfjord
Fureberg
Folgefonntunnelen
Tyssedal
Kistevik
Kvalvåg
Sunde
Våge
Stussvik
Ænes
Årsnes
Folgefonna
Buar
Odda
Gaukshelm
Husavik
Søreide
Uggdal
Vikane
Husa
Løfallstrand
Buarbreen
Selbjørnfjord
Sandvikvåg
Tysnesøya
Mæland
Ølve
Kvinnherad
Sandvin
Gisøy
Fitjar
Flatraker
Onarheim
Kvinnheradsfjord
Rosendal
Baroniet Rosendal
Nasjonalpark
Låtefoss
Brandasund
Jektavik
Uskedalen
Ljosnes
Dimmelsvik
Skare
Goddo
Katla
Alfora
Rydland
Stord
Hodnanes
Skorpo
Musland
Landa
Vintertun
Reinsvatnet
Rubbestadneset
Førland
Huglo
Husnes
Husnesfjord
Stokksund
Indre Matre
Jøsendal
Fjæra
Seljestad
Bremnes
Sagvåg
Sunde
Valen
Langfoss
Stavkirken
Bømlo
Siggjarvåg
Ranavik
Sæbøvik
Åkrafjord
Finnås
Skjærsholmane
Leirvik
Halsnøya
Utåker
Matre
Åkra
Rafdal
Lykling
Mosterhamn
Ølfernes
Sundnes
Sællesvik
Skånevik
Kyrping
Gjertrudshidleren
Horda

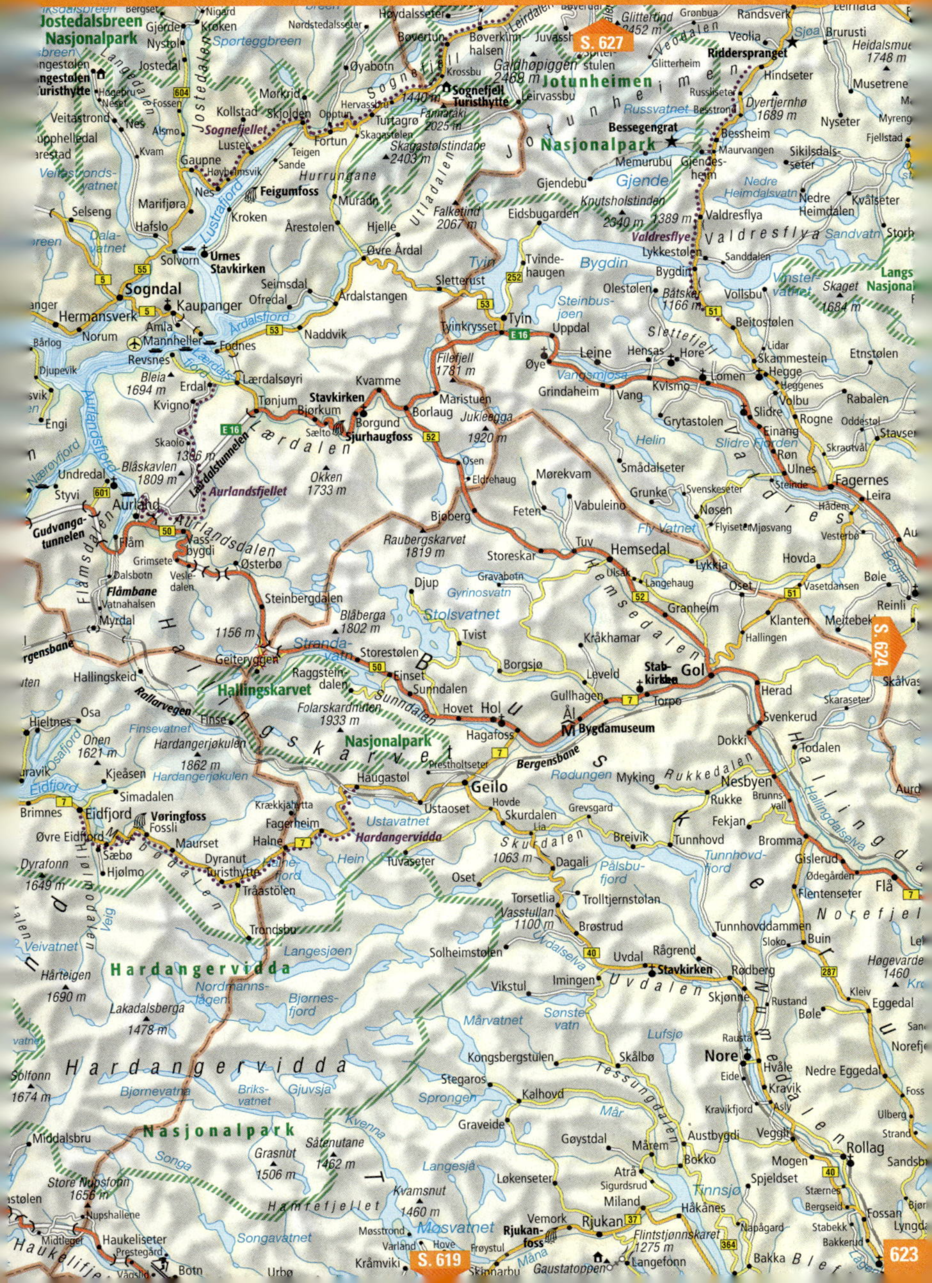
Jostedalsbreen Nasjonalpark
Gjerde
Krøken
Nystøl
Jostedal
Sporteggbreen
Høydalsseter
Bøvertun
Bøverkinnhalsen
Juvasshytta
S. 627
Glittertind 2452 m
Randsverk
Ridderspranget
Heidalsmue 1748 m
Sognefjell
Krossbu
Galdhøpiggen 2469 m
Spiterstulen
Jotunheimen
Sognefjell Turisthytte
Leirvassbu
Hindseter
Musetrene
Øyabotn
1440 m
Fannaråki 2025 m
Turtagrø
Russvatnet
Besstrond
Dyertjernhø 1689 m
Nyseter
Mørkrid
Kollstad
Skjolden
Optun
Hervassbu
Skagastølen
Skagastølstindane 2403 m
Bessegengrat
Bessheim
Jotunheimen Nasjonalpark
Memurubu
Gjendesheim
Sikilsdalsseter
Sognefjellet
Luster
Fortun
Teigen
Sande
Gaupne
Høyheimsvik
Hurrungane
Gjendebu
Gjende
Nedre Heimdalsvatn
Nedre Heimdalen
Kvålseter
Nes
Feigumfoss
Muradn
Utladalen
Knutsholstinden 2340 m
1389 m
Valdresflya
Marifjøra
Kroken
Lustrafjord
Falketind 2067 m
Eidsbugarden
Valdresflye
Selsing
Hafslo
Årestølen
Hjelle
Lykkestølen
Sanddalen
Sandvatn
Storh
Dalsvatnet
Solvorn
Urnes Stavkirken
Øvre Årdal
Tyin
Tvindehaugen
Bygdin
Bygdin
Langs Nasjonal
Sogndal
Kaupanger
Seimsdal
Ofredal
Årdalstangen
Sletterust
Olestølen
Båtskar 1166 m
Vollsbu
Vinstervatnet
Skaget 1684 m
Hermansverk
Amla
Årdalsfjord
Steinbusjøen
Beitostølen
Norum
Mannheller
Naddvik
Tyinkrysset
Uppdal
Tyin
Slettefjell
Lidar
Bårlog
Revsnes
Fodnes
Lærdalsfjord
Filefjell 1781 m
Leine
Øye
Hensas
Høre
Skammestein
Etnstølen
Djupevik
Bleia 1694 m
Lærdalsøyri
Kvamme
Vangsmjøsa
Lomen
Hegge
Heggenes
Erdal
Grindaheim
Vang
Kvismo
Volbu
Rabalen
Kvigno
Tønjum
Stavkirken
Bjørkum
Borgund
Maristuen
Borlaug
Jukleegga 1920 m
Slidre
Rogne
Oddestøl
Engi
Aurlandsfjord
Sælto
Sjurhaugfoss
Lærdalen
Grytastolen
Slidrefjorden
Einang
Stavser
Skaolo
1306 m
Helin
Røn
Skrautvål
Nærøyfjord
Blåskavlen 1809 m
Lærdalstunnelen
Osen
Eldrehaug
Smådalseter
Ulnes
Fagernes
Undredal
Okken 1733 m
Mørekvam
Styvi
Aurland
Aurlandsfjellet
Vabuleino
Grunke
Svenskeseter
Steinde
Leira
Gudvangatunnelen
Hådem
Bjøberg
Feten
Nøsen
Flåm
Aurlandsdalen
Vassbygdi
Raubergskarvet 1819 m
Fly Vatnet
Flyiseter
Mjøsvang
Vesterbø
Grimsete
Østerbø
Tuv
Hemsedal
Storeskar
Lykkja
Hovda
Dalsbotn
Vesledalen
Ulsåk
Langehaug
Flåmsdalen
Flåmbane
Vatnahalsen
Djup
Gravabotn
Gyrinosvatn
Oset
Vasetdansen
Bøle
Myrdal
Steinbergdalen
Granheim
Reinli
Blåberga 1802 m
Stolsvatnet
Klanten
Meltebek
Bergensbane
1156 m
Strandavatn
Tvist
Kråkhamar
Hallingen
S. 624
Geiteryggen
Storestølen
Borgsjø
Hallingskeid
Raggsteindalen
Einset
Sunndalen
Leveld
Stabkirken
Gol
Skålvas
Hallingskarvet
Sunndalen
Gullhagen
Torpo
Herad
Skaraseter
Rallarvegen
Folarskardnuten 1933 m
Hovet
Hol
Ål
Bygdamuseum
Svenkerud
Hjeltnes
Osa
Finse
Finsevatnet
Nasjonalpark
Hagafoss
Dokki
Todalen
Onen 1621 m
Hardangerjøkulen
Prestholtseter
Bergensbane
Rukkedalen
Myking
Nesbyen
Osafjord
1862 m
Haugastøl
Geilo
Rødungen
Rukke
Brunnsvall
Kjeåsen
Hardangerjøkulen
Hovde
Grevsgard
Fekjan
Eidfjord
Simadalen
Krækkjahytta
Ustaoset
Skurdalen
Lia
Hallingdalselva
Brimnes
Eidfjord
Vøringfoss
Fossli
Fagerheim
Ustavatnet
Breivik
Tunnhovd
Bromma
Øvre Eidfjord
Maurset
Halne
Hardangervidda
Skurdalen
Sæbø
Dyranut Turisthytte
Halnefjord
Hein
Tuvaseter
1063 m
Dagali
Gislerud
Ødegården
Flå
Dyrafonn 1649 m
Hjølmo
Måbødalen
Tråastølen
Oset
Pålsbufjord
Tunnhovdfjord
Flentenseter
Hjølmodalen
Torsetlia
Trolltjernstølen
Norefjell
Veig
Vasstulan 1100 m
Brøstrud
Tunnhovddammen
Trondsbu
Uvdalselva
Sloko
Buin
Veivatnet
Langesjøen
Solheimstølen
Uvdal
Rågrend
Hardangervidda
Stavkirken
Rødberg
Høgevarde 1460
Hårteigen 1690 m
Nordmannslågen
Vikstul
Imingen
Uvdalen
Kleiv
Skjønne
Rustand
Eggedal
Bjørnesfjord
Bøle
Lakadalsberga 1478 m
Mårvatnet
Sønstevatn
Lufsjø
Rausta
Norefjell
Nore
Skålbø
Hvåle
Solfonn 1674 m
Hardangervidda
Kongsbergstulen
Tessungdalen
Eide
Nedre Eggedal
Kravik
Stegaros
Bjornevatna
Briksvatnet
Gjuvsjå
Sprongen
Kalhovd
Kravikfjord
Asly
Foss
Numedalen
Ulberg
Nasjonalpark
Kvenna
Mår
Graveide
Austbygdi
Veggli
Strand
Middalsbru
Gøystdal
Måren
Rollag
Sandsb
Sâtenutane 1462 m
Grasnut 1506 m
Songa
Langesjå
Bokko
Mogen
Store Nupsfonn 1656 m
Atrå
Sigurdsrud
Spjeldset
Løkenseter
Tinnsjø
Stærnes
Nupshallene
Kvamsnut 1460 m
Miland
Håkanes
Bergseid
Fossan
Bjør
Hamrefjellet
Mosvatnet
Vemork
Rjukan
Rjukanfoss
Flintstjønnskaret 1275 m
Napågard
Stabekk
Lyngda
Middleger
Haukeliseter
Prestegård
Songavatnet
Møsstrond
Varland
Hove
Frøystul
Bakkerud
Haukelifjell
Vågslid
Botn
Urbø
Kråmviki
S. 619
Skinnarbu
Måna
Gaustatoppen
Langefonn
Bakka
Blefjell
Lågen

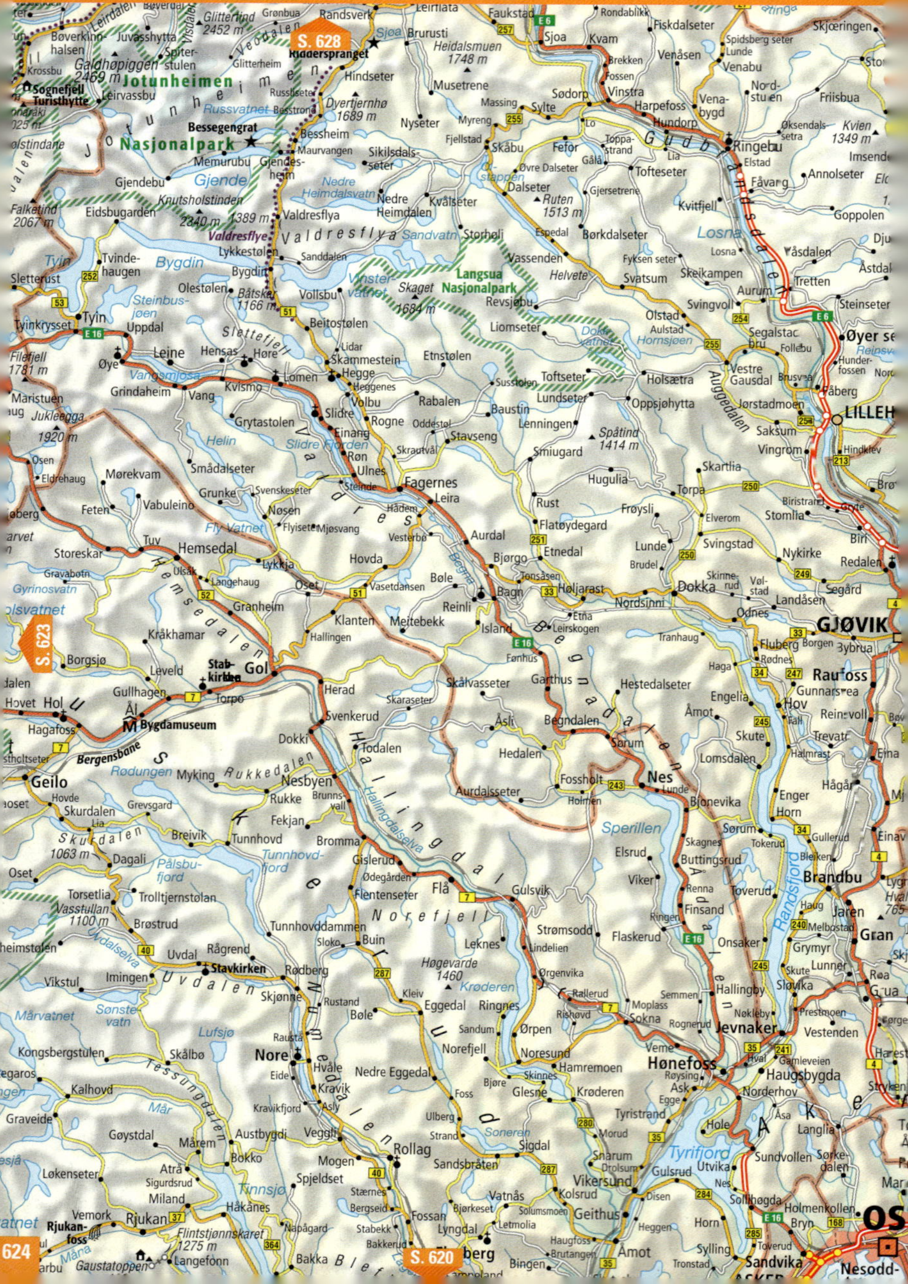
S. 628
Ridderspranget
Randsverk
Sjoa
Brurusti
Heidalsmuen
1748 m
Faukstad
Rondablikk
Fiskdalseter
Skjœringen
Jotunheimen
Galdhøpiggen
2469 m
Glittertind
2452 m
Juvasshytta
Spiterstulen
Bøverkinnhalsen
Krossbu
Sognefjell Turisthytte
Leirvassbu
Russvatnet
Besstrond
Bessegengrat
Jotunheimen Nasjonalpark
Memurubu
Gjendesheim
Gjende
Gjendebu
Eidsbugarden
Knutsholstinden
2340 m
Bessheim
Maurvangen
Hindseter
Dyrtjernhø
1689 m
Sikilsdalsseter
Nedre Heimdalsvatn
Nedre Heimdalen
Kvålseter
Valdresfly
Valdresflya
Sandvatn
Storhøli
Langsua Nasjonalpark
Skaget
1684 m
Vinstervatnet
Revsjøbu
Liomseter
Falketind
2067 m
Tyin
Tyinkrysset
Tvindehaugen
Bygdin
Olestølen
Båtskar
1166 m
Vollsbu
Beitostølen
Steinbusjøen
Uppdal
Sletterust
Filefjell
1781 m
Øye
Leine
Vangsmjøsa
Hensas
Høre
Lomen
Slettefjell
Skammestein
Hegge
Heggenes
Volbu
Etnstølen
Susstølen
Toftseter
Holsætra
Vang
Kvismo
Grindaheim
Maristuen
Jukleegga
1920 m
Grytastølen
Slidre
Einang
Rogne
Rabalen
Baustin
Lundseter
Oppsjøhytta
Helin
Slidrefjorden
Røn
Ulnes
Oddestøl
Stavseng
Lenningen
Spåtind
1414 m
Smådalseter
Skrautvål
Smiugard
Hugulia
Skartlia
Torpa
Osen
Eldrehaug
Mørekvam
Vabuleino
Grunke
Svenskeseter
Nøsen
Fagernes
Leira
Hådem
Valdres
Rust
Frøysli
Flatøydegard
Feten
Fly Vatnet
Flyisete
Mjøsvang
Vesterbø
Aurdal
Bjørgo
Etnedal
Lunde
Svingstad
Storeskar
Tuv
Hemsedal
Lykkja
Hovda
Begna
Tonsåsen
Høljarast
Nordsinni
Dokka
Brudel
Gravabotn
Gyrinosvatn
Ulsåk
Langehaug
Oset
Vasetdansen
Bøle
Reinli
Bagn
Etna
Leirskogen
Odnes
Vølstad
Landåsen
Gjøvik
Granheim
Klanten
Meitebekk
Island
Begnadalen
Tranhaug
Fluberg
Rødnes
Borgen
Bybrua
Raufoss
Kråkhamar
Hallingen
Fønhus
S. 623
Borgsjø
Leveld
Stavkirken
Gol
Herad
Skålvasseter
Garthus
Hestedalseter
Haga
Gunnarsrea
Engelia
Hov
Åmot
Reinsvoll
Hovet
Hol
Ål
Bygdamuseum
Torpo
Skaraseter
Åsli
Hagafoss
Svenkerud
Begndalen
Sørum
Skute
Trevatn
Dokki
Todalen
Hedalen
Lomsdalen
Halmrast
Eina
Bergensbane
Geilo
Rødungen
Myking
Rukkedalen
Nesbyen
Hallingdalselva
Fossholt
Holmen
Nes
Lunde
Bjonevika
Enger
Horn
Hågår
Hovde
Skurdalen
Grevsgard
Rukke
Brunnsvall
Aurdalsseter
Sperillen
Sørum
Tokerud
Skurdalen
Lia
1063 m
Fekjan
Breivik
Tunnhovd
Bromma
Gullerud
Bleiken
Einavatnet
Dagali
Pålsbufjord
Tunnhovdfjord
Hallingdal
Elsrud
Buttingsrud
Viker
Brandbu
Oset
Torsetlia
Vasstullan
1100 m
Trolltjernstølan
Gislerud
Ødegården
Flå
Flentenseter
Gulsvik
Adalen
Renna
Finsand
Toverud
Randsfjord
Haug
Jaren
Brøstrud
Norefjell
Strømsodd
Flaskerud
Ringen
Onsaker
Melbostad
Gran
Grymyr
Uvdalselva
Tunnhovddammen
Sloko
Buin
Leknes
Lindelien
Skute
Lunner
Uvdal
Rågrend
Stavkirken
Rødberg
Høgevarde
1460
Krøderen
Ørgenvika
Hallingby
Sløvika
Roa
Grua
Vikstul
Imingen
Uvdalen
Skjønne
Rustand
Kleiv
Eggedal
Ringnes
Rallerud
Semmen
Nøkleby
Prestmoen
Vestenden
Mårvatnet
Sønstevatn
Bøle
Rishovd
Moplass
Sokna
Rognerud
Jevnaker
Lufsjø
Raustå
Sandum
Ørpen
Skålbø
Nore
Norefjell
Noresund
Vene
Hønefoss
Hval
Gamleveien
Kongsbergstulen
Eide
Hvåle
Nedre Eggedal
Hamremoen
Røysing
Haugsbygda
Tegaros
Kalhovd
Tessungdalen
Kravik
Bjøre
Skinnes
Glesne
Krøderen
Ask
Egge
Norderhov
Kravikfjord
Asly
Foss
Tyristrand
Åsa
Graveide
Mår
Ulberg
Sonerern
Hole
Langlia
Gøystdal
Austbygdi
Veggli
Strand
Sigdal
Morud
Tyrifjord
Mårem
Bokko
Rollag
Sandsbråten
Snarum
Drolsum
Utvika
Sundvollen
Sørkedalen
Løkenseter
Atrå
Mogen
Gulsrud
Nes
Sigurdsrud
Spjeldset
Vikersund
Disen
Miland
Tinnsjø
Stærnes
Vatnås
Kolsrud
Sollihøgda
Holmenkollen
Vemork
Håkanes
Bergseid
Bjørkeset
Solumsmoen
Geithus
Bryn
Rjukan
Rjukanfoss
Fossan
Lyngdal
Letmolia
Heggen
Horn
Oslo
Flintstjønnskaret
1275 m
Napågard
Stabekk
Bakkerud
Flesberg
Haugfoss
Brutangen
Åmot
Sylling
Toverud
Måna
Gaustatoppen
Langefønn
Bakka
S. 620
Bingen
Tronstad
Sandvika
Nesodden
Sjoa
Kvam
Brekken
Fossen
Vinstra
Venåsen
Spidsberg seter
Lunde
Venabu
Nordstuen
Friisbua
Musetrene
Massing
Sylte
Sødorp
Harpefoss
Venabygd
Nyseter
Myreng
Fjellstad
Skåbu
Fefor
Toppastrand
Hundorp
Gudbrandsdalen
Ringebu
Elstad
Øksendalssetra
Kvien
1349 m
Imsdal
Olstappen
Øvre Dalseter
Dalseter
Gålå
Lia
Tofteseter
Fåvang
Annolseter
Ruten
1513 m
Gjersetrene
Kvitfjell
Goppolen
Espedal
Børkdalseter
Losna
Dju
Vassenden
Fyksen seter
Skeikampen
Våsdalen
Åstdal
Helvete
Svatsum
Tretten
Aurum
Svingvoll
Steinseter
Olstad
Aulstad
Hornsjøen
Segalstad bru
Follebu
Øyer
Reinsvoll
Dokkavatnet
Vestre Gausdal
Brusveia
Hunderfossen
Påberg
Auggedalen
Jørstadmoen
Lillehammer
Saksum
Vingrom
Hindklev
Biristrand
Grøte
Stomlia
Elverom
Biri
Nykirke
Redalen
Skinnerud
Segård
Gjøvik

S. 629
S. 621
SCHWEDEN
Fulufjället Nationalpark
Slohangflöjet 1044 m
Sommelfjället 950 m
Härjehågne 1185 m
Slättåsen 850 m
Skalfjället 996 m
Trysilfjell 1139 m
Granfjället 945
Brumundkampen 826 m
Rönnkleven 681 m
Höljåsen 503 m
Mangslidberget 583 m
Rösberget 613 m
Käringåsen 402 m
Hovfi 542 m
590 m
Otnes
Åkrestrømmen
Mistra
Holla
Elvbrua
Engerdal
Drevdagen
Renåseter
Hagen-setra
Snerta
Heggeriset
Storbacken
Särnaheden
Nordomsjön
Havtorsbygget
Krypbygget
Ås-heim
Flenoya
Elvdal
Husfloa
Øya
Engeren
Røa
Lillådalen
Mörkret
Särna
Byggevallen
Skarvseter
Flenbua
Burua
Sennsjøvika
Sjøli
Koppang
Villdalsseter
Elgshøa
Linnes
Skåret
Särnstugan
Öjvallberget
Engerneset
Kittilia
Barflo
Floen
Bekken
Eltdalen
Stai
Sjøli
Høgåsen
N. Løset
Karinusbua
Jota
Jordet
Flå
Stigen
Drevjesetra
Nornäs
Hållbovallen
Bunkris
Rasta
Kroken
Opphus
Lindstad
Slettås
Nor
Granåsen
Ljørdalen
Sörsjön
Lövnäs
Mora
Trysil (Innbygda)
Skjerhalla
Fulunäs
Hormundsvalla
Deset
Strand
Nordre Osen
Teodors
Håvl
Fjellbygda
Grundforsen
Strand
Rødsskaret
Yggle
Valmen
Tallåssetra
Tjernet
Støa
Gjevaldshaugen
Seteråsen
Nybergsund
Østby
Sorbekken
Sætre
Flåtestøa
Odden
Engemoen
Tannånes
Migvrå
Osenjøen
Søndre Osen
Flermoen
Sälen
Rena
Snippen
Hagen
Tørberget
Plassen
Högfjällshotellet
Amot
Bolstad
Blikberget
Midtskogberget
Kjernmoen
Skjærberget
Rörbäcksnäs
Stangvollen
Åsta
Mora
Rundflogen
Lutnes
Mång
Bjørnstad
Skavhaugen
Kankensetra
Långflon
Kroksätra
Kinvallsjösätern
Fiskarheden
Vål
Ulvålia
Aspberget
Svaråsen
Norra Löten
Gusjön
Mália
Nedreberg
Glåma
Rådelsbråten
Södra Löten
Torgåsmon
Øksna
Finstad
Sætre
Bakken
Stavåsnäs
Klaråsen
Gåsbu
Hernes
Siljubergen
Uggleheden
Norra Finnskoga
Lima
Brumunddal
Lauvlia
Gravberget
Limedsfors
Hosbjør
Furnes
Vangseter
Elverum
Tandö
Vang
Ånestad
Heradsbygd
Risberget
Haldammen
Eriksheden
Gräsbricka
HAMAR
Løten
Oset
Jømna
Lundebyvollen
Rangen
Ådalsbruk
Bronken
Haukåsen
Järpliden
Helgøya
Ottestad
Romedal
Brattmon
Sysslebäck
Ryan
Stange
Oppegård
Haskereidvoss
Possåsen
Vallset
Finnskog
Letafors
Mjøsa
Evenrud
Katen
Våler
Gjesås
Holte
Södra Finnskoga
Bograngen
Ransby
Tangen
Støa
Harasjøen
Sønsterud
Velta
Dalby
Branäs
Transtrandssätern
Totenvika
Eid
Flisa
Tyskeberget
Likenäs
Alsnes
Malungen
Siggerud
Åsnes
Arneberg
Dulpetorpet
Falltorp
Bjurberget
Håliden
Espa
Berger
Mjøsvang
Snålroa
Hof
Finnskogen
Backa
Torgunrud
Kvisler
Fall
Rotberget
Feiring
Strandlykkja
Knapper
Tannes
Namnå
Tysketorpet
Nyskoga
Granberget
Hurdal torg
Trøften
Bruvoll
Kirkenær
Digerberget
Langset
Skulstad
Mo
Oppakersund
Svulrya
Värnäs
Ö. Näsberget
Hurdal
Minnesund
Odalen
Skasenden
Kristinefors
N. Ny. Stöllet
Storsjøen
Grinder
Hurdalsjøen
Finnbråtan
Sand bru
Kuggerud
Vestby
Röjdåfors
Langløv
EIDSVOLL
Nor
Skasen
Granejön
Vitsand
Gravol
Fallet
Haugen
Brandval
Nord-mokorset
Råholt
Årnes
Lunderseter
Lämbacken
Järnbergsås
Frilset
Slåstad
Rymoen
Bergerseter
Dal
Ingeborg-rud
Skarnes
Strøm
Leirrud
Roverud
Rottnemon
Östmark
Vägsjöfors
Fastnäs
Aukner
Sander
Øyermoen
Vittjätn
Sörmark
Trandum
Kampå
Disenå
Sundby
Kongsvinger
Lekvattnet
Hauerseter
Brårud
Oppåkermoen
Jammerdal
Møkeren
Rinn
Kyrkheden
Nordkisa
Setterstøa
Masterud
Rådom
Sand
Furuset
Finstad
Vormsund
Lier
Granli
Torsby
Oleby
Fösk efors
Jessheim
Årnes
Åbogen
Solberg
Mårbacken
Gustavsdal
Ask
Hvam
Pålsmoen
Austmarka
Bada
Borgen
Finnholt
Rauhella
Ashagen
Gjerdrum
Haga
Steineien
Bogen
Frogner
Aulifeltet
Bjørknes
Teppa
Karterud
Eidskog
Sävtorp
Grinnemo
Lysvik
Skoga
Slattum
Lørenfallet
Timbonäs
Leirsund
Skedsmokorset
Blaker
Mangen
Kjerret
Lövåsen
Sørumsand
Hareton
Skotterud
Borrud
Haljeboda
Stöpafors
Ivarsbjörke
Sörby
LILLESTRØM
Søndre
Harstad
Stangnes
Magnor
Bortan
Fredros
Gräsmark
Lørenskog
Fetsund
Bolfoss
Vestmarka
Eda glasbruk
Björkefors
Årnes
Aursmoen
Bjørkelangen
Fjellsrud
Charlottenberg
Allstakan
Trötvik

Norskehavet
Norwegische See
Ulla fyr
Storholmen fyr
Ulla
Haramsøy
Austnes
Lepsøya
Nordøyane
Roaldsand
Erkna fyr
Vigra
Giske
Valderøy
Atlanterhavsparken
Alnes
Grasøyane fyr
Godøya
Gjuv
ÅLESUND
Borgund
Søreyane
Runde
Breisundet
Langevåg
Sula
Brandal
Flø
Hareid-
Hareid
Sulasundet
Svinøy fyr
Kvalsvik
Nerlandsøy
Remøy
Torvik
Bigset
Kvalsund
Fosnavåg
Frøystad
Skeide
Ulsteinvik
Ulset
Stadhavet
Moldtustranda
landet
Haddal
Vartdal
Vartdalsfjorden
Romedalshorn
1460 m
Gardnes
Gjerdsvika
Tjørvåg
Sandsøya
Våge
Flavika
Gurskøya
Kjerringa
497 m
Vestkapp
Kvamsøy
Voksa
Gursken
Larsnes
Gurskøy
Eiksund
Rjåneset
Eiksundtunnel
Årvik
Eltvik
Åram
Berknes
Lianeset
Kolås
Hurtigruten
Borgundvåg
Sandvik
Rovdefjorden
Velsvik
Ørsta
Hoddevika
Koparnes
Syvdsnes
Lauvstad
Hovdebygda
Åm
Frøland
Brautaset
Stadlandet
Leikanger
Sighaug
Skår
Volda
Fiskå
Dravlaus
Voldafjorden
Vatne
Silde-gapet
Fløde
Slagnes
Eidså
Aksnes
Selje
Kråkenes
Skongenes
Selje
Vanylven
Myklebust
Folkestad
Høydal
Vågsøy
Barmen
Sylte
Dale
Raudeberg
Eide
Åheim
Dalsfjorden
Kile
Straumshamn
Sunndal
Kannesteinen
Vetrhus
Eltherhaug
Åmelfot
Blæja
1142 m
Kalvatn
Vågsberget
Måløy
Flatraket
Rimstad
Steinsvik
Bjørkedal
Husevågøy
Bryggja
Maurstad
Osdal
Bremangerlandet
Eldevik
Smørdal
Hornindalsvatnet
Navelsaker
Oldeide
Ståheim
Haugen
Nordfjord
Nordfjordeid
Hegglabugda
Bremanger
Rugsund
Eidsfjord
Mogrenda
Holmøyane
Frøya
Ryland
Berle
Klubben
Bortnen
Davik
Hamnes
Osnes
Skrede
915 m
Torheim
Nes
Kalvåg
Langesi
Isane
Randabygda
Frøysjøen
Vingen
Sande
Myklebustdalen
Ålfoten
Lote
Anda
Utfjorden
Nos
Smørhamn
Nesbø
Hestenesøyra
Ryssfjøra
Innvikfjorden
Botnane
Gulstøa
Svelgen
Førde
Vereide
Gloppenfjord
Hold-reim
Hovden
Midtgulen
Ålfotbreen
1630 m
Kleppenes
Sørgulen
Myklebust
Straume
Gjemmestad
Sandane
Grøfjellet
Batalden
Arebrotet
Røyrvikgrend
Hyen
Holme
Reed
697 m
Hauka
Norddal
Sunndal
Lyngneset
Byrkjelo
Skorpa
Florø
Brandsøy
Grov
Solheim
Hjorteset
Gjengedal
Breimsvatnet
Egge
Kinn
Lykkjebø
Blåfjellet
Kinnakyrkja
Reksta
Eikefjord
Sandviktun
Eikefjord
Einhjellvatnet
1390 m
Mykland
Langedal
Askrova
Storebru
Kalland
Nes
Jolster

S. 622

S. 630
Smøla
Hopen
Nordvika
Dymesvågen
Gjelberg
Edøy
Rosvoll
Korsvoll
Grip fyr
Grip
Griphølen
Hurtigruten
Edøyfjord
Tustna
Gullstein
Golma
Ertvågøy
Aukan
Vinsternes
Ålmo
Aure
Stemshaug
Kjørsvik
Vikan
Heimsjøe
Gjengstøa
Oddan
Årvåg
Kyrksæterøra
Rovatnet
Søylia
Vinjeøra
Trondheimsleia
KRISTIANSUND
Hustadvika
Hestskjær fyr
Averøya
Frei
Kvernes
Håkkarøysa
Bjørnsund fyr
Atlanterhavsveien
Fræna
Elnesvågen
Gossen
Molde
Romsdalmuseum
Årø
Moldefjord
Fannefjorden
Langfjorden
Nordmøre
Tingvoll
Stangvik
Surnadalsfjorden
Halsa
Todal
Trollheimen
Snota 1668 m
Sunndalsfjorden
Sunndalsøra
Sunndalen
Gjevilvatn
Fale
Romfo
Kråkvasstind
S. 628
Eikesdalsvatnet
Eikesdalen
Åndalsnes
Trollveggen
Romsdalshorn 1550 m
Trollstigen
Romsdalen
Rauma
Valldal
Stranda
Norddalsfjorden
Reinheimen Nasjonalpark
Ulvådalen
Verma
Bjorli
Lesjaskogsvatnet
Lesja
Dombås
Dovrefjell-Sunndalsfjella Nasjonalpark
Snøhetta 2286 m
Skrimkolla 1984 m
Dovre
Gudbrandsdalen
Geirangerfjord
Geiranger
Skageflå
Hellesylt
Sunnylven
Dalsnibba
Gamle Strynefjellsvegen
Strynevatn
Stryn
Otta
Ottadalen
Breheimen Nasjonalpark
Lom
Vågåmo
Lomseggi 2094 m
Tverrfjellet
Digervarden 1779 m
Jostedalsbreen
Skridulaupen
Glittertind
Galdesand
Bøverdalen
Sagasøyla
S. 623

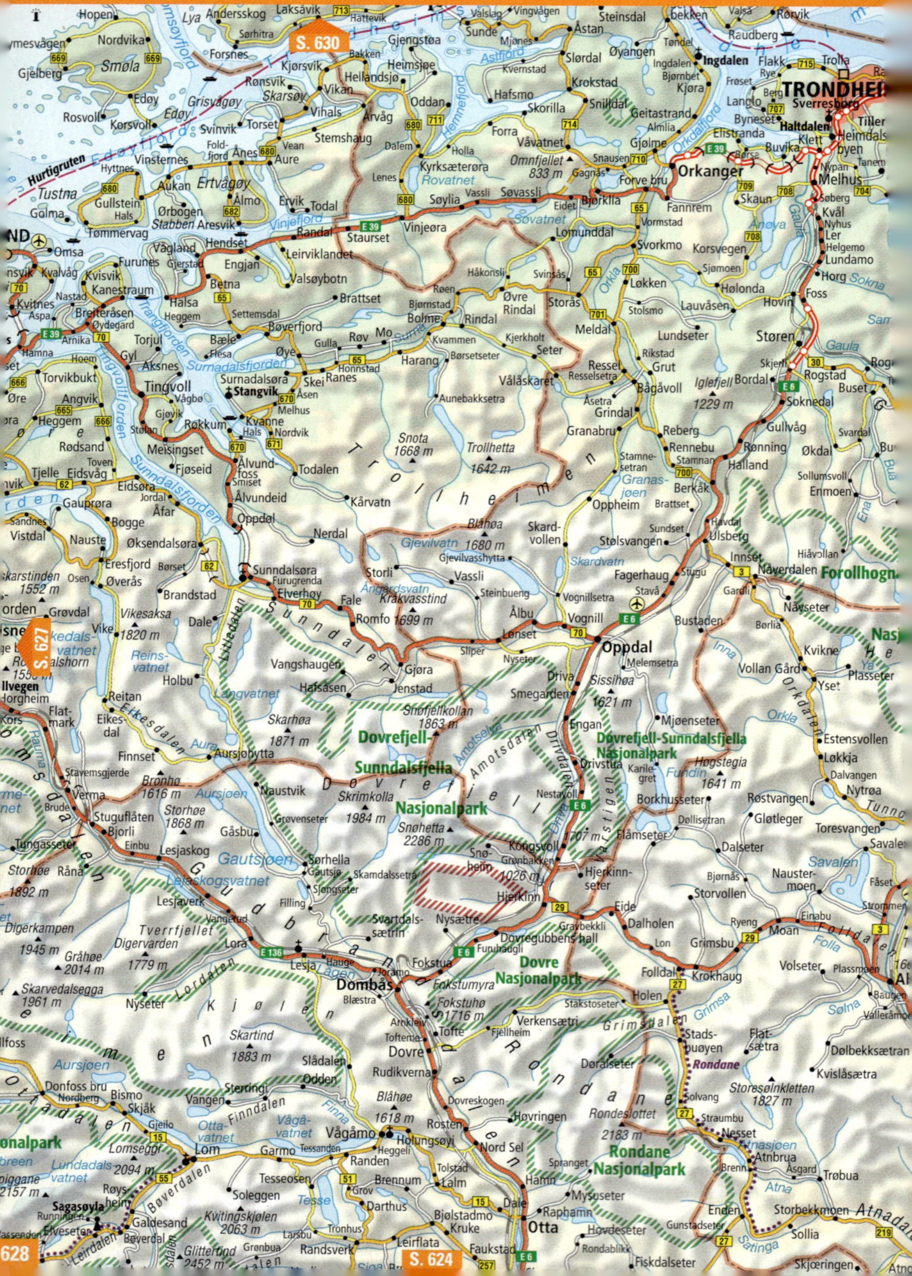
S. 630
S. 627
S. 624
TRONDHEIM
Sverresborg
Heimdalsbyen
Melhus
Orkanger
Støren
Oppdal
Sunndalsøra
Tingvoll
Stangvik
Surnadalsøra
Kristiansund
Smøla
Hitra
Ertvågøy
Aure
Vinjeøra
Rindal
Meldal
Berkåk
Ulsberg
Kvikne
Folldal
Dombås
Lesja
Lom
Vågåmo
Otta
Dovre
Trollheimen
Dovrefjell-Sunndalsfjella Nasjonalpark
Dovrefjell-Sunndalsfjella Nasjonalpark
Dovre Nasjonalpark
Rondane Nasjonalpark
Forollhogna
Snøhetta 2286 m
Trollhetta 1642 m
Snota 1668 m
Blåhøa 1680 m
Skrimkolla 1984 m
Sissihøa 1621 m
Høgstegia 1641 m
Rondeslottet 2183 m
Storesølnkletten 1827 m
Skarhøa 1871 m
Snøfjellkollan 1863 m
Storhøe 1868 m
Bronhø 1616 m
Lomseggi 2094 m
Blåhøe 1618 m
Fokstuhø 1716 m
Skartind 1883 m
Kvitingskjølen 2063 m
Hjerkinn
Kongsvoll
Fokstua
Sunndalen
Gudbrandsdalen
Romsdalen
Orkdalen
Drivdalen
Grimsdalen
Eikesdalen
Lesjaskogsvatnet
Gautsjøen
Aursjøen
Gjevilvatn
Hurtigruten
E 6
E 39
E 136
628

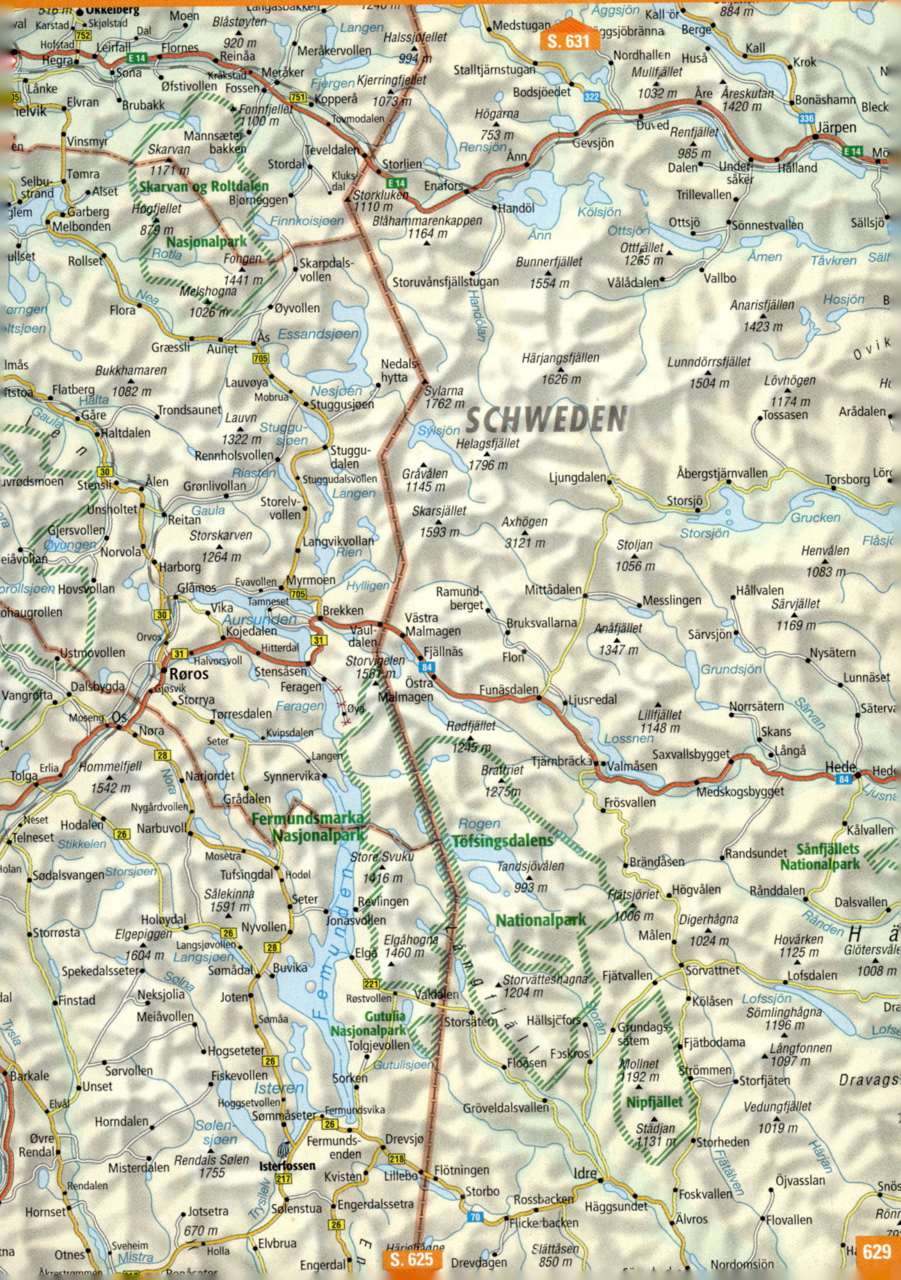
Okkelberg
Karstad
Skjølstad
752
Dal
Moen
Blåstøyten
Langasbakken
Langen
Halssjöfjellet
994 m
Medstugan
S. 631
Aggsjön
Kall
Berge
884 m
Hofstad
Leirfall
Flornes
920 m
Reinåa
Meråkervollen
Hegra
E 14
Sona
Krokstad
Meråker
Stalltjärnstugan
Nordhallen
Huså
Kall
Krok
Mullfjället
Lånke
Øfstivollen
Fossen
Fjergen
Kjerringfjellet
Bodsjöedet
322
1032 m
Åre
Åreskutan
1420 m
Bonäshamn
Bleck
Elvran
Brubakk
751
Kopperå
1073 m
Fonnfjellet
1100 m
Tevmodalen
Högarna
753 m
Duved
Renfjället
336
Järpen
Mannsætel-bakken
Vinsmyr
Skarvan
Rensjön
Ånn
Gevsjön
985 m
E 14
Teveldalen
Storlien
Dalen
Undersåker
Halland
1171 m
Stordal
Klukschal
Selbu-strand
Tømra
Skarvan og Roltdalen
E 14
Enafors
Alset
Bjørneggen
Storkluken
1110 m
Trillevallen
Handöl
Garberg
Hogfjellet
Blåhammarenkappen
1164 m
Kölsjön
Ottsjö
Sönnestvallen
Sällsjö
Melbonden
879 m
Finnkoisjøen
Ottsjön
Nasjonalpark
Ånn
Ottfjället
1265 m
Rolla
Fongen
Skarpdals-vollen
Åmen
Tåvkren
Rollset
1441 m
Bunnerfjället
Vallbo
Storuvånsfjällstugan
1554 m
Våladalen
Melshogna
1026 m
Nea
Øyvollen
Flora
Handölan
Anarisfjällen
Hosjön
1423 m
Ås
Essandsjøen
Græssli
Aunet
705
Härjangsfjällen
Lunndörrsfjället
Ovik
Bukkhammaren
Nedals-hytta
1626 m
1504 m
Lövhögen
Lauvøya
Flatberg
1082 m
Mobrua
Nesjøen
Sylarna
1762 m
1174 m
Aradalen
Halta
Stuggusjøen
Tossasen
Trondsaunet
Lauvn
Gåre
1322 m
Stuggu-sjøen
Sylsjön
SCHWEDEN
Haltdalen
Gaula
Rennholsvollen
Stuggu-dalen
Helagsfjället
1796 m
Riasten
Ljungdalen
Åbergstjärnvallen
Torsborg
30
Ålen
Stuggudalsvollen
Gråvålen
1145 m
Stensli
Grønlivollan
Storsjö
Langen
Unsholtet
Storelv-vollen
Skarsjället
Gaula
Grucken
Reitan
Axhögen
Storsjön
1593 m
3121 m
Gjersvollen
Storskarven
Langvikvollan
Stoljan
Henvålen
Øyungen
Norvola
1264 m
Rien
1056 m
1083 m
Harborg
Evavollen
Myrmoen
Hylligen
Ramund-berget
Mittådalen
Hållvalen
Hovsvollan
Glåmos
Tamneset
705
Messlingen
Särvjället
30
Vika
Brekken
Västra Malmagen
Bruksvallarna
Aursunden
Kojedalen
31
Vaul-dalen
Anåfjället
1169 m
Orvos
Hitterdal
Fjällnäs
Särvsjön
Ustmovollen
31
Halvorsvoll
Storvigelen
1561 m
1347 m
Nysätern
Røros
Stensåsen
84
Flon
Grundsjön
Østra Malmagen
Lunnäset
Gjøsvik
Feragen
Funäsdalen
Vangrøfta
Dalsbygda
Storrya
Ljusnedal
Norrsätern
Säterva
Os
Feragen
Øya
Lillfjället
Moseng
Tørresdalen
1148 m
Nøra
Kvipsdalen
Rødfjället
Lossnen
Skans
Seter
Långå
28
1245 m
Saxallsbygget
Tjärnbräcka
Valmåsen
Hede
Erlia
Hommelfjell
Langen
Braftriet
84
Tolga
Narjordet
Synnervika
1275m
1542 m
Nora
Medskogsbygget
Grådalen
Frösvallen
Nygårdvollen
Neset
Hodalen
Fermundsmarka
Nasjonalpark
Rogen
Kålvallen
Narbuvoll
Töfsingsdalens
Telneset
26
Stikkelen
Brändåsen
Randsundet
Sånfjällets
Nationalpark
Mosetra
Store Svuku
Tandsjövålen
Holan
Sødalsvangen
Storsjøen
Tufsingdal
Hodøl
1416 m
993 m
Sålekinna
Seter
Högvålen
Rånddalen
Dalsvallen
1591 m
Revlingen
Flätsjöriet
Holøydal
1006 m
Digerhågna
Storrøsta
Nyvollen
Jonasvollen
Nationalpark
Rånden
Elgepiggen
26
Målen
Hovärken
1024 m
Langsjøvollen
Elgåhogna
Glötersvåle
1604 m
28
1460 m
1125 m
Langsjøen
Elgå
Sörvattnet
Spekedalsseter
Sømådal
Buvika
Storvättesnagna
1204 m
Fjätvallen
Lofsdalen
1008 m
Sølna
221
Finstad
Neksjolia
Joten
Røstvollen
Valdalen
Kölåsen
Lofssjön
Gutulia
Sömlinghågna
Meiåvollen
Sømåa
Nasjonalpark
Storsätern
Hällsjöfors
1196 m
Tysla
Grundags-sätern
Hogseteter
Tolgjevollen
Fjätbodama
Långfonnen
Barkale
Sørvollen
26
Gutulisjøen
Flocsen
Foskros
1097 m
Mollnet
Fiskevollen
1192 m
Strömmen
Storfjäten
Dravags
Unset
Isteren
Sorken
Elvål
Hoggsetvollen
Fermundsvika
Gröveldalsvallen
Nipfjället
Vedungfjället
Glomma
Horndalen
Sømmåseter
1019 m
Sølen-sjøen
26
Øvre Rendal
Fermunds-enden
Drevsjø
Städjan
1131 m
Storheden
Isterfossen
218
Flötningen
Misterdalen
Rendals Sølen
1755
Idre
Öjvasslan
217
Kvisten
Lillebo
Rendalen
Storbo
Foskvallen
Snös
Hornset
Trysilelv
Engerdalssetra
Rossbacken
Häggsundet
Jotsetra
Sølenstua
70
Rönn
670 m
26
Flicke backen
Älvros
Flovallen
Sveheim
Elvbrua
Atna
Otnes
Holla
Härjehågna
Mistra
S. 625
Slättåsen
850 m
Engerdal
Drevdagen
Nordomsjön

Norskehavet
Norwegische See
Folda
Frohavet
Kalvøya
Engesv
Austafj
Valøya
Ytter-Vikna
Nordøyan
Sørgjæslingan
Utvor
Frøsend
Lauvsnes
Kvaløy-sætra
Hasvåg
Vik
Kilan
Hårnes
Uran
Sætervika
Svetfjorden
Jøssund
Sandviksberget
Hopen
Osen
Mostervika
Sørjer
Stein
Åsegg
Storvika
Skjolden
Vik
Kvern-land
Vassdølheia
Brandsfjorden
Sumstad
Hofstad
Fagerdal
Roan
Straum
Grova
Hongsand
Kiran
Lonin
Nordskjørin
Skarafjorden
Harbak
Holden
Harsvika
Sunnskjørin
Mamyra
Revsnes
Børmarka
Bjørnlia
Silderen
Linesøya
Herfjorden
Østli
Stjern
By
Sela
Morkamoen
Å
Stordals-vatnet
Bårlia
Eid
Årnes
Sand-setra
Halten fyr
Halten
Andsteinen
Sørburøya
Froan
Ytre
Åsen
Selnes
Osa
Flenstad
Vorp-bukta
Mørriaunet
Lysøysundet
Tiltrem
Jøssund
Olden
Verrastrand
Mausund
Måøya
Sula
Tarva
Sørvik
Teksdalen
Fagervik
Val
Oksvoll
Nordsetra
Verrasundet
Kjerringvik
Hurtigruten
Lia
Trongsundet
Hovd
Sørdyrøya
Svellingen
Djupfest
Gjølga
Rødsjøen
Mosvik
Neset
Sistranda
Bjugn
Verrabotn
Sæteråsen
Saltvikhamna
Frøya
Inntian
Opphaug
Botngård
Råkvåg
Gangstad
Nordskaget
Uthaug
Høy-bakken
Husbysjøen
Rota
Slipra
Titran
Storhallaren
Hammarvika
Stjørnfjorden
Alset
Tronvika
Frøyfjord
Brekstad
Ørland
Aunet
Storfosna
Beian
Ansnes
Mastad
Olsøy
Kjerringvåg
Fevåg
Leksvik
Nordbotn
Agdenes fyr
Skau
Kulia
Buroy
Hitra
Hasselvika
Rian
Selbua
Helgebo-stadøya
Vollen
Fillan
Fjellværøy
Nordgård
Valset
Foss
Hoven
Vigtil
Staur
Hestnes
Stavøy
Sund
Storvatnet
Hindrem
Kvenvær
Ålmo
Rissa
Ulvika
Gryta
Straum
Hestvika
Grønningen
Tautra
Frosta
Åsen
Hernes
Hitra
Sandstad
Rein
Vanvikan
Logtun
Hamn
Kongensvollen
Åsenfjorden
Stokkvå
Andersskog
Laksåvik
Hattevik
Valslag
Vingvågen
Sel-bekken
Valså
Rørvik
Haugan
Langstein
Sørhitra
Åsheim
Sunde
Steinsdal
Floan
Skatval
Karstad
Gjengstøa
Åstan
Raudberg
Vinna
Forsnes
Bakken
Mjønes
Tøndel
Hofstad
Trondheimsleia
Astfjord
Slørdal
Øyangen
Stjørdalshalsen
Kjørsvik
Heimsjøe
Kvernstad
Ingdalen
Flakk
Trolla
Hegra
Hellandsjø
Bjørnbet
Rye
Ranheim
Malvik
Muruvik
Rønsvik
Krokstad
Kjøra
Frøset
Skarsøy
Vikan
Oddan
Hafsmo
Langlo
Berg
TRONDHEIM
E6
Lånke
Trondheimsfjorden
715
716
714
713
710
721
718
720
717
723
753
755
705
S. 627
S. 628

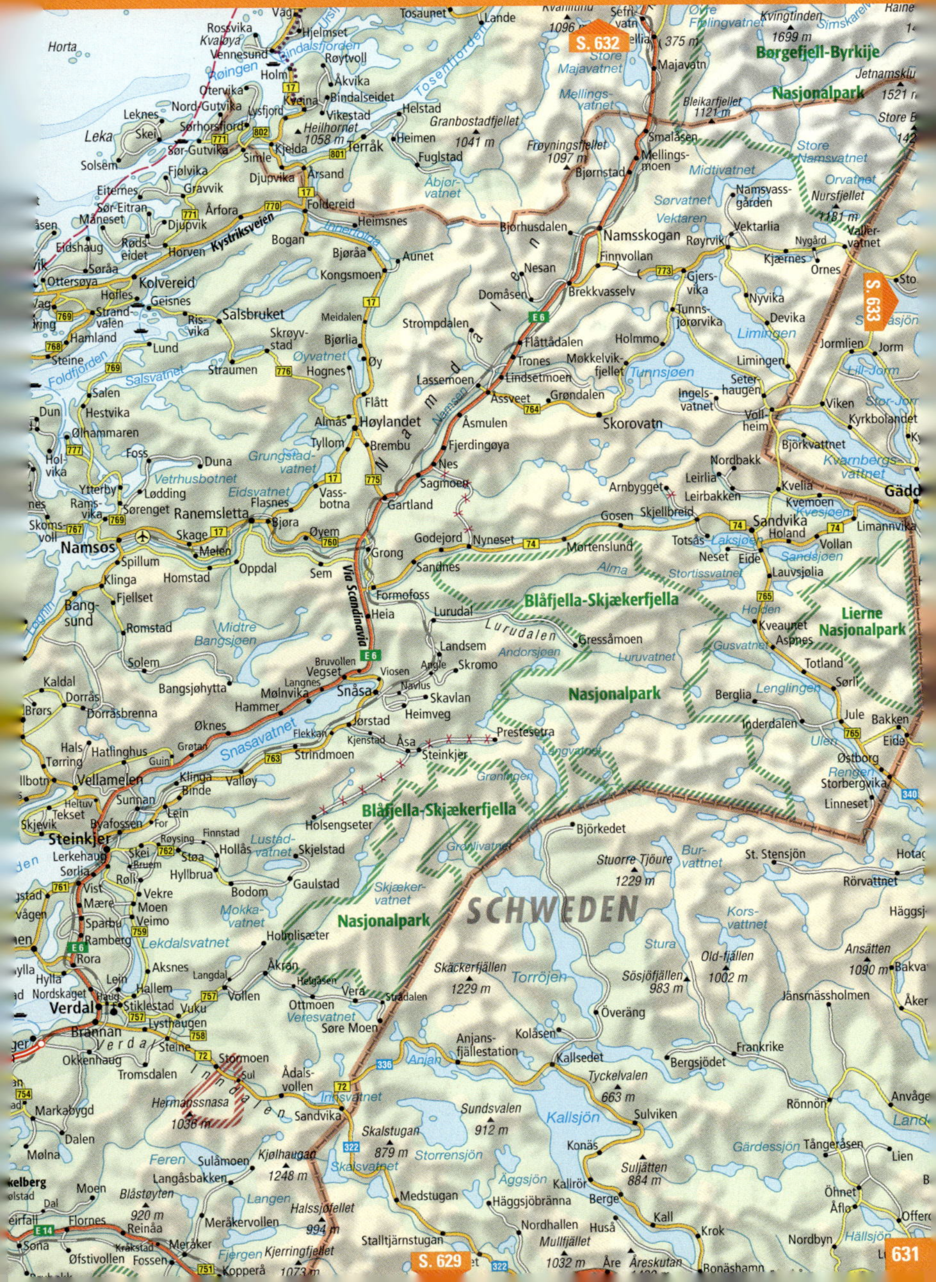
S. 632
S. 633
S. 629
Børgefjell-Byrkije
Nasjonalpark
Blåfjella-Skjækerfjella
Nasjonalpark
Blåfjella-Skjækerfjella
Nasjonalpark
Lierne
Nasjonalpark
SCHWEDEN
Via Scandinavia
Kystriksveien
Horta
Leka
Leknes
Skei
Solsem
Rossvika
Kvaløya
Vennesund
Holm
Vågø
Hjelmset
Bindalsfjorden
Røytvoll
Røingen
Akvika
Otervika
Bindalseidet
Nord-Gutvika
Lysfjord
Kveina
Vikestad
Sørhorsfjord
Heilhornet 1058 m
Sør-Gutvika
Terråk
Kjelda
Simle
Tosaunet
Lande
Tosenfjorden
Helstad
Granbostadfjellet 1041 m
Heimen
Fuglstad
Frøyningsfjellet 1097 m
Bjørnstad
Abjørvatnet
Fjølvika
Djupvika
Årsand
Gravvik
Eiterøes
Sør-Eitran
Maneset
Årfora
Foldereid
Djupvik
Heimsnes
Rødseidet
Horven
Eidshaug
Søråa
Bogan
Innerfolda
Bjøråa
Aunet
Bjørhusdalen
Kongsmoen
Ottersøya
Kolvereid
Hofles
Geisnes
Strandvalen
Risvika
Salsbruket
Hamland
Meidalen
Strompdalen
Skrøyvstad
Bjørlia
Lund
Øyvatnet
Øy
Steine
Foldfjorden
Salsvatnet
Straumen
Hognes
Salen
Flått
Dun
Hestvika
Almås
Høylandet
Ølhammaren
Tyllom
Brembu
Foss
Duna
Grungstadvatnet
Holvika
Vetrhusbotnet
Ytterby
Lødding
Eidsvatnet
Ramsvika
Sørenget
Ranemsletta
Flasnes
Vassbotna
Skomsvoll
Skage
Bjøra
Namsos
Spillum
Meløn
Øyem
Oppdal
Klinga
Homstad
Sem
Grong
Fjellset
Bangsund
Romstad
Midtre Bangsjøen
Solem
Kaldal
Dorrås
Dorråsbrenna
Brørs
Bangsjøhytta
Formofoss
Heia
Namdalen
Namsen
Fjerdingøya
Nes
Sagmoen
Gartland
Åsmulen
Gressvatnet
Lassemoen
Trones
Flåttådalen
Lindsetmoen
Åsveet
Grøndalen
Domåsen
Nesan
Brekkvasselv
Finnvollan
Namsskogan
Mellingsmoen
Smalåsen
Bleikarfjellet 1121 m
Majavatn
Store Majavatnet
Mellingsvatnet
Sefrivatn
Vellia
375 m
Kvanlifjell 1096 m
Øvre Fiplingvatnet
Kvingtinden 1699 m
Simskaret
Store Namsvatnet
Midtivatnet
Orvatnet
Nursfjellet 1181 m
Sørvatnet
Vektaren
Namsvassgården
Vektarlia
Røyrvik
Nygård
Kjærnes
Ornes
Vallervatnet
Gjersvika
Tunnsjørørvika
Nyvika
Devika
Limingen
Holmmo
Møkkelvikfjellet
Tunnsjøen
Ingelsvatnet
Setershaugen
Vollheim
Jormlien
Jorm
Lill-Jorm
Viken
Stor-Jorm
Kyrkbolandet
Skorovatn
Jetnamsklumpen 1521 m
Store B.
Raime
Björkvattnet
Nordbakk
Kvelia
Kvemoen
Kvarnbergsvattnet
Gäddede
Leirlia
Leirbakken
Arnbygget
Kvesjøen
Sandvika
Holand
Limannvika
Gosen
Skjellbreid
Totsås
Laksjøen
Vollan
Neset
Eide
Sandsjøen
Mørtenslund
Nyneset
Godejord
Sandnes
Alma
Stortissvatnet
Lauvsjølia
Lurudal
Lurudalen
Gressåmoen
Holden
Kveaunet
Aspnes
Landsem
Andorsjøen
Luruvatnet
Gusvatnet
Totland
Sørli
Skromo
Angle
Viosen
Navlus
Skavlan
Heimveg
Berglia
Lenglingen
Jule
Bakken
Inderdalen
Eide
Bruvollen
Vegset
Langnes
Mølnvika
Snåsa
Hammer
Økness
Jørstad
Kjenstad
Åsa
Prestesetra
Flekkan
Snåsavatnet
Steinkjer
Lengvatnet
Grønningen
Uløn
Østborg
Storbergvika
Rengen
Linneset
Hals
Hatlinghus
Grøtan
Guin
Tørring
Strindmoen
Bbotn
Vellamelen
Klinga
Binde
Valløy
Heltuv
Tekset
Sunnan
Lein
Skjevik
Byafossen
For
Holsengseter
Steinkjer
Lerkehaug
Sørlia
Røysing
Skei
Bruem
Finnstad
Hollås
Lustadvatnet
Skjelstad
Støa
Hyllbrua
Rolli
Gaulstad
Vist
Vekre
Mære
Moen
Bodom
Sparbu
Veimo
Mokkavatnet
Ramberg
Lekdalsvatnet
Holmlisæter
Rora
Hylla
Aksnes
Langdal
Åkran
Helgåsen
Lein
Hallem
Vollen
Vera
Stradalen
Nordskaget
Haug
Verdal
Stiklestad
Vuku
Ottmoen
Veresvatnet
Søre Moen
Brannan
Lysthaugen
Verdal
Steine
Okkenhaug
Stormoen
Tromsdalen
Sul
Ådalsvollen
Innsvatnet
Innsdalen
Hermannsnasa 1036 m
Sandvika
Markabygd
Dalen
Mølna
Feren
Sulåmoen
Kjølhaugan 1248 m
Skalsvatnet
Langåsbakken
Kjelberg
Blåstøyten 920 m
Moen
Langen
Halssjøfjellet 994 m
Dal
Florness
Reinåa
Meråkervollen
Sona
Krokstad
Meråker
Fjergen
Kjerringfjellet 1073 m
Øfstivollen
Fossen
Kopperå
Bjórkedet
Stuorre Tjøure 1229 m
Burvattnet
St. Stensjön
Hotag
Rörvattnet
Skjækervatnet
Grønlivatnet
Korsvattnet
Häggsjö
Stura
Old-fjällen 1002 m
Ansätten 1090 m
Bakva
Skäckerfjällen 1229 m
Torröjen
Sösjöfjällen 983 m
Jänsmässholmen
Åker
Överäng
Anjansfjällestation
Anjan
Koläsen
Kallsedet
Bergsjödet
Frankrike
Tyckelvalen 663 m
Anvåge
Rönnön
Landö
Sundsvalen 912 m
Kallsjön
Sulviken
Skalstugan 879 m
Storrensjön
Konäs
Gärdessjön
Tångeråsen
Lien
Suljätten 884 m
Äggsjön
Kallrör
Öhnet
Åflo
Offerdal
Medstugan
Häggsjöbränna
Berge
Nordhallen
Husa
Kall
Krok
Hällsjön
Mullfjället 1032 m
Stalltjärnstugan
Åre
Åreskutan
Bonäshamn
Nordbyn
E 6
E 14
17
802
771
801
770
769
768
777
767
760
775
776
764
773
74
765
340
762
761
759
757
758
72
763
336
322

Nördlicher Polarkreis
Norskehavet
Norwegische See
Selvær
Træna
Træna
Dørvær
Trænfjorden
Lovund
Lovund
Steneset
Moflaget
Buøya
Nordnesøya
Nesøya
Storsel-søy
Hestmona
Hest-mannøy
Sundøya
Langneset
Steinslan
Konsvikosen
Kilbogha
Matskjærfj.
Lurøy
Lurøy
Onøy
Lovdal
Onøy
Aldra
Stokkvågen
Tomfjorden
Hand-stein
Vassv
Tommeidet
Forsland
Tomma
Handnes
Åsvær
Nordøyvågen
Røvåg
Husby
Stifjorden
Vik
Nesna
Hov
Hugla
Volneset
Glein
Løkta
Horn
Solfjellsjøen
Koppardal
Fagervika
Skaga
Dønna
Bjørn
Augersnes
Meisfjord
Tovås
Leira
Lev
Hestad
Leland
Seløy
Sør-Åkvika
Leirfjorden
Sandnessjøen
Kviting
Engan
Urda
Sundøya
Herøyholmen
Øksningen
Alstahaug
Alsten
1072 m
Vest-vågan
Remnes
Austbø
Aringen
Hamnes
Hundåla
Forsmoha
Alstahaug
Velsfjorden
Vefsnfjorden
Svinnes
Sandvika
Halsøy
Hestøya
Tjøtta
Husvika
MOSJØEN
Tjøtta
Mindlandet
Mindlfjorden
Ervika
Hundål-vatnet
Tverråga
Stokka
Kvalfors
Forvika
Visthus
Vistenfj.
Vågsodden
Hestun
Vevelstad
Eitersfraum
Glad-stad
Sundsvoll
Vega
Igerøy
Helgelandskysten
Innervisten
Hamn
Røraya
Ylvingen
Vika
Eidem
Kjul
Naustneset
Høyholm
Holmen
Vegafjorden
Horn
Anndalsvågen
Velfjord
Mo
Lomsdal-Visten
Nasjonalpark
Eida
Skille
Storfjord
Tofte
Brønnøysund
Hjorts
Torget
Brattås
Inner-Torga
Torghatten
260 m
Rodal
Hommelstø
Breivasstind
1220 m
Dala
Skardet
Berg
Hong-set
Sausvatn
Brekk
Saus
Tosbotn
Hova
Horsvær
Mardal
Hombor-neset
Helgelandskysten
Vik
Våg
Urfjord
Tosaunet
Lande
Kvanlitind
1096 m
Rossvika
Kvaløya
Hjelmset
Horta
Sklinna
Vennesund
Bindalsfjorden
Røytvoll
Holm
Tosenfjorden
Majavatn
Otervika
Åkvika
Bindalseidet
Mellings-vatnet
Leknes
Nord-Gutvika
Lysfjord
Helstad
Skei
Kveina
Vikestad
Granbostadfjellet
1041 m
Leka
Sørhorsfjord
Heilhornet
1058 m
Heimen
Sør-Gutvika
Kjelda
Terråk
Fuglstad
Frøyningsfjellet
1097 m
Solsêm
Simle
Bjørnsta
Kvaløya
Fjølvika
Djupvika
Årsand
Abjør-vatnet
Borgan
Borgan
Kalvøya
Lyngsneset
Eiternes
Gravvik
Engesvika
Sør-Eitran
Årfora
Foldereid
Austafjord
Elvåsen
Måneset
Djupvik
Heimsnes
Bjorhusdalen
Drag
Lødding
Valøya
Mellom-Vikna
Eidshaug
Røds-eidet
Horven
Kystriksveien
Bogan
Innerfolda
Nar
Ytter-Vikna
Garstad
Rørvik
Søråa
Bjøraa
Finn
Ofstad
Inner-Vikna
Ottersøya
Aunet
Nesan
Bergs-nova
Kolvereid
Kongsmoen
Nordøyan
Vag
Hofles
Geisnes
Domåsen
Brekkvasse
Strand-vallen
Lundring
Ris-vika
Salsbruket
Meidalen
Namsen
Hurtigruten
Hamland
Strompdalen
Ramstad
Skrøyv-stad
Bjørlia
Sørgjæslingan
Steine
Lund
Øyvatnet
Flåttådalen
Abelvær
Foldfjorden
Straumen
Hognes
Øy
Trones
Møkkelvik-fjellet
Lassemoen
Lindsetmoen
17
76
78
770
771
769
768
776
801
802
809
828
839
E6

S. 634

S. 631

Nördlicher Polarkreis
Stormdafjellet 1493 m
Saratuvara 1182 m
Storvollen
Randalsfjellet
Krokstranda
Andfjell
S. 635
Fierras 1609 m
Ruonejåkkå
Sädvajaure
Pieljekaise Nationalpark
Sädvaluspen
Ballonåive 1343 m
Vuordnajakka 1390 m
Svaipa 1426 m
Tjällasjaure
Iraft
Tjålmejaure
Gavasjaure
Mittisjön
Fisktjørna
Svartisdal
Berget
Rausandaksla
Dunderland
Storforshei
Rana
Ramnåga
Bjørnaga
Langvatn
Nevernes
Langvatnet
Ytteren
Røssvoll
Langfjell
Snasen
Altermarken
MO I RANA
Skonseng
Skardet
Rundhaugen
Blerekvatnan
E 6
E 12
Hammaren
Jordbrua
Bustnes
Nordrana
Hauknes
Øverdal
Tverrvatnet
Kalvatnet
Straumen
Høyneset
Dalselv
Akersvatnet
Umbukta
Umvatnet
Seteren
Finneidfjord
Akersvatnet
Reinforsmoen
Bjerka
Store Malvatnet
Kåtaviken
Mjäljkbäcken
Strimasund
Gabbi 1384 m
Vindelälven
Övre Alsvatnet
Nedre Alsvatnet
Kramaselet
Ammarfjället
Björkfjället
Karsbäcken
Båssjosmåkke
Alisbäcken
Vindelfjällens
Tjulträsk
Ammarnäs
Gautsträsk
Gouratjåkke 1128 m
Guverte 1167 m
Djupfors
Övre Sandsele
Naturreservat
SCHWEDEN
Rössåga
Korgfjell 550 m
Korgen
Grasvatnet
Överuman
Smilaholmen
Tärnasjön
Knutlia
Bollermoen
Tverråga
Oksskolten 1916 m
Vindelfjällens Artfjället Naturreservat
Umfors
Okstindan
Innerdalen
Okstindbreen
Norrastorfjället 1792 m
Krokselmoen
Steikvasselva
Raudlia
Klippen
Bleikvasslia
Røssvassbukta
Kongsdalen
Hjartfjellet 1458 m
Holmvik
Rönäs
Tängvattnet
Björkfors
Tuven
Varntresk
Sivertsgården
Tängvattnet
Portbron
Biellojavre
Stangfjället 1102 m
Överstjuktan
Tustervatnet
Tustervatnet
Skjelmoen
N. Fjällnes
Väretje
Björkbacken
Kalvmoneset
Geittind 1559 m
Røssvatnet
Sø dalen
Krutfjell 1405 m
Skälvattnet
Väslansjö
Ström
Oltokken
Juksjaur
Nolvik
Tärnaby
Åkervika
Krutneset
Sundsnäset
Granås
Forsbäck
Padje
Girlesjaure
Storskog
Fjälljön
Vesterbukta
Krutåga
Krutvatn
Mon
Björkvattnet
Gäutan
Atostugan
Öv. Björknäs
Rivovarda 1410 m
Ryfjället
Brännaberg
Vuolle Girlesjaure
Skjåvika
Ruderåsen
Grubben
Austerkroken
Fräkenvik
Södra Storfjället
Vallenäs
Ajaure
Yttervik
Rödingfors
Hattfjelldal
Sirijord
Grønlia
Gårdsmarka
Ropen
Melkarlia
Ajaureforsen
Forsmark
Nordanås
Gardsjönäs
Krokstjön
Bratteng
Åsen
Breidablikk
Björkvik
Vefsna
Nerli
Arefjället 1211 m
Abelvattnet
Gardiken
Umnasjön
Forsnacken
Grannes
Björkås
Gardfället 1259 m
Näset
Kløvimoen
Vasshaugen
Tjønna
Skalmodal
Halligen
Nybrott
Gränssjö
Moen
Ivarrud
Bjørklund
Böitiken
Virisen
Kanan
Ankarsund
Leira
Matsdal
Silverberg
Harrsjö
Grannäs
Vardofjällen 1052 m
Dalsån
Osabø
Nordli
Bråten
Susendalen
Kroken
Gielas
Fättjaur
Skansnäs
Harrvik
Børgefjellet 1682 m
Øyum
Susna
Susenfjellet 1206 m
Gottern
Fättjaren
Ullisjaur
Harvasstua
Borkan
Henriksfjäll
Dikanäs
Dajkanberg
Simskardvatnet
Ransarn
Kittelfjäll
Bergland
Grania
Simskardet
Diktsjön
Sunnansjö
Øvre Fiplingvatnet
Kvingtinden 1699 m
Raineskiumpen 1451 m
Rissjön
Västansjö
Ranservatnet
Ransarån
Fjällfjällrn 1408 m
Öv. Selet
Krutsjön
Daikanvik
Atjiken
Stensträsk
Børgefjell-Byrkije Nasjonalpark
Marsfjället 1589 m
Grundfors
Ginsån
Jetnamsklumpen 1521 m
Gikasjön
Fatmomakke
Matskanån
Viken
Bleikarfjellet 1121 m
Klimpfjäll
Blaikliden
Eriksberg
Vojmsjön
Store Borgfjell 1424 m
Lövberg
Stornäs
Marsliden
Fatsjön
Gyrtsjö
Marsån
Store Namsvatnet
Fjälka 1096 m
Kultsjön
Stalon
Grannäs
Midtivatnet
Orvatnet
Hetenjaure
Kultsjöluspen
Stor-Dainan
Västanbäck
Namsvassgården
Nursfjellet 781 m
Saxnäs
Borgafjällen
Bijelite
Bångnäs
Forsbergsberget 538 m
Jengejetneme 1455 m
Raukajaure
Heligfjäll
Vektarlia
Storjola
Hornsjö
Røyrvik
Nygård
Vallervatnet
Ankarvattnet
Korpån
St. Gittsjön
Sjöberg
Ankarv.
Kjærnes
Omes
Borgafjäll
Lövnäs
Strömnäs
Gittsjället 1035 m
Gjersvika
Borgasjön
Stora Blåsjön
Värjaren
Granliden
Siksjönäs
Saxborga
Rönnäs
Nyvika
Malgomaj
Tunnsjørørvika
Devika
Tjärnkullen
Brännåker
Mark
Limingen
St. Blåsjön
Risbäck
Skansholm
Jormlien
Jorm
Lilla Blåsjön
Limingen
Saxälven
Storbäck
Lill-Jorm
73
804
806
808
12
95

Lofoten
E 10
Moskenesøya
Hamnøy
Reine
Moskenes
Å
Sørvågen
Moskenesstraumen
Mosken
Nordlandsflaket
Nordland
Mostad
Sørland
Værøy
Røst
Røstlandet
Vedøya
Storfjellet
Nykan
Skomvær fyr
Helligvær
Helligvær
Tennholmen fyr
Saltfj
Arnøy
Sørarnøy
Fleinærfjorden
Fleina
Lekanger
Fugløya
Sund
Inndyr
Hurtigruten
Forstranda
Finnes
Storvik
Kunna
Mevik
Østerstra
Støtt
Fore
Reipå
Stabbfjorden
Ørnes
Istinden
1195 m
Gåsværfjord
Meløy
Neverdalen
Tukthuset
Glomfj.
Vassdalsvik
Bolga
Meløyfjorden
Enga-vågen
Bjerangen
Åmnøya
Forøy
Halsa
17
Storjord
Skarsfj.
Vågaholmen
831
Agskardet
Holand
Tjong
Tjongsfjorden
Rødøy
Rødøy
17
Nord-Værnes
Reppa
Svartise
Lyngværfjorden
Gjerøya
Øya
Renga
Jektvik
Steintind
1533 m
Nordnesøya
Nesøya
Sundøya
Telnes
Storsel-søy
Langneset
Melfjorden
Melfjorden
Selvær
Nördlicher Polarkreis
Hestmona
Hest-mannøy
Steinsland
Oldervika
Træna
Træna
Dørvær
Konsvikosen
Sørfjorden
Høgtuvbreen
1229 m
Fisktjørna
Kilboghamn
Skivika
Berget
Trænfjorden
Matskjærfj.
Lurøy
Lurøy
Lia
Bordvedaven
Aldra
17
Helgelandskysten
Ramnåga
Onøy
Lovdal
Onøy
Langvatnet
Lovund
Lovund
Steneset
Haugland
Nordfjorden
Altermarken
Moflaget
Buøya
Stokkvågen
Kystriksveien
Flostrand
MO I RA
Utskarpen
12
Tomfjorden
Hand-stein
Dalosen
Bustnes
Tommeidet
Forsland
Vassvik
Straumen
Åsvær
Tomma
Handnes
17
Longset
Utskarfjorden
Høyneset
Husby
Hemnesberget
Stifjorden
Nesna
Hamarøy
Bardal
Seteren
Finneidfjord
Vik
Hugla
Hov
Leirvika
808
808
Nordøyvågen
Norskehavet
Norwegische See

S. 636

S. 632

S. 637
Forsan
Innhavet
Lagmannsvika
Tømmerneset
Strinda
Laukness
Mjelde
Vinjen
Engeløya
Hakvåg
Alstad
Bogen
Skranstad
Rota
Holkestad
Kvalnes
Nordskot
Underås
Reinkalv-
tinden
Lund
Alvnes
Nøtnes
Hopen
Vat-
nøyra
Kråkmo
Falkelva
Hellemobotn
Kråkmotind
924 m
Myklebostad
Nordfold
Leinesfjorden
Leines
Botnen
Åsjorda
Stavnes
Mørsvikfjord
Mørsvik
Skår
Håsand
Vinkfjorden
Helldal
Sildhopen
Brennvika
Laukvika
Sløttvik
Mulfjorden
Nordfolda
Folda
Sagfjorden
Horndal
Tennvatnet
Bonåsjøen
Ørnes
Kobbelveid
Veikdalsisen
1517 m
Corroffjellet
1375 m
Råtjajaure
Vaisa
Ruotja-
jaure
Vaisaluokta
Akkajaure
Akkavare
1881 m
Stortoppen
2013 m
Slappejaure
Sallohaure
Sårklå-
jaure
Upmas-
jaure
Kåtsak
Seuko-
jaure
Skettejåkkå
Vakkajåkkå
Karlsøyvær
Eidet
Tårnvika
Stranda
Bjørnsvika
Styrkes-
nes
Sommarset
Gaulis
1327 m
Vastenjaure
Padjelanta
Sarek
Soltaja
1922
Alsos
Kjerringøy
Øyjord
Sørfolda
Nevelsfj.
Sjunkfj.
Kalvika
Rago
Nasjonalpark
Lakshola
Røsvik
Gyltvika
Nordfjord
Tengselbro
Virihaure
Padjelanta
Akatjåkkå
1983 m
Nationalpark
Misten
Misfjorden
Sjunkhatten
Nasjonalpark
Mulstranda
Festvåg
Heggmo-
vatnet
Østerkløft
Furnes
Djupvika
Kvitblik
Bringsli
Kosmo
Andkilen
Siso-
vatnet
Straumen
Kasakjaure
Nationalpark
Sarvesjåkkå
Geitvågen
Skau
Vatnet
Kistrand
Nordvika
Straumsnes
Straum-
vatnet
Blåmannsisen
Blåmannen
1571 m
Jeknaffo
1837 m
SCHWEDEN
Mosti
Hopen
Vågan
Mjønes
Alvenes
Grønåsen
Fauske
Gjemgang
Bertnes
Løding
Skjerstadfjorden
Finneid
Ilstad
Straumen
Ljønes
Straumøya
Evenset
Skjerstad
Leivset
Tverråmoen
Sulitjelma/
Sulisjielmmá
Tarraätno
Tarradalen
Evja
Saltstraumen
Kvikstad
Breivik
Setså
Stamnes
Furuhaugen
Låmivatnet
Råvvejaure
Fjell
Sand
Dverset
Vik
Langset
Fagerli
Valnes-
vatnet
Bu
Støvset
Saltdalselva
Kystriksveien
Helgelandskysten
Kvarv
Rognan
Jakobsbakken
Vaimok
Oldereid
Medby
Staika
1799 m
Tarraure
Tarrajåkkå
Misvær
Langvad
Tjorvihytta
Lurfjelltind
1286 m
Kjøttan
Kåsmo
Storfjellet
Pieskehaure
Sartajaure
Beiarfjorden
Kjøpstad
Svartnes
Dragеid
Sørdalen 1187 m
Balvatnet
Tverrvik
Storjord
Røhland
Kvæl
Vassbotnfjell
Beiarn
Nordnes
Junkerdal
Mavasjaure
Kaskaure
Radtja
Riepentjåkkå
1552 m
Høgtind
1405 m
Skytmark
Storengstua
Nasjonalpark
Tollånes
Russånes
Låddaure
Kuoddojaure
Tollådalen
Saltdalen
Ikesjaure
Kyskmoen
Gråtånes
Bergulnes
Nordland-
Nasjonalparkzentrum
Svalak
Marenjåkkå
Svalesjaure
Nordre
Bjøllåvatnet
Storjord
Junkerdal
Arfo
1406 m
Gustaretuottar
1694 m
Bartaure
Ølfjellet
1754 m
Lønsdal
Graddis fjellstue
Silcutjåkkå
Gardaure
Stuor Njasja
1178 m
Gråtåga
Storåga
Lønstindan
1501 m
Lønsely
Via Scandinavia
Böno
1062 m
Luoitaure
Skjeåtind
1640 m
Staupamoen
Staupåtind
1437 m
Bjøllåga
Sørelva
brøytestasjon
Tjidtjak
Storglom-
vatnet
Stormdalsåga
Semska
Vuoggatjålme
jaure
Riebnes
jaure
Nördlicher Polarkreis
Saltfjellet
Nasjonalpark
Bolma
1506 m
Polarzirkel-
zentrum
Gujaure
Riebneskaise
1106 m
Svartisen
Bredekfjellet
1278 m
Stødi
Smuolejåkkå
Ruonejåkkå
Stormdalsfjellet
1493 m
Saratuvara
1182 m
Fierras
1609 m
Sädvajaure
Sädvalupsen
Storvollen
Randalsfjellet
Laisälven
Peljekaise
Nationalpark
Jäckvik
Hornavan
Svartisdal
Krokstranda
Ballonåive
1343 m
Rimo-
bäcken
Andfjell
Hurasjåkkå
Tjallas-
jaure
Storforshei
Dunderland
Vuordnajakka
1390 m
Svaipa
1426 m
Iraft
Adolfsström
Jutis
Langvatn
Nevernes
Ranа
Tjälme-
jaure
Gavas-
jaure
Hällbacken
Rössvoll
Langfjell
Blerek-
vatnan
Mittisjön
Viejenäs
Aspn
Skonseng
Snasen
Gautosjön
Långudden
Skarddet
Rundhaugen
Båssjos-
måkke
Björklund
Hammaren
Jordbrua
Kalvatnet
Vindelälven
Allejaurejåkkå
Laisvall
Tverr-
vatnet
Övre
Alsvattnet
Björkfjället
Laisvallsby
Akersvatnet
Nedre
Alsvattnet
Kramaselet
Umbukta
Umvatnet
S. 633
E 6
E 12
80
95
77
830
812
813
834
835
826

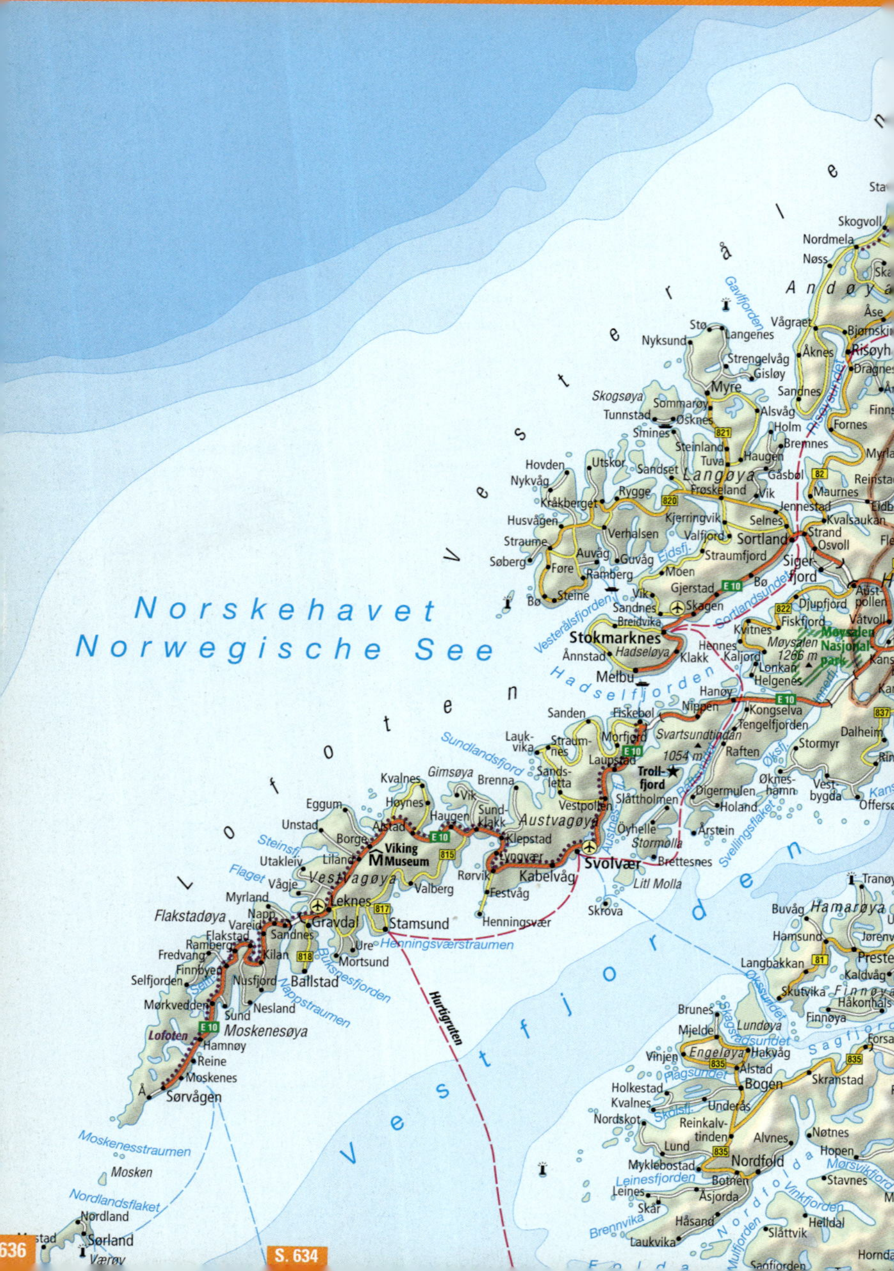
Norskehavet
Norwegische See
Vesterålen
Lofoten
Vestfjorden
Andøya
Langøya
Hadseløya
Austvagøya
Vestvagøya
Flakstadøya
Moskenesøya
Hamarøya
Engeløya
Skogsøya
Gimsøya
Stokmarknes
Sortland
Melbu
Svolvær
Leknes
Gravdal
Stamsund
Kabelvåg
Henningsvær
Ballstad
Reine
Sørvågen
Moskenes
Hamnøy
Nusfjord
Ramberg
Flakstad
Myre
Sigerfjord
Lødingen
Viking Museum
Trollfjord
Møysalen Nasjonalpark
Møysalen 1266 m
Svartsundtindan 1054 m
Hadselfjorden
Sundlandsfjord
Vesterålsfjorden
Sortlandsundet
Gavlfjorden
Risøysundet
Steinsfj.
Flaget
Buksnesfjorden
Nappstraumen
Henningsværstraumen
Moskenesstraumen
Nordlandsflaket
Mosken
Værøy
Sørland
Nordland
Hurtigruten
Skrova
Litl Molla
Stormolla
Øksnes
Skagen
Gisløy
Langenes
Nyksund
Stø
Strengelvåg
Sandnes
Alsvåg
Holm
Bremnes
Haugen
Gåsbøl
Frøskeland
Vik
Jennestad
Selnes
Kjerringvik
Valfjord
Straumfjord
Rygge
Kråkberget
Nykvåg
Hovden
Utskor
Sandset
Steinland
Tuva
Smines
Tunnstad
Sommarøy
Husvågen
Straume
Søberg
Føre
Auvåg
Guvåg
Ramberg
Steine
Bø
Verhalsen
Eidsfj.
Moen
Gjerstad
Vik
Sandnes
Breidvika
Ånnstad
Klakk
Hennes
Kaljord
Lonkan
Helgenes
Hanøy
Nippen
Kongselva
Tengelfjorden
Raften
Fiskebøl
Morfjord
Laupstad
Sanden
Lauk-vika
Straum-nes
Sands-letta
Vestpollen
Slåttholmen
Digermulen
Holand
Årstein
Øyhelle
Brettesnes
Kvalnes
Høynes
Brenna
Eggum
Unstad
Borge
Alstad
Haugen
Sund-klakk
Klepstad
Lyngvær
Rørvik
Festvåg
Utakleiv
Liland
Vågje
Valberg
Myrland
Napp
Vareid
Sandnes
Kilan
Fredvang
Finnbyen
Selfjorden
Mørkvedden
Sund
Nesland
Ure
Mortsund
Å
Vågraet
Åknes
Bjørnskin
Risøyh
Dragnes
Forsnes
Myrla
Reinstad
Maurnes
Kvalsaukan
Strand
Osvoll
Eidbu
Aust-pollen
Djupfjord
Fiskfjord
Kvitnes
Vatvoll
Kans
Stormyr
Dalheim
Rindb
Øknes-hamn
Vest-bygda
Offersøya
Kanstad
Skogvoll
Nordmela
Nøss
Åse
Tranøya
Buvåg
Hamsund
Jørenvik
Presteid
Kaldvåg
Langbakkan
Skutvika
Finnøya
Håkonhals
Bruneš
Mjelde
Lundøya
Vinjen
Hakvåg
Alstad
Bogen
Forsan
Skranstad
Holkestad
Kvalnes
Nordskot
Underås
Reinkalv-tinden
Lund
Alvnes
Nøtnes
Hopen
Myklebostad
Nordfold
Stavnes
Leines
Botnen
Åsjord
Skår
Håsand
Helldal
Slåttvik
Laukvika
Horndal
Sagfjorden
Leinesfjorden
Brennvika
Nordfolda
Mulfjorden
Vinkfjorden
Mørsvikfjorden
Sagfjorde
Skagstadsundet
Flagsundet
Oksundet
Øksfj.
Svellingsflaket
Austnes-fj.
Skolsfj.
Rota
Gravdal
Selfjorden
Lofoten
E 10
820
821
822
815
817
818
835
837
81
82

S. 634

S. 639
S. 640
S. 635
Senja
Skaland
Hamn
Ballesvik
Straumsbotn
Straumsnes
Gryllefjord
Torsken
Torskenfjorden
Grunnfarnes
Durmålsfjellet
Sifjord
Sifjorden
Finnes
Ånderdalen Nasjonalpark
Flakkstadvag
Gammelseter
Selfjorden
Bukkemoen
Lysnes
Karvikhamn
Gibostad
Svartfjell
Kvannåsen
Grasmyr
Sørli
Silsand
Brygghaug
Høglia
Kampevoll
Vangsvik
Sol-berg
Vågan
Gisundet
Bjorelvnes
Straumen
Langnes
Finnfjordeidet
Finnsnes
Hemmingsjord
Sørreisa
Storlia
Kjerresnes
Rydeng
Holt
Lunneborg
Karlstad
Rossvoll
Målsnes
Malangseidet
Malangen
Svartnes
Balsfjorden
Laksvatn
Middagsbukta
Mestervik
Nordfjordbotn
Balsfjord
Lakselvslett
Seljelvnes
Nordkjosbotn
Aursfjord
Vesterli
Storsteinnes
Sommerlyst
Akkaseter
Målselv
Olsborg
Mås-bergvik
Lodbukta
Hølen
Kjempedal
Strupen
Heia
Tverrelvnes
Harkinn
Straumsli
Asmo
Holt
Moen
Takelvdal
Takvatnet
Mauken
Rognmoen
Maukdal
Rundhaug
Skjold
Rostanes
Målselvfoss
Lium
Øverbygd
Moan
Maristad
Asen
Andselv
Sundlia
Solstad
Rabbåsen
Skøelv
Sildvika
Straumen
Rødsand
Vassjord
Stonglandseidet
Skrollsvika
Krøttøya
Hofsøya
Lekangen
Leirvåg
Bjarkøya
Bjarkøy
Austnes
Solbergfjord
Finnlandsnes
Lavika
Espenes
Brøstadbotn
Skatvik
Klauvhamn
Tranøyfjord
Dyrøy
Dyrøysundet
Hundstrand
Vinje
Mikkelbodtad
Hurtigruten
Kastneshamn
Bjørkebakken
Vestgård
Nygård
Hjerttind 1381 m
Elverom
Istindan 1489 m
Midtun
Haugli
Røyrbakken
Sørfjorden
Faksfj.
Årbostad
Løksa
Myre
Sjøvegan
Høgda
Prestbakken
Kistefoss
Setermoen (Bardu)
Nesmoen
Eggen
Isogaissa 1542 m
Bjørnstad
Kirkesjord
Bjørkåsen
Dividalen
Dalen
Divida
Kirkeselva
Grytøya
Vikran
Nordsand
Sandsøya
Andørja
Straumen
Fornes
Dale
Vaskinn
Fenes
Bjørnå
Stornes
Trondenes
Toppsundet
Laupstad
Fugleberg
Ånnstad
Kråkrø
Rotvika
Håkavika
Lavangnes
Salangen
Laberg
Brandvoll
Midtlia
Forset
Olsåker
Strømsmoen
Njunes 1713 m
Anjavasse
Ase-garden
HARSTAD
Breidvika
Straumen
Sørli
Sørvika
Kilbotn
Storjorda
Sørrollnes
Bolla
Rolla
Hamnvik
Forsa
Selnes
Lavangen
Lia
Soløy
Myrlandshaugen
Keiprød
Hesjeberg
Tennevoll
Rundkollen
Lunde
Hellberg
Strømsøra
Altevatn
Altevatnet
Lund
Gratangen
Foldvik
Årstein
Fossbakken
Astafjorden
Strete
Grov
Forneset
Rensa
Tennevik
Bakkejord
Mykle-voll
Blafjellet
Novafjell 1280 m
Krokelva
Laberg
Gratangsbotn
Bones
Sørmo
Innset
Bardu
Kjelleflinden 1569 m
Rohkunborri Nasjonalpark
Rokkombotre 1659 m
Vargi
Hamna
Tjeldsundbrua
Øse
Rivtind 1452 m
Evenskjer
Kongsvika
Sand-torg
Breistrand
Bogen
Vassbotn
Herjangen
Bjerkvik
Steinskar-fjellet
Vadvetjåkka Nationalpark
Njuorajaure
Vuolep-Njuorajaure
Djupviken
Tuoptetjåkkal 1612 m
Sandnes
Fjelldal
Boltåsen
Lenvikmarka
Trollfjellet 1010 m
Ramsund
Liland
Østervika
Veggen
Sægnes
Trældal
Vassijaure
Tornehamn
Tjeldøya
Ramnes
Evenes
Fora
Herjangsfjorden
Rombaken
Nygård
Bjørnfjell
Riksgränsen
Björkstugan
Björkliden
Torneträsk
Ofotfjorden
NARVIK
Fagernes
Straumsnes
Rombak
Myklebostad
Hamnes
Kjeldebotn
Pundsvika
Bø
Skjomenbru
Håkvika
Ankenes
Beisfjord
Katterat
Kårsavagge jökeln 1586 m
Abisko
Stordalen
Abisko Nationalpark
Kaisepakte
Odden
Karihaugen
Grindjorda
Sjursheim
Blaisen
Skarstad
Elvesletta
Ballangen
Rånbogen
Lengenes
Valvojåkka
Tjåmohas 1745 m
Tjuonjatjåkka 1562 m
Stenbacken
Valle
Kjerringvika
Bjørkåsen
Stemnes
Storvatnet
Skjomen
Sœlkajavrre
Storsteinfjellet 1901 m
Meisak-jaure
Apparjaure
Vidja 1334 m
Sørli
Børsvatnet
Nerdal
Forsa
Elvegården
Lostvatnet
Alesjaure
Alesätno
Rautasjaure
Skardberget
Ulvika
Efjorden
Frostisen
Laukvik
Cunojokka
Hauknya
Aspenes
Stefjordbotn
Geitvatnet
Skjombotn
Fjellbu
Ippecokka 1732 m
Kåtotjakka 2001 m
Hund-holmen
Tauselv
Kald-vika
Storriten 1503 m
Rautasluspe
Langvatnet
Kjøpsvik
Straumen
SCHWEDEN
Vakastjåkka 1185 m
Botn
Alep Auovvatjårro 1485 m
Suorretjå 1539 m
Hulløya
Drag
Kjærnes
Musken
Sitasjaure
Helland
Bjørntoppen 1520 m
Kåptå-jaure
Tuttor-jaure
Kebnekaise 2117 m
Nikkaluokta
Pirttivu
Råna
Paittasjärvi
Hellemofjorden
Laukneset
Upmas-jaure
Sårklå-jaure
Kåtsak
Pattajaura
Auta-jaure
Atjektjåkka 1559 m
Kirjasajåkka
Skettejåkkå
Vakkajåkka
Seuko-jaure
Strinda
Falkelva
Hellemobotn
Kråkomotind 924 m
Corrofjellet 1375 m
Vaisa
Rätjajaure
Ruotja-jaure
Teusaätno
Kallaktjåkka 1845 m
Kaska Kaitumjaure
Täunatj 1054
Vuolep Kaitumjaure
Vaisaluokta
Akkajaure
Stora Sjöfallets Nationalpark
Karsatjåkka 1730 m
Påska-jarnga
Akkavare 1881 m
Lermejaure
Veikdalsisen 1517 m
Slappejaure
Stortoppen
Suorva
E6
E8
E10

Norskehavet
Norwegische See
Vesterålen
Andenes
Merket
Haugenes
Bleik
Skarstein
Stave
Breidvika
Andøya
Skogvoll
Nordmela
Kvalnes
Nøss
Dverberg
Skavdal
Myre
Andøya
Åse
Ånes
Gavlfjorden
Vågraet
Bjørnskinn
Stø
Langenes
Nyksund
Åknes
Risøyhamn
Strengelvåg
Gisløy
Dragnes
Kinn
Myre
Sandnes
Ånesletta
Skogsøya
Sommarøy
Alsvåg
Finnsæter
Tunnstad
Øksnes
Holm
Fornes
Smines
Bremnes
Steinland
Haugen
Myrland
Tuva
Hovden
Utskor
Sandset
Langøya
Gåsbøl
Reinstad
Nykvåg
Frøskeland
Vik
Maurnes
Rygge
Kråkberget
Jennestad
Eidbukta
Bjørnrå
Kjerringvik
Selnes
Kvalsaukan
Holand
Husvågen
Verhalsen
Valfjord
Sortland
Strand
Flesnes
Straume
Osvoll
Auvåg
Guvåg
Eidsfj.
Straumfjord
Siger-
fjord
Søberg
Føre
Ramberg
Moen
Gjerstad
Bø
Steine
Vik
Skagen
Bø
Sandnes
Breidvika
Stokmarknes
S. 636
Ånnstad
Hennes
Klakk
Kaljord
Kvitnes
Djupfjord
Fiskfjord
Møysalen Nasjonalpark
Møysalen
1266 m
Vesterålsfjorden
Sortlandsundet
Risøysundet
Gavlfjorden
Sigerfjord
Aust-
pollen
Våtvoll
Gulles-
fjordbotn
Kanstad
Gullholmen
Fiskefjord
Kjengsnes
Melåa
Hinnøya
Gullesfjorden
Royken
Røykenes
Øynes
Borkenes
Bremnes
Aun
Kasfjord
Åse-
garden
HARSTAD
Breidvik
Straumen
Sørrol
Hemmestad
Sørli
Kilbotn
Revsnes
Sørvika
Storjorda
Tennes
Hamna
Tjeldsund
Evenskjer
Kongsvika
Sand-
torg
Sandnes
Fjelldal
Drag
Trollfjellet
Ramsund
Tjeldsund
Grøtavær
Alvestad
Dale
Vikran
Grytøya
Elgsnes
Vaskinn
Fenes
Bjørnå
Stornes
Trondenes
Toppsundet
Krøttøya
Leirvåg
Bjarkøya
Bjarkøy
Austnes
Skrollsvik
Andfjorden
Grunnfjord
82
820
821
822
849
867
83
E 10

S. 640
S. 640
S. 637
Fugløya
Gamvik
Nord-Rekvik
Arviksand
Nymoen
Arnøy
Hellnes
Lauksundskardet
Nikkeby
Arnøyhamn
Singla
Akkarvik
Haugnes
Storstein
Kågneset
Kågen
Flåten
Torsvåg
Burøysund
Ytsteled
Vannareid
Nord-Kvaløy
Hamrefjorden
Helgøy
Kjerkevik
Innerby
Hamre
Vannavalen
Vannøya
Vannakammen
Kvitnes
Vannvåg
Vannøy
Lanesøra
Vannsundet
Karlsøy
Fugløysundet
Hurtigruten
Grøtøya
Bårdset
Holmesletta
Råsa
Bromnes
Myrstad
Rebbensøy
Mikkelvik
Grunnfjord
Sandøya
Mjølvik
Engvik
Skogvik
Måsvik
Risøy
Sør-Grunnfjord
Pernilsajord
Dåfjord
Botn
Hansnes
Stakkvik
Nordeidet
Reinøy
Skarsfjord
Hessfjorden
Reinskard
Komagvik
Finnvik
Ringvassøy
Indre Kårvik
Rotnby
Grøtnesdalen
Musvær
Kvaløyvåg
Kvalsundet
Simavik
Finnkroken
Vengsøya
Vengsøy
Hestvika
Nordhella
Skulsfjord
Bellvika
Myra
Skittenelv
Oldervik
Snarby
Brattfjell
Ullsfjorden
Russelv
Haugnes
Nord-Lenangen
Iddon
Styrmannstø
Sør-Lenangen
Ravik
Svingen
Botn
Jargga
Klauvnes
Hamneide
Ytre Bakkeby
Uløya
Storslett
Langslett
Hamnes
Rotsund
Rotsundelva
Sørkjos
Spåknes
Djupvik
Nordmannvik
Olderdal
Malangsgrunnen
Tromvik
Grøtfjord
Lyfjord
Tønsvik
Sessøya
Sessøyfjorden
Rekvik
Ersfjordbotn
Håyafjorden
Sletta
Skattøra
Skjelnan
Tromsdalstind 1238 m
Breivikeidet
Hov
Jægervatnet
Koppangsbreen
Koppangen
Svensbu
Årøybukta
Storsteinnes
Lyngseidet
Lyngen
Tussøya
Tussøy
Vasstrand
Kvaløy
Håkøy
TROMSØ
Tromsdalen
Ishavskatedralen
Stormo
Skarmunken
Sandeggen
Jøvik
Jektevik
Odden
Karnes
Bjørk
Lokvollen
Hillesøya
Sommarøy
Tullenga
Håkøybotn
Fagernes
Skjelnes
Fossheim
Brattvoll
Dalen
Sandneshamn
Larseng
Ullsfjord
Holmen
Lyngspollen
Elvelund
Brensholmen
Straumsbukta
Vikran
Ramfjordnes
Skognes
Blåisen
Sandvika
Revdal
Furuflaten
Abmel
Laukvik
Buvik
Mjelde
Straumsfjorden
Brokskard
Finnjorda
Hundberg
Øyfjordvær
Husøy
Botnhamn
Bakkejord
Ansnes
Kobbevågen
Stornes
Stordal
Rasteby
Skibotn
Olderbakken
Mefjordvær
Fjordgård
Senjahopen
Vang
Tennskjær
Jakobnjargga
Storbukta
Helland
Storeng
Falsnes
Ersfjord
Ørnfjord
Ytre Årnes
Aglapsvik
Hestnes
Sjøvassbotn
Djupen
Elvevoll
Elvestrand
Steinfjord
Skaland
Lysnes
Kårvikhamn
Malangseidet
Malangen
Svartnes
Laksvatn
Senja
Bukkemoen
Straumsnes
Rossfjord
Korris
Balsfjorden
Middagsbukta
Horsnes
Skibotndalen
Straumsbotn
Svartfjell
Gibostad
Straumen
Bjorelvnes
Mestervik
Balsfjord
Lakselvsletta
Storfjord
Senja
Målsnes
Nordfjordbotn
Seljelvnes
Oteren
Torsken
Kvannåsen
Langnes
Gisundet
Kjerresnes
Holt
Aursfjord
Nordkjosbotn
Fjelldal
Sifjord
Grasmyr
Finnfjordeidet
Rydeng
Lunneborg
Vesterli
Storsteinnes
Lodbukta
Øvergård
Flipes
Sørli
Silsand
Karlstad
Sommerlyst
Måsbergvik
Hølen
Signalnes
Ånderdalen Nasjonalpark
Brygghaug
Høglia
Finnsnes
Rossvoll
Akkaseter
Kjempedal
Bárrás
Kampevoll
Vangsvik
Solberg
Vågan
Hemmingsjord
Sørreisa
Storlia
Målselv
Olsborg
Heia
Strupen
Tverrelvnes
Harkinn
Kuohk
Gammelseter
Sildvika
Straumen
Moen
Straumsli
Skatvik
Solbergfjord
Skøelv
Solstad
Takelvdal
Takvatnet
Asmo
Nyrud
Rostafjellet 1590 m
Vassjord
Lavika
Mauken
Kilp
Finnlandsnes
Espenes
Rognmoen
Kongsli
Moskokaise 1518 m
Klauvhamn
Brøstadbotn
Rabbåsen
Andselv
Maukdal
Rundhaug
Skjold
Holt
Rostanes
Lille Rostavatn
Tverrelvmo
Tranøyfjord
Vestgård
Målselva
Målselvfoss
Dyrøy
Bjørkebakken
Nygård
Sundlia
Åsen
Lium
Øverbygd
Moan
Maristad
Rosta
Lekangen
Hundstrand
Hjerttind 1381 m
Elverom
Daleng
Dividalen
Liggafjellet 1503 m
Rostaelva
Vinje
Dyrøysundet
Kastneshamn
Istindan 1489 m
Bjørnstad
Mikkelbodtad
Røyrbakken
Haugli
Midtun
Kirkesjord
Devdisjavrre
Faksfj.
Sørfjorden
Årbostad
Løksa
Myre
Høgda
Kirkeselva
Bjørkåsen
Høgskarhuset
Råsto
Andørja
Straumen
Sjøvegan
Prestbakken
Setermoen (Bardu)
Dividalen
Øvre Dividal
Fornes
Rotvika
Kistefoss
Nesmoen
Dievielva
Frihetsli
Laupstad
Andørja
Håkavika
Laberg
Salangen
Midtlia
Isogaissa 1542 m
Eggen
Fossbua
Årnstad
Krakrø
Lavangnes
Brandvoll
Njunes 1713 m
Bolla
Sørvik
Lia
Forset
Olsåker
Strømsmoen
Skakterelva
Rolla
Selnes
Lavangen
Soløy
Lunde
Hamnvik
Myrlandshaugen
Keiprød
Tennevoll
Rundkollen
Hellberg
Strømsøra
Anjavasselva
Nasjonalpark
Tjålmejaure
Salangselva
Barduelva
Altevatn
Hesjeberg
Gratangen
Astafjorden
Strete
Foldvik
Årstein
Fossbakken
Lund
Innset
Altevatnet
Kistefjellet 1633 m
Kårvijaure
Grov
Gratangsbotn
Sørmo
Forneset
Renså
Bakkejord
Bones
Kjeldelflinden 1569 m
Vargneset
Kiepanjaure
Myklevoll
Laberg
Krokelva
Rivtind 1452 m
Rohkunborri Nasjonalpark
Rokkomborre 1659 m
Sandvika
Gamasjokka
Novafjell 1280 m
Øse
Vadvetjåkka Nationalpark
Geavdnjajávri
Gamasjavrre
Leinavatnet
Vassbotn
Herjangen
Bjerkvik
Steinskarfjellet
Paleo
Njuorajaure
Bogen
Lenvikmarka
Østervika
Sægnes
Trældal
Vassijaure
Djupviken
Tuoptetjåkkah
Maisavarre 1022 m
E6
E8
E10
91
84
86
87
825
829
847
848
851
852
854
855
857
858
859
860
861
862
863
864
866
868
869

S. 642
Norskehavet
Norwegische See
Lopphavet
Haraldseng
Elenheimen
Hasvåg
Hasvik
Stjernvåg
Loppa
Silda
Gammelvær
Samuelsnes
Nuvsvåg
Stordalen
Øra
Hommelvika
Myrnes
Bukta
Øksfj
Sandland
Leirvik
Sletta
Andsnes
Neset
Skavnakk
Sør-Tverrfjord
Øksfjordjøkelen
Gamvik
Seglvik
Olderfjord
Reinfjord
Tappelu
Rødøy
Været
Jøkelfjordeidet
Langfjord
Langfjordbotn
Låvan
Hamnebukta
Spildra
Ravelsnes
Alteidet
Haukøyhamn
Laukeng
Skjervøy
Meiland
Valanhamn
Kviteberg
Burfjord
Skorpa
402 m
Storenga
Ravelsnes
Undereidet
Oksfjordhamn
Kvænangsfjellet
Badderen
Karvika
Sekkemo
Øvergård
Kjækan
Navit
Kvænangen
Vaddas-gruver
Storelva
Sørfjord
Kvænangsbotn
Fugløya
Gamvik
Fugløysundet
Nord-Rekvik
Årviksand
Nymoen
Arnøy
Hellnes
Laukøya
Lauksundskardet
Nikkeby
Arnøyhamn
Singla
Akkarvik
Haugnes
Storstein
Kågeneset
Kågen
Skognes
Flåten
Hamneidet
Reisafjorden
Kvænangen
Torsvåg
Burøy
Burøysund
Ytsteled
Nord-Kvaløy
Vannareid
Hamrefjorden
Grøtøya
Helgøy
Hamre
Vannavalen
Bårdset
Kjerkevik
Innerby
Vannøya
Holmesletta
Vanna-kammen
Kvitnes
Vannvåg
Rasa
Bromnes
Vannøy
Lanesøra
Vannsundet
Karlsøy
Mikkelvik
Myrstad
Grunnfjord
Hurtigruten
Sør-Grunnfjord
Pernilsajord
Dåfjord
Botn
Hansnes
Skarsfjord
Stakkvik
Hessfjorden
Russelv
Haugnes
Nord-Lenangen
Reinskard
Nordeidet
Reinøy
Komagvik
Iddon
Klauvnes
Ytre Bakkeby
Uløya
Finnvik
Ringvassøy
Grøtnesdalen
Styrmannstø
Storslett
Langslett
Sørkjosen
Storvik
Tretta
Indre Kårvik
Rotnby
Sør-Lenangen
Hamnes
Rotsund
Rotsundelva
Storslett
Nordreisa
Andsjøen
Austgård
Kvaløysundet
Simavik
Finnkrokan
Ravik
Svingen
Spåknes
Djupvik
Kildal
Hestvika
Nordhella
Snarby
Botn
Jargga
Skulsfjord
Ellvika
Myra
Skittenelv
Oldervik
Jægervatnet
Koppangsbreen
Furulund
Vinnelys
Tønsvik
Brattfjell
Koppangen
Nordmannvik
Skattøra
Skjelnan
Breivikeidet
Ullsfjorden
Svensby
Lyngen
Årøybukta
Olderdalen
Håkøy
Tromsdalstind
1238 m
Hov
Storsteinnes
Sappen
Bæccegælhaldde
1326 m
TROMSØ
Stormo
Skar-munken
Lyngseidet
Odden
Bjørkli
Ishavskatedralen
Tromsdalen
Sandeggen
Jøvik
Jektevik
Karnes
Lokvollen
Birtavarre
Puntastilla
Bilto
Saraelv
Larseng
Fagernes
Skjelnes
Fossheim
Kåfjordbotn
Kåfjorddalen
Vikran
Ullsfjord
Brattvoll
Dalen
Samuelddalen
Kildaelva
Reisadal
Brokskard
Ramfjordnes
Holmen
Lyngspollen
Elvelund
Skognes
Gulpoaivi
Sieima
Mollisfossen
Burroras
906 m
Kobbevågen
Finnjorda
Blåisen
Sandvika
Revdal
Guolasjokka
Saravatnet
Stordal
Hundberg
Furuflaten
Abmelaseter
Raisduoddarhaldde
1365 m
Stornes
Storbukta
Helland
Rasteby
Skibotn
Sameby
Nakobnjargga
Hestnes
Sjøvassbotn
Falsnes
Olderbakken
Guoasjávri
Reisa
Nasjonalp.
Malangseidet
Malangen
Svartnes
Djupen
Storeng
Elvestad
Laksvatn
Elvevoll
Horsnes
Korris
Middagsbukta
Balsfjorden
Laksvelsletta
Skibotsdalen
Halsebakkan
Mestervik
Balsfjord
Målsnes
Nordfjordbotn
Seljelvnes
Oteren
Storfjord
Aursfjord
Holt
Fjelldal
Helligskogen
Storsteinnes
Nordkjosbotn
Lunneborg
Vesterli
Lodbukta
Øvergård
Porojärvi
Karlstad
Mås-bergvik
Hølen
Signalnes
Sommerlyst
Kjempedal
Gálggooaivi
Harroaivi
828 m
Akkaseter
Bárrás
Målselv
Strupen
Olsborg
Heia
Tverrelvnes
Harkinn
Saana
1024 m
Kuohkimajärvi
Moen
Rommaeno
Takelvdal
Straumsli
Tierbmesjavri
Takvatnet
Asmo
Nyrud
Rostafjellet
1590 m
Øvre Kilpisjärvi
Kilpisjärvi
Mauken
Rognmoen
Kongsli
Moskokaise
1518 m
Nedre Kilpisjärvi
Ailakkajärvi
Aillahasjavri
Målselva
Maukdal
Skjold
Holt
Målselvfoss
Rundhaug
Lille Rostavatn
Åsen
Rostanes
Tverrelvmo
Kummajoki
Peeravaara
933 m
Lium
Overbygd
Moan
Maristad
Rosta
Toorise
Elverom
Dalen
Liggafjellet
1503 m
Kummavuopio
Peera
Istindan
1489 m
Bjørnstad
Dividalen
Rostaelva
Keinovuopio
Devdisjavre
Kirkesdja
Kirkeselva
Saarikoski
Bjørkåsen
Dividalen
Høgskarhuset
Råstojaure
SCHWEDEN
Øvre
S. 639
Iitto
Bardu
Djevelporten
Frihetsli
Isogaissa
Ropinsalmi
S. 639
E6
E8
863
91
858
859
854
857
87
868
866
869
865
882
21

Kvalsund
Oldernes
Skáidi
Otterberget
Rastebynes
Gyfjord
Neverfjord
Porsa
Saraby
Moen
Altnesdalen
Store Lerresfjord
Hakkstabben
Eidsnes
Nyvoll
Fjordbukta
Skillefjordnes
Årøya
Leirbotn
Djupvik
Birkenes
Russeluft
Komsa
Alta
Kåfjord
Elvebakken
Hjemmeluft
Alta Museum
Bjørnstad
Stilla
Skifer
Eiby
Stengelse
Gargia fjellstue
Alta-Canyon
Langvassbrotta
Vakkerfjellet
Vuolosvárri
Sautso
Vuovdevárri
Suoluvuobme
Gámmejalga
Gaccadanjavrre
Stuoroaivi
Masi
Avjojavrre
638 m
Badje Máze
Biggeluobbal
Goldden
Carajavrre
Čaravarre
891 m
Biggejavrre
Postue
Láhpojávri
Suodnjo
Lappoluobbal
Stuoranjárga
Gievdnjeguoika
Raisjávri
Mieron
Stuorjavrre
Stuovajavrre
Kautokeino/ Guovdageainnu
Avžže
Joppevárri
Ravddoaivve
634 m
Biltaveaiguolba
Galanito
Siebe
Oskal
Suolojavrre
Bajasjavrre
Aiddejavrre
Urddevarre
633 m
Duolljejavrre
Gaaangejavrre
Kivilompolo
Näkkälä
Paloijärvi
FINNLAND
Sennalandet
Via Scandinavia
Repparfjordelva
Skaidejavrre
Doggejavrre
Áisaroaivi
385 m
Sennaland
Bigás
Sarvvesskáidi
Nibijávri
Rafsbotn
Rakkojávri
Kronstad
Suopatjávri
Suolojávri
Altaelva
Altafjorden
Indre Billefjord
Kolvikvatn
Oppgård
Ráigeája
Stabbursnes
Sandvik
Trollheimsund
Goarahat
Valdak
Hamnbukt
Fluberg
Lakselv/ Leavdnja
Brennelv
Klemetstad
Grokenes
Stabbursdalen
Suovggelrašša
1044 m
Navkaoaivve
603 m
Nasjonalpark
Porsangermoen
Skytefelt
Halkkavarre
1048 m
Gakkajávri
Skoganvarre
Luostejok
Luovosvárri
Lævnasjavrre
Vuorje
1024 m
Finnmarksvidda
Iesjávri (Storvatnet)
Nattavatn
Nieiddaidvárri
Karasjok/ Kárášjohka
Kentan
Ássebákti
Holganjárga
Svineng
Dorvonjárga
Karigasniemi/ Garegasnjárga
Corrokjavrre
Jergol
Jiesjokka
Bieskkenjárga
Gorva
Raite
Karasjokka
Šuoššjávri
Coavddatnonkki
Áitevárri
Vuottasjávri
Daladojegoatte
Iskuras
642 m
Iškuras
Pista-oju
Kuoppaniva
Aslakkala
Jorgastak
Ranttila
Vuobmaved
Stuora-Galbbajavrre
Karasjokka
Bavtajokka
Gosjokka
Galmak
534 m
Storfossen
Jokiranta
Angeli
Annel
Finnmark
Øvre Anarjokka Nasjonalpark
Anarjokka
Gavnejavrre
Pöyrisjärvi Rieveeresjárvi
Pöyrisjoki
Tsuvgesjokka
Lemmenjoen Nationalpark kansallipusisto
Repojoki
Kamakaltio
Veahkir
Børselv
Stuorrarohtu
Borselva
Børselvfjellet
Storelva
Duolbosi
694 m
Gaissa
Gainogaissa
1020 m
Leavvajohknjalbmi
Leavvajohka fjellstue
Ruovtut
Paat
Barta
Jávrebainjárga
Aittijoki
Válljohka
Nuorpiniemi/ Nuorbenjarga
Outakoski/ Vuovdagoihka
Borjjasnjárga
Geahtaveadji
Piesjoki
Rovisuvanto
S. 643
E6
92
93
98
970
958
883
94

Arktischer Ozean
Kniv
Stappan
Gjesvæ
Hjelmsøya
Vannholman
Måsøya
Måsøy
Fruholmen fyr
Sandvikværet
Ingøy
Ingøy
Breitsundet
Gasnes
Havøysund
Kulfjorden
Malfjordhamn
Gunnarnes
Langfjorden
Tufjord
Storvik
Latøya
Masøy
Rolfsøya
Rolfsøysundet
Straumen
Hamna
Burstad
Snefjorden
Krokelv
Porsanger
Skavvik
Snefjord
Havøysund
Slåtten
halvø
Hurtigruten
Sauhamn
Revsbotn
Gamvik
Akkarfjord
Finnvik
Lillefjord
Appevatna
Skarvfjord
Forsøl
Revsneshamn
Sandøy
Hellefjord
Selkopp
Vestsraumen
Masterelv
Sel
Brummelnes
Langstrand
Hammerfest
Kokelv
Bøle
Langkeila
Storelv
Kvaløya
Sammelsundet
Rypefjord
Akkarfjord
Brennsvik
Solberg
Slettnes
Smørfjord
Dønnesfjord
Kjerringholmen
Storbukt
Klubbukt
Nord-Sandfjord
Sørvær
Sørøya
Skjåholmen
Russenes
Erdal
Breivikbotn
Kvalsund
Olde
Breivik
Øyfjord
Vatnan
Kårhamn
Hatter
Haraldseng
Hønsebybotn
Markopp
Oldernes
Skáidi
Oterber
Lossen
Elenheimen
Rastebynes
Kvalsund
Indre Billefjord
Seiland
Gyfjord
Neverfjord
Doggejavrre
Hasvåg
Seiland
Hasvik
Repparfjordelva
Sørøysundet
Porsa
Via Scandinavia
Kolvik
Nasjonalpark
Oppgård
Bårdfjord botn
Saraby
Skaidejavrre
Ráigeájá
Moen
Stjernvåg
Russehamn
Altnesdalen
Sennalandet
Stjernøya
Store Lerresfjord
Aisaroaivi
Stabbursnes
Loppa
Hakkstabben
Kvalfjord
Eidsnes
Silda
Loppa
Stordalen
Gammelvær
Lillebukta
Nyvoll
385 m
Stabbursdalen
Øra
Nuvsvåg
Samuelsnes
Stjernsund
Sennaland
Sandland
Hommelvika
Storekursnes
Fjordbukta
Myrnes
Bukta
Øksfjord
Laks
Leirvik
Sletta
Altafjorden
Skillefjordnes
Bigás
Neset
Botn
Stabbursdalen
Leavo
Sør-Tverrfjord
Øksfjordjøkelen
Gamvik
Årøya
Isnestoften
Leirbotn
Skavnakk
Storvik
Djupvik
Sarvvesskáidi
Suovggelrašša
1044 m
Gjok
Olderfjord
Øksfjordbotn
Rivarbukt
Birkenes
Nibijávri
Tappeluft
Eidsnes
Navkaoaivve
Reinfjord
Langfjord
Ulvsvåg
Talvik
Russeluft
603 m
Rødøy
Kvænangen
Været
Jøkelfjordeidet
Langfjordbotn
Kjerringdal
Komsa
Rafsbotn
Nasjonalpark
Rakkojávri
Hamnebukta
Spildra
Låvan
Alta
Kronstad
Haukøyhamn
Ravelsnes
Alteidet
Ørbakken
Elvebakken
Suopatjávri
Skjervøy
Laukeng
Skogheim
Kåfjord
Hjemmeluft
Bjørnstad
Suolojávri
Meiland
Haddletoppen
1141 m
Alta Museum
Skifer
Stilla
Lævnasjavrre
Kviteberg
Burfjord
Vuorje 1024
Valanhamn
Skorpa
Eiby
Stengelse
Finnmarks
Storenga
402 m
Ravelsnes
Mattisdal
Alta-Canyon
Oksfjordhamn
Undereidet
Gargia fjellstue
Reisafjorden
Kvænangsfjellet
Langvassbrotta
Altaelva
Storneshamn
Badderen
Vakkerfjellet
Øvergård
Karvika
Sekkemo
Vakkerfjellet
Vuolosvárri
Bakkeby
Vaddasgruver
Navit
Kjækan
Iesjávri (Storvatnet)
Storvik
Tretta
Storelva
Kvænangen
Sautso
Nordreisa
Sørfjord
Vuovdevárri
Andsjøen
Kvænangsbotn
Storslett
Austgård
Kildal
Lassajavrre
Suoluvuobme
Abbojavrre
Gaccadanjavrre
Gámmejalga
Girrko-Nabar
Corrokj
S. 640
S. 641